LITTÉRATURE FRANÇAISE

TEXTES ET CONTEXTES

Tome II

LITTÉRATURE FRANÇAISE

TEXTES ET CONTEXTES

Tome II

R.-J. BERG
Bowling Green State University

FABRICE LEROY
Bowling Green State University

JOHN WILEY & SONS, INC.

Cover image: Proust, © Collection Viollet

This book is printed on acid free paper. ∞

To order books or for customer service please, call 1(800)-CALL-WILEY (225-5945).

Library of Congress Cataloging-in-Publication Data
Berg, R.-J.
    Littérature Française: Textes Et Contextes / R.-J. Berg
    Fabrice Leroy,—Tome II
        p.   cm.

L.C. Card No. 93-79502
ISBN 0-470-00292-1

Printed in the United States of America

10 9 8 7 6 5

Preface

*Littérature française: **textes et contextes*** is a two-volume anthology intended for use as the core text in French literature survey courses. The volumes correspond to the chronological division of most two-semester sequences: *Du Moyen Age au XVIIIᵉ siècle* (Tome I), and *XIXᵉ et XXᵉ siècles* (Tome II).

Littérature française differs from its two major competitors primarily in the following ways:

• The ancillary material is written *entirely in French* (with the exception of this preface — *éditeur oblige!*).
• On the assumption that the *contextes* mentioned in the subtitle are essential to an understanding of the *textes,* the pedagogical apparatus is considerably longer and more diverse.
• The selections are, whenever possible, *complete works* (see page vi).

The *pedagogical apparatus* includes the following:

• Substantial introductions to the periods, movements, and authors. If read consecutively, these essays would provide a brief history of French literature. Every effort has been made both to be clear and to avoid unrealistic assumptions about students' background knowledge.
• Before each selection, a very brief section entitled *Avant de lire*. The purpose of this section is either (a) to serve as an *advance organizer,* focusing attention on some aspect of the text and inviting students to read with certain questions in mind, or (b) to provide specific information, usually linguistic or historical. (When shorter texts are individually introduced — as is the case, for example, with most poems — the *Avant de lire* section has been omitted.)
• After each selection, a section entitled *Matière à réflexion*. As the name indicates, the questions in this section are intended to serve as *food for thought,* as stimuli for class discussion and as subject matter for written assignments.
• An appendix entitled *Eléments de versification française*. Because many instructors introduce this material in survey courses, it has been included at the end of each volume in order to facilitate presentation and serve as a reference for students.

The selections in *Littérature française* have been dictated by numerous considerations, among the most important of which are the following: the *literary merit* and *importance* of the work; the extent to which it is *representative* of its author, of a period, or of a movement; the degree to which it has retained its capacity to *interest* and *engage* today's readers; and of course, in keeping with one of the anthology's guiding principles, considerations of *completeness* and therefore of *length*.

These considerations have conspired to banish from *Littérature française* a number of important nineteenth-century authors who simply did not have the foresight to write short, self-contained works that also meet enough of the other criteria. Madame de Staël, Nerval and Lautréamont, to name only a few, would have been at home in the present volume and will be sorely missed.

Several of the twentieth-century works not yet in the public domain could not be reproduced in their entirety due to publishers' constraints. Although excerpts, by definition, cannot be self-contained, those that we have chosen respect all of the other criteria. Long excerpts were preferred in order to retain most of the coherence and value of the works represented. Relative "completeness," therefore, took priority over "coverage" (which would have been, in any case, an illusory goal for any single volume). Many important authors, such as Claudel, Cocteau, Sarraute and Gracq, could not be included for these reasons.

The criteria also explain what might be called the *belles-lettristic* bias of *Littérature française,* that is, the absence of theoretical texts from such writers as Sainte-Beuve, Taine, Sartre, and Barthes. No deliberate effort was made to "break out of the canon," but the criteria, acting alone or in collusion, have in some cases convinced us to do so, with respect both to authors and to works. This is perhaps a good thing.

All nineteenth-century selections are complete, with the single exception of Stendhal. All twentieth-century poetry selections are complete. Complete twentieth-century narrative texts were selected whenever possible (nearly half of the selections). The twentieth-century theatrical text is an excerpt.

Each volume of *Littérature française* offers more selections than can be covered in a single semester; the resulting options will enhance course flexibility. The notes explain historical and cultural allusions, obsolete and idiosyncratic word usages, particularly difficult expressions, etc. The instructor might wish to consider recommending or requiring, as an ancillary text, a paperbound French-French dictionary.

R.-J. Berg (*XIXe siècle* and *Appendice,* §§ 1.–6.1.3.)
Bowling Green State University

Fabrice Leroy (*XXe siècle* and *Appendice,* §§ 6.2–6.2.5)
Bowling Green State University

Acknowledgments

I wish to express my heartfelt gratitude to Laurence M.-J. Berg for her assistance in keyboarding the selections, and to Jim Harmon, former Senior Acquisitions Editor at Holt, Rinehart and Winston, for his unfailing support from outset to end.

R.-J. Berg

I would like to extend special thanks to Shelly for her patience and support. Many thanks also to Jim Harmon, Jennifer Ryan, Pam Hatley, and everyone at Holt, Rinehart and Winston.

Fabrice Leroy

Table des matières

Le XXᵉ Siècle

Le XIXᵉ Siècle

Survol

L'*histoire littéraire se compose en grande partie d'une suite de réactions: les mouvements se posent en s'opposant et ne se comprennent qu'à la lumière de ce qui les précède.* Tel est le principe que nous avons formulé, dans le Tome I du présent ouvrage, afin d'expliquer les oscillations des siècles précédents. Or le même phénomène se produit au XIXᵉ siècle: modes et mouvements, écoles et courants se succèdent, et nous aurons recours au même principe pour expliquer leur succession.

Ainsi, le *romantisme* des années 1820–1850 n'a pu s'affirmer qu'en réagissant contre le classicisme finissant; le *réalisme* et le *naturalisme* des années 1850–1890 se sont définis par rapport au romantisme qu'ils combattaient. Certes, le romantisme ne peut se réduire au refus systématique du classicisme; et certes, le réalisme est plus qu'une négation du romantisme. Mais ce refus, mais cette négation sont néanmoins le *point de départ* dont il faut rendre compte si l'on veut comprendre la suite[1].

Contre quoi donc les novateurs de 1820 réagissaient-ils? Comme tous les grands *-ismes*, le classicisme n'est pas facile à définir avec précision. Il s'agit moins d'une école que d'un ensemble de principes et de règles formulés, pour la plupart, vers le milieu du XVIIᵉ siècle[2]. Le premier axiome du système est que *la beauté absolue existe;* «elle n'est», affirme un théoricien de l'époque, «ni variable ni passagère, mais constante, certaine et au goût de tous les temps» (d'Aubignac). Premier corollaire: «Il y a un bon et un mauvais goût, et c'est avec fondement que l'on dispute

---

1. Si nous nous attardons dans ce *Survol* sur la préparation et la définition du romantisme, c'est afin de ne pas avoir à y revenir fragmentairement dans chacun des trois chapitres consacrés aux romantiques. Par contre nous passerons ici assez rapidement sur les sujets traités plus longuement dans les chapitres qui leur sont consacrés (le réalisme, le naturalisme, la poésie de la deuxième moitié du siècle, etc.). — 2. Pour un résumé de la doctrine classique, voir le Tome I du présent ouvrage, pp. 237–238.

des goûts » (La Bruyère). Deuxième corollaire: Les règles de l'art sont invariables comme le Beau qu'elles permettent d'atteindre. Aussi importe-t-il, pour chacun des genres majeurs, de formuler les règles avec précision et de les observer avec soin.

Les règles formulées au XVIIᵉ siècle seraient toujours en vigueur, et presque intactes, un siècle et demi plus tard. Paradoxalement, le XVIIIᵉ siècle, si indépendant en matière politique et religieuse, au cours duquel se sont effondrées presque toutes les valeurs traditionnelles, devait épargner les valeurs littéraires [3]. La Révolution rompit presque toutes les attaches, y compris celles de la littérature à son passé; elle ferma les salons, dispersa l'élite qui les avait fréquentés, supprima les écoles où s'étaient poursuivies les études classiques. Mais la prise de pouvoir de Napoléon mit un terme à l'intermède révolutionnaire, et grâce au soutien actif de l'empereur, le classicisme put revenir en force. Si Napoléon favorisa la réaction classique, c'est qu'il voyait dans les règles littéraires l'analogue des lois sociales: une forme de discipline nécessaire. «Mettons la jeunesse au régime des saines et fortes lectures», disait-il [4]. Aussi, lorsqu'en 1808 il crée l'Université, y imposa-t-il un programme classique. Ecrivains et professeurs furent embrigadés, et les récalcitrants connurent les rigueurs d'une censure paralysante.

Les critiques de l'époque se contentent pour la plupart de répéter les formules surannées des classiques, et s'ils se permettent d'en modifier quelques détails, c'est généralement dans le sens d'une plus grande rigueur. Typique à cet égard, un certain Népomucène Lemercier s'applique à formuler des «règles invariables» pour tous les genres: «L'objet de mes efforts [...] est de résoudre les indécisions et d'éclaircir les jugements confus qui font de la littérature une sorte d'art tout conjectural. Si je parviens à extraire et à dénombrer avec ordre ses lois absolues, les préceptes feront reconnaître précisément le *bon* et le *mauvais* en matière de goût» [5]. Ce classicisme attardé et officiel — un usage consacré le qualifie de *post-* ou de *pseudo-*classicisme — inspira sous l'Empire toute une littérature, mort-née pour la plupart; parmi ses œuvres les moins nulles figurent quelques tragédies de... Népomucène Lemercier.

Il y eut, certes, quelques tentatives de réforme avant 1820, et parmi les initiateurs de la révolution à venir figure en toute première place Mme de Staël (1766–1817). En l'année symbolique de 1800 elle publia un ouvrage dont le titre était tout un programme: *De la littérature considérée dans ses rapports avec les institutions sociales.* En étudiant la littérature comme *une expression de la société,* au lieu de la juger selon des règles prétendument immuables, Mme de Staël laisse deviner l'idée de *la relativité du beau et du goût.* Elle recule pourtant devant cette conclusion, et réprouve l'idée de «faire une révolution dans les lettres, [de] donner aux règles du goût la plus grande latitude». Elle assure que «les règles du goût ne sont pas arbitraires», que «le goût est fixe dans ses principes généraux». Dix ans plus tard, au cours d'un éloge de la littérature allemande, plus affranchie des règles, plus «enthousiaste», elle oppose pour la première fois en France la littérature classique à la

---

3. Voir, à ce sujet, le Tome I, pp. 445–450. — 4. Propos rapporté par A.-F. Villemain dans ses *Souvenirs contemporains d'histoire et de littérature*, t. I. — 5. *Cours analytique de littérature générale*, t. I (professés en 1810–11).

littérature romantique (*De l'Allemagne*). Ses goûts vont évidemment à la littérature nouvelle, mais elle évite de confondre *ses goûts* et *le goût:* jamais elle ne met en doute l'existence de principes absolus et immuables. Moins étroits que ceux des classiques, ces principes permettent de «juger sous un point de vue philosophique le goût antique [classique] et le goût moderne [romantique]».

Si donc Mme de Staël a frayé la voie à une mise en question radicale du classicisme, c'est à d'autres qu'il appartiendra de franchir le pas. «Le goût en France attend son 14 juillet... son 89», écrivent les jeunes militants vers 1820[6]; la révolution qu'ils préparent sera celle du romantisme.

Qu'est-ce donc que le romantisme? Comme pour le classicisme, il s'agit moins d'une école que d'un large courant qui ne se laisse pas facilement circonscrire. Contentons-nous d'en énumérer les principaux aspects:

1° «La liberté dans l'art... le libéralisme en littérature... le protestantisme dans les lettres» — c'est ainsi que les premiers romantiques définissent leur révolution. La liberté dont il s'agit est, bien entendu, celle que l'on acquiert en s'affranchissant des règles, le romantisme n'étant autre chose, selon L. Vitet, que «la guerre aux règles»[7]. Mais les révolutionnaires vont plus loin, car ils savent qu'au-delà des règles, ce qu'il faut réfuter, c'est l'idée que par elles seules se réalise le seul Beau. «La paraphrase exacte de ce mot *classicisme*», affirme Vitet en 1825, commence par «il y a un type absolu de bon goût». Voilà la grande erreur qu'il faut combattre, pour qu'enfin soit acquise «l'indépendance en matière de goût».

Or il n'est pas étonnant que les romantiques aient débuté par une déclaration d'indépendance. Mais une fois cette indépendance acquise, qu'en font-ils? Ils prennent en tout, ou presque, le contre-pied de ce qu'avaient fait les classiques. Par exemple...

2° Les classiques reconnaissaient la suprématie de la *raison;* les romantiques font prédominer la *sensibilité* et l'*imagination*. «Il faut déraisonner», écrit Musset (*Après une lecture*).

3° Or la raison étant la même chez tout le monde, l'écrivain classique s'attache moins à l'expression de son individualité qu'à la peinture de la nature humaine. L'écrivain romantique se caractérise, au contraire — et se caractérise *essentiellement,* au dire de certains historiens — par *l'étalage de son moi;* il est d'abord et surtout un *lyrique*. Puisque ses sentiments lui appartiennent en propre, puisqu'ils sont ce qu'il a de plus intime, pourquoi ne les prendrait-il pas comme sujet de son œuvre? Pourquoi n'écrirait-il pas, comme le dit Hugo, «avec son âme et avec son cœur» (préface des *Odes et Ballades*)? Ainsi s'explique la formule, tant de fois répétée, selon laquelle *le romantisme substitue le particulier à l'universel*.

4° S'ils s'attachent de préférence à ce qui les individualise, les romantiques n'ignorent pas qu'il y a entre eux une communauté de sentiments et de préoccupations. Un trait en particulier passait pour être commun à nombre d'entre eux, d'où l'expression qui devait bientôt servir à le désigner: la *maladie romantique,* connue à la

---

6. Ils font allusion à la prise de la Bastille (14 juillet 1789), l'événement qui a déclenché la Révolution française. — 7. Nos citations de Vitet (ainsi que celle, plus loin, de Deprès) sont tirées d'articles recueillis par P. Trahard dans *Le Romantisme défini par «Le Globe»*.

postérité sous le nom de *mal du siècle* (du fait qu'au début du siècle une si grande partie de la jeunesse paraissait en être atteinte). Il s'agit en réalité d'un ensemble de symptômes qui ne se manifestent pas au même degré chez tous les «malades»: mélancolie diffuse et sans objet, ennui irrémédiable, lassitude chronique, désenchantement amer, solitude morale, besoin d'évasion et goût de la rêverie, aspirations vagues et impuissantes, inaptitude à l'action. A l'époque on explique diversement le mal, mais pour la plupart de ceux qui en souffrent il naît de la conscience pénible d'une disproportion entre le réel et l'idéal. «Il y a l'infini entre ce que je suis et ce que j'ai besoin d'être», écrit Senancour en 1804 (*Oberman*). Seize ans plus tard Lamartine exprime plus poétiquement ce qui est au fond la même idée: «Borné dans sa nature, infini dans ses vœux, / L'homme est un dieu tombé qui se souvient des cieux» (*L'Homme*). Dans sa *Confession d'un enfant du siècle* (1836), Musset penche plutôt pour des causes historiques (désillusion de la jeunesse après les débâcles de la Révolution et de l'Empire, etc.). Quoi qu'il en soit, la maladie semble avoir été contagieuse, puisqu'il suffisait parfois d'en lire une description pour être touché. L'épidémie devait décroître considérablement après 1850... comme si les symptômes étaient passés de mode avec les romantiques.

5° Les «pseudo»-classiques du XVIIIᵉ et du XIXᵉ siècle prenaient pour modèles les classiques du XVIIᵉ, qui s'étaient inspirés à leur tour des auteurs de l'antiquité gréco-latine. Les romantiques préfèrent chercher leur inspiration dans le passé national, notamment dans le Moyen Age chrétien, ainsi que dans les littératures étrangères, contemporaines ou récentes. Les mouvements romantiques allemand et anglais, en particulier, ayant devancé d'une trentaine d'années le romantisme français, ont exercé sur lui une influence considérable. Il s'agissait moins d'imiter des modèles que de s'en inspirer et de les adapter librement, car «celui qui imite un poète romantique devient nécessairement un classique» (préface de *Cromwell*).

6° Les romantiques se distinguent encore par leur *sentiment de la nature,* lequel semble avoir manqué presque entièrement aux classiques. Les premiers romantiques goûtent surtout dans la nature ce qui leur semble correspondre à leur «difficulté d'être»: paysages automnaux et sauvages, brumes et clairs de lune, mers déchaînées, sommets balayés par le vent...

Ainsi défini, le romantisme se présente comme la confluence de composantes dont la plupart remontent bien plus loin que la «révolution» de 1820. On qualifie de *préromantiques* les écrivains dont le romantisme s'est manifesté avant que le mouvement ne fût baptisé. Déjà au XVIIIᵉ siècle, Rousseau avait chanté la nature, rabaissé la raison, exalté le sentiment, inventé le type littéraire de l'*âme sensible,* étalé complaisamment ses joies et ses peines [8]. Au catalogue presque complet de Rousseau, Chateaubriand ajoute, dans *René* (1802), l'expression définitive du *mal du siècle* (appelé d'abord le «mal de René»). *René* inaugure la série des «romans du moi»: *Delphine* (1802) et *Corinne* (1807) de Mme de Staël, *Oberman* (1804) de Senancour, *Adolphe* (1806) de Benjamin Constant, d'autres encore, moins con-

---

8. Voir le Tome I du présent ouvrage, pp. 539–540.

nus — autant de portraits d'une individualité qui est en grande partie celle de l'auteur. Ces romans d'inspiration autobiographique préfigurent le lyrisme personnel des romantiques « proprement dits ».

A partir de 1820 les novateurs commencent à se qualifier de *romantiques;* en prenant un nom ils prennent conscience d'un idéal et d'un programme communs. Ainsi constitué, le mouvement dominera le paysage littéraire français jusqu'au milieu du siècle. La première décennie sera celle des préfaces, des manifestes et des luttes; la deuxième, celle du triomphe, mais aussi de la dispersion des militants; la troisième, celle du déclin. L'esprit romantique survivra au mouvement et, grâce au génie de Victor Hugo (1802–1885), se prolongera loin dans le siècle.

A partir du milieu du siècle se dessine une réaction qui suivra de près l'évolution des idées et des mentalités. Le sentiment religieux, en particulier, commence à décliner, et avec lui, le mouvement littéraire qui s'en nourrissait.

Déjà en 1810, Mme de Staël insistait sur les origines chrétiennes du romantisme, et quelques-uns des premiers militants voyaient dans la religion — ou plutôt dans une certaine *religiosité,* souvent vague et diffuse — l'essentiel de leur mouvement. Le critique Deprès affirme en 1825: « Toutes les compositions romantiques doivent être empreintes de christianisme, ou, pour mieux dire, du principe qui fait la base de cette religion: le spiritualisme. Le romantisme, dirons-nous donc, est le transport du spiritualisme dans la littérature. » Deprès exagère, bien entendu, mais ce qu'il donne à tort pour une définition vaut néanmoins pour une bonne partie de la production romantique.

Ce « spiritualisme » romantique répondait à l'esprit du temps, ainsi qu'à la volonté des régimes. La Restauration des années 1815–1830 fut celle non seulement de la monarchie mais aussi du catholicisme, proclamé « religion de l'Etat ». Si le catholicisme subit des revers sous la Monarchie de Juillet (1830–1848), il reste officiellement « la religion de la majorité des Français ». Pour en garder l'essence — « le principe qui fait la base de cette religion », comme l'avait dit Deprès —, le roi Louis-Philippe confère la charge de l'Instruction publique au philosophe Victor Cousin. Dans son ouvrage *Du Vrai, du bien et du beau* — dont le titre indique assez les tendances —, Cousin caractérise ainsi sa philosophie: « On lui donne à bon droit le nom de spiritualisme, parce que son caractère est de subordonner les sens à l'esprit et de tendre [...] à élever et à agrandir l'homme. Elle enseigne la spiritualité de l'âme [...] et, par delà les limites de ce monde, elle montre un Dieu auteur et type de l'humanité. » Le spiritualisme cousinien devint la doctrine quasi officielle sous la Monarchie de Juillet; sa fortune n'est pas étrangère à celle du romantisme.

Lorsqu'en 1851 le coup d'Etat met Cousin à la retraite, la réaction antispiritualiste ne tarde pas à se déclarer: elle prend la forme du *positivisme.* On appelle ainsi le système philosophique élaboré par Auguste Comte et résumé dans son *Catéchisme positiviste* (1852). Comte préconise l'application des méthodes scientifiques à tous les domaines. La théologie et la métaphysique sont reléguées aux stades désormais dépassés de l'humanité; l'avenir est à l'observation et à l'expérimentation, ainsi que le prouve l'essor des sciences. Comte estime qu'« une simple extension du bon sens vulgaire » mettra fin aux hypothèses fragiles et aux vaines spéculations qui ont égaré jusqu'ici les philosophes.

Sous une forme diluée et vulgarisée, le positivisme connut dans la seconde moitié du siècle une diffusion considérable. Sa vogue prépara l'avènement de ce qu'on devait appeler *l'esprit positif:* pratique, raisonnable, bourgeoisement terre à terre — *réaliste.* Car *positif,* avait dit Comte, « est la même chose que réel et utile ».

Les manifestations littéraires d'une doctrine antispiritualiste ne pouvaient être qu'antiromantiques.

1° Tel fut le cas, en poésie, de *l'école parnassienne* formée vers 1860. Pour Leconte de Lisle, chef et théoricien du groupe, « il y a dans l'aveu public des angoisses du cœur et de ses voluptés [...] une vanité et une profanation gratuites » (préface des *Poèmes antiques*). Au « thème personnel » d'un Lamartine ou d'un Musset, il veut substituer les idéaux d'*impersonnalité* et d'*objectivité* propres au savant; ainsi pourront s'unir, et même se confondre, l'art et la science, trop longtemps séparés.

2° Dans les genres narratifs, le positivisme inspire le *réalisme* et son prolongement *naturaliste.* Nous voilà ramenés du ciel à la terre, et du rêve au réel. L'imagination et la sensibilité font place à l'observation, à la documentation et même — si l'on peut en croire les naturalistes — à *l'expérimentation.* Loin de s'étaler dans son œuvre, l'écrivain réaliste s'efforce de ne pas y paraître, de n'y rien révéler de lui-même. Au lieu de tendre, comme le voulait Cousin, « à élever et à agrandir l'homme », on incline désormais à le rabaisser et à le rapetisser (tout en prétendant le peindre « tel qu'il est »).

Or cette littérature n'était pas de nature à combler tout le monde. « La reproduction exacte du réel » était une tâche exigeante, sans doute, mais peu réjouissante; aussi ceux qui aspiraient à d'autres idéaux devaient-ils fatalement en venir à réclamer une autre littérature. C'est ainsi qu'est né dans la deuxième moitié du siècle, par réaction contre un esprit positiviste de plus en plus dominateur, un *courant spiritualiste.* Il ne faudrait pas exagérer la cohésion d'un courant où se mêlent croyances et tendances diverses: théologie chrétienne, mysticisme, sciences occultes, traditions initiatiques, théosophie... En dépit néanmoins de leurs divergences, nombreuses et importantes, les écrivains spiritualistes ont tous le sentiment d'étouffer dans l'air du temps, d'être « à l'étroit » dans ce monde matériel où voudrait les confiner le « bon sens vulgaire ». Tous ont la conviction qu'au-delà de ce monde il en existe un autre, immatériel et idéal, auquel ne donnent accès ni les sens, ni la raison, ni les méthodes tant vantées de la science. Cette « surréalité » est la vraie patrie de l'âme (ou des âmes d'élite).

Conséquence d'une foi commune, les spiritualistes ont tous en horreur *l'homme positif,* celui pour qui *surréel* rime avec *irréel,* et dont toutes les valeurs sont cotées en Bourse. De cette bête noire, c'est Villiers de l'Isle-Adam qui nous a laissé le portrait le plus féroce. Son personnage du Dr Tribulat Bonhomet, « professeur agrégé de physiologie », demande aux écrivains « des choses vraies! des choses qui arrivent! », *et s'amuse à tuer les cygnes*[9].

---

9. Le cygne est un symbole de l'idéal et de la pureté. Voir notamment *Claire Lenoir* et *Le Tueur de cygnes.*

N'ayant au début aucune conscience de former un mouvement ou de défendre ensemble une cause commune, les écrivains de la lignée spiritualiste croient mener, isolément et pour l'honneur, un combat d'arrière-garde dans une guerre perdue d'avance. Mais la « loi du balancier » va opérer en leur faveur, et ils auront la satisfaction d'assister, dans les dernières années du siècle, à un changement du climat intellectuel et moral. A la remise en question du positivisme s'ajoutera une désaffection générale pour ses manifestations littéraires. Le retournement ne sera certes pas complet, mais les écrivains de tendance spiritualiste pourront en profiter pour passer à l'offensive.

Signe du temps: le 18 septembre 1886 paraît *Un Manifeste littéraire*, acte de naissance de *l'école symboliste*. Ce que l'auteur Jean Moréas appelle « la nouvelle manifestation d'art » recueille l'héritage spiritualiste et idéaliste de toute la deuxième moitié du siècle, de Baudelaire à Mallarmé en passant par Verlaine. Pour dresser la liste complète des précurseurs, ajoute Moréas, il faudrait remonter « jusques aux mystiques, plus loin encore ». Il faudrait remonter, en effet, au moins jusqu'à Platon, dont les symbolistes semblent avoir traduit la métaphysique dans le domaine de la poésie. Selon la théorie platonicienne, le monde sensible n'est que le reflet, l'émanation, le *symbole* du monde supra-sensible des Idées[10]. Le rôle du poète, dit Moréas, est d'exprimer les « affinités ésotériques » entre les deux ordres, afin de nous aider à passer de l'un à l'autre. Le poète doit, pour y parvenir, « vêtir l'Idée d'une forme sensible ». Et comme les affinités qu'il doit exprimer, son œuvre sera « ésotérique », hermétique, inintelligible au profane.

Le symbolisme aura, lui aussi, son heure de triomphe, en attendant l'inévitable réaction *néo-classique* qui se déclenche bientôt, au nom justement du « profane »...

Mais cela nous mènerait au-delà de 1900, et c'est là une autre histoire.

---

10. Au sens platonicien du terme, le mot s'écrit avec majuscule pour distinguer les Idées (archétypes, essences éternelles, n'ayant rien de subjectif) des idées au sens ordinaire.

Chateaubriand

« En moi commençait, avec l'école dite romantique, une révolution dans la littérature française », affirme Chateaubriand dans ses *Mémoires d'outre-tombe*[1]. Et il n'exagère pas. Certes, il n'a pas tout créé: il y avait bien eu des « préro-mantiques » dont il a subi l'influence[2]. Mais il a su canaliser magistralement ce qui n'avait été jusqu'alors qu'une tendance diffuse faite d'éléments épars. Quand, plus tard, se formera « l'école dite romantique », Chateaubriand lui aura déjà donné l'exemple d'un romantisme intégral. L'histoire littéraire offre peu d'exemples d'une telle influence.

François-René de Chateaubriand (1768–1848) est né à Saint-Malo, ville portuaire bretonne où son père, d'illustre et vieille noblesse, s'était enrichi dans le négoce maritime. Sa mère, par fatigue sans doute — François-René est le dixième et dernier enfant —, l'abandonne aux soins des domestiques. Peu surveillé, il passe son enfance à errer sur la plage du port et dans les bois qui entourent le château paternel de Combourg. Ses études terminées, il rentre à Combourg où il traverse une crise d'adolescence: « deux années de délire » qui aboutissent à une tentative de suicide. Il hésite longtemps sur la voie à suivre, rêvant tour à tour d'être négociant, prêtre, voyageur, écrivain.

A dix-huit ans Chateaubriand s'engage dans l'infanterie comme sous-lieutenant, mais il passe moins de temps en garnison qu'à Paris où il fréquente les milieux mondains et littéraires. Il est dans la capitale lorsqu'éclate la Révolution. Il assiste à la prise de la Bastille, salue le mouvement révolutionnaire, condamne même les aristocrates qui commencent à émigrer; puis, inquiet, il émigre lui-même. Mais « à

---

1. Sauf indication contraire, toutes les citations qui suivent sont tirées du même ouvrage. — 2. Voir, sur ce sujet, le Tome I du présent ouvrage, pp. 450 et 540.

quoi bon émigrer de France seulement? J'émigre du monde»: en 1791, il s'embarque pour l'Amérique.

De retour en France cinq mois plus tard, il a une abondante provision d'images exotiques, mais il n'a pas d'argent. Aussi se laisse-t-il marier avec une jeune fille qu'il ne connaît pas: il explique dans ses *Mémoires* qu'«on estimait sa fortune de cinq à six cent mille francs.» Quatre mois de vie conjugale lui suffisent: il émigre de nouveau pour rejoindre l'armée des Princes en campagne contre le nouveau régime révolutionnaire. Grièvement blessé, il se réfugie en Angleterre où il vit misérablement pendant sept ans, tout en travaillant à l'ouvrage qui le rendra célèbre.

Quand il rentre en France en 1800, Chateaubriand a enfin trouvé sa voie: il sera le grand propagateur et restaurateur de la foi. A cette fin, il publie en 1802 *Le Génie du christianisme*. Ce traité contient deux nouvelles publiées séparément: *Atala* en 1801, et *René* en 1805. Sa campagne apologétique se poursuit avec *Les Martyrs, ou le triomphe du christianisme* (1809).

A la chute de Napoléon, Chateaubriand délaisse la littérature pour se mettre, une fois de plus, au service de la monarchie. Sous la Restauration (1814–1830), il se voit nommer plusieurs fois ambassadeur et, en 1822, ministre des Affaires étrangères. Après la révolution de 1830, il se retire de la vie publique et consacre ses dernières années, auréolées de gloire, à la rédaction de ses *Mémoires d'outre-tombe*, dont la publication posthume commencera en 1848.

Assez froidement accueillis à leur publication (1848–1850), les *Mémoires* sont considérés aujourd'hui, presque à l'unanimité, comme le chef-d'œuvre de Chateaubriand et comme un des sommets de la prose française. A la différence de Rousseau qui, dans ses *Confessions*, étale ses défauts, Chateaubriand entend épargner au lecteur «le détail de [s]es faiblesses. [...] Il ne faut présenter au monde que ce qui est beau.» Aussi présente-t-il une version quelque peu idéalisée de lui-même, de sa vie et de son rôle historique. «J'écris principalement pour rendre compte de moi-même à moi-même», affirme-t-il; mais en réalité les *Mémoires* n'ont presque rien d'un voyage intérieur. Chateaubriand cherche bien moins à s'approfondir qu'à s'immortaliser en dressant une magnifique statue pour la postérité. En Egypte trente ans auparavant, il avait admiré le symbolisme des pyramides: comme les pharaons par leurs tombeaux, il veut maintenant, à l'approche de la mort, vaincre le temps par un monument littéraire. Au dernier chapitre des *Mémoires* sont inscrits les mots: «Mon monument est achevé.»

Comme l'indique leur titre, les *Mémoires d'outre-tombe* s'adressaient à la postérité; pour ses contemporains, Chateaubriand fut surtout l'auteur du *Génie du christianisme*[3]. Il prétend avoir trouvé subitement la foi en apprenant la mort de sa mère et de sa sœur: «Ma conviction est sortie du cœur; j'ai pleuré et j'ai cru» (préface du *Genie*). Le *Génie* est l'un des premiers fruits de sa conversion. Cette apologie sentimentale fait appel aux «intérêts du cœur» (préface), et non à la raison, pour montrer l'*utilité* et les *beautés* de la religion chrétienne, sans s'attarder sur des considérations de *vérité*. A l'époque, c'est là apparemment ce qu'il fallait pour relever

---

3. Le mot *génie* du titre signifie: nature essentielle.

l'Eglise de son discrédit: l'ouvrage eut un retentissement énorme et contribua grandement au renouveau catholique au début du XIXe siècle.

L'influence du *Génie* fut encore plus grande dans le domaine littéraire. L'auteur lui-même voyait juste lorsqu'il dit de son ouvrage qu'«il a commencé la nouvelle ère du siècle littéraire». Les romantiques d'après 1820 devaient puiser à pleines mains dans ce grand réservoir de thèmes et d'images, et presque tout ce qu'on trouve chez eux est déjà dans le *Génie*: sentimentalité et religiosité, la Bible et le merveilleux chrétien[4], le passé national et surtout le Moyen Age, l'art gothique et les ruines, la nature sauvage ou consolatrice. Et l'on trouve déjà dans le *Génie* toute une psychologie romantique, faite de dégoût et d'ennui, de mélancolie et d'angoisse. Ce qui nous amène à *René*...

René

A leur parution en 1802, les cinq volumes du *Génie du christianisme* contenaient deux récits courts et plus ou moins indépendants: *Atala* et *René*. En les insérant dans son traité, Chateaubriand avoua avoir tendu un «piège» à ceux qui n'auraient jamais ouvert un gros ouvrage purement théorique. En réponse à la demande d'une édition séparée, les deux récits furent détachés du *Génie* et publiés ensemble en 1805. *René* devait vite l'emporter en popularité sur l'autre.

Dans le *Génie*, *René* servait d'illustration au chapitre sur «le vague des passions». Chateaubriand désigne par cette expression la tristesse diffuse et sans objet qu'éprouvent ceux pour qui l'écart est trop grand entre l'idéal et le réel: «L'imagination est riche, abondante et merveilleuse; l'existence pauvre, sèche et désenchantée. On habite avec un cœur plein un monde vide, et sans avoir usé de rien on est désabusé de tout» (préface de 1805). Grâce au succès de l'ouvrage, cette lassitude de vivre, cette difficulté d'être devait bientôt s'appeler le «mal de René».

Il se produisit alors un curieux phénomène de contagion et d'imitation: les uns, déjà atteints du mal, se reconnurent dans ce sombre héros; les autres, l'ayant pris pour modèle, se mirent à jouer le rôle. Une foule de sous-René, de pseudo-René et de quasi-René envahit la littérature. Quand la maladie eut atteint, vers 1825, les proportions d'une pandémie, on la rebaptisa «le mal du siècle».

Bien plus tard, Chateaubriand devait déplorer cette influence énorme et — croyait-il — néfaste: «Si *René* n'existait pas, je ne l'écrirais plus; s'il m'était possible de le détruire, je le détruirais.» Après tout, n'avait-il pas voulu *enrayer* le mal, et non le répandre? Le sort du héros ne devait-il pas *avertir* le lecteur plutôt que de l'inspirer? Chateaubriand avait beau dire clairement tout cela dans sa préface; ce n'était pas très clair *dans le récit*. A la fin, certes, il y a un sermon édifiant, mais on ne semblait pas y faire attention: le portrait du héros était trop séduisant.

Il s'agissait, en grande partie, d'un *autoportrait* (ce qui explique qu'il soit si beau). *René* est le récit, quelque peu romancé mais à peine déguisé, de l'enfance et

---

4. Celui qui fait intervenir le surnaturel du christianisme, par opposition au merveilleux païen, qui fait intervenir les dieux de la mythologie.

de l'adolescence de Chateaubriand lui-même, telles qu'il les raconte dans ses *Mémoires*. En passant de sa vie au récit, l'auteur a certes beaucoup modifié, au niveau surtout des événements et des circonstances. Mais le caractère et les sentiments du héros sont bien ceux du jeune Chateaubriand; le «mal de René» est bien celui dont l'auteur a lui-même souffert. «Tout me lasse: je remorque avec peine mon ennui avec mes jours, et je vais partout bâillant ma vie» — cette phrase des *Mémoires* aurait pu être prononcée par René. La sœur du héros et celle de l'auteur se ressemblent presque autant que leurs frères. Ici, il y a pourtant une dissemblance probable, sur laquelle insistent les biographes: le sentiment qu'Amélie éprouve pour René ne semble pas être imputable à la sœur de l'auteur.

Ces parallélismes ont moins d'intérêt pour le lecteur d'aujourd'hui qu'ils n'en avaient pour les contemporains de Chateaubriand. Ce qui importe plus que

Avant de lire

Au début du récit, vers 1728, les circonstances (décrites dans *Atala* et dans *Les Natchez*) sont les suivantes:

Un jeune Français nommé René, ayant quitté son pays pour des raisons mystérieuses, arrive en Louisiane en 1725. Il remonte le Mississippi (que Chateaubriand appelle le Meschacebé) jusqu'au territoire de la tribu des Natchez. Le vieux Chactas, leur *sachem* (chef et conseiller), adopte René pour fils. Au cours d'une «chasse du castor» (mentionnée au premier paragraphe de *René* et racontée dans *Atala*), Chactas parle longuement de sa vie à son fils adoptif, mais celui-ci n'a jamais voulu parler de la sienne: «Le cœur de René ne se raconte point», disait-il. Au début de notre histoire, un événement imprévu l'amène à changer d'avis.

Présent aussi pour écouter le récit de René est le père Souël, mentionné brièvement dans *Les Natchez*. Il est «missionnaire au Fort Rosalie», fondé en 1716 sur le territoire des Natchez. La fonction de cet homme d'Eglise est de tirer du récit la leçon finale. Il ne faut pas oublier qu'avant d'être publié à part, *René* faisait partie d'une apologie du christianisme...

Chateaubriand vers 1807, peint par A.L. Girodet-Trioson

l'exactitude autobiographique, c'est le fait qu'en choisissant de se peindre, Chateaubriand ait frayé la voie à toute une génération d'écrivains pour qui l'étalage du moi était non seulement un droit mais presque un devoir.

« On ne vit que par le style », aimait dire Chateaubriand, qui passe pour le plus grand prosateur de son siècle. Dans ce domaine aussi, il a servi de modèle, car il est l'un des inventeurs en France de la *prose poétique*[5]. Son style inégalable lui a valu de son vivant le surnom d'« Enchanteur », et nombreux sont, aujourd'hui encore, les lecteurs qu'enchantent les *Mémoires* et *René*.

---

5. On appelle ainsi la prose qui se rapproche de la poésie par la musicalité et par l'abondance des images.

René

En arrivant chez les Natchez, René avait été obligé de prendre une épouse, pour se conformer aux mœurs des Indiens; mais il ne vivait point avec elle. Un penchant mélancolique l'entraînait au fond des bois; il y passait seul des journées entières, et semblait sauvage parmi des sauvages. Hors Chactas, son père adoptif, et le père Souël, missionnaire au Fort Rosalie, il avait renoncé au commerce des hommes. Ces deux vieillards avaient pris beaucoup d'empire sur son cœur: le premier, par une indulgence aimable; l'autre, au contraire, par une extrême sévérité. Depuis la chasse du castor, où le *sachem* aveugle raconta ses aventures à René, celui-ci n'avait jamais voulu parler des siennes. Cependant Chactas et le missionnaire désiraient vivement connaître par quel malheur un Européen bien né avait été conduit à l'étrange résolution de s'ensevelir dans les déserts de la Louisiane. René avait toujours donné pour motif de ses refus, le peu d'intérêt de son histoire qui se bornait, disait-il, à celle de ses pensées et de ses sentiments. « Quant à l'événement qui m'a déterminé à passer en Amérique, ajoutait-il, je le dois ensevelir dans un éternel oubli. »

Quelques années s'écoulèrent de la sorte, sans que les deux vieillards lui pussent arracher son secret. Une lettre qu'il reçut d'Europe, par le bureau des Missions étrangères, redoubla tellement sa tristesse qu'il fuyait jusqu'à ses vieux amis. Ils n'en furent que plus ardents à le presser de leur ouvrir son cœur; ils y mirent tant de discrétion, de douceur et d'autorité qu'il fut enfin obligé de les satisfaire. Il prit donc jour avec eux[1], pour leur raconter, non les aventures de sa vie, puisqu'il n'en avait point éprouvées, mais les sentiments secrets de son âme.

Le 21 de ce mois, que les sauvages appellent *la lune des fleurs*[2], René se rendit à la cabane de Chactas. Il donna le bras au *sachem*, et le conduisit sous un sassafra, au bord du Meschacebé. Le père Souël ne tarda pas à arriver au rendez-vous. L'aurore se levait: à quelque distance dans la plaine, on apercevait le village des Natchez, avec son bocage de mûriers, et ses cabanes qui ressemblent à des ruches d'abeilles. La colonie française et le Fort Rosalie se montraient sur la droite, au bord du fleuve. Des tentes, des maisons à moitié bâties, des forteresses commencées, des défrichements couverts de Nègres, des groupes de Blancs et d'Indiens, présentaient dans ce petit espace le contraste des mœurs sociales et des mœurs sauvages. Vers l'orient, au fond de la perspective, le soleil commençait à paraître entre les sommets brisés

---

1. Il leur donna rendez-vous. — 2. Le mois de mai.

René d'après F. Delannoy (gravure du XIXe siècle): «Un jour je m'étais amusé à effeuiller une
branche de saule sur un ruisseau...»

des Apalaches, qui se dessinaient comme
des caractères d'azur, dans les hauteurs
dorées du ciel; à l'occident, le Meschacebé
roulait ses ondes dans un silence magnifique, et formait la bordure du tableau avec
une inconcevable grandeur.

Le jeune homme et le missionnaire ad-
mirèrent quelque temps cette belle scène,
en plaignant le *sachem* qui ne pouvait plus
en jouir; ensuite le père Souël et Chactas
s'assirent sur le gazon, au pied de l'arbre;
René prit sa place au milieu d'eux, et après
un moment de silence, il parla de la sorte à
ses vieux amis:

«Je ne puis, en commençant mon récit, me défendre d'un mouvement de honte.
La paix de vos cœurs, respectables vieillards,
et le calme de la nature autour de moi, me
font rougir du trouble et de l'agitation de
mon âme.

«Combien vous aurez pitié de moi!
Que mes éternelles inquiétudes vous paraîtront misérables! Vous qui avez épuisé tous
les chagrins de la vie, que penserez-vous

d'un jeune homme sans force et sans vertu,
qui trouve en lui-même son tourment, et
ne peut guère se plaindre que des maux
qu'il se fait à lui-même? Hélas, ne le con-
damnez pas; il a été trop puni!

«J'ai coûté la vie à ma mère en venant
au monde; j'ai été tiré de son sein avec le
fer. J'avais un frère que mon père bénit,
parce qu'il voyait en lui son fils aîné. Pour
moi, livré de bonne heure à des mains
étrangères, je fus élevé loin du toit paternel.

«Mon humeur était impétueuse, mon
caractère inégal. Tour à tour bruyant et
joyeux, silencieux et triste, je rassemblais
autour de moi mes jeunes compagnons;
puis, les abandonnant tout à coup, j'allais
m'asseoir à l'écart, pour contempler la nue
fugitive, ou entendre la pluie tomber sur le
feuillage.

«Chaque automne, je revenais au château paternel, situé au milieu des forêts, près
d'un lac, dans une province reculée.

«Timide et contraint devant mon père,
je ne trouvais l'aise et le contentement

16

qu'auprès de ma sœur Amélie. Une douce conformité d'humeur et de goûts m'unissait étroitement à cette sœur; elle était un peu plus âgée que moi. Nous aimions à gravir les côteaux ensemble, à voguer sur le lac, à parcourir les bois à la chute des feuilles: promenades dont le souvenir remplit encore mon âme de délices. O illusions de l'enfance et de la patrie, ne perdez-vous jamais vos douceurs?

«Tantôt nous marchions en silence, prêtant l'oreille au sourd mugissement de l'automne, ou au bruit des feuilles séchées, que nous traînions tristement sous nos pas; tantôt, dans nos jeux innocents, nous poursuivions l'hirondelle dans la prairie, l'arc-en-ciel sur les collines pluvieuses; quelquefois aussi nous murmurions des vers que nous inspirait le spectacle de la nature. Jeune, je cultivais les Muses; il n'y a rien de plus poétique, dans la fraîcheur de ses passions, qu'un cœur de seize années. Le matin de la vie est comme le matin du jour, plein de pureté, d'images et d'harmonie.

«Les dimanches et les jours de fête, j'ai souvent entendu, dans le grand bois, à travers les arbres, les sons de la cloche lointaine qui appelait au temple l'homme des champs. Appuyé contre le tronc d'un ormeau, j'écoutais en silence le pieux murmure. Chaque frémissement de l'airain portait à mon âme naïve l'innocence des mœurs champêtres, le calme de la solitude, le charme de la religion, et la délectable mélancolie des souvenirs de ma première enfance. Oh! quel cœur si mal fait n'a tressailli au bruit des cloches de son lieu natal, de ces cloches qui frémirent de joie sur son berceau, qui annoncèrent son avènement à la vie, qui marquèrent le premier battement de son cœur, qui publièrent dans tous les lieux d'alentour la sainte allégresse de son père, les douleurs et les joies encore plus ineffables de sa mère! Tout se trouve dans les rêveries enchantées où nous plonge le bruit de la cloche natale: religion, famille, patrie, et le berceau et la tombe, et le passé et l'avenir.

«Il est vrai qu'Amélie et moi nous jouissions plus que personne de ces idées graves et tendres, car nous avions tous les deux un peu de tristesse au fond du cœur: nous tenions cela de Dieu ou de notre mère.

«Cependant mon père fut atteint d'une maladie qui le conduisit en peu de jours au tombeau. Il expira dans mes bras. J'appris à connaître la mort sur les lèvres de celui qui m'avait donné la vie. Cette impression fut grande; elle dure encore. C'est la première fois que l'immortalité de l'âme s'est présentée clairement à mes yeux. Je ne pus croire que ce corps inanimé était en moi l'auteur de la pensée: je sentis qu'elle me devait venir d'une autre source; et dans une sainte douleur qui approchait de la joie, j'espérai me rejoindre un jour à l'esprit de mon père.

«Un autre phénomène me confirma dans cette haute idée. Les traits paternels avaient pris au cercueil quelque chose de sublime. Pourquoi cet étonnant mystère ne serait-il pas l'indice de notre immortalité? Pourquoi la mort qui sait tout, n'aurait-elle pas gravé sur le front de sa victime les secrets d'un autre univers? Pourquoi n'y aurait-il pas dans la tombe quelque grande vision de l'éternité?

«Amélie, accablée de douleur, était retirée au fond d'une tour, d'où elle entendit retentir, sous les voûtes du château gothique, le chant des prêtres du convoi et les sons de la cloche funèbre.

«J'accompagnai mon père à son dernier asile; la terre se referma sur sa dépouille; l'éternité et l'oubli le pressèrent de tout leur poids; le soir même l'indifférent passait sur sa tombe; hors pour sa fille et pour son fils, c'était déjà comme s'il n'avait jamais été.

«Il fallut quitter le toit paternel, devenu l'héritage de mon frère: je me retirai avec Amélie chez de vieux parents.

«Arrêté à l'entrée des voies trompeuses de la vie, je les considérais l'une après l'autre, sans m'y oser engager. Amélie m'entretenait souvent du bonheur de la vie religieuse; elle me disait que j'étais le seul lien qui la retînt dans le monde [3], et ses yeux s'attachaient sur moi avec tristesse.

«Le cœur ému par ces conversations pieuses, je portais souvent mes pas vers un

---

3. Ici et plus loin, dans la lettre d'Amélie, « le monde », c'est *la vie profane;* « la vie religieuse », c'est la vie d'un religieux ou d'une religieuse.

monastère, voisin de mon nouveau séjour; un moment même j'eus la tentation d'y cacher ma vie. Heureux ceux qui ont fini leur voyage, sans avoir quitté le port, et qui n'ont point, comme moi, traîné d'inutiles jours sur la terre!

« Les Européens, incessamment agités, sont obligés de se bâtir des solitudes. Plus notre cœur est tumultueux et bruyant, plus le calme et le silence nous attirent. Ces hospices de mon pays, ouverts aux malheureux et aux faibles, sont souvent cachés dans des vallons qui portent au cœur le vague sentiment de l'infortune, et l'espérance d'un abri; quelquefois aussi on les découvre sur de hauts sites où l'âme religieuse, comme une plante des montagnes, semble s'élever vers le ciel pour lui offrir ses parfums.

« Je vois encore le mélange majestueux des eaux et des bois de cette antique abbaye où je pensai dérober ma vie aux caprices du sort; j'erre encore au déclin du jour dans ces cloîtres retentissants et solitaires. Lorsque la lune éclairait à demi les piliers des arcades, et dessinait leur ombre sur le mur opposé, je m'arrêtais à contempler la croix qui marquait le champ de la mort, et les longues herbes qui croissaient entre les pierres des tombes. O hommes, qui ayant vécu loin du monde, avez passé du silence de la vie au silence de la mort, de quel dégoût de la terre vos tombeaux ne remplissaient-ils point mon cœur!

« Soit inconstance naturelle, soit préjugé contre la vie monastique, je changeai mes desseins; je me résolus à voyager. Je dis adieu à ma sœur; elle me serra dans ses bras avec un mouvement qui ressemblait à de la joie, comme si elle eût été heureuse de me quitter; je ne pus me défendre d'une réflexion amère sur l'inconséquence des amitiés humaines.

« Cependant, plein d'ardeur, je m'élançai seul sur cet orageux océan du monde, dont je ne connaissais ni les ports, ni les écueils. Je visitai d'abord les peuples qui ne sont plus: je m'en allai m'asseyant sur les débris de Rome et de la Grèce: pays de forte et d'ingénieuse mémoire, où les palais sont ensevelis dans la poudre, et les mausolées

des rois cachés sous les ronces. Force de la nature, et faiblesse de l'homme: un brin d'herbe perce souvent le marbre le plus dur de ces tombeaux, que tous ces morts, si puissants, ne soulèveront jamais!

« Quelquefois une haute colonne se montrait seule debout dans un désert, comme une grande pensée s'élève, par intervalles, dans une âme que le temps et le malheur ont dévastée.

« Je méditai sur ces monuments dans tous les accidents[4] et à toutes les heures de la journée. Tantôt ce même soleil qui avait vu jeter les fondements de ces cités, se couchait majestueusement, à mes yeux, sur leurs ruines; tantôt la lune se levant dans un ciel pur, entre deux urnes cinéraires à moitié brisées, me montrait les pâles tombeaux. Souvent aux rayons de cet astre qui alimente les rêveries, j'ai cru voir le Génie des souvenirs, assis tout pensif à mes côtés.

« Mais je me lassai de fouiller dans des cercueils, où je ne remuais trop souvent qu'une poussière criminelle[5].

« Je voulus voir si les races vivantes m'offriraient plus de vertus, ou moins de malheurs que les races évanouies. Comme je me promenais un jour dans une grande cité, en passant derrière un palais, dans une cour retirée et déserte, j'aperçus une statue qui indiquait du doigt un lieu fameux par un sacrifice[6]. Je fus frappé du silence de ces lieux; le vent seul gémissait autour du marbre tragique. Des manœuvres étaient couchés avec indifférence au pied de la statue, ou taillaient des pierres en sifflant. Je leur demandai ce que signifiait ce monument: les uns purent à peine me le dire, les autres ignoraient la catastrophe qu'il retraçait. Rien ne m'a plus donné la juste mesure des événements de la vie, et du peu que nous sommes. Que sont devenus ces personnages qui firent tant de bruit? Le temps a fait un pas, et la face de la terre a été renouvelée.

« Je recherchai surtout dans mes voyages les artistes et ces hommes divins qui chantent les Dieux sur la lyre, et la félicité des peuples qui honorent les lois, la religion et les tombeaux.

---

4. Changements de lumière. — 5. Les restes de criminels. — 6. « A Londres, derrière Whitehall, la statue de Jacques II » (note de Chateaubriand), érigée pour commémorer l'exécution de son père Charles Ier.

« Ces chantres sont de race divine, ils possèdent le seul talent incontestable dont le ciel ait fait présent à la terre. Leur vie est à la fois naïve et sublime; ils célèbrent les Dieux avec une bouche d'or, et sont les plus simples des hommes; ils causent comme des immortels ou comme de petits enfants; ils expliquent les lois de l'univers, et ne peuvent comprendre les affaires les plus innocentes de la vie; ils ont des idées merveilleuses de la mort, et meurent sans s'en apercevoir, comme des nouveau-nés.

« Sur les monts de la Calédonie [7], le dernier barde qu'on ait ouï dans ces déserts me chanta les poèmes dont un héros consolait jadis sa vieillesse [8]. Nous étions assis sur quatre pierres rongées de mousse; un torrent coulait à nos pieds; le chevreuil paissait à quelque distance parmi les débris d'une tour, et le vent des mers sifflait sur la bruyère de Cona. Maintenant la religion chrétienne, fille aussi des hautes montagnes, a placé des croix sur les monuments des héros de Morven, et touché la harpe de David, au bord du même torrent où Ossian fit gémir la sienne. Aussi pacifique que les divinités de Selma étaient guerrières, elle garde des troupeaux où Fingal livrait des combats, et elle a répandu des anges de paix dans les nuages qu'habitaient des fantômes homicides.

« L'ancienne et riante Italie m'offrit la foule de ses chefs-d'œuvre. Avec quelle sainte et poétique horreur j'errais dans ces vastes édifices consacrés par les arts à la religion! Quel labyrinthe de colonnes! Quelles succession d'arches et de voûtes! Qu'ils sont beaux ces bruits qu'on entend autour des dômes, semblables aux rumeurs des flots dans l'Océan, aux murmures des vents dans les forêts, ou à la voix de Dieu dans son temple! L'architecte bâtit, pour ainsi dire, les idées du poète et les fait toucher aux sens.

« Cependant qu'avais-je appris jusqu'alors avec tant de fatigue? Rien de certain parmi les anciens, rien de beau parmi les modernes. Le passé et le présent sont deux statues incomplètes: l'une a été retirée toute mutilée du débris des âges; l'autre n'a pas encore reçu sa perfection de l'avenir.

« Mais peut-être, mes vieux amis, vous surtout, habitants du désert, êtes-vous étonnés que, dans ce récit de mes voyages, je ne vous aie pas une seule fois entretenus des monuments de la nature?

« Un jour, j'étais monté au sommet de l'Etna, volcan qui brûle au milieu d'une île. Je vis le soleil se lever dans l'immensité de l'horizon au-dessous de moi, la Sicile resserrée comme un point à mes pieds, et la mer déroulée au loin dans les espaces. Dans cette vue perpendiculaire du tableau, les fleuves ne me semblaient plus que des lignes géographiques tracées sur une carte; mais, tandis que d'un côté mon œil apercevait ces objets, de l'autre il plongeait dans le cratère de l'Etna, dont je découvrais les entrailles brûlantes, entre les bouffées d'une noire vapeur.

« Un jeune homme plein de passions, assis sur la bouche d'un volcan, et pleurant sur les mortels dont à peine il voyait à ses pieds les demeures, n'est sans doute, ô vieillards, qu'un objet digne de votre pitié; mais, quoi que vous puissiez penser de René, ce tableau vous offre l'image de son caractère et de son existence: c'est ainsi que toute ma vie j'ai eu devant les yeux une création à la fois immense et imperceptible, et un abîme ouvert à mes côtés. »

En prononçant ces derniers mots, René se tut, et tomba subitement dans la rêverie. Le père Souël le regardait avec étonnement, et le vieux *sachem* aveugle qui n'entendait plus parler le jeune homme, ne savait que penser de ce silence.

René avait les yeux attachés sur un groupe d'Indiens qui passaient gaiement dans la plaine. Tout à coup sa physionomie s'attendrit, des larmes coulent de ses yeux,

---

7. L'ancienne Ecosse. — 8. Il s'agit ici et dans le reste du paragraphe d'Ossian, barde (poète) gaélique légendaire du IIIe siècle. Après la mort de son fils, Ossian vieilli et aveugle se consolait en chantant les exploits de sa famille, et notamment de son père Fingal, roi de Morven. Selma: leur résidence familiale. Cona: lande du royaume de Morven. En 1760–63, l'écrivain écossais J. Macpherson publia une prétendue traduction des quelques « fragments of ancient poetry collected in the Highlands »; traduit en français sous le titre de *Poèmes d'Ossian*, l'ouvrage exerça une énorme influence sur les romantiques, épris de primitivisme. Accusé de supercherie, Macpherson ne put jamais produire les textes originaux, et paraît avoir presque tout inventé.

il s'écrie: «Heureux sauvages! Oh! que ne puis-je jouir de la paix qui vous accompagne toujours! Tandis qu'avec si peu de fruit je parcourais tant de contrées, vous, assis tranquillement sous vos chênes, vous laissiez couler les jours sans les compter. Votre raison n'était que vos besoins, et vous arriviez, mieux que moi, au résultat de la sagesse, comme l'enfant, entre les jeux et le sommeil. Si cette mélancolie qui s'engendre de l'excès du bonheur atteignait quelquefois votre âme, bientôt vous sortiez de cette tristesse passagère, et votre regard levé vers le Ciel, cherchait avec attendrissement ce je ne sais quoi inconnu qui prend pitié du pauvre sauvage.»

Ici la voix de René expira de nouveau, et le jeune homme pencha la tête sur sa poitrine. Chactas, étendant le bras dans l'ombre, et prenant le bras de son fils, lui cria d'un ton ému: «Mon fils! mon cher fils!» A ces accents, le frère d'Amélie revenant à lui, et rougissant de son trouble, pria son père de lui pardonner.

Alors le vieux sauvage: «Mon jeune ami, les mouvements d'un cœur comme le tien ne sauraient être égaux; modère seulement ce caractère qui t'a déjà fait tant de mal. Si tu souffres plus qu'un autre des choses de la vie, il ne faut pas t'en étonner; une grande âme doit contenir plus de douleur qu'une petite. Continue ton récit. Tu nous as fait parcourir une partie de l'Europe, fais-nous connaître ta patrie. Tu sais que j'ai vu la France, et quels liens m'y ont attaché: j'aimerais à entendre parler de ce grand chef, qui n'est plus, et dont j'ai visité la superbe cabane[9]. Mon enfant, je ne vis plus que par la mémoire. Un vieillard avec ses souvenirs ressemble au chêne décrépit de nos bois: ce chêne ne se décore plus de son propre feuillage, mais il couvre quelquefois sa nudité des plantes étrangères qui ont végété sur ses antiques rameaux.»

Le frère d'Amélie, calmé par ces paroles, reprit ainsi l'histoire de son cœur: «Hélas! mon père, je ne pourrai t'entretenir de ce grand siècle dont je n'ai vu que la fin dans mon enfance, et qui n'était plus lorsque je rentrai dans ma patrie. Jamais un changement plus étonnant et plus soudain ne s'est opéré chez un peuple. De la hauteur du génie, du respect pour la religion, de la gravité des mœurs, tout était subitement descendu à la souplesse de l'esprit, à l'impiété, à la corruption[10].

«C'était donc bien vainement que j'avais espéré retrouver dans mon pays de quoi calmer cette inquiétude, cette ardeur de désir qui me suit partout. L'étude du monde ne m'avait rien appris, et pourtant je n'avais plus la douceur de l'ignorance.

«Ma sœur, par une conduite inexplicable, semblait se plaire à augmenter mon ennui; elle avait quitté Paris quelques jours avant mon arrivée. Je lui écrivis que je comptais l'aller rejoindre; elle se hâta de me répondre pour me détourner de ce projet, sous prétexte qu'elle était incertaine du lieu où l'appelleraient ses affaires. Quelles tristes réflexions ne fis-je point alors sur l'amitié, que la présence attiédit, que l'absence efface, qui ne résiste point au malheur, et encore moins à la prospérité!

«Je me trouvai bientôt plus isolé dans ma patrie, que je ne l'avais été sur une terre étrangère. Je voulus me jeter pendant quelque temps dans un monde qui ne me disait rien et qui ne m'entendait pas. Mon âme, qu'aucune passion n'avait encore usée, cherchait un objet qui pût l'attacher; mais je m'aperçus que je donnais plus que je ne recevais. Ce n'était ni un langage élevé, ni un sentiment profond qu'on demandait de moi. Je n'étais occupé qu'à rapetisser ma vie, pour la mettre au niveau de la société. Traité partout d'esprit romanesque, honteux du rôle que je jouais, dégoûté de plus en plus des choses et des hommes, je pris le parti de me retirer dans un faubourg pour y vivre totalement ignoré.

«Je trouvai d'abord assez de plaisir dans cette vie obscure et indépendante. Inconnu, je me mêlais à la foule: vaste désert d'hommes!

«Souvent assis dans une église peu fréquentée, je passais des heures entières en méditation. Je voyais de pauvres femmes venir se prosterner devant le Très-Haut, ou

---

9. Le «chef» est Louis XIV; sa «cabane» est Versailles. — 10. Allusion aux mœurs plutôt dissolues de la Régence (1715–1724).

des pécheurs s'agenouiller au tribunal de la pénitence. Nul ne sortait de ces lieux sans un visage plus serein, et les sourdes clameurs qu'on entendait au dehors semblaient être les flots des passions et les orages du monde qui venaient expirer au pied du temple du Seigneur. Grand Dieu, qui vis en secret couler mes larmes dans ces retraites sacrées, tu sais combien de fois je me jetai à tes pieds, pour te supplier de me décharger du poids de l'existence, ou de changer en moi le vieil homme[11]! Ah! qui n'a senti quelquefois le besoin de se régénérer, de se rajeunir aux eaux du torrent, de retremper son âme à la fontaine de vie? Qui ne se trouve quelquefois accablé du fardeau de sa propre corruption, et incapable de rien faire de grand, de noble, de juste?

« Quand le soir était venu, reprenant le chemin de ma retraite, je m'arrêtais sur les ponts, pour voir se coucher le soleil. L'astre, enflammant les vapeurs de la cité, semblait osciller lentement dans un fluide d'or, comme le pendule de l'horloge des siècles. Je me retirais ensuite avec la nuit, à travers un labyrinthe de rues solitaires. En regardant les lumières qui brillaient dans les demeures des hommes, je me transportais par la pensée au milieu des scènes de douleur et de joie qu'elles éclairaient; et je songeais que sous tant de toits habités, je n'avais pas un ami. Au milieu de mes réflexions, l'heure venait frapper à coups mesurés dans la tour de la cathédrale gothique; elle allait se répétant sur tous les tons et à toutes les distances d'église en église. Hélas! chaque heure dans la société ouvre un tombeau, et fait couler des larmes.

« Cette vie, qui m'avait d'abord enchanté, ne tarda pas à me devenir insupportable. Je me fatiguai de la répétition des mêmes scènes et des mêmes idées. Je me mis à sonder mon cœur, à me demander ce que je désirais. Je ne le savais pas; mais je crus tout à coup que les bois me seraient délicieux. Me voilà soudain résolu d'achever, dans un exil champêtre, une carrière à peine commencée, et dans laquelle j'avais déjà dévoré des siècles.

« J'embrassai ce projet avec l'ardeur que je mets à tous mes desseins; je partis précipitamment pour m'ensevelir dans une chaumière, comme j'étais parti autrefois pour faire le tour du monde.

« On m'accuse d'avoir des goûts inconstants, de ne pouvoir jouir longtemps de la même chimère, d'être la proie d'une imagination qui se hâte d'arriver au fond de mes plaisirs, comme si elle était accablée de leur durée; on m'accuse de passer[12] toujours le but que je puis atteindre: hélas! je cherche seulement un bien inconnu, dont l'instinct[13] me poursuit. Est-ce ma faute, si je trouve partout des bornes, si ce qui est fini[14] n'a pour moi aucune valeur? Cependant je sens que j'aime la monotonie des sentiments de la vie, et si j'avais encore la folie de croire au bonheur, je le chercherais dans l'habitude.

« La solitude absolue, le spectacle de la nature, me plongèrent bientôt dans un état presque impossible à décrire. Sans parents, sans amis, pour ainsi dire seul sur la terre, n'ayant point encore aimé, j'étais accablé d'une surabondance de vie. Quelquefois je rougissais subitement, et je sentais couler dans mon cœur, comme des ruisseaux d'une lave ardente; quelquefois je poussais des cris involontaires, et la nuit était également troublée de mes songes et de mes veilles. Il me manquait quelque chose pour remplir l'abîme de mon existence: je descendais dans la vallée, je m'élevais sur la montagne, appelant de toute la force de mes désirs l'idéal objet d'une flamme future: je l'embrassais dans les vents; je croyais l'entendre dans les gémissements du fleuve; tout était ce fantôme imaginaire, et les astres dans les cieux, et le principe même de vie dans l'univers.

« Toutefois cet état de calme et de trouble, d'indigence et de richesse, n'était pas sans quelques charmes. Un jour je m'étais amusé à effeuiller une branche de saule sur un ruisseau, et à attacher une idée à chaque

---

11. Allusion biblique: « Dépouillez le vieil homme » (saint Paul, Epître aux Ephésiens, IV, 22), c'est-à-dire: Abandonnez votre genre de vie, pour n'être plus le pécheur que vous avez été jusqu'ici. — 12. Dépasser. — 13. Vague souvenir; désir mal défini. — 14. *Fini* est ici le contraire d'*infini*.

feuille que le courant entraînait. Un roi qui craint de perdre sa couronne par une révolution subite, ne ressent pas des angoisses plus vives que les miennes, à chaque accident qui menaçait les débris de mon rameau. O faiblesse des mortels! O enfance du cœur humain qui ne vieillit jamais! Voilà donc à quel degré de puérilité notre superbe[15] raison peut descendre! Et encore est-il vrai que bien des hommes attachent leur destinée à des choses d'aussi peu de valeur que mes feuilles de saule.

«Mais comment exprimer cette foule de sensations fugitives, que j'éprouvais dans mes promenades? Les sons que rendent les passions dans le vide d'un cœur solitaire, ressemblent au murmure que les vents et les eaux font entendre dans le silence d'un désert: on en jouit, mais on ne peut les peindre.

«L'automne me surprit au milieu de ces incertitudes: j'entrai avec ravissement dans les mois des tempêtes. Tantôt j'aurais voulu être un de ces guerriers errant au milieu des vents, des nuages et des fantômes[16]; tantôt j'enviais jusqu'au sort du pâtre que je voyais réchauffer ses mains à l'humble feu de broussailles qu'il avait allumé au coin d'un bois. J'écoutais ses chants mélancoliques, qui me rappelaient que dans tout pays, le chant naturel de l'homme est triste, lors même qu'il exprime le bonheur. Notre cœur est un instrument incomplet, une lyre où il manque des cordes, et où nous sommes forcés de rendre les accents de la joie, sur le ton consacré aux soupirs.

«Le jour je m'égarais sur de grandes bruyères terminées par des forêts. Qu'il fallait peu de chose à ma rêverie: une feuille séchée que le vent chassait devant moi, une cabane dont la fumée s'élevait dans la cime dépouillée des arbres, la mousse qui tremblait au souffle du nord sur le tronc d'un chêne, une roche écartée, un étang désert où le jonc flétri murmurait! Le clocher du hameau, s'élevant au loin dans la vallée, a souvent attiré mes regards; souvent j'ai suivi des yeux les oiseaux de passage qui volaient au-dessus de ma tête. Je me figurais

les bords ignorés, les climats lointains où ils se rendent; j'aurais voulu être sur leurs ailes. Un secret instinct me tourmentait; je sentais que je n'étais moi-même qu'un voyageur. Mais une voix du ciel semblait me dire: "Homme, la saison de ta migration n'est pas encore venue. Attends que le vent de la mort se lève; alors tu déploieras ton vol vers ces régions inconnues que ton cœur demande."

«Levez-vous vite, orages désirés, qui devez emporter René dans les espaces d'une autre vie! Ainsi disant, je marchais à grands pas, le visage enflammé, le vent sifflant dans ma chevelure, ne sentant ni pluie ni frimas, enchanté, tourmenté, et comme possédé par le démon de mon cœur.

«La nuit lorsque l'aquilon ébranlait ma chaumière, que les pluies tombaient en torrent sur mon toit, qu'à travers ma fenêtre, je voyais la lune sillonner les nuages amoncelés, comme un pâle vaisseau qui laboure les vagues, il me semblait que la vie redoublait au fond de mon cœur, que j'aurais eu la puissance de créer des mondes. Ah! si j'avais pu faire partager à une autre les transports que j'éprouvais! O Dieu! si tu m'avais donné une femme selon mes désirs; si, comme à notre premier père, tu m'eusses amené par la main une Eve tirée de moi-même... Beauté céleste, je me serais prosterné devant toi; puis, te prenant dans mes bras, j'aurais prié l'Eternel de te donner le reste de ma vie.

«Hélas! j'étais seul, seul sur la terre! Une langueur secrète s'emparait de mon corps. Ce dégoût de la vie que j'avais ressenti dès mon enfance, revenait avec une force nouvelle. Bientôt mon cœur ne fournit plus d'aliment à ma pensée, et je ne m'apercevais de mon existence que par un profond sentiment d'ennui.

«Je luttai quelque temps contre mon mal, mais avec indifférence et sans avoir la ferme résolution de le vaincre. Enfin, ne pouvant trouver de remède à cette étrange blessure de mon cœur, qui n'était nulle part et qui était partout, je résolus de quitter la vie.

---

15. Fière. — 16. Comme chez Ossian, à qui il y a de nombreuses allusions dans ce paragraphe et les deux suivants.

« Prêtre du Très-Haut, qui m'entendez, pardonnez à un malheureux que le ciel avait presque privé de la raison. J'étais plein de religion, et je raisonnais en impie; mon cœur aimait Dieu, et mon esprit le méconnaissait; ma conduite, mes discours, mes sentiments, mes pensées, n'étaient que contradiction, ténèbres, mensonges. Mais l'homme sait-il bien toujours ce qu'il veut, est-il toujours sûr de ce qu'il pense?

« Tout m'échappait à la fois, l'amitié, le monde, la retraite. J'avais essayé de tout, et tout m'avait été fatal. Repoussé par la société, abandonné d'Amélie, quand la solitude vint à me manquer, que me restait-il? C'était la dernière planche sur laquelle j'avais espéré me sauver, et je la sentais encore s'enfoncer dans l'abîme!

« Décidé que j'étais à me débarrasser du poids de la vie, je résolus de mettre toute ma raison dans cet acte insensé. Rien ne me pressait; je ne fixai point le moment du départ, afin de savourer à longs traits les derniers moments de l'existence et de recueillir toutes mes forces, à l'exemple d'un Ancien, pour sentir mon âme s'échapper [17].

« Cependant je crus nécessaire de prendre des arrangements concernant ma fortune, et je fus obligé d'écrire à Amélie. Il m'échappa quelques plaintes sur son oubli, et je laissai sans doute percer l'attendrissement qui surmontait peu à peu mon cœur. Je m'imaginais pourtant avoir bien dissimulé mon secret; mais ma sœur, accoutumée à lire dans les replis de mon âme, le devina sans peine. Elle fut alarmée du ton de contrainte qui régnait dans ma lettre, et de mes questions sur des affaires dont je ne m'étais jamais occupé. Au lieu de me répondre, elle me vint tout à coup surprendre.

« Pour bien sentir quelle dut être dans la suite l'amertume de ma douleur, et quels furent mes premiers transports en revoyant Amélie, il faut vous figurer que c'était la seule personne au monde que j'eusse aimée, que tous mes sentiments se venaient confondre en elle, avec la douceur des souvenirs de mon enfance. Je reçus donc Amélie dans une sorte d'extase de cœur. Il y avait si longtemps que je n'avais trouvé quelqu'un qui m'entendît, et devant qui je pusse ouvrir mon âme!

« Amélie, se jetant dans mes bras, me dit: "Ingrat, tu veux mourir, et ta sœur existe! Tu soupçonnes son cœur! Ne t'explique point, ne t'excuse point, je sais tout; j'ai tout compris, comme si j'avais été avec toi. Est-ce moi que l'on trompe, moi, qui ai vu naître tes premiers sentiments? Voilà ton malheureux caractère, tes dégoûts, tes injustices. Jure, tandis que je te presse sur mon cœur, jure que c'est la dernière fois que tu te livreras à tes folies; fais le serment de ne jamais attenter à tes jours."

« En prononçant ces mots, Amélie me regardait avec compassion et tendresse, et couvrait mon front de ses baisers; c'était presque une mère, c'était quelque chose de plus tendre. Hélas! mon cœur se rouvrit à toutes les joies; comme un enfant, je ne demandais qu'à être consolé; je cédai à l'empire d'Amélie; elle exigea un serment solennel; je le fis sans hésiter, ne soupçonnant même pas que désormais je pusse être malheureux.

« Nous fûmes plus d'un mois à nous accoutumer à l'enchantement d'être ensemble. Quand le matin, au lieu de me trouver seul, j'entendais la voix de ma sœur, j'éprouvais un tressaillement de joie et de bonheur. Amélie avait reçu de la nature quelque chose de divin; son âme avait les mêmes grâces innocentes que son corps; la douceur de ses sentiments était infinie; il n'y avait rien que de suave et d'un peu rêveur dans son esprit; on eût dit que son cœur, sa pensée et sa voix soupiraient comme de concert; elle tenait de la femme la timidité et l'amour, et de l'ange la pureté et la mélancolie.

« Le moment était venu où j'allais expier toutes mes inconséquences. Dans mon délire j'avais été jusqu'à désirer d'éprouver

---

17. Allusion possible à Canius Julius qui, condamné à mort, se dit curieux de savoir si, à cet instant fugitif de la mort, il sentira son âme s'en aller. La comparaison semble mal fondée, puisqu'il s'agit chez Chateaubriand de s'habituer, entre le moment présent et celui d'un suicide différé, à l'idée de la mort.

un malheur, pour avoir du moins un objet réel de souffrance: épouvantable souhait que Dieu, dans sa colère, a trop exaucé!

« Que vais-je vous révéler, ô mes amis! Voyez les pleurs qui coulent de mes yeux. Puis-je même... Il y a quelques jours, rien n'aurait pu m'arracher ce secret... A présent tout est fini!

« Toutefois, ô vieillards, que cette histoire soit à jamais ensevelie dans le silence: souvenez-vous qu'elle n'a été racontée que sous l'arbre du désert.

« L'hiver finissait, lorsque je m'aperçus qu'Amélie perdait le repos et la santé qu'elle commençait à me rendre. Elle maigrissait; ses yeux se creusaient; sa démarche était languissante, et sa voix troublée. Un jour, je la surpris toute en larmes au pied d'un crucifix. Le monde, la solitude, mon absence, ma présence, la nuit, le jour, tout l'alarmait. D'involontaires soupirs venaient expirer sur ses lèvres; tantôt elle soutenait sans se fatiguer une longue course; tantôt elle se traînait à peine; elle prenait et laissait son ouvrage, ouvrait un livre sans pouvoir lire, commençait une phrase qu'elle n'achevait pas, fondait tout à coup en pleurs, et se retirait pour prier.

« En vain je cherchais à découvrir son secret. Quand je l'interrogeais, en la pressant dans mes bras, elle me répondait, avec un sourire, qu'elle était comme moi, qu'elle ne savait pas ce qu'elle avait.

« Trois mois se passèrent de la sorte, et son état devenait pire chaque jour. Une correspondance mystérieuse me semblait être la cause de ses larmes, car elle paraissait ou plus tranquille, ou plus émue, selon les lettres qu'elle recevait. Enfin, un matin, l'heure à laquelle nous déjeunions ensemble étant passée, je monte à son appartement; je frappe, on ne me répond point; j'entr'ouvre la porte, il n'y avait personne dans la chambre. J'aperçois sur la cheminée un paquet à mon adresse. Je le saisis en tremblant, je l'ouvre, et je lis cette lettre, que je conserve pour m'ôter à l'avenir tout mouvement de joie. »

A René

Le Ciel m'est témoin, mon frère, que je donnerais mille fois ma vie pour vous épargner un moment de peine; mais, infortunée que je suis, je ne puis rien pour votre bonheur. Vous me pardonnerez donc de m'être dérobée de chez vous, comme une coupable: je n'aurais pu résister à vos prières, et cependant il fallait partir... Mon Dieu, ayez pitié de moi!

Vous savez, René, que j'ai toujours eu du penchant pour la vie religieuse: il est temps que je mette à profit les avertissements du Ciel. Pourquoi ai-je attendu si tard! Dieu m'en punit. J'étais restée pour vous dans le monde... Pardonnez, je suis toute troublée par le chagrin que j'ai de vous quitter.

C'est à présent, mon cher frère, que je sens bien la nécessité de ces asiles, contre lesquels je vous ai vu souvent vous élever. Il est des malheurs qui nous séparent pour toujours des hommes: que deviendraient alors de pauvres infortunées!... Je suis persuadée que vous-même, mon frère, vous trouveriez le repos dans ces retraites de la religion: la terre n'offre rien qui soit digne de vous.

Je ne vous rappellerai point votre serment: je connais la fidélité de votre parole. Vous l'avez juré, vous vivrez pour moi. Y a-t-il rien de plus misérable, que de songer sans cesse à quitter la vie? Pour un homme de votre caractère, il est si aisé de mourir! Croyez-en votre sœur, il est plus difficile de vivre.

Mais, mon frère, sortez au plus vite de la solitude, qui ne vous est pas bonne; cherchez quelque occupation. Je sais que vous riez amèrement de cette nécessité où l'on est en France de prendre un état[18]. Ne méprisez pas tant l'expérience et la sagesse de nos pères. Il vaut mieux, mon cher René, ressembler un peu plus au commun des hommes, et avoir un peu moins de malheur.

Peut-être trouveriez-vous dans le mariage un soulagement à vos ennuis. Une femme, des enfants occuperaient vos jours. Et quelle est la femme qui ne chercherait pas à vous rendre heureux! L'ardeur de votre âme, la beauté de votre génie, votre air noble et passionné, ce regard fier et tendre, tout vous assurerait de son amour et de sa fidélité. Ah! avec quelles délices ne te presserait-elle pas dans ses bras et sur son cœur! Comme tous ses regards, toutes ses pensées seraient attachés sur toi pour prévenir tes moindres peines! Elle serait tout amour, toute innocence devant toi; tu croirais retrouver une sœur.

Je pars pour le couvent de... Ce monastère, bâti au bord de la mer, convient à la situation de mon âme. La nuit, du fond de ma cellule, j'en-

---

18. Choisir une profession.

tendrai le murmure des flots qui baignent les murs du couvent; je songerai à ces promenades que je faisais avec vous, au milieu des bois, alors que nous croyions retrouver le bruit des mers dans la cime agitée des pins. Aimable compagnon de mon enfance, est-ce que je ne vous verrai plus? A peine plus âgée que vous, je vous balançais dans votre berceau; souvent nous avons dormi ensemble. Ah! si un même tombeau nous réunissait un jour! Mais non: je dois dormir seule sous les marbres glacés de ce sanctuaire où reposent pour jamais ces filles qui n'ont point aimé.

Je ne sais si vous pourrez lire ces lignes à demi effacées par mes larmes. Après tout, mon ami, un peu plus tôt, un peu plus tard, n'aurait-il pas fallu nous quitter? Qu'ai-je besoin de vous entretenir de l'incertitude et du peu de valeur de la vie? Vous vous rappelez le jeune M... qui fit naufrage à l'Ile de France[19]. *Quand vous reçûtes sa dernière lettre, quelques mois après sa mort, sa dépouille terrestre n'existait même plus, et l'instant où vous commenciez son deuil en Europe était celui où on le finissait aux Indes. Qu'est-ce donc que l'homme, dont la mémoire périt si vite? Une partie de ses amis ne peut apprendre sa mort, que l'autre n'en soit déjà consolée! Quoi, cher et trop cher René, mon souvenir s'effacera-t-il si promptement de ton cœur? O mon frère, si je m'arrache à vous dans le temps, c'est pour n'être pas séparée de vous dans l'éternité.*

Amélie

P.S. Je joins ici l'acte de la donation de mes biens; j'espère que vous ne refuserez pas cette marque de mon amitié.

« La foudre qui fût tombée à mes pieds ne m'eût pas causé plus d'effroi que cette lettre. Quel secret Amélie me cachait-elle? Qui[20] la forçait si subitement à embrasser la vie religieuse? Ne m'avait-elle rattaché à l'existence par le charme de l'amitié que pour me délaisser tout à coup? Oh! pourquoi était-elle venue me détourner de mon dessein! Un mouvement de pitié l'avait rappelée auprès de moi, mais bientôt fatiguée d'un pénible devoir, elle se hâte de quitter un malheureux qui n'avait qu'elle sur la terre. On croit avoir tout fait quand on a empêché un homme de mourir! Telles

étaient mes plaintes. Puis faisant un retour sur moi-même: "Ingrate Amélie, disais-je, si tu avais été à ma place, si, comme moi, tu avais été perdue dans le vide de tes jours, ah! tu n'aurais pas été abandonnée de ton frère."

« Cependant, quand je relisais la lettre, j'y trouvais je ne sais quoi de si triste et de si tendre, que tout mon cœur se fondait. Tout à coup il me vint une idée qui me donna quelque espérance: je m'imaginai qu'Amélie avait peut-être conçu une passion pour un homme qu'elle n'osait avouer. Ce soupçon sembla m'expliquer sa mélancolie, sa correspondance mystérieuse, et le ton passionné qui respirait dans sa lettre. Je lui écrivis aussitôt pour la supplier de m'ouvrir son cœur.

« Elle ne tarda pas à me répondre, mais sans me découvrir son secret: elle me mandait seulement qu'elle avait obtenu les dispenses du noviciat, et qu'elle allait prononcer ses vœux[21].

« Je fus révolté de l'obstination d'Amélie, du mystère de ses paroles, et de son peu de confiance en mon amitié.

« Après avoir hésité un moment sur le parti que j'avais à prendre, je résolus d'aller à B... pour faire un dernier effort auprès de ma sœur. La terre où j'avais été élevé se trouvait sur la route. Quand j'aperçus les bois où j'avais passé les seuls moments heureux de ma vie, je ne pus retenir mes larmes, et il me fut impossible de résister à la tentation de leur dire un dernier adieu.

« Mon frère aîné avait vendu l'héritage paternel, et le nouveau propriétaire ne l'habitait pas. J'arrivai au château par la longue avenue de sapins; je traversai à pied les cours désertes; je m'arrêtai à regarder les fenêtres fermées ou demi-brisées, le chardon qui croissait au pied des murs, les feuilles qui jonchaient le seuil des portes, et ce perron solitaire où j'avais vu si souvent mon père et ses fidèles serviteurs. Les marches étaient déjà couvertes de mousse; le violier jaune croissait entre leurs pierres déjointes et tremblantes. Un gardien inconnu m'ouvrit brusquement les portes.

---

19. L'île Maurice, près de Madagascar. — 20. Qu'est-ce qui (emploi classique du pronom). — 21. Le noviciat est un temps d'épreuve imposé aux novices; en être dispensée, c'est avoir le droit de prononcer immédiatement ses vœux.

J'hésitais à franchir le seuil; cet homme s'écria: "Eh bien! allez-vous faire comme cette étrangère qui vint ici il y a quelques jours? Quand ce fut pour entrer, elle s'évanouit, et je fus obligé de la reporter à sa voiture." Il me fut aisé de reconnaître l'*étrangère* qui, comme moi, était venue chercher dans ces lieux des pleurs et des souvenirs!

«Couvrant un moment mes yeux de mon mouchoir, j'entrai sous le toit de mes ancêtres. Je parcourus les appartements sonores où l'on n'entendait que le bruit de mes pas. Les chambres étaient à peine éclairées par la faible lumière qui pénétrait entre les volets fermés: je visitai celle où ma mère avait perdu la vie en me mettant au monde, celle où se retirait mon père, celle où j'avais dormi dans mon berceau, celle enfin où l'amitié avait reçu mes premiers vœux dans le sein d'une sœur. Partout les salles étaient détendues[22], et l'araignée filait sa toile dans les couches abandonnées. Je sortis précipitamment de ces lieux, je m'en éloignai à grands pas, sans oser tourner la tête. Qu'ils sont doux, mais qu'ils sont rapides, les moments que les frères et les sœurs passent dans leurs jeunes années, réunis sous l'aile de leurs vieux parents! La famille de l'homme n'est que d'un jour; le souffle de Dieu la disperse comme une fumée. A peine le fils, connaît-il le père, le père le fils, le frère la sœur, la sœur le frère! Le chêne voit germer ses glands autour de lui: il n'en est pas ainsi des enfants des hommes!

«En arrivant à B..., je me fis conduire au couvent; je demandai à parler à ma sœur. On me dit qu'elle ne recevait personne. Je lui écrivis: elle me répondit que, sur le point de se consacrer à Dieu, il ne lui était pas permis de donner une pensée au monde; que si je l'aimais, j'éviterais de l'accabler de ma douleur. Elle ajoutait: "Cependant si votre projet est de paraître à l'autel le jour de ma profession, daignez m'y servir de père[23]; ce rôle est le seul digne de votre courage, le seul qui convienne à notre amitié, et à mon repos."

«Cette froide fermeté qu'on opposait à l'ardeur de mon amitié, me jeta dans de violents transports. Tantôt j'étais près de retourner sur mes pas; tantôt je voulais rester, uniquement pour troubler le sacrifice. L'enfer me suscitait jusqu'à la pensée de me poignarder dans l'église, et de mêler mes derniers soupirs aux vœux qui m'arrachaient ma sœur. La supérieure du couvent me fit prévenir qu'on avait préparé un banc dans le sanctuaire, et elle m'invitait à me rendre à la cérémonie qui devait avoir lieu dès le lendemain.

«Au lever de l'aube, j'entendis le premier son des cloches... Vers dix heures, dans une sorte d'agonie, je me traînai au monastère. Rien ne peut plus être tragique quand on a assisté à un pareil spectacle; rien ne peut plus être douloureux quand on y a survécu.

«Un peuple immense remplissait l'église. On me conduit au banc du sanctuaire; je me précipite à genoux sans presque savoir où j'étais, ni à quoi j'étais résolu. Déjà le prêtre attendait à l'autel; tout à coup la grille mystérieuse s'ouvre, et Amélie s'avance, parée de toutes les pompes du monde. Elle était si belle, il y avait sur son visage quelque chose de si divin, qu'elle excita un mouvement de surprise et d'admiration. Vaincu par la glorieuse douleur de la sainte, abattu par les grandeurs de la religion, tous mes projets de violence s'évanouirent; ma force m'abandonna; je me sentis lié par une main toute-puissante, et, au lieu de blasphèmes et de menaces, je ne trouvai dans mon cœur que de profondes adorations et les gémissements de l'humilité.

«Amélie se place sous un dais. Le sacrifice commence à la lueur des flambeaux, au milieu des fleurs et des parfums, qui devaient rendre l'holocauste agréable. A l'offertoire, le prêtre se dépouilla de ses ornements, ne conserva qu'une tunique de lin, monta en chaire, et, dans un discours simple et pathétique, peignit le bonheur de la vierge qui se consacre au Seigneur. Quand il prononça ces mots: "Elle a paru comme l'encens qui se consume dans le feu", un grand calme et des odeurs célestes semblèrent se répandre dans l'auditoire; on se sentit comme à l'abri sous les ailes

---

22. On avait enlevé les tentures (sens vieilli). — 23. Lisez: pour donner ma main en mariage à Dieu.

de la colombe mystique, et l'on eût cru voir les anges descendre sur l'autel et remonter vers les cieux avec des parfums et des couronnes.

«Le prêtre achève son discours, reprend ses vêtements, continue le sacrifice. Amélie, soutenue de deux jeunes religieuses, se met à genoux sur la dernière marche de l'autel. On vient alors me chercher, pour remplir les fonctions paternelles. Au bruit de mes pas chancelants dans le sanctuaire, Amélie est prête à défaillir. On me place à côté du prêtre, pour lui présenter les ciseaux. En ce moment je sens renaître mes transports; ma fureur va éclater, quand Amélie, rappelant son courage, me lance un regard où il y a tant de reproche et de douleur que j'en suis atterré. La religion triomphe. Ma sœur profite de mon trouble; elle avance hardiment la tête. Sa superbe chevelure tombe de toutes parts sous le fer sacré; une longue robe d'étamine remplace pour elle les ornements du siècle[24], sans la rendre moins touchante; les ennuis de son front se cachent sous un bandeau de lin; et le voile mystérieux, double symbole de la virginité et de la religion, accompagne sa tête dépouillée. Jamais elle n'avait paru si belle. L'œil de la pénitente était attaché sur la poussière du monde, et son âme était dans le ciel.

«Cependant Amélie n'avait point encore prononcé ses vœux; et pour mourir au monde il fallait qu'elle passât à travers le tombeau. Ma sœur se couche sur le marbre; on étend sur elle un drap mortuaire; quatre flambeaux en marquent les quatres coins. Le prêtre, l'étole au cou, le livre à la main, commence l'Office des morts; de jeunes vierges le continuent. O joies de la religion, que vous êtes grandes, mais que vous êtes terribles! On m'avait contraint de me placer à genoux, près de ce lugubre appareil. Tout à coup un murmure confus sort de dessous le voile sépulcral; je m'incline, et ces paroles épouvantables (que je fus seul à entendre), viennent frapper mon oreille: "Dieu de miséricorde, fais que je ne me relève jamais de cette couche funèbre, et

comble de tes biens un frère qui n'a point partagé ma criminelle passion!"

«A ces mots échappés du cercueil, l'affreuse vérité m'éclaire; ma raison s'égare, je me laisse tomber sur le linceul de la mort, je presse ma sœur dans mes bras, je m'écrie: "Chaste épouse de Jésus-Christ, reçois mes derniers embrassements à travers les glaces du trépas et les profondeurs de l'éternité, qui te séparent déjà de ton frère!"

«Ce mouvement, ce cri, ces larmes troublent la cérémonie, le prêtre s'interrompt, les religieuses ferment la grille, la foule s'agite et se presse vers l'autel; on m'emporte sans connaissance. Que je sus peu de gré à ceux qui me rappelèrent au jour! J'appris, en rouvrant les yeux, que le sacrifice était consommé, et que ma sœur avait été saisie d'une fièvre ardente. Elle me faisait prier de ne plus chercher à la voir. O misère de ma vie: une sœur craindre de parler à un frère, et un frère craindre de faire entendre sa voix à une sœur! Je sortis du monastère comme de ce lieu d'expiation où les flammes nous préparent pour la vie céleste, où l'on a tout perdu comme aux enfers, hors l'espérance.

«On peut trouver des forces dans son âme contre un malheur personnel; mais devenir la cause involontaire du malheur d'un autre, cela est tout à fait insupportable. Eclairé sur les maux de ma sœur, je me figurais ce qu'elle avait dû souffrir. Alors s'expliquèrent pour moi plusieurs choses que je n'avais pu comprendre: ce mélange de joie et de tristesse, qu'Amélie avait fait paraître au moment de mon départ pour mes voyages, le soin qu'elle prit de m'éviter à mon retour, et cependant cette faiblesse qui l'empêcha si longtemps d'entrer dans un monastère; sans doute la fille malheureuse s'était flattée de guérir! Ses projets de retraite, la dispense du noviciat, la disposition de ses biens en ma faveur, avaient apparemment produit cette correspondance secrète qui servit à me tromper.

«O mes amis, je sus donc ce que c'était que de verser des larmes, pour un mal qui n'était point imaginaire! Mes passions,

---

24. La vie séculière, profane (ainsi appelée parce qu'elle change d'un siècle à l'autre, alors que la vie religieuse est éternelle).

si longtemps indéterminées, se précipitèrent sur cette première proie avec fureur. Je trouvai même une sorte de satisfaction inattendue dans la plénitude de mon chagrin, et je m'aperçus, avec un secret mouvement de joie, que la douleur n'est pas une affection qu'on épuise comme le plaisir.

« J'avais voulu quitter la terre avant l'ordre du Tout-Puissant; c'était un grand crime: Dieu m'avait envoyé Amélie à la fois pour me sauver et pour me punir. Ainsi, toute pensée coupable, toute action criminelle entraîne après elle des désordres et des malheurs. Amélie me priait de vivre, et je lui devais bien de ne pas aggraver ses maux. D'ailleurs (chose étrange!) je n'avais plus envie de mourir depuis que j'étais réellement malheureux. Mon chagrin était devenu une occupation qui remplissait tous mes moments: tant mon cœur est naturellement pétri d'ennui et de misère!

« Je pris donc subitement une autre résolution; je me déterminai à quitter l'Europe, et à passer en Amérique.

« On équipait, dans ce moment même, au port de B..., une flotte pour la Louisiane; je m'arrangeai avec un des capitaines de vaisseaux; je fis savoir mon projet à Amélie, et je m'occupai de mon départ.

« Ma sœur avait touché aux portes de la mort; mais Dieu, qui lui destinait la première palme des vierges, ne voulut pas la rappeler si vite à lui; son épreuve ici-bas fut prolongée. Descendue une seconde fois dans la pénible carrière de la vie, l'héroïne, courbée sous la croix, s'avança courageusement à l'encontre des douleurs, ne voyant plus que le triomphe dans le combat, et dans l'excès des souffrances, l'excès de la gloire.

« La vente du peu de bien qui me restait, et que je cédai à mon frère, les longs préparatifs d'un convoi, les vents contraires, me retinrent longtemps dans le port. J'allais chaque matin m'informer des nouvelles d'Amélie, et je revenais toujours avec de nouveaux motifs d'admiration et de larmes.

« J'errais sans cesse autour du monastère bâti au bord de la mer. J'apercevais souvent à une petite fenêtre grillée qui donnait sur une plage déserte, une religieuse assise dans une attitude pensive; elle rêvait à l'aspect de l'océan où apparaissait quelque vaisseau, cinglant aux extrémités de la terre. Plusieurs fois, à la clarté de la lune, j'ai revu la même religieuse aux barreaux de la même fenêtre: elle contemplait la mer, éclairée par l'astre de la nuit, et semblait prêter l'oreille au bruit des vagues qui se brisaient tristement sur des grèves solitaires.

« Je crois encore entendre la cloche qui, pendant la nuit, appelait les religieuses aux veilles et aux prières. Tandis qu'elle tintait avec lenteur, et que les vierges s'avançaient en silence à l'autel du Tout-Puissant, je courais au monastère: là, seul au pied des murs, j'écoutais dans une sainte extase, les derniers sons des cantiques, qui se mêlaient sous les voûtes du temple au faible bruissement des flots.

« Je ne sais comment toutes ces choses, qui auraient dû nourrir mes peines, en émoussaient au contraire l'aiguillon. Mes larmes avaient moins d'amertume lorsque je les répandais sur les rochers et parmi les vents. Mon chagrin même, par sa nature extraordinaire, portait avec lui quelque remède: on jouit de ce qui n'est pas commun, même quand cette chose est un malheur. J'en conçus presque l'espérance que ma sœur deviendrait à son tour moins misérable.

« Une lettre que je reçus d'elle avant mon départ sembla me confirmer dans ces idées. Amélie se plaignait tendrement de ma douleur, et m'assurait que le temps diminuait la sienne. "Je ne désespère pas de mon bonheur, me disait-elle. L'excès même du sacrifice, à présent que le sacrifice est consommé, sert à me rendre quelque paix. La simplicité de mes compagnes, la pureté de leurs vœux, la régularité de leur vie, tout répand du baume sur mes jours. Quand j'entends gronder les orages, et que l'oiseau de mer vient battre des ailes à ma fenêtre, moi, pauvre colombe du ciel, je songe au bonheur que j'ai eu de trouver un abri contre la tempête. C'est ici la sainte montagne, le sommet élevé d'où l'on entend les derniers bruits de la terre, et les premiers concerts du ciel; c'est ici que la religion trompe doucement une âme sensible: aux plus violentes amours elle substitue une sorte de chasteté brûlante où l'amante et la vierge sont unies; elle épure les soupirs; elle change en une flamme incorruptible une flamme périssable; elle mêle divinement son calme et son innocence à ce reste de trouble et de volupté d'un cœur qui cherche à se reposer, et d'une vie qui se retire."

« Je ne sais ce que le ciel me réserve, et s'il a voulu m'avertir que les orages accompagneraient partout mes pas. L'ordre était donné pour le départ de la flotte; déjà plusieurs vaisseaux avaient appareillé au baisser du soleil; je m'étais arrangé pour passer la dernière nuit à terre, afin d'écrire ma lettre d'adieux à Amélie. Vers minuit, tandis que je m'occupe de ce soin, et que je mouille mon papier de mes larmes, le bruit des vents vient frapper mon oreille. J'écoute; et au milieu de la tempête, je distingue les coups de canon d'alarme, mêlés au glas de la cloche monastique. Je vole sur le rivage où tout était désert, et où l'on n'entendait que le rugissement des flots. Je m'assieds sur un rocher. D'un côté s'étendent les vagues étincelantes, de l'autre les murs sombres du monastère se perdent confusément dans les cieux. Une petite lumière paraissait à la fenêtre grillée. Etait-ce toi, ô mon Amélie, qui prosternée au pied du crucifix, priais le Dieu des orages d'épargner ton malheureux frère? La tempête sur les flots, le calme dans ta retraite; des hommes brisés sur des écueils, au pied de l'asile que rien ne peut troubler; l'infini de l'autre côté du mur d'une cellule; les fanaux agités des vaisseaux, le phare immobile du couvent; l'incertitude des destinées du navigateur, la vestale connaissant dans un seul jour tous les jours futurs de sa vie; d'une autre part, une âme telle que la tienne, ô Amélie, orageuse comme l'océan; un naufrage plus affreux que celui du marinier: tout ce tableau est encore profondément gravé dans ma mémoire. Soleil de ce ciel nouveau maintenant témoin de mes larmes, écho du rivage américain qui répétez les accents de René, ce fut le lendemain de cette nuit terrible, qu'appuyé sur le gaillard de mon vaisseau, je vis s'éloigner pour jamais ma terre natale! Je contemplai longtemps sur la côte les derniers balancements des arbres de la patrie, et les faîtes du monastère qui s'abaissaient à l'horizon. »

Comme René achevait de raconter son histoire, il tira un papier de son sein, et le donna au père Souël; puis, se jetant dans les bras de Chactas, et étouffant ses sanglots, il laissa le temps au missionnaire de parcourir la lettre qu'il venait de lui remettre.

Elle était de la Supérieure de... Elle contenait le récit des derniers moments de la sœur Amélie de la Miséricorde, morte victime de son zèle et de sa charité, en soignant ses compagnes attaquées d'une maladie contagieuse. Toute la communauté était inconsolable, et l'on y regardait Amélie comme une sainte. La Supérieure ajoutait que, depuis trente ans qu'elle était à la tête de la maison, elle n'avait jamais vu de religieuse d'une humeur aussi douce et aussi égale, ni qui fût plus contente d'avoir quitté les tribulations du monde.

Chactas pressait René dans ses bras; le vieillard pleurait. « Mon enfant, dit-il à son fils, je voudrais que le père Aubry[25] fût ici, il tirait du fond de son cœur je ne sais quelle paix qui, en les calmant, ne semblait cependant point étrangère aux tempêtes; c'était la lune dans une nuit orageuse; les nuages errants ne peuvent l'emporter dans leur course; pure et inaltérable, elle s'avance tranquille au-dessus d'eux. Hélas, pour moi, tout me trouble et m'entraîne! »

Jusqu'alors le père Souël, sans proférer une parole, avait écouté d'un air austère l'histoire de René. Il portait en secret un cœur compatissant, mais il montrait au dehors un caractère inflexible; la sensibilité du *sachem* le fit sortir du silence: « Rien, dit-il au frère d'Amélie, rien ne mérite, dans cette histoire, la pitié qu'on vous montre ici. Je vois un jeune homme entêté de chimères, à qui tout déplaît, et qui s'est soustrait aux charges de la société pour se livrer à d'inutiles rêveries. On n'est point, monsieur, un homme supérieur parce qu'on aperçoit le monde sous un jour odieux. On ne hait les hommes et la vie, que faute de voir assez loin. Etendez un peu plus votre regard, et vous serez bientôt convaincu que tous ces maux dont vous vous plaignez sont de purs néants. Mais quelle honte de ne pouvoir songer au seul malheur réel de

---

25. Personnage d'*Atala*.

votre vie, sans être forcé de rougir! Toute la pureté, toute la vertu, toute la religion, toutes les couronnes d'une sainte rendent à peine tolérable la seule idée de vos chagrins. Votre sœur a expié sa faute; mais, s'il faut dire ici ma pensée, je crains que, par une épouvantable justice, un aveu sorti du sein de la tombe, n'ait troublé votre âme à son tour. Que faites-vous seul au fond des forêts où vous consumez vos jours, négligeant tous vos devoirs? Des saints, me direz-vous, se sont ensevelis dans les déserts. Ils y étaient avec leurs larmes, et employaient à éteindre leurs passions le temps que vous perdez peut-être à allumer les vôtres. Jeune présomptueux qui avez cru que l'homme se peut suffire à lui-même! La solitude est mauvaise à celui qui n'y vit pas avec Dieu; elle redouble les puissances de l'âme, en même temps qu'elle leur ôte tout sujet pour s'exercer. Quiconque a reçu des forces, doit les consacrer au service de ses semblables; s'il les laisse inutiles, il en est d'abord puni par une secrète misère, et tôt ou tard le ciel lui envoie un châtiment effroyable.»

Troublé par ces paroles, René releva du sein de Chactas sa tête humiliée. Le *sachem* aveugle se prit à sourire; et ce sourire de la bouche, qui ne se mariait plus à celui des yeux, avait quelque chose de mystérieux et de céleste. «Mon fils, dit le vieil amant d'Atala, il nous parle sévèrement; il corrige et le vieillard et le jeune homme, et il a raison. Oui, il faut que tu renonces à cette vie extraordinaire qui n'est pleine que de soucis: il n'y a de bonheur que dans les voies communes.

«Un jour le Meschacebé, encore assez près de sa source, se lassa de n'être qu'un limpide ruisseau. Il demande des neiges aux montagnes, des eaux aux torrents, des pluies aux tempêtes, il franchit ses rives, et désole ses bords charmants. L'orgueilleux ruisseau s'applaudit d'abord de sa puissance; mais voyant que tout devenait désert sur son passage, qu'il coulait, abandonné dans la solitude, que ses eaux étaient toujours troublées, il regretta l'humble lit que lui avait creusé la nature, les oiseaux, les fleurs, les arbres et les ruisseaux, jadis modestes compagnons de son paisible cours.»

Chactas cessa de parler, et l'on entendit la voix du flamant qui, retiré dans les roseaux du Meschacebé, annonçait un orage pour le milieu du jour. Les trois amis reprirent la route de leurs cabanes: René marchait en silence entre le missionnaire qui priait Dieu, et le *sachem* aveugle qui cherchait sa route. On dit que pressé par les deux vieillards, il retourna chez son épouse, mais sans y trouver le bonheur. Il périt peu de temps après avec Chactas et le père Souël, dans le massacre des Français et des Natchez à la Louisiane. On montre encore un rocher où il allait s'asseoir au soleil couchant.

Matière à réflexion

1. En réponse aux critiques, Chateaubriand prit soin d'insister sur l'intention apologétique de l'œuvre: «Le discours du père Souël ne laisse aucun doute sur le but et les moralités religieuses de l'histoire de René» (*Défense du* Génie du christianisme). Mais le sermon du missionnaire fut ajouté au manuscrit primitif, et bien des lecteurs estiment que Chateaubriand fut mal inspiré de chercher à «christianiser» ainsi son histoire. Le jugement de Sainte-Beuve est bien connu: «Les paroles de réprimande qu'adresse le vénérable père Souël à ce malade si content de l'être ne sont que pour l'assortiment et pour fournir le prétexte d'insérer un tel épisode troublant dans un ouvrage consacré au christianisme. Elles sont sévères sans être pénétrantes et efficaces. J'appelle cela *une moralité plaquée*» (*Chateaubriand et son groupe littéraire;* c'est nous qui soulignons). Plaquer, au sens figuré, c'est surajouter de façon peu naturelle (comme une feuille d'or *plaquée* sur du plomb). La leçon morale est-elle, à votre avis, «plaquée» sur le récit? S'y insère-t-elle naturellement?

2. C'est seulement pendant la cérémonie de la prise de voile que René voit — enfin! — «l'affreuse vérité»: sa sœur l'aime d'un amour incestueux. Et beaucoup de lecteurs voient dans cette incompréhension prolongée un manque de vraisemblance psychologique. «Il est, en effet, tout à fait invraisemblable,» disent-ils, «que René mette si longtemps à comprendre ce qui saute aux yeux de tout lecteur depuis les premières pages. Qu'après avoir lu la lettre d'adieu d'Amélie, il ne voie toujours pas, c'est proprement ridicule.» Cette réaction vous paraît-elle justifiée? Pourquoi le lecteur devine-t-il le secret bien avant René? Est-il possible de distinguer entre les indices que Chateaubriand fournit au lecteur et ceux qu'Amélie fournit à son frère? Dans les deux cas, de quels indices s'agit-il?

3. Définissez avec autant de précision que possible le «mal de René». Quels en sont les symptômes et les causes? A supposer que le mal soit curable, quel traitement prescririez-vous?

4. Sur l'actualité permanente de *René,* deux points de vue s'affrontent depuis un siècle et demi:

> — *René* appartient à la littérature de mode. Or la mode, c'est ce qui se démode, et il n'y a rien de plus démodé que ces «chants mélancoliques», que ces «orages désirés», que cet «idéal objet d'une flamme future». *René* fut le livre d'une génération: celle de 1820. Il n'avait déjà plus rien à dire aux jeunes de 1850, et pour nous aujourd'hui, il n'est qu'un document d'histoire.
> — Approfondissez un peu, et vous trouverez, derrière le style vieilli, un message toujours actuel. La preuve, c'est que bon nombre de lecteurs, aujourd'hui encore, s'identifient à René: ses illusions et ses désillusions, ses exaltations et ses abattements sont les leurs. Son drame est leur drame, *son mal est leur mal.* Aujourd'hui on en parle différemment, voilà tout. J'en conviens: à cinquante ans, on ne goûte plus *René* comme à vingt ans; c'est, si vous voulez, un livre pour jeunes, mais pour les jeunes de toute époque. Disons mieux: *René* est un livre pour la Jeunesse éternellement confrontée au décalage entre ses rêves et la réalité.

A qui donnez-vous raison dans cette dispute?

Les Poètes romantiques

Lamartine

Le rôle de Lamartine est d'avoir réalisé dans le domaine de la poésie ce que Chateaubriand avait fait pour la prose. Et comme Chateaubriand, Lamartine devait, avec le temps, s'en rendre pleinement compte et s'en enorgueillir. « Je suis le premier », écrit-il en 1849, avec le recul de trois décennies, « qui ai donné à ce qu'on nommait la Muse, au lieu d'une lyre de sept cordes de convention, les fibres même du cœur de l'homme, touchées et émues par les innombrables frissons de l'âme et de la nature » (préface des *Méditations*). Avec Lamartine le grand lyrisme, délaissé depuis la Pléiade, rentre dans ses droits et dans la poésie française.

Alphonse de Lamartine (1790–1869) est né à Mâcon, en Bourgogne, d'une famille de petite noblesse appauvrie par la Révolution. Il a sept ans quand ses parents s'établissent dans le domaine familial de Milly (petit village près de Mâcon qui s'appelle aujourd'hui Milly-Lamartine), et c'est là qu'il retourne en 1808 après avoir fait de solides études chez les Jésuites.

A l'époque, il n'y a d'avenir pour un jeune homme ambitieux qu'en servant Napoléon, ce qu'en bon royaliste, Lamartine refuse de faire. Aussi reste-t-il à Milly, où il mène la vie d'un gentilhomme campagnard, lisant beaucoup et s'ennuyant prodigieusement. Au retour d'un long voyage en Italie, il s'essaie sérieusement à la littérature, s'échappe à Paris où il se dissipe et s'endette, puis rentre à Milly où il s'ennuie de nouveau.

L'abdication de Napoléon lui ouvrant enfin la possibilité d'une carrière publique, Lamartine s'engage en 1814 dans les gardes du corps de Louis XVIII, mais il comprend vite que la discipline militaire n'est pas pour lui et démissionne bientôt après. L'année 1816 le trouve en Savoie où il soigne son foie aux eaux

Lamartine en 1828 (gravure par J.-M. Deveaux)

d'Aix; c'est là qu'il fait la fatale rencontre qui va bouleverser sa vie et orienter son inspiration poétique (voir ci-dessous).

En 1820 paraissent les *Méditations poétiques;* l'éclatant succès de ce premier recueil vaut à Lamartine la célébrité en France, un poste diplomatique en Italie et la main d'une riche Anglaise. Désormais il se consacrera principalement à son activité officielle, comme diplomate jusqu'en 1830, comme député jusqu'en 1851. Pendant toute cette période, il continue d'écrire, mais seulement à ses heures et en « amateur éclairé ». Les œuvres majeures de ces années sont: *Nouvelles Méditations poétiques* (1823), *Harmonies poétiques et religieuses* (1830) et *Recueillements* (1839), recueils de poésies dont aucun ne remporte le succès des *Méditations; Jocelyn* (1836) et *La Chute d'un ange* (1838), deux fragments d'une grande épopée inachevée.

Lorsqu'éclate la révolution de 1848, Lamartine, dont les idées avaient beaucoup évolué vers la gauche depuis sa jeunesse royaliste, devient chef du gouvernement provisoire qui proclame la Deuxième République. Mais il subit un échec cuisant aux élections présidentielles de la même année, et après le coup d'Etat de 1851 il doit renoncer définitivement à la politique.

Sa vieillesse sera triste et laborieuse. Lamartine avait toujours vécu au-delà de ses moyens, et, sa chute politique achevant sa ruine financière, il se voit condamné dès lors à multiplier ses publications pour payer ses dettes. Cette masse d'ouvrages comprend des romans « sociaux », un *Cours familier de littérature* en vingt-huit volumes et de très nombreux écrits historiques et autobiographiques. Mais il est depuis longtemps un écrivain démodé dont les livres se vendent mal. Sa situation empirant vers la fin, il doit vendre sa chère maison de Milly et demander une pension au gouvernement impérial. Il meurt épuisé, presque oublié, à l'âge de soixante-dix-neuf ans.

Les *Méditations poétiques*

En 1816, âgé de vingt-six ans, Lamartine avait déjà écrit deux volumes de poésies qu'il chercha en vain à faire publier. Celles qui nous restent montrent qu'à cette époque il n'avait pas encore dégagé son originalité.

En cette même année, il fait la connaissance de Julie Charles: mariée, mélancolique, malade. Ils s'aiment, elle meurt, et cet amour brisé va transformer le versificateur en poète. Son deuil lui apprend ce qu'il appelle « le sentiment grave de l'existence »; dès lors lui apparaissent « le mensonge, le vide, la légèreté, le néant de ces pauvretés sensuelles plus ou moins bien rimées » qu'il avait composées. Il en détruit alors la plupart, et recommence d'écrire selon une inspiration nouvelle: « Je n'imitais plus personne, je m'exprimais moi-même pour moi-même. Ce n'était pas un art, c'était un soulagement de mon propre cœur, qui se berçait de ses propres sanglots » (préface des *Méditations*). Ces « sanglots » devaient former le noyau d'un nouveau recueil publié en 1820 sous le titre des *Méditations poétiques*.

Paru en mars, le recueil eut *six éditions avant la fin de l'année*. Ce fut une explosion d'enthousiasme où entrait, à en croire les témoignages de l'époque, une bonne part de soulagement: « Enfin un poète nous est né!... La vraie poésie n'est pas morte!... La fibre poétique peut encore vibrer en France! » Qu'est-ce qui explique cet immense succès?

Si la forme des *Méditations* ne présentait rien de nouveau, *l'inspiration* en était proprement révolutionnaire. Au XVIIIᵉ siècle la poésie avait été légère et galante; pendant l'Empire, elle était devenue épique, descriptive ou didactique. Enfin Lamartine vint, et au lecteur ébloui il offrit une poésie intime, passionnée, *lyrique*. C'était, selon la formulation d'un *Avertissement de l'éditeur*, placé en tête du recueil, « les épanchements tendres et mélancoliques d'une âme qui s'abandonne à ses vagues inspirations ». Voilà ce qu'attendait, sans s'en rendre compte, le public de 1820. Un demi-siècle plus tard, le critique Sainte-Beuve s'en souvient dans une lettre au poète Verlaine:

> Non, ceux qui n'en ont pas été témoins ne sauraient s'imaginer l'impression vraie, légitime, ineffaçable que les contemporains ont reçue des premières *Méditations*. [...] On passait subitement d'une poésie sèche, maigre, pauvre, ayant de temps en temps un petit souffle à peine, à une poésie large, vraiment intérieure, abondante, élevée, et toute divine. [...] D'un jour à l'autre on avait changé de climat et de lumière; on avait changé d'Olympe. C'était une révélation. Notre point de départ est là.
>
> *Causeries du lundi*, IX

« Notre point de départ est là »: il est rare que l'on puisse citer avec autant de précision la date de naissance d'un mouvement ou d'une école. En 1820 les *Méditations poétiques* inaugurent quasi « officiellement » le romantisme en poésie.

☛ N.B.: Sur les vingt-quatre poèmes qui formaient la première édition des *Médita-tions,* Julie Charles, vivante ou morte, semble n'en avoir inspiré que huit. (La plu-part des autres traitent de problèmes religieux ou philosophiques.) Quitte à donner une idée fausse du recueil dans son ensemble, nous privilégions ici les plus connus des poèmes d'« Elvire » (nom poétique de Julie): ce sont ceux-là qu'ont retenus surtout le public de 1820 et qui ont exercé par la suite le plus d'influence.

Le Lac

C'est à Aix-les-Bains qu'en été 1816 se rencontrèrent et s'aimèrent le poète et Mme Julie Charles. Elle y était venue pour soigner la tuberculose qui devait l'em-porter, et lui, pour « prendre les eaux ». Leur idylle ne dura que deux semaines. Au cours de l'hiver, ils se revirent souvent à Paris (où la présence du mari les gêna quelque peu), et en se séparant en mai, ils promirent de se retrouver à Aix. Lamar-tine y arriva en août, mais Julie ne fut pas au rendez-vous: elle lui écrivit que sa santé ne lui permettait pas de faire le voyage. Quelques jours plus tard, le poète, seul et abattu, s'assit sur les bords du lac du Bourget, près d'Aix, et, se souvenant d'une

Le Lac (gravure de 1834)

promenade en bateau qu'il y avait faite avec Julie un an auparavant, conçut ce poème. Bien plus tard, il devait écrire: « C'est une de mes poésies qui a eu le plus de retentissement dans l'âme de mes lecteurs, comme elle en avait eu le plus dans la mienne » (*Commentaires*).

> Ainsi, toujours poussés vers de nouveaux rivages,
> Dans la nuit éternelle emportés sans retour,
> Ne pourrons-nous jamais sur l'océan des âges
>   Jeter l'ancre un seul jour?
>
> 5   O lac! l'année à peine a fini sa carrière,
> Et, près des flots chéris qu'elle devait revoir,
> Regarde! je viens seul m'asseoir sur cette pierre
>   Où tu la vis s'asseoir!
>
> Tu mugissais ainsi[1] sous ces roches profondes;
> 10   Ainsi tu te brisais sur leurs flancs déchirés;
> Ainsi le vent jetait l'écume de tes ondes
>   Sur ses pieds adorés.
>
> Un soir, t'en souvient-il[2]? nous voguions en silence;
> On n'entendait au loin, sur l'onde et sous les cieux,
> 15   Que le bruit des rameurs qui frappaient en cadence
>   Tes flots harmonieux.
>
> Tout à coup des accents inconnus à la terre
> Du rivage charmé frappèrent les échos;
> Le flot fut attentif, et la voix qui m'est chère
> 20   Laissa tomber ces mots:
>
> « O temps, suspends ton vol! et vous, heures propices,
>   Suspendez votre cours!
> Laissez-nous savourer les rapides délices
>   Des plus beaux de nos jours!
>
> 25   « Assez de malheureux ici-bas vous implorent:
>   Coulez, coulez pour eux;
> Prenez avec leurs jours les soins[3] qui les dévorent;
>   Oubliez les heureux.
>
> « Mais je demande en vain quelques moments encore,
> 30   Le temps m'échappe et fuit;
> Je dis à cette nuit: "Sois plus lente"; et l'aurore
>   Va dissiper la nuit.
>
> « Aimons donc, aimons donc! de l'heure fugitive,
>   Hâtons-nous, jouissons!
> 35   L'homme n'a point de port, le temps n'a point de rive:
>   Il coule, et nous passons! »

---

1. Comme aujourd'hui. — 2. T'en souviens-tu (syntaxe classique). — 3. Soucis (sens vieilli).

Temps jaloux[4], se peut-il que ces moments d'ivresse,
Où l'amour à longs flots nous verse le bonheur,
S'envolent loin de nous de la même vitesse
40   Que les jours de malheur?

Hé quoi! n'en pourrons-nous fixer au moins la trace?
Quoi! passés pour jamais? quoi! tout entiers perdus?
Ce temps qui les donna, ce temps qui les efface,
        Ne nous les rendra plus?

45   Eternité, néant, passé, sombres abîmes,
Que faites-vous des jours que vous engloutissez?
Parlez: nous rendrez-vous ces extases sublimes
        Que vous nous ravissez?

O lac! rochers muets! grottes! forêt obscure!
50   Vous que le temps épargne ou qu'il peut rajeunir,
Gardez de cette nuit, gardez, belle nature,
        Au moins le souvenir!

Qu'il soit dans ton repos, qu'il soit dans tes orages,
Beau lac, et dans l'aspect de tes riants coteaux,
55   Et dans ces noirs sapins, et dans ces rocs sauvages
        Qui pendent sur tes eaux!

Qu'il soit dans le zéphyr qui frémit et qui passe,
Dans les bruits de tes bords par tes bords répétés[5],
Dans l'astre au front d'argent[6] qui blanchit ta surface
60   De ses molles clartés!

Que le vent qui gémit, le roseau qui soupire,
Que les parfums légers de ton air embaumé,
Que tout ce qu'on entend, l'on voit ou l'on respire,
        Tout dise: « Ils ont aimé! »

L'Isolement

Ce poème date d'août 1818, neuf mois après la mort de Julie. Lamartine vivait dans une solitude inconsolable et se croyait condamné lui-même à une mort prochaine: « J'avais perdu [...] par une mort précoce la personne que j'avais le plus aimée jusque-là. Mon cœur n'était pas guéri de sa première grande blessure; il ne le fut même jamais. Je puis dire que je vivais en ce temps-là avec les morts plus qu'avec les vivants. Ma conversation habituelle, selon l'expression sacrée, était dans le ciel » (*Commentaires*). Et c'est « dans le ciel » que Lamartine a puisé l'inspiration *platoni-*

---

4. Jaloux du bonheur humain. — 5. Il s'agit de l'écho du bruit des vagues qui se brisent sur les rochers. — 6. La lune.

cienne du poème, évidente surtout dans les quatre strophes finales. Selon Platon, dont la philosophie connaissait une vogue vers 1820, les objets du monde sensible ne sont que le pâle reflet du monde intelligible des Idées (essences). « Le vrai soleil » et le « bien idéal » des vers 38 et 43 désignent moins le Dieu chrétien que l'Idée platonicienne du Bien, laquelle engendre tout et à laquelle nous aspirons tous.

> Souvent sur la montagne, à l'ombre du vieux chêne,
> Au coucher du soleil, tristement je m'assieds;
> Je promène au hasard mes regards sur la plaine,
> Dont le tableau changeant se déroule à mes pieds.
>
> 5   Ici gronde le fleuve aux vagues écumantes;
> Il serpente, et s'enfonce en un lointain obscur;
> Là, le lac immobile étend ses eaux dormantes
> Où l'étoile du soir se lève dans l'azur.
>
> Au sommet de ces monts couronnés de bois sombres,
> 10   Le crépuscule encor jette un dernier rayon;
> Et le char vaporeux de la reine des ombres[7]
> Monte, et blanchit déjà les bords de l'horizon.
>
> Cependant, s'élançant de la flèche gothique,
> Un son religieux se répand dans les airs;
> 15   Le voyageur s'arrête, et la cloche rustique
> Aux derniers bruits du jour mêle de saints concerts.
>
> Mais à ces doux tableaux mon âme indifférente
> N'éprouve devant eux ni charme ni transports;
> Je contemple la terre ainsi qu'une ombre errante:
> 20   Le soleil des vivants n'échauffe plus les morts.
>
> De colline en colline en vain portant ma vue,
> Du sud à l'aquilon[8], de l'aurore au couchant,
> Je parcours tous les points de l'immense étendue,
> Et je dis: « Nulle part le bonheur ne m'attend. »
>
> 25   Que me font ces vallons, ces palais, ces chaumières,
> Vains objets dont pour moi le charme est envolé?
> Fleuves, rochers, forêts, solitudes si chères,
> Un seul être vous manque, et tout est dépeuplé!
>
> Que le tour du soleil ou commence ou s'achève,
> 30   D'un œil indifférent je le suis dans son cours;
> En un ciel sombre ou pur qu'il se couche ou se lève,
> Qu'importe le soleil? Je n'attends rien des jours.
>
> Quand je pourrais[9] le suivre en sa vaste carrière,
> Mes yeux verraient partout le vide et les déserts:
> 35   Je ne désire rien de tout ce qu'il éclaire;
> Je ne demande rien à l'immense univers.

---

7. La lune. — 8. Ici, le nord. — 9. Si je pouvais.

Mais peut-être au-delà des bornes de sa sphère,
Lieux où le vrai soleil éclaire d'autres cieux,
Si je pouvais laisser ma dépouille à la terre,
40   Ce que j'ai tant rêvé paraîtrait à mes yeux!

Là, je m'enivrerais à la source où [10] j'aspire;
Là, je retrouverais et l'espoir et l'amour,
Et ce bien idéal que toute âme désire,
Et qui n'a pas de nom au terrestre séjour!

45   Que ne puis-je [11], porté sur le char de l'Aurore,
Vague objet de mes vœux, m'élancer jusqu'à toi!
Sur la terre d'exil pourquoi resté-je [12] encore?
Il n'est rien de commun entre la terre et moi.

Quand la feuille des bois tombe dans la prairie,
50   Le vent du soir s'élève et l'arrache aux vallons;
Et moi, je suis semblable à la feuille flétrie:
Emportez-moi comme elle, orageux aquilons!

Le Vallon

Un an et demi s'est écoulé depuis la mort de Julie, et la douleur du poète semble apaisée. Lamartine n'espère plus rien de la vie, et, en attendant la mort — qu'il croit (toujours) prochaine —, il n'aspire qu'à se réfugier dans la nature consolatrice.

Mon cœur, lassé de tout, même de l'espérance,
N'ira plus de ses vœux importuner le sort:
Prêtez-moi seulement, vallons de mon enfance,
Un asile d'un jour pour attendre la mort.

5   Voici l'étroit sentier de l'obscure vallée;
Du flanc de ces coteaux pendent des bois épais,
Qui, courbant sur mon front leur ombre entremêlée,
Me couvrent tout entier de silence et de paix.

Là, deux ruisseaux cachés sous des ponts de verdure
10   Tracent en serpentant les contours du vallon;
Ils mêlent un moment leur onde et leur murmure,
Et non loin de leur source ils se perdent sans nom.

La source de mes jours comme eux s'est écoulée:
Elle a passé sans bruit, sans nom et sans retour;
15   Mais leur onde est limpide, et mon âme troublée
N'aura pas réfléchi les clartés d'un beau jour.

---

10. A laquelle. — 11. Pourquoi ne puis-je pas. — 12. Est-ce que je reste.

La fraîcheur de leurs lits, l'ombre qui les couronne,
M'enchaînent tout le jour sur les bords des ruisseaux.
Comme un enfant bercé par un chant monotone,
20   Mon âme s'assoupit au murmure des eaux.

Ah! c'est là qu'entouré d'un rempart de verdure,
D'un horizon borné qui suffit à mes yeux,
J'aime à fixer mes pas, et, seul dans la nature,
A n'entendre que l'onde, à ne voir que les cieux.

25   J'ai trop vu, trop senti, trop aimé dans ma vie;
Je viens chercher vivant le calme du Léthé[13].
Beaux lieux, soyez pour moi ces bords où l'on oublie:
L'oubli seul désormais est ma félicité.

Mon cœur est en repos, mon âme est en silence;
30   Le bruit lointain du monde expire en arrivant,
Comme un son éloigné qu'affaiblit la distance,
A l'oreille incertaine apporté par le vent.

D'ici je vois la vie, à travers un nuage,
S'évanouir pour moi dans l'ombre du passé;
35   L'amour seul est resté, comme une grande image
Survit seule au réveil dans un songe effacé.

Repose-toi, mon âme, en ce dernier asile,
Ainsi qu'un voyageur qui, le cœur plein d'espoir,
S'assied, avant d'entrer, aux portes de la ville,
40   Et respire un moment l'air embaumé du soir.

Comme lui, de nos pieds secouons la poussière;
L'homme par ce chemin ne repasse jamais;
Comme lui, respirons au bout de la carrière
Ce calme avant-coureur de l'éternelle paix.

45   Tes jours, sombres et courts comme les jours d'automne,
Déclinent comme l'ombre au penchant des coteaux;
L'amitié te trahit, la pitié t'abandonne,
Et seule, tu descends le sentier des tombeaux.

Mais la nature est là qui t'invite et qui t'aime;
50   Plonge-toi dans son sein qu'elle t'ouvre toujours:
Quand tout change pour toi, la nature est la même,
Et le même soleil se lève sur tes jours.

De lumière et d'ombrage elle t'entoure encore:
Détache ton amour des faux biens que tu perds;
55   Adore ici l'écho qu'adorait Pythagore[14],
Prête avec lui l'oreille aux célestes concerts.

---

13. Fleuve des Enfers où les âmes buvaient l'oubli de leur vie terrestre (mythologie grecque). — 14. Philosophe grec du VIe siècle avant J.-C., pour qui la « musique des sphères célestes » (voir vers suivant) traduit l'harmonie universelle.

Suis le jour dans le ciel, suis l'ombre sur la terre;
Dans les plaines de l'air vole avec l'aquilon;
Avec le doux rayon de l'astre du mystère[15]
60   Glisse à travers les bois dans l'ombre du vallon.

Dieu, pour le concevoir, a fait l'intelligence[16]:
Sous la nature enfin découvre son auteur!
Une voix à l'esprit parle dans son silence[17]:
Qui n'a pas entendu cette voix dans son cœur?

L'Automne

Dans ces vers écrits à l'automne 1819, presque deux ans après le drame, le poète se croit ou se dit toujours mourant (son agonie durera encore un demi-siècle). Le poème représente, selon Lamartine, une «lutte entre l'instinct de tristesse qui fait accepter la mort, et l'instinct de bonheur qui fait regretter la vie» (*Commentaires*). L'«instinct de tristesse» provient de la mort de Julie; l'«instinct de bonheur», d'Anna Birch, une jeune Anglaise pour qui Lamartine avait conçu un «attachement sérieux» (ce sont ses termes). Lorsqu'elle apparaît discrètement aux strophes 6 et 7, c'est sous forme d'un «bonheur» qui ne s'est pas réalisé et «dont l'espoir est perdu»: il ne reste au poète qu'à mourir. Chose curieuse: ce poème date précisément de l'époque où Lamartine courtisait assidûment Mlle Birch et cherchait activement une situation professionnelle (sans laquelle, Mme Birch n'aurait jamais donné la main de sa fille). Le mariage fut célébré quelques mois plus tard.

Salut, bois couronnés d'un reste de verdure!
Feuillages jaunissants sur les gazons épars[18]!
Salut, derniers beaux jours! le deuil de la nature
Convient à la douleur et plaît à mes regards.

5   Je suis d'un pas rêveur le sentier solitaire;
J'aime à revoir encor, pour la dernière fois,
Ce soleil pâlissant, dont la faible lumière
Perce à peine à mes pieds l'obscurité des bois.

Oui, dans ces jours d'automne où la nature expire,
10   A ses regards voilés je trouve plus d'attraits;
C'est l'adieu d'un ami, c'est le dernier sourire
Des lèvres que la mort va fermer pour jamais.

Ainsi, prêt à quitter l'horizon de la vie,
Pleurant de mes longs jours l'espoir évanoui[19],
15   Je me retourne encore, et d'un regard d'envie
Je contemple ses biens dont je n'ai pas joui.

---

15. La lune. — 16. Lisez: Dieu, pour que l'homme puisse le concevoir, lui a donné l'intelligence. — 17. Le silence de la nature. — 18. Epars sur les gazons. — 19. L'espoir évanoui de mes longs jours (le poète n'espère plus vivre longtemps).

Terre, soleil, vallons, belle et douce nature,
Je vous dois une larme aux bords de mon tombeau!
L'air est si parfumé! la lumière est si pure!
20   Aux regards d'un mourant le soleil est si beau!

Je voudrais maintenant vider jusqu'à la lie
Ce calice mêlé de nectar et de fiel:
Au fond de cette coupe où je buvais la vie,
Peut-être restait-il une goutte de miel!

25   Peut-être l'avenir me gardait-il encore
Un retour de bonheur dont l'espoir est perdu!
Peut-être, dans la foule, une âme que j'ignore
Aurait compris mon âme, et m'aurait répondu!...

La fleur tombe en livrant ses parfums au zéphire;
30   A la vie, au soleil, ce sont là ses adieux:
Moi, je meurs; et mon âme, au moment qu'elle expire,
S'exhale comme un son triste et mélodieux.

Le Papillon

Ce charmant petit poème — c'est le plus court que Lamartine ait publié — a paru en 1823 dans son deuxième recueil, les *Nouvelles Méditations*. La composition en est classique; le symbolisme, lumineux. Nul besoin, pour goûter ces vers, de les rattacher à la vie amoureuse du poète.

Naître avec le printemps, mourir avec les roses,
Sur l'aile du zéphyr nager dans un ciel pur;
Balancé sur le sein des fleurs à peine écloses,
S'enivrer de parfums, de lumière et d'azur;
5   Secouant, jeune encor, la poudre de ses ailes,
S'envoler comme un souffle aux voûtes éternelles:
Voilà du papillon le destin enchanté.
Il ressemble au désir, qui jamais ne se pose,
Et, sans se satisfaire, effleurant toute chose,
10   Retourne enfin au ciel chercher la volupté.

Matière à réflexion

1. *Le Lac.* — (a) On ne remarque pas assez qu'il y a *deux* voix dans le poème — celle du poète, et celle de la bien-aimée —, et qu'*elles sont en désaccord*. Quelle « solution » le poète oppose-t-il au banal *carpe diem* de la neuvième strophe? (b) *Le Lac* a toujours été le poème le mieux aimé de l'œuvre de Lamartine. Qu'est-ce qui pourrait expliquer cette préférence? La partagez-vous? (c) R. Canat observe que « Julie vivait encore quand le poème fut composé, mais elle était morte quand il fut oublié,

si bien que les lecteurs ont changé le sens de ces vers et l'ont rendu plus tragique »
(*Lamartine: morceaux choisis*). On conçoit qu'à la suite d'un décès, les lecteurs aient
pu *réagir différemment* au poème, mais pouvaient-ils en changer le *sens*?

2. *L'Isolement.* — (a) En combien de parties le poème se divise-t-il? Qu'est-ce qui
définit chacune? (b) «J'écrivis cette méditation [...] sur la montagne qui domine la
maison de mon père, à Milly», précise Lamartine dans ses *Commentaires*. De curieux
chercheurs y sont allés vérifier la ressemblance du tableau. Ils rapportent qu'il n'y a,
à cet endroit, ni montagne (vers 1), ni fleuve aux vagues écumantes (vers 5), ni lac
(vers 7), ni monts (vers 9), ni flèche gothique (vers 13), ni palais (vers 25). Que
faut-il penser de cette discordance? (c) A quel écrivain et à quel passage le dernier
vers vous fait-il penser?

3. *Le Vallon.* — (a) Au vers 38, le poète se compare à un voyageur dont le cœur est
«plein d'espoir», mais au vers 1 son cœur est «lassé de tout, même de l'espérance». Expliquez. (b) Etudiez le sentiment de la nature, tel qu'il se manifeste
dans ce poème. Y a-t-il une évolution, de ce point de vue, depuis *L'Isolement*?

4. *L'Automne.* — (a) En quoi l'automne s'accorde-t-il avec l'état d'âme du poète?
(b) Selon Lamartine, ce poème exprime une «lutte entre l'instinct de tristesse [...]
et l'instinct de bonheur» (voir la notice). Mais bien des lecteurs n'y trouvent pas de
lutte du tout. Qu'en pensez-vous? (c) Débat:

> — Ce poème montre bien ce qu'il y a de feint et de faux dans ces «cris du cœur»,
> ces «soupirs de l'âme», dont toute la valeur réside, nous dit-on, dans leur «émou-
> vante sincérité». Si Lamartine, au moment de «mourir», ne songe qu'à se caser
> dans la vie (voir la notice), sa poésie n'est qu'une pose, et sa «sincérité», un men-
> songe.
> — Mais vous confondez l'homme et le poète. Ce dernier a le droit d'inventer,
> de transposer, de «poétiser». Pourquoi cette obsession de l'interprétation
> biographique?
> — Parce que Lamartine nous y invite! C'est lui qui décrit complaisamment et dans
> le détail les circonstances autobiographiques de ses poèmes, dont chaque vers,
> assure-t-il, est l'écho sincère d'un sentiment personnel.
> — Ce qui prouve que les écrivains sont parfois de mauvais interprètes de leurs
> œuvres, et ne comprennent pas ce qui en fait la valeur...

Continuez la discussion. A qui donnez-vous raison?

5. *Le Papillon.* — (a) En quoi le papillon ressemble-t-il au désir? (b) La comparaison vous semble-t-elle juste?

Musset

Le cas de Musset est un paradoxe parmi les romantiques. Il railla ouvertement «les
pleurards, les amants des lacs» — c'est-à-dire Lamartine et les lamartiniens —, et
cependant son nom évoque aujourd'hui l'école romantique dans ce qu'elle avait de
plus ridiculement emphatique. Comment cela se fait-il?

La vie d'Alfred de Musset (1810–1857) se déroula sous le signe de la précocité: les dons intellectuels de l'enfant se révélèrent précocement, comme le génie poétique de l'adolescent; précoces aussi furent la déchéance, la vieillesse et la mort de l'homme.

Musset n'a que dix-sept ans lorsqu'on le présente dans les salons romantiques; après le succès de ses premières poésies, il y est fêté comme « l'enfant prodige » de la nouvelle école.

Aux discussions des salons littéraires, le jeune Musset préfère cependant la vie dissipée des jeunes dandys riches qu'il commence à fréquenter. Au sortir de l'adolescence, il est déjà alcoolique et, selon son expression, il « tombe amoureux comme on s'enrhume ». En 1833, année fatale de sa rencontre avec la romancière George Sand, il contracte un « rhume » dont il ne se remettra jamais. Leur liaison orageuse de dix-huit mois, l'une des plus célèbres de l'histoire littéraire[1], aura pour heureuse séquelle l'inspiration des plus beaux poèmes de Musset.

A partir de 1840, la production littéraire de Musset baisse en qualité et en quantité. Le « poète déchu » — ainsi s'appelle-t-il lui-même — est, à trente ans, un homme brisé et malade; en proie désormais à une angoisse de plus en plus profonde, il s'abandonne à la débauche et à l'alcool. Ses amis, inquiets, lui reprochent sa conduite; il leur assure qu'il sait ce qu'il fait, et persiste avec lucidité à le faire. D'ailleurs, ces soi-disant amis sont, affirme-t-il, « moins amis que le verre de vin / Qui pendant un quart d'heure étourdit ma misère » (*A Mme Jaubert*). Le succès tardif et inattendu de son œuvre théâtrale jette quelques lueurs sur ses dernières années[2], mais ne l'arrête pas sur sa mauvaise pente. Musset a quarante-six ans lorsqu'enfin s'achève son lent suicide; sa mort passe presque inaperçue.

« L'Enfant terrible » du romantisme

Le romancier Alexandre Dumas, témoin des débuts du jeune Musset dans les salons romantiques, raconte dans ses *Mémoires* qu'en écoutant l'adolescent lire ses premières poésies, « cette assemblée de poètes frissonna »; l'apprenti surdoué était pour eux un disciple et un frère. Dans son premier recueil de vers, les *Contes d'Espagne et d'Italie* (1830), Musset imita si bien la manière et la matière des romantiques — vers disloqués, exotisme, couleur locale, crimes passionnels —, son romantisme était si pur, si conventionnel, que certains soupçonnèrent une parodie. En effet, dans les *Secrètes Pensées de Rafaël,* publiées quelques mois après les *Contes,* il se reprocha de ne pas avoir écrit en bas de ses poèmes: « Le public est prié de ne pas se méprendre », c'est-à-dire de ne pas les prendre au sérieux. Et lorsqu'en 1832,

---

1. Peu après la rupture définitive, Musset raconta l'histoire de son grand amour dans *Confession d'un enfant du siècle* (1836). Puis George Sand en donna sa version dans *Elle et lui.* Suivirent la version du frère du poète (*Lui et elle*) et celle d'une amie du poète (*Lui*); après quoi, ce fut au tour des biographes littéraires d'établir enfin « la vérité ». Et ceux qui se penchèrent sur cette grave affaire se rangèrent ou bien dans le camp des « mussettistes » (pour qui Sand, de sept ans plus âgée, croqueuse d'hommes, etc., ruina la vie du jeune innocent), ou bien dans celui des « sandistes » (pour qui le jeune ivrogne, à moitié fou, faillit entraîner sa victime dans l'abîme). — 2. Sur l'œuvre dramatique de Musset, voir *Le Théâtre romantique.*

dans *La Coupe et les lèvres,* il tourna en ridicule la sensiblerie de Lamartine et de ses imitateurs, «cette engeance sans nom, qui ne peut pas faire un pas sans s'inonder de pleurs», la rupture avec les romantiques fut consommée. «L'enfant prodige» du romantisme en était devenu «l'enfant terrible» [3].

Mais le jeune homme irrévérencieux devait bientôt faire, avec George Sand et d'autres, son apprentissage de la douleur, et de ses chagrins il tira une nouvelle inspiration, née de l'expérience vécue. Dans les poèmes de cette période difficile mais féconde, Musset retrouve le *lyrisme personnel* du premier romantisme.

La poétique de Musset découle de sa philosophie. «L'amour est tout,» avait-il écrit déjà dans *La Coupe et les lèvres,* et ces mots résument sa pensée sur la vie.

> Doutez de la vertu, de la nuit et du jour;
> Doutez de tout au monde, et jamais de l'amour. [...]
> Aimer est le grand point, qu'importe la maîtresse?
> Qu'importe le flacon, pourvu qu'on ait l'ivresse? (*ibid.*)

Il est vrai que l'amour mène inexorablement à la souffrance: «J'aime, et je veux souffrir», s'écrie-t-il dans *La Nuit d'août,* et dans ce vœu célèbre, le *et* a la force de *donc.* Mais qu'importe! Que l'on vive d'amour ou que l'on en meure,

> Après avoir souffert, il faut souffrir encore;
> Il faut aimer sans cesse, après avoir aimé.

Au reste, puisqu'aimer, c'est souffrir, il vaut mieux *avoir aimé,* car le souvenir de l'amour est plus heureux et plus durable que l'amour lui-même.

Si les joies et les peines de l'amour confèrent un sens à la vie, leur expression seule peut justifier la poésie. Le vrai poète n'est pas celui qui a maîtrisé une technique, mais celui qui cherche à traduire ce qu'il éprouve; s'il n'est pas lui-même ému en écrivant, il ne saurait émouvoir le lecteur. *Toute vraie poésie vient d'une émotion vraie:* «Ah! frappe-toi le cœur, c'est là qu'est le génie» (*A E. Bocher*).

Dans les poèmes les plus célèbres de cette période exaltée — le cycle des *Nuits* (1835–1837) et *Souvenir* (1841) —, on peut suivre les étapes d'une crise sentimentale. De cette période date aussi la *Lettre à Lamartine* (1836). Après s'être moqué, quelques années auparavant, des pleurnicheries de son illustre aîné, Musset essaie maintenant de lui faire amende honorable. «Ton glorieux mal, je l'ai souffert aussi», lui écrit-il dans ce long poème où il pleure, sanglote, saigne même. Dans la voie des confidences personnelles, Musset va encore plus loin que son prédécesseur, qui finit par s'énerver: dans un poème adressé *A Musset, en réponse à ses vers,* Lamartine accable de mépris ce «jeune homme *au cœur de cire*». (Musset n'avait-il pas écrit dans *Namouna:* «Lorsque la main écrit, c'est le cœur qui *se fond*»...?)

Eclipsé de son vivant par Lamartine et par Hugo, Musset connut une vogue posthume qui devait atteindre son apogée vers 1865. On voyait alors en lui «le plus sincère des poètes», «celui qui n'a jamais menti», «qui s'est livré tout entier», etc. Le public goûtait son «ultraromantisme» à une époque où le romantisme n'avait

---

3. Un *enfant terrible* (c'est-à-dire insupportable) est, au sens figuré, une personne qui se fait remarquer par sa franchise brutale et blessante.

plus la cote chez les poètes. En 1862, le poète Leconte de Lisle, chef de file de la réaction antiromantique, traite ce public de «plèbe carnassière» devant qui le poète personnel «promène son cœur ensanglanté» (*Les Montreurs*). Et lorsqu'à cette «plèbe» il jure: «Je ne te vendrai pas mon ivresse ou mon mal, / Je ne livrerai pas ma vie à tes huées,» c'est à Musset qu'il pense.

Le public finit par suivre les poètes, et la vogue de Musset baissa rapidement. Ce qui avait plu chez lui devait bientôt déplaire: sa «sincérité» devint «étalage indiscret», «lyrisme à fleur de peau», «émotion épidermique». La mode, comme disait Coco Chanel, c'est ce qui se démode...

La Nuit de Mai

La plus célèbre de la série des *Nuits,* écrite en mai 1835, deux mois seulement après la rupture définitive avec George Sand, se présente comme un dialogue entre le poète et sa Muse. (Les Muses étaient, dans la mythologie grecque, les neuf déesses qui présidaient aux arts libéraux. Employé au singulier, le mot désigne celle des neuf qui avait pour mission d'*inspirer le poète.*) Au cours du poème, la Muse invite le poète, avec de plus en plus d'insistance, à sortir de son silence. Mais le poète ne s'est pas encore suffisamment remis de son chagrin, et il chante en deux cents vers son incapacité de chanter. Musset a composé le poème en deux nuits, dans un

La Nuit de Mai (illustration d'Eugène Lami, 1859)

état exalté de ferveur poétique, et l'expérience semble lui avoir été salutaire: «Après avoir écrit *La Nuit de Mai,*» affirme Paul de Musset, frère du poète, «il me déclara que sa blessure était complètement fermée» (*Biographie d'Alfred de Musset*).

LA MUSE

Poète, prends ton luth et me donne un baiser;
La fleur de l'églantier sent ses bourgeons éclore.
Le printemps naît ce soir; les vents vont s'embraser;
Et la bergeronnette, en attendant l'aurore,
5   Aux premiers buissons verts commence à se poser.
Poète, prends ton luth et me donne un baiser.

LE POÈTE

Comme il fait noir dans la vallée!
J'ai cru qu'une forme voilée
Flottait là-bas sur la forêt.
10   Elle sortait de la prairie;
Son pied rasait l'herbe fleurie;
C'est une étrange rêverie;
Elle s'efface et disparaît.

LA MUSE

Poète, prends ton luth; la nuit, sur la pelouse,
15   Balance le zéphyr dans son voile odorant.
La rose, vierge encor, se referme jalouse
Sur le frelon nacré qu'elle enivre en mourant[1].
Ecoute! tout se tait; songe à ta bien-aimée.
Ce soir, sous les tilleuls, à la sombre ramée
20   Le rayon du couchant laisse un adieu plus doux.
Ce soir, tout va fleurir: l'immortelle nature
Se remplit de parfums, d'amour et de murmure,
Comme le lit joyeux de deux jeunes époux.

LE POÈTE

Pourquoi mon cœur bat-il si vite?
25   Qu'ai-je donc en moi qui s'agite
Dont je me sens épouvanté?
Ne frappe-t-on pas à ma porte?
Pourquoi ma lampe à demi morte
M'éblouit-elle de clarté?
30   Dieu puissant! tout mon corps frissonne!
Qui vient? qui m'appelle? — Personne.
Je suis seul; c'est l'heure qui sonne;
O solitude! ô pauvreté!

---

1. *En mourant* se rapporte, non à *elle* (la rose), mais au *frelon* (construction archaïque et, dès le XVIIIᵉ siècle, fautive).

LA MUSE

Poëte, prends ton luth; le vin de la jeunesse
35   Fermente cette nuit dans les veines de Dieu.
Mon sein est inquiet, la volupté l'oppresse,
Et les vents altérés[2] m'ont mis la lèvre en feu.
O paresseux enfant! regarde, je suis belle.
Notre premier baiser, ne t'en souviens-tu pas,
40   Quand je te vis si pâle au toucher de mon aile,
Et que, les yeux en pleurs, tu tombas dans mes bras?
Ah! je t'ai consolé d'une amère souffrance!
Hélas! bien jeune encor, tu te mourais d'amour.
Console-moi ce soir, je me meurs d'espérance;
45   J'ai besoin de prier pour vivre jusqu'au jour.

LE POÈTE

Est-ce toi dont la voix m'appelle,
O ma pauvre Muse! est-ce toi?
O ma fleur! ô mon immortelle!
Seul être pudique et fidèle
50   Où vive encor l'amour de moi!
Oui, te voilà, c'est toi, ma blonde,
C'est toi, ma maîtresse et ma sœur!
Et je sens, dans la nuit profonde,
De ta robe d'or qui m'inonde
55   Les rayons glisser dans mon cœur.

LA MUSE

Poëte, prends ton luth; c'est moi, ton immortelle,
Qui t'ai vu cette nuit triste et silencieux,
Et qui, comme un oiseau que sa couvée appelle,
Pour pleurer avec toi descends du haut des cieux.
60   Viens, tu souffres, ami. Quelque ennui solitaire
Te ronge, quelque chose a gémi dans ton cœur;
Quelque amour t'est venu, comme on en voit sur terre,
Une ombre de plaisir, un semblant de bonheur.
Viens, chantons devant Dieu; chantons dans tes pensées,
65   Dans tes plaisirs perdus, dans tes peines passées;
Partons, dans un baiser, pour un monde inconnu;
Eveillons au hasard les échos de ta vie,
Parlons-nous de bonheur, de gloire et de folie,
Et que ce soit un rêve, et le premier venu.
70   Inventons quelque part des lieux où l'on oublie;
Partons, nous sommes seuls, l'univers est à nous[3].
Voici la verte Ecosse et la brune Italie,
Et la Grèce, ma mère[4], où le miel est si doux,
Argos, et Ptéléon, ville des hécatombes,
75   Et Messa la divine, agréable aux colombes,

---

2. Assoiffés. — 3. Pour inspirer le Poète, la Muse va maintenant (vers 72–123) lui proposer de nombreux sujets et genres. — 4. La Grèce était le berceau des Muses. Les noms de villes, de rivières et de montagnes des vers 74–79 sont pris au Chant II de l'*Iliade*.

Et le front chevelu du Pélion changeant;
Et le bleu Titarèse, et le golfe d'argent
Qui montre dans ses eaux, où le cygne se mire,
La blanche Oloossone à la blanche Camyre.

80 Dis-moi, quel songe d'or nos chants vont-ils bercer?
D'où vont venir les pleurs que nous allons verser?
Ce matin, quand le jour a frappé ta paupière,
Quel séraphin pensif, courbé sur ton chevet,
Secouait des lilas dans sa robe légère,

85 Et te contait tout bas les amours qu'il rêvait?
Chanterons-nous l'espoir, la tristesse ou la joie?
Tremperons-nous de sang les bataillons d'acier?
Suspendrons-nous l'amant sur l'échelle de soie?
Jetterons-nous au vent l'écume du coursier[5]?

90 Dirons-nous quelle main, dans les lampes sans nombre,
De la maison céleste, allume nuit et jour
L'huile sainte de vie et d'éternel amour[6]?
Crierons-nous à Tarquin: « Il est temps, voici l'ombre[7]! »
Descendrons-nous cueillir la perle au fond des mers?

95 Mènerons-nous la chèvre aux ébéniers amers[8]?
Montrerons-nous le ciel à la Mélancolie[9]?
Suivrons-nous le chasseur sur les monts escarpés?
La biche le regarde: elle pleure et supplie;
Sa bruyère l'attend; ses faons sont nouveau nés;

100 Il se baisse. Il l'égorge, il jette à la curée
Sur les chiens en sueur son cœur encor vivant.
Peindrons-nous une vierge à la joue empourprée,
S'en allant à la messe, un page la suivant,
Et d'un regard distrait, à côté de sa mère,

105 Sur sa lèvre entr'ouverte oubliant sa prière?
Elle écoute en tremblant, dans l'écho du pilier,
Résonner l'éperon d'un hardi cavalier.
Dirons-nous aux héros du vieux temps de la France
De monter tout armés aux créneaux de leurs tours

110 Et de ressusciter la naïve romance
Que leur gloire oubliée apprit aux troubadours[10]?
Vêtirons-nous de blanc une molle élégie?
L'homme de Waterloo[11] nous dira-t-il sa vie,
Et ce qu'il a fauché du troupeau des humains

115 Avant que l'envoyé de la nuit éternelle
Vînt sur son tertre vert l'abattre d'un coup d'aile
Et sur son cœur de fer lui croiser les deux mains?
Clouerons-nous au poteau[12] d'une satire altière

---

5. Il s'agit au vers 87 de la poésie guerrière; au vers 88, de la poésie amoureuse (l'amant qui monte sur une échelle de soie au balcon de sa bien-aimée...); au vers 89, de la poésie de Byron. — 6. Allusion à la poésie d'inspiration théologico-philosophique (Dante, Lamartine). — 7. Allusion au viol de Lucrèce par Sextus Tarquin (VIᵉ siècle av. J.-C.); il s'agit de la poésie tragique. — 8. Il s'agit du genre de l'églogue (petit poème pastoral). — 9. Il s'agit sans doute de la poésie gaie ou comique. La mélancolie est traditionnellement représentée dans l'art par une figure humaine qui regarde vers la terre. — 10. Il s'agit de la poésie chevaleresque comme celle des troubadours médiévaux. — 11. Napoléon avait déjà inspiré Lamartine et Hugo, entre autres. Il est mort à Sainte-Hélène, l'île qu'au vers 116 Musset qualifie de « tertre vert ». — 12. Le poteau dont il s'agit ici est une pièce de bois dressée verticalement sur laquelle on attachait, à l'aide de clous, des poèmes satiriques.

Le nom sept fois vendu d'un pâle pamphlétaire,
120   Qui, poussé par la faim, du fond de son oubli,
S'en vient, tout grelottant d'envie et d'impuissance,
Sur le front du génie insulter l'espérance
Et mordre le laurier que son souffle a sali?
Prends ton luth! prends ton luth! je ne peux plus me taire.
125   Mon aile me soulève au souffle du printemps.
Le vent va m'emporter; je vais quitter la terre.
Une larme de toi! Dieu m'écoute; il est temps.

LE POÈTE

S'il ne te faut, ma sœur chérie,
Qu'un baiser d'une lèvre amie
130   Et qu'une larme de mes yeux,
Je te les donnerai sans peine;
De nos amours qu'il te souvienne[13],
Si tu remontes dans les cieux.
Je ne chante ni l'espérance,
135   Ni la gloire, ni le bonheur,
Hélas! pas même la souffrance.
La bouche garde le silence
Pour écouter parler le cœur.

LA MUSE

Crois-tu donc que je sois comme le vent d'automne,
140   Qui se nourrit de pleurs jusque sur un tombeau,
Et pour qui la douleur n'est qu'une goutte d'eau?
O poète! un baiser, c'est moi qui te le donne.
L'herbe que je voulais arracher de ce lieu,
C'est ton oisiveté; ta douleur est à Dieu.
145   Quel que soit le souci que ta jeunesse endure,
Laisse-la s'élargir, cette sainte blessure
Que les noirs séraphins t'ont faite au fond du cœur;
Rien ne nous rend si grands qu'une grande douleur.
Mais, pour en être atteint[14], ne crois pas, ô poète,
150   Que ta voix ici-bas doive rester muette.
Les plus désespérés sont les chants les plus beaux,
Et j'en sais d'immortels qui sont de purs sanglots.
Lorsque le pélican[15], lassé d'un long voyage,
Dans les brouillards du soir retourne à ses roseaux,
155   Ses petits affamés courent sur le rivage
En le voyant au loin s'abattre sur les eaux.
Déjà, croyant saisir et partager leur proie,
Ils courent à leur père avec des cris de joie,
En secouant leurs becs sur leurs goitres hideux.
160   Lui, gagnant à pas lents une roche élevée,

---

13. Que tu te souviennes de nos amours (syntaxe vieillie). — 14. *Pour en être atteint* (tour classique) signifie ici: bien que tu en sois atteint. — 15. Selon une légende ancienne, le pélican va parfois jusqu'à se déchirer les entrailles pour nourrir de sa propre substance ses petits affamés. Ce prétendu sacrifice a suggéré aux artistes du Moyen Age l'idée de faire du pélican un symbole du Christ. La légende provient sans doute du fait qu'au moment de nourrir ses petits, le pélican dégorge de son goitre (poche) les poissons qu'il y a transportés.

De son aile pendante abritant sa couvée,
Pêcheur mélancolique, il regarde les cieux.
Le sang coule à longs flots de sa poitrine ouverte;
En vain il a des mers fouillé la profondeur:
165   L'Océan était vide et la plage déserte;
Pour toute nourriture il apporte son cœur.
Sombre et silencieux, étendu sur la pierre,
Partageant à ses fils ses entrailles de père,
Dans son amour sublime il berce sa douleur,
170   Et, regardant couler sa sanglante mamelle,
Sur son festin de mort il s'affaisse et chancelle,
Ivre de volupté, de tendresse et d'horreur.
Mais parfois, au milieu du divin sacrifice,
Fatigué de mourir dans un trop long supplice,
175   Il craint que ses enfants ne le laisse vivant;
Alors il se soulève, ouvre son aile au vent,
Et, se frappant le cœur avec un cri sauvage,
Il pousse dans la nuit un si funèbre adieu
Que les oiseaux des mers désertent le rivage,
180   Et que le voyageur attardé sur la plage,
Sentant passer la mort, se recommande à Dieu.
Poète, c'est ainsi que font les grands poètes.
Ils laissent s'égayer ceux qui vivent un temps;
Mais les festins humains qu'ils servent à leurs fêtes
185   Ressemblent la plupart à ceux des pélicans.
Quand ils parlent ainsi d'espérances trompées,
De tristesse et d'oubli, d'amour et de malheur,
Ce n'est pas un concert à dilater le cœur.
Leurs déclarations sont comme des épées;
190   Elles tracent dans l'air un cercle éblouissant,
Mais il y pend toujours quelque goutte de sang.

LE POÈTE

O Muse! spectre insatiable,
Ne m'en demande pas si long[16].
L'homme n'écrit rien sur le sable
195   A l'heure où passe l'aquilon.
J'ai vu le temps où ma jeunesse
Sur mes lèvres était sans cesse
Prête à chanter comme un oiseau;
Mais j'ai souffert un dur martyr,
200   Et le moins que j'en pourrais dire,
Si je l'essayais sur la lyre,
La briserait comme un roseau.

Souvenir

Selon une légende tenace, accréditée par le frère du poète et perpétuée par les manuels scolaires, c'est une visite en 1840 à la forêt de Fontainebleau, où il avait

---

16. *Si long:* tant.

connu sept ans auparavant des moments heureux avec George Sand, qui inspira à Musset le poème du *Souvenir*. L'inspiration directe semble pourtant être venue d'ailleurs. En 1841, six ans après la rupture avec George Sand, Musset la croise par hasard au théâtre, un soir de gala. « Pendant l'entr'acte, » raconte-t-il, « je rencontrai dans les couloirs une femme dont les yeux attirèrent les miens, mais je ne pus me rappeler où je l'avais vue déjà. Interloqué, je demandai le nom de cette inconnue. On me répondit avec étonnement que c'était George Sand. Je quittai immédiatement le spectacle très impressionné, je m'enfermai chez moi, et j'écrivis *Souvenir* » (propos rapporté par M. Martellet, *Alfred de Musset intime*). C'est à cette rencontre que Musset semble faire allusion aux vers 149–164, tout en en modifiant quelques détails. Mais la jeune école romantique avait déjà ses conventions et ses « traditions »: Lamartine, dans *Le Lac,* et Hugo, dans *Tristesse d'Olympio* (voir pp. 36 et 79), avait déjà traité le thème du *retour aux lieux d'un amour passé*. C'est leur exemple que Musset suivait en choisissant Fontainebleau comme cadre de ses réflexions dans les premières strophes du poème.

> J'espérais bien pleurer, mais je croyais souffrir
> En osant te revoir, place à jamais sacrée,
> O la plus chère tombe et la plus ignorée
>   Où dorme un souvenir!
>
> 5   Que redoutiez-vous donc de cette solitude,
> Et pourquoi, mes amis, me preniez-vous la main [17],
> Alors qu'une si douce et si vieille habitude
>   Me montrait ce chemin?
>
> Les voilà, ces coteaux, ces bruyères fleuries,
> 10   Et ces pas argentins [18] sur le sable muet,
> Ces sentiers amoureux, remplis de causeries,
>   Où son bras m'enlaçait.
>
> Les voilà, ces sapins à la sombre verdure,
> Cette gorge profonde aux nonchalants détours [19],
> 15   Ces sauvages amis, dont l'antique murmure
>   A bercé mes beaux jours.
>
> Les voilà, ces buissons où toute ma jeunesse,
> Comme un essaim d'oiseaux, chante au bruit de mes pas.
> Lieux charmants, beau désert où passa ma maîtresse,
> 20   Ne m'attendiez-vous pas?
>
> Ah! laissez-les couler, elles me sont bien chères,
> Ces larmes que soulève un cœur encor blessé!

---

17. Pour l'éloigner d'un endroit qui risquait de réveiller des souvenirs douloureux. — 18. « Qui résonne clair comme le tintement de l'argent », commentent les manuels, citant les dictionnaires. Malheureusement, cette définition a l'inconvénient de priver le vers de son sens. Il s'agit en réalité d'un *hypallage*, transfert syntaxique par lequel on attribue à un mot ce qui convient à un autre mot, comme dans ce vers de *Henry V* de Shakespeare: « With rainy marching in the painful fields » (the fields are rainy, and the marching, painful). C'est donc le sable qui a la couleur de l'argent (sens vieilli d'*argentin*), et les pas qui sont *muets* (silencieux). — 19. La gorge de Franchard, dans la forêt de Fontainebleau.

Ne les essuyez pas, laissez sur mes paupières
Ce voile du passé!

25 Je ne viens point jeter un regret inutile
Dans l'écho de ces bois, témoins de mon bonheur.
Fière est cette forêt dans sa beauté tranquille,
Et fier aussi mon cœur.

Que celui-là se livre à des plaintes amères,
30 Qui s'agenouille et prie au tombeau d'un ami.
Tout respire en ces lieux; les fleurs des cimetières
Ne poussent point ici.

Voyez! la lune monte à travers ces ombrages.
Ton regard tremble encor, belle reine des nuits;
35 Mais du sombre horizon déjà tu te dégages,
Et tu t'épanouis.

Ainsi de cette terre, humide encor de pluie,
Sortent, sous tes rayons, tous les parfums du jour;
Aussi calme, aussi pur, de mon âme attendrie
40 Sort mon ancien amour.

Que sont-ils devenus, les chagrins de ma vie?
Tout ce qui m'a fait vieux est bien loin maintenant;
Et rien qu'en regardant cette vallée amie,
Je redeviens enfant.

45 O puissance du temps! ô légères années,
Vous emportez nos pleurs, nos cris et nos regrets;
Mais la pitié vous prend, et sur nos fleurs fanées
Vous ne marchez jamais.

Tout mon cœur te bénit, bonté consolatrice!
50 Je n'aurais jamais cru que l'on pût tant souffrir
D'une telle blessure, et que sa cicatrice
Fût si douce à sentir.

Loin de moi les vains mots, les frivoles pensées,
Des vulgaires douleurs linceul accoutumé,
55 Que viennent étaler sur leurs amours passées
Ceux qui n'ont point aimé!

Dante, pourquoi dis-tu qu'il n'est pire misère
Qu'un souvenir heureux dans les jours de douleur[20]?
Quel chagrin t'a dicté cette parole amère,
60 Cette offense au malheur?

En est-il donc moins vrai que la lumière existe,
Et faut-il l'oublier du moment qu'il fait nuit?

---

20. Les vers de *La Divine Comédie* auxquels Musset fait allusion ici venaient d'être traduits en français: « Il n'est pas de douleur plus amère / Qu'un souvenir heureux dans les jours de malheur » (Chant V).

Est-ce bien toi, grande âme immortellement triste,
    Est-ce toi qui l'as dit?

65   Non, par ce pur flambeau dont la splendeur m'éclaire,
Ce blasphème vanté ne vient pas de ton cœur.
Un souvenir heureux est peut-être sur terre
    Plus vrai que le bonheur.

Eh quoi! l'infortuné qui trouve une étincelle
70   Dans la cendre brûlante où dorment ses ennuis[21],
Qui saisit cette flamme et qui fixe sur elle
    Ses regards éblouis;

Dans ce passé perdu quand son âme se noie,
Sur ce miroir brisé lorsqu'il rêve en pleurant,
75   Tu lui dis qu'il se trompe et que sa faible joie
    N'est qu'un affreux tourment!

Et c'est à ta Françoise, à ton ange de gloire,
Que tu pouvais donner ces mots à prononcer,
Elle qui s'interrompt, pour conter son histoire,
80   D'un éternel baiser[22]!

Qu'est-ce donc, juste Dieu, que la pensée humaine,
Et qui pourra jamais aimer la vérité,
S'il n'est joie ou douleur si juste et si certaine
    Dont quelqu'un n'ait douté?

85   Comment vivez-vous donc, étranges créatures?
Vous riez, vous chantez, vous marchez à grands pas;
Le ciel et sa beauté, le monde et ses souillures
    Ne vous dérangent pas;

Mais, lorsque par hasard le destin vous ramène
90   Vers quelque monument[23] d'un amour oublié,
Ce caillou vous arrête, et cela vous fait peine
    Qu'il vous heurte le pié[24].

Et vous criez alors que la vie est un songe;
Vous vous tordez les bras comme en vous réveillant,
95   Et vous trouvez fâcheux qu'un si joyeux mensonge
    Ne dure qu'un instant.

Malheureux! cet instant où votre âme engourdie
A secoué les fers qu'elle traîne ici-bas,
Ce fugitif instant fut toute votre vie;
100   Ne le regrettez pas!

---

21. Chagrin profond (sens vieilli). — 22. Francesca da Rimini, dans un épisode célèbre du Chant V de *La Divine Comédie.* — 23. «Ce qui conserve ou exalte le souvenir d'une personne ou d'une chose» (*Dict. Robert,* sens étymologique). — 24. Pied (afin de faire une «rime pour l'œil» avec *oublié*); voir l'*Appendice,* §2.2.2.

Regrettez la torpeur qui vous cloue à la terre,
Vos agitations dans la fange et le sang,
Vos nuits sans espérance et vos jours sans lumière:
    C'est là qu'est le néant!

105   Mais que vous revient-il de vos froides doctrines?
Que demandent au ciel ces regrets inconstants
Que vous allez semant sur vos propres ruines,
    A chaque pas du Temps?

Oui, sans doute, tout meurt; ce monde est un grand rêve,
110   Et le peu de bonheur qui nous vient en chemin,
Nous n'avons pas plus tôt ce roseau dans la main
    Que[25] le vent nous l'enlève.

Oui, les premiers baisers, oui, les premiers serments
Que deux êtres mortels échangèrent sur terre,
115   Ce fut au pied d'un arbre effeuillé par les vents,
    Sur un roc en poussière.

Ils prirent à témoin de leur joie éphémère
Un ciel toujours voilé qui change à tout moment,
Et des astres sans nom que leur propre lumière
120   Dévore incessamment.

Tout mourait autour d'eux, l'oiseau dans le feuillage,
La fleur entre leurs mains, l'insecte sous leurs piés,
La source desséchée où vacillait l'image
    De leurs traits oubliés!

125   Et sur tous ces débris joignant leurs mains d'argile,
Etourdis des éclairs d'un instant de plaisir,
Ils croyaient échapper à cet être immobile
    Qui regarde mourir!

— Insensés! dit le sage. — Heureux! dit le poète.
130   Et quels tristes amours as-tu donc dans le cœur,
Si le bruit du torrent te trouble et t'inquiète,
    Si le vent te fait peur?

J'ai vu sous le soleil tomber bien d'autres choses
Que les feuilles des bois et l'écume des eaux,
135   Bien d'autres s'en aller que le parfum des roses
    Et le chant des oiseaux.

Mes yeux ont contemplé des objets plus funèbres
Que Juliette morte au fond de son tombeau,
Plus affreux que le toast à l'ange des ténèbres
140   Porté par Roméo.

---

25. Lisez: A peine avons-nous ce roseau dans la main que...

J'ai vu ma seule amie, à jamais la plus chère,
Devenue elle-même un sépulcre blanchi[26],
Une tombe vivante où flottait la poussière
  De notre mort chéri,

145 De notre pauvre amour, que, dans la nuit profonde,
Nous avions sur nos cœurs si doucement bercé!
C'était plus qu'une vie, hélas! c'était un monde
  Qui s'était effacé!

Oui, jeune et belle encor, plus belle, osait-on dire,
150 Je l'ai vue[27], et ses yeux brillaient comme autrefois.
Ses lèvres s'entr'ouvraient, et c'était un sourire,
  Et c'était une voix;

Mais non plus cette voix, non plus ce doux langage,
Ces regards adorés dans les miens confondus.
155 Mon cœur, encor plein d'elle, errait sur son visage,
  Et ne la trouvait plus.

Et pourtant j'aurais pu marcher alors vers elle,
Entourer de mes bras ce sein vide et glacé,
Et j'aurais pu crier: « Qu'as-tu fait, infidèle,
160 Qu'as-tu fait du passé? »

Mais non: il me semblait qu'une femme inconnue
Avait pris par hasard cette voix et ces yeux;
Et je laissai passer cette froide statue
  En regardant les cieux.

165 Eh bien! ce fut sans doute une horrible misère
Que ce riant adieu d'un être inanimé.
Eh bien! qu'importe encore? O nature! ô ma mère!
  En ai-je moins aimé?

La foudre maintenant peut tomber sur ma tête;
170 Jamais ce souvenir ne peut m'être arraché!
Comme le matelot brisé par la tempête,
  Je m'y tiens attaché.

Je ne veux rien savoir, ni si les champs fleurissent,
Ni ce qu'il adviendra du simulacre humain,
175 Ni si ces vastes cieux éclaireront demain
  Ce qu'ils ensevelissent.

---

26. Musset veut dire que George Sand était devenue une hypocrite. Allusion à Matthieu, XXIII, 27: « Malheur à vous, scribes et Pharisiens, hypocrites qui êtes semblables à des sépulcres blanchis qui au dehors paraissent beaux aux yeux des hommes et qui, au dedans, êtes pleins d'ossements de mort et de toute sorte de pourriture. » — 27. Sur cette strophe et les trois suivantes, voir la notice.

Je me dis seulement: «A cette heure, en ce lieu,
Un jour, je fus aimé, j'aimais, elle était belle.»
J'enfouis ce trésor dans mon âme immortelle,
180   Et je l'emporte à Dieu!

Tristesse

Pendant l'été de 1838, Musset séjourne à la campagne chez un ami à qui il consacre un sonnet joyeux: «Qu'il est doux d'être au monde, et quel bien que la vie!» (*A Alfred Tattet*). Mais à partir de cette année s'accélère le déclin physique et psychique du poète. Deux ans plus tard, Musset est en visite chez ce même ami quand, âgé à peine de trente ans mais prématurément vieilli et miné par l'alcoolisme, il écrit le poème suivant. Le frère du poète précise ainsi les circonstances de la composition du poème: «Ses amis m'ont raconté qu'un matin, comme il tardait à se lever, ils entrèrent dans sa chambre et trouvèrent sur sa table un sonnet que plus tard, en le publiant, il a intitulé *Tristesse*» (*Biographie d'Alfred de Musset*).

J'ai perdu ma force et ma vie,
Et mes amis et ma gaîté;
J'ai perdu jusqu'à la fierté
Qui faisait croire à mon génie.

5   Quand j'ai connu la Vérité,
J'ai cru que c'était une amie;
Quand je l'ai comprise et sentie,
J'en étais déjà dégoûté.

Et pourtant elle est immortelle,
10   Et ceux qui se sont passés d'elle
Ici-bas ont tout ignoré.

Dieu parle, il faut qu'on lui réponde.
— Le seul bien qui me reste au monde
Est d'avoir quelquefois pleuré.

Matière à réflexion

1. *La Nuit de Mai.* — (a) Le dialogue entre la Muse et le Poète n'est, à l'évidence, que la forme dramatisée d'un conflit intérieur. Définissez ce conflit. Quelles sont les forces psychiques en présence? (b) C'est dans la dernière partie du poème (vers 139 jusqu'à la fin, et en particulier les vers 148–152) que Musset exprime sa célèbre «poétique de la douleur». Définissez-la avec autant de précision que possible. Quel est, pour Musset, le rôle de la souffrance dans la création poétique? (c) Etudiez l'apologue[28] du pélican (sa fonction dans l'ensemble du poème; la leçon qui s'en dégage; le symbole du pélican).

2. *Souvenir.* — (a) On considère communément *Souvenir* comme la somme de la philosophie amoureuse de Musset, où se résument ses idées éparses sur le sujet. De quelle philosophie s'agit-il? La réaction suivante est assez fréquente:

> Mais comment voulez-vous que je dégage une «philosophie» d'un poème qui n'est qu'une suite de contradictions? La «place à jamais sacrée» est une tombe (vers 3) qui n'a pourtant rien d'un cimetière (vers 29–32). Le poète se moque de ceux pour qui «la vie est un songe» (vers 93), mais pour lui «le monde est un grand rêve» (vers 109). Après avoir critiqué l'illusion de l'amour éternel, le poète qualifie d'*heureux* ceux qui y croient (vers 127–128). Il affirme que les «fugitifs instants» de bonheur sont ce qu'il y a de plus important dans la vie (vers 99), mais aussi que le *souvenir* de ce bonheur est «plus vrai» que le bonheur lui-même (vers 67–68). Et si ce qui compte, c'est le fait d'*avoir aimé*, et non pas d'aimer éternellement, pourquoi faut-il que le *souvenir* soit éternel (vers 170, 179)? Etc.

Que pourrait-on répondre pour la défense de Musset? (b) *Le Lac* de Lamartine, *Tristesse d'Olympio* de Hugo et *Souvenir* de Musset sont trois variations sur le thème romantique du *retour aux lieux où l'on a aimé*. Comparez les trois poèmes. Dans quelle mesure et en quel sens peut-on considérer celui de Musset comme une «réponse» aux deux autres? (Des trois poèmes, *Souvenir* est le dernier en date, et Musset reprend consciemment les thèmes des deux autres.) Lequel est, à votre avis, le plus réussi? Auquel va votre préférence?

3. *Tristesse.* — (a) De quelle «Vérité» s'agit-il au vers 5? (b) Nous avons suivi une convention en mettant un tiret au début du vers 13. Il ne figure pourtant pas sur le manuscrit. Qu'ajoute-t-il, à votre avis, au sens du poème, et pourquoi l'a-t-on jugé nécessaire? (c) En quel sens le fait d'avoir pleuré peut-il être un «bien»?

---

28. Petite fable servant à illustrer une leçon morale.

Vigny

Avec Vigny le romantisme se fait pudique et discret. A la différence de Lamartine et de Musset, Vigny ne porte pas son cœur en écharpe et refuse de se répandre en confidences personnelles; il fait deviner sa détresse sans la crier sur les toits. Est-ce pour cela qu'il paraît moins démodé aujourd'hui que la plupart de ses contemporains?

Fils de nobles ruinés par la Révolution, Alfred de Vigny (1797–1863) est élevé dans le regret du passé et le culte des traditions. Au lycée à Paris, il fait de brillantes études, mais il doit subir les brimades de ses camarades qui lui reprochent ses origines et sa réserve aristocratiques. L'adolescent se destine par tradition familiale au métier des armes, et à la Restauration l'occasion s'en présente: à dix-sept ans, il s'engage comme sous-lieutenant au service du roi. Mais il devra renoncer à ses rêves de gloire militaire: avec le retour au pouvoir des Bourbons, la paix — hélas! — a éclaté: pendant dix ans, il traînera son ennui de garnison en garnison, occupant ses longs loisirs à lire et à écrire. Pendant ses nombreux congés, il fréquente les salons littéraires à Paris où il commence déjà à se faire un nom d'écrivain. En 1825 il se fait mettre en congé, épouse une riche Anglaise et se consacre à la littérature.

Après la publication en 1826 des *Poèmes antiques et modernes* et du roman *Cinq-Mars,* Vigny passe pour un maître de la jeune école romantique. Il adapte Shakespeare en vers alexandrins, s'essaie au drame, publie un deuxième roman et un recueil de nouvelles. Cette période de grande production littéraire coïncide avec sa liaison passionnée et orageuse avec la célèbre actrice Marie Dorval. Lorsqu'en 1835 Vigny triomphe au théâtre avec *Chatterton,* c'est elle qui y tient le rôle féminin principal.

Leur séparation définitive en 1838 provoque chez l'écrivain une crise de pessimisme aigu dont il se remettra lentement. A partir de cette année, Vigny se confine dans une retraite amère, d'où il ne sort, sous la Deuxième République, que pour se présenter et échouer aux élections législatives. Il partage désormais son temps entre Paris et son manoir en Charente (sud-ouest). Il soigne sa femme malade, réfléchit beaucoup, écrit peu et publie encore moins. La production littéraire de ses vingt-cinq dernières années se limite à une douzaine de poèmes, dont seule la moitié paraîtra de son vivant. Les autres seront réunis en 1864 dans le recueil posthume des *Destinées.*

Il est facile, pour peu que l'on connaisse la vie de Vigny, d'y trouver, voilées et transfigurées, les expériences personnelles dont l'œuvre s'inspire (voir, à ce propos, les notices des poèmes.) Mais peu enclin à l'effusion directe, Vigny s'applique à *dépersonnaliser* ses expériences et, en passant du vécu à l'écrit, à s'élever du particulier au général. Pour lui, «l'Idée est tout; le nom propre n'est rien que l'exemple et la preuve de l'Idée » (*Réflexions sur la vérité dans l'art*).

Au lieu cependant d'exprimer abstraitement ses idées, Vigny préfère les concrétiser sous forme d'objets ou de personnages symboliques. C'est le cas, par exemple, du drame de *Chatterton.* Du poète anglais, qui se suicida à l'âge de dix-huit ans, Vigny fait un symbole de l'homme de génie méprisé par une société matérialiste. Dans cette pièce, écrit Vigny dans sa préface, « le *Poète* était tout pour moi; Chatterton n'était qu'un nom d'homme, et je viens d'écarter à dessein les faits exacts de sa vie pour ne prendre de sa destinée que ce qui la rend un exemple à jamais déplorable d'une noble misère. » Il en est ainsi des « héros » des trois poèmes qui nous reproduisons ici: en y peignant Moïse, Samson et le Loup, Vigny s'intéresse moins à l'exactitude biblique ou zoologique qu'à la portée symbolique de ses personnages.

Alors que sa réserve l'éloigne des autres romantiques, Vigny se rapproche d'eux par l'importance qu'il accorde au thème de la solitude morale. Les *individus supérieurs,* «ceux qui planent», éternellement seuls parce qu'au-dessus, ceux-là sont, pour Vigny, les véritables *parias*[1] du monde moderne, condamnés à vivre en

---

1. Le mot désigne les hors-caste de l'Inde (les «intouchables» dont le seul contact est considéré comme une souillure), et, par extension, les exclus de la société.

marge d'une société qui les méconnaît ou qui les envie. Face à cette triste condition, une seule attitude est digne: «Courageuse résignation. Désespoir calme. Voilà la plus saine des philosophies» (*Journal*).

La supériorité dont il s'agit est en partie intellectuelle, mais d'abord et surtout *morale*: «Le *noble* et l'*ignoble* sont les deux noms qui distinguent le mieux, à mes yeux, les deux races d'hommes qui vivent sur terre» (*Journal*). Faut-il ajouter que Vigny se rangeait dans la première catégorie, et la plupart des autres, dans la seconde? Aussi ne connut-il pas de son vivant la grande popularité. Au reste, il ne cherchait pas à plaire à la foule et comprenait bien pourquoi il ne pouvait jamais y parvenir: «La multitude me hait. [...] Elle sent le mépris que j'ai pour elle et me le rend en haine» (*Journal*).

En revanche, il eut de son vivant et il garde depuis sa mort un petit nombre de fidèles qui sentent, entre lui et eux, des affinités profondes. Le poète Leconte de Lisle, qui appartient à la même famille d'esprits, devait en 1877 lui rendre cet éloge: «La nature de ce rare talent le circonscrit dans une sphère [...] hantée par une élite spirituelle très restreinte, non de disciples, mais d'admirateurs persuadés» (*Discours de réception à l'Académie française*).

Moïse

Dans ce poème publié en 1826, Vigny s'inspire du récit de l'Ancien Testament. Au début du poème, Moïse, ayant conduit les Hébreux dans le désert pendant quarante ans, est parvenu, à l'âge de cent-vingt ans, au mont Nébo (près de la mer Morte). Voici le passage-clé de Deutéronome: «Le même jour le Seigneur parla à Moïse, et lui dit: "Montez [...] sur la montagne de Nébo, qui est au pays de Moab vis-à-vis de Jéricho. Et considérez la terre de Chanaan [la Terre promise], que je donnerai en possession aux enfants d'Israël. Et mourez sur cette montagne." [...] Moïse monta donc de la plaine de Moab sur la montagne de Nébo au haut de Phasga [...]. Et le Seigneur lui fit voir de là tout le pays de Galaad jusqu'à Dan, tout Nephtali, toute la terre d'Ephraïm et de Manassé, et tout le pays de Juda jusqu'à la mer occidentale [la Méditerranée], [...] jusqu'à Ségor. Et le Seigneur lui dit: "Voilà le pays pour lequel j'ai fait serment à Abraham, à Isaac et à Jacob, en leur disant: 'Je donnerai ce pays à votre postérité.' Vous l'avez vu de vos yeux, et vous n'y entrerez pas." Moïse serviteur du Seigneur mourut ainsi en ce même lieu dans le pays de Moab, par le commandement du Seigneur, qui l'ensevelit dans la vallée du pays [...]. Et nul homme jusqu'aujourd'hui n'a connu le lieu de sa tombe» (XXXII, 48–49; XXXIV, 1–6). Cependant, Vigny a pris des libertés avec le texte biblique, dont il s'intéresse surtout à dégager un sens mythique. Pour Vigny, le sort de Moïse symbolise la solitude morale de l'être supérieur. Mais écoutons le poète lui-même: «Le vrai Moïse peut avoir regardé au-delà de la tombe, mais le mien n'est pas celui des Juifs. Ce grand nom ne sert que de masque à un homme de tous les siècles et plus moderne qu'antique: l'homme de génie, las de son éternel veuvage et désespéré

Vigny en 1831 (portrait par A. Devéria)

de voir sa solitude plus vaste et plus aride à mesure qu'il grandit. Fatigué de sa grandeur, il demande le néant » (lettre du 27 déc. 1838 à C. Maunoir). (Quand Vigny fait allusion à d'autres passages bibliques que celui, cité ci-dessus, de Deuté-ronome, nous l'indiquons en marge.)

> Le soleil prolongeait sur la cime des tentes
> Ces obliques rayons, ces flammes éclatantes,
> Ces larges traces d'or qu'il laisse dans les airs,
> Lorsqu'en un lit de sable il se couche aux déserts.
> 5 La pourpre et l'or semblaient revêtir la campagne.
> Du stérile Nébo gravissant la montagne,
> Moïse, homme de Dieu, s'arrête, et, sans orgueil,
> Sur le vaste horizon promène un long coup d'œil.
> Il voit d'abord Phasga, que des figuiers entourent;
> 10 Puis, au delà des monts que ses regards parcourent,
> S'étend tout Galaad, Ephraïm, Manassé,
> Dont le pays fertile à sa droite est placé;
> Vers le Midi, Juda, grand et stérile, étale
> Ses sables où s'endort la mer occidentale;
> 15 Plus loin, dans un vallon que le soir a pâli,
> Couronné d'oliviers, se montre Nephtali;
> Dans des plaines de fleurs magnifiques et calmes,
> Jéricho s'aperçoit: c'est la ville des palmes;
> Et, prolongeant ses bois, des plaines de Phogor,

20 Le lentisque¹ touffu s'étend jusqu'à Ségor.
Il voit tout Chanaan, et la terre promise,
Où sa tombe, il le sait, ne sera point admise.
Il voit, sur les Hébreux étend sa grande main,
Puis vers le haut du mont il reprend son chemin.

25 Or, des champs de Moab couvrant la vaste
      enceinte,
Pressés au large pied de la montagne sainte,
Les enfants d'Israël s'agitaient au vallon
Comme les blés épais qu'agite l'aquilon.
Dès l'heure où la rosée humecte l'or des sables

30 Et balance sa perle au sommet des érables,
Prophète centenaire, environné d'honneur,
Moïse était parti pour trouver le Seigneur.
On le suivait des yeux aux flammes de sa tête²,
Et, lorsque du grand mont il atteignit le faîte,

35 Lorsque son front perça le nuage de Dieu
Qui couronnait d'éclairs la cime du haut lieu°,   °Exode, XIX, 16
L'encens brûla partout sur les autels de pierre°,   °Exode, XX, 25
Et six cent mille Hébreux, courbés dans la
      poussière°,   °Nombres, XI, 21
A l'ombre du parfum par le soleil doré,

40 Chantèrent d'une voix le cantique sacré°;   °Nombres, XXX, 17
Et les fils de Lévi³, s'élevant sur la foule,
Tels qu'un bois de cyprès sur le sable qui roule,
Du peuple avec la Harpe accompagnant les voix,
Dirigeaient vers le ciel l'hymne du Roi des Rois.

45 Et, debout devant Dieu, Moïse ayant pris place,
Dans le nuage obscur lui parlait face à face°.   °Exode, XXXIII, 11

Il disait au Seigneur: « Ne finirai-je pas?
Où voulez-vous encor que je porte mes pas?
Je vivrai donc toujours puissant et solitaire?

50 Laissez-moi m'endormir du sommeil de la terre.
Que vous ai-je donc fait pour être votre élu°?   °Nombres, XI, 11–15
J'ai conduit votre peuple où vous avez voulu.
Voilà que son pied touche à la terre promise.
De vous à lui qu'un autre accepte l'entremise,

55 Au coursier d'Israël qu'il attache le frein;
Je lui lègue mon livre⁴ et la verge d'airain⁵.

« Pourquoi vous fallut-il tarir mes espérances,
Ne pas me laisser homme avec mes ignorances,
Puisque du mont Horeb° jusques au mont Nébo   °Exode, III, 1–2

60 Je n'ai pas pu trouver le lieu de mon tombeau?

---

1. Pistachier (arbre des régions chaudes). — 2. Selon Exode (XXXIV, 30), « son visage rayonnait de lumière ». Dans la peinture et la sculpture, ces rayons, devenus flammes, sont représentés par des cornes. — 3. Les « fils » (descendants) de Lévi, ou Lévites, étaient voués au service du temple. — 4. Le Pentateuque (les cinq premiers livres de l'Ancien Testament). — 5. Cette verge lui permit de faire des miracles (Exode, IV, 2–4).

Hélas! vous m'avez fait sage parmi les sages!
Mon doigt du peuple errant a guidé les passages.
J'ai fait pleuvoir le feu sur la tête des rois°;   °Exode, IX, 23
L'avenir à genoux adorera mes lois[6];
65 Des tombes des humains j'ouvre la plus antique,
La mort trouve à ma voix une voix
    prophétique[7],
Je suis très grand, mes pieds sont sur les nations,
Ma main fait et défait les générations. —
Hélas! je suis, Seigneur, puissant et solitaire,
70 Laissez-moi m'endormir du sommeil de la terre!

« Hélas! je sais aussi tous les secrets des cieux,
Et vous m'avez prêté la force de vos yeux.
Je commande à la nuit de déchirer ses voiles;
Ma bouche par leur nom a compté les étoiles,
75 Et, dès qu'au firmament mon geste l'appela,
Chacune s'est hâtée en disant: "Me voilà."
J'impose mes deux mains sur le front des nuages
Pour tarir dans leurs flancs la source des orages°;   °Exode, IX, 33
J'engloutis les cités sous les sables mouvants;
80 Je renverse les monts sous les ailes des vents°;   °Rois III, XIX, 11
Mon pied infatigable est plus fort que l'espace;
Le fleuve aux grandes eaux se range quand
    je passe°,   °Exode, XIV, 21
Et la voix de la mer se tait devant ma voix.
Lorsque mon peuple souffre, ou qu'il lui faut
    des lois,
85 J'élève mes regards, votre esprit me visite;
La terre alors chancelle et le soleil hésite°,   °Isaïe, XXIV, 20
Vos anges sont jaloux et m'admirent
    entre eux. —
Et cependant, Seigneur, je ne suis pas heureux;
Vous m'avez fait vieillir puissant et solitaire,
90 Laissez-moi m'endormir du sommeil de la terre!

« Sitôt que votre souffle a rempli le berger°,   °Exode, III, 1
Les hommes se sont dit: "Il nous est étranger";
Et les yeux se baissaient devant mes yeux
    de flamme,
Car ils venaient, hélas! d'y voir plus que
    mon âme.
95 J'ai vu l'amour s'éteindre et l'amitié tarir;
Les vierges se voilaient et craignaient de
    mourir°.   °Exode, XX, 19
M'enveloppant alors de la colonne noire°,   °Exode, XIII, 21
J'ai marché devant tous, triste et seul dans
    ma gloire,

---

6. Les dix commandements, ou Décalogue. — 7. Les vers 65–66, assez obscurs, ont été diversement interprétés; peut-être une allusion à Exode XIII, 19: « Et Moïse emporta aussi avec lui les ossements de Joseph », lesquels lui conférèrent un pouvoir prophétique.

Et j'ai dit dans mon cœur: "Que vouloir à
présent?"
100 Pour dormir sur un sein mon front est trop
pesant,
Ma main laisse l'effroi sur la main qu'elle
touche,
L'orage est dans ma voix, l'éclair est sur ma
bouche;
Aussi, loin de m'aimer, voilà qu'ils tremblent
tous,
Et, quand j'ouvre les bras, on tombe à mes
genoux.
105 O Seigneur! j'ai vécu puissant et solitaire,
Laissez-moi m'endormir du sommeil de la
terre! »

Or, le peuple attendait, et, craignant son
courroux,
Priait sans regarder le mont du Dieu jaloux;
Car s'il levait les yeux, les flancs noirs du nuage
110 Roulaient et redoublaient les foudres de l'orage,
Et le feu des éclairs°, aveuglant les regards,   °Exode, XIX, 16
Enchaînait tous les fronts courbés de toutes
parts.
Bientôt le haut du mont reparut sans Moïse. —
Il fut pleuré°. — Marchant vers la terre promise,   °Deut., XXXIV, 8
115 Josué s'avançait pensif, et pâlissant,
Car il était déjà l'élu du Tout-Puissant[8].

Poèmes antiques et modernes

La Mort du loup

« J'aime ceux qui se résignent sans gémir et portent bien leur fardeau », écrit
Vigny en 1832 (*Journal*). Six ans plus tard, pendant une période particulièrement
éprouvante, il donne à cette idée une expression poétique. Vigny semble s'être inspiré de Lord Byron, qui avait écrit dans *Childe Harold* (IV, xxi): « And the wolf dies in
silence. — Not bestow'd / In vain should such example be: if they, / Things of
ignoble or of savage mood, / Endure and shrink not, we of nobler clay / May tem-
per it to bear; it is but for a day. » On a souvent remarqué — ce que Vigny savait très
bien — qu'une vraie chasse au loup ne ressemble en rien à celle de la première partie du poème. Peu importe: le loup n'est à l'évidence qu'un symbole de l'homme, et
la traque, une image de la condition humaine. Publiée pour la première fois en
1843, *La Mort du loup* fut reprise dans le recueil posthume des *Destinées*. Nous incor-
porons dans la version reproduite ici les dernières corrections de Vigny.

---

8. C'est Josué qui, succédant à Moïse, conduisit les Hébreux dans la Terre promise.

I

Les nuages couraient sur la lune enflammée
Comme sur l'incendie on voit fuir la fumée,
Et les bois étaient noirs jusques à l'horizon.
Nous marchions, sans parler, dans l'humide gazon,
5   Dans la bruyère épaisse et dans les hautes brandes[9],
Lorsque, sous des sapins pareils à ceux des Landes[10],
Nous avons aperçu les grands ongles marqués
Par les loups voyageurs que nous avions traqués.
Nous avons écouté, retenant notre haleine
10   Et le pas suspendu. — Ni le bois ni la plaine
Ne poussaient un soupir dans les airs; seulement
La girouette en deuil criait au firmament;
Car le vent, élevé bien au-dessus des terres,
N'effleurait de ses pieds que les tours solitaires,
15   Et les chênes d'en bas, contre les rocs penchés,
Sur leurs coudes semblaient endormis et couchés.
Rien ne bruissait donc, lorsque, marchant tête basse,
Le plus vieux des chasseurs nous indiqua la trace
De deux grands loups-cerviers[11] et de deux louveteaux.
20   Nous avons tous alors préparé nos couteaux,
Et, cachant nos fusils et leurs lueurs trop blanches,
Nous allions, pas à pas, en écartant les branches.
Trois s'arrêtent, et moi, cherchant ce qu'ils voyaient,
J'aperçois tout à coup deux yeux qui flamboyaient,
25   Et je vois au-delà quelques formes légères
Qui dansaient sous la lune au milieu des bruyères,
Comme font chaque jour, à grand bruit sous nos yeux,
Quand le maître revient, les lévriers joyeux.
Leur forme était semblable et semblable la danse;
30   Mais les enfants du Loup se jouaient en silence,
Sachant bien qu'à deux pas, ne dormant qu'à demi,
Se couche dans ses murs l'homme, leur ennemi.
Le père était debout, et plus loin, contre un arbre,
Sa Louve reposait, comme celle de marbre
35   Qu'adoraient les Romains, et dont les flancs velus
Couvaient les demi-dieux Rémus et Romulus[12].
Le Loup vient et s'assied, les deux jambes dressées,
Par leurs ongles crochus dans le sable enfoncées.
Il s'est jugé perdu, puisqu'il était surpris,
40   Sa retraite coupée et tous ses chemins pris;
Alors il a saisi, dans sa gueule brûlante,
Du chien le plus hardi la gorge pantelante,
Et n'a pas desserré ses mâchoires de fer,
Malgré nos coups de feu qui traversaient sa chair,
45   Et nos couteaux aigus qui, comme des tenailles,
Se croisaient en plongeant dans ses larges entrailles,
Jusqu'au dernier moment où le chien étranglé,
Mort longtemps avant lui, sous ses pieds a roulé.

---

9. Terme régional désignant la végétation des sous-bois. — 10. Région boisée du bassin d'Aquitaine (sud-ouest). — 11. Grands loups (régional). — 12. «Celle de marbre», c'est la statue de la Louve romaine. Selon la légende, cette bête recueillit et allaita les enfants Romulus et Rémus, qui avaient été exposés dans une corbeille abandonnée au Tibre. Ils étaient destinés à fonder Rome.

Le Loup le quitte alors et puis il nous regarde.
50 Les couteaux lui restaient au flanc jusqu'à la garde,
Le clouaient au gazon tout baigné dans son sang;
Nos fusils l'entouraient en sinistre croissant.
Il nous regarde encore, ensuite il se recouche,
Tout en léchant le sang répandu sur sa bouche,
55 Et, sans daigner savoir comment il a péri,
Refermant ses grands yeux, meurt sans jeter un cri.

II

J'ai reposé mon front sur mon fusil sans poudre,
Me prenant à penser, et n'ai pu me résoudre
A poursuivre sa Louve et ses fils, qui, tous trois,
60 Avaient voulu l'attendre; et, comme je le crois,
Sans ses deux Louveteaux, la belle et sombre veuve
Ne l'eût pas laissé seul subir la grande épreuve;
Mais son devoir était de les sauver, afin
De pouvoir leur apprendre à bien souffrir la faim,
65 A ne jamais entrer dans le pacte des villes
Que l'homme a fait avec les animaux serviles[13]
Qui chassent devant lui, pour avoir le coucher,
Les premiers possesseurs du bois et du rocher.

III

Hélas! ai-je pensé, malgré ce grand nom d'Hommes,
70 Que j'ai honte de nous, débiles que nous sommes!
Comment on doit quitter la vie et tous ses maux,
C'est vous qui le savez, sublimes animaux!
A voir ce que l'on fut sur terre et ce qu'on laisse[14],
Seul le silence est grand; tout le reste est faiblesse.
75 — Ah! je t'ai bien compris, sauvage voyageur,
Et ton dernier regard m'est allé jusqu'au cœur!
Il disait: « Si tu peux, fais que ton âme arrive,
A force de rester studieuse[15] et pensive,
Jusqu'à ce haut degré de stoïque fierté
80 Où, naissant dans les bois, j'ai tout d'abord[16] monté.
Gémir, pleurer, prier est également lâche.
Fais énergiquement ta longue et lourde tâche
Dans la voie où le sort a voulu t'appeler,
Puis, après, comme moi, souffre et meurs sans parler. »

Les Destinées

La Colère de Samson

Comme dans *Moïse,* Vigny s'inspire dans ce poème de l'Ancien Testament. L'histoire bien connue est racontée dans le livre des Juges (XIII–XVI). En voici un

---

13. Les chiens. — 14. Ce qu'on laisse après soi (sans doute les « maux » du vers 71). — 15. Appliquée. — 16. Du premier coup et sans effort.

résumé: Grâce à sa force surhumaine, Samson devient un héros de la résistance is-
raélite contre les Philistins. Ceux-ci promettent à Dalila, l'amante de Samson, une
grosse somme d'argent si elle réussit à apprendre le secret de sa force. Après
plusieurs tentatives, elle lui arrache enfin l'aveu qu'il doit sa force à sa chevelure
abondante. Profitant de son sommeil, elle lui fait raser la tête; impuissant désormais
à se défendre, Samson est livré à ses ennemis qui lui crèvent les yeux et le con-
damnent à l'esclavage. Lors d'une grande fête en l'honneur de leur dieu Dagon, les
Philistins amènent Samson dans le temple pour l'exposer aux railleries de la popu-
lace. Mais sa chevelure a repoussé, et avec elle il a retrouvé son ancienne vigueur.
Placé debout entre les deux colonnes centrales qui soutiennent le plafond, il s'appuie contre elles et les ébranle. Tout l'édifice s'écroule, et sous les débris périt Samson avec trois mille de ses ennemis. Et comme dans *Moïse,* Vigny s'intéresse moins
aux détails du récit qu'à la «leçon» qui s'en dégage. «Dalila: ô symbole redoutable
de la femme, maîtresse perfide», écrit-il en 1835 dans son *Journal.* Trois ans plus
tard, il rompt avec Marie Dorval, sa «maîtresse perfide» qui ne cessait de le
tromper. De cette rupture va naître, quelques mois plus tard, *La Colère de Samson,*
l'une des œuvres les plus foncièrement misogynes de la littérature française. Samson trahi par Dalila, c'est l'Homme trahi par la Femme, la force vaincue par la faiblesse, l'innocence et la vertu défaites par la ruse et le vice. Mais c'est d'abord, c'est
surtout Vigny trompé par Marie. Ainsi ce poème est-il, malgré la symbolisation du
drame vécu, le plus *personnel* que Vigny ait écrit, ce qui explique son refus de le publier de son vivant. Il n'a paru qu'en 1864, dans *Les Destinées.*

> Le désert est muet, la tente est solitaire.
> Quel pasteur courageux la dressa sur la terre
> Du sable et des lions? — La nuit n'a pas calmé
> La fournaise du jour dont l'air est enflammé.
> 5   Un vent léger s'élève à l'horizon et ride
> Les flots de la poussière ainsi qu'un lac limpide.
> Le lin blanc de la tente est bercé mollement;
> L'œuf d'autruche[17], allumé, veille paisiblement,
> Des voyageurs voilés intérieure étoile,
> 10   Et jette longuement deux ombres sur la toile.
>
> L'une est grande et superbe, et l'autre est à ses pieds:
> C'est Dalila l'esclave, et ses bras sont liés
> Aux genoux réunis du maître jeune et grave
> Dont la force divine obéit à l'esclave.
> 15   Comme un doux léopard elle est souple et répand
> Ses cheveux dénoués aux pieds de son amant.
> Ses grands yeux, entr'ouverts comme s'ouvre l'amande,
> Sont brûlants du plaisir que son regard demande,
> Et jettent, par éclats, leurs mobiles lueurs.
> 20   Ses bras fins tout mouillés de tièdes sueurs,
> Ses pieds voluptueux qui sont croisés sous elle,
> Ses flancs, plus élancés que ceux de la gazelle,
> Pressés de bracelets, d'anneaux, de boucles d'or,

17. Lampe en forme d'œuf d'autruche.

Sont bruns, et, comme il sied aux filles de Hatsor[18],
25   Ses deux seins, tout chargés d'amulettes anciennes,
Sont chastement pressés d'étoffes syriennes.

Les genoux de Samson fortement sont unis
Comme les deux genoux du colosse Anubis[19].
Elle s'endort sans force et riante et bercée
30   Par la puissante main sous sa tête placée.
Lui murmure le chant funèbre et douloureux
Prononcé dans la gorge avec des mots hébreux.
Elle ne comprend pas la parole étrangère,
Mais le chant verse un somme en sa tête légère.
35   « Une lutte éternelle en tout temps, en tout lieu,
Se livre sur la terre, en présence de Dieu,
Entre la bonté d'Homme et la ruse de Femme,
Car la femme est un être impur de corps et d'âme.

« L'homme a toujours besoin de caresse et d'amour,
40   Sa mère l'en abreuve alors qu'il vient au jour,
Et ce bras le premier l'engourdit, le balance
Et lui donne un désir d'amour et d'indolence.
Troublé dans l'action, troublé dans le dessein,
Il rêvera partout à la chaleur du sein,
45   Aux chansons de la nuit, aux baisers de l'aurore,
A la lèvre de feu que sa lèvre dévore,
Aux cheveux dénoués qui roulent sur son front,
Et les regrets du lit, en marchant, le suivront.
Il ira dans la ville, et là les vierges folles[20]
50   Le prendront dans leurs lacs[21] aux premières paroles.
Plus fort il sera né, mieux il sera vaincu,
Car plus le fleuve est grand et plus il est ému.
Quand le combat que Dieu fit pour la créature,
Et contre son semblable et contre la nature
55   Force l'homme à chercher un sein où reposer,
Quand ses yeux sont en pleurs, il lui faut un baiser.
Mais il n'a pas encor fini toute sa tâche:
Vient un autre combat plus secret, traître et lâche;
Sous son bras, sur son cœur se livre celui-là;
60   Et, plus ou moins, la Femme est toujours DALILA.

« Elle rit et triomphe; en sa froideur savante,
Au milieu de ses sœurs elle attend et se vante
De ne rien éprouver des atteintes du feu.
A sa plus belle amie[22] elle en a fait l'aveu:
65   Elle se fait aimer sans aimer elle-même;
Un maître lui fait peur. C'est le plaisir qu'elle aime;
L'homme est rude et le prend sans savoir le donner.

---

18. Capitale des Cananéens, ennemis d'Israël (parce que les Israélites, en occupant la Terre promise, en avaient expulsé les Cananéens). — 19. Divinité égyptienne à tête de chacal et à corps d'homme — 20. Allusion à la parabole biblique des vierges sages et des vierges folles (Matthieu, XXV, 1–13), selon laquelle l'homme doit savoir résister à la tentation. *Vierge folle* est ici synonyme de *tentatrice*. — 21. Filets; au figuré, piège. On prononce [*la*]. — 22. Cette amie est George Sand, dont Vigny devint jaloux (avec raison).

Un sacrifice illustre et fait pour étonner
Rehausse mieux que l'or, aux yeux de ses pareilles,
70   La beauté qui produit tant d'étranges merveilles
Et d'un sang précieux sait arroser ses pas.
— Donc, ce que j'ai voulu, Seigneur, n'existe pas! —
Celle à qui va l'amour et de qui vient la vie,
Celle-là, par orgueil, se fait notre ennemie.
75   La Femme est, à présent, pire que dans ces temps
Où, voyant les humains, Dieu dit: « Je me repens! »
Bientôt, se retirant dans un hideux royaume,
La Femme aura Gomorrhe et l'Homme aura Sodôme[23];
Et, se jetant, de loin, un regard irrité,
80   Les deux sexes mourront chacun de son côté.

« Eternel! Dieu des forts! vous savez que mon âme
N'avait pour aliment que l'amour d'une femme,
Puisant dans l'amour seul plus de sainte vigueur
Que mes cheveux divins n'en donnaient à mon cœur.
85   — Jugez-nous. — La voilà sur mes pieds endormie.
Trois fois elle a vendu mes secrets et ma vie[24],
Et trois fois a versé des pleurs fallacieux
Qui n'ont pu me cacher la rage de ses yeux;
Honteuse qu'elle était plus encor qu'étonnée
90   De se voir découverte ensemble et pardonnée;
Car la bonté de l'Homme est forte, et sa douceur
Ecrase, en l'absolvant, l'être faible et menteur.

« Mais enfin je suis las. J'ai l'âme si pesante,
Que mon corps gigantesque et ma tête puissante
95   Qui soutiennent le poids des colonnes d'airain
Ne la peuvent porter avec tout son chagrin.
Toujours voir serpenter la vipère dorée
Qui se traîne en sa fange et s'y croit ignorée;
Toujours ce compagnon dont le cœur n'est pas sûr,
100   La Femme, enfant malade et douze fois impur[25]!
Toujours mettre sa force à garder sa colère
Dans son cœur offensé, comme en un sanctuaire
D'où le feu s'échappant irait tout dévorer;
Interdire à ses yeux de voir ou de pleurer,
105   C'est trop! Dieu, s'il le veut, peut balayer ma cendre.
J'ai donné mon secret, Dalila va le vendre.
Qu'ils seront beaux les pieds de celui qui viendra
Pour m'annoncer la mort! — Ce qui sera, sera! »

Il dit et s'endormit près d'elle jusqu'à l'heure
110   Où les guerriers, tremblant d'être dans sa demeure,
Payant au poids de l'or chacun de ses cheveux,
Attachèrent ses mains et brûlèrent ses yeux,

---

23. Ces deux villes furent détruites par la colère divine pour les péchés de leurs habitants. — 24. Samson lui avait donné trois fois une fausse explication de l'origine de sa force; à chaque fois, Dalila l'avait cru et trahi. — 25. Ce jugement sévère est d'origine biblique (Lévitique, XV, 19–30; voir aussi Ezéchiel, XXII, 10).

Le traînèrent sanglant et chargé d'une chaîne
Que douze grands taureaux ne tiraient qu'avec peine,
115 Le placèrent debout, silencieusement,
Devant Dagon, leur dieu, qui gémit sourdement
Et deux fois, en tournant, recula sur sa base
Et fit pâlir deux fois ses prêtres en extase,
Allumèrent l'encens, dressèrent un festin
120 Dont le bruit s'entendait du mont le plus lointain;
Et près de la génisse aux pieds du dieu tuée
Placèrent Dalila, pâle prostituée,
Couronnée, adorée et reine du repas,
Mais tremblante et disant: IL NE ME VERRA PAS! »

125 Terre et ciel! avez-vous tressailli d'allégresse
Lorsque vous avez vu la menteuse maîtresse
Suivre d'un œil hagard les yeux tachés de sang
Qui cherchaient le soleil d'un regard impuissant?
Et quand enfin Samson, secouant les colonnes
130 Qui faisaient le soutien des immenses Pylônes[26],
Écrasa d'un seul coup, sous les débris mortels,
Ses trois mille ennemis, leurs dieux et leurs autels?

Terre et ciel! punissez par de telles justices
La trahison ourdie en des amours factices,
135 Et la délation du secret de nos cœurs
Arraché dans nos bras par des baisers menteurs.

Les Destinées

---

26. « *Pylône,* nom grec, [...] depuis longtemps adopté pour représenter à la pensée ces sortes d'arcs de triomphe dont le sommet est une terrasse et les piliers de larges obélisques » (note de Vigny).

Matière à réflexion

1. *Moïse.* — (a) Les vers que Moïse répète en refrain — «... puissant et solitaire, / Laissez-moi m'endormir du sommeil de la terre! » — ne sont pas identiques à chaque reprise. Il dit d'abord: «Je vivrai donc toujours... » (vers 49); puis: «Hélas! je suis, Seigneur... » (vers 69); puis: «Vous m'avez fait vieillir... » (vers 89); et enfin: « O Seigneur, j'ai vécu... » (vers 105). Expliquez les variantes. (b) Quel est le rapport entre les termes *puissant* et *solitaire* du refrain? Qu'est-ce que le « sommeil de la terre »? (c) C'est nous qui avons ajouté les guillemets au vers 99: il s'agit d'un discours dans un discours. Mais nous avons fermé les guillemets après *présent* (vers 99), alors que d'autres annotateurs ne les ferment qu'après *terre* du vers 106. Quelle est, à votre avis, la bonne interprétation? (d) « Les écrivains, a-t-on dit, sont parfois de mauvais interprètes de leurs œuvres » (voir la question 4-c sur Lamartine, ci-dessus). Pensez-vous, avec G. Bonnefoy (*La Pensée religieuse et morale d'Alfred de Vigny*), que Vigny ait faussé le sens de son poème en identifiant Moïse à « l'homme de génie » (voir la notice)? Cette interprétation de Vigny est postérieure de seize ans à la rédaction de *Moïse;* se pourrait-il que le poète voulût donner au poème un sens plus général qu'il n'en a en réalité?

2. *La Mort du loup.* — (a) Quels titres proposeriez-vous pour chacune des trois sections? (b) Il est traditionnel de voir dans ce poème, et en particulier dans les vers 72 et 81, une critique détournée du romantisme pleurnicheur. Dans quelle mesure et en quel sens une telle critique s'applique-t-elle à Lamartine et à Musset? Auxquels de leurs poèmes, en particulier? (c) Si, comme nous l'avons dit dans notre présentation du poème, «le loup n'est qu'un symbole de l'homme, et la traque, une image de la condition humaine», qu'est-ce qui correspond dans la vie de l'homme au chasseur du poème? S'appuyant sur le verbe *prier* du vers 81, on a proposé la réponse: Dieu. D'autres y voient un contresens: *prier,* disent-ils, ne signifie pas ici *s'adresser à Dieu,* mais plutôt *demander avec humilité.* Qu'en pensez-vous? (d) Définissez avec autant de précision que possible la «stoïque fierté» (vers 79) que le Loup enseigne à l'homme. (e) Chez un cordonnier de Rombas (Moselle), rue Raymond-Mondon, une plaque porte l'inscription suivante: «Défense de rouspéter. Nulle part jamais rien ne marche parfaitement. Perdre du temps à critiquer n'avance à rien. Agir pour que ça marche mieux est la seule attitude digne d'un homme intelligent.» Comparez cette morale à celle du Loup. Dans les deux cas, chez Vigny («gémir, pleurer, prier») comme chez le cordonnier («rouspéter»), il y a une interdiction de *se plaindre.* Mais est-ce interdit pour les mêmes raisons?

3. *La Colère de Samson.* — (a) Nous avons dit dans notre présentation du poème qu'il «naît» de la rupture récente de Vigny avec sa maîtresse, et que «Samson trahi par Dalila, c'est Vigny trompé par Marie». Dans quelle mesure est-il *nécessaire* ou *utile* de connaître la situation personnelle de Vigny pour comprendre et apprécier *La Colère de Samson?* (b) Comparez la honte qu'éprouve Dalila devant la supériorité morale de sa victime (vers 89–92) à l'attitude du chasseur devant la résignation méprisante du loup. (c) Vigny trompé a besoin de généraliser son expérience: Marie l'a trahi, donc «plus ou moins, la Femme est toujours Dalila» (vers 60). Dans son *Journal,* que personne n'a lu avant sa mort et dont la sincérité n'a jamais été mise en question, Vigny écrit pourtant, au sujet de sa femme: «Sur Lydia, après sept ans de mariage. — Il n'y a pas au monde un caractère plus parfait, plus égal, un esprit plus juste et plus droit, plus rempli de candeur et de finesse, en même temps un cœur plus dévoué. Mes défauts ne m'empêchent pas d'être pénétré pour vous d'admiration et de tendresse.» Sa misogynie ne serait-elle donc qu'une pose poétique, une calomnie de cocu? Récrivez à ce propos le débat de 4-c (p. 44) sur la sincérité du poète.

Hugo

Pour présenter Hugo, il faut des superlatifs. Il était de son vivant le plus populaire des poètes français, et demeure l'un des plus populaires un siècle après sa mort. Il est peut-être le plus doué, sans doute le plus complet, certainement le plus fécond.

Hugo en 1820 (portrait par A. Devéria)

Est-il aussi le plus *grand?* Question oiseuse peut-être, à laquelle beaucoup ont répondu affirmativement. Fait significatif: même ceux qui ne l'aiment guère semblent reconnaître sa supériorité — et c'est beaucoup dire. Au journaliste qui avait demandé le nom du plus grand poète français, l'écrivain André Gide répondit: « Victor Hugo — hélas! »

Fils d'officier dans l'armée impériale, Victor Hugo (1802–1885) connut une enfance vagabonde, suivant son père de garnison en garnison, avant de s'établir à Paris avec sa mère. Au lycée à Paris, l'adolescent se prépare, conformément aux vœux du père, à une carrière d'ingénieur. Sa vraie vocation est pourtant ailleurs, et il ne tarde pas à s'en rendre compte: « Je veux être Chateaubriand ou rien », écrit-il, à quatorze ans, dans son cahier d'élève. Pris en flagrant délit de lire en classe de math *Le Génie du christianisme,* il se voit menacé d'expulsion. Mais ses dons précoces se montrent à la hauteur de ses ambitions: à quinze ans il participe à un concours de l'Académie française et obtient une mention pour son poème sur *Les Avantages de l'étude.* L'année suivante il abandonne ses études.

Hugo n'a que dix-sept ans lorsqu'il fonde une revue, *Le Conservateur littéraire,* dont le titre indique assez les tendances. Ses opinions monarchistes et catholiques sont évidentes dans son premier recueil poétique, dont la parution en 1822 lui vaut une pension royale; cette aubaine lui permet de se marier et de se consacrer entièrement à la littérature. A vingt ans, le voilà lancé, promis au plus brillant avenir, sous les regards approbateurs de l'« establishment ».

Mais ses idées vont vite évoluer avec celles du temps. Le romantisme fait son chemin, et Hugo, prenant le train en marche, s'impose bientôt comme le chef incontesté du mouvement. Il excelle dans tous les genres: pièces, romans et recueils de poésies se succèdent avec une régularité déconcertante qui force l'admiration de ses critiques et, en 1841, les portes de l'Académie française. A partir de 1843 Hugo se laisse de plus en plus absorber par la politique et cesse de publier pendant dix ans. Il est pair de France lorsqu'éclate la révolution de 1848; après quelques hésitations, il s'engage du côté des républicains, s'opposant aux ambitions de Louis-Napoléon. Menacé d'arrestation après le coup d'Etat de 1851, il doit se réfugier à l'étranger (en Belgique d'abord, puis, à partir de 1855, dans les îles anglaises de la Manche). Son exil durera dix-neuf ans.

La proscription lui est propice — Hugo le reconnaîtra lui-même —, car elle l'arrache à la politique, pour laquelle il n'a pas d'aptitudes particulières, et le rend à la littérature, pour laquelle il est éminemment doué. C'est pendant cette période qu'il produit ses œuvres maîtresses et qu'il atteint l'apogée de sa gloire. Lorsqu'en 1859 Napoléon III amnistie les opposants au régime, permettant ainsi aux exilés de rentrer en France, Hugo préfère rester sur son île: «Quand la liberté rentrera, je rentrerai», déclare-t-il, devenant par ce geste une figure quasi mythique. Fidèle à ses principes et à sa parole, il prolongera son exil jusqu'à la chute de l'Empire: la République est proclamée le 4 septembre 1870; le 5, Hugo rentre en triomphe à Paris.

Malgré ses nombreuses tentatives, Hugo ne jouera plus guère en politique qu'un rôle de figurant décoratif. Il continue d'écrire, en revanche, autant et aussi longtemps que sa santé le lui permet, et c'est admiré, adoré même qu'il vieillit et qu'il meurt. L'Etat lui fait de magnifiques funérailles nationales auxquelles assistent deux millions de personnes.

L'œuvre immense de Hugo, comme celle de Voltaire — à qui d'ailleurs on l'a souvent comparé —, ressemble à un continent englouti dont seuls surnagent les sommets. Et la partie la plus «submergée» est l'œuvre dramatique.

Théâtre. — Paradoxalement, c'est par son œuvre dramatique que Hugo s'est imposé comme chef des romantiques. A son *Cromwell* (1827), pièce trop longue pour être jouable, Hugo joint une retentissante préface où il fait figure de novateur parce qu'en ramassant des idées qui traînaient partout, il les exprime mieux que ses prédécesseurs. A la tragédie classique, qui vivote toujours en 1827 mais qui se porte mal, Hugo propose de substituer un genre nouveau, mieux approprié à l'époque: le *drame*.

Or le drame, tel que Hugo le définit, ressemble curieusement au *mélodrame*, genre éminemment populaire né à la fin du XVIIIᵉ siècle. Le genre mélodramatique se caractérise par son action compliquée, riche en rebondissements et coups de théâtre, et par ses personnages fortement typés, à la psychologie sommaire. L'*héroïne* est belle et vertueuse; le *traître* qui la persécute est odieux et machiavélique; le jeune *héros* qui la délivre est beau et brave. Après les moments pathétiques — soulignés par un orchestre, d'où le nom de *mélo*-drame —, le *niais* (valet, soldat ou paysan) entre en scène pour détendre les spectateurs avec ses clowneries. Les sujets sont souvent empruntés à l'histoire médiévale ou moderne, française ou étrangère, et les acteurs s'habillent en costume d'époque. Au début du

Hugo vers 1882

XIXᵉ siècle, le *mélo* faisait les délices d'un public avide d'émotions fortes: frissons d'épouvante, larmes d'attendrissement, éclats de rire.

Le mélodrame se présente comme le genre *anti-classique* par excellence, s'opposant point par point aux règles de la tragédie[1], et c'est bien par là qu'il attire les romantiques. Comme le mélodrame, le drame romantique viole la règle des trois unités, se soucie très peu de la vraisemblance et encore moins des bienséances. Les genres et les tons s'y mêlent, le comique au tragique et le grotesque au sublime — «comme dans la vie», dit Hugo. On y retrouve, érigé en principe de base sous le nom de *couleur locale,* le même souci d'exactitude historique qui caractérisait le mélodrame.

En suivant de si près le genre mélodramatique, Hugo risquait d'en imiter la médiocrité, voire la bassesse. Pour garder son caractère «littéraire», le drame (version hugolienne) se rapproche donc de la tragédie classique sur trois points: 1° tout en abandonnant les unités de temps et de lieu, il garde l'unité d'action (mais quelque peu assouplie et rebaptisée *unité d'ensemble*); 2° il est écrit en vers (pour éviter «le commun»); et 3° son dénouement est malheureux.

---

1. Les règles de la tragédie classique (unités, vraisemblance, bienséances, séparation des genres et des tons) sont définies dans le Tome I du présent ouvrage, p. 238.

Les pièces que Hugo a offertes pour illustrer ses théories sont d'inégale valeur. Les meilleures sont *Hernani*, dont le triomphe en 1830 imposa le romantisme au théâtre, et *Ruy Blas* (1838), qui raconte l'amour d'un laquais pour une reine («ver de terre amoureux d'une étoile») et qui garde aujourd'hui une place (restreinte) au répertoire de la Comédie-Française.

Œuvre romanesque. — Le premier roman à succès de Hugo, *Notre-Dame de Paris* (1831), est essentiellement une transposition narrative des procédés du drame. Tout y est: intrigue improbable, alternance de l'amusant et de l'émouvant, couleur locale, personnages typés. L'histoire de la belle Esméralda, qu'aiment le beau Phœbus, le perfide Frollo et le grotesque Quasimodo, vaut surtout par ses tableaux du Paris médiéval; les personnages semblent moins vivants que la cathédrale qui leur sert de cadre. C'est en grande partie dans ses nombreuses adaptations cinématographiques que ce roman historique survit aujourd'hui; en effet, un seul roman a connu plus souvent le passage de l'écrit à l'écran: *Les Misérables*.

Parus en 1862, *Les Misérables* sont en même temps un roman d'aventures et un plaidoyer en faveur de la justice sociale. Sur l'histoire édifiante d'un ancien forçat devenu homme de bien se greffent plusieurs histoires secondaires, le tout ayant pour but de défendre une thèse humanitaire. Hugo affiche ses intentions dans la préface: «Tant qu'il existera, par le fait des lois et des mœurs, une damnation sociale créant artificiellement, en pleine civilisation, des enfers; [...] tant qu'il y aura sur la terre ignorance et misère, des livres de la nature de celui-ci pourront ne pas être inutiles.» Malgré leurs milliers de pages, *Les Misérables* remportèrent un des plus gros succès de librairie du siècle, valant à leur auteur une immense fortune et, grâce aux traductions, une célébrité mondiale.

Poésie. — Malgré le retentissement de son théâtre et de ses romans, Hugo considérait sa poésie comme la partie la meilleure et la plus importante de son œuvre. En cela, la postérité lui a donné raison.

L'une des originalités de Hugo théoricien est d'avoir vu clairement qu'il n'y a pas de sujet proprement poétique. «Il n'y a, en poésie, ni bons ni mauvais sujets, mais de bons et de mauvais poètes. [...] Tout est sujet; tout relève de l'art; tout a droit de cité en poésie», écrit-il dans la préface des *Orientales*. Tout dépendra dès lors, non du sujet retenu, mais de la manière dont il est traité; le bon poète est celui qui voit «dans les choses plus que les choses» et qui sait traduire ce qu'elles ont d'«intime» (préface des *Odes*). Et soixante ans durant, Hugo joindra l'exemple au précepte, abordant tous les sujets, sur tous les tons et dans tous les genres. Il est le poète le plus complet, et son œuvre poétique la plus diverse de la littérature française. Le titre particulièrement bien choisi d'un de ses recueils convient à la totalité de l'œuvre poétique: *Toute la lyre*.

Devant une telle diversité, la méthode d'approche la plus traditionnelle (parce que la moins hasardeuse) consiste à diviser l'œuvre poétique en trois «inspirations» majeures:

1° L'inspiration lyrique. — S'étant engagé vers 1830 dans la voie du lyrisme personnel que Lamartine avait frayée dix ans auparavant, Hugo donne entre 1831 et 1840 quatre recueils où dominent «les voix intérieures» (titre d'un recueil de 1837). Mais son inspiration va évoluer avec les modes littéraires. Hugo écrit en

1856, à l'intention d'un public las des confidences personnelles: «On se plaint quelquefois des écrivains qui disent *moi*. "Parlez-nous de nous", leur crie-t-on. Hélas! quand je vous parle de moi, je vous parle de vous. Ma vie est la vôtre; la vôtre est la mienne. Ah! insensé qui croit que je ne suis pas toi» (préface des *Contempla-tions*). Ainsi s'explique qu'à partir de 1840, le lyrisme hugolien tende de plus en plus au général: non content de chanter les sentiments qui lui sont propres, le poète exprime au nom de tous les émotions qu'il prétend partager avec eux. Ce lyrisme «collectif» n'évince pourtant jamais la confidence purement personnelle, laquelle reviendra en force dans les recueils lyriques de la vieillesse.

2° L'inspiration satirique. — Convaincu, à partir de 1824, de la mission sociale du poète, Hugo lui assigne un rôle de «sentinelle» ou de «guide», de «prophète» ou de «mage». Au moment pourtant où il descend lui-même dans l'arène po-litique, Hugo préfère rester, dans sa poésie, au-dessus de la mêlée. Après le coup d'Etat et l'exil, le poète et l'homme politique se confondent pour donner en 1853 un chef-d'œuvre de la poésie satirique et engagée: *Les Châtiments*. Le but: dis-créditer, tourner en ridicule, chasser du pouvoir «l'usurpateur» Napoléon III, «ce loup sur qui je lache une meute de strophes» (*Le Parti du crime*). Ainsi s'explique le ton violemment dénonciateur de la plupart des pièces: ce n'est pas en mâchant ses mots que l'on renverse un régime. «Dans ma sainte fureur», écrit Hugo dans *A l'obédience passive*, «J'écraserai du pied l'antre et la bête fauve, / L'empire et l'em-pereur.» Pour varier le ton de ces «rimes vengeresses» (titre primitif du recueil), Hugo laisse parfois l'invective pour espérer en des temps meilleurs ou pour s'atten-drir sur le sort des victimes emprisonnées, exilées ou assassinées (voir, ci-dessous, *Souvenir de la nuit du 4*).

3° L'inspiration épique. — Si la tendance épique de Hugo se manifeste dans nombre de ses poèmes lyriques et satiriques, et jusque dans ses romans et ses pièces, c'est dans *La Légende des siècles* (trois séries: 1859, 1877, 1883) qu'elle trouve sa pleine expression. Cet énorme recueil représente une étonnante tentative de ressusciter, en plein XIXe siècle, l'antique genre de l'épopée[2] en vers. Hugo s'y propose d'«exprimer l'humanité dans une espèce d'œuvre cyclique; la peindre [...] sous tous ses aspects, [...] lesquels se résument en un seul et immense mouvement d'ascension vers la lumière» (préface de la première série). Pour réaliser ce vaste programme, Hugo rompt avec certaines conventions du genre qu'avaient res-pectées tous ses prédécesseurs, d'Homère à Lamartine, en passant par Voltaire. Renonçant à écrire un long récit continu, Hugo se contente de présenter, ainsi que l'indique le titre primitif, retenu comme sous-titre, de «petites épopées» indépen-dantes. Il s'agit essentiellement d'une série de tableaux d'histoire, mais d'histoire très partielle et partiale; comme le dit Hugo lui-même, dans une formule des plus heureuses: «C'est de l'histoire écoutée aux portes de la légende.» Il ajoute qu'il n'y a, dans son épopée, «aucun grossissement de lignes», ce qui est archifaux — heureusement. Les personnages de *La Légende* sont presque tous «plus grands que nature», comme il convient aux héros épiques, car il leur faut des épaules suffisam-ment larges pour porter tout le poids symbolique du récit.

---

2. Une épopée est un récit d'aventures héroïques. Voir, à ce sujet, le Tome I du présent ouvrage, p. 7.

Ces tableaux sont reliés un peu artificiellement par un thème qui est aussi une thèse: «le grand fil mystérieux du labyrinthe humain, le progrès». Ce fil est, en effet, si «mystérieux» que par moments nous le perdons de vue. Mais peu importe, en fin de compte: si *La Légende* est un échec en tant qu'épopée à thèse, si l'ensemble nous paraît un peu indigeste, il se trouve parmi les «petites épopées» qui la composent des morceaux qui comptent au nombre des plus belles réussites de toute l'œuvre hugolienne. Il en est ainsi de *Booz endormi*, que nous reproduisons ici.

« Puisque j'ai mis ma lèvre... »

Le manuscrit de ce poème porte la dédicace: «A ma Juliette, le 1ᵉʳ janvier 1835, minuit et demi». Juliette Drouet était une actrice avec qui Hugo s'était lié deux ans auparavant; leur liaison devait durer cinquante ans, jusqu'à la mort de Juliette en 1883. Elle logeait toujours à proximité du poète, l'accompagnait en voyage, l'a suivi en exil et, malgré leurs relations presque quotidiennes, lui a adressé dix-huit mille lettres, une pour chaque jour de leur demi-siècle d'amour. Ce petit poème d'amour, l'un des meilleurs d'un poète qui n'est pas connu pour ses poèmes d'amour, annonce déjà la thématique de la grande symphonie que sera, deux ans plus tard, *Tristesse d'Olympio*.

☛ N.B.: La *coupe* du vers 1, qui reparaît au vers 18 sous forme de *vase*, symbolise la source des biens et des maux. La poésie de l'époque recourt fréquemment à ce sens («La coupe des grandeurs que le vulgaire envie», écrit Hugo ailleurs).

Puisque j'ai mis ma lèvre à ta coupe encor pleine;
Puisque j'ai dans tes mains posé mon front pâli;
Puisque j'ai respiré parfois la douce haleine
De ton âme, parfum dans l'ombre enseveli;

5 Puisqu'il me fut donné de t'entendre me dire
Les mots où se répand le cœur mystérieux;
Puisque j'ai vu pleurer, puisque j'ai vu sourire
Ta bouche sur ma bouche et tes yeux sur mes yeux;

Puisque j'ai vu briller sur ma tête ravie
10 Un rayon de ton astre, hélas! voilé toujours;
Puisque j'ai vu tomber dans l'onde de ma vie
Une feuille de rose arrachée à tes jours;

Je puis maintenant dire aux rapides années:
«Passez! passez toujours! je n'ai plus à vieillir;
15 Allez-vous-en avec vos fleurs toutes fanées;
J'ai dans l'âme une fleur que nul ne peut cueillir!

Votre aile en le heurtant ne fera rien répandre
Du vase où je m'abreuve et que j'ai bien rempli.
Mon âme a plus de feu que vous n'avez de cendre!
20 Mon cœur a plus d'amour que vous n'avez d'oubli!»

Tristesse d'Olympio

Comme le poème précédent, celui qui suit, l'un des plus célèbres de toute l'œuvre de Hugo, est dédié à sa maîtresse: « Pour ma Juliette. Ecrit après avoir visité la vallée de Bièvre en octobre 1837 ». C'est dans cette vallée que Hugo, sa femme et leurs enfants avaient séjourné chez des amis durant les automnes de 1834 et de 1835. Pour rester près du poète, Juliette (voir la notice du poème précédent) avait loué une maisonnette dans un hameau des environs, et les deux amants se voyaient presque tous les jours. (Ils échangeaient leurs lettres en les cachant dans les branches de l'arbre évoqué au vers 17.) Deux ans plus tard, en 1837, Hugo fit un pèlerinage nostalgique sur les mêmes lieux et à la même saison. Juliette avait voulu l'accompagner, mais Hugo tenait à revoir tout seul l'« heureuse vallée ».

☛ N.B.: Sous le pseudonyme poétique d'*Olympio,* Hugo se désigne lui-même.

> Les champs n'étaient point noirs, les cieux n'étaient pas mornes.
> Non, le jour rayonnait dans un azur sans bornes,
>   Sur la terre étendu;
> L'air était plein d'encens et les prés de verdures
> 5 Quand il revit ces lieux où par tant de blessures
>   Son cœur s'est répandu!
>
> L'automne souriait; les coteaux vers la plaine
> Penchaient leurs bois charmants qui jaunissaient à peine;
>   Le ciel était doré;
> 10 Et les oiseaux, tournés vers celui que tout nomme,
> Disant peut-être à Dieu quelque chose de l'homme,
>   Chantaient leur chant sacré!
>
> Il voulut tout revoir, l'étang près de la source,
> La masure où l'aumône avait vidé leur bourse,
> 15   Le vieux frêne plié,
> Les retraites d'amour au fond des bois perdues,
> L'arbre où dans les baisers leurs âmes confondues
>   Avaient tout oublié!
>
> Il chercha le jardin, la maison isolée,
> 20 La grille d'où l'œil plonge en une oblique allée,
>   Les vergers en talus.
> Pâle, il marchait. — Au bruit de son pas grave et sombre,
> Il voyait à chaque arbre, hélas! se dresser l'ombre
>   Des jours qui ne sont plus!
>
> 25 Il entendait frémir dans la forêt qu'il aime
> Ce doux vent qui, faisant tout vibrer en nous-même,
>   Y réveille l'amour,
> Et, remuant le chêne ou balançant la rose,
> Semble l'âme de tout qui va sur chaque chose
> 30   Se poser tour à tour!
>
> Les feuilles qui gisaient dans le bois solitaire,
> S'efforçant sous ses pas de s'élever de terre,

    Couraient dans le jardin;
  Ainsi, parfois, quand l'âme est triste, nos pensées
35 S'envolent un moment sur leurs ailes blessées,
    Puis retombent soudain.

  Il contempla longtemps les formes magnifiques
  Que la nature prend dans les champs pacifiques;
    Il rêva jusqu'au soir;
40 Tout le jour il erra le long de la ravine,
  Admirant tour à tour le ciel, face divine,
    Le lac, divin miroir!

  Hélas! se rappelant ses douces aventures,
  Regardant, sans entrer, par-dessus les clôtures,
45   Ainsi qu'un paria,
  Il erra tout le jour. Vers l'heure où la nuit tombe,
  Il se sentit le cœur triste comme une tombe,
    Alors il s'écria:

  « O douleur! j'ai voulu, moi dont l'âme est troublée,
50 Savoir si l'urne encor conservait la liqueur,
  Et voir ce qu'avait fait cette heureuse vallée
  De tout ce que j'avais laissé là de mon cœur!

  « Que peu de temps suffit pour changer toutes choses!
  Nature au front serein, comme vous oubliez!
55 Et comme vous brisez dans vos métamorphoses
  Les fils mystérieux où nos cœurs sont liés!

  « Nos chambres de feuillages en halliers sont changées!
  L'arbre où fut notre chiffre[1] est mort ou renversé;
  Nos roses dans l'enclos ont été ravagées
60 Par les petits enfants qui sautent le fossé.

  « Un mur clôt la fontaine où, par l'heure échauffée,
  Folâtre, elle buvait en descendant des bois;
  Elle prenait de l'eau dans sa main, douce fée,
  Et laissait retomber des perles de ses doigts!

65 « On a pavé la route âpre et mal aplanie,
  Où, dans le sable pur se dessinant si bien,
  Et de sa petitesse étalant l'ironie,
  Son pied charmant semblait rire à côté du mien!

  « La borne du chemin[2], qui vit des jours sans nombre,
70 Où jadis pour m'attendre elle aimait à s'asseoir,
  S'est usée en heurtant, lorsque la route est sombre,
  Les grands chars gémissants qui reviennent le soir.

---

1. Leurs initiales, qu'ils avaient gravées dans l'écorce. — 2. Borne kilométrique, indiquant les distances sur la route.

« La forêt ici manque, et là s'est agrandie.
De tout ce qui fut nous presque rien n'est vivant;
75 Et, comme un tas de cendre éteinte et refroidie,
L'amas des souvenirs se disperse à tout vent!

« N'existons-nous donc plus? Avons-nous eu notre heure?
Rien ne la rendra-t-il à nos cris superflus?
L'air joue avec la branche au moment où je pleure;
80 Ma maison me regarde et ne me connaît plus.

« D'autres vont maintenant passer où nous passâmes.
Nous y sommes venus, d'autres vont y venir;
Et le songe qu'avaient ébauché nos deux âmes,
Ils le continueront sans pouvoir le finir!

85 « Car personne ici-bas ne termine et n'achève;
Les pires des humains sont comme les meilleurs.
Nous nous réveillons tous au même endroit du rêve.
Tout commence en ce monde et tout finit ailleurs.

« Oui, d'autres à leur tour viendront, couples sans tache,
90 Puiser dans cet asile heureux, calme, enchanté,
Tout ce que la nature à l'amour qui se cache
Mêle de rêverie et de solennité!

« Oui, d'autres auront nos champs, nos sentiers, nos retraites.
Ton bois, ma bien-aimée, est à des inconnus.
95 D'autres femmes viendront, baigneuses indiscrètes,
Troubler le flot sacré qu'ont touché tes pieds nus!

« Quoi donc! c'est vainement qu'ici nous nous aimâmes!
Rien ne nous restera de ces coteaux fleuris
Où nous fondions notre être en y mêlant nos flammes!
100 L'impassible nature a déjà tout repris.

« Oh! dites-moi, ravins, frais ruisseaux, treilles mûres,
Rameaux chargés de nids, grottes, forêts, buissons,
Est-ce que vous ferez pour d'autres vos murmures?
Est-ce que vous direz à d'autres vos chansons?

105 « Nous vous comprenions tant! doux, attentifs, austères,
Tous nos échos s'ouvraient si bien à votre voix!
Et nous prêtions si bien, sans troubler vos mystères,
L'oreille aux mots profonds que vous dites parfois!

« Répondez, vallon pur, répondez, solitude,
110 O nature abritée en ce désert si beau,
Lorsque nous dormirons tous deux dans l'attitude
Que donne aux morts pensifs la forme du tombeau,

« Est-ce que vous serez à ce point insensible
De nous savoir couchés, morts avec nos amours,
115 Et de continuer votre fête paisible,
Et de toujours sourire et de chanter toujours?

« Est-ce que, nous sentant errer dans vos retraites,
Fantômes reconnus par vos monts et vos bois,
Vous ne nous direz pas de ces choses secrètes
120   Qu'on dit en revoyant des amis d'autrefois?

« Est-ce que vous pourriez, sans tristesse et sans plainte,
Voir nos ombres flotter où marchèrent nos pas,
Et la[3] voir m'entraîner, dans une morne étreinte,
Vers quelque source en pleurs qui sanglote tout bas?

125   « Et s'il est quelque part, dans l'ombre où rien ne veille,
Deux amants sous vos fleurs abritant leurs transports,
Ne leur irez-vous pas murmurer à l'oreille:
— Vous qui vivez, donnez une pensée aux morts! —

« Dieu nous prête un moment les prés et les fontaines,
130   Les grands bois frissonnants, les rocs profonds et sourds,
Et les cieux azurés et les lacs et les plaines,
Pour y mettre nos cœurs, nos rêves, nos amours;

« Puis il nous les retire. Il souffle notre flamme;
Il plonge dans la nuit l'antre où nous rayonnons;
135   Et dit à la vallée, où s'imprima notre âme,
D'effacer notre trace et d'oublier nos noms.

« Eh bien! oubliez-nous, maison, jardin, ombrages!
Herbe, use notre seuil! ronce, cache nos pas!
Chantez, oiseaux! ruisseaux, coulez! croissez, feuillages!
140   Ceux que vous oubliez ne vous oublieront pas.

« Car vous êtes pour nous l'ombre de l'amour même!
Vous êtes l'oasis qu'on rencontre en chemin!
Vous êtes, ô vallon, la retraite suprême
Où nous avons pleuré nous tenant par la main!

145   « Toutes les passions s'éloignent avec l'âge,
L'une emportant son masque et l'autre son couteau,
Comme un essaim chantant d'histrions[4] en voyage
Dont le groupe décroît derrière le coteau.

« Mais toi, rien ne t'efface, amour! toi qui nous charmes,
150   Toi qui, torche ou flambeau, luis dans notre brouillard!
Tu nous tiens par la joie et surtout par les larmes.
Jeune homme on te maudit, on t'adore vieillard[5].

« Dans ces jours où la tête au poids des ans s'incline,
Où l'homme, sans projets, sans but, sans visions,
155   Sent qu'il n'est déjà plus qu'une tombe en ruine
Où gisent ses vertus et ses illusions;

---

3. Ma bien-aimée. — 4. Comédiens ou saltimbanques. — 5. Lisez: le jeune homme te maudit; le vieillard t'adore.

« Quand notre âme en rêvant descend dans nos entrailles,
Comptant dans notre cœur, qu'enfin la glace atteint,
Comme on compte les morts sur un champ de batailles,
160   Chaque douleur tombée et chaque songe éteint,

« Comme quelqu'un qui cherche en tenant une lampe,
Loin des objets réels, loin du monde rieur,
Elle arrive à pas lents par une obscure rampe
Jusqu'au fond désolé du gouffre intérieur;

165   « Et là dans cette nuit qu'aucun rayon n'étoile,
L'âme, en un repli sombre où tout semble finir,
Sent quelque chose encor palpiter sous un voile...
C'est toi qui dors dans l'ombre, ô sacré souvenir! »

Souvenir de la nuit du 4

En 1853, de son exil à Jersey, Hugo lance contre l'empire et l'empereur les six mille vers vengeurs des *Châtiments*. *Souvenir de la nuit du 4* compte parmi les poèmes les plus célèbres de cet énorme recueil. Les circonstances de sa composition sont les suivantes. Dans la nuit du 1er au 2 décembre 1851, Louis-Napoléon, neveu

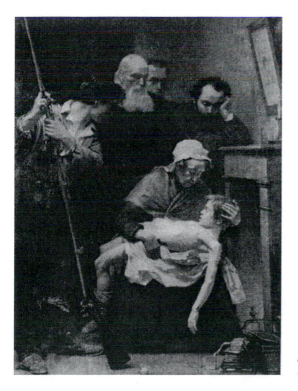

Souvenir de la nuit du 4, par Pierre Langlois
(1880)

de Napoléon Bonaparte et président de la Deuxième République depuis 1848, déclara dissoute l'Assemblée et fit arrêter les chefs de l'opposition. Son coup d'Etat, préparé depuis longtemps, rencontra peu de résistance. Dans la journée du 3, quelques barricades s'élevèrent dans les quartiers populaires de Paris, mais le lendemain l'armée les enleva sans difficulté. La répression, au cours de laquelle la troupe semble avoir tiré au hasard sur les passants, fit de nombreuses victimes, dont un enfant de sept ans nommé Boursier. Témoin de l'incident, Hugo aida, dans « la nuit du 4 », à la toilette funèbre de l'enfant. Un an plus tard, il devait composer ce poème et le placer dans la partie du recueil intitulée ironiquement *L'Ordre est rétabli*.

> L'enfant avait reçu deux balles dans la tête.
> Le logis était propre, humble, paisible, honnête;
> On voyait un rameau bénit sur un portrait.
> Une vieille grand-mère était là qui pleurait.
> 5   Nous le déshabillions en silence. Sa bouche,
> Pâle, s'ouvrait; la mort noyait son œil farouche;
> Ses bras pendants semblaient demander des appuis.
> Il avait dans sa poche une toupie en buis.
> On pouvait mettre un doigt dans les trous de ses plaies.
> 10   Avez-vous vu saigner la mûre dans les haies?
> Son crâne était ouvert comme un bois qui se fend.
> L'aïeule regarda déshabiller l'enfant,
> Disant: «Comme il est blanc! approchez donc la lampe.
> Dieu! ses pauvres cheveux sont collés sur sa tempe! »
> 15   Et quand ce fut fini, le prit sur ses genoux.
> La nuit était lugubre; on entendait des coups
> De fusil dans la rue où l'on en tuait d'autres.
> «Il faut ensevelir l'enfant», dirent les nôtres.
> Et l'on prit un drap blanc dans l'armoire en noyer.
> 20   L'aïeule cependant l'approchait du foyer,
> Comme pour réchauffer ses membres déjà roides[6].
> Hélas! ce que la mort touche de ses mains froides
> Ne se réchauffe plus aux foyers d'ici-bas!
> Elle pencha la tête et lui tira ses bas,
> 25   Et dans ses vieilles mains prit les pieds du cadavre.
> «Est-ce que ce n'est pas une chose qui navre!
> Cria-t-elle; monsieur, il n'avait pas huit ans!
> Ses maîtres, il allait en classe, étaient contents.
> Monsieur, quand il fallait que je fisse une lettre,
> 30   C'est lui qui l'écrivait. Est-ce qu'on va se mettre
> A tuer les enfants maintenant? Ah! mon Dieu!
> On est donc des brigands? Je vous demande un peu,
> Il jouait ce matin, là, devant la fenêtre!
> Dire qu'ils m'ont tué ce pauvre petit être!
> 35   Il passait dans la rue, ils ont tiré dessus.
> Monsieur, il était bon et doux comme un Jésus.
> Moi je suis vieille, il est tout simple que je parte;
> Cela n'aurait rien fait à monsieur Bonaparte

---

6. Ancienne orthographe de *raide;* prononcée pour rimer avec *froides.*

De me tuer au lieu de tuer mon enfant! »
40 Elle s'interrompit, les sanglots l'étouffant,
Puis elle dit, et tous pleuraient près de l'aïeule:
« Que vais-je devenir à présent toute seule?
Expliquez-moi cela, vous autres, aujourd'hui.
Hélas! je n'avais plus de sa mère que lui.
45 Pourquoi l'a-t-on tué? je veux qu'on me l'explique.
L'enfant n'a pas crié "Vive la République." »
Nous nous taisions, debout et graves, chapeau bas,
Tremblant devant ce deuil qu'on ne console pas.

Vous ne compreniez point, mère, la politique.
50 Monsieur Napoléon — c'est son nom authentique —
Est pauvre, et même prince; il aime les palais;
Il lui convient d'avoir des chevaux, des valets,
De l'argent pour son jeu, sa table, son alcôve[7],
Ses chasses; par la même occasion, il sauve
55 La famille, l'église et la société;
Il veut avoir Saint-Cloud[8] plein de roses l'été,
Où viendront l'adorer les préfets et les maires;
C'est pour cela qu'il faut que les vieilles grand-mères,
De leurs pauvres doigts gris que fait trembler le temps,
60 Cousent dans le linceul des enfants de sept ans.

Eclaircie

Voilà des siècles que la littérature du mysticisme parle d'une catégorie très particulière d'états psychiques. Qu'il s'agisse d'un mysticisme laïc ou religieux, et quelle que soit la religion, les mêmes mots reviennent pour décrire ces expériences indescriptibles: joie, émerveillement, épanouissement, plénitude, sérénité, unité, intemporalité, etc. Accéder à pareille extase, c'est vivre un moment au-dessus des contingences de la vie quotidienne; tout est ce qu'il doit être, et la trame même du monde s'imprègne de sens. Cependant le psychologue A. Maslow, qui les a étudiés dans les années 1960, rapporte que ces états ne sont en rien le monopole des mystiques. Rares et sporadiques chez la plupart des gens, de telles «peak experiences» — le terme est de Maslow — seraient fréquentes, peut-être même quotidiennes, chez les «self-actualizers» (ceux dont la vie s'organise autour d'un but mobilisateur, ce qui leur permet de réaliser au maximum leurs possibilités dans un domaine donné). *Eclaircie* est une tentative de traduire en images un tel moment privilégié. Tenter ainsi d'exprimer l'inexprimable tient de la gageure; y réussir à ce point tient du prodige. Le poème est, à ce double titre, unique dans la littérature française. Il est bien à sa place dans le Livre VI des *Contemplations,* intitulé *Au bord de l'infini...*

7. Pour ses maîtresses (l'alcôve étant le lieu des rapports amoureux). — 8. Résidence d'été de Napoléon III.

L'océan resplendit sous la vaste nuée.
L'onde, de son combat sans fin exténuée,
S'assoupit, et, laissant l'écueil se reposer,
Fait de toute la rive un immense baiser.
5   On dirait qu'en tous lieux, en même temps, la vie
Dissout le mal, le deuil, l'hiver, la nuit, l'envie,
Et que le mort couché dit au vivant debout:
Aime! et qu'une âme obscure, épanouie en tout,
Avance doucement sa bouche vers nos lèvres.
10   L'être, éteignant dans l'ombre et l'extase ses fièvres,
Ouvrant ses flancs, ses seins, ses yeux, ses cœurs épars,
Dans ses pores profonds reçoit de toutes parts
La pénétration de la sève sacrée.
La grande paix d'en haut vient comme une marée.
15   Le brin d'herbe palpite aux fentes du pavé;
Et l'âme a chaud. On sent que le nid est couvé.
L'infini semble plein d'un frisson de feuillée.
On croit être à cette heure où la terre éveillée
Entend le bruit que fait l'ouverture du jour,
20   Le premier pas du vent, du travail, de l'amour,
De l'homme, et le verrou de la porte sonore,
Et le hennissement du blanc cheval aurore.
Le moineau d'un coup d'aile, ainsi qu'un fol esprit,
Vient taquiner le flot monstrueux qui sourit;
25   L'air joue avec la mouche, et l'écume avec l'aigle;
Le grave laboureur fait ses sillons et règle
La page où s'écrira le poème des blés;
Des pêcheurs sont là-bas sous un pampre attablés;
L'horizon semble un rêve éblouissant où nage
30   L'écaille de la mer, la plume du nuage,
Car l'océan est hydre et le nuage oiseau.
Une lueur, rayon vague, part du berceau
Qu'une femme balance au seuil d'une chaumière,
Dore les champs, les fleurs, l'onde, et devient lumière
35   En touchant un tombeau qui dort près du clocher.
Le jour plonge au plus noir du gouffre, et va chercher
L'ombre, et la baise au front sous l'eau sombre et hagarde.
Tout est doux, calme, heureux, apaisé; Dieu regarde.

Booz endormi

Dans le poème suivant, qui figure dans la partie de *La Légende des siècles* intitulée *D'Eve à Jésus,* Hugo s'inspire du livre de Ruth de l'Ancien Testament. D'après le récit biblique, Ruth est une jeune veuve, pauvre et sans enfants. Sa belle-mère Noémi veut la marier au cultivateur Booz, veuf aussi, vieux et riche. Selon la loi hébraïque du *lévirat,* Booz, le plus proche parent de Ruth, a le devoir de l'épouser afin d'assurer la continuité de la famille. Hugo supprime ces considérations juridiques, ainsi que la figure de la belle-mère: dans son poème, c'est Dieu qui conduit tout. L'impression dominante de mystère majestueux convient à l'importance de l'événement dans les traditions judaïque et chrétienne: de l'union de Ruth et de Booz naîtront les ancêtres du roi David, lui-même ancêtre de Jésus-Christ.

Booz s'était couché, de fatigue accablé;
Il avait tout le jour travaillé dans son aire [9],
Puis avait fait son lit à sa place ordinaire;
Booz dormait auprès des boisseaux pleins de blé.

5 Ce vieillard possédait des champs de blés et d'orge;
Il était, quoique riche, à la justice enclin;
Il n'avait pas de fange en l'eau de son moulin;
Il n'avait pas d'enfer dans le feu de sa forge.

Sa barbe était d'argent comme un ruisseau d'avril,
10 Sa gerbe n'était point avare ni haineuse [10];
Quand il voyait passer quelque pauvre glaneuse:
« Laissez tomber exprès des épis », disait-il.

Cet homme marchait pur loin des sentiers obliques [11],
Vêtu de probité candide et de lin blanc;
15 Et, toujours du côté des pauvres ruisselant,
Ses sacs de grains semblaient des fontaines publiques.

Booz était bon maître et fidèle parent [12];
Il était généreux, quoi qu'il fût économe;
Les femmes regardaient Booz plus qu'un jeune homme,
20 Car le jeune homme est beau, mais le vieillard est grand.

Le vieillard, qui revient vers sa source première,
Entre aux jours éternels et sort des jours changeants;
Et l'on voit de la flamme aux yeux des jeunes gens,
Mais dans l'œil du vieillard on voit de la lumière.

*

25 Donc, Booz dans la nuit dormait parmi les siens;
Près des meules, qu'on eût prises pour des décombres,
Les moissonneurs couchés faisaient des groupes sombres;
Et ceci se passait dans des temps très anciens.

Les tribus d'Israël avaient pour chef un juge;
30 La terre, où l'homme errait sous la tente, inquiet
Des empreintes de pieds de géants [13] qu'il voyait,
Était encor mouillée et molle du déluge.

*

9. Lieu où l'on bat le blé. — 10. Lisez: Booz n'était ni avare ni haineux lorsqu'il mettait son blé en gerbes (pour le vendre). — 11. Voies tortueuses que les méchants préfèrent à la voie droite du Bien. — 12. Fidèle aux devoirs qu'il a envers ses parents, dont Ruth. — 13. Allusion aux géants mentionnés dans le livre de la Genèse; mais ils étaient *antérieurs* au Déluge (voir vers suivant).

Comme dormait Jacob, comme dormait Judith [14],
Booz, les yeux fermés, gisait sous la feuillée;
35 Or, la porte du ciel s'étant entre-bâillée
Au-dessus de sa tête, un songe en descendit.

Et ce songe était tel, que Booz vit un chêne [15]
Qui, sorti de son ventre, allait jusqu'au ciel bleu;
Une race y montait comme une longue chaîne;
40 Un roi chantait en bas [16], en haut mourait un Dieu [17].

Et Booz murmurait avec la voix de l'âme:
« Comment se pourrait-il que de moi ceci vînt?
Le chiffre de mes ans a passé quatre-vingt,
Et je n'ai pas de fils, et je n'ai plus de femme.

45 « Voilà longtemps que celle avec qui j'ai dormi,
O Seigneur! a quitté ma couche pour la vôtre;
Et nous sommes encor tout mêlés l'un à l'autre,
Elle à demi vivante et moi mort à demi.

« Une race naîtrait de moi! Comment le croire?
50 Comment se pourrait-il que j'eusse des enfants?
Quand on est jeune, on a des matins triomphants,
Le jour sort de la nuit comme d'une victoire;

« Mais, vieux, on tremble ainsi qu'à l'hiver le bouleau.
Je suis veuf, je suis seul, et sur moi le soir tombe,
55 Et je courbe, ô mon Dieu, mon âme vers la tombe,
Comme un bœuf ayant soif penche son front vers l'eau. »

Ainsi parlait Booz dans le rêve et l'extase,
Tournant vers Dieu ses yeux par le sommeil noyés;
Le cèdre ne sent pas une rose à sa base,
60 Et lui ne sentait pas une femme à ses pieds.

*

Pendant qu'il sommeillait, Ruth, une Moabite [18],
S'était couchée aux pieds de Booz, le sein nu,
Espérant on ne sait quel rayon inconnu,
Quand viendrait du réveil la lumière subite.

65 Booz ne savait point qu'une femme était là,
Et Ruth ne savait point ce que Dieu voulait d'elle.
Un frais parfum sortait des touffes d'asphodèle;
Les souffles de la nuit flottaient sur Galgala [19].

---

14. Jacob est un patriarche hébreu, et Judith une héroïne hébraïque de l'Ancien Testament. Il n'y est pas question du sommeil de Judith; Jacob vit en songe une échelle reliant terre et ciel. — 15. Ce chêne représente l'arbre généalogique du Christ. — 16. David, qui chantait ses Psaumes. — 17. Jésus-Christ. — 18. Originaire du pays de Moab, à l'est de la mer Morte. — 19. Collines voisines de Bethléem.

L'ombre était nuptiale, auguste et solennelle;
70 Les anges y volaient sans doute obscurément,
Car on voyait passer dans la nuit, par moment,
Quelque chose de bleu qui paraissait une aile.

La respiration de Booz qui dormait
Se mêlait au bruit sourd des ruisseaux sur la mousse.
75 On était dans le mois où la nature est douce,
Les collines ayant des lys sur leur sommet.

Ruth songeait et Booz dormait; l'herbe était noire,
Les grelots des troupeaux palpitaient vaguement;
Une immense bonté tombait du firmament;
80 C'était l'heure tranquille où les lions vont boire.

Tout reposait dans Ur et dans Jérimadeth[20];
Les astres émaillaient le ciel profond et sombre;
Le croissant[21] fin et clair parmi ces fleurs de l'ombre
Brillait à l'occident, et Ruth se demandait,

85 Immobile, ouvrant l'œil à moitié sous les voiles,
Quel dieu, quel moissonneur de l'éternel été
Avait, en s'en allant, négligemment jeté
Cette faucille d'or dans le champ des étoiles.

Saison des semailles. Le Soir.

Eprouvant le besoin de se détendre après la poésie épique de *La Légende des siè-cles,* Hugo publia en 1865 *Les Chansons des rues et des bois.* Ce recueil de poésies « légères » fut très mal reçu, la plupart des critiques de l'époque n'y voyant qu'un « fatras insupportable » de « polissonneries » et de « bout-rimés ». Au reste, on trou-vait très peu convenable qu'un vieillard de soixante-trois ans racontât si allègre-ment ses escapades amoureuses. Mais dans ce que l'on prit pour la « gangue » du recueil, on discerna tout de même quelques joyaux, parmi lesquels figure le poème qui suit. On y trouve à l'état pur la prédilection hugolienne pour *l'élargissement cos-mique,* cette tendance à tout voir *sous le signe de la grandeur.* Et il y a aussi l'aspect bio-graphique: selon J. Massin, « On devine que le poète qui *contemple* s'identifie au vieillard contemplé. Ce vieux homme qui continue à semer dans le crépuscule du soir, c'est Victor Hugo, bien sûr » (*V. H.: Œuvres complètes,* Tome XIII/1). Cet hymne à la vie et à la vieillesse féconde est, de l'avis de J. Lawler, « one of the most perfect poems Hugo ever wrote » (*Anthology of French Poetry*). Et si la perfection avait des degrés, nous souscririons à ce jugement.

---

20. *Ur:* ville de Chaldée; *Jérimadeth:* nom de ville inventé par Hugo. — 21. Le croissant *de lune.*

C'est le moment crépusculaire.
J'admire, assis sous un portail,
Ce reste de jour dont s'éclaire
La dernière heure du travail.

5   Dans les terres, de nuit baignées,
Je contemple, ému, les haillons
D'un vieillard qui jette à poignées
La moisson future aux sillons.

Sa haute silhouette noire
10   Domine les profonds labours.
On sent à quel point il doit croire
A la fuite utile des jours.

Il marche dans la plaine immense,
Va, vient, lance la graine au loin,
15   Rouvre sa main, et recommence,
Et je médite, obscur témoin,

Pendant que, déployant ses voiles,
L'ombre, où se mêle une rumeur,
Semble élargir jusqu'aux étoiles
20   Le geste auguste du semeur.

« *Jeanne était au pain sec...* »

L'un des derniers recueils de Hugo, publié en 1877, s'intitule *L'Art d'être grand-père.* Pour bien jouer ce rôle, nous dit Hugo en clignant de l'œil, il importe surtout de gâter outrageusement ses petits-enfants. En matière d'indulgence, Hugo avouait, avec une honte mal feinte, être « grand-père sans mesure, passant toutes les bornes ». Témoin le poème suivant; lorsque Hugo l'écrivit, sa petite-fille Jeanne avait sept ans.

Jeanne était au pain sec [22] dans le cabinet noir,
Pour un crime quelconque, et, manquant au devoir,
J'allai voir la proscrite en pleine forfaiture [23].
Et lui glissai dans l'ombre un pot de confiture
5   Contraire aux lois. Tous ceux sur qui, dans ma cité,
Repose le salut de la société,
S'indignèrent, et Jeanne a dit d'une voix douce:
« Je ne toucherai plus mon nez avec mon pouce;
Je ne me ferai plus griffer par le minet. »
10   Mais on s'est récrié: « Cette enfant vous connaît;
Elle sait à quel point vous êtes faible et lâche.

---

22. Condamnée à ne manger que du pain sec. — 23. *En pleine forfaiture* qualifie le poète, et non « la proscrite ».

Elle vous voit toujours rire quand on se fâche.
Pas de gouvernement possible. A chaque instant
L'ordre est troublé par vous, le pouvoir se détend;
15 Plus de règle. L'enfant n'a plus rien qui l'arrête.
Vous démolissez tout. » Et j'ai baissé la tête,
Et j'ai dit: «Je n'ai rien à répondre à cela,
J'ai tort. Oui, c'est avec ces indulgences-là
Qu'on a toujours conduit les peuples à leur perte.
20 Qu'on me mette au pain sec. — Vous le méritez, certe.
On vous y mettra. » Jeanne alors, dans son coin noir,
M'a dit tout bas, levant les yeux, si beaux à voir,
Pleins de l'autorité des douces créatures:
« Eh bien, moi, je t'irai porter des confitures. »

Matière à réflexion

1. *« Puisque j'ai mis ma lèvre... »* — (a) Etudiez les métaphores des trois dernières strophes. (b) Comparez les thèmes de l'amour, du souvenir et de la fuite du temps, tels qu'ils sont traités dans ce poème et dans *Tristesse d'Olympio*. (c) On a vu dans la quatrième strophe une réfutation du *Lac* de Lamartine. Qu'en pensez-vous?

2. *Tristesse d'Olympio.* — (a) Ce long poème se laisse diviser facilement en trois parties: vers 1–48; vers 49–136; vers 137–fin. Qu'est-ce qui caractérise et distingue chaque partie? Quel titre conviendrait à chacune? (b) Dans *Tristesse d'Olympio* Hugo aborde le thème, si cher aux romantiques, des rapports de l'homme avec la nature. Quelle idée Hugo se fait-il de ces rapports? Quelle image de la nature se dégage du poème? (c) *Le Lac* de Lamartine, *Souvenir* de Musset et *Tristesse d'Olympio* de Hugo sont trois variations sur le thème romantique du *retour aux lieux où l'on a aimé*. Comparez les trois poèmes en précisant, pour ce qui est des circonstances, des thèmes et des « leçons » de chacun, les ressemblances et les différences. Lequel est, à votre avis, le plus réussi? Auquel va votre préférence? (N.B.: Ces deux questions sont distinctes.)

3. *Souvenir de la nuit du 4.* — (a) D'où vient le *pathétique* du poème? Analysez et classez les procédés que Hugo emploie pour y parvenir. Le pathétique va-t-il, à votre avis, jusqu'au *pathos*? (Le terme de *pathétique* désigne le caractère de ce qui émeut fortement; le *pathos* est un pathétique déplacé, excessif ou ridicule.) (b) Etudiez *l'ironie* du mouvement final (à partir du vers 49). En quoi est-elle plus ou moins efficace qu'une dénonciation directe? (L'ironie consiste à se moquer de quelqu'un ou de quelque chose en disant le contraire de ce qu'on pense ou de ce qu'on veut faire penser. On donne pour vrai ce qui est manifestement faux; on fait semblant de prendre au sérieux ce qui est évidemment absurde; on feint de louer ce qu'on veut blâmer, ou de blâmer ce qu'on veut louer. Voir, à ce propos, le Tome I du présent ouvrage, pp. 470–471.)

4. *Eclaircie.* — (a) Expliquez le titre du poème. Est-il, à votre avis, bien choisi? (b) Pour bien des commentateurs et des lecteurs, les vers 32–35 ne cadrent pas avec le reste du poème. Qu'en pensez-vous? (c) *Eclaircie* est l'évocation d'un *moment précis* où il *se passe* beaucoup de choses («Le grave laboureur fait ses sillons», etc.). Et pourtant il se dégage de l'ensemble du poème un sentiment d'*immobilité*, d'*intemporalité*. Expliquez ce paradoxe, si c'en est un, en étudiant les parties descriptives et «narratives» du poème. (d) Malgré les nombreuses antithèses (rapprochements d'idées opposées) — nuit / jour, vie / mort, lueur / ombre, etc. —, il se dégage de l'ensemble du poème un sentiment de réconciliation universelle. Expliquez ce paradoxe (si c'en est un).

5. *Booz endormi.* — Voici une partie du passage du livre de Ruth dont Hugo s'est inspiré.

> Noémi dit à sa belle-fille: «[...] Booz est notre proche parent, et il vannera ce soir son orge dans l'aire. Lave-toi donc, parfume-toi, rhabille-toi et va dans son aire. Que Booz ne te voie pas avant d'avoir fini de boire et de manger. Lorsqu'il s'en ira pour dormir, suis-le, lève sa couverture du côté des pieds, et couche-t'y. Il te dira alors lui-même ce que tu devras faire.» Et Ruth lui répondit: «Je ferai tout ce que tu m'ordonnes.» Elle alla donc dans l'aire de Booz et fit tout ce qu'avait ordonné sa belle-mère. [...] Au milieu de la nuit Booz eut une frayeur en voyant une femme couchée à ses pieds. Il dit: «Qui êtes-vous?» Et elle répondit: «Je suis Ruth, votre servante. Etendez donc votre couverture sur moi. [...]» Et Booz lui dit: «Que le Seigneur te bénisse [...] car tu n'as pas recherché un jeune homme. [...] Reste couchée jusqu'au matin.» Et elle resta couchée à ses pieds jusqu'au matin. [Le jour même, il se marièrent.] L'Eternel permit à Ruth de concevoir, et elle enfanta un fils. (Ruth, III, 1–13)

En quoi *l'histoire* s'est-elle modifiée en passant de la Bible à *Booz?* En quoi *le ton* du texte biblique diffère-t-il de celui du poème? Quelles étaient, à votre avis, les intentions de Hugo?

6. *Saison des semailles. Le soir.* — (a) Etude d'une variante. A la place des trois premiers vers de la version définitive, Hugo avait d'abord écrit: «Le vaste ciel crépusculaire / Blanchit là-bas un vieux portail; / Un dernier feu du jour éclaire...» En quoi les vers définitifs sont-ils supérieurs (ou inférieurs)? En quoi changent-ils le sens du poème? Alors que le portail est «là-bas» dans la version primitive, le poète est assis là-dessous dans la version définitive. Le portail se transforme ainsi en «cadre», et la scène contemplée, en «tableau». Commentez. (b) En contemplant le vieillard semer, le poète «médite» (vers 16). Quel est, à votre avis, le contenu de sa méditation? (c) Quel est le sens de cet élargissement «jusqu'aux étoiles» du vers 19? Pourquoi le geste du semeur est-il «auguste»?

7. *«Jeanne était au pain sec...»* — Tout le poème repose sur une métaphore bouffonne qui assimile les règles de la famille aux lois de l'Etat. Etudiez la métaphore au fil du poème.

Marceline Desbordes-Valmore

La Vie douloureuse de Marceline Desbordes-Valmore: ainsi s'intitule la première biographie (L. Descaves, 1910) de la plus grande poétesse romantique. Le titre est bien choisi.

Marceline Desbordes (1786–1859) a trois ans lorsqu'éclate la Révolution qui va ruiner son père, peintre d'armoiries à Douai (près de Lille). Poussée par la misère, sa mère quitte le foyer pour se rendre en Guadeloupe, où elle espère trouver secours auprès d'un riche cousin. Marceline, âgée de douze ans, l'accompagne. Mère et fille y arrivent au bout de trois ans. Peine perdue: le cousin est mort, l'île est en révolte et la fièvre jaune sévit. Sa mère succombe à l'épidémie, et l'adolescente parvient, après bien des péripéties, à se rapatrier.

De retour chez son père à Douai, Marceline gagne sa vie comme actrice et chanteuse. Ses premiers succès l'amènent d'abord à Rouen, puis à Paris où elle rencontre en 1808 l'homme qui sera le grand amour de sa vie. Elle ne révélera jamais son nom, mais de savantes recherches ont percé le mystère: il s'agit d'un homme de lettres nommé Henri de Latouche. Leur liaison, intermittente et orageuse, durera une trentaine d'années.

En 1817 Marceline épouse «le beau Valmore», acteur sans talent ni travail. Elle écrit pour subvenir aux besoins du ménage, mais le couple connaîtra toujours de graves difficultés matérielles. Après avoir vu mourir quatre de ses cinq enfants, elle succombe elle-même à un cancer à l'âge de soixante-treize ans.

La dizaine de recueils parus du vivant de Desbordes-Valmore comprennent des poèmes de l'amitié et de la maternité; d'autres évoquent son enfance ou s'adressent aux enfants. Mais la plupart des poèmes, surtout dans les premiers recueils (1819, 1825 et 1830), ont été inspirés à Desbordes-Valmore par son grand amour pour Latouche («Olivier» dans les poèmes). Chose curieuse: dans ces poèmes, parus tous *après* son mariage, Desbordes-Valmore évoque avec précision l'homme qui l'a quittée et qu'elle aime toujours. Pour calmer la jalousie de son mari, elle lui disait qu'il s'agissait dans ces poèmes des amours d'une amie...

Nous ignorons si ce pieux mensonge rassurait Valmore. Ce que nous savons, ce que Desbordes-Valmore répétait elle-même, c'est que ses poèmes sont la traduction fidèle et presque directe de ses sentiments intimes: «Ma pauvre lyre, c'est mon âme» (*A Lamartine*). Depuis la parution de son premier recueil, les mêmes formules reviennent pour décrire sa poésie: *un cri du cœur, le lyrisme à l'état pur*, etc. Si le romantisme consiste dans l'expression du moi, Desbordes-Valmore est la plus romantique des poètes.

Sa réputation a connu bien des vicissitudes. Saluée à ses débuts en 1819, Desbordes-Valmore jouit pendant quinze ans d'une grande célébrité. Vers 1835 son étoile commençait à pâlir, en même temps que celle du romantisme. A sa mort, Marceline n'était plus guère connue que comme une poétesse pour enfants. Puis, à la fin du XIXᵉ siècle et dans les premières décennies du XXᵉ, on assista à une résurrection spectaculaire: ses meilleurs poèmes furent réédités; plusieurs biographies parurent; sa correspondance fut publiée; on se passionna pour l'identité du mystérieux « Olivier ». Depuis 1950, elle semble avoir trouvé une place moyenne: ni tout à fait oubliée, ni exaltée jusqu'au rang des plus grands, elle est rangée dans les manuels parmi les « romantiques mineurs » et les « poètes de second ordre ». Est-ce sa place définitive? On ne sait: comme le remarque Y. Bonnefoy dans la préface d'un florilège récent (*M. D.-V., Poésie*/Gallimard, 1983): « L'histoire littéraire ne sait pas trop que penser de l'œuvre de Marceline. »

Le Secret

Voici un poème qui date des premiers temps heureux de son amour avec « Olivier » (vers 1808). Desbordes-Valmore l'a connu chez une amie dont il était peut-être l'amant; il fallait donc cacher leur amour naissant. Olivier s'était apparemment montré un peu trop indiscret. Le poème a été deux fois mis en musique.

> Dans la foule, Olivier, ne viens plus me surprendre;
> Sois là, mais sans parler: tâche de me l'apprendre.
> Ta voix a des accents qui me font tressaillir!

Desbordes-Valmore vers 1810 (portrait de M. Drolling)

Ne montre pas l'amour que je ne puis te rendre:
5   D'autres yeux que les tiens me regardent rougir.

Se chercher, s'entrevoir, n'est-ce pas tout se dire?
Ne me demande plus, par un triste sourire,
Le bouquet qu'en dansant je garde malgré moi:
Il pèse sur mon cœur quand mon cœur le désire,
10   Et l'on voit dans mes yeux qu'il fut cueilli pour toi.

Lorsque je m'enfuirai, tiens-toi sur mon passage.
Notre heure pour demain, les fleurs de mon corsage,
Je te donnerai tout avant la fin du jour.
Mais puisqu'on n'aime pas lorsque l'on est bien sage,
15   Prends garde à mon secret, car j'ai beaucoup d'amour!

Elégies et poésies nouvelles (1825)

Elégie

Le bonheur de Marceline sera de courte durée. Elle s'aperçoit vite qu'elle aime plus qu'elle n'est aimée: Olivier est, semble-t-il, de ceux qui préfèrent la chasse à la prise. Trop sûr de sa conquête, il s'en lasse vite — « Il m'a demandé l'heure; oh! le triste présage! » —, et finit par quitter son amante et l'enfant né de leur union. Trois ans plus tard, de retour d'un voyage en Italie, le volage Olivier veut renouer avec Marceline. « Quelle frayeur dans cette joie! », s'écrie-t-elle, «il dit qu'il ne s'en ira plus! » (*Son Retour*). Elle acquiesce; leur liaison reprend. Puis...

Ma sœur, il est parti! ma sœur, il m'abandonne!
Je sais qu'il m'abandonne, et j'attends, et je meurs,
Je meurs. Embrasse-moi, pleure pour moi... pardonne...
Je n'ai pas une larme, et j'ai besoin de pleurs.
5   Tu gémis! Que je t'aime! Oh! jamais le sourire
Ne te rendit plus belle aux plus beaux de nos jours.
Tourne vers moi les yeux, si tu plains mon délire;
Si tes yeux ont des pleurs, regarde-moi toujours;
Mais retiens tes sanglots. Il m'appelle, il me touche,
10   Son souffle en me cherchant vient d'effleurer ma bouche.
Laisse, tandis qu'il brûle et passe autour de nous,
Laisse-moi reposer mon front sur tes genoux.

Ecoute! Ici, ce soir, à moi-même cachée,
Je ne sais quelle force attirait mon ennui:
15   Ce n'était plus son ombre à mes pas attachée;
              Oh! ma sœur, c'était lui!
C'était lui, mais changé, mais triste. Sa voix tendre
Avait pris des accents inconnus aux mortels,
Plus ravissants, plus purs, comme on croit les entendre
20   Quand on rêve des cieux aux pieds des saints autels.
Il parlait, et ma vie était près de s'éteindre.
L'étonnement, l'effroi, ce doux effroi du cœur,

M'enchaînait devant lui. Je l'écoutais se plaindre,
Et, mourante pour lui, je plaignais mon vainqueur.
25 Il parlait, il rendait la nature attentive;
Tout se taisait. Des vents l'haleine était captive;
Du rossignol ému le chant semblait mourir;
On eût dit que l'eau même oubliait de courir.

Hélas! qu'avait-il fait alors pour me déplaire?
30 Il gémissait, me cherchait comme toi.
        Non, je n'avais plus de colère,
Il n'était plus coupable, il était devant moi.

Sais-tu ce qu'il m'a dit? Des reproches... des larmes...
        Il sait pleurer, ma sœur!
35 O Dieu! que sur son front la tristesse a de charmes!
Que j'aimais de ses yeux la brûlante douceur!
Sa plainte m'accusait; le crime... je l'ignore.
J'ai fait pour l'expliquer des efforts superflus.
Ces mots seuls m'ont frappée, il me les crie encore:
40   « Je ne te verrai plus! »
Et je l'ai laissé fuir, et ma langue glacée
A murmuré son nom qu'il n'a pas entendu;
Et sans saisir sa main ma main s'est avancée,
Et mon dernier adieu dans les airs s'est perdu.

Poésies (1822)

Ma Chambre

Le temps passe; l'orage s'apaise. Au chagrin de l'abandon succèdent la solitude et la résignation. Les poèmes de cette période ont pour titres *Détachement, Isolement, Souvenir...* Le poème suivant a été mis en musique sous le titre des *Deux Chaises*.

Ma demeure est haute,
Donnant sur les cieux;
La lune en est l'hôte,
Pâle et sérieux.
5 En bas que l'on sonne,
Qu'importe aujourd'hui?
Ce n'est plus personne,
Quand ce n'est pas lui!

Aux autres cachée,
10 Je brode mes fleurs;
Sans être fâchée,
Mon âme est en pleurs.
Le ciel bleu sans voiles,
Je le vois d'ici;
15 Je vois les étoiles,
Mais l'orage aussi!

Vis-à-vis la mienne,
Une chaise attend:
Elle fut la sienne,
20   La nôtre un instant.
D'un ruban signée,
Cette chaise est là,
Toute résignée,
Comme me voilà!

Bouquets et prières (1843)

L'Etonnement

Résignée apparemment à ne plus voir Olivier (mais cette chaise qui «attend»?...), Marceline se marie avec Prosper Valmore. Deux ans plus tard, voilà que reparaît l'ancien amant, qui s'invite même chez les jeunes mariés! «Venez comme un ami», lui répond-elle par lettre. Et il devient, en effet, l'ami du couple, ce qui ne l'empêche pas de redevenir — vraisemblablement, disent les biographes — l'amant de Mme Desbordes-Valmore. La composition de ce poème au titre éloquent se situe sans doute aux premiers jours de la réapparition de Latouche.

D'où sait-il que je l'aime encore?
Je ne le dis pas... je l'ignore.
Je ne descends plus dans mon cœur:
Je crains d'y apprendre un malheur;
5   Et de l'absence que j'abhorre
Lui qui prolongea la froideur,
D'où sait-il que je l'aime encore?
Que sa mémoire me fait peur!

Il dit que l'amour sait attendre,
10   Et deux cœurs mariés s'entendre!
Et ce lien défait par lui,
Il vient le reprendre aujourd'hui.
Il dit «nous»! comme à l'aube tendre
D'un jour heureux qui n'a pas lui.
15   Il dit que l'amour sait attendre;
J'écoutais... et je n'ai pas fui!

Je n'ai trouvé rien à répondre:
Dans sa voix qui sait me confondre
Le passé vient de retentir,
20   Et ma voix ne pouvait sortir.
J'ai senti mon âme se fondre;
Tout près d'un nouveau repentir,
Je n'ai trouvé rien à répondre:
Non! je n'ai pas osé mentir!

25   Dieu! sera-t-il encor mon maître?
Sa tristesse dit qu'il veut l'être;

Sans cris, sans pleurs, sans vains débats,
Comme il veut ce qu'il veut tout bas.
Oui! je viens de le reconnaître,
30   Rêveur, attaché sur mes pas.
Dieu! sera-t-il encor mon maître?
Mais, absent, ne l'était-il pas?

Pleurs (1833)

Les Roses de Saadi

Le poème suivant est considéré comme l'un des meilleurs de Desbordes-Valmore. Il est certainement le plus célèbre, et figure dans tous les florilèges. Le « Saadi » du titre est un poète persan du XIIIᵉ siècle dont les ouvrages traduits étaient très goûtés en France au XIXᵉ siècle. Desbordes-Valmore semble s'être inspirée d'un passage de la préface du *Gulistan* (« la roseraie ») du Persan, où on lit: « Un certain sage était plongé dans la rêverie. Lorsqu'il revint de son extase, un camarade lui dit en plaisantant: "De ce jardin où tu étais, quel don de générosité nous as-tu rapporté?" Il répondit: "Je m'imaginais aller à la roseraie pour remplir de roses un pan de ma robe en cadeau à mes camarades. Lorsque j'y suis arrivé, l'odeur des roses m'enivra tellement que le pan de ma robe m'échappa de la main." » Ecrit vers 1848, le poème s'adresserait, selon les uns, au mari, selon les autres, à un ami. L'identité du destinataire importe-t-elle?

J'ai voulu, ce matin, te rapporter des roses,
Mais j'en avais tant pris dans mes ceintures closes
Que les nœuds trop serrés n'ont pu les contenir.

Les nœuds ont éclaté. Les roses envolées
5   Dans le vent, à la mer s'en sont toutes allées.
Elles ont suivi l'eau pour ne plus revenir.

La vague en a paru rouge et comme enflammée.
Ce soir, ma robe encore en est tout embaumée...
Respires-en sur moi l'odorant souvenir.

Poésies inédites (1860)

Matière à réflexion

1. *Le Secret.* — (a) Le vers 9 est plutôt obscur. Que signifie-t-il, à votre avis? La musicienne qui a mis en musique ce poème a corrigé: « ... quand *ton* cœur... ». A-t-elle eu raison de changer ainsi le vers? (b) Elle a « beaucoup d'amour » (vers 15), mais elle ne peut pas « rendre » l'amour qu'éprouve Olivier (vers 4). Expliquez.

2. *Elégie* («Ma sœur»). — Ce poème figure dans tous les *Morceaux choisis* de Desbordes-Valmore, mais les vers 17–20 et 25–28 sont souvent omis. On croit ainsi «améliorer» le poème. Pourquoi, à votre avis, ces vers sont-ils considérés comme inférieurs? Les considérez-vous comme tels?

3. *Ma Chambre.* — (a) Etudiez les exemples de personnification dans le poème. (b) De quel orage s'agit-il au vers 16? (c) Y a-t-il contradiction, à votre avis, dans la double attitude attribuée à la chaise: attente (vers 19) et résignation (vers 23)? S'il y a contradiction, quelle pourrait en être la signification psychologique?

4. *L'Etonnement.* — (a) Quel est l'antécédent du premier *le* au vers 2? du deuxième *le* au même vers? Pourquoi l'antécédent ne peut-il pas être le même dans les deux cas? (b) Que pourrait être «un jour heureux qui n'a pas lui» (vers 14)? (*Lui:* participe passé de *luire.*) (c) De quel mensonge s'agit-il au vers 24? (d) Desbordes-Valmore avait d'abord écrit: «Le voilà donc encor mon maître», aux vers 25 et 31. Qu'est-ce qui explique la correction?

5. *Les Roses de Saadi.* — Pour J. Moulin (*M. D.-V.,* Collection *Poètes d'aujourd'hui*), ce poème n'est pas inspiré par l'amour. Elle cite le passage de Saadi dont la poétesse semble s'inspirer (voir la notice), puis: «L'image du poète enivré de parfum laissant échapper les roses de son vêtement subsiste [chez Desbordes-Valmore]. Le sentiment de camaraderie et de générosité, mieux précisé dans le texte persan, me confirme dans l'idée que le poème de Desbordes-Valmore est bien un poème de l'amitié.» Son interprétation du texte s'appuie donc, du moins en partie, sur le *hors-texte.* Y a-t-il, à votre avis, des indications *dans le texte* qui appuient l'une ou l'autre interprétation?

Le Romantisme au théâtre

En 1830, au moment même où le romantisme s'imposait au théâtre grâce au triomphe retentissant de Victor Hugo, Alfred de Musset assistait à l'échec humiliant de sa première pièce. Quinze ans plus tard, le drame romantique qu'avaient trompetté Hugo et d'autres[1] était passé de mode, et les pièces de Musset attendaient leur heure. Elles devaient être presque les seules à survivre à leur époque. « Le romantisme n'aurait laissé au théâtre aucune œuvre durable », écrit Maurice Rat, « si nous n'avions le théâtre de Musset » (préface du *Théâtre d'Alfred de Musset*).

Le public et la critique devaient pourtant mettre du temps à reconnaître le mérite de Musset dramaturge[2]. Convaincu, après son humilation de 1830, que le théâtre n'était pas son affaire, il renonça — définitivement, croyait-il — à écrire pour la scène. Mais comme il avait une prédilection pour le dialogue[3], il continua d'écrire et de publier des pièces, sans aucune intention de les faire représenter. C'étaient, selon son expression, des « spectacles dans un fauteuil », dont le lecteur pouvait, sans se rendre au théâtre, tirer une espèce d'expérience théâtrale.

Ces spectacles n'auraient peut-être pas réalisé leur passage du « fauteuil » à la scène, sans l'intervention d'un curieux hasard. En 1847, une actrice française en tournée à Saint-Pétersbourg (Russie) entendit parler d'une pièce russe qu'on jouait avec beaucoup de succès dans un théâtre voisin. Elle s'y rendit; la pièce lui plut. Lorsqu'elle en demanda la traduction en français, elle apprit que la pièce avait déjà été traduite du français en russe, et que l'auteur en était Alfred de Musset: il s'agissait d'*Un Caprice*, publié dix ans plus tôt. De retour à Paris, elle put convaincre l'administrateur de la Comédie-Française de monter la pièce et de lui donner le premier rôle féminin. Ce fut un triomphe.

---

1. Sur le drame romantique, voir p. 74. — 2. Pour une esquisse biographique de Musset, voir p. 44. — 3. Ses poèmes en témoignent; voir les *Nuits*, p. 47.

Le critique dramatique Théophile Gautier, ayant assisté à la première, salua en Musset un maître: «Comment se fait-il qu'un si charmant écrivain ait été ignoré si longtemps? Comment expliquer que MM. les comédiens ne se soient pas rendus chez lui pour lui implorer à genoux quelques-unes de ces délicieuses fantaisies qu'il sait si bien tracer du bout de sa plume de diamant?» (*Moniteur,* feuilleton du 29 nov. 1847). Quand les directeurs de théâtre, flairant le succès, demandèrent à Musset d'autres «fantaisies», il les renvoya à la revue où elles avaient été publiées. Ainsi furent joués l'année suivante, avec plus ou moins de succès, trois autres «spectacles dans un fauteuil». Oubliant alors sa résolution de 1830, Musset se remit à écrire directement pour la scène.

Le théâtre de Musset comprend une grande tragédie, *Lorenzaccio,* plusieurs comédies et deux «comédies dramatiques», *Les Caprices de Marianne* et *On ne badine pas avec l'amour* (que nous qualifions ainsi parce qu'une tonalité comique semble y dominer jusqu'au dénouement malheureux).

Lorenzaccio (1834) est généralement considéré comme le chef-d'œuvre non seulement de Musset, mais de tout le théâtre romantique, et il faut sans doute souscrire à ce jugement. Lorsqu'on ajoute, comme on le fait couramment, «le meilleur échantillon du drame romantique», il faut faire de sérieuses réserves. La couleur locale y abonde, certes, et les unités sont violées. Mais tel que Hugo et d'autres l'avaient défini, le drame romantique exigeait un mélange du sublime et du comique. Au sublime, Musset substitue le sombre, et le comique est presque entièrement absent. Le sujet de *Lorenzaccio* est tiré de l'histoire florentine du XVIᵉ siècle. Au nom d'un idéal démocratique, Lorenzo a résolu de tuer le tyran Alexandre de Médicis, et pour gagner la confiance de sa victime, il a dû s'en faire le complice et le compagnon de débauche. Mais le voilà pris au piège: le voisinage, puis la pratique du vice l'ont rendu lui-même vicieux. Maintenant qu'il ne lui reste plus rien de son idéal, Lorenzo s'accroche quand même à son projet de meurtre, afin de garder le peu qu'il lui reste de sa vertu. Tout en sachant que l'acte sera inutile, il tue Alexandre et, à son tour, meurt assassiné. Jugé injouable en raison de sa longueur, *Lorenzaccio* ne fut représenté, dans une version abrégée, qu'en 1896. Reprise plusieurs fois depuis lors, la pièce n'a pourtant jamais été jouée intégralement.

Quant aux comédies, les plus réussies sont celles que Musset a écrites sans se soucier des contraintes de la scène. Ces «spectacles dans un fauteuil», conçus pour la lecture, se sont avérés éminemment jouables, et ils sont aujourd'hui à l'affiche de la Comédie-Française presque aussi souvent que les pièces de Molière. Ce qui les caractérise, c'est un ton très particulier, fait de gaîté et de mélancolie, de sentimentalité et d'irréalité, que l'on résume le plus souvent en un mot: *fantaisie.* Et la plus fantaisiste des comédies est *Fantasio.*

Fantasio

Ecrit un peu en marge du mouvement romantique (lequel a négligé la comédie), *Fantasio* est pourtant l'une des pièces les plus foncièrement romantiques de son époque. Respirant l'air du temps, le héros et son créateur en ont subi les influences, dont voici les deux principales:

1° — Fantasio illustre .exemplairement, et mieux qu'aucun autre héros de théâtre de l'époque, le *mal du siècle* qui sévissait parmi les jeunes de sa génération (voir pp. 5–6). La maladie s'est pourtant aggravée depuis le début du siècle. En 1802, René, aspirant à l'infini, s'affligeait de « trouver partout des bornes », et sa désillusion avait été à la mesure des illusions perdues. Fantasio, lui, ne tombe pas de si haut, et les « bornes » qui le gênent sont d'une autre nature. Il aimerait devenir musicien ou cuisinier sans se donner la peine d'apprendre le métier, et il déplore que l'on ne puisse pas sauter par la fenêtre sans se casser les jambes! Fantasio promène ainsi sur la vie un regard désabusé, et il la trouve ratée. Mais on sent que ses illusions avaient dû être mesquines, et que sa désillusion n'est qu'un prétexte. Du reste, lorsqu'il « s'engage » résolument — ce qui lui arrive deux fois dans la pièce —, ce n'est qu'après s'être soûlé. Et lorsqu'il réussit à faire le bien, c'est sans vraiment y croire. Ayant été partout, il ne rêve plus d'un *ailleurs* où il puisse être heureux; car le monde est partout le même, et lorsqu'on est mal dans sa peau, on n'est bien nulle part. Aussi rêve-t-il d'être dans la peau d'un autre, *d'être quelqu'un d'autre* — n'importe qui, « ce monsieur qui passe ».

2° — Dans ses poèmes, le grand lyrique qu'est Musset étale complaisamment ses sentiments personnels[4], et dans ses pièces il n'est guère plus discret. Tous ses héros de théâtre lui ressemblent plus ou moins, et Fantasio lui ressemble plus que tous les autres. Musset en convient lui-même: « Fantasio, c'est moi. »[5] L'autoportrait fut apprécié lors de la première représentation en 1866, neuf ans après la mort de Musset: tous ses amis ont cru le voir revivre sur la scène, tel qu'il avait été à vingt ans.

Comme la pièce passait pour injouable, le public eut droit, à la première de 1866, à une version maladroitement remaniée par le frère de l'auteur; ce fut un demi-échec. Reprise sans plus de succès en 1892, la pièce ne fut représentée dans sa version originale qu'en 1911; ayant vu enfin *la pièce de Musset,* le public et surtout la critique l'apprécièrent davantage. Aujourd'hui *Fantasio* s'accroche à sa place au répertoire de la Comédie-Française, où il est joué de temps en temps avec plus ou moins de succès. Et à chaque reprise de la pièce, les critiques se croient obligés d'en louer le « charme » et la « délicatesse », avant d'en déplorer l'absence de théâtralité. « Est-ce vraiment du théâtre? » demandent-ils, « et n'aurait-il pas mieux valu *relire* cette délicieuse comédie que de la transporter à la scène où elle n'est manifestement pas à sa place? » L'unanimité des critiques donne sans doute à réfléchir, mais elle n'aurait pas trop inquiété Musset, qui n'avait voulu nous offrir qu'« un spectacle dans un fauteuil ».

---

4. Sur le lyrisme comme élément essentiel du romantisme, voir p. 5. — 5. Propos rapporté par son frère; voir M. Allem, *Théâtre complet d'Alfred de Musset.*

Avant de lire

1. Nous apprenons au début de la pièce que Saint-Jean, le fou attitré du roi, vient de mourir. Le fou (ou bouffon) de cour — *court jester,* disait-on en Angleterre — était chargé d'amuser et de distraire le roi et son entourage. Sa «folie», feinte ou réelle, lui conférait traditionnellement une grande liberté de parole, comme elle excusait souvent une grande impertinence. Ce sera le cas de Fantasio lorsqu'il prendra la place de Saint-Jean.

2. «Le calembour est la fiente de l'esprit qui vole», disait Hugo, qui exprime ainsi une opinion courante et, en fin de compte, assez juste; le plus souvent, en effet, le calembour relève d'un comique bas et facile. (Un client outré se plaint dans un restaurant: «Garçon, ce steak est innocent!» [pas coupable]). A Fantasio, grand faiseur de calembours, il arrive de jouer sur les mots pour le simple plaisir de jouer. C'est le cas, par exemple, lorsqu'à son ami qui lui demande: «Es-tu des nôtres?» (Veux-tu venir avec nous?), il répond: «Je suis des vôtres si vous êtes des miens.» Mais le jeu de mots «innocent», sans portée ni arrière-pensée, est chez lui exceptionnel: comme il le dit lui-même, «jouer avec les mots est un moyen comme un autre de jouer avec les pensées, les actions et les êtres» — et, sans doute, de *s'en jouer.* Ses calembours consistent alors à interpréter littéralement une expression figurée, et à broder là-dessus. Ainsi, l'impatience de son ami («Va donc au diable, alors!») fournit à Fantasio le prétexte d'une petite tirade théologo-métaphysique («Oh! s'il y avait un diable dans le ciel...»). Il va plus loin encore: «Tout est calembour ici-bas», affirme-t-il, anticipant cette façon de concevoir le monde et la vie que l'on appellera au XXᵉ siècle *le sentiment de l'absurde.*

Musset vers 1853 (portrait par C. Landelle)

3. En rédigeant *Fantasio* en 1833, Musset semble s'être inspiré d'un événement récent: l'année précédente, la fille du roi des Français avait épousé le roi des Belges, de vingt ans son aîné. La princesse avait répugné à ce mariage que semblaient exiger les intérêts des deux Etats, mais elle finit par s'y résigner. L'opinion française était hostile au

marié comme au mariage. Cette actualité politique avait été complètement oubliée à la première représentation en 1866 — elle ne fut redécouverte qu'en 1913 —, et la pièce s'en passait aisément. Son ancrage historique donne pourtant, de l'avis de certains, une dimension nouvelle à cette comédie que l'on avait crue entièrement fantaisiste.

Fantasio

PERSONNAGES

LE ROI DE BAVIÈRE

RUTTEN, secrétaire du roi

LE PRINCE DE MANTOUE

MARINONI, aide de camp du prince

FANTASIO, SPARK, HARTMAN, FACIO, jeunes gens de la ville

Officiers, pages, etc.

ELSBETH, fille du roi de Bavière

La gouvernante d'ELSBETH

La scène est à Munich.

ACTE PREMIER

Scène première

A la Cour. LE ROI, entouré de ses courtisans; RUTTEN.

LE ROI. Mes amis, je vous ai annoncé, il y a déjà longtemps, les fiançailles de ma chère Elsbeth avec le prince de Mantoue. Je vous annonce aujourd'hui l'arrivée de ce prince; ce soir peut-être, demain au plus tard, il sera dans ce palais. Que ce soit un jour de fête pour tout le monde; que les prisons s'ouvrent, et que le peuple passe la nuit dans les divertissements. Rutten, où est ma fille? (*Les courtisans se retirent.*)

RUTTEN. Sire, elle est dans le parc avec sa gouvernante.

LE ROI. Pourquoi ne l'ai-je pas encore vue aujourd'hui? Est-elle triste ou gaie de ce mariage qui s'apprête?

RUTTEN. Il m'a paru que le visage de la princesse était voilé de quelque mélancolie. Quelle est la jeune fille qui ne rêve pas la veille de ses noces? La mort de Saint-Jean l'a contrariée.

LE ROI. Y penses-tu? La mort de mon bouffon! D'un plaisant[1] de cour bossu et presque aveugle!

RUTTEN. La princesse l'aimait.

---

1. Bouffon.

LE ROI. Dis-moi, Rutten, tu as vu le prince; quel homme est-ce? Hélas! je lui donne ce que j'ai de plus précieux au monde, et je ne le connais point.

RUTTEN. Je suis demeuré fort peu de temps à Mantoue.

LE ROI. Parle franchement. Par quels yeux puis-je voir la vérité, si ce n'est par les tiens?

RUTTEN. En vérité, Sire, je ne saurais rien dire sur le caractère et l'esprit du noble prince.

LE ROI. En est-il ainsi? Tu hésites, toi, courtisan! De combien d'éloges l'air de cette chambre serait déjà rempli, de combien d'hyperboles et de métaphores flatteuses, si le prince qui sera demain mon gendre t'avait paru digne de ce titre! Me serais-je trompé, mon ami? Aurais-je fait en lui un mauvais choix?

RUTTEN. Sire, le prince passe pour le meilleur des rois.

LE ROI. La politique est une fine toile d'araignée, dans laquelle se débattent bien des pauvres mouches mutilées; je ne sacrifierai le bonheur de ma fille à aucun intérêt. (*Ils sortent.*)

Scène II

Une rue. SPARK, HARTMAN *et* FACIO, *buvant autour d'une table.*

HARTMAN. Puisque c'est aujourd'hui le mariage de la princesse, buvons, fumons et tâchons de faire du tapage.

FACIO. Il serait bon de nous mêler à tout ce peuple qui court les rues, et d'éteindre quelques lampions sur de bonnes têtes de bourgeois.

SPARK. Allons donc! Fumons tranquillement.

HARTMAN. Je ne ferai rien tranquillement. Dussé-je[2] me faire battant de cloche, et me pendre dans le bourdon de l'église, il faut que je carillonne un jour de fête. Où diable est donc Fantasio?

SPARK. Attendons-le; ne faisons rien sans lui.

FACIO. Bah! Il nous trouvera toujours. Il est à se griser dans quelque trou de la rue Basse. Holà, ohé! un dernier coup! (*Il lève son verre.*)

UN OFFICIER, *entrant.* Messieurs, je viens vous prier de vouloir bien aller plus loin, si vous ne voulez point être dérangés dans votre gaieté.

HARTMAN. Pourquoi, mon capitaine?

L'OFFICIER. La princesse est dans ce moment sur la terrasse que vous voyez, et vous comprenez aisément qu'il n'est pas convenable que vos cris arrivent jusqu'à elle. (*Il sort.*)

FACIO. Voilà qui est intolérable!

SPARK. Qu'est-ce que cela nous fait de rire ici ou ailleurs?

HARTMAN. Qu'est-ce qui nous dit qu'ailleurs il nous sera permis de rire? Vous verrez qu'il sortira un drôle en habit vert de tous les pavés de la ville, pour nous prier d'aller rire dans la lune. (*Entre Marinoni, couvert d'un manteau.*)

SPARK. La princesse n'a jamais fait un acte de despotisme de sa vie. Que Dieu la conserve! Si elle ne veut pas qu'on rie, c'est qu'elle est triste, ou qu'elle chante. Laissons-la en repos.

---

2. Même si je devais (emploi spécial de l'imparfait du subjonctif).

FACIO. Humph! Voilà un manteau rabattu qui flaire quelque nouvelle. Le gobe-mouches a envie de nous aborder.

MARINONI, *approchant.* Je suis étranger, messieurs; à quelle occasion cette fête?

SPARK. La princesse Elsbeth se marie.

MARINONI. Ah! ah! c'est une belle femme, à ce que je présume?

HARTMAN. Comme vous êtes un bel homme, vous l'avez dit.

MARINONI. Aimée de son peuple, si j'ose le dire, car il me paraît que tout est illuminé.

HARTMAN. Tu ne te trompes pas, brave étranger: tous ces lampions allumés que tu vois, comme tu l'as remarqué sagement, ne sont pas autre chose qu'une illumination.

MARINONI. Je voulais demander par là si la princesse est la cause de ces signes de joie.

HARTMAN. L'unique cause, puissant rhéteur. Nous aurions beau nous marier tous, il n'y aurait aucune espèce de joie dans cette ville ingrate.

MARINONI. Heureuse la princesse qui sait se faire aimer de son peuple!

HARTMAN. Des lampions allumés ne font pas le bonheur d'un peuple, cher homme primitif. Cela n'empêche pas la susdite princesse d'être fantasque comme une bergeronnette.

MARINONI. En vérité? Vous avez dit fantasque?

HARTMAN. Je l'ai dit, cher inconnu, je me suis servi de ce mot. (*Marinoni salue et se retire.*)

FACIO. A qui diantre en veut ce baragouineur d'Italien? Le voilà qui nous quitte pour aborder un autre groupe. Il sent l'espion d'une lieue.

HARTMAN. Il ne sent rien du tout; il est bête à faire plaisir.

SPARK. Voilà Fantasio qui arrive.

HARTMAN. Qu'a-t-il donc? Il se dandine comme un conseiller de justice. Ou je me trompe fort, ou quelque lubie mûrit dans sa cervelle.

FACIO. Eh bien, ami, que ferons-nous de cette belle soirée?

FANTASIO, *entrant.* Tout absolument, hors un roman nouveau.

FACIO. Je disais qu'il faudrait se lancer dans cette canaille, et nous divertir un peu.

FANTASIO. L'important serait d'avoir des nez de carton et des pétards.

HARTMAN. Prendre la taille aux filles, tirer les bourgeois par la queue et casser les lanternes. Allons, partons, voilà qui est dit.

FANTASIO. Il était une fois un roi de Perse...

HARTMAN. Viens donc, Fantasio.

FANTASIO. Je n'en suis pas, je n'en suis pas!

HARTMAN. Pourquoi?

FANTASIO. Donnez-moi un verre de ça. (*Il boit.*)

HARTMAN. Tu as le mois de mai sur les joues.

FANTASIO. C'est vrai; et le mois de janvier dans le cœur. Ma tête est comme une vieille cheminée sans feu: il n'y a que du vent et des cendres. Ouf! (*Il s'assied.*) Que cela m'ennuie que tout le monde s'amuse! Je voudrais que ce grand ciel si lourd fût un immense bonnet de coton, pour envelopper jusqu'aux oreilles cette sotte ville et ses sots habitants. Allons, voyons! dites-moi, de grâce, un calembour usé, quelque chose de bien rebattu.

HARTMAN. Pourquoi?

FANTASIO. Pour que je rie. Je ne ris plus de ce qu'on invente; peut-être que je rirai de ce que je connais.

HARTMAN. Tu me parais un tant soit peu misanthrope et enclin à la mélancolie.

FANTASIO. Du tout; c'est que je viens de chez ma maîtresse.

FACIO. Oui ou non, es-tu des nôtres?

FANTASIO. Je suis des vôtres, si vous êtes des miens. Restons un peu ici à parler de choses et d'autres, en regardant nos habits neufs.

FACIO. Non, ma foi. Si tu es las d'être debout, je suis las d'être assis; il faut que je m'évertue en plein air.

FANTASIO. Je ne saurais m'évertuer. Je vais fumer sous ces marronniers, avec ce brave Spark, qui va me tenir compagnie. N'est-ce pas, Spark?

SPARK. Comme tu voudras.

HARTMAN. En ce cas, adieu. Nous allons voir la fête. (*Hartman et Facio sortent. Fantasio s'assied avec Spark.*)

FANTASIO. Comme ce soleil couchant est manqué! La nature est pitoyable ce soir. Regarde-moi un peu cette vallée là-bas, ces quatre ou cinq méchants nuages qui grimpent sur cette montagne. Je faisais des paysages comme celui-là quand j'avais douze ans, sur la couverture de mes livres de classe.

SPARK. Quel bon tabac! Quelle bonne bière!

FANTASIO. Je dois bien t'ennuyer, Spark?

SPARK. Non, pourquoi cela?

FANTASIO. Toi, tu m'ennuies horriblement. Cela ne te fait rien de voir tous les jours la même figure? Que diable Hartman et Facio s'en vont-ils faire dans cette fête?

SPARK. Ce sont des gaillards actifs, et qui ne sauraient rester en place.

FANTASIO. Quelle admirable chose que les *Mille et une Nuits*[3]! O Spark! mon cher Spark, si tu pouvais me transporter en Chine! Si je pouvais seulement sortir de ma peau pendant une heure ou deux! Si je pouvais être ce monsieur qui passe!

SPARK. Cela me paraît assez difficile.

FANTASIO. Ce monsieur qui passe est charmant. Regarde: quelle belle culotte de soie! Quelles belles fleurs rouges sur son gilet! Ses breloques de montre battent sur sa panse, en opposition avec les basques de son habit, qui voltigent sur ses mollets. Je suis sûr que cet homme-là a dans la tête un millier d'idées qui me sont absolument étrangères; son essence lui est particulière. Hélas! Tout ce que les hommes se disent entre eux se ressemble; les idées qu'ils échangent sont presque toujours les mêmes dans toutes leurs conversations. Mais, dans l'intérieur de toutes ces machines isolées, quels replis, quels compartiments secrets! C'est tout un monde que chacun porte en lui, un monde ignoré qui naît et qui meurt en silence! Quelles solitudes que tous ces corps humains!

SPARK. Bois donc, désœuvré, au lieu de te creuser la tête.

FANTASIO. Il n'y a qu'une chose qui m'ait amusé depuis trois jours: c'est que mes créanciers ont obtenu un arrêt[4] contre moi, et que, si je mets

---

3. Recueil de contes arabes. — 4. Arrêt *de justice*.

les pieds dans ma maison, il va arriver quatre estafiers[5] qui me prendront au collet.

SPARK. Voilà qui est fort gai, en effet. Où coucheras-tu ce soir?

FANTASIO. Chez la première venue. Te figures-tu que mes meubles se vendent demain matin? Nous en achèterons quelques-uns, n'est-ce pas?

SPARK. Manques-tu d'argent, Henri? Veux-tu ma bourse?

FANTASIO. Imbécile! Si je n'avais pas d'argent, je n'aurais pas de dettes. J'ai envie de prendre pour maîtresse une fille d'opéra.

SPARK. Cela t'ennuiera à périr.

FANTASIO. Pas du tout; mon imagination se remplira de pirouettes et de souliers de satin blanc; il y aura un gant à moi sur la banquette du balcon depuis le 1er janvier jusqu'à la Saint-Sylvestre[6], et je fredonnerai des solos de clarinette dans mes rêves, en attendant que je meure d'une indigestion de fraises dans les bras de ma bien-aimée. Remarques-tu une chose, Spark? C'est que nous n'avons point d'état[7]; nous n'exerçons aucune profession.

SPARK. C'est là ce qui t'attriste?

FANTASIO. Il n'y a point de maître d'armes mélancolique.

SPARK. Tu me fais l'effet d'être revenu de tout[8].

FANTASIO. Ah! pour être revenu de tout, mon ami, il faut être allé dans bien des endroits.

SPARK. Eh bien donc?

FANTASIO. Eh bien donc! où veux-tu que j'aille? Regarde cette vieille ville enfumée: il n'y a pas de places, de rues, de ruelles où je n'aie rôdé trente fois; il n'y a pas de pavés où je n'aie traîné ces talons usés, pas de maisons où je ne sache quelle est la fille ou la vieille femme dont la tête stupide se dessine éternellement à la fenêtre; je ne saurais faire un pas sans marcher sur mes pas d'hier. Eh bien, mon cher ami, cette ville n'est rien auprès de ma cervelle. Tous les recoins m'en sont cent fois plus connus; toutes les rues, tous les trous de mon imagination sont cent fois plus fatigués; je m'y suis promené en cent fois plus de sens, dans cette cervelle délabrée, moi son seul habitant! Je m'y suis grisé dans tous les cabarets; je m'y suis roulé comme un roi absolu dans un carrosse doré; j'y ai trotté en bon bourgeois sur une mule pacifique. Et je n'ose seulement pas maintenant y entrer comme un voleur, une lanterne sourde à la main.

SPARK. Je ne comprends rien à ce travail perpétuel sur toi-même. Moi, quand je fume, par exemple, ma pensée se fait fumée de tabac; quand je bois, elle se fait vin d'Espagne ou bière de Flandre; quand je baise la main de ma maîtresse, elle entre par le bout de ses doigts effilés pour se répandre dans tout mon être sur des courants électriques. Il me faut le parfum d'une fleur pour me distraire, et de tout

---

5. Policiers. — 6. Le 31 décembre. — 7. Situation professionnelle (comme l'expliquent les mots suivants). — 8. La locution *être revenu de tout* signifie: ne plus prendre plaisir à rien, être excessivement blasé. Mais Fantasio affecte d'entendre au sens littéral les mots de Spark.

ce que renferme l'universelle nature, le plus chétif objet suffit pour me changer en abeille et me faire voltiger çà et là avec un plaisir toujours nouveau.

FANTASIO. Tranchons le mot: tu es capable de pêcher à la ligne.

SPARK. Si cela m'amuse, je suis capable de tout.

FANTASIO. Même de prendre la lune avec les dents?

SPARK. Cela ne m'amuserait pas.

FANTASIO. Ah! ah! qu'en sais-tu? Prendre la lune avec les dents n'est pas à dédaigner. Allons jouer au trente et quarante[9].

SPARK. Non, en vérité.

FANTASIO. Pourquoi?

SPARK. Parce que nous perdrions notre argent.

FANTASIO. Ah! mon Dieu! qu'est-ce que tu vas imaginer là! Tu ne sais quoi inventer pour te torturer l'esprit. Tu vois donc tout en noir, misérable? Perdre notre argent! Tu n'as donc dans le cœur ni foi en Dieu ni espérance? Tu es donc un athée épouvantable, capable de me dessécher le cœur et de me désabuser de tout, moi qui suis plein de sève et de jeunesse? (*Il se met à danser.*)

SPARK. En vérité, il y a de certains moments où je ne jurerais pas que tu n'es pas fou.

FANTASIO, *dansant toujours.* Qu'on me donne une cloche! une cloche de verre[10]!

SPARK. A propos de quoi une cloche?

FANTASIO. Jean-Paul[11] n'a-t-il pas dit qu'un homme absorbé par une grande pensée est comme un plongeur sous sa cloche, au milieu du vaste Océan? Je n'ai point de cloche, Spark, point de cloche, et je danse comme Jésus-Christ sur le vaste Océan[12].

SPARK. Fais-toi journaliste ou homme de lettres, Henri, c'est encore le plus efficace moyen qui nous reste de désopiler[13] la misanthropie et d'amortir l'imagination.

FANTASIO. Oh! je voudrais me passionner pour un homard à la moutarde, pour une grisette, pour une classe de minéraux! Spark! essayons de bâtir une maison à nous deux.

SPARK. Pourquoi n'écris-tu pas tout ce que tu rêves? Cela ferait un joli recueil.

FANTASIO. Un sonnet vaut mieux qu'un long poème, et un verre de vin vaut mieux qu'un sonnet. (*Il boit.*)

SPARK. Pourquoi ne voyages-tu pas? Va en Italie.

FANTASIO. J'y ai été.

SPARK. Eh bien! est-ce que tu ne trouves pas ce pays-là beau?

FANTASIO. Il y a une quantité de mouches grosses comme des hannetons qui vous piquent toute la nuit.

SPARK. Va en France.

FANTASIO. Il n'y a pas de bon vin du Rhin à Paris.

SPARK. Va en Angleterre.

FANTASIO. J'y suis[14]. Est-ce que les Anglais ont une patrie? J'aime autant les voir ici que chez eux.

SPARK. Va donc au diable, alors!

FANTASIO. Oh! s'il y avait un diable dans le ciel! S'il y avait un enfer, comme je me brûlerais la cervelle

---

9. Jeu de cartes. — 10. Il s'agit d'une *cloche à plongeur*, dispositif en forme de cloche, à l'abri duquel on peut descendre travailler sous l'eau. — 11. Ecrivain allemand que Musset admirait beaucoup. — 12. Allusion à Jésus marchant sur l'eau (Matthieu XIV, 25). — 13. Ici, guérir. — 14. Lisez: C'est comme si j'étais en Angleterre parce qu'il y a tant de touristes anglais à Munich.

pour aller voir tout ça! Quelle misérable chose que l'homme! Ne pas pouvoir seulement sauter par sa fenêtre sans se casser les jambes! Etre obligé de jouer du violon dix ans pour devenir un musicien passable! Apprendre pour être peintre, pour être palefrenier! Apprendre pour faire une omelette! Tiens, Spark, il me prend des envies de m'asseoir sur un parapet, de regarder couler la rivière, et de me mettre à compter un, deux, trois, quatre, cinq, six, sept, et ainsi de suite jusqu'au jour de ma mort.

SPARK. Ce que tu dis là ferait rire bien des gens. Moi, cela me fait frémir: c'est l'histoire du siècle entier. L'éternité est une grande aire[15], d'où tous les siècles, comme de jeunes aiglons, se sont envolés tour à tour pour traverser le ciel et disparaître. Le nôtre est arrivé à son tour au bord du nid; mais on lui a coupé les ailes, et il attend la mort en regardant l'espace dans lequel il ne peut s'élancer.

FANTASIO, *chantant.*

> *Tu m'appelles la vie, appelle-moi ton âme,*
> *Car l'âme est immortelle et la vie est un jour...*

Connais-tu une plus divine romance que celle-là, Spark? C'est une romance portugaise. Elle ne m'est jamais venue à l'esprit sans me donner envie d'aimer quelqu'un.

SPARK. Qui, par exemple?

FANTASIO. Qui? Je n'en sais rien. Quelque belle fille toute ronde comme les femmes de Miéris[16]. Quelque chose de doux comme le vent d'ouest, de pâle comme les rayons de la lune. Quelque chose de pensif comme ces petites servantes d'auberge des tableaux flamands qui donnent le coup de l'étrier[17] à un voyageur à larges bottes, droit comme un piquet sur un grand cheval blanc. Quelle belle chose que le coup de l'étrier! Une jeune femme sur le pas de sa porte, le feu allumé qu'on aperçoit au fond de la chambre, le souper préparé, les enfants endormis: toute la tranquillité de la vie paisible et contemplative dans un coin du tableau! Et là l'homme encore haletant, mais ferme sur la selle, ayant fait vingt lieues, en ayant trente à faire; une gorgée d'eau-de-vie, et adieu. La nuit est profonde là-bas, le temps menaçant, la forêt dangereuse. La bonne femme le suit des yeux une minute, puis elle laisse tomber, en retournant à son feu, cette sublime aumône du pauvre: « Que Dieu le protège! »

SPARK. Si tu étais amoureux, Henri, tu serais le plus heureux des hommes.

FANTASIO. L'amour n'existe plus, mon cher ami. La religion, sa nourrice, a les mamelles pendantes comme une vieille bourse au fond de laquelle il y a un gros sou. L'amour est une hostie qu'il faut briser en deux au pied d'un autel et avaler ensemble dans un baiser. Il n'y a plus d'autel, il n'y a plus d'amour. Vive la nature! Il y a encore du vin. *(Il boit.)*

SPARK. Tu vas te griser.

FANTASIO. Je vais me griser, tu l'as dit.

---

15. Nid d'aigle. — 16. Peintre hollandais. — 17. Un dernier verre (de vin ou d'eau-de-vie) qu'on buvait au moment de remonter à cheval.

SPARK. Il est un peu tard pour cela.

FANTASIO. Qu'appelles-tu tard? Midi, est-ce tard? Minuit, est-ce de bonne heure? Où prends-tu la journée? Restons là, Spark, je t'en prie. Buvons, causons, analysons, déraisonnons, faisons de la politique; imaginons des combinaisons de gouvernement; attrapons tous les hannetons qui passent autour de cette chandelle, et mettons-les dans nos poches. Sais-tu que les canons à vapeur[18] sont une belle chose en matière de philanthropie?

SPARK. Comment l'entends-tu?

FANTASIO. Il y avait une fois un roi qui était très sage, très sage, très heureux, très heureux...

SPARK. Après?

FANTASIO. La seule chose qui manquait à son bonheur, c'était d'avoir des enfants. Il fit faire des prières publiques dans toutes les mosquées.

SPARK. A quoi en veux-tu venir?

FANTASIO. Je pense à mes chères *Mille et une Nuits*. C'est comme cela qu'elles commencent toutes. Tiens, Spark, je suis gris[19]. Il faut que je fasse quelque chose. Tra la, tra la! Allons, levons-nous! (*Un enterrement passe.*) Ohé! braves gens, qui enterrez-vous là? Ce n'est pas maintenant l'heure d'enterrer proprement.

LES PORTEURS. Nous enterrons Saint-Jean.

FANTASIO. Saint-Jean est mort? Le bouffon du roi est mort? Qui a pris sa place? Le ministre de la justice?

LES PORTEURS. Sa place est vacante; vous pouvez la prendre si vous voulez. (*Ils sortent.*)

SPARK. Voilà une insolence que tu t'es bien attirée. A quoi penses-tu, d'arrêter ces gens?

FANTASIO. Il n'y a rien là d'insolent. C'est un conseil d'ami que m'a donné cet homme, et que je vais suivre à l'instant.

SPARK. Tu vas te faire bouffon de la Cour?

FANTASIO. Cette nuit même, si l'on veut de moi. Puisque je ne puis coucher chez moi, je veux me donner la représentation de cette royale comédie qui se jouera demain, et de la loge du roi lui-même.

SPARK. Comme tu es fin! On te reconnaîtra, et les laquais te mettront à la porte. N'es-tu pas filleul de la feue reine?

FANTASIO. Comme tu es bête! Je me mettrai une bosse et une perruque rousse comme la portait Saint-Jean, et personne ne me reconnaîtra, quand j'aurais[20] trois douzaines de parrains à mes trousses. (*Il frappe à une boutique.*) Hé! brave homme, ouvrez-moi, si vous n'êtes pas sorti, vous, votre femme et vos petits chiens!

UN TAILLEUR, *ouvrant la boutique.* Que demande Votre Seigneurie?

FANTASIO. N'êtes-vous pas tailleur de la cour?

LE TAILLEUR. Pour vous servir.

FANTASIO. Est-ce vous qui habilliez Saint-Jean?

LE TAILLEUR. Oui, monsieur.

FANTASIO. Vous le connaissiez? Vous savez de quel côté était sa bosse, comment il frisait sa moustache, et quelle perruque il portait?

LE TAILLEUR. Hé, hé! monsieur veut rire.

---

18. Invention de Fantasio. — 19. Ivre (on s'en doutait). — 20. Même si j'avais.

FANTASIO. Homme! je ne veux point rire. Entre dans ton arrière-boutique; et si tu ne veux être empoisonné demain dans ton café au lait, songe à être muet comme la tombe sur tout ce qui va se passer ici. (*Il sort avec le tailleur, Spark les suit.*)

Scène III

Une auberge sur la route de Munich. Entrent LE PRINCE DE MANTOUE *et* MARINONI.

LE PRINCE. Eh bien, colonel?

MARINONI. Altesse?

LE PRINCE. Eh bien, Marinoni?

MARINONI. Mélancolique, fantasque, d'une joie folle, soumise à son père, aimant beaucoup les pois verts.

LE PRINCE. Ecris cela; je ne comprends clairement que les écritures moulées en bâtarde [21].

MARINONI, *écrivant.* Mélanco...

LE PRINCE. Ecris à voix basse; je rêve à un projet d'importance depuis mon dîner.

MARINONI. Voilà, Altesse, ce que vous demandez.

LE PRINCE. C'est bien; je te nomme mon ami intime. Je ne connais pas dans tout mon royaume de plus belle écriture que la tienne. Assieds-toi à quelque distance. Vous pensez donc, mon ami, que le caractère de la princesse, ma future épouse, vous est secrètement connu?

MARINONI. Oui, Altesse; j'ai parcouru les alentours du palais, et ces tablettes [22] renferment les principaux traits des conversations différentes dans lesquelles je me suis immiscé.

LE PRINCE, *se mirant.* Il me semble que je suis poudré comme un homme de la dernière classe.

MARINONI. L'habit est magnifique.

LE PRINCE. Que dirais-tu, Marinoni, si tu voyais ton maître revêtir un simple frac olive [23]?

MARINONI. Son Altesse se rit de ma crédulité.

LE PRINCE. Non, colonel. Apprends que ton maître est le plus romanesque des hommes.

MARINONI. Romanesque, Altesse?

LE PRINCE. Oui, mon ami (je t'ai accordé ce titre). L'important projet que je médite est inouï dans ma famille: je prétends arriver à la cour du roi mon beau-père dans l'habillement d'un simple aide de camp. Ce n'est pas assez d'avoir envoyé un homme de ma maison recueillir les bruits publics sur la future princesse de Mantoue (et cet homme, Marinoni, c'est toi-même); je veux encore observer par mes yeux.

MARINONI. Une seule chose me paraît s'opposer au dessein de Votre Altesse.

LE PRINCE. Laquelle?

MARINONI. L'idée d'un tel travestissement ne pouvait appartenir qu'au prince glorieux qui nous gouverne. Mais si mon gracieux souverain est confondu parmi l'état-major, à qui le roi de Bavière fera-t-il les honneurs d'un festin splendide qui doit avoir lieu dans la galerie?

LE PRINCE. Tu as raison: si je me déguise, il faut que quelqu'un prenne ma place. Cela est impossible, Marinoni; je n'avais pas pensé à cela.

---

21. Les écritures bien lisibles (en imprimerie, le style « bâtard » présente un mélange de l'écriture et des caractères d'imprimerie). — 22. Carnets. — 23. Habit d'homme, couleur d'olive.

MARINONI. Pourquoi impossible, Altesse?

LE PRINCE. Je puis bien abaisser la dignité princière jusqu'au grade de colonel; mais comment peux-tu croire que je consentirais à élever jusqu'à mon rang un homme quelconque? Penses-tu d'ailleurs que mon futur beau-père me le pardonnerait?

MARINONI. Le roi passe pour un homme de beaucoup de sens et d'esprit, avec une humeur agréable.

LE PRINCE. Ah! ce n'est pas sans peine que je renonce à mon projet. Pénétrer dans cette cour nouvelle sans faste et sans bruit, observer tout, approcher de la princesse sous un faux nom, et peut-être m'en faire aimer! Oh! je m'égare; cela est impossible. Marinoni, mon ami, essaye mon habit de cérémonie; je ne saurais y résister.

MARINONI, *s'inclinant.* Altesse!

LE PRINCE. Penses-tu que les siècles futurs oublieront une pareille circonstance?

MARINONI. Jamais, gracieux Prince.

LE PRINCE. Viens essayer mon habit.

(*Ils sortent.*)

ACTE II

Scène première

Le jardin du roi de Bavière. Entrent ELSBETH *et sa* GOUVERNANTE.

LA GOUVERNANTE. Mes pauvres yeux en ont pleuré, pleuré un torrent du ciel.

ELSBETH. Tu es si bonne! Moi aussi j'aimais Saint-Jean; il avait tant d'esprit! Ce n'était point un bouffon ordinaire.

LA GOUVERNANTE. Dire que le pauvre homme est allé là-haut la veille de vos fiançailles! lui qui ne parlait que de vous à dîner et à souper, tant que le jour durait. Un garçon si gai, si amusant, qu'il faisait aimer la laideur, et que les yeux le cherchaient toujours en dépit d'eux-mêmes!

ELSBETH. Ne me parle pas de mon mariage; c'est encore là un grand malheur.

LA GOUVERNANTE. Ne savez-vous pas que le prince de Mantoue arrive aujourd'hui? On dit que c'est un Amadis[24].

ELSBETH. Que dis-tu là, ma chère! Il est horrible et idiot; tout le monde le sait déjà ici.

LA GOUVERNANTE. En vérité! on m'avait dit que c'était un Amadis.

ELSBETH. Je ne demandais pas un Amadis, ma chère; mais cela est cruel quelquefois, de n'être qu'une fille de roi. Mon père est le meilleur des hommes: le mariage qu'il prépare assure la paix de son royaume; il recevra en récompense la bénédiction d'un peuple. Mais moi, hélas! j'aurai la sienne, et rien de plus.

LA GOUVERNANTE. Comme vous parlez tristement!

ELSBETH. Si je refusais le prince, la guerre serait bientôt recommencée: quel malheur que ces traités de paix se signent toujours avec des larmes! Je voudrais être une forte tête, et me résigner à épouser le premier venu, quand cela est néces-

---

24. Un héros de roman (allusion à *Amadis de Gaule*, roman de chevalerie du XVIe siècle).

saire en politique. Etre la mère d'un peuple, cela console les grands cœurs, mais non les têtes faibles. Je ne suis qu'une pauvre rêveuse; peut-être la faute en est-elle à tes romans; tu en as toujours dans tes poches.

LA GOUVERNANTE. Seigneur! n'en dites rien.

ELSBETH. J'ai peu connu la vie, et j'ai beaucoup rêvé.

LA GOUVERNANTE. Si le prince de Mantoue est tel que vous le dites, Dieu ne laissera pas cette affaire-là s'arranger, j'en suis sûre.

ELSBETH. Tu crois! Dieu laisse faire les hommes, ma pauvre amie, et il ne fait guère plus de cas de nos plaintes que du bêlement d'un mouton.

LA GOUVERNANTE. Je suis sûre que si vous refusiez le prince, votre père ne vous forcerait pas.

ELSBETH. Non, certainement, il ne me forcerait pas; et c'est pour cela que je me sacrifie. Veux-tu que j'aille dire à mon père d'oublier sa parole, et de rayer d'un trait de plume son nom respectable sur un contrat qui fait des milliers d'heureux? Qu'importe qu'il fasse une malheureuse? Je laisse mon bon père être un bon roi.

LA GOUVERNANTE. Hi! hi! (*Elle pleure.*)

ELSBETH. Ne pleure pas sur moi, ma bonne; tu me ferais peut-être pleurer moi-même, et il ne faut pas qu'une royale fiancée ait les yeux rouges. Ne t'afflige pas de tout cela. Après tout, je serai une reine; c'est peut-être amusant. Je prendrai peut-être goût à mes parures, que

sais-je? à mes carrosses, à ma nouvelle cour. Heureusement qu'il y a pour une princesse autre chose dans un mariage qu'un mari. Je trouverai peut-être le bonheur au fond de ma corbeille de noces[25].

LA GOUVERNANTE. Vous êtes un vrai agneau pascal[26].

ELSBETH. Tiens, ma chère, commençons toujours par en rire, quitte à en pleurer quand il en sera temps. On dit que le prince de Mantoue est la plus ridicule chose du monde.

LA GOUVERNANTE. Si Saint-Jean était là!

ELSBETH. Ah! Saint-Jean! Saint-Jean!

LA GOUVERNANTE. Vous l'aimiez beaucoup, mon enfant.

ELSBETH. Cela est singulier: son esprit m'attachait à lui avec des fils imperceptibles qui semblaient venir de mon cœur. Sa perpétuelle moquerie de mes idées romanesques me plaisait à l'excès, tandis que je ne puis supporter qu'avec peine bien des gens qui abondent dans mon sens[27]. Je ne sais ce qu'il y avait autour de lui, dans ses yeux, dans ses gestes, dans la manière dont il prenait son tabac. C'était un homme bizarre: tandis qu'il me parlait, il me passait devant les yeux des tableaux délicieux; sa parole donnait la vie, comme par enchantement, aux choses les plus étranges.

LA GOUVERNANTE. C'était un vrai Triboulet[28].

ELSBETH. Je n'en sais rien; mais c'était un diamant d'esprit.

LA GOUVERNANTE. Voilà des pages qui vont et viennent; je crois que

---

25. Parmi mes cadeaux de mariage. — 26. On appelait ainsi l'agneau immolé chaque année en mémoire du passage de la mer Rouge; le terme signifie, par extension, un être que l'on sacrifie. — 27. *Abonder dans le sens de qqn:* donner avec excès dans sa façon de voir; être tout à fait de son avis. — 28. Bouffon célèbre de François 1er.

le prince ne va pas tarder à se montrer. Il faudrait retourner au palais pour vous habiller.

ELSBETH. Je t'en supplie, laisse-moi un quart d'heure encore. Va préparer ce qu'il me faut. Hélas! ma chère, je n'ai plus longtemps à rêver.

LA GOUVERNANTE. Seigneur, est-il possible que ce mariage se fasse, s'il vous déplaît? Un père sacrifier sa fille! Le roi serait un véritable Jephté[29], s'il le faisait.

ELSBETH. Ne dis pas de mal de mon père. Va, ma chère, prépare ce qu'il me faut. (*La gouvernante sort.*)

ELSBETH, *seule.* Il me semble qu'il y a quelqu'un derrière ces bosquets. Est-ce le fantôme de mon pauvre bouffon que j'aperçois dans ces bluets, assis sur la prairie? Répondez-moi; qui êtes-vous? Que faites-vous là, à cueillir ces fleurs? (*Elle s'avance vers un tertre.*)

FANTASIO, *assis, vêtu en bouffon, avec une bosse et une perruque.* Je suis un brave cueilleur de fleurs, qui souhaite le bonjour à vos beaux yeux.

ELSBETH. Que signifie cet accoutrement? Qui êtes-vous pour venir parodier sous cette large perruque un homme que j'ai aimé? Etes-vous écolier en bouffonnerie?

FANTASIO. Plaise à Votre Altesse Sérénissime, je suis le nouveau bouffon du roi. Le majordome m'a reçu favorablement; je suis présenté au valet de chambre; les marmitons me protègent depuis hier au soir; et je cueille modestement des fleurs en attendant qu'il me vienne de l'esprit.

ELSBETH. Cela me paraît douteux, que vous cueilliez jamais cette fleur-là.

FANTASIO. Pourquoi? L'esprit peut venir à un homme vieux, tout comme à une jeune fille. Cela est si difficile quelquefois de distinguer un trait spirituel d'une grosse sottise! Beaucoup parler, voilà l'important. Le plus mauvais tireur de pistolet peut attraper la mouche[30], s'il tire sept cent quatre-vingts coups à la minute, tout aussi bien que le plus habile homme qui n'en tire qu'un ou deux bien ajustés. Je ne demande qu'à être nourri convenablement pour la grosseur de mon ventre, et je regarderai mon ombre au soleil pour voir si ma perruque pousse.

ELSBETH. En sorte que vous voilà revêtu des dépouilles de Saint-Jean? Vous avez raison de parler de votre ombre: tant que vous aurez ce costume, elle lui ressemblera toujours, je crois, plus que vous.

FANTASIO. Je fais en ce moment une élégie qui décidera de mon sort.

ELSBETH. En quelle façon?

FANTASIO. Elle prouvera clairement que je suis le premier homme du monde, ou bien elle ne vaudra rien du tout. Je suis en train de bouleverser l'univers pour le mettre en acrostiche[31]; la lune, le soleil et les étoiles se battent pour entrer dans mes rimes, comme des écoliers à la porte d'un théâtre de mélodrames.

ELSBETH. Pauvre homme! Quel métier tu entreprends! Faire de

---

29. Un des juges d'Israël. Selon le récit biblique (Juges X–XII), il promit d'offrir en sacrifice à Dieu, s'il remportait une victoire sur ses ennemis, la première personne qui viendrait le saluer. Ce fut sa fille unique; il la tua. — 30. Point noir au centre d'une cible. — 31. Poème à forme fixe; les lettres initiales de chaque vers composent un nom.

l'esprit à tant par heure! N'as-tu ni bras ni jambes, et ne ferais-tu pas mieux de labourer la terre que ta propre cervelle?

FANTASIO. Pauvre petite! Quel métier vous entreprenez! Epouser un sot que vous n'avez jamais vu! N'avez-vous ni cœur ni tête, et ne feriez-vous pas mieux de vendre vos robes que votre corps?

ELSBETH. Voilà qui est hardi, monsieur le nouveau venu!

FANTASIO. Comment appelez-vous cette fleur-là, s'il vous plaît?

ELSBETH. Une tulipe. Que veux-tu prouver?

FANTASIO. Une tulipe rouge, ou une tulipe bleue?

ELSBETH. Bleue, à ce qu'il me semble.

FANTASIO. Point du tout; c'est une tulipe rouge.

ELSBETH. Veux-tu mettre un habit neuf à une vieille sentence? Tu n'en as pas besoin pour dire que des goûts et des couleurs il n'en faut pas disputer.

FANTASIO. Je ne dispute pas; je vous dis que cette tulipe est une tulipe rouge, et cependant je conviens qu'elle est bleue.

ELSBETH. Comment arranges-tu cela?

FANTASIO. Comme votre contrat de mariage. Qui peut savoir sous le soleil s'il est né bleu ou rouge? Les tulipes elles-mêmes n'en savent rien. Les jardiniers et les notaires font des greffes[32] si extraordinaires, que les pommes deviennent des citrouilles, et que les chardons sortent de la mâchoire de l'âne pour s'inonder de sauce dans le plat d'argent d'un évêque. Cette tulipe que voilà s'attendait bien à être rouge; mais on l'a mariée; elle est tout étonnée d'être bleue. C'est ainsi que le monde entier se métamorphose sous les mains de l'homme; et la pauvre dame nature doit se rire parfois au nez de bon cœur, quand elle mire dans ses lacs et dans ses mers son éternelle mascarade. Croyez-vous que ça sentît la rose dans le paradis de Moïse? Ça ne sentait que le foin vert. La rose est fille de la civilisation; c'est une marquise comme vous et moi.

ELSBETH. La pâle fleur de l'aubépine peut devenir une rose, et un chardon peut devenir un artichaut; mais une fleur ne peut en devenir une autre. Ainsi qu'importe à la nature? On ne la change pas; on l'embellit ou on la tue. La plus chétive violette mourrait plutôt que de céder, si l'on voulait, par des moyens artificiels, altérer sa forme d'une étamine.

FANTASIO. C'est pourquoi je fais plus de cas d'une violette que d'une fille de roi.

ELSBETH. Il y a de certaines choses que les bouffons eux-mêmes n'ont pas le droit de railler; fais-y attention. Si tu as écouté ma conversation avec ma gouvernante, prends garde à tes oreilles.

FANTASIO. Non pas à mes oreilles, mais à ma langue. Vous vous trompez de sens; il y a une erreur de sens dans vos paroles.

ELSBETH. Ne me fais pas de calembour, si tu veux gagner ton argent,

---

32. Fantasio joue ici sur le double sens de *greffe*, et ce jeu de mots donne la clef de ce passage embrouillé. *Greffe* (m.): acte juridique (comme un acte de mariage); *greffe* (f.): opération par laquelle on implante une partie de végétal sur un autre végétal en vue d'obtenir une espèce nouvelle. Le mariage d'Elsbeth sera donc comme une fleur greffée dont on ignore l'origine et la nature véritable.

et ne me compare pas à des tulipes, si tu veux gagner autre chose.

FANTASIO. Qui sait? Un calembour console de bien des chagrins; et jouer avec les mots est un moyen comme un autre de jouer avec les pensées, les actions et les êtres. Tout est calembour ici-bas, et il est aussi difficile de comprendre le regard d'un enfant de quatre ans que le galimatias de trois drames modernes.

ELSBETH. Tu me fais l'effet de regarder le monde à travers un prisme tant soit peu changeant.

FANTASIO. Chacun a ses lunettes; mais personne ne sait au juste de quelle couleur en sont les verres. Qui est-ce qui pourra me dire au juste si je suis heureux ou malheureux, bon ou mauvais, triste ou gai, bête ou spirituel?

ELSBETH. Tu es laid, du moins; c'est certain.

FANTASIO. Pas plus certain que votre beauté. Voilà votre père qui vient avec votre futur mari. Qui est-ce qui peut savoir si vous l'épouserez? (*Il sort.*)

ELSBETH. Puisque je ne puis éviter la rencontre du prince de Mantoue, je ferai aussi bien d'aller au-devant de lui. (*Entrent le roi, Marinoni sous le costume de prince, et le prince vêtu en aide de camp.*)

LE ROI. Prince, voici ma fille. Pardonnez-lui cette toilette de jardinière; vous êtes ici chez un bourgeois qui en gouverne d'autres, et notre étiquette est aussi indulgente pour nous-mêmes que pour eux.

MARINONI. Permettez-moi de baiser cette main charmante, madame, si ce n'est pas une trop grande faveur pour mes lèvres.

ELSBETH. Votre Altesse m'excusera si je rentre au palais. Je la verrai, je pense, d'une manière plus convenable à la présentation de ce soir. (*Elle sort.*)

LE PRINCE. La princesse a raison; voilà une divine pudeur.

LE ROI, *à Marinoni.* Quel est donc cet aide de camp qui vous suit comme votre ombre? Il m'est insupportable de l'entendre ajouter une remarque inepte à tout ce que nous disons. Renvoyez-le, je vous en prie. (*Marinoni parle bas au prince.*)

LE PRINCE, *de même.* C'est fort adroit de ta part de lui avoir persuadé de m'éloigner. Je vais tâcher de joindre la princesse et de lui toucher quelques mots délicats sans faire semblant de rien. (*Il sort.*)

LE ROI. Cet aide de camp est un imbécile, mon ami. Que pouvez-vous faire de cet homme-là?

MARINONI. Hum! Hum! Poussons quelques pas plus avant, si Votre Majesté le permet. Je crois apercevoir un kiosque tout à fait charmant dans ce bocage. (*Ils sortent.*)

Scène II

Une autre partie du jardin. Entre **LE PRINCE.**

LE PRINCE. Mon déguisement me réussit à merveille: j'observe, et je me fais aimer. Jusqu'ici tout va au gré de mes souhaits: le père me paraît un grand roi, quoique trop sans façon, et je m'étonnerais si je ne lui avais plu tout d'abord. J'aperçois la princesse qui rentre au palais; le hasard me favorise singulièrement. (*Elsbeth entre; le prince l'aborde.*) Altesse, permettez à un fidèle serviteur de votre futur époux de vous offrir les félicitations sincères que son cœur humble et dévoué ne peut contenir en vous voyant. Heureux les grands de la terre! Ils peuvent vous épouser! Moi je ne le puis pas; cela m'est tout à fait impossible. Je suis d'une naissance obscure; je n'ai pour tout bien qu'un nom redoutable à l'ennemi, un cœur pur et sans tache bat sous ce modeste uniforme. Je suis un pauvre soldat criblé de balles des pieds à la tête. Je n'ai pas un ducat[33]; je suis solitaire et exilé de ma terre natale comme de ma patrie céleste, c'est-à-dire du paradis de mes rêves. Je n'ai pas un cœur de femme à presser sur mon cœur; je suis maudit et silencieux.

ELSBETH. Que me voulez-vous, mon cher monsieur? Etes-vous fou, ou demandez-vous l'aumône?

LE PRINCE. Qu'il serait difficile de trouver des paroles pour exprimer ce que j'éprouve! Je vous ai vue passer toute seule dans cette allée; j'ai cru qu'il était de mon devoir de me jeter à vos pieds, et de vous offrir ma compagnie jusqu'à la poterne[34].

ELSBETH. Je vous suis obligée. Rendez-moi le service de me laisser tranquille. (*Elle sort.*)

LE PRINCE, *seul.* Aurais-je eu tort de l'aborder? Il le fallait cependant, puisque j'ai le projet de la séduire sous mon habit supposé. Oui, j'ai bien fait de l'aborder. Cependant elle m'a répondu d'une manière désagréable. Je n'aurais peut-être pas dû lui parler si vivement. Il le fallait pourtant bien, puisque son mariage est presque assuré, et que je suis censé devoir supplanter Marinoni, qui me remplace. Mais la réponse est désagréable. Aurait-elle un cœur dur et faux? Il serait bon de sonder adroitement la chose. (*Il sort.*)

Scène III
Une antichambre.

FANTASIO, *couché sur un tapis.* Quel métier délicieux que celui de bouffon! J'étais gris, je crois, hier soir, lorsque j'ai pris ce costume et que je me suis présenté au palais. Mais, en vérité, jamais la saine raison ne m'a rien inspiré qui valût cet acte de folie. J'arrive, et me voilà reçu, choyé, enregistré, et, ce qu'il y a de mieux encore, oublié. Je vais et viens dans ce palais comme si je l'avais habité toute ma vie. Tout à l'heure, j'ai rencontré le roi; il n'a pas même eu la curiosité de me regarder. Son bouffon étant mort, on lui a dit: «Sire, en voilà un autre.» C'est admirable! Dieu merci, voilà ma cervelle à l'aise: je puis faire toutes les balivernes possibles sans qu'on me dise rien pour m'en empêcher. Je suis un des animaux domestiques du roi de Bavière, et si je veux, tant que je garderai ma bosse et ma perruque, on me laissera vivre jusqu'à ma mort entre un épagneul et une pintade. En attendant, mes créanciers peuvent se casser le nez contre ma porte tout à leur aise. Je suis aussi bien en sûreté ici, sous cette perruque, que dans les Indes Occidentales.

N'est-ce pas la princesse que j'aperçois dans la chambre voisine,

---

33. Pièce de monnaie de peu de valeur. — 34. Porte.

à travers cette glace? Elle rajuste son voile de noces; deux longues larmes coulent sur ses joues; en voilà une qui se détache comme une perle et qui tombe sur sa poitrine. Pauvre petite! J'ai entendu ce matin sa conversation avec sa gouvernante. En vérité, c'était par hasard: j'étais assis sur le gazon, sans autre dessein que celui de dormir. Maintenant la voilà qui pleure et qui ne se doute guère que je la vois encore. Ah! si j'étais un écolier de rhétorique, comme je réfléchirais profondément sur cette misère couronnée, sur cette pauvre brebis à qui on met un ruban rose au cou pour la mener à la boucherie! Cette petite fille est sans doute romanesque; il lui est cruel d'épouser un homme qu'elle ne connaît pas. Cependant elle se sacrifie en silence. Que le hasard est capricieux! Il faut que je me grise, que je rencontre l'enterrement de Saint-Jean, que je prenne son costume et sa place, que je fasse enfin la plus grande folie de la terre, pour venir voir tomber, à travers cette glace, les deux seules larmes que cette enfant versera peut-être sur son triste voile de fiancée! (*Il sort.*)

Scène IV

Une allée du jardin. LE PRINCE, MARINONI.

LE PRINCE. Tu n'es qu'un sot, colonel.

MARINONI. Votre Altesse se trompe sur mon compte de la manière la plus pénible.

LE PRINCE. Tu es un maître butor. Ne pouvais-tu pas empêcher cela? Je te confie le plus grand projet qui se soit enfanté depuis une suite d'années incalculable, et toi, mon meil-

leur ami, mon plus fidèle serviteur, tu entasses bêtises sur bêtises. Non, non, tu as beau dire, cela n'est point pardonnable.

MARINONI. Comment pouvais-je empêcher Votre Altesse de s'attirer les désagréments qui sont la suite nécessaire du rôle supposé qu'elle joue? Vous m'ordonnez de prendre votre nom et de me comporter en véritable prince de Mantoue. Puis-je empêcher le roi de Bavière de faire un affront à mon aide de camp? Vous aviez tort de vous mêler de nos affaires.

LE PRINCE. Je voudrais bien qu'un maraud comme toi se mêlât de me donner des ordres.

MARINONI. Considérez, Altesse, qu'il faut cependant que je sois le prince ou que je sois l'aide de camp. C'est par votre ordre que j'agis.

LE PRINCE. Me dire que je suis un impertinent en présence de toute la cour, parce que j'ai voulu baiser la main de la princesse! Je suis prêt à lui déclarer la guerre, et à retourner dans mes Etats pour me mettre à la tête de mes armées.

MARINONI. Songez donc, Altesse, que ce mauvais compliment s'adressait à l'aide de camp et non au prince. Prétendez-vous qu'on vous respecte sous ce déguisement?

LE PRINCE. Il suffit. Rends-moi mon habit.

MARINONI, *ôtant l'habit.* Si mon souverain l'exige, je suis prêt à mourir pour lui.

LE PRINCE. En vérité, je ne sais que résoudre. D'un côté, je suis furieux de ce qui m'arrive; et d'un autre, je suis désolé de renoncer à mon projet. La princesse ne paraît pas répondre indifféremment aux mots à double entente dont je ne cesse de la poursuivre. Déjà je suis parvenu deux ou trois fois à lui dire à l'oreille des choses incroyables. Viens, réfléchissons à tout cela.

MARINONI, *tenant l'habit.* Que ferai-je, Altesse?

LE PRINCE. Remets-le, remets-le, et rentrons au palais. (*Ils sortent.*)

Scène V
La Princesse Elsbeth, Le Roi.

LE ROI. Ma fille, il faut répondre franchement à ce que je vous demande: ce mariage vous déplaît-il?

ELSBETH. C'est à vous, Sire, de répondre vous-même. Il me plaît, s'il vous plaît; il me déplaît, s'il vous déplaît.

LE ROI. Le prince m'a paru être un homme ordinaire, dont il est difficile de rien dire. La sottise de son aide de camp lui fait seule tort dans mon esprit; quant à lui, c'est peut-être un prince, mais ce n'est pas un homme élevé. Il n'y a rien en lui qui me repousse ou qui m'attire. Que puis-je te dire là-dessus? Le cœur des femmes a des secrets que je ne puis connaître. Elles se font des héros parfois si étranges, elles saisissent si singulièrement un ou deux côtés d'un homme qu'on leur présente, qu'il est impossible de juger pour elles, tant qu'on n'est pas guidé par quelque point tout à fait sensible. Dis-moi donc clairement ce que tu penses de ton fiancé.

ELSBETH. Je pense qu'il est prince de Mantoue, et que la guerre recommencera demain entre lui et vous, si je ne l'épouse pas.

LE ROI. Cela est certain, mon enfant.

ELSBETH. Je pense donc que je l'épouserai, et que la guerre sera finie.

LE ROI. Que les bénédictions de mon peuple te rendent grâces pour ton père! O ma fille chérie! je serai heureux de cette alliance; mais je ne voudrais pas voir dans ces beaux yeux bleus cette tristesse qui dément leur résignation. Réfléchis encore quelques jours. (*Il sort. Entre Fantasio.*)

ELSBETH. Te voilà, pauvre garçon, comment te plais-tu ici?

FANTASIO. Comme un oiseau en liberté.

ELSBETH. Tu aurais mieux répondu, si tu avais dit: «comme un oiseau en cage». Ce palais en est une assez belle; cependant c'en est une.

FANTASIO. La dimension d'un palais ou d'une chambre ne fait pas l'homme plus ou moins libre. Le corps se remue où il peut; l'imagination ouvre quelquefois des ailes grandes comme le ciel dans un cachot grand comme la main.

ELSBETH. Ainsi donc, tu es un heureux fou?

FANTASIO. Très heureux. Je fais la conversation avec les petits chiens et les marmitons. Il y a un roquet pas plus haut que cela dans la cuisine, qui m'a dit des choses charmantes.

ELSBETH. En quel langage?

FANTASIO. Dans le style le plus pur. Il ne ferait pas une seule faute de grammaire dans l'espace d'une année.

ELSBETH. Pourrai-je entendre quelques mots de ce style?

FANTASIO. En vérité, je ne le voudrais pas; c'est une langue qui est particulière. Il n'y a que les roquets qui la parlent; les arbres et les grains de blé eux-mêmes la savent aussi. Mais les filles de roi ne la savent pas. A quand votre noce?

ELSBETH. Dans quelques jours tout sera fini.

FANTASIO. C'est-à-dire, tout sera commencé. Je compte vous offrir un présent de ma main.

ELSBETH. Quel présent? Je suis curieuse de cela.

FANTASIO. Je compte vous offrir un joli petit serin empaillé, qui chante comme un rossignol.

ELSBETH. Comment peut-il chanter, s'il est empaillé?

FANTASIO. Il chante parfaitement.

ELSBETH. En vérité, tu te moques de moi avec un rare acharnement.

FANTASIO. Point du tout. Mon serin a une petite serinette[35] dans le ventre. On pousse tout doucement un petit ressort sous la patte gauche, et il chante tous les opéras nouveaux, exactement comme mademoiselle Grisi[36].

ELSBETH. C'est une invention de ton esprit, sans doute?

FANTASIO. En aucune façon. C'est un serin de cour; il y a beaucoup de petites filles très bien élevées qui n'ont pas d'autres procédés que celui-là. Elles ont un petit ressort sous le bras gauche, un joli petit ressort en diamant fin, comme la montre d'un petit-maître[37]. Le gouverneur ou la gouvernante fait jouer le ressort, et vous voyez aussitôt les lèvres s'ouvrir avec le sourire le plus gracieux; une charmante cascatelle[38] de paroles mielleuses sort avec le plus doux murmure, et toutes les convenances sociales, pareilles à des nymphes légères, se mettent aussitôt à dansoter sur la pointe du pied autour de la fontaine merveilleuse. Le prétendu ouvre des yeux ébahis; l'assistance chuchote avec indulgence; et le père, rempli d'un secret contentement, regarde avec orgueil les boucles d'or de ses souliers.

ELSBETH. Tu parais revenir volontiers sur de certains sujets. Dis-moi, bouffon, que t'ont donc fait ces pauvres jeunes filles, pour que tu en fasses si gaiement la satire? Le respect d'aucun devoir ne peut-il trouver grâce devant toi?

FANTASIO. Je respecte fort la laideur. C'est pourquoi je me respecte moi-même si profondément.

ELSBETH. Tu parais quelquefois en savoir plus que tu n'en dis. D'où viens-tu donc, et qui es-tu, pour que, depuis un jour que tu es ici, tu saches déjà pénétrer des mystères que les princes eux-mêmes ne soupçonneront jamais? Est-ce à moi que s'adressent tes folies, ou est-ce au hasard que tu parles?

FANTASIO. C'est au hasard; je parle beaucoup au hasard; c'est mon plus cher confident.

ELSBETH. Il semble en effet t'avoir appris ce que tu ne devrais pas connaître. Je croirais volontiers que tu épies mes actions et mes paroles.

FANTASIO. Dieu le sait. Que vous importe?

ELSBETH. Plus que tu ne peux penser. Tantôt dans cette chambre, pendant que je mettais mon voile, j'ai entendu marcher tout à coup derrière la tapisserie. Je me trompe fort si ce n'était toi qui marchais.

FANTASIO. Soyez sûre que cela reste entre votre mouchoir et moi. Je ne suis pas plus indiscret que je ne suis

---

35. « Petit orgue mécanique pour appendre à chanter aux oiseaux » (*Dict. Robert*). — 36. Célèbre cantatrice. — 37. Dandy. — 38. Petite cascade.

curieux. Quel plaisir pourraient me faire vos chagrins; quel chagrin pourraient me faire vos plaisirs? Vous êtes ceci, et moi cela. Vous êtes jeune, et moi je suis vieux; belle, et je suis laid; riche, et je suis pauvre. Vous voyez bien qu'il n'y a aucun rapport entre nous. Que vous importe que le hasard ait croisé sur sa grande route deux roues qui ne suivent pas la même ornière, et qui ne peuvent marquer sur la même poussière? Est-ce ma faute s'il m'est tombé, tandis que je dormais, une de vos larmes sur la joue?

ELSBETH. Tu me parles sous la forme d'un homme que j'ai aimé, voilà pourquoi je t'écoute malgré moi. Mes yeux croient voir Saint-Jean; mais peut-être n'es-tu qu'un espion?

FANTASIO. A quoi cela me servirait-il? Quand il serait vrai que votre mariage vous coûterait quelques larmes, et quand je l'aurais appris[39] par hasard, qu'est-ce que je gagnerais à l'aller raconter? On ne me donnerait pas une pistole[40] pour cela, et on ne vous mettrait pas au cabinet noir[41]. Je comprends très bien qu'il doit être assez ennuyeux d'épouser le prince de Mantoue. Mais après tout, ce n'est pas moi qui en suis chargé. Demain ou après-demain vous serez partie pour Mantoue avec votre robe de noce, et moi je serai encore sur ce tabouret avec mes vieilles chausses. Pourquoi voulez-vous que je vous en veuille? Je n'ai pas de raison pour désirer votre mort; vous ne m'avez jamais prêté d'argent.

ELSBETH. Mais si le hasard t'a fait voir ce que je veux qu'on ignore, ne dois-je pas te mettre à la porte, de peur de nouvel accident?

FANTASIO. Avez-vous le dessein de me comparer à un confident de tragédie, et craignez-vous que je ne suive votre ombre en déclamant? Ne me chassez pas, je vous en prie. Je m'amuse beaucoup ici. Tenez, voilà votre gouvernante qui arrive avec des mystères plein ses poches. La preuve que je l'écouterai pas, c'est que je m'en vais à l'office manger une aile de pluvier que le majordome a mise de côté pour sa femme. (*Il sort.*)

LA GOUVERNANTE, *entrant.* Savez-vous une chose terrible, ma chère Elsbeth?

ELSBETH. Que veux-tu dire? Tu es toute tremblante.

LA GOUVERNANTE. Le prince n'est pas le prince, ni l'aide de camp non plus. C'est un vrai conte de fées.

ELSBETH. Quel imbroglio me fais-tu là?

LA GOUVERNANTE. Chut! chut! C'est un des officiers du prince lui-même qui vient de me le dire. Le prince de Mantoue est un véritable Almaviva[42]; il est déguisé et caché parmi les aides de camp. Il a voulu sans doute chercher à vous voir et à vous connaître d'une manière féerique[43]. Il est déguisé, le digne seigneur, il est déguisé comme Lindor; celui qu'on vous a présenté comme votre futur époux n'est qu'un aide de camp nommé Marinoni.

---

39. *Quand il serait vrai:* même s'il était vrai; *quand je l'aurais appris:* même si je l'avais appris. — 40. Pièce de monnaie de peu de valeur. — 41. On ne vous punirait pas (en vous enfermant, comme une enfant, au «cabinet noir»). — 42. Allusion au *Barbier de Séville,* pièce de Beaumarchais dans laquelle le comte Almaviva fait la cour à sa bien-aimée sous le nom de Lindor. — 43. Digne d'un conte de fées.

ELSBETH. Cela n'est pas possible!

LA GOUVERNANTE. Cela est certain, certain mille fois. Le digne homme est déguisé; il est impossible de le reconnaître. C'est une chose extraordinaire.

ELSBETH. Tu tiens cela, dis-tu, d'un officier?

LA GOUVERNANTE. D'un officier du prince. Vous pouvez le lui demander à lui-même.

ELSBETH. Et il ne t'a pas montré parmi les aides de camp le véritable prince de Mantoue?

LA GOUVERNANTE. Figurez-vous qu'il en tremblait lui-même, le pauvre homme, de ce qu'il me disait. Il ne m'a confié son secret que parce qu'il désire vous être agréable, et qu'il savait que je vous préviendrais. Quant à Marinoni, cela est positif; mais, pour ce qui est du prince véritable, il ne me l'a pas montré.

ELSBETH. Cela me donnerait quelque chose à penser, si c'était vrai. Viens; amène-moi cet officier. (*Entre un page.*)

LA GOUVERNANTE. Qu'y a-t-il, Flamel? Tu parais hors d'haleine.

LE PAGE. Ah! madame, c'est une chose à en mourir de rire. Je n'ose parler devant Votre Altesse.

ELSBETH. Parle; qu'y a-t-il encore de nouveau?

LE PAGE. Au moment où le prince de Mantoue entrait à cheval dans la cour, à la tête de son état-major, sa perruque s'est enlevée dans les airs et a disparu tout à coup.

ELSBETH. Pourquoi cela? Quelle niaiserie!

LE PAGE. Madame, je veux mourir si ce n'est pas la vérité. La perruque s'est enlevée en l'air au bout d'un hameçon. Nous l'avons retrouvée dans l'office, à côté d'une bouteille cassée; on ignore qui a fait cette plaisanterie. Mais le duc n'en est pas moins furieux, et il a juré que si l'auteur n'en est pas puni de mort, il déclarera la guerre au roi votre père et mettra tout à feu et à sang.

ELSBETH. Viens écouter toute cette histoire, ma chère. Mon sérieux commence à m'abandonner. (*Entre un autre page.*)

ELSBETH. Eh bien! quelle nouvelle?

LE PAGE. Madame, le bouffon du roi est en prison: c'est lui qui a enlevé la perruque du prince.

ELSBETH. Le bouffon est en prison? Et sur l'ordre du prince?

LE PAGE. Oui, Altesse.

ELSBETH. Viens, chère mère, il faut que je lui parle. (*Elle sort avec sa gouvernante.*)

Scène VI

LE PRINCE, MARINONI.

LE PRINCE. Non, non, laisse-moi me démasquer. Il est temps que j'éclate. Cela ne se passera pas ainsi. Feu et sang! Une perruque royale au bout d'un hameçon! Sommes-nous chez les barbares, dans les déserts de la Sibérie? Y a-t-il encore sous le soleil quelque chose de civilisé et de convenable? J'écume de colère, et les yeux me sortent de la tête.

MARINONI. Vous perdez tout par cette violence.

LE PRINCE. Et ce père, ce roi de Bavière, ce monarque vanté dans tous les almanachs de l'année passée! Cet homme qui a un extérieur si décent, qui s'exprime en termes si mesurés, et qui se met à rire en voyant la perruque de son gendre voler dans les airs! Car enfin, Marinoni, je conviens que c'est ta perruque qui a été enlevée. Mais n'est-ce pas toujours celle du prince de Mantoue, puisque c'est lui que l'on croit voir en toi? Quand je pense que si c'eût été moi, en chair et en os, ma perruque aurait peut-être... Ah! il y a une providence; lorsque Dieu m'a envoyé tout d'un coup l'idée de me travestir, lorsque cet éclair a traversé ma pensée: « Il faut que je me travestisse », ce fatal événement était prévu par le destin. C'est lui qui a sauvé de l'affront le plus intolérable la tête qui gouverne mes peuples. Mais, par le ciel! tout sera connu. C'est trop longtemps trahir ma dignité. Puisque les majestés divines et humaines sont impitoyablement violées et lacérées, puisqu'il n'y a plus chez les hommes de notions du bien et du mal, puisque le roi de plusieurs milliers d'hommes éclate de rire comme un palefrenier à la vue d'une perruque, Marinoni, rends-moi mon habit.

MARINONI, *ôtant son habit.* Si mon souverain le commande, je suis prêt à souffrir pour lui mille tortures.

LE PRINCE. Je connais ton dévouement. Viens, je vais dire au roi son fait[44] en propres termes.

MARINONI. Vous refusez la main de la princesse? Elle vous a cependant lorgné d'une manière évidente pendant tout le dîner.

LE PRINCE. Tu crois? Je me perds dans un abîme de perplexités. Viens toujours, allons chez le roi.

MARINONI, *tenant l'habit.* Que faut-il faire, Altesse?

LE PRINCE. Remets-le pour un instant. Tu me le rendras tout à l'heure; ils seront bien plus pétrifiés, en m'entendant prendre le ton qui me convient, sous ce frac de couleur foncée. (*Ils sortent.*)

Scène VII
Une prison.

FANTASIO, *seul.* Je ne sais s'il y a une providence, mais c'est amusant d'y croire. Voilà pourtant une pauvre petite princesse qui allait épouser à son corps défendant un animal immonde, un cuistre de province, à qui le hasard a laissé tomber une couronne sur la tête, comme l'aigle d'Eschyle sa tortue[45]. Tout était préparé: les chandelles allumées, le prétendu poudré, la pauvre petite confessée. Elle avait essuyé les deux charmantes larmes que j'ai vues couler ce matin. Rien ne manquait que deux ou trois capucinades[46] pour que le malheur de sa vie fût en règle[47]. Il y avait dans tout cela la fortune de deux royaumes, la tranquillité de deux peuples. Et il faut que j'imagine de me déguiser en bossu, pour venir me griser derechef[48] dans l'office de notre bon roi, et pour pêcher au bout d'une ficelle la perruque de son

---

44. Je vais lui dire franchement ce que je pense de lui. — 45. Selon la légende, le poète grec Eschyle est mort lorsqu'un aigle a laissé tomber une tortue sur sa tête. — 46. Sermons ennuyeux. — 47. Pour que le mariage soit officiel. — 48. Encore une fois (mot vieilli).

cher allié! En vérité, lorsque je suis gris, je crois que j'ai quelque chose de surhumain. Voilà le mariage manqué et tout remis en question. Le prince de Mantoue a demandé ma tête en échange de sa perruque. Le roi de Bavière a trouvé la peine un peu forte, et n'a consenti qu'à la prison. Le prince de Mantoue, grâce à Dieu, est si bête, qu'il se ferait plutôt couper en morceaux que d'en démordre. Ainsi la princesse reste fille, du moins pour cette fois. S'il n'y a pas là le sujet d'un poème épique en douze chants, je ne m'y connais pas. Pope et Boileau ont fait des vers admirables sur des sujets bien moins importants[49]. Ah! si j'étais poète, comme je peindrais la scène de cette perruque voltigeant dans les airs! Mais celui qui est capable de faire de pareilles choses dédaigne de les écrire. Ainsi la postérité s'en passera. (*Il s'endort. Entrent Elsbeth et sa gouvernante, une lampe à la main.*)

ELSBETH. Il dort; ferme la porte doucement.

LA GOUVERNANTE. Voyez; cela n'est pas douteux. Il a ôté sa perruque postiche; sa difformité a disparu en même temps. Le voilà tel qu'il est, tel que ses peuples le voient sur son char de triomphe: c'est le noble prince de Mantoue.

ELSBETH. Oui, c'est lui. Voilà ma curiosité satisfaite; je voulais voir son visage, et rien de plus. Laisse-moi me pencher sur lui. (*Elle prend la lampe.*) Psyché, prends garde à ta goutte d'huile[50].

LA GOUVERNANTE. Il est beau comme un vrai Jésus.

ELSBETH. Pourquoi m'as-tu donné à lire tant de romans et tant de contes de fées? Pourquoi as-tu semé dans ma pauvre pensée tant de fleurs étranges et mystérieuses?

LA GOUVERNANTE. Comme vous voilà émue, sur la pointe de vos petits pieds!

ELSBETH. Il s'éveille; allons-nous-en.

FANTASIO, *s'éveillant.* Est-ce un rêve? Je tiens le coin d'une robe blanche.

ELSBETH. Lâchez-moi; laissez-moi partir.

FANTASIO. C'est vous, princesse! Si c'est la grâce du bouffon du roi que vous m'apportez si divinement, laissez-moi remettre ma bosse et ma perruque; ce sera fait dans un instant.

LA GOUVERNANTE. Ah! prince, qu'il vous sied mal de nous tromper ainsi! Ne reprenez pas ce costume; nous savons tout.

FANTASIO. Prince! Où en voyez-vous un?

LA GOUVERNANTE. A quoi sert-il de dissimuler?

FANTASIO. Je ne dissimule pas le moins du monde; par quel hasard m'appelez-vous prince?

LA GOUVERNANTE. Je connais mes devoirs envers Votre Altesse.

FANTASIO. Madame, je vous supplie de m'expliquer les paroles de cette honnête dame. Y a-t-il réellement

---

49. Ces deux auteurs ont écrit des poèmes héroï-comiques (où l'on parle en termes nobles, propres à l'épopée, d'événements et de personnages risibles). — 50. Allusion mythologique. Cupidon aime secrètement Psyché à qui il n'a jamais montré son visage. Curieuse, Psyché s'approche de lui lorsqu'il dort et le réveille d'une goutte d'huile de sa lampe.

quelque méprise extravagante, ou suis-je l'objet d'une raillerie?

ELSBETH. Pourquoi le demander, lorsque c'est vous-même qui raillez?

FANTASIO. Suis-je donc un prince, par hasard? Concevrait-on quelque soupçon sur l'honneur de ma mère?

ELSBETH. Qui êtes-vous, si vous n'êtes pas le prince de Mantoue?

FANTASIO. Mon nom est Fantasio; je suis un bourgeois de Munich. (*Il lui montre la lettre.*)

ELSBETH. Un bourgeois de Munich! Et pourquoi êtes-vous déguisé? Que faites-vous ici?

FANTASIO. Madame, je vous supplie de me pardonner. (*Il se jette à genoux.*)

ELSBETH. Que veut dire cela? Relevez-vous, homme, et sortez d'ici. Je vous fais grâce d'une punition que vous mériteriez peut-être. Qui vous a poussé à cette action?

FANTASIO. Je ne puis dire le motif qui m'a conduit ici.

ELSBETH. Vous ne pouvez le dire? et cependant je veux le savoir.

FANTASIO. Excusez-moi, je n'ose l'avouer.

LA GOUVERNANTE. Sortons, Elsbeth; ne vous exposez pas à entendre des discours indignes de vous. Cet homme est un voleur, ou un insolent qui va vous parler d'amour.

ELSBETH. Je veux savoir la raison qui vous a fait prendre ce costume.

FANTASIO. Je vous en supplie, épargnez-moi.

ELSBETH. Non, non! Parlez, ou je ferme cette porte sur vous pour dix ans.

FANTASIO. Madame, je suis criblé de dettes; mes créanciers ont obtenu un arrêt contre moi. A l'heure où je vous parle, mes meubles sont vendus, et si je n'étais dans cette prison, je serais dans une autre. On a dû venir m'arrêter hier au soir; ne sachant où passer la nuit, ni comment me soustraire aux poursuites des huissiers, j'ai imaginé de prendre ce costume et de venir me réfugier aux pieds du roi. Si vous me rendez la liberté, on va me prendre au collet; mon oncle est un avare qui vit de pommes de terre et de radis, et qui me laisse mourir de faim dans tous les cabarets du royaume. Puisque vous voulez le savoir, je dois vingt mille écus.

ELSBETH. Tout cela est-il vrai?

FANTASIO. Si je mens, je consens à les payer. (*On entend un bruit de chevaux.*)

LA GOUVERNANTE. Voilà des chevaux qui passent; c'est le roi en personne. Si je pouvais faire signe à un page! (*Elle appelle par la fenêtre.*) Holà! Flamel, où allez-vous donc?

LE PAGE, *en dehors.* Le prince de Mantoue va partir.

LA GOUVERNANTE. Le prince de Mantoue!

LE PAGE. Oui, la guerre est déclarée. Il y a eu entre lui et le roi une scène épouvantable devant toute la cour, et le mariage de la princesse est rompu.

ELSBETH. Entendez-vous cela, monsieur Fantasio? Vous avez fait manquer mon mariage.

LA GOUVERNANTE. Seigneur mon Dieu! le prince de Mantoue s'en va, et je ne l'aurai pas vu?

ELSBETH. Si la guerre est déclarée, quel malheur!

FANTASIO. Vous appelez cela un malheur, Altesse? Aimeriez-vous mieux un mari qui prend fait et cause pour sa perruque? Eh! Madame, si la guerre est déclarée, nous saurons quoi faire de nos bras. Les oisifs de nos promenades mettront leurs uniformes; moi-même je prendrai mon fusil de chasse, s'il n'est pas encore vendu. Nous irons faire un tour d'Italie, et si vous entrez jamais à Mantoue, ce sera comme une véritable reine, sans qu'il y ait besoin pour cela d'autres cierges que nos épées.

ELSBETH. Fantasio, veux-tu rester le bouffon de mon père? Je te paie tes vingt mille écus.

FANTASIO. Je le voudrais de grand cœur. Mais en vérité, si j'y étais forcé, je sauterais par la fenêtre pour me sauver un de ces jours.

ELSBETH. Pourquoi? Tu vois que Saint-Jean est mort; il nous faut absolument un bouffon.

FANTASIO. J'aime ce métier plus que tout autre; mais je ne puis faire aucun métier. Si vous trouvez que cela vaille vingt mille écus de vous avoir débarrassée du prince de Mantoue, donnez-les-moi, et ne payez pas mes dettes. Un gentilhomme sans dettes ne saurait où se présenter. Il ne m'est jamais venu à l'esprit de me trouver sans dettes.

ELSBETH. Eh bien, je te les donne! Mais prends la clef de mon jardin: le jour où tu t'ennuieras d'être poursuivi par tes créanciers, viens te cacher dans les bluets où je t'ai trouvé ce matin. Aie soin de reprendre ta perruque et ton habit bariolé; ne parais pas devant moi sans cette taille contrefaite et ces grelots d'argent, car c'est ainsi que tu m'as plu. Tu redeviendras mon bouffon pour le temps qu'il te plaira de l'être, et puis tu iras à tes affaires. Maintenant tu peux t'en aller, la porte est ouverte.

LA GOUVERNANTE. Est-il possible que le prince de Mantoue soit parti sans que je l'aie vu!

Matière à réflexion

1. Certains des propos de Fantasio ne sont des digressions qu'en apparence, puisqu'ils lui fournissent l'occasion de faire indirectement des observations. C'est le cas notamment des discussions sur les fleurs (Acte II, Scène 1) et sur le « serin de cour » (Acte II, Scène 5). Quelle en est la signification? ☛ N.B.: Le sens du passage des fleurs n'est pas clair, comme en témoignent les interprétations divergentes que les critiques en ont offertes.

2. Commentez le dialogue suivant:

— Quel beau geste que celui de Fantasio! Elsbeth n'aura plus à épouser un homme stupide et ridicule qu'elle ne connaît même pas. Tout est bien qui finit bien.

— Ce que tu appelles un beau geste est pour moi un acte immonde, puisque la guerre qui va en résulter fera des milliers de victimes. Leur vie est-elle moins importante que le bonheur d'une personne?

— Non, bien sûr! Enfin... je ne sais pas. Musset lui-même ne semble-t-il pas donner raison à Fantasio? En réponse à la princesse qui s'exclame: «Si la guerre est déclarée, quel malheur!», le bouffon ne dit-il pas: «Vous appelez cela un malheur, Altesse? Aimeriez-vous mieux un mari qui prend fait et cause pour sa perruque?»

— Il est évident que Musset donne raison à Fantasio; il est tout aussi évident que tous les deux ont tort. Une Elsbeth consciente de son devoir répondrait au bouffon: «Oui, certainement, j'appelle cela un malheur.» Elle pourrait ajouter: «Et oui, j'aimerais mieux un mari ridicule que de voir deux armées s'égorger parce que je n'ai pas trouvé mon prince charmant.»

— Allons, allons, ce n'est après tout qu'une pièce, et *dans la pièce* — qui est, rappelons-nous, une comédie et presque un conte de fées —, ni Fantasio, ni Musset dont il est le porte-parole, ni même, semble-t-il, Elsbeth ne s'inquiètent outre mesure de cette guerre.

— En quoi ils ont tort...

A qui donnez-vous raison dans cette dispute? Pourquoi? Quels arguments pourrait-on ajouter à ceux des interlocuteurs?

3. Voici une opinion particulièrement négative de la pièce et du personnage: «De toutes les pièces d'Alfred de Musset, *Fantasio* est la dernière qu'on aurait dû tenter de transporter du livre à la scène. Ce brillant désespéré, qui semble être d'ailleurs l'incarnation du poète, n'a rien d'intéressant ni de dramatique. D'ailleurs dégoûté du monde, des autres et de lui-même, il n'aime ni n'admire plus rien et tourne en dérision tout ce qui est grand, noble et beau. Il est même un fort désagréable personnage» (G. d'Heylli, *Journal intime de la Comédie-Française*). Ces jugements vous paraissent-ils justifiés?

4. Lorsqu'en 1866 Paul de Musset mit en scène la pièce de son frère, il se permit d'y introduire plusieurs modifications, dont voici un exemple. Après la dernière phrase de la pièce, prononcée par la gouvernante, «Est-il possible que le prince de Mantoue soit parti sans que je l'aie vu! (*Rideau*)», Paul de Musset ajouta l'échange suivant:

ELSBETH, *se retournant, à Fantasio.* Mais tu reviendras, n'est-ce pas?
FANTASIO. N'en doutez pas, Altesse.
ELSBETH. Tu reviendras. (*Rideau.*)

Paul de Musset fut-il, à votre avis, bien ou mal inspiré de changer ainsi la fin de la pièce? Pourquoi? Le dénouement — le vrai, c'est-à-dire celui d'Alfred — déçoit aujourd'hui beaucoup de lecteurs parce qu'il ne laisse pas la porte suffisamment ouverte aux retrouvailles de Fantasio et d'Elsbeth, et Paul de Musset craignait peut-être que le spectateur de 1866 fût déçu pour la même raison. Cela justifie-t-il sa modification? Le dénouement vous satisfait-il?

Stendhal

En 1831, trois mois après la parution du *Rouge et le noir* de Stendhal, le chroniqueur anonyme d'une petite revue se montra d'une prescience remarquable: «C'est un livre qui fera peut-être fortune un jour.» L'auteur, ajoute-t-il, «sera sans nul doute connu de la postérité; mais ses contemporains l'ignorent»[1]. Inconnu du grand public, méconnu par la critique, Stendhal comparait ses livres aux billets d'une loterie dont le gros lot consisterait à être lu au XXe siècle. La découverte de l'œuvre devait se faire lentement, par petits engouements successifs dans des cercles restreints, puis dans le public lettré à partir de 1880 — comme Stendhal lui-même l'avait prédit.

Celui que nous connaissons sous le pseudonyme de Stendhal (1783–1842) est né Henri Beyle, à Grenoble. C'est là qu'il passe une enfance solitaire dont il gardera surtout de mauvais souvenirs. Son père, qu'il déteste, est catholique fervent et royaliste convaincu; Henri sera toute sa vie anticlérical et républicain.

Comme il excelle en mathématiques, le jeune Beyle décide de se préparer au concours de l'Ecole polytechnique à Paris. Il arrive dans la capitale en novembre 1799, au lendemain du coup d'Etat de Napoléon. Le moment lui semble propice à d'autres aventures, et il renonce aussitôt à se présenter au concours. Grâce à l'appui d'un parent haut placé, il obtient un poste de petit fonctionnaire au Ministère de la Guerre, ce qui lui permettra de suivre la Grande Armée en Italie et de s'y faire nommer sous-lieutenant. L'Italie est pour l'adolescent une révélation, mais la *dolce vita* qu'il aimerait y mener semble incompatible avec la vie militaire: au bout de dix-huit mois il démissionne et rentre en France.

---

1. Cité par P.-G. Castex dans son édition critique du *Rouge et le noir* (collection «Classiques Garnier»).

Pendant quatre ans il vivra pauvrement à Paris et à Marseille, rêvant de «faire des comédies comme Molière», et ne faisant guère que des dettes. Aussi, poussé par le besoin, se range-t-il dans l'armée, où, de 1806 jusqu'à la fin de l'Empire, il exercera des fonctions administratives.

La chute de Napoléon l'ayant privé d'emploi, Beyle repart en 1814 pour sa chère Italie où il vivra sept ans. Fixé à Milan, il dispose de beaucoup de loisirs, qu'il partage entre le travail littéraire et ce qu'il appelle «la chasse au bonheur». C'est à cette époque que paraissent ses premiers ouvrages, plagiés d'auteurs italiens. A partir de 1817 il signe «M. de Stendhal». Ses idées républicaines lui valent d'être déclaré *persona non grata* en Italie, et la police l'en expulse en 1821.

De retour à Paris, Stendhal se répand dans les salons mondains et littéraires où il remporte, comme à Milan, quelques victoires. Le succès littéraire continue pourtant à lui échapper: son traité *De l'Amour* (1822), qu'il considérera toujours comme le plus important de ses ouvrages, ne sera vendu qu'à dix-sept exemplaires en dix ans. Vers 1825 il jouit d'une brève réputation de polémiste lorsqu'il s'engage dans la bataille romantique, mais son premier roman, paru en 1827, passe inaperçu. Toujours pauvre et relativement inconnu, il songe au suicide.

En 1830 les événements politiques interviennent encore une fois dans sa vie. Après la chute des Bourbons, les idées libérales de Stendhal lui permettent d'obtenir du nouveau régime un consulat en Italie, à Civitavecchia, près de Rome. Les obligations de la charge l'ennuient prodigieusement, et il s'en occupe aussi peu que possible. Pour se distraire, il entreprend de nouveaux projets littéraires, multiplie les congés, voyage beaucoup. C'est au cours d'une visite à Paris qu'âgé de cinquante-neuf ans il meurt subitement d'une attaque d'apoplexie.

L'œuvre stendhalienne, aussi diverse qu'inégale, comprend des impressions de voyage, une douzaine de nouvelles, un essai socio-psychologique sur l'amour-passion et de nombreux ouvrages critiques, biographiques et autobiographiques. Mais c'est grâce surtout à son œuvre romanesque que Stendhal est passé à la postérité. Deux romans en particulier se rangent, de l'avis quasi unanime des critiques, parmi les plus grands du siècle: *Le Rouge et le noir* (1830) et *La Chartreuse de Parme* (1839). (C'est du *Rouge* que nous reproduisons ici les neuf premiers chapitres.)

Aux auteurs de manuels, si friands d'étiquettes et d'écoles, les romans de Stendhal présentent un cas difficile. Classé le plus souvent parmi les «romantiques réalistes», ou dans un chapitre intitulé «du romantisme au réalisme», il fait figure d'écrivain de transition. Son œuvre participe en effet des deux tendances.

Le «réalisme» de Stendhal. — Quand les premiers romans de Stendhal parurent, le romantisme atteignait son apogée: la mode était à l'impudeur littéraire, aux confessions épidermiques, aux grands déballages de joies et de peines — tout ce qui répugnait à Stendhal. Refuser de se donner en spectacle dans ses romans, c'était assurer leur échec auprès du public et des critiques.

Stendhal éprouvait une égale répugnance pour le style fleuri qui accompagnait presque toujours l'expression directe des sentiments personnels: «J'ai horreur de la phrase à la Chateaubriand» (lettre à Sainte-Beuve du 21 déc. 1834). Il cultivait la nudité de l'expression, fuyait les métaphores, prétendait imiter en écrivant le ton du Code civil. Le meilleur style, disait-il, est celui qui va droit au but, «qui se fait oublier et laisse voir le plus clairement les idées qu'il énonce» (*Mémoires d'un touriste*).

Il était inévitable qu'au lieu de « se faire oublier », un tel style se fît remarquer et condamner pour ce que l'on considérait alors comme des faiblesses. Pour ses contemporains, Stendhal écrivait mal.

Dans la deuxième moitié du siècle, lorsqu'à la mode du romantisme avaient succédé celles du réalisme et du naturalisme, on goûtait dans les romans de Stendhal précisément ce qu'on y avait fustigé. On voyait des vertus là où n'avaient apparu que des défauts: le refus du lyrisme se trouvait transformé en louable discrétion; la sécheresse du ton, en « naturel »; le négligé du style, en « spontanéité ». Et comme l'époque prisait par-dessus tout la justesse et la précision de l'observation, on admirait chez Stendhal le fin psychologue, le peintre génial des mœurs contemporaines; on s'émerveillait de ces « petits faits vrais » qu'il avait recherchés et collectionnés, et dont l'ensemble donne une si saisissante impression de vérité. On citait beaucoup sa devise: « Un roman, c'est un miroir qu'on promène le long d'un chemin. » Stendhal était devenu un grand précurseur.

Le « romantisme » de Stendhal. — Puis, à partir de 1888, commençaient à paraître les nombreux écrits autobiographiques de Stendhal. Ils permirent de faire connaissance avec *l'homme*, et de le retrouver presque tout entier dans ses romans. On s'aperçut alors que Stendhal avait créé ses héros à son image, qu'ils pensaient, aimaient, souffraient comme lui. Le « lyrisme » stendhalien que l'on découvrit ainsi était certes loin des effusions d'un Chateaubriand ou des gémissements d'un Musset: comme eux, Stendhal s'était peint dans son œuvre, mais sa voix était moins bruyante et le ton, moins geignard. Les autres s'étaient étalés complaisamment devant le lecteur; Stendhal lui laissait deviner la silhouette d'une présence discrète.

Tout aussi révélatrices, et bien moins discrètes, sont les manifestations qu'il est convenu d'appeler « intrusions d'auteur »[2]. On appelle ainsi le procédé par lequel l'auteur intervient dans son récit, plus ou moins directement et parfois même à la première personne, afin de: 1° juger ses personnages; 2° faire des réflexions générales d'ordre sociologique, psychologique ou moral; 3° expliquer un point qui risque de ne pas être compris du lecteur; ou 4° commenter ses propres procédés d'auteur. Stendhal n'a pas inventé le procédé, mais il y recourt avec une fréquence sans précédent. « Un semblable interventionnisme », affirme J.-P. Bardo, est « unique dans le roman français »[3].

Ainsi reconnut-on, un demi-siècle après la vogue du romantisme, que ce « réaliste » avant la lettre avait été « romantique » à sa manière.

Le beylisme. — Ce décalage entre l'œuvre et l'époque explique en partie que l'influence *proprement littéraire* de Stendhal ait été assez restreinte. Du reste, son mépris du style — entendons: du « beau » style — lui a nui, même auprès de ses défenseurs, toujours soucieux de justifier sa façon d'écrire (ou plutôt son refus d'« écrire »). Quand Stendhal affirma que « la part de la forme devient plus mince chaque jour » (lettre du 16 oct. 1840), il prenait son désir pour une réalité: la « part

---

2. C'est l'expression consacrée depuis G. Blin, *Stendhal et les problèmes du roman* (1954). Selon G. Genette (« Stendhal et le jeu littéraire », *Figures II*, 1969), il vaudrait mieux dire « intrusions *du narrateur* », puisqu'il arrive chez Stendhal que l'auteur ne se confonde pas avec le narrateur. — 3. *Stendhal*, Collection « Miroir de la critique ».

de la forme » devenait au contraire — et devait continuer par la suite à devenir — de plus en plus grande.

Et cependant, quand Stendhal assurait qu'il serait lu et compris après sa mort, il se montrait bon prophète. Mais sa gloire posthume tient moins à ses procédés qu'à ses idées, moins à l'écrivain Stendhal qu'à l'homme Henri Beyle — et à son attitude devant la vie qu'il appelait lui-même le *beylisme*. Il s'agit moins d'une doctrine que d'un *art de vivre* dont les éléments, épars un peu partout dans l'œuvre, peuvent se résumer ainsi: 1° Le but de l'existence est ou devrait être le bonheur personnel: « Tout ce qui en vaut la peine dans le monde est *soi* » (*Souvenirs d'égotisme*). Toute action qui nous permet d'y parvenir est légitime, voire vertueuse. 2° La vertu la plus importante (parce que la plus nécessaire au bonheur), c'est un mélange très particulier de courage, de résolution et d'énergie morale que l'on pourrait appeler la *force d'âme*. Stendhal préfère désigner l'idée sous un mot italien qui la résume tout entière: *virtù*.

Ainsi s'explique l'admiration sans bornes que Stendhal éprouvait pour Napoléon: celui qui avait plié l'Europe à sa volonté était pour lui l'incarnation de l'énergie humaine, le parangon de la *virtù*. Ainsi s'explique aussi la fascination qu'exerçaient sur Stendhal les grands criminels qui tuent par passion, ayant gardé intacte « la faculté de sentir avec force » (*Promenades dans Rome*). Aujourd'hui, Stendhal suivrait avec intérêt *A Current Affair;* de son temps, c'est dans la *Gazette des Tribunaux* qu'il aimait chercher des exemples de « beaux crimes » passionnels. Vers la fin des années 1820 il put y lire la relation de deux affaires criminelles qui devaient inspirer peu après *Le Rouge et le noir:* les affaires Berthet et Lafargue.

Pour les événements du roman, Stendhal suivit d'assez près l'histoire d'Antoine Berthet. Ce jeune homme pauvre avait été reçu à l'âge de vingt ans chez les Michoud, riches notables d'un village dauphinois. Il y était d'abord précepteur des enfants, puis l'amant de Mme Michoud. Mis au courant, M. Michoud chassa l'ingrat qui, quatre ans plus tard, après de nombreuses péripéties, entra dans l'église du village pendant la messe et tira un coup de pistolet sur son ancienne maîtresse agenouillée en prière. Elle survécut à sa blessure; Berthet fut guillotiné. Stendhal prétend n'avoir fait, dans *Le Rouge et le noir,* que transposer un fait divers: son roman, écrit-il, « n'en est pas un; tout ce qu'il raconte est réellement arrivé »[4]. La médiocrité et la faiblesse de Berthet l'éloignent pourtant de Julien Sorel du *Rouge et le noir*. Pour le caractère de son jeune héros, Stendhal devait s'inspirer plus directement d'un autre criminel dont le procès avait été relaté dans la *Gazette des Tribunaux*.

Comme Berthet, Adrien Lafargue avait abattu d'une balle sa maîtresse, mais pour s'assurer de sa besogne il prit soin de la décapiter aussi. Condamné à cinq ans d'emprisonnement, il n'en purgea que deux. (Son crime était évidemment moins grave que celui de Berthet, la victime n'étant pas la femme d'un notable.) Chez ce jeune homme « noble et tendre », Stendhal admire surtout la « surabondance d'énergie »; cet assassin par amour possède, nous assure Stendhal, « plus d'âme à lui seul que tous nos poètes pris ensemble » (*Promenades dans Rome*).

---

4. Lettre à V. Salvagnoli, automne 1832.

Quand *Le Rouge et le noir* parut en 1830, la critique vit en son jeune héros « un vilain personnage... une âme méchante... un monstre moral ». Que Julien Sorel fût répréhensible suffisait aux juges de l'époque pour condamner le livre et son auteur. Stendhal s'en consola en songeant aux âmes d'élite, si peu nombreuses et seules capables de le comprendre. C'est à eux qu'il s'adressait, à eux qu'il dédia même, en anglais, plusieurs de ses ouvrages: « To the happy few ».

Avant de lire

Si nous en croyons le sous-titre, *Le Rouge et le noir* est une « Chronique de 1830 ». Stendhal annonce par là son intention d'ancrer l'action du roman dans la réalité concrète d'un moment précis; d'où les nombreuses allusions à l'actualité, transparentes au lecteur de 1830, et qu'il nous importe de comprendre.

En 1815, après la chute de Napoléon, la dynastie des Bourbons fut rétablie au pouvoir; elle devait y rester jusqu'en 1830. Cette période s'appelle la Restauration. L'action du roman se déroule pendant les dernières années du régime, à partir de 1826. Pour faire fortune à l'époque, le héros doit manœuvrer entre les partis politiques, dont voici les principaux:

- A droite, les *ultraroyalistes* (les *ultras*) souhaitaient un retour pur et simple à la monarchie et aux institutions de l'Ancien Régime (celui qu'avait renversé la Révolution de 1789). L'Eglise les appuyait, renouvelant ainsi la vieille alliance du Trône et de l'Autel. Une société religieuse que l'on appelait *la congrégation* (en réalité les Chevaliers de la foi) menait en secret une action dont le but était d'étendre l'influence de l'Eglise sur l'Etat.
- Au centre, les *royalistes constitutionnels* travaillaient à un compromis entre le régime monarchique d'avant la Révolution et les institutions qu'elle avait mises en place.
- A gauche, les *républicains* s'opposaient à la monarchie, constitutionnelle ou absolue. (Les ultras les qualifiaient péjorativement de *jacobins*, d'après l'un des partis les plus radicaux pendant la Révolution.) Les *bonapartistes* étaient partisans du retour au pouvoir des Bonaparte et d'une forme de gouvernement pareille à celle de l'empereur Napoléon Ier (« démocratie » autoritaire et plébiscitaire); on les rangeait souvent avec les républicains, malgré leur évidente incompatibilité.

On appelait *libéraux* tous ceux — monarchistes constitutionnels, républicains et bonapartistes — qui s'opposaient aux ultras.

Julien Sorel, le héros du roman, est foncièrement libéral, tout en feignant d'être ultra. Il voue un véritable culte à Napoléon, dont les mémoires (le *Mémorial de Sainte-Hélène*) sont sa lecture préférée. Sous Napoléon, Julien aurait pu aspirer à la gloire d'une brillante carrière militaire; cette voie lui étant fermée sous la Restauration, l'influence grandissante de l'Eglise le décide à devenir prêtre. Ainsi s'explique le titre énigmatique: le rouge (couleur du sang versé, des uniformes de parade, du ruban des croix de la Légion d'honneur, créée par Napoléon) symbolise la carrière militaire; le noir (couleur de l'habit du prêtre) représente la carrière ecclésiastique. C'est là au moins l'explication la plus probable parmi toutes celles qui ont été proposées. Interrogé sur le sens de son titre, Stendhal aurait répondu, selon le témoignage d'un ami: « *Le Rouge* signifie que, venu plus tôt, Julien eût été soldat; mais à l'époque où il vécut, il fut forcé de prendre la soutane, de là *le Noir* » (Castex, *op. cit.*).

Stendhal en 1840 (portrait par J. O. Sodemark)

Le Rouge et le noir
Chronique de 1830

La vérité, l'âpre vérité.
Danton[1]

I. Une Petite Ville

La petite ville de Verrières peut passer pour l'une des plus jolies de la Franche-Comté[2]. Ses maisons blanches avec leurs toits pointus de tuiles rouges s'étendent sur la pente d'une colline, dont des touffes de vigoureux châtaigniers marquent les moindres sinuosités. Le Doubs coule à quelques centaines de pieds au-dessous de ses fortifications bâties jadis par les Espagnols, et maintenant ruinées.

Verrières est abritée du côté du nord par une haute montagne; c'est une des branches du Jura. Les cimes brisées du Verra se couvrent de neige dès les premiers

---

1. Homme politique français, guillotiné pendant la Révolution. La citation ne se trouve pas dans ses écrits. Stendhal voulait-il annoncer par cette invention le sort de son héros? — 2. Ancienne province de France; à l'est, elle touche à la Suisse. La ville de Verrières est fictive, mais elle ressemble beaucoup à Dole.

froids d'octobre. Un torrent, qui se précipite de la montagne, traverse Verrières avant de se jeter dans le Doubs, et donne le mouvement à un grand nombre de scies à bois. C'est une industrie fort simple et qui procure un certain bien-être à la majeure partie des habitants plus paysans que bourgeois. Ce ne sont pas cependant les scies à bois qui ont enrichi cette petite ville. C'est à la fabrique des toiles peintes, dites de Mulhouse, que l'on doit l'aisance générale qui, depuis la chute de Napoléon, a fait rebâtir les façades de presque toutes les maisons de Verrières.

A peine entre-t-on dans la ville que l'on est étourdi par le fracas d'une machine bruyante et terrible en apparence. Vingt marteaux pesants, et retombant avec un bruit qui fait trembler le pavé, sont élevés par une roue que l'eau du torrent fait mouvoir. Chacun de ces marteaux fabrique, chaque jour, je ne sais combien de milliers de clous. Ce sont de jeunes filles fraîches et jolies qui présentent aux coups de ces marteaux énormes les petits morceaux de fer qui sont rapidement transformés en clous. Ce travail, si rude en apparence, est un de ceux qui étonnent le plus le voyageur qui pénètre pour la première fois dans les montagnes qui séparent la France de l'Helvétie[3]. Si, en entrant à Verrières, le voyageur demande à qui appartient cette belle fabrique de clous qui assourdit les gens qui montent la grande rue, on lui répond avec un accent traînard : *Eh! elle est à M. le maire.*

Pour peu que le voyageur s'arrête quelques instants dans cette grande rue de Verrières, qui va en montant depuis la rive du Doubs jusque vers le sommet de la colline, il y a cent à parier contre un qu'il verra paraître un grand homme à l'air affairé et important.

A son aspect tous les chapeaux se lèvent rapidement. Ses cheveux sont grisonnants, et il est vêtu de gris. Il est chevalier de plusieurs ordres, il a un grand front, un nez aquilin, et au total sa figure ne manque pas d'une certaine régularité. On trouve même, au premier aspect, qu'elle réunit à la dignité du maire de village cette sorte d'agrément qui peut encore se rencontrer

avec quarante-huit ou cinquante ans. Mais bientôt le voyageur parisien est choqué d'un certain air de contentement de soi et suffisance mêlé à je ne sais quoi de borné et de peu inventif. On sent enfin que le talent de cet homme-là se borne à se faire payer bien exactement ce qu'on lui doit, et à payer lui-même le plus tard possible quand il doit.

Tel est le maire de Verrières, M. de Rênal. Après avoir traversé la rue d'un pas grave, il entre à la mairie et disparaît aux yeux du voyageur. Mais, cent pas plus haut, si celui-ci continue sa promenade, il aperçoit une maison d'assez belle apparence, et, à travers une grille de fer attenante à la maison, des jardins magnifiques. Au delà c'est une ligne d'horizon formée par les collines de la Bourgogne[4], et qui semble faite à souhait pour le plaisir des yeux. Cette vue fait oublier au voyageur l'atmosphère empestée des petits intérêts d'argent dont il commence à être asphyxié.

On lui apprend que cette maison appartient à M. de Rênal. C'est aux bénéfices qu'il a faits sur sa grande fabrique de clous que le maire de Verrières doit cette belle habitation en pierres de taille qu'il achève en ce moment. Sa famille, dit-on, est espagnole, antique, et, à ce qu'on prétend, établie dans le pays bien avant la conquête de Louis XIV.

Depuis 1815 il rougit d'être industriel : 1815 l'a fait maire de Verrières. Les murs en terrasse qui soutiennent les diverses parties de ce magnifique jardin qui, d'étage en étage, descend jusqu'au Doubs, sont aussi la récompense de la science de M. de Rênal dans le commerce du fer.

Ne vous attendez point à trouver en France ces jardins pittoresques qui entourent les villes manufacturières de l'Allemagne, Leipsick, Francfort, Nuremberg, etc. En Franche-Comté, plus on bâtit de murs, plus on hérisse sa propriété de pierres rangées les unes au-dessus des autres, plus on acquiert de droits aux respects de ses voisins. Les jardins de M. de Rênal, remplis de murs, sont encore admirés parce qu'il a acheté, au poids de l'or, certains petits morceaux de terrain qu'ils occupent. Par exemple, cette scie à bois, dont la position

---

3. La Suisse. — 4. Cette province est située à l'ouest de la Franche-Comté.

singulière sur la rive du Doubs vous a frappé en entrant à Verrières, et où vous avez remarqué le nom de SOREL, écrit en caractères gigantesques sur une planche qui domine le toit, elle occupait, il y a six ans, l'espace sur lequel on élève en ce moment le mur de la quatrième terrasse des jardins de M. de Rênal.

Malgré sa fierté, M. le maire a dû faire bien des démarches auprès du vieux Sorel, paysan dur et entêté; il a dû lui compter de beaux louis d'or pour obtenir qu'il transportât son usine ailleurs. Quant au ruisseau *public* qui faisait aller la scie, M. de Rênal, au moyen du crédit dont il jouit à Paris, a obtenu qu'il fût détourné. Cette grâce lui vint après les élections de 1824[5].

Il a donné à Sorel quatre arpents pour un, à cinq cents pas plus bas sur les bords du Doubs. Et, quoique cette position fût beaucoup plus avantageuse pour son commerce de planches de sapin, le père Sorel, comme on l'appelle depuis qu'il est riche, a eu le secret d'obtenir de l'impatience et de la *manie de propriétaire,* qui animait son voisin, une somme de 6.000 francs.

Il est vrai que cet arrangement a été critiqué par les bonnes têtes de l'endroit. Une fois, c'était un jour de dimanche, il y a quatre ans de cela, M. de Rênal, revenant de l'église en costume de maire, vit de loin le vieux Sorel entouré de ses trois fils, sourire en le regardant. Ce sourire a porté un jour[6] fatal dans l'âme de M. le maire; il pense depuis lors qu'il eût pu obtenir l'échange à meilleur marché.

Pour arriver à la considération publique à Verrières, l'essentiel est de ne pas adopter, tout en bâtissant beaucoup de murs, quelque plan apporté d'Italie par ces maçons, qui au printemps traversent les gorges du Jura pour gagner Paris. Une telle innovation vaudrait à l'imprudent bâtisseur une éternelle réputation de *mauvaise tête,* et il serait à jamais perdu auprès des gens sages et modérés qui distribuent la considération en Franche-Comté.

Dans le fait, ces gens sages y exercent le plus ennuyeux *despotisme.* C'est à cause de ce vilain mot que le séjour des petites villes est insupportable, pour qui a vécu dans cette grande république qu'on appelle Paris. La tyrannie de l'opinion, et quelle opinion! est aussi *bête* dans les petites villes de France qu'aux Etats-Unis d'Amérique.

II. Un Maire

Heureusement pour la réputation de M. de Rênal comme administrateur, un immense *mur de soutènement* était nécessaire à la promenade publique qui longe la colline à une centaine de pieds au-dessus du cours du Doubs. Elle doit à cette admirable position une des vues les plus pittoresques de France. Mais, à chaque printemps, les eaux de pluie sillonnaient la promenade, y creusaient des ravins et la rendaient impraticable. Cet inconvénient, senti par tous, mit M. de Rênal dans l'heureuse nécessité d'immortaliser son administration par un mur de vingt pieds de hauteur et de trente ou quarante toises de long.

Le parapet de ce mur pour lequel M. de Rênal a dû faire trois voyages à Paris, car l'avant-dernier ministre de l'Intérieur s'était déclaré l'ennemi mortel de la promenade de Verrières, le parapet de ce mur s'élève maintenant de quatre pieds au-dessus du sol. Et, comme pour braver tous les ministres présents et passés, on le garnit en ce moment avec des dalles de pierre de taille.

Combien de fois, songeant aux bals de Paris abandonnés la veille, et la poitrine appuyée contre ces grands blocs de pierre d'un beau gris tirant sur le bleu, mes regards ont plongé dans la vallée du Doubs! Au delà, sur la rive gauche, serpentent cinq ou six vallées au fond desquelles l'œil distingue fort bien de petits ruisseaux. Après avoir couru de cascade en cascade on les voit tomber dans le Doubs. Le soleil est fort chaud dans ces montagnes; lorsqu'il brille d'aplomb, la rêverie du voyageur est abritée sur cette terrasse par de magnifiques platanes. Leur croissance rapide et leur belle verdure tirant sur le bleu, ils la doivent à la terre rapportée, que M. le maire a fait placer derrière son immense mur de soutènement; car, malgré l'opposition du

---

5. Ces élections furent favorables aux ultras, qu'évidemment M. de Rênal avait soutenus. — 6. Lumière (au sens de *compréhension*).

conseil municipal, il a élargi la promenade de plus de six pieds (quoiqu'il soit ultra et moi libéral, je l'en loue). C'est pourquoi dans son opinion et dans celle de M. Valenod, l'heureux directeur du dépôt de mendicité[7] de Verrières, cette terrasse peut soutenir la comparaison avec celle de Saint-Germain-en-Laye.

Je ne trouve, quant à moi, qu'une chose à reprendre au Cours de la Fidélité: on lit ce nom officiel en quinze ou vingt endroits, sur des plaques de marbre qui ont valu une croix[8] de plus à M. de Rênal. Ce que je reprocherais au Cours de la Fidélité, c'est la manière barbare dont l'autorité fait tailler et tondre jusqu'au vif ces vigoureux platanes. Au lieu de ressembler par leurs têtes basses, rondes et aplaties, à la plus vulgaire des plantes potagères, ils ne demanderaient pas mieux que d'avoir ces formes magnifiques qu'on leur voit en Angleterre. Mais la volonté de M. le maire est despotique, et deux fois par an tous les arbres appartenant à la commune sont impitoyablement amputés. Les libéraux de l'endroit prétendent, mais ils exagèrent, que la main du jardinier officiel est devenue bien plus sévère depuis que M. le vicaire Maslon a pris l'habitude de s'emparer des produits de la tonte.

Ce jeune ecclésiastique fut envoyé de Besançon, il y a quelques années, pour surveiller l'abbé Chélan et quelques curés des environs. Un vieux chirurgien-major de l'armée d'Italie retiré à Verrières, et qui de son vivant était à la fois, suivant M. le maire, jacobin et bonapartiste, osa bien un jour se plaindre à lui de la mutilation périodique de ces beaux arbres.

— J'aime l'ombre, répondit M. de Rênal avec la nuance de hauteur convenable quand on parle à un chirurgien, membre de la Légion d'honneur; j'aime l'ombre, je fais tailler *mes* arbres pour donner de l'ombre, et je ne conçois pas qu'un arbre soit fait pour autre chose, quand toutefois, comme l'utile noyer, il *ne rapporte pas de revenu.*

Voilà le grand mot qui décide de tout à Verrières: *rapporter du revenu.* A lui seul il représente la pensée habituelle de plus des trois quarts des habitants.

Rapporter du revenu est la raison qui décide de tout dans cette petite ville qui vous semblait si jolie. L'étranger qui arrive, séduit par la beauté des fraîches et profondes vallées qui l'entourent, s'imagine d'abord que ses habitants sont sensibles au *beau.* Ils ne parlent que trop souvent de la beauté de leur pays: on ne peut pas nier qu'ils n'en fassent grand cas. Mais c'est parce qu'elle attire quelques étrangers dont l'argent enrichit les aubergistes, ce qui, par le mécanisme de l'octroi[9], *rapporte du revenu à la ville.*

C'était par un beau jour d'automne que M. de Rênal se promenait sur le Cours de la Fidélité, donnant le bras à sa femme. Tout en écoutant son mari qui parlait d'un air grave, l'œil de Mme de Rênal suivait avec inquiétude les mouvements de trois petits garçons. L'aîné, qui pouvait avoir onze ans, s'approchait trop souvent du parapet et faisait mine d'y monter. Une voix douce prononçait alors le nom d'Adolphe, et l'enfant renonçait à son projet ambitieux. Mme de Rênal paraissait une femme de trente ans, mais encore assez jolie.

— Il pourrait bien s'en repentir, ce beau monsieur de Paris, disait M. de Rênal d'un air offensé, et la joue plus pâle encore qu'à l'ordinaire. Je ne suis pas sans avoir quelques amis au Château[10]...

Mais, quoique je veuille vous parler de la province pendant deux cents pages, je n'aurai pas la barbarie de vous faire subir la longueur et les *ménagements savants* d'un dialogue de province.

Ce beau monsieur de Paris, si odieux au maire de Verrières, n'était autre que M. Appert[11], qui, deux jours auparavant, avait trouvé le moyen de s'introduire non seulement dans la prison et le dépôt de mendicité de Verrières, mais aussi dans l'hôpital administré gratuitement par le maire et les principaux propriétaires de l'endroit.

— Mais, disait timidement Mme de Rênal, quel tort peut vous faire ce monsieur de Paris, puisque vous administrez le bien des pauvres avec la plus scrupuleuse probité?

---

7. Asile (et prison) où étaient enfermés les indigents. — 8. Décoration. — 9. Administration chargée de percevoir une taxe sur les marchandises de consommation locale à leur entrée dans la ville. — 10. Le château des Tuileries, où résidait le roi Charles X. — 11. Personnage historique, fondateur du *Journal des Prisons;* il était bien connu pour ses sympathies libérales et ses campagnes en faveur de réformes pénitentiaires.

— Il ne vient que pour *déverser* le blâme, et ensuite il fera insérer des articles dans les journaux du libéralisme.

— Vous ne les lisez jamais, mon ami.

— Mais on nous parle de ces articles jacobins; tout cela nous distrait et nous empêche de faire le bien. Quant à moi je ne pardonnerai jamais au curé.

III. Le Bien des pauvres

Il faut savoir que le curé de Verrières, vieillard de quatre-vingts ans, mais qui devait à l'air vif de ces montagnes une santé et un caractère de fer, avait le droit de visiter à toute heure la prison, l'hôpital et même le dépôt de mendicité. C'était précisément à six heures du matin que M. Appert, qui de Paris était recommandé au curé, avait eu la sagesse d'arriver dans une petite ville curieuse. Aussitôt il était allé au presbytère.

En lisant la lettre que lui écrivait M. le marquis de La Mole, pair de France, et le plus riche propriétaire de la province, le curé Chélan resta pensif.

Je suis vieux et aimé ici, se dit-il enfin à mi-voix, ils n'oseraient! Se tournant tout de suite vers le monsieur de Paris, avec des yeux où, malgré le grand âge, brillait ce feu sacré qui annonce le plaisir de faire une belle action un peu dangereuse:

— Venez avec moi, monsieur, et en présence du geôlier et surtout des surveillants du dépôt de mendicité, veuillez n'émettre aucune opinion sur les choses que nous verrons.

M. Appert comprit qu'il avait affaire à un homme de cœur: il suivit le vénérable curé, visita la prison, l'hospice, le dépôt, fit beaucoup de questions et, malgré d'étranges réponses, ne se permit pas la moindre marque de blâme.

Cette visite dura plusieurs heures. Le curé invita à dîner M. Appert, qui prétendit avoir des lettres à écrire: il ne voulait pas compromettre davantage son généreux compagnon. Vers les trois heures, ces messieurs allèrent achever l'inspection du dépôt de mendicité, et revinrent ensuite à la prison. Là, ils trouvèrent sur la porte le geôlier, espèce de géant de six pieds de haut et à jambes arquées; sa figure ignoble était devenue hideuse par l'effet de la terreur.

— Ah! monsieur, dit-il au curé dès qu'il l'aperçut, ce monsieur que je vois là avec vous, n'est-il pas M. Appert?

— Qu'importe? dit le curé.

— C'est que depuis hier j'ai l'ordre le plus précis, et que M. le préfet a envoyé par un gendarme, qui a dû galoper toute la nuit, de ne pas admettre M. Appert dans la prison.

— Je vous déclare, monsieur Noiroud, dit le curé, que ce voyageur, qui est avec moi, est M. Appert. Reconnaissez-vous que j'ai le droit d'entrer dans la prison à toute heure du jour et de la nuit, et en me faisant accompagner par qui je veux?

— Oui, M. le curé, dit le geôlier à voix basse, et baissant la tête comme un bouledogue que fait obéir à regret la crainte du bâton. Seulement, M. le curé, j'ai femme et enfants; si je suis dénoncé on me destituera. Je n'ai pour vivre que ma place.

— Je serais aussi bien fâché de perdre la mienne, reprit le bon curé, d'une voix de plus en plus émue.

— Quelle différence! reprit vivement le geôlier; vous, M. le curé, on sait que vous avez 800 livres de rente, du bon bien au soleil[12]...

Tels sont les faits qui, commentés, exagérés de vingt façons différentes, agitaient depuis deux jours toutes les passions haineuses de la petite ville de Verrières. Dans ce moment, ils servaient de texte à la petite discussion que M. de Rênal avait avec sa femme. Le matin, suivi de M. Valenod, directeur du dépôt de mendicité, il était allé chez le curé pour lui témoigner le plus vif mécontentement. M. Chélan n'était protégé par personne; il sentit toute la portée de leurs paroles.

— Eh bien, messieurs! je serai le troisième curé, de quatre-vingts ans d'âge, que l'on destituera dans ce voisinage. Il y a cinquante-six ans que je suis ici; j'ai baptisé

---

12. Des terres (dont les 800 francs sont le produit).

presque tous les habitants de la ville, qui n'était qu'un bourg quand j'y arrivai. Je marie tous les jours des jeunes gens, dont jadis j'ai marié les grands-pères. Verrières est ma famille. Mais je me suis dit, en voyant l'étranger: « Cet homme, venu de Paris, peut-être à la vérité un libéral (il n'y en a que trop); mais quel mal peut-il faire à nos pauvres et à nos prisonniers? »

Les reproches de M. de Rênal, et surtout ceux de M. Valenod, le directeur du dépôt de mendicité, devenant de plus en plus vifs:

— Eh bien, messieurs! faites-moi destituer, s'était écrié le vieux curé, d'une voix tremblante. Je n'en habiterai pas moins le pays. On sait qu'il y a quarante-huit ans, j'ai hérité d'un champ qui rapporte 800 livres. Je vivrai avec ce revenu. Je ne fais point d'économies dans ma place, moi, messieurs, et c'est peut-être pourquoi je ne suis pas si effrayé quand on parle de me la faire perdre.

M. de Rênal vivait fort bien avec sa femme; mais ne sachant que répondre à cette idée, qu'elle lui répétait timidement: « Quel mal ce monsieur de Paris peut-il faire aux prisonniers? », il était sur le point de se fâcher tout à fait, quand elle jeta un cri. Le second de ses fils venait de monter sur le parapet du mur de la terrasse, et y courait, quoique ce mur fût élevé de plus de vingt pieds sur la vigne qui est de l'autre côté. La crainte d'effrayer son fils et de le faire tomber empêchait Mme de Rênal de lui adresser la parole. Enfin l'enfant, qui riait de sa prouesse, ayant regardé sa mère, vit sa pâleur, sauta sur la promenade et accourut à elle. Il fut bien grondé.

Ce petit événement changea le cours de la conversation.

— Je veux absolument prendre chez moi Sorel, le fils du scieur de planches, dit M. de Rênal. Il surveillera les enfants, qui commencent à devenir trop diables pour nous. C'est un jeune prêtre, ou autant vaut, bon latiniste, et qui fera faire des progrès aux enfants; car il a un caractère ferme, dit le curé. Je lui donnerai 300 francs et la nourriture. J'avais quelques doutes sur sa moralité; car il était le benjamin de ce vieux chirurgien, membre de la Légion d'honneur, qui, sous prétexte qu'il était leur cousin, était venu se mettre en pension chez les Sorel. Cet homme pouvait fort bien n'être au fond qu'un agent secret des libéraux; il disait que l'air de nos montagnes faisait du bien à son asthme; mais c'est ce qui n'est pas prouvé. Il avait fait toutes les campagnes de *Buonaparté*[13] en Italie, et même avait, dit-on, signé *non* pour l'empire dans le temps[14]. Ce libéral montrait le latin au fils Sorel, et lui a laissé cette quantité de livres qu'il avait apportés avec lui. Aussi n'aurais-je jamais songé à mettre le fils du charpentier auprès de nos enfants. Mais le curé, justement la veille de la scène qui vient de nous brouiller à jamais, m'a dit que ce Sorel étudie la théologie depuis trois ans, avec le projet d'entrer au séminaire. Il n'est donc pas libéral, et il est latiniste. Cet arrangement convient de plus d'une façon, continua M. de Rênal, en regardant sa femme d'un air diplomatique; le Valenod est tout fier des deux beaux normands[15] qu'il vient d'acheter pour sa calèche. Mais il n'a pas de précepteur pour ses enfants.

— Il pourrait bien nous enlever celui-ci.

— Tu approuves donc mon projet? dit M. de Rênal, remerciant sa femme, par un sourire, de l'excellente idée qu'elle venait d'avoir. Allons, voilà qui est décidé.

— Ah, bon Dieu! mon cher ami, comme tu prends vite un parti!

— C'est que j'ai du caractère, moi, et le curé l'a bien vu. Ne dissimulons rien, nous sommes environnés de libéraux ici. Tous ces marchands de toile me portent envie, j'en ai la certitude; deux ou trois deviennent des richards. Eh bien! j'aime assez qu'ils voient passer les enfants de M. de Rênal allant à la promenade sous la conduite de *leur précepteur*. Cela imposera. Mon grand-père nous racontait souvent que, dans sa jeunesse, il avait eu un précepteur. C'est cent écus qu'il m'en pourra coûter,

---

13. Napoléon Buonaparte; l'accent traduit le mépris de M. de Rênal qui imite la prononciation corse. — 14. En 1802 Napoléon, alors Premier Consul, avait proposé à l'approbation des Français l'institution d'un empire héréditaire; en votant contre l'empire, malgré son bonapartisme, l'ancien chirurgien-major montre sa fidélité aux principes républicains. — 15. Chevaux normands.

mais ceci doit être classé comme une dépense nécessaire pour soutenir notre rang.

Cette résolution subite laissa Mme de Rênal toute pensive. C'était une femme grande, bien faite, qui avait été la beauté du pays, comme on dit dans ces montagnes. Elle avait un certain air de simplicité, et de la jeunesse dans la démarche. Aux yeux d'un Parisien, cette grâce naïve, pleine d'innocence et de vivacité, serait même allée jusqu'à rappeler des idées de douce volupté. Si elle eût appris ce genre de succès, Mme de Rênal en eût été bien honteuse. Ni la coquetterie, ni l'affectation n'avaient jamais approché de ce cœur. M. Valenod, le riche directeur du dépôt, passait pour lui avoir fait la cour, mais sans succès, ce qui avait jeté un éclat singulier sur sa vertu; car ce M. Valenod, grand jeune homme, taillé en force, avec un visage coloré et de gros favoris noirs, était un de ces êtres grossiers, effrontés et bruyants, qu'en province on appelle de beaux hommes.

Mme de Rênal, fort timide, et d'un caractère en apparence fort égal, était surtout choquée du mouvement continuel et des éclats de voix de M. Valenod. L'éloignement qu'elle avait pour ce qu'à Verrières on appelle de la joie lui avait valu la réputation d'être très fière de sa naissance. Elle n'y songeait pas, mais avait été fort contente de voir les habitants de la ville venir moins chez elle. Nous ne dissimulerons pas qu'elle passait pour sotte aux yeux de *leurs* dames, parce que, sans nulle politique à l'égard de son mari, elle laissait échapper les plus belles occasions de se faire acheter de beaux chapeaux de Paris ou de Besançon. Pourvu qu'on la laissât seule errer dans son beau jardin, elle ne se plaignait jamais.

C'était une âme naïve, qui jamais ne s'était élevée même jusqu'à juger son mari, et à s'avouer qu'il l'ennuyait. Elle supposait sans se le dire qu'entre mari et femme il n'y avait pas de plus douces relations. Elle aimait surtout M. de Rênal quand il lui parlait de ses projets sur leurs enfants, dont il destinait l'un à l'épée, le second à la magistrature, et le troisième à l'église. En somme, elle trouvait M. de Rênal beaucoup moins ennuyeux que tous les hommes de sa connaissance.

Ce jugement conjugal était raisonnable. Le maire de Verrières devait une réputation d'esprit et surtout de bon ton à une demi-douzaine de plaisanteries dont il avait hérité d'un oncle. Le vieux capitaine de Rênal servait avant la Révolution dans le régiment d'infanterie de M. le duc d'Orléans[16], et, quand il allait à Paris, était admis dans les salons du prince. Il y avait vu Mme de Montesson, la fameuse Mme de Genlis, M. Ducrest, l'inventeur du Palais-Royal. Ces personnages ne reparaissaient que trop souvent dans les anecdotes de M. de Rênal. Mais peu à peu ce souvenir de choses aussi délicates à raconter était devenu un travail pour lui, et, depuis quelque temps, il ne répétait que dans les grandes occasions ses anecdotes relatives à la maison d'Orléans. Comme il était d'ailleurs fort poli, excepté lorsqu'on parlait d'argent, il passait, avec raison, pour le personnage le plus aristocratique de Verrières.

IV. Un Père et un fils

Ma femme a réellement beaucoup de tête! se disait, le lendemain à six heures du matin, le maire de Verrières, en descendant à la scie du père Sorel. Quoi que je lui aie dit, pour conserver la supériorité qui m'appartient, je n'avais pas songé que si je ne prends pas ce petit abbé Sorel, qui, dit-on, sait le latin comme un ange, le directeur du dépôt, cette âme sans repos, pourrait bien avoir la même idée que moi et me l'enlever. Avec quel ton de suffisance il parlerait du précepteur de ses enfants!... Ce précepteur, une fois à moi, portera-t-il la soutane?

M. de Rênal était absorbé dans ce doute, lorsqu'il vit de loin un paysan, homme de près de six pieds, qui, dès le petit jour, semblait fort occupé à mesurer des pièces de bois déposées le long du Doubs,

16. Cousin du roi Louis XVI; les personnes nommées dans la phrase suivante étaient de son entourage.

sur le chemin de halage. Le paysan n'eut pas l'air fort satisfait de voir approcher M. le maire, car ces pièces de bois obstruaient le chemin, et étaient déposées là en contravention.

Le père Sorel, car c'était lui, fut très surpris et encore plus content de la singulière proposition que M. de Rênal lui faisait pour son fils Julien. Il ne l'en écouta pas moins avec cet air de tristesse mécontente et de désintérêt dont sait si bien se revêtir la finesse des habitants de ces montagnes. Esclaves du temps de la domination espagnole, ils conservent encore ce trait de la physionomie du fellah [17] de l'Egypte.

La réponse de Sorel ne fut d'abord que la longue récitation de toutes les formules de respect qu'il savait par cœur. Pendant qu'il répétait ces vaines paroles, avec un sourire gauche qui augmentait l'air de fausseté et presque de friponnerie naturel à sa physionomie, l'esprit actif du vieux paysan cherchait à découvrir quelle raison pouvait porter un homme aussi considérable à prendre chez lui son vaurien de fils. Il était fort mécontent de Julien, et c'était pour lui que M. de Rênal lui offrait le gage inespéré de 300 francs par an, avec la nourriture et même l'habillement. Cette dernière prétention, que le père Sorel avait eu le génie de mettre en avant subitement, avait été accordée de même par M. de Rênal.

Cette demande frappa le maire. « Puisque Sorel n'est pas ravi et comblé de ma proposition, comme naturellement il devrait l'être, il est clair, se dit-il, qu'on lui a fait des offres d'un autre côté; et de qui peuvent-elles venir, si ce n'est du Valenod? » Ce fut en vain que M. de Rênal pressa Sorel de conclure sur-le-champ: l'astuce du vieux paysan s'y refusa opiniâtrement; il voulait, disait-il, consulter son fils, comme si, en province, un père riche consultait un fils qui n'a rien, autrement que pour la forme.

Une scie à eau se compose d'un hangar au bord d'un ruisseau. Le toit est soutenu par une charpente qui porte sur quatre gros piliers en bois. A huit ou dix pieds d'élévation, au milieu du hangar, on voit une scie qui monte et descend, tandis qu'un mécanisme fort simple pousse contre cette scie une pièce de bois. C'est une roue mise en mouvement par le ruisseau qui fait aller ce double mécanisme: celui de la scie qui monte et descend, et celui qui pousse doucement la pièce de bois vers la scie, qui la débite en planches.

En approchant de son usine, le père Sorel appela Julien de sa voix de stentor; personne ne répondit. Il ne vit que ses fils aînés, espèces de géants qui, armés de lourdes haches, équarrissaient les troncs de sapin qu'ils allaient porter à la scie. Tout occupés à suivre exactement la marque noire tracée sur la pièce de bois, chaque coup de leur hache en séparait des copeaux énormes. Ils n'entendirent pas la voix de leur père. Celui-ci se dirigea vers le hangar; en y entrant, il chercha vainement Julien à la place qu'il aurait dû occuper, à côté de la scie. Il l'aperçut à cinq ou six pieds plus haut, à cheval sur l'une des pièces de la toiture. Au lieu de surveiller attentivement l'action de tout le mécanisme, Julien lisait. Rien n'était plus antipathique au vieux Sorel; il eût peut-être pardonné à Julien sa taille mince, peu propre aux travaux de force, et si différente de celle de ses aînés. Mais cette manie de lecture lui était odieuse; il ne savait pas lire lui-même.

Ce fut en vain qu'il appela Julien deux ou trois fois. L'attention que le jeune homme donnait à son livre, bien plus que le bruit de la scie, l'empêcha d'entendre la terrible voix de son père. Enfin, malgré son âge, celui-ci sauta lestement sur l'arbre soumis à l'action de la scie, et de là sur la poutre transversale qui soutenait le toit. Un coup violent fit voler dans le ruisseau le livre que tenait Julien; un second coup aussi violent, donné sur la tête, en forme de calotte, lui fit perdre l'équilibre. Il allait tomber à douze ou quinze pieds plus bas, au milieu des leviers de la machine en action, qui l'eussent brisé, mais son père le retint de la main gauche, comme il tombait:

— Eh bien, paresseux! tu liras donc toujours tes maudits livres, pendant que tu es de garde à la scie? Lis-les le soir, quand tu vas perdre ton temps chez le curé, à la bonne heure.

---

17. Paysan.

Julien, quoique étourdi par la force du coup, et tout sanglant, se rapprocha de son poste officiel, à côté de la scie. Il avait les larmes aux yeux, moins à cause de la douleur physique que pour la perte de son livre qu'il adorait.

— Descends, animal, que je te parle.

Le bruit de la machine empêcha encore Julien d'entendre cet ordre. Son père, qui était descendu, ne voulant pas se donner la peine de remonter sur le mécanisme, alla chercher une longue perche pour abattre des noix, et l'en frappa sur l'épaule. A peine Julien fut-il à terre, que le vieux Sorel, le chassant rudement devant lui, le poussa vers la maison. « Dieu sait ce qu'il va me faire! » se disait le jeune homme. En passant, il regarda tristement le ruisseau où était tombé son livre; c'était celui de tous qu'il affectionnait le plus, le *Mémorial de Sainte-Hélène*.

Il avait les joues pourpres et les yeux baissés. C'était un petit jeune homme de dix-huit à dix-neuf ans, faible en apparence, avec des traits irréguliers, mais délicats, et un nez aquilin. De grands yeux noirs, qui, dans les moments tranquilles, annonçaient de la réflexion et du feu, étaient animés en cet instant de l'expression de la haine la plus féroce. Des cheveux châtain foncé, plantés fort bas, lui donnaient un petit front, et dans les moments de colère, un air méchant. Parmi les innombrables variétés de la physionomie humaine, il n'en est peut-être point qui se soit distinguée par une spécialité plus saisissante. Une taille svelte et bien prise annonçait plus de légèreté que de vigueur. Dès sa première jeunesse, son air extrêmement pensif et sa grande pâleur avaient donné l'idée à son père qu'il ne vivrait pas, ou qu'il vivrait pour être une charge à sa famille. Objet des mépris de tous à la maison, il haïssait ses frères et son père. Dans les jeux du dimanche, sur la place publique, il était toujours battu.

Il n'y avait pas un an que sa jolie figure commençait à lui donner quelques voix amies parmi les jeunes filles. Méprisé de tout le monde, comme un être faible, Ju-

lien avait adoré ce vieux chirurgien-major qui un jour osa parler au maire au sujet des platanes. Ce chirurgien payait quelquefois au père Sorel la journée de son fils, et lui enseignait le latin et l'histoire, c'est-à-dire, ce qu'il savait d'histoire: la campagne de 1796 en Italie. En mourant, il lui avait légué sa croix de la Légion d'honneur, les arrérages de sa demi-solde et trente ou quarante volumes, dont le plus précieux venait de faire le saut dans le *ruisseau public*, détourné par le crédit de M. le maire.

A peine entré dans la maison, Julien se sentit l'épaule arrêtée par la puissante main de son père; il tremblait, s'attendant à quelques coups.

— Réponds-moi sans mentir, lui cria aux oreilles la voix dure du vieux paysan, tandis que sa main le retournait comme la main d'un enfant retourne un soldat de plomb.

Les grands yeux noirs et remplis de larmes de Julien se trouvèrent en face des petits yeux gris et méchants du vieux charpentier, qui avait l'air de vouloir lire jusqu'au fond de son âme.

V. Une Négotiation

« Réponds-moi sans mentir, si tu le peux, chien de *lisard*[18]; d'où connais-tu Mme de Rênal? Quand lui as-tu parlé?

— Je ne lui ai jamais parlé, répondit Julien; je n'ai jamais vu cette dame qu'à l'église.

— Mais tu l'auras regardée, vilain effronté?

— Jamais! Vous savez qu'à l'église je ne vois que Dieu, ajouta Julien avec un petit air hypocrite, tout propre, selon lui, à éloigner le retour des taloches.

— Il y a pourtant quelque chose là-dessous, répliqua le paysan malin, et il se tut un instant; mais je ne saurai rien de toi, maudit hypocrite. Au fait, je vais être délivré de toi, et ma scie n'en ira que mieux. Tu as gagné M. le curé ou tout autre, qui

---

18. Variante péjorative de *liseur*.

t'a procuré une belle place. Va faire ton paquet, et je te mènerai chez M. de Rênal, où tu seras précepteur des enfants.

— Qu'aurai-je pour cela?

— La nourriture, l'habillement et trois cents francs de gages.

— Je ne veux pas être domestique.

— Animal, qui te parle d'être domestique? Est-ce que je voudrais que mon fils fût domestique?

— Mais, avec qui mangerai-je?

Cette demande déconcerta le vieux Sorel; il sentit qu'en parlant il pourrait commettre quelque imprudence. Il s'emporta contre Julien, qu'il accabla d'injures, en l'accusant de gourmandise, et le quitta pour aller consulter ses autres fils.

Julien les vit bientôt après, chacun appuyé sur sa hache et tenant conseil. Après les avoir longtemps regardés, Julien, voyant qu'il ne pouvait rien deviner, alla se placer de l'autre côté de la scie, pour éviter d'être surpris. Il voulait penser à cette annonce imprévue qui changeait son sort, mais il se sentit incapable de prudence. Son imagination était tout entière à se figurer ce qu'il verrait dans la belle maison de M. de Rênal.

Il faut renoncer à tout cela, se dit-il, plutôt que de se laisser réduire à manger avec les domestiques. Mon père voudra m'y forcer; plutôt mourir. J'ai quinze francs huit sous d'économies; je me sauve cette nuit. En deux jours, par des chemins de traverse où je ne crains nul gendarme, je suis à Besançon. Là je m'engage comme soldat, et, s'il le faut, je passe en Suisse. Mais alors plus d'avancement, plus d'ambition pour moi, plus de ce bel état de prêtre qui mène à tout.

Cette horreur pour manger avec des domestiques n'était pas naturelle à Julien; il eût fait, pour arriver à la fortune, des choses bien autrement pénibles. Il puisait cette répugnance dans les *Confessions* de Rousseau. C'était le seul livre à l'aide duquel son imagination se figurait le monde. Le recueil des bulletins de la grande armée[19] et le *Mémorial de Sainte-Hélène* complétaient son Coran. Il se serait fait tuer pour ces trois ouvrages. Jamais il ne crut en

aucun autre. D'après un mot du vieux chirurgien-major, il regardait tous les autres livres du monde comme menteurs, et écrits par des fourbes pour avoir de l'avancement.

Avec une âme de feu, Julien avait une de ces mémoires étonnantes si souvent unies à la sottise. Pour gagner le vieux curé Chélan, duquel il voyait bien que dépendait son sort à venir, il avait appris par cœur tout le Nouveau Testament en latin; il savait aussi le livre *Du Pape* de M. de Maistre[20] et croyait à l'un aussi peu qu'à l'autre.

Comme par un accord mutuel, Sorel et son fils évitèrent de se parler ce jour-là. Sur la brune[21], Julien alla prendre sa leçon de théologie chez le curé, mais il ne jugea pas prudent de lui rien dire de l'étrange proposition qu'on avait faite à son père. Peut-être est-ce un piège, se disait-il, il faut faire semblant de l'avoir oublié.

Le lendemain de bonne heure, M. de Rênal fit appeler le vieux Sorel, qui, après s'être fait attendre une heure ou deux, finit par arriver, en faisant dès la porte cent excuses, entremêlées d'autant de révérences. A force de parcourir toutes sortes d'objections, Sorel comprit que son fils mangerait avec le maître et la maîtresse de la maison, et les jours où il y aurait du monde, seul dans une chambre à part avec les enfants. Toujours plus disposé à incidenter[22] à mesure qu'il distinguait un véritable empressement chez M. le maire, et d'ailleurs rempli de défiance et d'étonnement, Sorel demanda à voir la chambre où coucherait son fils. C'était une grande pièce meublée fort proprement, mais dans laquelle on était déjà occupé à transporter les lits des trois enfants.

Cette circonstance fut un trait de lumière pour le vieux paysan; il demanda aussitôt avec assurance à voir l'habit que l'on donnerait à son fils. M. de Rênal ouvrit son bureau et prit cent francs.

— Avec cet argent, votre fils ira chez M. Durand, le drapier, et lèvera[23] un habit noir complet.

— Et quand même je le retirerais de chez vous, dit le paysan, qui avait tout à

---

19. L'armée de Napoléon. — 20. Dans cet ouvrage (1819) Joseph de Maistre défend le pouvoir absolu du pape. — 21. Au coucher du soleil. — 22. Chicaner. — 23. Commandera.

coup oublié ses formes révérencieuses, cet habit noir lui restera?

— Sans doute.

— Oh bien! dit Sorel d'un ton de voix traînard, il ne reste donc plus qu'à nous mettre d'accord sur une seule chose: l'argent que vous lui donnerez.

— Comment! s'écria M. de Rênal indigné, nous sommes d'accord depuis hier. Je donne trois cents francs; je crois que c'est beaucoup, et peut-être trop.

— C'est votre offre, je ne le nie point, dit le vieux Sorel, parlant encore plus lentement; et, par un effort de génie qui n'étonnera que ceux qui ne connaissent pas les paysans francs-comtois, il ajouta, en regardant fixement M. de Rênal: Nous trouvons mieux ailleurs.

A ces mots, la figure du maire fut bouleversée. Il revint cependant à lui, et, après une conversation savante de deux grandes heures, où pas un mot ne fut dit au hasard, la finesse du paysan l'emporta sur la finesse de l'homme riche, qui n'en a pas besoin pour vivre. Tous les nombreux articles qui devaient régler la nouvelle existence de Julien se trouvèrent arrêtés; non seulement ses appointements furent réglés à quatre cents francs, mais on dut les payer d'avance, le premier de chaque mois.

— Eh bien! je lui remettrai trente-cinq francs, dit M. de Rênal.

— Pour faire la somme ronde, un homme riche et généreux comme monsieur notre maire, dit le paysan d'une voix *câline*, ira bien jusqu'à trente-six francs.

— Soit, dit M. de Rênal, mais finissons-en.

Pour le coup, la colère lui donnait le ton de la fermeté. Le paysan vit qu'il fallait cesser de marcher en avant. Alors, à son tour, M. de Rênal fit des progrès. Jamais il ne voulut remettre le premier mois de trente-six francs au vieux Sorel, fort empressé de le recevoir pour son fils. M. de Rênal vint à penser qu'il serait obligé de raconter à sa femme le rôle qu'il avait joué dans toute cette négociation.

— Rendez-moi les cents francs que je vous ai remis, dit-il avec humeur. M. Durand me doit quelque chose. J'irai avec votre fils faire la levée du drap noir.

Après cet acte de vigueur, Sorel rentra prudemment dans ses formules respectueuses; elles prirent un bon quart d'heure. A la fin, voyant qu'il n'y avait décidément plus rien à gagner, il se retira. Sa dernière révérence finit par ces mots:

— Je vais envoyer mon fils au château.

C'était ainsi que les administrés de M. le maire appelaient sa maison quand ils voulaient lui plaire.

De retour à son usine, ce fut en vain que Sorel chercha son fils. Se méfiant de ce qui pouvait arriver, Julien était sorti au milieu de la nuit. Il avait voulu mettre en sûreté ses livres et sa croix de la Légion d'honneur. Il avait transporté le tout chez un jeune marchand de bois, son ami, nommé Fouqué, qui habitait dans la haute montagne qui domine Verrières. Quand il reparut:

— Dieu sait, maudit paresseux, lui dit son père, si tu auras jamais assez d'honneur pour me payer le prix de ta nourriture, que j'avance depuis tant d'années! Prends tes guenilles, et va-t'en chez M. le maire.

Julien, étonné de n'être pas battu, se hâta de partir. Mais à peine hors de la vue de son terrible père, il ralentit le pas. Il jugea qu'il serait utile à son hypocrisie d'aller faire une station à l'église.

Ce mot[24] vous surprend? Avant d'arriver à cet horrible mot, l'âme du jeune paysan avait eu bien du chemin à parcourir.

Dès sa première enfance, la vue de certains dragons du 6ᵉ, aux longs manteaux blancs, et la tête couverte de casques aux longs crins noirs, qui revenaient d'Italie[25], et que Julien vit attacher leurs chevaux à la fenêtre grillée de la maison de son père, le rendit fou de l'état militaire. Plus tard, il écoutait avec transport les récits des batailles du pont de Lodi, d'Arcole, de Rivoli, que lui faisait le vieux chirurgien-major. Il remarqua les regards enflammés que le vieillard jetait sur sa croix.

Mais lorsque Julien avait quatorze ans, on commença à bâtir à Verrières une église,

---

24. Le mot *hypocrisie*. — 25. Il s'agit du sixième régiment de la grande armée, où avait servi Stendhal lui-même.

que l'on peut appeler magnifique pour une aussi petite ville. Il y avait surtout quatre colonnes de marbre dont la vue frappa Julien; elles devinrent célèbres dans le pays, par la haine mortelle qu'elles suscitèrent entre le juge de paix et le jeune vicaire, envoyé de Besançon, qui passait pour être l'espion de la congrégation. Le juge de paix fut sur le point de perdre sa place; du moins telle était l'opinion commune. N'avait-il pas osé avoir un différend avec un prêtre qui, presque tous les quinze jours, allait à Besançon, où il voyait, disait-on, Mgr l'évêque?

Sur ces entrefaites, le juge de paix, père d'une nombreuse famille, rendit plusieurs sentences qui semblèrent injustes; toutes furent portées contre ceux des habitants qui lisaient *Le Constitutionnel*[26]. Le bon parti triompha. Il ne s'agissait, il est vrai, que de sommes de trois ou de cinq francs; mais une de ces petites amendes dut être payée par un cloutier, parrain de Julien. Dans sa colère, cet homme s'écriait: «Quel changement! Et dire que depuis plus de vingt ans, le juge de paix passait pour un si honnête homme!» Le chirurgien-major, ami de Julien, était mort.

Tout à coup Julien cessa de parler de Napoléon. Il annonça le projet de se faire prêtre, et on le vit constamment, dans la scie de son père, occupé à apprendre par cœur une bible latine que le curé lui avait prêtée. Ce bon vieillard, émerveillé de ses progrès, passait des soirées entières à lui enseigner la théologie. Julien ne faisait paraître devant lui que des sentiments pieux. Qui eût pu deviner que cette figure de jeune fille, si pâle et si douce, cachait la résolution inébranlable de s'exposer à mille morts plutôt que de ne pas faire fortune!

Pour Julien, faire fortune, c'était d'abord sortir de Verrières; il abhorrait sa patrie. Tout ce qu'il y voyait glaçait son imagination.

Dès sa première enfance, il avait eu des moments d'exaltation. Alors il songeait avec délices qu'un jour il serait présenté aux jolies femmes de Paris; il saurait attirer leur attention par quelque action d'éclat. Pourquoi ne serait-il pas aimé de l'une d'elles, comme Bonaparte, pauvre encore, avait été aimé de la brillante Mme de Beauharnais[27]? Depuis bien des années, Julien ne passait peut-être pas une heure de sa vie sans se dire que Bonaparte, lieutenant obscur et sans fortune, s'était fait le maître du monde avec son épée. Cette idée le consolait de ses malheurs qu'il croyait grands, et redoublait sa joie quand il en avait.

La construction de l'église et les sentences du juge de paix l'éclairèrent tout à coup. Une idée qui lui vint le rendit comme fou pendant quelques semaines, et enfin s'empara de lui avec la toute-puissance de la première idée qu'une âme passionnée croit avoir inventée:

«Quand Bonaparte fit parler de lui, la France avait peur d'être envahie; le mérite militaire était nécessaire et à la mode. Aujourd'hui, on voit des prêtres de quarante ans avoir cent mille francs d'appointements, c'est-à-dire trois fois autant que les fameux généraux de division de Napoléon. Il leur faut des gens qui les secondent. Voilà ce juge de paix, si bonne tête, si honnête homme jusqu'ici, si vieux, qui se déshonore par crainte de déplaire à un jeune vicaire de trente ans. Il faut être prêtre.»

Une fois, au milieu de sa nouvelle piété (il y avait déjà deux ans que Julien étudiait la théologie), il fut trahi par une irruption soudaine du feu qui dévorait son âme. Ce fut chez M. Chélan, à un dîner de prêtres auquel le bon curé l'avait présenté comme un prodige d'instruction; il lui arriva de louer Napoléon avec fureur. Il se lia le bras droit contre la poitrine, prétendit s'être disloqué le bras en remuant un tronc de sapin, et le porta pendant deux mois dans cette position gênante. Après cette peine afflictive, il se pardonna. Voilà le jeune homme de dix-neuf ans, mais faible en apparence, et à qui l'on en eût tout au plus donné dix-sept, qui, portant un petit paquet sous le bras, entrait dans la magnifique église de Verrières.

Il la trouva sombre et solitaire. A l'occasion d'une fête, toutes les croisées de l'édifice avaient été couvertes d'étoffe cramoisie. Il en résultait, aux rayons du soleil, un effet de lumière éblouissant, du caractère le plus imposant et le plus religieux.

---

26. Journal de l'opposition libérale. — 27. Première épouse de Napoléon.

Julien tressaillit. Seul dans l'église, il s'établit dans le banc qui avait la plus belle apparence. Il portait les armes de M. de Rênal.

Sur le prie-Dieu, Julien remarqua un morceau de papier imprimé, étalé là comme pour être lu. Il y porta les yeux et vit: Détails de l'exécution et des derniers moments de Louis Jenrel, exécuté à Besançon, le...

Le papier était déchiré. Au revers on lisait les deux premiers mots d'une ligne; c'étaient: Le premier pas.

— Qui a pu mettre ce papier là, dit Julien? Pauvre malheureux, ajouta-t-il avec un soupir, son nom finit comme le mien [28]... et il froissa le papier.

En sortant, Julien crut voir du sang près du bénitier; c'était de l'eau bénite qu'on avait répandue. Le reflet des rideaux rouges qui couvraient les fenêtres la faisait paraître du sang.

Enfin, Julien eut honte de sa terreur secrète. «Serais-je un lâche! se dit-il. *Aux armes!*»

Ce mot, si souvent répété dans les récits de batailles du vieux chirurgien, était héroïque pour Julien. Il se leva et marcha rapidement vers la maison de M. de Rênal.

Malgré ces belles résolutions, dès qu'il l'aperçut à vingt pas de lui, il fut saisi d'une invincible timidité. La grille de fer était ouverte; elle lui semblait magnifique. Il fallait entrer là-dedans.

Julien n'était pas la seule personne dont le cœur fût troublé par son arrivée dans cette maison. L'extrême timidité de Mme de Rênal était déconcertée par l'idée de cet étranger, qui, d'après ses fonctions, allait constamment se trouver entre elle et ses enfants. Elle était accoutumée à avoir ses fils couchés dans sa chambre. Le matin, bien des larmes avaient coulé quand elle avait vu transporter leurs petits lits dans l'appartement destiné au précepteur. Ce fut en vain qu'elle demanda à son mari que le lit de Stanislas-Xavier, le plus jeune, fût reporté dans sa chambre.

La délicatesse de femme était poussée à un point excessif chez Mme de Rênal. Elle se faisait l'image la plus désagréable d'un être grossier et mal peigné, chargé de gronder ses enfants, uniquement parce qu'il savait le latin, un language barbare pour lequel on fouetterait ses fils.

VI. L'Ennui

Avec la vivacité et la grâce qui lui étaient naturelles quand elle était loin des regards des hommes, Mme de Rênal sortait par la porte-fenêtre du salon qui donnait sur le jardin, quand elle aperçut près de la porte d'entrée la figure d'un jeune paysan presque encore enfant, extrêmement pâle et qui venait de pleurer. Il était en chemise bien blanche, et avait sous le bras une veste fort propre de ratine violette.

Le teint de ce petit paysan était si blanc, ses yeux si doux, que l'esprit un peu romanesque de Mme de Rênal eut d'abord l'idée que ce pouvait être une jeune fille déguisée, qui venait demander quelque grâce à M. le maire. Elle eut pitié de cette pauvre créature, arrêtée à la porte d'entrée, et qui évidemment n'osait pas lever la main jusqu'à la sonnette. Mme de Rênal s'approcha, distraite un instant de l'amer chagrin que lui donnait l'arrivée du précepteur. Julien, tourné vers la porte, ne la voyait pas s'avancer. Il tressaillit quand une voix douce dit tout près de son oreille:

— Que voulez-vous ici, mon enfant?

Julien se tourna vivement, et, frappé du regard si rempli de grâce de Mme de Rênal, il oublia une partie de sa timidité. Bientôt, étonné de sa beauté, il oublia tout, même ce qu'il venait faire. Mme de Rênal avait répété sa question.

— Je viens pour être précepteur, Madame, lui dit-il enfin, tout honteux de ses larmes qu'il essuyait de son mieux.

Mme de Rênal resta interdite; ils étaient fort près l'un de l'autre à se regarder. Julien n'avait jamais vu un être aussi bien vêtu, et surtout une femme avec un teint si éblouissant, lui parler d'un air doux. Mme de Rênal regardait les grosses larmes qui

---

28. Son nom est en fait l'anagramme de celui de Julien.

s'étaient arrêtées sur les joues si pâles d'abord et maintenant si roses de ce jeune paysan. Bientôt elle se mit à rire, avec toute la gaieté folle d'une jeune fille; elle se moquait d'elle-même et ne pouvait se figurer tout son bonheur. Quoi, c'était là ce précepteur qu'elle s'était figuré comme un prêtre sale et mal vêtu, qui viendrait gronder et fouetter ses enfants!

— Quoi, Monsieur, lui dit-elle enfin, vous savez le latin?

Ce mot de «Monsieur» étonna si fort Julien qu'il réfléchit un instant.

— Oui, Madame, dit-il timidement.

Mme de Rênal était si heureuse qu'elle osa dire à Julien:

— Vous ne gronderez pas trop ces pauvres enfants?

— Moi, les gronder, dit Julien étonné, et pourquoi?

— N'est-ce pas, Monsieur, ajouta-t-elle après un petit silence et d'une voix dont chaque instant augmentait l'émotion, vous serez bon pour eux, vous me le promettez?

S'entendre appeler de nouveau Monsieur, bien sérieusement, et par une dame si bien vêtue, était au-dessus de toutes les prévisions de Julien. Dans tous les châteaux en Espagne de sa jeunesse, il s'était dit qu'aucune dame comme il faut ne daignerait lui parler que quand il aurait un bel uniforme. Mme de Rênal, de son côté, était complètement trompée par la beauté du teint, les grands yeux noirs de Julien et ses jolis cheveux qui frisaient plus qu'à l'ordinaire, parce que pour se rafraîchir il venait de plonger la tête dans le bassin de la fontaine publique. A sa grande joie, elle trouvait l'air timide d'une jeune fille à ce fatal précepteur, dont elle avait tant redouté pour ses enfants la dureté et l'air rébarbatif. Pour l'âme si paisible de Mme de Rênal, le contraste de ses craintes et de ce qu'elle voyait fut un grand événement. Enfin elle revint de sa surprise. Elle fut étonnée de se trouver ainsi à la porte de sa maison avec ce jeune homme presque en chemise et si près de lui.

— Entrons, Monsieur, lui dit-elle d'un air assez embarrassé. De sa vie une sensation purement agréable n'avait aussi profondément ému Mme de Rênal; jamais une apparition aussi gracieuse n'avait succédé à des craintes plus inquiétantes. Ainsi ses jolis enfants, si soignés par elle, ne tomberaient pas dans les mains d'un prêtre sale et grognon. A peine entrée sous le vestibule, elle se retourna vers Julien qui la suivait timidement. Son air étonné, à l'aspect d'une maison si belle, était une grâce de plus aux yeux de Mme de Rênal. Elle ne pouvait en croire ses yeux; il lui semblait surtout que le précepteur devait avoir un habit noir.

— Mais, est-il vrai, Monsieur, lui dit-elle en s'arrêtant encore, et craignant mortellement de se tromper, tant sa croyance la rendait heureuse, vous savez le latin?

Ces mots choquèrent l'orgueil de Julien et dissipèrent le charme dans lequel il vivait depuis un quart d'heure.

— Oui, Madame, lui dit-il en cherchant à prendre un air froid. Je sais le latin aussi bien que M. le curé, et même quelquefois il a la bonté de dire mieux que lui.

Mme de Rênal trouva que Julien avait l'air fort méchant; il s'était arrêté à deux pas d'elle. Elle s'approcha et lui dit à mi-voix:

— N'est-ce pas, les premiers jours, vous ne donnerez pas le fouet à mes enfants, même quand ils ne sauraient pas leurs leçons?

Ce ton si doux et presque suppliant d'une si belle dame fit tout à coup oublier à Julien ce qu'il devait à sa réputation de latiniste. La figure de Mme de Rênal était près de la sienne; il sentit le parfum des vêtements d'été d'une femme, chose si étonnante pour un pauvre paysan. Julien rougit extrêmement et dit avec un soupir et d'une voix défaillante:

— Ne craignez rien, Madame, et je vous obéirai en tout.

Ce fut en ce moment seulement, quand son inquiétude pour ses enfants fut tout à fait dissipée, que Mme de Rênal fut frappée de l'extrême beauté de Julien. La forme presque féminine de ses traits et son air d'embarras ne semblèrent point ridicules à une femme extrêmement timide elle-même. L'air mâle que l'on trouve communément nécessaire à la beauté d'un homme lui eût fait peur.

— Quel âge avez-vous, Monsieur? dit-elle à Julien.

— Bientôt dix-neuf ans.

— Mon fils aîné a onze ans, reprit Mme de Rênal tout à fait rassurée. Ce sera presque un camarade pour vous; vous lui parlerez raison. Une fois son père a voulu le battre; l'enfant a été malade pendant toute une semaine, et cependant c'était un bien petit coup.

Quelle différence avec moi, pensa Julien. Hier encore mon père m'a battu. Que ces gens riches sont heureux!

Mme de Rênal en était déjà à saisir les moindres nuances de ce qui se passait dans l'âme du précepteur. Elle prit ce mouvement de tristesse pour de la timidité, et voulut l'encourager.

— Quel est votre nom, Monsieur, lui dit-elle avec un accent et une grâce dont Julien sentit tout le charme, sans pouvoir s'en rendre compte.

— On m'appelle Julien Sorel, Madame. Je tremble en entrant pour la première fois de ma vie dans une maison étrangère; j'ai besoin de votre protection et que vous me pardonniez bien des choses les premiers jours. Je n'ai jamais été au collège: j'étais trop pauvre. Je n'ai jamais parlé à d'autres hommes que mon cousin le chirurgien-major, membre de la Légion d'honneur, et M. le curé Chélan. Il vous rendra bon témoignage de moi. Mes frères m'ont toujours battu; ne les croyez pas s'ils vous disent du mal de moi. Pardonnez mes fautes, Madame; je n'aurai jamais mauvaise intention.

Julien se rassurait pendant ce long discours; il examinait Mme de Rênal. Tel est l'effet de la grâce parfaite, quand elle est naturelle au caractère, et que surtout la personne qu'elle décore ne songe pas à avoir de la grâce. Julien, qui se connaissait fort bien en beauté féminine, eût juré dans cet instant qu'elle n'avait que vingt ans. Il eut sur-le-champ l'idée hardie de lui baiser la main. Bientôt il eut peur de son idée. Un instant après, il se dit: «Il y aurait de la lâcheté à moi de ne pas exécuter une action qui peut m'être utile, et diminuer le mépris que cette belle dame a probablement pour un pauvre ouvrier à peine arraché à la scie.» Peut-être Julien fut-il un peu encouragé par ce mot de joli garçon, que depuis six mois il entendait répéter le dimanche par quelques jeunes filles. Pendant ces débats intérieurs, Mme de Rênal lui adressait deux ou trois mots d'instruction sur la façon de débuter avec les enfants. La violence que se faisait Julien le rendit de nouveau fort pâle. Il dit, d'un air contraint:

— Jamais, Madame, je ne battrai vos enfants; je le jure devant Dieu.

Et en disant ces mots, il osa prendre la main de Mme de Rênal et la porter à ses lèvres. Elle fut étonnée de ce geste, et par réflexion choquée. Comme il faisait très chaud, son bras était tout à fait nu sous son châle, et le mouvement de Julien, en portant la main à ses lèvres, l'avait entièrement découvert. Au bout de quelques instants, elle se gronda elle-même: il lui sembla qu'elle n'avait pas été assez rapidement indignée.

M. de Rênal, qui avait entendu parler, sortit de son cabinet. Du même air majestueux et paterne qu'il prenait lorsqu'il faisait des mariages à la mairie, il dit à Julien:

— Il est essentiel que je vous parle avant que les enfants ne vous voient.

Il fit entrer Julien dans une chambre et retint sa femme qui voulait les laisser seuls. La porte fermée, M. de Rênal s'assit avec gravité.

— M. le curé m'a dit que vous étiez un bon sujet. Tout le monde vous traitera ici avec honneur, et si je suis content, j'aiderai à vous faire par la suite un petit établissement. Je veux que vous ne voyiez plus ni parents ni amis: leur ton ne peut convenir à mes enfants. Voici trente-six francs pour le premier mois; mais j'exige votre parole de ne pas donner un sou de cet argent à votre père.

M. de Rênal était piqué contre le vieillard, qui, dans cette affaire, avait été plus fin que lui.

— Maintenant, *Monsieur*, car d'après mes ordres tout le monde ici va vous appeler Monsieur, et vous sentirez l'avantage d'entrer dans une maison de gens comme il faut; maintenant, Monsieur, il n'est pas convenable que les enfants vous voient en veste. Les domestiques l'ont-ils vu? dit M. de Rênal à sa femme.

— Non, mon ami, répondit-elle d'un air profondément pensif.

— Tant mieux. Mettez ceci, dit-il au jeune homme surpris, en lui donnant une redingote à lui. Allons maintenant chez M. Durand, le marchand de drap.

Plus d'une heure après, quand M. de Rênal rentra avec le nouveau précepteur tout habillé de noir, il retrouva sa femme assise à la même place. Elle se sentit tranquillisée par la présence de Julien; en l'examinant elle oubliait d'en avoir peur. Julien ne songeait point à elle; malgré toute sa méfiance du destin et des hommes, son âme dans ce moment n'était que celle d'un enfant. Il lui semblait avoir vécu des années depuis l'instant où, trois heures auparavant, il était tremblant dans l'église. Il remarqua l'air glacé de Mme de Rênal; il comprit qu'elle était en colère de ce qu'il avait osé lui baiser la main. Mais le sentiment d'orgueil que lui donnait le contact d'habits si différents de ceux qu'il avait coutume de porter le mettait tellement hors de lui-même, et il avait tant d'envie de cacher sa joie, que tous ses mouvements avaient quelque chose de brusque et de fou. Mme de Rênal le contemplait avec des yeux étonnés.

— De la gravité, Monsieur, lui dit M. de Rênal, si vous voulez être respecté de mes enfants et de mes gens.

— Monsieur, répondit Julien, je suis gêné dans ces nouveaux habits; moi, pauvre paysan, je n'ai jamais porté que des vestes. J'irai, si vous le permettez, me renfermer dans ma chambre.

— Que te semble de cette nouvelle acquisition? dit M. de Rênal à sa femme.

Par un mouvement presque instinctif, et dont certainement elle ne se rendit pas compte, Mme de Rênal déguisa la vérité à son mari.

— Je ne suis point aussi enchantée que vous de ce petit paysan; vos prévenances en feront un impertinent que vous serez obligé de renvoyer avant un mois.

— Eh bien! nous le renverrons; ce sera une centaine de francs qu'il m'en pourra coûter, et Verrières sera accoutumée à voir un précepteur aux enfants de M. de Rênal. Ce but n'eût point été rempli si j'eusse laissé à Julien l'accoutrement d'un ouvrier.

En le renvoyant, je retiendrai, bien entendu, l'habit noir complet que je viens de lever chez le drapier. Il ne lui restera que ce que je viens de trouver tout fait chez le tailleur, et dont je l'ai couvert.

L'heure que Julien passa dans sa chambre parut un instant à Mme de Rênal. Les enfants, auxquels l'on avait annoncé le nouveau précepteur, accablaient leur mère de questions. Enfin Julien parut. C'était un autre homme. C'eût été mal parler que de dire qu'il était grave: c'était la gravité incarnée. Il fut présenté aux enfants, et leur parla d'un air qui étonna M. de Rênal lui-même.

— Je suis ici, Messieurs, leur dit-il en finissant son allocution, pour vous apprendre le latin. Vous savez ce que c'est que de réciter une leçon. Voici la sainte Bible, dit-il en leur montrant un petit volume in-32[29], relié en noir. C'est particulièrement l'histoire de Notre-Seigneur Jésus-Christ: c'est la partie qu'on appelle le Nouveau Testament. Je vous ferai souvent réciter des leçons; faites-moi réciter la mienne.

Adolphe, l'aîné des enfants, avait pris le livre.

— Ouvrez-le, au hasard, continua Julien, et dites-moi le premier mot d'un alinéa. Je réciterai par cœur le livre sacré, règle de notre conduite à tous, jusqu'à ce que vous m'arrêtiez.

Adolphe ouvrit le livre, lut un mot, et Julien récita toute la page avec la même facilité que s'il eût parlé français. M. de Rênal regardait sa femme d'un air de triomphe. Les enfants, voyant l'étonnement de leurs parents, ouvraient de grands yeux. Un domestique vint à la porte du salon, Julien continua de parler latin. Le domestique resta d'abord immobile, et ensuite disparut. Bientôt la femme de chambre de Madame et la cuisinière arrivèrent près de la porte; alors Adolphe avait déjà ouvert le livre en huit endroits, et Julien récitait toujours avec la même facilité.

— Ah, mon Dieu! le joli petit prêtre, dit tout haut la cuisinière, bonne fille fort dévote.

---

29. Dont la feuille d'impression est pliée en trente-deux feuillets (soixante-quatre pages), c'est-à-dire un livre de très petit format.

L'amour-propre de M. de Rênal était inquiet. Loin de songer à examiner le précepteur, il était tout occupé à chercher dans sa mémoire quelques mots latins: enfin, il put dire un vers d'Horace. Julien ne savait de latin que sa Bible. Il répondit en fronçant le sourcil:

— Le saint ministère auquel je me destine m'a défendu de lire un poète aussi profane.

M. de Rênal cita un assez grand nombre de prétendus vers d'Horace. Il expliqua à ses enfants ce que c'était qu'Horace; mais les enfants, frappés d'admiration, ne faisaient guère attention à ce qu'il disait. Ils regardaient Julien.

Les domestiques étant toujours à la porte, Julien crut devoir prolonger l'épreuve:

— Il faut, dit-il au plus jeune des enfants, que M. Stanislas-Xavier m'indique aussi un passage du livre saint.

Le petit Stanislas, tout fier, lut tant bien que mal le premier mot d'un alinéa, et Julien dit toute la page. Pour que rien ne manquât au triomphe de M. de Rênal, comme Julien récitait, entrèrent M. Valenod, le possesseur des beaux chevaux normands, et M. Charcot de Maugiron, sous-préfet de l'arrondissement. Cette scène valut à Julien le titre de Monsieur; les domestiques eux-mêmes n'osèrent pas le lui refuser.

Le soir, tout Verrières afflua chez M. de Rênal pour voir la merveille. Julien répondait à tous d'un air sombre qui tenait à distance. Sa gloire s'étendit si rapidement dans la ville que, peu de jours après, M. de Rênal, craignant qu'on ne le lui enlevât, lui proposa de signer un engagement de deux ans.

— Non, Monsieur, répondit froidement Julien, si vous vouliez me renvoyer je serais obligé de sortir. Un engagement qui me lie sans vous obliger à rien n'est point égal: je le refuse.

Julien sut si bien faire que, moins d'un mois après son arrivée dans la maison, M.

de Rênal lui-même le respectait. Le curé étant brouillé avec MM. de Rênal et Valenod, personne ne put trahir l'ancienne passion de Julien pour Napoléon. Il n'en parlait qu'avec horreur.

VII. Les Affinités électives[30]

Les enfants l'adoraient; lui ne les aimait point. Sa pensée était ailleurs. Tout ce que ces marmots pouvaient faire ne l'impatientait jamais. Froid, juste, impassible, et cependant aimé, parce que son arrivée avait en quelque sorte chassé l'ennui de la maison, il fut un bon précepteur. Pour lui, il n'éprouvait que haine et horreur pour la haute société où il était admis, à la vérité au bas bout de la table, ce qui explique peut-être la haine et l'horreur. Il y eut certains dîners d'apparat, où il put à grande peine contenir sa haine pour tout ce qui l'environnait. Un jour de la Saint-Louis[31] entre autres, M. Valenod tenait le dé chez M. de Rênal. Julien fut sur le point de se trahir; il se sauva dans le jardin, sous prétexte de voir les enfants. Quels éloges de la probité! s'écria-t-il; on dirait que c'est la seule vertu; et cependant quelle considération, quel respect bas pour un homme qui évidemment a doublé et triplé sa fortune, depuis qu'il administre le bien des pauvres! Je parierais qu'il gagne même sur les fonds destinés aux enfants trouvés[32], à ces pauvres dont la misère est encore plus sacrée que celle des autres! Ah! monstres! monstres! Et moi aussi, je suis une sorte d'enfant trouvé, haï de mon père, de mes frères, de toute ma famille.

Quelques jours avant la Saint-Louis, Julien, se promenant seul et disant son bréviaire dans un petit bois, qu'on appelle le Belvédère et qui domine le Cours de la Fidélité, avait cherché en vain à éviter ses deux frères, qu'il voyait venir de loin par

---

30. Le titre du chapitre est emprunté à la traduction française du titre d'un roman de Gœthe. L'Allemand avait songé au principe des affinités en chimie (tendance de deux corps à s'unir); dans son roman comme dans celui de Stendhal, l'affinité (entente profonde) des personnages les unit (corps et âme). Le mot d'*électives* peut signifier *qui choisissent* ou *qui sont choisies;* cette ambiguïté convient ici, puisque Julien *choisira* et que Mme de Rênal sera *choisie.* — 31. Le 25 août. — 32. Enfants abandonnés ou orphelins.

un sentier solitaire. La jalousie de ces ouvriers grossiers avait été tellement provoquée par le bel habit noir, par l'air extrêmement propre de leur frère, par le mépris sincère qu'il avait pour eux, qu'ils l'avaient battu au point de le laisser évanoui et tout sanglant. Mme de Rênal, se promenant avec M. Valenod et le sous-préfet, arriva par hasard dans le petit bois; elle vit Julien étendu sur la terre et le crut mort. Son saisissement fut tel, qu'il donna de la jalousie à M. Valenod.

Il prenait l'alarme trop tôt. Julien trouvait Mme de Rênal fort belle, mais il la haïssait à cause de sa beauté; c'était le premier écueil qui avait failli arrêter sa fortune. Il lui parlait le moins possible, afin de faire oublier le transport qui, le premier jour, l'avait porté à lui baiser la main.

Elisa, la femme de chambre de Mme de Rênal, n'avait pas manqué de devenir amoureuse du jeune précepteur; elle en parlait souvent à sa maîtresse. L'amour de Mlle Elisa avait valu à Julien la haine d'un des valets. Un jour, il entendit cet homme qui disait à Elisa: «Vous ne voulez plus me parler depuis que ce précepteur crasseux est entré dans la maison.» Julien ne méritait pas cette injure, mais par instinct de joli garçon, il redoubla de soins pour sa personne. La haine de M. Valenod redoubla aussi. Il dit publiquement que tant de coquetterie ne convenait pas à un jeune abbé. A la soutane près, c'était le costume que portait Julien.

Mme de Rênal remarqua qu'il parlait plus souvent que de coutume à Mlle Elisa; elle apprit que ces entretiens étaient causés par la pénurie de la très petite garde-robe de Julien. Il avait si peu de linge, qu'il était obligé de le faire laver fort souvent hors de la maison, et c'est pour ces petits soins qu'Elisa lui était utile. Cette extrême pauvreté, qu'elle ne soupçonnait pas, toucha Mme de Rênal. Elle eut envie de lui faire des cadeaux, mais elle n'osa pas; cette résistance intérieure fut le premier sentiment pénible que lui causa Julien. Jusque-là le nom de Julien et le sentiment d'une joie pure et tout intellectuelle étaient synonymes pour elle. Tourmentée par l'idée de la pauvreté de Julien, Mme de Rênal parla à son mari de lui faire un cadeau de linge:

— Quelle duperie! répondit-il. Quoi! faire des cadeaux à un homme dont nous sommes parfaitement contents, et qui nous sert bien? Ce serait dans le cas où il se négligerait qu'il faudrait stimuler son zèle.

Mme de Rênal fut humiliée de cette manière de voir; elle ne l'eût pas remarquée avant l'arrivée de Julien. Elle ne voyait jamais l'extrême propreté de la mise, d'ailleurs fort simple, du jeune abbé, sans se dire: «Ce pauvre garçon, comment peut-il faire?» Peu à peu, elle eut pitié de tout ce qui manquait à Julien, au lieu d'en être choquée.

Mme de Rênal était une de ces femmes de province que l'on peut très bien prendre pour des sottes pendant les quinze premiers jours qu'on les voit. Elle n'avait aucune expérience de la vie, et ne se souciait pas de parler. Douée d'une âme délicate et dédaigneuse, cet instinct de bonheur naturel à tous les êtres faisait que, la plupart du temps, elle ne donnait aucune attention aux actions des personnages grossiers au milieu desquels le hasard l'avait jetée.

On l'eût remarquée pour le naturel et la vivacité d'esprit, si elle eût reçu la moindre éducation. Mais en sa qualité d'héritière, elle avait été élevée chez des religieuses adoratrices passionnées du *Sacré-Cœur de Jésus*, et animées d'une haine violente pour les Français ennemis des jésuites. Mme de Rênal s'était trouvée assez de sens pour oublier bientôt, comme absurde, tout ce qu'elle avait appris au couvent; mais elle ne mit rien à la place, et finit par ne rien savoir. Les flatteries précoces dont elle avait été l'objet en sa qualité d'héritière d'une grande fortune, et un penchant décidé à la dévotion passionnée, lui avaient donné une manière de vivre tout intérieure. Avec l'apparence de la condescendance la plus parfaite et d'une abnégation de volonté, que les maris de Verrières citaient en exemple à leurs femmes, et qui faisait l'orgueil de M. de Rênal, la conduite habituelle de son âme était en effet le résultat de l'humeur la plus altière. Telle princesse, citée à cause de son orgueil, prête infiniment plus d'attention à ce que ses gentilshommes font autour d'elle, que cette femme si douce, si modeste en apparence, n'en donnait à tout ce que disait ou faisait son mari. Jusqu'à l'arrivée de Julien, elle n'avait réellement eu d'attention que pour ses enfants. Leurs petites maladies, leurs douleurs, leurs petites joies occupaient toute la sensibilité de cette âme qui, de la vie, n'avait adoré que Dieu, quand elle était au Sacré-Cœur de Besançon.

Sans qu'elle daignât le dire à personne, un accès de fièvre d'un de ses fils la mettait presque dans le même état que si l'enfant eût été mort. Un éclat de rire grossier, un haussement d'épaules, accompagné de quelque maxime triviale sur la folie des femmes, avaient constamment accueilli les confidences de ce genre de chagrins, que le besoin d'épanchement l'avait portée à faire à son mari dans les premières années de leur mariage. Ces sortes de plaisanteries, quand surtout elles portaient sur les maladies de ses enfants, retournaient le poignard dans le cœur de Mme de Rênal. Voilà ce qu'elle trouva au lieu des flatteries empressées et mielleuses du couvent jésuitique où elle avait passé sa jeunesse. Son éducation fut faite par la douleur. Trop fière pour parler de ce genre de chagrins, même à son amie Mme Derville, elle se figura que tous les hommes étaient comme son mari, M. Valenod et le sous-préfet Charcot de Maugiron. La grossièreté, et la plus brutale insensibilité à tout ce qui n'était pas intérêt d'argent, de préséance ou de croix; la haine aveugle pour tout raisonnement qui les contrariait, lui parurent des choses naturelles à ce sexe, comme porter des bottes et un chapeau de feutre.

Après de longues années, Mme de Rênal n'était pas encore accoutumée à ces gens à argent au milieu desquels il fallait vivre.

De là le succès du petit paysan Julien. Elle trouva des jouissances douces, et toutes brillantes du charme de la nouveauté, dans la sympathie de cette âme noble et fière. Mme de Rênal lui eut bientôt pardonné son ignorance extrême qui était une grâce de plus, et la rudesse de ses façons qu'elle parvint à corriger. Elle trouva qu'il valait la peine de l'écouter, même quand on parlait des choses les plus communes, même quand il s'agissait d'un pauvre chien écrasé, comme il traversait la rue, par la charrette d'un paysan allant au trot. Le spectacle de cette douleur donnait son gros rire à son mari, tandis qu'elle voyait se contracter les beaux sourcils noirs et si bien arqués de Julien. La générosité, la noblesse d'âme, l'humanité lui semblèrent peu à peu n'exister que chez ce jeune abbé. Elle eut pour lui seul toute la sympathie et même l'admiration que ces vertus excitent chez les âmes bien nées.

A Paris, la position de Julien envers Mme de Rênal eût été bien vite simplifiée; mais à Paris, l'amour est fils des romans. Le jeune précepteur et sa timide maîtresse auraient retrouvé dans trois ou quatre romans, et jusque dans les couplets du Gymnase[33], l'éclaircissement de leur position. Les romans leur auraient tracé le rôle à jouer, montré le modèle à imiter; et ce modèle, tôt ou tard, et quoique sans nul plaisir, et peut-être en rechignant, la vanité eût forcé Julien à le suivre.

Dans une petite ville de l'Aveyron[34] ou des Pyrénées, le moindre incident eût été rendu décisif par le feu du climat. Sous nos cieux plus sombres, un jeune homme pauvre, et qui n'est qu'ambitieux parce que la délicatesse de son cœur lui fait un besoin de quelques-unes des jouissances que donne l'argent, voit tous les jours une femme de trente ans, sincèrement sage, occupée de ses enfants, et qui ne prend nullement dans les romans des exemples de conduite. Tout va lentement; tout se fait peu à peu dans les provinces; il y a plus de naturel.

Souvent, en songeant à la pauvreté du jeune précepteur, Mme de Rênal était attendrie jusqu'aux larmes. Julien la surprit, un jour, pleurant tout à fait.

— Eh! Madame, vous serait-il arrivé quelque malheur?

— Non, mon ami, lui répondit-elle. Appelez les enfants; allons nous promener. Elle prit son bras et s'appuya d'une façon qui parut singulière à Julien. C'était pour la première fois qu'elle l'avait appelé mon ami.

Vers la fin de la promenade, Julien remarqua qu'elle rougissait beaucoup. Elle ralentit le pas.

---

33. Théâtre où l'on jouait le vaudeville. — 34. Département méridional, par opposition aux « cieux plus sombres » du Nord (phrase suivante).

— On vous aura raconté, dit-elle sans le regarder, que je suis l'unique héritière d'une tante fort riche qui habite Besançon. Elle me comble de présents... Mes fils font des progrès... si étonnants... que je voudrais vous prier d'accepter un petit présent comme marque de ma reconnaissance. Il ne s'agit que de quelques louis pour vous faire du linge. Mais... ajouta-t-elle en rougissant encore plus, et elle cessa de parler.

— Quoi, Madame? dit Julien.

— Il serait inutile, continua-t-elle en baissant la tête, de parler de ceci à mon mari.

— Je suis petit, Madame, mais je ne suis pas bas, reprit Julien en s'arrêtant, les yeux brillants de colère et se relevant de toute sa hauteur. C'est à quoi vous n'avez pas assez réfléchi. Je serais moins qu'un valet si je me mettais dans le cas de cacher à M. de Rênal quoi que ce soit de relatif *à mon argent*.

Mme de Rênal était atterrée.

— M. le maire, continua Julien, m'a remis cinq fois trente-six francs depuis que j'habite sa maison. Je suis prêt à montrer mon livre de dépenses à M. de Rênal et à qui que ce soit, même à M. Valenod qui me hait.

A la suite de cette sortie, Mme de Rênal était restée pâle et tremblante, et la promenade se termina sans que ni l'un ni l'autre pût trouver un prétexte pour renouer le dialogue. L'amour pour Mme de Rênal devint de plus en plus impossible dans le cœur orgueilleux de Julien. Quant à elle, elle le respecta, elle l'admira; elle en avait été grondée. Sous prétexte de réparer l'humiliation involontaire qu'elle lui avait causée, elle se permit les soins les plus tendres. La nouveauté de ces manières fit pendant huit jours le bonheur de Mme de Rênal. Leur effet fut d'apaiser en partie la colère de Julien; il était loin d'y voir rien qui pût ressembler à un goût personnel. «Voilà, se disait-il, comme sont ces gens riches. Ils humilient, et croient ensuite pouvoir tout réparer par quelques singeries!»

Le cœur de Mme de Rênal était trop plein, et encore trop innocent, pour que,

malgré ses résolutions à cet égard, elle ne racontât pas à son mari l'offre qu'elle avait faite à Julien, et la façon dont elle avait été repoussée.

— Comment, reprit M. de Rênal vivement piqué, avez-vous pu tolérer un refus de la part d'un domestique?

Et comme Mme de Rênal se récriait sur ce mot:

— Je parle, Madame, comme feu M. le prince de Condé, présentant ses chambellans à sa nouvelle épouse: «Tous ces genslà, lui dit-il, sont nos domestiques.» Je vous ai lu ce passage des Mémoires de Besenval [35], essentiel pour les préséances. Tout ce qui n'est pas gentilhomme, qui vit chez vous et reçoit un salaire, est votre domestique. Je vais dire deux mots à ce M. Julien, et lui donner cents francs.

— Ah! mon ami, dit Mme de Rênal tremblante, que ce ne soit pas du moins devant les domestiques!

— Oui, ils pourraient être jaloux et avec raison, dit son mari en s'éloignant et pensant à la quotité de la somme.

Mme de Rênal tomba sur une chaise, presque évanouie de douleur. Il va humilier Julien, par ma faute! Elle eut horreur de son mari, et se cacha la figure avec les mains. Elle se promit bien de ne jamais faire de confidences.

Lorsqu'elle revit Julien, elle était toute tremblante; sa poitrine était tellement contractée qu'elle ne put parvenir à prononcer la moindre parole. Dans son embarras elle lui prit les mains qu'elle serra.

— Eh bien! mon ami, lui dit-elle enfin, êtes-vous content de mon mari?

— Comment ne le serais-je pas? répondit Julien avec un sourire amer; il m'a donné cent francs.

Mme de Rênal le regarda comme incertaine.

— Donnez-moi le bras, dit-elle enfin avec un accent de courage que Julien ne lui avait jamais vu.

Elle osa aller jusque chez le libraire de Verrières, malgré son affreuse réputation de libéralisme. Là, elle choisit pour dix

---

35. Ce baron très «ancien régime» commandait les troupes de Paris en juillet 1789; il est célèbre surtout pour avoir laissé prendre la Bastille.

louis de livres qu'elle donna à ses fils. Mais ces livres étaient ceux qu'elle savait que Julien désirait. Elle exigea que là, dans la boutique du libraire, chacun des enfants écrivît son nom sur les livres qui lui étaient échus en partage.

Pendant que Mme de Rênal était heureuse de la sorte de réparation qu'elle avait l'audace de faire à Julien, celui-ci était étonné de la quantité de livres qu'il apercevait chez le libraire. Jamais il n'avait osé entrer en un lieu aussi profane; son cœur palpitait. Loin de songer à deviner ce qui se passait dans le cœur de Mme de Rênal, il rêvait profondément au moyen qu'il y aurait, pour un jeune étudiant en théologie, de se procurer quelques-uns de ces livres. Enfin il eut l'idée qu'il serait possible avec de l'adresse de persuader à M. de Rênal qu'il fallait donner pour sujet de thème à ses fils l'histoire des gentilshommes célèbres nés dans la province. Après un mois de soins, Julien vit réussir cette idée, et à un tel point que, quelque temps après, il osa hasarder, en parlant à M. de Rênal, la mention d'une action bien autrement pénible pour le noble maire. Il s'agissait de contribuer à la fortune d'un libéral, en prenant un abonnement chez le libraire. M. de Rênal convenait bien qu'il était sage de donner à son fils aîné l'idée de visu[36] de plusieurs ouvrages qu'il entendrait mentionner dans la conversation, lorsqu'il serait à l'Ecole militaire. Mais Julien voyait M. le maire s'obstiner à ne pas aller plus loin. Il soupçonnait une raison secrète, mais ne pouvait la deviner.

— Je pensais, Monsieur, lui dit-il un jour, qu'il y aurait une haute inconvenance à ce que le nom d'un bon gentilhomme tel qu'un Rênal parût sur le sale registre du libraire.

Le front de M. de Rênal s'éclaircit.

— Ce serait aussi une bien mauvaise note, continua Julien, d'un ton plus humble, pour un pauvre étudiant en théologie, si l'on pouvait un jour découvrir que son nom a été sur le registre d'un libraire loueur de livres. Les libéraux pourraient

m'accuser d'avoir demandé les livres les plus infâmes. Qui sait même s'ils n'iraient pas jusqu'à écrire après mon nom les titres de ces livres pervers?

Mais Julien s'éloignait de la trace. Il voyait la physionomie du maire reprendre l'expression de l'embarras et de l'humeur. Julien se tut. «Je tiens mon homme», se dit-il.

Quelques jours après, l'aîné des enfants interrogeant Julien sur un livre annoncé dans *La Quotidienne*[37], en présence de M. de Rênal:

— Pour éviter tout sujet de triomphe au parti jacobin, dit le jeune précepteur, et cependant me donner les moyens de répondre à M. Adolphe, on pourrait faire prendre un abonnement chez le libraire par le dernier de vos gens.

— Voilà une idée qui n'est pas mal, dit M. de Rênal, évidemment fort joyeux.

— Toutefois il faudrait spécifier, dit Julien de cet air grave et presque malheureux qui va si bien à de certaines gens, quand ils voient le succès des affaires qu'ils ont le plus longtemps désirées, il faudrait spécifier que le domestique ne pourra prendre aucun roman. Une fois dans la maison, ces livres dangereux pourraient corrompre les filles de Madame, et le domestique lui-même.

— Vous oubliez les pamphlets politiques, ajouta M. de Rênal, d'un air hautain. Il voulait cacher l'admiration que lui donnait le savant mezzo-termine[38] inventé par le précepteur de ses enfants.

La vie de Julien se composait ainsi d'une suite de petites négociations, et leur succès l'occupait beaucoup plus que le sentiment de préférence marquée qu'il n'eût tenu qu'à lui de lire dans le cœur de Mme de Rênal.

La position morale où il avait été toute sa vie se renouvelait chez M. le maire de Verrières. Là, comme à la scierie de son père, il méprisait profondément les gens avec qui il vivait, et en était haï. Il voyait chaque jour dans les récits faits par le sous-préfet, par M. Valenod, par les autres amis

---

36. Après ou pour l'avoir vu (mots latins). — 37. Journal ultra. — 38. Juste milieu, solution de compromis; ces mots italiens sont employés ici pour désigner le stratagème de Julien.

de la maison, à l'occasion de choses qui venaient de se passer sous leurs yeux, combien leurs idées ressemblaient peu à la réalité. Une action lui semblait-elle admirable, c'était celle-là précisément qui attirait le blâme des gens qui l'environnaient. Sa réplique intérieure était toujours: « Quels monstres ou quels sots! » Le plaisant, avec tant d'orgueil, c'est que souvent il ne comprenait absolument rien à ce dont on parlait.

De la vie, il n'avait parlé avec sincérité qu'au vieux chirurgien-major; le peu d'idées qu'il avait étaient relatives aux campagnes de Bonaparte en Italie, ou à la chirurgie. Son jeune courage se plaisait au récit circonstancié des opérations les plus douloureuses. Il se disait: «Je n'aurais pas sourcillé.»

La première fois que Mme de Rênal essaya avec lui une conversation étrangère à l'éducation des enfants, il se mit à parler d'opérations chirurgicales; elle pâlit et le pria de cesser. Julien ne savait rien au delà. Ainsi, passant sa vie avec Mme de Rênal, le silence le plus singulier s'établissait entre eux dès qu'ils étaient seuls. Dans le salon, quelle que fût l'humilité de son maintien, elle trouvait dans ses yeux un air de supériorité intellectuelle envers tout ce qui venait chez elle. Se trouvait-elle seule un instant avec lui, elle le voyait visiblement embarrassé. Elle en était inquiète, car son instinct de femme lui faisait comprendre que cet embarras n'était nullement tendre.

D'après je ne sais quelle idée prise dans quelque récit de la bonne société, telle que l'avait vue le vieux chirurgien-major, dès qu'on se taisait dans un lieu où il se trouvait avec une femme, Julien se sentait humilié, comme si ce silence eût été son tort particulier. Cette sensation était cent fois plus pénible dans le tête-à-tête. Son imagination remplie des notions les plus exagérées, les plus espagnoles, sur ce qu'un homme doit dire quand il est seul avec une femme, ne lui offrait dans son trouble que des idées inadmissibles. Son âme était dans les nues, et cependant il ne pouvait sortir du silence le plus humiliant. Ainsi son air sévère, pendant ses longues promenades avec Mme de Rênal et les enfants, était augmenté par les souffrances les plus cruelles. Il se méprisait horriblement. Si par malheur il se forçait à parler, il lui arrivait de dire les choses les plus ridicules. Pour comble de misère, il voyait et s'exagérait son absurdité. Mais ce qu'il ne voyait pas, c'était l'expression de ses yeux: ils étaient si beaux et annonçaient une âme si ardente, que, semblables aux bons acteurs, ils donnaient quelquefois un sens charmant à ce qui n'en avait pas. Mme de Rênal remarqua que, seul avec elle, il n'arrivait jamais à dire quelque chose de bien que lorsque, distrait par quelque événement imprévu, il ne songeait pas à bien tourner un compliment. Comme les amis de la maison ne la gâtaient pas en lui présentant des idées nouvelles et brillantes, elle jouissait avec délices des éclairs d'esprit de Julien.

Depuis la chute de Napoléon, toute apparence de galanterie est sévèrement bannie des mœurs de la province. On a peur d'être destitué. Les fripons cherchent un appui dans la congrégation, et l'hypocrisie a fait les plus beaux progrès, même dans les classes libérales. L'ennui redouble. Il ne reste d'autre plaisir que la lecture et l'agriculture.

Mme de Rênal, riche héritière d'une tante dévote, mariée à seize ans à un bon gentilhomme, n'avait de sa vie éprouvé ni vu rien qui ressemblât le moins du monde à l'amour. Ce n'était guère que son confesseur, le bon curé Chélan, qui lui avait parlé de l'amour, à propos des poursuites de M. Valenod, et il lui en avait fait une image si dégoûtante, que ce mot ne lui représentait que l'idée du libertinage le plus abject. Elle regardait comme une exception, ou même comme tout à fait hors de nature, l'amour tel qu'elle l'avait trouvé dans le très petit nombre de romans que le hasard avait mis sous ses yeux. Grâce à cette ignorance, Mme de Rênal, parfaitement heureuse, occupée sans cesse de Julien, était loin de se faire le plus petit reproche.

VIII. Petits Evénements

L'angélique douceur que Mme de Rênal devait à son caractère et à son bonheur actuel n'était un peu altérée que quand elle venait à songer à sa femme de chambre

Elisa. Cette fille fit un héritage, alla se confesser au curé de Chélan et lui avoua le projet d'épouser Julien. Le curé eut une véritable joie du bonheur de son ami; mais sa surprise fut extrême quand Julien lui dit d'un air résolu que l'offre de Mlle Elisa ne pouvait lui convenir.

— Prenez garde, mon enfant, à ce qui se passe dans votre cœur, dit le curé fronçant le sourcil. Je vous félicite de votre vocation, si c'est à elle seule que vous devez le mépris d'une fortune plus que suffisante. Il y a cinquante-six ans sonnés que je suis curé de Verrières, et cependant, suivant toute apparence, je vais être destitué. Ceci m'afflige, et toutefois j'ai huit cents livres de rente. Je vous fais part de ce détail afin que vous ne vous fassiez pas d'illusions sur ce qui vous attend dans l'état de prêtre. Si vous songez à faire la cour aux hommes qui ont la puissance, votre perte éternelle est assurée. Vous pourrez faire fortune, mais il faudra nuire aux misérables, flatter le sous-préfet, le maire, l'homme considéré, et servir ses passions. Cette conduite, qui dans le monde s'appelle savoir-vivre, peut, pour un laïc, n'être pas absolument incompatible avec le salut. Mais, dans notre état, il faut opter: il s'agit de faire fortune dans ce monde ou dans l'autre. Il n'y a pas de milieu[39]. Allez, mon cher ami, réfléchissez, et revenez dans trois jours me rendre une réponse définitive. J'entrevois avec peine, au fond de votre caractère, une ardeur sombre qui ne m'annonce pas la modération et la parfaite abnégation des avantages terrestres nécessaires à un prêtre. J'augure bien de votre esprit; mais, permettez-moi de vous le dire, ajouta le bon curé, les larmes aux yeux, dans l'état de prêtre, je tremblerai pour votre salut.

Julien avait honte de son émotion. Pour la première fois de sa vie, il se voyait aimé. Il pleurait avec délices, et alla cacher ses larmes dans les grands bois au-dessus de Verrières.

«Pourquoi l'état où je me trouve?» se dit-il enfin. «Je sens que je donnerais cent fois ma vie pour ce bon curé Chélan, et cependant il vient de me prouver que je ne suis qu'un sot. C'est lui surtout qu'il m'importe de tromper, et il me devine. Cette ardeur secrète dont il me parle, c'est mon projet de faire fortune. Il me croit indigne d'être prêtre, et cela précisément quand je me figurais que le sacrifice de cinquante louis de rente allait lui donner la plus haute idée de ma piété et de ma vocation.

«A l'avenir, continua Julien, je ne compterai que sur les parties de mon caractère que j'aurai éprouvées. Qui m'eût dit que je trouverais du plaisir à répandre des larmes! que j'aimerais celui qui me prouve que je ne suis qu'un sot!»

Trois jours après, Julien avait trouvé le prétexte dont il eût dû se munir dès le premier jour; ce prétexte était une calomnie, mais qu'importe? Il avoua au curé, avec beaucoup d'hésitation, qu'une raison qu'il ne pouvait lui expliquer, parce qu'elle nuirait à un tiers, l'avait détourné tout d'abord de l'union projetée. C'était accuser la conduite d'Elisa. M. Chélan trouva dans ses manières un certain feu tout mondain, bien différent de celui qui eût dû animer un jeune lévite[40].

— Mon ami, lui dit-il encore, soyez un bon bourgeois de campagne, estimable et instruit, plutôt qu'un prêtre sans vocation.

Julien répondit à ces nouvelles remontrances, fort bien, quant aux paroles: il trouvait les mots qu'eût employés un jeune séminariste fervent. Mais le ton dont il les prononçait, mais le feu mal caché qui éclatait dans ses yeux alarmaient M. Chélan.

Il ne faut pas trop mal augurer de Julien. Il inventait correctement les paroles d'une hypocrisie cauteleuse et prudente; ce n'est pas mal à son âge. Quant au ton et aux gestes, il vivait avec des campagnards; il avait été privé de la vue des grands modèles. Par la suite, à peine lui eut-il été donné d'approcher de ces messieurs, qu'il fut admirable pour les gestes comme pour les paroles.

Mme de Rênal fut étonnée que la nouvelle fortune de sa femme de chambre ne rendît pas cette fille plus heureuse. Elle la

---

39. Lisez: il n'y a pas de compromis possible; il n'y a pas moyen d'éviter le choix. — 40. Prêtre.

voyait aller sans cesse chez le curé, et en revenir les larmes aux yeux. Enfin Elisa lui parla de son mariage.

Mme de Rênal se crut malade. Une sorte de fièvre l'empêchait de trouver le sommeil; elle ne vivait que lorsqu'elle avait sous les yeux sa femme de chambre ou Julien. Elle ne pouvait penser qu'à eux et au bonheur qu'ils trouveraient dans leur ménage. La pauvreté de cette petite maison, où l'on devrait vivre avec cinquante louis de rente, se peignait à elle sous des couleurs ravissantes. Julien pourrait très bien se faire avocat à Bray, la sous-préfecture à deux lieues de Verrières; dans ce cas elle le verrait quelquefois.

Mme de Rênal crut sincèrement qu'elle allait devenir folle; elle le dit à son mari, et enfin tomba malade. Le soir même, comme sa femme de chambre la servait, elle remarqua que cette fille pleurait. Elle abhorrait Elisa dans ce moment, et venait de la brusquer; elle lui en demanda pardon. Les larmes d'Elisa redoublèrent; elle dit que si sa maîtresse le lui permettait, elle lui conterait tout son malheur.

— Dites, répondit Mme de Rênal.

— Eh bien, Madame, il me refuse. Des méchants lui auront dit du mal de moi; il les croit.

— Qui vous refuse? dit Mme de Rênal respirant à peine.

— Eh qui, Madame, si ce n'est M. Julien? répliqua la femme de chambre en sanglotant. M. le curé n'a pu vaincre sa résistance; car M. le curé trouve qu'il ne doit pas refuser une honnête fille, sous prétexte qu'elle a été femme de chambre. Après tout, le père de M. Julien n'est autre chose qu'un charpentier. Lui-même comment gagnait-il sa vie avant d'être chez Madame?

Mme de Rênal n'écoutait plus: l'excès du bonheur lui avait presque ôté l'usage de la raison. Elle se fit répéter plusieurs fois l'assurance que Julien avait refusé d'une façon positive, et qui ne permettait plus de revenir à une résolution plus sage.

— Je veux tenter un dernier effort, dit-elle à sa femme de chambre. Je parlerai à M. Julien.

Le lendemain après le déjeuner, Mme de Rênal se donna la délicieuse volupté de plaider la cause de sa rivale, et de voir la main et la fortune d'Elisa refusées constamment pendant une heure.

Peu à peu Julien sortit de ses réponses compassées, et finit par répondre avec esprit aux sages représentations de Mme de Rênal. Elle ne put résister au torrent de bonheur qui inondait son âme après tant de jours de désespoir. Elle se trouva mal tout à fait. Quand elle fut remise et bien établie dans sa chambre, elle renvoya tout le monde. Elle était profondément étonnée. «Aurais-je de l'amour pour Julien?», se dit-elle enfin.

Cette découverte, qui dans tout autre moment l'aurait plongée dans les remords et dans une agitation profonde, ne fut pour elle qu'un spectacle singulier, mais comme indifférent. Son âme, épuisée par tout ce qu'elle venait d'éprouver, n'avait plus de sensibilité au service des passions.

Mme de Rênal voulut travailler, et tomba dans un profond sommeil. Quand elle se réveilla, elle ne s'effraya pas autant qu'elle l'aurait dû. Elle était trop heureuse pour pouvoir prendre en mal quelque chose. Naïve et innocente, jamais cette bonne provinciale n'avait torturé son âme, pour tâcher d'en arracher un peu de sensibilité à quelque nouvelle nuance de sentiment ou de malheur. Entièrement absorbée, avant l'arrivée de Julien, par cette masse de travail qui, loin de Paris, est le lot d'une bonne mère de famille, Mme de Rênal pensait aux passions comme nous pensons à la loterie: duperie certaine et bonheur cherché par des fous.

La cloche du dîner sonna. Mme de Rênal rougit beaucoup quand elle entendit la voix de Julien, qui amenait les enfants. Un peu adroite depuis qu'elle aimait, pour expliquer sa rougeur, elle se plaignit d'un affreux mal de tête.

— Voilà comme sont toutes les femmes, lui répondit M. de Rênal, avec un gros rire. Il y a toujours quelque chose à raccommoder à ces machines-là!

Quoique accoutumée à ce genre d'esprit, ce ton de voix choqua Mme de Rênal. Pour se distraire, elle regarda la physionomie de Julien; il eût été l'homme le plus laid, que dans cet instant il lui eût plu.

Attentif à copier les habitudes des gens de cour, dès les premiers beaux jours du printemps, M. de Rênal s'établit à Vergy. C'est le village rendu célèbre par l'aventure tragique de Gabrielle[41]. A quelque centaines de pas des ruines si pittoresques de l'ancienne église gothique, M. de Rênal possède un vieux château avec ses quatres tours, et un jardin dessiné comme celui des Tuileries, avec force bordures de buis et allées de marronniers taillés deux fois par an. Un champ voisin, planté de pommiers, servait de promenade. Huit ou dix noyers magnifiques étaient au bout du verger; leur feuillage immense s'élevait peut-être à quatre-vingts pieds de hauteur.

Chacun de ces maudits noyers, disait M. de Rênal quand sa femme les admirait, me coûte la récolte d'un demi-arpent; le blé ne peut venir sous leur ombre.

La vue de la campagne sembla nouvelle à Mme de Rênal; son admiration allait jusqu'aux transports. Le sentiment dont elle était animée lui donnait de l'esprit et de la résolution. Dès le surlendemain de l'arrivée à Vergy, M. de Rênal étant retourné à la ville pour les affaires de la mairie, Mme de Rênal prit des ouvriers à ses frais. Julien lui avait donné l'idée d'un petit chemin sablé, qui circulerait dans le verger et sous les grands noyers, et permettrait aux enfants de se promener dès le matin sans que leurs souliers fussent mouillés par la rosée. Cette idée fut mise à exécution moins de vingt-quatre heures après avoir été conçue. Mme de Rênal passa toute la journée gaiement avec Julien à diriger les ouvriers.

Lorsque le maire de Verrières revint de la ville, il fut bien surpris de trouver l'allée faite. Son arrivée surprit aussi Mme de Rênal: elle avait oublié son existence. Pendant deux mois, il parla avec humeur de la hardiesse qu'on avait eue de faire, sans le consulter, une *réparation* aussi importante, mais Mme de Rênal l'avait exécutée à ses frais, ce qui le consolait un peu.

Elle passait ses journées à courir avec ses enfants dans le verger, et à faire la chasse aux papillons. On avait construit de grands capuchons de gaze claire, avec lesquels on prenait les pauvres *lépidoptères*. C'est le nom barbare que Julien apprenait à Mme de Rênal. Car elle avait fait venir de Besançon le bel ouvrage de M. Godart[42], et Julien lui racontait les mœurs singulières de ces pauvres bêtes. On les piquait sans pitié avec des épingles dans un grand cadre de carton arrangé aussi par Julien.

Il y eut enfin entre Mme de Rênal et Julien un sujet de conversation; il ne fut plus exposé à l'affreux supplice que lui donnaient les moments de silence.

Ils se parlaient sans cesse, et avec un intérêt extrême, quoique toujours de choses fort innocentes. Cette vie active, occupée et gaie, était du goût de tout le monde, excepté de Mlle Elisa, qui se trouvait excédée de travail.

— Jamais dans le carnaval, disait-elle, quand il y a bal à Verrières, Madame ne s'est donné tant de soins pour sa toilette; elle change de robes deux ou trois fois par jour.

Comme notre intention est de ne flatter personne, nous ne nierons point que Mme de Rênal, qui avait une peau superbe, ne se fît arranger des robes qui laissaient les bras et la poitrine fort découverts. Elle était très bien faite, et cette manière de se mettre lui allait à ravir.

— Jamais vous n'avez été si jeune, Madame, lui disaient ses amis de Verrières qui venaient dîner à Vergy. (C'est une façon de parler du pays.)

Une chose singulière, qui trouvera peu de croyance parmi nous, c'était sans intention directe que Mme de Rênal se livrait à tant de soins. Elle y trouvait du plaisir; et sans y songer autrement, tout le temps qu'elle ne passait pas à la chasse aux papillons avec les enfants et Julien, elle travaillait avec Elisa à bâtir des robes. Sa seule course à Verrières fut causée par l'envie d'acheter de nouvelles robes d'été qu'on venait d'apporter de Mulhouse.

Elle ramena à Vergy une jeune femme de ses parentes. Depuis son mariage, Mme

---

41. L'héroïne d'un poème anonyme du XIIIᵉ siècle, *La Châtelaine de Vergi*; elle meurt tragiquement après avoir mangé, sans le savoir, le cœur de son amant défunt. Vergy (orthographe moderne) n'est pas en Franche-Comté. — 42. Auteur d'une *Histoire naturelle des lépidoptères de France*.

de Rênal s'était liée insensiblement avec Mme Derville qui autrefois avait été sa compagne au *Sacré-Cœur*.

Mme Derville riait beaucoup de ce qu'elle appelait les idées folles de sa cousine:

— Seule, jamais je n'y penserais, disait-elle.

Ces idées imprévues qu'on eût appelées saillies à Paris, Mme de Rênal en avait honte comme d'une sottise, quand elle était avec son mari. Mais la présence de Mme Derville lui donnait du courage. Elle lui disait d'abord ses pensées d'une voix timide. Quand ces dames étaient longtemps seules, l'esprit de Mme de Rênal s'animait, et une longue matinée solitaire passait comme un instant et laissait les deux amies fort gaies. A ce voyage, la raisonnable Mme Derville trouva sa cousine beaucoup moins gaie et beaucoup plus heureuse.

Julien, de son côté, avait vécu en véritable enfant depuis son séjour à la campagne, aussi heureux de courir à la suite des papillons que ses élèves. Après tant de contrainte et de politique habile, seul, loin des regards des hommes, et, par instinct, ne craignant point Mme de Rênal, il se livrait au plaisir d'exister, si vif à cet âge, et au milieu des plus belles montagnes du monde.

Dès l'arrivée de Mme Derville, il sembla à Julien qu'elle était son amie. Il se hâta de lui montrer le point de vue que l'on a de l'extrémité de la nouvelle allée sous les grands noyers. Dans le fait, il est égal, si ce n'est supérieur à ce que la Suisse et les lacs d'Italie peuvent offrir de plus admirable.

Si l'on monte la côte rapide qui commence à quelques pas de là, on arrive bientôt à de grands précipices bordés par des bois de chênes, qui s'avancent presque jusque sur la rivière. C'est sur les sommets de ces rochers coupés à pic que Julien, heureux, libre, et même quelque chose de plus, roi de la maison, conduisait les deux amies et jouissait de leur admiration pour ces aspects sublimes.

— C'est pour moi comme de la musique de Mozart, disait Mme Derville.

La jalousie de ses frères, la présence d'un père despote et rempli d'humeur avaient gâté aux yeux de Julien les campagnes des environs de Verrières. A Vergy, il ne trouvait point de ces souvenirs amers; pour la première fois de sa vie, il ne voyait point d'ennemi. Quand M. de Rênal était à la ville, ce qui arrivait souvent, il osait lire. Bientôt, au lieu de lire la nuit, et encore en ayant soin de cacher sa lampe au fond d'un vase à fleurs renversé, il put se livrer au sommeil. Le jour, dans l'intervalle des leçons des enfants, il venait dans ces rochers avec le livre, unique règle de sa conduite et objet de ses transports. Il y trouvait à la fois bonheur, extase et consolation dans les moments de découragement.

Certaines choses que Napoléon dit des femmes, plusieurs discussions sur le mérite des romans à la mode sous son règne lui donnèrent alors, pour la première fois, quelques idées que tout autre jeune homme de son âge aurait eues depuis longtemps.

Les grandes chaleurs arrivèrent. On prit l'habitude de passer les soirées sous un immense tilleul à quelques pas de la maison. L'obscurité y était profonde. Un soir, Julien parlait avec action; il jouissait avec délices du plaisir de bien parler et à des femmes jeunes. En gesticulant, il toucha la main de Mme de Rênal qui était appuyée sur le dos d'une de ces chaises de bois peint que l'on place dans les jardins. Cette main se retira bien vite, mais Julien pensa qu'il était de son *devoir* d'obtenir que l'on ne retirât pas cette main quand il la touchait. L'idée d'un devoir à accomplir, et d'un ridicule ou plutôt d'un sentiment d'infériorité à encourir si l'on n'y parvenait pas, éloigna sur-le-champ tout plaisir de son cœur.

IX. Une Soirée à la campagne

Ses regards, le lendemain, quand il revit Mme de Rênal, étaient singuliers; il l'observait comme un ennemi avec lequel il va falloir se battre. Ces regards, si différents de ceux de la veille, firent perdre la tête à Mme de Rênal: elle avait été bonne pour lui, et il paraissait fâché. Elle ne pouvait détacher ses regards des siens.

La présence de Mme Derville permettait à Julien de moins parler et de s'occuper davantage de ce qu'il avait dans la tête. Son unique affaire, toute cette journée, fut de se fortifier par la lecture du livre inspiré qui retrempait son âme.

Il abrégea beaucoup les leçons des enfants, et ensuite, quand la présence de Mme de Rênal vint le rappeler tout à fait aux soins de sa gloire, il décida qu'il fallait absolument qu'elle permît ce soir-là que sa main restât dans la sienne.

Le soleil en baissant, et rapprochant le moment décisif, fit battre le cœur de Julien d'une façon singulière. La nuit vint. Il observa, avec une joie qui lui ôta un poids immense de dessus la poitrine, qu'elle serait fort obscure. Le ciel chargé de gros nuages, promenés par un vent très chaud, semblait annoncer une tempête. Les deux amies se promenèrent fort tard. Tout ce qu'elles faisaient ce soir-là semblait singulier à Julien. Elles jouissaient de ce temps qui, pour certaines âmes délicates, semble augmenter le plaisir d'aimer.

On s'assit enfin, Mme de Rênal à côté de Julien, et Mme Derville près de son amie. Préoccupé de ce qu'il allait tenter, Julien ne trouvait rien à dire. La conversation languissait.

«Serai-je aussi tremblant et malheureux au premier duel qui me viendra?» se dit Julien, car il avait trop de méfiance et de lui et des autres pour ne pas voir l'état de son âme.

Dans sa mortelle angoisse, tous les dangers lui eussent semblé préférables. Que de fois ne désira-t-il pas voir survenir à Mme de Rênal quelque affaire qui l'obligeât de rentrer à la maison et de quitter le jardin! La violence que Julien était obligé de se faire était trop forte pour que sa voix ne fût pas profondément altérée; bientôt la voix de Mme de Rênal devint tremblante aussi, mais Julien ne s'en aperçut point. L'affreux combat que le devoir livrait à la timidité était trop pénible pour qu'il fût en état de rien observer hors de lui-même. Neuf heures trois quarts venaient de sonner à l'horloge du château, sans qu'il eût encore rien osé. Julien, indigné de sa lâcheté, se dit: «Au moment précis où dix heures sonneront, j'exécuterai ce que, pendant toute la journée, je me suis promis de faire ce soir, ou je monterai chez moi me brûler la cervelle.»

Après un dernier moment d'attente et d'anxiété, pendant lequel l'excès de l'émotion mettait Julien comme hors de lui, dix heures sonnèrent à l'horloge qui était au-dessus de sa tête. Chaque coup de cette cloche fatale retentissait dans sa poitrine, et y causait comme un mouvement physique.

Enfin, comme le dernier coup de dix heures retentissait encore, il étendit la main et prit celle de Mme de Rênal, qui la retira aussitôt. Julien, sans trop savoir ce qu'il faisait, la saisit de nouveau. Quoique bien ému lui-même, il fut frappé de la froideur glaciale de la main qu'il prenait. Il la serrait avec une force convulsive; on fit un dernier effort pour la lui ôter, mais enfin cette main lui resta.

Son âme fut inondée de bonheur: non qu'il aimât Mme de Rênal, mais un affreux supplice venait de cesser. Pour que Mme Derville ne s'aperçût de rien, il se crut obligé de parler; sa voix alors était éclatante et forte. Celle de Mme de Rênal, au contraire, trahissait tant d'émotion que son amie la crut malade et lui proposa de rentrer. Julien sentit le danger: «Si Mme de Rênal rentre au salon, je vais retomber dans la position affreuse où j'ai passé la journée. J'ai tenu cette main trop peu de temps pour que cela compte comme un avantage qui m'est acquis.»

Au moment où Mme Derville renouvelait la proposition de rentrer au salon, Julien serra fortement la main qu'on lui abandonnait. Mme de Rênal, qui se levait déjà, se rassit en disant, d'une voix mourante:

— Je me sens, à la vérité, un peu malade, mais le grand air me fait du bien.

Ces mots confirmèrent le bonheur de Julien, qui, dans ce moment, était extrême: il parla, il oublia de feindre, il parut l'homme le plus aimable aux deux amies qui l'écoutaient. Cependant il y avait encore un peu de manque de courage dans cette éloquence qui lui arrivait tout à coup. Il craignait mortellement que Mme Derville, fatiguée du vent qui commençait à s'élever et qui précédait la tempête, ne voulût rentrer seule au salon. Alors il serait resté en tête à tête avec Mme de Rênal. Il avait eu presque par hasard le courage aveugle qui suffit pour agir; mais il sentait qu'il était hors de sa puissance de dire le mot le plus simple à Mme de Rênal. Quelque légers que fussent ses reproches, il allait être battu, et l'avantage qu'il venait d'obtenir anéanti.

Heureusement pour lui, ce soir-là, ses discours touchants et emphatiques trouvèrent grâce devant Mme Derville, qui très souvent le trouvait gauche comme un enfant, et peu amusant. Pour Mme de Rênal, la main dans celle de Julien, elle ne pensait à rien; elle se laissait vivre. Les heures qu'on passa sous ce grand tilleul, que la tradition du pays dit planté par Charles le Téméraire[43], furent pour elle une époque de bonheur. Elle écoutait avec délices les gémissements du vent dans l'épais feuillage du tilleul, et le bruit de quelques gouttes rares qui commençaient à tomber sur ses feuilles les plus basses. Julien ne remarqua pas une circonstance qui l'eût bien rassuré: Mme de Rênal, qui avait été obligée de lui ôter sa main, parce qu'elle se leva pour aider sa cousine à relever un vase de fleurs que le vent venait de renverser à leurs pieds, fut à peine assise de nouveau, qu'elle lui rendit sa main presque sans difficulté, et comme si déjà c'eût été entre eux une chose convenue.

Minuit était sonné depuis longtemps; il fallut enfin quitter le jardin. On se sépara. Mme de Rênal, transportée du bonheur d'aimer, était tellement ignorante qu'elle ne se faisait presque aucun reproche. Le bonheur lui ôtait le sommeil. Un sommeil de plomb s'empara de Julien, mortellement fatigué des combats que toute la journée la timidité et l'orgueil s'étaient livrés dans son cœur.

Le lendemain on le réveilla à cinq heures; et, ce qui eût été cruel pour Mme de Rênal si elle l'eût su, à peine lui donna-t-il une pensée. Il avait fait *son devoir, et un devoir héroïque.* Rempli de bonheur par ce sentiment, il s'enferma à clef dans sa chambre et se livra avec un plaisir tout nouveau à la lecture des exploits de son héros.

Quand la cloche du déjeuner se fit entendre, il avait oublié, en lisant les bulletins de la Grande Armée, tous ses avantages de la veille. Il se dit, d'un ton léger, en descendant au salon: « Il faut dire à cette femme que je l'aime. »

---

43. Duc de Bourgogne au XVᵉ siècle.

Matière à réflexion

1. Identifiez les « intrusions » de l'auteur dans son œuvre (voir p. 133). Dans chaque cas, indiquez si l'auteur intervient pour 1° juger ses personnages, 2° faire des réflexions générales d'ordre sociologique, psychologique ou moral, 3° expliquer un point qui risque de ne pas être compris du lecteur, ou 4° commenter ses propres procédés d'auteur. Quelles conclusions peut-on en tirer sur l'« interventionnisme » de l'auteur?

2. Quelle image Stendhal nous offre-t-il de la bourgeoisie de province? Etudiez en particulier le personnage de M. de Rênal. Donnez des exemples de « l'atmosphère empestée des petits intérêts d'argent » et de « la tyrannie de l'opinion » (Chapitre I).

3. Faites un portrait de Julien. En quoi diffère-t-il de son père et de ses frères? des bourgeois de Verrières? Que pense-t-il d'eux? Quelles sont ses ambitions? En quoi consiste son « hypocrisie »? son sens du devoir? Par quel raisonnement est-il arrivé à sa décision: « Il faut être prêtre » (Chapitre V)? Qu'en conclure sur son caractère?

4. En quoi Mme de Rênal diffère-t-elle de son mari? Qu'est-ce qui explique « le succès du petit paysan Julien » auprès d'elle (Chapitre VII)?

5. Commentez la scène prémonitoire où, sans s'en rendre compte, Julien lit son destin sur un morceau de papier étalé sur le prie-Dieu de l'église (Chapitre V). Cette scène a été beaucoup critiquée: « Ce présage un peu gros, a-t-on dit, est une erreur qui serait à sa place dans un "roman pour femmes de chambre" (pour employer une expression que Stendhal lui-même appliquait volontiers aux romans inférieurs), mais qui est indigne d'un grand écrivain. » Mais on a répondu, à la décharge de Stendhal, que ce signe annonciateur a pour effet de faire peser sur Julien, comme sur le héros d'une tragédie antique, une sorte de fatalité; nous voilà avertis qu'une fois franchi « le premier pas », Julien ne pourra plus échapper à son destin. Pour d'autres, la scène procéderait d'une *intention ludique:* Stendhal jouerait avec son lecteur, tout en se jouant des conventions du genre romanesque (voir à ce propos E. Talbot, *Stendhal Revisited*). En effet, *au Chapitre V* d'un roman de Balzac paru peu avant *Le Rouge,* l'héroïne voit de mauvais présages *dans une église.* Coïncidence? On a même vu dans l'eau bénite, rougie par la lumière, la clef de l'énigme du titre. Mais dans cette hypothèse, où serait le noir?

Balzac

« **I**l en est de la lecture comme des auberges espagnoles », disait André Maurois: « on n'y trouve que ce qu'on y apporte. » C'est joliment dit, et c'est faux. Mais ne serait-on pas tenté de le croire en lisant les jugements dont Balzac a fait l'objet depuis un siècle et demi? Peut-on être à la fois matérialiste et mystique, réaliste et idéaliste, amasseur de documents et créateur prodigieux? Cette diversité des lectures est une preuve de la richesse de l'œuvre: là où il y a un peu de tout, on est sûr de trouver ce que l'on cherche.

Né à Tours, Honoré de Balzac (1799–1850) achève ses études secondaires à Paris où sa famille s'est établie après la chute de Napoléon. Ses parents, l'ayant destiné au droit, le place comme clerc chez un notaire, mais il aura bientôt une autre ambition: lorsqu'en 1819 sa famille quitte la capitale, le jeune homme annonce son intention d'y rester afin de poursuivre une carrière littéraire. L'échec de ses premières tentatives l'amène à s'essayer aux affaires où il a encore moins de succès.

Pour payer ses dettes Balzac se remet à écrire; cette fois la littérature lui réussira. Son ambition littéraire n'a d'égal que son goût du luxe, et c'est pour les satisfaire qu'il s'impose un rythme infernal de production. Son régime de travail est devenu légendaire: il se couche à six heures du soir, se lève à minuit, travaille toute la nuit et la plupart de la journée, se soutenant par d'énormes doses de café concentré et ne s'interrompant que pour manger ou pour parler aux éditeurs. Puis, son œuvre terminée après cinq ou six semaines de claustration, il reparaît dans les salons et au théâtre, avant de se replonger quelques jours plus tard dans le roman suivant. De temps en temps il doit déménager ou se cacher pour échapper à ses créanciers, car plus il s'enrichit, plus il s'endette.

Ayant épousé en 1850 une riche comtesse polonaise, il peut enfin se reposer. Aux soucis d'argent succèdent malheureusement des soucis de santé: usé par son long surmenage, il meurt cinq mois après le mariage, à l'âge de cinquante et un ans.

De l'œuvre immense de Balzac la partie la meilleure et la plus importante est certainement celle qui relève des genres narratifs (roman, nouvelle et conte). Il avait déjà publié une cinquantaine de récits lorsqu'en 1833 il conçut l'idée originale de faire revenir les mêmes personnages d'une histoire à l'autre et à des âges différents. L'année suivante le plan d'ensemble est arrêté: dans une première série intitulée *Etudes de mœurs* seront décrits «tous les effets sociaux, sans que ni une situation de la vie, ni une physionomie, ni un caractère d'homme ou de femme, ni une manière de vivre, ni une profession, ni une zone sociale, ni un pays français, ni quoi que ce soit de l'enfance, de la vieillesse, de l'âge mûr, de la politique, de la justice, de la guerre, ait été oublié» (lettre du 26 oct. 1834). Ce que Balzac se propose n'est rien de moins que *la peinture intégrale de la société française* dans les quatre premières décennies du XIXᵉ siècle. Et comme si ce n'était pas assez, il envisage, après avoir décrit «les effets», d'en expliquer «les causes et les principes» dans deux séries supplémentaires intitulées *Etudes philosophiques* et *Etudes analytiques*. Lorsqu'en 1842 il publie ses œuvres complètes, il donne à l'ensemble son titre définitif: «L'immensité d'un plan qui embrasse à la fois l'histoire et la critique de la société [...] m'autorise, je crois, à donner à mon ouvrage le titre sous lequel il paraît aujourd'hui: *La Comédie humaine*» (*Avant-Propos*).

La Comédie humaine comprend quatre-vingt-treize romans et nouvelles dont la rédaction s'étend de 1829 à 1847. Il n'est pas étonnant qu'un ensemble si vaste et si hétérogène se présente différemment à différentes époques. Ainsi la critique, après avoir insisté sur les aspects *réalistes* de l'œuvre, préfère-t-elle en retenir aujourd'hui le côté *irréaliste*, visionnaire, idéaliste même.

Le réalisme de Balzac. — Aux environs de 1855 quelques écrivains d'avantgarde commencent à se qualifier de *réalistes;* à la recherche de précurseurs, tous se réclament de Balzac. La critique, les croyant sur parole, confirmera cette paternité: dans les manuels littéraires de la fin du XIXᵉ siècle et du début du XXᵉ, Balzac est invariablement «le père... le maître incontesté... le représentant le plus complet du réalisme»[1]. Voir ainsi en Balzac un pré-réaliste, c'est privilégier, à l'exclusion des autres aspects de l'œuvre, ceux qui avaient frappé les lecteurs de 1830–1850. En voici les principaux:

1° Comme les réalistes d'après 1850, Balzac vise à la reproduction exacte de la réalité: comme eux, il prétend ne vouloir être que «le plus humble des copistes» (préface d'*Eugénie Grandet*), «le secrétaire de la société» (*Avant-Propos* de *La Comédie humaine*). Ainsi s'explique l'importance qu'il accorde à la documentation et surtout à *l'observation*.

2° Comme les réalistes de la deuxième moitié du siècle, Balzac prétend à l'exhaustivité. Dans sa peinture de la société française doivent figurer toutes les classes, toutes les conditions, tous les caractères — *tout*. Malheureusement on ne peut pas tout dire, la sélectivité étant le principe même de l'art. Balzac a dû donc choisir, et

---

1. Sur le développement et la doctrine du réalisme, voir pp. 219–221.

dans ses choix il se révèle innovateur et précurseur. *Innovateur,* parce qu'il est le premier écrivain à avoir accordé une si grande importance à la *matérialité* de l'existence humaine, et en particulier aux nombreuses variations sur *le thème de l'argent* (l'avarice, le jeu, les affaires, l'usure, le vol...). Chez Balzac on travaille beaucoup, on gagne de l'argent, on en perd. Certes on aime aussi, comme dans les romans antérieurs, mais le plus souvent l'amour se trouve étrangement *matérialisé:* « Quelques moralistes pensent que l'amour est la passion la plus désintéressée, la moins calculatrice de toutes. [...] Cette opinion comporte une erreur grossière. Si la plupart des hommes ignorent les raisons qui font aimer, toute sympathie physique ou morale n'en est pas moins basée sur des calculs faits par l'esprit, le sentiment ou la brutalité. L'amour est une passion essentiellement égoïste » (*César Birotteau*). Balzac est *précurseur* dans ses choix, parce qu'il marque, comme le feront plus tard les réalistes et les naturalistes, une nette prédilection pour les aspects bas et vilains de la vie et de l'humanité.

3° Comme les écrivains naturalistes d'après 1870 qui pousseront à l'extrême certaines tendances des réalistes, Balzac semble vouloir appuyer son œuvre de romancier sur des *prétentions scientifiques.* Toute la conception de *La Comédie humaine* provient d'« une comparaison entre l'humanité et l'animalité », affirme-t-il dans l'*Avant-Propos* de 1842. Les milieux sociaux exercent sur les hommes une action aussi déterminante que l'influence subie par les animaux dans la nature; c'est la raison pour laquelle « il existera de tout temps des espèces sociales comme il y a des espèces zoologiques ». Or les zoologistes ayant réussi à décrire les espèces animales, « n'y avait-il pas une œuvre de ce genre à faire pour la société? » Telle est précisément l'ambition de Balzac dans *La Comédie humaine.* Pour la réaliser, il a soin d'étudier à fond l'« habitat » de ses personnages — quartiers, rues, maisons, pièces, ameublement, bibelots... Ainsi se justifient, assure Balzac, les descriptions minutieuses et parfois fastidieuses qu'il place si souvent au début de ses récits.

L'« idéalisme » de Balzac. — Ce que l'œuvre balzacienne présentait de plus original en 1830, ce sont surtout les aspects réalistes que nous venons d'énumérer. Cependant quelques esprits perspicaces devaient remarquer déjà au XIXe siècle ce qui est pour nous une évidence: cet « humble copiste » est un grand créateur chez qui l'imagination l'emporte de beaucoup sur l'observation. Loin de *transcrire* le monde qu'il voit, Balzac le *transfigure* selon une vision qui lui est propre. Il ne cessait de répéter que *le vrai de la nature* ne doit pas être confondu avec *le vrai de l'art,* car ce dernier exige une *stylisation* du réel. Styliser un objet ou un être, c'est en supprimer les traits non-significatifs; c'est schématiser un ensemble complexe afin d'en dégager l'essence. Ayant retenu les traits les plus importants, Balzac les grossit pour les mettre en valeur. De cette concentration naît un monde assez différent de celui où nous vivons, mais qui a ses lois et ses règles, sa structure et sa cohérence. Ce qu'a pourtant de plus distinctif cet univers balzacien, c'est sa faune particulière, composée de ces fameux « personnages balzaciens » dont plusieurs reparaissent d'un récit à l'autre.

Qu'est-ce qu'un « personnage balzacien »? En vain chercherait-on son modèle dans le monde réel, car il est d'abord et surtout un *type,* au sens défini par Balzac lui-même: « Un type est un personnage qui résume en lui-même les traits caractéristiques de tous ceux qui lui ressemblent plus ou moins; il est le modèle du genre » (préface d'*Une Ténébreuse Affaire*). Or «tout personnage typique devient colossal par ce seul fait» (lettre du 11 oct. 1846). Conformément à ce principe, nous nous intéressons même aux personnages bas ou médiocres, à condition qu'ils soient *typiquement* bas, *colossalement* médiocres. Ainsi s'explique la réponse de Balzac à George Sand qui lui avait reproché sa préférence pour les personnages vulgaires: «Ces êtres vulgaires m'intéressent plus qu'ils ne vous intéressent. Je les grandis, je les idéalise en sens inverse, dans leur laideur et leur bêtise. Je donne à leurs difformités des proportions effrayantes ou grotesques »[2].

Si nombreux que soient les êtres médiocres parmi les deux mille personnages de *La Comédie humaine*, la plupart des protagonsites de Balzac sont loin de l'humanité moyenne[3]. Nombre de ses héros et de ses héroïnes sont des monomaniaques en qui s'incarne une passion unique et dévorante. Ainsi, le père Grandet personnifie l'avarice (*Eugénie Grandet*); Lisbeth Fischer, l'envie haineuse (*La Cousine Bette*); Balthazar Claës, la soif du savoir scientifique (*La Recherche de l'absolu*); le père Goriot, l'amour paternel (*Le Père Goriot*); et Rastignac, l'ambition mondaine (*Le Père Goriot, La Maison Nucingen,* entre autres).

Et parmi tous ces monomaniaques, nul n'est plus dévoré par sa passion exclusive — nul n'est donc plus *typiquement* balzacien — que le héros éponyme de *Facino Cane...*

---

2. Propos rapportés par Sand dans son *Histoire de ma vie*, IV, 15. — 3. «J'aime les êtres exceptionnels », disait-il, ajoutant: «J'en suis un » (*ibid.*).

Avant de lire

Paru en 1836, *Facino Cane* (prononcé: *cané*) est un des rares récits de *La Comédie humaine* écrits à la première personne, et ce n'est pas là un hasard: les spécialistes nous assurent que les six premiers paragraphes sont ouvertement autobiographiques, le *je* du narrateur s'y confondant avec Balzac lui-même.

L'action du récit se situe vers 1820. A cette époque Balzac habitait une mansarde parisienne, rue de Lesdiguières (tout comme le narrateur), et fréquentait la Bibliothèque de Monsieur (comme le narrateur). Aussi pauvre d'argent que riche en rêves, il n'avait encore rien publié. Selon A. Béguin, «ce que Balzac raconte en ce début de *Facino Cane*, c'est tout simplement l'événement décisif de sa vie, l'instant de conversion, de métamorphose où en lui naquit le Romancier» (*Balzac lu et relu*).

Cette «conversion» est liée chez Balzac au développement d'une faculté particulière que l'on pourrait appeler *l'observation intuitive*. Il s'agit d'une double démarche qu'exige de l'écrivain la dualité de l'être humain. Puisque l'homme est composé d'un corps et d'une âme, celui qui cherche à le comprendre doit en même temps *voir* et *concevoir*, « saisir les détails extérieurs » et « aller au-delà ». Pour effectuer ce passage du dehors au dedans, l'écrivain doit s'identifier aux autres, sentir et penser avec eux, se mettre dans leur peau et vivre leur vie. C'est ce *don de sympathie* que le narrateur évoque au début de notre nouvelle. Il ignore d'où il tient cette « puissance », cette « seconde vue »: « Je la possède et m'en sers, voilà tout. » Il parle pour Balzac.

Balzac en 1840 (daguerreotype rehaussé de pastel)

Cet heureux mariage chez Balzac de l'observateur et du visionnaire explique que ses personnages « typés » soient en même temps si fortement *individualisés*. Loin d'être de simples abstractions ambulantes, les protagonistes balzaciens sont vrais et vivants parce que leur créateur les a vus et connus: après les avoir solidement ancrés dans leur milieu par une quantité de « détails extérieurs », il peut nous les présenter comme ses amis intimes. N'a-t-il pas vécu avec eux dans l'intimité?

Facino Cane

Je demeurais alors dans une petite rue que vous ne connaissez sans doute pas: la rue de Lesdiguières. Elle commence à la rue Saint-Antoine, en face d'une fontaine près de la place de la Bastille, et débouche dans la rue de La Cerisaie. L'amour de la science m'avait jeté dans une mansarde où je travaillais pendant la nuit, et je passais le jour dans la bibliothèque voisine, celle de MONSIEUR[1]. Je vivais frugalement; j'avais accepté toutes les conditions de la vie monastique, si nécessaires aux travailleurs. Quand il faisait beau, à peine me promenais-je sur le boulevard Bourdon. Une seule passion m'entraînait en dehors de mes habitudes studieuses — mais n'était-ce pas encore de

---

1. La Bibliothèque de Monsieur (le titre désignait le frère du roi) est aujourd'hui la Bibliothèque de l'Arsenal.

l'étude? —: j'allais observer les mœurs du faubourg, ses habitants et leurs caractères. Aussi mal vêtu que les ouvriers, indifférent au décorum, je ne les mettais point en garde contre moi. Je pouvais me mêler à leurs groupes, les voir concluant leurs marchés, et se disputant à l'heure où ils quittent le travail.

Chez moi l'observation était déjà devenue intuitive: elle pénétrait l'âme sans négliger le corps; ou plutôt elle saisissait si bien les détails extérieurs, qu'elle allait sur-le-champ au-delà. Elle me donnait la faculté de vivre de la vie de l'individu sur laquelle elle s'exerçait, en me permettant de me substituer à lui comme le derviche des *Mille et une Nuits* prenait le corps et l'âme des personnes sur lesquelles il prononçait certaines paroles.

Lorsque, entre onze heures et minuit, je rencontrais un ouvrier et sa femme revenant ensemble de l'Ambigu-Comique[2], je m'amusais à les suivre depuis le boulevard du Pont-aux-Choux jusqu'au boulevard Beaumarchais. Ces braves gens parlaient d'abord de la pièce qu'ils avaient vue; de fil en aiguille, ils arrivaient à leurs affaires; la mère tirait son enfant par la main, sans écouter ni ses plaintes ni ses demandes; les deux époux comptaient l'argent qui leur serait payé le lendemain, le dépensaient de vingt manières différentes. C'était alors des détails de ménage, des doléances sur le prix excessif des pommes de terre ou sur la longueur de l'hiver et le renchérissement des mottes, des représentations énergiques sur ce qui était dû au boulanger; enfin des discussions qui s'envenimaient, et chacun d'eux déployait son caractère en mots pittoresques.

En entendant ces gens, je pouvais épouser leur vie: je me sentais leurs guenilles sur le dos; je marchais les pieds dans leurs souliers percés; leurs désirs, leurs besoins, tout passait dans mon âme, ou mon âme passait dans la leur. C'était le rêve d'un homme éveillé. Je m'échauffais avec eux contre les chefs d'atelier qui les tyrannisaient, ou contre les mauvaises pratiques qui les faisaient revenir plusieurs fois sans les payer.

Quitter ses habitudes, devenir un autre que soi par l'ivresse des facultés morales, et jouer ce jeu à volonté, telle était ma distraction. A quoi dois-je ce don? Est-ce une seconde vue? Est-ce une de ces qualités dont l'abus mènerait à la folie? Je n'ai jamais recherché les causes de cette puissance; je la possède et je m'en sers, voilà tout.

Sachez seulement que, dès ce temps, j'avais décomposé les éléments de cette masse hétérogène nommée le peuple, que je l'avais analysée de manière à pouvoir évaluer ses qualités bonnes ou mauvaises. Je savais déjà de quelle utilité pourrait être ce faubourg, ce séminaire de révolutions qui renferme des héros, des inventeurs, des savants pratiques, des coquins, des scélérats, des vertus et des vices, tous comprimés par la misère, étouffés par la nécessité, noyés dans le vin, usés par les liqueurs fortes. Vous ne sauriez pas imaginer combien d'aventures perdues, combien de drames oubliés dans cette ville de douleur! Combien d'horribles et belles choses! L'imagination n'atteindra jamais au vrai qui s'y cache et que personne ne peut aller découvrir: il faut descendre trop bas pour trouver ces admirables scènes ou tragiques ou comiques, chefs-d'œuvre enfantés par le hasard.

Je ne sais comment j'ai si longtemps gardé sans la dire l'histoire que je vais vous raconter. Elle fait partie de ces récits curieux restés dans le sac d'où la mémoire les tire capricieusement comme des numéros de loterie. J'en ai bien d'autres, aussi singuliers que celui-ci, également enfouis; mais ils auront leur tour, croyez-le.

Un jour ma femme de ménage, la femme d'un ouvrier, vint me prier d'honorer de ma présence la noce d'une de ses sœurs. Pour vous faire comprendre ce que pouvait être la noce, il vous faut dire que je donnais quarante sous par mois à cette pauvre créature, qui venait tous les matins faire mon lit, nettoyer mes souliers, brosser

---

2. Théâtre où se jouaient surtout des mélodrames (voir p. 74), divertissement populaire par excellence.

mes habits, balayer la chambre et préparer mon déjeuner; elle allait pendant le reste du temps tourner la manivelle d'une mécanique, et gagnait à ce dur métier dix sous par jour. Son mari, un ébéniste, gagnait quatre francs. Mais comme ce ménage avait trois enfants, il pouvait à peine honnêtement manger du pain. Je n'ai jamais rencontré de probité plus solide que celle de cet homme et de cette femme. Quand j'eus quitté le quartier, pendant cinq ans, la mère Vaillant est venue me souhaiter ma fête en m'apportant un bouquet et des oranges, elle qui n'avait jamais dix sous d'économie. La misère nous avait rapprochés. Je n'ai jamais pu lui donner autre chose que dix francs, souvent empruntés pour cette circonstance. Ceci peut expliquer ma promesse d'aller à la noce. Je comptais me blottir dans la joie de ces pauvres gens.

Le festin, le bal, tout eut lieu chez un marchand de vin de la rue de Charenton, au premier étage, dans une grande chambre éclairée par des lampes à réflecteurs en fer-blanc, tendue d'un papier crasseux à hauteur des tables, et le long des murs de laquelle il y avait des bancs de bois. Dans cette chambre, quatre-vingts personnes endimanchées, flanquées de bouquets et de rubans, toutes animées par l'esprit de la Courtille[3], le visage enflammé, dansaient comme si le monde allait finir. Les mariés s'embrassaient à la satisfaction générale, et c'étaient des « hé! hé! » des « ha! ha! » facétieux mais réellement moins indécents que ne le sont les timides œillades des jeunes filles bien élevées. Tout ce monde exprimait un contentement brutal qui avait je ne sais quoi de communicatif.

Mais ni les physionomies de cette assemblée, ni la noce, ni rien de ce monde n'a trait à mon histoire. Retenez seulement la bizarrerie du cadre. Figurez-vous bien la boutique ignoble et peinte en rouge; sentez l'odeur du vin; écoutez les hurlements de cette joie; restez bien dans ce faubourg, au milieu de ces ouvriers, de ces vieillards, de ces pauvres femmes livrés au plaisir d'une nuit.

L'orchestre se composait de trois aveugles des Quinze-Vingts[4]; le premier était violon, le second clarinette, et le troisième flageolet. Tous trois étaient payés en bloc sept francs pour la nuit. Sur ce prix-là, certes, ils ne donnaient ni du Rossini, ni du Beethoven: ils jouaient ce qu'ils voulaient et ce qu'ils pouvaient. Personne ne leur faisait de reproches — charmante délicatesse! Leur musique attaquait si brutalement le tympan, qu'après avoir jeté les yeux sur l'assemblée, je regardai ce trio d'aveugles, et fus tout d'abord disposé à l'indulgence en reconnaissant leur uniforme. Ces artistes étaient dans l'embrasure d'une croisée; pour distinguer leurs physionomies, il fallait donc être près d'eux. Je n'y vins pas sur-le-champ; mais quand je m'en rapprochai, je ne sais pourquoi, tout fut dit: la noce et sa musique disparut; ma curiosité fut excitée au plus haut degré, car mon âme passa dans le corps du joueur de clarinette. Le violon et le flageolet avaient tous deux des figures vulgaires, la figure si connue de l'aveugle, pleine de contention, attentive et grave; mais celle de la clarinette était un de ces phénomènes qui arrêtent tout court l'artiste et le philosophe.

Figurez-vous le masque en plâtre de Dante, éclairé par la lueur rouge du quinquet, et surmonté d'une forêt de cheveux d'un blanc argenté. L'expression amère et douloureuse de cette magnifique tête était agrandie par la cécité, car les yeux morts revivaient par la pensée; il s'en échappait comme une lueur brûlante, produite par un désir unique, incessant, énergiquement inscrit sur un front bombé que traversaient des rides pareilles aux assises d'un vieux mur. Ce vieillard soufflait au hasard, sans faire la moindre attention à la mesure ni à l'air; ses doigts se baissaient ou se levaient, agitaient les vieilles clefs par une habitude machinale. Il ne se gênait pas pour faire ce que l'on nomme des *canards*[5] en termes d'orchestre; les danseurs ne s'en apercevaient pas plus que les deux acolytes de mon Italien. Car je voulais que ce fût un Italien, et c'était un Italien.

---

3. Désireux de « faire la fête », par allusion aux réjouissances bien arrosées de ceux qui fréquentaient les nombreux cabarets du quartier de La Courtille. — 4. Hospice pour aveugles indigents, situé près des fossés de la Bastille. — 5. Fausses notes.

Quelque chose de grand et de despotique se rencontrait dans ce vieil Homère qui gardait en lui-même une Odyssée condamnée à l'oubli. C'était une grandeur si réelle qu'elle triomphait encore de son abjection; c'était un despotisme si vivace qu'il dominait la pauvreté. Aucune des violentes passions qui conduisent l'homme au bien comme au mal, en font un forçat ou un héros, ne manquait à ce visage noblement coupé, lividement italien, ombragé par des sourcils grisonnants qui projetaient leur ombre sur des cavités profondes où l'on tremblait de voir reparaître la lumière de la pensée, comme on craint de voir venir à la bouche d'une caverne quelques brigands armés de torches et de poignards. Il existait un lion dans cette cage de chair, un lion dont la rage s'était inutilement épuisée contre le fer de ses barreaux. L'incendie du désespoir s'était éteint dans ses cendres, la lave s'était refroidie; mais les sillons, les bouleversements, un peu de fumée attestaient la violence de l'éruption, les ravages du feu. Ces idées, réveillées par l'aspect de cet homme, étaient aussi chaudes dans mon âme qu'elles étaient froides sur sa figure.

Entre chaque contredanse, le violon et le flageolet, sérieusement occupés de leur verre et de leur bouteille, suspendaient leur instrument au bouton de leur redingote rougeâtre, avançaient la main sur une petite table placée dans l'embrasure de la croisée où était leur cantine, et offraient toujours à l'Italien un verre plein qu'il ne pouvait prendre lui-même, car la table se trouvait derrière sa chaise. Chaque fois, la clarinette les remerciait par un signe de tête amical. Leurs mouvements s'accomplissaient avec cette précision qui étonne toujours chez les aveugles des Quinze-Vingts, et qui semble faire croire qu'ils voient. Je m'approchai des trois aveugles pour les écouter; mais quand je fus près d'eux, ils m'étudièrent, ne reconnurent sans doute pas la nature ouvrière, et se tinrent coi.

— De quel pays êtes-vous, vous qui jouez de la clarinette?

— De Venise, répondit l'aveugle avec un léger accent italien.

— Etes-vous né aveugle, ou êtes-vous aveugle par...

— Par accident, répondit-il vivement, une mauvaise goutte sereine[6].

— Venise est une belle ville; j'ai toujours eu la fantaisie d'y aller.

La physionomie du vieillard s'anima, ses rides s'agitèrent, il fut violemment ému.

— Si j'y allais avec vous, vous ne perdriez pas votre temps, me dit-il.

— Ne lui parlez pas de Venise, me dit le violon, ou notre doge[7] va commencer son train. Avec ça qu'il a déjà deux bouteilles dans le bocal, le prince!

— Allons, en avant, père Canard, dit le flageolet.

Tous trois se mirent à jouer; mais pendant le temps qu'ils mirent à exécuter les quatre contredanses, le Vénitien me flairait; il devinait l'excessif intérêt que je lui portais. Sa physionomie quitta sa froide expression de tristesse; je ne sais quelle espérance égaya tous les traits, se coula comme une flamme bleue dans ses rides. Il sourit et s'essuya le front, ce front audacieux et terrible; enfin il devint gai comme un homme qui monte sur son dada.

— Quel âge avez-vous? lui demandai-je.

— Quatre-vingt-deux ans!

— Depuis quand êtes-vous aveugle?

— Voici bientôt cinquante ans, répondit-il avec un accent qui annonçait que ses regrets ne portaient pas seulement sur la perte de sa vue, mais sur quelque grand pouvoir dont il aurait été dépouillé.

— Pourquoi vous appellent-ils donc le doge? lui demandai-je.

— Ah! une farce, me dit-il. Je suis patricien de Venise, et j'aurais été doge tout comme un autre.

— Comment vous nommez-vous donc?

— Ici, me dit-il, le père Canet. Mon nom n'a jamais pu s'écrire autrement sur les

---

6. Amaurose, c'est-à-dire cécité causée par des lésions du nerf optique. — 7. Chef élu de la République de Venise.

registres. Mais en italien, c'est *Marco Facino Cane, principe de Varese.*

— Comment? Vous descendez du fameux condottiere Facino Cane[8] dont les conquêtes ont passé aux ducs de Milan?

— *E vero,*[9] me dit-il. Dans ce temps-là, pour n'être pas tué par les Visconti, le fils de Cane s'est réfugié à Venise et s'est fait inscrire sur le *Livre d'Or*[10]. Mais il n'y a pas plus de Cane maintenant que de *Livre.*

Et il fit un geste effrayant de patriotisme éteint et de dégoût pour les choses humaines.

— Mais si vous étiez sénateur de Venise, vous deviez être riche. Comment avez-vous pu perdre votre fortune?

À cette question il leva la tête vers moi, comme pour me contempler par un mouvement vraiment tragique, et me répondit: « Dans les malheurs! »

Il ne songeait plus à boire; il refusa par un geste le verre de vin que lui tendit en ce moment le flageolet; puis il baissa la tête. Ces détails n'étaient pas de nature à éteindre ma curiosité. Pendant la contredanse que jouèrent ces trois machines, je contemplai le vieux noble vénitien avec les sentiments qui dévorent un homme de vingt ans. Je voyais Venise et l'Adriatique; je la voyais en ruines sur cette figure ruinée. Je me promenais dans cette ville si chère à ses habitants; j'allais du Rialto au grand canal, du quai des Esclavons au Lido; je revenais à sa cathédrale, si originalement sublime. Je regardais les fenêtres de la *Casa d'Oro,* dont chacune a des ornements différents; je contemplais ses vieux palais si riches de marbre, enfin toutes ces merveilles avec lesquelles le savant sympathise d'autant plus qu'il les colore à son gré, et ne dépoétise pas ses rêves par le spectacle de la réalité. Je remontais le cours de la vie de ce rejeton du plus grand des condottieri, en y cherchant les traces de ses malheurs et les causes de cette profonde dégradation physique et morale qui rendait plus belles encore les étincelles de grandeur et de noblesse ranimées en ce moment.

Nos pensées étaient sans doute communes, car je crois que la cécité rend les communications intellectuelles beaucoup plus rapides en défendant à l'attention de s'éparpiller sur les objets extérieurs. La preuve de notre sympathie ne se fit pas attendre. Facino Cane cessa de jouer, se leva, vint à moi et me dit un: « Sortons! » qui produisit sur moi l'effet d'une douche électrique. Je lui donnai le bras, et nous nous en allâmes. Quand nous fûmes dans la rue, il me dit:

— Voulez-vous me mener à Venise, m'y conduire? Voulez-vous avoir foi en moi? Vous serez plus riche que ne le sont les dix maisons les plus riches d'Amsterdam ou de Londres, plus riche que les Rothschild, enfin riche comme les *Mille et une Nuits.* »

Je pensai que cet homme était fou; mais il y avait dans sa voix une puissance à laquelle j'obéis. Je me laissai conduire et il me mena vers les fossés de la Bastille comme s'il avait eu des yeux. Il s'assit sur une pierre dans un endroit fort solitaire où depuis fut bâti le pont par lequel le canal Saint-Martin communique avec la Seine. Je me mis sur une autre pierre devant ce vieillard dont les cheveux blancs brillèrent comme des fils d'argent à la clarté de la lune. Le silence que troublait à peine le bruit orageux des boulevards qui arrivait jusqu'à nous, la pureté de la nuit, tout contribuait à rendre cette scène vraiment fantastique.

— Vous parlez de millions à un jeune homme, et vous croyez qu'il hésiterait à endurer mille maux pour les recueillir! Ne vous moquez-vous pas de moi?

— Que je meure sans confession, me dit-il avec violence, si ce que je vais vous dire n'est pas vrai. J'ai eu vingt ans comme vous les avez en ce moment; j'étais riche, j'étais beau, j'étais noble, j'ai commencé par la première des folies, par l'amour. J'ai aimé comme l'on n'aime plus, jusqu'à me mettre dans un coffre et risquer d'y être poignardé sans avoir reçu autre chose que la promesse d'un baiser. Mourir pour *elle*

---

8. Ce condottiere (chef de soldats mercenaires, en Italie) vécut au XIVe s. — 9. C'est vrai (ital.). — 10. « Un registre officiel où se trouvaient inscrits les noms des plus illustres familles » (*Grand Larousse*).

me semblait toute une vie. En 1760 je devins amoureux d'une Vendramini, une femme de dix-huit ans, mariée à un Sagredo, l'un des plus riches sénateurs, un homme de trente ans, fou de sa femme. Ma maîtresse et moi nous étions innocents comme deux chérubins, quand le *sposo*[11] nous surprit causant d'amour. J'étais sans armes; il me manqua; je sautai sur lui; je l'étranglai de mes deux mains en lui tordant le cou comme à un poulet. Je voulus partir avec Bianca; elle ne voulut pas me suivre. Voilà les femmes! Je m'en allai seul; je fus condamné; mes biens furent séquestrés au profit de mes héritiers. Mais j'avais emporté mes diamants, cinq tableaux de Titien roulés, et tout mon or. J'allai à Milan, où je ne fus pas inquiété: mon affaire n'intéressait pas l'Etat.

«Une petite observation avant de continuer, dit-il après une pause. Que les fantaisies d'une femme influent ou non sur son enfant pendant qu'elle le porte ou quand elle le conçoit, il est certain que ma mère eut une passion pour l'or pendant sa grossesse. J'ai pour l'or une monomanie dont la satisfaction est si nécessaire à ma vie que, dans toutes les situations où je me suis trouvé, je n'ai jamais été sans or sur moi. Je manie constamment l'or. Jeune, je portais toujours des bijoux et j'avais toujours sur moi deux ou trois cents ducats.»

En disant ces mots, il tira deux ducats de sa poche et me les montra.

— Je sens l'or. Quoique aveugle, je m'arrête devant les boutiques de joailliers. Cette passion m'a perdu, et je suis devenu joueur pour jouer de l'or. Je n'étais pas fripon; je fus friponné; je me ruinai. Quand je n'eus plus de fortune, je fus pris par la rage de voir Bianca. Je revins secrètement à Venise; je la retrouvai. Je fus heureux pendant six mois, caché chez elle, nourri par elle. Je pensais délicieusement à finir ainsi ma vie. Elle était recherchée par le Provéditeur[12]; celui-ci devina un rival (en Italie on les sent); il nous espionna, nous surprit au lit, le lâche! Jugez combien vive fut notre lutte. Je ne le tuai pas; je le blessai grièvement. Cette aventure brisa mon bonheur. Depuis ce jour je n'ai jamais retrouvé de Bianca. J'ai eu de grands plaisirs; j'ai vécu à la cour de Louis XV parmi les femmes les plus célèbres. Nulle part je n'ai trouvé les qualités, les grâces, l'amour de ma chère Vénitienne.

«Le Provéditeur avait ses gens; il les appela. Le palais fut cerné, envahi. Je me défendis pour pouvoir mourir sous les yeux de Bianca qui m'aidait à tuer le Provéditeur. Jadis cette femme n'avait pas voulu s'enfuir avec moi; mais après six mois d'amour elle me voulait mourir de ma mort, et reçut plusieurs coups. Pris dans un grand manteau que l'on jeta sur moi, je fus roulé, porté dans une gondole et transporté dans un cachot des Puits[13]. J'avais vingt-deux ans. Je tenais si bien le tronçon de mon épée que pour l'avoir il aurait fallu me couper le poing. Par un singulier hasard, ou plutôt inspiré par une pensée de précaution, je cachai ce morceau de fer dans un coin, comme s'il pouvait me servir.

«Je fus soigné. Aucune de mes blessures n'était mortelle. A vingt-deux ans on revient de tout. Je devais mourir décapité; je fis le malade afin de gagner du temps. Je croyais être dans un cachot voisin du canal; mon projet était de m'évader en creusant le mur et traversant le canal à la nage, au risque de me noyer. Voici sur quels raisonnements s'appuyait mon espérance. Toutes les fois que le geôlier m'apportait à manger, je lisais des indications écrites sur les murs, comme: *côté du palais, côté du canal, côté du souterrain,* et je finis par apercevoir un plan dont le sens m'inquiétait peu, mais explicable par l'état actuel du palais ducal qui n'est pas terminé. Avec le génie que donne le désir de recouvrer la liberté, je parvins à déchiffrer, en tâtant du bout des doigts la superficie d'une pierre, une inscription arabe par laquelle l'auteur de ce travail avertissait ses successeurs qu'il avait détaché deux pierres de la dernière assise, et creusé onze pieds de souterrain. Pour continuer son œuvre, il fallait répandre sur le sol même du cachot les parcelles

---

11. Mari. — 12. Gouverneur d'une province de la République de Venise. — 13. Prison souterraine située sous le Palais des Doges.

de pierres et de mortier produites par le travail de l'excavation. Quand même les gardiens ou les inquisiteurs n'eussent pas été rassurés par la construction de l'édifice qui n'exigeait qu'une surveillance extérieure, la disposition des puits, où l'on descend par quelques marches, permettait d'exhausser graduellement le sol sans que les gardiens s'en aperçussent. Cet immense travail avait été superflu, du moins pour celui qui l'avait entrepris, car son inachèvement annonçait la mort de l'inconnu. Pour que son dévouement ne fût pas à jamais perdu, il fallait qu'un prisonnier sût l'arabe. Mais j'avais étudié les langues orientales au couvent des Arméniens. Une phrase écrite derrière la pierre disait le destin de ce malheureux, mort victime de ses immenses richesses, que Venise avait convoitées et dont elle s'était emparée. Il me fallut un mois pour arriver à un résultat.

« Pendant que je travaillais, et dans les moments où la fatigue m'anéantissait, j'entendais le son de l'or devant moi; j'étais ébloui par des diamants! Oh! attendez. Pendant une nuit, mon acier émoussé trouva du bois. J'aiguisai mon bout d'épée et fis un trou dans ce bois. Pour pouvoir travailler, je me roulais comme un serpent sur le ventre; je me mettais nu pour travailler à la manière des taupes, en portant mes mains en avant et me faisant de la pierre même un point d'appui.

« La surveille du jour où je devais comparaître devant mes juges, pendant la nuit, je voulus tenter un dernier effort. Je perçai le bois, et mon fer ne rencontra rien au-delà. Jugez de ma surprise quand j'appliquai les yeux sur le trou! J'étais dans le lambris d'une cave où une faible lumière me permettait d'apercevoir un monceau d'or. Le doge et l'un des Dix[14] étaient dans ce caveau; j'entendais leurs voix. Leur discours m'apprirent que là était le trésor de la République, les dons des doges, et les réserves du butin appelé le denier de Venise, et pris sur le produit des expéditions. J'étais sauvé!

« Quand le geôlier vint, je lui proposai de favoriser ma fuite et de partir avec moi en emportant tout ce que nous pourrions prendre. Il n'y avait pas à hésiter: il accepta. Un navire faisait voile pour le Levant; toutes les précautions furent prises; Bianca favorisa les mesures que je dictais à mon complice. Pour ne pas donner l'éveil, Bianca devait nous rejoindre à Smyrne. En une nuit le trou fut agrandi, et nous descendîmes dans le trésor secret de Venise.

« Quelle nuit! J'ai vu quatre tonnes pleines d'or. Dans la pièce précédente, l'argent était également amassé en deux tas qui laissaient un chemin au milieu pour traverser la chambre où les pièces relevées en talus garnissaient les murs à cinq pieds de hauteur. Je crus que le geôlier deviendrait fou: il chantait, il sautait, il riait, il gambadait dans l'or. Je le menaçait de l'étrangler s'il perdait le temps ou s'il faisait du bruit. Dans sa joie il ne vit pas d'abord une table où étaient les diamants. Je me jetai dessus assez habilement pour emplir ma veste de matelot et les poches de mon pantalon. Mon Dieu! je n'en pris pas le tiers. Sous cette table étaient des lingots d'or. Je persuadai à mon compagnon de remplir d'or autant de sacs que nous pourrions en porter, en lui faisant observer que c'était la seule manière de n'être pas découverts à l'étranger. Les perles, les bijoux, les diamants nous feraient reconnaître, lui dis-je. Quelle que fût notre avidité, nous ne pûmes prendre que deux mille livres d'or, qui nécessitèrent six voyages à travers la prison jusqu'à la gondole. La sentinelle à la porte d'eau avait été gagné moyennant un sac de dix livres d'or. Quant aux deux gondoliers, ils croyaient servir la République. Au jour, nous partîmes.

« Quand nous fûmes en pleine mer, et que je me souvins de cette nuit; quand je me rappelai les sensations que j'avais éprouvées, que je revis cet immense trésor où, suivant mes évaluations, je laissais trente millions en argent et vingt millions en or, plusieurs millions en diamants, perles et rubis, il se fit en moi comme un mouvement de folie. J'eus la fièvre de l'or.

« Nous nous fîmes débarquer à Smyrne, et nous nous embarquâmes aussitôt pour la

---

14. Membre du Conseil des Dix, redoutable organe exécutif et policier.

France. Comme nous montions sur le bâtiment français, Dieu me fit la grâce de me débarrasser de mon complice. En ce moment je ne pensais pas à toute la portée de ce méfait du hasard, dont je me réjouis beaucoup. Nous étions si complètement énervés que nous demeurions hébétés, sans nous rien dire, attendant que nous fussions en sûreté pour jouir à notre aise. Il n'est pas étonnant que la tête ait tourné à ce drôle. Vous verrez combien Dieu m'a puni.

« Je ne me crus tranquille qu'après avoir vendu les deux tiers de mes diamants à Londres et à Amsterdam, et réalisé ma poudre d'or en valeurs commerciales. Pendant cinq ans, je me cachai dans Madrid. Puis, en 1770, je vins à Paris sous un nom espagnol, et menai le train le plus brillant. Bianca était morte. Au milieu de mes voluptés, quand je jouissais d'une fortune de six millions, je fus frappé de cécité. Je ne doute pas que cette infirmité ne soit le résultat de mon séjour dans le cachot, de mes travaux dans la pierre, si toutefois ma faculté de voir l'or n'emportait pas un abus de la puissance visuelle qui me prédestinait à perdre les yeux.

« En ce moment, j'aimais une femme à laquelle je comptais lier mon sort; je lui avais dit le secret de mon nom. Elle appartenait à une famille puissante; j'espérais tout de la faveur que m'accordait Louis XV. J'avais mis ma confiance en cette femme, qui était l'amie de madame du Barry[15]. Elle me conseilla de consulter un fameux oculiste de Londres; mais, après quelques mois de séjour dans cette ville, je fus abandonné par cette femme dans Hyde Park. Elle m'avait dépouillé de toute ma fortune, sans me laisser aucune ressource. Car, obligé de cacher mon nom, qui me livrait à la vengeance de Venise, je ne pouvais invoquer l'assistance de personne; je craignais Venise. Mon infirmité fut exploitée par les espions que cette femme avait attachés à ma personne.

« Je vous fais grâce d'aventures dignes de Gil Blas[16]. Votre révolution vint. Je fus forcé d'entrer aux Quinze-Vingts, où cette créature me fit admettre après m'avoir tenu pendant deux ans à Bicêtre[17] comme fou. Je n'ai jamais pu la tuer — je n'y voyais point —, et j'étais trop pauvre pour acheter un bras. Si, avant de perdre Benedetto Carpi, mon geôlier, je l'avais consulté sur la situation de mon cachot, j'aurais pu reconnaître le trésor et retourner à Venise quand la république fut anéantie par Napoléon.

« Cependant, malgré ma cécité, allons à Venise! Je retrouverai la porte de la prison; je verrai l'or à travers les murailles; je le sentirai sous les eaux où il est enfoui. Car les événements qui ont renversé la puissance de Venise sont tels que le secret de ce trésor a dû mourir avec Vendramino, le frère de Bianca, un doge qui, je l'espérais, aurait fait ma paix avec les Dix. J'ai adressé des notes au Premier Consul; j'ai proposé un traité à l'empereur d'Autriche: tous m'ont éconduit comme un fou! Venez, partons pour Venise. Partons mendiants; nous reviendrons millionnaires. Nous rachèterons mes biens, et vous serez mon héritier. Vous serez prince de Varese. »

Etourdi de cette confidence, qui dans mon imagination prenait les proportions d'un poème, à l'aspect de cette tête blanchie, et devant l'eau noire des fossés de la Bastille, eau dormante comme celle des canaux de Venise, je ne répondis pas. Facino Cane crut sans doute que je le jugeais comme tous les autres, avec une pitié dédaigneuse. Il fit un geste qui exprima toute la philosophie du désespoir. Ce récit l'avait reporté peut-être à ses heureux jours, à Venise: il saisit sa clarinette et joua mélancoliquement une chanson vénitienne, barcarolle pour laquelle il retrouva son premier talent, son talent de patricien amoureux. Ce fut quelque chose comme le *Super flumina Babylonis*[18]. Mes yeux s'em-

---

15. Maîtresse du roi Louis XV. — 16. Héros de *L'Histoire de Gil Blas de Santillane,* long roman d'aventures (invraisemblables) d'A.-R. Le Sage (XVIIIe s.). — 17. L'hospice de Bicêtre était à l'époque une prison pour vagabonds et déments. — 18. « Sur les bords des fleuves de Babylone ». C'est le début du Psaume 137, qui continue: « ...Nous étions assis et nous pleurions, / En nous souvenant de Sion. [...] Comment chanterions-nous les cantiques de l'Eternel / Sur une terre étrangère? » Le psalmiste exilé chantait son mal du pays, tout comme Facino Cane en jouant sa « barcarolle ».

plirent de larmes. Si quelques promeneurs attardés vinrent à passer le long du boulevard Bourdon, sans doute ils s'arrêtèrent pour écouter cette dernière prière du banni, le dernier regret d'un nom perdu, auquel se mêlait le souvenir de Bianca. Mais l'or reprit bientôt le dessus, et la fatale passion éteignit cette lueur de jeunesse.

— Ce trésor, me dit-il, je le vois toujours, éveillé comme en rêve. Je m'y promène; les diamants étincellent. Je ne suis pas aussi aveugle que vous le croyez: l'or et les diamants éclairent ma nuit, la dernière nuit de Facino Cane, car mon titre passe aux Memmi. Mon Dieu! la punition du meurtrier a commencé de bien bonne heure! *Ave Maria...*

Il récita quelques prières que je n'entendis pas.

— Nous irons à Venise, m'écriai-je quand il se leva.

— J'ai donc trouvé un homme! s'écriat-il, le visage en feu.

Je le reconduisis en lui donnant le bras. Il me serra la main à la porte des Quinze-Vingts, au moment où quelques personnes de la noce revenaient en criant à tue-tête.

— Partirons-nous demain? dit le vieillard.

— Aussitôt que nous aurons quelque argent.

— Mais nous pouvons aller à pied. Je demanderai l'aumône... Je suis robuste, et l'on est jeune quand on voit de l'or devant soi.

Facino Cane mourut pendant l'hiver, après avoir langui deux mois. Le pauvre homme avait un catarrhe [19].

---

19. Inflammation de membranes muqueuses (généralement des voies respiratoires).

Matière à réflexion

1. Le « préambule ». — (a) La distraction du narrateur consiste, nous dit-il, à étudier « les mœurs du faubourg, ses habitants et leurs caractères ». Qui habite « le faubourg »? De quelle classe sociale s'agit-il? Pourquoi Balzac s'intéresse-t-il particulièrement à cette classe? (b) *L'identification,* nous disent les psychiatres, est un « processus par lequel un individu confond ce qui arrive à un autre avec ce qui lui arrive à lui-même » (*Dict. Robert*). (Ils précisent qu'elle est normale chez l'enfant, pathologique chez l'adulte.) S'agit-il, à votre avis, du même phénomène chez le narrateur/auteur? A propos de son « don », le narrateur écrit: « C'était le rêve d'un homme éveillé. » Expliquez et justifiez la métaphore. (c) Ce « préambule » est souvent publié séparément en raison de son témoignage autobiographique. Mais quelle est sa fonction *dans la nouvelle*? Trouve-t-on au cours du récit des exemples du don de sympathie?

2. La description du vieillard. — « Tout fut dit » pour le narrateur à l'instant où il vit le joueur de clarinette. Etudiez sa description de cet étrange personnage. Sur quels traits physiques insiste-t-il? Sur quelle partie du corps? Comment s'expliquent les allusions littéraires (à Dante et à Homère)? A quoi servent les images (comparaisons et métaphores)? Quelle impression d'ensemble se dégage de cette description?

3. La logique du récit. — (a) Le paragraphe qui commence «Un jour ma femme de ménage...» constitue 4% du texte de la nouvelle. Pourquoi, à votre avis, Balzac a-t-il tenu à justifier si longuement sa promesse d'aller à la noce? (b) Après avoir décrit la noce et les noceurs, le narrateur note: «Mais ni les physionomies de cette assemblée, ni la noce, ni rien de ce monde n'a trait à mon histoire.» Dans ce cas, pourquoi en avoir parlé? (c) *Facino Cane* se compose d'un récit dans un récit: l'action du premier (celui du narrateur) s'étend sur une période de quelques mois; l'action du second (celui du vieillard), sur une période d'environ soixante ans. Quelles en sont les conséquences en ce qui concerne les techniques employées (narration, description)? Que révèlent les deux récits sur le caractère des deux personnages? Montrez que l'intérêt du récit encadré vient presque entièrement de ses attaches avec le récit encadrant. (d) Pour nombre de lecteurs, la nouvelle se termine «en queue de poisson». (L'expression se dit d'un événement ou d'un récit qui tourne court, dont la fin «anticlimactic» dément les heureux débuts.) «Sans être proprement tragique, disent-ils, cette fin est dérisoire, décevante, inexplicable.» Ce jugement vous paraît-il justifié? Pourquoi, à votre avis, Balzac a-t-il choisi de terminer son histoire de cette façon?

Sand et le roman idéaliste

A l'apogée de sa gloire, vers 1850, George Sand prédisait dans son autobiographie: «Dans cinquante ans je serai parfaitement oubliée.» Si, un siècle et demi plus tard, elle est loin d'être oubliée, il est vrai qu'on ne la lit plus guère. La plus célèbre femme de lettres du XIXe siècle est aujourd'hui moins connue que reconnue, et l'on s'intéresse moins à l'œuvre qu'à la personne, moins à ses romans qu'à sa vie romanesque. Des touristes littéraires qui ne l'ont jamais lue continuent d'aller dans le Berry se recueillir sur les sites qu'elle a chantés; on visite à Majorque le couvent où pendant deux mois elle soigna Chopin malade. Mais que reste-t-il de l'œuvre immense de cette illustre inconnue?

Née Aurore Dupin, la future George Sand (1804–1876) grandit à Nohant, village du Berry (région du Centre) où sa famille, assez aisée, possède un domaine. A dix-huit ans elle épouse un baron qu'elle croit aimer, et dont elle aura deux enfants. Les jeunes époux, foncièrement incompatibles, se brouillent, se trompent et finissent par se séparer (elle obtiendra six ans plus tard une séparation judiciaire). En 1830 elle s'installe à Paris avec son amant, l'écrivain Jules Sandeau. Ils collaborent à des récits qu'ils signent «J. Sand.» et dont le succès est médiocre. En 1832 elle écrit seule *Indiana;* le succès en sera énorme. La voilà célèbre sous le nom de G. Sand, car c'est ainsi qu'elle a signé son premier roman, gardant pour pseudonyme la première moitié du nom de Sandeau. Le «G.» deviendra bientôt «George», prénom qu'elle choisit masculin pour désarmer la misogynie des critiques[1].

---

1. C'est là une conjecture communément admise et qu'appuient de nombreuses remarques dans sa correspondance; Sand n'a jamais expliqué son choix d'un prénom masculin (à l'orthographe anglaise).

Alors commencent les années « scandaleuses »: la vie qu'elle mène à Paris choque l'opinion, comme les livres qu'elle y publie inquiètent la critique. A la parution de *Lélia* en 1833, un lecteur particulièrement troublé se fait un devoir d'avertir le public: « Le jour où vous ouvrirez [ce roman], renfermez-vous dans votre cabinet pour ne contaminer personne. Si vous avez une fille dont vous voulez que l'âme reste vierge et naïve, envoyez-la jouer aux champs »[2].

Vers 1838 Sand s'engage politiquement, d'abord dans ses romans, puis, après la révolution de 1848, dans la cause républicaine, auprès des chefs du gouvernement. Quand la Révolution tourne mal, elle se retire dans ses terres berrichonnes, délaisse la politique et finit par se rallier à l'Empire. Elle s'embourgeoise en vieillissant. C'est à Nohant qu'entourée d'amis, elle coule jusqu'à la fin des jours paisibles et travailleurs.

Les *Œuvres complètes* de Sand, très incomplètes pourtant, remplissent cent neuf volumes, sans compter une trentaine de volumes de correspondance. Cette production presque aussi variée que vaste comprend nouvelles et romans, pièces de théâtre et récits de voyage, écrits politiques et autobiographiques (*Histoire de ma vie*). Sa carrière de romancière, longue de près d'un demi-siècle, présente une évolution que l'on a coutume de diviser en *quatre périodes* dont chacune, tout en recouvrant partiellement celle qui précède ou suit, se distingue par une manière et une thématique.

1° 1832–1840: les romans romantiques. — La mode était aux confidences personnelles, et sous les traits de ses héroïnes en mal d'amour et malheureuses, Sand livre aux lecteurs son moi intime[3]. Dans *Indiana* (1832), le premier et le plus célèbre des romans de cette période, redécouvert de nos jours par la critique féministe, Sand dépeint l'amour en lutte contre les conventions et les préjugés sociaux. Mettant l'accent, dix ans plus tard, sur le caractère revendicateur du roman, Sand déclare l'avoir écrit « avec le sentiment [...] profond et légitime de l'injustice et de la barbarie des lois régissant encore l'existence de la femme dans le mariage, dans la famille et la société » (préface de 1842). Dans *Lélia* (1833), Sand offre une perspective féminine sur le « mal du siècle » dont avaient tant souffert René et d'autres (voir pp. 5–6, 13).

2° 1838–1847: les romans socialistes. — Sous l'influence du socialisme mystique de Pierre Leroux, Sand se fait la vulgarisatrice, dans les romans *Spiridion* (1838) et *Consuelo* (1842), d'une doctrine qui combine réincarnation et révolution. Puis elle prêche la fusion des classes et le partage des fortunes dans des romans plus conventionnellement socialistes: *Le Compagnon du Tour de France* (1840), *Le Meunier d'Angibault* (1845), *Le Péché de Monsieur Antoine* (1847).

3° 1846–1853: les romans rustiques ou pastoraux. — Sous cette rubrique se rangent traditionnellement quatre titres: *La Mare au Diable* (1846), *François le Champi*

---

2. Cité par C. Chonez, *George Sand*. — 3. Il est vrai qu'une vingtaine d'années plus tard, Sand écrira dans son autobiographie: « Je ne me suis jamais mise en scène sous des traits féminins » (*Histoire de ma vie*); vrai aussi qu'elle dit le contraire, et à plusieurs reprises, dans sa correspondance. Le fait est que Sand a beaucoup mis d'elle-même dans ses premières héroïnes; là-dessus, les biographes sont unanimes et le doute n'est pas permis.

(1848), *La Petite Fadette* (1848), *Les Maîtres Sonneurs* (1853). Ce sont des idylles dont l'action se déroule dans la campagne berrichonne où Sand a grandi et qu'elle connaît si bien. Avec ces romans *champêtres* — ainsi Sand préfère-t-elle les appeler — est inauguré un genre nouveau: celui du *roman régionaliste*.

4° 1857–1876: les romans mondains. — Sand déniaise un peu ses personnages et transporte leurs idylles dans «le monde» (aristocratie, haute bourgeoisie); c'est là que se passe l'action de la plupart des romans de cette période, la plus hétérogène de la production sandienne. On y trouve un peu de tout: romans historiques, d'aventures, à thèse, et même un roman ouvertement autobiographique, qui transpose la célèbre aventure avec Musset (*Elle et lui,* 1859).

Le trait commun aux quatre périodes est un *idéalisme sentimental* qui caractérise la quasi totalité de la production sandienne [4]. Il s'agit d'un trait de caractère, bien entendu, mais aussi d'un choix esthétique, défini ainsi par Sand elle-même: «l'idéalisation du sentiment qui fait le sujet, en laissant à l'art du conteur le soin de placer ce sujet [...] dans un cadre de réalité assez sensible pour le faire ressortir» (*Histoire de ma vie*).

A son idéalisme, Sand oppose le réalisme de Balzac qui, lui, a fait le choix contraire: «Balzac m'a fait comprendre [...] que l'on pouvait sacrifier l'idéalisme du sujet à la vérité de la peinture.» Sand aime mieux faire le sacrifice inverse: au réel, elle préfère l'idéal: «Balzac résumait complètement ceci quand il me disait dans la suite: — Vous cherchez l'homme tel qu'il devrait être; moi, je le prends tel qu'il est» (*ibid.*). C'est là un jugement que Sand accepte, et qui résume excellemment l'éternelle opposition entre *idéalistes* et *réalistes* [5].

Cette recherche de «l'homme tel qu'il devrait être» n'est nulle part si évidente, dans l'œuvre de Sand, que dans les romans dits *champêtres*. Et le plus célèbre d'entre eux est *La Mare au Diable* (1846).

En écrivant *La Mare au Diable,* Sand réagissait contre la vogue d'une littérature qui s'attachait à «peindre l'abjection», à «sonder les plaies» (préface). C'est là une allusion aux *Mystères de Paris* (1842–1843), au début desquels Eugène Sue promet d'étaler devant les yeux du lecteur de «sinistres scènes», des «régions horribles», des «cloaques impurs», des «types hideux, effrayants». L'année suivante, dans les *Paysans,* Balzac adapte le genre sordide au milieu rural. La peu citadine Sand, qui aime la campagne et ceux qui y habitent, ne supporte pas qu'on en médise: de son indignation est sortie *La Mare au Diable.* Elle s'explique dans sa préface: «L'art n'est pas une étude de la réalité positive; c'est une recherche de la vérité idéale.» Autrement dit: l'artiste doit chercher à peindre, non pas le monde que l'expérience nous fait connaître, mais celui qui pourrait et devrait exister.

---

4. Les rares exceptions se groupent autour des années 1866–1871; c'est alors qu'à l'instar des naturalistes, Sand s'essaya à la peinture de la médiocrité et de la corruption. Ayant sans doute compris qu'elle s'était trahie en essayant de se renouveler, elle ne persista guère dans cette veine. — 5. Voir, à ce propos, le Tome I du présent ouvrage, p. 6. Nous citons le cas de Balzac parce que Sand le cite; Balzac prétendait lui-même être «idéaliste» à sa manière, mais «en sens inverse, dans la laideur et la bêtise». Il semble plus naturel d'opposer l'esthétique de Sand à celle de Flaubert (ce qu'en effet Sand devait faire plus tard, et à plusieurs reprises, dans sa correspondance avec lui).

La Mare au Diable remporta un grand succès parmi les lecteurs du journal où elle parut en feuilleton, et quand le roman sortit en volume quelques semaines plus tard, le succès ne fut pas moindre. La critique y reconnut vite ce que Sand avait donné de mieux jusqu'alors, et la postérité devait classer le roman parmi les trois ou quatre meilleurs de la romancière. *La Mare au Diable* est certainement l'un des romans les plus lus du XIXe siècle et sans doute, si invraisemblable que cela puisse paraître, de la première moitié du XXe aussi[6]. Il reste aujourd'hui, avec les autres romans champêtres, la partie la plus vivante de l'œuvre sandienne, celle qui a le mieux et le moins vieilli. Le goût du jour, sévère pour le reste de l'œuvre, trouve encore dans *La Mare au Diable* un charme désuet, mais intacte.

---

6. Selon un sondage que nous avons nous-mêmes mené auprès d'un échantillon (fort restreint et sans doute loin d'être représentatif) de quarante Français ayant plus de cinquante ans, *trente-huit* avaient lu le roman («vers mes quinze ans»); parmi un nombre égal de personnes ayant moins de trente ans, *aucune* ne l'avait lu («peut-être quelques extraits»).

Avant de lire

I. Dans une préface intitulée «L'Auteur au lecteur», Sand explique la genèse du roman. Elle avait eu sous les yeux un recueil de gravures d'Holbein (peintre allemand du XVIe siècle) intitulé *Simulacres* [images] *de la mort*. Une gravure qui l'avait particulièrement frappée représentait un vieux laboureur en haillons, épuisé par une rude journée de travail. A côté des quatre chevaux maigres attelés à la charrue courait une figure squelettique, fouet à la main: c'était la Mort. La gravure s'accompagnait du quatrain suivant:

> A la sueur de ton visage
> Tu gagneras ta pauvre vie;
> Après long travail et usage,
> Voici la *mort* qui te convie.

Sand avait trouvé dans la gravure et sa légende «une tristesse implacable», pareille à «une malédiction amère lancée sur le sort de l'humanité».

Sand venait d'étudier longuement cette œuvre désolante lorsqu'au cours d'une promenade à la campagne, elle tomba sur une autre scène de labourage, pareille à celle de la gravure, et en même temps différente: «Au lieu d'un triste vieillard, un homme jeune et dispos; au lieu d'un attelage de chevaux efflanqués et harassés, un double quadrige de bœufs robustes et ardents; au lieu de la mort, un bel enfant; au lieu d'une image de désespoir et d'une idée de destruction, un spectacle d'énergie et une pensée de bonheur.»

Or Sand prétend connaître ce jeune homme et ce bel enfant: ce sont Germain, «le fin laboureur», et son fils Pierre. Et elle se propose d'écrire leur histoire, telle que Germain lui-même la lui a racontée; c'est une histoire, dit Sand, «aussi droite et aussi peu ornée que le sillon qu'il traçait avec sa charrue».

La deuxième scène de labourage diffère aussi de la première en ceci qu'*elle est réelle:* ici au moins — ce n'est pas le cas ailleurs —, Sand donne son idéalisme pour du réalisme. Peu importe que ni Sand ni personne n'ait connu de pareils paysans: le but de l'écrivain, dit-elle dans la même préface, «devrait être de faire aimer les objets de sa sollicitude, et au besoin [...] de les embellir un peu.»

II. L'action du roman se déroule dans la province du Berry, près du village de Nohant où Sand avait grandi. Quoi qu'on puisse dire de l'invraisemblance des personnages, le décor où ils évoluent est authentiquement berrichon. Le village où habite le héros (Belair), celui où il doit se rendre (Fourche), l'auberge où il s'arrête (le *Point du jour*), le bois où il s'égare (Chanteloube) — tout cela existait à peu près comme Sand le décrit. La Mare au Diable n'a plus aujourd'hui qu'un mètre de profondeur, et si on la visite en août, on risque de la trouver à sec.

Note sur le texte. — La préface mentionnée ci-dessus forme les deux premiers «chapitres» de *La Mare au Diable;* le roman proprement dit ne commence qu'au Chapitre III. Ayant supprimé la préface, nous avons renuméroté les chapitres: le troisième devient le premier, et ainsi de suite. Nous avons également supprimé un appendice intitulé *Les Noces de campagne,* que Sand accepta de joindre au récit pour l'allonger avant sa publication en volume. Dans «cet exposé fidèle [...] de nos anciennes coutumes rustiques», écrit Sand à son éditeur, «j'ai cédé à la fantaisie de décrire les bizarres cérémonies du mariage chez les paysans de mon endroit.» Il s'agit essentiellement d'une étude ethnographique, que la plupart des éditeurs ont bien fait de supprimer. Le roman est donc reproduit intégralement, tel qu'il a paru en feuilleton en 1846.

Sand en 1838 (portrait par A. Charpentier)

La Mare au Diable

I
Le Père
Maurice

«Germain, lui dit un jour son beau-père, il faut pourtant te décider à reprendre femme. Voilà bientôt deux ans que tu es veuf de ma fille, et ton aîné a sept ans. Tu approches de la trentaine, mon garçon, et tu sais que, passé cet âge-là, dans nos pays, un homme est reputé trop vieux pour rentrer en ménage. Tu as trois beaux enfants, et jusqu'ici ils ne nous ont point embarrassés. Ma femme et ma bru les ont soignés de leur mieux, et les ont aimés comme elles le devaient. Voilà Petit-Pierre quasi élevé; il pique déjà les bœufs assez gentiment; il est assez sage pour garder les bêtes au pré, et assez fort pour mener les chevaux à l'abreuvoir. Ce n'est donc pas celui-là qui nous gêne; mais les deux autres, que nous aimons pourtant, Dieu le sait, les pauvres innocents! nous donnent cette année beaucoup de souci. Ma bru est près d'accoucher et elle en a encore un tout petit sur les bras. Quand celui que nous attendons sera venu, elle ne pourra plus s'occuper de ta petite Solange, et surtout de ton Sylvain, qui n'a pas quatre ans et qui ne se tient guère en repos ni le jour ni la nuit. C'est un sang vif comme toi: ça fera un bon ouvrier, mais ça fait un terrible enfant, et ma vieille ne court plus assez vite pour le rattraper quand il se sauve du côté de la fosse, ou quand il se jette sous les pieds des bêtes. Et puis, avec cet autre que ma bru va mettre au monde, son avant-dernier va retomber pendant un an au moins sur les bras de ma femme. Donc tes enfants nous inquiètent et nous surchargent. Nous n'aimons pas à voir des enfants mal soignés; et quand on pense aux accidents qui peuvent leur arriver, faute de surveillance, on n'a pas la tête en repos. Il te faut donc une autre femme et à moi une autre bru. Songes-y, mon garçon. Je t'ai déjà averti plusieurs fois, le temps se passe, les années ne t'attendront point. Tu dois à tes enfants et à nous autres, qui voulons que tout aille bien dans la maison, de te marier au plus tôt.

— Eh bien, mon père, répondit le gendre, si vous le voulez absolument, il faudra donc vous contenter. Mais je ne veux pas vous cacher que cela me fera beaucoup de peine, et que je n'en ai guère plus d'envie que de me noyer. On sait qui on perd et on ne sait pas qui l'on trouve. J'avais une brave femme, une belle femme, douce, courageuse, bonne à ses père et mère, bonne à son mari, bonne à ses enfants, bonne au travail, aux champs comme à la maison, adroite à l'ouvrage, bonne à tout enfin. Et quand vous me l'avez donnée, quand je l'ai prise, nous n'avions pas mis dans nos conditions que je viendrais à l'oublier si j'avais le malheur de la perdre.

— Ce que tu dis là est d'un bon cœur, Germain, reprit le père Maurice; je sais que tu as aimé ma fille, que tu l'as rendue heureuse, et que si tu avais pu contenter la mort en passant[1] à sa place, Catherine serait en vie à l'heure qu'il est et toi dans le cimetière. Elle méritait bien d'être aimée de toi à ce point-là, et si tu ne t'en consoles pas, nous ne nous en consolons pas non plus. Mais je ne te parle pas de l'oublier. Le bon Dieu a voulu qu'elle nous quittât, et nous ne passerons pas un jour sans lui faire savoir par nos prières, nos pensées, nos paroles et nos actions, que nous respectons son souvenir et que nous sommes fâchés[2] de son départ. Mais si elle pouvait te parler de l'autre monde et te donner à connaître sa volonté, elle te commanderait de chercher une mère pour ses petits orphelins. Il s'agit donc de rencontrer une femme qui soit digne de la remplacer. Ce ne sera pas bien aisé, mais ce n'est pas impossible. Et quand nous te l'aurons trouvée, tu l'aimeras comme tu aimais ma fille, parce que tu es un honnête homme, et que tu lui sauras gré de nous rendre service et d'aimer tes enfants.

---

1. En mourant. — 2. Désolés, attristés.

— C'est bien, père Maurice, dit Germain, je ferai votre volonté comme je l'ai toujours faite.

— C'est une justice à te rendre, mon fils, que tu as toujours écouté l'amitié et les bonnes raisons de ton chef de famille. Avisons[3] donc ensemble au choix de ta nouvelle femme. D'abord je ne suis pas d'avis que tu prennes une jeunesse[4]. Ce n'est pas ce qu'il te faut. La jeunesse est légère; et comme c'est un fardeau d'élever trois enfants, surtout quand ils sont d'un autre lit, il faut une bonne âme bien sage, bien douce et très portée au travail. Si ta femme n'a pas environ le même âge que toi, elle n'aura pas assez de raison pour accepter un pareil devoir. Elle te trouvera trop vieux et tes enfants trop jeunes. Elle se plaindra et tes enfants pâtiront.

— Voilà justement ce qui m'inquiète, dit Germain. Si ces pauvres petits venaient à être maltraités, haïs, battus?

— A Dieu ne plaise! reprit le vieillard. Mais les méchantes femmes sont plus rares dans notre pays que les bonnes, et il faudrait être fou pour ne pas mettre la main sur celle qui convient.

— C'est vrai, mon père: il y a de bonnes filles dans notre village. Il y a la Louise, la Sylvaine, la Claudie, la Marguerite[5]... enfin, celle que vous voudrez.

— Doucement, doucement, mon garçon, toutes ces filles-là sont trop jeunes ou trop pauvres... ou trop jolies filles; car, enfin, il faut penser à cela aussi, mon fils. Une jolie femme n'est pas toujours aussi rangée qu'une autre.

— Vous voulez donc que j'en prenne une laide? dit Germain un peu inquiet.

— Non, point laide, car cette femme te donnera d'autres enfants, et il n'y a rien de si triste que d'avoir des enfants laids, chétifs et malsains. Mais une femme encore fraîche, d'une bonne santé et qui ne soit ni belle ni laide, ferait très bien ton affaire.

— Je vois bien, dit Germain en souriant un peu tristement, que, pour l'avoir telle que vous la voulez, il faudra la faire faire exprès; d'autant plus que vous ne la voulez point pauvre, et que les riches ne sont pas faciles à obtenir surtout pour un veuf.

— Et si elle était veuve elle-même, Germain? Là, une veuve sans enfants et avec un bon bien?

— Je n'en connais pas pour le moment dans notre paroisse.

— Ni moi non plus, mais il y en a ailleurs.

— Vous avez quelqu'un en vue, mon père; alors, dites-le tout de suite.

II
Germain le fin laboureur

«Oui, j'ai quelqu'un en vue, répondit le père Maurice. C'est une Léonard, veuve d'un Guérin, qui demeure à Fourche.

— Je ne connais ni la femme ni l'endroit, répondit Germain résigné, mais de plus en plus triste.

— Elle s'appelle Catherine, comme ta défunte.

— Catherine? Oui, ça me fera plaisir d'avoir à dire ce nom-là: Catherine! Et pourtant, si je ne peux pas l'aimer autant que l'autre, ça me fera encore plus de peine, ça me la rappellera plus souvent.

— Je te dis que tu l'aimeras: c'est un bon sujet, une femme de grand cœur. Je ne l'ai pas vue depuis longtemps, elle n'était pas laide fille alors; mais elle n'est plus jeune, elle a trente-deux ans. Elle est d'une bonne famille, tous braves gens, et elle a bien pour huit ou dix mille francs de terres, qu'elle vendrait volontiers pour en acheter d'autres dans l'endroit où elle s'établirait; car elle songe aussi à se remarier, et je sais que, si ton caractère lui convenait, elle ne trouverait pas ta position mauvaise.

— Vous avez donc déjà arrangé tout cela?

---

3. Réfléchissons. — 4. Une femme (trop) jeune. — 5. Dans le français populaire, l'article défini servait couramment à introduire les prénoms; cet usage existe toujours en Lorraine.

— Oui, sauf votre avis à tous les deux; et c'est ce qu'il faudrait vous demander l'un à l'autre, en faisant connaissance. Le père de cette femme-là est un peu mon parent, et il a été beaucoup mon ami. Tu le connais bien, le père Léonard?

— Oui, je l'ai vu vous parler dans les foires, et à la dernière, vous avez déjeuné ensemble; c'est donc de cela qu'il vous entretenait si longuement?

— Sans doute; il te regardait vendre tes bêtes et il trouvait que tu t'y prenais bien, que tu étais un garçon de bonne mine, que tu paraissais actif et entendu. Et quand je lui eus dit tout ce que tu es et comme tu te conduis bien avec nous, depuis huit ans que nous vivons et travaillons ensemble, sans avoir jamais eu un mot de chagrin[6] ou de colère, il s'est mis dans la tête de te faire épouser sa fille; ce qui me convient aussi, je te le confesse, d'après la bonne renommée qu'elle a, d'après l'honnêteté de sa famille et les bonnes affaires où je sais qu'ils sont.

— Je vois, père Maurice, que vous tenez un peu aux bonnes affaires.

— Sans doute, j'y tiens. Est-ce que tu n'y tiens pas aussi?

— J'y tiens, si vous voulez, pour vous faire plaisir; mais vous savez que, pour ma part, je ne m'embarrasse jamais de ce qui me revient ou ne me revient pas dans nos profits. Je ne m'entends pas à faire des partages, et ma tête n'est pas bonne pour ces choses-là. Je connais la terre, je connais les bœufs, les chevaux, les attelages, les semences, la battaison[7], les fourrages. Pour les moutons, la vigne, le jardinage, les menus profits et la culture fine, vous savez que ça regarde votre fils et que je ne m'en mêle pas beaucoup. Quant à l'argent, ma mémoire est courte, et j'aimerais mieux tout céder que de disputer sur le tien et le mien. Je craindrais de me tromper et de réclamer ce qui ne m'est pas dû, et si les affaires n'étaient pas simples et claires, je ne m'y retrouverais jamais.

— C'est tant pis, mon fils, et voilà pourquoi j'aimerais que tu eusses une femme de tête pour me remplacer quand je n'y serai plus. Tu n'as jamais voulu voir clair dans nos comptes, et ça pourrait t'amener du désagrément avec mon fils, quand vous ne m'aurez plus pour vous mettre d'accord et vous dire ce qui vous revient à chacun.

— Puissiez-vous vivre longtemps, père Maurice! Mais ne vous inquiétez pas de ce qui sera après vous: jamais je ne me disputerai avec votre fils. Je me fie à Jacques comme à vous-même, et comme je n'ai pas de bien à moi, que tout ce qui me revient provient de votre fille et appartient à nos enfants, je peux être tranquille et vous aussi. Jacques ne voudrait pas dépouiller les enfants de sa sœur pour les siens, puisqu'il les aime quasi autant les uns que les autres.

— Tu as raison en cela, Germain. Jacques est un bon fils, un bon frère et un homme qui aime la vérité. Mais Jacques peut mourir avant toi, avant que vos enfants soient élevés, et il faut toujours songer, dans une famille, à ne pas laisser des mineurs sans un chef pour les bien conseiller et régler leurs différends. Autrement les gens de loi s'en mêlent, les brouillent ensemble et leur font tout manger en procès. Ainsi donc, nous ne devons pas penser à mettre chez nous une personne de plus, soit homme, soit femme, sans nous dire qu'un jour cette personne-là aura peut-être à diriger la conduite et les affaires d'une trentaine d'enfants, petits-enfants, gendres et brus... On ne sait pas combien une famille peut s'accroître, et quand la ruche est trop pleine, qu'il faut essaimer, chacun songe à emporter son miel. Quand je t'ai pris pour gendre, quoique ma fille fût riche et toi pauvre, je ne lui ai pas fait reproche de t'avoir choisi. Je te voyais bon travailleur, et je savais bien que la meilleure richesse pour des gens de campagne comme nous, c'est une paire de bras et un cœur comme les tiens. Quand un homme apporte cela dans une famille, il apporte assez. Mais une femme, c'est différent: son travail dans la maison est bon pour conserver, non pour acquérir. D'ailleurs, à présent que tu es père et que tu cherches femme, il faut songer que tes nouveaux

---

6. Mauvaise humeur. — 7. Battage du blé (mot berrichon).

enfants, n'ayant rien à prétendre dans l'héritage de ceux du premier lit, se trouveraient dans la misère si tu venais à mourir, à moins que ta femme n'eût quelque bien de son côté. Et puis, les enfants dont tu vas augmenter notre colonie coûteront quelque chose à nourrir. Si cela retombait sur nous seuls, nous les nourririons, bien certainement, et sans nous en plaindre. Mais le bien-être de tout le monde en serait diminué, et les premiers enfants auraient leur part de privations là-dedans. Quand les familles augmentent outre mesure sans que le bien augmente en proportion, la misère vient, quelque courage qu'on y mette. Voilà mes observations, Germain; pèse-les, et tâche de te faire agréer à la veuve Guérin, car sa bonne conduite et ses écus apporteront ici de l'aide dans le présent et de la tranquillité pour l'avenir.

— C'est dit, mon père. Je vais tâcher de lui plaire et qu'elle me plaise.

— Pour cela il faut la voir et aller la trouver.

— Dans son endroit? A Fourche? c'est loin d'ici, n'est-ce pas? et nous n'avons guère le temps de courir dans cette saison.

— Quand il s'agit d'un mariage d'amour, il faut s'attendre à perdre du temps; mais quand c'est un mariage de raison entre deux personnes qui n'ont pas de caprices et savent ce qu'elles veulent, c'est bientôt décidé. C'est demain samedi; tu feras ta journée de labour un peu courte, tu partiras vers les deux heures après dîner[8]; tu seras à Fourche à la nuit. La lune est grande dans ce moment-ci, les chemins sont bons, et il n'y a pas plus de trois lieues de pays[9]. C'est près du Magnier[10]. D'ailleurs tu prendras la jument.

— J'aimerais autant aller à pied, par ce temps frais.

— Oui, mais la jument est belle, et un prétendu[11] qui arrive aussi bien monté a meilleur air. Tu mettras tes habits neufs, et tu porteras un joli présent de gibier au père Léonard. Tu arriveras de ma part, tu causeras avec lui, tu passeras la journée du dimanche avec sa fille, et tu reviendras avec un oui ou un non lundi matin.

— C'est entendu, répondit tranquillement Germain; et pourtant il n'était pas tout à fait tranquille.

Germain avait toujours vécu sagement comme vivent les paysans laborieux. Marié à vingt ans, il n'avait aimé qu'une femme dans sa vie, et depuis son veuvage, quoiqu'il fût d'un caractère impétueux et enjoué, il n'avait ri et folâtré avec aucune autre. Il avait porté fidèlement un véritable regret dans son cœur, et ce n'était pas sans crainte et sans tristesse qu'il cédait à son beau-père. Mais le beau-père avait toujours gouverné sagement la famille, et Germain, qui s'était dévoué tout entier à l'œuvre commune, et par conséquent, à celui qui la personnifiait, au père de famille, Germain ne comprenait pas qu'il eût pu se révolter contre de bonnes raisons, contre l'intérêt de tous.

Néanmoins il était triste. Il se passait peu de jours qu'il ne pleurât sa femme en secret, et, quoique la solitude commençât à lui peser, il était plus effrayé de former une union nouvelle que désireux de se soustraire à son chagrin. Il se disait vaguement que l'amour eût pu le consoler, en venant le surprendre, car l'amour ne console pas autrement. On ne le trouve pas quand on le cherche; il vient à nous quand nous ne l'attendons pas. Ce froid projet de mariage que lui montrait le père Maurice, cette fiancée inconnue, peut-être même tout ce bien qu'on lui disait de sa raison et de sa vertu, lui donnaient à penser. Et il s'en allait, songeant, comme songent les hommes qui n'ont pas assez d'idées pour qu'elles se combattent entre elles, c'est-à-dire ne se formulant pas à lui-même de belles raisons de résistance et d'égoïsme, mais souffrant d'une douleur sourde, et ne luttant pas contre un mal qu'il fallait accepter.

Cependant le père Maurice était rentré à la métairie, tandis que Germain, entre le coucher du soleil et la nuit, occupait la dernière heure du jour à fermer les brèches que les moutons avaient faites à la bordure d'un enclos voisin des bâtiments. Il relevait les tiges d'épine et les soutenait avec des mottes de terre, tandis que les

---

8. Après le déjeuner (sens vieilli ou régional). — 9. Environ huit miles. — 10. Château du XVIᵉ siècle. — 11. Fiancé (ou qui cherche à le devenir).

grives babillaient dans le buisson voisin et semblaient lui crier de se hâter, curieuses qu'elles étaient de venir examiner son ouvrage aussitôt qu'il serait parti.

III
La Guillette

Le père Maurice trouva chez lui une vieille voisine qui était venue causer avec sa femme tout en cherchant de la braise pour allumer son feu. La mère Guillette habitait une chaumière fort pauvre à deux portées de fusil de la ferme. Mais c'était une femme d'ordre et de volonté. Sa pauvre maison était propre et bien tenue, et ses vêtements rapiécés avec soin annonçaient le respect de soi-même au milieu de la détresse.

— Vous êtes venue chercher le feu du soir, mère Guillette, lui dit le vieillard. Voulez-vous quelque autre chose?

— Non, père Maurice, répondit-elle; rien pour le moment. Je ne suis pas quémandeuse, vous le savez, et je n'abuse pas de la bonté de mes amis.

— C'est la vérité; aussi vos amis sont toujours prêts à vous rendre service.

— J'étais en train de causer avec votre femme, et je lui demandais si Germain se décidait enfin à se remarier.

— Vous n'êtes point une bavarde, répondit le père Maurice, on peut parler devant vous sans craindre les propos. Ainsi je dirai à ma femme et à vous que Germain est tout à fait décidé; il part demain pour le domaine de Fourche.

— A la bonne heure! s'écria la mère Maurice; ce pauvre enfant! Dieu veuille qu'il trouve une femme aussi bonne et aussi brave que lui!

— Ah! il va à Fourche? observa la Guillette. Voyez comme ça se trouve! cela m'arrange beaucoup, et puisque vous me demandiez tout à l'heure si je désirais quelque chose, je vas[12] vous dire, père Maurice, en quoi vous pouvez m'obliger.

— Dites, dites, vous obliger, nous le voulons.

— Je voudrais que Germain prît la peine d'emmener ma fille avec lui.

— Où donc? A Fourche?

— Non, pas à Fourche; mais aux Ormeaux, où elle va demeurer le reste de l'année.

— Comment! dit la mère Maurice, vous vous séparez de votre fille?

— Il faut bien qu'elle entre en condition[13] et qu'elle gagne quelque chose. Ça me fait assez de peine et à elle aussi, la pauvre âme! Nous n'avons pas pu nous décider à nous quitter à l'époque de la Saint-Jean; mais voilà que la Saint-Martin arrive[14], et qu'elle trouve une bonne place de bergère dans les fermes des Ormeaux. Le fermier passait l'autre jour par ici en revenant de la foire. Il vit ma petite Marie qui gardait ses trois moutons sur le communal[15]. «Vous n'êtes guère occupée, ma petite fille, qu'il lui dit; et trois moutons pour une *pastoure*[16], ce n'est guère. Voulez-vous en garder cent? Je vous emmène. La bergère de chez nous est tombée malade, elle retourne chez ses parents, et si vous voulez être chez nous avant huit jours, vous aurez cinquante francs pour le reste de l'année jusqu'à la Saint-Jean.» L'enfant a refusé, mais elle n'a pu se défendre d'y songer et de me le dire lorsqu'en rentrant le soir elle m'a vue triste et embarrassée de passer l'hiver, qui va être rude et long, puisqu'on a vu, cette année, les grues et les oies sauvages traverser les airs un grand mois plus tôt que de coutume. Nous avons pleuré toutes deux; mais enfin le courage est venu. Nous nous sommes dit que nous ne pouvions pas rester ensemble, puisqu'il y a à peine de quoi faire vivre une seule personne sur notre lopin de terre. Et puisque Marie est en âge — la voilà qui prend seize ans —, il faut bien qu'elle fasse comme les autres, qu'elle gagne son pain et qu'elle aide sa pauvre mère.

— Mère Guillette, dit le vieux laboureux, s'il ne fallait que cinquante francs pour vous consoler de vos peines et vous dispenser d'envoyer votre enfant au loin, vrai, je vous les ferais trouver, quoique

---

12. Forme populaire et régionale. — 13. En service (comme domestique); dans le Berry à l'époque, les jeunes filles restaient ainsi «en condition» jusqu'au mariage. — 14. On embauchait les domestiques de ferme à la (fête de) Saint-Jean (le 24 juin) ou à la Saint-Martin (le 11 novembre). — 15. Terrain appartenant à la commune et qui servait de pâture au bétail des pauvres. — 16. Bergère (mot berrichon).

cinquante francs pour des gens comme nous, ça commence à peser. Mais en toutes choses il faut consulter la raison autant que l'amitié. Pour être sauvée de la misère de cet hiver, vous ne le serez pas de la misère à venir, et plus votre fille tardera à prendre un parti, plus elle et vous aurez de peine à vous quitter. La petite Marie se fait grande et forte, et elle n'a pas de quoi s'occuper chez vous. Elle pourrait y prendre l'habitude de fainéantise...

— Oh! pour cela, je ne le crains pas, dit la Guillette. Marie est courageuse autant que fille riche et à la tête d'un gros travail puisse l'être. Elle ne reste pas un instant les bras croisés, et quand nous n'avons pas d'ouvrage, elle nettoie et frotte nos pauvres meubles qu'elle rend clairs comme des miroirs. C'est une enfant qui vaut son pesant d'or, et j'aurais bien mieux aimé qu'elle entrât chez vous comme bergère que d'aller si loin chez des gens que je ne connais pas. Vous l'auriez prise à la Saint-Jean, si nous avions su nous décider. Mais à présent vous avez loué tout votre monde, et ce n'est qu'à la Saint-Jean de l'autre année que nous pourrons y songer.

— Eh! j'y consens de tout mon cœur, Guillette! Cela me fera plaisir. Mais en attendant, elle fera bien d'apprendre un état et de s'habituer à servir les autres.

— Oui, sans doute; le sort en est jeté. Le fermier des Ormeaux l'a fait demander ce matin; nous avons dit oui, et il faut qu'elle parte. Mais la pauvre enfant ne sait pas le chemin, et je n'aimerais pas à l'envoyer si loin toute seule. Puisque votre gendre va à Fourche demain, il peut bien l'emmener. Il paraît que c'est tout à côté du domaine où elle va, à ce qu'on m'a dit; car je n'ai jamais fait ce voyage-là.

— C'est tout à côté, et mon gendre la conduira. Cela se doit; il pourra même la prendre en croupe sur la jument, ce qui ménagera ses souliers. Le voilà qui rentre pour souper. Dis-moi, Germain, la petite Marie à la mère Guillette[17] s'en va bergère aux Ormeaux. Tu la conduiras sur ton cheval, n'est-ce pas?

— C'est bien, répondit Germain qui était soucieux, mais toujours disposé à rendre service à son prochain.

Dans notre monde à nous, pareille chose ne viendrait pas à la pensée d'une mère, de confier une fille de seize ans à un homme de vingt-huit; car Germain n'avait réellement que vingt-huit ans; et quoique, selon les idées de son pays, il passât pour vieux au point de vue du mariage, il était encore le plus bel homme de l'endroit. Le travail ne l'avait pas creusé et flétri comme la plupart des paysans qui ont dix années de labourage sur la tête. Il était de force à labourer encore dix ans sans paraître vieux, et il eût fallu que le préjugé de l'âge fût bien fort sur l'esprit d'une jeune fille pour l'empêcher de voir que Germain avait le teint frais, l'œil vif et bleu comme le ciel de mai, la bouche rose, des dents superbes, le corps élégant et souple comme celui d'un jeune cheval qui n'a pas encore quitté le pré.

Mais la chasteté des mœurs est une tradition sacrée dans certaines campagnes éloignées du mouvement corrompu des grandes villes, et, entre toutes les familles de Belair, la famille de Maurice était réputée honnête et servant la vérité. Germain s'en allait chercher femme; Marie était une enfant trop jeune et trop pauvre pour qu'il y songeât dans cette vue, et, à moins d'être un *sans cœur* et un *mauvais homme,* il était impossible qu'il eût une coupable pensée auprès d'elle. Le père Maurice ne fut donc nullement inquiet de lui voir prendre en croupe cette jolie fille; la Guillette eût cru lui faire injure si elle lui eût recommandé de la respecter comme sa sœur. Marie monta sur la jument en pleurant, après avoir vingt fois embrassé sa mère et ses jeunes amies. Germain, qui était triste pour son compte, compatissait d'autant plus à son chagrin, et s'en alla d'un air sérieux, tandis que les gens du voisinage disaient adieu de la main à la pauvre Marie sans songer à mal.

IV
Petit-Pierre

La Grise était jeune, belle et vigoureuse. Elle portait sans effort son double fardeau, couchant les oreilles et rongeant son frein,

---

17. Marie, (fille) de la mère Guillette. L'emploi de *à* ici (à la place de *de*) relève du français populaire.

comme une fière et ardente jument qu'elle était. En passant devant le pré-long elle aperçut sa mère, qui s'appelait la vieille Grise, comme elle la jeune Grise, et elle hennit en signe d'adieu. La vieille Grise approcha de la haie en faisant résonner ses enferges[18], essaya de galoper sur la marge du pré pour suivre sa fille. Puis, la voyant prendre le grand trot, elle hennit à son tour, et resta pensive, inquiète, le nez au vent, la bouche pleine d'herbes qu'elle ne songeait plus à manger.

— Cette pauvre bête connaît toujours sa progéniture, dit Germain pour distraire la petite Marie de son chagrin. Ça me fait penser que je n'ai pas embrassé mon petit Pierre avant de partir. Le mauvais enfant n'était pas là! Il voulait, hier au soir, me faire promettre de l'emmener, et il a pleuré pendant une heure dans son lit. Ce matin, encore, il a tout essayé pour me persuader. Oh! qu'il est adroit et câlin! Mais quand il a vu que ça ne se pouvait pas, monsieur s'est fâché: il est parti dans les champs, et je ne l'ai pas revu de la journée.

— Moi, je l'ai vu, dit la petite Marie en faisant effort pour rentrer ses larmes. Il courait avec les enfants de Soulas du côté des tailles[19], et je me suis bien doutée qu'il était hors de la maison depuis longtemps, car il avait faim et mangeait des prunelles et des mûres de buisson. Je lui ai donné le pain de mon goûter, et il m'a dit: «Merci, ma Marie mignonne. Quand tu viendras chez nous, je te donnerai de la galette.» C'est un enfant trop gentil que vous avez là, Germain!

— Oui, qu'il est gentil, reprit le laboureur, et je ne sais pas ce que je ne ferais pas pour lui! Si sa grand-mère n'avait pas eu plus de raison que moi, je n'aurais pas pu me tenir de l'emmener, quand je le voyais pleurer si fort que son pauvre petit cœur en était tout gonflé.

— Eh bien! pourquoi ne l'auriez-vous pas emmené, Germain? Il ne vous aurait guère embarrassé; il est si raisonnable quand on fait sa volonté!

— Il paraît qu'il aurait été de trop là où je vais. Du moins c'était l'avis du père Maurice... Moi, pourtant, j'aurais pensé qu'au contraire il fallait voir comment on le recevrait, et qu'un si gentil enfant ne pouvait qu'être pris en bonne amitié... Mais ils disent à la maison qu'il ne faut pas commencer par faire voir les charges du ménage... Je ne sais pas pourquoi je te parle de ça, petite Marie; tu n'y comprends rien.

— Si fait, Germain; je sais que vous allez vous marier. Ma mère me l'a dit, en me recommandant de n'en parler à personne, ni chez nous, ni là où je vais, et vous pouvez être tranquille: je n'en dirai mot.

— Tu feras bien, car ce n'est pas fait; peut-être que je ne conviendrai pas à la femme en question.

— Il faut espérer que si, Germain. Pourquoi donc ne lui conviendriez-vous pas?

— Qui sait? J'ai trois enfants, et c'est lourd pour une femme qui n'est pas leur mère!

— C'est vrai, mais vos enfants ne sont pas comme d'autres enfants.

— Crois-tu?

— Ils sont beaux comme des petits anges, et si bien élevés qu'on n'en peut pas voir de plus aimables.

— Il y a Sylvain qui n'est pas trop commode.

— Il est tout petit! Il ne peut pas être autrement que terrible, mais il a tant d'esprit!

— C'est vrai qu'il a de l'esprit... et un courage! Il ne craint ni vaches, ni taureaux, et si on le laissait faire, il grimperait déjà sur les chevaux avec son aîné.

— Moi, à votre place, j'aurais amené l'aîné. Bien sûr ça vous aurait fait aimer tout de suite, d'avoir un enfant si beau!

— Oui, si la femme aime les enfants. Mais si elle ne les aime pas?

— Est-ce qu'il y a des femmes qui n'aiment pas les enfants?

— Pas beaucoup, je pense; mais enfin il y en a, et c'est là ce qui me tourmente.

— Vous ne la connaissez donc pas du tout, cette femme?

— Pas plus que toi, et je crains de ne pas la mieux connaître, après que je l'aurai

---

18. Terme régional désignant les entraves mises aux pieds des chevaux pour les empêcher de courir. —
19. Bois coupés (terme berrichon).

vue. Je ne suis pas méfiant, moi. Quand on me dit de bonnes paroles, j'y crois. Mais j'ai été plus d'une fois à même de m'en repentir, car les paroles ne sont pas des actions.

— On dit que c'est une fort brave femme.

— Qui dit cela? Le père Maurice!

— Oui, votre beau-père.

— C'est fort bien; mais il ne la connaît pas non plus.

— Eh bien, vous la verrez tantôt, vous ferez grande attention, et il faut espérer que vous ne vous tromperez pas, Germain.

— Tiens, petite Marie, je serais bien aise que tu entres un peu dans la maison, avant de t'en aller tout droit aux Ormeaux: tu es fine, toi, tu as toujours montré de l'esprit, et tu fais attention à tout. Si tu vois quelque chose qui te donne à penser, tu m'en avertiras tout doucement.

— Oh! non, Germain, je ne ferai pas cela! Je craindrais trop de me tromper; et, d'ailleurs, si une parole dite à la légère venait à vous dégoûter de ce mariage, vos parents m'en voudraient, et j'ai bien assez de chagrins comme ça, sans en attirer d'autres sur ma pauvre chère femme de mère.

Comme ils devisaient ainsi, la Grise fit un écart en dressant les oreilles, puis revint sur ses pas et se rapprocha du buisson, où quelque chose qu'elle commençait à reconnaître l'avait d'abord effrayée. Germain jeta un regard sur le buisson, et vit dans le fossé, sous les branches épaisses et encore fraîches d'un têteau [20] de chêne, quelque chose qu'il prit pour un agneau.

— C'est une bête égarée, dit-il, ou morte, car elle ne bouge. Peut-être que quelqu'un la cherche, il faut voir!

— Ce n'est pas une bête, s'écria la petite Marie. C'est un enfant qui dort; c'est votre petit Pierre.

— Par exemple! dit Germain en descendant de cheval. Voyez ce petit garnement qui dort là, si loin de la maison, et dans un fossé où quelque serpent pourrait bien le trouver!

Il prit dans ses bras l'enfant qui lui sourit en ouvrant les yeux et jeta ses bras autour de son cou en lui disant: «Mon petit père, tu vas m'emmener avec toi!»

— Ah oui! toujours la même chanson! Que faisiez-vous là, mauvais Pierre?

— J'attendais mon petit père à passer, dit l'enfant; je regardais sur le chemin, et à force de regarder, je me suis endormi.

— Et si j'étais passé sans te voir, tu serais resté toute la nuit dehors, et le loup t'aurait mangé!

— Oh! je savais bien que tu me verrais! répondit Petit-Pierre avec confiance.

— Eh bien, à présent, mon Pierre, embrasse-moi, dis-moi adieu, et retourne vite à la maison, si tu ne veux pas qu'on soupe sans toi.

— Tu ne veux donc pas m'emmener! s'écria le petit en commençant à frotter ses yeux pour montrer qu'il avait dessein de pleurer.

— Tu sais bien que grand-père et grand-mère ne le veulent pas, dit Germain, se retranchant derrière l'autorité des vieux parents, comme un homme qui ne compte guère sur la sienne propre.

Mais l'enfant n'entendit rien. Il se prit à pleurer tout de bon, disant que, puisque son père emmenait la petite Marie, il pouvait bien l'emmener aussi. On lui objecta qu'il fallait passer les grands bois, qu'il y avait là beaucoup de méchantes bêtes qui mangeaient les petits enfants, que la Grise ne voulait pas porter trois personnes, qu'elle l'avait déclaré en partant, et que dans le pays où l'on se rendait, il n'y avait ni lit ni souper pour les marmots. Toutes ces excellentes raisons ne persuadèrent point Petit-Pierre. Il se jeta sur l'herbe, et s'y roula, en criant que son petit père ne l'aimait plus, et que s'il ne l'emmenait pas, il ne rentrerait point du jour ni de la nuit à la maison.

Germain avait un cœur de père aussi tendre et aussi faible que celui d'une femme. La mort de la sienne, les soins qu'il avait été forcé de rendre seul à ses petits, aussi la pensée que ces pauvres enfants sans mère avaient besoin d'être beaucoup aimés, avaient contribué à le rendre ainsi, et il se fit en lui un si rude combat, d'autant plus qu'il rougissait de sa faiblesse et s'efforçait de cacher son malaise à la petite Marie, que la sueur lui en vint au front et

---

20. Arbre aux branches coupées (sens berrichon).

que ses yeux se bordèrent de rouge, prêts à pleurer aussi. Enfin il essaya de se mettre en colère; mais, en se retournant vers la petite Marie, comme pour la prendre à témoin de sa fermeté d'âme, il vit que le visage de cette bonne fille était baigné de larmes, et tout son courage l'abandonnant, il lui fut impossible de retenir les siennes, bien qu'il grondât et menaçât encore.

— Vrai, vous avez le cœur trop dur, lui dit enfin la petite Marie, et, pour ma part, je ne pourrai jamais résister comme cela à un enfant qui a un si gros chagrin. Voyons, Germain, emmenez-le. Votre jument est bien habituée à porter deux personnes et un enfant, à preuve que votre beau-frère et sa femme, qui est plus lourde que moi de beaucoup, vont au marché le samedi avec leur garçon, sur le dos de cette bonne bête. Vous le mettrez à cheval devant vous, et d'ailleurs j'aime mieux m'en aller toute seule à pied que de faire de la peine à ce petit.

— Qu'à cela ne tienne, répondit Germain, qui mourait d'envie de se laisser convaincre. La Grise est forte et en porterait deux de plus, s'il y avait place sur son échine. Mais que ferons-nous de cet enfant en route? Il aura froid, il aura faim... et qui prendra soin de lui ce soir et demain pour le coucher, le laver et le rhabiller? Je n'ose pas donner cet ennui-là à une femme que je ne connais pas, et qui trouvera, sans doute, que je suis bien sans façons avec elle pour commencer.

— D'après l'amitié ou l'ennui qu'elle montrera, vous la connaîtrez tout de suite, Germain, croyez-moi. Et d'ailleurs, si elle rebute votre Pierre, moi je m'en charge. J'irai chez elle l'habiller et je l'emmènerai aux champs demain. Je l'amuserai toute la journée et j'aurai soin qu'il ne manque de rien.

— Et il t'ennuiera, ma pauvre fille! Il te gênera! toute une journée, c'est long!

— Ça me fera plaisir, au contraire, ça me tiendra compagnie, et ça me rendra moins triste le premier jour que j'aurai à passer dans un nouveau pays. Je me figurerai que je suis encore chez nous.

L'enfant, voyant que la petite Marie prenait son parti, s'était cramponné à sa jupe et la tenait si fort qu'il eût fallu lui faire du mal pour l'en arracher. Quand il

reconnut que son père cédait, il prit la main de Marie dans ses deux petites mains brunies par le soleil, et l'embrassa en sautant de joie et en la tirant vers la jument, avec cette impatience ardente que les enfants portent dans leurs désirs.

— Allons, allons, dit la jeune fille, en le soulevant dans ses bras, tâchons d'apaiser ce pauvre cœur qui saute comme un petit oiseau, et si tu sens le froid quand la nuit viendra, dis-le-moi, mon Pierre, je te serrerai dans ma cape. Embrasse ton petit père, et demande-lui pardon d'avoir fait le méchant. Dis que ça ne t'arrivera plus, jamais! jamais, entends-tu?

— Oui, oui, à condition que je ferai toujours sa volonté, n'est-ce pas? dit Germain en essuyant les yeux du petit avec son mouchoir. Ah! Marie, vous me le gâtez, ce drôle-là!... Et vraiment, tu es une trop bonne fille, petite Marie. Je ne sais pas pourquoi tu n'es pas entrée bergère chez nous à la Saint-Jean dernière. Tu aurais pris soin de mes enfants, et j'aurais mieux aimé te payer un bon prix pour les servir, que d'aller chercher une femme qui croira peut-être me faire beaucoup de grâce en ne les détestant pas.

— Il ne faut pas voir comme ça les choses par le mauvais côté, répondit la petite Marie, en tenant la bride du cheval pendant que Germain plaçait son fils sur le devant du large bât garni de peau de chèvre. Si votre femme n'aime pas les enfants, vous me prendrez à votre service l'an prochain, et, soyez tranquille, je les amuserai si bien qu'ils ne s'apercevront de rien.

V
Dans la lande

«Ah ça, dit Germain, lorsqu'ils eurent fait quelques pas, que va-t-on penser à la maison en ne voyant pas rentrer ce petit bonhomme? Les parents vont être inquiets et le chercheront partout.

— Vous allez dire au cantonnier qui travaille là-haut sur la route que vous l'emmenez, et vous lui recommanderez d'avertir votre monde.

— C'est vrai, Marie, tu t'avises de tout, toi; moi, je ne pensais plus que Jeannie devait être par là.

— Et justement, il demeure tout près de la métairie, et il ne manquera pas de faire la commission.

Quand on eut avisé à cette précaution, Germain remit la jument au trot, et Petit-Pierre était si joyeux, qu'il ne s'aperçut pas tout de suite qu'il n'avait pas dîné. Mais le mouvement du cheval lui creusant l'estomac, il se prit, au bout d'une lieue, à bâiller, à pâlir et à confesser qu'il mourait de faim.

— Voilà que ça commence, dit Germain. Je savais bien que nous n'irions pas loin sans que ce monsieur criât la faim ou la soif.

— J'ai soif aussi! dit Petit-Pierre.

— Eh bien! nous allons donc entrer dans le cabaret de la mère Rebec, à Corbay, au *Point du Jour?* Belle enseigne, mais pauvre gîte! Allons, Marie, tu boiras aussi un doigt de vin.

— Non, non, je n'ai besoin de rien, dit-elle, je tiendrai la jument pendant que vous entrerez avec le petit.

— Mais j'y songe, ma bonne fille, tu as donné ce matin le pain de ton goûter à mon Pierre, et toi tu es à jeun. Tu n'as pas voulu dîner avec nous à la maison; tu ne faisais que pleurer.

— Oh! je n'avais pas faim, j'avais trop de peine! Et je vous jure qu'à présent encore je ne sens aucune envie de manger.

— Il faut te forcer, petite; autrement tu seras malade. Nous avons du chemin à faire, et il ne faut pas arriver là-bas comme des affamés pour demander du pain avant de dire bonjour. Moi-même je veux te donner l'exemple, quoique je n'aie pas grand appétit. Mais j'en viendrai à bout, vu que, après tout, je n'ai pas dîné non plus. Je vous voyais pleurer, toi et ta mère, et ça me troublait le cœur. Allons, allons, je vais attacher la Grise à la porte. Descends, je le veux.

Ils entrèrent tous trois chez la Rebec, et en moins d'un quart d'heure, la grosse boiteuse réussit à leur servir une omelette de bonne mine, du pain bis et du vin clairet.

Les paysans ne mangent pas vite, et le petit Pierre avait si grand appétit qu'il se passa bien une heure avant que Germain pût songer à se remettre en route. La petite Marie avait mangé par complaisance d'abord; puis, peu à peu, la faim était venue: car à seize ans on ne peut pas faire longtemps diète, et l'air des campagnes est impérieux. Les bonnes paroles que Germain sut lui dire pour la consoler et lui faire prendre courage produisirent aussi leur effet. Elle fit effort pour se persuader que sept mois seraient bientôt passés, et pour songer au bonheur qu'elle aurait de se retrouver dans sa famille et dans son hameau, puisque le père Maurice et Germain s'accordaient pour lui promettre de la prendre à leur service. Mais comme elle commençait à s'égayer et à badiner avec le petit Pierre, Germain eut la malheureuse idée de lui faire regarder par la fenêtre du cabaret la belle vue de la vallée qu'on voit tout entière de cette hauteur, et qui est si riante, si verte et si fertile. Marie regarda et demanda si de là on voyait les maisons de Belair.

— Sans doute, dit Germain, et la métairie, et même ta maison. Tiens, ce petit point gris, pas loin du grand peuplier à Godard, plus bas que le clocher.

— Ah! je la vois, dit la petite; et là-dessus elle recommença de pleurer.

— J'ai eu tort de te faire songer à ça, dit Germain, je ne fais que des bêtises aujourd'hui! Allons, Marie, partons, ma fille; les jours sont courts, et dans une heure, quand la lune montera, il ne fera pas chaud.

Ils se remirent en route, traversèrent la grande brande, et comme, pour ne pas fatiguer la jeune fille et l'enfant par un trop grand trot, Germain ne pouvait faire aller la Grise bien vite, le soleil était couché quand ils quittèrent la route pour gagner les bois.

Germain connaissait le chemin jusqu'au Magnier; mais il pensa qu'il aurait plus court en ne prenant pas l'avenue de Chanteloube, mais en descendant par Presles et la Sépulture, direction qu'il n'avait pas l'habitude de prendre quand il allait à la foire. Il se trompa et perdit encore un peu de temps avant d'entrer dans le bois; encore n'y entra-t-il point par le bon côté, et il ne s'en aperçut pas, si bien qu'il tourna le dos à Fourche et gagna beaucoup plus haut du côté d'Ardentes.

Ce qui l'empêchait alors de s'orienter, c'était un brouillard qui s'élevait avec la nuit, un de ces brouillards des soirs d'automne que la blancheur du clair de lune rend plus vagues et plus trompeurs encore. Les grandes flaques d'eau dont les clairières sont semées exhalaient des vapeurs si épaisses que, lorsque la Grise les traversait, on ne s'en apercevait qu'au clapotement de ses pieds et à la peine qu'elle avait à les tirer de la vase.

Quand on eut enfin trouvé une belle allée bien droite, et qu'arrivé au bout, Germain chercha à voir où il était, il s'aperçut bien qu'il s'était perdu; car le père Maurice, en lui expliquant son chemin, lui avait dit qu'à la sortie des bois il aurait à descendre un bout de côte très raide, à traverser une immense prairie et à passer deux fois la rivière à gué. Il lui avait même recommandé d'entrer dans cette rivière avec précaution, parce qu'au commencement de la saison il y avait eu de grandes pluies et que l'eau pouvait être un peu haute. Ne voyant ni descente, ni prairie, ni rivière, mais la lande unie et blanche comme une nappe de neige, Germain s'arrêta, chercha une maison, attendit un passant, et ne trouva rien qui pût le renseigner. Alors il revint sur ses pas et rentra dans les bois. Mais le brouillard s'épaissit encore plus, la lune fut tout à fait voilée, les chemins étaient affreux, les fondrières profondes. Par deux fois, la Grise faillit s'abattre. Chargée comme elle l'était, elle perdait courage, et si elle conservait assez de discernement pour ne pas se heurter contre les arbres, elle ne pouvait empêcher que ceux qui la montaient n'eussent affaire à de grosses branches, qui barraient le chemin à la hauteur de leurs têtes et qui les mettaient fort en danger. Germain perdit son chapeau dans une de ces rencontres et eut grand'peine à le retrouver. Petit-Pierre s'était endormi, et, se laissant aller comme un sac, il embarrassait tellement les bras de son père, que celui-ci ne pouvait plus ni soutenir ni diriger le cheval.

— Je crois que nous sommes ensorcelés, dit Germain en s'arrêtant: car ces bois ne sont pas assez grands pour qu'on s'y perde, à moins d'être ivre, et il y a deux heures au moins que nous y tournons sans pouvoir en sortir. La Grise n'a qu'une idée en tête, c'est de s'en retourner à la maison, et c'est elle qui me fait tromper. Si nous voulons nous en aller chez nous, nous n'avons qu'à la laisser faire. Mais quand nous sommes peut-être à deux pas de l'endroit

où nous devons coucher, il faudrait être fou pour y renoncer et recommencer une si longue route. Cependant, je ne sais plus que faire. Je ne vois ni ciel ni terre, et je crains que cet enfant-là ne prenne la fièvre si nous restons dans ce damné brouillard, ou qu'il ne soit écrasé par notre poids si le cheval vient à s'abattre en avant.

— Il ne faut pas nous obstiner davantage, dit la petite Marie. Descendons, Germain. Donnez-moi l'enfant, je le porterai fort bien, et j'empêcherai mieux que vous, que la cape, se dérangeant, ne le laisse à découvert. Vous conduirez la jument par la bride, et nous verrons peut-être plus clair quand nous serons plus près de terre.

Ce moyen ne réussit qu'à les préserver d'une chute de cheval, car le brouillard rampait et semblait se coller à la terre humide. La marche était pénible, et ils furent bientôt si harassés qu'ils s'arrêtèrent en rencontrant enfin un endroit sec sous de grands chênes. La petite Marie était en nage, mais elle ne se plaignait ni ne s'inquiétait de rien. Occupée seulement de l'enfant, elle s'assit sur le sable et le coucha sur ses genoux, tandis que Germain explorait les environs, après avoir passé les rênes de la Grise dans une branche d'arbre.

Mais la Grise, qui s'ennuyait fort de ce voyage, donna un coup de reins, dégagea les rênes, rompit les sangles, et lâchant, par manière d'acquit, un demi-douzaine de ruades plus haut que sa tête, partit à travers les taillis, montrant fort bien qu'elle n'avait besoin de personne pour retrouver son chemin.

— Ça, dit Germain, après avoir vainement cherché à la rattraper, nous voici à pied, et rien ne nous servirait de nous trouver dans le bon chemin, car il nous faudrait traverser la rivière à pied. Et à voir comme ces routes sont pleines d'eau, nous pouvons être bien sûrs que la prairie est sous la rivière. Nous ne connaissons pas les autres passages. Il nous faut donc attendre que ce brouillard se dissipe; ça ne peut pas durer plus d'une heure ou deux. Quand nous verrons clair, nous chercherons une maison, la première venue à la lisière du bois. Mais à présent nous ne pouvons sortir d'ici. Il y a là une fosse, un étang, je ne sais quoi devant nous; et derrière, je ne saurais pas non plus dire ce qu'il y a, car je ne comprends plus par quel côté nous sommes arrivés.

VI
Sous les grands chênes

« Eh bien! prenons patience, Germain, dit la petite Marie. Nous ne sommes pas mal sur cette petite hauteur. La pluie ne perce pas la feuillée de ces gros chênes, et nous pouvons allumer du feu, car je sens des vieilles souches qui ne tiennent à rien et qui sont assez sèches pour flamber. Vous avez bien du feu, Germain? Vous fumiez votre pipe tantôt.

— J'en avais! Mon briquet était sur le bât dans mon sac, avec le gibier que je portais à ma future[21]; mais la maudite jument a tout emporté, même mon manteau, qu'elle va perdre et déchirer à toutes les branches.

— Non pas, Germain, la bâtine[22], le manteau, le sac, tout est là par terre, à vos pieds. La Grise a cassé les sangles et tout jeté à côté d'elle en partant.

— C'est, vrai Dieu, certain! dit le laboureur. Et si nous pouvons trouver un peu de bois mort à tâtons, nous réussirons à nous sécher et à nous réchauffer.

— Ce n'est pas difficile, dit la petite Marie, le bois mort craque partout sous les pieds. Mais donnez-moi d'abord ici la bâtine.

— Qu'en veux-tu faire?

— Un lit pour le petit. Non, pas comme ça, à l'envers; il ne roulera pas dans la ruelle; et c'est encore tout chaud du dos de la bête. Calez-moi ça de chaque côté avec ces pierres que vous voyez là!

— Je ne les vois pas, moi! Tu as donc des yeux de chat!

— Tenez! voilà qui est fait, Germain. Donnez-moi votre manteau, que j'enveloppe ses petits pieds, et ma cape par-dessus son corps. Voyez! s'il n'est pas couché là aussi bien que dans son lit! Et tâtez-le comme il a chaud!

— C'est vrai! Tu t'entends à soigner les enfants, Marie!

— Ça n'est pas bien sorcier. A présent, cherchez votre briquet dans votre sac, et je vais arranger le bois.

— Ce bois ne prendra jamais, il est trop humide.

— Vous doutez de tout, Germain! Vous ne vous souvenez donc pas d'avoir été pâtour[23] et d'avoir fait de grands feux aux champs, au beau milieu de la pluie?

— Oui, c'est le talent des enfants qui gardent les bêtes; mais moi j'ai été toucheur de bœufs[24] aussitôt que j'ai su marcher.

— C'est pour cela que vous êtes plus fort de vos bras qu'adroit de vos mains. Le voilà bâti ce bûcher: vous allez voir s'il ne flambera pas! Donnez-moi le feu et une poignée de fougère sèche. C'est bien! Soufflez à présent; vous n'êtes pas poumonique[25]?

— Non pas que je sache, dit Germain en soufflant comme un soufflet de forge.

Au bout d'un instant la flamme brilla, jeta d'abord une lumière rouge, et finit par s'élever en jets bleuâtres sous le feuillage des chênes, luttant contre la brume et séchant peu à peu l'atmosphère à dix pieds à la ronde.

— Maintenant, je vais m'asseoir auprès du petit pour qu'il ne lui tombe pas d'étincelles sur le corps, dit la jeune fille. Vous, mettez du bois et animez le feu, Germain! Nous n'attraperons ici ni fièvre ni rhume, je vous en réponds.

— Ma foi, tu es une fille d'esprit, dit Germain, et tu sais faire le feu comme une petite sorcière de nuit. Je me sens tout ranimé et le cœur me revient; car avec les jambes mouillées jusqu'aux genoux, et l'idée de rester comme cela jusqu'au point du jour, j'étais de fort mauvaise humeur tout à l'heure.

---

21. Ma future épouse. — 22. Synonyme (berrichon) de *bât* (selle). — 23. Berger (terme berrichon). — 24. Celui qui conduit les bœufs en les « touchant » d'un aiguillon. — 25. Malade des poumons (terme berrichon).

— Et quand on est de mauvaise humeur, on ne s'avise de rien, reprit la petite Marie.

— Et tu n'es donc jamais de mauvaise humeur, toi?

— Eh non! jamais. A quoi bon?

— Oh! ce n'est bon à rien, certainement; mais le moyen de s'en empêcher, quand on a des ennuis! Dieu sait que tu n'en as pas manqué, toi, pourtant, ma pauvre petite; car tu n'as pas toujours été heureuse!

— C'est vrai, nous avons souffert, ma pauvre mère et moi. Nous avions du chagrin, mais nous ne perdions jamais courage.

— Je ne perdrais pas courage pour quelque ouvrage que ce fût, dit Germain; mais la misère me fâcherait, car je n'ai jamais manqué de rien. Ma femme m'avait fait riche et je le suis encore. Je le serai tant que je travaillerai à la métairie; ce sera toujours, j'espère. Mais chacun doit avoir sa peine! J'ai souffert autrement.

— Oui, vous avez perdu votre femme, et c'est grand'pitié.

— N'est-ce pas?

— Oh! je l'ai bien pleurée, allez, Germain! car elle était si bonne! Tenez, n'en parlons plus; car je la pleurerais encore. Tous mes chagrins sont en train de me revenir aujourd'hui.

— C'est vrai qu'elle t'aimait beaucoup, petite Marie! Elle faisait grand cas de toi et de ta mère. Allons! tu pleures? Voyons, ma fille, je ne veux pas pleurer, moi...

— Vous pleurez, pourtant, Germain! Vous pleurez aussi! Quelle honte y a-t-il pour un homme à pleurer sa femme? Ne vous gênez pas, allez! je suis bien de moitié avec vous dans cette peine-là!

— Tu as bon cœur, Marie, et ça me fait du bien de pleurer avec toi. Mais approche donc tes pieds du feu; tu as tes jupes toutes mouillées aussi, pauvre petite fille! Tiens, je vas prendre ta place auprès du petit, chauffe-toi mieux que ça.

— J'ai assez chaud, dit Marie; et si vous voulez vous asseoir, prenez un coin du manteau, moi je suis très bien.

— Le fait est qu'on n'est pas mal ici, dit Germain en s'asseyant tout auprès d'elle. Il n'y a que la faim qui me tourmente un peu. Il est bien neuf heures du soir, et j'ai eu tant de peine à marcher dans ces mauvais chemins que je me sens tout affaibli. Est-ce que tu n'as pas faim aussi, toi, Marie?

— Moi? Pas du tout. Je ne suis pas habituée, comme vous, à faire quatre repas, et j'ai été tant de fois me coucher sans souper, qu'une fois de plus ne m'étonne guère.

— Eh bien, c'est commode, une femme comme toi; ça ne fait pas de dépense, dit Germain en souriant.

— Je ne suis pas une femme, dit naïvement Marie, sans s'apercevoir de la tournure que prenaient les idées du laboureur. Est-ce que vous rêvez?

— Oui, je crois que je rêve, répondit Germain. C'est la faim qui me fait divaguer peut-être!

— Que vous êtes donc gourmand! reprit-elle en s'égayant un peu à son tour. Eh bien! si vous ne pouvez pas vivre cinq ou six heures sans manger, est-ce que vous n'avez pas là du gibier dans votre sac et du feu pour le faire cuire?

— Diantre! c'est une bonne idée! Mais le présent à mon futur beau-père?

— Vous avez six perdrix et un lièvre! Je pense qu'il ne vous faut pas tout cela pour vous rassasier?

— Mais faire cuire cela ici, sans broche et sans landiers[26], ça deviendra du charbon!

— Non pas, dit la petite Marie; je me charge de vous le faire cuire sous la cendre sans goût de fumée. Est-ce que vous n'avez jamais attrapé d'alouettes dans les champs, et que vous ne les avez pas fait cuire entre deux pierres? Ah! c'est vrai! J'oublie que vous n'avez pas été pastour! Voyons, plumez cette perdrix! Pas si fort! Vous lui arrachez la peau.

— Tu pourrais bien plumer l'autre pour me montrer!

— Vous voulez donc en manger deux? Quel ogre! Allons, les voilà plumées, je vais les cuire.

---

26. Gros chenêts de cuisine.

— Tu ferais une parfaite cantinière, petite Marie. Mais, par malheur, tu n'as pas de cantine, et je serai réduit à boire l'eau de cette mare.

— Vous voudriez du vin, pas vrai? Il vous faudrait peut-être du café? Vous vous croyez à la foire sous la ramée [27]! Appelez l'aubergiste. De la liqueur au fin laboureur de Belair!

— Ah! Petite méchante, vous vous moquez de moi? Vous ne boiriez pas du vin, vous, si vous en aviez?

— Moi? J'en ai bu ce soir avec vous chez la Rebec, pour la seconde fois de ma vie. Mais si vous êtes bien sage, je vais vous en donner une bouteille quasi pleine, et du bon encore!

— Comment, Marie, tu es donc sorcière, décidément?

— Est-ce que vous n'avez pas fait la folie de demander deux bouteilles de vin à la Rebec? Vous en avez bu une avec votre petit, et j'ai à peine avalé trois gouttes de celle que vous aviez mise devant moi. Cependant vous les avez payées toutes les deux sans y regarder.

— Eh bien?

— Eh bien, j'ai mis dans mon panier celle qui n'avait pas été bue, parce que j'ai pensé que vous ou votre petit auriez soif en route; et la voilà.

— Tu es la fille la plus avisée que j'aie jamais rencontrée. Voyez! elle pleurait pourtant, cette pauvre enfant en sortant de l'auberge! Ça ne l'a pas empêchée de penser aux autres plus qu'à elle-même. Petite Marie, l'homme qui t'épousera ne sera pas sot.

— Je l'espère, car je n'aimerais pas un sot. Allons, mangez vos perdrix, elles sont cuites à point. Et faute de pain, vous vous contenterez de châtaignes.

— Et où diable as-tu pris aussi des châtaignes?

— C'est bien étonnant! Tout le long du chemin, j'en ai pris aux branches en passant, et j'en ai rempli mes poches.

— Et elles sont cuites aussi?

A quoi donc aurais-je eu l'esprit si je ne les avais pas mises dans le feu dès qu'il a été allumé? Ça se fait toujours, aux champs.

— Ah ça, petite Marie, nous allons souper ensemble! Je veux boire à ta santé et te souhaiter un bon mari... là, comme tu le souhaiterais toi-même. Dis-moi un peu cela!

— J'en serais fort empêchée, Germain, car je n'y ai pas encore songé.

— Comment, pas du tout? Jamais? dit Germain, en commençant à manger avec un appétit de laboureur, mais coupant les meilleurs morceaux pour les offrir à sa compagne, qui refusa obstinément et se contenta de quelques châtaignes. Dis-moi donc, petite Marie, reprit-il, voyant qu'elle ne songeait pas à lui répondre, tu n'as pas encore eu l'idée du mariage? Tu es en âge pourtant!

— Peut-être, dit-elle; mais je suis trop pauvre. Il faut au moins cent écus pour entrer en ménage, et je dois travailler cinq ou six ans pour les amasser.

— Pauvre fille! Je voudrais que le père Maurice voulût bien me donner cent écus pour t'en faire cadeau.

— Grand merci, Germain. Eh bien! qu'est-ce qu'on dirait de moi?

— Que veux-tu qu'on dise? On sait bien que je suis vieux et que je ne peux pas t'épouser. Alors on ne supposerait pas que je... que tu...

— Dites donc, laboureur! voilà votre enfant qui se réveille, dit la petite Marie.

VII
La Prière
du soir

Petit-Pierre s'était soulevé et regardait autour de lui d'un air pensif.

—Ah! il n'en fait jamais d'autre quand il entend manger, celui-là! dit Germain. Le bruit du canon ne le réveillerait pas; mais quand on remue les mâchoires auprès de lui, il ouvre les yeux tout de suite.

— Vous avez dû être comme ça à son âge, dit la petite Marie avec un sourire malin. Allons, mon petit Pierre, tu cherches ton ciel de lit [28]? Il est fait de verdure, ce

---

27. Abri formé de branches feuillues. — 28. Baldaquin.

soir, mon enfant; mais ton père n'en soupe pas moins. Veux-tu souper avec lui? Je n'ai pas mangé ta part; je me doutais bien que tu la réclamerais!

— Marie, je veux que tu manges, s'écria le laboureur; je ne mangerai plus. Je suis un vorace, un grossier. Toi, tu te prives pour nous, ce n'est pas juste, j'en ai honte. Tiens, ça m'ôte la faim; je ne veux pas que mon fils soupe, si tu ne soupes pas.

— Laissez-nous tranquilles, répondit la petite Marie, vous n'avez pas la clef de nos appétits. Le mien est fermé aujourd'hui, mais celui de votre Pierre est ouvert comme celui d'un petit loup. Tenez, voyez comme il s'y prend! Oh! ce sera aussi un rude laboureur!

En effet, Petit-Pierre montra bientôt de qui il était fils, et à peine éveillé, ne comprenant ni où il était, ni comment il y était venu, il se mit à dévorer. Puis, quand il n'eut plus faim, se trouvant excité comme il arrive aux enfants qui rompent leurs habitudes, il eut plus d'esprit, plus de curiosité et plus de raisonnement qu'à l'ordinaire. Il se fit expliquer où il était, et quand il sut que c'était au milieu d'un bois, il eut un peu peur.

— Y a-t-il des méchantes bêtes dans ce bois? demanda-t-il à son père.

— Non, fit le père, il n'y en a point. Ne crains rien.

— Tu as donc menti quand tu m'as dit que si j'allais avec toi dans les grands bois les loups m'emporteraient?

— Voyez-vous ce raisonneur? dit Germain embarrassé.

— Il a raison, reprit la petite Marie; vous lui avez dit cela. Il a bonne mémoire, il s'en souvient. Mais apprends, mon petit Pierre, que ton père ne ment jamais. Nous avons passé les grands bois pendant que tu dormais, et nous sommes à présent dans les petits bois, où il n'y a pas de méchantes bêtes.

— Les petits bois sont-ils bien loin des grands?

— Assez loin; d'ailleurs les loups ne sortent pas des grands bois. Et puis, s'il en venait ici, ton père les tuerait.

— Et toi aussi, petite Marie?

— Et nous aussi, car tu nous aiderais bien, mon Pierre? Tu n'as pas peur, toi? Tu taperais bien dessus!

— Oui, oui, dit l'enfant enorgueilli, en prenant une pose héroïque, nous les tuerions!

— Il n'y a personne comme toi pour parler aux enfants, dit Germain à la petite Marie, et pour leur faire entendre raison. Il est vrai qu'il n'y a pas longtemps que tu étais toi-même un petit enfant et tu te souviens de ce que te disait ta mère. Je crois bien que plus on est jeune, mieux on s'entend avec ceux qui le sont. J'ai grand'peur qu'une femme de trente ans, qui ne sait pas encore ce que c'est que d'être mère, n'apprenne avec peine à babiller et à raisonner avec des marmots.

— Pourquoi donc pas, Germain? Je ne sais pourquoi vous avez une mauvaise idée touchant cette femme. Vous en reviendrez!

— Au diable la femme! dit Germain. Je voudrais en être revenu pour n'y plus retourner. Qu'ai-je besoin d'une femme que je ne connais pas?

— Mon petit père, dit l'enfant, pourquoi donc est-ce que tu parles toujours de ta femme aujourd'hui puisqu'elle est morte?...

— Hélas! tu ne l'as donc pas oubliée, toi, ta pauvre chère mère?

— Non, puisque je l'ai vu mettre dans une belle boîte de bois blanc, et que ma grand'mère m'a conduit auprès pour l'embrasser et lui dire adieu!... Elle était toute blanche et toute froide, et tous les soirs ma tante me fait prier le bon Dieu pour qu'elle aille se réchauffer avec lui dans le ciel. Crois-tu qu'elle y soit, à présent?

— Je l'espère, mon enfant. Mais il faut toujours prier: ça fait voir à ta mère que tu l'aimes.

— Je vas dire ma prière, reprit l'enfant; je n'ai pas pensé à la dire ce soir. Mais je ne peux pas la dire tout seul: j'en oublie toujours un peu. Il faut que la petite Marie m'aide.

— Oui, mon Pierre, je vas t'aider, dit la jeune fille. Viens là, te mettre à genoux sur moi.

L'enfant s'agenouilla sur la jupe de la jeune fille, joignit ses petites mains, et se mit à réciter sa prière, d'abord avec attention et ferveur, car il savait très bien le commencement, puis avec plus de lenteur et d'hésitation, et enfin répétant mot à mot ce que lui dictait la petite Marie, lorsqu'il arriva à cet endroit de son oraison, où le sommeil le gagnant chaque soir, il n'avait jamais pu l'apprendre jusqu'au bout. Cette fois encore, le travail de l'attention et la monotonie de son propre accent produisirent leur effet accoutumé: il ne prononça plus qu'avec effort les dernières syllabes, et encore après se les être fait répéter trois fois. Sa tête s'appesantit et se pencha sur la poitrine de Marie: ses mains se détendirent, se séparèrent et retombèrent ouvertes sur ses genoux. A la lueur du feu du bivouac, Germain regarda son petit ange assoupi sur le cœur de la jeune fille, qui, le soutenant dans ses bras et réchauffant ses cheveux blonds de sa pure haleine, s'était laissée aller aussi à une rêverie pieuse et priait mentalement pour l'âme de Catherine.

Germain fut attendri, chercha ce qu'il pourrait dire à la petite Marie pour lui exprimer ce qu'elle lui inspirait d'estime et de reconnaissance, mais ne trouva rien qui pût rendre sa pensée. Il s'approcha d'elle pour embrasser son fils qu'elle tenait toujours pressé contre son sein, et il eut peine à détacher ses lèvres du front du petit Pierre.

— Vous l'embrassez trop fort, lui dit Marie en repoussant doucement la tête du laboureur, vous allez le réveiller. Laissez-moi le recoucher, puisque le voilà reparti pour les rêves du paradis.

L'enfant se laissa coucher, mais en s'étendant sur la peau de chèvre du bât, il demanda s'il était sur la Grise. Puis, ouvrant ses grands yeux bleus, et les tenant fixés vers les branches pendant une minute, il parut rêver tout éveillé, ou être frappé d'une idée qui avait glissé dans son esprit durant le jour, et qui s'y formulait à l'approche du sommeil. — Mon petit père, dit-il, si tu veux me donner une autre mère, je veux que ce soit la petite Marie.

Et sans attendre de réponse, il ferma les yeux et s'endormit.

VIII
Malgré le froid

La petite Marie ne parut pas faire d'autre attention aux paroles bizarres de l'enfant que de les regarder comme une preuve

d'amitié. Elle l'enveloppa avec soin, ranima le feu, et, comme le brouillard endormi sur la mare voisine ne paraissait nullement près de s'éclaircir, elle conseilla à Germain de s'arranger auprès du feu pour faire un somme.

— Je vois que cela vous vient déjà, lui dit-elle, car vous ne dites plus mot, et vous regardez la braise comme votre petit faisait tout à l'heure. Allons, dormez, je veillerai à l'enfant et à vous.

— C'est toi qui dormiras, répondit le laboureur, et moi je vous garderai tous les deux, car jamais je n'ai eu moins envie de dormir; j'ai cinquante idées dans la tête.

— Cinquante, c'est beaucoup, dit la fillette avec une intention un peu moqueuse; il y a tant de gens qui seraient heureux d'en avoir une!

— Eh bien! si je ne suis pas capable d'en avoir cinquante, j'en ai du moins une qui ne me lâche pas depuis une heure.

— Et je vas vous la dire, ainsi que celles que vous aviez auparavant.

— Eh bien! oui, dis-la si tu la devines, Marie; dis-la-moi toi-même, ça me fera plaisir.

— Il y a une heure, reprit-elle, vous aviez l'idée de manger... et à présent vous avez l'idée de dormir.

— Marie, je ne suis qu'un bouvier, mais vraiment tu me prends pour un bœuf. Tu es une méchante fille, et je vois bien que tu ne veux point causer avec moi. Dors donc, cela vaudra mieux que de critiquer un homme qui n'est pas gai.

— Si vous voulez causer, causons, dit la petite fille en se couchant à demi auprès de l'enfant, et en appuyant sa tête contre le bât. Vous êtes en train de vous tourmenter, Germain, et en cela vous ne montrez pas beaucoup de courage pour un homme. Que ne dirais-je pas, moi, si je ne me défendais pas de mon mieux contre mon propre chagrin?

— Oui, sans doute, et c'est là justement ce qui m'occupe, ma pauvre enfant! Tu vas vivre loin de tes parents et dans un vilain pays de landes et de marécages, où tu attraperas les fièvres d'automne, où les bêtes à laine ne profitent pas, ce qui chagrine toujours une bergère qui a bonne intention. Enfin tu seras au milieu d'étrangers qui ne seront peut-être pas bons pour toi, qui ne comprendront pas ce que tu vaux. Tiens, ça me fait plus de peine que je ne peux te le dire, et j'ai envie de te remmener chez ta mère au lieu d'aller à Fourche.

— Vous parlez avec beaucoup de bonté, mais sans raison, mon pauvre Germain; on ne doit pas être lâche pour ses amis, et au lieu de me montrer le mauvais côté de mon sort, vous devriez m'en montrer le bon, comme vous faisiez quand nous avons goûté chez la Rebec.

— Que veux-tu! Ça me paraissait ainsi dans ce moment-là, et à présent ça me paraît autrement. Tu ferais mieux de trouver un mari.

— Ça ne se peut pas, Germain, je vous l'ai dit; et comme ça ne se peut pas, je n'y pense pas.

— Mais enfin si ça se trouvait? Peut-être que si tu voulais me dire comment tu souhaiterais qu'il fût, je parviendrais à imaginer quelqu'un.

— Imaginer n'est pas trouver. Moi, je n'imagine rien puisque c'est inutile.

— Tu n'aurais pas l'idée de trouver un riche?

— Non, bien sûr, puisque je suis pauvre comme Job.

— Mais s'il était à son aise, ça ne te ferait pas de peine d'être bien logée, bien nourrie, bien vêtue et dans une famille de braves gens qui te permettrait d'assister ta mère?

— Oh! pour cela, oui! assister ma mère est tout mon souhait.

— Et si cela se rencontrait, quand même l'homme ne serait pas de la première jeunesse, tu ne ferais pas trop la difficile?

— Ah! pardonnez-moi, Germain. C'est justement la chose à laquelle je tiendrais. Je n'aimerais pas un vieux!

— Un vieux, sans doute; mais, par exemple, un homme de mon âge?

— Votre âge est vieux pour moi, Germain. J'aimerais l'âge de Bastien, quoique Bastien ne soit pas si joli homme que vous.

— Tu aimerais mieux Bastien le porcher? dit Germain avec humeur. Un garçon qui a des yeux faits comme les bêtes qu'il mène?

— Je passerais par-dessus ses yeux, à cause de ses dix-huit ans.

Germain se sentit horriblement jaloux. — Allons, dit-il, je vois que tu en tiens pour Bastien. C'est une drôle d'idée, pas moins!

— Oui, ce serait une drôle d'idée, répondit la petite Marie en riant aux éclats, et ça ferait un drôle de mari. On lui ferait accroire tout ce qu'on voudrait. Par exemple, l'autre jour, j'avais ramassé une tomate dans le jardin à monsieur le curé; je lui ai dit que c'était une belle pomme rouge, et il a mordu dedans comme un goulu. Si vous aviez vu quelle grimace! Mon Dieu, qu'il était vilain!

— Tu ne l'aimes donc pas, puisque tu te moques de lui?

— Ce ne serait pas une raison. Mais je ne l'aime pas: il est brutal avec sa petite sœur, et il est malpropre.

— Eh bien! tu ne te sens pas portée pour quelque autre?

— Qu'est-ce que ça vous fait, Germain?

— Ça ne me fait rien, c'est pour parler. Je vois, petite fille, que tu as déjà un galant dans la tête.

— Non, Germain, vous vous trompez, je n'en ai pas encore; ça pourra venir plus tard. Mais puisque je ne me marierai que quand j'aurai un peu amassé, je suis destinée à me marier tard et avec un vieux.

— Eh bien, prends-en un vieux tout de suite.

— Non pas! quand je ne serai plus jeune, ça me sera égal; à présent, ce serait différent.

— Je vois bien, Marie, que je te déplais: c'est assez clair, dit Germain avec dépit, et sans peser ses paroles.

La petite Marie ne répondit pas. Germain se pencha vers elle: elle dormait; elle était tombée vaincue et comme foudroyée par le sommeil, comme font les enfants qui dorment déjà lorsqu'ils babillent encore.

Germain fut content qu'elle n'eût pas fait attention à ses dernières paroles; il reconnut qu'elles n'étaient point sages, et il lui tourna le dos pour se distraire et changer de pensée.

Mais il eut beau faire, il ne put ni s'endormir, ni songer à autre chose qu'à ce qu'il venait de dire. Il tourna vingt fois autour du feu, il s'éloigna, il revint. Enfin, se sentant aussi agité que s'il eût avalé de la poudre à canon, il s'appuya contre l'arbre qui abritait les deux enfants et les regarda dormir.

— Je ne sais pas comment je ne m'étais jamais aperçu, pensait-il, que cette petite Marie est la plus jolie fille du pays!... Elle n'a pas beaucoup de couleurs, mais elle a un petit visage frais comme une rose de buissons! Quelle gentille bouche et quel mignon petit nez!... Elle n'est pas grande pour son âge, mais elle est faite comme une petite caille et légère comme un petit pinson!... Je ne sais pas pourquoi on fait tant de cas chez nous d'une grande et grosse femme bien vermeille... La mienne était plutôt mince et pâle, et elle me plaisait par-dessus tout... Celle-ci est toute délicate, mais elle ne s'en porte pas plus mal, et elle est jolie à voir comme un chevreau blanc!... Et puis, quel air doux et honnête! Comme on lit son bon cœur dans ses yeux, même lorsqu'ils sont fermés pour dormir!... Quant à de l'esprit, elle en a plus que ma chère Catherine n'en avait, il faut en convenir, et on ne s'ennuierait pas avec elle... C'est gai, c'est sage, c'est laborieux, c'est aimant, et c'est drôle. Je ne vois pas ce qu'on pourrait souhaiter de mieux...

«Mais qu'ai-je à m'occuper de tout cela? reprenait Germain, en tâchant de regarder d'un autre côté. Mon beau-père ne voudrait pas en entendre parler, et toute la famille me traiterait de fou!... D'ailleurs, elle-même ne voudrait pas de moi, la pauvre enfant!... Elle me trouve trop vieux, elle me l'a dit... Elle n'est pas intéressée, elle se soucie peu d'avoir encore de la misère et de la peine, de porter de pauvres habits, et de souffrir de la faim pendant deux ou trois mois de l'année, pourvu qu'elle contente son cœur un jour, et qu'elle puisse se donner un mari qui lui plaira... Elle a raison, elle! je ferais de même à sa place... et, dès à présent, si je pouvais suivre ma volonté, au lieu de m'embarquer dans un mariage qui ne me sourit pas, je choisirais une fille à mon gré... »

Plus Germain cherchait à raisonner et à se calmer, moins il en venait à bout. Il s'en allait à vingt pas de là, se perdre dans le brouillard; et puis, tout d'un coup, il se retrouvait à genoux à côté des deux enfants endormis. Une fois même il voulut embrasser Petit-Pierre, qui avait un bras passé autour du cou de Marie, et il se trompa si bien que Marie, sentant une haleine chaude comme le feu courir sur ses lèvres, se réveilla et le regarda d'un air tout effaré, ne comprenant rien du tout à ce qui se passait en lui.

— Je ne vous voyais pas, mes pauvres enfants! dit Germain en se retirant bien vite. J'ai failli tomber sur vous et vous faire du mal.

La petite Marie eut la candeur de le croire, et se rendormit. Germain passa de l'autre côté du feu et jura à Dieu qu'il n'en bougerait jusqu'à ce qu'elle fût réveillée. Il tint parole, mais ce ne fut pas sans peine. Il crut qu'il en deviendrait fou.

Enfin, vers minuit, le brouillard se dissipa, et Germain put voir les étoiles briller à travers les arbres. La lune se dégagea aussi des vapeurs qui la couvraient et commença à semer des diamants sur la mousse humide. Le tronc des chênes restait dans une majestueuse obscurité; mais, un peu plus loin, les tiges blanches des bouleaux semblaient une rangée de fantômes dans leurs suaires. Le feu se reflétait dans la mare; et les grenouilles, commençant à s'y habituer, hasardaient quelques notes grêles et timides. Les branches anguleuses des vieux arbres, hérissées de pâles lichens, s'étendaient et s'entre-croisaient comme de grands bras décharnés sur la tête de nos voyageurs. C'était un bel endroit, mais si désert et si triste, que Germain, las d'y souffrir, se mit à chanter et à jeter des pierres dans l'eau pour s'étourdir sur l'ennui effrayant de la solitude. Il désirait aussi éveiller la petite Marie; et lorsqu'il vit qu'elle se levait et regardait le temps, il lui proposa de se remettre en route.

— Dans deux heures, lui dit-il, l'approche du jour rendra l'air si froid, que nous ne pourrons plus y tenir, malgré notre feu... A présent, on voit à se conduire, et nous trouverons bien une maison qui nous ouvrira, ou du moins quelque grange où nous pourrons passer à couvert le reste de la nuit.

Marie n'avait pas de volonté; et, quoiqu'elle eût encore grande envie de dormir, elle se disposa à suivre Germain.

Celui-ci prit son fils dans ses bras sans le réveiller, et voulut que Marie s'approchât de lui pour se cacher dans son manteau, puisqu'elle ne voulait pas reprendre sa cape roulée autour du petit Pierre.

Quand il sentit la jeune fille si près de lui, Germain, qui s'était distrait et égayé un instant, recommença à perdre la tête. Deux ou trois fois il s'éloigna brusquement, et la laissa marcher seule. Puis voyant qu'elle avait peine à le suivre, il l'attendait, l'attirait vivement près de lui, et la pressait si fort, qu'elle en était étonnée et même fâchée sans oser le dire.

Comme ils ne savaient point du tout de quelle direction ils étaient partis, ils ne savaient pas celle qu'ils suivaient; si bien qu'ils remontèrent encore une fois tout le bois, se retrouvèrent de nouveau en face de la lande déserte, revinrent sur leurs pas, et, après avoir tourné et marché longtemps, ils aperçurent de la clarté à travers les branches.

— Bon! voici une maison, dit Germain, et des gens déjà éveillés, puisque le feu est allumé. Il est donc bien tard?

Mais ce n'était pas une maison: c'était le feu de bivouac qu'ils avaient couvert en partant, et qui s'était rallumé à la brise...

Ils avaient marché pendant deux heures pour se retrouver au point de départ.

IX
A la belle étoile

« Pour le coup j'y renonce! dit Germain en frappant du pied. On nous a jeté un sort, c'est bien sûr, et nous ne sortirons d'ici qu'au grand jour. Il faut que cet endroit soit endiablé.

— Allons, allons, ne nous fâchons pas, dit Marie, et prenons-en notre parti. Nous ferons un plus grand feu, l'enfant est si bien enveloppé qu'il ne risque rien, et pour passer une nuit dehors nous n'en mourrons point. Où avez-vous caché la bâtine, Germain? Au milieu des houx, grand étourdi! C'est commode pour aller la reprendre!

— Tiens l'enfant, prends-le que je retire son lit des broussailles; je ne veux pas que tu te piques les mains.

— C'est fait, voici le lit, et quelques piqûres ne sont pas des coups de sabre, reprit la brave petite fille.

Elle procéda de nouveau au coucher du petit Pierre, qui était si bien endormi cette fois qu'il ne s'aperçut en rien de ce nouveau voyage. Germain mit tant de bois au feu que toute la forêt en resplendit à la ronde. Mais la petite Marie n'en pouvait plus, et quoiqu'elle ne se plaignît de rien, elle ne se soutenait plus sur ses jambes. Elle était pâle et ses dents claquaient de froid et de faiblesse. Germain la prit dans ses bras pour la réchauffer; et l'inquiétude, la compassion, des mouvements de tendresse irrésistible s'emparant de son cœur, firent taire ses sens. Sa langue se délia comme par miracle, et toute honte cessant:

— Marie, lui dit-il, tu me plais, et je suis bien malheureux de ne pas te plaire. Si tu voulais m'accepter pour ton mari, il n'y aurait ni beau-père, ni parents, ni voisins, ni conseils qui pussent m'empêcher de me donner à toi. Je sais que tu rendrais mes enfants heureux, que tu leur apprendrais à respecter le souvenir de leur mère, et, ma conscience étant en repos, je pourrais contenter mon cœur. J'ai toujours eu de l'amitié pour toi, et à présent je me sens si amoureux que si tu me demandais de faire toute ma vie tes mille volontés, je te le jurerais sur l'heure. Vois, je t'en prie, comme je t'aime, et tâche d'oublier mon âge. Pense que c'est une fausse idée qu'on se fait quand on croit qu'un homme de trente ans est vieux. D'ailleurs je n'ai que vingt-huit ans! Une jeune fille craint de se faire critiquer en prenant un homme qui a dix ou douze ans de plus qu'elle, parce que ce n'est pas la coutume du pays. Mais j'ai entendu dire que dans d'autres pays on ne regardait point à cela; qu'au contraire on aimait mieux donner pour soutien à une jeunesse, un homme raisonnable et d'un courage bien éprouvé qu'un jeune gars qui peut se déranger[29], et, de bon sujet qu'on le croyait, devenir un mauvais garnement. D'ailleurs, les années ne font pas toujours l'âge. Cela dépend de la force et de la santé qu'on a. Quand un homme est usé par trop de travail et de misère ou par la mauvaise conduite, il est vieux avant vingt-cinq ans. Au lieu que moi... mais, tu ne m'écoutes pas, Marie.

---

29. Tourner mal (sens vieilli).

— Si fait, Germain, je vous entends bien, répondit la petite Marie, mais je songe à ce que m'a toujours dit ma mère: c'est qu'une femme de soixante ans est bien à plaindre quand son mari en a soixante-dix ou soixante-quinze, et qu'il ne peut plus travailler pour la nourrir. Il devient infirme, et il faut qu'elle le soigne à l'âge où elle commencerait elle-même à avoir grand besoin de ménagement et de repos. C'est ainsi qu'on arrive à finir sur la paille.

— Les parents ont raison de dire cela, j'en conviens, Marie, reprit Germain. Mais enfin ils sacrifieraient tout le temps de la jeunesse, qui est le meilleur, à prévoir ce qu'on deviendra à l'âge où l'on n'est plus bon à rien, et où il est indifférent de finir d'une manière ou d'une autre. Mais moi, je ne suis pas dans le danger de mourir de faim sur mes vieux jours. Je suis à même d'amasser quelque chose, puisque, vivant avec les parents de ma femme, je travaille beaucoup et je ne dépense rien. D'ailleurs, je t'aimerai tant, vois-tu, que ça m'empêchera de vieillir. On dit que quand un homme est heureux, il se conserve, et je sens bien que je suis plus jeune que Bastien pour t'aimer; car il ne t'aime pas, lui, il est trop bête, trop enfant pour comprendre comme tu es jolie et bonne, et faite pour être recherchée. Allons, Marie, ne me déteste pas, je ne suis pas un méchant homme. J'ai rendu ma Catherine heureuse; elle a dit devant Dieu à son lit de mort qu'elle n'avait jamais eu de moi que du contentement, elle m'a recommandé de me remarier. Il semble que son esprit ait parlé ce soir à son enfant, au moment où il s'est endormi. Est-ce que tu n'as entendu ce qu'il disait, et comme sa petite bouche tremblait, pendant que ses yeux regardaient en l'air quelque chose que nous ne pouvions pas voir? Il voyait sa mère, sois-en sûre, et c'était elle qui lui faisait dire qu'il te voulait pour la remplacer.

— Germain, répondit Marie, tout étonnée et toute pensive, vous parlez honnêtement et tout ce que vous dites est vrai. Je suis sûre que je ferais bien de vous aimer, si ça ne mécontentait pas trop vos parents... Mais que voulez-vous que j'y fasse? Le cœur ne m'en dit pas pour vous. Je vous aime bien, mais quoique votre âge ne vous enlaidisse pas, il me fait peur. Il me semble que vous êtes quelque chose pour moi, comme un oncle ou un parrain; que je vous dois le respect, et que vous auriez des moments où vous me traiteriez comme une petite fille plutôt que comme votre femme et votre égale. Enfin, mes camarades se moqueraient peut-être de moi, et quoique ça soit une sottise de faire attention à cela, je crois que je serais honteuse et un peu triste le jour de mes noces.

— Ce sont là des raisons d'enfant; tu parles tout à fait comme un enfant, Marie!

— Eh bien! oui, je suis une enfant, dit-elle, et c'est à cause de cela que je crains un homme trop raisonnable. Vous voyez bien que je suis trop jeune pour vous, puisque déjà vous me reprochez de parler sans raison! Je ne puis pas avoir plus de raison que mon âge n'en comporte.

— Hélas! mon Dieu, que je suis donc à plaindre d'être si maladroit et de dire si mal ce que je pense! s'écria Germain. Marie, vous ne m'aimez pas, voilà le fait; vous me trouvez trop simple et trop lourd. Si vous m'aimiez un peu, vous ne verriez pas si clairement mes défauts. Mais vous ne m'aimez pas, voilà!

— Eh bien! ce n'est pas ma faute, répondit-elle, un peu blessée de ce qu'il ne la tutoyait plus. J'y fais mon possible en vous écoutant, mais plus je m'y essaie et moins je peux me mettre dans la tête que nous devions être mari et femme.

Germain ne répondit pas. Il mit sa tête dans ses deux mains et il fut impossible à la petite Marie de savoir s'il pleurait, s'il boudait, ou s'il était endormi. Elle fut un peu inquiète de le voir si morne et de ne pas deviner ce qu'il roulait dans son esprit. Mais elle n'osa pas lui parler davantage, et comme elle était trop étonnée de ce qui venait de se passer pour avoir envie de se rendormir, elle attendit le jour avec impatience, soignant toujours le feu et veillant l'enfant dont Germain paraissait ne plus se souvenir. Cependant Germain ne dormait point; il ne réfléchissait pas à son sort et ne faisait ni projets de courage, ni plans de séduction. Il souffrait; il avait une montagne d'ennuis sur le cœur. Il aurait voulu être mort. Tout lui paraissait devoir tourner mal pour lui, et s'il eût pu pleurer il ne l'aurait pas fait à demi. Mais il y avait un peu de colère contre lui-même, mêlée à sa peine, et il étouffait sans pouvoir et sans vouloir se plaindre.

Quand le jour fut venu et que les bruits de la campagne l'annoncèrent à Germain, il sortit son visage de ses mains et se leva. Il vit que la petite Marie n'avait pas dormi non plus, mais il ne sut rien lui dire pour marquer sa sollicitude. Il était tout à fait découragé. Il cacha de nouveau le bât de la Grise dans les buissons, prit son sac sur son épaule, et tenant son fils par la main:

— A présent, Marie, dit-il, nous allons tâcher d'achever notre voyage. Veux-tu que je te conduise aux Ormeaux?

— Nous sortirons du bois ensemble, lui répondit-elle, et quand nous saurons où nous sommes, nous irons chacun de notre côté.

Germain ne répondit pas. Il était blessé de ce que la jeune fille ne lui demandait pas de la mener jusqu'aux Ormeaux, et il ne s'apercevait pas qu'il le lui avait offert d'un ton qui semblait provoquer un refus.

Un bûcheron qu'ils rencontrèrent au bout de deux cents pas les mit dans le bon chemin, et leur dit qu'après avoir passé la grande prairie ils n'avaient qu'à prendre, l'un tout droit, l'autre sur la gauche, pour gagner leurs différents gîtes, qui étaient d'ailleurs si voisins qu'on voyait distinctement les maisons de Fourche de la ferme des Ormeaux, et réciproquement.

Puis, quand ils eurent remercié et dépassé le bûcheron, celui-ci les rappela pour leur demander s'ils n'avaient pas perdu un cheval.

— J'ai trouvé, leur dit-il, une belle jument grise dans ma cour, où peut-être le loup l'aura forcée de chercher un refuge. Mes chiens ont jappé à nuitée[30], et au point du jour j'ai vu la bête chevaline[31] sous mon hangar; elle y est encore. Allons-y, et si vous la reconnaissez, emmenez-la.

Germain ayant donné d'avance le signalement de la Grise et s'étant convaincu qu'il s'agissait bien d'elle, se mit en route pour aller rechercher son bât. La petite Marie lui offrit alors de conduire son enfant aux Ormeaux, où il viendrait le reprendre lorsqu'il aurait fait son entrée à Fourche.

— Il est un peu malpropre après la nuit que nous avons passée, dit-elle. Je nettoierai ses habits, je laverai son joli museau, je le peignerai, et quand il sera beau et brave, vous pourrez le présenter à votre nouvelle famille.

— Et qui te dit que je veuille aller à Fourche? répondit Germain avec humeur. Peut-être n'irai-je pas!

— Si fait, Germain, vous devez y aller, vous irez, reprit la jeune fille.

— Tu es bien pressée que je me marie avec une autre, afin d'être sûre que je ne t'ennuierai plus?

— Allons, Germain, ne pensez plus à cela; c'est une idée qui vous est venue dans la nuit, parce que cette mauvaise aventure avait un peu dérangé vos esprits. Mais à présent il faut que la raison vous revienne; je vous promets d'oublier ce que vous m'avez dit et de n'en jamais parler à personne.

— Eh! parles-en si tu veux. Je n'ai pas l'habitude de renier mes paroles. Ce que je t'ai dit était vrai, honnête, et je n'en rougirais devant personne.

— Oui; mais si votre future savait qu'au moment d'arriver, vous avez pensé à une autre, ça la disposerait mal pour vous. Ainsi faites attention aux paroles que vous direz maintenant. Ne me regardez pas comme ça devant le monde avec un air tout singulier. Songez au père Maurice qui compte sur votre obéissance, et qui serait bien en colère contre moi si je vous détournais de faire sa volonté. Bonjour, Germain; j'emmène Petit-Pierre afin de vous forcer d'aller à Fourche. C'est un gage que je vous garde.

— Tu veux donc aller avec elle? dit le laboureur à son fils, en voyant qu'il s'attachait aux mains de la petite Marie, et qu'il la suivait résolument.

— Oui, père, répondit l'enfant qui avait écouté et compris à sa manière ce qu'on venait de dire sans méfiance devant lui. Je m'en vais avec ma Marie mignonne. Tu viendras me chercher quand tu auras fini de te marier; mais je veux que Marie reste ma petite mère.

— Tu vois bien qu'il le veut, lui! dit Germain à la jeune fille. Ecoute, Petit-Pierre, ajouta-t-il, moi je le souhaite, qu'elle soit ta

---

30. Toute la nuit (expression berrichonne). — 31. Le cheval.

mère et qu'elle reste toujours avec toi; c'est elle qui ne le veut pas. Tâche qu'elle t'accorde ce qu'elle me refuse.

— Sois tranquille, mon père, je lui ferai dire oui: la petite Marie fait toujours ce que je veux.

Il s'éloigna avec la jeune fille. Germain resta seul, plus triste, plus irrésolu que jamais.

X
La Lionne[32] du village

Cependant, quand il eut réparé le désordre du voyage dans ses vêtements et dans l'équipage de son cheval, quand il fut monté sur la Grise et qu'on lui eut indiqué le chemin de Fourche, il pensa qu'il n'y avait plus à reculer, et qu'il fallait oublier cette nuit d'agitation comme un rêve dangereux.

Il trouva le père Léonard au seuil de sa maison blanche, assis sur un beau banc de bois peint en vert épinard. Il y avait six marches de pierre disposées en perron, ce qui faisait voir que la maison avait une cave. Le mur du jardin et de la chènevière[33] était crépi à chaux et à sable. C'était une belle habitation; il s'en fallait de peu qu'on ne la prît pour une maison de bourgeois.

Le futur beau-père vint au-devant de Germain, et après lui avoir demandé, pendant cinq minutes, des nouvelles de toute sa famille, il ajouta la phrase consacrée à questionner poliment ceux qu'on rencontre, sur le but de leur voyage: *Vous êtes donc venu pour vous promener par ici?*

— Je suis venu vous voir, répondit le laboureur, et vous présenter ce petit cadeau de gibier de la part de mon beau-père, en vous disant, aussi de sa part, que vous devez savoir dans quelles intentions je viens chez vous.

— Ah! ah! dit le père Léonard en riant et en frappant sur son estomac rebondi, je vois, j'entends, j'y suis! Et, clignant de l'œil,

il ajouta: Vous ne serez pas le seul à faire vos compliments, mon jeune homme. Il y en a déjà trois à la maison qui attendent comme vous. Moi, je ne renvoie personne, et je serais bien embarrassé de donner tort ou raison à quelqu'un, car ce sont tous de bons partis[34]. Pourtant, à cause du père Maurice et de la qualité des terres que vous cultivez, j'aimerais mieux que ce fût vous. Mais ma fille est majeure et maîtresse de son bien; elle agira donc selon son idée. Entrez, faites-vous connaître; je souhaite que vous ayez le bon numéro!

— Pardon, excuse, répondit Germain, fort surpris de se trouver en surnuméraire[35] là où il avait compté d'être seul. Je ne savais pas que votre fille fût déjà pourvue de prétendants, et je n'étais pas venu pour la disputer aux autres.

— Si vous avez cru que, parce que vous tardiez à venir, répondit, sans perdre sa bonne humeur, le père Léonard, ma fille se trouvait au dépourvu, vous vous êtes grandement trompé, mon garçon. La Catherine a de quoi attirer les épouseurs, et elle n'aura que l'embarras du choix. Mais entrez à la maison, vous dis-je, et ne perdez pas courage. C'est une femme qui vaut la peine d'être disputée.

Et poussant Germain par les épaules avec une rude gaîté: — Allons, Catherine, s'écria-t-il en entrant dans la maison, en voilà un de plus!

Cette manière joviale mais grossière d'être présenté à la veuve, en présence de ses autres soupirants, acheva de troubler et de mécontenter le laboureur. Il se sentit gauche et resta quelques instants sans oser lever les yeux sur la belle et sur sa cour.

La veuve Guérin était bien faite et ne manquait pas de fraîcheur. Mais elle avait une expression de visage et une toilette qui déplurent tout d'abord à Germain. Elle avait l'air hardi et content d'elle-même, et ses cornettes[36] garnies d'un triple rang de dentelle, son tablier de soie, et son fichu de blonde[37] noire étaient peu en rapport avec l'idée qu'il s'était faite d'une veuve sérieuse et rangée.

---

32. On appelait ainsi une femme ou une jeune fille qui se faisait remarquer par sa beauté et son élégance. — 33. Terre où se cultive le chanvre. — 34. Ce sont tous des hommes qu'il serait financièrement avantageux d'épouser. — 35. De trop. — 36. Sa coiffure. — 37. Dentelle.

Cette recherche d'habillement et ces manières dégagées la lui firent trouver vieille et laide, quoiqu'elle ne fût ni l'un ni l'autre. Il pensa qu'une si jolie parure et des manières si enjouées siéraient à l'âge et à l'esprit fin de la petite Marie, mais que cette veuve avait la plaisanterie lourde et hasardée, et qu'elle portait sans distinction ses beaux atours.

Les trois prétendants étaient assis à une table chargée de vins et de viandes, qui étaient là en permanence pour eux toute la matinée du dimanche; car le père Léonard aimait à faire montre de sa richesse, et la veuve n'était pas fâchée non plus d'étaler sa belle vaisselle, et de tenir table comme une rentière. Germain, tout simple et confiant qu'il était, observa les choses avec assez de pénétration, et pour la première fois de sa vie il se tint sur la défensive en trinquant. Le père Léonard l'avait forcé de prendre place avec ses rivaux, et, s'asseyant lui-même vis-à-vis de lui, il le traitait de son mieux, et s'occupait de lui avec prédilection. Le cadeau de gibier, malgré la brèche que Germain y avait faite pour son propre compte, était encore assez copieux pour produire de l'effet. La veuve y parut sensible et les prétendants y jetèrent un coup d'œil de dédain.

Germain se sentait mal à l'aise en cette compagnie et ne mangeait pas de bon cœur. Le père Léonard l'en plaisanta.

— Vous voilà bien triste, lui dit-il, et vous boudez contre votre verre. Il ne faut pas que l'amour vous coupe l'appétit, car un galant à jeun ne sait point trouver de jolies paroles comme celui qui s'est éclairci les idées avec une petite pointe de vin.

Germain fut mortifié qu'on le supposât déjà amoureux, et l'air maniéré de la veuve, qui baissa les yeux en souriant, comme une personne sûre de son fait, lui donna l'envie de protester contre sa prétendue défaite. Mais il craignait de paraître incivil, sourit et prit patience.

Les galants de la veuve lui parurent trois rustres. Il fallait qu'ils fussent bien riches pour qu'elle admît leurs prétentions. L'un avait plus de quarante ans et était quasi aussi gros que le père Léonard; un autre était borgne et buvait tant qu'il en était abruti; le troisième était jeune et assez joli garçon; mais il voulait faire de l'esprit et disait des choses si plates que cela faisait pitié. Pourtant la veuve en riait comme si elle eût admiré toutes ces sottises, et, en cela, elle ne faisait pas preuve de goût. Germain crut d'abord qu'elle en était coiffée[38]; mais bientôt il s'aperçut qu'il était lui-même encouragé d'une manière particulière, et qu'on souhaitait qu'il se livrât davantage. Ce lui fut une raison pour se sentir et se montrer plus froid et plus grave.

L'heure de la messe arriva, et on se leva de table pour s'y rendre ensemble. Il fallait aller jusqu'à Mers, à une bonne demi-lieue de là, et Germain était si fatigué qu'il eût fort souhaité avoir le temps de faire un somme auparavant. Mais il n'avait pas coutume de manquer la messe, et il se mit en route avec les autres.

Les chemins étaient couverts de monde, et la veuve marchait d'un air fier, escortée de ses trois prétendants, donnant le bras tantôt à l'un, tantôt à l'autre, se rengorgeant et portant haut la tête. Elle eût fort souhaité produire le quatrième aux yeux des passants; mais Germain trouva si ridicule d'être traîné ainsi de compagnie, par un cotillon, à la vue de tout le monde, qu'il se tint à distance convenable, causant avec le père Léonard, et trouvant moyen de le distraire et de l'occuper assez pour qu'ils n'eussent point l'air de faire partie de la bande.

XI
Le Maître

Lorsqu'ils atteignirent le village, la veuve s'arrêta pour les attendre. Elle voulait absolument faire son entrée avec tout son monde; mais Germain, lui refusant cette satisfaction, quitta le père Léonard, accosta plusieurs personnes de sa connaissance, et entra dans l'église par une autre porte. La veuve en eut du dépit.

---

38. Amoureuse.

Après la messe, elle se montra partout triomphante sur la pelouse où l'on dansait, et ouvrit la danse avec ses trois amoureux successivement. Germain la regarda faire, et trouva qu'elle dansait bien, mais avec affectation.

— Eh bien! lui dit Léonard en lui frappant sur l'épaule, vous ne faites donc pas danser ma fille? Vous êtes aussi par trop timide!

— Je ne danse plus depuis que j'ai perdu ma femme, répondit le laboureur.

— Eh bien! puisque vous en recherchez une autre, le deuil est fini dans le cœur comme sur l'habit.

— Ce n'est pas une raison, père Léonard. D'ailleurs je me trouve trop vieux; je n'aime plus la danse.

— Ecoutez, reprit Léonard en l'attirant dans un endroit isolé, vous avez pris du dépit en entrant chez moi, de voir la place déjà entourée d'assiégeants, et je vois que vous êtes très fier. Mais ceci n'est pas raisonnable, mon garçon. Ma fille est habituée à être courtisée, surtout depuis deux ans qu'elle a fini son deuil, et ce n'est pas à elle à aller au-devant de vous.

— Il y a déjà deux ans que votre fille est à marier, et elle n'a pas encore pris son parti? dit Germain.

— Elle ne veut pas se presser, et elle a raison. Quoiqu'elle ait la mine éveillée et qu'elle vous paraisse peut-être ne pas beaucoup réfléchir, c'est une femme d'un grand sens, et qui sait fort bien ce qu'elle fait.

— Il ne me semble pas, dit Germain ingénument, car elle a trois galants à sa suite, et si elle savait ce qu'elle veut, il y en aurait au moins deux qu'elle trouverait de trop et qu'elle prierait de rester chez eux.

— Pourquoi donc? Vous n'y entendez rien, Germain. Elle ne veut ni du vieux, ni du borgne, ni du jeune, j'en suis quasi certain. Mais si elle les renvoyait, on penserait qu'elle veut rester veuve, et il n'en viendrait pas d'autre.

— Ah! oui! ceux-là servent d'enseigne!

— Comme vous dites. Où est le mal, si cela leur convient?

— Chacun son goût! dit Germain.

— Je vois que ce ne serait pas le vôtre. Mais voyons, on peut s'entendre, à supposer que vous soyez préféré: on pourrait vous laisser la place.

— Oui, à supposer! Et en attendant qu'on puisse le savoir, combien de temps faudrait-il rester le nez au vent?

— Ça dépend de vous, je crois, si vous savez parler et persuader. Jusqu'ici ma fille a très bien compris que le meilleur temps de sa vie serait celui qu'elle passerait à se laisser courtiser, et elle ne se sent pas pressée de devenir la servante d'un homme, quand elle peut commander à plusieurs. Ainsi, tant que le jeu lui plaira, elle peut se divertir; mais si vous plaisez plus que le jeu, le jeu pourra cesser. Vous n'avez qu'à ne pas vous rebuter. Revenez tous les dimanches, faites-la danser, donnez à connaître que vous vous mettez sur les rangs, et si on vous trouve plus aimable et mieux appris que les autres, un beau jour on vous le dira sans doute.

— Pardon, père Léonard, votre fille a le droit d'agir comme elle l'entend, et je n'ai pas celui de la blâmer. A sa place, moi, j'agirais autrement; j'y mettrais plus de franchise et je ne ferais pas perdre du temps à des hommes qui ont sans doute quelque chose de mieux à faire qu'à tourner autour d'une femme qui se moque d'eux. Mais, enfin, si elle trouve son amusement et son bonheur à cela, cela ne me regarde point. Seulement, il faut que je vous dise une chose qui m'embarrasse un peu à vous avouer depuis ce matin, vu que vous avez commencé par vous tromper sur mes intentions, et que vous ne m'avez pas donné le temps de vous répondre, si bien que vous croyez ce qui n'est point. Sachez donc que je ne suis pas venu ici dans la vue de demander votre fille en mariage, mais dans celle de vous acheter une paire de bœufs que vous voulez conduire en foire la semaine prochaine, et que mon beau-père suppose lui convenir.

— J'entends, Germain, répondit Léonard fort tranquillement; vous avez changé d'idée en voyant ma fille avec ses amoureux. C'est comme il vous plaira. Il paraît que ce qui attire les uns rebute les autres, et vous avez le droit de vous retirer puisque aussi bien vous n'avez pas encore parlé. Si vous voulez sérieusement acheter mes bœufs, venez les voir au pâturage; nous en causerons, et, que nous fassions ou non ce marché, vous viendrez dîner avec nous avant de vous en retourner.

— Je ne veux pas que vous vous dérangiez, reprit Germain; vous avez peut-être affaire ici. Moi, je m'ennuie un peu de voir danser et de ne rien faire. Je vais voir vos bêtes, et je vous trouverai tantôt chez vous.

Là-dessus Germain s'esquiva et se dirigea vers les prés, où Léonard lui avait, en effet, montré de loin une partie de son bétail. Il était vrai que le père Maurice en avait à acheter, et Germain pensa que s'il lui ramenait une belle paire de bœufs d'un prix modéré, il se ferait mieux pardonner d'avoir manqué volontairement le but de son voyage.

Il marcha vite et se trouva bientôt à peu de distance des Ormeaux. Il éprouva alors le besoin d'aller embrasser son fils, et même de revoir la petite Marie, quoiqu'il eût perdu l'espoir et chassé la pensée de lui devoir son bonheur. Tout ce qu'il venait de voir et d'entendre, cette femme coquette et vaine, ce père à la fois rusé et borné, qui encourageait sa fille dans des habitudes d'orgueil et de déloyauté, ce luxe des villes, qui lui paraissait une infraction à la dignité des mœurs de la campagne, ce temps perdu à des paroles oiseuses et niaises, cet intérieur si différent du sien, et surtout ce malaise profond que l'homme des champs éprouve lorsqu'il sort de ses habitudes laborieuses, tout ce qu'il avait subi d'ennui et de confusion depuis quelques heures donnait à Germain l'envie de se retrouver avec son enfant et sa petite voisine. N'eût-il pas été amoureux de cette dernière, il l'aurait encore cherchée pour se distraire et remettre ses esprits dans leur assiette accoutumée.

Mais il regarda en vain dans les prairies environnantes, il n'y trouva ni la petite Marie ni le petit Pierre. Il était pourtant l'heure où les pasteurs sont aux champs. Il y avait un grand troupeau dans une chôme[39]; il demanda à un jeune garçon, qui le gardait, si c'étaient les moutons de la métairie des Ormeaux.

— Oui, dit l'enfant.

— En êtes-vous le berger? Est-ce que les garçons gardent les bêtes à laine des métairies dans votre endroit?

— Non. Je les garde aujourd'hui parce que la bergère est partie: elle était malade.

— Mais n'avez-vous pas une nouvelle bergère, arrivée de ce matin?

— Oh! bien oui! Elle est déjà partie aussi.

— Comment, partie? N'avait-elle pas un enfant avec elle?

— Oui, un petit garçon qui a pleuré. Ils se sont en allés tous les deux au bout de deux heures.

— En allés? Où?

— D'où ils venaient, apparemment. Je ne le leur ai pas demandé.

— Mais pourquoi donc s'en allaient-ils? dit Germain de plus en plus inquiet.

— Dame! est-ce que je sais?

— On ne s'est pas entendu sur le prix? Ce devait être pourtant une chose convenue d'avance.

— Je ne peux rien vous en dire. Je les ai vus entrer et sortir, voilà tout.

Germain se dirigea vers la ferme et questionna les métayers. Personne ne put lui expliquer le fait; mais il était constant qu'après avoir causé avec le fermier, la jeune fille était partie sans rien dire, emmenant l'enfant qui pleurait.

— Est-ce qu'on a maltraité mon fils? s'écria Germain dont les yeux s'enflammèrent.

— C'était donc votre fils? Comment se trouvait-il avec cette petite? D'où êtes-vous donc, et comment vous appelle-t-on?

Germain, voyant que, selon l'habitude du pays, on allait répondre à ses questions par d'autres questions, frappa du pied avec impatience et demanda à parler au maître.

Le maître n'y était pas: il n'avait pas coutume de rester toute la journée entière quand il venait à la ferme. Il était monté à cheval, et il était parti on ne savait pour quelle autre de ses fermes.

— Mais enfin, dit Germain en proie à une vive anxiété, ne pouvez-vous savoir la raison du départ de cette jeune fille?

Le métayer échangea un sourire étrange avec sa femme, puis il répondit qu'il n'en savait rien, que cela ne le regardait

---

39. Champ non cultivé qui sert de pâturage.

pas. Tout ce que Germain put apprendre, c'est que la jeune fille et l'enfant étaient allés du côté de Fourche. Il courut à Fourche: la veuve et ses amoureux n'étaient pas de retour, non plus que le père Léonard. La servante lui dit qu'une jeune fille et un enfant étaient venus le demander, mais que, ne les connaissant pas, elle n'avait pas voulu les recevoir, et leur avait conseillé d'aller à Mers.

— Et pourquoi avez-vous refusé de les recevoir? dit Germain avec humeur. On est donc bien méfiant dans ce pays-ci, qu'on n'ouvre pas la porte à son prochain?

— Ah dame! répondit la servante, dans une maison riche comme celle-ci on a raison de faire bonne garde. Je réponds de tout quand les maîtres sont absents, et je ne peux pas ouvrir aux premiers venus.

— C'est une laide coutume, dit Germain, et j'aimerais mieux être pauvre que de vivre comme cela dans la crainte. Adieu, la fille! Adieu à votre vilain pays!

Il s'enquit dans les maisons environnantes. On avait vu la bergère et l'enfant. Comme le petit était parti de Belair à l'improviste, sans toilette, avec sa blouse un peu déchirée et sa petite peau d'agneau sur le corps; comme aussi la petite Marie était, pour cause, fort pauvrement vêtue en tout temps, on les avait pris pour des mendiants. On leur avait offert du pain; la jeune fille en avait accepté un morceau pour l'enfant qui avait faim, puis elle était partie très vite avec lui, et avait gagné les bois.

Germain réfléchit un instant, puis il demanda si le fermier des Ormeaux n'était pas venu à Fourche.

— Oui, lui répondit-on; il a passé à cheval peu d'instants après cette petite.

— Est-ce qu'il a couru après elle?

— Ah! vous le connaissez donc? dit en riant le cabaretier de l'endroit, auquel il s'adressait. Oui, certes; c'est un gaillard endiablé pour courir après les filles. Mais je ne crois pas qu'il ait attrapé celle-là. Quoique, après tout, s'il l'eût vue...

— C'est assez, merci! Et il vola plutôt qu'il ne courut à l'écurie de Léonard. Il jeta la bâtine sur la Grise, sauta dessus, et partit au grand galop dans la direction des bois de Chanteloube.

Le cœur lui bondissait d'inquiétude et de colère, la sueur lui coulait du front. Il mettait en sang les flancs de la Grise, qui, en se voyant sur le chemin de son écurie, ne se faisait pourtant pas prier pour courir.

XII
La Vieille

Germain se retrouva bientôt à l'endroit où il avait passé la nuit au bord de la mare. Le feu fumait encore; une vieille femme ramassait le reste de la provision de bois mort que la petite Marie y avait entassée. Germain s'arrêta pour la questionner. Elle était sourde, et, se méprenant sur ses interrogations:

— Oui, mon garçon, dit-elle, c'est ici la Mare au Diable. C'est un mauvais endroit, et il ne faut pas en approcher sans jeter trois pierres dedans de la main gauche, en faisant le signe de la croix de la main droite: ça éloigne les esprits. Autrement il arrive des malheurs à ceux qui en font le tour.

— Je ne vous parle pas de ça, dit Germain en s'approchant d'elle et en criant à tue-tête: N'avez-vous pas vu passer dans le bois une fille et un enfant?

— Oui, dit la vieille, il s'y est noyé un petit enfant!

Germain frémit de la tête aux pieds; mais heureusement, la vieille ajouta:

— Il y a bien longtemps de ça; en mémoire de l'accident on y avait planté une belle croix; mais, par une belle nuit de grand orage, les mauvais esprits l'ont jetée dans l'eau. On peut en voir encore un bout. Si quelqu'un avait le malheur de s'arrêter ici la nuit, il serait bien sûr de ne pouvoir jamais en sortir avant le jour. Il aurait beau marcher, marcher, il pourrait faire deux cents lieues dans le bois et se retrouver toujours à la même place.

L'imagination du laboureur se frappa malgré lui de ce qu'il entendait, et l'idée du malheur qui devait arriver pour achever de justifier les assertions de la vieille femme, s'empara si bien de sa tête, qu'il se sentit froid par tout le corps. Désespérant d'obtenir d'autres renseignements, il remonta à cheval et recommença à parcourir le bois en appelant Pierre de toutes ses forces, et en sifflant, faisant claquer son fouet, cassant les branches pour remplir la forêt du bruit de sa marche, écoutant ensuite si quelque voix lui répondait. Mais il n'entendait que la cloche des vaches éparses dans les taillis, et le cri sauvage des porcs qui se disputaient la glandée.

Enfin Germain entendit derrière lui le bruit d'un cheval qui courait sur ses traces, et un homme entre deux âges, brun, robuste, habillé comme un demi-bourgeois, lui cria de s'arrêter. Germain n'avait jamais vu le fermier des Ormeaux; mais un instinct de rage lui fit juger de suite [40] que c'était lui. Il se retourna, et, le toisant de la tête aux pieds, il attendit ce qu'il avait à lui dire.

— N'avez-vous pas vu passer par ici une jeune fille de quinze ou seize ans, avec un petit garçon? dit le fermier en affectant un air d'indifférence, quoiqu'il fût visiblement ému.

— Et que lui voulez-vous? répondit Germain sans chercher à déguiser sa colère.

— Je pourrais vous dire que ça ne vous regarde pas, mon camarade! mais comme je n'ai pas de raisons pour le cacher, je vous dirai que c'est une bergère que j'avais louée pour l'année sans la connaître... Quand je l'ai vue arriver, elle m'a semblé trop jeune et trop faible pour l'ouvrage de la ferme. Je l'ai remerciée, mais je voulais lui payer les frais de son petit voyage, et elle est partie fâchée pendant que j'avais le dos tourné... Elle s'est tant pressée, qu'elle a même oublié une partie de ses effets et sa bourse, qui ne contient pas grand'chose, à coup sûr; quelques sous probablement!... Mais enfin, comme j'avais à passer par ici, je pensais la rencontrer et lui remettre ce qu'elle a oublié et ce que je lui dois.

Germain avait l'âme trop honnête pour ne pas hésiter en entendant cette histoire, sinon très vraisemblable, du moins possible. Il attachait un regard perçant sur le fermier, qui soutenait cette investigation avec beaucoup d'impudence ou de candeur.

«Je veux en avoir le cœur net», se dit Germain, et, contenant son indignation:

— C'est une fille de chez nous, dit-il; je la connais: elle doit être par ici... Avançons ensemble... Nous la retrouverons sans doute.

— Vous avez raison, dit le fermier. Avançons... et pourtant, si nous ne la trouvons pas au bout de l'avenue, j'y renonce... car il faut que je prenne le chemin d'Ardentes.

— Oh! pensa le laboureur, je ne te quitte pas! quand même je devrais tourner pendant vingt-quatre heures avec toi autour de la Mare au Diable!

— Attendez! dit tout à coup Germain en fixant des yeux une touffe de genêts qui s'agitait singulièrement: holà! holà! Petit-Pierre, est-ce toi, mon enfant?

L'enfant, reconnaissant la voix de son père, sortit des genêts en sautant comme un chevreuil, mais quand il le vit dans la compagnie du fermier, il s'arrêta comme effrayé et resta incertain.

— Viens, mon Pierre! viens, c'est moi! s'écria le laboureur en courant après lui, et en sautant à bas de son cheval pour le prendre dans ses bras: et où est la petite Marie?

—Elle est là, qui se cache, parce qu'elle a peur de ce vilain homme noir, et moi aussi.

— Eh! sois tranquille; je suis là... Marie! Marie! c'est moi!

Marie approcha en rampant, et dès qu'elle vit Germain, que le fermier suivait de près, elle courut se jeter dans ses bras; et, s'attachant à lui comme une fille à son père:

— Ah! mon brave Germain, lui dit-elle, vous me défendrez; je n'ai pas peur avec vous.

Germain eut le frisson. Il regarda Marie: elle était pâle, ses vêtements étaient déchirés par les épines où elle avait couru, cherchant le fourré, comme une biche traquée par les chasseurs. Mais il n'y avait ni honte ni désespoir sur sa figure.

— Ton maître veut te parler, lui dit-il, en observant toujours ses traits.

— Mon maître? dit-elle fièrement; cet homme-là n'est pas mon maître et ne le sera jamais!... C'est vous, Germain, qui êtes mon maître. Je veux que vous me remmeniez avec vous... Je vous servirai pour rien!

Le fermier s'était avancé, feignant un peu d'impatience.

---

40. Tout de suite.

— Hé! la petite, dit-il, vous avez oublié chez nous quelque chose que je vous rapporte.

— Nenni, Monsieur, répondit la petite Marie, je n'ai rien oublié, et je n'ai rien à vous demander...

— Ecoutez un peu ici, reprit le fermier, j'ai quelque chose à vous dire moi!... Allons!... n'ayez pas peur... deux mots seulement...

— Vous pouvez les dire tout haut... je n'ai pas de secrets avec vous.

— Venez prendre votre argent, au moins.

— Mon argent? Vous ne me devez rien, Dieu merci!

— Je m'en doutais bien, dit Germain à demi-voix; mais c'est égal, Marie... écoute ce qu'il a te dire... car, moi, je suis curieux de le savoir. Tu me le diras après; j'ai mes raisons pour ça. Va auprès de son cheval... Je ne te perds pas de vue.

Marie fit trois pas vers le fermier, qui lui dit, en se penchant sur le pommeau de sa selle et en baissant la voix:

— Petite, voilà un beau louis d'or pour toi! tu ne diras rien, entends-tu? Je dirai que je t'ai trouvée trop faible pour l'ouvrage de ma ferme... Et qu'il ne soit plus question de ça... Je repasserai par chez vous un de ces jours; et si tu n'as rien dit, je te donnerai encore quelque chose... Et puis, si tu es plus raisonnable, tu n'as qu'à parler: je te ramènerai chez moi, ou bien, j'irai causer avec toi à la brune[41] dans les prés. Quel cadeau veux-tu que je te porte?

— Voilà, monsieur, le cadeau que je vous fais, moi! répondit à haute voix la petite Marie, en lui jetant son louis d'or au visage, et même assez rudement. Je vous remercie beaucoup, et vous prie, quand vous repasserez par chez nous, de me faire avertir: tous les garçons de mon endroit iront vous recevoir, parce que chez nous, on aime fort les bourgeois qui veulent en conter aux pauvres filles! Vous verrez ça, on vous attendra.

— Vous êtes une menteuse et une sotte langue! dit le fermier courroucé, en levant son bâton d'un air de menace. Vous

voudriez faire croire ce qui n'est point, mais vous ne me tirerez pas d'argent: on connaît vos pareilles! Marie s'était reculée, effrayée; mais Germain s'était élancé à la bride du cheval du fermier, et le secouant avec force:

— C'est entendu, maintenant! dit-il, et nous voyons assez de quoi il retourne... A terre! mon homme! à terre! et causons tous les deux!

Le fermier ne se souciait pas d'engager la partie: il éperonna son cheval pour se dégager, et voulut frapper de son bâton les mains du laboureur pour lui faire lâcher prise. Mais Germain esquiva le coup, et, lui prenant la jambe, il le désarçonna et le fit tomber sur la fougère, où il le terrassa, quoique le fermier se fût remis sur ses pieds et se défendît vigoureusement. Quand il le tint sous lui:

— Homme de peu de cœur! lui dit Germain, je pourrais te rouer de coups si je voulais! Mais je n'aime pas à faire du mal, et d'ailleurs aucune correction n'amenderait ta conscience... Cependant, tu ne bougeras pas d'ici que tu n'aies demandé pardon, à genoux, à cette jeune fille.

Le fermier, qui connaissait ces sortes d'affaires, voulut prendre la chose en plaisanterie. Il prétendit que son péché n'était pas si grave, puisqu'il ne consistait qu'en paroles, et qu'il voulait bien demander pardon, à condition qu'il embrasserait la fille, que l'on irait boire une pinte de vin au plus prochain cabaret, et qu'on se quitterait bons amis.

— Tu me fais peine! répondit Germain en lui poussant la face contre terre, et j'ai hâte de ne plus voir ta méchante mine. Tiens, rougis si tu peux, et tâche de prendre le chemin des affronteux[42] quand tu passeras par chez nous.

Il ramassa le bâton de houx du fermier, le brisa sur son genou pour lui montrer la force de ses poignets, et en jeta les morceaux au loin avec mépris.

Puis, prenant d'une main son fils, et de l'autre la petite Marie, il s'éloigna tout tremblant d'indignation.

---

41. A la tombée de la nuit. — 42. «C'est le chemin qui détourne de la rue principale à l'entrée des villages et les côtoie à l'extérieur. On suppose que les gens qui craignaient de recevoir quelque affront mérité le prennent pour éviter d'être vus» (note de George Sand).

XIII
Le Retour à la ferme

Au bout d'un quart d'heure ils avaient franchi les brandes. Ils trottaient sur la grand'route, et la Grise hennissait à chaque objet de sa connaissance. Petit-Pierre racontait à son père ce qu'il avait pu comprendre dans ce qui s'était passé.

— Quand nous sommes arrivés, dit-il, cet *homme-là* est venu pour parler à *ma Marie* dans la bergerie où nous avions été tout de suite, pour voir les beaux moutons. Moi, j'étais monté dans la crèche pour jouer, et cet *homme-là* ne me voyait pas. Alors il a dit bonjour à ma Marie, et il l'a embrassée.

— Tu t'es laissé embrasser, Marie? dit Germain tout tremblant de colère.

— J'ai cru que c'était une honnêteté, une coutume de l'endroit aux arrivées, comme, chez vous, la grand'mère embrasse les jeunes filles qui entrent à son service, pour leur faire voir qu'elle les adopte et qu'elle leur sera comme une mère.

— Et puis alors, reprit Petit-Pierre, qui était fier d'avoir à raconter une aventure, cet *homme-là* t'a dit quelque chose de vilain, quelque chose que tu m'as dit de ne jamais répéter et de ne pas m'en souvenir; aussi je l'ai oublié bien vite. Cependant, si mon père veut que je lui dise ce que c'était...

— Non, mon Pierre, je ne veux pas l'entendre, et je veux que tu ne t'en souviennes jamais.

— En ce cas, je vas l'oublier encore, reprit l'enfant. Et puis alors, cet *homme-là* a eu l'air de se fâcher parce que Marie lui disait qu'elle s'en irait. Il lui a dit qu'il lui donnerait tout ce qu'elle voudrait, cent francs! Et ma Marie s'est fâchée aussi. Alors il est venu contre elle, comme s'il voulait lui faire du mal. J'ai eu peur et je me suis jeté contre Marie en criant. Alors cet *homme-là* a dit comme ça: « Qu'est-ce que c'est que ça? D'où sort cet enfant-là? Mettez-moi ça dehors. » Et il a levé son bâton pour me battre. Mais ma Marie l'a empêché, et elle lui a dit comme ça: « Nous causerons plus tard, monsieur; à présent il faut que je conduise cet enfant-là, à Fourche, et puis je re-

viendrai. » Et aussitôt qu'il a été sorti de la bergerie, ma Marie m'a dit comme ça: « Sauvons-nous, mon Pierre, allons-nous-en d'ici bien vite, car cet homme-là est méchant, et il ne nous ferait que du mal. » Alors nous avons passé derrière les granges, nous avons passé un petit pré, et nous avons été à Fourche pour te chercher. Mais tu n'y étais pas et on n'a pas voulu nous laisser t'attendre. Et alors cet *homme-là*, qui était monté sur son cheval noir, est venu derrière nous, et nous nous sommes sauvés plus loin, et puis nous avons été nous cacher dans le bois. Et puis il y est venu aussi, et quand nous l'entendions venir, nous nous cachions. Et puis, quand il avait passé, nous recommencions à courir pour nous en aller chez nous. Et puis enfin tu es venu, et tu nous a trouvés; et voilà comme tout ça est arrivé. N'est-ce pas, Marie, que je n'ai rien oublié?

— Non, mon Pierre, et tout ça est la vérité. A présent, Germain, vous rendrez témoignage pour moi, et vous direz à tout le monde de chez nous que si je n'ai pas pu rester là-bas ce n'est pas faute de courage et d'envie de travailler.

— Et toi, Marie, dit Germain, je te prierai de te demander à toi-même si, quand il s'agit de défendre une femme et de punir un insolent, un homme de vingt-huit ans n'est pas trop vieux! Je voudrais un peu savoir si Bastien, ou tout autre joli garçon, riche de dix ans de moins que moi, n'aurait pas été écrasé par cet *homme-là*, comme dit Petit-Pierre. Qu'en penses-tu?

— Je pense, Germain, que vous m'avez rendu un grand service, et que je vous en remercierai toute ma vie.

— C'est là tout!

— Mon petit père, dit l'enfant, je n'ai pas pensé à dire à la petite Marie ce que je t'avais promis. Je n'ai pas eu le temps, mais je le lui dirai à la maison, et je le dirai aussi à ma grand'mère.

Cette promesse de son enfant donna enfin à réfléchir à Germain. Il s'agissait maintenant de s'expliquer avec ses parents, et, en leur disant ses griefs contre la veuve Guérin, de ne pas leur dire quelles autres idées l'avaient disposé à tant de clairvoyance et de sévérité. Quand on est heureux et fier, le courage de faire accepter son bonheur aux autres paraît facile; mais être rebuté d'un côté, blâmé de l'autre, ne fait pas une situation fort agréable.

Heureusement, le petit Pierre dormait quand ils arrivèrent à la métairie, et Germain le déposa, sans l'éveiller, sur son lit. Puis il entra sur toutes les explications qu'il put donner. Le père Maurice, assis sur son escabeau à trois pieds, à l'entrée de la maison, l'écouta gravement, et, quoiqu'il fût mécontent du résultat de ce voyage, lorsque Germain en racontant le système de coquetterie de la veuve, demanda à son beau-père s'il avait le temps d'aller les cinquante-deux dimanches de l'année faire sa cour, pour risquer d'être renvoyé au bout de l'an, le beau-père répondit, en inclinant la tête en signe d'adhésion:

— Tu n'as pas tort, Germain; ça ne se pouvait pas.

Et ensuite, quand Germain raconta comme quoi il avait été forcé de ramener la petite Marie au plus vite pour la soustraire aux insultes, peut-être aux violences d'un indigne maître, le père Maurice approuva encore de la tête en disant:

— Tu n'as pas eu tort, Germain; ça se devait.

Quand Germain eut achevé son récit et donné toutes ses raisons, le beau-père et la belle-mère firent simultanément un gros soupir de résignation, en se regardant. Puis le chef de famille se leva en disant:

— Allons! que la volonté de Dieu soit faite! L'amitié ne se commande pas!

— Venez souper, Germain, dit la belle-mère. Il est malheureux que ça ne se soit pas mieux arrangé; mais, enfin, Dieu ne le voulait pas, à ce qu'il paraît. Il faudra voir ailleurs.

— Oui, ajouta le vieillard, comme dit ma femme, on verra ailleurs.

Il n'y eut pas d'autre bruit à la maison, et quand, le lendemain, le petit Pierre se leva avec les alouettes, au point du jour, n'étant plus excité par les événements extraordinaires des jours précédents, il retomba dans l'apathie des petits paysans de son âge, oublia tout ce qui lui avait trotté par la tête, et ne songea plus qu'à jouer avec ses frères et à *faire l'homme* avec les bœufs et les chevaux.

Germain essaya d'oublier aussi, en se replongeant dans le travail; mais il devint si triste et si distrait, que tout le monde le re-

marqua. Il ne parlait pas à la petite Marie, il ne la regardait même pas. Et pourtant, si on lui eût demandé dans quel pré elle était et par quel chemin elle avait passé, il n'était point d'heure du jour où il n'eût pu le dire s'il avait voulu répondre. Il n'avait pas osé demander à ses parents de la recueillir à la ferme pendant l'hiver, et pourtant il savait bien qu'elle devait souffrir de la misère. Mais elle n'en souffrit pas, et la mère Guillette ne put jamais comprendre comment sa petite provision de bois ne diminuait point, et comment son hangar se trouvait rempli le matin lorsqu'elle l'avait laissé presque vide le soir. Il en fut de même du blé et des pommes de terre. Quelqu'un passait par la lucarne du grenier, et vidait un sac sur le plancher sans réveiller personne et sans laisser de traces. La vieille en fut à la fois inquiète et réjouie; elle engagea sa fille à n'en point parler, disant que si on venait à savoir le miracle qui se faisait chez elle, on la tiendrait pour sorcière. Elle pensait bien que le diable s'en mêlait, mais elle n'était pas pressée de se brouiller avec lui en appelant les exorcismes du curé sur sa maison. Elle se disait qu'il serait temps, lorsque Satan viendrait lui demander son âme en retour de ses bienfaits.

La petite Marie comprenait mieux la vérité, mais elle n'osait en parler à Germain, de peur de le voir revenir à son idée de mariage, et elle feignait avec lui de ne s'apercevoir de rien.

XIV
La Mère Maurice

Un jour la mère Maurice se trouvant seule dans le verger avec Germain, lui dit d'un air d'amitié: «Mon pauvre gendre, je crois que vous n'êtes pas bien. Vous ne mangez pas aussi bien qu'à l'ordinaire, vous ne riez plus, vous causez de moins en moins. Est-ce que quelqu'un de chez nous, ou nous-mêmes, sans le savoir et sans le vouloir, vous avons fait de la peine?

— Non, ma mère, répondit Germain, vous avez toujours été aussi bonne pour moi que la mère qui m'a mis au monde, et je serais un ingrat si je me plaignais de vous, ou de votre mari, ou de personne de la maison.

— En ce cas, mon enfant, c'est le chagrin de la mort de votre femme qui vous revient. Au lieu de s'en aller avec le temps, votre ennui empire et il faut absolument faire ce que votre beau-père vous a dit fort sagement: il faut vous remarier.

— Oui, ma mère, ce serait aussi mon idée. Mais les femmes que vous m'avez conseillé de rechercher ne me conviennent pas. Quand je les vois, au lieu d'oublier ma Catherine, j'y pense davantage.

— C'est qu'apparemment, Germain, nous n'avons pas su deviner votre goût. Il faut donc que vous nous aidiez en nous disant la vérité. Sans doute il y a quelque part une femme qui est faite pour vous, car le bon Dieu ne fait personne sans lui réserver son bonheur dans une autre personne. Si donc vous savez où la prendre, cette femme qu'il vous faut, prenez-la; et qu'elle soit belle ou laide, jeune ou vieille, riche ou pauvre, nous sommes décidés, mon vieux et moi, à vous donner consentement; car nous sommes fatigués de vous voir triste, et nous ne pouvons pas vivre tranquilles si vous ne l'êtes point.

— Ma mère, vous êtes aussi bonne que le bon Dieu, et mon père pareillement, répondit Germain. Mais votre compassion ne peut pas porter remède à mes ennuis: la fille que je voudrais ne veut point de moi.

— C'est donc qu'elle est trop jeune? S'attacher à une jeunesse est déraison pour vous.

— Eh bien! oui, bonne mère, j'ai cette folie de m'être attaché à une jeunesse, et je m'en blâme. Je fais mon possible pour n'y plus penser; mais que je travaille ou que je me repose, que je sois à la messe ou dans mon lit, avec mes enfants ou avec vous, j'y pense toujours, je ne peux penser à autre chose.

— Alors c'est comme un sort qu'on vous a jeté, Germain? Il n'y a à ça qu'un remède, c'est que cette fille change d'idée et vous écoute. Il faudra donc que je m'en mêle, et que je voie si c'est possible. Vous allez me dire où elle est et comment on l'appelle.

— Hélas! ma chère mère, je n'ose pas, dit Germain, parce que vous allez vous moquer de moi.

— Je ne me moquerai pas de vous, Germain, parce que vous êtes dans la peine et que je ne veux pas vous y mettre davantage. Serait-ce point la Fanchette?

— Non, ma mère, ça ne l'est point.

— Ou la Rosette?

— Non.

— Dites donc, car je n'en finirai pas, s'il faut que je nomme toutes les filles du pays.

Germain baissa la tête et ne put se décider à répondre.

— Allons! dit la mère Maurice, je vous laisse tranquille pour aujourd'hui, Germain; peut-être que demain vous serez plus confiant avec moi, ou bien que votre belle-sœur sera plus adroite à vous questionner.

Et elle ramassa sa corbeille pour aller étendre son linge sur les buissons.

Germain fit comme les enfants qui se décident quand ils voient qu'on ne s'occupera plus d'eux. Il suivit sa belle-mère, et lui nomma enfin en tremblant la petite Marie à la Guillette.

Grande fut la surprise de la mère Maurice: c'était la dernière à laquelle elle eût songé. Mais elle eut la délicatesse de ne point se récrier, et de faire mentalement ses commentaires. Puis, voyant que son silence accablait Germain, elle lui tendit sa corbeille en lui disant:

— Alors est-ce une raison pour ne point m'aider dans mon travail? Portez donc cette charge, et venez parler avec moi. Avez-vous bien réfléchi, Germain? Etes-vous bien décidé?

— Hélas! ma chère mère, ce n'est pas comme cela qu'il faut parler. Je serais décidé si je pouvais réussir; mais comme je ne serais pas écouté, je ne suis décidé qu'à m'en guérir si je peux.

— Et si vous ne pouvez pas?

— Toute chose a son terme, mère Maurice. Quand le cheval est trop chargé, il tombe; et quand le bœuf n'a rien à manger, il meurt.

— C'est donc à dire que vous mourrez, si vous ne réussissez point? A Dieu ne plaise, Germain! Je n'aime pas qu'un homme comme vous dise de ses choses-là, parce que quand il les dit il les pense. Vous êtes d'un grand courage, et la faiblesse est dangereuse chez les gens forts. Allons, prenez de l'espérance. Je ne conçois pas qu'une fille dans la misère, et à laquelle vous faites beaucoup d'honneur en la recherchant, puisse vous refuser.

— C'est pourtant la vérité: elle me refuse.

— Et quelles raisons vous en donne-t-elle?

— Que vous lui avez toujours fait du bien, que sa famille doit beaucoup à la vôtre, et qu'elle ne veut point vous déplaire en me détournant d'un mariage riche.

— Si elle dit cela, elle prouve de bons sentiments, et c'est honnête de sa part. Mais en vous disant cela, Germain, elle ne vous guérit point, car elle vous dit sans doute qu'elle vous aime, et qu'elle vous épouserait si nous le voulions?

— Voilà le pire! Elle dit que son cœur n'est point porté vers moi.

— Si elle dit ce qu'elle ne pense pas, pour mieux vous éloigner d'elle, c'est une enfant qui mérite que nous l'aimions et que nous passions par-dessus sa jeunesse à cause de sa grande raison.

— Oui? dit Germain, frappé d'une espérance qu'il n'avait pas encore conçue: ça serait bien sage et bien comme il faut de sa part! Mais si elle est si raisonnable, je crains bien que c'est à cause que je lui déplais.

— Germain, dit la mère Maurice, vous allez me promettre de vous tenir tranquille pendant toute la semaine, de ne point vous tourmenter, de manger, de dormir, et d'être gai comme autrefois. Moi, je parlerai à mon vieux, et si je le fais consentir, vous aurez alors le vrai sentiment de la fille à votre endroit.

Germain promit, et la semaine se passa sans que le père Maurice lui dît un mot en particulier et parût se douter de rien. Le laboureur s'efforça de paraître tranquille, mais il était toujours plus pâle et plus tourmenté.

XV
La Petite Marie

Enfin, le dimanche matin, au sortir de la messe, sa belle-mère lui demanda ce qu'il avait obtenu de sa bonne amie depuis la conversation dans le verger.

— Mais, rien du tout, répondit-il. Je ne lui ai pas parlé.

— Comment donc voulez-vous la persuader si vous ne lui parlez pas?

— Je ne lui ai parlé qu'une fois, répondit Germain. C'est quand nous avons été ensemble à Fourche; et depuis ce temps-là, je ne lui ai pas dit un seul mot. Son refus m'a fait tant de peine que j'aime mieux ne pas l'entendre recommencer à me dire qu'elle ne m'aime pas.

— Eh bien! mon fils, il faut lui parler maintenant! Votre beau-père vous autorise à le faire. Allez, décidez-vous! Je vous le dis, et, s'il le faut, je le veux; car vous ne pouvez pas rester dans ce doute-là.

Germain obéit. Il arriva chez la Guillette, la tête basse et l'air accablé. La petite Marie était seule au coin du feu, si pensive qu'elle n'entendit pas venir Germain. Quand elle le vit devant elle, elle sauta de surprise sur sa chaise, et devint toute rouge.

— Petite Marie, lui dit-il en s'asseyant auprès d'elle, je viens te faire de la peine et t'ennuyer, je le sais bien: mais *l'homme et la femme de chez nous* (désignant ainsi, selon l'usage, les chefs de famille) veulent que je te parle et que je te demande de m'épouser. Tu ne le veux pas, toi, je m'y attends.

— Germain, répondit la petite Marie, c'est donc décidé que vous m'aimez?

— Ça te fâche, je le sais, mais ce n'est pas ma faute: si tu pouvais changer d'avis, je serais trop content, et sans doute je ne mérite pas que cela soit. Voyons, regarde-moi, Marie, je suis donc bien affreux?

— Non, Germain, répondit-elle en souriant, vous êtes plus beau que moi.

— Ne te moque pas. Regarde-moi avec indulgence: il ne me manque encore ni un cheveu ni une dent. Mes yeux te disent que je t'aime. Regarde-moi donc dans les yeux, ça y est écrit, et toute fille sait lire dans cette écriture-là.

Marie regarda dans les yeux de Germain avec son assurance enjouée; puis, tout à coup, elle détourna la tête et se mit à trembler.

— Ah! mon Dieu! je te fais peur, dit Germain, tu me regardes comme si j'étais le fermier des Ormeaux. Ne crains pas, je t'en prie, cela me fait trop de mal. Je ne te dirai pas de mauvaises paroles, moi; je ne t'embrasserai pas malgré toi, et quand tu voudras que je m'en aille, tu n'auras qu'à me montrer la porte. Voyons, faut-il que je sorte pour que tu finisses de trembler?

Marie tendit la main au laboureur, mais sans détourner sa tête penchée vers le foyer, et sans dire un mot.

— Je comprends, dit Germain; tu me plains, car tu es bonne. Tu es fâchée de me rendre malheureux, mais tu ne peux pas m'aimer?

— Pourquoi me dites-vous de ces choses-là, Germain? répondit enfin la petite Marie, vous voulez donc me faire pleurer?

— Pauvre petite fille, tu as bon cœur, je le sais; mais tu ne m'aimes pas, et tu me caches ta figure parce que tu crains de me laisser voir ton déplaisir et ta répugnance. Et moi! je n'ose pas seulement te serrer la main! Dans le bois, quand mon fils dormait, et que tu dormais aussi, j'ai failli t'embrasser tout doucement. Mais je serais mort de honte plutôt que de te le demander et j'ai autant souffert dans cette nuit-là qu'un homme qui brûlerait à petit feu. Depuis ce temps-là j'ai rêvé à toi toutes les nuits. Ah! comme je t'embrassais, Marie! Mais toi, pendant ce temps-là, tu dormais sans rêver. Et à présent, sais-tu ce que je pense? C'est que si tu te retournais pour me regarder avec les yeux que j'ai pour toi, et si tu appro-chais ton visage du mien, je crois que j'en tomberais mort de joie. Et toi, tu penses que si pareille chose t'arrivait tu en mourrais de colère et de honte!

Germain parlait comme dans un rêve sans entendre ce qu'il disait. La petite Marie tremblait toujours; mais comme il tremblait encore davantage, il ne s'en apercevait plus. Tout à coup elle se retourna; elle était tout en larmes et le regardait d'un air de reproche. Le pauvre laboureur crut que c'était le dernier coup, et, sans attendre son arrêt, il se leva pour partir, mais la jeune fille l'arrêta en l'entourant de ses deux bras, et, cachant sa tête dans son sein:

— Ah! Germain, lui dit-elle en sanglotant, vous n'avez donc pas deviné que je vous aime?

Germain serait devenu fou, si son fils qui le cherchait et qui entra dans la chaumière au grand galop sur un bâton, avec sa petite sœur en croupe qui fouettait avec une branche d'osier ce coursier imaginaire, ne l'eût rappelé à lui-même. Il le souleva dans ses bras, et le mettant dans ceux de sa fiancée:

— Tiens, lui dit-il, tu as fait plus d'un heureux en m'aimant!

Matière à réflexion

1. « J'ai commencé, par *La Mare au Diable,* une série de romans champêtres », écrit Sand (notice de l'édition de 1851), nous avertissant ainsi qu'elle n'a plus l'intention de *prêcher* la doctrine socialiste, comme elle l'avait fait dans les romans précédents. Cependant, selon P. Salomon et J. Mallion, « le lien qui rattache *La Mare au Diable* au socialisme de son auteur est encore visible », car les romans champêtres, expliquent-ils, « suggèrent aux privilégiés de la fortune et de l'intelligence leurs devoirs de solidarité » (édition Classiques Garnier). Etes-vous d'accord avec Salomon et Mallion? Si le « lien » dont ils parlent est encore « visible », le voyez-vous? Où et comment le roman suggère-t-il aux privilégiés leurs devoirs?

2. Sand écrit dans la préface de *La Mare au Diable:* « Nous croyons que la mission de l'art est une mission de sentiment et d'amour, que le roman d'aujourd'hui devrait remplacer la parabole et l'apologue des temps naïfs. » Or la parabole et l'apologue ont un but commun, lequel consiste à *illustrer une leçon morale.* Plus tard, Sand reprochera à Flaubert *l'amoralité* de ses romans, et répétera que le *sens moral* d'une œuvre doit être évident. *La Mare au Diable* ressemble-t-elle, à votre avis, à une parabole moderne? Quelle en est la leçon morale?

3. Quand l'écrivain André Gide écrivit que «c'est avec de bons sentiments que l'on fait de la mauvaise littérature», il pensait à la littérature prêcheuse, moralisante. (a) Ce jugement vous paraît-il justifié? Qu'est-ce, à ce propos, que la «mauvaise littérature»? Donnez-en des exemples. (b) Le jugement de Gide s'applique-t-il, à votre avis, à *La Mare au Diable*?

4. «Tu vas faire de la *désolation,* et moi, de la *consolation*», écrit Sand à Flaubert (lettre du 18 déc. 1875). A la lumière de ce reproche, comparez leurs deux portraits de paysanne: la petite Marie de *La Mare au Diable,* et Félicité d'*Un Cœur simple* (voir *Flaubert et le réalisme*).

5. Trouvez-vous vraisemblables les personnages de *La Mare au Diable?* Commentez à ce propos l'avis d'Emile Zola: «Les paysans de George Sand sont bons, honnêtes, sages, prévoyants, nobles; en un mot, ils sont parfaits. Peut-être le Berry a-t-il le privilège de cette race de paysans supérieurs; mais j'en doute, car je connais les paysans du midi et du nord de la France, et j'avoue qu'ils manquent à peu près complètement de toutes ces belles qualités.» Sur le langage des paysans: «Ce laboureur et cette gardeuse de moutons parlent trop correctement, ils déduisent de longs discours avec une habileté d'avocat» (1876; repris dans Zola, *Documents littéraires*).

6. Pour ce qui est de *l'idéalisation du paysan,* les romans champêtres de Sand ont été comparés aux tableaux de son contemporain Jean-François Millet. Commentez ce jugement en vous référant aux tableaux de sa «période paysanne» (*Le Vanneur, Le Semeur, Les Glaneuses, Paysanne gardant sa vache, L'Homme à la houe, L'Angélus...*).

Flaubert et le réalisme

$\mathbf{A}$u sens large du terme, on qualifie de *réalistes* les œuvres qui visent à rendre le réel, par opposition à celles où s'exprime l'idéal de l'artiste ou de l'écrivain. Peindre le monde tel qu'il est ou tel qu'il devrait être, reproduire ou embellir, copier ou corriger — voilà l'alternative qui a de tout temps partagé les artistes et les écrivains[1]. Jusqu'au milieu du XIXᵉ siècle, l'esthétique réaliste n'existait qu'à l'état d'une orientation générale; lorsqu'elle prit enfin conscience d'elle-même, par réaction contre l'idéalisme sentimental du romantisme finissant, ce fut pour constituer un corps de doctrine et un mouvement. Il en est ainsi de l'histoire littéraire en général: elle se compose en grande partie d'une suite de réactions: les mouvements se posent en s'opposant et ne se comprennent qu'à la lumière de ce qui les précède.

Le mouvement réaliste

Avant de servir pour désigner un mouvement littéraire, le terme de *réalisme* s'est d'abord appliqué, vers 1850, à un groupe de peintres, dont le plus connu est Gustave Courbet.

Cet artiste qui nous paraît presque classique aujourd'hui passait en son temps pour un révolutionnaire. Il se spécialisait dans ce que l'on avait appelé au XVIIIᵉ siècle *la peinture du genre vulgaire* (du temps de Courbet on disait par euphémisme *la peinture de genre*): scènes populaires, fumeurs de cabaret, beuveries de paysans, kermesses et noces villageoises. Le choix de tels sujets n'avait certes rien d'original en

---

1. Voir à ce propos le Tome I du présent ouvrage, p. 6.

1850, mais les conventions du genre avait exigé jusqu'alors un traitement comique ou anecdotique, pittoresque ou plaisant; il s'était agi de mettre en valeur le charme fruste et familier des gens du peuple. L'innovation de Courbet fut de traiter différemment ces mêmes sujets. Refusant d'arranger les scènes et de poser les figures, il les peignait tels qu'il les trouvait, sans idéalisation ni embellissement, comme si un photographe les eût surpris en train d'être eux-mêmes. Et voilà pourquoi on l'appelait « le chef de l'école du daguerréotype »[2].

Après les premiers succès de Courbet dans les salons officiels, les attaques commencèrent à pleuvoir: on lui reprocha son manque de goût, sa vulgarité, son réalisme « cru, effréné », etc. Un satiriste de 1852, hostile à Courbet, mit dans sa bouche les vers suivants:

... Je suis un réaliste,
Et contre l'idéal j'ai dressé ma baliste. [...]
J'aime les teints terreux et les nez de carton,
Les fillettes avec de la barbe au menton,
Les trognes de tarasques et de coquecigrues,
Les durillons, les cors aux pieds et les verrues!
Voilà le vrai...[3]

Relevant le défi, Courbet revendiqua lui-même l'étiquette injurieuse que l'on essayait de lui coller pour le discréditer. Au-dessus de l'entrée de la salle qu'il fit construire après avoir été exclu des salons officiels, il inscrivit ces mots: « G. Courbet — Le Réalisme. Exposition de quarante tableaux de son œuvre ».

La « bataille réaliste », ainsi engagée, gagne aussitôt les milieux littéraires. Courbet trouve chez les écrivains de fervents défenseurs, parmi lesquels figurent notamment les deux théoriciens du mouvement: Jules Champfleury et Louis Duranty. Le premier, dans un recueil intitulé *Le Réalisme* (1857[4]), le second dans une revue du même nom (1856–57), transposent dans le domaine de la littérature les principes du réalisme pictural. Il s'agit pour l'écrivain, comme pour l'artiste, de viser à *la reproduction exacte et intégrale de la réalité*, sans « mensonge » ni « tricherie » — c'est-à-dire *sans idéalisation*.

« Reproduction *exacte* et *intégrale* » — c'est beaucoup dire. C'est même un peu trop dire, comme le reconnaissent volontiers les réalistes eux-mêmes. Les qualifications qu'ils apportent à leur doctrine nous aideront à la comprendre.

1° La reproduction *exacte* est évidemment impossible, et de croire autrement serait... irréaliste. Accusé à son tour d'être *daguerréotypeur*, Champfleury s'en défend: « L'homme, n'étant pas machine, ne peut rendre les objets machinalement. Subissant la loi de son moi, il ne peut que les interpréter » (p. 93). Condamné donc à poursuivre le but sans jamais y parvenir, l'écrivain doit néanmoins — et voici l'essentiel — s'efforcer de réduire au minimum cette inévitable part d'interprétation: puisqu'il ne saurait abroger « la loi de son moi », qu'il fasse au moins de son

---

2. La daguerréotypie (d'après son inventeur J. Daguerre) est l'ancêtre de la photographie moderne. — 3. *Baliste* : machine de guerre; *trogne de tarasques et de coquecigrues* : visages de dragons et de coq-grues (oiseau). Vers cités par Pierre Martino, *Le Roman réaliste sous le Second Empire*. — 4. Toute indication de page dans les paragraphes suivants renvoie à cet ouvrage.

mieux pour la contourner. *Interpréter, c'est fausser, et le but de l'art est de faire vrai.* Ainsi le meilleur écrivain est-il celui qui se contente d'être un «copiste intelligent» (p. 94); ce qui lui importe, c'est moins de bien écrire que de bien *observer,* et surtout de *se documenter* avec soin.

2° La reproduction *intégrale* de la réalité est tout aussi irréalisable. En principe, tout sujet est bon, certes, et il faut tout dire, tout peindre. L'inconvénient, c'est qu'il faut choisir; tel est, en effet, le principe même de l'art. Et parce que les écrivains ont traditionnellement privilégié le rare, le noble et le beau, les réalistes s'attardent — par système, mais aussi un peu par prédilection — sur le commun, le bas, le laid; au lieu de peindre la haute société, ils préfèrent descendre «jusqu'aux classes les plus basses» (p. 5). A ceux qui lui objectent: «Vous voulez donc supprimer les roses?» Champfleury répond: «Nous ne voulons supprimer que les parfumeurs» (p. 9). Ces derniers, affirme-t-il, ressemblent à l'assassin qui avoua, au tribunal, avoir tué sa victime *parce qu'elle était grêlée.* Les grêlés n'ont-ils pas, eux aussi, le droit de vivre? Et le laid n'est-il pas à sa place dans l'œuvre d'art, autant et au même titre que le beau? «Oui, répliquent les idéalistes, mais vous êtes assassin à votre manière, puisque vous supprimez le beau, comme nous, le laid.» Etrange daguerréotypie, qui rend uniquement les couleurs sombres!

L'œuvre romanesque de ces deux théoriciens, fidèle plus ou moins à la théorie, est complètement oubliée aujourd'hui. Leur vogue éphémère atteignit son apogée en 1857, grâce au recueil de Champfleury et à la revue de Duranty. Puis l'un et l'autre devaient s'éclipser devant le talent écrasant d'un nouveau venu. Car en cette même année parut un roman intitulé *Madame Bovary,* et signé Gustave Flaubert.

Flaubert

Gustave Flaubert (1821–1880) naquit et grandit à Rouen (en Normandie), où son père était un chirurgien célèbre. A dix ans l'enfant entre au Collège de Rouen, mais il s'y déplaît, néglige ses études, et finit par s'en faire expulser en 1839 «pour cause d'indiscipline»; il prépare alors tout seul le baccalauréat, auquel il est reçu, sans mention, l'année suivante.

Sa famille l'ayant destiné au droit, Flaubert est envoyé à Paris pour faire ses études; il y fréquente les milieux littéraires plus que la Faculté, et échoue à l'examen de deuxième année. Sa haine du droit n'a d'égale que son amour pour la littérature: c'est vers cette époque que se confirme définitivement sa vocation d'écrivain. Que faire?

C'est alors qu'intervient, comme à point nommé, un hasard opportun: en 1844 Flaubert est terrassé par une attaque nerveuse que les médecins qualifient d'«épileptiforme» (présentant des symptômes semblables à ceux de l'épilepsie), mais qui est sans doute en partie psychosomatique. Le voilà obligé de renoncer à ses études de droit... quel soulagement! Disposant dès lors de loisirs illimités et de la fortune familiale, Flaubert peut se consacrer à la littérature.

Désormais la vie de l'homme se confond presque entièrement avec celle de l'écrivain. Il y aura certes quelques distractions: des amitiés, des amours, des voyages et même, une fois le succès venu, des mondanités à Paris. Mais ce sont des exceptions dans l'existence recluse d'un moine littéraire. Enfermé dans sa propriété de Croisset, près de Rouen, Flaubert se voue à son œuvre, et dans le calme plat de ses jours, les phrases qu'il écrit sont de grandes aventures. C'est à Croisset qu'il vieillit, en proie à une mélancolie de plus en plus profonde, et c'est là qu'il meurt, épuisé par la vie qu'il traitait de « triste plaisanterie » parce que la sienne avait toujours été malheureuse.

Madame Bovary (1856, 1857) est le premier roman publié par Flaubert et, de l'avis quasi unanime des critiques, son meilleur. Le personnage éponyme est une jeune femme romanesque qui, ayant épousé un médiocre médecin de campagne, s'ennuie prodigieusement; nourrie de lectures romantiques, déçue par sa vie, qui n'est pas celle d'une héroïne de roman, elle trompe son mari, s'endette et finit par se suicider. Lors de sa première publication en feuilleton, le roman suscita un scandale, malgré l'expurgation des passages « audacieux ». Poursuivi en justice pour « offenses à la morale publique et à la religion », Flaubert fut acquitté, et grâce à la publicité du procès, son roman, paru en volume quelques mois plus tard, eut un beau succès de librairie. Voilà Flaubert soudainement célèbre: bien malgré lui, il sera bientôt salué comme « le chef de file de l'école réaliste ».

En racontant l'histoire sordide et, en fin de compte, assez banale d'Emma Bovary, Flaubert avait choisi consciemment le sujet le moins capable de l'intéresser. Vers le début de la rédaction, il se plaint dans sa correspondance d'avoir à respirer l'air fétide des « moisissures de l'âme » (lettre du 8 jan. 1852). Et l'année suivante: « La vulgarité de mon sujet me donne parfois des nausées, et la difficulté de bien écrire tant de choses communes m'épouvante » (12 juillet 1853). Puis, le roman enfin achevé, Flaubert éprouve le besoin de quitter « les choses laides et les vilains milieux », et de vivre pendant quelques années « dans un sujet splendide et loin du monde moderne » (11 juillet 1858). Cinq ans plus tard il donne *Salammbô* (1862), dont l'action se passe au IIIᵉ siècle avant J.-C. C'est un récit de la révolte des mercenaires barbares contre Carthage, doublé d'une extraordinaire histoire d'amour.

Ses ouvrages suivants présentent la même alternance chronologique. Revenant d'abord « aux choses laides et aux vilains milieux » — c'est-à-dire au XIXᵉ siècle et à la bourgeoisie —, Flaubert raconte dans *L'Education sentimentale* (1869) les amours déçues et les illusions perdues d'un anti-héros faible et velléitaire. Puis il retourne, dans *La Tentation de saint Antoine* (1874), au « monde splendide » de l'antiquité.

Selon une légende tenace, cette alternance de sujets modernes et antiques serait celle aussi, chez Flaubert lui-même, des tendances réaliste et romantique. Flaubert semble accréditer cette interprétation lorsqu'il écrit, par exemple: « Il y a en moi, littérairement parlant, deux bonshommes distincts: un qui est épris [...] de lyrisme, de grands vols d'aigle [...]; un autre qui creuse et fouille le vrai tant qu'il peut » (lettre du 16 jan. 1852). Ces deux « bonshommes » se relaient, certes, dans le choix du sujet; mais *ils écrivent tous les deux selon les mêmes principes, quel que soit le sujet choisi*. Ces principes sont ceux d'un réaliste convaincu, doublé d'un maniaque du style[5]. Les voici en résumé:

---

5. Précisons que ses procédés restent invariables à partir de *Madame Bovary*. Les œuvres de jeunesse, dont la publication fut posthume, sont pour la plupart d'un romantisme échevelé, voire frénétique.

1° L'objectivité scientifique. — De même que l'objectivité du savant consiste à *se soumettre à l'objet,* sans le juger, afin d'en découvrir la nature, de même l'écrivain qui se veut objectif doit *respecter le réel,* sans l'enjoliver, afin d'en reproduire l'essence: «La littérature prendra de plus en plus les allures de la science; elle sera surtout *exposante,* ce qui ne veut pas dire didactique. Il faut faire des tableaux, montrer la nature telle qu'elle est, mais des tableaux complets, peindre le dessous et le dessus» (6 avril 1853). Il ne peut certes pas être question d'assimiler la littérature à la science; mais à l'expérimentation, qui lui sera toujours interdite, l'écrivain peut — et il doit — substituer l'*observation* (pour les sujets modernes) et la *documentation* (pour les sujets historiques).

2° L'impersonnalité. — Pour atteindre l'objectivité requise, il faut que l'œuvre soit aussi *impersonnelle* que possible. L'écrivain doit *s'abstraire de sa création,* ne pas y paraître, n'y rien révéler de lui-même: «Nul lyrisme, pas de réflexions, personnalité de l'auteur absente» (1ᵉʳ fév. 1852). «Nul lyrisme», c'est le refus de la tradition romantique, laquelle se caractérise par l'hypertrophie du moi; «pas de réflexions», c'est le refus de la littérature *engagée,* laquelle se met au service d'une cause (sociale, politique, religieuse...). Quant à la «personnalité de l'auteur», c'est elle, à l'évidence, qui *fait* l'œuvre, mais il ne faudrait pas qu'elle puisse s'y *deviner.* Comme le dit Flaubert dans une comparaison célèbre: «L'auteur, dans son œuvre, doit être comme Dieu dans l'univers: présent partout, et visible nulle part» (9 déc. 1852).

3° Le culte de la beauté formelle. — Devenu chef d'école à force d'objectivité et d'impersonnalité, Flaubert commence aussitôt à prendre ses distances: «J'exècre ce qu'on est convenu d'appeler le réalisme, bien qu'on m'en fasse un des pontifes» (6 fév. 1876). Champfleury et compagnie croient avoir tout fait lorsqu'ils ont bien copié; pour Flaubert, l'essentiel est ailleurs: «Faire vrai ne me paraît pas être la première condition de l'art. *Viser au beau* est le principal» (4 octobre 1876; c'est nous qui soulignons). Créer de la beauté, tel doit donc être le but; d'où *l'importance capitale des considérations formelles.* Flaubert se sépare ainsi des réalistes «canoniques» pour qui la qualité du style n'a aucune importance. Incapable lui-même de bien écrire, Champfleury conseille aux autres de «s'affranchir du beau langage», lequel ne peut être en harmonie avec les sujets bas ou communs (pp. 5–6). Flaubert, pour sa part, n'y voit aucune incompatibilité: «J'ai écrit *Madame Bovary* pour embêter Champfleury. J'ai voulu montrer que [...] les sentiments médiocres peuvent supporter la belle langue»[6].

Insister à tel point sur l'importance du style, c'est réduire à néant celle du sujet. Flaubert exprime ainsi son idéal:

> Ce qui me semble beau, ce que je voudrais faire, c'est un livre sur rien, un livre sans attache extérieure, qui se tiendrait lui-même par la force interne de son style, comme la terre sans être soutenue se tient dans l'air; un livre qui n'aurait presque pas de sujet ou du moins où le sujet serait presque invisible, si cela se peut. Les œuvres les plus belles sont celles où il y a le moins de matière. (16 jan. 1852)

Car ce n'est pas dans la matière, c'est dans la *manière* que réside la beauté; pas dans l'objet peint, mais dans la peinture. Il ne s'agit pas — et la distinction est importante — de montrer l'intérêt caché d'un sujet que l'on croyait insignifiant; il s'agit

---

6. Cité par René Dumesnil, *Le Réalisme et le naturalisme,* p. 30.

de faire, sur un sujet insignifiant, un livre qui ne le soit pas. La description de ce qui ennuie n'est pas forcément ennuyeuse[7].

Le « livre sur rien » n'est évidemment qu'un idéal que l'écrivain ne pourra jamais atteindre. Flaubert s'en est pourtant rapproché plus qu'ailleurs dans la nouvelle intitulée *Un Cœur simple*.

Un Cœur simple

Flaubert mit six mois à écrire ce court récit, travaillant douze, seize et jusqu'à dix-huit heures par jour, et achevant en moyenne deux pages par semaine. Il apporta à la rédaction tous ses soins habituels de styliste maniaque, reprenant sans cesse chaque phrase, la déclamant à haute voix, noircissant de ratures dix pages pour en faire une seule. *Un Cœur simple* parut en feuilleton en avril 1877, avant de trouver sa place peu après dans un volume intitulé *Trois Contes*. Ce recueil fut la dernière œuvre de Flaubert à paraître de son vivant.

C'est George Sand qui, selon une anecdote répandue, aurait inspiré à Flaubert l'idée d'écrire la nouvelle. Dans ses lettres elle avait souvent reproché à son ami sa froideur artistique, son détachement olympien; elle souhaiterait le voir, ne serait-ce qu'une seule fois, se montrer, s'attendrir et même prêcher dans ses livres: « Il faut aller tout droit à la moralité la plus élevée qu'on ait en soi-même et ne pas faire mystère du sens moral et profitable de son œuvre » (12 jan. 1876). Quelques semaines plus tard, Flaubert commence *Un Cœur simple*. Mais Sand meurt le 8 juin 1876, avant que la nouvelle ne soit terminée; c'est alors que Flaubert prétend l'avoir conçue « à l'intention exclusive » de sa vieille amie, « uniquement pour lui plaire ». Et c'est alors qu'est né le mythe d'un Flaubert attendri sur le tard, révélant — enfin! — ses sentiments dans *Un Cœur simple*. Une étude de la correspondance Flaubert-Sand de cette époque montre cependant qu'il ne cède pas d'un pouce sur la doctrine. Aux reproches répétés de Sand, Flaubert répète ce qu'il lui avait toujours dit: il ne peut pas avoir d'autre esthétique que la sienne, et il n'entend pas y déroger maintenant.

Du reste, il est permis de douter que Sand n'eût aimé la nouvelle. Voici le résumé que Flaubert lui-même en fait:

> *Un Cœur simple* est tout bonnement le récit d'une vie obscure, celle d'une pauvre fille de campagne, dévote mais mystique, dévouée sans exaltation et tendre comme du pain frais. Elle aime successivement un homme, les enfants de sa maîtresse, un neveu, un vieillard qu'elle soigne, puis son perroquet; quand le perroquet est mort, elle le fait empailler et, en mourant à son tour, elle confond le perroquet avec le Saint-Esprit. (19 juin 1876)

Et il ajoute, pour prévenir d'éventuels malentendus: « Cela n'est nullement ironique comme vous le supposez, mais au contraire très sérieux et très triste. » Il aurait mieux fait, pour en convaincre sa correspondante, de ne pas ironiser par la

---

7. Les équivalents en peinture du livre au sujet insignifiant en soi et du « livre sur rien » seraient, respectivement, la nature morte et le tableau abstrait ou non-figuratif. Les critiques n'ont pas manqué de souligner les analogies.

suite, laquelle est citée moins souvent: «Je veux apitoyer, faire pleurer les âmes sensibles, en étant une moi-même. [...] Si je continue, j'aurai ma place parmi les lumières de l'Eglise. Je serai une des colonnes du temple... »

Avant de lire

I. L'histoire d'*Un Cœur simple* commence dans les dernières années de l'Empire, vers 1813 (abstraction faite d'un bref retour en arrière au Chapitre 2), et se termine vers 1860. L'«action» — le mot semble étrangement impropre — se déroule à Pont-l'Evêque, petite ville normande à une dizaine de kilomètres de la Manche, et dans les environs.

II. Le *discours semi-direct.* — Flaubert reconnaissait volontiers avoir beaucoup mis de lui-même dans ses œuvres dont il s'était pourtant voulu absent. Evitons néanmoins de le voir là où il n'est pas, et de lui attribuer des propos qu'en réalité il attribue à ses personnages. Il importe, pour ne pas tomber dans ce piège, de comprendre le *point de vue* du narrateur, sa position par rapport à l'histoire qu'il raconte et aux personnages qu'il peint.

Pour rapporter les paroles de ses personnages, l'écrivain dispose de trois moyens: 1° le discours *direct;* 2° le discours *indirect;* et 3° le discours *semi-direct* (ou *indirect libre*).

1° Dans le *discours direct,* le narrateur cède la parole aux personnages qui parlent pour eux-mêmes. Si les paroles citées sont identifiées par une proposition, celle-ci peut les suivre (*« Oui, bien sûr », répondit-il*), s'intercaler (*« Oui, répondit-il, bien sûr »*) ou les précéder (*Il répondit: « Oui, bien sûr »*). Dans ce dernier cas, la proposition est séparée de la citation par les deux points et des guillemets.

2° Dans le *discours indirect,* au contraire, les paroles des personnages ne sont pas reproduites textuellement. Le narrateur se contente de nous en informer en son propre nom, dans une proposition subordonnée précédée de la conjonction *que (Il répondit que...).*

3° Le *discours semi-direct* est à mi-chemin du discours direct et du discours indirect. La proposition principale suivie de *que* est supprimée ou plutôt sous-entendue, et en cela le semi-direct ressemble au direct. Mais à la différence du direct, et comme l'indirect, le semi-direct évite de reproduire textuellement les paroles des personnages. Le narrateur se borne à nous en donner sa version, sans pourtant l'identifer explicitement comme telle. Les temps verbaux sont ceux du discours indirect, et les personnages sont toujours désignés par les pronoms de la troisième personne.

Voici des exemples des trois discours (en italique):

Direct: « *Que dois-je faire maintenant? Où puis-je aller?* » demanda Scarlett. — « *Je n'en sais rien,* répondit Rhett, *et franchement, je m'en balance.* »

Indirect: Rhett répondit à Scarlett qu'*il ne savait ni ce qu'elle devait faire ni où elle pouvait aller.* Il ajouta que *cela lui était parfaitement indifférent.*

Semi-direct: Scarlett voulut savoir ce qu'elle deviendrait. Rhett répondit qu'il n'en savait rien. *D'ailleurs, cela lui était parfaitement indifférent.*

Souvent, comme dans notre exemple, le discours semi-direct suit une phrase en style indirect, dont il permet de supprimer les *que.*

Tel n'est pourtant pas toujours le cas, surtout chez Flaubert; d'où d'éventuelles difficultés d'interprétation. Voici, par exemple, Félicité, protagoniste d'*Un Cœur simple.* Elle revient de Honfleur où elle était allée dire adieu à son neveu qui partait pour l'Amérique; ayant marché toute la nuit, elle rentre à Pont-l'Evêque au point du jour. Puis:

Le pauvre gamin durant des mois allait donc rouler sur les flots!

Il n'y a ici aucune transition entre le récit des événements et le style semi-direct, lequel s'annonce plutôt par des «marques d'oralité» (*pauvre gamin,* point d'exclamation, etc.). Cet exemple illustre une autre particularité du discours semi-direct: il sert à rapporter les *pensées* des personnages aussi bien que leurs paroles.

Portrait de Flaubert par E. Giraud

Un cœur simple

I

Pendant un demi-siècle, les bourgeoises de Pont-l'Evêque envièrent à Mme Aubain sa servante Félicité.

Pour cent francs par an, elle faisait la cuisine et le ménage, cousait, lavait, repassait, savait brider un cheval, engraisser les volailles, battre le beurre, et resta fidèle à sa maîtresse, qui cependant n'était pas une personne agréable.

Elle[1] avait épousé un beau garçon sans fortune, mort au commencement de 1809,

---

1. Contrairement à ce qu'exigerait la grammaire, *elle* renvoie, non à Félicité, mais à Mme Aubain.

en lui laissant deux enfants très jeunes avec une quantité de dettes. Alors elle vendit ses immeubles[2], sauf la ferme de Toucques et la ferme de Geffosses, dont les rentes montaient à 5 000 francs tout au plus, et elle quitta sa maison de Saint-Melaine pour en habiter une autre moins dispendieuse, ayant appartenu à ses ancêtres et placée derrière les halles.

Cette maison, revêtue d'ardoises, se trouvait entre un passage et une ruelle aboutissant à la rivière. Elle avait intérieurement des différences de niveau qui faisaient trébucher. Un vestibule étroit séparait la cuisine de la *salle*[3] où Mme Aubain se tenait tout le long du jour, assise près de la croisée dans un fauteuil de paille. Contre le lambris, peint en blanc, s'alignaient huit chaises d'acajou. Un vieux piano supportait, sous un baromètre, un tas pyramidal de boîtes et de cartons. Deux bergères[4] de tapisserie flanquaient la cheminée en marbre jaune et de style Louis XV. La pendule, au milieu, représentait un temple de Vesta[5]; et tout l'appartement sentait un peu le moisi, car le plancher était plus bas que le jardin.

Au premier étage, il y avait d'abord la chambre de « Madame », très grande, tendue d'un papier à fleurs pâles, et contenant le portrait de « Monsieur » en costume de muscadin[6]. Elle communiquait avec une chambre plus petite, où l'on voyait deux couchettes d'enfants, sans matelas. Puis venait le salon, toujours fermé, et rempli de meubles recouverts d'un drap. Ensuite un corridor menait à un cabinet d'étude; des livres et des paperasses garnissaient les rayons d'une bibliothèque entourant de ses trois côtés un large bureau de bois noir. Les deux panneaux en retour disparaissaient sous des dessins à la plume, des paysages à la gouache et des gravures d'Audran[7], souvenirs d'un temps meilleur et d'un luxe évanoui. Une lucarne au second étage éclairait la chambre de Félicité, ayant vue sur les prairies.

Elle se levait dès l'aube, pour ne pas manquer la messe, et travaillait jusqu'au soir sans interruption; puis, le dîner étant fini, la vaisselle en ordre et la porte bien close, elle enfouissait la bûche sous les cendres et s'endormait devant l'âtre, son rosaire à la main. Personne, dans les marchandages, ne montrait plus d'entêtement. Quant à la propreté, le poli de ses casseroles faisait le désespoir des autres servantes. Econome, elle mangeait avec lenteur, et recueillait du doigt sur la table les miettes de son pain, un pain de douze livres, cuit exprès pour elle, et qui durait vingt jours.

En toute saison elle portait un mouchoir d'indienne fixé dans le dos par une épingle, un bonnet lui cachant les cheveux, des bas gris, un jupon rouge, et par-dessus sa camisole un tablier à bavette, comme les infirmières d'hôpital.

Son visage était maigre et sa voix aiguë. A vingt-cinq ans, on lui en donnait quarante. Dès la cinquantaine, elle ne marqua plus aucun âge; et, toujours silencieuse, la taille droite et les gestes mesurés, semblait une femme en bois, fonctionnant d'une manière automatique.

II

Elle avait eu, comme une autre, son histoire d'amour.

Son père, un maçon, s'était tué en tombant d'un échafaudage. Puis sa mère mourut, ses sœurs se dispersèrent, un fermier la recueillit, et l'employa toute petite à garder les vaches dans la campagne. Elle grelottait sous des haillons, buvait à plat ventre l'eau des mares, à propos de rien était battue, et finalement fut chassée pour un vol de trente sols[8] qu'elle n'avait pas commis. Elle entra dans une autre ferme, y devint fille de basse-cour, et, comme elle plaisait aux patrons, ses camarades la jalousaient.

Un soir du mois d'août (elle avait alors dix-huit ans), ils l'entraînèrent à

---

2. Ici, biens immobiliers (sol et bâtiments). — 3. Salle de séjour (provincialisme). — 4. Fauteuils. — 5. Divinité romaine; la colonnade circulaire du temple consacré à son culte se trouve près du Forum à Rome. — 6. Ainsi appelait-on les jeunes dandys de 1795–1800 (parce qu'ils se parfumaient au musc). — 7. Graveur du XVIIe siècle, qui a reproduit de nombreux tableaux de maîtres; Flaubert veut communiquer le côté kitsch de la décoration de la maison. — 8. Sous; trente sous valaient 1 (ancien) franc et demi.

l'assemblée[9] de Colleville. Tout de suite elle fut étourdie, stupéfaite par le tapage des ménétriers, les lumières dans les arbres, la bigarrure des costumes, les dentelles, les croix d'or, cette masse de monde sautant à la fois. Elle se tenait à l'écart modestement, quand un jeune homme d'apparence cossue, et qui fumait sa pipe les deux coudes sur le timon d'un banneau[10], vint l'inviter à la danse. Il lui paya du cidre, du café, de la galette, un foulard, et, s'imaginant qu'elle le devinait, offrit de la reconduire. Au bord d'un champ d'avoine, il la renversa brutalement. Elle eut peur et se mit à crier. Il s'éloigna.

Un autre soir, sur la route de Beaumont, elle voulut dépasser un grand chariot de foin qui avançait lentement, et en frôlant les roues elle reconnut Théodore. Il l'aborda d'un air tranquille, disant qu'il fallait tout pardonner, puisque c'était « la faute de la boisson ».

Elle ne sut que répondre et avait envie de s'enfuir.

Aussitôt il parla des récoltes et des notables de la commune, car son père avait abandonné Colleville pour la ferme des Ecots, de sorte que maintenant ils se trouvaient voisins. « — Ah! » dit-elle. Il ajouta qu'on désirait l'établir[11]. Du reste, il n'était pas pressé, et attendait une femme à son goût. Elle baissa la tête. Alors il lui demanda si elle pensait au mariage. Elle reprit, en souriant, que c'était mal de se moquer. — « Mais non, je vous jure! », et du bras gauche il lui entoura la taille; elle marchait soutenue par son étreinte; ils se ralentirent. Le vent était mou, les étoiles brillaient, l'énorme charretée de foin oscillait devant eux; et les quatre chevaux, en traînant leurs pas, soulevaient de la poussière. Puis, sans commandement, ils tournèrent à droite. Il l'embrassa encore une fois. Elle disparut dans l'ombre.

Théodore, la semaine suivante, en obtint des rendez-vous.

Ils se rencontraient au fond des cours, derrière un mur, sous un arbre isolé. Elle n'était pas innocente à la manière des demoiselles — les animaux l'avaient instruite —, mais la raison et l'instinct de l'honneur l'empêchèrent de faillir. Cette résistance exaspéra l'amour de Théodore, si bien que pour le satisfaire (ou naïvement peut-être) il proposa de l'épouser. Elle hésitait à le croire. Il fit de grands serments.

Bientôt il avoua quelque chose de fâcheux: ses parents, l'année dernière, lui avaient acheté un homme[12]; mais d'un jour à l'autre on pourrait le reprendre; l'idée de servir l'effrayait. Cette couardise fut pour Félicité une preuve de tendresse; la sienne en redoubla. Elle s'échappait la nuit, et parvenue au rendez-vous, Théodore la torturait avec ses inquiétudes et ses instances.

Enfin, il annonça qu'il irait lui-même à la Préfecture prendre des informations, et les apporterait dimanche prochain, entre onze heures et minuit.

Le moment arrivé, elle courut vers l'amoureux.

A sa place, elle trouva un de ses amis.

Il lui apprit qu'elle ne devait plus le revoir. Pour se garantir de la conscription, Théodore avait épousé une vieille femme très riche, Mme Lehoussais, de Toucques[13].

Ce fut un chagrin désordonné. Elle se jeta par terre, poussa des cris, appela le bon Dieu, et gémit toute seule dans la campagne jusqu'au soleil levant. Puis elle revint à la ferme, déclara son intention d'en partir; et, au bout du mois, ayant reçu ses comptes[14], elle enferma tout son petit bagage dans un mouchoir, et se rendit à Pont-l'Evêque.

Devant l'auberge, elle questionna une bourgeoise en capeline de veuve, et qui précisément cherchait une cuisinière. La jeune fille ne savait pas grand'chose, mais paraissait avoir tant de bonne volonté et si peu d'exigences que Mme Aubain finit par dire: « Soit, je vous accepte! »

Félicité, un quart d'heure après, était installée chez elle.

D'abord elle y vécut dans une sorte de tremblement que lui causaient « le genre de la maison » et le souvenir de « Mon-

---

9. Fête. — 10. Charrette. — 11. Le marier. — 12. La conscription militaire se faisait à l'époque par tirage au sort; Théodore ayant tiré un mauvais numéro, ses parents lui avaient payé un remplaçant qui servait à sa place. — 13. Les hommes mariés étaient, en principe, exemptés de la conscription. — 14. Ce qui lui était dû.

sieur », planant sur tout! Paul et Virginie, l'un âgé de sept ans, l'autre de quatre à peine, lui semblaient formés d'une matière précieuse; elle les portait sur son dos comme un cheval, et Mme Aubain lui défendit de les baiser à chaque minute, ce qui la mortifia. Cependant elle se trouvait heureuse. La douceur du milieu avait fondu sa tristesse.

Tous les jeudis, des habitués venaient faire une partie de boston[15]. Félicité préparait d'avance les cartes et les chaufferettes. Ils arrivaient à huit heures bien juste, et se retiraient avant le coup de onze.

Chaque lundi matin, le brocanteur qui logeait sous l'allée étalait par terre ses ferrailles. Puis la ville se remplissait d'un bourdonnement de voix, où se mêlaient des hennissements de chevaux, des bêlements d'agneaux, des grognements de cochons, avec le bruit sec des carrioles dans la rue. Vers midi, au plus fort du marché, on voyait paraître sur le seuil un vieux paysan de haute taille, la casquette en arrière, le nez crochu, et qui était Robelin, le fermier de Geffosses. Peu de temps après, c'était Liébard, le fermier de Toucques[16], petit, rouge, obèse, portant une veste grise et des houseaux armés d'éperons.

Tous les deux offraient à leur propriétaire des poules ou des fromages. Félicité invariablement déjouait leurs astuces; et ils s'en allaient pleins de considération pour elle.

A des époques indéterminées, Mme Aubain recevait la visite du marquis de Gremanville, un de ses oncles, ruiné par la crapule et qui vivait à Falaise sur le dernier lopin de ses terres. Il se présentait toujours à l'heure du déjeuner, avec un affreux caniche dont les pattes salissaient tous les meubles. Malgré ses efforts pour paraître gentilhomme jusqu'à soulever son chapeau chaque fois qu'il disait « feu mon père », l'habitude l'entraînant, il se versait à boire coup sur coup, et lâchait des gaillardises. Félicité le poussait dehors poliment: « Vous en avez assez, Monsieur de Gremanville! A une autre fois! » Et elle refermait la porte.

Elle l'ouvrait avec plaisir devant M. Bourais, ancien avoué. Sa cravate blanche et sa calvitie, le jabot de sa chemise, son ample redingote brune, sa façon de priser en arrondissant le bras, tout son individu lui produisait ce trouble où nous jette le spectacle des hommes extraordinaires.

Comme il gérait les propriétés de « Madame », il s'enfermait avec elle pendant des heures dans le cabinet de « Monsieur », et craignait toujours de se compromettre, respectait infiniment la magistrature, avait des prétentions au latin.

Pour instruire les enfants d'une manière agréable, il leur fit cadeau d'une géographie en estampes. Elles représentaient différentes scènes du monde, des anthropophages coiffés de plumes, un singe enlevant une demoiselle, des Bédouins dans le désert, une baleine qu'on harponnait, etc.

Paul donna l'explication de ces gravures à Félicité. Ce fut même toute son éducation littéraire.

Celle des enfants était faite par Guyot, un pauvre diable employé à la mairie, fameux pour sa belle main[17], et qui repassait son canif sur sa botte.

Quand le temps était clair, on s'en allait de bonne heure à la ferme de Geffosses.

La cour est en pente, la maison dans le milieu; et la mer, au loin, apparaît comme une tâche grise.

Félicité retirait de son cabas[18] des tranches de viande froide, et on déjeunait dans un appartement faisant suite à la laiterie. Il était le seul reste d'une habitation de plaisance, maintenant disparue. Le papier de la muraille en lambeaux tremblait aux courants d'air. Mme Aubain penchait son front, accablée de souvenirs; les enfants n'osaient plus parler. « Mais jouez donc! » disait-elle; ils décampaient.

Paul montant dans la grange, attrapait des oiseaux, faisait des ricochets sur la mare, ou tapait avec un bâton les grosses futailles qui résonnaient comme des tambours.

Virginie donnait à manger aux lapins, se précipitait pour cueillir des bluets, et la

---

15. Jeu de cartes en vogue à l'époque. — 16. Les fermiers Robelin et Liébard « tiennent à ferme » des domaines appartenant à Mme Aubain (elle leur en cède la jouissance moyennant un loyer). — 17. Ecriture. — 18. Panier.

rapidité de ses jambes découvrait ses petits pantalons brodés.

Un soir d'automne, on s'en retourna par les herbages.

La lune à son premier quartier éclairait une partie du ciel, et un brouillard flottait comme une écharpe sur les sinuosités de la Touques. Des bœufs, étendus au milieu du gazon, regardaient tranquillement ces quatre personnes passer. Dans la troisième pâture quelques-uns se levèrent, puis se mirent en rond devant elles. — «Ne craignez rien!» dit Félicité; et, murmurant une sorte de complainte, elle flatta sur l'échine celui qui se trouvait le plus près; il fit volte-face, les autres l'imitèrent. Mais, quand l'herbage suivant fut traversé, un beuglement formidable s'éleva. C'était un taureau, que cachait le brouillard. Il avança vers les deux femmes. Mme Aubain allait courir. — «Non! non! moins vite!» Elles pressaient le pas cependant, et entendaient par derrière un souffle sonore qui se rapprochait. Ses sabots, comme des marteaux, battaient l'herbe de la prairie; voilà qu'il galopait maintenant! Félicité se retourna, et elle arrachait à deux mains des plaques de terre qu'elle lui jetait dans les yeux. Il baissait le mufle, secouait les cornes et tremblait de fureur en beuglant horriblement. Mme Aubain, au bout de l'herbage avec ses deux petits, cherchait éperdue comment franchir le haut bord. Félicité reculait toujours devant le taureau, et continuellement lançant des mottes de gazon qui l'aveuglaient, tandis qu'elle criait: «Dépêchez-vous! dépêchez-vous!»

Mme Aubain descendit le fossé, poussa Virginie, Paul ensuite, tomba plusieurs fois en tâchant de gravir le talus, et à force de courage y parvint.

Le taureau avait acculé Félicité contre une claire-voie; sa bave lui rejaillissait à la figure; une seconde de plus, il l'éventrait. Elle eut le temps de se couler entre deux barreaux, et la grosse bête, toute surprise, s'arrêta.

Cet événement, pendant bien des années, fut un sujet de conversation à Pont-l'Evêque. Félicité n'en tira aucun orgueil, ne se doutant même pas qu'elle eût rien fait d'héroïque.

Virginie l'occupait exclusivement; car elle eut, à la suite de son effroi, une affection nerveuse, et M. Poupart, le docteur, conseilla les bains de mer de Trouville.

Dans ce temps-là, ils n'étaient pas fréquentés. Mme Aubain prit des renseignements, consulta Bourais, fit des préparatifs comme pour un long voyage.

Ses colis partirent la veille, dans la charrette de Liébard. Le lendemain, il amena deux chevaux dont l'un avait une selle de femme, munie d'un dossier de velours; et sur la croupe du second un manteau roulé formait une manière de siège. Mme Aubain y monta, derrière lui. Félicité se chargea de Virginie, et Paul enfourcha l'âne de M. Lechaptois, prêté sous la condition d'en avoir grand soin.

La route était si mauvaise que ses huit kilomètres exigèrent deux heures. Les chevaux enfonçaient jusqu'aux paturons dans la boue, et faisaient pour en sortir de brusques mouvements des hanches; ou bien ils butaient contre les ornières; d'autres fois, il leur fallait sauter. La jument de Liébard, à de certains endroits, s'arrêtait tout à coup. Il attendait patiemment qu'elle se remît en marche; et il parlait des personnes dont les propriétés bordaient la route, ajoutant à leur histoire des réflexions morales. Ainsi, au milieu de Toucques, comme on passait sous des fenêtres entourées de capucines, il dit, avec un haussement d'épaules: «En voilà une Mme Lehoussais, qui au lieu de prendre un jeune homme...» Félicité n'entendit pas le reste; les chevaux trottaient, l'âne galopait; tous enfilèrent un sentier, une barrière tourna, deux garçons parurent, et l'on descendit devant le purin, sur le seuil même de la porte.

La mère Liébard, en apercevant sa maîtresse, prodigua les démonstrations de joie. Elle lui servit un déjeuner où il y avait un aloyau, des tripes, du boudin, une fricassée de poulet, du cidre mousseux, une tarte aux compotes et des prunes à l'eau-de-vie, accompagnant le tout de politesses à Madame qui paraissait en meilleure santé, à Mademoiselle devenue «magnifique», à M. Paul singulièrement «forci[19]», sans oublier leurs grands-parents défunts que les Liébard avaient connus, étant au service de

_____

19. Devenu fort (provincialisme).

la famille depuis plusieurs générations. La ferme avait, comme eux, un caractère d'ancienneté. Les poutrelles du plafond étaient vermoulues, les murailles noires de fumée, les carreaux gris de poussière. Un dressoir en chêne supportait toutes sortes d'ustensiles, des brocs, des assiettes, des écuelles d'étain, des pièges à loup, des forces [20] pour les moutons; une seringue énorme fit rire les enfants. Pas un arbre des trois cours qui n'eût des champignons à sa base, ou dans ses rameaux une touffe de gui. Le vent en avait jeté bas plusieurs. Ils avaient repris par le milieu; et tous fléchissaient sous la quantité de leurs pommes. Les toits de paille, pareils à du velours brun et inégaux d'épaisseur, résistaient aux plus fortes bourrasques. Cependant la charretterie [21] tombait en ruine. Mme Aubain dit qu'elle aviserait, et commanda de reharnacher les bêtes.

On fut encore une demi-heure avant d'atteindre Trouville. La petite caravane mit pied à terre pour passer les Écores; c'était une falaise surplombant des bateaux; et trois minutes plus tard, au bout du quai, on entra dans la cour de *l'Agneau d'or,* chez la mère David.

Virginie, dès les premiers jours, se sentit moins faible, résultat du changement d'air et de l'action des bains. Elle les prenait en chemise, à défaut d'un costume; et sa bonne la rhabillait dans une cabane de douanier qui servait aux baigneurs.

L'après-midi, on s'en allait avec l'âne au-delà des Roches-Noires, du côté d'Hennequeville. Le sentier, d'abord, montait entre des terrains vallonnés comme la pelouse d'un parc, puis arrivait sur un plateau où alternaient des pâturages et des champs en labour. A la lisière du chemin, dans le fouillis des ronces, des houx se dressaient; çà et là, un grand arbre mort faisait sur l'air bleu des zigzags avec ses branches.

Presque toujours on se reposait dans un pré, ayant Deauville à gauche, le Havre à droite et en face la pleine mer. Elle était brillante de soleil, lisse comme un miroir, tellement douce qu'on entendait à peine son murmure; des moineaux cachés pépiaient, et la voûte immense du ciel recouvrait tout cela. Mme Aubain, assise, travaillait à son ouvrage de couture; Virginie près d'elle tressait des joncs; Félicité sarclait des fleurs de lavande; Paul, qui s'ennuyait, voulait partir.

D'autres fois, ayant passé la Toucques en bateau, ils cherchaient des coquilles. La marée basse laissait à découvert des oursins, des godefiches, des méduses; et les enfants couraient, pour saisir des flocons d'écume que le vent emportait. Les flots endormis, en tombant sur le sable, se déroulaient le long de la grève; elle s'étendait à perte de vue, mais du côté de la terre avait pour limite les dunes la séparant du *Marais,* large prairie en forme d'hippodrome. Quand ils revenaient par là, Trouville, au fond sur la pente du coteau, à chaque pas grandissait, et avec toutes ses maisons inégales semblait s'épanouir dans un désordre gai.

Les jours qu'il faisait trop chaud, ils ne sortaient pas de leur chambre. L'éblouissante clarté du dehors plaquait des barres de lumière entre les lames des jalousies. Aucun bruit dans le village. En bas, sur le trottoir, personne. Ce silence épandu augmentait la tranquillité des choses. Au loin, les marteaux des calfats tamponnaient des carènes, et une brise lourde apportait la senteur du goudron.

Le principal divertissement était le retour des barques. Dès qu'elles avaient dépassé les balises, elles commençaient à louvoyer. Leurs voiles descendaient aux deux tiers des mâts; et, la misaine gonflée comme un ballon, elles avançaient, glissaient dans le clapotement des vagues, jusqu'au milieu du port où l'ancre tout à coup tombait. Ensuite le bateau se plaçait contre le quai. Les matelots jetaient pardessus le bordage des poissons palpitants; une file de charrettes les attendait, et des femmes en bonnet de coton s'élançaient pour prendre les corbeilles et embrasser leurs hommes.

Une d'elles, un jour, aborda Félicité, qui peu de temps après entra dans la chambre, toute joyeuse. Elle avait retrouvé une sœur; et Nastasie Barette, femme Leroux, apparut, tenant un nourrisson à sa poitrine,

---

20. Ciseaux. — 21. Remise aux charrettes.

de la main droite un autre enfant, et à sa gauche un petit mousse les poings sur les hanches et le béret sur l'oreille.

Au bout d'un quart d'heure, Mme Aubain la congédia.

On les rencontrait toujours aux abords de la cuisine, ou dans les promenades que l'on faisait. Le mari ne se montrait pas.

Félicité se prit d'affection pour eux. Elle leur acheta une couverture, des chemises, un fourneau; évidemment ils l'exploitaient. Cette faiblesse agaçait Mme Aubain qui d'ailleurs n'aimait pas les familiarités du neveu, car il tutoyait son fils; et, comme Virginie toussait et que la saison n'était plus bonne, elle revint à Pont-l'Evêque.

M. Bourais l'éclaira sur le choix d'un collège. Celui de Caen passait pour le meilleur. Paul y fut envoyé, et fit bravement ses adieux, satisfait d'aller vivre dans une maison où il aurait des camarades.

Mme Aubain se résigna à l'éloignement de son fils, parce qu'il était indispensable. Virginie y songea de moins en moins. Félicité regrettait son tapage. Mais une occupation vint la distraire: à partir de Noël, elle mena tous les jours la petite fille au catéchisme.

III

Quand elle avait fait à la porte une génuflexion, elle s'avançait sous la haute nef entre la double ligne des chaises, ouvrait le banc de Mme Aubain, s'asseyait et promenait ses yeux autour d'elle.

Les garçons à droite, les filles à gauche, emplissaient les stalles du chœur; le curé se tenait debout près du lutrin; sur un vitrail de l'abside, le Saint-Esprit dominait la Vierge; un autre la montrait à genoux devant l'Enfant-Jésus, et, derrière le tabernacle, un groupe en bois représentait saint Michel terrassant le dragon.

Le prêtre fit d'abord un abrégé de l'Histoire Sainte. Elle croyait voir le paradis, le déluge, la tour de Babel, des villes tout en flammes, des peuples qui mouraient, des idoles renversées; et elle garda de cet éblouissement le respect du Très-Haut et la crainte de sa colère. Puis, elle pleura en écoutant la Passion. Pourquoi l'avaient-ils crucifié, lui qui chérissait les enfants, nourrissait les foules, guérissait les aveugles, et avait voulu, par douceur, naître au milieu des pauvres, sur le fumier d'une étable? Les semailles, les moissons, les pressoirs, toutes ces choses familières dont parle l'Evangile, se trouvaient dans sa vie; le passage de Dieu les avait sanctifiées; et elle aima plus tendrement les agneaux par amour de l'Agneau, les colombes à cause du Saint-Esprit[22].

Elle avait peine à imaginer sa personne; car il n'était pas seulement oiseau, mais encore un feu, et d'autres fois un souffle[23]. C'est peut-être sa lumière qui voltige la nuit au bord des marécages, son haleine qui pousse les nuées, sa voix qui rend les cloches harmonieuses; et elle demeurait dans une adoration, jouissant de la fraîcheur des murs et de la tranquillité de l'église.

Quant aux dogmes, elle n'y comprenait rien, ne tâcha même pas de comprendre. Le curé discourait, les enfants récitaient, elle finissait par s'endormir, et se réveillait tout à coup quand ils faisaient en s'en allant claquer leurs sabots sur les dalles.

Ce fut de cette manière, à force de l'entendre, qu'elle apprit le catéchisme, son éducation religieuse ayant été négligée dans sa jeunesse; et dès lors elle imita toutes les pratiques de Virginie, jeûnait comme elle, se confessait avec elle. A la Fête-Dieu[24], elles firent ensemble un reposoir.

La première communion la tourmentait d'avance. Elle s'agita pour les souliers, pour le chapelet, pour le livre, pour les gants. Avec quel tremblement elle aida sa mère à l'habiller!

Pendant toute la messe, elle éprouva une angoisse. M. Bourais lui cachait un côté du chœur; mais juste en face, le troupeau des vierges portant des couronnes blanches par-dessus leurs voiles abaissés formait comme un champ de neige; et elle

---

22. L'Agneau (de Dieu), c'est le Christ; la colombe symbolise le Saint-Esprit. — 23. Encore des images bibliques (le Saint-Esprit comme feu céleste et comme le souffle de Dieu). — 24. Fête du Saint-Sacrement, célébrée par une procession.

reconnaissait de loin la chère petite à son cou plus mignon et son attitude recueillie. La cloche tinta. Les têtes se courbèrent; il y eut un silence. Aux éclats de l'orgue, les chantres et la foule entonnèrent l'*Agnus Dei*[25]; puis le défilé des garçons commença; et, après eux, les filles se levèrent. Pas à pas, et les mains jointes, elles allaient vers l'autel tout illuminé, s'agenouillaient sur la première marche, recevaient l'hostie, et dans le même ordre revenaient à leurs prie-Dieu. Quand ce fut le tour de Virginie, Félicité se pencha pour la voir; et, avec l'imagination que donnent les vraies tendresses, il lui sembla qu'elle était elle-même cette enfant; sa figure devenait la sienne, sa robe l'habillait, son cœur lui battait dans la poitrine; au moment d'ouvrir la bouche, en fermant les paupières, elle manqua s'évanouir.

Le lendemain, de bonne heure, elle se présenta dans la sacristie, pour que M. le curé lui donnât la communion. Elle la reçut dévotement, mais n'y goûta pas les mêmes délices.

Mme Aubain voulait faire de sa fille une personne accomplie; et, comme Guyot ne pouvait lui montrer ni l'anglais ni la musique, elle résolut de la mettre en pension chez les Ursulines[26] d'Honfleur.

L'enfant n'objecta rien. Félicité soupirait, trouvant Madame insensible. Puis elle songea que sa maîtresse, peut-être, avait raison. Ces choses dépassaient sa compétence.

Enfin, un jour, une vieille tapissière[27] s'arrêta devant la porte; et il en descendit une religieuse qui venait chercher Mademoiselle. Félicité monta les bagages sur l'impériale, fit des recommandations au cocher, et plaça dans le coffre six pots de confitures et une douzaine de poires, avec un bouquet de violettes.

Virginie, au dernier moment, fut prise d'un grand sanglot; elle embrassait sa mère qui la baisait au front en répétant: « Allons!

du courage! du courage! » Le marchepied se releva, la voiture partit.

Alors Mme Aubain eut une défaillance; et le soir tous ses amis, le ménage Lormeau, Mme Lechaptois, *ces*[28] demoiselles Rochefeuille, M. de Houppeville et Bourais se présentèrent pour la consoler.

La privation de sa fille lui fut d'abord très douloureuse. Mais trois fois la semaine elle en recevait une lettre, les autres jours lui écrivait, se promenait dans son jardin, lisait un peu, et de cette façon comblait le vide des heures.

Le matin, par habitude, Félicité entrait dans la chambre de Virginie, et regardait les murailles. Elle s'ennuyait de n'avoir plus à peigner ses cheveux, à lui lacer ses bottines, à la border dans son lit, et de ne plus voir continuellement sa gentille figure, de ne plus la tenir par la main quand elles sortaient ensemble. Dans son désœuvrement, elle essaya de faire de la dentelle. Ses doigts trop lourds cassaient les fils; elle n'entendait à rien[29], avait perdu le sommeil, suivant son mot, était « minée ».

Pour « se dissiper[30] », elle demanda la permission de recevoir son neveu Victor.

Il arrivait le dimanche après la messe, les joues roses, la poitrine nue, et sentant l'odeur de la campagne qu'il avait traversée. Tout de suite, elle dressait son couvert. Ils déjeunaient l'un en face de l'autre; et, mangeant elle-même le moins possible pour épargner la dépense, elle le bourrait tellement de nourriture qu'il finissait par s'endormir. Au premier coup des vêpres, elle le réveillait, brossait son pantalon, nouait sa cravate, et se rendait à l'église, appuyée sur son bras dans un orgueil maternel.

Ses parents le chargeaient toujours d'en tirer quelque chose, soit un paquet de cassonade, du savon, de l'eau-de-vie, parfois même de l'argent. Il apportait ses nippes à raccommoder; et elle acceptait cette besogne, heureuse d'une occasion qui le forçait à revenir.

---

25. « L'agneau de Dieu », prière de la Communion. — 26. Ordre religieux consacré principalement à l'éducation des jeunes filles. — 27. Voiture couverte d'un toit (*l'impériale* de la phrase suivante). — 28. L'italique équivaut ici à des guillemets; il s'agit d'un emploi provincial et vieilli de l'adjectif démonstratif pour désigner des personnes considérées. — 29. Flaubert voulait dire: *elle ne s'entendait à rien*, c'est-à-dire: n'était (plus) habile à rien. (S'il s'agit d'un provincialisme disparu, cet exemple reste le seul attesté.) — 30. Se distraire.

Au mois d'août, son père l'emmena au cabotage[31].

C'était l'époque des vacances. L'arrivée des enfants la consola. Mais Paul devenait capricieux, et Virginie n'avait plus l'âge d'être tutoyée, ce qui mettait une gêne, une barrière entre elles.

Victor alla successivement à Morlaix, à Dunkerque et à Brighton; au retour de chaque voyage, il lui offrait un cadeau. La première fois, ce fut une boîte en coquilles; la seconde, une tasse à café; la troisième, un grand bonhomme en pain d'épices. Il embellissait, avait la taille bien prise, un peu de moustache, de bons yeux francs, et un petit chapeau de cuir, placé en arrière comme un pilote. Il l'amusait en racontant des histoires mêlées de termes marins.

Un lundi, 14 juillet 1819 (elle n'oublia pas la date), Victor annonça qu'il était engagé au long cours, et, dans la nuit du surlendemain, par le paquebot de Honfleur, irait rejoindre sa goélette, qui devait démarrer du Havre prochainement. Il serait, peut-être, deux ans parti.

La perspective d'une telle absence désola Félicité; et pour lui dire encore adieu, le mercredi soir, après le dîner de Madame, elle chaussa des galoches, et avala les quatre lieues qui séparent Pont-l'Evêque de Honfleur.

Quand elle fut devant le Calvaire, au lieu de prendre à gauche, elle prit à droite, se perdit dans des chantiers, revint sur ses pas; des gens qu'elle accosta l'engagèrent à se hâter. Elle fit le tour du bassin rempli de navires, se heurtait contre les amarres; puis le terrain s'abaissa, des lumières s'entrecroisèrent, et elle se crut folle, en apercevant des chevaux dans le ciel.

Au bord du quai, d'autres hennissaient, effrayés par la mer. Un palan[32] qui les enlevait les descendait dans un bateau, où des voyageurs se bousculaient entre les barriques de cidre, les paniers de fromage, les sacs de grain; on entendait chanter des poules, le capitaine jurait; et un mousse restait accoudé sur le bossoir[33], indifférent à tout cela. Félicité, qui ne l'avait pas reconnu, criait: «Victor!»; il leva la tête; elle s'élançait, quand on retira l'échelle tout à coup.

Le paquebot, que des femmes halaient en chantant, sortit du port. Sa membrure craquait, les vagues pesantes fouettaient sa proue. La voile avait tourné, on ne vit plus personne; et, sur la mer argentée par la lune, il faisait une tâche noire qui pâlissait toujours, s'enfonça, disparut.

Félicité, en passant près du Calvaire, voulut recommander à Dieu ce qu'elle chérissait le plus; elle pria pendant longtemps, debout, la face baignée de pleurs, les yeux vers les nuages. La ville dormait, les douaniers se promenaient; et de l'eau tombait sans discontinuer par les trous de l'écluse, avec un bruit de torrent. Deux heures sonnèrent.

Le parloir[34] n'ouvrirait pas avant le jour. Un retard, bien sûr, contrarierait Madame; et, malgré son désir d'embrasser l'autre enfant, elle s'en retourna. Les filles de l'auberge s'éveillaient, comme elle entrait dans Pont-l'Evêque.

Le pauvre gamin durant des mois allait donc rouler sur les flots! Ses précédents voyages ne l'avaient pas effrayée. De l'Angleterre et de la Bretagne, on revenait; mais l'Amérique, les Colonies, les Iles, cela était perdu dans une région incertaine, à l'autre bout du monde.

Dès lors, Félicité pensa exclusivement à son neveu. Les jours de soleil, elle se tourmentait de la soif; quand il faisait de l'orage, craignait pour lui la foudre. En écoutant le vent qui grondait dans la cheminée et emportait les ardoises, elle le voyait battu par cette même tempête, au sommet d'un mât fracassé, tout le corps en arrière, sous une nappe d'écume; ou bien — souvenirs de la géographie en estampes —, il était mangé par les sauvages, pris dans

---

31. Navigation marchande entre ports d'une même mer; s'oppose au *long cours*. — 32. Grue. — 33. Grosse pièce saillante placée à la proue d'un navire pour servir à la manœuvre de l'ancre (*Dict. Robert*). — 34. Le parloir du couvent des Ursulines, à Honfleur, où elle aimerait se rendre pour «embrasser l'autre enfant».

un bois par des singes, se mourait le long d'une plage déserte. Et jamais elle ne parlait de ses inquiétudes.

Mme Aubain en avait d'autres sur sa fille.

Les bonnes sœurs trouvaient qu'elle était affectueuse, mais délicate. La moindre émotion l'énervait[35]. Il fallut abandonner le piano.

Sa mère exigeait du couvent une correspondance réglée. Un matin que le facteur n'était pas venu, elle s'impatienta; et elle marchait dans la salle, de son fauteuil à la fenêtre. C'était vraiment extraordinaire! depuis quatre jours, pas de nouvelles!

Pour qu'elle se consolât par son exemple, Félicité lui dit:

— Moi, Madame, voilà six mois que je n'en ai reçu!...

— De qui donc?...

La servante répliqua doucement:

— Mais... de mon neveu!

— Ah! votre neveu!

Et, haussant les épaules, Mme Aubain reprit sa promenade, ce qui voulait dire: « Je n'y pensais pas!... Au surplus, je m'en moque! Un mousse, un gueux, belle affaire!... tandis que ma fille... songez donc!... »

Félicité, bien que nourrie dans la rudesse, fut indignée contre Madame, puis oublia. Il lui paraissait tout simple de perdre la tête à l'occasion de la petite.

Les deux enfants avaient une importance égale; un lien de son cœur les unissait, et leur destinée devait être la même.

Le pharmacien lui apprit que le bateau de Victor était arrivé à la Havane. Il avait lu ce renseignement dans une gazette.

A cause des cigares, elle imaginait la Havane un pays où l'on ne fait pas autre chose que de fumer, et Victor circulait parmi des nègres dans un nuage de tabac. Pouvait-on « en cas de besoin » s'en retourner par terre? A quelle distance était-ce de Pont-l'Evêque? Pour le savoir, elle interrogea M. Bourais.

Il atteignit son atlas, puis commença des explications sur les longitudes; et il avait un beau sourire de cuistre devant l'ahurissement de Félicité. Enfin, avec son porte-crayon, il indiqua dans les découpures d'une tache ovale un point noir, imperceptible, en ajoutant: « Voici. »

Elle se pencha sur la carte; ce réseau de lignes coloriées fatiguait sa vue, sans lui rien apprendre; et Bourais l'invitant à dire ce qui l'embarrassait, elle le pria de lui montrer la maison où demeurait Victor. Bourais leva les bras, il éternua, rit énormément; une candeur pareille excitait sa joie; et Félicité n'en comprenait pas le motif, elle qui s'attendait peut-être à voir jusqu'au portrait de son neveu, tant son intelligence était bornée!

Ce fut quinze jours après que Liébard, à l'heure du marché comme d'habitude, entra dans la cuisine, et lui remit une lettre qu'envoyait son beau-frère. Ne sachant lire aucun des deux, elle eut recours à sa maîtresse.

Mme Aubain, qui comptait les mailles d'un tricot, le posa près d'elle, décacheta la lettre, tressaillit, et, d'une voix basse, avec un regard profond: « C'est un malheur... qu'on vous annonce. Votre neveu... »

Il était mort. On n'en disait pas davantage.

Félicité tomba sur une chaise, en s'appuyant la tête à la cloison, et ferma ses paupières, qui devinrent roses tout à coup. Puis, le front baissé, les mains pendantes, l'œil fixe, elle répétait par intervalles: « Pauvre petit gars! pauvre petit gars! »

Liébard la considérait en exhalant des soupirs. Mme Aubain tremblait un peu.

Elle lui proposa d'aller voir sa sœur, à Trouville.

Félicité répondit, par un geste, qu'elle n'en avait pas besoin.

Il y eut un silence. Le bonhomme Liébard jugea convenable de se retirer. Alors elle dit: « Ça ne leur fait rien, à eux! »

Sa tête retomba; et machinalement elle soulevait, de temps à autre, les longues aiguilles sur la table à ouvrage.

---

35. La privait de « nerf », c'est-à-dire de force (sens vieilli).

Des femmes passèrent dans la cour avec un bard[36] d'où dégouttelait[37] du linge.

En les apercevant par les carreaux, elle se rappela sa lessive; l'ayant coulée[38] la veille, il fallait aujourd'hui la rincer; et elle sortit de l'appartement.

Sa planche et son tonneau[39] étaient au bord de la Toucques. Elle jeta sur la berge un tas de chemises, retroussa ses manches, prit son battoir; et les coups forts qu'elle donnait s'entendaient dans les autres jardins à côté. Les prairies étaient vides, le vent agitait la rivière; au fond, de grandes herbes s'y penchaient, comme des chevelures de cadavres flottant dans l'eau. Elle retenait sa douleur, jusqu'au soir fut très brave; mais, dans sa chambre, elle s'y abandonna, à plat ventre sur son matelas, le visage dans l'oreiller et les deux poings contre les tempes.

Beaucoup plus tard, par le capitaine de Victor lui-même, elle connut les circonstances de sa fin. On l'avait trop saigné à l'hôpital, pour la fièvre jaune. Quatre médecins le tenaient à la fois. Il était mort immédiatement, et le chef avait dit: « Bon! encore un! »

Ses parents l'avaient toujours traité avec barbarie. Elle aima mieux ne pas les revoir; et ils ne firent aucune avance, par oubli, ou endurcissement de misérables.

Virginie s'affaiblissait.

Des oppressions, de la toux, une fièvre continuelle et des marbrures aux pommettes décelaient quelque affection profonde. M. Poupart avait conseillé un séjour en Provence. Mme Aubain s'y décida, et eût tout de suite repris sa fille à la maison, sans le climat de Pont-l'Evêque.

Elle fit un arrangement avec un loueur de voitures, qui la menait au couvent chaque mardi. Il y a dans le jardin une terrasse d'où l'on découvre la Seine. Virginie s'y promenait à son bras, sur les feuilles de pampre tombées. Quelquefois le soleil traversant les nuages la forçait à cligner ses paupières, pendant qu'elle regardait les voiles au loin et tout l'horizon, depuis le château de Tancarville jusqu'aux phares du Havre. Ensuite on se reposait sous la tonnelle. Sa mère s'était procuré un petit fût d'excellent vin de Malaga; et, riant à l'idée d'être grise, elle en buvait deux doigts, pas davantage.

Ses forces reparurent. L'automne s'écoula doucement. Félicité rassurait Mme Aubain. Mais, un soir qu'elle avait été aux environs faire une course, elle rencontra devant la porte le cabriolet de M. Poupart; et il était dans le vestibule. Mme Aubain nouait son chapeau.

— Donnez-moi ma chaufferette, ma bourse, mes gants; plus vite donc!

Virginie avait une fluxion de poitrine[40]; c'était peut-être désespéré.

— Pas encore! dit le médecin, et tous deux montèrent dans la voiture, sous des flocons de neige qui tourbillonnaient. La nuit allait venir. Il faisait très froid.

Félicité se précipita dans l'église, pour allumer un cierge. Puis elle courut après le cabriolet, qu'elle rejoignit une heure plus tard, sauta légèrement par derrière, où elle se tenait aux torsades, quand une réflexion lui vint: « La cour n'était pas fermée! Si des voleurs s'introduisaient? » Et elle descendit.

Le lendemain, dès l'aube, elle se présenta chez le docteur. Il était rentré et reparti à la campagne. Puis elle resta dans l'auberge, croyant que des inconnus apporteraient une lettre. Enfin, au petit jour, elle prit la diligence de Lisieux.

Le couvent se trouvait au fond d'une ruelle escarpée. Vers le milieu, elle entendit des sons étranges, un glas de mort. « C'est pour d'autres », pensa-t-elle; et Félicité tira violemment le marteau.

Au bout de plusieurs minutes, des savates se traînèrent, la porte s'entre-bâilla, et une religieuse parut.

La bonne sœur avec un air de componction dit qu'« elle venait de passer ». En même temps, le glas de Saint-Léonard redoublait.

Félicité parvint au second étage.

Dès le seuil de la chambre, elle aperçut Virginie étalée sur le dos, les mains jointes, la bouche ouverte, et la tête en

---

36. Brancard servant à porter des fardeaux. — 37. Dégouttait. — 38. Trempée. — 39. On plaçait le linge sur une planche pour la battre; le tonneau servait de siège. — 40. Pneumonie.

arrière sous une croix noire s'inclinant vers elle, entre les rideaux immobiles, moins pâles que sa figure. Mme Aubain, au pied de la couche qu'elle tenait dans ses bras, poussait des hoquets d'agonie. La supérieure était debout, à droite. Trois chandeliers sur la commode faisaient des taches rouges, et le brouillard blanchissait les fenêtres. Des religieuses emportèrent Mme Aubain.

Pendant deux nuits, Félicité ne quitta pas la morte. Elle répétait les mêmes prières, jetait de l'eau bénite sur les draps, revenait s'asseoir, et la contemplait. A la fin de la première veille, elle remarqua que la figure avait jauni, les lèvres bleuirent, le nez se pinçait, les yeux s'enfonçaient. Elle les baisa plusieurs fois, et n'eût pas éprouvé un immense étonnement si Virginie les eût rouverts: pour de pareilles âmes le surnaturel est tout simple. Elle fit sa toilette, l'enveloppa de son linceul, la descendit dans sa bière, lui posa une couronne, étala ses cheveux. Ils étaient blonds, et extraordinaires de longueur à son âge. Félicité en coupa une grosse mèche, dont elle glissa la moitié dans sa poitrine, résolue à ne jamais s'en dessaisir.

Le corps fut ramené à Pont-l'Evêque, suivant les intentions de Mme Aubain, qui suivait le corbillard dans une voiture fermée.

Après la messe, il fallut encore trois quarts d'heure pour atteindre le cimetière. Paul marchait en tête et sanglotait. M. Bourais était derrière, ensuite les principaux habitants, les femmes, couvertes de mantes noires, et Félicité. Elle songeait à son neveu, et, n'ayant pu lui rendre ces honneurs, avait un surcroît de tristesse, comme si on l'eût enterré avec l'autre.

Le désespoir de Mme Aubain fut illimité.

D'abord elle se révolta contre Dieu, le trouvant injuste de lui avoir pris sa fille, elle qui n'avait jamais fait de mal, et dont la conscience était si pure! Mais non! elle aurait dû l'emporter dans le Midi. D'autres docteurs l'auraient sauvée! Elle s'accusait, voulait la rejoindre, criait en détresse au milieu de ses rêves. Un, surtout, l'obsédait. Son mari, costumé comme un matelot, revenait d'un long voyage, et lui disait en pleurant qu'il avait reçu l'ordre d'emmener Virginie. Alors ils se concertaient pour découvrir une cachette quelque part.

Une fois, elle rentra du jardin, bouleversée. Tout à l'heure — elle montrait l'endroit — le père et la fille lui étaient apparus l'un auprès de l'autre, et ils ne faisaient rien; ils la regardaient.

Pendant plusieurs mois, elle resta dans sa chambre, inerte. Félicité la sermonnait doucement; il fallait se conserver pour son fils, et pour l'autre, en souvenir *d'elle*. «Elle?» reprenait Mme Aubain, comme se réveillant. — «Ah! oui!... oui!... vous ne l'oubliez pas!» Allusion au cimetière, qu'on lui avait scrupuleusement défendu. Félicité tous les jours s'y rendait.

A quatre heures précises, elle passait au bord des maisons, montait la côte, ouvrait la barrière, et arrivait devant la tombe de Virginie. C'était une petite colonne de marbre rose, avec une dalle dans le bas, et des chaînes autour enfermant un jardinet. Les plates-bandes disparaissaient sous une couverture de fleurs. Elle arrosait leurs feuilles, renouvelait le sable, se mettait à genoux pour mieux labourer la terre. Mme Aubain, quand elle put y venir, en éprouva un soulagement, une espèce de consolation.

Puis des années s'écoulèrent, toutes pareilles et sans autres épisodes que le retour des grandes fêtes: Pâques, l'Assomption, la Toussaint. Des événements intérieurs faisaient une date, où l'on se reportait plus tard. Ainsi, en 1825, deux vitriers badigeonnèrent le vestibule; en 1827, une portion du toit, tombant dans la cour, faillit tuer un homme. L'été de 1828, ce fut à Madame d'offrir le pain bénit; Bourais, vers cette époque, s'absenta mystérieusement; et les anciennes connaissances peu à peu s'en allèrent: Guyot, Liébard, Mme Lechaptois, Robelin, l'oncle Gremanville, paralysé depuis longtemps.

Une nuit, le conducteur de la malleposte[41] annonça dans Pont-l'Evêque la Révolution de Juillet[42]. Un sous-préfet

---

41. Voiture servant au transport du courrier. — 42. Juillet 1830.

nouveau, peu de jours après, fut nommé: le baron de Larsonnière, ex-consul en Amérique, et qui avait chez lui, outre sa femme, sa belle-sœur avec trois demoiselles, assez grandes déjà. On les apercevait sur leur gazon, habillées de blouses flottantes; elles possédaient un nègre et un perroquet. Mme Aubain eut leur visite, et ne manqua pas de la rendre. De plus loin qu'elles paraissaient, Félicité accourait pour la prévenir. Mais une chose était seule capable de l'émouvoir: les lettres de son fils.

Il ne pouvait suivre aucune carrière, étant absorbé dans les estaminets. Elle lui payait ses dettes; il en refaisait d'autres; et les soupirs que poussait Mme Aubain, en tricotant près de la fenêtre, arrivaient à Félicité, qui tournait son rouet dans la cuisine.

Elles se promenaient ensemble le long de l'espalier, et causaient toujours de Virginie, se demandant si telle chose lui aurait plu, en telle occasion ce qu'elle eût dit probablement.

Toutes ses petites affaires occupaient un placard dans la chambre à deux lits. Mme Aubain les inspectait le moins souvent possible. Un jour d'été, elle se résigna; et des papillons s'envolèrent de l'armoire.

Ses robes étaient en ligne sous une planche où il y avait trois poupées, des cerceaux, un ménage[43], la cuvette qui lui servait. Elles retirèrent également les jupons, les bas, les mouchoirs, et les étendirent sur les deux couches, avant de les replier. Le soleil éclairait ces pauvres objets, en faisant voir les taches, et des plis formés par les mouvements du corps. L'air était chaud et bleu, un merle gazouillait, tout semblait vivre dans une douceur profonde. Elles retrouvèrent un petit chapeau de peluche, à longs poils, couleur marron; mais il était tout mangé de vermine. Félicité le réclama pour elle-même. Leurs yeux se fixèrent l'une sur l'autre, s'emplirent de larmes; enfin la maîtresse ouvrit ses bras, la servante s'y jeta; et elles s'étreignirent, satisfaisant leur douleur dans un baiser qui les égalisait.

C'était la première fois de leur vie, Mme Aubain n'étant pas d'une nature expansive. Félicité lui en fut reconnaissante comme d'un bienfait, et désormais la chérit avec un dévouement bestial et une vénération religieuse.

La bonté de son cœur se développa.

Quand elle entendait dans la rue les tambours d'un régiment en marche, elle se mettait devant la porte avec une cruche de cidre, et offrait à boire aux soldats. Elle soigna des cholériques. Elle protégeait les Polonais[44]; et même il y en eut un qui déclarait la vouloir épouser. Mais ils se fâchèrent; car un matin, en rentrant de l'Angélus, elle le trouva dans sa cuisine, où il s'était introduit, et accommodé une vinaigrette qu'il mangeait tranquillement.

Après les Polonais, ce fut le père Colmiche, un vieillard passant pour avoir fait des horreurs en 93. Il vivait au bord de la rivière, dans les décombres d'une porcherie. Les gamins le regardaient par les fentes du mur, et lui jetaient des cailloux qui tombaient sur son grabat, où il gisait, continuellement secoué par un catarrhe, avec des cheveux très longs, les paupières enflammées, et au bras une tumeur plus grosse que sa tête. Elle lui procura du linge, tâcha de nettoyer son bouge, rêvait à l'établir dans le fournil, sans qu'il gênât Madame. Quand le cancer eut crevé, elle le pansa tous les jours, quelquefois lui apportait de la galette, le plaçait au soleil sur une botte de paille; et le pauvre vieux, en bavant et en tremblant, la remerciait de sa voix éteinte, craignait de la perdre, allongeait les mains dès qu'il la voyait s'éloigner. Il mourut; elle fit dire une messe pour le repos de son âme.

Ce jour-là, il lui advint un grand bonheur: au moment du dîner, le nègre de Mme de Larsonnière se présenta, tenant le perroquet dans sa cage, avec le bâton, la chaîne et le cadenas. Un billet de la baronne annonçait à Mme Aubain que, son mari étant élevé à une préfecture, ils partaient le soir; et elle la priait d'accepter cet oiseau, comme un souvenir, et en témoignage de ses respects.

Il occupait depuis longtemps l'imagination de Félicité, car il venait d'Amérique;

---

43. Des objets de ménage (sans doute des ustensiles de cuisine pour enfants). — 44. De nombreux Polonais, fuyant l'oppression russe, se sont réfugiés en France à partir de 1830.

et ce mot lui rappelait Victor, si bien qu'elle s'en informait auprès du nègre. Une fois même elle avait dit: « C'est Madame qui serait heureuse de l'avoir! » Le nègre avait redit le propos à sa maîtresse, qui, ne pouvant l'emmener, s'en débarrassait de cette façon.

IV

Il s'appelait Loulou. Son corps était vert, le bout de ses ailes rose, son front bleu, et sa gorge dorée.

Mais il avait la fatiguante manie de mordre son bâton, s'arrachait les plumes, éparpillait ses ordures, répandait l'eau de sa baignoire; Mme Aubain, qu'il ennuyait, le donna pour toujours à Félicité.

Elle entreprit de l'instruire; bientôt il répéta: « Charmant garçon! Serviteur, monsieur! Je vous salue, Marie! » Il était placé auprès de la porte, et plusieurs s'étonnaient qu'il ne répondît pas au nom de Jacquot, puisque tous les perroquets s'appellent Jacquot. On le comparait à une dinde, à une bûche: autant de coups de poignard pour Félicité! Etrange obstination de Loulou, ne parlant plus du moment qu'on le regardait!

Néanmoins il recherchait la compagnie; car le dimanche, pendant que *ces* demoiselles Rochefeuille, M. de Houppeville et de nouveaux habitués — Onfroy l'apothicaire, M. Varin et le capitaine Mathieu — faisaient leur partie de cartes, il cognait les vitres avec ses ailes, et se démenait si furieusement qu'il était impossible de s'entendre.

La figure de Bourais, sans doute, lui paraissait très drôle. Dès qu'il l'apercevait il commençait à rire, à rire de toutes ses forces. Les éclats de sa voix bondissaient dans la cour, l'écho les répétait, les voisins se mettaient à leurs fenêtres, riaient aussi; et, pour ne pas être vu du perroquet, M. Bourais se coulait le long du mur, en dissimulant son profil avec son chapeau, atteignait la rivière, puis entrait par la porte du jardin; et les regards qu'il envoyait à l'oiseau manquaient de tendresse.

Loulou avait reçu du garçon boucher une chiquenaude, s'étant permis d'enfoncer la tête dans sa corbeille; et depuis lors il tâchait toujours de le pincer à travers sa chemise. Fabu menaçait de lui tordre le cou, bien qu'il ne fût pas cruel, malgré le tatouage de ses bras et ses gros favoris. Au contraire! il avait plutôt du penchant pour le perroquet, jusqu'à vouloir, par humeur joviale, lui apprendre des jurons. Félicité, que ces manières effrayaient, le plaça dans la cuisine. Sa chaînette fut retirée, et il circulait par la maison. Quand il descendait l'escalier, il appuyait sur les marches la courbe de son bec, levait la patte droite, puis la gauche; et elle avait peur qu'une telle gymnastique ne lui causât des étourdissements. Il devint malade, ne pouvait plus parler ni manger. C'était sous sa langue une épaisseur comme en ont les poules quelquefois. Elle le guérit, en arrachant cette pellicule avec ses ongles. M. Paul, un jour, eut l'impudence de lui souffler aux narines la fumée d'un cigare; une autre fois que Mme Lormeau l'agaçait du bout de son ombrelle, il en happa la virole[45]; enfin, il se perdit.

Elle l'avait posé sur l'herbe pour le rafraîchir, s'absenta une minute; et, quand elle revint, plus de perroquet! D'abord elle le chercha dans les buissons, au bord de l'eau et sur les toits, sans écouter sa maîtresse qui lui criait: « Prenez donc garde! Vous êtes folle! »

Ensuite elle inspecta tous les jardins de Pont-l'Evêque; et elle arrêtait les passants. — « Vous n'auriez pas vu, quelquefois, par hasard, mon perroquet? »

A ceux qui ne connaissaient pas le perroquet, elle en faisait la description. Tout à coup, elle crut distinguer derrière les moulins, au bas de la côte, une chose verte qui voltigeait. Mais au haut de la côte, rien! Un porte-balle[46] lui affirma qu'il l'avait rencontré tout à l'heure, à Sainte Melaine, dans la boutique de la mère Simon. Elle y courut. On ne savait pas ce qu'elle voulait dire. Enfin elle rentra épuisée, les savates en lambeaux, la mort dans l'âme; et, assise au milieu du banc, près de Madame, elle

---

45. Anneau métallique qui ferme l'ombrelle. — 46. Colporteur.

racontait toutes ses démarches, quand un poids léger lui tomba sur l'épaule. Loulou! Que Diable avait-il fait? Peut-être qu'il s'était promené aux environs?

Elle eut du mal à s'en remettre, ou plutôt ne s'en remit jamais.

Par suite d'un refroidissement, il lui vint une angine; peu de temps après, un mal d'oreilles. Trois ans plus tard, elle était sourde; et elle parlait très haut, même à l'église. Bien que ses péchés auraient pu sans déshonneur pour elle, ni inconvénient pour le monde, se répandre à tous les coins du diocèse, M. le curé jugea convenable de ne plus recevoir sa confession que dans la sacristie.

Des bourdonnements illusoires achevaient de la troubler. Souvent sa maîtresse lui disait: «Mon Dieu! comme vous êtes bête!» Elle répliquait: «Oui, Madame», en cherchant quelque chose autour d'elle.

Le petit cercle de ses idées se rétrécit encore, et le carillon des cloches, le mugissement des bœufs, n'existaient plus. Tous les êtres fonctionnaient avec le silence des fantômes. Un seul bruit arrivait maintenant à ses oreilles: la voix du perroquet.

Comme pour la distraire, il reproduisait le tic-tac du tourne-broche, l'appel aigu d'un vendeur de poisson, la scie du menuisier qui logeait en face; et, aux coups de la sonnette, imitait Mme Aubain: «Félicité! la porte! la porte!»

Ils avaient des dialogues, lui, débitant à satiété les trois phrases de son répertoire, et elle, y répondant par des mots sans plus de suite, mais où son cœur s'épanchait. Loulou, dans son isolement, était presque un fils, un amoureux. Il escaladait ses doigts, mordillait ses lèvres, se cramponnait à son fichu; et, comme elle penchait son front en branlant la tête à la manière des nourrices, les grandes ailes du bonnet et les ailes de l'oiseau frémissaient ensemble.

Quand les nuages s'amoncelaient et que le tonnerre grondait, il poussait des cris, se rappelant peut-être les ondées de ses forêts natales. Le ruissellement de l'eau excitait son délire; il voletait éperdu, montait au plafond, renversait tout, et par la fenêtre allait barboter dans le jardin, mais revenait vite sur un des chenets, et, sautillant pour sécher ses plumes, montrait tantôt sa queue, tantôt son bec.

Un matin du terrible hiver de 1837, qu'elle l'avait mis devant la cheminée, à cause du froid, elle le trouva mort, au milieu de sa cage, la tête en bas, et les ongles dans les fils de fer. Une congestion l'avait tué, sans doute? Elle crut à un empoisonnement par le persil; et malgré l'absence de toutes preuves, ses soupçons portèrent sur Fabu.

Elle pleura tellement que sa maîtresse lui dit: «Eh bien! faites-le empailler!»

Elle demanda conseil au pharmacien, qui avait toujours été bon pour le perroquet.

Il écrivit au Havre. Un certain Fellacher se chargea de cette besogne. Mais, comme la diligence égarait parfois les colis, elle résolut de le porter elle-même jusqu'à Honfleur.

Les pommiers sans feuilles se succédaient aux bords de la route. De la glace couvrait les fossés. Des chiens aboyaient autour des fermes; et les mains sous son mantelet, avec ses petits sabots noirs et son cabas, elle marchait prestement, sur le milieu du pavé.

Elle traversa la forêt, dépassa le Haut-Chêne, atteignit Saint-Gatien.

Derrière elle, dans un nuage de poussière et emportée par la descente, une malle-poste au grand galop se précipitait comme une trombe. En voyant cette femme qui ne se dérangeait pas, le conducteur se dressa par-dessus la capote, et le postillon criait aussi, pendant que ses quatre chevaux qu'il ne pouvait retenir accéléraient leur train; les deux premiers la frôlaient; d'une secousse de ses guides, il les jeta dans le débord[47], mais furieux releva le bras, et à pleine volée, avec son grand fouet, lui cingla du ventre au chignon un tel coup qu'elle tomba sur le dos.

Son premier geste, quand elle reprit connaissance, fut d'ouvrir son panier. Loulou n'avait rien, heureusement. Elle sentit une brûlure à la joue droite; ses mains qu'elle y porta étaient rouges. Le sang coulait.

---

47. Au bord de la route.

Elle s'assit sur un mètre[48] de cailloux, se tamponna le visage avec son mouchoir, puis elle mangea une croûte de pain, mise dans son panier par précaution, et se consolait de sa blessure en regardant l'oiseau.

Arrivée au sommet d'Ecquemauville, elle aperçut les lumières de Honfleur qui scintillaient dans la nuit comme une quantité d'étoiles; la mer, plus loin, s'étalait confusément. Alors une faiblesse l'arrêta; et la misère de son enfance, la déception du premier amour, le départ de son neveu, la mort de Virginie, comme les flots d'une marée, revinrent à la fois, et, lui montant à la gorge, l'étouffaient.

Puis elle voulut parler au capitaine du bateau; et, sans dire ce qu'elle envoyait, lui fit des recommandations.

Fellacher garda longtemps le perroquet. Il le promettait toujours pour la semaine prochaine; au bout de six mois, il annonça le départ d'une caisse; et il n'en fut plus question. C'était à croire que jamais Loulou ne reviendrait. « Ils me l'auront volé! » pensait-elle.

Enfin il arriva, et splendide, droit sur une branche d'arbre, qui se vissait dans un socle d'acajou, une patte en l'air, la tête oblique, et mordant une noix, que l'empailleur par amour du grandiose avait dorée.

Elle l'enferma dans sa chambre.

Cet endroit, où elle admettait peu de monde, avait l'air tout à la fois d'une chapelle et d'un bazar, tant il contenait d'objets religieux et de choses hétéroclites.

Une grande armoire gênait pour ouvrir la porte. En face de la fenêtre surplombant le jardin, un œil-de-bœuf regardait la cour; une table, près du lit de sangle, supportait un pot à l'eau, deux peignes, et un cube de savon bleu dans une assiette ébréchée. On voyait contre les murs: des chapelets, des médailles, plusieurs bonnes Vierges, un bénitier en noix de coco; sur la commode, couverte d'un drap comme un autel, la boîte en coquillage que lui avait donnée Victor; puis un arrosoir et un ballon, des cahiers d'écriture, la géographie en estampes, une paire de bottines, et au

clou du miroir, accroché par ses rubans, le petit chapeau de peluche! Félicité poussait même ce genre de respect si loin, qu'elle conservait une des redingotes de Monsieur. Toutes les vieilleries dont ne voulait plus Mme Aubain, elle les prenait pour sa chambre. C'est ainsi qu'il y avait des fleurs artificielles au bord de la commode, et le portrait du comte d'Artois[49] dans l'enfoncement de la lucarne.

Au moyen d'une planchette, Loulou fut établi sur un corps de cheminée qui avançait dans l'appartement. Chaque matin, en s'éveillant, elle l'apercevait à la clarté de l'aube, et se rappelait alors les jours disparus, et d'insignifiantes actions jusqu'en leurs moindres détails, sans douleur, pleine de tranquillité.

Ne communiquant avec personne, elle vivait dans une torpeur de somnambule. Les processions de la Fête-Dieu la ranimaient. Elle allait quêter chez les voisines des flambeaux et des paillassons, afin d'embellir le reposoir que l'on dressait dans la rue.

A l'église, elle contemplait toujours le Saint-Esprit, et observa qu'il avait quelque chose du perroquet. Sa ressemblance lui parut encore plus manifeste sur une image d'Epinal[50], représentant le baptême de Notre-Seigneur. Avec ses ailes de pourpre et son corps d'émeraude, c'était vraiment le portrait de Loulou.

L'ayant acheté, elle le suspendit à la place du comte d'Artois, de sorte que, du même coup d'œil, elle les voyait ensemble. Ils s'associèrent dans sa pensée, le perroquet se trouvant sanctifié par ce rapport avec le Saint-Esprit, qui devenait plus vivant à ses yeux et intelligible. Le Père, pour s'énoncer, n'avait pu choisir une colombe, puisque ces bêtes-là n'ont pas de voix, mais plutôt un des ancêtres de Loulou. Et Félicité priait en regardant l'image, mais de temps à autre se tournait un peu vers l'oiseau.

Elle eut envie de se mettre dans les Demoiselles de la Vierge[51]. Mme Aubain l'en dissuada.

---

48. Tas. — 49. Roi de France, sous le nom de Charles X, de 1824 à 1830. — 50. La ville d'Epinal était célèbre pour sa fabrication d'images populaires (gravures et estampes). Aujourd'hui, comparer un portrait, pictural ou littéraire, à une image d'Epinal, c'est le qualifier de naïf, de mièvre et de faux. — 51. Association de femmes célibataires consacrée aux bonnes œuvres.

Un événement considérable surgit: le mariage de Paul.

Après avoir été d'abord clerc de notaire, puis dans le commerce, dans la douane, dans les contributions, et même avoir commencé des démarches pour les eaux et forêts, à trente-six ans, tout à coup, par une inspiration du ciel, il avait découvert sa voie — l'enregistrement[52]! —, et y montrait de si hautes facultés qu'un vérificateur[53] lui avait offert sa fille, en lui promettant sa protection.

Paul, devenu sérieux, l'amena chez sa mère.

Elle dénigra les usages de Pont-l'Evêque, fit la princesse, blessa Félicité. Mme Aubain, à son départ, sentit un allégement.

La semaine suivante, on apprit la mort de M. Bourais, en basse Bretagne, dans une auberge. La rumeur d'un suicide se confirma; des doutes s'élevèrent sur sa probité. Mme Aubain étudia ses comptes, et ne tarda pas à connaître la kyrielle de ses noirceurs: détournements d'arrérages, ventes de bois dissimulées, fausses quittances, etc. De plus, il avait un enfant naturel, et « des relations avec une personne de Dozulé ».

Ces turpitudes l'affligèrent beaucoup. Au mois de mars 1853, elle fut prise d'une douleur dans la poitrine; sa langue paraissait couverte de fumée, les sangsues ne calmèrent pas l'oppression; et le neuvième soir elle expira, ayant juste soixante-douze ans.

On la croyait moins vieille, à cause de ses cheveux bruns, dont les bandeaux entouraient sa figure blême, marquée de petite vérole. Peu d'amis la regrettèrent, ses façons étant d'une hauteur qui éloignait.

Félicité la pleura, comme on ne pleure pas les maîtres. Que Madame mourût avant elle, cela troublait ses idées, lui semblait contraire à l'ordre des choses, inadmissible et monstrueux.

Dix jours après (le temps d'accourir de Besançon), les héritiers survinrent. La bru fouilla les tiroirs, choisit des meubles, vendit les autres, puis ils regagnèrent l'enregistrement.

Le fauteuil de Madame, son guéridon, sa chaufferette, les huit chaises, étaient partis! La place des gravures se dessinait en carrés jaunes au milieu des cloisons. Ils avaient emporté les deux couchettes, avec leurs matelas, et dans le placard on ne voyait plus rien de toutes les affaires de Virginie! Félicité remonta les étages, ivre de tristesse.

Le lendemain il y avait sur la porte une affiche; l'apothicaire lui cria dans l'oreille que la maison était à vendre.

Elle chancela, et fut obligée de s'asseoir.

Ce qui la désolait principalement, c'était d'abandonner sa chambre, si commode pour le pauvre Loulou. En l'enveloppant d'un regard d'angoisse, elle implorait le Saint-Esprit, et contracta l'habitude idolâtre de dire ses oraisons agenouillée devant le perroquet. Quelquefois, le soleil entrant par la lucarne frappait son œil de verre, et en faisait jaillir un grand rayon lumineux qui la mettait en extase.

Elle avait une rente de trois cent quatre-vingts francs, léguée par sa maîtresse. Le jardin lui fournissait des légumes. Quant aux habits, elle possédait de quoi se vêtir jusqu'à la fin de ses jours, et épargnait l'éclairage en se couchant dès le crépuscule.

Elle ne sortait guère, afin d'éviter la boutique du brocanteur, où s'étalaient quelques-uns des anciens meubles. Depuis son étourdissement, elle traînait une jambe; et, ses forces diminuant, la mère Simon, ruinée dans l'épicerie, venait tous les matins fendre son bois et pomper de l'eau.

Ses yeux s'affaiblirent. Les persiennes n'ouvraient plus. Bien des années se passèrent. Et la maison ne se louait pas, et ne se vendait pas.

Dans la crainte qu'on ne la renvoyât, Félicité ne demandait aucune réparation. Les lattes du toit pourrissaient; pendant tout un hiver son traversin fut mouillé. Après Pâques, elle cracha du sang.

Alors la mère Simon eut recours à un docteur. Félicité voulut savoir ce qu'elle

---

52. Administration chargée de transcrire sur *registre* public (et donc d'authentifier) les actes privés. —
53. Haut fonctionnaire de l'Enregistrement.

avait. Mais, trop sourde pour entendre, un seul mot lui parvint: «pneumonie». Il lui était connu, et elle répliqua doucement: «Ah! comme Madame», trouvant naturel de suivre sa maîtresse.

Le moment des reposoirs approchait[54].

Le premier était toujours au bas de la côte, le second devant la poste, le troisième vers le milieu de la rue. Il y eut des rivalités à propos de celui-là; et les paroissiennes choisirent finalement la cour de Mme Aubain. Les oppressions et la fièvre augmentaient. Félicité se chagrinait de ne rien faire pour le reposoir. Au moins, si elle avait pu y mettre quelque chose! Alors elle songea au perroquet. Ce n'était pas convenable, objectèrent les voisines. Mais le curé accorda cette permission; elle en fut tellement heureuse qu'elle le pria d'accepter, quand elle serait morte, Loulou, sa seule richesse.

Du mardi au samedi, veille de la Fête-Dieu, elle toussa plus fréquemment. Le soir son visage était grippé, ses lèvres se collaient à ses gencives, des vomissements parurent; et le lendemain, au petit jour, se sentant très bas, elle fit appeler un prêtre.

Trois bonnes femmes l'entouraient pendant l'extrême-onction. Puis elle déclara qu'elle avait besoin de parler à Fabu.

Il arriva en toilette des dimanches, mal à l'aise dans cette atmosphère lugubre.

— Pardonnez-moi, dit-elle avec un effort pour étendre le bras, je croyais que c'était vous qui l'aviez tué!

Que signifiaient des potins pareils? L'avoir soupçonné d'un meurtre, un homme comme lui! Et il s'indignait, allait faire du tapage.

— Elle n'a plus sa tête, vous voyez bien!

Félicité de temps à autre parlait à des ombres. Les bonnes femmes s'éloignèrent. La Simonne[55] déjeuna.

Un peu plus tard, elle prit Loulou, et, l'approchant de Félicité: «Allons! dites-lui adieu! »

Bien qu'il ne fût pas un cadavre, les vers le dévoraient; une de ses ailes était cassée, l'étoupe lui sortait du ventre. Mais, aveugle à présent, elle le baisa au front, et le gardait contre sa joue. La Simonne le reprit, pour le mettre sur le reposoir.

V

Les herbages envoyaient l'odeur de l'été; des mouches bourdonnaient; le soleil faisait luire la rivière, chauffait les ardoises. La mère Simon, revenue dans la chambre, s'endormait doucement.

Des coups de cloche la réveillèrent; on sortait des vêpres. Le délire de Félicité tomba. En songeant à la procession, elle la voyait, comme si elle l'eût suivie.

Tous les enfants des écoles, les chantres et les pompiers marchaient sur les trottoirs, tandis qu'au milieu de la rue, s'avançaient premièrement: le suisse[56] armé de sa hallebarde, le bedeau avec une grande croix, l'instituteur surveillant les gamins, la religieuse inquiète de ses petites filles; trois des plus mignonnes, frisées comme des anges, jetaient dans l'air des pétales de roses; le diacre, les bras écartés, modérait la musique; et deux encenseurs[57] se retournaient à chaque pas vers le Saint-Sacrement, que portait, sous un dais de velours ponceau[58] tenu par quatre fabriciens[59], M. le curé, dans sa belle chasuble. Un flot de monde se poussait derrière, entre les nappes blanches couvrant le mur des maisons; et l'on arriva au bas de la côte.

Une sueur froide mouillait les tempes de Félicité. La Simonne l'épongeait avec un linge, en se disant qu'un jour il lui faudrait passer par là.

54. Il s'agit de la Fête-Dieu (fête du Saint-Sacrement), célébrée par une procession au cours de laquelle le prêtre dépose le Saint-Sacrement sur un reposoir (autel élevé dans la rue ou, comme ici, dans la cour d'un particulier). — 55. La mère Simon (forme populaire). — 56. Gardien de l'église. — 57. Personnes chargées des encensoirs (dans lesquels brûle l'encens). — 58. Rouge. — 59. Membres de la *fabrique*, organisme chargé de l'administration des biens ecclésiastiques d'une paroisse.

Le murmure de la foule grossit, fut un moment très fort, s'éloignait.

Une fusillade ébranla les carreaux. C'était les postillons saluant l'ostensoir[60]. Félicité roula ses prunelles, et elle dit, le moins bas qu'elle put: « Est-il bien? », tourmentée du perroquet.

Son agonie commença. Un râle, de plus en plus précipité, lui soulevait les côtes. Des bouillons d'écume venaient aux coins de sa bouche, et tout son corps tremblait.

Bientôt, on distingua le ronflement des ophicléides[61], les voix claires des enfants, la voix profonde des hommes. Tout se taisait par intervalles, et le battement des pas, que des fleurs amortissaient, faisait le bruit d'un troupeau sur du gazon.

Le clergé parut dans la cour. La Simonne grimpa sur une chaise pour atteindre à l'œil-de-bœuf, et de cette manière dominait le reposoir. Des guirlandes vertes pendaient sur l'autel, orné d'un falbala en point d'Angleterre[62]. Il y avait au milieu un petit cadre enfermant des reliques, deux orangers dans les angles, et, tout le long, des flambeaux d'argent et des vases en porcelaine, d'où s'élançaient des tournesols, des lys, des pivoines, des digitales, des touffes d'hortensias. Ce monceau de couleurs éclatantes descendait obliquement, du premier étage jusqu'au tapis se prolongeant sur les pavés; et des choses rares tiraient les yeux. Un sucrier de vermeil avait une couronne de violettes, des pendeloques en pierres d'Alençon[63] brillaient sur de la mousse, deux écrans chinois montraient leurs paysages. Loulou, caché sous des roses, ne laissait voir que son front bleu, pareil à une plaque de lapis[64].

Les fabriciens, les chantres, les enfants se rangèrent sur les trois côtés de la cour. Le prêtre gravit lentement les marches, et posa sur la dentelle son grand soleil d'or qui rayonnait. Tous s'agenouillèrent. Il se fit un grand silence. Et les encensoirs, allant à pleine volée, glissaient sur leurs chaînettes.

Une vapeur d'azur monta dans la chambre de Félicité. Elle avança les narines, en la humant avec une sensualité mystique; puis ferma les paupières. Ses lèvres souriaient. Les mouvements de son cœur se ralentirent un à un, plus vagues chaque fois, plus doux, comme une fontaine s'épuise, comme un écho disparaît; et, quand elle exhala son dernier souffle, elle crut voir, dans les cieux entrouverts, un perroquet gigantesque, planant au-dessus de sa tête.

---

60. Pièce d'orfèvrerie destinée à recevoir l'hostie consacrée; Flaubert l'appelle plus loin un « grand soleil d'or » en raison de sa forme circulaire. — 61. Instrument musical à vent et à clés, au son grave. — 62. Dentelle. — 63. En quartz. — 64. Lapis-lazuli (pierre d'un bleu d'azur).

Matière à réflexion

1. Nous avons vu que pour Flaubert « le style est tout ». Si dépourvues d'intérêt que soient une histoire ou une personne, elles peuvent devenir le sujet d'une œuvre réussie: tout dépend de la façon dont elles sont traitées. Comme décor, une grande ville magnifique n'est pas meilleure qu'un chef-lieu de canton où rien ne se passe; comme protagoniste, un pleutre vaut un héros. Mais écoutons la romancière Ayn Rand offrir sur la question une opinion diamétralement opposée:

> It is selectivity in regard to subject—the most severely, rigorously, ruthlessly exercised selectivity—that I hold as the primary, the essential, the cardinal aspect of art. [. . .] The subject is not the only attribute of art, but it is the fundamental one, it is the end to which all others are the means. In most esthetic theories, however,

the end—the subject—is omitted from consideration, and only the means are regarded as esthetically relevant. Such theories set up a false dichotomy and claim that a scoundrel portrayed by the technical means of a genius is preferable to a goddess portrayed by the technique of an amateur. I hold that *both* are esthetically offensive; but while the second is merely esthetic incompetence, the first is an esthetic crime. [. . .] There is no esthetic justification for the spectacle of Rembrandt's great artistic skill employed to portray a side of beef. [. . .] That which is not worth contemplating in life is not worth re-creating in art. (*The Romantic Manifesto,* 1971)

Donnez-vous raison à Flaubert ou à Rand? Pourquoi?

2. « Pas de réflexions, personnalité de l'auteur absente », disait Flaubert. Mais a-t-il respecté son esthétique dans *Un Cœur simple*? Là-dessus, les opinions ont toujours été partagées. Les uns y voient un Flaubert généreux et indulgent, couvant d'un regard attendri sa pauvre Félicité. D'autres y voient un Flaubert misanthrope et méprisant, tel qu'il avait toujours été. Le critique F. Brunetière, par exemple, se souvenant de *Madame Bovary,* retrouve dans *Un Cœur simple* « ...ce même accent d'irritation sourde contre la bêtise humaine [...]; ce même et profond mépris du romancier pour ses personnages et pour l'homme; cette même dérision, cette même rudesse, et cette même brutalité comique... » (*Revue de Deux Mondes,* 1er juin 1877). D'autres encore voient dans le conte une réussite de l'esthétique de l'impersonnalité. Voici ce que dit le critique H. Taine dans une lettre à Flaubert: « Votre calme, votre perpétuelle absence est toute-puissante; [...] cela coupe le fil ombilical qui rattache presque toujours une œuvre à son auteur » (4 mai 1877). A qui donnez-vous raison? Si Flaubert n'a pas réussi à « couper le fil ombilical », par quels sentiments, par quelles opinions se rattache-t-il encore à son œuvre? Comment s'y manifeste-t-il?

3. Après son résumé de l'histoire d'*Un Cœur simple,* Flaubert précise: « Cela n'est nullement ironique comme vous le supposez, mais au contraire très sérieux et très triste. » (Par *ironique,* Flaubert entendait: subtilement railleur.) Etes-vous d'accord? (N.B.: Il ne s'agit pas de ce qu'il avait voulu faire dans *Un Cœur simple,* mais de ce qu'il y a fait.) Commentez, à ce propos, le jugement suivant: « Félicité est une sainte moderne, naïve, un peu ridicule, qui incarne, non sans ironie de la part de l'auteur, une sorte de piété populaire qui est comme une forme dégradée du sentiment religieux » (P. Aurégan, *Flaubert*). S'il y a ironie de la part de Flaubert, en quoi consiste-t-elle? Comment se manifeste-t-elle?

4. Relevez les passages où Flaubert recourt au discours semi-direct pour rapporter les paroles ou les pensées de ses personnages. L'identification de ces passages vous aide-t-elle à répondre aux questions 2 et 3?

5. En 1930 Gérard-Gailly annonça, dans son *Flaubert et les Fantômes de Trouville,* une découverte stupéfiante: l'histoire d'*Un Cœur simple,* dont l'auteur s'était voulu absent, était en réalité une chronique familiale, presque une autobiographie! Ce diligent chercheur croyait « derrière chaque phrase retrouver mille sources, identifier tel profil, tel petit fait », etc. Depuis lors, les commentateurs se font un devoir de nous indiquer ce à quoi correspond, dans la vie de Flaubert, tel endroit ou tel événement du conte; chaque personnage doit avoir son « original », son « proto-type », son « modèle ». Félicité, c'est l'humble servante Léonie que Flaubert avait observée à Trouville chez ses amis Barbey. Mme Aubain, c'est une vieille parente qu'on appelait dans la famille « la tante Allais »; sa maison — « revêtue d'ardoises », en effet — existe toujours à Pont-l'Evêque, au 14, place Robert-de-Flers. Loulou, c'est le perroquet d'un ami qui, ancien capitaine au long cours, l'avait ramené de ses voyages. Quant au marquis de Gremanville, un annotateur nous assure que « ce curieux personnage s'appelait réellement *Crémanville* et était le grand-oncle de Flaubert ». Or, devant l'absurdité de cette confusion entre personnes et personnages — au point de nous informer des *vrais* noms des personnages, comme si Flaubert s'était trompé! —, d'autres ont réagi. « Quel pourrait être l'intérêt, demandent-ils, des faits auxquels Flaubert aurait pu songer ou dont il aurait pu se souvenir en rédigeant telle phrase, en peignant tel personnage? Le sens d'un texte n'est-il pas *dans le texte?* Croit-on nous faire mieux goûter l'œuvre en nous servant des hors-d'œuvre? » (a) A qui donnez-vous raison dans cette dispute? Pourquoi? (b) Grâce aux découvertes de Gérard-Gailly, dit E. Maynial, « on sait aujourd'hui tout ce qu'ajoutent de profondeur et de charme au conte de Flaubert les souvenirs de sa jeunesse qui l'ont en grande partie inspiré » (édition Garnier Frères des *Trois Contes*). Les souvenirs peuvent-ils, à votre avis, ajouter de la profondeur et du charme au récit qu'ils « inspirent »? De quelle façon?

Zola et le naturalisme

Le mouvement réaliste fut à peine constitué qu'il commença de se transformer en se durcissant. Il en va souvent ainsi dans l'histoire littéraire: on s'éloigne de ses origines, on s'en affranchit peu à peu, jusqu'au jour où l'on proclame son indépendance en se rebaptisant. C'est ainsi qu'au mouvement réaliste succède le *naturalisme* — et au règne de Flaubert, celui de Zola. A la différence pourtant de Flaubert, qui avait en horreur écoles et étiquettes, Zola renvendiquait hautement le mot et la doctrine auxquels son nom reste si indissolublement lié. Il dominait à tel point sur ses disciples, par son talent et son tempérament, qu'au lendemain de sa mort on put écrire, sans trop exagérer: «Le naturalisme, c'est-à-dire l'œuvre de Zola... »[1].

Orphelin de père dès l'âge de sept ans, Emile Zola (1840–1902) grandit dans le besoin. A dix-huit ans son échec au baccalauréat l'obligea à renoncer à ses études, et pendant quatre ans il vécut misérablement de petits métiers. Engagé en 1862 comme commis par une grande maison d'édition parisienne, il y fut nommé quelques mois plus tard chef de la publicité. Ce poste inespéré le mit en contact avec les grands écrivains de l'époque: le voilà résolu à devenir lui-même écrivain. Il se mit à publier contes et romans, tout en collaborant comme critique à plusieurs journaux; à partir de 1866 il vécut exclusivement de sa plume.

Vers 1869 Zola trouva sa voie littéraire en concevant le projet d'un vaste cycle romanesque sur l'«histoire naturelle et sociale d'une famille sous le Second Empire»: ainsi est née la série des *Rougon-Macquart,* dont les vingt volumes devaient paraître au rythme moyen d'un roman par an. *L'Assommoir* (1877), le septième

---

1. E. Lepelletier, *Emile Zola.*

247

roman de la série, valut enfin à Zola la célébrité et la fortune. Dans la préface il explique ses intentions:

> J'ai voulu peindre la déchéance fatale d'une famille ouvrière dans le milieu empesté de nos faubourgs. Au bout de l'ivrognerie et de la fainéantise, il y a le relâchement des liens de la famille, les ordures de la promiscuité, l'oubli progressif des sentiments honnêtes, puis comme dénouement la honte et la mort.

Le livre déclencha un scandale de part et d'autre: à droite, on accusa Zola de s'être complu dans des tableaux crus et orduriers, et à gauche, d'avoir calomnié la classe ouvrière. La polémique se traduisit par un immense succès de librairie: trente-huit éditions en douze mois. Dans la presse on salua ou déplora la naissance d'une « école naturaliste » dont Zola passait désormais pour être le chef.

Son succès lui attira de nouvelles attaques, lesquelles devaient grossir encore son succès. Il en fut ainsi de *Nana* (1880), dont l'action se déroule dans le monde de la haute prostitution et dont le sujet fut jugé scabreux par les bien-pensants de l'époque. *Germinal* (1885) raconte l'histoire d'une grève de mineurs mais aussi, symboliquement, la « lutte du capital et du travail ». Le « lecteur bourgeois », à qui Zola voulait donner un « frisson de terreur »[2], ne manqua pas d'y voir surtout de la propagande socialiste.

Le vingtième et dernier volume des *Rougon-Macquart* ayant paru en 1893, Zola se lança aussitôt dans de nouveaux projets: ses derniers romans attestent plus ouvertement son engagement politique et social. Quand sa courageuse intervention dans l'affaire Dreyfus[3] lui valut d'être condamné à la prison, il préféra s'exiler en Angleterre, d'où il ne put rentrer, amnistié, qu'un an plus tard. Zola mourut à l'âge de soixante-deux ans, asphyxié par les émanations d'une cheminée bouchée. L'hostilité dont il avait été l'objet, ainsi que les circonstances mystérieuses de sa mort, firent soupçonner un assassinat.

Le mouvement et l'école naturalistes

Zola survécut de plusieurs années à l'école dont il avait été le chef. Peu après sa mort, son biographe se montra prescient: « Il est à peu près certain que les lecteurs de la seconde moitié du XXᵉ siecle ne se préoccuperont guère des théories du "naturalisme". On se demandera: qu'est-ce que cela voulait dire exactement? »[4]. Comme la plupart des *-ismes,* le mot est difficile à définir « exactement ». Commençons par distinguer un sens large et un sens étroit.

1° Au sens large du terme, le naturalisme est la continuation et le durcissement — certains diraient *l'exagération* — du réalisme. Comme le réalisme (voir pp. 219–22), le naturalisme vise à *la reproduction exacte et intégrale de la réalité,* sans « mensonge » ni « tricherie », c'est-à-dire *sans idéalisation.* Et puisqu'en pratique un

---

2. *Etudes et notes des* Rougon-Macquart (Gallimard « Pléiade »). — 3. En 1898 Zola publia une « Lettre au président de la République » dans laquelle il accusa de hauts responsables militaires d'avoir caché la vérité sur l'erreur judiciaire dont le capitaine Dreyfus avait été la victime. Cette intervention fut décisive: elle contribua grandement à déclencher la campagne d'opinion qui devait aboutir à la révision du procès de Dreyfus et, en 1906, à sa réhabilitation totale. — 4. Lepelletier, *op. cit.*

choix s'impose toujours — la reproduction *intégrale* du réel étant impossible —, les naturalistes suivent les réalistes en privilégiant le commun, le bas et le laid, aux dépens du rare, du noble et du beau. Cette prédilection est pourtant plus marquée chez les naturalistes, et elle admet moins d'exceptions.

2° Au sens étroit, le terme de *naturaliste* qualifie une école littéraire formée sous l'égide de Zola en 1877, à la suite du triomphe de *L'Assommoir*. Les naturalistes « de stricte observance » imitent les réalistes dans leur souci d'objectivité scientifique, mais ils vont bien plus loin. Alors que Flaubert avait souhaité à la littérature « les allures de la science », Zola se propose d'*annexer* la littérature à la science. Ses prétentions scientifiques sont évidentes dès ses débuts: dans la préface de *Thérèse Raquin* il souhaite « être purement naturaliste, purement physiologiste ». On voit qu'à cette date (1868) Zola prend le mot de *naturaliste* dans son sens le plus courant: *savant spécialiste des sciences naturelles*. Dix ans plus tard, il découvre l'*Introduction à l'étude de la médecine expérimentale* du physiologiste Claude Bernard. La révélation qu'est pour lui la lecture de cet ouvrage l'amène à exposer sa doctrine littéraire, et en 1880 paraît *Le Roman expérimental*. Dans cet essai au titre révélateur le naturalisme est présenté comme la « méthode scientifique appliquée dans les lettres ».

Qu'est-ce qu'appliquer à la littérature les méthodes de la science? Jusqu'alors, explique Zola, le romancier n'avait guère fait qu'*observer;* désormais l'observateur devra se doubler d'un *expérimentateur*. L'observateur « pose le point de départ » en peignant le décor:

> Puis, l'expérimentateur paraît et institue l'expérience, je veux dire fait mouvoir les personnages dans une histoire particulière, pour y montrer que la succession des faits sera telle que l'exige le déterminisme des phénomènes mis à l'étude. C'est presque toujours ici une expérience « pour voir », comme l'appelle Claude Bernard. Le romancier part à la recherche d'une vérité. (*Ibid.*)

L'exemple de Balzac permet à Zola d'illustrer sa thèse. Il est évident, affirme Zola, que les romans balzaciens ne se bornent pas à reproduire fidèlement les observations du romancier:

> Il y a aussi expérimentation, puisque Balzac ne s'en tient pas strictement en photographe aux faits recueillis par lui, puisqu'il intervient de façon directe pour placer son personnage dans des conditions dont il reste le maître. Le problème est de savoir ce que telle passion, agissant dans tel milieu et dans telles circonstances, produira [...]; et un roman expérimental [...] est simplement le procès-verbal de l'expérience. (*Ibid.*)

On aimerait y voir une métaphore, mais Zola ne laisse aucun doute là-dessus: « Le roman naturaliste est *une expérience véritable* que le romancier fait sur l'homme » (*ibid.*; c'est nous qui soulignons).

Ceux qui ont étudié ses notes de lecture nous assurent — et ne nous en serions-nous pas douté? — que Zola n'a pas compris Claude Bernard. A la différence du savant, le romancier ne peut pas expérimenter « pour voir », et c'est en vain qu'il partirait « à la recherche d'une vérité ». Puisqu'il « reste le maître » des conditions qu'il rapporte, son « expérience » tournera toujours comme il la fera tourner. Au lieu de soumettre une hypothèse à l'épreuve des faits en vue de la confirmer ou de l'infirmer, le romancier ne pourra jamais qu'appuyer sur des « faits » qu'il invente une conclusion donnée d'avance.

Comment a-t-on pu prendre au sérieux une doctrine qui assimile le roman à l'expérimentation? Rappelons-nous que la science jouissait à l'époque d'un immense prestige, et ses progrès semblaient justifier l'application de ses méthodes à d'autres domaines. Ainsi s'explique que l'apogée de l'école naturaliste coïncide avec celui du positivisme, et que son déclin correspond à la montée d'un courant spiritualiste à partir de 1890[5].

Un autre facteur du déclin, plus important que les prétentions scientifiques affichées par les naturalistes, fut leur prédilection pour les sujets bas. Quand on la leur reprochait, ils niaient l'évidence: «Nous voulons simplement, comme les réalistes, "supprimer les parfumeurs" (voir p. 22) qui faussent la réalité en l'idéalisant.» Et on leur répliquait: «Mais vous n'êtes pas moins coupables que les "parfumeurs", et vous faussez autant qu'eux la réalité... en *l'empuantissant exprès.*» Pour Zola en particulier, cet «artiste en fange», ce «Michel-Ange de la crotte», on se crut obligé d'inventer une catégorie nouvelle: la «littérature putride». Loin de se modérer face aux attaques, Zola força la note, au point de provoquer en 1887 une réaction chez quelques écrivains qui avaient été bien disposés envers lui et son école. Dans leur *Manifeste des Cinq* ils dénoncèrent chez Zola un «violent parti pris d'obscénité». Dans son dernier roman, affirment les Cinq, la «note ordurière est exagérée encore, descendue à des saletés si basses que, par instants, on se croirait devant un recueil de scatologie. Le Maître est descendu au fond de l'immondice».

En 1891, dans son *Enquête sur l'évolution littéraire,* J. Huret posa à une soixantaine d'écrivains les questions suivantes: «Le naturalisme est-il malade? Est-il mort? Peut-il être sauvé?» A en croire les réponses, le naturalisme était mort ou se mourait. Ces écrivains exagéraient un peu, certes, mais en prenant leur désir pour une réalité ils n'étaient pas loin de dire vrai: on ne parlait bientôt plus de l'*école* naturaliste.

Le naturalisme en tant que *mouvement,* en revanche, devait poursuivre sa carrière. Il s'est dilué au cours des années, perdant de sa cohésion en se transformant, pour devenir à la fin une tendance diffuse. Aujourd'hui son influence se confond avec celle du réalisme pour faire contrepoids à l'idéalisme enjoliveur. Sa mission restera ce qu'elle a toujours été: combattre les «parfumeurs» qui nous empêchent de sentir l'odeur du réel.

---

5. Voir, à ce sujet, le *Survol.*

Avant de lire

L'Attaque du moulin parut pour la première fois en 1877 sous le titre: *Un Épisode de l'invasion de 1870.* L'invasion dont il s'agit est celle que la France subit au cours de la guerre franco-prussienne (1870–1871). Croyant à une victoire facile, la France déclara la guerre à la Prusse le 17 juillet 1870. Deux mois plus tard, l'empereur français Napoléon III était le prisonnier des Prussiens et Paris était assiégé; en janvier 1871 la

France dut capituler. Ce fut une défaite humiliante aux conséquences désastreuses pour la France: occupation militaire, lourde indemnité de guerre, perte de deux provinces. C'est à la lumière de cette débâcle qu'il convient de lire la nouvelle — et surtout la fin.

Si *L'Attaque du moulin* est la plus connue des nouvelles de Zola, c'est grâce surtout à sa réédition en 1880 dans *Les Soirées de Médan*. Ce recueil collectif doit son titre au village de Médan, près de Paris, où Zola possédait une villa; c'est là qu'il passait une bonne partie de l'année et qu'il recevait régulièrement ses amis, parmi lesquels figuraient plusieurs disciples naturalistes. Cinq d'entre eux eurent l'idée de réunir en volume des nouvelles de leur composition ayant toutes pour cadre la guerre de 1870, et pour cible l'« esprit cocardier » (chauvin et militariste) qui tendait à dominer depuis la défaite. La contribution du « maître » fut placée en tête du livre.

Zola vers 1896

L'action se déroule en Lorraine, une province frontière du nord-est de la France; c'est par là qu'en août 1870 passa l'invasion des Prussiens. Dans une préface qu'il crut bon de supprimer, Zola affirme avoir « entendu d'un témoin » cette « véridique histoire vécue ». Il n'en est heureusement rien: le cadre géographique et historique est fidèlement rendu, mais les événements racontés sont fictifs, ainsi que les lieux précis où ils se passent.

La nouvelle connut un certain succès, ainsi que l'opéra qui en fut tiré en 1892 (musique d'A. Bruneau).

L'Attaque du moulin

I

Le moulin du père Merlier, par cette belle soirée d'été, était en grande fête. Dans la cour, on avait mis trois tables, placées bout à bout, et qui attendaient les convives. Tout le pays savait qu'on devait fiancer, ce jour-là, la fille Merlier, Françoise, avec Dominique, un garçon qu'on accusait de fainéantise, mais que les femmes, à trois lieues à la ronde, regardaient avec des yeux luisants, tant il avait bon air.

Ce moulin du père Merlier était une vraie gaieté. Il se trouvait juste au milieu de Rocreuse, à l'endroit où la grand-route fait un coude. Le village n'a qu'une rue, deux files de masures, une file à chaque bord de la route; mais là, au coude, des prés s'élargissent; de grands arbres, qui suivent le cours de la Morelle, couvrent le fond de la vallée d'ombrages magnifiques. Il n'y a pas, dans toute la Lorraine, un coin de nature plus adorable. A droite et à gauche, des bois épais, des futaies séculaires montent des pentes douces, emplissent l'horizon d'une mer de verdure; tandis que, vers le midi, la plaine s'étend, d'une fertilité merveilleuse, déroulant à l'infini des pièces de terre coupées de haies vives.

Mais ce qui fait surtout le charme de Rocreuse, c'est la fraîcheur de ce trou de verdure, aux journées les plus chaudes de juillet et d'août. La Morelle descend des bois de Gagny, et il semble qu'elle prenne le froid des feuillages sous lesquels elle coule pendant des lieues; elle apporte les bruits murmurants, l'ombre glacée et recueillie des forêts. Et elle n'est point la seule fraîcheur: toutes sortes d'eaux courantes chantent sous les bois; à chaque pas, des sources jaillissent; on sent, lorsqu'on suit les étroits sentiers, comme des lacs souterrains qui percent sous la mousse et profitent des moindres fentes, au pied des arbres, entre les roches, pour s'épancher en fontaines cristallines. Les voix chuchotantes de ces ruisseaux s'élèvent si nombreuses et si hautes, qu'elles couvrent le chant des bouvreuils. On se croirait dans quelque parc enchanté, avec des cascades tombant de toutes parts.

En bas, les prairies sont trempées. Des marronniers gigantesques font des ombres noires. Au bord des prés, de longs rideaux de peupliers alignent leurs tentures bruissantes. Il y a deux avenues d'énormes platanes qui montent, à travers champs, vers l'ancien château de Gagny, aujourd'hui en ruines. Dans cette terre continuellement arrosée, les herbes grandissent démesurément. C'est comme un fond de parterre entre les deux coteaux boisés, mais de parterre naturel, dont les prairies sont les pelouses, et dont les arbres géants dessinent les colossales corbeilles. Quand le soleil, à midi, tombe d'aplomb, les ombres bleuissent; les herbes allumées dorment dans la chaleur, tandis qu'un frisson glacé passe sous les feuillages.

Et c'était là que le moulin du père Merlier égayait de son tic-tac un coin de verdures folles. La bâtisse, faite de plâtre et de planches, semblait vieille comme le monde. Elle trempait à moitié dans la Morelle, qui arrondit à cet endroit un clair bassin. Une écluse était ménagée; la chute tombait de quelques mètres sur la roue du moulin, qui craquait en tournant, avec la toux asthmatique d'une fidèle servante vieillie dans la maison. Quand on conseillait au père Merlier de la changer, il hochait la tête en disant qu'une jeune roue serait plus paresseuse et ne connaîtrait pas si bien le travail; et il raccommodait l'ancienne avec tout ce qui lui tombait sous la main: des douves de tonneau, des ferrures rouillées, du zinc, du plomb. La roue en paraissait plus gaie, avec son profil devenu étrange, tout empanachée d'herbes et de mousses. Lorsque l'eau la battait de son flot d'argent, elle se couvrait de perles; on voyait passer son étrange carcasse sous une parure éclatante de colliers de nacre.

La partie du moulin qui trempait ainsi dans la Morelle avait l'air d'une arche barbare, échouée là. Une bonne moitié du logis était bâtie sur des pieux. L'eau entrait sous le plancher; il y avait des trous, bien connus dans le pays pour les anguilles et les écrevisses énormes qu'on y prenait. En dessous de la chute, le bassin était limpide comme un miroir, et lorsque la roue ne le troublait pas de son écume, on apercevait des bandes de gros poissons qui nageaient avec des lenteurs d'escadre. Un escalier rompu descendait à la rivière, près d'un pieu où était amarrée une barque. Une galerie de bois passait au-dessus de la roue. Des fenêtres s'ouvraient, percées irrégulièrement. C'était un pêle-mêle d'encoignures, de petites murailles, de constructions ajoutées après coup, de poutres et de toitures qui donnaient au moulin un aspect d'ancienne citadelle démantelée. Mais des lierres avaient poussé, toutes sortes de plantes grimpantes bouchaient les crevasses trop grandes et mettaient un manteau vert à la vieille demeure. Les demoiselles qui passaient dessinaient sur leurs albums le moulin du père Merlier. Du côté de la route, la maison était plus solide. Un portail en pierre s'ouvrait sur la grande cour, que bordaient à droite et à gauche des hangars et des écuries. Près d'un puits, un orme immense couvrait de son ombre la moitié de la cour. Au fond, la maison alignait les quatre fenêtres de son premier étage, surmonté d'un colombier. La seule coquetterie du père Merlier était de faire badigeonner cette façade tous les dix ans. Elle venait justement d'être blanchie, et elle éblouissait le village, lorsque le soleil l'allumait, au milieu du jour.

Depuis vingt ans, le père Merlier était maire de Rocreuse. On l'estimait pour la fortune qu'il avait su faire. On lui donnait quelque chose comme quatre-vingt mille francs, amassés sou à sou. Quand il avait épousé Madeleine Guillard, qui lui apportait en dot le moulin, il ne possédait guère que ses deux bras. Mais Madeleine ne s'était jamais repentie de son choix, tant il avait su mener gaillardement les affaires du ménage. Aujourd'hui, la femme était défunte; il restait veuf avec sa fille Françoise. Sans doute, il aurait pu se reposer, laisser la roue du moulin dormir dans la mousse; mais il se serait trop ennuyé, et la maison lui aurait semblé morte. Il travaillait toujours, pour le plaisir. Le père Merlier était alors un grand vieillard, à longue figure silencieuse, qui ne riait jamais, mais qui était tout de même très gai en dedans. On l'avait choisi pour maire à cause de son argent, et aussi pour le bel air qu'il savait prendre lorsqu'il faisait un mariage.

Françoise Merlier venait d'avoir dix-huit ans. Elle ne passait pas pour une des belles filles du pays, parce qu'elle était chétive. Jusqu'à quinze ans, elle avait même été laide. On ne pouvait pas comprendre, à Rocreuse, comment la fille du père et de la mère Merlier, tous deux si bien plantés, poussait mal et d'un air de regret. Mais à quinze ans, tout en restant délicate, elle prit une petite figure, la plus jolie du monde. Elle avait des cheveux noirs, des yeux noirs, et elle était toute rose avec ça; une bouche qui riait toujours, des trous dans les joues, un front clair où il y avait comme une couronne de soleil. Quoique chétive pour le pays, elle n'était pas maigre, loin de là; on voulait dire simplement qu'elle n'aurait pas pu lever un sac de blé. Mais elle devenait toute potelée avec l'âge; elle devait finir par être ronde et friande comme une caille. Seulement, les longs silences de son père

l'avaient rendue raisonnable très jeune. Si elle riait toujours, c'était pour faire plaisir aux autres. Au fond, elle était sérieuse.

Naturellement, tout le pays la courtisait, plus encore pour ses écus que pour sa gentillesse. Et elle avait fini par faire un choix, qui venait de scandaliser la contrée. De l'autre côté de la Morelle vivait un grand garçon, que l'on nommait Dominique Penquer. Il n'était pas de Rocreuse. Dix ans auparavant, il était arrivé de Belgique, pour hériter d'un oncle qui possédait un petit bien sur la lisière même de la forêt de Gagny, juste en face du moulin, à quelques portées de fusil. Il venait pour vendre ce bien, disait-il, et retourner chez lui. Mais le pays le charma, paraît-il, car il n'en bougea plus. On le vit cultiver son bout de champ, récolter quelques légumes dont il vivait. Il pêchait, il chassait; plusieurs fois, les gardes faillirent le prendre et lui dresser des procès-verbaux. Cette existence libre, dont les paysans ne s'expliquaient pas bien les ressources, avait fini par lui donner un mauvais renom. On le traitait vaguement de braconnier. En tout cas, il était paresseux, car on le trouvait souvent endormi dans l'herbe, à des heures où il aurait dû travailler. La masure qu'il habitait, sous les derniers arbres de la forêt, ne semblait pas non plus la demeure d'un honnête garçon. Il aurait eu un commerce avec les loups des ruines de Gagny, que cela n'aurait point surpris les vieilles femmes. Pourtant, les jeunes filles, parfois, se hasardaient à le défendre, car il était superbe, cet homme louche, souple et grand comme un peuplier, très blanc de peau, avec une barbe et des cheveux blonds qui semblaient de l'or au soleil. Or, un beau matin, Françoise avait déclaré au père Merlier qu'elle aimait Dominique et que jamais elle ne consentirait à épouser un autre garçon.

On pense quel coup de massue le père Merlier reçut ce jour-là! Il ne dit rien, selon son habitude. Il avait son visage réfléchi; seulement, sa gaieté intérieure ne luisait plus dans ses yeux. On se bouda pendant une semaine. Françoise, elle aussi, était toute grave. Ce qui tourmentait le père Merlier, c'était de savoir comment ce gredin de braconnier avait bien pu ensorceler sa fille. Jamais Dominique n'était venu au moulin. Le meunier guetta et il aperçut le galant, de l'autre côté de la Morelle, couché dans l'herbe et feignant de dormir. Françoise, de sa chambre, pouvait le voir. La chose était claire: ils avaient dû s'aimer, en se faisant les doux yeux par-dessus la roue du moulin.

Cependant, huit autres jours s'écoulèrent. Françoise devenait de plus en plus grave. Le père Merlier ne disait toujours rien. Puis, un soir, silencieusement, il amena lui-même Dominique. Françoise, justement, mettait la table. Elle ne parut pas étonnée; elle se contenta d'ajouter un couvert; seulement les petits trous de ses joues venaient de se creuser de nouveau, et son rire avait reparu. Le matin, le père Merlier était allé trouver Dominique dans sa masure, sur la lisière du bois. Là, les deux hommes avaient causé pendant trois heures, les portes et les fenêtres fermées. Jamais personne n'a su ce qu'ils avaient pu se dire. Ce qu'il y a de certain, c'est que le père Merlier en sortant traitait déjà Dominique comme son fils. Sans doute le vieillard avait trouvé le garçon qu'il était allé chercher, un brave garçon, dans ce paresseux qui se couchait sur l'herbe pour se faire aimer des filles.

Tout Rocreuse clabauda. Les femmes, sur les portes, ne tarissaient pas au sujet de la folie du père Merlier, qui introduisait ainsi chez lui un garnement. Il laissa dire. Peut-être s'était-il souvenu de son propre mariage. Lui non plus ne possédait pas un sou vaillant, lorsqu'il avait épousé Madeleine et son moulin; cela pourtant ne l'avait point empêché de faire un bon mari. D'ailleurs, Dominique coupa court aux cancans en se mettant si rudement à la besogne que le pays en fut émerveillé. Justement le garçon du moulin était tombé au sort[1], et jamais Dominique ne voulut qu'on engageât un autre. Il porta les sacs, conduisit la charrette, se battit avec la vieille roue quand elle se faisait prier pour tourner, tout cela d'un tel cœur qu'on venait le voir par plaisir. Le père Merlier avait son rire silencieux. Il était très fier d'avoir deviné ce garçon. Il n'y a rien comme l'amour pour donner du courage aux jeunes gens.

Au milieu de toute cette grosse besogne, Françoise et Dominique s'adoraient. Ils ne se parlaient guère, mais ils se regardaient avec une douceur souriante. Jusquelà, le père Merlier n'avait pas dit un seul mot au sujet du mariage; et tous deux respectaient ce silence, attendant la volonté du vieillard. Enfin, un jour, vers le milieu de juillet, il avait fait mettre trois tables dans la cour, sous le grand orme, en invitant ses amis de Rocreuse à venir le soir boire un coup avec lui. Quand la cour fut pleine et que tout le monde eut le verre en main, le père Merlier leva le sien très haut en disant:

— C'est pour avoir le plaisir de vous annoncer que Françoise épousera ce gaillard-là dans un mois, le jour de la Saint-Louis[2].

Alors, on trinqua bruyamment. Tout le monde riait. Mais le père Merlier, haussant la voix, dit encore:

— Dominique, embrasse ta promise. Ça se doit.

Et ils s'embrassèrent, très rouges, pendant que l'assistance riait plus fort. Ce fut une vraie fête. On vida un petit tonneau. Puis, quand il n'y eut là que les amis intimes, on causa d'une façon calme. La nuit était tombée, une nuit étoilée et très claire. Dominique et Françoise, assis sur un banc, l'un près de l'autre, ne disaient rien. Un vieux paysan parlait de la guerre que l'empereur avait déclarée à la Prusse. Tous les gars du village étaient déjà partis. La veille, des troupes avaient encore passé. On allait se cogner dur.

— Bah! dit le père Merlier avec l'égoïsme d'un homme heureux, Dominique est étranger, il ne partira pas... Et si les Prussiens venaient, il serait là pour défendre sa femme.

Cette idée que les Prussiens pouvaient venir parut une bonne plaisanterie. On allait leur flanquer une râclée soignée, et ce serait vite fini.

— Je les ai déjà vus, je les ai déjà vus, répéta d'une voix sourde le vieux paysan[3].

Il y eut un silence. Puis, on trinqua une fois encore. Françoise et Dominique

---

1. La conscription militaire se faisait par tirage au sort; le «garçon du moulin» (chargé du travail manuel) a tiré un mauvais numéro. — 2. Le 25 août. — 3. Se souvient-il d'avoir vu les Prussiens pendant les guerres napoléoniennes du début du siècle?

n'avaient rien entendu; ils s'étaient pris doucement la main, derrière le banc, sans qu'on pût les voir, et cela leur semblait si bon qu'ils restaient là, les yeux perdus au fond des ténèbres.

Quelle nuit tiède et superbe! Le village s'endormait aux deux bords de la route blanche, dans une tranquillité d'enfant. On n'entendait plus, de loin en loin, que le chant de quelque coq éveillé trop tôt. Des grands bois voisins descendaient de longues haleines qui passaient sur les toitures comme des caresses. Les prairies, avec leurs ombrages noirs, prenaient une majesté mystérieuse et recueillie, tandis que toutes les sources, toutes les eaux courantes qui jaillissaient dans l'ombre semblaient être la respiration fraîche et rythmée de la campagne endormie. Par instants, la vieille roue du moulin, ensommeillée, paraissait rêver comme ces vieux chiens de garde qui aboient en ronflant. Elle avait des craquements; elle causait toute seule, bercée par la chute de la Morelle, dont la nappe rendait le son musical et continu d'un tuyau d'orgues. Jamais une paix plus large n'était descendue sur un coin plus heureux de nature.

II

Un mois plus tard, jour pour jour, juste la veille de la Saint-Louis, Rocreuse était dans l'épouvante. Les Prussiens avaient battu l'empereur et s'avançaient à marches forcées vers le village. Depuis une semaine, des gens qui passaient sur la route annonçaient les Prussiens: «Ils sont à Lormière, ils sont à Novelles»; et, à entendre dire qu'ils se rapprochaient si vite, Rocreuse, chaque matin, croyait les voir descendre par les bois de Gagny. Ils ne venaient point cependant; cela effrayait davantage. Bien sûr qu'ils tomberaient sur le village pendant la nuit et qu'ils égorgeraient tout le monde.

La nuit précédente, un peu avant le jour, il y avait eu une alerte. Les habitants s'étaient réveillés en entendant un grand bruit d'hommes sur la route. Les femmes déjà se jetaient à genoux et faisaient des signes de croix, lorsqu'on avait reconnu des pantalons rouges, en entrouvrant prudemment les fenêtres. C'était un détachement français. Le capitaine avait tout de suite demandé le maire du pays, et il était resté au moulin, après avoir causé avec le père Merlier.

Le soleil se levait gaiement ce jour-là. Il ferait chaud à midi. Sur les bois, une clarté blonde flottait, tandis que dans les fonds, au-dessus des prairies, montaient des vapeurs blanches. Le village propre et joli s'éveillait dans la fraîcheur, et la campagne, avec sa rivière et ses fontaines, avait des grâces mouillées de bouquet. Mais cette belle journée ne faisait rire personne. On venait de voir le capitaine tourner autour du moulin, regarder les maisons voisines, passer de l'autre côté de la Morelle, et de là, étudier le pays avec une lorgnette. Le père Merlier, qui l'accompagnait, semblait donner des explications. Puis, le capitaine avait posté des soldats derrière des murs, derrière des arbres, dans des trous. Le gros du détachement campait dans la cour du moulin. On allait donc se battre? Et quand le père Merlier revint, on l'interrogea. Il fit un long signe de tête, sans parler. Oui, on allait se battre.

Françoise et Dominique étaient là, dans la cour, qui le regardaient. Il finit par ôter sa pipe de la bouche, et dit cette simple phrase:

— Ah! mes pauvres petits, ce n'est pas demain que je vous marierai!

Dominique, les lèvres serrées, avec un pli de colère au front, se haussait parfois, restait les yeux fixés sur les bois de Gagny, comme s'il eût voulu voir arriver les Prussiens. Françoise, très pâle, sérieuse, allait et venait, fournissant aux soldats ce dont ils avaient besoin. Ils faisaient la soupe dans un coin de la cour, et plaisantaient en attendant de manger.

Cependant, le capitaine paraissait ravi. Il avait visité les chambres et la grande salle du moulin donnant sur la rivière. Maintenant, assis près du puits, il causait avec le père Merlier.

— Vous avez là une vraie forteresse, disait-il. Nous tiendrons bien jusqu'à ce soir... Les bandits sont en retard. Ils devraient être ici.

Le meunier restait grave. Il voyait son moulin flamber comme une torche. Mais il ne se plaignait pas, jugeant cela inutile. Il ouvrit seulement la bouche, pour dire:

— Vous devriez faire cacher la barque derrière la roue. Il y a là un trou où elle tient... Peut-être qu'elle pourra servir.

Le capitaine donna un ordre. Ce capitaine était un bel homme d'une quarantaine d'années, grand et de figure aimable. La vue de Françoise et de Dominique semblait le réjouir. Ils s'occupait d'eux, comme s'il avait oublié la lutte prochaine. Il suivait Françoise des yeux, et son air disait clairement qu'il la trouvait charmante. Puis, se tournant vers Dominique:

— Vous n'êtes donc pas à l'armée, mon garçon? lui demanda-t-il brusquement.

— Je suis étranger, répondit le jeune homme.

Le capitaine parut goûter médiocrement cette raison. Il cligna les yeux et sourit. Françoise était plus agréable à fréquenter que le canon. Alors, en le voyant sourire, Dominique ajouta:

— Je suis étranger, mais je loge une balle dans une pomme à cinq cents mètres... Tenez, mon fusil de chasse est là, derrière vous.

— Il pourra vous servir, répliqua simplement le capitaine.

Françoise s'était approchée, un peu tremblante. Et, sans se soucier du monde qui était là, Dominique prit et serra dans les siennes les deux mains qu'elle lui tendait, comme pour se mettre sous sa protection. Le capitaine avait souri de nouveau, mais il n'ajouta pas une parole. Il demeurait assis, son épée entre les jambes, les yeux perdus, paraissant rêver.

Il était déjà dix heures. La chaleur devenait très forte. Un lourd silence se faisait. Dans la cour, à l'ombre des hangars, les soldats s'étaient mis à manger la soupe. Aucun bruit ne venait du village, dont les habitants avaient tous barricadé leurs maisons, portes et fenêtres. Un chien, resté seul sur la route, hurlait. Des bois et des prairies voisines, pâmés par la chaleur, sortait une voix lointaine, prolongée, faite de tous les souffles épars. Un coucou chanta. Puis, le silence s'élargit encore.

Et, dans cet air endormi, brusquement, un coup de feu éclata. Le capitaine se leva vivement; les soldats lâchèrent leurs assiettes de soupe, encore à moitié pleines. En quelques secondes tous furent à leur poste de combat; de bas en haut, le moulin se trouvait occupé. Cependant, le capitaine, qui s'était porté sur la route, n'avait rien vu; à droite, à gauche, la route s'étendait, vide et toute blanche. Un deuxième coup de feu se fit entendre, et toujours rien, pas une ombre. Mais en se retournant, il aperçut du côté de Gagny, entre deux arbres, un flocon de fumée qui s'envolait, pareil à un fil de la Vierge[4]. Le bois restait profond et doux.

— Les gredins se sont jetés dans la forêt, murmura-t-il. Ils nous savent ici.

Alors, la fusillade continua, de plus en plus nourrie, entre les soldats français, postés autour du moulin, et les Prussiens, cachés derrière les arbres. Les balles sifflaient au-dessus de la Morelle, sans causer de pertes ni d'un côté ni de l'autre. Les coups étaient irréguliers, partaient de chaque buisson, et l'on n'apercevait toujours que les petites fumées, balancées mollement par le vent. Cela dura près de deux heures. L'officier chantonnait d'un air indifférent.

Françoise et Dominique, qui étaient restés dans la cour, se haussaient et regardaient par-dessus une muraille basse. Ils s'intéressaient surtout à un petit soldat, posté au bord de la Morelle, derrière la carcasse d'un vieux bateau. Il était à plat ventre, guettait, lâchait son coup de feu, puis se laissait glisser dans un fossé, un peu en arrière, pour recharger son fusil; et ses mouvements étaient si drôles, si rusés, si souples, qu'on se laissait aller à sourire en le voyant. Il dut apercevoir quelque tête de Prussien, car il se leva vivement et épaula. Mais, avant qu'il eût tiré, il jeta un cri, tourna sur lui-même et roula dans le fossé, où ses jambes eurent un instant le roidissement convulsif des pattes d'un poulet qu'on égorge. Le petit soldat venait de recevoir une balle en pleine poitrine. C'était le premier mort. Instinctivement, Françoise avait saisi la main de Dominique et la lui serrait, dans une crispation nerveuse.

— Ne restez pas là, dit le capitaine. Les balles viennent jusqu'ici.

En effet, un petit coup sec s'était fait entendre dans le vieil orme, et un bout de branche tombait en se balançant. Mais les deux jeunes gens ne bougèrent pas, cloués

---

4. Fil d'araignée (dans les champs).

par l'anxiété du spectacle. A la lisière du bois, un Prussien était brusquement sorti de derrière un arbre comme d'une coulisse[5], battant l'air de ses bras et tombant à la renverse. Et rien ne bougea plus; les deux morts semblaient dormir au grand soleil; on ne voyait toujours personne dans la campagne alourdie. Le pétillement de la fusillade lui-même cessa. Seule, la Morelle chuchotait avec son bruit clair.

Le père Merlier regarda le capitaine d'un air de surprise, comme pour lui demander si c'était fini.

— Voilà le grand coup, murmura celui-ci. Méfiez-vous. Ne restez pas là.

Il n'avait pas achevé qu'une décharge effroyable eut lieu. Le grand orme fut comme fauché; une volée de feuilles tournoya. Les Prussiens avaient heureusement tiré trop haut. Dominique entraîna, emporta presque Françoise, tandis que le père Merlier les suivait, en criant:

— Mettez-vous dans le petit caveau; les murs sont solides.

Mais ils ne l'écoutèrent pas; ils entrèrent dans la grande salle, où une dizaine de soldats attendaient en silence, les volets fermés, guettant par des fentes. Le capitaine était resté seul dans la cour, accroupi derrière la petite muraille, pendant que des décharges furieuses continuaient. Au-dehors, les soldats qu'il avait postés ne cédaient le terrain que pied à pied. Pourtant, ils rentraient un à un en rampant, quand l'ennemi les avait délogés de leurs cachettes. Leur consigne était de gagner du temps, de ne point se montrer, pour que les Prussiens ne pussent savoir quelles forces ils avaient devant eux. Une heure encore s'écoula. Et, comme un sergent arrivait, disant qu'il n'y avait plus dehors que deux ou trois hommes, l'officier tira sa montre, en murmurant:

— Deux heures et demie... Allons, il faut tenir quatre heures.

Il fit fermer le grand portail de la cour, et tout fut préparé pour une résistance énergique. Comme les Prussiens se trouvaient de l'autre côté de la Morelle, un assaut immédiat n'était pas à craindre. Il y avait bien un pont à deux kilomètres, mais ils ignoraient sans doute son existence, et il était peu croyable qu'ils tenteraient de passer à gué la rivière. L'officier fit donc simplement surveiller la route. Tout l'effort allait porter du côté de la campagne.

La fusillade de nouveau avait cessé. Le moulin semblait mort sous le grand soleil. Pas un volet n'était ouvert; aucun bruit ne sortait de l'intérieur. Peu à peu, cependant, les Prussiens se montraient à la lisière du bois de Gagny. Ils allongeaient la tête, s'enhardissaient. Dans le moulin, plusieurs soldats épaulaient déjà; mais le capitaine cria:

— Non, non, attendez... Laissez-les s'approcher.

Ils y mirent beaucoup de prudence, regardant le moulin d'un air méfiant. Cette vieille demeure, silencieuse et morne, avec ses rideaux de lierre, les inquiétait. Pourtant, ils avançaient. Quand ils furent une cinquantaine dans la prairie, en face, l'officier dit un seul mot:

— Allez!

Un déchirement se fit entendre; des coups isolés suivirent. Françoise, agitée d'un tremblement, avait porté malgré elle les mains à ses oreilles. Dominique, derrière les soldats, regardait; et quand la fumée se fut un peu dissipée, il aperçut trois Prussiens étendus sur le dos au milieu du pré. Les autres s'étaient jetés derrière les saules et les peupliers. Et le siège commença.

Pendant plus d'une heure, le moulin fut criblé de balles. Elles en fouettaient les vieux murs comme une grêle. Lorsqu'elles frappaient sur de la pierre, on les entendait s'écraser et retomber à l'eau. Dans le bois, elles s'enfonçaient avec un bruit sourd. Parfois, un craquement annonçait que la roue venait d'être touchée. Les soldats, à l'intérieur, ménageaient leurs coups, ne tiraient que lorsqu'ils pouvaient viser. De temps à autre, le capitaine consultait sa montre. Et, comme une balle fendait un volet et allait se loger dans le plafond:

— Quatre heures, murmura-t-il. Nous ne tiendrons jamais.

Peu à peu, en effet, cette fusillade terrible ébranlait le vieux moulin. Un volet tomba à l'eau, troué comme une dentelle, et il fallut le remplacer par un matelas. Le

---

5. Partie d'un théâtre qui est cachée aux spectateurs, et d'où les acteurs entrent en scène.

père Merlier, à chaque instant, s'exposait pour constater les avaries de sa pauvre roue, dont les craquements lui allaient au cœur. Elle était bien finie cette fois; jamais il ne pourrait la raccommoder. Dominique avait supplié Françoise de se retirer, mais elle voulait rester avec lui; elle s'était assise derrière une grande armoire de chêne, qui la protégeait. Une balle pourtant arriva dans l'armoire, dont les flancs rendirent un son grave. Alors, Dominique se plaça devant Françoise. Il n'avait pas encore tiré; il tenait son fusil à la main, ne pouvant approcher des fenêtres dont les soldats tenaient toute la largeur. A chaque décharge, le plancher tressaillait.

— Attention! Attention! cria tout d'un coup le capitaine.

Il venait de voir sortir du bois toute une masse sombre. Aussitôt s'ouvrit un formidable feu de peloton. Ce fut comme une trombe qui passa sur le moulin. Un autre volet partit, et par l'ouverture béante de la fenêtre les balles entrèrent. Deux soldats roulèrent sur le carreau. L'un ne remua plus; on le poussa contre le mur, parce qu'il encombrait. L'autre se tordit en demandant qu'on l'achevât; mais on ne l'écoutait point; les balles entraient toujours; chacun se garait et tâchait de trouver une meurtrière pour riposter. Un troisième soldat fut blessé; celui-là ne dit pas une parole; il se laissa couler au bord d'une table, avec des yeux fixes et hagards. En face de ces morts, Françoise, prise d'horreur, avait repoussé machinalement sa chaise pour s'asseoir à terre contre le mur; elle se croyait là plus petite et moins en danger. Cependant, on était allé prendre tous les matelas de la maison; on avait rebouché à moitié la fenêtre. La salle s'emplissait de débris, d'armes rompues, de meubles éventrés.

— Cinq heures, dit le capitaine. Tenez bon... Ils vont chercher à passer l'eau.

A ce moment, Françoise poussa un cri. Une balle qui avait ricoché venait de lui effleurer le front. Quelques gouttes de sang parurent. Dominique la regarda; puis, s'approchant de la fenêtre, il lâcha son premier coup de feu, et il ne s'arrêta plus. Il chargeait, tirait, sans s'occuper de ce qui se passait près de lui; de temps à autre seulement, il jetait un coup d'œil sur Françoise. D'ailleurs, il ne se pressait pas, visait

avec soin. Les Prussiens, longeant les peupliers, tentaient le passage de la Morelle, comme le capitaine l'avait prévu; mais, dès qu'un d'entre eux se hasardait, il tombait frappé à la tête par une balle de Dominique. Le capitaine, qui suivait ce jeu, était émerveillé. Il complimenta le jeune homme en lui disant qu'il serait heureux d'avoir beaucoup de tireurs de sa force. Dominique ne l'entendait pas. Une balle lui entama l'épaule; une autre lui contusionna le bras. Et il tirait toujours.

Il y eut deux nouveaux morts. Les matelas, déchiquetés, ne bouchaient plus les fenêtres. Une dernière décharge semblait devoir emporter le moulin. La position n'était plus tenable. Cependant, l'officier répétait:

— Tenez bon... Encore une demi-heure.

Maintenant, il comptait les minutes. Il avait promis à ses chefs d'arrêter l'ennemi là jusqu'au soir, et il n'aurait pas reculé d'une semelle avant l'heure qu'il avait fixée pour la retraite. Il gardait son air aimable, souriait à Françoise afin de la rassurer. Lui-même venait de ramasser le fusil d'un soldat mort et faisait le coup de feu.

Il n'y avait plus que quatre soldats dans la salle. Les Prussiens se montraient en masse sur l'autre bord de la Morelle, et il était évident qu'ils allaient passer la rivière d'un moment à l'autre. Quelques minutes s'écoulèrent encore. Le capitaine s'entêtait, ne voulait pas donner l'ordre de la retraite, lorsqu'un sergent accourut en disant:

— Ils sont sur la route. Ils vont nous prendre par-derrière.

Les Prussiens devaient avoir trouvé le pont. Le capitaine tira sa montre.

— Encore cinq minutes, dit-il. Ils ne seront pas ici avant cinq minutes.

Puis, à six heures précises, il consentit enfin à faire sortir ses hommes par une petite porte qui donnait sur une ruelle. De là, ils se jetèrent dans un fossé; ils gagnèrent la forêt de Sauval. Le capitaine avait, avant de partir, salué très poliment le père Merlier, en s'excusant. Et il avait même ajouté:

— Amusez-les... Nous reviendrons.

Cependant, Dominique était resté seul dans la salle. Il tirait toujours, n'entendant rien, ne comprenant rien. Il n'éprouvait que le besoin de défendre Françoise. Les soldats étaient partis sans qu'il s'en doutât le moins du monde. Il visait et tuait son homme à chaque coup. Brusquement il y eut un grand bruit: les Prussiens, par-derrière, venaient d'envahir la cour. Il lâcha un dernier coup, et ils tombèrent sur lui, comme son fusil fumait encore.

Quatre hommes le tenaient. D'autres vociféraient autour de lui dans une langue effroyable. Ils faillirent l'égorger tout de suite. Françoise s'était jetée en avant, suppliante. Mais un officier entra et se fit remettre le prisonnier. Après quelques phrases qu'il échangea en allemand avec les soldats, il se tourna vers Dominique et lui dit rudement, en très bon français:

— Vous serez fusillé dans deux heures.

III

C'était une règle posée par l'état-major allemand: tout Français n'appartenant pas à l'armée régulière et pris les armes à la main devait être fusillé. Les compagnies franches[6] elles-mêmes n'étaient pas reconnues comme belligérantes. En faisant ainsi de terribles exemples sur les paysans qui défendaient leurs foyers, les Allemands voulaient empêcher la levée en masse, qu'ils redoutaient. L'officier, un homme grand et sec, d'une cinquantaine d'années, fit subir à Dominique un bref interrogatoire. Bien qu'il parlât le français très purement, il avait une raideur toute prussienne.

— Vous êtes de ce pays?
— Non, je suis Belge.
— Pourquoi avez-vous pris les armes?... Tout ceci ne doit pas vous regarder.

Dominique ne répondit pas. A ce moment, l'officier aperçut Françoise debout et très pâle, qui écoutait; sur son front blanc, sa légère blessure mettait une barre rouge. Il regarda les jeunes gens l'un après l'autre, parut comprendre, et se contenta d'ajouter:

— Vous ne niez pas avoir tiré?
— J'ai tiré tant que j'ai pu, répondit tranquillement Dominique.

Cet aveu était inutile, car il était noir de poudre, couvert de sueur, taché de quel-

ques gouttes de sang qui avaient coulé de l'éraflure de son épaule.

— C'est bien, répéta l'officier. Vous serez fusillé dans deux heures.

Françoise ne cria pas. Elle joignit les mains et les éleva dans un geste de muet désespoir. L'officier remarqua ce geste. Deux soldats avaient emmené Dominique dans une pièce voisine, où ils devaient le garder à vue. La jeune fille était tombée sur une chaise, les jambes brisées. Elle ne pouvait pleurer; elle étouffait. Cependant, l'officier l'examinait toujours. Il finit par lui adresser la parole:

— Ce garçon est votre frère? demanda-t-il.

Elle dit non de la tête. Il resta raide, sans un sourire. Puis, au bout d'un silence:

— Il habite le pays depuis longtemps?

Elle dit oui d'un nouveau signe.

— Alors il doit très bien connaître les bois voisins?

Cette fois, elle parla.

— Oui, monsieur, dit-elle en le regardant avec quelque surprise.

Il n'ajouta rien et tourna sur ses talons, en demandant qu'on lui amenât le maire du village. Mais Françoise s'était levée, une légère rougeur au visage, croyant avoir saisi le but de ses questions et reprise d'espoir. Ce fut elle-même qui courut pour trouver son père.

Le père Merlier, dès que les coups de feu avaient cessé, était vivement descendu par la galerie de bois pour visiter sa roue. Il adorait sa fille; il avait une solide amitié pour Dominique, son futur gendre; mais sa roue tenait aussi une large place dans son cœur. Puisque les deux petits, comme il les appelait, étaient sortis sains et saufs de la bagarre, il songeait à son autre tendresse, qui avait singulièrement souffert, celle-là. Et, penché sur la grande carcasse de bois, il en étudiait les blessures d'un air navré. Cinq palettes étaient en miettes; la charpente centrale était criblée. Il fourrait les doigts dans les trous des balles, pour en mesurer la profondeur; il réfléchissait à la façon dont il pourrait réparer toutes ces

---

6. Détachements spéciaux; leurs membres faisaient partie de l'armée régulière, mais ils étaient traités comme de simples citoyens pris les « armes à la main ».

avaries. Françoise le trouva qui bouchait déjà des fentes avec des débris et de la mousse.

— Père, dit-elle, ils vous demandent.

Et elle pleura enfin, en lui contant ce qu'elle venait d'entendre. Le père Merlier hocha la tête. On ne fusillait pas les gens comme ça. Il fallait voir. Et il rentra dans le moulin, de son air silencieux et paisible. Quand l'officier lui eut demandé des vivres pour ses hommes, il répondit que les gens de Rocreuse n'étaient pas habitués à être brutalisés, et qu'on le laissât agir seul. L'officier parut se fâcher d'abord de ce ton tranquille; puis il céda devant les paroles brèves et nettes du vieillard. Même il le rappela, pour lui demander:

— Ces bois-là, en face, comment les nommez-vous?

— Les bois de Sauval.

— Et quelle est leur étendue?

Le meunier le regarda fixement.

— Je ne sais pas, répondit-il.

Et il s'éloigna. Une heure plus tard, la contribution de guerre en vivres et en argent, réclamée par l'officier, était dans la cour du moulin. La nuit venait. Françoise suivait avec anxiété les mouvements des soldats. Elle ne s'éloignait pas de la pièce dans laquelle était enfermé Dominique. Vers sept heures elle eut une émotion poignante: elle vit l'officier entrer chez le prisonnier, et pendant un quart d'heure, elle entendit leurs voix qui s'élevaient. Un instant, l'officier reparut sur le seuil pour donner un ordre en allemand qu'elle ne comprit pas; mais, lorsque douze hommes furent venus se ranger dans la cour, le fusil au bras, un tremblement la saisit; elle se sentit mourir. C'en était donc fait: l'exécution allait avoir lieu. Les douzes hommes restèrent là dix minutes; la voix de Dominique continuait à s'élever sur un ton de refus violent. Enfin, l'officier sortit, en fermant brutalement la porte et en disant:

— C'est bien. Réfléchissez... Je vous donne jusqu'à demain matin.

Et d'un geste, il fit rompre les rangs aux douze hommes. Françoise restait hébétée. Le père Merlier, qui avait continué de fumer sa pipe en regardant le peloton d'un air simplement curieux, vint la prendre par le bras avec une douceur paternelle. Il l'emmena dans sa chambre.

— Tiens-toi tranquille, lui dit-il. Tâche de dormir. Demain, il fera jour, et nous verrons.

En se retirant, il l'enferma par prudence. Il avait pour principe que les femmes ne sont bonnes à rien, et qu'elles gâtent tout, lorsqu'elles s'occupent d'une affaire sérieuse. Cependant, Françoise ne se coucha pas. Elle demeura longtemps assise sur son lit, écoutant les rumeurs de la maison. Les soldats allemands, campés dans la cour, chantaient et riaient; ils durent manger et boire jusqu'à onze heures, car le tapage ne cessa pas un instant. Dans le moulin même, des pas lourds résonnaient de temps à autre, sans doute des sentinelles qu'on relevait. Mais ce qui l'intéressait surtout, c'étaient les bruits qu'elle pouvait saisir dans la pièce qui se trouvait sous sa chambre. Plusieurs fois elle se coucha par terre; elle appliqua son oreille contre le plancher. Cette pièce était justement celle où l'on avait enfermé Dominique. Il devait marcher du mur à la fenêtre, car elle entendit longtemps la cadence régulière de sa promenade. Puis, il se fit un grand silence; il s'était sans doute assis. D'ailleurs, les rumeurs cessaient; tout s'endormait. Quand la maison lui parut s'assoupir, elle ouvrit sa fenêtre le plus doucement possible; elle s'accouda.

Au-dehors, la nuit avait une sérénité tiède. Le mince croissant de la lune, qui se couchait derrière les bois de Sauval, éclairait la campagne d'une lueur de veilleuse. L'ombre allongée des grands arbres barrait de noir les prairies, tandis que l'herbe, aux endroits découverts, prenait une douceur de velours verdâtre. Mais Françoise ne s'arrêtait guère au charme mystérieux de la nuit. Elle étudiait la campagne, cherchant les sentinelles que les Allemands avaient dû poster de ce côté. Elle voyait parfaitement leurs ombres s'échelonner le long de la Morelle. Une seule se trouvait devant le moulin, de l'autre côté de la rivière, près d'un saule dont les branches trempaient dans l'eau. Françoise la distinguait parfaitement. C'était un grand garçon qui se tenait immobile, la face tournée vers le ciel, de l'air rêveur d'un berger.

Alors, quand elle eut ainsi inspecté les lieux avec soin, elle revint s'asseoir sur son lit. Elle y resta une heure, profondément absorbée. Puis elle écouta de nouveau: la maison n'avait plus un souffle. Elle retourna à la fenêtre, jeta un coup d'œil; mais sans doute une des cornes de la lune qui apparaissait encore derrière les arbres lui parut gênante, car elle se remit à attendre. Enfin, l'heure lui sembla venue. La nuit était toute noire; elle n'apercevait plus la sentinelle en face; la campagne s'étalait comme une mare d'encre. Elle tendit l'oreille un instant et se décida. Il y avait là, passant près de la fenêtre, une échelle de fer, des barres scellées dans le mur, qui montait de la roue au grenier et qui servait autrefois aux meuniers pour visiter certains rouages. Puis le mécanisme avait été modifié; depuis longtemps l'échelle disparaissait sous les lierres épais qui couvraient ce côté du moulin.

Françoise, bravement, enjamba la balustrade de sa fenêtre, saisit une des barres de fer et se trouva dans le vide. Elle commença à descendre. Ses jupons l'embarrassaient beaucoup. Brusquement une pierre se détacha de la muraille et tomba dans la Morelle avec un rejaillissement sonore. Elle s'était arrêtée, glacée d'un frisson. Mais elle comprit que la chute d'eau, de son ronflement continu, couvrait à distance tous les bruits qu'elle pouvait faire, et elle descendit alors plus hardiment, tâtant le lierre du pied, s'assurant des échelons. Lorsqu'elle fut à la hauteur de la chambre qui servait de prison à Dominique, elle s'arrêta. Une difficulté imprévue faillit lui faire perdre tout son courage: la fenêtre de la pièce du bas n'était pas régulièrement percée au-dessous de la fenêtre de sa chambre; elle s'écartait de l'échelle, et lorsqu'elle allongea la main, elle ne rencontra que la muraille. Lui faudrait-il donc remonter, sans pousser son projet jusqu'au bout? Ses bras se lassaient; le murmure de la Morelle, au-dessous d'elle, commençait à lui donner des vertiges. Alors, elle arracha du mur de petits fragments de plâtre et les lança dans la fenêtre de Dominique. Il n'entendait pas; peut-être dormait-il. Elle émietta encore la muraille; elle s'écorchait les doigts. Et elle était à bout de forces; elle se sentait tomber à la renverse, lorsque Dominique ouvrit enfin doucement.

— C'est moi, murmura-t-elle. Prends-moi vite; je tombe.

C'était la première fois qu'elle le tutoyait. Il la saisit, en se penchant, et l'apporta dans la chambre. Là, elle eut une crise de larmes, étouffant ses sanglots pour qu'on ne l'entendît pas. Puis, par un effort suprême, elle se calma.

— Vous êtes gardé? demanda-t-elle à voix basse.

Dominique, encore stupéfait de la voir ainsi, fit un simple signe en montrant sa porte. De l'autre côté, on entendait un ronflement; la sentinelle, cédant au sommeil, avait dû se coucher par terre, contre la porte, en se disant que, de cette façon, le prisonnier ne pouvait bouger.

— Il faut fuir, reprit-elle vivement. Je suis venue pour vous supplier de fuir et pour vous dire adieu.

Mais lui ne paraissait pas l'entendre. Il répétait:

— Comment, c'est vous, c'est vous... Oh! que vous m'avez fait peur! Vous pouviez vous tuer.

Il lui prit les mains; il les baisa.

— Que je vous aime, Françoise!... Vous êtes aussi courageuse que bonne. Je n'avais qu'une crainte, c'était de mourir sans vous avoir revue... Mais vous êtes là, et maintenant ils peuvent me fusiller. Quand j'aurai passé un quart d'heure avec vous, je serai prêt.

Peu à peu il l'avait attirée à lui, et elle appuyait sa tête sur son épaule. Le danger les rapprochait. Ils oubliaient tout dans cette étreinte.

— Ah! Françoise, reprit Dominique d'une voix caressante, c'est aujourd'hui la Saint-Louis, le jour si longtemps attendu de notre mariage. Rien n'a pu nous séparer, puisque nous voilà tous les deux seuls, fidèles au rendez-vous... N'est-ce pas? C'est à cette heure le matin des noces.

— Oui, oui, répéta-t-elle, le matin des noces.

Ils échangèrent un baiser en frissonnant. Mais tout d'un coup elle se dégagea; la terrible réalité se dressait devant elle.

— Il faut fuir, il faut fuir, bégaya-t-elle. Ne perdons pas une minute.

Et comme il tendait les bras dans l'ombre pour la reprendre, elle le tutoya de nouveau:

— Oh! je t'en prie, écoute-moi... Si tu meurs, je mourrai. Dans une heure, il fera jour. Je veux que tu partes tout de suite.

Alors, rapidement, elle expliqua son plan. L'échelle de fer descendait jusqu'à la roue; là, il pourrait s'aider des palettes et entrer dans la barque qui se trouvait dans un enfoncement. Il lui serait facile ensuite de gagner l'autre bord de la rivière et de s'échapper.

— Mais il doit y avoir des sentinelles, dit-il.

— Une seule, en face, au pied du premier saule.

— Et si elle m'aperçoit? Si elle veut crier?

Françoise frissonna. Elle lui mit dans la main un couteau qu'elle avait descendu. Il y eut un silence.

— Et votre père? Et vous? reprit Dominique. Mais non, je ne puis fuir... Quand je ne serai plus là, ces soldats vous massacreront peut-être... Vous ne les connaissez pas. Ils m'ont proposé de me faire grâce, si je consentais à les guider dans la forêt de Sauval. Lorsqu'ils ne me trouveront plus, ils sont capables de tout.

La jeune fille ne s'arrêta pas à discuter. Elle répondit simplement à toutes les raisons qu'il donnait:

— Par amour pour moi, fuyez... Si vous m'aimez, Dominique, ne restez pas ici une minute de plus.

Puis elle promit de remonter dans sa chambre. On ne saurait pas qu'elle l'avait aidé. Elle finit par le prendre dans ses bras, par l'embrasser, pour le convaincre, avec un élan de passion extraordinaire. Lui était vaincu. Il ne posa plus qu'une question.

— Jurez-moi que votre père connaît votre démarche et qu'il me conseille la fuite.

— C'est mon père qui m'a envoyée, répondit hardiment Françoise.

Elle mentait. Dans ce moment, elle n'avait qu'un besoin immense: le savoir en sûreté, échapper à cette abominable pensée que le soleil allait être le signal de sa mort. Quand il serait loin, tous les malheurs pouvaient fondre sur elle; cela lui paraîtrait doux, du moment où il vivrait. L'égoïsme de sa tendresse le voulait vivant, avant toutes choses.

— C'est bien, dit Dominique, je ferai comme il vous plaira.

Alors, ils ne parlèrent plus. Dominique alla rouvrir la fenêtre. Mais brusquement un bruit les glaça. La porte fut ébranlée, et ils crurent qu'on l'ouvrait. Evidemment, une ronde avait entendu leurs voix. Et tous deux debout, serrés l'un contre l'autre, attendaient dans une angoisse indicible. La porte fut de nouveau secouée, mais elle ne s'ouvrit pas. Ils eurent chacun un soupir étouffé. Ils venaient de comprendre: ce devait être le soldat couché en travers du seuil, qui s'était retourné. En effet, le silence se fit; les ronflements recommencèrent.

Dominique voulut absolument que Françoise remontât d'abord chez elle. Il la prit dans ses bras; il lui dit un muet adieu. Puis il l'aida à saisir l'échelle et se cramponna à son tour. Mais il refusa de descendre un seul échelon avant de la savoir dans sa chambre. Quand Françoise fut rentrée, elle laissa tomber d'une voix légère comme un souffle:

— Au revoir, je t'aime!

Elle resta accoudée; elle tâcha de suivre Dominique. La nuit était toujours très noire. Elle chercha la sentinelle et ne l'aperçut pas; seul, le saule faisait une tache pâle au milieu des ténèbres. Pendant un instant elle entendit le frôlement du corps de Dominique le long du lierre. Ensuite la roue craqua, et il y eut un léger clapotement qui lui annonça que le jeune homme venait de trouver la barque. Une minute plus tard, en effet, elle distingua la silhouette sombre de la barque sur la nappe grise de la Morelle. Alors une angoisse terrible la reprit à la gorge. A chaque instant, elle croyait entendre le cri d'alarme de la sentinelle; les moindres bruits, épars dans l'ombre, lui semblaient des pas précipités de soldats, des froissements d'armes, des bruits de fusils qu'on armait. Pourtant les secondes s'écoulaient; la campagne gardait sa paix souveraine. Dominique devait aborder à l'autre rive. Françoise ne voyait plus rien. Le silence était majestueux. Et elle entendit un piétinement, un cri rauque, la chute sourde d'un corps. Puis le silence se fit plus profond. Alors, comme si elle eût senti la mort passer, elle resta toute froide, en face de l'épaisse nuit.

IV

Dès le petit jour, des éclats de voix ébranlèrent le moulin. Le père Merlier était venu ouvrir la porte de Françoise. Elle descendit dans la cour, pâle et très calme. Mais là, elle ne put réprimer un frisson en face du cadavre d'un soldat prussien qui était allongé près du puits sur un manteau étalé.

Autour du corps des soldats gesticulaient, criaient sur un ton de fureur. Plusieurs d'entre eux montraient les poings au village. Cependant, l'officier venait de faire appeler le père Merlier, comme maire de la commune.

— Voici, lui dit-il d'une voix étranglée par la colère, un de nos hommes que l'on a trouvé assassiné sur le bord de la rivière. Il nous faut un exemple éclatant, et je compte que vous allez nous aider à découvrir le meurtrier.

— Tout ce que vous voudrez, répondit le meunier avec son flegme. Seulement, ce ne sera pas commode.

L'officier s'était baissé pour écarter un pan du manteau qui cachait la figure du mort. Alors apparut une horrible blessure. La sentinelle avait été frappée à la gorge, et l'arme était restée dans la plaie. C'était un couteau de cuisine à manche noir.

— Regardez ce couteau, dit l'officier au père Merlier. Peut-être nous aidera-t-il dans nos recherches.

Le vieillard avait eu un tressaillement. Mais il se remit aussitôt; il répondit, sans qu'un muscle de sa face bougeât:

— Tout le monde a des couteaux pareils, dans nos campagnes. Peut-être que votre homme s'ennuyait de se battre et qu'il se sera fait son affaire lui-même[7]. Ça se voit.

— Taisez-vous! cria furieusement l'officier. Je ne sais ce qui me retient de mettre le feu aux quatre coins du village.

La colère heureusement l'empêchait de remarquer la profonde altération du visage de Françoise. Elle avait dû s'asseoir sur le banc de pierre, près du puits. Malgré elle, ses regards ne quittaient plus ce cadavre étendu à terre, presque à ses pieds. C'était un grand et beau garçon qui ressemblait à Dominique, avec des cheveux blonds et des yeux bleus. Cette ressemblance lui retournait le cœur. Elle pensait que le mort avait peut-être laissé là-bas, en Allemagne, quelque amoureuse qui allait pleurer. Et elle reconnaissait son couteau dans la gorge du mort. Elle l'avait tué.

Cependant, l'officier parlait de frapper Rocreuse de mesures terribles, lorsque des soldats accoururent. On venait de s'apercevoir seulement de l'évasion de Dominique. Cela causa une agitation extrême. L'officier se rendit sur les lieux, regarda par la fenêtre laissée ouverte, comprit tout, et revint exaspéré.

Le père Merlier parut très contrarié de la fuite de Dominique.

— L'imbécile! murmura-t-il, il gâte tout.

Françoise, qui l'entendit, fut prise d'angoisse. Son père, d'ailleurs, ne soupçonnait pas sa complicité. Il hocha la tête en lui disant à demi-voix:

— A présent, nous voilà propres[8]!

— C'est ce gredin! c'est ce gredin! criait l'officier. Il aura gagné les bois... Mais il faut qu'on nous le retrouve, ou le village paiera pour lui.

Et s'adressant au meunier:

— Voyons, vous devez savoir où il se cache?

Le père Merlier eut son rire silencieux en montrant la large étendue des coteaux boisés.

— Comment voulez-vous trouver un homme là-dedans? dit-il.

— Oh! il doit y avoir des trous que vous connaissez. Je vais vous donner dix hommes. Vous les guiderez.

— Je veux bien. Seulement, il faudra huit jours pour battre tous les bois des environs.

La tranquillité du vieillard enrageait l'officier. Il comprenait en effet le ridicule de cette battue. Ce fut alors qu'il aperçut sur le banc Françoise pâle et tremblante. L'attitude anxieuse de la jeune fille le frappa. Il se tut un instant, examinant tour à tour le meunier et Françoise.

— Est-ce que cet homme, finit-il par demander brutalement au vieillard, n'est pas l'amant de votre fille?

Le père Merlier devint livide, et l'on put croire qu'il allait se jeter sur l'officier pour l'étrangler. Il se raidit; il ne répondit pas. Françoise avait mis son visage entre ses mains.

— Oui, c'est cela, continua le Prussien. Vous ou votre fille l'avez aidé à fuir.

---

7. S'est suicidé. — 8. Nous voilà dans une très mauvaise situation.

Vous êtes son complice. Une dernière fois, voulez-vous nous le livrer?

Le meunier ne répondit pas. Il s'était détourné, regardant au loin d'un air indifférent, comme si l'officier ne s'adressait pas à lui. Cela mit le comble à la colère de ce dernier.

— Eh bien! déclara-t-il, vous allez être fusillé à sa place.

Et il commanda une fois encore le peloton d'exécution. Le père Merlier garda son flegme. Il eut à peine un léger haussement d'épaules; tout ce drame lui semblait d'un goût médiocre. Sans doute il ne croyait pas qu'on fusillât un homme si aisément. Puis, quand le peloton fut là, il dit avec gravité:

— Alors, c'est sérieux?... Je veux bien. S'il vous en faut un absolument, moi autant qu'un autre.

Mais Françoise s'était levée, affolée, bégayant:

— Grâce, monsieur, ne faites pas du mal à mon père. Tuez-moi à sa place: C'est moi qui ai aidé Dominique à fuir. Moi seule suis coupable.

— Tais-toi, fillette, s'écria le père Merlier. Pourquoi mens-tu? Elle a passé la nuit enfermée dans sa chambre, monsieur. Elle ment, je vous assure.

— Non, je ne mens pas, reprit ardemment la jeune fille. Je suis descendue par la fenêtre; j'ai poussé Dominique à s'enfuir. C'est la vérité, la seule vérité.

Le vieillard était devenu très pâle. Il voyait bien dans ses yeux qu'elle ne mentait pas, et cette histoire l'épouvantait. Ah! ces enfants, avec leurs cœurs, comme ils gâtaient tout! Alors, il se fâcha.

— Elle est folle; ne l'écoutez pas. Elle vous raconte des histoires stupides... Allons, finissons-en.

Elle voulut protester encore. Elle s'agenouilla, elle joignit les mains. L'officier, tranquillement, assistait à cette lutte douloureuse.

— Mon Dieu! finit-il par dire, je prends votre père parce que je ne tiens plus l'autre. Tâchez de retrouver l'autre, et votre père sera libre.

Un moment elle le regarda, les yeux agrandis par l'atrocité de cette proposition.

— C'est horrible, murmura-t-elle. Où voulez-vous que je retrouve Dominique à cette heure? Il est parti; je ne sais plus.

— Enfin, choisissez. Lui ou votre père.

— Oh! mon Dieu! est-ce que je puis choisir? Mais je saurais où est Dominique, que je ne pourrais pas choisir[9]!... C'est mon cœur que vous coupez... J'aimerais mieux mourir tout de suite. Oui, ce serait plus tôt fait. Tuez-moi, je vous en prie, tuez-moi...

Cette scène de désespoir et de larmes finissait par impatienter l'officier. Il s'écria:

— En voilà assez! Je veux être bon; je consens à vous donner deux heures. Si, dans deux heures, votre amoureux n'est pas là, votre père paiera pour lui.

Et il fit conduire le père Merlier dans la chambre qui avait servi de prison à Dominique. Le vieux demanda du tabac et se mit à fumer. Sur son visage impassible on ne lisait aucune émotion. Seulement, quand il fut seul, tout en fumant, il pleura deux grosses larmes qui coulèrent lentement sur ses joues. Sa pauvre et chère enfant, comme elle souffrait!

Françoise était restée au milieu de la cour. Des soldats prussiens passaient en riant. Certains lui jetaient des mots, des plaisanteries qu'elle ne comprenait pas. Elle regardait la porte par laquelle son père venait de disparaître. Et, d'un geste lent, elle portait la main à son front, comme pour l'empêcher d'éclater. L'officier tourna sur ses talons, en répétant:

— Vous avez deux heures. Tâchez de les utiliser.

Elle avait deux heures. Cette phrase bourdonnait dans sa tête. Alors, machinalement, elle sortit de la cour; elle marcha devant elle. Où aller? Que faire? Elle n'essayait même pas de prendre un parti, parce qu'elle sentait bien l'inutilité de ses efforts. Pourtant, elle aurait voulu voir Dominique. Ils se seraient entendus tous les deux; ils auraient peut-être trouvé un expédient. Et au milieu de la confusion de ses pensées, elle descendit au bord de la Morelle,

---

9. Même si je savais où est Dominique, je ne pourrais pas choisir.

qu'elle traversa en dessous de l'écluse, à un endroit où il y avait de grosses pierres. Ses pieds la conduisirent sous le premier saule, au coin de la prairie. Comme elle se baissait, elle aperçut une mare de sang qui la fit pâlir. C'était bien là. Et elle suivit les traces de Dominique dans l'herbe foulée. Il avait dû courir: on voyait une ligne de grands pas coupant la prairie de biais. Puis, au-delà, elle perdit ces traces. Mais dans un pré voisin elle crut les retrouver. Cela la conduisit à la lisière de la forêt, où toute indication s'effaçait.

Françoise s'enfonça quand même sous les arbres. Cela la soulageait d'être seule. Elle s'assit un instant. Puis, en songeant que l'heure s'écoulait, elle se remit debout. Depuis combien de temps avait-elle quitté le moulin? Cinq minutes? Une demi-heure? Elle n'avait plus conscience du temps. Peut-être Dominique était-il allé se cacher dans un taillis qu'elle connaissait et où ils avaient, une après-midi, mangé des noisettes ensemble. Elle se rendit au taillis, le visita. Un merle seul s'envola en sifflant sa phrase douce et triste. Alors elle pensa qu'il s'était réfugié dans un creux de roches où il se mettait parfois à l'affût; mais le creux de roches était vide.

A quoi bon le chercher? Elle ne le trouverait pas. Et peu à peu le désir de le découvrir la passionnait; elle marchait plus vite. L'idée qu'il avait dû monter dans un arbre lui vint brusquement. Elle avança dès lors, les yeux levés, et pour qu'il la sût près de lui, elle l'appelait tous les quinze à vingt pas. Des coucous répondaient; un souffle qui passait dans les branches lui faisait croire qu'il était là et qu'il descendait. Une fois même, elle s'imagina le voir; elle s'arrêta, étranglée, avec l'envie de fuir. Qu'allait-elle lui dire? Venait-elle donc pour l'emmener et le faire fusiller? Oh! non, elle ne parlerait point de ces choses. Elle lui crierait de se sauver, de ne pas rester dans les environs. Puis, la pensée de son père qui l'attendait lui causa une douleur aiguë. Elle tomba sur le gazon, en pleurant, en répétant tout haut:

— Mon Dieu! mon Dieu! pourquoi suis-je là?

Elle était folle d'être venue. Et comme prise de peur, elle courut; elle chercha à sortir de la forêt. Trois fois elle se trompa, et elle croyait qu'elle ne retrouverait plus le moulin, lorsqu'elle déboucha dans une prairie, juste en face de Rocreuse. Dès qu'elle aperçut le village, elle s'arrêta. Est-ce qu'elle allait rentrer seule?

Elle restait debout, quand une voix l'appela doucement:

— Françoise, Françoise.

Et elle vit Dominique qui levait la tête, au bord d'un fossé. Juste Dieu! elle l'avait trouvé! Le ciel voulait donc sa mort? Elle retint un cri; elle se laissa glisser dans le fossé.

— Tu me cherchais? demanda-t-il.

— Oui, répondit-elle, la tête bourdonnante, ne sachant ce qu'elle disait.

— Ah! que se passe-t-il?

Elle baissa les yeux; elle balbutia:

— Mais, rien. J'étais inquiète; je désirais te voir.

Alors, tranquillisé, il lui expliqua qu'il n'avait pas voulu s'éloigner. Il craignait pour eux. Ces gredins de Prussiens étaient très capables de se venger sur les femmes et sur les vieillards. Enfin, tout allait bien, et il ajouta en riant:

— La noce sera pour dans huit jours, voilà tout.

Puis, comme elle restait bouleversée, il redevint grave.

— Mais, qu'as-tu? Tu me caches quelque chose.

— Non, je te jure. J'ai couru pour venir.

Il l'embrassa, en disant que c'était imprudent pour elle et pour lui de causer davantage; et il voulut remonter le fossé afin de rentrer dans la forêt. Elle le retint. Elle tremblait.

— Ecoute, tu ferais peut-être bien tout de même de rester là. Personne ne te cherche; tu ne crains rien.

— Françoise, tu me caches quelque chose, répéta-t-il.

De nouveau, elle jura qu'elle ne lui cachait rien. Seulement, elle aimait mieux le savoir près d'elle. Et elle bégaya encore d'autres raisons. Elle lui parut si singulière que maintenant lui-même aurait refusé de s'éloigner. D'ailleurs il croyait au retour des Français. On avait vu des troupes du côté de Sauval.

— Ah! qu'ils se pressent; qu'ils soient ici le plus tôt possible! murmura-t-elle avec ferveur.

A ce moment, onze heures sonnèrent au clocher de Rocreuse. Les coups arrivaient, clairs et distincts. Elle se leva, effarée: il y avait deux heures qu'elle avait quitté le moulin.

— Ecoute, dit-elle rapidement, si nous avions besoin de toi, je monterai dans ma chambre et j'agiterai mon mouchoir.

Et elle partit en courant, pendant que Dominique, très inquiet, s'allongeait au bord du fossé pour surveiller le moulin. Comme elle allait rentrer dans Rocreuse, Françoise rencontra un vieux mendiant, le père Bontemps, qui connaissait tout le pays. Il la salua; il venait de voir le meunier au milieu des Prussiens. Puis, en faisant des signes de croix et en marmottant des mots entrecoupés, il continua sa route.

— Les deux heures sont passées, dit l'officier quand Françoise parut.

Le père Merlier était là, assis sur le banc, près du puits. Il fumait toujours. La jeune fille de nouveau, supplia, pleura, s'agenouilla. Elle voulait gagner du temps. L'espoir de voir revenir les Français avait grandi en elle, et tandis qu'elle se lamentait, elle croyait entendre au loin les pas cadencés d'une armée. Oh! s'ils avaient paru, s'ils les avaient tous délivrés!

— Ecoutez, monsieur, une heure, encore une heure... Vous pouvez bien nous accorder une heure!

Mais l'officier restait inflexible. Il ordonna même à deux hommes de s'emparer d'elle et de l'emmener, pour qu'on procédât à l'exécution du vieux tranquillement. Alors un combat affreux se passa dans le cœur de Françoise. Elle ne pouvait laisser ainsi assassiner son père. Non, non, elle mourrait plutôt avec Dominique; et elle s'élançait vers sa chambre, lorsque Dominique lui-même entra dans la cour.

L'officier et les soldats poussèrent un cri de triomphe. Mais lui, comme s'il n'y avait eu là que Françoise, s'avança vers elle, tranquille, un peu sévère.

— C'est mal, dit-il. Pourquoi ne m'avez-vous pas ramené? Il a fallu que le père Bontemps me contât les choses... Enfin, me voilà.

V

Il était trois heures. De grands nuages noirs avaient lentement empli le ciel, la queue de quelque orage voisin. Ce ciel jaune, ces haillons cuivrés changeaient la vallée de Rocreuse, si gaie au soleil, en un coupe-gorge plein d'une ombre louche. L'officier prussien s'était contenté de faire enfermer Dominique, sans se prononcer sur le sort qu'il lui réservait. Depuis midi Françoise agonisait dans une angoisse abominable. Elle ne voulait pas quitter la cour, malgré les instances de son père. Elle attendait les Français. Mais les heures s'écoulaient, la nuit allait venir, et elle souffrait d'autant plus que tout ce temps gagné ne paraissait pas devoir changer l'affreux dénouement.

Cependant, vers trois heures, les Prussiens firent leurs préparatifs de départ. Depuis un instant l'officier s'était, comme la veille, enfermé avec Dominique. Françoise avait compris que la vie du jeune homme se décidait. Alors elle joignit les mains; elle pria. Le père Merlier, à côté d'elle, gardait son attitude muette et rigide de vieux paysan qui ne lutte pas contre la fatalité des faits.

— Oh! mon Dieu! Oh! mon Dieu! balbutiait Françoise, ils vont le tuer...

Le meunier l'attira près de lui et la prit sur ses genoux comme un enfant.

A ce moment, l'officier sortait, tandis que, derrière lui, deux hommes amenaient Dominique.

— Jamais, jamais! criait ce dernier. Je suis prêt à mourir.

— Réfléchissez bien, reprit l'officier. Ce service que vous me refusez, un autre nous le rendra. Je vous offre la vie; je suis généreux. Il s'agit simplement de nous conduire à Montredon, à travers bois. Il doit y avoir des sentiers.

Dominique ne répondait plus.

— Alors, vous vous entêtez?

— Tuez-moi, et finissons-en, répondit-il.

Françoise, les mains jointes, le suppliait de loin. Elle oubliait tout; elle lui aurait conseillé une lâcheté. Mais le père Merlier lui saisit les mains, pour que les Prussiens ne vissent pas son geste de femme affolée.

— Il a raison, murmura-t-il. Il vaut mieux mourir.

Le peloton d'exécution était là. L'officier attendait une faiblesse de Dominique. Il comptait toujours le décider. Il y eut un silence. Au loin on entendait de violents coups de tonnerre. Une chaleur lourde écrasait la campagne. Et ce fut dans ce silence qu'un cri retentit:

— Les Français! Les Français!

C'étaient eux, en effet. Sur la route de Sauval, à la lisière du bois, on distinguait la ligne des pantalons rouges. Ce fut, dans le moulin, une agitation extraordinaire. Les soldats prussiens couraient, avec des exclamations gutturales. D'ailleurs, pas un coup de feu n'avait encore été tiré.

— Les Français! Les Français! cria Françoise en battant des mains.

Elle était comme folle. Elle venait de s'échapper de l'étreinte de son père, et elle riait, les bras en l'air. Enfin, ils arrivaient donc, et ils arrivaient à temps, puisque Dominique était encore là, debout!

Un feu de peloton terrible, qui éclata comme un coup de foudre à ses oreilles, la fit se retourner. L'officier venait de murmurer:

— Avant tout, réglons cette affaire.

Et, poussant lui-même Dominique contre le mur d'un hangar, il avait commandé le feu. Quand Françoise se tourna, Dominique était par terre, la poitrine trouée de douze balles.

Elle ne pleura pas; elle resta stupide. Ses yeux devinrent fixes, et elle alla s'asseoir sous le hangar, à quelques pas du corps. Elle le regardait; elle avait par moments un geste vague et enfantin de la main. Les Prussiens s'étaient emparés du père Merlier comme d'un otage.

Ce fut un beau combat. Rapidement l'officier avait posté ses hommes, comprenant qu'il ne pouvait battre en retraite sans se faire écraser. Autant valait-il vendre chèrement sa vie. Maintenant c'étaient les Prussiens qui défendaient le moulin, et les Français qui l'attaquaient. La fusillade commença avec une violence inouïe. Pendant une demi-heure, elle ne cessa pas. Puis un éclat sourd se fit entendre, et un boulet cassa une maîtresse branche de l'orme sé-

culaire. Les Français avaient du canon. Une batterie dressée juste au-dessus du fossé dans lequel s'était caché Dominique balayait la grande rue de Rocreuse. La lutte désormais ne pouvait être longue.

Ah! le pauvre moulin! Des boulets le perçaient de part en part. Une moitié de la toiture fut enlevée. Deux murs s'écroulèrent. Mais c'était surtout du côté de la Morelle que le désastre devint lamentable. Les lierres, arrachés des murailles ébranlées, pendaient comme des guenilles. La rivière emportait des débris de toutes sortes, et l'on voyait par une brèche la chambre de Françoise, avec son lit, dont les rideaux blancs étaient soigneusement tirés. Coup sur coup la vieille roue reçut deux balles, et elle eut un gémissement suprême. Les palettes furent charriées dans le courant; la carcasse s'écrasa. C'était l'âme du gai moulin qui venait de s'exhaler.

Puis, les Français donnèrent l'assaut. Il y eut un furieux combat à l'arme blanche[10]. Sous le ciel couleur de rouille, le coupe-gorge de la vallée s'emplissait de morts. Les larges prairies semblaient farouches, avec leurs grands arbres isolés, leurs rideaux de peupliers qui les tachaient d'ombre. A droite et à gauche, les forêts étaient comme les murailles d'un cirque qui enfermaient les combattants, tandis que les sources, les fontaines et les eaux courantes prenaient des bruits de sanglots, dans la panique de la campagne.

Sous le hangar, Françoise n'avait pas bougé, accroupie en face du corps de Dominique. Le père Merlier venait d'être tué raide par une balle perdue. Alors, comme les Prussiens étaient exterminés et que le moulin brûlait, le capitaine français entra le premier dans la cour. Depuis le commencement de la campagne, c'était l'unique succès qu'il remportait. Aussi, tout enflammé, grandissant sa haute taille, riait-il de son air aimable de beau cavalier. Et, apercevant Françoise imbécile entre les cadavres de son mari et de son père, au milieu des ruines fumantes du moulin, il la salua galamment de son épée, en criant:

— Victoire! Victoire!

---

10. A la baïonnette.

Matière à réflexion

1. (a) Avant de décrire ses personnages, Zola s'attarde sur le « coin de nature » où l'action va se dérouler. Quelle note domine dans ces descriptions (début et dernier paragraphe de la première partie)? Pourquoi, à votre avis, Zola a-t-il si longuement insisté là-dessus? (b) Qu'est-ce qui pourrait expliquer, dans la première partie, la quantité de détails apparemment gratuits sur le moulin, le logis et la barque? Ne se justifient-ils pas dans la troisième partie?

2. Dans un article intitulé « *Les Soirées de Médan:* Comment ce livre a été fait » (1877), Guy de Maupassant, auteur d'une des nouvelles du recueil, explique que lui et ses collaborateurs réagissaient contre « la sensiblerie... la sentimentalité ronflante des romantiques... la stupidité des conceptions dites idéales », etc. Dans quelle mesure et de quelle façon cette attitude se manifeste-t-elle dans la nouvelle de Zola?

3. Nous avons écrit (voir *Avant de lire*) que *L'Attaque du moulin,* comme les autres nouvelles des *Soirées de Médan,* a pour cible l'« esprit cocardier » (chauvin et militariste) qui tendait à dominer depuis la défaite de 1870. (a) S'agit-il alors, à votre avis, d'une *nouvelle à thèse?* Cette thèse est-elle *antimilitariste?* Comment se manifeste-t-elle? (b) Une thèse serait-elle incompatible avec l'« objectivité scientifique » dont se réclament les naturalistes?

4. Le narrateur peut se situer de plusieurs façons par rapport à l'histoire qu'il raconte et aux personnages qu'il peint; d'où les différents *points de vue narratifs.* On en distingue trois. 1° Si le narrateur se confond avec un des personnages et participe à l'action qu'il rapporte, on parle de *focalisation interne.* (L'image est cinématographique, la « caméra » se situant dans la conscience d'un des « acteurs ».) 2° Il y a *focalisation externe* si le « cinéaste » se contente de promener sa caméra parmi les acteurs sans intervenir dans leur jeu. Dans ce cas le narrateur rapporte seulement ce qu'un observateur objectif pourrait percevoir de l'action et des personnages. 3° Il y a *focalisation zéro* si le narrateur est omniscient (la « caméra » voit tout, sans se concentrer sur rien en particulier). Quel est le point de vue du narrateur dans *L'Attaque du moulin?* Change-t-il au cours de la nouvelle? Identifiez, à ce propos, les passages où Zola recourt au *discours semi-direct* (voir p. 225–226) pour rapporter les paroles ou les pensées de ses personnages. Peut-on deviner l'opinion de *l'auteur?*

☛ N.B.: *L'auteur* (Zola) ne se confond pas forcément avec *le narrateur* (qui rapporte les événements).

La Modernité poétique

Baudelaire

L'œuvre de Baudelaire, écrit G. Picon, « n'est pas une œuvre poétique parmi d'autres; elle est une révolution, la plus importante de toutes celles qui ont marqué le siècle; elle décide de ce qui désormais portera à nos yeux les couleurs de la poésie »[1]. La lecture de Baudelaire après celle des romantiques donne en effet l'impression de passer d'un univers à un autre, et d'un autre âge au nôtre. A la différence pourtant de la révolution lamartinienne (voir pp. 33–35), celle qui date de Baudelaire ne devait être reconnue et comprise que bien plus tard, à la fin du XIXe siècle et au début du XXe. En attendant, quelques poètes indépendants, ayant reconnu en Baudelaire un esprit frère ou une âme sœur, devaient s'inspirer de son œuvre pour préparer l'avenir. Il en est parfois ainsi des révolutions littéraires: si l'événement lui-même passe inaperçu, les retombées nous permettent d'en prendre conscience.

L'histoire de Charles Baudelaire, écrit J.-P. Sartre dans une étude célèbre, « est celle d'une très lente et très douloureuse décomposition » (*Baudelaire*). Le jugement est dur mais juste.

Le déclin semble avoir commencé très tôt, vers l'âge de sept ans. C'est alors que sa mère, veuve depuis peu, se remarie avec un militaire. Le beau-père est un monsieur très « comme il faut » qui sera successivement général, ambassadeur et sénateur. Seulement voilà: « quand on a un fils comme moi, on ne se remarie pas » — tel sera l'éternel reproche de Charles à sa mère. Il se vengera, en tournant mal.

Une fois titulaire du baccalauréat (après s'être fait renvoyer du lycée), il s'inscrit à l'Ecole de Droit, mais aux cours il semble préférer les cafés et les mauvais

---

1. *Histoire des littératures,* tome III (Gallimard « Pléiade »).

lieux. A dix-huit ans il contracte une syphilis dont il souffrira par intermittence toute sa vie et dont il mourra vingt-huit ans plus tard.

Inquiets de ce train de vie, sa mère et son beau-père l'embarquent sur un voilier en partance pour l'Orient. De retour huit mois plus tard, le jeune homme est maintenant majeur et peut prendre possession de son héritage paternel. Et voilà qu'il change de vie: alors qu'auparavant il avait dû se dissiper pauvrement, maintenant il a les moyens de se dissiper richement. Deux ans lui suffisent pour dilapider la moitié de sa fortune. A la demande de ses parents, le tribunal le déclare juridiquement irresponsable et lui impose un conseil judiciaire chargé de la gestion du reste de sa fortune; ne touchant désormais qu'une petite mensualité, Baudelaire est obligé de travailler pour vivre. Il sera critique d'art, critique littéraire et traducteur (d'Edgar Allan Poe).

Il travaille aussi à son œuvre poétique. En 1857 paraît un recueil de cent poèmes intitulé *Les Fleurs du mal.* Au lieu du succès escompté, le livre ne lui vaut qu'un procès et une amende pour «offense à la morale publique et aux bonnes mœurs». Quatre ans plus tard paraît une deuxième édition, expurgée de six poèmes jugés immoraux. Le recueil ne scandalise plus, ni ne se vend. Baudelaire continuera de vivre misérablement de sa plume, publiant rarement un article ou un poème, changeant souvent de chambre d'hôtel pour échapper à ses créanciers. Vers 1861 sa maladie se réveille et s'aggrave; il abuse d'excitants et de stupéfiants pour soulager ses souffrances physiques et morales. En 1864 il s'exile en Belgique, et c'est là qu'il subit deux ans plus tard une attaque qui le laisse aphasique et paralysé. Sa mère, redevenue veuve, le ramène à Paris où il meurt dans une clinique à l'âge de quarante-six ans.

Les Fleurs du mal

Malgré une œuvre critique qui passe pour être l'une des plus perspicaces du siècle, et malgré ses poèmes en prose dont l'influence a été profonde, la gloire de Baudelaire repose essentiellement sur son unique recueil de vers, paru en 1857: *Les Fleurs du mal.*

Le titre semble avoir été choisi, au moins en partie, par goût de la provocation. «J'aime les titres mystérieux ou les titres pétards», écrit Baudelaire en 1857 quelques semaines avant la parution du recueil (lettre du 7 mars). Il avait envisagé de l'intituler *Les Limbes,* et ç'aurait été à coup sûr un titre mystérieux; il finit par opter pour un titre pétard. Le livre eut effectivement l'effet attendu. L'objet de Baudelaire étant d'«extraire la beauté du Mal» (projet de préface), c'est le Mal qui retint l'attention de la plupart des critiques; de la beauté, ils se souciaient peu. L'un d'entre eux écrivait une semaine après la mise en vente: «Ce livre est un hôpital ouvert à toutes les démences de l'esprit, à toutes les putridités du cœur. [...] L'odieux y coudoie l'ignoble; le repoussant s'y allie à l'infect»[2]. Afin donc de protéger le public contre la contamination, le livre fut saisi et son auteur condamné.

---

2. Il s'agit d'un certain G. Bourdin, dans *Le Figaro* du 5 juillet.

Baudelaire vers 1861 photographié
par Carjat

Un autre critique, ami du poète, croyait défendre *Les Fleurs du mal* en y trouvant « une œuvre poétique de la plus forte unité, [...] une architecture secrète, un plan calculé par le poète »[3]. Et comme si la chose allait de soi, les exégètes admirateurs ont longtemps cherché le secret de cette « architecture », sans jamais pourtant s'accorder. Bien plus tard, on s'est avisé que l'architecture recherchée n'existait peut-être pas. Il est clair aujourd'hui qu'aucun plan d'ensemble, aucune idée directrice n'a présidé à la composition des poèmes. Ils avaient été composés, et la moitié d'entre eux publiée, au hasard des circonstances pendant les quinze années précédant leur publication en volume; leur ordre ne fut décidé qu'à la dernière minute, quelques semaines seulement avant leur impression. Tout au plus peut-on attribuer au recueil, comme Baudelaire lui-même se contentait de le faire, « un commencement et une fin », c'est-à-dire un itinéraire psychologique et métaphysique, dont les étapes principales sont les suivantes:

1° Au « commencement », il y a un constat angoissant de la condition humaine: la vie est « une oasis d'horreur dans un désert d'ennui », d'autant plus insupportable qu'il nous est donné d'entrevoir — dans l'art, dans l'amour, dans les élans mystiques — un Idéal inaccessible (1ère partie: *Spleen et idéal*).

---

3. Barbey d'Aurevilly, dans un article du *Pays* du 24 juillet 1857.

2° A cette triste condition, on tente en vain d'échapper: par la pitié, la communion avec ses frères et sœurs de misère (2ᵉ partie: *Tableaux parisiens*); par le «paradis artificiel» que procure l'alcool (3ᵉ partie: *Le Vin*); par la débauche, les voluptés interdites, le sado-masochisme (4ᵉ partie: *Fleurs du mal*); par le blasphème et le satanisme (5ᵉ partie: *La Révolte*).

3° La «fin» ne peut être que la mort, ultime espérance du désespéré (6ᵉ partie: *La Mort*) [4].

Dans ce mince recueil les historiens s'accordent à voir le coup d'envoi de la «modernité poétique». Leur désaccord éclate pourtant dès qu'ils acceptent de préciser en quoi cette modernité consiste. Baudelaire ne serait-il pas suffisamment clair? Même sur ce point, les critiques ne sont pas d'accord. Pour G. Picon, sa poésie est «d'une parfaite clarté, supportant les explications les plus littérales» (*op. cit.*). Pour C. Pichois, Baudelaire n'est simple qu'«à des yeux peu avertis»; sa poésie, «que l'on croyait claire», possède en réalité «l'obscurité de toute vraie poésie qui ne veut pas conceptualiser, mais suggérer»[5]. Ces désaccords s'expliquent en partie par les contradictions de Baudelaire lui-même, en partie par une confusion chez les critiques entre la poésie de Baudelaire et ce qu'il en dit.

De ces opinions divergentes nous tenterons à notre tour une synthèse. La modernité baudelairienne nous semble être tripartie: les composantes en sont d'abord une *poétique*, ensuite une *esthétique*, enfin et surtout une *thématique*.

1° Poétique. — Le terme n'est pas à prendre au sens de *technique*, car en matière de versification Baudelaire est classique, conservateur, presque timide. Il s'agit plutôt d'*art poétique* au sens large, d'une façon de s'exprimer en poésie. La poésie de Baudelaire est certes lyrique, comme l'avait été celle des romantiques — il avoue y avoir mis *tout son cœur, toute sa tendresse, toute sa haine* —, mais elle n'est pas lyrique de la même façon. Il y a chez Baudelaire moins d'effusion, moins de débordements; le sentiment est moins épidermique, et son expression moins directe. Avec Baudelaire, du reste, la poésie s'épure en se dépouillant des éléments que l'on tiendra plus tard pour étrangers à la vraie poésie: descriptions, récits, anecdotes, didactisme — tout ce dont les romantiques avaient usé et abusé.

2° Esthétique. — La théorie baudelairienne du beau n'est pas originale chez lui, mais il en a laissé une expression particulièrement heureuse dans le sonnet des *Correspondances* (voir ci-dessous), ainsi qu'ailleurs, çà et là, dans ses œuvres en prose. Le monde matériel, dit Baudelaire, n'est que le reflet, la manifestation, le *symbole* du monde supra-sensible ou spirituel. Le rôle de l'artiste est de nous aider à passer d'un ordre à l'autre: lui seul est capable, grâce à son instinct du beau et aussi à son talent, de déchiffrer les hiéroglyphes du monde où nous vivons, d'en traduire les symboles, de *rendre le beau sensible aux profanes*. Cette théorie, qui remonte, pour l'essentiel, à Platon, devait exercer une influence profonde sur les symbolistes de la fin du XIXᵉ siècle, avant d'être abandonnée au XXᵉ (ce qui montre que la notion de *modernité* est relative...).

---

4. Ce schéma ne s'applique qu'à la deuxième édition (1861), augmentée d'une sixième partie et d'une trentaine de poèmes. — 5. *Les Fleurs du mal* (Gallimard «Pléiade»), pp. 804–805.

3° Thématique. — Selon un refrain que l'on répète depuis 1865[6], Baudelaire représente exemplairement l'« inquiétude de l'homme d'aujourd'hui », l'« angoisse de l'homme moderne », etc. Il s'agit, pour ce chœur, d'un ensemble de thèmes typiquement baudelairiens parmi lesquels figure en toute première place celui du *spleen*.

Ce mot de *spleen* avait été importé d'Angleterre au XVIIIe siècle avec le sens de *morosité*. Selon les théories de la médecine ancienne, l'organe ainsi nommé en anglais (la rate) produisait la « bile noire », cause de la tristesse. Jusqu'au milieu du XIXe siècle, le mot n'était pas d'un usage courant en français; en le mettant à la mode, Baudelaire lui a donné un sens bien plus fort. Le *spleen baudelairien* est un mélange très particulier de mélancolie (étymologiquement: « bile noire »), de désespoir, de lassitude et d'ennui. Il s'accompagne souvent de symptômes physiques.

Si Baudelaire parle quelquefois de son spleen comme d'un mal individuel qui l'isole parmi les hommes, le plus souvent il préfère, en généralisant son cas, attribuer son affliction à l'humanité entière. Né d'une prise de conscience de la condition humaine, le spleen devient alors une manifestation du malheur d'exister qui, selon Baudelaire, nous caractérise tous: « Tu le connais, lecteur, ce monstre délicat, / — Hypocrite lecteur — mon semblable — mon frère! » (*Au lecteur*[7]).

Certains refuseront sans doute de se reconnaître dans le miroir que Baudelaire leur tient. Ils auront la mauvaise grâce de demander si ce grand malade est vraiment un porte-parole qualifié de l'espèce humaine, ou même de l'« homme moderne ». Les non-spleenétiques, si rares soient-ils, et si grande que soit leur admiration pour le génie du poète, chercheront ailleurs leur « semblable », leur « frère ». A chacun son porte-parole.

---

6. Le poète Verlaine est le premier à l'avoir dit, dans un article de cette année. — 7. C'est le premier poème des *Fleurs du mal*; « le », c'est *l'Ennui*, que Baudelaire emploie ici, et le plus souvent ailleurs, comme un (quasi) synonyme de *spleen*.

Correspondances

Le sonnet qui suit est sans doute, de tous les poèmes des *Fleurs du mal*, celui qui a exercé le plus d'influence sur l'évolution ultérieure de la poésie. Il ne fut « découvert » pourtant que vers 1885: au milieu du scandale provoqué par la publication du recueil, les critiques de 1857 ne semblent pas l'avoir remarqué. Les *correspondances* du titre sont de trois sortes: 1° Au premier quatrain, il s'agit des correspondances « verticales » qui relient la terre au Ciel, le sensible au supra-sensible, le matériel au spirituel. 2° Aux vers 5–10, il s'agit de correspondances « horizontales » entre les différents sens: une sensation olfactive peut évoquer, par exemple, une sensation tactile (vers 9), auditive ou visuelle (vers 10). Plus tard, ce phénomène devait s'appeler *synesthésie;* un exemple bien connu est celui de *l'audition colorée* de Rimbaud (voir ses *Voyelles*, p. 293). 3° Les correspondances dont il s'agit aux vers 11–14 sont celles qui relient le domaine des sensations à ceux des sentiments et des idées.

> La Nature est un temple où de vivants piliers
> Laissent parfois sortir de confuses paroles;
> L'homme y passe à travers des forêts de symboles
> Qui l'observent avec des regards familiers.
>
> 5   Comme de longs échos qui de loin se confondent
> Dans une ténébreuse et profonde unité,
> Vaste comme la nuit et comme la clarté,
> Les parfums, les couleurs et les sons se répondent.
>
> Il est des parfums frais comme des chairs d'enfants,
> 10   Doux comme les hautbois, verts comme les prairies,
> — Et d'autres, corrompus, riches et triomphants,
>
> Ayant l'expansion des choses infinies,
> Comme l'ambre, le musc, le benjoin et l'encens,
> Qui chantent les transports de l'esprit et des sens.

L'Albatros

Lors de son voyage à l'île Maurice en 1841–1842, Baudelaire semble avoir assisté à une scène pareille à celle qu'il décrit dans ce poème, dont la composition remonte sans doute à cette époque. Baudelaire choisit pourtant de l'exclure de la première édition des *Fleurs du mal.* Avait-il reconnu, comme devaient le faire bien d'autres après lui, que le poème dans son ensemble est assez faible (prosaïsme, chevilles, périphrases pseudo-classiques...)? Paradoxalement, le poème est l'un des mieux connus de Baudelaire, et depuis sa publication en 1861 dans la deuxième édition des *Fleurs du mal,* nul autre ne figure dans plus d'anthologies. La popularité de *L'Albatros* tient à sa simplicité: la comparaison explicite, le symbolisme parfaitement clair, le thème traditionnellement romantique. Les poètes du XIXᵉ siècle semblent avoir été particulièrement attirés par la symbolique de l'oiseau — aigle ou condor, mouette ou alouette, cygne ou pélican...

> Souvent, pour s'amuser, les hommes d'équipage
> Prennent des albatros, vastes oiseaux des mers,
> Qui suivent, indolents compagnons de voyage,
> Le navire glissant sur les gouffres amers.
>
> 5   A peine les a-t-on déposés sur les planches,
> Que ces rois de l'azur, maladroits et honteux,
> Laissent piteusement leurs grands ailes blanches
> Comme des avirons traîner à côté d'eux.
>
> Ce voyageur ailé, comme il est gauche et veule!
> 10   Lui, naguère si beau, qu'il est comique et laid!

L'un agace son bec avec un brûle-gueule[1],
L'autre mime, en boitant, l'infirme qui volait!

Le poète est semblable au prince des nuées
Qui hante la tempête et se rit de l'archer;
15 Exilé sur le sol au milieu des huées,
Ses ailes de géant l'empêchent de marcher.

Elévation

Dans l'édition de 1861 des *Fleurs du mal, Elévation* suit immédiatement *L'Albatros,* lequel lui sert d'introduction: le poète, «exilé sur le sol», s'envole vers les «champs lumineux et sereins». Il s'agit donc d'une variation sur le thème traditionnel de *l'opposition du réel et de l'idéal.* Et pourtant le poème n'est peut-être pas si simple qu'on ne le croirait au premier abord. Dans leur édition critique des *Fleurs du mal,* deux grands baudelairistes écrivent, à propos d'*Elévation:* «Ce mouvement d'évasion spirituelle se découvre sans exception dans tous les textes mystiques» (J. Crépet et G. Blin). Un autre expert, non moins autorisé, écrit dans *son* édition critique qu'«il serait d'une regrettable imprécision de rattacher ce sonnet [sic] à la littérature mystique et d'y voir, comme on a dit, un "mouvement d'évasion spirituelle"» (A. Adam). Quand les spécialistes se disputent, gardons-nous de trancher.

Au-dessus des étangs, au-dessus des vallées,
Des montagnes, des bois, des nuages, des mers,
Par delà le soleil, par delà les éthers[2],
Par delà les confins des sphères étoilées,

5 Mon esprit, tu te meus avec agilité,
Et, comme un bon nageur qui se pâme dans l'onde,
Tu sillonnes gaîment l'immensité profonde
Avec une indicible et mâle volupté.

Envole-toi bien loin des miasmes morbides,
10 Va te purifier dans l'air supérieur,
Et bois, comme une pure et divine liqueur,
Le feu clair qui remplit les espaces limpides.

Derrière les ennuis et les vastes chagrins
Qui chargent de leur poids l'existence brumeuse,
15 Heureux celui qui peut, d'une aile vigoureuse,
S'élancer vers les champs lumineux et sereins!

Celui dont les pensers, comme des alouettes,
Vers les cieux le matin prennent un libre essor,
— Qui plane sur la vie et comprend sans effort
20 Le langage des fleurs et des choses muettes!

---

1. Pipe. — 2. Dans l'astronomie des Anciens, c'est un fluide très subtil, une espèce d'air infiniment raréfié, qui remplit les régions (appelées *sphères;* voir le vers suivant) situées au-delà de l'atmosphère terrestre.

L'Invitation au voyage

Le poème suivant, l'un des plus célèbres de Baudelaire, est aussi, pour ce qui est du *ton,* l'un des moins « baudelairiens ». Il est rare, en effet, de trouver le poète si apaisé, si exempt des angoisses du spleen (mais voir *Matière à réflexion*). En lisant ces vers, il faut imaginer le poète et sa bien-aimée (que Baudelaire appelle parfois sa « sœur », comme au vers 1) devant une galerie de tableaux; les vues de ports qu'il l'invite à regarder avec lui au vers 29 font penser aux paysagistes hollandais du XVIIᵉ siècle (Ruysdaël) ou du XIXᵉ (Jongkind). Mis en musique une douzaine de fois, le poème est déjà d'une telle musicalité que c'était presque peine perdue.

Mon enfant, ma sœur,
Songe à la douceur
D'aller là-bas vivre ensemble!
Aimer à loisir,
Aimer et mourir
Au pays qui te ressemble!
Les soleils mouillés
De ces ciels[3] brouillés
Pour mon esprit ont les charmes
Si mystérieux
De tes traîtres yeux,
Brillant à travers leurs larmes.

Là, tout n'est qu'ordre et beauté,
Luxe, calme et volupté.

Des meubles luisants,
Polis par les ans,
Décoreraient notre chambre;
Les plus rares fleurs
Mêlant leurs odeurs
Aux vagues senteurs de l'ambre,
Les riches plafonds,
Les miroirs profonds,
La splendeur orientale[4],
Tout y parlerait
A l'âme en secret
Sa douce langue natale.

Là, tout n'est qu'ordre et beauté,
Luxe, calme et volupté.

Vois sur ces canaux
Dormir ces vaisseaux
Dont l'humeur est vagabonde;

3. Ce pluriel (à la place de *cieux*) est un terme technique appartenant au vocabulaire de la peinture. — 4. Allusion sans doute aux marchandises de provenance asiatique qui affluaient en Hollande de son empire colonial.

<pre>
           C'est pour assouvir
           Ton moindre désir
        Qu'ils viennent du bout du monde.
35   Les soleils couchants
           Revêtent les champs,
        Les canaux, la ville entière,
           D'hyacinthe[5] et d'or;
           Le monde s'endort
40   Dans une chaude lumière.

        Là, tout n'est qu'ordre et beauté,
        Luxe, calme et volupté.
</pre>

La Cloche fêlée

Hélas! on idéalise en vain les *ailleurs,* car où que l'on se rende, on ne quitte pas le réel. Tel est l'« amer savoir [...] qu'on tire du voyage » (*Le Voyage*). Incapable d'échapper à sa condition, le poète devient la proie du *spleen.* Baudelaire en énumère les symptômes dans une lettre à sa mère: « Ce que je sens, c'est un immense découragement, une sensation d'isolement insupportable, une peur perpétuelle d'un malheur vague, une défiance complète de mes forces, une absence totale de désirs, une impossibilité de trouver un amusement quelconque. Je me demande sans cesse: A quoi bon ceci? à quoi bon cela? C'est là le véritable esprit de spleen » (30 déc. 1857). *La Cloche fêlée* ouvre, dans *Les Fleurs du mal,* le « cycle du spleen » (Baudelaire l'avait d'abord intitulée *Le Spleen*). Le poème est construit sur une opposition entre la cloche du titre et celle, fortement personnifiée et mieux « portante », du deuxième quatrain. Le poète déplore certes le tarissement de son inspiration, sa difficulté d'écrire. Mais il s'agit sans doute autant d'une *difficulté d'être,* d'où vient à la longue — selon le titre d'un autre poème du cycle — *le goût du néant.*

<pre>
        Il est amer et doux, pendant les nuits d'hiver,
        D'écouter, près du feu qui palpite et qui fume,
        Les souvenirs lointains lentement s'élever
        Au bruit des carillons qui chantent dans la brume.

5   Bienheureuse la cloche au gosier vigoureux
        Qui, malgré sa vieillesse, alerte et bien portante,
        Jette fidèlement son cri religieux,
        Ainsi qu'un vieux soldat qui veille sous la tente!

        Moi, mon âme est fêlée, et lorsqu'en ses ennuis
10   Elle veut de ses chants peupler l'air froid des nuits,
        Il arrive souvent que sa voix affaiblie
</pre>

---

5. Pierre précieuse d'un rouge jaunâtre; ici, il s'agit de la couleur.

Semble le râle épais d'un blessé qu'on oublie
Au bord d'un lac de sang, sous un grand tas de morts,
Et qui meurt, sans bouger, dans d'immenses efforts.

Spleen

La Cloche fêlée est suivie de quatre poèmes qui portent tous le titre de *Spleen;*
nous en reproduisons le deuxième et le quatrième. Voici la plainte d'un homme
qui décline. Ayant apparemment tout vu, tout fait, il ne prend plus goût à rien; à
son ennui se mêle une inquiétude dont il ignore l'objet. Il s'isole dans son accablement, et s'il salue les rayons du soleil couchant, n'est-ce pas qu'il y voit le signe de
son anéantissement prochain?

J'ai plus de souvenirs que si j'avais mille ans.

Un gros meuble à tiroirs encombrés de bilans,
De vers, de billets doux, de procès, de romances,
Avec de lourds cheveux roulés dans des quittances,
5   Cache moins de secrets que mon triste cerveau.
C'est une pyramide, un immense caveau,
Qui contient plus de morts que la fosse commune.
— Je suis un cimetière abhoré de la lune[6],
Où, comme des remords, se traînent de longs vers
10   Qui s'acharnent toujours sur mes morts[7] les plus chers.
Je suis un vieux boudoir plein de roses fanées,
Où gît tout un fouillis de modes surannées,
Où les pastels plaintifs et les pâles Boucher[8],
Seuls, respirent l'odeur d'un flacon débouché.

15   Rien n'égale en longueur les boiteuses journées,
Quand, sous les lourds flocons des neigeuses années,
L'ennui, fruit de la morne incuriosité,
Prend les proportions de l'immortalité.
— Désormais tu n'es plus, ô matière vivante!
20   Qu'un granit entouré d'une vague épouvante[9],
Assoupi dans le fond d'un Sahara brumeux;
Un vieux sphinx ignoré du monde insoucieux,
Oublié sur la carte, et dont l'humeur farouche
Ne chante qu'aux rayons du soleil qui se couche[10]!

---

6. Abhoré *par* la lune, c'est-à-dire: un cimetière que la lune n'éclaire pas. — 7. Les morts dont il s'agit
sont ceux du vers 7: ses souvenirs. — 8. Peintre du XVIIIᵉ siècle spécialisé dans les sujets mondains et
galants. — 9. Les vers 19–20 ont été diversement interprétés. Faut-il comprendre: *Toi qui étais matière vi-*
vante, te voilà transformé en granit? Pour J. Crépet, « il faut l'entendre comme exprimant l'horreur qu'é-
prouve le poète à se sentir devenu *matière vivante* — encore *vivant*, bien que réduit à l'inertie de la
matière. » Une première version donne: *Et change lentement la matière vivante / En un granit muet...*, ce qui
appuie la première interprétation. — 10. Pour faire mieux ressortir l'humeur farouche du sphinx,
Baudelaire fait allusion ici à la légendaire statue de Memnon, laquelle chantait aux rayons du soleil
levant.

Spleen

Il a été question jusqu'ici des aspects *chroniques* du spleen; le poème suivant en décrit la phase *aiguë*. Dans le catalogue des symptômes spleenétiques figurent l'ennui, la mélancolie, l'atonie... et *l'angoisse*. Les psychologues définissent cette dernière comme un malaise général, né du sentiment diffus d'un danger imminent mais indéfini («une peur perpétuelle d'un malheur vague», dit Baudelaire; voir la notice de *La Cloche fêlée*). Lorsqu'il atteint son paroxysme, ce malaise s'accompagne de symptômes physiques, et l'on parle alors de *crise d'angoisse*. C'est comme la transcription fidèle d'une telle crise qu'il convient de lire ce poème. Dans les trois premières strophes, la crise se prépare; dans la quatrième, elle éclate; puis, dans la cinquième, elle semble s'apaiser quelque peu. La détente finale n'est pourtant qu'une rémission, car la victoire du mal est totale.

> Quand le ciel bas et lourd pèse comme un couvercle
> Sur l'esprit gémissant en proie aux longs ennuis,
> Et que de l'horizon embrassant tout le cercle
> Il nous verse un jour noir plus triste que les nuits;
>
> 5   Quand la terre est changée en un cachot humide,
> Où l'Espérance, comme une chauve-souris,
> S'en va battant les murs de son aile timide
> Et se cognant la tête à des plafonds pourris;
>
> Quand la pluie, étalant ses immenses traînées,
> 10   D'une vaste prison imite les barreaux,
> Et qu'un peuple muet d'infâmes araignées
> Vient tendre ses filets au fond de nos cerveaux,
>
> Des cloches tout à coup sautent avec furie
> Et lancent vers le ciel un affreux hurlement,
> 15   Ainsi que des esprits errants et sans patrie
> Qui se mettent à geindre opiniâtrement.
>
> — Et de longs corbillards, sans tambours ni musique,
> Défilent lentement dans mon âme; l'Espoir,
> Vaincu, pleure, et l'Angoisse atroce, despotique,
> 20   Sur mon crâne incliné plante son drapeau noir[11].

A celle qui est trop gaie

Voici enfin une des fameuses « pièces condamnées »: six poèmes de la première édition des *Fleurs du mal* dont le tribunal ordonna en 1857 la suppression. (Ils ne

---

11. Le drapeau noir est l'enseigne des pirates.

purent paraître légalement qu'en 1949.) La femme « trop gaie » du titre est Apollonie Sabatier, dont Baudelaire fréquentait le salon et qu'il semble avoir aimée en secret. Lorsqu'en 1852 il lui adresse le poème, il l'accompagne d'une lettre anonyme, à l'écriture déguisée: « La personne pour qui ces vers ont été faits est [...] suppliée de ne les montrer à personne. Les sentiments profonds ont une pudeur qui ne veut pas être violée » (lettre du 9 déc.). D'autres poèmes suivront: tous seront envoyés anonymement, et tous figureront dans *Les Fleurs du mal.* A la parution du recueil, Baudelaire en envoie un exemplaire à Apollonie, accompagné d'une lettre d'aveux (signée). Plus émue qu'indignée, elle devient l'amante de son « adorateur ». Brève liaison, rompue au bout de quelques jours par le poète. En effet, comment cet homme si mal dans sa peau aurait-il pu supporter plus longtemps l'éclatante santé, le bel équilibre d'une femme dont un témoin dit: « Son air triomphant mettait autour d'elle comme de la lumière et du bonheur »[12]? Ces vers donnent un sens nouveau au titre du recueil; on songe, en les lisant, à la réaction de Voltaire aux *Pensées* de Pascal: « Il parle en malade qui veut que le monde entier souffre »...[13]

> Ta tête, ton geste, ton air
> Sont beaux comme un beau paysage;
> Le rire joue en ton visage
> Comme un vent frais dans un ciel clair.
>
> 5   Le passant chagrin que tu frôles
> Est ébloui par la santé
> Qui jaillit comme une clarté
> De tes bras et de tes épaules.
>
> Les retentissantes couleurs
> 10   Dont tu parsèmes tes toilettes
> Jettent dans l'esprit des poètes
> L'image d'un ballet de fleurs.
>
> Ces robes folles sont l'emblème
> De ton esprit bariolé;
> 15   Folle dont je suis affolé,
> Je te hais autant que je t'aime!
>
> Quelquefois dans un beau jardin
> Où je traînais mon atonie,
> J'ai senti, comme une ironie,
> 20   Le soleil déchirer mon sein,
>
> Et le printemps et la verdure
> Ont tant humilié mon cœur,
> Que j'ai puni sur une fleur
> L'insolence de la nature.

---

12. Judith Gautier, *Le Second Rang du collier.* — 13. Voir le Tome I du présent ouvrage, p. 342.

25　Ainsi je voudrais, une nuit,
　　Quand l'heure des voluptés sonne,
　　Vers les trésors de ta personne,
　　Comme un lâche, ramper sans bruit,

　　Pour châtier ta chair joyeuse,
30　Pour meurtrir ton sein pardonné,
　　Et faire à ton flanc étonné
　　Une blessure large et creuse,

　　Et, vertigineuse douceur!
　　A travers ces lèvres nouvelles,
35　Plus éclatantes et plus belles,
　　T'infuser mon venin, ma sœur!

Enivrez-vous

Après la publication des *Fleurs du mal*, Baudelaire projetait de publier un recueil de textes courts en prose poétique, « musicale sans rythme et sans rime, assez souple et assez heurtée pour s'adapter aux mouvements lyriques de l'âme, aux ondulations de la rêverie, aux soubresauts de la conscience »[14]. A sa mort il n'avait écrit que la moitié des textes qui devaient former le volume, et en 1869 ils furent recueillis et publiés sous le titre de *Petits Poèmes en prose*. Destinés à servir de « pendant » aux poèmes en vers, les poèmes en prose procèdent de la même inspiration et expriment les mêmes hantises. Dans le texte suivant, *s'enivrer* est évidemment à prendre au sens figuré comme au propre; l'ivresse dont il s'agit n'est pas loin du divertissement, au sens pascalien du terme[15]. *Se divertir,* pour Pascal, c'est non seulement s'amuser, mais travailler, se dépenser... s'occuper. De même, pour Baudelaire, l'ivresse englobe non seulement les paradis artificiels de la drogue, mais aussi le plaisir de l'activité créatrice et les consolations de la morale. Il s'agit pour l'un et l'autre d'une échappatoire; mais ce que Pascal avait condamné nous est *prescrit* par Baudelaire comme l'unique remède.

Il faut être toujours ivre. Tout est là: c'est l'unique question. Pour ne pas sentir l'horrible fardeau de Temps qui brise vos épaules et vous penche vers la terre, il faut vous enivrer sans trêve.

Mais de quoi? De vin, de poésie ou de vertu, à votre guise. Mais enivrez-vous.

Et si quelquefois, sur les marches d'un palais, sur l'herbe verte d'un fossé, dans la solitude morne de votre chambre, vous vous réveillez, l'ivresse déjà diminuée ou disparue, demandez au vent, à la vague, à l'étoile, à l'oiseau, à l'horloge, à tout ce qui fuit, à tout ce qui gémit, à tout ce qui roule, à tout ce qui chante, à tout ce qui parle, demandez quelle heure il est. Et le vent, la vague, l'étoile, l'oiseau, l'horloge vous répondront: « Il est l'heure de s'enivrer! Pour n'être pas les esclaves martyrisés du Temps, enivrez-vous; enivrez-vous sans cesse! De vin, de poésie ou de vertu, à votre guise. »

14. Lettre-dédicace du 26 août 1862, à A. Houssaye. — 15. Voir le Tome I du présent ouvrage, p. 335.

Anywhere out of the world

Le titre vient d'un poète anglais que Baudelaire avait traduit; le thème est vieux comme le monde. Dans ce dialogue à deux voix, la première représente la tendance romantique à idéaliser les *ailleurs* («the grass-is-greener syndrome»); la seconde, plus lucide, exprime le thème peu romantique de l'inutilité de toute tentative d'évasion. La «pauvre âme refroidie» du poète semble avoir bien compris: si l'on n'est pas bien dans sa peau, on n'est bien nulle part.

Cette vie est un hôpital où chaque malade est possédé du désir de changer de lit. Celui-ci voudrait souffrir en face du poêle, et celui-là croit qu'il guérirait à côté de la fenêtre.

Il me semble que je serais toujours bien là où je ne suis pas, et cette question de déménagement en est une que je discute sans cesse avec mon âme.

«Dis-moi, mon âme, pauvre âme refroidie, que penserais-tu d'habiter Lisbonne? Il doit y faire chaud, et tu t'y ragaillardirais comme un lézard. Cette ville est au bord de l'eau; on dit qu'elle est bâtie en marbre, et que le peuple y a une telle haine du végétal, qu'il arrache tous les arbres. Voilà un paysage selon ton goût; un paysage fait avec la lumière et le minéral, et le liquide pour les réfléchir!»

Mon âme ne répond pas.

«Puisque tu aimes tant le repos, avec le spectacle du mouvement, veux-tu venir habiter la Hollande, cette terre béatifiante? Peut-être te divertiras-tu dans cette contrée dont tu as souvent admiré l'image dans les musées? Que penserais-tu de Rotterdam, toi qui aimes les forêts de mâts, et les navires amarrés au pied des maisons?»

Mon âme reste muette.

«Batavia [16] te sourirait peut-être davantage? Nous y trouverions d'ailleurs l'esprit de l'Europe marié à la beauté tropicale.»

Pas un mot. — Mon âme serait-elle morte?

«En es-tu donc venue à ce point d'engourdissement que tu ne te plaises que dans ton mal? S'il en est ainsi, fuyons vers les pays qui sont les analogies de la Mort... Je tiens notre affaire, pauvre âme! Nous ferons nos malles pour Tornéo [17]. Allons plus loin encore, à l'extrême bout de la Baltique; encore plus loin de la vie, si c'est possible; installons-nous au pôle. Là, le soleil ne frise qu'obliquement la terre, et les lentes alternatives de la lumière et de la nuit suppriment la variété et augmentent la monotonie, cette moitié du néant. Là, nous pourrons prendre de longs bains de ténèbres, cependant que, pour nous divertir, les aurores boréales nous enverront de temps en temps leurs gerbes roses, comme des reflets d'un feu d'artifice de l'Enfer!»

Enfin, mon âme fait explosion, et sagement elle me crie: «N'importe où! n'importe où! pourvu que ce soit hors de ce monde!»

Matière à réflexion

1. *Correspondances.* — (a) Expliquez la métaphore du vers 1. En quoi la nature ressemble-t-elle à un temple? Pourquoi les *paroles* du vers 2 sont-elles «confuses»?

---

16. Capitale de Java. — 17. Ville portuaire finlandaise.

Qu'ajoute l'adverbe *parfois?* Pourquoi les *regards* du vers 4 sont-ils « familiers »? (b) De très nombreux lecteurs ne voient pas de liaison entre le premier quatrain et le reste du poème. « Quel rapport pourrait-il y avoir », demandent-ils, « ou quel rapport Baudelaire veut-il que nous voyions entre les deux sortes de correspondances? » Pour certains, les « confuses paroles » du vers 2 sont précisément « les parfums, les couleurs et les sons » du vers 8. Est-ce, à votre avis, une bonne réponse?

2. *L'Albatros.* — (a) Etudiez le symbolisme du poème. (b) Baudelaire ajouta vers 1859 le troisième quatrain sur le conseil d'un ami qui lui avait écrit: « Je voudrais une strophe entre la deuxième et la dernière pour insister sur la gaucherie de l'albatros, pour faire tableau de son embarras. » Baudelaire eut-il raison de suivre le conseil? (c) De nombreux critiques et poètes ont remarqué la nette supériorité du dernier quatrain sur les trois premiers. En quoi consiste-t-elle, à votre avis?

3. *Elévation.* — (a) Que signifie *se pâme* au vers 6? Pourquoi la *volupté* du vers 8 est-elle « mâle »? Expliquez l'adjectif *brumeuse* du vers 14. (b) Un lecteur ne comprend pas: « Tout au long du poème il y a un mouvement ascensionnel, une *élévation.* Et puis, au dernier vers, nous voilà ramenés brusquement sur terre. Cela brise l'élan, ainsi que l'unité thématique. Que viennent faire d'ailleurs à la fin du poème ces "fleurs" et ces "choses muettes"? Baudelaire aurait mieux fait de terminer sur un vers tel que celui-ci: *Ce que dit la comète en secret aux planètes!* » Que pensez-vous de ce jugement et de cette... correction ?

4. *L'Invitation au voyage.* — (a) Il est rare, avons-nous écrit (voir la notice), de trouver le poète si apaisé, si exempt des angoisses du spleen. Mais voilà qu'on nous objecte: « Ce poème est en réalité l'un des plus spleenétiques de toute l'œuvre de Baudelaire. Quoi de plus triste, en effet, que de rêver, devant des tableaux, d'impossibles évasions? Autant souhaiter, lorsqu'on est vieux, redevenir jeune. Cette "invitation" ne sera suivie d'aucun départ, car le voyage dont il s'agit ne peut être qu'imaginaire. "Ne serions-nous pas bien... *là-bas*" — quelle désolation! » Que pensez-vous de ce jugement? A qui donnez-vous raison? Pourquoi? (b) En quoi la femme ressemble-t-elle au paysage (vers 6)? (c) Expliquez la « douce langue natale » du vers 26. (d) La troisième strophe de douze vers illustre-t-elle mieux que les autres les idées du refrain?

5. *La Cloche fêlée.* — (a) Certains critiques, pour qui ce sonnet serait « mal composé », ne voient pas de lien suffisant entre le premier quatrain et la suite. Qu'en pensez-vous? (b) Qu'est-ce, à votre avis, qui justifie la comparaison, au vers 8, de la cloche à un vieux soldat? (c) Comment le poète prépare-t-il la métaphore hardie du vers 9 (« mon âme est fêlée »)? (d) Etudiez le spleen dans ses différents aspects, tels qu'ils se présentent dans ce poème et dans les deux suivants.

6. *Spleen* (« J'ai plus de souvenirs... »). — (a) En combien de parties le poème se divise-t-il? Qu'est-ce qui définit chacune? (b) Quel est l'effet produit par la juxtaposition, dans les vers 2–4 comme dans les tiroirs, d'objets si hétéroclites? (c) Bien des lecteurs trouvent obscurs les derniers vers (19–24). Comment les comprenez-vous? Justifiez votre interprétation par une *explication de texte* (analyse détaillée et linéaire de chacun des six vers et, s'il le faut, de chaque mot).

7. *Spleen* («Quand le ciel bas et lourd...»). — (a) Comment le poète annonce-t-il la crise qui éclate au vers 13? Comment la *syntaxe* des trois premières strophes nous prépare-t-elle à l'éclatement? (b) Comment se traduit la soudaineté de la crise? (c) Qu'indique le tiret au début du vers 17? (d) Y a-t-il, à votre avis, une différence entre *l'Espérance* du vers 6 et *l'Espoir* du vers 18? Si non, qu'est-ce qui justifie (ou explique) l'emploi de deux termes? (e) La crise d'angoisse s'accompagne de constrictions thoraciques et de maux de tête. Voyez-vous dans ce *Spleen* la transcription de tels symptômes?

8. *A celle qui est trop gaie.* — Indigné par la condamnation du poème, Baudelaire s'en prend aux magistrats malintentionnés et obtus: «Les juges ont cru découvrir un sens à la fois sanguinaire et obscène dans les deux dernières stances. La gravité du recueil excluait de pareilles *plaisanteries*. Mais *venin* signifiant *spleen* ou *mélancolie* était une idée trop simple pour des criminalistes. Que leur explication syphilitique leur reste sur la conscience» (note des *Epaves*). (a) Commentez le bien-fondé de la réaction de Baudelaire. (b) Certains critiques, d'accord avec l'interprétation «sanguinaire» des juges, s'appuient sur l'état primitif du dernier vers. Baudelaire y avait d'abord écrit: «T'infuser mon sang, ô ma sœur!» Que pensez-vous du procédé qui consiste à interpréter un poème à la lumière de ce que le poète a choisi d'en exclure? Faut-il distinguer, à ce propos, entre intention et réalisation, entre *ce que le poète a voulu dire* et *ce qu'il a dit*?

9. *Enivrez-vous.* — (a) Expliquez, en d'autres termes que ceux du poète, la raison pour laquelle «il faut être toujours ivre». (b) A la question du deuxième paragraphe, la réponse est tripartite: *vin* est attendu; *poésie* l'est moins; *vertu* ne l'est pas du tout. Expliquez ces deux dernières. En quel sens la vertu peut-elle être source d'ivresse? (c) Cette liste est-elle exhaustive? Le poète aurait-il pu l'allonger («d'amour, de Dieu...»)? (d) Quelle est la signification des trois endroits mentionnés au début du troisième paragraphe? (e) Justifiez les dix éléments de l'énumération du troisième paragraphe (*vent, vague...*).

10. *Anywhere out of the world.* — (a) Quel est le rapport entre la métaphore de la première phrase (traduite presque mot pour mot du *Conduct of Life* d'Emerson) et le reste du poème? (b) *Anywhere...* est souvent présenté comme une version en prose du long poème des *Fleurs du mal* intitulé *Voyage*, dont voici les derniers vers:

> O Mort, vieux capitaine, il est temps! levons l'ancre!
> Ce pays nous ennuie, ô Mort! Appareillons! [...]
> Nous voulons, tant ce feu nous brûle le cerveau,
> Plonger au fond du gouffre, Enfer ou Ciel, qu'importe?
> Au fond de l'Inconnu pour trouver du *nouveau!*»

En quoi ces vers aident-ils à comprendre le poème en prose?

Rimbaud

Depuis bientôt un siècle il est quasi obligatoire de comparer la carrière poétique de Rimbaud — longue d'environ trois ans, guère plus — au passage d'un météore dans le ciel des lettres. Et l'image est, tout compte fait, assez juste. Encore faudrait-il la nuancer quelque peu: car, à peine remarqué lors de son passage, Rimbaud ne devait agir, ne devait vraiment exister que par une «traînée lumineuse» qui n'est pas près de s'éteindre aujourd'hui.

Né pour son malheur à Charleville (en Champagne, près de la frontière belge), Arthur Rimbaud (1854–1891) est un élève brillamment précoce, le premier dans toutes les matières. Ses premiers vers — en latin — sont publiés lorsqu'il a quatorze ans. Survient alors la «crise de l'adolescence», qui se traduit chez Rimbaud par une révolte contre tout ce qui relève de l'«ordre établi». Il voit maintenant que sa ville natale est «supérieurement idiote entre les petites villes de province»; lui qui avait voulu «des bains de soleil, des promenades infinies, des aventures, des bohémienneries», se sent «dépaysé, malade, furieux» à Charleville (lettre du 25 août 1870). Aussi tente-t-il de s'en évader. Sa première fugue le mène à Paris où il est emprisonné pour avoir voyagé par le train sans billet. D'autres fugues suivront; toutes seront brèves, car il est sans ressources.

Dans ce milieu qu'il juge si mesquin et qu'il enrage de ne pas pouvoir quitter, son esprit de révolte s'intensifie. Il laisse pousser ses cheveux, scandalisant ainsi les bons bourgeois de Charleville; il insulte les prêtres dans la rue, écrit «merde à Dieu» sur les bancs publics, se fait révolutionnaire («Il est des destructions nécessaires... Cette société elle-même, on y passera les haches, les pioches, les rouleaux niveleurs... On rasera les fortunes...»[1]).

Ce sont ses poèmes qui lui fourniront un moyen d'évasion. Il en envoie quelques-uns à Verlaine qui, impressionné, lui répond: «Venez, chère grande âme, on vous appelle.» Rimbaud répond à l'appel, et le voilà quelques jours plus tard installé chez les Verlaine à Paris. Il a seize ans.

Verlaine est à cette époque un poète assez connu, récemment marié et dont la femme vient d'accoucher. Mais il n'est pas heureux en ménage. Les deux poètes ne tardent pas à devenir amants, et quand Rimbaud décide de repartir, Verlaine l'accompagne. Ce sera alors un long vagabondage pédestre en Belgique et en Angleterre, ponctué de brouilles, de séparations et de retrouvailles. Leur dernière dispute se termine mal: Rimbaud ayant annoncé son intention de le quitter, Verlaine le blesse au poignet d'un coup de revolver. Verlaine est emprisonné, alors que Rimbaud rentre en Champagne où il achève et fait imprimer à ses frais une curieuse confession intitulée *Une Saison en enfer* (1873). A part quelques spécimens qu'il envoie à des amis, Rimbaud laisse tous les exemplaires chez l'imprimeur (où ils moisiront dans un grenier jusqu'en 1901). A partir de ce moment, Rimbaud semble se désintéresser complètement de l'ouvrage, comme de la littérature. Il n'a pas encore dix-neuf ans, et il n'écrira plus[2].

---

1. Paroles attribuées à Rimbaud par E. Delahaye, son ami de collège, et citées dans les *Œuvres complètes de Rimbaud* (Gallimard «Pléiade»). — 2. Sur cette chronologie, très controversée, voir la note 5.

Alors commencent de nouveaux vagabondages. De 1874 à 1880, il voyage à travers l'Europe, vivant de petits métiers et rentrant de temps en temps auprès de sa famille. Puis c'est le grand départ pour l'Ethiopie, où il vivra dix ans. Il y sera agent commercial, explorateur, trafiquant d'armes (et peut-être aussi d'esclaves). Dans la correspondance de ces années, Rimbaud fait part à sa famille de ses ambitions: s'enrichir, rentrer en France, se marier, fonder une famille. Ces projets ne se réaliseront jamais. Atteint en 1891 d'une tumeur au genou, il doit se faire rapatrier pour être amputé d'une jambe. Il meurt quelques mois plus tard, à l'âge de trente-sept ans.

Un itinéraire hors du commun

Déjà de son vivant, peu à peu et à son insu, il s'est formé autour de Rimbaud une sorte de légende. Alors qu'il peinait sous le soleil africain, ses œuvres paraissaient en France grâce aux efforts de son ex-ami Verlaine. A Paris on gardait quelques souvenirs du passage de l'enfant génial, mais où était-il allé? Et pourquoi s'était-il tu? Etait-il toujours vivant?

Cette absence mystérieuse, ce silence inexplicable n'auraient eu pourtant aucun intérêt si l'œuvre elle-même n'était de l'étoffe dont sont faites les légendes. Les premiers vers de Rimbaud sont d'un poète-né qui s'en tient pour l'instant à imiter ses grands aînés (voir, ci-dessous, *A la Musique*). Mais son évolution sera étonnamment rapide. En 1871 il a une sorte de révélation dont il fait part à un poète ami dans la fameuse lettre dite « du voyant » (15 mai):

> Je dis qu'il faut être *voyant*, se faire *voyant*. Le Poète se fait voyant par un long, immense et raisonné *dérèglement de tous les sens*. Toutes les formes d'amour, de souffrance, de folie; il cherche lui-même, il épuise en lui tous les poisons, pour n'en garder que les quintessences. Ineffable torture où il a besoin de toute la foi, de toute la force surhumaine, où il devient entre tous le grand malade, le grand criminel, le grand maudit — et le suprême Savant! Car il arrive à *l'inconnu!* [...] Et quand il finirait par perdre l'intelligence de ses visions, il les a vues! [...] Si ce qu'il rapporte de *là-bas* a forme, il donne forme; si c'est informe, il donne de l'informe. Trouver une langue.

« Intuition géniale » pour les uns, « tissu de naïvetés » pour les autres, cette lettre a fait l'objet d'innombrables gloses depuis sa publication en 1912. Etre voyant, c'est voir, par une sorte de « seconde vue », ce qui est caché aux autres. Mais quel est le contenu de cette vision? Il s'agit, pour nombre de commentateurs, d'une espèce d'expérience mystique qui révèle au poète une sur- ou supra-réalité (*voyant* relève après tout du langage du mysticisme).

Si la « voyance » n'avait rien d'original en 1871[3], elle fournit au moins une des clefs de l'œuvre ultérieure de Rimbaud. A la lumière de son esthétique « nouvelle », Rimbaud condamne non seulement la quasi totalité de la poésie antérieure,

---

3. A propos de la lettre « du voyant », Etiemble écrit: « Il n'y a donc pas lieu de se pâmer devant des idées *neuves!* Des pensées, en fait, qui traînent un peu partout, au long du XIXᵉ siècle. Quant au mot *voyant* lui-même, il est aussi banal du temps de Rimbaud qu'aujourd'hui *mystique* ou bien *absurde* » (*Rimbaud: Pages choisies*, Larousse).

mais aussi tout ce qu'il a lui-même écrit jusqu'alors. Peu après avoir écrit la lettre « du voyant », il prie le destinataire, à qui il avait confié les manuscrits d'une vingtaine de ses poèmes, *de les brûler tous* (lettre du 10 juin 1871).

« Si ce qu'il rapporte de *là-bas* a forme, il donne forme », avait-il dit du voyant, et ce sera le cas des premiers poèmes de la nouvelle manière, écrits en vers plus ou moins réguliers (voir, ci-dessous, *Le Bateau ivre* et *Voyelles*). Mais la versification traditionnelle lui devient de plus en plus contraignante, et il prend avec elle de plus en plus de libertés. Son évolution amène Rimbaud — en été 1872, semble-t-il — à renoncer tout à fait au vers: « si c'est informe, il donne de l'informe. » Ce sera le cas des poèmes en prose écrits en 1872–73.

« L'informe », c'est aussi l'incommunicable, comme l'attestent les poèmes en prose: la plupart sont plus ou moins obscurs, et certains sont à la limite de l'intelligible, voire complètement hermétiques. Lorsqu'en 1886 ils paraissent par les soins de Verlaine, ils portent le titre d'*Illuminations*. A en croire Verlaine dans sa préface, ce titre est celui qu'avait envisagé Rimbaud (qui n'était pas là pour le contredire). Faut-il comprendre le mot au sens mystique? Telle serait, semble-t-il, l'interprétation dictée par le lettre « du voyant ». Les *Illuminations* seraient dans ce cas des *visions* nées d'une lumière subite qui s'est faite dans l'âme du poète. Verlaine assure pourtant que Rimbaud songeait plutôt au sens anglais du mot (*enluminures*) [4]. Qu'il s'agisse dans les poèmes de visions ou d'illustrations, la tâche du lecteur — celui qui voudrait « comprendre » — consiste moins à saisir une idée ou à déchiffrer un code qu'à *voir avec Rimbaud*. (Nous avons reproduit ici l'« illumination » intitulée *Aube*, l'une des plus connues et des moins hermétiques.)

Après les poèmes de la voyance, en vers puis en prose, l'évolution de Rimbaud touche à son terme; il ne lui reste qu'une étape à franchir. Entre avril et août 1873 il rédige *Une Saison en enfer,* son dernier écrit littéraire [5] et le seul livre qu'il ait lui-même publié. Il y condamne sans appel non seulement la « saison » passée avec Verlaine, mais aussi la poétique ébauchée dans la lettre « du voyant ». Une phrase du brouillon donne le ton: « Je hais maintenant les élans mystiques et les bizarreries de style. » Dans le chapitre clé, intitulé *Délires II: Alchimie du verbe* [6], Rimbaud raconte l'« histoire d'une de [s]es folies » du temps qu'il croyait « à tous les enchantements ». Sur le ton désabusé d'un homme mûr, l'adolescent nous dit jusqu'où l'avait mené son « long, immense et raisonné dérèglement de tous les sens »:

> Je m'habituai à l'hallucination simple. Je voyais très franchement une mosquée à la place d'une usine, [...] des calèches sur les routes du ciel, un salon au fond d'un lac. [...] Je finis par trouver sacré le désordre de mon esprit. [...] Aucun des

---

4. « Le mot *Illuminations* est anglais, et veut dire *gravures coloriées* — "coloured plates"; c'est même le sous-titre que M. Rimbaud avait donné à son manuscrit. » Ici comme ailleurs, il faut se méfier du témoignage de Verlaine. Est-il vraisemblable que Rimbaud eût choisi pour sous-titre deux mots qui *définissent* le titre? — 5. C'est là l'hypothèse traditionnelle, à laquelle nous souscrivons. En 1949 un spécialiste prétendit avoir démontré que les *Illuminations* furent écrites après *Une Saison*, et que l'adieu d'*Une Saison* n'était donc pas définitif (H. de Bouillane de Lacoste, *Rimbaud et le problème des* Illuminations). Depuis lors le désaccord règne parmi les rimbaldiens. La plupart se laissèrent d'abord convaincre par les arguments de B. de Lacoste, basés en grande partie sur l'analyse graphologique; depuis qu'ont apparu les faiblesses de son argumentation, on tend à revenir à la chronologie traditionnelle. — 6. Dans *Délires I: Vierge folle, l'époux infernal*, il s'agit du « drôle de ménage » qu'avaient formé, au cours des dix-huit mois précédents, Verlaine (la « vierge folle ») et Rimbaud (l'« époux infernal »).

sophismes de la folie — la folie qu'on enferme — n'a été oublié par moi. [...] Ma santé fut menacée. La terreur venait. [...] J'étais mûr pour le trépas.

Mais tout cela est à présent derrière lui, et dans le dernier chapitre, intitulé *Adieu,* Rimbaud fait son mea-culpa:

J'ai créé toutes les fêtes, tous les triomphes, tous les drames. J'ai essayé d'inventer de nouvelles fleurs, de nouveaux astres, de nouvelles chairs, de nouvelles langues. J'ai cru acquérir des pouvoirs surnaturels. Eh bien! je dois enterrer mon imagination et mes souvenirs! Une belle gloire d'artiste et de conteur emportée!

Moi! moi qui me suis dit mage ou ange, dispensé de toute morale, je suis rendu au sol, avec un devoir à chercher, et la réalité rugueuse à étreindre. Paysan! [...]

Enfin, je demanderai pardon pour m'être nourri de mensonges. Et allons.

« Et allons » — que de choses en ces deux mots! Auto-dérision, invitation au voyage, acte de décès d'un poète... L'homme lui survivra d'une vingtaine d'années. Dans ses lettres, on cherche en vain la trace du disparu. Il n'en subsiste rien.

L'œuvre éparse de Rimbaud, rassemblée de son vivant ou après sa mort, frappe par sa minceur: une centaine de poèmes, une vingtaine de pages de prose. Elle a exercé néanmoins une influence considérable. Rimbaud a été pour beaucoup le grand libérateur: les symbolistes de la fin du XIXᵉ siècle le remercièrent d'avoir libéré la poésie des contraintes de la clarté; les surréalistes du XXᵉ, d'avoir libéré

Rimbaud en 1871 photographié par Carjat

la littérature du contrôle de la raison. Et nombreux sont ceux, aujourd'hui encore, qui s'inspirent de son exemple. Doit-on s'étonner s'ils préfèrent l'adolescent révolté, «mage ou ange, dispensé de toute morale», au jeune homme «rendu au sol», à la recherche d'un devoir et les bras ouverts au réel?

A la Musique

Le poème qui suit, l'un des premiers de Rimbaud, n'est certainement pas un de ses meilleurs, mais il illustre particulièrement bien l'anticonformisme du poète de quinze ans. La révolte de l'adolescent était alors à peu près totale: elle n'épargnait que la versification traditionnelle (rejetée, elle aussi, deux ans plus tard). La caricature du bourgeois, commune à l'époque, est traitée ici avec peu d'originalité; rien ne permet de deviner la prochaine éclosion du génie. Sur le manuscrit d'*A la Musique*, Rimbaud ajouta sous le titre l'indication suivante: *Place de la Gare, à Charleville.* Il se tenait à Charleville en 1870, juste avant le début de la guerre franco-prussienne, des concerts de musique militaire, et c'est au sens de «au concert» qu'il faut entendre le titre.

> Sur la place taillée en mesquines pelouses,
> Square où tout est correct, les arbres et les fleurs,
> Tous les bourgeois poussifs qu'étranglent les chaleurs
> Portent, les jeudis soirs, leurs bêtises jalouses.
>
> 5   — L'orchestre militaire, au milieu du jardin,
> Balance ses schakos[1] dans la *Valse des fifres:*
> — Autour, aux premiers rangs, parade le gandin[2];
> Le notaire pend à ses breloques à chiffres[3].
>
> Des rentiers à lorgnons soulignent tous les couacs:
> 10   Les gros bureaux[4] bouffis traînent leurs grosses dames
> Auprès desquelles vont, officieux cornacs[5],
> Celles dont les volants ont des airs de réclames;
>
> Sur les bancs verts, des clubs d'épiciers retraités
> Qui tisonnent le sable avec leur canne à pomme,
> 15   Fort sérieusement discutent les traités,
> Puis prisent en argent[6], et reprennent: «En somme!... »

---

1. Coiffure militaire portée par les musiciens. — 2. Jeune homme qui se veut élégant. — 3. Bijoux en forme de chiffres (c'est-à-dire formant un entrelacement de lettres initiales, un monogramme) qu'on attache à une chaîne de montre (à moins que les chiffres ne soient ceux du cadran de la montre). Remarquez que *pend* n'a pas de complément d'objet direct; c'est le notaire (symbole de la bourgeoisie) qui est «pendu» (subordonné) à ce qui le symbolise, sa chaîne de montre. — 4. Employés de bureau (sens inventé par Rimbaud). — 5. Personne chargée de la conduite d'un éléphant (allusion aux gros et aux grosses du vers précédent). — 6. Dans leurs tabatières en argent.

Epatant sur son banc les rondeurs de ses reins,
Un bourgeois à boutons clairs, bedaine flamande,
Savoure son onnaing[7] d'où le tabac par brins
20 Déborde — vous savez, c'est de la contrebande —;

Le long des gazons verts ricanent les voyous;
Et, rendus amoureux par le chant des trombones,
Très naïfs, et fumant des roses, les pioupious[8]
Caressent les bébés pour enjôler les bonnes...

25 — Moi, je suis, débraillé comme un étudiant,
Sous les maronniers verts les alertes fillettes.
Elles le savent bien, et tournent en riant,
Vers moi, leurs yeux tout pleins de choses indiscrètes.

Je ne dis pas un mot; je regarde toujours
30 La chair de leurs cous blancs brodés de mèches folles.
Je suis, sous le corsage et les frêles atours,
Le dos divin après la courbe des épaules.

J'ai bientôt déniché la bottine, le bas...
— Je reconstruis les corps, brûlé de belles fièvres.
35 Elles me trouvent drôle et se parlent tout bas...
— Et je sens les baisers qui me viennent aux lèvres...

Le Bateau ivre

Lorsqu'en 1871 Verlaine l'invita à Paris, Rimbaud n'avait que seize ans. Naturellement, l'adolescent souhaitait impressionner les poètes de la capitale, et pour y parvenir il écrivit ce poème. Juste avant de partir, il le récita à un ami: « Voici ce que j'ai fait pour leur présenter en arrivant »[9]. Son ami, ébloui, lui prédit la gloire, en quoi il ne se trompait pas. *Le Bateau ivre* continue d'impressionner aujourd'hui: dans une récente *Histoire de la poésie française*, R. Sabatier n'hésite pas à le qualifier d'« un des plus grands poèmes de la langue française ». L'un des plus connus, en tous cas. Récit d'un voyage fantastique, compte rendu d'une aventure spirituelle, constat d'échec aussi, *Le Bateau ivre* est, par excellence, le poème de l'adolescence. Dans cette hallucination géniale, écrite peu après la « lettre du voyant » (voir p. 286), il est sans doute permis de trouver une première tentative de « voyance » poétique. Le bateau lui-même, enivré par une liberté inattendue, nous raconte à la première personne ce qu'il a vu et vécu. Et le bateau, c'est Rimbaud.

Comme je descendais des Fleuves impassibles,
Je ne me sentis plus guidé par les haleurs:
Des Peaux-Rouges criards les avaient pris pour cibles,
Les ayant cloués nus aux poteaux de couleurs.

---

7. Pipe. — 8. Soldats. — 9. L'ami, c'est E. Delahaye qui raconte l'anecdote dans son *Rimbaud, l'artiste et l'être moral.*

5 J'étais insoucieux de tous les équipages,
   Porteurs de blé flamands ou de cotons anglais.
   Quand avec mes haleurs ont fini ces tapages,
   Les Fleuves m'ont laissé descendre où je voulais.

   Dans les clapotements furieux des marées,
10 Moi, l'autre hiver, plus sourd que les cerveaux d'enfants,
   Je courus! Et les Péninsules démarées[10]
   N'ont pas subi tohu-bohus plus triomphants!

   La tempête a béni mes éveils maritimes.
   Plus léger qu'un bouchon j'ai dansé sur les flots
15 Qu'on appelle rouleurs éternels de victimes,
   Dix nuits, sans regretter l'œil niais des falots[11]!

   Plus douce qu'aux enfants la chair des pommes sures,
   L'eau verte pénétra ma coque de sapin
   Et des taches de vins bleus et des vomissures
20 Me lava, dispersant gouvernail et grappin.

   Et dès lors, je me suis baigné dans le Poème
   De la Mer, infusé d'astres, et lactescent[12],
   Dévorant les azurs verts; où, flottaison[13] blême
   Et ravie, un noyé pensif parfois descend;

25 Où, teignant tout à coup les bleuités[14], délires
   Et rythmes lents sous les rutilements du jour,
   Plus fortes que l'alcool, plus vastes que vos lyres,
   Fermentent les rousseurs amères de l'amour!

   Je sais les cieux crevant en éclairs, et les trombes,
30 Et les ressacs et les courants; je sais le soir,
   L'Aube exaltée[15] ainsi qu'un peuple de colombes,
   Et j'ai vu quelquefois ce que l'homme a cru voir!

   J'ai vu le soleil bas, taché d'horreurs mystiques,
   Illuminant de longs figements violets,
35 Pareils à des acteurs de drames très antiques,
   Les flots roulant au loin leurs frissons de volets[16]!

   J'ai rêvé la nuit verte aux neiges éblouies,
   Baiser montant aux yeux des mers avec lenteurs,
   La circulation des sèves inouïes,
40 Et l'éveil jaune et bleu des phosphores chanteurs!

   J'ai suivi, des mois pleins, pareille aux vacheries
   Hystériques, la houle à l'assaut des récifs,

---

10. Qui se sont détachés du continent après avoir rompus leurs amarres. — 11. Lanternes des quais. — 12. Ici, d'un blanc laiteux (sens inventé par Rimbaud). — 13. Ici, objet flottant (sens inventé par Rimbaud). — 14. Reflets bleus (néologisme). — 15. Qui s'élève (sens étymologique). — 16. Rimbaud compare l'aspect chatoyant des vagues, illuminées par les rayons obliques du soleil couchant, à celui d'un volet fermé qui laisse filtrer le jour.

Sans songer que les pieds lumineux des Maries
Pussent forcer le mufle aux Océans poussifs![17]

45   J'ai heurté, savez-vous, d'incroyables Florides
Mêlant aux fleurs des yeux de panthères à peaux
D'hommes! Des arcs-en-ciel tendus comme des brides
Sous l'horizon des mers, à de glauques troupeaux!

J'ai vu fermenter les marais énormes, nasses
50   Où pourrit dans les joncs tout un Léviathan[18]!
Des écroulements d'eaux au milieu des bonaces,
Et les lointains vers les gouffres cataractant!

Glaciers, soleils d'argent, flots nacreux[19], cieux de braises!
Echouages hideux au fond des golfes bruns
55   Où les serpents géants dévorés des punaises
Choient[20], des arbres tordus, avec de noirs parfums!

J'aurais voulu montrer aux enfants ces dorades
Du flot bleu, ces poissons d'or, ces poissons chantants.
— Des écumes de fleurs ont bercé mes dérades[21]
60   Et d'ineffables vents m'ont ailé par instants.

Parfois, martyr lassé des pôles et des zones,
La mer dont le sanglot faisait mon roulis doux
Montait vers moi ses fleurs d'ombre aux ventouses jaunes
Et je restais, ainsi qu'une femme à genoux...

65   Presque île, ballotant sur mes bords les querelles
Et les fientes d'oiseaux clabaudeurs[22] aux yeux blonds.
Et je voguais, lorsqu'à travers mes liens frêles
Des noyés descendaient dormir, à reculons!

Or moi, bateau perdu sous les cheveux des anses,
70   Jeté par l'ouragan dans l'éther sans oiseau,
Moi dont les Monitors[23] et les voiliers des Hanses[24]
N'auraient pas repêché la carcasse ivre d'eau;

Libre, fumant, monté de brumes violettes,
Moi qui trouais le ciel rougeoyant comme un mur
75   Qui porte, confiture exquise aux bons poètes,
Des lichens de soleil et des morves d'azur;

---

17. La violence des vagues lui font penser à des vaches affolées, que les statues de la Vierge Marie, hono-rées par les marins, n'arrivent pas à calmer. Mais les Maries dont il s'agit sont peut-être celles d'une légende provençale: abandonnées en pleine mer dans une barque sans voiles ni gouvernail, elles abordè-rent sur la côte française à l'endroit qu'on appelle aujourd'hui Saintes-Maries-de-la-mer. — 18. Monstre marin mentionné dans la Bible; il ressemble à un crocodile. — 19. Nacrés (néologisme). — 20. Tombent (de *choir*, archaïque). — 21. Néologisme formé sur *dérader:* « se dit d'un navire que la tempête contraint de quitter une rade » (*Dict. Robert*). — 22. Criards. — 23. Au XIXᵉ siècle, vaisseaux cuirassés qui servaient à garder les côtes américaines. — 24. On appelle ainsi les ligues commerciales formées au Moyen Age par les villes portuaires.

Qui courais, taché de lunules électriques,
Planche folle, escorté des hippocampes noirs,
Quand les juillets faisaient crouler à coups de triques
80   Les cieux ultramarins aux ardents entonnoirs;

Moi qui tremblais, sentant geindre à cinquante lieues
Le rut des Béhémots[25] et les Maelströms[26] épais,
Fileur éternel des immobilités bleues,
Je regrette l'Europe aux anciens parapets!

85   J'ai vu des archipels sidéraux! et des îles
Dont les cieux délirants sont ouverts au vogueur:
— Est-ce en ces nuits sans fonds que tu dors et t'exiles,
Million d'oiseaux d'or, ô future Vigueur?

Mais, vrai, j'ai trop pleuré! Les Aubes sont navrantes.
90   Toute lune est atroce et tout soleil amer;
L'âcre amour m'a gonflé de torpeurs enivrantes.
O que ma quille éclate! O que j'aille à la mer[27]!

Si je désire une eau d'Europe, c'est la flache[28]
Noire et froide où vers le crépuscule embaumé
95   Un enfant accroupi, plein de tristesses, lâche
Un bateau frêle comme un papillon de mai.

Je ne puis plus, baigné de vos langueurs, ô lames,
Enlever leur sillage aux porteurs de cotons[29],
Ni traverser l'orgueil des drapeaux et des flammes[30],
100   Ni nager sous les yeux horribles des pontons[31].

Voyelles

Si nous hésitons devant quelques images obscures du *Bateau ivre*, le poème dans son ensemble est assez clair. On ne peut pas en dire autant de *Voyelles*, d'où les innombrables explications symboliques, mystiques, magiques, ésotériques, dialectiques ou théologiques que ce sonnet a dû subir depuis sa publication en 1883. Les premiers exégètes y ont vu une illustration de la synesthésie, telle que Baudelaire l'avait conçue dans ses *Correspondances* (voir p. 273). Puis on a retrouvé un abécédaire (livre pour apprendre l'alphabet) que Rimbaud enfant aurait pu voir et dont il aurait pu se souvenir. La lettre *A*, par exemple, y est noire, et elle est illustrée par

---

25. Monstre marin mentionné dans la Bible; il ressemble à un hippopotame. — 26. Le Maelström (avec majuscule) est un courant tourbillonnaire de la côte norvégienne; le mot est devenu un nom commun désignant tout courant du même genre. — 27. « A la mer » signifie ici: *au fond de la mer;* le bateau appelle maintenant le naufrage, n'aspirant plus qu'à sombrer dans les flots. — 28. Flaque. — 29. Suivre les navires de fret. — 30. La *flamme* est une banderole qui orne le mât d'un navire; la *flamme de guerre* porte les couleurs nationales. *Traverser,* c'est sans doute *passer parmi, rivaliser avec.* — 31. Vieux navires immobilisés dans un port.

le mot _abeille_ ainsi qu'un dessin de cet insecte (d'où les mouches du poème); à la lettre _O,_ qui est bleue, on trouve un _oliphant_ (d'où le clairon), etc. On a même avancé — sérieusement, paraît-il — une explication érotique, selon laquelle les formes des voyelles représentent les formes de la femme. L'_A_ est noir, selon cette interprétation, parce son triangle renversé évoque le pubis féminin; l'_E_ est blanc parce que Rimbaud l'écrivait comme l'epsilon grec (ε), lequel, couché horizontalement (ω), présente des courbes évocatrices de seins. Et ainsi de suite. Réaction du critique Etiemble: « Ma vie durant, je ne cesserai d'admirer que tout le monde ou peu s'en faut perde la boule dès qu'il s'agit de commenter une virgule d'Arthur Rimbaud »[32]. C'est là un sentiment qu'aurait sans doute partagé Rimbaud lui-même: racontant dans _Une Saison en enfer_ l'« histoire d'une de [s]es folies », il s'étonne de son ancienne candeur: « J'inventai la couleur des voyelles! »...

A noir, E blanc, I rouge, U vert, O bleu: voyelles,
Je dirai quelque jour vos naissances latentes:
A, noir corset velu des mouches éclatantes
Qui bombinent[33] autour des puanteurs cruelles,

5   Golfes d'ombre; E, candeurs[34] des vapeurs et des tentes,
Lances des glaciers fiers, rois blancs, frissons d'ombelles[35];
I, pourpres, sang craché, rire des lèvres belles
Dans la colère ou les ivresses pénitentes;

U, cycles, vibrements[36] divins des mers virides[37],
10   Paix des pâtis[38] semés d'animaux, paix des rides
Que l'alchimie imprime aux grands fronts studieux;

O, suprême Clairon[39], plein des strideurs[40] étranges,
Silences traversés des Mondes et des Anges:
— O l'Oméga[41], rayon violet de Ses Yeux!

Aube

L'œuvre et la correspondance de Rimbaud attestent sa prédilection pour l'aube. Comme le dit J.-P. Richard, « cette heure indicible, c'est l'heure rimbaldienne par excellence, l'heure du commencement absolu, de la naissance »

---

32. _Le Sonnet des_ Voyelles: _de l'audition colorée à la vision érotique._ A remarquer qu'Etiemble emploie _admirer_ ici au sens vieilli de _s'étonner._ Pour l'explication qu'Etiemble offre de _Voyelles,_ voir _Matière à réflexion._ — 33. Bourdonnent (néologisme dérivé du latin _bombinare:_ bourdonner). — 34. Blancheurs (sens étymologique). — 35. Ici, fleurs en ombelle, c'est-à-dire en forme de coupole hémisphérique. — 36. Néologisme signifiant sans doute: oscillations, frémissements. — 37. Vertes (néologisme dérivé du latin _viridis:_ vert). — 38. Pâturages. — 39. Puisque _suprême_ signifie non seulement _le plus élevé,_ mais aussi _le dernier,_ il s'agit sans doute d'une allusion biblique à la trompette du Jugement dernier. — 40. Bruits stridents (néologisme). — 41. La dernière lettre de l'alphabet grec (Ω), _alpha_ étant la première. Dieu, affirme la Bible, est « l'alpha et l'oméga de toutes choses », c'est-à-dire le commencement et la fin. « Ses Yeux » de ce même vers seraient-ils donc ceux de Dieu?

(*Poésie et profondeur*). L'absence d'article fait du titre une sorte de nom propre, et dès la première phrase du poème, l'aube est personnifiée, en attendant d'être déifiée par la suite. Dans cette relation exaltée d'une course matinale, le poète évoque un moment privilégié, une éclaircie de l'âme, une « peak experience » (voir p. 85). On en a avancé, bien entendu, des lectures symboliques, selon lesquelles l'aube représenterait le Rêve, l'Evasion, la Vérité ou la Vie (la Vraie). On a même trouvé, dans ce poème de l'acceptation, une protestation contre la fuite du temps. Si, pour une certaine critique, il n'y a pas de texte si simple qu'on ne puisse le compliquer, il en existe sûrement dont la beauté résiste à tous les assauts des critiques.

> J'ai embrassé l'aube d'été.
>
> Rien ne bougeait encore au front des palais. L'eau était morte. Les camps d'ombre ne quittaient pas la route du bois. J'ai marché, réveillant les haleines vives et tiè-des; et les pierreries regardèrent, et les ailes [42] se levèrent sans bruit.
>
> La première entreprise [43] fut, dans le sentier déjà empli de frais et blêmes éclats, une fleur qui me dit son nom.
>
> Je ris au wasserfall [44] blond qui s'échevela à travers les sapins; à la cime argentée je reconnus la déesse.
>
> Alors je levai un à un les voiles. Dans l'allée, en agitant les bras. Par la plaine, où je l'ai dénoncée au coq. A la grand'ville, elle fuyait parmi les clochers et les dômes; et, courant comme un mendiant sur les quais de marbre, je la chassais [45].
>
> En haut de la route, près d'un bois de lauriers, je l'ai entourée avec ses voiles amassés, et j'ai senti un peu son immense corps. L'aube et l'enfant tombèrent au bas du bois.
>
> Au réveil, il était midi.

Matière à réflexion

1. *A la musique.* — Le dernier vers d'*A la Musique* est bien celui qui figure sur les manuscrits, mais il n'est peut-être pas de Rimbaud. A en croire Izambard, son ancien professeur de rhétorique au collège de Charleville, qui raconta l'anecdote vingt ans après la mort de son élève, Rimbaud avait d'abord écrit: « Et mes désirs brutaux s'accrochent à leurs lèvres. » Izambard trouvait que ce vers « jurait avec son air modeste d'écolier timide », et lui proposa celui que nous avons reproduit. Le vers plut à Rimbaud qui le garda. Dans leur édition critique, R. de Renéville et J. Mouquet donnent tort à Izambard ainsi qu'à Rimbaud: « Nous avons rétabli le vers magnifique et plein de force de Rimbaud à la place du vers dénué d'éclat dont Izambard revendique la paternité, et que son élève eut tort de maintenir par la suite » (*Œuvres complètes d'Arthur Rimbaud*, Gallimard « Pléiade »). Donnez-vous raison au

---

42. S'agit-il des ailes des oiseaux réveillés par le poète? des ailes de la Nuit? — 43. Pour certains annotateurs, *entreprise* est ici le participe passé du verbe *entreprendre* employé au sens de *tenter de conquérir:* « la première [haleine, sans doute] à être entreprise ». Il s'agit, à notre avis, d'*une entreprise* au sens d'*action* ou *mise à exécution d'un dessein.* — 44. Chute d'eau (mot allemand). — 45. Poursuivais.

poète, qui accepta le jugement de son professeur, ou à Renéville et à Mouquet? Pourquoi?

2. *Le Bateau ivre.* — (a) « Récit d'un voyage fantastique, compte rendu d'une aventure spirituelle, constat d'échec aussi », avons-nous écrit dans la notice. Décrivez l'itinéraire du « voyage fantastique ». Quelles en sont les étapes? En quoi l'« aventure spirituelle » consiste-t-elle? Comment se manifeste l'« échec » (s'il y en a vraiment un)? (b) Comment faut-il interpréter — ou comment interprétez-vous — les vers 32, 84 et 87–88? Qu'est-ce qui explique la mention de *parapets* — c'est-à-dire (ici): *garde-fous* — au vers 84? De quelle « Vigueur » s'agit-il au vers 88 et pourquoi est-elle « future »? (c) Depuis sa grande aventure le bateau ne peut plus faire ce qu'il pouvait faire auparavant. De quoi s'agit-il et pourquoi le bateau en est-il incapable?

3. *Voyelles.* — Après avoir consacré plus de deux cents pages à la réfutation des interprétations plus ou moins absurdes du poème, Etiemble conclut ainsi:

> Il est temps, grand temps qu'on en finisse avec *Voyelles*, poème incohérent, vaguement construit, [...] et qui, si je dois à toute force lui trouver un sens, c'est tout bêtement celui-ci: après avoir sacrifié en deux vers idiots à la mode des voyelles colorées, Rimbaud s'oublie heureusement et se borne à grouper, entre l'image de la mort physique et celle du jugement dernier, des objets noirs, blancs, rouges, verts ou bleus, tous on ne peut plus banals, sans aucun rapport avec les voyelles qu'ils « illustrent », mais qui faisaient partie de son univers personnel. [...] Images qui lui sont bonnes ou belles. (*Le Sonnet des* Voyelles: *de l'audition colorée à la vision érotique*)

Commentez l'interprétation d'Etiemble.

4. *Aube.* — Dans le sixième paragraphe il semble bien y avoir une « victoire » — dont le laurier est le symbole traditionnel —, mais pour certains critiques, elle est illusoire, ou plus précisément *rêvée*, comme toute la course matinale. N'est réel, pour eux, que le réveil de la dernière phrase; le poème se terminerait donc sur un constat d'échec. Les tenants de cette lecture citent à l'appui les considérations suivantes: 1° L'emploi du mot *wasserfall* prouve que le poème fut probablement écrit en 1875, puisqu'en cette année Rimbaud commença d'étudier l'allemand. 2° *Aube* serait donc l'un des derniers poèmes de Rimbaud, écrit juste avant son « réveil » dans la banalité de la vie quotidienne et, par voie de conséquence, juste avant son abandon de la poésie. Voici pourtant une autre possibilité: après sa course matinale, l'enfant s'endort, et se réveille à midi. Dans ce cas, il n'y a pas d'échec; il n'y a qu'un moment exquis, exquisément décrit, suivie d'un somme. Quelle est, à votre avis, la bonne interprétation (à supposer qu'il y en ait une bonne)?

Verlaine

Peut-on juger un écrivain d'après les lecteurs qu'il attire? M. Dansel fait remarquer que « les fervents admirateurs de Verlaine se rencontrent presque toujours chez les non-initiés qui prétendent, souvent en toute bonne foi, aimer la poésie »[1]. C'est là en même temps une constatation de fait et un jugement de valeur. Le fait est indiscutable; le jugement se discute depuis plus d'un siècle. Il est vrai que les « initiés » — les poètes eux-mêmes et ceux qui parlent de la poésie (critiques et universitaires) — tendent à placer Verlaine au second rang. Il est tout aussi vrai qu'en ce temps de désaffection générale pour la poésie, Verlaine continue d'enthousiasmer un large public. Qu'en conclure? « Voilà justement une preuve du mauvais goût populaire », disent les uns. Et les autres répliquent: « Voilà la preuve qu'ici au moins les "experts" se trompent. » La discussion n'est pas près de s'éteindre.

Paul Verlaine (1844–1896) naquit à Metz (en Lorraine) dans une famille aisée, très « comme il faut » en apparence... et pathogène. La froideur excessive du père semble en effet avoir été trop compensée par les prévenances de la mère. Ayant déjà fait trois fausses couches, elle conservait les fœtus dans des bocaux remplis d'alcool; comblée de joie à l'heureuse arrivée à terme de Paul, elle le gâta outrageusement. De là viennent, nous assurent les biographes, la faiblesse et la passivité maladives de l'enfant — et plus tard, de l'homme.

Au début pourtant, tout semblait bien se passer pour ce fils unique. Il avait cinq ans quand la famille s'installa à Paris; peu après survint l'âge des études et de la vie en pension: « là commença la déroute », devait-t-il expliquer plus tard (*Les Poètes maudits*).

Reçu bachelier en 1862, Verlaine entreprend de vagues études de droit, vite abandonnées en faveur d'un poste d'employé de bureau à l'Hôtel de Ville de Paris. Il s'en évade autant que possible pour fréquenter les milieux littéraires et les cafés, s'adonnant à peu près également à la poésie et à la boisson; lorsqu'en 1866 paraît son premier recueil de vers, le jeune homme de vingt-deux ans est déjà alcoolique. Il connaît alors des accès de folie meurtrière, au cours desquels il bat sa mère; deux fois il tente de la tuer, mais il est heureusement trop ivre pour y réussir. Pour s'obliger à se ranger, il fait la cour à une chaste jeune fille de seize ans, qui consent à l'épouser. Une fois le mariage célébré, Verlaine reprend ses habitudes: il bat sa femme, tente de l'étrangler, et va jusqu'à brutaliser son fils, âgé de trois mois.

C'est alors qu'un adolescent génial nommé Arthur Rimbaud fait irruption dans sa vie. Ayant lu les poèmes que Rimbaud lui avait envoyés, Verlaine l'invite à Paris. Rimbaud ne se fait pas prier, et quelques jours plus tard il est installé chez le jeune couple à Paris. Verlaine hésite quelques mois entre son épouse et son ami, puis les deux poètes, devenus amants, partent ensemble. Leur vagabondage pédestre en France et à l'étranger, ponctué de brouilles, de séparations et de réconciliations, se terminera mal: au cours d'une dispute, Verlaine blesse Rimbaud d'un coup de revolver. Le voilà condamné à deux ans de prison; dans sa cellule il se reconvertit au catholicisme de son enfance, et à sa libération en 1875 il est résolu à refaire sa vie.

Pendant quatre ans il travaille comme professeur, en Angleterre d'abord, puis dans un lycée catholique en France. C'est là qu'il s'éprend d'un de ses élèves, Lucien Létinois. Quand Verlaine est renvoyé de l'école pour ivrognerie, les deux décident

---

1. *Choix de poésies de Verlaine* (Larousse).

de s'essayer à l'agriculture. Mais la ferme qu'ils achètent doit être bientôt revendue à perte, et peu après Lucien meurt. Verlaine évoquera plus tard cette liaison et ce chagrin: « Cela dura six ans, puis l'ange s'envola. / Dès lors je vais hagard et comme ivre. Voilà. » (« Puisque encore déjà... », *Amour*).

C'est en effet « hagard et comme ivre » que Verlaine restera jusqu'à la fin. Réinstallé définitivement à Paris à partir de 1885, il passera ses dix dernières années à errer de café en café et d'hôpital en asile. Il avait souvent songé au suicide; maintenant il se tue lentement, à l'absinthe[2]. Verlaine a cinquante et un ans lorsqu'en 1896 la mort le délivre d'une déchéance à peu près totale.

Son génie poétique et même la plupart de son talent l'avaient déserté bien avant sa mort. Il continua d'écrire jusqu'à la fin, mais la meilleure partie de son œuvre avait été écrite avant ou pendant l'incarcération. Or l'ironie du sort voulut qu'au moment où commença le long déclin final de l'homme, la célébrité du poète commençât à grandir. Il avait été assez connu à ses débuts, puis presque complètement oublié; cette obscurité se transforma en renommée au cours des années 1880. A partir de 1890, sa réputation se répandit à l'étranger, où il fut invité pour prononcer des conférences, et deux ans avant sa mort il fut élu « Prince des Poètes »[3].

Parmi les raisons de cet étonnant revirement de fortune, citons les deux suivantes: 1° Dans la gangue d'une œuvre très inégale[4] on découvrit de nombreux bijoux qu'on publia à part: c'était le florilège d'un grand poète — mais un grand poète *d'anthologie*. 2° Les jeunes poètes à la recherche d'un précurseur trouvèrent dans les écrits de leur aîné quelques formules qui semblaient correspondre à leur propres préoccupations. Ainsi Verlaine n'était-il pas loin d'être proclamé, malgré lui, chef des écoles *décadente* et *symboliste*.

L'école décadente connut une existence éphémère à partir de 1884. Faute d'un programme littéraire, les membres se reconnaissaient à leur état d'âme particulier, fait de langueur, de morbidité et de pessimisme (réels ou affectés). Or Verlaine ne s'était-il pas comparé, dans un sonnet dûment intitulé *Langueur*, à l'empire romain de la période décadente? N'avait-il pas avoué, dans *Les Poètes maudits,* aimer le mot, « très soleil couchant », de *décadence*? N'était-il pas lui-même un « poète maudit » qui, en matière de décadence personnelle, ne le cédait à personne? Pour les décadents, un tel *curriculum vitæ* le qualifiait largement pour porter le drapeau de leur mouvement. Interrogé en 1891 sur le mot auquel son nom s'était attaché, il répondit: « *Décadent*, au fond, ne voulait rien dire du tout »[5].

Puis ce fut au tour des symbolistes d'enrôler Verlaine. Leur école naquit officiellement le 18 septembre 1886 avec *Un Manifeste littéraire* de Jean Moréas. La poésie symboliste, y affirme-t-il, « cherche à vêtir l'Idée d'une forme sensible »[6]. Or

---

2. Liqueur alcoolique et toxique, très en vogue dans la deuxième moitié du XIXe siècle et interdite en 1915. — 3. Titre honorifique conféré traditionnellement par la communauté des poètes à celui de leur nombre qu'ils jugent le meilleur. — 4. Gaëtan Picon estime que « sur les huit cent cinquante pages des poésies complètes, cinq cents au moins sont franchement illisibles » (*Histoire des littératures*, III, Pléiade). — 5. J. Huret, *Enquête sur l'évolution littéraire*, 1891. — 6. Le mot d'*Idée* (avec majuscule) est à prendre ici au sens platonicien: archétype, modèle, essence éternelle et purement intelligible, par opposition aux objets matériels du monde sensible. Le rôle du poète est donc de nous aider à passer d'un ordre à l'autre, de *traduire* l'intelligible en termes sensibles (comme l'avait voulu l'esthétique baudelairienne; voir à ce propos p. 272).

Verlaine en 1869 (dessin de Péaron)

une telle ambition était loin des préoccupations de Verlaine. Interrogé sur l'école dont il était censé être l'ancêtre et le chef, il affichait une incompréhension totale qui n'était peut-être pas entièrement affectée: «Le symbolisme? Comprends pas; ça doit être un mot allemand, hein? Qu'est-ce que ça peut bien vouloir dire? Moi, d'ailleurs, je m'en fiche. Quand je souffre, quand je jouis ou quand je pleure, je sais bien que ça n'est pas du symbole. [...] Ils m'embêtent à la fin, les cymbalistes!» (Huret, *ibid.*). Et lorsqu'il ajoute banalement que l'«art, c'est d'être absolument soi-même», il semble fuir toute idée d'innovation pour se rapprocher des romantiques.

Ainsi la réputation dont Verlaine jouissait à la fin du XIXᵉ siècle se fondait-elle en partie sur un malentendu. On s'en aperçut au début du XXᵉ quand le symbolisme fut passé de mode, et vers 1920 sa cote devait redescendre au plus bas.

Si pourtant on s'était trompé sur la portée et les ambitions de la poésie verlainienne, on ne saurait douter de son originalité ni de son influence, non seulement sur le symbolisme, mais aussi sur une grande partie de la poésie ultérieure. L'importance de Verlaine consiste en trois apports essentiels:

1° Musicalité. — «De la musique avant toute chose», proclama Verlaine dans *Art poétique* (voir plus loin), et depuis lors on insiste sur la «musicalité» de ses vers. En quoi la poésie verlainienne ressemble-t-elle à la musique? Plus que ne l'avaient fait ses prédécesseurs, *Verlaine renverse la primauté traditionnellement accordée aux sens par rapport aux sons.* Pour Verlaine, écrit C. Cuénot, «le vers n'est plus un ensemble de mots pourvus d'un sens, mais bien plutôt un groupement de sons faits pour charmer l'oreille »[7]. Non pas, certes, que dans la poésie verlainienne les mots soient *dépourvus* de sens, et que seuls comptent les sons. Jamais l'idée chez Verlaine ne se réduit *au néant,* mais souvent elle semble se réduire *au minimum,* s'effaçant devant les « notes » d'une mélodie verbale.

 2° Assouplissement du vers. — Selon le manifeste précité de Moréas, « M. Paul Verlaine brisa [...] les cruelles entraves du vers ». Trop désireux de doter d'un illustre ancêtre le symbolisme naissant, Moréas exagère: les « entraves » en question sont celles de la versification traditionnelle[8], et, loin de les briser, Verlaine n'a fait en réalité que les desserrer quelque peu. En voici quelques exemples:

- **La rime.** — Verlaine accorde moins d'importance que ses prédécesseurs à la qualité des rimes, lesquelles sont chez lui moins riches en général, et parfois insuffisantes. Il lui arrive de ne pas respecter la règle d'alternance des rimes féminines et masculines.

- **Le rythme accentuel.** — Par les libertés qu'il a prises avec l'accentuation traditionnelle, Verlaine a contribué grandement à la « désarticulation » de l'alexandrin classique. Les vers dits romantiques (accents fixes aux quatrième et huitième syllabes) sont bien plus fréquents chez lui que chez les romantiques eux-mêmes, et souvent les accents fixes sont entièrement supprimés au profit des accents mobiles. Cette mobilité accrue des accents, qui ne frappent plus obligatoirement aucune syllabe en particulier, explique le caractère *fluide* — certains ont dit: *invertébré* — de ses vers.

- **Les enjambements.** — Ils se multiplient et se font plus hardis. Verlaine ne craint pas de mettre à la rime, et donc de frapper d'un accent, des mots qui ne portent ordinairement pas d'accent (articles, conjonctions).

 Jamais pourtant Verlaine n'est allé jusqu'à écrire des vers sans mesure déterminée, et ce maintien du compte des syllabes marque la limite de son audace. Il a contribué ainsi à la libération du vers, sans aller lui-même jusqu'au *vers libre* des symbolistes. Verlaine résume excellemment: « J'ai élargi la discipline du vers, et cela est bon; mais je ne l'ai pas supprimée » (Huret, *op. cit.*).

 3° Imprécision poétique. — L'originalité la plus féconde de Verlaine consiste à avoir affirmé la qualité *proprement poétique* du vague, du flou, de l'imprécis (voir, plus loin, *Art poétique*). Or l'imprécision n'est pas à confondre avec l'obscurité. Cette dernière suppose un sens caché qu'il s'agit de découvrir ou de deviner, alors que l'imprécision provient plutôt d'un refus d'indiquer avec netteté le contour des objets et la limite des idées. Les poèmes de Verlaine sont rarement obscurs, mais leur *aspect voilé* en fait souvent tout le charme; à les lire, on songe aux tableaux de Monet et aux nocturnes de Debussy. Ce n'est pas un hasard si ce compositeur a mis en musique plusieurs poèmes de Verlaine.

---

7. *Le Style de Verlaine,* C.D.U., 1962. — 8. Pour les règles et la terminologie de la versification traditionnelle, ainsi que les réformes qu'y ont apportées les poètes de la fin du siècle, voir l'Appendice: *Eléments de versification française.*

Ici comme ailleurs, Verlaine a ouvert la voie à d'autres qui devaient aller plus loin: Mallarmé, les symbolistes, une bonne partie des poètes du XXe siècle...

Mon Rêve familier

En 1866 paraît le premier recueil de Verlaine: *Poèmes saturniens.* C'est l'ouvrage inégal d'un jeune poète qui n'a pas encore appris à fond son métier, mais où brillent pourtant quelques joyaux. On y entend par moments — comme dans les deux poèmes du recueil que nous reproduisons ci-dessous — ce que l'on devait appeler quelques années plus tard la « musique verlainienne ». Le charme *incantatoire* du sonnet suivant semble provenir en partie de la voix hésitante du poète. Nous assistons à sa tentative de saisir une idée insaisissable, dont il s'approche par approximations successives; d'où sa démarche trébuchante, ses nombreuses répétitions, la « gaucherie » d'une expression bégayante.

> Je fais souvent ce rêve étrange et pénétrant
> D'une femme inconnue, et que j'aime, et qui m'aime,
> Et qui n'est, chaque fois, ni tout à fait la même
> Ni tout à fait une autre, et m'aime et me comprend.
>
> 5   Car elle me comprend, et mon cœur, transparent
> Pour elle seule, hélas! cesse d'être un problème
> Pour elle seule, et les moiteurs de mon front blême,
> Elle seule les sait rafraîchir, en pleurant.
>
> Est-elle brune, blonde ou rousse? — Je l'ignore.
> 10 Son nom? Je me souviens qu'il est doux et sonore
> Comme ceux des aimés que la Vie exila.
>
> Son regard est pareil au regard des statues,
> Et, pour sa voix, lointaine, et calme, et grave, elle a
> L'inflexion des voix chères qui se sont tues.

Chanson d'automne

Au début des *Poèmes saturniens,* Verlaine explique le choix du titre: étant né sous le signe de Saturne, il a « bonne part de malheur et bonne part de bile ». La faiblesse de son caractère rend nul en lui l'« effort de la raison », et toute sa vie sera déterminée ainsi, « ligne à ligne / Par la logique d'une influence maligne » (*Les Sages d'autrefois*). Particulièrement « saturnien » à cet égard, le poème suivant figure dans la section du recueil intitulée *Paysages tristes.* Le paysage y est pourtant fort vague, et à l'exception de la *feuille morte* du dernier vers, il n'a rien de spécifiquement automnal. On dirait un tableau impressionniste, aux formes estompées, et dont se dégage surtout une tonalité sentimentale. Il s'agit d'un *paysage intérieur* que résume le mot clé du vers 5: *langueur.*

> Les sanglots longs
> Des violons
>   De l'automne
> Blessent mon cœur
5 D'une langueur
>   Monotone.
>
> Tout suffoquant
> Et blême, quand
>   Sonne l'heure,
10 Je me souviens
> Des jours anciens
>   Et je pleure;
>
> Et je m'en vais
> Au vent mauvais
15   Qui m'emporte
> Deçà, delà,
> Pareil à la
>   Feuille morte.

« *C'est l'extase amoureuse...* »

En 1874 parut le recueil intitulé *Romances sans paroles*. Or une romance est une petite composition pour chant et piano; en précisant contradictoirement « sans paroles », Verlaine insiste assez lourdement sur ses intentions musicales. Il souligne ce caractère de l'ouvrage en intitulant *Ariettes oubliées* la première section (ariette: mélodie légère). Nous reproduisons ici les *Ariettes I* et *III*. La première présente une série d'images, auditives pour la plupart, dont on chercherait en vain le fil conducteur. De quoi s'agit-il? Verlaine « oublie » de nous le dire; il nous dérobe, écrit J. Robichez, « et se dérobe d'abord, l'objet du poème, dont le charme tient à cette indétermination. [...] Poème sur rien, poème à personne, la première ariette s'écoute sans qu'il soit besoin de le comprendre » (*Œuvres poétiques de Verlaine*, Garnier Frères).

> C'est l'extase amoureuse,
> C'est la fatigue amoureuse,
> C'est tous les frissons des bois
> Parmi l'étreinte des brises,
5 C'est, vers les ramures grises,
> Le chœur des petites voix.
>
> O le frêle et frais murmure!
> Cela gazouille et susurre,
> Cela ressemble au cri doux
10 Que l'herbe agitée expire...
> Tu dirais, sous l'eau qui vire,
> Le rouillis sourd des cailloux.

Cette âme qui se lamente
En cette plainte dormante,
15   C'est la nôtre, n'est-ce pas?
La mienne, dis, et la tienne,
Dont s'exhale l'humble antienne°   °refrain
Par ce tiède soir, tout bas?

« *Il pleure dans mon cœur...* »

L'*Ariette III* commence par une trouvaille: la construction impersonnelle du verbe *pleurer,* sur le modèle de *pleuvoir.* Ainsi se trouvent étroitement liés pluie et pleurs, paysage extérieur et paysage de l'âme. Mis en musique par Debussy, ce poème, l'un des plus célèbres de Verlaine, est aussi l'un des plus typiques de son génie. Remarquez le traitement cavalier de la rime, « ce bijou d'un sou » (voir, plus loin *Art poétique*): mots qui riment avec eux-mêmes (premier et quatrième vers de chaque strophe); rime pauvre (*pluie/ennuie*); mots « à la rime » qui ne riment avec rien (deuxième vers de chaque strophe).

Il pleure dans mon cœur
Comme il pleut sur la ville;
Quelle est cette langueur
Qui pénètre mon cœur?

5   O bruit doux de la pluie
Par terre et sur les toits!
Pour un cœur qui s'ennuie
O le chant de la pluie!

Il pleure sans raison
10   Dans ce cœur qui s'écœure.
Quoi! nulle trahison?
Ce deuil est sans raison.

C'est bien la pire peine
De ne savoir pourquoi,
15   Sans amour et sans haine,
Mon cœur a tant de peine!

« *Le ciel est, par-dessus le toit...* »

En août 1873 Verlaine est condamné à deux ans de prison pour avoir blessé Rimbaud; il n'a purgé qu'un mois de sa peine lorsqu'il écrit le poème suivant. Il commente ainsi les circonstances: « Par-dessus le mur de devant ma fenêtre [...], au fond de la triste cour où s'ébattait, si j'ose ainsi parler, mon mortel ennui, je voyais [...] se balancer la cime, aux feuilles voluptueusement frémissantes, de quelque haut peuplier d'un square ou d'un boulevard voisin. En même temps m'arrivaient des rumeurs lointaines, adoucies, de fête. [...] Et je fis, à ce propos, ces vers... » *(Mes Prisons)*. Le poème parut en 1881, dans un recueil intitulé *Sagesse* (il ne s'agit pas de la sagesse des sages, mais de celle d'un enfant qui promet de se bien conduire).

> Le ciel est, par-dessus le toit,
>   Si bleu, si calme!
> Un arbre, par-dessus le toit,
>   Berce sa palme.
>
> 5   La cloche, dans le ciel qu'on voit,
>   Doucement tinte.
> Un oiseau sur l'arbre qu'on voit
>   Chante sa plainte.
>
> Mon Dieu, mon Dieu, la vie est là,
> 10   Simple et tranquille.
> Cette paisible rumeur-là
>   Vient de la ville.
>
> — Qu'as-tu fait, ô toi que voilà
>   Pleurant sans cesse,
> 15   Dis, qu'as-tu fait, toi que voilà,
>   De ta jeunesse?

« *Les faux beaux jours...* »

Au bout d'un an de prison, Verlaine se convertit au catholicisme. «L'ennui, le désespoir, la honte [...], tout cela détermina en moi une extraordinaire révolution — vraiment! » raconte-t-il dans *Mes Prisons*. Mais il connaît sa faiblesse, et une fois sorti de prison, le revoilà tenté par ses vieux démons. Ce témoignage de sa lutte parut en 1881 dans *Sagesse*. Dans son exemplaire Verlaine écrivit en marge de la première strophe: «Sur le bord d'une rechute». Les jours du premier vers sont ceux d'avant la conversion; la vendange et la moisson (de blé) des vers 6–7 représentent le vin et le pain de l'Eucharistie (le sang et le corps du Christ).

> Les faux beaux jours ont lui tout le jour, ma pauvre âme,
> Et les voici vibrer aux cuivres du couchant.
> Ferme les yeux, pauvre âme, et rentre sur-le-champ;
> Une tentation des pires. Fuis l'Infâme[1].
>
> 5   Ils ont lui tout le jour en longs grêlons de flamme,
> Battant toute vendange aux collines, couchant
> Toute moisson de la vallée, et ravageant
> Le ciel tout bleu, le ciel chanteur qui te réclame.

1. Satan le tentateur.

O pâlis, et va-t'en, lente et joignant les mains.
10   Si ces hiers allaient manger nos beaux demains?
Si la vieille folie était encore en route?

Ces souvenirs, va-t-il falloir les retuer?
Un assaut furieux, le suprême sans doute!
O, va prier contre l'orage, va prier.

Art poétique

Dans son célèbre *Art poétique* de 1674, le critique et théoricien Boileau avait prétendu établir de nombreux préceptes littéraires; parmi les plus importants se rangeait l'exigence de la clarté: «Ce que l'on conçoit bien s'énonce clairement, / Et les mots pour le dire arrivent aisément.» En choisissant le titre d'*Art poétique*, Verlaine annonce son intention parodique, car sa «doctrine» (exposée, pour l'essentiel, dans les strophes 2–4) s'oppose diamétralement à celle de son illustre prédécesseur. A la clarté classique, Verlaine préfère le vague poétique; au noir-et-blanc de la «littérature», il propose de substituer l'indétermination de la «chanson grise», sans laquelle il ne saurait y avoir de vraie poésie. Cette conception s'accordait parfaitement avec celle des poètes dits «symbolistes» des années 1885-1895; aussi *Art poétique*, paru opportunément en 1882, devait-il leur servir de manifeste. Pour eux comme pour Verlaine, la tâche du poète consiste moins à dire qu'à suggérer, et le plaisir du lecteur, moins à voir qu'à deviner.

De la musique avant toute chose,
Et pour cela préfère l'Impair[2],
Plus vague et plus soluble dans l'air,
Sans rien en lui qui pèse ou qui pose.

5   Il faut aussi que tu n'ailles point
Choisir tes mots sans quelque méprise[3]:
Rien de plus cher que la chanson grise
Où l'Indécis au Précis se joint.

C'est[4] des beaux yeux derrière des voiles,
10   C'est le grand jour tremblant de midi,
C'est, par un ciel d'automne attiédi,
Le bleu fouillis des claires étoiles!

Car nous voulons la Nuance encor,
Pas la couleur, rien que la nuance!
15   Oh! la nuance seule fiance
Le rêve au rêve et la flûte au cor!

---

2. Le vers impair. — 3. Remarquez que le mot est *méprise,* et non *mépris.* Lisez: Parfois il faut choisir le terme impropre. — 4. «C'», c'est la *chanson grise,* comparée ici à «des beaux yeux...», etc.

Fuis du plus loin la Pointe assassine[5],
L'Esprit cruel et le Rire impur,
Qui font pleurer les yeux de l'Azur[6],
20   Et tout cet ail de basse cuisine!

Prends l'éloquence et tords-lui son cou!
Tu ferais bien, en train d'énergie[7],
De rendre un peu la Rime assagie[8].
Si l'on n'y veille, elle ira jusqu'où?

25   O qui dira les torts de la Rime!
Quel enfant sourd ou quel nègre fou
Nous a forgé ce bijou d'un sou
Qui sonne creux et faux sous la lime[9]?

De la musique encore et toujours!
30   Que ton vers soit la chose envolée
Qu'on sent qui fuit d'une âme en allée[10]
Vers d'autres cieux à d'autres amours.

Que ton vers soit la bonne aventure
Eparse au vent crispé du matin
35   Qui va fleurant la menthe et le thym...
Et tout le reste est littérature[11].

---

5. Trait d'esprit (voir vers suivant) qui termine un poème (allusion à l'escrime: le « coup de pointe » à la fin d'une passe); elle est « assassine » parce qu'elle tue la vraie poésie. — 6. Symbole de la pureté et de l'idéal. — 7. Pendant que tu y es. — 8. D'éviter les rimes trop riches. — 9. Allusion aux poètes de l'école parnassienne qui « limaient » trop méticuleusement leurs vers et qui, en particulier, attachaient trop d'importance à la richesse des rimes. — 10. Qui s'en va (s'envole?). — 11. N'est *que* littérature. Le mot, pris ici au sens péjoratif, signifie: production conventionnelle ou artificielle, dépourvue de (vraie) poésie.

Matière à réflexion

1. *Mon Rêve familier.* — (a) Nous avons employé, après tant d'autres, le mot d'*incantatoire* pour qualifier ce poème (voir la notice). A votre avis, la comparaison avec une *incantation* est-elle défendable? Commentez ce jugement de J.-H. Bornecque: « Le pouvoir incantatoire de ce poème [...] tient d'abord au caractère ambivalent du mot *rêve,* que l'on peut prendre successivement dans son double sens de songe réel ou de nostalgie, sans que les idées ou les images [...] sortent jamais tout à fait de leur clair-obscur pour confirmer ou infirmer absolument l'une ou l'autre interprétation » (édition critique des *Poèmes saturniens*). (b) Un lecteur ne comprend pas: « N'est-il pas un peu paradoxal qu'au vers 12 le regard de cette femme douce et compréhensive ressemble au regard vide et inexpressif des statues? D'autant plus que souvent, suivant une tradition qui remonte à l'antiquité grecque, elles sont dépourvues de prunelles! » Que faudrait-il lui répondre?

2. *Chanson d'automne.* — (a) Analysez les voyelles de la première strophe. En quoi aident-elles à créer cette impression de *langueur monotone* dont il est question aux vers 5–6? (b) Traduisez les métaphores des vers 1–3. Sous quelle appellation littérale les *violons* du vers 2 reparaissent-ils plus tard? (c) Sous quels aspects différents la *langueur* évoquée dans la première strophe se manifeste-t-elle dans les strophes suivantes? Etudiez en particulier la *nostalgie* des «jours anciens» (vers 11) et *l'angoisse* qu'éprouve le poète à l'idée d'être la proie de forces mauvaises.

3. *Ariette I.* — Aux propos de J. Robichez (voir la notice), un lecteur indigné proteste: «Faut-il donc, pour être "compris", qu'un poème peigne quelque chose ou s'adresse à quelqu'un? Doit-il y avoir une réponse à la question: "De quoi ou de qui s'agit-il?" Rien ne saurait être plus loin de l'idée que Verlaine se faisait de la poésie. Lisez son *Art poétique*, puis relisez ce poème. Ouvrez-vous à la magie des images et à la musique des mots. Que reste-t-il, après cela, à comprendre? Moi, je crois avoir compris cette ariette, et il m'a suffi pour cela d'en subir le charme. » A qui donnez-vous raison? Robichez a-t-il mal compris Verlaine? Ce lecteur a-t-il mal compris Robichez?

4. *Ariette III.* — (a) Etudiez le parallélisme entre le paysage extérieur et le « paysage de l'âme ». Comment est-il établi? entretenu? (b) Appliquez à ce poème la «doctrine » exposée dans *Art poétique* (voir plus loin).

5. *Art poétique.* — (a) En quoi consiste, à votre avis, la musicalité d'un vers? En quoi le vers impair est-il plus musical que le vers pair? plus «vague »? plus «soluble dans l'air »? (Que pourrait être, au juste, la «solubilité » d'un vers?) (b) Quels sont, pour Verlaine, les «torts » de la rime (vers 25)? (c) Selon Verlaine, pourquoi faut-il rechercher l'impropriété de l'expression? (d) Dans quelle mesure la conception de la poésie exposée dans *Art poétique* est-elle illustrée par le poème?

6. *« Les faux beaux jours... »* — (a) Que veut dire, au premier vers, l'expression «les faux beaux jours»? De quels *jours* s'agit-il? En quoi sont-ils «beaux »? en quoi «faux »? (b) Comment Verlaine évoque-t-il la tentation? De quel(s) remède(s) dispose-t-il contre elle?

7. *« Le ciel est, par-dessus le toit... »* — Nous avons pris soin de citer le passage de *Mes Prisons* où Verlaine indique les circonstances qui lui ont inspiré le poème (voir la notice). Selon R. Decesse et H. Godard, cependant, «les rapprochements biographiques importent finalement assez peu. [...] Nous pourrions tout aussi bien ignorer qu'il était en prison » (*XIXᵉ Siècle: Documents*). Pourrions-nous, à votre avis, «tout aussi bien ignorer » la situation où se trouvait le poète? En quoi notre compréhension et notre appréciation seraient-elles différentes?

Mallarmé

Mallarmé est sans doute, de tous les écrivains français du XIXᵉ siècle, celui dont l'ambition dépassait du plus loin l'œuvre réalisée. Il ne laissa à sa mort qu'environ 1.500 vers, dont il jugeait la quasi totalité indigne de lui survivre. Est-ce donc un raté? Il en convenait lui-même: « Mais ratés, nous [les poètes] le sommes tous! Que pouvons-nous être d'autre, puisque nous mesurons notre fini à un infini? Nous mettons nos faibles forces en balance avec un idéal qui, par définition, ne saurait être atteint. Nous sommes des ratés prédestinés. Je crois même qu'à ce point de vue j'ai plus droit que quiconque à l'épithète »[1]. Les quelques vers qu'ont donnés les « faibles forces » de ce « raté » lui ont valu néanmoins d'être classé parmi les plus grands. Etonnant échec que celui de Mallarmé.

Comparé à d'autres poètes de son siècle, Stéphane Mallarmé (1842–1898) fait figure de parfait bourgeois. Il n'a pas connu la déchéance d'un Baudelaire ou d'un Verlaine, ni le poétique exil d'un Hugo; n'ayant jamais voyagé, comme Rimbaud, aux pays de rêve, il a dû se contenter d'en rêver. Dépourvue d'événements, sa vie est de celles qui font le désespoir des biographes.

Son père est fonctionnaire à l'Enregistrement, et c'est là que l'apprenti poète, une fois terminées ses études secondaires, commence sa vie professionnelle. Il s'y ennuie prodigieusement et décide de se recycler dans l'enseignement. En 1863 il se marie, et quelques mois plus tard il obtient un poste de professeur d'anglais dans un lycée de province: le voilà établi définitivement dans sa carrière et dans la vie.

Il n'est pourtant pas heureux: les rôles de mari et de père sont loin de le combler, et son gagne-pain l'empêche de se consacrer à son œuvre poétique. « Je ne crois vivre que lorsque je fais des vers », avoue-t-il, les vers étant « la seule occupation qui soit digne d'un homme »[2].

En 1871 Mallarmé est muté à Paris. La fréquentation des milieux littéraires le vivifie quelque peu, mais il continue à souffrir d'une impuissance créatrice causée moins par les exigences de sa profession que par une poétique de plus en plus exigeante. Cependant sa réputation commence à se répandre parmi les lettrés. A partir de 1880 se réunissent chez lui, tous les mardis, les jeunes poètes d'avant-garde; devant son auditoire subjugué Mallarmé disserte pendant des heures sur la Poésie. « On écoutait sa parole comme un oracle. Vraiment c'était bien une sorte de Dieu », écrira un témoin[3]. De nombreux habitués des « mardis » en parleront plus tard, mais — chose curieuse — aucun ne pourra répéter ni même résumer les paroles de celui qu'ils appellent « le Maître ».

Admis à la retraite en 1894, Mallarmé espère enfin « débuter dans la littérature » (car il tient pour nul tout ce qu'il a fait jusqu'alors). La mort le surprend quatre ans plus tard, à l'âge de cinquante-six ans.

---

1. Propos rapporté par C. Mauclair, *Mallarmé chez lui.* — 2. Lettres du 30 déc. 1864 à Mistral et de mars 1865 à Cazalis. — 3. Rémy de Gourmont, *Promenades littéraires.*

Mallarmé en 1891 photographié par Nadar

L'hermétisme: théorie et pratique

Mallarmé passe pour être le poète le plus difficile de son siècle. Depuis lors bien des poètes sont allés plus loin dans la voie de *l'hermétisme,* mais il est le premier à en avoir heureusement joint la théorie et la pratique.

Qu'est-ce que l'hermétisme? Le mot vient du nom d'un alchimiste légendaire de l'antiquité, Hermès Trismégiste, à qui les Grecs attribuaient l'invention d'une technique de fermeture parfaite obtenue en faisant fondre ensemble un récipient et son couvercle; c'était le *sceau hermétique.* Par extension, on qualifie d'hermétique une œuvre «fermée» qui ne laisse rien échapper de son sens. A l'idée d'*obscurité* le terme ajoute celle de *secret,* l'œuvre hermétique n'étant pas seulement difficile ou impossible à comprendre, mais *rendue telle* par la volonté de l'écrivain.

Mais pourquoi le poète cacherait-il intentionnellement son message, alors qu'on n'écrit d'habitude que pour se faire comprendre? Il faut rendre la poésie «accessible aux seules âmes d'élite», afin de la remettre à sa juste place au sommet de la hiérarchie des arts — telle est la réponse de Mallarmé dans un article au titre révélateur: *Hérésies artistiques: l'Art pour tous.*

> Toute chose sacrée et qui veut demeurer sacrée s'enveloppe de mystère. Les religions se retranchent à l'abri d'arcanes [secrets] dévoilés au seul prédestiné: l'art a les siens. [...] J'ai souvent demandé pourquoi ce caractère nécessaire a été refusé à un seul art, au plus grand. Celui-là est sans mystère contre les curiosités hypocrites, sans terreur contre les impiétés. [...] Je parle de la Poésie.

En se mettant à la portée des «premiers venus», la Poésie se rabaisse à leur niveau. Pour écarter ces importuns elle doit leur inspirer de la «terreur», et elle y parviendra en retrouvant son «mystère». Il faut donc que la Poésie soit inintelligible au profane, tout comme le sont les «hiéroglyphes inviolés des rouleaux de papyrus». C'est ainsi qu'elle retrouvera son éminente dignité et que le Poète pourra «rester aristocrate».

Hérésies artistiques datent du début de la carrière de Mallarmé (1862), et l'on comprend que le ton intransigeant en soit celui d'un manifeste. Il s'exprimera différemment par la suite, mais sur le fond sa position ne variera jamais. Trente ans plus tard, il insistera de nouveau sur la nécessité de procéder en poésie uniquement *par allusion*. Les poètes qui s'expriment clairement et simplement «manquent de mystère; ils retirent aux esprits cette joie délicieuse de croire qu'ils créent. *Nommer* un objet, c'est supprimer les trois quarts de la jouissance du poème qui est faite de deviner peu à peu: le *suggérer,* voilà le rêve.» Il est à noter qu'ici l'obscurité se justifie différemment: elle ne sert plus à décourager le profane, mais à augmenter le plaisir du lecteur. La même conclusion s'impose pourtant: «Il doit y avoir toujours énigme en poésie» [4].

Jusqu'ici il a été question de *l'obscurité d'expression;* mais il y a aussi *l'expression de l'obscur.* Le caractère énigmatique de certains poèmes de Mallarmé tient autant à la *difficulté du sujet traité* qu'à l'obscurité du langage employé. A la différence des poètes pour qui compte la «musique avant toute chose» (voir p. 305), et des romantiques, pour qui la poésie doit traduire fidèlement les sentiments du poète, Mallarmé vise bien plus haut. L'unique tâche du (vrai) poète, infiniment difficile mais suprêmement importante, consiste à fournir l'«explication orphique [5] de la terre» (*Autobiographie*). La poésie, répond Mallarmé au journaliste qui lui en avait demandé une définition, est «l'expression [...] du sens mystérieux des aspects de l'existence» (lettre du 27 juin 1884 à L. Orfer). Une telle poésie sera «mystérieuse» au même titre et au même degré que la réalité qu'elle cherche à traduire.

Curieusement, ce théoricien de l'«énigme en poésie» fut lent à pratiquer sa théorie. Ses poèmes d'avant 1865 n'ont rien d'énigmatique, et l'on se demande

---

4. Réponse à J. Huret, *Enquête sur l'évolution littéraire.* — 5. Relatif à Orphée, poète légendaire de l'antiquité grecque, qui passe pour être le fondateur au VIᵉ s. av. J.-C. d'une religion initiatique (l'orphisme). Les initiés de la secte apprenaient des formules secrètes qui leur donnaient accès à l'Au-delà. Mallarmé emploie le mot au sens étendu de: caché, mystérieux, hermétique.

pourquoi Mallarmé continue à cultiver jusqu'alors une poésie accessible aux « premiers venus » — ceux-là mêmes qu'il avait tant méprisés dans son article de 1862. Dans sa production des premières années se trouvent quelques-uns des poèmes les plus musicaux de la langue française (voir, ci-dessous, *Apparition*), et presque tous sont, comme il le reconnaît lui-même, des révélations plus ou moins directes de son tempérament. Puis, à partir de 1865, ayant trouvé *les moyens de sa théorie*, il renonce peu à peu à la musicalité, au lyrisme et à la clarté; sa poésie deviendra dès lors de plus en plus exigeante, de plus en plus fermée aux profanes.

La première « énigme » poétique date de 1866: c'est l'« ouverture » d'un poème dramatique intitulé *Hérodiade*. Bientôt Mallarmé se met à se comparer aux alchimistes du Moyen Age, car il voit entre leur ambition et la sienne une analogie profonde. Les alchimistes avaient tenté de réaliser le « Grand Œuvre » (ainsi appelaient-ils la transmutation en or de métaux « vils », comme le plomb et le fer); pour y parvenir, ils se livraient à des expériences occultes dont les résultats étaient consignés dans des grimoires (livres secrets, indéchiffrables aux non-initiés). Mallarmé reprend à sa manière leur projet, l'appelant, comme eux, son « Grand Œuvre ». Il ambitionne d'y renfermer, par une sorte d'*alchimie verbale*, et en donnant « un sens plus pur aux mots de la tribu », la clef de l'univers, de laquelle les seuls initiés sauraient se servir.

Mallarmé pousse l'hermétisme de certains poèmes au point d'en interdire l'accès non seulement aux profanes, mais aussi aux initiés (si l'on peut qualifier ainsi les critiques et les exégètes). Il y parvient en recourant à plusieurs techniques, dont voici les principales. 1° Il disloque la syntaxe, obligeant ainsi son lecteur à rétablir l'ordre habituel des mots. 2° De nombreux mots sont employés dans un sens archaïque, vieilli, étymologique ou même anglais. 3° Mallarmé emploie de nombreuses métaphores dont la traduction en langage littéral s'avère problématique ou impossible. 4° Dans les derniers poèmes il supprime la ponctuation et, une fois, va jusqu'à bouleverser la présentation typographique.

Mallarmé ne devait pas avoir le temps de réaliser son Œuvre, ni même peut-être de le commencer; en l'année de sa mort il estimait avoir besoin d'encore dix ans pour l'achever. Mis à part le dernier poème paru de son vivant, *Un Coup de dés jamais n'abolira le hasard* (1897), qui en est peut-être un fragment, il ne nous reste pas grand-chose de l'œuvre rêvé. Mallarmé avait accumulé des centaines de notes en vue de l'écrire, mais la veille de sa mort il pria sa femme et sa fille de les brûler toutes, leur assurant qu'« on n'y distinguerait rien ». Il ajouta: « Croyez que ce devait être très beau... »

L'influence considérable que Mallarmé exerça sur ses contemporains devait se prolonger loin dans notre siècle; elle est aujourd'hui loin de s'éteindre. De Mallarmé date la rupture en France entre la poésie dite « sérieuse » et le grand public, désormais incapable de la goûter. Comme le dit J. Audard, « il y a la poésie française avant Mallarmé, [...] qui est en général de sens aisément accessible et sans ambiguïté; et puis, il y a la poésie française après Mallarmé, [...] d'une lecture difficile et d'une obscurité au moins apparente »[6]. Ceux qui jugent salutaires et ceux qui

6. *Les Lettres* III, numéro spécial (1948).

jugent néfastes cette influence et cette rupture s'accordent pour trouver dans l'œuvre elle-même quelques-unes des plus éclatantes réussites de la poésie française.

Apparition

En août 1863 Mallarmé, âgé de vingt et un ans, se maria; aussi a-t-on longtemps cru que ces vers, composés justement au cours de l'été 1863, furent inspirés par sa fiancée. Puis on trouva dans la correspondance du poète la preuve qu'il les avait écrits pour complaire à un ami qui lui avait demandé un portrait en vers de sa fiancée. Cette découverte fut mal accueillie par ceux pour qui la vraie poésie doit venir « du cœur »: il est « fort probable », nous assurent-ils dans leurs commentaires, que Mallarmé pensait aussi à sa bien-aimée. Ce poème, l'un des plus *musicaux* de l'œuvre mallarméenne, ne parut, fort opportunément, qu'en 1883: Verlaine venait de publier son *Art poétique,* où il avait prôné la « musique avant toute chose » (voir p. 305).

> La lune s'attristait. Des séraphins en pleurs
> Rêvant, l'archet aux doigts, dans le calme des fleurs
> Vaporeuses, tiraient de mourantes violes
> De blancs sanglots glissant sur l'azur des corolles.
> 5 — C'était le jour béni de ton premier baiser.
> Ma songerie aimant à me martyriser
> S'enivrait savamment du parfum de tristesse
> Que même sans regret et sans déboire laisse
> La cueillaison du Rêve au cœur qui l'a cueilli.
> 10 J'errais donc, l'œil rivé sur le pavé vieilli,
> Quand, avec du soleil aux cheveux, dans la rue
> Et dans le soir, tu m'es en riant apparue,
> Et j'ai cru voir la fée au chapeau de clarté
> Qui jadis sur mes beaux sommeils d'enfant gâté
> 15 Passait, laissant toujours de ses mains mal fermées
> Neiger de blancs bouquets d'étoiles parfumées.

L'Azur

Composé en 1864, ce poème est le seul de son œuvre dont Mallarmé nous ait fourni une explication détaillée; paradoxalement, il est aussi l'un de ceux qui peuvent le mieux se passer d'explications. (Dans son commentaire Mallarmé lui-même en est souvent réduit à *se paraphraser.*) L'azur, couleur du ciel et de la mer, était un symbole conventionnel de la *pureté* ou de l'*idéal.* Il s'agit dans le poème d'un idéal *esthétique* (la Beauté) que Mallarmé s'avoue impuissant à exprimer et qu'il cherche par conséquent à renier. Le ciel, où se situe métaphoriquement l'idéal, en devient le symbole au même titre que l'azur; tout ce qui obscurcit le ciel (brouillard, fumée) devient ennemi de l'idéal. Si la symbolique du poème est conventionnelle, le drame qu'il raconte ne l'est pas du tout. Au lieu de renier la vie commune afin de mieux servir l'Idéal — ce que faisaient les «vrais» poètes, par tradition et presque par devoir —, le poète de *L'Azur* trahit l'Idéal pour mieux partager la vie médiocre du «bétail des hommes». Mais sa tentative est vaine, et la tradition, sauve.

> De l'éternel azur la sereine ironie
> Accable, belle indolemment comme les fleurs,
> Le poète impuissant qui maudit son génie
> A travers un désert stérile de Douleurs.
>
> 5   Fuyant, les yeux fermés, je le sens qui regarde,
> Avec l'intensité d'un remords atterrant,
> Mon âme vide. Où fuir? Et quelle nuit hagarde
> Jeter, lambeaux, jeter sur ce mépris navrant?
>
> Brouillards, montez! Versez vos cendres monotones
> 10 Avec de longs haillons de brumes dans les cieux
> Que noiera le marais livide des automnes,
> Et bâtissez un grand plafond silencieux!
>
> Et toi, sors des étangs léthéens[1] et ramasse
> En t'en venant la vase et les pâles roseaux,
> 15 Cher Ennui, pour boucher d'une main jamais lasse
> Les grands trous bleus que font méchamment les oiseaux.
>
> Encor! que sans répit les tristes cheminées
> Fument, que de suie une errante prison
> Etreigne dans l'horreur de ses noires traînées
> 20 Le soleil se mourant jaunâtre à l'horizon!
>
> — Le Ciel est mort. — Vers toi, j'accours! donne, ô matière,
> L'oubli de l'Idéal cruel et du Péché
> A ce martyr qui vient partager la litière
> Où le bétail heureux des hommes est couché,
>
> 25 Car j'y veux, puisque enfin ma cervelle, vidée
> Comme le pot de fard gisant au pied d'un mur
> N'a plus l'art d'attifer la sanglotante idée,
> Lugubrement bailler vers un trépas obscur.
>
> En vain! l'Azur triomphe, et je l'entends qui chante
> 30 Dans les cloches. Mon âme, il se fait voix pour plus
> Nous faire peur avec sa victoire méchante,
> Et du métal vivant sort en bleus angélus!
>
> Il roule par la brume, ancien et traverse
> Ta native agonie[2] ainsi qu'un glaive sûr;
> 35 Où fuir dans la révolte inutile et perverse?
> *Je suis hanté.* L'Azur! L'Azur! L'Azur! L'Azur!

---

1. Qui procurent l'oubli. Le Léthé était, dans la mythologie grecque, un fleuve des Enfers dont la traversée faisait oublier aux morts leur vie terrestre. — 2. «L'expression *native agonie* montre que dès sa naissance le poète est désespéré et lutte contre la mort», commente Y.-A. Favre (*Œuvres de Mallarmé*, édition Classiques Garnier). Cette interprétation est discutable.

Brise marine

Le poème qui suit, l'un des plus connus de l'œuvre mallarméenne, en est aussi l'un des plus clairs, malgré quelques difficultés aux vers 13–15. Le point de départ en serait, selon Mallarmé lui-même, « ce désir inexpliqué qui nous prend parfois de quitter ceux qui nous sont chers, et de *partir!* » (lettre de mai 1865 à Mme Le Josne). Il s'agit en même temps d'un lieu commun de l'époque et d'une réalité biographique. La *tentation de tout quitter* assaillait Mallarmé avec une force accrue à l'époque où il écrivit ce poème, mais elle n'est en rien « inexpliquée »: il était malheureux en ménage, humilié au travail et frustré dans ses efforts de création poétique. A la différence pourtant d'un Rimbaud, Mallarmé n'était pas de ceux qui partent: l'annonce hardie du vers 9 ne devait être qu'un vœu stérile et un rêve poétique.

> La chair est triste, hélas! et j'ai lu tous les livres.
> Fuir! là-bas fuir! Je sens que des oiseaux sont ivres
> D'être parmi l'écume inconnue et les cieux!
> Rien, ni les vieux jardins reflétés par les yeux
> 5   Ne retiendra ce cœur qui dans la mer se trempe,
> O nuits! ni la clarté déserte de ma lampe
> Sur le vide papier que la blancheur défend[3],
> Et ni la jeune femme allaitant son enfant[4].
> Je partirai! Steamer balançant ta mâture,
> 10 Lève l'ancre pour une exotique nature!
> Un Ennui, désolé par les cruels espoirs,
> Croit encore à l'adieu suprême des mouchoirs[5]!
> Et, peut-être, les mâts, invitant les orages
> Sont-ils de ceux qu'un vent penche sur les naufrages
> 15 Perdus, sans mâts, sans mâts, ni fertiles îlots...
> Mais, ô mon cœur, entends le chant des matelots!

« *Le vierge, le vivace...* »

Publié en 1885 mais composé vraisemblablement bien plus tôt, ce sonnet représente la transition entre le symbolisme transparent de la première manière et l'obscurité des dernières années; il est, dit E. Noulet, « d'un hermétisme modéré... mi-lisible, mi-obscur » (*Vingt Poèmes de S. Mallarmé*). Grâce à cette (mi-) lisibilité, les très nombreux commentateurs ont pu s'accorder sur le sens de quelques mots et vers. Ainsi, tout le monde retrouve *le poète* sous les traits du *cygne* qui apparaît au vers 5; *les vols qui n'ont pas fui* du vers 4 sont les poèmes qui n'ont pas été écrits. Pour

---

3. Allusion à la difficulté que Mallarmé éprouvait à écrire. — 4. Quand Mallarmé écrivit ce poème, sa fille avait six mois. — 5. Les mouchoirs qu'on agite en signe d'adieu. Lisez donc: celui qui s'ennuie (au sens fort du terme) croit encore qu'en partant pour un *ailleurs* exotique, il pourra trouver un remède.

le reste, les interprétations divergent et se contredisent, la plupart d'entre elles se rattachant à l'une ou à l'autre de deux lectures globales. 1° Pour les uns, il s'agit de la lutte éternelle entre le Réel et l'Idéal: comme un oiseau que la glace empêche de s'envoler, le poète reste prisonnier de la vie quotidienne, de la société, de la matière, etc. 2° Pour les autres, il s'agit plutôt d'une allégorie de l'impuissance à créer, le *lac dur* du vers 3 étant celui de la stérilité du poète. Selon que l'on accepte la première ou la seconde interprétation, l'*espace* du vers 10 sera le Réel (la vie commune, les exigences matérielles, etc.) ou l'Idéal (l'Azur, le Ciel, etc.); le *mépris* du vers 13 sera celui que le poète éprouve pour la foule, ou celui qu'il éprouve pour lui-même.

☛ N.B. Au premier vers, *vierge, vivace* et *bel* sont des adjectifs qui qualifient *aujourd'hui,* adverbe substantivé (devenu nom).

> Le vierge, le vivace et le bel aujourd'hui
> Va-t-il nous[6] déchirer avec un coup d'aile ivre
> Ce lac dur oublié que hante sous le givre
> Le transparent glacier des vols qui n'ont pas fui!
>
> 5 Un cygne d'autrefois se souvient que c'est lui
> Magnifique mais qui sans espoir se délivre
> Pour n'avoir pas chanté la région où vivre
> Quand du stérile hiver a resplendi l'ennui.
>
> Tout son col secouera cette blanche agonie
> 10 Par l'espace infligée à l'oiseau qui le nie,
> Mais non l'horreur du sol où le plumage est pris.
>
> Fantôme qu'à ce lieu son pur éclat assigne,   °dans le
> Il s'immobilise au° songe froid du mépris
> Que vêt° parmi l'exil inutile le Cygne.   °revêt

« *Toute l'âme résumée...* »

Dans ce poème de 1895, un des derniers poèmes que Mallarmé ait écrits, E. Noulet voit «un art poétique, [...] un testament littéraire, l'ultime conseil de celui qui entrevit peut-être la véritable nature de la poésie» (*op. cit.*). L'ambiguïté s'installe dès le début: parvenu aux vers 2–3, on s'aperçoit que le mot d'*âme* (vers 1) est à prendre non seulement au sens propre mais aussi au sens étymologique de *souffle*. Le poème compare explicitement le poète au fumeur, et la poésie à la fumée; c'est l'adverbe *ainsi* au vers 9 qui introduit le deuxième terme de la comparaison. (Sur le sens du mot *vague* au vers 14, voir *Matière à réflexion*.)

---

6. Emploi familier du pronom qui traduit l'impatience du cygne.

Toute l'âme résumée
Quand lente nous l'expirons
Dans plusieurs ronds de fumée
Abolis en autres ronds

5   Atteste[7] quelque cigare
Brûlant savamment pour peu
Que[8] la cendre se sépare
De son clair baiser de feu

Ainsi le chœur des romances°   °l'œuvre poétique (?)
10   A la lèvre vole-t-il
Exclus-en si tu commences
Le réel parce que vil

Le sens trop précis rature°   °détruit
Ta vague littérature

---

7. Le verbe, qui a pour sujet *Toute l'âme* du vers 1, doit sans doute être pris au sens de: *témoigne de*. —
8. *Pour peu que*, synonyme de *si peu que*, signifie que l'action du verbe suffit à elle seule, et quelle qu'en soit le degré, pour produire la conséquence exprimée dans la proposition principale. Exemple: *Pour peu que tu fasses un effort, ta réussite est assurée.*

Matière à réflexion

1. *Apparition.* — (a) Dans son *Art poétique*, Verlaine avait conseillé au poète de choisir ses mots avec « quelque méprise » (voir p. 305), et c'est en effet ce que Mallarmé semble avoir fait au vers 9. Il s'agit de la *cueillette* (action de cueillir) et non de la *cueillaison* (saison de la cueillette). Qu'est-ce, à votre avis, qui aurait pu motiver le choix du terme impropre? (b) Ce poème a été comparé à un *diptyque* (petit tableau pliant formé de deux volets). Le mot se dit, au sens figuré, d'une œuvre littéraire composée de deux parties distinctes. Où se termine la première partie du poème et qu'est-ce qui la distingue de la seconde? Etudiez en particulier les tonalités différentes qui dominent dans les deux « volets ».

2. *L'Azur.* — (a) Etudiez les nombreux exemples de *personnification*. Qu'est-ce qui est personnifié? Quelle est la fonction du procédé? (b) On comprend que le poète invoque la fumée et les brouillards pour obscurcir le ciel. Mais qu'est-ce qui pourrait justifier l'appel à l'Ennui (vers 15)? Expliquez l'adverbe *méchamment* au vers 16. (c) A quoi s'oppose l'Idéal dans le poème? En reniant l'Idéal, à quel genre de vie le poète aspire-t-il? (d) Quel *péché* (vers 22) le poète essaie-t-il d'oublier? Pourquoi le poète se considère-t-il comme un *martyr* (vers 23)? (e) Pourquoi le poète se révolte-t-il? Pourquoi sa révolte a-t-elle été « inutile »? pourquoi « perverse » (vers 35)?

3. *Brise marine.* — «Au-delà de ce désir tout platonique [d'évasion]», écrit P.-O. Walzer, «rien n'interdit de voir symboliquement, dans cette mer ici évoquée, [...] l'ivresse de la création spontanée...» Quelques lignes plus loin cette conjecture se transforme en certitude: «On lit ici l'appel à une nouvelle vie et à une nouvelle poésie» (*Mallarmé*). Et Lagarde et Michard, dans leur célèbre manuel, comme beaucoup d'autres à leur suite, de faire écho: «Mallarmé traduit ici par l'*appel du large* l'aspiration [...] à l'*au-delà poétique* qui le hante.»

> Mais non! objecte-t-on. D'où donc tirez-vous cette «nouvelle poésie», cet «au-delà poétique»? Vous demandez «pourquoi pas?», et faute de réponse vous y allez hardiment. Etrange principe que celui-là, qui vous permettrait de trouver l'explication orphique de l'univers dans *Mary Had a Little Lamb*. «Rien n'interdit notre interprétation», dites-vous? Mais si! Elle est interdite par le fait que *rien dans le texte ne l'autorise*. Si vous croyez le contraire, montrez-moi sur quoi *dans le texte* vous vous appuyez. Ne me demandez pas «pourquoi pas?». Dites-moi *pourquoi*.

Donnez-vous raison à Walzer et Cie ou à leur contradicteur?

4. «*Le vierge, le vivace...*» — Laquelle des deux interprétations globales (voir la notice du poème) vous paraît la meilleure? Sur quels éléments du texte appuyez-vous votre jugement? Commentez ce jugement d'E. Noulet: «Non, le poète n'est pas prisonnier de la vie [...], au contraire; il est, comme dans *L'Azur*, le prisonnier et le martyr de l'idéal. [...] C'est l'azur qui le tient» (*Vingt Poèmes de S. Mallarmé*).

5. «*Toute l'âme résumée...*» — (a) «La comparaison dont vous parlez [voir la notice] est peut-être "explicite", mais elle n'est pas *claire*. En quoi *précisément* le poète ressemble-t-il au fumeur, et la poésie à la fumée?» Pouvez-vous répondre à ce lecteur? (b) Le mot *exclus* au vers 11 est capital. Que faut-il exclure? de quoi? pourquoi? (c) *Le sens trop précis* (vers 13) est à éviter, bien entendu: cela s'ensuit tautologiquement du sens du mot *trop*. Mais sur le sens du vers 14 les commentateurs ne tombent pas d'accord. Faut-il prendre *vague littérature* en bonne ou en mauvaise part? Pour les uns, l'expression est laudative: elle désignerait le but que Mallarmé s'était toujours proposé et que la précision excessive «rature» (c'est-à-dire: empêche d'atteindre). Pour les autres, *littérature* a le même sens péjoratif que dans l'*Art poétique* de Verlaine (voir p. 305); *vague* y ajouterait l'idée d'*insignifiance*, d'*absence d'intérêt ou de valeur*. (Ce sens du mot date justement de la fin du XIXe siècle.) A qui donnez-vous raison? Pourquoi? Quelles en sont les conséquences pour l'interprétation globale du poème?

Le XXe Siècle

Survol

« **E**sprit d'aujourd'hui, tu es ici! » Ce slogan publicitaire, agrémenté de photos-collages très surréalistes, qui ornait, en septembre 1995, les couloirs du métro parisien, aurait sans aucun doute beaucoup plu à Guillaume Apollinaire, poète de l'« esprit nouveau », et à ses héritiers surréalistes, par ailleurs grands amateurs d'affiches et de merveilleux urbain (à la même époque, à quelques mètres à peine, par un étrange hasard objectif, une autre publicité reprenait quelques vers d'Eluard: « Tu es le grand soleil qui me monte à la tête »...). L'on se prend à imaginer, passant devant cette affiche, les grands poètes-flâneurs du début du siècle. Et peut-être aussi à penser qu'à sa manière, cette affiche publicitaire boucle la boucle du XXᵉ siècle. Car non seulement renvoie-t-elle à l'enthousiasme qu'eurent les poètes du premier quart du siècle pour la technologie moderne, non seulement témoigne-t-elle en outre de la considérable influence du surréalisme sur ce que l'on nomme aujourd'hui la « culture populaire », mais encore le fait-elle par le truchement d'un langage jadis considéré mineur — la publicité —, appartenant, au même titre que le cinéma, la télévision, la vidéo ou encore l'informatique, à ces nouveaux champs d'expression qui, au fil du siècle, se sont substitués à la culture purement littéraire de nos aïeux (qu'on le déplore ou non).

Ce slogan publicitaire, s'il fait un clin d'œil à l'histoire de la littérature et des idées au XXᵉ siècle, ne saurait évidemment se substituer à un bilan des transformations profondes qui ont marqué ce siècle, que l'on s'étonne presque de voir déjà s'achever. Nous manquons bien sûr du recul nécessaire pour bien observer notre objet. Peu de commentateurs, à la fin du XIXᵉ siècle, auraient pu prédire ce qui, dans le foisonnement social, politique et artistique de ces années, retiendrait l'attention du siècle suivant. Les modes les plus évidentes sont souvent les plus passagères et il arrive fréquemment que les auteurs les plus célèbres de leur vivant ne suscitent plus le moindre intérêt de la part des générations ultérieures. L'inverse est vrai également: pour un Marcel Proust relativement méconnu de son vivant, combien de «gloires» littéraires aujourd'hui mises aux oubliettes lui furent préférées par ses contemporains? Ce n'est pas que le jugement des contemporains, dont nous faisons partie pour les écrivains de cette fin de siècle, soit par essence erroné — d'autant plus que le mythe du «poète maudit» reste loin d'englober tous les littérateurs. C'est simplement que chaque époque porte un regard nouveau sur les époques précédentes, et que les commentaires des vingtièmistes sur leur siècle de prédilection seront inéluctablement revus et corrigés au cours du siècle à venir. Mais trève de précautions...

Au vu du siècle, un premier constat s'impose, et, avec lui, un premier découpage: le XXᵉ siècle fut marqué par une succession de guerres d'une ampleur jusque-là inouïe, car élargie cette fois au monde entier, et qui correspondent à autant de fractures sociales, culturelles et idéologiques. Divisé en *avant-guerres* et en *après-guerres,* caractérisées par des idées et des modes qui leur sont propres, le XXᵉ siècle apparaît, dès le premier abord, nettement balisé par deux conflits mondiaux, suivis par les troubles de la décolonisation et ceux de la guerre froide. Face à de tels bouleversements historiques, artistes et intellectuels tenteront de redéfinir leur rôle dans la société (anarchisme surréaliste, engagement existentialiste, etc.), de même que leur conception de la littérature.

La Belle Epoque fut précisément nommée ainsi parce qu'elle fut exempte de toute guerre. Dans un climat nouveau de sécurité favorisant l'essor économique, et favorisé en retour par lui, les Français des classes aisées purent goûter toutes les joies, parfois frivoles, de la vie mondaine (music-halls, cabarets, salons, etc.). Un des phénomènes majeurs qui caractérisent ces années s'affirmera comme une des tendances majeures du siècle: l'accroissement exponentiel de la courbe du progrès. La technologie moderne change alors radicalement la relation de l'homme à son environnement: la vitesse de l'automobile réduit les distances, le téléphone facilite et modifie les communications entre les individus, l'électricité améliore le confort de chacun, etc. Le cinéma, le métro, l'avion font leur apparition dans le quotidien des Français. De nouvelles attitudes et de nouvelles mentalités voient le jour, de nouvelles relations à la ville, à l'objet, à l'image et même à l'*autre* qui définissent l'homme nouveau du XXᵉ siècle. Nombreux furent les écrivains qui, tels Apollinaire, embrassèrent avec enthousiasme cet esprit nouveau et tentèrent de faire correspondre aux réalités modernes un langage littéraire neuf. Ainsi la Belle Epoque fut-elle caractérisée par un intense bouillonnement artistique que l'on qualifia de «moderniste» et auquel participèrent notamment les peintres cubistes chers à Apollinaire. Supplantés par cette nouvelle effervescence artistique, les divers mouvements de la fin du XIXᵉ siècle (naturalisme, symbolisme, Parnasse, théâtre de mœurs, etc.) dépérissent plus ou moins rapidement à l'orée du siècle suivant: comme d'autres époques, le XXᵉ siècle s'affirme presque immédiatement comme «las de ce monde ancien» et cherche quasiment d'emblée à lui substituer de nouvelles expériences et de nouvelles esthétiques, même si c'est souvent à l'écart d'un public qui demeure singulièrement conservateur. Car la Belle Epoque, bien qu'elle apparaisse à maints égards comme une période de ruptures, reste malgré tout également une période de continuité, une prolongation du XIXe siècle littéraire. Ainsi les derniers vestiges de formes anciennes cohabitent-ils temporairement avec les premiers signes d'un renouveau.

Un tel phénomène apparaît clairement au théâtre, où, alors même que les spectateurs applaudissent les pièces néo-romantiques de Rostand (dont le célèbre *Cyrano de Bergerac*) ou encore celles, néo-naturalistes, de Jules Renard (*Poil de carotte*), alors qu'ils apprécient les comédies de mœurs et surtout la psychologie stéréotypée du théâtre de boulevard, des auteurs tels que Jarry et Claudel remettent déjà en cause la dramaturgie usée de ce théâtre bourgeois dans des œuvres qui furent initialement quasi ignorées, voire même parfois non représentées, comme ce fut le cas des premières pièces de Claudel. Ce théâtre nouveau de l'entre-deux-siècles prépare néanmoins le terrain au renouveau dramaturgique des années cinquante.

Le roman, quant à lui, apparaît dès le début du siècle comme un genre en crise. Les vieilles ficelles du roman naturaliste, sa psychologie simpliste et ses schémas déterministes ont fini par lasser. Selon le mot célèbre de Valéry, les romanciers se refusent désormais à écrire « la marquise sortit à cinq heures ». Par réaction contre le réalisme descriptif, l'on s'oriente vers un *roman psychologique* qui, sous l'influence de Bergson, s'attache à disséquer les mouvements les plus intimes de la conscience. Ce grand mouvement d'introspection, dont les maîtres de l'époque étaient Bourget ou Huysmans, mais aussi le Valéry de *Monsieur Teste*, fait subir au roman de profondes modifications, en particulier la disparition de l'intrigue au sens traditionnel. Ce roman psychologique, mais aussi le *roman poétique* qui apparaît dans ces années, tentative de fusion entre la méditation poétique et la narration romanesque, dont le modèle le plus achevé fut *Le Grand Meaulnes* d'Alain-Fournier (1913), remettent en cause le format traditionnel du récit réaliste ou naturaliste. L'œuvre de Proust, au carrefour du roman psychologique et du roman poétique, disloque encore davantage le moule du roman tel qu'on le concevait jusque-là. En substituant à l'affabulation romanesque l'étude approfondie des impressions d'un jeune homme, en proposant du réel une vision déformée à travers le prisme des perceptions, en tentant de capter par les méandres de phrases interminables les nuances infinies de toute réalité, Proust donne de coup de grâce non seulement à l'objectivité descriptive, mais aussi à l'intrigue chronologique et au personnage traditionnel. Le « récit à point de vue », qui recourt de plus en plus au monologue intérieur, remplace désormais souvent l'omniscience pseudo-objective du récit réaliste. Quant à André Gide, il contribue dès ses premiers récits, par l'usage de divers procédés (interférence poétique, mise en abyme, refus de la description des personnages et de l'illusion référentielle, multiplication des points de vue et des modes narratifs, diffraction de l'intrigue, etc.) au renouvellement des formes romanesques. De 1900 à 1918, l'on assiste à une telle prolifération de pratiques romanesques dissemblables que l'on s'interroge sur la définition du roman en tant que genre, et même sur ses chances de survie. C'est dans cette réflexion générale que s'inscrivent donc les pratiques anti-romanesques de Gide.

En poésie, après une période de transition marquée par l'héritage symboliste (Valéry, Gide, etc.), suivie par un foisonnement de petits mouvements éphémères, la révolution apollinarienne, à la fois synthèse de la tradition lyrique française et quête d'une thématique (la modernité urbaine) et d'une esthétique nouvelles (simultanéisme des images, assemblage de fragments hétéroclites, libération du vers, déponctuation, calligrammes, etc.) ouvre la voie aux recherches surréalistes. Pourtant, malgré les enthousiasmes modernistes, la France traverse bel et bien en ces années une crise de civilisation: les nostalgiques de la «grande» France du XIXe siècle voient amèrement leur pays perdre progressivement son influence politique internationale au profit de nouvelles nations, déclin que viendra révéler plus clairement encore la Première Guerre mondiale. Parallèlement, les vieilles structures sociales et politiques du XIXe siècle sont ébranlées par de profondes mutations, dont Proust se fera l'entomologiste dans *A la recherche du temps perdu*. L'affaire Dreyfus, qui apparaît maintes fois en toile de fond de ce roman, laisse entrevoir une France déchirée par la tentation nationaliste. En effet, face au vertige du changement, face à la menace allemande qui se précise, certains écrivains se replient sur les notions d'une identité nationale française (un tel patrotisme fervent anime notamment Charles Péguy), d'un patrimoine culturel à sauvegarder, d'un attachement profond aux traditions et à la terre (c'est le thème de l'«enracinement» cher à Barrès). Malgré les efforts pacifistes des «libéraux» (les intellectuels de gauche) comme Jean Jaurès ou Anatole France, la montée d'une extrême-droite nationaliste, militariste, parfois antisémite, contribua à déclencher la Première Guerre mondiale en appelant à une nouvelle *croisade* contre l'«ennemi héréditaire».

Il faudra le choc de 14–18 pour que la France sorte définitivement du XIXe siècle. Cet accouchement douloureux d'une ère nouvelle laisse toute une génération désabusée face à ce carnage sans précédent. Aussi est-ce un farouche esprit de rupture qui anime les jeunes poètes qui, à peine sortis de l'adolescence, se regrouperont sous la bannière surréaliste.

a) Rupture, d'abord, avec le conformisme moral, politique et social des maîtres à penser de la génération précédente, ces «mandarins[1]» conservateurs et souvent belliqueux, qui, en exaltant la grandeur de la France et le «devoir du soldat», avaient joyeusement envoyé à la boucherie des milliers de jeunes gens. Il faut lire un poème comme *Vie de l'assassin Foch* de Benjamin Péret[2] pour apprécier à sa juste valeur la colère qui anime ces jeunes révoltés. Pratiquant systématiquement l'irrespect des grandes traditions (les sacro-saints «travail, famille, patrie»), comme la prise à parti des grands hommes, les surréalistes font avant tout figure de dangereux iconoclastes, que la police surveille comme de véritables anarchistes. Ainsi doit-on voir dans l'humour tapageur qui anime les premiers scandales dadaïstes une révolte contre l'ordre établi et une tentative de subversion de la culture officielle (procès de Maurice Barrès, lettre ouverte à Paul Claudel, etc.).

b) Rupture, plus largement, avec les valeurs sclérosées et aliénantes de la société bourgeoise, en particulier avec le rationalisme et le positivisme, dont la guerre, en usant des découvertes de la science à des fins militaires, a révélé les effets négatifs. C'est bien la faillite de la civilisation positiviste que constatent avec dégoût

---

1. Les Barrès, Maurras, Bazin, Bourget, etc., mais aussi Claudel, qui se vantait d'avoir, pendant la guerre, fait gagner à son pays «deux cent millions». — 2. Voir p. 478.

les surréalistes. A la logique et à la raison, ils proposent de substituer l'exploration du merveilleux (en droite ligne du romantisme), du rêve et de l'inconscient (qu'ils découvrent dans les travaux de Freud publiés au début du siècle). Pleins d'optimisme pour les possibilités cachées de l'homme — on peut parler en cela d'un *humanisme* surréaliste — , ils se proposent de révéler, au cœur même du quotidien, les forces mystérieuses que la raison n'a cessé d'occulter. C'est à cette exploration de l'irrationnel que sont vouées toutes les expériences surréalistes: écriture automatique, associations surprenantes et ludiques de mots, jeux sur les proverbes et les lieux communs, sommeil hypnotique, récits de rêves, valorisation et même recherche de la démence, etc. Cette exaltation des « pouvoirs originels de l'esprit » n'est évidemment pas exempte d'un certain idéalisme qui fut par la suite abondamment critiqué, notamment par Sartre. Mais ce serait mécomprendre l'essence même de l'entreprise surréaliste que de lui reprocher sa « naïveté »: le surréalisme est inséparable de cet enthousiasme même, de cette fantaisie, de cette audace, de cette croyance que l'ancien monde céderait inexorablement devant le nouveau. Il vise à une libération générale des mœurs et de la société, avec tout ce qu'une telle ambition comporte d'*utopique*.

c) Rupture, enfin, avec la littérature officielle, et avec toute forme de conformisme esthétique. A contre-courant des idées reçues et des valeurs admises, les jeunes surréalistes choisissent leurs ancêtres et leurs modèles parmi d'autres écrivains iconoclastes, tels Alfred Jarry ou encore Arthur Cravan, poète-boxeur (!) qui vendait dans les rues ses poèmes imprimés sur du papier boucherie. L'insurrection dadaïste est avant tout animée par un désir d'« humilier l'art et la poésie », selon les termes de Tristan Tzara. Entreprise destructive et nihiliste (dont le mot d'ordre est le fameux « Plus rien, rien, RIEN, RIEN, RIEN »), mais qui se révèle rapidement stérile. Proclamant la mort de Dada, Breton et ses compagnons d'aventure se souviennent du mot de leur ancêtre Lautréamont: « la poésie doit mener quelque part ». La poésie n'est pas un but en soi, mais un moyen dans la quête du merveilleux et l'exploration du surréel. Néanmoins, Breton précise que l'écriture automatique doit se pratiquer « en l'absence de toute préoccupation esthétique ».

Refusant toutes les contraintes formelles du genre poétique, les surréalistes ont redéfini la poésie non plus comme le respect de règles imposées, mais comme production spontanée d'*images* — obtenues, comme déjà chez Apollinaire ou encore chez Reverdy, par l'association insolite de deux réalités plus ou moins distantes — dont les raccourcis surprenants, retrouvant le pouvoir merveilleux des mots, révèlent de nouveaux liens entre l'homme et le monde. On doit donc au surréalisme une tentative de libération absolue du langage poétique qui marqua profondément toute la poésie moderne: on concevra désormais la poésie davantage comme affaire de *contenu* plutôt que comme pure affaire de forme. Au critère formel se substitue le concept d'*essence poétique:* la poésie est avant tout une manière de voir les choses et de transfigurer le monde.

C'est donc une grande remise en cause des modèles culturels antérieurs qui caractérise l'effervescence surréaliste. Parallèlement, les premières décennies du XXᵉ siècle sont marquées par une interrogation sur les genres littéraires: réflexion sur le format du roman chez Gide ou Proust, réinvention du langage poétique chez les surréalistes, mélange des genres chez de nombreux auteurs (récit poétique chez Alain-Fournier, poésie dramatique chez Claudel, etc.). Les frontières qui séparent roman, poésie et théâtre se brouillent progressivement: Claudel recourt à la même forme du verset tant en poésie qu'au théâtre; les spectacles Dada incorporent mime, danse, déclamation, théâtre, poésie, etc., de même que les premières œuvres surréalistes se présentent d'abord comme des «textes», sans distinction de genres; Cocteau, quant à lui, définit toutes ses œuvres comme de la poésie: poésie de roman, poésie de théâtre, poésie cinématographique, etc.

De l'idéalisme surréaliste anarchisant à l'engagement politique, il n'y avait qu'un pas, que Breton franchit en 1925, lorsqu'il décida de subordonner désormais l'activité littéraire au combat politique. L'adhésion au Parti communiste provoqua maints déchirements au sein du groupe surréaliste, car elle s'inscrivait en contradiction de son activité poétique même. Excommunié par Breton en 1926, Philippe Soupault rappela à son ami l'avertissement de Gœthe: «Dès qu'un poète veut faire de la politique, il doit s'affilier à un parti et alors, en tant que poète, il est perdu. Il lui faut dire adieu à sa liberté d'esprit, à l'impartialité de sa vision et tirer au contraire jusqu'à ses oreilles la cagoule de l'étroitesse d'esprit et de l'aveugle haine[3]». Les aspirations révolutionnaires idéalistes et l'irrépressible individualisme des surréalistes se sont heurtés à la politique inflexible imposée par l'URSS. L'expérience de l'engagement se solda donc par un échec qui fut préjudiciable à l'unité du groupe surréaliste et précipita la disparition du mouvement. Néanmoins, la question de l'engagement des écrivains, avec tous les paradoxes qu'elle suppose, devint plus incontournable encore dans les années trente, avec la montée du fascisme en Europe.

La Première Guerre fut également à l'origine d'une grande mutation sociale et culturelle: la revendication d'un nouveau rôle par les femmes, qui, pendant la guerre, durent assumer presque à elles seules la survie économique du pays. Si les surréalistes, par le thème de l'*amour fou*, ont beaucoup valorisé la femme, comme initiatrice au surréel et point de convergence des forces cosmiques — comme dans le vers d'Eluard déjà cité: «Tu es le grand soleil qui me monte à la tête» — , c'est toujours, comme dans la tradition romantique, au sein d'un discours produit par l'homme et centré sur l'homme (selon la phrase célèbre d'Aragon, «La femme est l'avenir de l'homme»). Au terme de la Première Guerre mondiale, les femmes tentent pourtant de faire entendre leur propre voix, sans le truchement d'un discours masculin. Le destin littéraire de Colette est en cela exemplaire: d'abord «nègre»[4] de Willy, Colette s'affirme au fil de sa carrière comme l'une des personnalités dominantes du monde littéraire français. Donnant à la femme sa propre parole, dénonçant son asservissement et revendiquant sa différence dans un monde dominé par l'homme, Colette renverse les stéréotypes de la femme fatale, frivole ou perverse, tout en proposant une analyse des nuances les plus subtiles de la sensibilité féminine. Ce mouvement d'affranchissement, entamé à la fin du XIXᵉ siècle, et

---

3. Ce à quoi Breton aurait répondu: «Gœthe? Ce n'est pas une référence!». — 4. Personne qui écrit les livres signés par un écrivain célèbre.

qui se prolonge de nos jours, contribua à faire sauter nombre de barrières — iné-galité devant la formation scolaire, le droit au vote et à l'emploi, etc. — et de préjugés sexistes d'une société occidentale traditionnellement phallocentrique. Cette nou-velle position acquise par les femmes dans le monde des lettres, que l'institution lit-téraire, conservatrice de nature, tarde à reconnaître — à ce jour, seule Marguerite Yourcenar fut admise à l'Académie française — constitue l'un des traits les plus marquants de ce siècle.

Le début du siècle voit en outre le développement de deux formes de diver-tissement populaire qui vont entrer en concurrence avec la littérature et accéder rapidement au statut d'arts à part entière: le cinéma (ou septième art) et la bande dessinée (ou neuvième art). Le cinéma, né dans les dernières années du siècle précédent, grâce à l'invention des frères Lumière, prend au XXᵉ siècle un essor in-comparable, au point de constituer un des phénomènes artistiques et culturels les plus importants de notre siècle. Empruntant d'abord au roman et au théâtre ses modes d'expression et ses schémas narratifs, le cinéma va très vite créer son propre langage et influencer en retour la dramaturgie et l'écriture romanesque (comme en atteste le *style cinématographique* de nombreux passages de *La Condition humaine*[5], par exemple). Nombreux sont les écrivains qui, au début du siècle, loin de céder au préjugé qui voudrait que le cinéma ne soit qu'un simple et vulgaire passe-temps, in-digne d'un homme cultivé, se fascineront au contraire pour ce nouvel art (Apolli-naire, Cendrars, les surréalistes, etc.). Nombreux, également, sont les littérateurs qui se sont essayés au cinéma, soit en tant que scénaristes ou dialoguistes (Anouilh, Cendrars, Saint-Exupéry, Sartre, Pagnol, Prévert, Queneau, Robbe-Grillet, etc.) soit encore, comme Jean Cocteau, André Malraux ou Marguerite Duras, en tant que réalisateurs. Changeant les manières de voir et de raconter des écrivains de ce siè-cle, le cinéma s'est en outre, aux yeux du public, largement substitué au roman comme genre narratif dominant, remplaçant la culture essentiellement livresque du XIXᵉ siècle par une nouvelle culture de l'image, reprise et propagée davantage par la télévision et la vidéo dans le dernier tiers du siècle. Apollinaire, en vision-naire de la modernité, l'avait bien prédit lorsqu'il affirmait que désormais «Le poète épique (s'exprimerait) au moyen du cinéma».

La bande dessinée, qui naît à peu près au même moment que le film muet, vers 1895, combine expression visuelle et expression verbale d'une manière unique, créant un nouveau langage. Ce neuvième art est lui aussi, au départ, victime d'un préjugé: il ne s'adresserait qu'aux enfants (bien qu'il semble, paradoxalement, que les adultes s'y soient toujours intéressés) et serait qualitativement bien inférieur à la grande Littérature. C'est avec *Les Aventures de Tintin* d'Hergé, dont le premier al-bum paraît en 1929, que la «bédé» moderne, développant ses propres techniques narratives et ne cessant d'innover graphiquement, conquiert lentement ses lettres de noblesse — au point de faire aujourd'hui souvent partie des programmes uni-versitaires — en même temps qu'elle touche un public de plus en plus large. La nou-velle esthétique de la bande dessinée fait désormais partie de l'inconscient collectif

---

5. Voir ci-dessous.

des générations modernes, bien que le genre soit actuellement concurrencé par l'invasion de nouvelles formes graphiques, notamment celles des jeux vidéo, au point parfois d'apparaître désuet au public enfantin.

La situation du roman, dans les années vingt et trente, apparaît quant à elle plutôt paradoxale. Genre en « crise » depuis le début du siècle, le roman ne donne pourtant guère l'impression d'être moribond, continuant même de s'imposer comme la forme dominante de l'expression littéraire. En fait, au lieu de la « mort du roman » tant annoncée, c'est à un renouvellement profond des formes narratives que l'on continue d'assister. Le surréalisme y contribue malgré lui. En effet, si Breton condamne sans appel le genre romanesque comme relevant du vain artifice, au point même d'exclure de son cercle les écrivains qui s'y adonnent, il proposera, avec *Nadja* (1928) ou *Les Vases communicants* (1932), des textes en prose exempts des éléments romanesques traditionnels (développement d'une intrigue, présentation de personnages, analyse psychologique, etc.) et où s'élabore une nouvelle esthétique du fragment et du collage. *Le Paysan de Paris* (1926) de Louis Aragon modifiait déjà d'une manière similaire les règles classiques de la narration. De telles expériences préparent les travaux des nouveaux romanciers vers 1950.

Pourtant, parallèlement au surréalisme, on peut observer un mouvement de retour au roman classique. Les romans de Colette, mais aussi ceux de Cocteau (*Thomas l'Imposteur, Le Grand Ecart*), de Radiguet (*Le Diable au corps, Le Bal du Comte d'Orgel*), voire même ceux de Mauriac, de Bernanos ou de Julien Green (bien que ces trois derniers romanciers abandonnent souvent l'omniscience narrative au profit du « récit à point de vue »), renouent avec la tradition de l'étude de caractères qui remonte à *La Princesse de Clèves*. Le roman se fait également à nouveau le véhicule par excellence des études des mœurs et de la société. Aragon lui-même abandonne l'esthétique surréaliste et entame son cycle du « monde réel », dont l'ambition sociologique et les techniques narratives sont directement empruntées à Balzac et à Zola, qui inspirent également les suites romanesques de chroniqueurs tels que Jules Romains, Georges Duhamel et Roger Martin du Gard. Ce retour à la tradition a lieu également au théâtre, où de nombreux auteurs (Gide, Giraudoux, Anouilh, Cocteau, etc.) reviennent à l'exploration de mythes antiques.

Néanmoins, dans ce contexte de retour au roman « bourgeois », certains auteurs explorent malgré tout de nouvelles voies romanesques. Les innovations techniques d'André Gide (enchevêtrement d'intrigues, procédé du roman dans le roman, etc.) dans *Les Faux-Monnayeurs* (1925) auront une influence décisive sur le nouveau roman, près de trois décennies plus tard. Chez Céline, et en particulier dans le *Voyage au bout de la nuit* (1932), à maints égards le roman le plus important de l'entre-deux-guerres, les innovations sont d'ordre thématique, stylistique et, plus largement, narratif. Thématiquement, ce roman remplace la traditionnelle affabulation romanesque par du *vécu*. L'auteur y transpose son expérience de soldat durant la Grande Guerre[6], de voyageur en Afrique et aux Etats-Unis, ou encore de médecin dans la banlieue défavorisée de Paris. C'est, à chaque fois, pour dénoncer

---

6. Le dégoût de Céline pour la Grande Guerre est à rapprocher de celui des surréalistes.

avec une violence inouïe, dans un style radicalement original qui retrouve « l'émotion du langage parlé à travers l'écrit », toutes les injustices dont souffrent les opprimés de ce monde, victimes des calamités de la guerre, de la colonisation et de la dépression économique. Enfin, au plan narratif, ce roman se compose d'une succession rapide de lieux, de faits et de personnages, sur le modèle, peu utilisé en France, du récit picaresque.

Cette sympathie fraternelle envers tous les laissés pour compte de la société occidentale, ce style « populaire », aux antipodes du beau langage « gourmé » de la bourgeoisie valent d'abord à Céline l'admiration des hommes de gauche. C'est pourtant vers l'extrême-droite (pamphlets antisémites, activités de collaboration, etc.) que va se tourner le romancier, victime d'une profonde misanthropie doublée d'un intense délire de persécution. En cela, Céline témoigne des déchirements politiques et sociaux de son époque, qui voit coexister tentation nationaliste xénophobe et création de nouvelles lois sociales[7] par le Front populaire (1936).

Le roman va en outre refléter l'inquiétude des écrivains face à une situation politique qui devient de plus en plus préoccupante au fil des années trente, avec la montée du fascisme en Europe, les effroyables purges staliniennes en URSS, les troubles révolutionnaires en Extrême-Orient, etc. Dans cette période noire de l'histoire, où l'on pressent l'imminence d'une catastrophe mondiale, l'engagement de l'écrivain apparaît de plus en plus comme une nécessité. Le célèbre *Guernica*[8] de Picasso pourrait servir d'emblème à cette période où l'artiste refuse de rester indifférent aux soubresauts de l'histoire. Sortant de sa tour d'ivoire, l'écrivain non seulement prend parti pour des causes politiques et sociales, ce qui n'est guère neuf, mais encore il n'hésite guère à participer personnellement à l'action[9]. Car ce qui faisait la faiblesse de l'engagement tel qu'il était conçu par Breton, c'est qu'il restait largement théorique et idéaliste, qu'il avait lieu pour ainsi dire en dehors de l'histoire (c'est en tous cas la critique que Sartre adressera aux surréalistes). Au contraire, l'œuvre d'André Malraux, qui se confond avec l'expérience personnelle de l'auteur, à la fois en tant que témoin privilégié de l'histoire (notamment de la Révolution chinoise) et en tant que combattant (lutte antifasciste, guerre d'Espagne, Résistance, etc.), semble exemplaire à cet égard d'une nouvelle forme d'engagement. En ces années tragiques où la liberté et la dignité de l'homme sont bafouées par des régimes totalitaires, où l'homme est partout victime de la violence, Malraux s'interroge sur le sens de l'existence, tout en exaltant l'héroïsme, l'altruisme et la fraternité des combattants comme seules réponses possibles à l'absurdité de la condition humaine. En ce sens, les troubles politiques contemporains offrent des situations extrêmes réunissant les conditions d'un héroïsme possible, d'un dépassement de soi et de la recherche d'une solidarité humaine.

Cette nouvelle morale de l'*action* qui apparaît chez Malraux, et qui trouvera un écho dans la génération existentialiste, s'accompagne de modifications capitales de

---

7. C'est l'époque des premières vacances pour les salariés. — 8. Peinture représentant le massacre d'un village espagnol par l'aviation allemande durant la guerre civile espagnole. — 9. Même André Gide, formé à l'école symboliste, qui prônait le détachement de l'écrivain, est momentanément attiré par le communisme, qu'il reniera au terme d'un voyage en Union soviétique.

la formule romanesque. En effet, Malraux crée non seulement un nouveau type de héros (l'aventurier révolutionnaire qui sacrifie son existence au bien de la collectivité), mais aussi un nouveau style romanesque, qui, par des procédés empruntés au reportage (suite de brèves notations donnant l'impression d'être prises sur le vif), voire encore au cinéma (plans panoramiques, juxtaposition de scènes et de décors, esthétique de la discontinuité, etc.), s'efforce de donner à la fiction le souffle du vécu.

A l'approche de la guerre, le roman se fait donc le véhicule d'une interrogation politique, sociale et morale face aux grands problèmes d'actualité (fascisme, communisme, colonialisme, etc.). Le militantisme communiste de nombreux romanciers de cette époque — qui touche même momentanément des écrivains qui ont peu d'affinités avec ce mouvement — doit être compris non seulement comme une réaction à la montée du fascisme, mais aussi plus largement comme la recherche d'un engagement collectif qui s'efforce de lutter contre toute forme d'asservissement de l'homme. La guerre d'Espagne, filmée par Malraux dans *L'Espoir,* peut être considérée comme un tournant capital dans l'engagement des écrivains. Malraux, Saint-Exupéry, Aragon, mais aussi Hemingway, Koestler, etc., n'hésitèrent pas à participer à ce conflit [10], à des degrés divers.

De 1940 à 1944, les milieux littéraires furent profondément affectés par l'occupation allemande. Victimes de la censure, des privations et des persécutions nazies (auxquelles succombèrent notamment Max Jacob et Robert Desnos), les écrivains français se caractérisèrent souvent par leur héroïsme. Refusant de démissionner face aux atrocités commises par l'occupant, ils rejoignèrent en grand nombre les rangs de la Résistance, publiant clandestinement [11], sous des pseudonymes, des œuvres dénonçant l'horreur nazie. Confrontée à cette actualité révoltante — «dans ce pays pantelant sous le pied des fantoches», «dans ce pays où l'on parque les hommes/Dans l'ordure et la soif, le silence et la faim», dans «ce pays que le sang défigure», tel que le décrit Aragon dans *Le Musée Grévin* (1943) — la littérature prend une dimension patriotique et morale, parfois au détriment des recherches esthétiques (Benjamin Péret, qui reprochait à cette poésie de la Résistance d'être bien peu novatrice, oubliait sans doute que là n'était pas l'objectif principal de cette littérature). Aussi de nombreux poètes ont-ils simplifié leur poésie pour rendre leurs œuvres accessibles au plus grand nombre. Cette poésie engagée, moins hermétique, a laissé quelques chefs-d'œuvre, parmi lesquels il faut citer *Le Silence de la mer* de Vercors (1942), le célèbre poème *Liberté* d'Eluard, ou encore *Le Musée Grévin* d'Aragon, déjà cité. Parallèlement, en exil aux Etats-Unis, à l'écart de toutes les tendances esthétiques de cette période, Saint-John Perse connaît un second souffle poétique qui donnera naissance à ses plus belles pages.

D'autres écrivains choisirent la voie de la collaboration, soit en participant activement à la propagande pro-nazie (Drieu La Rochelle, Céline, Brasillach, etc.),

---

10. L'assassinat du poète Federico Garcia Lorca par les franquistes témoigne du danger physique désormais encouru par l'intellectuel en temps de guerre. — 11. Vercors (pseudonyme de Jean-Marcel Bruller) fonda en 1941 les Editions de Minuit, qui publièrent en temps de guerre les œuvres des écrivains de la Résistance, avant de devenir le bastion du nouveau roman dans les années cinquante.

soit, à un degré moindre, en publiant dans des journaux contrôlés par l'occupant (Cocteau, Anouilh, etc.). Qu'ils soient politiquement acquis à l'ennemi, ou qu'ils se soient compromis par des gestes ambigus à l'égard de l'occupant ou du gouvernement de Vichy (tel Claudel faisant l'éloge du Maréchal Pétain), ces écrivains durent rendre des comptes à la Libération. L'on considère aujourd'hui, avec le recul, que les Français, victimes d'une passion vengeresse, jugèrent alors peut-être trop sévèrement certains de leurs compatriotes qui n'avaient péché que par attentisme. C'est dire à quel point l'engagement est devenu une attitude sacro-sainte en ces années. Conformément au nouveau crédo existentialiste, ce n'est que par ses actions — et non par ses intentions, qui relèvent de la « mauvaise foi » — que l'homme se définit.

La Seconde Guerre mondiale a donc précipité dans l'action toute une génération d'écrivains. L'expérience de la Résistance, où les « situations extrêmes » étaient devenues des réalités quotidiennes, influença considérablement la littérature française de l'après-guerre. Elle changea complètement les sensibilités, au point notamment de provoquer presque immédiatement un désintérêt général pour le surréalisme, dont l'esthétique et la « philosophie » ne correspondaient plus du tout aux préoccupations de l'époque. La guerre et la Résistance ont en effet accentué davantage le « sentiment de l'absurde », diamétralement opposé au merveilleux surréaliste: c'est bien une tout autre conception de l'existence qui voit le jour dès la fin des années trente. La Résistance et la collaboration, suivies des procès des criminels de guerre, ont en outre mis l'accent sur la *responsabilité* individuelle de l'homme, un sujet sur lequel Breton s'était jadis laissé aller à de graves divagations, affirmant notamment que le geste surréaliste par excellence était de descendre dans la rue, revolver au poing, et de tirer au hasard sur la foule. Cette réflexion sur l'absurde et la responsabilité traverse tous les genres littéraires, à l'exception de la poésie, bien que l'on en trouve quelques traces chez René Char ou Jacques Prévert, par exemple. En temps de guerre, Camus et Sartre publient non seulement des essais (*Le Mythe de Sisyphe*, 1942; *L'Être et le Néant*, 1943), mais aussi des romans (*L'Étranger*, 1942; *L'Âge de raison*, 1945) et des pièces de théâtre (*Le Malentendu*, 1944 et *Caligula*, 1945; *Les Mouches*, 1943 et *Huis clos*, 1944).[12] Ils ouvrent ainsi ces deux derniers genres à des interrogations métaphysiques (quel sens donner à l'existence face à l'apparente absurdité de la condition humaine?) et éthiques (comment se comporter lorsque l'on a conscience de cette absurdité?), tout en modifiant considérablement la forme du roman, et, à un degré moindre, celle du théâtre (voir *Huis clos*). Pour ces penseurs, l'homme n'est pas le simple jouet du destin: il est libre et responsable de ses actes. Malgré les querelles qui ont opposé les deux penseurs, c'est bien un nouvel *humanisme* que Camus et Sartre ont cherché à définir, à partir du même constat de l'absurde. Le climat d'insécurité qui régnait dans l'après-guerre — péril atomique, décolonisation[13], débuts de la guerre froide, etc. — offrait en outre un

---

12. Voir le chapitre « Romanciers de la condition humaine » pour plus de précisions sur ces œuvres. — 13. L'après-guerre et le début de la décolonisation coïncident en outre avec une phase décisive dans le développement des littératures du monde francophone, dont il ne nous appartient malheureusement pas de parler ici.

terrain fertile à des réflexions de cette nature. Sartre et Camus furent les maîtres à penser de toute une génération que la guerre avait moralement désemparée, et qui était en mal de nouvelles valeurs.

Les romanciers et les dramaturges des années cinquante surent tirer jusqu'au bout les leçons de l'existentialisme. La réflexion existentialiste a profondément influencé la vision du monde d'un Beckett ou d'un Robbe-Grillet, par exemple. En revanche, l'engagement fait désormais partie des «notions périmées» pour cette nouvelle génération d'auteurs. Mais ce qui marque le plus nettement les années cinquante, c'est la remise en cause radicale des formes de la représentation littéraire, et plus largement, esthétique (nouveau roman, nouveau théâtre, nouvelle vague), voire même du discours sur la littérature et les arts (nouvelle critique).

Le nouveau théâtre naît au tout début des années cinquante avec *La Cantatrice chauve* d'Ionesco (1950), suivie trois ans plus tard par *En attendant Godot* de Beckett. On a souvent montré que, malgré tout ce qui les oppose, ces deux pièces-clés présentent d'emblée beaucoup de points communs. Ainsi les a-t-on regroupées sous l'étiquette du «théâtre de l'absurde», dont les caractéristiques sont bien connues: mise en scène d'un langage inapte à la communication (clichés, incohérences, contradictions, désintégration, etc.), échanges verbaux dérisoires où les personnages «se renvoient la balle» dans le seul but de remplir le néant de leur existence, de «faire durer» le simulacre de la vie, personnages inconsistants et souvent même interchangeables, parodie des conventions théâtrales ou anti-théâtre, etc. La désagrégation du genre théâtral fut poussée si loin que le théâtre français mit longtemps à s'en remettre. La contestation des formes dramaturgiques traditionnelles, de même que la réflexion sur l'incommunicabilité laissaient en effet peu de nouvelles options au théâtre moderne, et force est de constater que celui-ci ne s'est guère beaucoup renouvelé depuis l'âge d'or du théâtre de l'absurde.

Le roman, quant à lui, comme nous l'avons déjà remarqué, n'a cessé d'évoluer depuis le début du siècle. Commentant l'appellation «nouveau roman», Robbe-Grillet déplore l'ambiguïté de cette expression, car, note-t-il, Proust ou Céline écrivaient déjà les «nouveaux romans» de leur époque. Les nouveaux romanciers sont d'ailleurs particulièrement conscients de l'évolution du genre romanesque au XXe siècle, et ils ne cessent d'en rappeler les modalités, autant pour situer leurs tentatives dans un contexte historique que pour en cautionner la validité par la référence à des grands noms de la littérature passée (Flaubert, Gide, Proust, Céline, Kafka, Joyce, Faulkner, Sartre, etc.). Paradoxalement, «La seule conception romanesque qui ait cours aujourd'hui est, en fait, celle de Balzac», constate Robbe-Grillet. Selon ce dernier, l'image que le grand public, mais aussi nombre de romanciers, se font toujours du roman, en 1950, reste singulièrement conservatrice: c'est celle du «roman bourgeois» du XIXe siècle (intrigue chronologique, analyse psychologique, personnages vraisemblables, représentatifs et bien différenciés, etc.). Or, une telle représentation du monde, si elle correspond parfaitement à l'idéologie positiviste du XIXe siècle, car elle donne «l'image d'un univers stable, cohérent, continu, univoque, entièrement déchiffrable», apparaît désormais anachronique. En effet, l'époque d'une croyance aveugle en l'intelligibilité parfaite du réel est bien révolue. Nous sommes entrés, au XXe siècle, selon le mot de Nathalie

Sarraute, dans une «ère du soupçon», où le monde des hommes et des choses apparaît comme fondamentalement étranger, impénétrable, irréductible à tout schéma préfabriqué. L'effritement du personnage romanesque, de l'intrigue et de la chronologie, le refus de la peinture de caractères, des descriptions anthropomorphiques et de l'omniscience narrative, les multiples jeux formels qui caractérisent le nouveau roman, déjouant les stéréotypes de la représentation réaliste, effaçant les frontières entre les genres littéraires, et bouleversant la notion même de littérature (brouillant parfois, comme chez Beckett et Duras, la ligne qui la sépare du discours pathologique), apparaissent dès lors comme une tentative d'« exprimer de nouvelles relations entre l'homme et le monde ».

La poésie, en revanche, ne connaît guère de crise grave en ces années. Il est vrai que le surréalisme avait déjà largement remis en cause toutes les structures poétiques traditionnelles. Les grands poètes qui ont marqué la période 1950–1970 viennent d'ailleurs du surréalisme: Char, Michaux, Queneau, Prévert et même Ponge furent à leurs débuts liés à ce mouvement. Pourtant, malgré ces origines communes, leurs projets poétiques brillent par leur diversité: poésie mystérieuse et sensuelle chez Char, fantaisiste et populaire chez Prévert, descriptive et méthodique chez Ponge, etc. Pratiques dissemblables (auxquelles il faut ajouter l'œuvre singulière de Saint-John Perse), mais qui laissent malgré tout entrevoir une conception de la poésie comme mode de connaissance du réel et de soi.

Les expériences formelles du nouveau roman seront prolongées de manière beaucoup plus systématique par l'Oulipo, dans les années soixante à quatre-vingt. Mouvement iconoclaste, qui joint à la rigueur scientifique une certaine cocasserie ludique, l'Oulipo part du principe que la contrainte formelle est de nature à stimuler la créativité de l'écrivain plutôt qu'à l'inhiber. La réflexion oulipienne, inspirée des combinatoires mathématiques et de toute la tradition poétique classique, s'est opposée au grand mythe littéraire de l'inspiration (tout ce qui présente l'acte d'écriture comme autre chose qu'un travail) et au concept de message (tout ce qui fait primer le fond sur la forme). Bien qu'il ait fréquenté les surréalistes à ses débuts, et qu'il conserve leur esprit fantaisiste, Raymond Queneau, le génial fondateur de l'Oulipo, refuse catégoriquement l'intervention du hasard dans la création littéraire. De même, alors que les surréalistes n'avaient eu de cesse de détruire toutes les contraintes formelles, qui selon eux enfermaient la poésie dans des carcans arbitraires, Queneau affirme au contraire que ces mêmes contraintes libèrent paradoxalement l'inventivité verbale de l'écrivain. La littérature, telle que la conçoit l'Oulipo, apparaît comme une pratique, un jeu formel, un artisanat.

Le roman, à l'orée des années soixante-dix, semble donc avoir largement perdu sa fonction de raconter des histoires. Il est devenu le lieu d'une interrogation sur la possibilité même d'attribuer du sens au réel, de donner une image construite et cohérente de l'existence humaine. Pourtant, alors même que le roman semblait s'être acculé de lui-même dans une impasse, les années soixante-dix et quatre-vingt furent marquées par un retour en force de la narration, bien que le nouveau roman ait bien sûr laissé des traces profondes sur les structures romanesques, comme on le voit chez Le Clézio ou Modiano. Ce retour du récit en fin de siècle s'accompagne d'une exploration de nouveaux thèmes: métissage des cultures, problématique de l'identité, célébration des forces de la nature, etc. Face à une technologie déshumanisante, dans un univers saturé de messages contradictoires, où l'homme est constamment sollicité par l'information, et victime des besoins artificiels qu'il a lui-même créés (téléphone, fax, ordinateur, etc.), face à la solitude croissante de l'homme dans les grandes villes, face à l'accroissement de la pauvreté et de la « fracture sociale », face à l'effondrement de la plupart des certitudes politiques et philosophiques, face à la succession effrénée des modes et des idéologies, l'homme de fin de siècle apparaît en grand besoin de nouvelles valeurs et de nouveaux repères. Le roman, se faisant le véhicule de cette interrogation, retrouvant parfois sa fonction primitive de divertissement, a ainsi séduit une nouvelle génération de jeunes lecteurs. La grande popularité dont jouit aujourd'hui Jean-Marie Gustave Le Clézio auprès des adolescents est sans doute symptomatique de la permanence de l'imaginaire dans le chaos du monde post-moderne.

Poètes de la Belle Epoque 1900–1918

1900, date de naissance d'un nouveau monde, date charnière et date magique où s'inaugure un siècle en rupture totale par rapport à tout ce qui précède? L'on succombe aisément à cette tentation de cloisonner les siècles en blocs étanches, traversés et définis par un système de pratiques et d'idées. Cependant, en littérature comme en histoire, les chiffres sont souvent trompeurs. Les divisions — par périodes, par siècles, par tendances — sont tout au plus des simplifications dont la fonction, scolaire par essence, est d'identifier un matériau en réalité irréductible à toute catégorisation, de le faire entrer, de force si nécessaire, dans le moule d'une équation didactique (XVIe siècle = Renaissance, etc.). Il faut toutefois se garder de concevoir comme des fossés infranchissables les lignes que nous traçons afin de séparer, pour mieux les définir, certaines zones du continuum historique et littéraire.

Ainsi serait-il illusoire de penser qu'une fois franchi le cap de 1900, l'on entre immédiatement dans une nouvelle ère que tout distingue de la précédente. Il semble au contraire qu'une période se poursuive souvent au sein d'une autre. Tout comme l'antiquité survit dans le Moyen Age, le XIXe siècle se prolonge dans les premières années du XXe, siècle dont on s'accorde en principe à postposer la naissance jusqu'à 1918. Il faudrait donc attendre la vague de destruction de la Première Guerre mondiale pour voir s'opérer la véritable rupture entre les deux époques. Certains ont qualifié du terme très commode d'« avant-siècle » cet espace de décalage historique entre le commencement officiel du XXe siècle et son commencement réel.

Cet avant-siècle apparaît avant tout comme une période de transition, c'est-à-dire, à bien des égards, comme la continuation du siècle précédent. La société, l'esthétique, la politique des années 1900–1914 dérivent en droite ligne du monde de 1870–1900. En littérature, notamment, la cassure entre les deux siècles est loin d'être claire. Si la vogue du symbolisme s'essouffle progressivement après 1895, le mouvement conserve en revanche ses héritiers. En outre, rien de bien fracassant ne vient immédiatement se substituer au symbolisme: les nouveaux mouvements littéraires (naturisme, unanimisme, fantaisisme, trois «-ismes» qui n'ont guère laissé de marques profondes dans l'histoire littéraire) sont à la fois trop timides et de trop faible ampleur pour cristalliser autour d'eux une nouvelle identité poétique caractéristique du siècle naissant.

C'est surtout au plan social que le XXe siècle acquiert tout d'abord une identité propre, quoique l'on n'en ait eu véritablement conscience qu'au terme de la Première Guerre mondiale quand, regardant en arrière, l'on se prit de nostalgie pour ce que l'on nomma alors la «Belle Epoque», c'est-à-dire pour ces années à jamais perdues où régnaient apparemment l'optimisme, l'insouciance et la joie de vivre.

Cette époque (1900–1914) fut en réalité surtout «belle» pour la classe bourgeoise, qui, profitant de la nouvelle stabilité politique et économique — la France étant en effet durant quelques années exceptionnellement épargnée par la guerre ou la crise — améliora considérablement son niveau de vie, et put se consacrer entièrement au loisir, au luxe et aux plaisirs. Un «Tout-Paris» de «joyeux viveurs», en quête éternelle de distractions, fréquente non seulement les salons mondains que Proust décrira avec tant de finesse, mais aussi les cafés et les cabarets de Montmartre où se réunissent peintres et écrivains, car les gens du monde se piquent en outre d'être amateurs d'art et sont fascinés par le monde de la Bohème parisienne.

Mais la Belle Epoque a aussi son envers. Même si les conditions de vie s'améliorent un peu pour le prolétariat[1] et la paysannerie, elles contrastent toutefois singulièrement avec les débauches de luxe et d'oisiveté que l'on associe généralement avec la période. En outre, la stabilité politique n'est guère sans failles. Les deux scandales (l'affaire Lesseps[2] et surtout l'affaire Dreyfus[3]) qui ébranlent la France laissent déjà entrevoir que, sous sa façade d'insouciance, la Belle Epoque est traversée d'une agitation politique croissante, qui sera exploitée par les courants nationalistes «revanchards[4]», et qui mènera tout droit à la Première Guerre mondiale.

Enfin, la Belle Epoque voit également le développement de nouvelles technologies: l'automobile, l'avion, l'installation de l'électricité, le téléphone, le cinéma, etc. Une nouvelle culture et de nouvelles pratiques quotidiennes voient le jour; un nouveau rapport à la ville, à la vitesse, à l'image bouleverse les anciennes habitudes.

---

1. En particulier grâce aux progrès de l'enseignement et du syndicalisme. — 2. Une affaire de pots de vin liée à la construction du canal de Panama. — 3. Dreyfus, un officier juif, fut injustement accusé d'espionnage avec les Allemands et envoyé au bagne de l'Ile du Diable, en Guyane française. Cette affaire divisa profondément l'opinion publique française et révéla un antisémitisme profond dans certains milieux nationalistes. — 4. Qui réclament une revanche contre l'Allemagne, qui, au terme de la guerre franco-prussienne de 1870, avait annexé l'Alsace-Lorraine et imposé à la France une indemnité de guerre de 5 milliards de francs.

C'est au cœur même de ces nouvelles attitudes, et non dans le chiffre arbitraire de 1900, qu'il faut chercher la véritable naissance du XXᵉ siècle. Certains poètes de la Belle Epoque reflètent et accueillent avec enthousiasme cette modernité qui, à maints égards, est encore la nôtre aujourd'hui. C'est le cas notamment de Guillaume Apollinaire et de Blaise Cendrars. A la fois héritiers d'une tradition poétique en provenance du XIXᵉ siècle et chantres de cet « esprit nouveau », ces deux poètes célébreront l'émerveillement face au monde moderne, et seront les pionniers d'une esthétique et d'une poétique dont l'influence sur les écrivains de l'entre-deux-guerres sera déterminante.

Guillaume Apollinaire

Poète de la Belle Epoque par excellence, Apollinaire est également un poète-charnière, à l'image de cette période de transition qu'est l'avant-siècle. Chantre de l'« esprit nouveau » et de la ville moderne, héritier de Baudelaire et des symbolistes, précurseur des surréalistes, il s'inscrit en outre dans une longue tradition lyrique française, à la suite de poètes comme Villon, Ronsard ou Verlaine.

L'enfance et la jeunesse d'Apollinaire sont marquées par le voyage. Wilhelm Apollinaris de Kostrowitzky, dit Apollinaire, fils illégitime d'une demi-mondaine[1] polonaise et d'un officier italien, naît à Rome en 1880. Il passe ses premières années à accompagner sa mère à travers l'Europe, de la Côte d'Azur à la Belgique en passant par Paris.

A l'âge de vingt ans, il tombe amoureux d'Annie Playden, une gouvernante anglaise rencontrée lors d'un séjour en Allemagne. La jeune femme, qu'il retrouve à Londres deux ans plus tard, l'éconduit brutalement et émigre aux Etats-Unis. Cet échec amoureux le plonge dans une dépression profonde qu'il tente d'endiguer par l'errance — il voyage à Prague, à Vienne, à Londres, etc. — et par l'écriture. Ce chagrin d'amour inspirera à Apollinaire quelques-uns de ses meilleurs poèmes, dont *L'Emigrant de Landor Road*[2].

Dès 1904, Apollinaire publie ses poèmes dans diverses revues et multiplie contes, chroniques et préfaces. Il s'installe peu à peu à la tête de l'avant-garde littéraire parisienne, bien qu'il soit obligé d'écrire des romans érotiques sous un pseudonyme, à des fins alimentaires.

Apollinaire abandonne en 1907 son poste d'employé de banque pour vivre de sa plume. Journaliste et critique d'art, il se distinguera comme un des défenseurs éclairés du cubisme et de la peinture moderne en général, et contribuera à imposer au grand public des peintres tels que le douanier Rousseau, Chagall, Braque ou Picasso[3], avec lequel il se lie d'amitié. Apollinaire entretiendra en outre une liaison de cinq ans avec le peintre Marie Laurencin. Il fera paraître un volume sur *Les Peintres cubistes* en 1913.

---

1. Les demi-mondaines sont des courtisanes de luxe que fréquentent les gens du « monde ». — 2. Voir ci-dessous. — 3. Nous devons à Picasso les plus célèbres photos et dessins d'Apollinaire.

Guillaume Apollinaire photographié par Pablo Picasso en 1910

Il publie enfin la même année, dans *Alcools*, les poèmes écrits au cours des
quinze années qui précèdent et dont certains avaient déjà paru en revue. Le recueil
frappe par sa diversité: Apollinaire y alterne les poèmes lyriques de veine post-
romantique et les poèmes « simultanéistes » d'inspiration cubiste, qui juxtaposent
diverses impressions. Le titre *Alcools* est une référence ouverte au *Bateau ivre* de Rimbaud et au principe rimbaldien de « dérèglement de tous les sens ».

Lorsque la guerre éclate, Apollinaire s'engage, bien qu'il n'ait pas encore la nationalité française[4]. De retour du front en 1917 suite à une blessure à la tête, il
meurt l'année suivante de la grippe espagnole. Cette même année 1918 avait vu la
parution des *Calligrammes,* poèmes révolutionnaires par leurs jeux typographiques.

De l'œuvre-mosaïque d'Apollinaire se dégagent toutefois quelques grandes tendances:

1° Un poète lyrique. — Apollinaire chante dans ses poèmes des émotions personnelles, dont les thèmes prolongent une longue tradition lyrique: l'amour et les
souffrances du cœur, le voyage et l'errance, la nostalgie et la fuite du temps, l'enfance et le souvenir. Ce qui le distingue cependant au sein de cette tradition est la

---

4. Il est naturalisé français en 1916.

simplicité du ton: les confessions pudiques de l'auteur évitent à tout prix la grandiloquence et se caractérisent par leur sincérité et leur dépouillement. L'ironie sur soi les préserve souvent de la complaisance.

Apollinaire a en outre recours dans ses poèmes aux procédés lyriques traditionnels hérités du chant, en particulier le refrain et l'anaphore (voir *Le Pont Mirabeau* ci-dessous).

2° Un poète du monde moderne. — Les années 1900 poursuivent la mutation, entamée sous le Second Empire[5], du paysage urbain et de la vie quotidienne. Fasciné par le progrès, Apollinaire se pose en spectateur de toutes les nouveautés. Ainsi se fait-il le peintre des réalités du monde moderne: automobiles, tramways, machines, avions, usines, etc. Dans ses *Calligrammes,* il représentera notamment la tour Eiffel, symbole de cet essor technologique de la Belle Epoque.

3° Une technique poétique novatrice. — Faisant un usage systématique du vers libre, Apollinaire contribue à imposer à ses contemporains cette technique héritée des symbolistes. Apollinaire continue d'affranchir le vers de toute contrainte prosodique. Il va en outre poursuivre cette poétique par une innovation capitale qui consiste à supprimer toute ponctuation[6] (à l'exception de quelques tirets et de rares points d'exclamation). Apollinaire ajoute ainsi à la libération du mètre celle du rythme, puisque le flux poétique n'est désormais plus entravé de pauses imposées par le poète. Le poème *A la Santé,* qui relate un séjour en prison[7], offre un bon exemple des effets poétiques que permet cette absence de ponctuation:

> Dans une fosse comme un ours
> Chaque matin je me promène
> Tournons tournons tournons toujours
> Le ciel est bleu comme une chaîne
> Dans une fosse comme un ours
> Chaque matin je me promène.

Le vers « Tournons tournons tournons toujours » rend parfaitement le rythme du mouvement circulaire ininterrompu imposé au prisonnier. On notera également, outre le procédé lyrique du refrain dont use fréquemment Apollinaire, l'absence de transition logique entre le troisième et le quatrième vers (« Tournons tournons tournons toujours / Le ciel est bleu comme une chaîne »). Apollinaire propose en effet une esthétique de la juxtaposition — voire du téléscopage — et de la simultanéité, où les images s'enchaînent souvent sans marque de lien logique. Il favorise de la sorte les associations d'images et les effets d'ambiguïté sémantique. Bien qu'il ne souscrive pas à la théorie symboliste du vague, Apollinaire laisse au lecteur le soin de relier à son gré une succession d'images discontinues. En recherchant les dissonances et les ruptures de ton, il transpose en poésie l'esthétique des « fauves » et des cubistes.

---

5. Le Second Empire avait vu l'apparition de l'éclairage au gaz, le développement du réseau ferroviaire, la construction des grands boulevards, l'invention de la photographie, etc. — 6. L'on continue de s'interroger sur la parenté de cette innovation. Mallarmé avait déjà ouvert la voie à la poésie moderne en s'abstenant de ponctuer certains de ses poèmes. Certains attribuent à Blaise Cendrars cette pratique systématique. — 7. « La Santé » est le nom d'une prison de Paris. Apollinaire y fit un court séjour suite à une mystérieuse affaire de recel de tableaux volés.

A ceci s'ajoute l'irrégularité des formes. Les vers et les strophes d'Apollinaire sont souvent de longueur inégale. Quant à la rime, elle disparaît parfois chez lui au profit de l'assonance, et le poète ne respecte pas l'alternance entre rime masculine et rime féminine.

Apollinaire se distingue enfin par ses innovations en matière de disposition typographique. On en voit de timides expressions dans *Alcools*, en particulier dans les espaces séparant les groupes de vers et les alinéas. Les jeux sur la typographie culminent dans les *Calligrammes,* où les mots de certains poèmes sont disposés sur la page afin de représenter la forme d'un objet[8]: une montre, une cravate, un jet d'eau, la tour Eiffel, etc.

4° Le grand-père du surréalisme. — Bien que les surréalistes aient lourdement insisté sur la rupture qu'opérait leur poétique vis-à-vis de toute forme antérieure de littérature, ils ont en réalité emprunté à Apollinaire bien plus que le vocable «surréalisme[9]». La poétique surréaliste doit surtout à Apollinaire une nouvelle conception de l'image et une esthétique du merveilleux et de l'insolite. On reconnaît déjà dans des images telles que «Dans la plaine ont poussé des flammes / Nos cœurs pendent aux citronniers[10]», ou encore «Et les roses de l'électricité s'ouvrent encore / Dans le jardin de ma mémoire[11]» les procédés de collage et de transformation du réel dont ont raffolé les surréalistes. La pratique de la juxtaposition, basée sur la rencontre insolite d'images, annonce le concept surréaliste de «hasard objectif». Poète de la ville moderne, Apollinaire explore en outre toute une thématique de fascination urbaine dont s'inspireront des poètes comme Breton ou Aragon.

Rarement un écrivain aura «collé» avec son époque autant qu'Apollinaire. Il réalise la synthèse des tentatives de libération prosodique des symbolistes tout en servant de précurseur aux avant-gardes littéraires de l'après-guerre. Homme de son temps, flâneur fasciné par la ville, il définira une nouvelle sensibilité moderne — un «esprit nouveau», pour reprendre son terme. Cette poétique de l'*étonnement*, faite d'une attirance pour la vitesse, la technologie, la machine, marquera fortement le début, et, d'une certaine manière, l'ensemble du siècle, bien que la guerre de 14–18 refroidisse l'enthousiasme des poètes pour le développement des moyens techniques.

---

8. Il s'agit donc d'«idéogrammes». Voir l'appendice consacré à la versification française, en fin de volume. — 9. Voir chapitre 13, consacré au surréalisme. Apollinaire est le premier à avoir utilisé le terme «surréaliste», dans une pièce de théâtre intitulée *Les Mamelles de Tirésias.* Il a également facilité la naissance du mouvement surréaliste en présentant l'un à l'autre deux de ses protégés: André Breton et Philippe Soupault. — 10. *Le Brasier*, in *Alcools.* — 11. *J'ai eu le courage*, in *Alcools.*

Zone[1]

Zone est le premier poème du recueil *Alcools.* Cette position inaugurale ne correspond pas à la chronologie de la rédaction: *Alcools* alterne en effet textes anciens et

---

1. Le terme «Zone» renvoie à un espace géographique mal limité, un terrain vague, mais aussi à une certaine confusion mentale entre le rêve et la réalité, ainsi qu'entre les diverses couches de la mémoire.

textes récents, textes avant-gardistes et textes plus classiques, textes longs et textes courts, selon un désordre savamment orchestré. *Zone* fut en fait introduit après coup et placé en tête du volume en guise de manifeste poétique.

Apollinaire y prône la peinture du progrès, du monde moderne (automobiles, avions, usines, enseignes publicitaires, autobus, etc.), y fait un usage systématique du vers libre, et y juxtapose les images et les impressions les plus diverses. L'appel au moderne et la description d'une « rue industrielle » sont suivis par l'évocation de divers souvenirs d'enfance et de jeunesse, entrecoupée d'images insolites, assemblées selon une esthétique de la dissonance qu'Apollinaire a empruntée aux peintres cubistes.

Poésie de la déambulation et de l'errance, qui dresse la longue liste des pérégrinations du poète (à travers Paris, mais aussi à Marseille, Coblence, Rome, Amsterdam, Prague, etc.), *Zone* est aussi une poésie de la confession amoureuse[2] sur le ton simple et direct, souvent ironique, qui caractérise Apollinaire.

> A la fin tu[3] es las de ce monde ancien
>
> Bergère ô tour Eiffel le troupeau des ponts bêle ce matin
>
> Tu en as assez de vivre dans l'antiquité grecque et romaine
>
> Ici même les automobiles ont l'air d'être anciennes[4]
> 5   La religion seule est restée toute neuve la religion
> Est restée simple comme les hangars de Port-Aviation[5]
>
> Seul en Europe tu n'es pas antique ô Christianisme
> L'Européen le plus moderne c'est vous Pape Pie X[6]
> Et toi que les fenêtres observent la honte te retient
> 10   D'entrer dans une église et de t'y confesser ce matin
> Tu lis les prospectus les catalogues les affiches qui chantent tout haut
> Voilà la poésie ce matin et pour la prose il y a les journaux
> Il y a les livraisons à 25 centimes pleines d'aventures policières
> Portraits des grands hommes et mille titres divers
>
> 15   J'ai vu ce matin une jolie rue dont j'ai oublié le nom
> Neuve et propre du soleil elle était le clairon[7]
> Les directeurs les ouvriers et les belles sténo-dactylographes
> Du lundi matin au samedi soir quatre fois par jour y passent
> Le matin par trois fois la sirène y gémit
> 20   Une cloche rageuse y aboie vers midi
> Les inscriptions des enseignes et des murailles
> Les plaques les avis à la façon des perroquets criaillent
> J'aime la grâce de cette rue industrielle
> Située à Paris entre la rue Aumont-Thiéville et l'avenue des Ternes

---

2. La maîtresse d'Apollinaire, le peintre Marie Laurencin, venait juste de le quitter. — 3. Apollinaire s'adresse ici à lui-même. Le poème alterne le « je » et le « tu », qui tous deux désignent le poète. — 4. Apollinaire fait ici allusion à la ressemblance des premières automobiles avec les carosses du passé. — 5. Le poète fait ici référence aux aéroports modernes en général. — 6. Pape de 1903 à 1914. Apollinaire recherche le paradoxe dans cette image (Pie X fut un pape qui condamna le modernisme). — 7. Inversion. Il faut comprendre: « elle était le clairon du soleil ». On notera la correspondance baudelairienne.

25   Voilà la jeune rue et tu n'es encore qu'un petit enfant
      Ta mère ne t'habille que de bleu et de blanc
      Tu es très pieux et avec le plus ancien de tes camarades René Dalize[8]
      Vous n'aimez rien tant que les pompes de l'Église
      Il est neuf heures le gaz[9] est baissé tout bleu vous sortez du dortoir en cachette
30   Vous priez toute la nuit dans la chapelle du collège
      Tandis qu'éternelle et adorable profondeur améthyste
      Tourne à jamais la flamboyante gloire du Christ
      C'est le beau lys que tous nous cultivons
      C'est la torche aux cheveux roux que n'éteint pas le vent
35   C'est le fils pâle et vermeil de la douloureuse mère
      C'est l'arbre toujours touffu de toutes les prières
      C'est la double potence de l'honneur et de l'éternité
      C'est l'étoile à six branches[10]
      C'est Dieu qui meurt le vendredi et ressuscite le dimanche
40   C'est le Christ qui monte au ciel mieux que les aviateurs
      Il détient le record du monde pour la hauteur

      Pupille Christ de l'œil[11]
      Vingtième pupille des siècles il sait y faire
      Et changé en oiseau ce siècle comme Jésus monte dans l'air
45   Les diables dans les abîmes lèvent la tête pour le regarder
      Ils disent qu'il imite Simon Mage[12] en Judée
      Ils crient s'il sait voler qu'on l'appelle voleur
      Les anges voltigent autour du joli voltigeur
      Icare[13] Enoch[14] Elie[15] Apollonius de Thyane[16]
50   Flottent autour du premier aéroplane
      Ils s'écartent parfois pour laisser passer ceux que transporte la Sainte-Eucharistie
      Ces prêtres qui montent éternellement élevant l'hostie
      L'avion se pose enfin sans refermer les ailes
      Le ciel s'emplit alors de millions d'hirondelles
55   A tire-d'aile viennent les corbeaux les faucons les hiboux
      D'Afrique arrivent les ibis les flamants les marabouts
      L'oiseau Roc[17] célébré par les conteurs et les poètes
      Plane tenant dans les serres le crâne d'Adam la première tête
      L'aigle fond de l'horizon en poussant un grand cri
60   Et d'Amérique vient le petit colibri
      De Chine sont venus les pihis[18] longs et souples
      Qui n'ont qu'une seule aile et qui volent par couples
      Puis voici la colombe esprit immaculé
      Qu'escortent l'oiseau-lyre et le paon ocellé[19]
65   Le phénix ce bûcher qui soi-même s'engendre

---

8. Nom d'un camarade d'Apollinaire lorsqu'il était au collège à Monaco. — 9. Référence à l'éclairage au gaz. — 10. L'étoile de David. — 11. L'ordre «normal» serait: «Christ, pupille de l'œil». — 12. Simon le Mage ou le Magicien, chef gnostique juif qui aurait voulu acheter à Saint Pierre le don de faire des miracles. L'homme du XXe siècle possède désormais le don magique de voler. — 13. Personnage de la mythologie grecque. Il s'enfuit du labyrinthe de Crète grâce à des ailes attachées avec de la cire. — 14. Patriarche biblique. — 15. Prophète juif du IXe siècle avant J.-C. — 16. Philosophe d'Asie mineure, moraliste et mage, né à Thyane en 97 après J.-C. Les quatre derniers personnages ont en commun le fait de s'être élevés dans les airs. — 17. Oiseau de taille comparable au corbeau, mentionné dans la mythologie arabe et dans les *Mille et Une Nuits*. — 18. Oiseaux imaginaires. — 19. Dont les plumes ont des taches rondes en forme d'œil.

Un instant voile tout de son ardente cendre
Les sirènes laissant les périlleux détroits
Arrivent en chantant bellement toutes trois
Et tous aigle phénix et pihis de la Chine
70 Fraternisent avec la volante machine

Maintenant tu marches dans Paris tout seul parmi la foule
Des troupeaux d'autobus mugissants près de toi roulent
L'angoisse de l'amour te serre le gosier
Comme si tu ne devais jamais plus être aimé
75 Si tu vivais dans l'ancien temps tu entrerais dans un monastère
Vous avez honte quand vous vous surprenez à dire une prière
Tu te moques de toi et comme le feu de l'Enfer ton rire pétille
Les étincelles de ton rire dorent le fond de ta vie
C'est un tableau pendu dans un sombre musée
80 Et quelquefois tu vas le regarder de près

Aujourd'hui tu marches dans Paris les femmes sont ensanglantées
C'était et je voudrais ne pas m'en souvenir c'était au déclin de la beauté

Entourée de flammes ferventes Notre-Dame m'a regardé à Chartres[20]
Le sang de votre Sacré-Cœur m'a inondé à Montmartre[21]
85 Je suis malade d'ouïr les paroles bienheureuses
L'amour dont je souffre est une maladie honteuse
Et l'image qui te possède te fait survivre dans l'insomnie et dans l'angoisse
C'est toujours près de toi cette image qui passe

Maintenant tu es au bord de la Méditerranée
90 Sous les citronniers qui sont en fleur toute l'année
Avec tes amis tu te promènes en barque
L'un est Nissard il y a un Mentonasque et deux Turbiasques[22]
Nous regardons avec effroi les poulpes des profondeurs
Et parmi les algues nagent les poissons[23] images du Sauveur

95 Tu es dans le jardin d'une auberge aux environs de Prague
Tu te sens tout heureux une rose est sur la table
Et tu observes au lieu d'écrire ton conte en prose
La cétoine[24] qui dort dans le cœur de la rose

Epouvanté tu te vois dessiné dans les agates de Saint-Vit[25]
100 Tu étais triste à mourir le jour où tu t'y vis
Tu ressembles au Lazare[26] affolé par le jour
Les aiguilles de l'horloge du quartier juif vont à rebours[27]
Et tu recules aussi dans ta vie lentement

---

20. Allusion à la cathédrale de Chartres, une des merveilles de l'architecture gothique. — 21. La basilique du Sacré-Cœur fut construite à Paris sur la butte Montmartre. — 22. Habitants de La Turbie et de Menton, deux villes de la Côte d'Azur. — 23. Les lettres du mot grec « ichtus » (poisson) sont les initiales de la phrase « Jésus-Christ fils du sauveur ». Le poisson devint ainsi l'emblème du Christ. — 24. Insecte qui vit dans les roses. — 25. Apollinaire crut reconnaître son visage dans le reflet d'une pierre précieuse, dans la cathédrale Saint-Vit, à Prague. — 26. Saint Lazare, personnage biblique, ressuscité par Jésus. — 27. Les aiguilles de l'horloge du quartier juif de Prague tournent en effet en sens inverse.

En montant au Hradchin[28] et le soir en écoutant
105 Dans les tavernes chanter des chansons tchèques

Te voici à Marseille au milieu des pastèques

Te voici à Coblence à l'hôtel du Géant

Te voici à Rome assis sous un néflier du Japon

Te voici à Amsterdam avec une jeune fille que tu trouves belle et qui est laide
110 Elle doit se marier avec un étudiant de Leyde
On y loue des chambres en latin Cubicula locanda[29]
Je m'en souviens j'y ai passé trois jours et autant à Gouda[30]

Tu es à Paris chez le juge d'instruction
Comme un criminel on te met en état d'arrestation[31]

115 Tu as fait de douloureux et de joyeux voyages
Avant de t'apercevoir du mensonge et de l'âge
Tu as souffert de l'amour à vingt et à trente ans
J'ai vécu comme un fou et j'ai perdu mon temps
Tu n'oses plus regarder tes mains et à tous moments je voudrais sangloter
120 Sur toi sur celle que j'aime sur tout ce qui t'a épouvanté

Tu regardes les yeux pleins de larmes ces pauvres émigrants
Ils croient en Dieu ils prient les femmes allaitent des enfants
Ils emplissent de leur odeur le hall de la gare Saint-Lazare[32]
Ils ont foi dans leur étoile comme les rois-mages
125 Ils espèrent gagner de l'argent dans l'Argentine
Et revenir dans leur pays après avoir fait fortune
Une famille transporte un édredon rouge comme vous transportez votre cœur
Cet édredon et nos rêves sont aussi irréels
Quelques-uns de ces émigrants restent ici et se logent
130 Rue des Rosiers ou rue des Ecouffes dans des bouges
Je les ai vus souvent le soir ils prennent l'air dans la rue
Et se déplacent rarement comme les pièces aux échecs
Il y a surtout des Juifs leurs femmes portent perruque[33]
Elles restent assises exsangues au fond des boutiques

135 Tu es debout devant le zinc[34] d'un bar crapuleux
Tu prends un café à deux sous parmi les malheureux

Tu es la nuit dans un grand restaurant

Ces femmes ne sont pas méchantes elles ont des soucis cependant
Toutes même la plus laide a fait souffrir son amant
140 Elle est la fille d'un sergent de ville de Jersey[35]

---

28. Colline surplombant la ville de Prague. — 29. En latin, « chambres à louer ». — 30. Ville de Hollande, tout comme Amsterdam et Leyde, mentionnées précédemment. — 31. Apollinaire fut effectivement emprisonné quelques jours par erreur, pour une affaire de tableaux volés au musée du Louvre. — 32. Gare ferroviaire à Paris, où se rassemblaient les émigrants en partance pour l'Amérique qui allaient prendre le train en direction du port du Havre. — 33. Selon la coutume juive othodoxe, les femmes mariées coupent leurs cheveux et portent une perruque. — 34. Les comptoirs des bars étaient souvent en zinc. — 35. Ile anglo-normande, au large des côtes de Bretagne.

Ses mains que je n'avais pas vues sont dures et gercées

J'ai une pitié immense pour les coutures de son ventre

J'humilie maintenant à une pauvre fille au rire horrible ma bouche[36]

Tu es seul le matin va venir
145   Les laitiers font tinter leurs bidons dans les rues
La nuit s'éloigne ainsi qu'une belle Métive[37]
C'est Ferdine la fausse ou Léa l'attentive

Et tu bois cet alcool brûlant comme ta vie
Ta vie que tu bois comme une eau-de-vie

150   Tu marches vers Auteuil[38] tu veux aller chez toi à pied
Dormir parmi tes fétiches d'Océanie et de Guinée[39]
Ils sont des Christ d'une autre forme et d'une autre croyance
Ce sont les Christ inférieurs des obscures espérances

Adieu Adieu

155   Soleil cou coupé[40]

Le Pont Mirabeau[41]

Au long poème *Zone,* qui est le manifeste d'une poésie moderne en quête d'un nouveau merveilleux, succède *Le Pont Mirabeau,* d'inspiration et de forme plus traditionnellement lyriques, quoique les vers y demeurent irréguliers. Apollinaire y aborde les thèmes élégiaques de l'amour perdu et de la fuite du temps, symbolisés par le passage de l'eau, et a recours aux procédés lyriques du refrain et de la répétition. Le poème, qui évoque des sentiments personnels, rappelle toute la tradition romantique, mais s'en distingue toutefois par sa discrétion et sa simplicité recherchée: l'auteur y évite toute effusion exagérée de sentiments.

Apollinaire se montre également sensible ici à la disposition typographique, en espaçant ses vers par des alinéas de longueur variable, dont l'aspect sinueux imite le cours du fleuve mentionné dans le poème (et l'absence de ponctuation renforce sans doute cet effet de *fluidité*). C'est là une ébauche des idéogrammes plus complexes de *Calligrammes*.

Sous le pont Mirabeau coule la Seine
Et nos amours
Faut-il qu'il m'en souvienne
La joie venait toujours après la peine

---

36. «Ma bouche» est l'objet direct de «J'humilie». — 37. «Métive» est la forme archaïque de «métisse». — 38. Apollinaire habite depuis 1909 à Auteuil, dans le 16ᵉ arrondissement de Paris. — 39. «L'Art Nègre» était en pleine vogue à l'époque. — 40. Ce soleil (jaune) décapité (donc couvert de sang de couleur rouge) serait une allusion aux couleurs de l'aube. — 41. Ce pont de Paris était cher à Apollinaire, qui habitait tout près, à Auteuil.

5   Vienne la nuit sonne l'heure
       Les jours s'en vont je demeure

Les mains dans les mains restons face à face
              Tandis que sous
           Le pont de nos bras[42] passe
10   Des éternels regards l'onde si lasse[43]

       Vienne la nuit sonne l'heure
       Les jours s'en vont je demeure

L'amour s'en va comme cette eau courante
              L'amour s'en va
15   Comme[44] la vie est lente
       Et comme l'espérance est violente

       Vienne la nuit sonne l'heure
       Les jours s'en vont je demeure

Passent les jours et passent les semaines
20   Ni temps passé
           Ni les amours reviennent[45]
       Sous le pont Mirabeau coule la Seine

       Vienne la nuit sonne l'heure
       Les jours s'en vont je demeure

Marie

Marie est également un poème lyrique où s'entrelacent les thèmes du souvenir, de l'amour et de la nostalgie. La figure féminine évoquée est sans doute un amalgame entre une jeune Marie rencontrée lors d'un séjour de jeunesse à Stavelot dans les Ardennes belges (d'où la référence à la « maclotte », danse folklorique wallonne) et celle qui fut la compagne du poète de 1907 à 1912, le peintre Marie Laurencin.

Bien que les poèmes d'Apollinaire soient habituellement composés de vers et de strophes de longueur variable, ce poème plus traditionnel présente cinq strophes de cinq octosyllabes (quoique le poète se permette quelques libertés métriques par endroits, par exemple l'alexandrin inattendu du neuvième vers, correspondant au cri d'amour du poète). Les rimes elles aussi sont régulières, sauf dans la première strophe. Apollinaire n'hésite donc pas à recourir parfois à la prosodie lyrique, lorsqu'il aborde une thématique elle aussi lyrique. Il utilise également ici des figures basées sur la répétition, héritées du chant lyrique, et en particulier l'anaphore.

---

42. Les mains jointes des amants ressemblent à un pont. — 43. Il y a dans ce vers une inversion syntaxique. Il faut comprendre « l'onde si lasse des éternels regards ». — 44. Ici, adverbe exclamatif de quantité (= « combien », « à quel point ») plutôt qu'expression de comparaison. — 45. Pour « *ne* reviennent ».

Vous y dansiez petite fille
Y danserez-vous mère-grand
C'est la maclotte[46] qui sautille
Toutes les cloches sonneront
5   Quand donc reviendrez-vous Marie

Les masques[47] sont silencieux
Et la musique est si lointaine
Qu'elle semble venir des cieux
Oui je veux vous aimer mais vous aimer à peine
10   Et mon mal est délicieux

Les brebis s'en vont dans la neige
Flocons de laine et ceux d'argent
Des soldats passent et que n'ai-je
Un cœur à moi ce cœur changeant
15   Changeant et puis encor que sais-je

Sais-je où s'en iront tes cheveux
Crépus comme mer qui moutonne
Sais-je où s'en iront tes cheveux
Et tes mains feuilles de l'automne
20   Que jonchent aussi nos aveux

Je passais au bord de la Seine
Un livre ancien sous le bras
Le fleuve est pareil à ma peine
Il s'écoule et ne tarit pas
25   Quand donc finira la semaine

L'Emigrant de Landor Road

L'Emigrant de Landor Road fait référence au domicile londonien (75, Landor Road) d'Annie Playden, la jeune gouvernante anglaise dont Apollinaire s'était épris, et qui l'abandonna pour immigrer aux Etats-Unis. On observera cependant dans ce poème une inversion de l'image: ce n'est pas Annie qui, ici, part pour l'Amérique, mais bien le poète lui-même. Il semble ainsi qu'Apollinaire ait transposé ce sentiment d'exil sur lui-même, soit qu'il ait voulu partager l'impression vécue par la jeune femme, soit qu'il veuille évoquer son propre sentiment de perte et de désespoir par la figure de l'émigrant.

Les images fantaisistes ou insolites, qui font contrepoint à l'amertume générale du ton, témoignent de l'humour du poète et de son refus de la complaisance.

---

46. Danse folklorique belge. — 47. Les masques et la musique font allusion à une fête.

Le chapeau à la main il entra du pied droit[48]
Chez un tailleur très chic et fournisseur du roi
Ce commerçant venait de couper quelques têtes
De mannequins vêtus comme il faut qu'on se vête

5   La foule en tous les sens remuait en mêlant
Des ombres sans amour qui se traînaient par terre
Et des mains vers le ciel plein de lacs de lumière
S'envolaient quelquefois comme des oiseaux blancs

Mon bateau partira demain pour l'Amérique
10   Et je ne reviendrai jamais
Avec l'argent gagné dans les prairies lyriques[49]
Guider mon ombre aveugle en ces rues que j'aimais

Car revenir c'est bon pour un soldat des Indes[50]
Les boursiers ont vendu tous mes crachats[51] d'or fin
15   Mais habillé de neuf je veux dormir enfin
Sous des arbres pleins d'oiseaux muets et de singes

Les mannequins pour lui s'étant déshabillés
Battirent leurs habits puis les lui essayèrent
Le vêtement d'un lord mort sans avoir payé
20   Au rabais l'habilla comme un millionnaire

Au-dehors les années
Regardaient la vitrine
Les mannequins victimes
Et passaient enchaînées

25   Intercalées dans l'an c'étaient les journées veuves
Les vendredis sanglants et lents d'enterrements
De blancs et de tout noirs vaincus des cieux qui pleuvent
Quand la femme du diable a battu son amant[52]

Puis dans un port d'automne aux feuilles indécises
30   Quand les mains de la foule y feuillolaient[53] aussi
Sur le pont du vaisseau il posa sa valise
Et s'assit

Les vents de l'Océan en soufflant leurs menaces
Laissaient dans ses cheveux de longs baisers mouillés
35   Des émigrants tendaient vers le port leurs mains lasses
Et d'autres en pleurant s'étaient agenouillés

---

48. Image fantaisiste qui joue sur une expression toute faite (« se lever du pied gauche », c'est-à-dire de mauvaise humeur). C'est ce genre de traitement fantaisiste du langage que les surréalistes admireront chez Apollinaire. — 49. Allusion, sans doute, aux grands espaces verts qui faisaient déjà partie du mythe de l'Amérique pour les Européens. — 50. Les Indes étaient à l'époque une colonie anglaise, et les soldats qui y étaient envoyés revenaient souvent en Angleterre au terme de leur service. — 51. Plaque honorifique d'un ordre de chevalerie. — 52. Jeu sur l'expression proverbiale «le diable bat sa femme et marie sa fille», employée lorsque le temps est à la fois pluvieux et ensoleillé. — 53. Trembler comme des feuilles.

Il regarda longtemps les rives qui moururent
Seuls des bateaux d'enfant tremblaient à l'horizon
Un tout petit bouquet flottant à l'aventure
40 Couvrit l'Océan d'une immense floraison

Il aurait voulu ce bouquet[54] comme la gloire
Jouer dans d'autres mers parmi tous les dauphins
Et l'on tissait dans sa mémoire
Une tapisserie sans fin
45 Qui figurait son histoire

Mais pour noyer changées en poux
Ces tisseuses têtues[55] qui sans cesse interrogent
Il se maria comme un doge[56]
Aux cris d'une sirène moderne sans époux

50 Gonfle-toi vers la nuit O Mer Les yeux des squales
Jusqu'à l'aube ont guetté de loin avidement
Des cadavres de jours rongés par les étoiles
Parmi le bruit des flots et les derniers serments

Nuit rhénane

Une section d'*Alcools* intitulée *Rhénanes* regroupe neuf poèmes qui évoquent des légendes germaniques ou peignent des paysages rhénans pleins d'étrangeté et de mystère. Ce mélange de mythe et d'exotisme contribue parfois à créer une atmosphère fantastique, où la conscience du poète oscille entre la réalité et l'irréalité, comme l'illustre parfaitement cette *Nuit rhénane*.

Mon verre est plein d'un vin trembleur comme une flamme
Ecoutez la chanson lente d'un batelier
Qui raconte avoir vu sous la lune sept femmes
Tordre leurs cheveux verts et longs jusqu'à leurs pieds

5 Debout chantez plus haut en dansant une ronde
Que je n'entende plus le chant du batelier
Et mettez près de moi toutes les filles blondes
Au regard immobile aux nattes repliées

Le Rhin le Rhin est ivre où les vignes se mirent
10 Tout l'or des nuits tombe en tremblant s'y refléter

---

54. « Ce bouquet » est le sujet de « aurait voulu », reprenant le pronom impersonnel « il ». — 55. Celles qui tissent la tapisserie de la mémoire, c'est-à-dire les femmes dont le souvenir obsède le poète. Apollinaire fait en outre probablement allusion aux Parques de la mythologie grecque, qui filaient les destinées des humains. — 56. Selon la coutume, le doge (chef de la république) de Venise, devait épouser symboliquement la mer Adriatique en y jetant son anneau. Le poète semble entendre par cette image qu'il s'est jeté dans la mer afin de se suicider.

La voix chante toujours à en râle-mourir [57]
Ces fées aux cheveux verts qui incantent [58] l'été

Mon verre s'est brisé comme un éclat de rire

La Colombe poignardée et le jet d'eau

« Et moi aussi je suis peintre », revendique Apollinaire. Tout comme les peintres qu'il admire, en particulier Braque, qui incorporent des caractères typographiques dans leurs peintures, Apollinaire de son côté s'efforce de tirer la poésie vers l'art pictural. Ainsi propose-t-il des « idéogrammes lyriques » qui dessinent le contour d'objets grâce à la disposition typographique des vers. Poèmes figuratifs en forme de gouttes de pluie, de temple, de cœur, de miroir, de cravate, de montre, etc., les *Calligrammes* [59] (du grec *kallos,* beau, et *gramma,* lettre) d'Apollinaire explorent à l'extrême les possibilités de présentation visuelle du texte poétique. L'on cite souvent *La Colombe poignardée et le jet d'eau* comme une des plus grandes réussites d'Apollinaire en ce domaine. (Voir ce poème, à la page 351.)

Fusée

Tous les poèmes de *Calligrammes* ne sont pas des idéogrammes, quoique le recueil entier soit d'inspiration résolument moderne. Dans *Fusée,* un de ces textes dont la disposition typographique reste « traditionnelle », Apollinaire unit les thèmes de l'érotisme, de la guerre et de la modernité. On notera qu'Apollinaire fut profondément marqué — et, naïvement sans doute, émerveillé — par la guerre de 14–18, qu'il vécut comme une expérience poétique. Il porta sur le conflit le même regard en quête d'insolite et de nouveau qu'il portait jadis sur la ville. *Fusée* multiplie les notations anecdotiques d'un soldat sur le champ de bataille, liées par collages et correspondances à l'évocation d'un corps féminin.

La boucle des cheveux noirs de ta nuque est mon trésor
Ma pensée te rejoint et la tienne la croise
Tes seins sont les seuls obus que j'aime
Ton souvenir est la lanterne de repérage qui nous sert à pointer la nuit

5   En voyant la large croupe de mon cheval, j'ai pensé à tes hanches

Voici les fantassins qui s'en vont à l'arrière en lisant un journal

---

57. Avec une voix rauque qui donne l'impression de la mort. — 58. Chantent dans des paroles magiques. — 59. Même si la tradition des calligrammes remonte à l'antiquité gréco-romaine, Apollinaire réinvente le format pour l'adapter à la poésie française moderne, et avec une intention provocatrice évidente, puisqu'il s'agit de déconstruire la forme traditionnelle (linéaire) du poème.

La Colombe Poignardée
et le Jet d'Eau

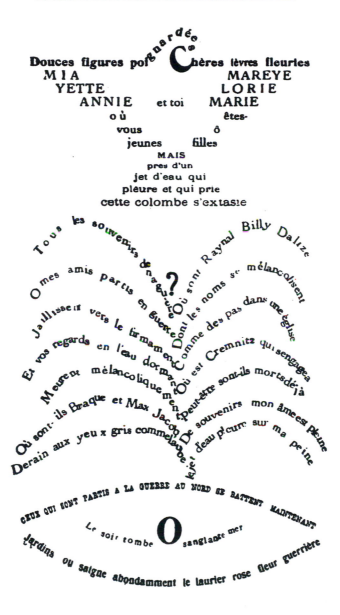

Douces figures poignardées Chères lèvres fleuries
MIA   MAREYE
YETTE   LORIE
ANNIE   et toi   MARIE
où   êtes-
vous   ô
jeunes   filles
MAIS
près d'un
jet d'eau qui
pleure et qui prie
cette colombe s'extasie

Tous les souvenirs de naguère
Ô mes amis partis en guerre
Où sont Raynal Billy Dalize
Dont les noms se mélancolisent
Comme des pas dans une église
?
Jaillissent vers le firmament
Et vos regards en l'eau dormant
Meurent mélancoliquement
Où est Cremnitz qui s'engagea
Peut-être sont-ils morts déjà
Où sont-ils Braque et Max Jacob
Derain aux yeux gris comme l'aube
De souvenirs mon âme est pleine
Le jet d'eau pleure sur ma peine

CEUX QUI SONT PARTIS A LA GUERRE AU NORD SE BATTENT MAINTENANT
Le soir tombe O sanglante mer
Jardins où saigne abondamment le laurier rose fleur guerrière

Le chien du brancardier revient avec une pipe dans sa gueule

Un chat-huant ailes fauves yeux ternes gueule de petit chat et pattes de chat

Une souris verte file parmi la mousse

10 Le riz a brûlé dans la marmite de campement
Ça signifie qu'il faut prendre garde à bien des choses

Le mégaphone crie
Allongez le tir

Allongez le tir amour de vos batteries

15 Balance des batteries lourdes cymbales
Qu'agitent les chérubins fous d'amour
En l'honneur du Dieu des Armées

Un arbre dépouillé sur une butte

Le bruit des tracteurs qui grimpent dans la vallée

20 O vieux monde du XIXᵉ siècle plein de hautes cheminées si belles et si pures

Virilités du siècle où nous sommes
O canons

Douilles éclatantes des obus de 75
Carillonnez pieusement

Matière à réflexion

1. *Zone.* — (a) Ce poème refuse la structure « logique » habituelle du poème traditionnel. Apollinaire recherche à juxtaposer les impressions telles qu'elles se présentent, afin, écrit-il, d'« habituer l'esprit à concevoir un poème simultanément comme une scène de la vie ». Montrez comment ces images s'enchaînent. Expliquez le double mouvement de la promenade et du souvenir. Comment Apollinaire provoque-t-il l'effet de surprise? Quel rôle joue l'absence de ponctuation dans cette esthétique de la simultanéité et de la dissonance? (b) Apollinaire multiplie les images du monde moderne dans *Zone*. Montrez comment il poétise cet univers du XXᵉ siècle. Etudiez en particulier les métaphores dans ce poème. Apollinaire rompt-il complètement avec le monde ancien, comme il le préconise au début du poème? Que pensez-vous d'une image telle que « Le Christ monte au ciel mieux que les aviateurs »? (c) Où apparaît la thématique lyrique dans ce poème « moderniste » qu'est *Zone*? En quoi donne-t-elle au poème une certaine unité?

2. *Le Pont Mirabeau.* — Montrez comment les thèmes de l'eau, du temps et de l'amour s'entrelacent dans ce poème. Quels sont les effets produits par l'absence de ponctuation? Quelle est la fonction du refrain? Quels effets Apollinaire tire-t-il de l'irrégularité métrique de ce poème?

3. *Marie.* — Quels sont les éléments lyriques dans *Marie*, tant sur le plan formel que sur le plan thématique? En quoi ce poème ressemble-t-il à une chanson? Comparez «Quand donc reviendrez-vous Marie» et «Quand donc finira la semaine»: comment Apollinaire fait-il coexister l'espoir, la nostalgie et le désespoir? Montrez l'effet produit par la variation des temps verbaux.

4. *L'Emigrant de Landor Road.* — Montrez comment Apollinaire intègre des éléments fantaisistes et ironiques dans ce poème de l'exil et du suicide. Quel rôle jouent ces éléments? Trouvez d'autres manifestations de cet humour et de cette fantaisie dans les poèmes d'Apollinaire. Montrez leur fonction dans le cadre du lyrisme et dans le cadre du «modernisme».

5. *Nuit rhénane.* — Comment Apollinaire crée-t-il une atmosphère fantastique dans *Nuit rhénane*? Relevez dans ce poème, ainsi que dans les autres poèmes d'*Alcools* repris ici, les allusions à l'enivrement et expliquez leur fonction chez Apollinaire.

6. *La Colombe poignardée et le jet d'eau.* — (a) Comme le titre l'indique, ces deux idéogrammes composent un seul poème. Cependant, les deux parties du poème évoquent des sujets différents: les filles jeunes aimées, dans *La Colombe poignardée*, et les amis absents, dans *Le jet d'eau*. Ces deux parties du poème sont-elles absolument étanches, ou sont-elles reliées par une parenté thématique plus générale? Quelles sont les relations entre les thèmes du poème et les dessins qui les représentent? (b) Que reste-t-il du vers traditionnel dans ce poème qui doit se lire tantôt horizontalement, tantôt verticalement? Montrez qu'Apollinaire conserve par endroits une structure métrique constante.

7. *Fusée.* — (a) Etudiez l'enchaînement des images dans ce poème. Comment Apollinaire alterne-t-il entre le fantasme et la réalité anecdotique? Comment transforme-t-il la guerre en expérience poétique? (b) Après avoir étudié le chapitre sur le surréalisme, montrez comment l'évocation du corps féminin dans la première strophe de *Fusée* annonce l'écriture et la thématique des surréalistes.

Blaise Cendrars
1887–1961

Du monde entier, Au cœur du monde, Emmène-moi au bout du monde, Bourlinguer... Titres évocateurs dont le fil conducteur — le thème du voyage — sera aussi celui de la vie et de l'œuvre entière de Blaise Cendrars, grand aventurier de la poésie et «bourlingueur» de premier ordre, qui, dès son adolescence, plaça son existence sous les signes de l'exotisme et de l'insolite.

Né en 1887 d'un père suisse et d'une mère écossaise, Frédéric Sauser, qui signera ses œuvres du pseudonyme de Blaise Cendrars, abandonne ses études de commerce à l'âge de quinze ans, et succombe à l'appel de l'ailleurs pour se lancer à la découverte du monde. L'histoire de sa jeunesse se confond avec la liste de ses périples. Un premier voyage en train jusqu'à Moscou est suivi de visites en Chine et

Blaise Cendrars, vu par le célèbre photographe Robert Doisneau, avec qui il collaborera en 1949 à un livre sur *La Banlieue de Paris*

en Perse. On retrouve encore Cendrars à Saint-Pétersbourg (où, à l'aube de la Révolution russe, il fréquente les milieux anarchistes et communistes), à Prague, puis à Londres, exerçant pour survivre les métiers les plus divers, dont celui de jongleur dans un music-hall londonien où un jeune clown nommé Charlie Chaplin fait ses débuts.

Après d'autres séjours au Canada, puis en Russie, c'est à New York qu'il écrit son premier texte célèbre en 1909, *Les Pâques à New York,* poème qui annonce l'écriture automatique et les images insolites des surréalistes. De retour à Paris, il publie en 1913 *La Prose du Transsibérien et de la petite Jeanne de France,* long poème inspiré par ses voyages en Russie et en Extrême-Orient[1]. Il se lie avec Apollinaire, sur qui il aura une influence déterminante[2], et fréquente les peintres cubistes.

---

1. L'on sait aujourd'hui qu'il y a dans ces voyages une grande part de mythomanie. Cendrars se serait attribué des voyages qu'il n'aurait jamais effectués. Son imagination poétique, dans ce cas, n'en est pas moins admirable. — 2. C'est lorsque Cendrars lui a montré *Les Pâques à New York* qu'Apollinaire aurait décidé de supprimer lui aussi toute ponctuation dans *Alcools.*

Grièvement blessé pendant la Grande Guerre, il est amputé du bras droit. Après la guerre, il publie coup sur coup, de 1918 à 1919, *Dix-neuf poèmes élastiques* et *Du monde entier* [3], recueil dont le titre illustre parfaitement le cosmopolitisme auquel aspire Cendrars.

S'il poursuit ses voyages, explorant désormais l'Afrique et l'Amérique du Sud, il délaisse en revanche peu à peu la poésie pour se tourner vers le cinéma (*La Roue*, film réalisé avec Abel Gance) et le roman (*L'or*, 1925; *Moravagine*, 1926; *Rhum*, 1930; *L'Homme foudroyé*, 1945; *Emmène-moi au bout du monde*, 1956). Blaise Cendrars meurt à Paris en 1961.

---

3. *Du monde entier* rassemble trois poèmes de Cendrars écrits de 1912 à 1913 (*Les Pâques à New York, La Prose du Transsibérien et de la petite Jeanne de France* et *Le Panama ou les aventures de mes sept oncles*).

La Prose du Transsibérien et de la petite Jeanne[1] de France

Il ne s'agit guère de prose ici, ni même de « prose poétique », mais bien d'un poème en vers libres. Cendrars a sans doute voulu indiquer, par ce titre provocateur, qu'il entendait briser, à la fois par la longueur du poème et par l'irrégularité des formes, le moule classique de la poésie. De plus, ce poème a ceci de commun avec le récit en prose qu'il joue d'une façon unique sur la *durée:* le poète raconte ici une *histoire* qui s'inscrit dans le temps. La durée en question est celle d'un voyage en train (« le transsibérien ») qui mène le poète, en compagnie d'une jeune prostituée de Montmartre au cœur pur (« la petite Jeanne de France »), à travers la Sibérie et la Mandchourie, écho d'un périple qu'entreprit le jeune Cendrars en 1903. Cependant, la perspective reste ici essentiellement poétique: Cendrars vise moins à raconter qu'à présenter une succession frénétique d'images et d'impressions, telles qu'elles s'offrent au voyageur par la fenêtre d'un train. « Poésie narrative », donc, plutôt que prose.

Ce long poème de 446 vers fut initialement présenté sous la forme d'un dépliant de deux mètres de hauteur avec, à la gauche du texte et entre les vers eux-mêmes, des « couleurs simultanées » du peintre Sonia Delaunay. Ainsi, comme Apollinaire plus tard, Cendrars est-il sensible à l'aspect pictural de sa poésie.

Comme Apollinaire également, Cendrars célèbre ici le monde moderne, et surtout le cosmopolitisme nouveau lié au développement des moyens de transport, à l'apogée de la vitesse. Cette vitesse, il s'efforce de la rendre par un style poétique neuf, juxtaposant images, impressions et sensations simultanées (« Les roues vertigineuses les bouches les voix »), et faisant un grand usage du style nominal pour

---

1. Dans la première édition, Cendrars écrit « Jehanne », orthographe archaïque de Jeanne, peut-être pour comparer la pureté de la jeune fille à celle de Je(h)anne d'Arc.

reproduire, par l'absence de transitions logiques et de verbes, le rythme, tantôt accéléré, tantôt saccadé, d'un voyage en train. La suppression par endroits de la ponctuation contribue également à ces effets de rythme et au « simultanéisme » recherché par Cendrars, qui « (rassemble) les éléments épars d'une violente beauté ».

L'innovation essentielle de Cendrars consiste donc à faire correspondre à une perspective poétique originale et moderne (« l'Europe tout entière aperçue au coupe-vent d'un express à toute vapeur ») un langage poétique nouveau. Ainsi chez Cendrars le voyage lui même devient-il acte poétique, à la fois perception du monde dans son immédiateté et quête de l'insolite au cœur « du monde entier ». C'est en cela surtout que Cendrars renouvelle l'exotisme traditionnel.

Poète moderne par excellence — le fait apparaît encore plus clairement lorsque l'on examine les textes de Cendrars à la lumière du surréalisme, qu'il aura beaucoup influencé, notamment par sa conception de l'image [2] — Cendrars a cependant, comme Apollinaire là aussi, recours aux procédés du lyrisme traditionnel tels que la rime ou l'assonance (les trois premiers vers se terminent par « adolescence », « enfance » et « naissance ») ou encore la répétition ou le refrain (« Blaise, dis, sommes-nous bien loin de Montmartre? »; « En ce temps-là j'étais en mon adolescence », etc.). Les plus grands moments lyriques de ce poème sont ceux où Cendrars évoque Jeanne, dans les yeux de laquelle « Tremble un doux lys d'argent, la fleur du poète ». Des élans lyriques tels que « Du fond de mon cœur des larmes me viennent / Si je pense, Amour, à ma maîtresse » alternent avec un parti-pris de modernisme radical. Comme celle d'Apollinaire, la poésie de Cendrars mêle à l'« esprit nouveau » des éléments lyriques empruntés à la tradition, et se trouve en cela au confluent de deux ères, comme la Belle Epoque elle-même.

> En ce temps-là j'étais en mon adolescence
> J'avais à peine seize ans et je ne me souvenais déjà plus de mon enfance
> J'étais à 16.000 lieues [3] du lieu de ma naissance
> J'étais à Moscou, dans la ville des mille et trois clochers et des sept gares
> 5 Et je n'avais pas assez des sept gares et des mille et trois tours
> Car mon adolescence était si ardente et si folle
> Que mon cœur, tour à tour, brûlait comme le temple d'Ephèse [4] ou comme
>   la Place Rouge de Moscou
> Quand le soleil se couche.
> Et mes yeux éclairaient des voies anciennes.
> 10 Et j'étais déjà si mauvais poète
> Que je ne savais pas aller jusqu'au bout.
>
> Le Kremlin [5] était comme un immense gâteau tartare
> Croustillé d'or,
> Avec les grandes amandes des cathédrales toutes blanches

---

2. Des images comme « les grandes amandes des cathédrales toutes blanches » ou « Les vaches du crépuscule broutent le Sacré-Cœur » annoncent déjà le surréalisme. — 3. Ancienne mesure de distance (approximativement 4 kilomètres). — 4. Le temple d'Artémis à Ephèse (ville grecque sur la côte de la mer Egée), qui était considéré comme une des sept merveilles du monde, fut incendié en 356 avant J.-C. par un individu obscur, nommé Erostrate, qui voulut se rendre immortel par cet « exploit » mémorable. — 5. Quartier central et forteresse célèbre de Moscou.

15   Et l'or mielleux des cloches...
     Un vieux moine me lisait la légende de Novgorode[6]
     J'avais soif
     Et je déchiffrais des caractères cunéiformes
     Puis, tout à coup, les pigeons du Saint-Esprit[7] s'envolaient sur la place
20   Et mes mains s'envolaient aussi, avec des bruissements d'albatros
     Et ceci, c'était les dernières réminiscences du dernier jour
     Du tout dernier voyage
     Et de la mer.

     Pourtant, j'étais fort mauvais poète.
25   Je ne savais pas aller jusqu'au bout.
     J'avais faim
     Et tous les jours et toutes les femmes dans les cafés et tous les verres
     J'aurais voulu les boire et les casser
     Et toutes les vitrines et toutes les rues
30   Et toutes les maisons et toutes les vies
     Et toutes les roues des fiacres qui tournaient en tourbillon sur les mauvais pavés
     J'aurais voulu les plonger dans une fournaise de glaives
     Et j'aurais voulu broyer tous les os
     Et arracher toutes les langues
35   Et liquéfier tous ces grands corps étranges et nus sous les vêtements qui m'affolent...
     Je pressentais la venue du grand Christ rouge de la révolution russe...
     Et le soleil était une mauvaise plaie
     Qui s'ouvrait comme un brasier.

     En ce temps-là j'étais en mon adolescence
40   J'avais à peine seize ans et je ne me souvenais déjà plus de ma naissance
     J'étais à Moscou, où je voulais me nourrir de flammes
     Et je n'avais pas assez des tours et des gares que constellaient mes yeux
     En Sibérie tonnait le canon, c'était la guerre[8]
     La faim le froid la peste le choléra
45   Et les eaux limoneuses de l'Amour[9] charriaient des millions de charognes
     Dans toutes les gares je voyais partir tous les derniers trains
     Personne ne pouvait plus partir car on ne délivrait plus de billets
     Et les soldats qui s'en allaient auraient bien voulu rester...
     Un vieux moine me chantait la légende de Novgorode.

50   Moi, le mauvais poète qui ne voulais aller nulle part, je pouvais aller partout
     Et aussi les marchands avaient encore assez d'argent
     Pour aller tenter faire fortune.
     Leur train partait tous les vendredis matin.
     On disait qu'il y avait beaucoup de morts.
55   L'un emportait cent caisses de réveils et de coucous de la Forêt-Noire
     Un autre, des boîtes à chapeaux, des cylindres et un assortiment de tire-bouchons de
          Sheffield[10]
     Un autre, des cercueils de Malmoë[11] remplis de boîtes de conserve et de sardines à
          l'huile

---

6. Ville russe qui fut au XIIIe siècle un des centres les plus brillants de la civilisation russe. Cendrars avait déjà publié, en 1909, un poème intitulé *La Légende de Novgorode*. — 7. Eglise à Moscou. — 8. La guerre russo-japonaise de 1904–1905 conduit à de lourdes pertes humaines en Sibérie et en Mandchourie. — 9. Fleuve qui sépare la Sibérie de la Chine. — 10. Ville d'Angleterre, dans le Yorkshire. — 11. Malmoë ou Malmö, ville et port de Suède.

Puis il y avait beaucoup de femmes
Des femmes des entre-jambes à louer qui pouvaient aussi servir
60   Des cercueils
Elles étaient toutes patentées
On disait qu'il y avait beaucoup de morts là-bas
Elles voyageaient à prix réduits
Et avaient toutes un compte-courant à la banque.

65   Or, un vendredi matin, ce fut enfin mon tour
On était en décembre
Et je partis moi aussi pour accompagner le voyageur en bijouterie qui se rendait à
    Kharbine[12]
Nous avions deux coupés[13] dans l'express et 34 coffres de joaillerie de Pforzheim[14]
De la camelote allemande « Made in Germany »
70   Il m'avait habillé de neuf, et en montant dans le train, j'avais perdu un bouton
— Je m'en souviens, je m'en souviens, j'y ai souvent pensé depuis —
Je couchais sur les coffres et j'étais tout heureux de pouvoir jouer avec le browning[15]
    nickelé qu'il m'avait aussi donné

J'étais très heureux insouciant
Je croyais jouer aux brigands
75   Nous avions volé le trésor de Golconde[16]
Et nous allions, grâce au transsibérien, le cacher de l'autre côté du monde
Je devais le défendre contre les voleurs de l'Oural qui avaient attaqué les
    saltimbanques de Jules Verne[17]
Contre les Khoungouzes, les boxers[18] de la Chine
Et les enragés petits mongols du Grand-Lama[19]
80   Alibaba[20] et les quarante voleurs
Et les fidèles du terrible Vieux de la montagne[21]
Et surtout, contre les plus modernes
Les rats d'hôtel
Et les spécialistes des express internationaux.

85   Et pourtant, et pourtant
J'étais triste comme un enfant
Les rythmes du train
La « moëlle chemin-de-fer » des psychiatres américains
Le bruit des portes des voix des essieux grinçant sur les rails congelés
90   Le ferlin[22] d'or de mon avenir
Mon browning le piano et les jurons des joueurs de cartes dans le compartiment d'à
    côté
L'épatante présence de Jeanne

---

12. Ou Pin-Kiang, ville de la Chine du Nord. — 13. Compartiment d'un wagon de chemin de fer. — 14. Ville de la Forêt-Noire, en Allemagne, connue comme centre de bijouterie. — 15. Revolver. — 16. Ancienne ville de l'Inde, célèbre pour ses diamants et ses richesses. — 17. Romancier français (1828–1905), auteur de récits d'aventures historiques (*Michel Strogoff*) et de romans d'anticipation scientifique (*Voyage au centre de la Terre*, *Vingt Mille Lieues sous les mers*, *L'Ile mystérieuse*, etc.). — 18. Société secrète chinoise qui se révolta en 1900 contre les Européens résidant en Chine. — 19. Le Dalaï-Lama, chef spirituel de l'Eglise lamaïque tibétaine. — 20. Un des héros des *Mille et Une Nuits*, qui entra dans la caverne où quarante voleurs avaient caché leur butin. — 21. Surnom du chef de la Secte musulmane des Assassins ou Hachchachin (littéralement « mangeurs de haschisch »), qui combattit les Croisés et constitua au XIIᵉ siècle une véritable dynastie en Asie occidentale. — 22. Monnaie.

L'homme aux lunettes bleues qui se promenait nerveusement dans le couloir et qui
    me regardait en passant
Froissis de femmes
95   Et le sifflement de la vapeur
Et le bruit éternel des roues en folie dans les ornières du ciel
Les vitres sont givrées
Pas de nature!
Et derrière, les plaines sibériennes le ciel bas et les grandes ombres des Taciturnes
    qui montent et qui descendent
100   Je suis couché dans un plaid
Bariolé
Comme ma vie
Et ma vie ne me tient pas plus chaud que ce châle
Ecossais
105   Et l'Europe tout entière aperçue au coupe-vent d'un express à toute vapeur
N'est pas plus riche que ma vie
Ma pauvre vie
Ce châle
Effiloché sur des coffres remplis d'or
110   Avec lesquels je roule
Que je rêve
Que je fume
Et la seule flamme de l'univers
Est une pauvre pensée...

115   Du fond de mon cœur des larmes me viennent
Si je pense, Amour, à ma maîtresse;
Elle n'est qu'une enfant, que je trouvai ainsi
Pâle, immaculée, au fond d'un bordel.

Ce n'est qu'une enfant, blonde, rieuse et triste,
120   Elle ne sourit pas et ne pleure jamais;
Mais au fond de ses yeux, quand elle vous y laisse boire,
Tremble un doux lys d'argent, la fleur du poète.

Elle est douce et muette, sans aucun reproche,
Avec un long tressaillement à votre approche;
125   Mais quand moi je lui viens, de-ci, de-là, de fête,
Elle fait un pas, puis ferme les yeux — et fait un pas.

Car elle est mon amour, et les autres femmes
N'ont que des robes d'or sur de grands corps de flammes,
Ma pauvre amie est si esseulée,
130   Elle est toute nue, n'a pas de corps — elle est trop pauvre.

Elle n'est qu'une fleur candide, fluette,
La fleur du poète, un pauvre lys d'argent,
Tout froid, tout seul, et déjà si fané
Que les larmes me viennent si je pense à son cœur.

135   Et cette nuit est pareille à cent mille autres quand un train file dans la nuit
    — Les comètes tombent —
Et que l'homme et la femme, même jeunes, s'amusent à faire l'amour.

Le ciel est comme la tente déchirée d'un cirque pauvre dans un petit village de
    pêcheurs
En Flandres[23]

140   Le soleil est un fumeux quinquet[24]
Et tout au haut d'un trapèze une femme fait la lune.
La clarinette le piston une flûte aigre et un mauvais tambour
Et voici mon berceau
Mon berceau

145   Il était toujours près du piano quand ma mère comme Madame Bovary[25] jouait les
    sonates de Beethoven
J'ai passé mon enfance dans les jardins suspendus de Babylone[26]
Et l'école buissonnière, dans les gares devant les trains en partance
Maintenant, j'ai fait courir tous les trains derrière moi
Bâle-Tombouctou[27]

150   J'ai aussi joué aux courses à Auteuil et à Longchamp[28]
Paris-New York
Maintenant, j'ai fait courir tous les trains tout le long de ma vie
Madrid-Stockholm
Et j'ai perdu tous mes paris

155   Il n'y a plus que la Patagonie[29], la Patagonie, qui convienne à mon immense tristesse,
    la Patagonie, et un voyage dans les mers du Sud
Je suis en route
J'ai toujours été en route
Je suis en route avec la petite Jehanne de France
Le train fait un saut périlleux et retombe sur toutes ses roues

160   Le train retombe sur ses roues
Le train retombe toujours sur toutes ses roues

« Blaise, dis, sommes-nous bien loin de Montmartre[30]? »

Nous sommes loin, Jeanne, tu roules depuis sept jours
Tu es loin de Montmartre, de la Butte qui t'a nourrie du Sacré-Cœur[31] contre lequel
    tu t'es blottie

165   Paris a disparu et son énorme flambée
Il n'y a plus que les cendres continues
La pluie qui tombe
La tourbe qui se gonfle
La Sibérie qui tourne

170   Les lourdes nappes de neige qui remontent
Et le grelot de la folie qui grelotte comme un dernier désir dans l'air bleu
Le train palpite au cœur des horizons plombés
Et ton chagrin ricane...

« Dis, Blaise, sommes-nous bien loin de Montmartre? »

175   Les inquiétudes
Oublie les inquiétudes

---

23. Région du Nord de la Belgique (Bruges, Gand, etc.) et de la France (Lille, Roubaix, etc.). —
24. Lampe à huile. — 25. Allusion au personnage de Flaubert. — 26. Ville de l'Antiquité, célèbre pour
son luxe. — 27. Ville de Suisse et ville du Mali. — 28. Deux quartiers de Paris, connus pour leurs hippo-
dromes. — 29. Région à l'extrême-sud de l'Amérique du Sud. — 30. Jeanne est originaire de Montmartre, colline surplombant Paris qui était au début du siècle un centre de la bohème. — 31. Le
Sacré-Cœur est une basilique construite au sommet de la butte Montmartre.

Toutes les gares lézardées obliques sur la route
Les fils télégraphiques auxquels elles pendent[32]
Les poteaux grimaçants qui gesticulent et les étranglent
180 Le monde s'étire s'allonge et se retire comme un accordéon qu'une main sadique
         tourmente
Dans les déchirures du ciel, les locomotives en furie
S'enfuient
Et dans les trous,
Les roues vertigineuses les bouches les voix
185 Et les chiens du malheur qui aboient à nos trousses
Les démons sont déchaînés
Ferrailles
Tout est un faux accord
Le *broun-roun-roun* des roues
190 Chocs
Rebondissements
Nous sommes un orage sous le crâne d'un sourd...

« Dis, Blaise, sommes-nous bien loin de Montmartre? »

Mais oui, tu m'énerves, tu le sais bien, nous sommes bien loin
195 La folie surchauffée beugle dans la locomotive
La peste le choléra se lèvent comme des braises ardentes sur notre route
Nous disparaissons dans la guerre en plein dans un tunnel
La faim, la putain, se cramponne aux nuages en débandade
Et fiente des batailles en tas puants de morts
200 Fais comme elle, fais ton métier...

« Dis, Blaise, sommes-nous bien loin de Montmartre? »

Oui, nous le sommes, nous le sommes
Tous les boucs émissaires ont crevé dans ce désert
Entends les sonnailles de ce troupeau galeux Tomsk
205 Tchéliabinsk Kainsk Obi Taïchet Verkné Oudinsk Kourgane Samara Pensa-
         Touloune[33]
La mort en Mandchourie
Est notre débarcadère est notre dernier repaire
Ce voyage est terrible
Hier matin
210 Ivan Oulitch avait les cheveux blancs
Et Kolia Nicolaï Ivanovitch se ronge les doigts depuis quinze jours...
Fais comme elles la Mort la Famine fais ton métier
Ça coûte cent sous, en transsibérien, ça coûte cent roubles
Enfièvre les banquettes et rougeoie sous la table
215 Le diable est au piano
Ses doigts noueux excitent toutes les femmes
La Nature
Les Gouges[34]
Fais ton métier
220 Jusqu'à Kharbine...

---

32. Inversion de l'image: ce sont ici les gares qui pendent aux fils télégraphiques. — 33. Villes de Russie et de Sibérie. Cendrars recherche ici l'exotisme des noms et leur effet rythmique. — 34. Filles de mauvaise réputation.

« Dis, Blaise, sommes-nous bien loin de Montmartre? »

Non, mais... fiche-moi la paix... laisse-moi tranquille
Tu as les hanches angulaires
Ton ventre est aigre et tu as la chaude-pisse[35]
225 C'est tout ce que Paris a mis dans ton giron
C'est aussi un peu d'âme... car tu es malheureuse
J'ai pitié j'ai pitié viens vers moi sur mon cœur
Les roues sont les moulins à vent du pays de Cocagne[36]
Et les moulins à vent sont les béquilles qu'un mendiant fait tournoyer
230 Nous sommes les culs-de-jatte de l'espace
Nous roulons sur nos quatre plaies
On nous a rogné les ailes
Les ailes de nos sept péchés
Et tous les trains sont les bilboquets du diable
235 Basse-cour
Le monde moderne
La vitesse n'y peut mais
Le monde moderne
Les lointains sont par trop loin
240 Et au bout du voyage c'est terrible d'être un homme avec une femme...

« Blaise, dis, sommes-nous bien loin de Montmartre? »

J'ai pitié j'ai pitié viens vers moi je vais te conter une histoire
Viens dans mon lit
Viens sur mon cœur
245 Je vais te conter une histoire...

Oh viens! viens!

Aux Fidji règne l'éternel printemps
La paresse
L'amour pâme les couples dans l'herbe haute et la chaude syphilis rôde sous les
    bananiers
250 Viens dans les îles perdues du Pacifique!
Elles ont nom du Phénix, des Marquises
Bornéo et Java
Et Célèbes[37] à la forme d'un chat.

Nous ne pouvons pas aller au Japon
255 Viens au Mexique!
Sur ses hauts plateaux les tulipiers fleurissent
Les lianes tentaculaires sont la chevelure du soleil
On dirait la palette et les pinceaux d'un peintre
Des couleurs étourdissantes comme des gongs,
260 Rousseau[38] y a été
Il y a ébloui sa vie

---

35. Maladie vénérienne. — 36. Un pays de Cocagne est un pays imaginaire où l'on a tout en abondance.
— 37. Phénix, Marquises, Bornéo, Java, Célèbes: îles du Pacifique et de l'Indonésie. — 38. Il s'agit du
peintre Henri Rousseau (1844–1910), dit le Douanier Rousseau, et non du philosophe Jean-Jacques
Rousseau.

C'est le pays des oiseaux
L'oiseau du paradis, l'oiseau-lyre
Le toucan, l'oiseau moqueur
265 Et le colibri niche au cœur des lys noirs
Viens!
Nous nous aimerons dans les ruines majestueuses d'un temple aztèque
Tu seras mon idole
Une idole bariolée enfantine un peu laide et bizarrement étrange
270 Oh viens!

Si tu veux nous irons en aéroplane et nous survolerons le pays des mille lacs,
Les nuits y sont démesurément longues
L'ancêtre préhistorique aura peur de mon moteur
J'atterrirai
275 Et je construirai un hangar pour mon avion avec les os fossiles de mammouth
Le feu primitif réchauffera notre pauvre amour
Samowar[39]
Et nous nous aimerons bien bourgeoisement près du pôle
Oh viens!

280 Jeanne Jeannette Ninette nini ninon nichon
Mimi mamour ma poupoule mon Pérou
Dodo dondon
Carotte ma crotte
Chouchou p'tit-cœur
285 Cocotte
Chérie p'tite chèvre
Mon p'tit-péché mignon
Concon
Coucou
290 Elle dort.

Elle dort
Et de toutes les heures du monde elle n'en a pas gobé une seule
Tous les visages entrevus dans les gares
Toutes les horloges
295 L'heure de Paris l'heure de Berlin l'heure de Saint-Pétersbourg et l'heure de
toutes les gares
Et à Oufa, le visage ensanglanté du canonnier
Et le cadran bêtement lumineux de Grodno[40]
Et l'avance perpétuelle du train
Tous les matins on met les montres à l'heure
300 Le train avance et le soleil retarde
Rien n'y fait, j'entends les cloches sonores
Le gros bourdon de Notre-Dame
La cloche aigrelette du Louvre qui sonna la Barthélemy[41]
Les carillons rouillés de Bruges-la-Morte[42]
305 Les sonneries électriques de la bibliothèque de New-York
Les campanes[43] de Venise

---

39. Bouilloire russe avec laquelle on fait du thé. — 40. Oufa et Grodno sont deux villes russes. — 41. La fête de Saint Barthélemy, un des douze apôtres du Christ, a lieu le 24 août. — 42. Allusion au roman symboliste de l'écrivain belge Georges Rodenbach (1855–1898), intitulé *Bruges-la-Morte*. — 43. Cloches.

Et les cloches de Moscou, l'horloge de la Porte-Rouge qui me comptait les heures
    quand j'étais dans un bureau
Et mes souvenirs
Le train tonne sur les plaques tournantes
310   Le train roule
Un gramophone grasseye une marche tzigane
Et le monde, comme l'horloge du quartier juif de Prague[44], tourne éperdument à
    rebours.

Effeuille la rose des vents
Voici que bruissent les orages déchaînés
315   Les trains roulent en tourbillon sur les réseaux enchevêtrés
Bilboquets diaboliques
Il y a des trains qui ne se rencontrent jamais
D'autres se perdent en route
Les chefs de gare jouent aux échecs
320   Tric-trac[45]
Billard
Caramboles
Paraboles
La voie ferrée est une nouvelle géométrie
325   Syracuse[46]
Archimède[47]
Et les soldats qui l'égorgèrent
Et les galères
Et les vaisseaux
330   Et les engins prodigieux qu'il inventa
Et toutes les tueries
L'histoire antique
L'histoire moderne
Les tourbillons
335   Les naufrages
Même celui du Titanic que j'ai lu dans le journal
Autant d'images-associations que je ne peux pas développer dans mes vers
Car je suis encore fort mauvais poète
Car l'univers me déborde
340   Car j'ai négligé de m'assurer contre les accidents de chemin de fer
Car je ne sais pas aller jusqu'au bout
Et j'ai peur.

J'ai peur
Je ne sais pas aller jusqu'au bout
345   Comme mon ami Chagall[48] je pourrais faire une série de tableaux déments
Mais je n'ai pas pris de notes en voyage
« Pardonnez-moi mon ignorance

---

44. Apollinaire fit la même allusion dans *Zone:* les aiguilles de l'horloge du quartier juif de Prague tournent à l'envers. — 45. Jeu qui se joue avec des dames et des dés. — 46. Ville de Sicile, colonie grecque durant l'antiquité. — 47. Savant grec né à Syracuse (287–212 avant J.-C.). Il empêcha pendant trois ans les envahisseurs romains de prendre la ville en enflammant leurs bateaux à l'aide de miroirs. Il fut tué lors de la prise de la ville. On lui doit de nombreuses inventions. — 48. Marc Chagall, peintre français né en Russie en 1887, rattaché au départ à l'école cubiste. Il a peint notamment un plafond de l'Opéra de Paris.

« Pardonnez-moi de ne plus connaître l'ancien jeu des vers »
Comme dit Guillaume Apollinaire
350 Tout ce qui concerne la guerre on peut le lire dans les « Mémoires » de
     Kouropatkine [49]
Ou dans les journaux japonais qui sont aussi cruellement illustrés
A quoi bon me documenter
Je m'abandonne
Aux sursauts de ma mémoire...

355 A partir d'Irkoutsk [50] le voyage devint beaucoup trop lent
Beaucoup trop long
Nous étions dans le premier train qui contournait le lac Baïkal [51]
On avait orné la locomotive de drapeaux et de lampions
Et nous avions quitté la gare aux accents tristes de l'hymne au Tzar.
360 Si j'étais peintre je déverserais beaucoup de rouge, beaucoup de jaune sur la fin de ce
     voyage
Car je crois bien que nous étions tous un peu fous
Et qu'un délire immense ensanglantait les faces énervées de mes compagnons de
     voyage
Comme nous approchions de la Mongolie
Qui ronflait comme un incendie.
365 Le train avait ralenti son allure
Et je percevais dans le grincement perpétuel des roues
Les accents fous et les sanglots
D'une éternelle liturgie

J'ai vu
370 J'ai vu les trains silencieux les trains noirs qui revenaient de l'Extrême-Orient et qui
     passaient en fantômes
Et mon œil, comme le fanal d'arrière, court encore derrière ces trains
A Talga [52] 100.000 blessés agonisaient faute de soins
J'ai visité les hôpitaux de Krasnoïarsk [53]
Et à Khilok [54] nous avons croisé un long convoi de soldats fous
375 J'ai vu dans les lazarets [55] des plaies béantes des blessures qui saignaient à pleines
     orgues
Et les membres amputés dansaient autour ou s'envolaient dans l'air rauque
L'incendie était sur toutes les faces dans tous les cœurs
Des doigts idiots tambourinaient sur toutes les vitres
Et sous la pression de la peur les regards crevaient comme des abcès
380 Dans toutes les gares on brûlait tous les wagons
Et j'ai vu
J'ai vu des trains de 60 locomotives qui s'enfuyaient à toute vapeur pourchassées par
     les horizons en rut et des bandes de corbeaux qui s'envolaient désespérément
     après
Disparaître
Dans la direction de Port-Arthur [56].

---

49. Alexeï Nicolaïevitch Kouropatkine (1848–1925), général russe, commandant en Mandchourie pendant la guerre russo-japonaise. — 50. Ville de la Sibérie occidentale. — 51. Lac de la Sibérie méridionale. — 52. Ville de Russie. — 53. Idem. — 54. Idem. — 55. Lieu où sont mis en quarantaine les navires soupçonnés d'être infectés de maladies contagieuses. — 56. Port de Chine (Liu-chouen), cédé à la Russie en 1898, puis conquis par le Japon (1905), rendu à l'URSS en 1945, puis à la Chine en 1954.

385 A Tchita[57] nous eûmes quelques jours de répit
Arrêt de cinq jours vu l'encombrement de la voie
Nous le passâmes chez Monsieur Iankéléwitch qui voulait me donner sa fille unique
    en mariage
Puis le train repartit.
Maintenant c'était moi qui avais pris place au piano et j'avais mal aux dents
390 Je revois quand je veux cet intérieur si calme le magasin du père et les yeux de la fille
    qui venait le soir dans mon lit
Moussorgsky[58]
Et les lieder de Hugo Wolf[59]
Et les sables du Gobi[60]
Et à Khaïlar[61] une caravane de chameaux blancs
395 Je crois bien que j'étais ivre durant plus de 500 kilomètres
Mais j'étais au piano et c'est tout ce que je vis
Quand on voyage on devrait fermer les yeux
Dormir
J'aurais tant voulu dormir
400 Je reconnais tous les pays les yeux fermés à leur odeur
Et je reconnais tous les trains au bruit qu'ils font
Les trains d'Europe sont à quatre temps tandis que ceux d'Asie sont à cinq ou sept
    temps
D'autres vont en sourdine sont des berceuses
Et il y en a qui dans le bruit monotone des roues me rappellent la prose lourde de
    Maeterlinck[62]
405 J'ai déchiffré tous les textes confus des roues et j'ai rassemblé les éléments épars
    d'une violente beauté
Que je possède
Et qui me force.

Tsitsikar[63] et Kharbine
Je ne vais pas plus loin
410 C'est la dernière station
Je débarquai à Kharbine comme on venait de mettre le feu aux bureaux de la Croix-
    Rouge.

O Paris
Grand foyer chaleureux avec les tisons entrecroisés de tes rues et tes vieilles maisons
    qui se penchent au-dessus et se réchauffent
Comme des aïeules
415 Et voici des affiches, du rouge du vert multicolores comme mon passé bref du jaune
Jaune la fière couleur des romans de la France à l'étranger.
J'aime me frotter dans les grandes villes aux autobus en marche
Ceux de la ligne Saint-Germain-Montmartre m'emportent à l'assaut de la Butte
Les moteurs beuglent comme les taureaux d'or
420 Les vaches du crépuscule broutent le Sacré-Cœur
    O Paris

---

57. Ville de la Sibérie méridionale, au nord de la Mongolie. — 58. Compositeur russe (1839–1881), auteur d'opéras (*Boris Godounov*) et de pièces pour piano (*Tableaux d'une exposition*). — 59. Compositeur autrichien (1860–1903), un des maîtres du « lied », sorte de ballade très cultivée par les compositeurs allemands (au pluriel, « des lieder »). — 60. Désert de l'Asie centrale, en Mongolie et en Chine. — 61. Ville de Mongolie. — 62. Ecrivain symboliste belge (1862–1949), auteur du célèbre *Pelléas et Mélisande*. — 63. Ou Tsitsihar, ville de la Chine du Nord.

Gare centrale débarcadère des volontés carrefour des inquiétudes
Seuls les marchands de couleur ont encore un peu de lumière sur leur porte
La Compagnie Internationale des Wagons-Lits et des Grands Express Européens m'a
        envoyé son prospectus
425   C'est la plus belle église du monde
J'ai des amis qui m'entourent comme des garde-fous
Ils ont peur quand je pars que je ne revienne plus
Toutes les femmes que j'ai rencontrées se dressent aux horizons
Avec les gestes piteux et les regards tristes des sémaphores sous la pluie
430   Bella, Agnès, Catherine et la mère de mon fils en Italie
Et celle, la mère de mon amour en Amérique
Il y a des cris de sirène qui me déchirent l'âme
Là-bas en Mandchourie un ventre tressaille encore comme dans un accouchement
Je voudrais
435   Je voudrais n'avoir jamais fait mes voyages
Ce soir un grand amour me tourmente
Et malgré moi je pense à la petite Jehanne de France.
C'est par un soir de tristesse que j'ai écrit ce poème en son honneur
Jeanne
440   La petite prostituée
Je suis triste je suis triste
J'irai au « Lapin agile [64] » me ressouvenir de ma jeunesse perdue
Et boire des petits verres
Puis je rentrerai seul

445   Paris

Ville de la Tour unique du grand Gibet et de la Roue [65].

---

64. Les artistes de l'avant-garde parisienne de l'avant-guerre (Apollinaire, Cendrars, Picasso, etc.) se réunissaient au Lapin agile ou au Bateau-Lavoir, deux cafés-cabarets de Paris. — 65. Deux instruments de torture médiévaux.

Matière à réflexion

1. Quelle est la fonction des refrains dans *La Prose du Transsibérien et de la petite Jeanne de France?*

2. Quels sont les passages les plus lyriques de ce poème? Par quels moyens Cendrars exprime-t-il sa tendresse pour Jeanne?

3. Par quels moyens poétiques Cendrars tente-t-il de rendre la vitesse du train et l'enchaînement rapide des sensations? Montrez comment la répétition est liée au rythme du train. Quels sont les autres éléments musicaux qui donnent à ce poème un « rythme ferroviaire »?

4. Comment Cendrars construit-il un exotisme poétique? Etudiez en particulier le rôle des noms de villes dans ce poème. Montrez comment Cendrars fait appel à tous les sens (vue, ouïe, odorat, etc.) afin d'évoquer cet exotisme. Que pensez-vous de cet appel à l'ailleurs (Mexique, Indonésie, Patagonie) au cœur même d'un poème qui mythifie le voyage et l'aventure?

5. Cendrars se lamente à plusieurs reprises sur l'impossibilité de jamais pouvoir assouvir sa soif de voyage, mais aussi sur l'impossibilité même du voyage à satisfaire sa quête existentielle (« Il n'y a plus que la Patagonie... »; «Quand on voyage on devrait fermer les yeux»; «Je voudrais n'avoir jamais fait mes voyages », etc.). Est-ce là un paradoxe de la part d'un grand «bourlingueur»?

6. Une des grandes caractéristiques de la poésie moderne est sa tendance à la *réflexivité:* le poème devient souvent son propre objet, et le poète fait ouvertement référence à sa propre pratique poétique. Comment ceci se traduit-il chez Cendrars?

7. Comparez les thèmes et les techniques poétiques d'Apollinaire et de Cendrars.

Nouvelles Expériences romanesques: De Gide à Céline

Le XXᵉ siècle est par excellence une époque de renouvellements et de remises en question. Le roman n'échappe guère à ce mouvement. Dès le début du siècle, divers auteurs bouleversent la conception traditionnelle du roman qu'avaient forgée les réalistes et les naturalistes au siècle précédent: une peinture objective du monde externe, une étude de caractères ou de milieux sociaux. Le roman change à présent de format et de sujets.

Les auteurs que nous présentons ici — Gide, Proust, Colette et Céline — ont tous participé activement à cette création d'un roman nouveau. Les modifications apportées par chaque écrivain sont exposées dans la partie qui lui est consacrée. Il reste ici à identifier les directions principales que prend ce renouvellement romanesque dans le premier quart du siècle, et jusqu'au *Voyage au bout de la nuit* de Céline (1932).

1° De nouveaux sujets. — Le roman traditionnel prétend avant tout raconter une histoire. Avec Proust, le roman s'attribue une tout autre fonction: non plus celle de développer une intrigue, d'affabuler, mais celle d'explorer les mouvements de la conscience. Parallèlement, le roman devient donc affaire de *perception* du monde sensible, qui est l'objet d'un grand mouvement d'*intériorisation*. Ainsi l'objet du roman se tourne-t-il parfois vers l'instance productrice du récit: chez Gide, chez Proust, chez Céline, c'est le narrateur lui-même — et, chez Gide et Proust en particulier, l'acte même d'écrire un roman — qui deviennent l'objet du roman.

2° L'éclatement du récit. — Le roman avait jusqu'alors un format plus ou moins raisonnable: quelques centaines de pages suffisent à raconter une histoire dont le contenu doit être concentré, réduit à l'essentiel. L'entreprise romanesque de Proust brise ce bel équilibre traditionnel. Le récit se voit en outre disloqué par une interférence d'autres genres littéraires, en particulier la poésie. Chez Gide et chez Colette, mais aussi chez Proust, la trame narrative disparaît souvent au profit de notations poétiques. Le roman devient alors exploration de la relation entre le moi et le monde.

3° Le récit à point de vue et le monologue intérieur. — Le narrateur réaliste ou naturaliste est un narrateur omniscient, qui agence un univers parfaitement ordonné, où tout a un sens. Ce type de narrateur présuppose une confiance absolue dans un réel signifiant, et postule qu'autrui est connaissable et définissable. Il suffirait simplement de bien observer. Les romanciers mentionnés dans ce chapitre — à l'exception parfois de Colette — ont perdu cette confiance positiviste qui caractérisait les auteurs du XIXᵉ siècle. Gide en particulier, dans ses « anti-romans », s'est moqué des prétentions à l'omniscience des romanciers qui le précèdent.

La réalité que ces nouveaux romanciers présentent se limite à celle qui est perçue par le regard d'un personnage-narrateur. Cette perception du réel est souvent influencée par le point de vue de ce même narrateur: Proust et Céline ont bien montré la relativité du réel, dont le sens varie selon l'état d'esprit du personnage-narrateur. Afin de rendre les pensées de ce dernier, les romanciers recourent souvent au procédé du monologue intérieur[1]: tous les mouvements de la conscience sont présentés « tels quels », avec leurs hésitations, leurs erreurs et leur langage propre. Ainsi une nouvelle psychologie romanesque s'élabore-t-elle en ces années: non plus une analyse des grands « types » humains au travers de personnages « représentatifs », mais une étude de soi, qui ne prétend plus ni à l'exhaustivité, ni à l'universalité.

4° La chronologie. — Si le roman a toujours beaucoup joué sur la chronologie, et si l'acte de raconter n'a jamais été parfaitement chronologique — les flash-backs apparaissent déjà dans les épopées antiques — nul en revanche n'a distendu et brouillé la chronologie romanesque autant que Proust. Quant à Céline, s'il n'a guère bouleversé la chronologie de ses romans, il en a en revanche accéléré fortement le rythme, en faisant se succéder à toute vitesse épisodes, lieux et personnages.

5° Un nouveau style. — Ce que ces écrivains ont tous en commun, c'est la recherche d'un nouveau style romanesque, qu'il soit phrasé néo-classique chez Gide, dilatation de la phrase chez Proust, rendu aussi exact que possible des expériences sensorielles et de la sensibilité féminine chez Colette, ou encore recours au français parlé populaire chez Céline. Pour Proust et Gide surtout, l'on remarque un désir de faire table rase des modes d'expression du roman réaliste et de créer un nouveau langage littéraire, plus apte à épouser les mouvements de la pensée. Le monologue intérieur, avec ses hésitations, sa fragmentation, son réalisme langagier, a fortement contribué à renouveler le style romanesque.

---

1. Voir l'introduction à Samuel Beckett, p. 600.

André Gide

Sujet moderne au moi fragmenté, écrivain classique et novateur du roman, maître à penser qui ne voulut pas de disciples, André Gide refléta, par ses multiples conflits internes, les interrogations majeures du demi-siècle, dont il fut, selon l'expression célèbre, le «contemporain capital[1]». Sa longue carrière littéraire, qui s'étend de 1891 à 1951, du «détachement» des symbolistes jusqu'à l'époque de l'«engagement» des existentialistes, traversa et influença soixante années caractérisées par une modification radicale des formes littéraires et des prises de position idéologiques.

André Gide est né à Paris en 1869, d'un père protestant, professeur de droit, et d'une mère extrêmement pieuse. A la mort de son père en 1880, il reçut de sa mère une éducation religieuse très austère qui laissa à jamais des marques profondes dans son esprit: Gide lui-même y vit la source des nombreuses ambiguïtés psychologiques qui émailleront sa vie. Il fut toutefois délivré par l'aisance bourgeoise familiale du besoin d'exercer une profession, et put se consacrer entièrement à la littérature.

Le jeune Gide, séduit par Mallarmé et Valéry, fréquente d'abord les cercles symbolistes. Son premier roman, *Les Cahiers d'André Walter* (1891), laisse encore entrevoir l'influence de l'esthétique et des tics d'écriture du symbolisme. Gide rompt cependant avec le symbolisme en 1893 et restera à jamais à l'écart des mouvements littéraires[2], se méfiant de toute pensée dogmatique et préférant se livrer indépendamment à une réflexion littéraire novatrice. Parallèlement, découvrant très tôt son homosexualité, et cherchant à se libérer du puritanisme sexuel imposé par son milieu familial, il s'efforcera d'élaborer une morale personnelle où les besoins naturels de l'individu ne seraient plus réprimés.

L'on pourrait définir en ces termes les grandes constantes qui traversent l'œuvre gidienne, malgré sa diversité apparente:

1° La quête des «nourritures terrestres». — Gide sent naître en lui une sensualité nouvelle lors d'un voyage en Tunisie, de 1893 à 1895. La chaleur, l'exotisme oriental, les premières expériences homosexuelles le mènent à redéfinir le rapport à son propre corps, à se dégager de l'emprise de l'austérité, de la pudeur et du mépris pour la chair qu'impose la morale chrétienne. Ce nouvel hédonisme gidien est le thème central des *Nourritures terrestres* (1897) et de *L'Immoraliste* (1902), textes où l'auteur prône la recherche du plaisir physique, des joies du corps, du contact avec la nature, tout en cultivant une atmosphère orientale. Cependant, cette morale de libération sensuelle que propose Gide ne va pas sans un certain sentiment de culpabilité. Gide apparaît en effet déchiré entre la quête d'un plaisir nécessairement égoïste et l'inévitable responsabilité de l'individu envers les autres[3], en particulier envers les êtres aimés. L'hédonisme ne conduit-il pas souvent à l'immoralisme? Il

---

1. L'expression est due au romancier français André Rouveyre, qui la prononça en 1924. — 2. Il participe cependant à la formation de la *Nouvelle Revue Française,* qui sera longtemps le centre littéraire et intellectuel du monde parisien. — 3. Gide pose ainsi pour la première fois toute la problématique de l'«acte gratuit», qui sera reprise par les existentialistes (voir Sartre).

semble que ce soit le cas du héros de *L'Immoraliste,* qui abandonne sa femme mourante pour passer la nuit avec un jeune arabe. C'est là le reflet d'un des nombreux conflits personnels que vécut André Gide, sujet fascinant pour la psychanalyse, qui verra en lui un *moi* divisé par les volontés contradictoires du *ça* et du *surmoi* (qu'il s'agisse du puritanisme religieux, des interdits familiaux ou des règles sociales).

2° Le renouvellement des formes romanesques. — En nommant ses textes en prose «Cahiers», «récit», «sotie», «journal», «poésie», etc., Gide paraît refuser l'appellation «roman», qu'il n'utilise qu'une seule fois, de manière provocatrice sans doute, puisque c'est pour qualifier *Les Faux-Monnayeurs,* un texte qui a tout de l'anti-roman. Gide n'adhère plus à la conception du roman comme l'art de raconter et de construire des personnages vraisemblables. Considérant que le roman réaliste est en ce début de XXᵉ siècle une pratique dépassée, Gide proposera de lui substituer le «roman pur», dépouillé de «tous les éléments qui n'appartiennent pas spécifiquement au roman[4]», en particulier les «événements extérieurs» et la «description des personnages». Les techniques qu'emploie Gide afin de déconstruire la formule romanesque traditionnelle varient de texte à texte. Tantôt, comme dans les *Nourritures terrestres,* il donne au récit un format «biblique» en l'entrecoupant de chants et de méditations. Tantôt, comme dans *Les Caves du Vatican* (1914), il multiplie avec ironie les situations invraisemblables et les personnages superficiels, afin de caricaturer les rebondissements des intrigues policières et du roman d'aventure[5]. Ailleurs encore, comme dans *Les Faux-Monnayeurs* (1926), il évite la perspective centrale d'un narrateur omniscient en variant les points de vue des personnages et les modes d'expression (interventions du narrateur, journal intime, correspondance, dialogues, etc.). Un procédé récurrent chez Gide est celui de la mise en abyme, ou du «roman dans le roman»: Gide met fréquemment en scène un personnage-romancier, qui écrit un roman du même titre que celui que nous lisons («Moi (...) j'écris *Paludes*» s'exclame le narrateur de *Paludes*). Ce jeu spéculaire, que privilégiera par la suite le nouveau roman, a pour fonction d'identifier la fiction comme telle, de dénoncer l'illusion référentielle en montrant que tout n'est que *construction* de la part de l'écrivain.

3° Un certain «classicisme». — Cependant, Gide n'est pas aussi résolument moderne dans tous les domaines. Bien qu'il ait exploré le genre de la «sotie», qui s'apparente à l'anti-roman, Gide continue toutefois de pratiquer dans certaines œuvres, telles que *L'Immoraliste* ou *La Porte étroite,* le «récit» psychologique traditionnel. Son style, non exempt de maniérismes (en particulier l'abondance de subjonctifs et de tournures classiques désuètes), son culte de la forme, son humanisme érudit (qui se traduit par de nombreuses références à la mythologie antique) et sa conception de l'écriture comme acte pleinement conscient et concerté (à l'opposé de l'écriture automatique des surréalistes) sont autant d'indications que Gide n'a jamais vraiment rompu avec le classicisme.

---

4. Tous ces extraits sont tirés des *Faux-Monnayeurs* (1926). — 5. *Les Caves du Vatican* rappellent ainsi les contes de Voltaire (*Candide,* etc.) et l'anti-roman de Diderot, *Jacques le fataliste.*

André Gide

4° Une écriture autobiographique. — Là où Gide n'est cependant pas « classique », c'est dans le constant examen critique de soi auquel il s'est livré. Quelle meilleure forme en effet que l'autobiographie pour analyser les déchirements internes du moi? Dans son *Journal,* dans d'autres récits ou traités autobiographiques (*Corydon; Si le grain ne meurt,* etc.), et dans ses œuvres de fiction, Gide n'a cessé d'analyser ses conflits personnels, qu'ils soient de nature sexuelle ou morale (découverte, justification et défense de sa propre homosexualité; aveu de ses problèmes conjugaux[6], etc.), politique (Gide condamne le colonialisme à la suite d'un *Voyage au Congo* en 1927; il fut en outre tenté puis déçu par le communisme[7] et par le nationalisme, et oscillera pendant la Deuxième Guerre du pétainisme au gaullisme), ou métaphysique (s'efforçant de rejeter la stricte tradition religieuse dans laquelle il fut élevé, Gide fut cependant tenté à plusieurs reprises par le retour au catholicisme). Ces tourments personnels de Gide, qu'il a exposés avec une remarquable sincérité, rejoignent et reflètent les grandes interrogations de la première moitié du XXᵉ siècle. Comme Montaigne, c'est à une étude de l'âme humaine que Gide vise par l'acte autobiographique.

---

6. Peu après la mort de sa mère (en 1895), Gide avait en effet épousé sa cousine Madeleine Rondeaux. Il fut longtemps déchiré entre son amour purement spirituel pour Madeleine et la quête d'une sensualité physique en dehors du couple. Gide restera plein de culpabilité et de remords envers son épouse, qui meurt en 1938. — 7. Il critique ouvertement le communisme stalinien en 1937, dans son *Retour de l'URSS.*

Ce qui par contre sépare Gide de la génération existentialiste qui le suit, c'est que chez lui le refus de la morale chrétienne [8] et l'affirmation de l'indépendance de l'individu ne débouchent pas sur l'angoisse métaphysique et le constat du néant de l'homme, mais sur la quête des plaisirs sensuels et un sentiment positif de libération, une *joie d'exister*. Malgré le succès que Gide connut de son vivant (il obtint le prix Nobel en 1947), il fut à sa mort mis au « purgatoire » par les existentialistes, qui lui reprochèrent sa « complaisance bourgeoise » et son style « gourmé ». Ce jugement bien sévère a fortement affecté la popularité d'André Gide dans la deuxième moitié du siècle. Il faut aujourd'hui le rectifier en soulignant l'immense apport gidien aux lettres françaises.

Ecrivain-charnière, témoin des derniers jours du symbolisme, héritier du classicisme, novateur acharné, précurseur de maints changements littéraires, Gide, s'il n'est plus exactement aujourd'hui notre « contemporain », reste néanmoins proche des lecteurs actuels, à qui il offre toujours le message vibrant d'une conscience en crise, et présente l'éternel débat moral entre l'hédonisme et la responsabilité.

Avant de lire

L'Immoraliste (1902) est un récit largement autobiographique dans lequel Gide évoque la métamorphose qu'il vécut lors d'un voyage en Tunisie. Le narrateur, Michel, souffrant d'une maladie pulmonaire, et sa jeune femme Marceline, passent leur voyage de noces en Afrique du Nord et en Italie. Là, sous l'influence du décor méditerranéen, Michel retouve peu à peu la santé et s'initie aux joies du corps, que son éducation austère et puritaine lui avait jadis fait réprimer. Rejetant toutes les contraintes, Michel s'abandonne aux plaisirs sensuels, et développe une nouvelle morale de la « disponibilité » à toutes les sensations. Les chapitres VI et VII, qui ont pour cadre la Sicile et l'Italie méridionale, relatent la naissance de ce « nouvel être », ainsi que son dilemme conjugal.

---

8. Bien qu'il s'écarte des croyances traditionnelles, Gide ne sera pourtant jamais « athée ».

L'Immoraliste

Un nouvel être

VI

Je ne parlerai pas de chaque étape du voyage. Certaines n'ont laissé qu'un souvenir confus; ma santé, tantôt meilleure et tantôt pire, chancelait encore au vent froid, s'inquiétait de l'ombre d'un nuage, et mon état nerveux amenait des troubles fréquents; mais mes poumons du moins se guérissaient. Chaque rechute était moins longue et moins sérieuse; son attaque était aussi vive, mais mon corps devenait contre elle mieux armé.

Nous avions, de Tunis, gagné Malte, puis Syracuse; je rentrais sur la classique terre dont le langage et le passé m'étaient connus. Depuis le début de mon mal, j'avais vécu sans examen, sans loi, m'appliquant simplement à vivre, comme fait l'animal ou l'enfant. Moins absorbé par le mal à présent, ma vie redevenait certaine et consciente. Après cette longue agonie, j'avais cru renaître le même et rattacher bientôt mon présent au passé; en pleine nouveauté d'une terre inconnue je pouvais ainsi m'abuser; ici, plus; tout m'y apprenait ce qui me surprenait encore: j'étais changé.

Quand, à Syracuse et plus loin, je voulus reprendre mes études, me replonger comme jadis dans l'examen minutieux du passé, je découvris que quelque chose en avait, pour moi, sinon supprimé, du moins modifié le goût; c'était le sentiment du présent. L'histoire du passé prenait maintenant à mes yeux cette immobilité, cette fixité terrifiante des ombres nocturnes dans la petite cour de Biskra[1], l'immobilité de la mort. Avant je me plaisais à cette fixité même qui permettait la précision de mon esprit; tous les faits de l'histoire m'apparaissaient comme les pièces d'un musée, ou mieux les plantes d'un herbier, dont la sécheresse définitive m'aidât à oublier qu'un jour, riches de sève, elles avaient vécu sous le soleil. A présent, si je pouvais me plaire encore dans l'histoire, c'était en l'imaginant au présent. Les grands faits politiques devaient donc m'émouvoir beaucoup moins que l'émotion renaissante en moi des poètes, ou de certains hommes d'action. A Syracuse je relus Théocrite[2], et songeai que ses bergers au beau nom étaient ceux mêmes que j'avais aimés[3] à Biskra.

Mon érudition qui s'éveillait à chaque pas m'encombrait, empêchant ma joie. Je ne pouvais voir un théâtre grec, un temple, sans aussitôt le reconstruire abstraitement. A chaque fête antique, la ruine qui restait en son lieu me faisait me désoler qu'elle fût morte; et j'avais horreur de la mort.

J'en vins à fuir les ruines; à préférer aux plus beaux monuments du passé ces jardins bas qu'on appelle les Latomies[4], où les citrons ont l'acide douceur des oranges, et les rives de la Cyané[5] qui, dans les papyrus, coule encore aussi bleue que le jour où ce fut pour pleurer Proserpine[6].

J'en vins à mépriser en moi cette science qui d'abord faisait mon orgueil; ces études[7], qui d'abord étaient toute ma vie, ne me paraissaient plus avoir qu'un rapport tout accidentel et conventionnel avec moi. Je me découvrais autre et j'existais, ô joie! en dehors d'elles. En tant que spécialiste, je m'apparus stupide. En tant qu'homme, me connaissais-je? je naissais seulement à peine et ne pouvais déjà savoir qui je naissais. Voilà ce qu'il fallait apprendre.

Rien de plus tragique, pour qui crut mourir, qu'une lente convalescence. Après que l'aile de la mort a touché, ce qui paraissait important ne l'est plus; d'autres choses le sont, qui ne paraissaient pas importantes, ou qu'on ne savait même pas exister. L'amas sur notre esprit de toutes connaissances acquises s'écaille comme un fard et, par places, laisse voir à nu la chair même, l'être authentique qui se cachait.

Ce fut dès lors *celui* que je prétendis découvrir: l'être authentique, le «vieil homme», celui dont ne voulait pas l'Evangile; celui que tout, autour de moi, livres, maîtres, parents, et que moi-même avions tâché d'abord de supprimer. Et il m'apparaissait déjà, grâce aux surcharges, plus fruste et difficile à découvrir mais d'autant plus utile à découvrir et valeureux. Je

---

1. Ville d'Algérie dans laquelle Michel et Marceline ont passé les semaines qui précèdent. — 2. Poète grec, né en Sicile (v.315–v.250 avant J.-C.), qui créa la poésie bucolique, où il exprime sa nostalgie pour l' «état de nature». — 3. Allusion à l'éveil d'un érotisme homosexuel chez Michel lors de son arrivée en Algérie. — 4. A l'origine, les latomies étaient des carrières abandonnées qui servaient de prison. — 5. Rivière de Sicile. Gide fait allusion à l'enlèvement de Proserpine par Pluton, roi des Enfers et dieu des morts. — 6. Déesse romaine de l'agriculture, qui devint reine des Enfers après avoir été enlevée par Pluton. — 7. Michel est historien.

méprisai dès lors cet être secondaire, appris, que l'instruction avait dessinée pardessus. Il fallait secouer ces surcharges.

Et je me comparais aux palimpsestes[8]; je goûtais la joie du savant, qui, sous les écritures plus récentes, découvre, sur un même papier, un texte très ancien infiniment plus précieux. Quel était-il, ce texte occulté? Pour le lire, ne fallait-il pas tout d'abord effacer les textes récents?

Aussi bien n'étais-je plus l'être malingre et studieux à qui ma morale précédente, toute rigide et restrictive, convenait. Il y avait ici plus qu'une convalescence; il y avait une augmentation, une recrudescence de vie, l'afflux d'un sang plus riche et plus chaud qui devait toucher mes pensées, les toucher une à une, pénétrer tout, émouvoir, colorer les plus lointaines, délicates et secrètes fibres de mon être. Car, robustesse ou faiblesse, on s'y fait; l'être, selon les forces qu'il a, se compose; mais, qu'elles augmentent, qu'elles permettent de pouvoir plus, et... Toutes ces pensées je ne les avais pas alors, et ma peinture ici me fausse. A vrai dire, je ne pensais point, ne m'examinais point; une fatalité heureuse me guidait. Je craignais qu'un regard trop hâtif ne vînt à déranger le mystère de ma lente transformation. Il fallait laisser le temps, aux caractères effacés[9], de reparaître, ne pas chercher à les former. Laissant donc mon cerveau, non pas à l'abandon, mais en jachère, je me livrai voluptueusement à moi-même, aux choses, au tout, qui me parut divin. Nous avions quitté Syracuse et je courais sur la route escarpée qui joint Taormine[10] à La Môle[11], criant, pour l'appeler en moi: Un nouvel être! Un nouvel être!

Mon seul effort, effort constant alors, était donc de systématiquement honnir ou supprimer tout ce que je croyais ne devoir qu'à mon instruction passée et à ma première morale. Par dédain résolu pour ma science, par mépris pour mes goûts de savant, je refusai de voir Agrigente[12], et, quelques jours plus tard, sur la route qui mène à Naples, je ne m'arrêtai point près du beau temple de Pœstum[13] où respire encore la Grèce, et où j'allai, deux ans plus tard, prier je ne sais plus quel dieu.

Que parlé-je d'unique effort? Pouvais-je m'intéresser à moi, sinon comme à un être perfectible? Cette perfection inconnue et que j'imaginais confusément, jamais ma volonté n'avait été plus exaltée que pour y tendre; j'employais cette volonté tout entière à fortifier mon corps, à le bronzer. Près de Salerne[14], quittant la côte, nous avions gagné Ravello[15]. Là, l'air plus vif, l'attrait des rocs pleins de retraits et de surprises, la profondeur inconnue des vallons, aidant à ma force, à ma joie, favorisèrent mon élan.

Plus rapproché du ciel qu'écarté du rivage, Ravello, sur une abrupte hauteur, fait face à la lointaine et plate rive de Pœstum. C'était, sous la domination normande[16], une cité presque importante; ce n'est plus qu'un étroit village où nous étions, je crois, seuls étrangers. Une ancienne maison religieuse, à présent transformée en hôtel, nous hébergea; sise à l'extrémité du roc, ses terrasses et son jardin semblaient surplomber dans l'azur. Après le mur chargé de pampres, on ne voyait d'abord rien que la mer; il fallait s'approcher du mur pour pouvoir suivre le dévalement cultivé qui, par des escaliers plus que par des sentiers, joignait Ravello au rivage. Au-dessus de Ravello, la montagne continuait. Des oliviers, des caroubiers[17] énormes; à leur ombre des cyclamens[18]; plus haut, des châtaigniers en

---

8. Manuscrit sur parchemin, dont on a effacé le texte original pour y écrire du nouveau. Il est parfois possible, grâce à certaines techniques scientifiques, de lire le texte original. — 9. Gide revient ici à l'image du palimpseste. — 10. Taormine (Taormina), ville de Sicile célèbre pour ses ruines antiques (théâtre). — 11. Ville de Sicile. — 12. Ville de Sicile, célèbre pour ses temples grecs. — 13. Temple grec près de Naples, en Italie du Sud. — 14. Ville au sud de Naples, sur la côte ouest de l'Italie. — 15. Ville d'Italie (Campanie), près de Naples, lieu de nombreux monuments antiques. — 16. Les Normands (ou Vikings), peuple de Scandinavie, assiégèrent les villes d'Europe au VIIIᵉ siècle. Le roi français Charles III leur abandonna la région connue aujourd'hui sous le nom de Normandie, d'où les Normands partirent, au XIᵉ siècle, pour conquérir l'Angleterre. Ils fondèrent au XIᵉ et au XIIᵉ s. des principautés en Italie du Sud et en Sicile. — 17. Arbres méditerranéens à bois rouge. — 18. Plante à fleurs, de l'Europe méridionale.

grand nombre, un air frais, des plantes du Nord; plus bas, des citronniers près de la mer. Ils sont rangés par petites cultures que motive la pente du sol; ce sont jardins en escalier, presque pareils; une étroite allée, au milieu, d'un bout à l'autre les traverse; on y entre sans bruit, en voleur. On rêve, sous cette ombre verte; le feuillage est épais, pesant; pas un rayon franc ne pénètre; comme des gouttes de cire épaisse, les citrons pendent, parfumés; dans l'ombre ils sont blancs et verdâtres; ils sont à portée de la main, de la soif; ils sont doux, âcres; ils rafraîchissent.

L'ombre était si dense, sous eux, que je n'osais m'y arrêter après la marche qui me faisait encore transpirer. Pourtant les escaliers ne m'exténuaient plus; je m'exerçais à les gravir la bouche close; j'espaçais toujours plus mes haltes, me disais: j'irai jusque-là sans faiblir; puis, arrivé au but, trouvant dans mon orgueil content ma récompense, je respirais longuement, puissamment, et de façon qu'il me semblât sentir l'air pénétrer plus efficacement ma poitrine. Je reportais à tous ces soins du corps mon assiduité de naguère. Je progressais.

Je m'étonnais parfois que ma santé revînt si vite. J'en arrivais à croire que je m'étais d'abord exagéré la gravité de mon état; à douter que j'eusse été très malade, à rire de mon sang craché, à regretter que ma guérison ne fût pas demeurée plus ardue.

Je m'étais soigné d'abord fort sottement, ignorant les besoins de mon corps. J'en fis la patiente étude et devins, quant à la prudence et aux soins, d'une ingéniosité si constante que je m'y amusai comme à un jeu. Ce dont encore je souffrais le plus, c'était ma sensibilité maladive au moindre changement de la température. J'attribuais, à présent que mes poumons étaient guéris, cette hyperesthésie à ma débilité nerveuse, relique de la maladie. Je résolus de vaincre cela. La vue des belles peaux hâlées et comme pénétrées de soleil, que montraient, en travaillant aux champs, la veste ouverte, quelques paysans débraillés, m'incitait à me laisser hâler de même. Un matin, m'étant mis à nu, je me regardai; la vue de mes trop maigres bras, de mes épaules, que les plus grands efforts ne pouvaient rejeter suffisamment en arrière, mais surtout la blancheur ou plutôt la décoloration de ma peau, m'emplit et de honte et de larmes. Je me rhabillai vite, et, au lieu de descendre vers Amalfi[19], comme j'avais accoutumé de faire, me dirigeai vers des rochers couverts d'herbe rase et de mousse, loin des habitations, loin des routes, où je savais ne pouvoir être vu. Arrivé là, je me dévêtis lentement. L'air était presque vif, mais le soleil ardent. J'offris tout mon corps à sa flamme. Je m'assis, me couchai, me tournai. Je sentais sous moi le sol dur; l'agitation des herbes folles me frôlait. Bien qu'à l'abri du vent, je frémissais et palpitais à chaque souffle. Bientôt m'enveloppa une cuisson délicieuse; tout mon être affluait vers ma peau.

Nous demeurâmes à Ravello quinze jours; chaque matin je retournais vers ces rochers, faisais ma cure. Bientôt l'excès de vêtement dont je me recouvrais encore devint gênant et superflu; mon épiderme tonifié cessa de transpirer sans cesse et sut se protéger par sa propre chaleur.

Le matin d'un des derniers jours (nous étions au milieu d'avril) j'osai plus. Dans une anfractuosité des rochers dont je parle, une source claire coulait. Elle retombait ici même en cascade, assez peu abondante, il est vrai, mais elle avait creusé sous la cascade un bassin plus profond où l'eau très pure s'attardait. Par trois fois j'y étais venu, m'étais penché, m'étais étendu sur la berge, plein de soif et plein de désirs; j'avais contemplé longuement le fond de roc poli, où l'on ne découvrait pas une salissure, pas une herbe, où le soleil, en vibrant et en se diaprant, pénétrait. Ce quatrième jour, j'avançai, résolu d'avance, jusqu'à l'eau plus claire que jamais, et, sans plus réfléchir, m'y plongeai d'un coup tout entier. Vite transi, je quittai l'eau, m'étendis sur l'herbe, au soleil. Là, des menthes croissaient, odorantes; j'en cueillis, j'en froissai les feuilles, j'en frottai tout mon corps humide mais brûlant. Je me regardai longuement, sans plus de honte aucune, avec joie.

---

19. Port d'Italie (Campanie), sur le golfe de Salerne.

Je me trouvais, non pas robuste encore, mais pouvant l'être, harmonieux, sensuel, presque beau.

VII

Ainsi me contentais-je pour toute action, tout travail, d'exercices physiques qui, certes, impliquaient ma morale changée, mais qui ne m'apparaissaient déjà plus que comme un entraînement, un moyen, et ne me satisfaisaient plus pour eux-mêmes.

Un autre acte pourtant, à vos yeux ridicule peut-être, mais que je redirai, car il précise en sa puérilité le besoin qui me tourmentait de manifester au-dehors l'intime changement de mon être: A Amalfi, je m'étais fait raser.

Jusqu'à ce jour j'avais porté toute ma barbe, avec les cheveux presque ras. Il ne me venait pas à l'idée qu'aussi bien j'aurais pu porter une coiffure différente. Et, brusquement, le jour où je me mis pour la première fois nu sur la roche, cette barbe me gêna; c'était comme un dernier vêtement que je n'aurais pu dépouiller; je la sentais comme postiche; elle était soigneusement taillée, non pas en pointe, mais en une forme carrée, qui me parut aussitôt très déplaisante et ridicule. Rentré dans la chambre d'hôtel, je me regardai dans la glace et me déplus; j'avais l'air de ce que j'avais été jusqu'alors: un chartiste[20]. Sitôt après le déjeuner, je descendis à Amalfi, ma résolution prise. La ville est très petite: je dus me contenter d'une vulgaire échoppe sur la place. C'était jour de marché; la boutique était pleine; je dus attendre interminablement; mais rien, ni les rasoirs douteux, le blaireau jaune, l'odeur, les propos du barbier, ne put me faire reculer. Sentant sous les ciseaux tomber ma barbe, c'était comme si j'enlevais un masque. N'importe! quand, après, je m'apparus, l'émotion qui m'emplit et que je réprimai de mon mieux, ne fut pas la joie, mais la peur. Je ne discute pas ce sentiment; je le constate. Je trouvais mes traits assez beaux... non, la peur venait de ce qu'il me semblait qu'on voyait à nu ma pensée et de ce que, soudain, elle me paraissait redoutable.

Par contre, je laissai pousser mes cheveux.

Voilà tout ce que mon être neuf, encore désœuvré, trouvait à faire. Je pensais qu'il naîtrait de lui des actes étonnants pour moi-même; mais plus tard; plus tard, me disais-je, — quand l'être serait plus formé. Forcé de vivre en attendant, je conservais, comme Descartes[21], une façon provisoire d'agir. Marceline ainsi put s'y tromper. Le changement de mon regard, il est vrai, et, surtout le jour où j'apparus sans barbe, l'expression nouvelle de mes traits, l'auraient inquiétée peut-être, mais elle m'aimait trop déjà pour me bien voir; puis je la rassurais de mon mieux. Il importait qu'elle ne troublât pas ma reconnaissance; pour la soustraire à ses regards, je devais donc dissimuler.

Aussi bien celui que Marceline aimait, celui qu'elle avait épousé, ce n'était pas mon « nouvel être ». Et je me redisais cela, pour m'exciter à le cacher. Ainsi ne lui livrai-je de moi qu'une image qui, pour être constante et fidèle au passé, devenait de jour en jour plus fausse.

Mes rapports avec Marceline demeurèrent donc, en attendant, les mêmes — quoique plus exaltés de jour en jour, par un toujours plus grand amour. Ma dissimulation même (si l'on peut appeler ainsi le besoin de préserver de son jugement ma pensée), ma dissimulation l'augmentait. Je veux dire que ce jeu m'occupait de Marceline sans cesse. Peut-être cette contrainte au mensonge me coûta-t-elle un peu d'abord; mais j'arrivai vite à comprendre que les choses réputées les pires (le mensonge, pour ne citer que celle-là) ne sont difficiles à faire que tant qu'on ne les a jamais faites; mais qu'elles deviennent chacune, et très vite, aisées, plaisantes, douces à refaire, et bientôt comme naturelles. Ainsi donc, comme à chaque chose pour laquelle un premier dégoût est vaincu, je finis par trouver plaisir à cette dissimulation même, à m'y attarder, comme au jeu de mes facultés inconnues. Et j'avançais chaque jour, dans une vie plus riche et plus pleine, vers un plus savoureux bonheur.

---

20. Les chartistes sont des réformateurs sociaux et religieux anglais du XIXᵉ siècle, de morale puritaine et d'apparence austère. — 21. Philosophe, mathématicien et physicien français (1596–1650), auteur du célèbre *Discours de la méthode,* dans lequel il fait table rase de toute connaissance non fondée.

Matière à réflexion

1. En quoi le style de Gide peut-il être considéré « classique »? Donnez des exemples de ce classicisme. Pourquoi le narrateur renie-t-il son humanisme?

2. Le nouvel enthousiasme que le narrateur éprouve pour la vie s'exprime par une volupté sensorielle. Quels sens sont ici privilégiés? En quoi les actes de se dénuder et de se raser sont-ils symboliques?

3. Gide contraste nettement le passé de Michel et son présent. Comparez l'ancien Michel et le « nouvel être ». Quelles images Gide utilise-t-il afin d'illustrer cette métamorphose?

4. La fin de l'extrait présente les germes d'un dilemme conjugal. Expliquez ce dilemme. Pourquoi Michel ressent-il le besoin de cacher sa transformation?

5. Par quels moyens Gide construit-il un exotisme méditerranéen? Quel est le rôle du paysage?

Marcel Proust

A la recherche du temps perdu, le volumineux roman de Marcel Proust, continue aujourd'hui d'exercer une fascination profonde tant sur le public des lecteurs que sur la critique littéraire internationale. Rarement en effet une œuvre aura-t-elle stimulé autant de commentaires critiques. Il est vrai que le matériau proustien semble inépuisable: les études sur Proust qui paraissent chaque année mettent à jour des aspects toujours nouveaux de ce roman, et nous présentent tour à tour un Proust moraliste, sociologue, psychologue, esthéticien, architecte, philosophe, musicien, etc. Quant aux lecteurs de Proust, s'ils sont moins nombreux sans doute que ceux d'autres romanciers — l'œuvre est, après tout, bien difficile d'accès —, ils constituent un noyau de fidèles dont la vision même de l'existence a été irrémédiablement teintée par leur « fréquentation » de Proust.

Ce succès critique de Marcel Proust ainsi que l'influence de son œuvre sur le roman du XXᵉ siècle[1] ne sont pas sans paradoxes. Il semble en effet à première vue surprenant qu'une œuvre écrite en vase clos, à l'écart du monde, puisse contenir cette infinité apparente de révélations sur ce milieu externe auquel Proust s'est soustrait, lui qui a composé cette œuvre dans l'isolement de sa chambre de malade. Il est tout aussi paradoxal qu'un roman à la perspective apparemment si restreinte — relatant les souvenirs d'un jeune mondain[2] du début du siècle —, que ce « discours d'autiste[3] » parvienne à englober des enseignements aussi multiples quant à la condition humaine en général. Il est enfin étonnant qu'une œuvre qui fut au départ si méjugée — par le monde de l'édition en particulier — ait acquis progressivement ce statut de Livre des Livres, qui est le sien aujourd'hui.

---

1. Voir l'introduction au nouveau roman. — 2. Pour des explications plus détaillées sur la mondanité et les salons, voir la partie « Avant de lire ». — 3. L'expression est de Livio Belloï, dans *La Scène proustienne.*

Marcel Proust naît en 1871, dans un milieu familial assez comparable à celui de Flaubert: Proust est le fils d'un médecin célèbre, professeur à la faculté de médecine de Paris. Le frère aîné de Marcel Proust deviendra médecin à son tour, ce qui en quelque sorte empêchera Marcel de prendre la place de son père.

Proust semble dès l'enfance plus proche de sa mère, Jeanne Weil, fille d'un agent de change richissime. Cette fortune familiale permettra à Proust de mener une existence confortable, et de se consacrer exclusivement à la vie mondaine, puis à la littérature. Le petit Proust est un enfant chétif et hypersensible, extrêmement attaché à sa mère. Il connaît sa première crise d'asthme à l'âge de neuf ans. La *Recherche* donne un portrait assez fidèle de cette fragilité nerveuse dans son premier chapitre, *Combray,* consacré à l'enfance du narrateur.

Proust fait d'excellentes études secondaires à Paris. Il découvre dès cette époque la philosophie et la sociologie, et dévore Balzac, Flaubert, Zola, ainsi que toute la littérature anglaise de son époque. Son avidité de lecture et sa curiosité artistique (musique, peinture, architecture, etc.) sont d'autant plus intenses que la maladie l'empêche fréquemment de sortir. Il écrit des poèmes dès le lycée et fait son entrée en littérature en publiant ses premiers textes dans quelques revues d'étudiants et de jeunes écrivains. Après un an de service militaire, il s'inscrit à la faculté de droit et obtient sa licence en 1893, puis devient licencié ès lettres en 1895. Malgré sa maladie, il commence à fréquenter le monde, en particulier les *salons,* et y fait la connaissance des grands mondains de l'époque ainsi que d'artistes tels que le compositeur Reynaldo Hahn ou le peintre Claude Monet, et d'écrivains comme Anatole France, qui deviendra un de ses modèles. Il occupe ainsi peu à peu et simultanément le champ mondain et le champ littéraire, mais de façon relativement détachée et hésitante. Proust a en effet longtemps l'impression de n'être qu'un littérateur velléitaire, un talent gâché, un dilettante. La *Recherche* raconte l'histoire d'une vocation littéraire, des hésitations d'un écrivain qui ne prit que très tard conscience de sa véritable valeur.

En 1896 paraît son premier livre, *Les Plaisirs et les Jours,* recueil de chroniques mondaines préfacées par Anatole France. Sa carrière littéraire, qui semble alors toute tracée, va cependant être interrompue par deux crises graves, qui vont l'affecter profondément. En 1903, la mort de son père le plonge dans une dépression nerveuse. C'est une période de doute en son propre talent qui le voit travailler à la traduction des textes de l'esthéticien anglais Ruskin. Il est à peine remis lorsque sa santé se dégrade à nouveau à la mort de sa mère en 1905.

Après deux ans passés en clinique, Proust entame dans sa chambre de malade une existence de reclus, qu'il occupe à remplir frénétiquement, d'une écriture illisible, de nombreux carnets. Le projet qui l'occupe à cette époque est un mélange de fragments théoriques, d'essais, de fictions, de brouillons, de pastiches, intitulé *Contre Sainte-Beuve.* Proust s'y oppose à l'analyse biographique telle que la pratiquait Sainte-Beuve[4]. Pour Proust, le critique qui interprète les œuvres d'un écrivain à la

---

4. Critique, poète et romancier français (1804–1869), Sainte-Beuve a proposé une méthode qui, basée sur une documentation historique et biographique, s'efforce de classer chaque écrivain dans une « famille d'esprit ».

lumière d'anecdotes sur la vie de ce dernier, commet l'erreur méthodologique de ne pas différencier entre la *création* et le *vécu*. Pour illustrer ses théories contre la méthode scientiste de Sainte-Beuve, Proust ajoute à son essai quelques fragments romanesques mettant en scène des personnages d'artistes, souvent jugés ridicules en société, victimes d'un pêché d'aveuglement mondain qui consiste à réduire l'artiste à son pitoyable comportement dans les salons. Pour Proust, le « moi social » de l'artiste n'a aucun rapport avec son « génie », son « moi profond ». Ces fragments de fiction prennent finalement le pas sur le projet théorique, et Proust abandonne son *Contre Sainte-Beuve* pour se consacrer à un roman, qu'il intitule *A la recherche du temps perdu*. *Contre Sainte-Beuve*, inachevé, ne sera finalement publié qu'en 1954.

En 1913, une partie du roman est terminée. Le premier volume, *Du côté de chez Swann*, perçu comme trop long et trop incohérent, est tout d'abord refusé par les éditeurs, et Proust se voit obligé de le publier à compte d'auteur. Le roman connaît cependant un réel succès et, en 1917, une grande maison d'édition parisienne continue la publication de l'œuvre. 1919 est l'année de la consécration: Proust obtient le prestigieux prix Goncourt pour le deuxième volume de la *Recherche, A l'ombre des jeunes filles en fleurs*. Proust, qui avait continué de mener pendant la guerre sa vie de reclus, reprend en 1918 une vie mondaine, dans les rares moments que lui laissent sa maladie et le travail acharné qu'il s'impose pour rattraper le temps perdu de sa jeunesse. Ce *temps perdu* du titre est donc double: c'est le temps *passé*, parfois oublié et forcément fugitif, que l'on s'efforce de recapturer par la retranscription de perceptions et de réflexions que l'on avait jadis laissé passer. C'est aussi le temps perdu *à ne pas écrire*, le temps gaspillé dans des activités futiles, amoureuses ou mondaines.

Occupé par d'incessantes retouches, Proust mourra avant de pouvoir réviser les deux derniers volumes de son roman, qui présentent certaines inconséquences stylistiques, telles que des phrases inachevées, ainsi que des inconséquences narratives, comme la mort de personnages suivie immédiatement de leur réapparition. Nul doute que l'auteur aurait revu ces quelques bourdes issues du constant remaniement du texte. Proust meurt en 1922, suite à de violentes crises d'asthme aggravées par une pneumonie. La *Recherche* est à peine terminée, et les derniers volumes paraîtront de manière posthume.

Les thèmes du roman

Ce roman de plusieurs milliers de pages foisonne de thèmes et d'épisodes. Essayons d'en résumer l'essentiel:

1° L'histoire d'une conscience. — La *Recherche* s'apparente au genre du Bildungsroman ou « roman d'apprentissage », qui relate les diverses étapes initiatiques conduisant un jeune homme à la maturité. Ces étapes — sociales, amoureuses, esthétiques, philosophiques — présentent chez Proust l'originalité de nous être décrites *de l'intérieur*: roman introspectif par excellence, la *Recherche* retrace les impressions, les sentiments et les jugements d'un jeune homme à vocation d'écrivain, en route vers de multiples révélations.

2° L'histoire d'une société et d'une époque. — Proust compose une somme romanesque comme Balzac ou Zola, qu'il admire beaucoup. Cependant, au contraire de ces deux écrivains, son objectif n'est pas la restitution la plus complète possible d'un état de société à travers tous ses milieux. Proust innove dans ce genre d'entreprise totalisante en opérant une *coupe* minuscule dans la société de l'époque, en n'examinant que l'aristocratie et la haute bourgeoisie en France au tournant du siècle. Toutefois, dans ce prisme étroit qu'est le regard d'un jeune homme de l'avant-guerre, se reflète toute une époque. Depuis les grands événements politiques et historiques qui ont marqué ces années, comme l'affaire Dreyfus ou le bombardement de Paris pendant la guerre 14–18, jusqu'à des détails tels que la mode féminine, les tics de langage, le téléphone ou encore l'avion, tous les objets, toutes les habitudes d'une époque sont préservés dans le « musée » de Proust.

    3° Une analyse sociologique. — Proust est un critique virulent du snobisme. Son commentaire social cristallise un moment capital de la société française: la fusion de l'aristocratie et de la haute bourgeoisie en une *high society* ou l'argent prime sur la naissance. La critique de Proust se présente comme une désillusion progressive quant à ce milieu. Le jeune narrateur, jadis naïvement impressionné par le mythe d'une aristocratie supérieure, découvre qu'il n'y a, au fond, guère de différence entre le comportement pitoyable des bourgeois et des aristocrates. En cela, le roman de Proust reflète une réelle *instabilité sociale.* La haute bourgeoisie et l'aristocratie partagent les mêmes signes (langage, vêtements, meubles, etc.) et surtout un même comportement: la facticité mondaine. Proust est aussi particulièrement attentif au langage de ses personnages. Il a réussi à incorporer dans son œuvre tous les tics de langage et de posture des mondains qu'il a cotoyés, de même que tous les parlers propres aux diverses classes sociales de l'époque. Les salons ne sont en réalité qu'un monde de bavardage précieux, sans substance, une perte de temps.

    4° Le temps et la mémoire involontaire. — Le temps pour Proust n'est pas une mesure extérieure, mais une substance intérieure. Comme le titre du roman l'indique, le temps occupe une place capitale dans la *Recherche,* qui est un récit rétrospectif, fait des réminiscences d'un narrateur âgé qui s'efforce de recapturer sa jeunesse. Mais la *Recherche* est aussi un roman qui évolue vers l'avant, vers une révélation finale qui se situe au terme du livre: la constatation que l'art offre la seule possibilité de rachat du temps perdu et la décision d'entreprendre l'écriture d'un roman. Il y a donc un certain « suspense » dans la *Recherche,* un mouvement de dévoilement progressif de vérités sur la vie et l'homme en général.

    Un thème majeur de l'œuvre, qui est aussi une de ses techniques narratives, est ce que Proust nomme la *mémoire involontaire.* Cette technique lui permet d'établir des liens entre différents moments appartenant à diverses époques de la vie du narrateur, d'établir des connections internes dans la conscience de son héros. Le principe en est simple: une émotion ou une sensation nous renvoie, par association inconsciente d'idées, à un moment du passé, et ramène à notre conscience présente une série de souvenirs que nous croyions perdus. L'épisode le plus « classique » de ce phénomène est le passage bien connu où une madeleine, dégustée avec du thé, rappelle au narrateur un moment heureux de son enfance. L'expérience est souvent gratifiante: c'est que, grâce à la mémoire involontaire, nous obtenons une impression de plénitude, de réconciliation avec nous-mêmes, qui élimine le passage du temps et nous offre un sentiment d'éternité. Cette temporalité intérieure nous place en quelque sorte *hors du temps*. Proust insiste donc sur les rôles conjugués de la mémoire et de l'affectivité.

5° La jalousie et l'amour maladif. — « Il n'y a pas d'amour heureux. » L'adage est développé à l'extrême par Proust. Tout le roman décrit minutieusement les multiples facettes de la jalousie et de son expression ultime, l'amour captatif. Pour Proust, on ne peut aimer que de manière excessive, et l'amour lui-même est toujours par définition « imaginaire ». Proust conçoit l'amour comme une forme d'autodestruction, en ce que le sujet amoureux crée ses propres mirages et ses propres souffrances. Tous les objets du désir sont indignes du sentiment paroxystique qu'ils suscitent car ils sont reconstruits, imaginés, ou poétisés par le regard de l'amant, aveugle aux limites de la personne réelle. L'amour est donc à la fois poison et antidote: toute recherche d'apaisement du besoin exclusif et douloureux que l'on a d'une personne ne peut être satisfait que par cette personne, et au prix de nouvelles souffrances.

Chez Proust, l'amour est toujours l'amour-passion, un sentiment dévastateur qui aboutit irrémédiablement à un échec. Il appartient donc au temps perdu pour toujours, tout comme ce temps gaspillé à la mondanité (aux salons, au badinage, à l'apparence, à la frivolité).

6° Une théorie de l'homosexualité. — Très tôt conscient de sa propre homosexualité, Proust s'est livré à une peinture des milieux homosexuels de son époque, en particulier dans un volume de la *Recherche* intitulé *Sodome et Gomorrhe*. Si son narrateur Marcel est hétérosexuel, en revanche la plupart des autres personnages du roman, masculins et féminins, se révèlent homosexuels au terme du roman. Cette identité sexuelle ambiguë des personnages proustiens s'inscrit dans le grand mécanisme d'inversion caractéristique de la *Recherche* (voir ci-dessous). La création la plus admirée de Proust est le personnage extrêmement complexe et dramatique du Baron de Charlus, dans lequel Proust a rassemblé toutes ses idées sur l'homosexualité.

7° L'art comme unique sauveur. — L'art occupe une place capitale dans le roman de Proust. La musique, la peinture, la littérature, l'architecture permettent un plaisir que ni l'intelligence, ni l'amour ne peuvent procurer: elles sont la source d'un bonheur et d'une plénitude qui emportent *ailleurs*, elles sont liées à l'évocation d'un paradis mythique, d'un autre monde heureux. L'art chez Proust est ce qui permet d'échapper au temps perdu, au vide de l'existence. C'est seulement à partir de l'instant où Marcel entreprendra d'écrire son roman qu'il trouvera sa vraie raison d'exister.

La modernité de Proust

Le roman de Proust a d'abord été l'objet de nombreux malentendus. Lorsqu'en 1913 paraît *Du côté de chez Swann*, la critique le range parmi les « romans psychologiques » en pleine vogue au début du siècle. Aussi Proust aura-t-il bien du mal à faire reconnaître son originalité profonde. En témoignent les difficultés légendaires qu'il devra surmonter pour se faire publier. Une réaction typique, qui est passée à la postérité comme un modèle d'incompréhension, est celle d'un certain Jacques Madeleine, un des premiers lecteurs du manuscrit pour une maison d'édition parisienne: «Au bout de sept cent douze pages de ce manuscrit (...), après d'infinies désolations d'être noyé dans d'insondables développements et de crispantes impatiences de ne pouvoir jamais remonter à la surface, on n'a aucune, aucune notion de ce dont il s'agit. Qu'est-ce que tout cela vient faire? Qu'est-ce que tout cela signifie? Où tout cela veut-il mener? — Impossible d'en rien savoir! Impossible d'en pouvoir rien dire!» D'autres critiques admireront la *Recherche* pour sa peinture d'aubépines ou de paysages marins, et choisiront de réduire la grande originalité du roman à la finesse de ses descriptions.

Louer ou dénigrer la préciosité ou la justesse des observations psychologiques et esthétiques de Proust est une entreprise forcément subjective, et qui ne laisse qu'entrevoir le véritable génie de l'auteur. Il semble plus intéressant de replacer son œuvre au sein de l'évolution du genre romanesque. En quoi consiste donc la modernité de Proust?

1° Une totalité romanesque. — *A la recherche du temps perdu* est un roman dont la structure brise le moule du roman tel qu'on le concevait encore au début du XXᵉ siècle. L'ambition de Proust n'est pas d'écrire une série de volumes successifs, mais un seul et unique grand texte, un tissage extrêmement complexe de motifs, de scènes, d'épisodes qui se structurent selon un réseau subtil de concordances, de parallèles, d'harmonies, d'entrelacements, de variations, de retours de personnages. L'architecture complexe de ce roman de plusieurs milliers de pages bouleverse le format traditionnel du roman.

2° Une autobiographie fictive. — La *Recherche* présente un exemple unique en son genre de ce que l'on peut nommer une autobiographie fictive, écrite à la première personne, mais par un narrateur qui n'est pas exactement Marcel Proust, en dépit de ressemblances indéniables. Le narrateur proustien, bien qu'il se nomme lui aussi Marcel[5], est une création fictive, un personnage de l'œuvre. Néanmoins, cette perspective autobiographique enlève au roman toute prétention à l'objectivité descriptive telle que la concevaient les réalistes. C'est la voix individuelle, le discours du «je», qui devient à présent l'objet de l'activité romanesque. Le nouveau roman sera fortement influencé par cette conception du roman.

3° Un roman subjectif et un roman phénoménologique[6]. — L'objectif principal de Proust est de décrire la subjectivité, l'univers réfléchi par une conscience. Le monde extérieur n'est pour lui qu'un prétexte à un examen approfondi de la personnalité, de la conscience, de l'imaginaire et de leurs modalités. Ce en quoi le roman proustien diffère donc du roman psychologique traditionnel dont on le croyait la continuation, c'est qu'il ne vise plus ni à raconter une «histoire», ni à décrire le réel, mais à montrer la perception du monde par l'individu. Proust nous peint la conscience du réel plutôt que le réel lui-même, il nous offre une vision du monde *intériorisée*. D'où une suite de sensations longuement explorées, d'impres-

---

5. Lorsque nous parlons de *Marcel* dans cette introduction, nous faisons donc référence au narrateur de la *Recherche* et non à Proust lui-même. — 6. Pour une explication plus précise de la phénoménologie, voir l'introduction à l'existentialisme.

sions, de mouvements d'imagination, qui sont l'équivalent en littérature de l'impressionnisme pictural. Le statut du réel n'a d'importance que dans la mesure où celui-ci conduit à penser, à imaginer: c'est un ensemble de signes qu'il faut interpréter. Ce qui nous est offert est donc une *expérience* et non pas une histoire. C'est un roman subjectif et un roman phénoménologique, dans lequel le réel tel qu'il est perçu par une conscience importe plus que le réel lui-même.

4° **Des personnages pluriels.** — Le récit de Proust se distingue du récit réaliste ou du récit psychologique en ceci que chaque personnage, chaque événement ne sont pas l'objet d'un portrait défini une fois pour toutes, comme souvent chez Balzac ou Zola, mais sont constitués d'une série de perceptions successives et différentes. La description de chaque personnage est diffractée sur l'ensemble du récit, et présente une succession d'éléments réels et d'éléments rêvés, de différents moments du corps, souvent opposés. Un même personnage nous apparaît ainsi toujours différemment selon le moment ou l'angle de la perception. Pour Proust, le contraire habite le même. Ainsi la plupart des personnages du roman sont-ils l'objet d'un mécanisme d'*inversion* systématique: leur réalité se révèle toujours contraire à leur apparence. Mais leur réelle identité n'est jamais donnée, car toute nouvelle information est toujours elle-même en passe d'être inversée à son tour. Ainsi d'Odette Swann, mentionnée dans l'extrait suivant, dont on ne peut jamais connaître la personnalité véritable, tant elle se perd dans le labyrinthe d'informations contradictoires qui composent son personnage. L'influence de Proust sur le nouveau roman, avec ses personnages fuyants, multiples et inconnaissables, fut là encore déterminante.

5° **Le « regard » proustien.** — Les personnages proustiens, et plus encore le narrateur lui-même, cherchant à interpréter le monde qui les entoure, se livrent à un examen constant et méticuleux de détails. Une attitude systématique chez Proust est de considérer que ce qui s'offre au regard n'est qu'apparence, mensonge ou façade. Tout le roman est ainsi construit sur un modèle d'enquête — quasi policière — qui privilégie l'examen de signes, révélateurs de sens beaucoup plus importants que l'attitude calculée des personnages. C'est là aussi une des caractéristiques de la modernité proustienne que de présenter un univers mouvant et complexe, où le *soupçon* devient un mode de relation au réel. On entre avec Proust dans un siècle caractérisé par une investigation maladive et anxieuse de la réalité (Kafka, Orwell, Huxley, etc.).

6° **La phrase proustienne.** — La complexité grammaticale et la longueur extrême des phrases de Proust le rendent souvent difficile d'accès. Ces suites de subordonnées en cascade, de parenthèses dans des parenthèses, de correctifs, d'ajouts, qui vont souvent à l'encontre de la notion classique de *clarté,* sont pourtant intimement liées à la spécificité du projet proustien. Il s'agit, pour l'auteur, de suivre les mouvements d'une conscience dans toute leur subtilité, d'examiner les diverses facettes d'une même pensée, d'un même acte, d'un même geste. C'est là une des grandes caractéristiques de la modernité proustienne: alors que les écrivains qui le précèdent cherchaient souvent à définir des types humains ou à formuler des observations psychologiques univoques, Proust s'attache à montrer la complexité d'un monde pluriel. Le style proustien laisse entrevoir en filigrane un manque de confiance dans le mot, une recherche de la consistance du réel. Les phrases très longues de Proust s'étirent indéfiniment à la recherche du mot le plus juste, de l'expression la plus complète face à un réel insaisissable.

7° Un récit éclaté. — Cette dilatation de la phrase s'accompagne d'un bouleversement de la structure traditionnelle de la narration, raisonnable, quantifiable, progressive. De par ses thèmes (suite d'impressions) et de par la complexité du propos, la *Recherche* propose ce qu'on pourrait nommer une narration *éclatée*. Malgré une division en parties et en volumes, la structure de la *Recherche* est loin d'être simple et claire. Proust n'hésite pas à perdre son lecteur par une présentation très personnelle des événements et de leur enchaînement. En s'attachant à décrire les mouvements subtils d'une conscience en évolution, Proust propose une nouvelle conception de l'équilibre structurel du récit. Puisqu'il est souvent question d'impressions ou de réflexions, et rarement d'actions, chaque épisode ou scène du roman peuvent être dilatés au gré du narrateur, et présentés dans l'ordre arbitraire d'associations personnelles. Proust peut ainsi consacrer plusieurs dizaines de pages à un sujet aussi minime en apparence que le geste d'un personnage ou l'oubli d'un chapeau, et faire suivre la description d'une chambre par celle de toutes les chambres, présentes ou passées, que le narrateur a occupées.

Avant de lire

Un Amour de Swann, dont nous reproduisons un extrait ici, est ce qu'on pourrait nommer un *roman dans le roman*. Ce court récit rapporté à la troisième personne contient en effet en miniature la plupart des grands thèmes de la *Recherche*, concentrés dans l'histoire d'un personnage qui est à de nombreux égards le double du narrateur. Il y a ici un cas de « mise en abyme » : les mésaventures de Swann vont être vécues par d'autres personnages — et en particulier par Marcel — au cours du roman. Le narrateur ne cache d'ailleurs pas qu'il rapporte cette histoire de Swann, un dandy parisien, pour le parallélisme qu'elle offre avec la sienne : « Je me suis souvent fait raconter (son histoire) bien des années plus tard, quand je commençai à m'intéresser à son caractère à cause des ressemblances qu'(...) il offrait avec le mien. »

L'histoire de Swann a eu lieu bien avant la naissance de Marcel. *Un Amour de Swann* constitue une exception dans le système narratif du récit, puisqu'au lieu d'être écrite à la première personne par un autobiographe subjectif, cette partie du roman est écrite à la troisième personne par un narrateur omniscient, et qui doit ses connaissances au témoignage de son grand-père. Ainsi Marcel reconstitue-t-il imaginairement un amour qui n'est pas le sien, mais dont il connaîtra lui-même toutes les angoisses. L'amour de Swann pour une «cocotte[7]» qui lui est socialement et intellectuellement inférieure, Odette de Crécy, permet à Proust d'échafauder sa théorie sur l'amour maladif et la jalousie.

Les salons

Les mondains de la Belle Epoque fréquentaient assidûment les «salons», sortes de réunions privées organisées par des membres de la haute société, et où l'on jouait parfois de la musique. Les grands mondains en vue, nobles ou bourgeois, avaient leur propre salon, où se retrouvait régulièrement un cercle de fidèles. Il fallait bien sûr être invité à ces réunions, et *qui* était reçu chez *qui* établissait de subtiles distinctions de statut social parmi les membres du «who's who» parisien.

L'analyse sociologique de Proust s'opère surtout par le truchement de ces *salons*, endroits d'interaction sociale où s'exprime la duplicité du snob. Pratiquer le jeu mondain, pour Proust, c'est endosser le rôle d'un personnage qui veut briller en public: le snobisme est présenté comme une activité d'ordre théâtral, avec ses monologues, ses coulisses, son public. La grande nouveauté de la *Recherche* est donc également de développer, au sein du genre romanesque, une *sociologie de l'interaction* en avance sur son temps.

La scène de salon qui suit est un épisode où Swann, après une longue absence due à son obsession amoureuse, revient dans le monde, à l'occasion d'une soirée chez la marquise de Saint-Euverte. Cette soirée est l'occasion pour le narrateur de nous conduire dans le monde fermé des salons, et de s'y livrer à une parodie du snobisme mondain et de ses ridicules.

---

7. Une demi-mondaine, une femme entretenue, de mœurs légères.

Un Amour de Swann

C'était chez la marquise de Saint-Euverte, à la dernière, pour cette année-là, des soirées où elle faisait entendre des artistes qui lui servaient ensuite pour ses concerts de charité. Swann, qui avait voulu successivement aller à toutes les précédentes et n'avait pu s'y résoudre, avait reçu, tandis qu'il s'habillait pour se rendre à celle-ci, la visite du baron de Charlus[1] qui venait lui offrir de retourner avec lui chez

---

1. Frère du Duc de Guermantes et ami de Swann, grand amateur d'art et de prestige social. Swann fait souvent appel à lui pour «surveiller» Odette, qu'il soupçonne maladivement de le tromper avec le tout-Paris.

la marquise, si sa compagnie devait l'aider à s'y ennuyer un peu moins, à s'y trouver moins triste. Mais Swann lui avait répondu: «Vous ne doutez pas du plaisir que j'aurais à être avec vous. Mais le plus grand plaisir que vous puissiez me faire, c'est d'aller plutôt voir Odette. Vous savez l'excellente influence que vous avez sur elle. Je crois qu'elle ne sort pas ce soir avant d'aller chez son ancienne couturière où du reste elle sera sûrement contente que vous l'accompagniez. En tous cas vous la trouveriez chez elle avant. Tâchez de la distraire et aussi de lui parler raison. Si vous pouviez arranger quelque chose pour demain qui lui plaise et que nous pourrions faire tous les trois ensemble... Tâchez aussi de poser des jalons[2] pour cet été, si elle avait envie de quelque chose, d'une croisière que nous ferions tous les trois, que sais-je? Quant à ce soir, je ne compte pas la voir; maintenant si elle le désirait ou si vous trouviez un joint[3], vous n'avez qu'à m'envoyer un mot chez Mme de Saint-Euverte jusqu'à minuit, et après chez moi. Merci de tout ce que vous faites pour moi, vous savez comme je vous aime. »

Le baron lui promit d'aller faire la visite qu'il désirait après qu'il l'aurait conduit jusqu'à la porte de l'hôtel Saint-Euverte, où Swann arriva tranquillisé par la pensée que M. de Charlus passerait la soirée rue La Pérouse[4], mais dans un état de mélancolique indifférence à toutes les choses qui ne touchaient pas Odette, et en particulier aux choses mondaines, qui leur donnait le charme de ce qui, n'étant plus un but pour notre volonté, nous apparaît en soi-même. Dès sa descente de voiture, au premier plan de ce résumé fictif de leur vie domestique que les maîtresses de maison prétendent offrir à leurs invités les jours de cérémonie et où elles cherchent à respecter la vérité du costume et celle du décor, Swann prit plaisir à voir les héritiers des «tigres» de Balzac, les grooms, suivants ordinaires de la promenade, qui, chapeautés et bottés, restaient dehors devant l'hôtel[5] sur le sol de l'avenue, ou devant les écuries, comme des

jardiniers auraient été rangés à l'entrée de leurs parterres. La disposition particulière qu'il avait toujours eue à chercher des analogies entre les êtres vivants et les portraits des musées s'exerçait encore mais d'une façon plus constante et plus générale; c'est la vie mondaine tout entière, maintenant qu'il en était détaché, qui se présentait à lui comme une suite de tableaux. Dans le vestibule où autrefois, quand il était un mondain, il entrait enveloppé dans son pardessus pour en sortir en frac[6], mais sans savoir ce qui s'y était passé, étant par la pensée, pendant les quelques instants qu'il y séjournait, ou bien encore dans la fête qu'il venait de quitter, ou bien déjà dans la fête où on allait l'introduire, pour la première fois il remarqua, réveillée par l'arrivée inopinée d'un invité aussi tardif[7], la meute éparse, magnifique et désœuvrée des grands valets de pied qui dormaient çà et là sur des banquettes et des coffres et qui, soulevant leurs nobles profils aigus de lévriers, se dressèrent et, rassemblés, formèrent le cercle autour de lui.

L'un d'eux, d'aspect particulièrement féroce et assez semblable à l'exécuteur dans certains tableaux de la Renaissance qui figurent des supplices, s'avança vers lui d'un air implacable pour lui prendre ses affaires. Mais la dureté de son regard d'acier était compensée par la douceur de ses gants de fil, si bien qu'en approchant de Swann il semblait témoigner du mépris pour sa personne et des égards pour son chapeau. Il le prit avec un soin auquel l'exactitude de sa pointure donnait quelque chose de méticuleux et une délicatesse que rendait presque touchante l'appareil de sa force. Puis il le passa à un de ses aides, nouveau et timide, qui exprimait l'effroi qu'il ressentait en roulant en tous sens des regards furieux et montrait l'agitation d'une bête captive dans les premières heures de sa domesticité.

A quelques pas, un grand gaillard en livrée rêvait, immobile, sculptural, inutile, comme ce guerrier purement décoratif qu'on voit dans les tableaux les plus tu-

---

2. Commencer à faire des projets. — 3. Si vous arriviez à la persuader. — 4. L'appartement d'Odette — 5. L'hôtel particulier, résidence aristocratique et bourgeoise au début du siècle. — 6. Vêtement de soirée. — 7. Il s'agit de Swann lui-même.

multueux de Mantegna[8], songer, appuyé sur son bouclier, tandis qu'on se précipite et qu'on s'égorge à côté de lui; détaché du groupe de ses camarades qui s'empressaient autour de Swann, il semblait aussi résolu à se désintéresser de cette scène, qu'il suivait vaguement de ses yeux glauques et cruels, que si c'eût été le massacre des Innocents ou le martyre de saint Jacques[9]. Il semblait précisément appartenir à cette race disparue — ou qui peut-être n'exista jamais que dans le retable de San Zeno[10] et les fresques des Eremitani[11] où Swann l'avait approchée et où elle rêve encore — issue de la fécondation d'une statue antique par quelque modèle padouan du Maître[12] ou quelque Saxon d'Albert Dürer[13]. Et les mèches de ses cheveux roux crepelés par la nature, mais collés par la brillantine, étaient largement traitées comme elles sont dans la sculpture grecque qu'étudiait sans cesse le peintre de Mantoue[14], et qui, si dans la création elle ne figure que l'homme, sait du moins tirer de ses simples formes des richesses si variées et comme empruntées à toute la nature vivante, qu'une chevelure, par l'enroulement lisse et les becs aigus de ses boucles, ou dans la superposition du triple et fleurissant diadème de ses tresses, a l'air à la fois d'un paquet d'algues, d'une nichée de colombes, d'un bandeau de jacinthes et d'une torsade de serpents.

D'autres encore, colossaux aussi, se tenaient sur les degrés d'un escalier monumental que leur présence décorative et leur immobilité marmoréenne auraient pu faire nommer comme celui du Palais ducal[15]: l'« Escalier des Géants » et dans lequel Swann s'engagea avec la tristesse de penser qu'Odette ne l'avait jamais gravi. Ah! avec quelle joie au contraire il eût grimpé les étages noirs, malodorants et casse-cou de la petite couturière retirée, dans le « cinquième[16] » de laquelle il aurait été si heureux de payer plus cher qu'une avant-scène hebdomadaire à l'Opéra le droit de passer la soirée quand Odette y venait, et même les autres jours, pour pouvoir parler d'elle, vivre avec les gens qu'elle avait l'habitude de voir quand il n'était pas là et qui à cause de cela lui paraissaient recéler, de la vie de sa maîtresse, quelque chose de plus réel, de plus inaccessible et de plus mystérieux. Tandis que dans cet escalier pestilentiel et désiré de l'ancienne couturière, comme il n'y en avait pas un second pour le service, on voyait le soir devant chaque porte une boîte au lait vide et sale préparée sur le paillasson, dans l'escalier magnifique et dédaigné que Swann montait à ce moment, d'un côté et de l'autre, à des hauteurs différentes, devant chaque anfractuosité que faisait dans le mur la fenêtre de la loge ou la porte d'un appartement, représentant le service intérieur qu'ils dirigeaient et en faisant hommage aux invités, un concierge, un majordome, un argentier (braves gens qui vivaient le reste de la semaine un peu indépendants dans leur domaine, y dînaient chez eux comme de petits boutiquiers et seraient peut-être demain au service bourgeois d'un médecin ou d'un industriel), attentifs à ne pas manquer aux recommandations qu'on leur avait faites avant de leur laisser endosser la livrée[17] éclatante qu'ils ne revêtaient qu'à de rares intervalles et dans laquelle ils ne se sentaient pas très à leur aise, se tenaient sous l'arcature de leur portail avec un éclat pompeux tempéré de bonhomie populaire, comme des saints dans leur niche; et un énorme suisse[18], habillé comme à l'église, frappait les dalles de sa canne au passage de chaque arrivant. Parvenu en haut de l'escalier le long duquel l'avait suivi un domestique à face blême, avec une petite queue de cheveux, noués d'un catogan[19], derrière la tête, comme un sacristain de Goya[20] ou un tabellion[21] du répertoire[22], Swann passa devant un bureau

---

8. Peintre italien de la Renaissance (1431–1506), auteur notamment de fresques d'église. — 9. Deux sujets de fresques de la Renaissance, peints notamment par Mantegna. — 10. Peinture de Mantegna. — 11. Fresques de Mantegna. — 12. Mantegna habita Padoue et y trouva donc les modèles pour ses peintures. — 13. Albrecht Dürer (1471–1528), peintre allemand influencé par Mantegna. — 14. Originaire de Padoue, Mantegna s'installa à Mantoue. — 15. Le palais des Doges, à Venise. — 16. Le cinquième étage. — 17. Vêtements de domestique. — 18. Portier. — 19. Foulard. — 20. Peintre espagnol (1746–1828). — 21. Un notaire, au théâtre. — 22. Le répertoire théâtral, les pièces les plus fréquemment représentées.

où des valets, assis comme des notaires devant de grands registres, se levèrent et inscrivirent son nom. Il traversa alors un petit vestibule qui — tel que certaines pièces aménagées par leur propriétaire pour servir de cadre à une seule œuvre d'art, dont elles tirent leur nom, et d'une nudité voulue, ne contiennent rien d'autre — exhibait à son entrée, comme quelque précieuse effigie de Benvenuto Cellini [23] représentant un homme de guet, un jeune valet de pied, le corps légèrement fléchi en avant, dressant sur son hausse-col rouge une figure plus rouge encore d'où s'échappaient des torrents de feu, de timidité et de zèle, et qui, perçant les tapisseries d'Aubusson [24] tendues devant le salon où on écoutait la musique, de son regard impétueux, vigilant, éperdu, avait l'air, avec une impassibilité militaire ou une foi surnaturelle — allégorie de l'alarme, incarnation de l'attente, commémoration du branle-bas — d'épier, ange ou vigie, d'une tour de donjon ou de cathédrale, l'apparition de l'ennemi ou l'heure du Jugement. Il ne restait plus à Swann qu'à pénétrer dans la salle du concert dont un huissier chargé de chaînes lui ouvrit les portes en s'inclinant, comme il lui aurait remis les clefs d'une ville. Mais il pensait à la maison où il aurait pu se trouver en ce moment même, si Odette l'avait permis, et le souvenir entrevu d'une boîte au lait vide sur un paillasson lui serra le cœur.

Swann retrouva rapidement le sentiment de la laideur masculine, quand, au-delà de la tenture de tapisserie, au spectacle des domestiques succéda celui des invités. Mais cette laideur même de visages, qu'il connaissait pourtant si bien, lui semblait neuve depuis que leurs traits — au lieu d'être pour lui des signes pratiquement utilisables à l'identification de telle personne qui lui avait représenté jusque-là un faisceau de plaisirs à poursuivre, d'ennuis à éviter ou de politesses à rendre — reposaient, coordonnés seulement par des rapports esthétiques, dans l'autonomie de leurs lignes. Et en ces hommes, au milieu

desquels Swann se trouva enserré, il n'était pas jusqu'aux monocles que beaucoup portaient (et qui, autrefois, auraient tout au plus permis à Swann de dire qu'ils portaient un monocle), qui, déliés maintenant de signifier une habitude, la même pour tous, ne lui apparussent chacun avec une sorte d'individualité. Peut-être parce qu'il ne regarda le général de Froberville et le marquis de Bréauté qui causaient dans l'entrée que comme deux personnages dans un tableau, alors qu'ils avaient été longtemps pour lui les amis utiles qui l'avaient présenté au Jockey [25] et assisté dans des duels, le monocle du général, resté entre ses paupières comme un éclat d'obus dans sa figure vulgaire, balafrée et triomphale, au milieu du front qu'il éborgnait comme l'œil unique du cyclope, apparut à Swann comme une blessure monstrueuse qu'il pouvait être glorieux d'avoir reçue, mais qu'il était indécent d'exhiber; tandis que celui que M. de Bréauté ajoutait, en signe de festivité, aux gants gris perle, au « gibus [26] », à la cravate blanche et substituait au binocle familier (comme faisait Swann lui-même) pour aller dans le monde, portait, collé à son revers, comme une préparation d'histoire naturelle sous un microscope, un regard infinitésimal et grouillant d'amabilité, qui ne cessait de sourire à la hauteur des plafonds, à la beauté des fêtes, à l'intérêt des programmes et à la qualité des rafraîchissements.

« Tiens, vous voilà, mais il y a des éternités qu'on ne vous a vu », dit à Swann le général qui, remarquant ses traits tirés et en concluant que c'était peut-être une maladie grave qui l'éloignait du monde, ajouta: « Vous avez bonne mine, vous savez! » pendant que M. de Bréauté demandait: « Comment, vous, mon cher, qu'est-ce que vous pouvez bien faire ici? » à un romancier mondain qui venait d'installer au coin de son œil un monocle, son seul organe d'investigation psychologique et d'impitoyable analyse, et répondit d'un air important et mystérieux, en roulant l'r:

« J'observe. »

---

23. Orfèvre et sculpteur italien (1500–1571). — 24. Ville de France connue pour ses tapisseries. — 25. Le Jockey Club, cercle très fermé de la plus haute société parisienne, et dont Swann fait partie. — 26. Chapeau haut de forme.

Le monocle du marquis de Forestelle était minuscule, n'avait aucune bordure et obligeant à une crispation incessante et douloureuse l'œil où il s'incrustait comme un cartilage superflu dont la présence est inexplicable et la matière recherchée, il donnait au visage du marquis une délicatesse mélancolique, et le faisait juger par les femmes comme capable de grands chagrins d'amour. Mais celui de M. de Saint-Candé, entouré d'un gigantesque anneau, comme Saturne, était le centre de gravité d'une figure qui s'ordonnait à tout moment par rapport à lui, dont le nez frémissant et rouge et la bouche lippue et sarcastique tâchaient par leurs grimaces d'être à la hauteur des feux roulants d'esprit dont étincelait le disque de verre, et se voyait préféré aux plus beaux regards du monde par des jeunes femmes snobs et dépravées qu'il faisait rêver de charmes artificiels et d'un raffinement de volupté; et cependant, derrière le sien, M. de Palancy qui, avec sa grosse tête de carpe aux yeux ronds, se déplaçait lentement au milieu des fêtes, en desserrant d'instant en instant ses mandibules comme pour chercher son orientation, avait l'air de transporter seulement avec lui un fragment accidentel, et peut-être purement symbolique, du vitrage de son aquarium, partie destinée à figurer le tout, qui rappela à Swann, grand admirateur des *Vices* et des *Vertus* de Giotto[27] à Padoue, cet Injuste à côté duquel un rameau feuillu évoque les forêts où se cache son repaire.

Swann s'était avancé, sur l'insistance de Mme de Saint-Euverte, et pour entendre un air d'*Orphée*[28] qu'exécutait un flûtiste, s'était mis dans un coin où il avait malheureusement comme seule perspective deux dames déjà mûres assises l'une à côté de l'autre, la marquise de Cambremer et la vicomtesse de Franquetot, lesquelles, parce qu'elles étaient cousines, passaient leur temps dans les soirées, portant leurs sacs et suivies de leurs filles, à se chercher comme dans une gare et n'étaient tranquilles que quand elles avaient marqué, par leur éventail ou leur mouchoir, deux places voisines: Mme de Cambremer, comme elle avait très peu de relations, étant d'autant plus heureuse d'avoir une compagne, Mme de Franquetot, qui était au contraire très lancée, trouvant quelque chose d'élégant, d'original, à montrer à toutes ses belles connaissances qu'elle leur préférait une dame obscure avec qui elle avait en commun des souvenirs de jeunesse. Plein d'une mélancolique ironie, Swann les regardait écouter l'intermède de piano (*Saint François parlant aux oiseaux* de Liszt[29]) qui avait succédé à l'air de flûte, et suivre le jeu vertigineux du virtuose, Mme de Franquetot anxieusement, les yeux éperdus comme si les touches sur lesquelles il courait avec agilité avaient été une suite de trapèzes d'où il pouvait tomber d'une hauteur de quatre-vingts mètres, et non sans lancer à sa voisine des regards d'étonnement, de dénégation qui signifiaient: « Ce n'est pas croyable, je n'aurais jamais pensé qu'un homme pût faire cela », Mme de Cambremer, en femme qui a reçu une forte éducation musicale, battant la mesure avec sa tête transformée en balancier de métronome dont l'amplitude et la rapidité d'oscillations d'une épaule à l'autre étaient devenues telles (avec cette espèce d'égarement et d'abandon du regard qu'ont les douleurs qui ne se connaissent plus ni ne cherchent à se maîtriser et disent « Que voulez-vous! ») qu'à tout moment elle accrochait avec ses solitaires[30] les pattes de son corsage et était obligée de redresser les raisins noirs qu'elle avait dans les cheveux, sans cesser pour cela d'accélérer le mouvement. De l'autre côté de Mme de Franquetot, mais un peu en avant, était la marquise de Gallardon, occupée à sa pensée favorite, l'alliance qu'elle avait avec les Guermantes et d'où elle tirait pour le monde et pour elle-même beaucoup de gloire avec quelque honte, les plus brillants d'entre eux la tenant un peu à l'écart, peut-être parce qu'elle était ennuyeuse, ou parce qu'elle était méchante, ou parce qu'elle était d'une branche inférieure, ou peut-être sans aucune raison. Quand elle se trouvait

---

27. Peintre italien (1266–1336), auteur de fresques représentant les allégories des Vices et des Vertus, dans une chapelle de Padoue. — 28. *Orphée et Eurydice* (1762), opéra du compositeur allemand Glück. — 29. Compositeur et pianiste hongrois (1811–1886). — 30. Diamants.

auprès de quelqu'un qu'elle ne connaissait pas, comme en ce moment auprès de Mme de Franquetot, elle souffrait que la conscience qu'elle avait de sa parenté avec les Guermantes ne pût se manifester extérieurement en caractères visibles comme ceux qui, dans les mosaïques des églises byzantines, placés les uns au-dessous des autres, inscrivent en une colonne verticale, à côté d'un saint personnage, les mots qu'il est censé prononcer. Elle songeait en ce moment qu'elle n'avait jamais reçu une invitation ni une visite de sa jeune cousine la princesse des Laumes, depuis six ans que celle-ci était mariée. Cette pensée la remplissait de colère, mais aussi de fierté; car, à force de dire aux personnes qui s'étonnaient de ne pas la voir chez Mme des Laumes, que c'est parce qu'elle aurait été exposée à y rencontrer la princesse Mathilde[31] — ce que sa famille ultralégitimiste[32] ne lui aurait jamais pardonné —, elle avait fini par croire que c'était en effet la raison pour laquelle elle n'allait pas chez sa jeune cousine. Elle se rappelait pourtant qu'elle avait demandé plusieurs fois à Mme des Laumes comment elle pourrait faire pour la rencontrer, mais ne se le rappelait que confusément et d'ailleurs neutralisait et au-delà ce souvenir un peu humiliant en murmurant: «Ce n'est tout de même pas à moi à faire les premiers pas, j'ai vingt ans de plus qu'elle.» Grâce à la vertu de ces paroles intérieures, elle rejetait fièrement en arrière les épaules détachées de son buste et sur lesquelles sa tête posée presque horizontalement faisait penser à la tête «rapportée» d'un orgueilleux faisan qu'on sert sur une table avec toutes ses plumes. Ce n'est pas qu'elle ne fût par nature courtaude, homasse et boulotte; mais les camouflets l'avaient redressée comme ces arbres qui, nés dans une mauvaise position au bord d'un précipice, sont forcés de croître en arrière pour garder leur équilibre. Obligée, pour se consoler de ne pas être tout à fait l'égale des autres Guermantes, de se dire sans cesse que c'était par intransigeance de principes et fierté qu'elle les voyait peu, cette pensée avait fini par

modeler son corps et par lui enfanter une sorte de prestance qui passait aux yeux des bourgeoises pour un signe de race et troublait quelquefois d'un désir fugitif le regard fatigué des hommes de cercle. Si on avait fait subir à la conversation de Mme de Gallardon ces analyses qui en relevant la fréquence plus ou moins grande de chaque terme permettent de découvrir la clef d'un langage chiffré, on se fût rendu compte qu'aucune expression, même la plus usuelle, n'y revenait aussi souvent que «chez mes cousins de Guermantes», «chez ma tante de Guermantes», «la santé d'Elzéar de Guermantes», «la baignoire de ma cousine de Guermantes». Quand on lui parlait d'un personnage illustre, elle répondait que sans le connaître personnellement elle l'avait rencontré mille fois chez sa tante de Guermantes, mais elle répondait cela d'un ton si glacial et d'une voix si sourde qu'il était clair que si elle ne le connaissait pas personnellement c'était en vertu de tous les principes indéracinables et entêtés auxquels ses épaules touchaient en arrière, comme à ces échelles sur lesquelles les professeurs de gymnastique vous font étendre pour vous développer le thorax.

Or, la princesse des Laumes, qu'on ne se serait pas attendu à voir chez Mme de Saint-Euverte, venait précisément d'arriver. Pour montrer qu'elle ne cherchait pas à faire sentir dans un salon, où elle ne venait que par condescendance, la supériorité de son rang, elle était entrée en effaçant les épaules là même où il n'y avait aucune foule à fendre et personne à laisser passer, restant exprès dans le fond, de l'air d'y être à sa place, comme un roi qui fait la queue à la porte d'un théâtre tant que les autorités n'ont pas été prévenues qu'il est là; et, bornant simplement son regard — pour ne pas avoir l'air de signaler sa présence et de réclamer des égards — à la considération d'un dessin du tapis ou de sa propre jupe, elle se tenait debout à l'endroit qui lui avait paru le plus modeste (et d'où elle savait bien qu'une exclamation ravie de Mme de Saint-Euverte allait la tirer dès que celle-ci

---

31. Cousine de l'empereur Napoléon III, elle fréquentait effectivement les salons au temps de Proust. —
32. Fidèle à la monarchie des Bourbons, et donc contre la noblesse d'Empire.

l'aurait aperçue), à côté de Mme de Cambremer qui lui était inconnue. Elle observait la mimique de sa voisine mélomane, mais ne l'imitait pas. Ce n'est pas que, pour une fois qu'elle venait passer cinq minutes chez Mme de Saint-Euverte, la princesse des Laumes n'eût souhaité, pour que la politesse qu'elle lui faisait comptât double, se montrer le plus aimable possible. Mais par nature, elle avait horreur de ce qu'elle appelait les « exagérations » et tenait à montrer qu'elle « n'avait pas à » se livrer à des manifestations qui n'allaient pas avec le « genre » de la coterie où elle vivait, mais qui pourtant d'autre part ne laissaient pas de l'impressionner, à la faveur de cet esprit d'imitation voisin de la timidité que développe chez les gens les plus sûrs d'eux-mêmes l'ambiance d'un milieu nouveau, fût-il inférieur. Elle commençait à se demander si cette gesticulation n'était pas rendue nécessaire par le morceau qu'on jouait et qui ne rentrait peut-être pas dans le cadre de la musique qu'elle avait entendue jusqu'à ce jour, si s'abstenir n'était pas faire preuve d'incompréhension à l'égard de l'œuvre et d'inconvenance vis-à-vis de la maîtresse de la maison: de sorte que pour exprimer par une « cote mal taillée[33] » ses sentiments contradictoires, tantôt elle se contentait de remonter la bride de ses épaulettes ou d'assurer dans ses cheveux blonds les petites boules de corail ou d'émail rose, givrées de diamant, qui lui faisaient une coiffure simple et charmante, en examinant avec une froide curiosité sa fougueuse voisine, tantôt de son éventail elle battait pendant un instant la mesure, mais, pour ne pas abdiquer son indépendance, à contretemps. Le pianiste ayant terminé le morceau de Liszt et ayant commencé un prélude de Chopin, Mme de Cambremer lança à Mme de Franquetot un sourire attendri de satisfaction compétente et d'allusion au passé. Elle avait appris dans sa jeunesse à caresser les phrases, au long col sinueux et démesuré, de Chopin, si libres, si flexibles, si tactiles, qui commencent par chercher et essayer leur place en dehors et bien loin de la direction de leur départ, bien loin du point où on avait pu espérer qu'atteindrait leur attouchement, et qui ne se jouent dans cet écart de fantaisie que pour revenir plus délibérément — d'un retour plus prémédité, avec plus de précision, comme sur un cristal qui résonnerait jusqu'à faire crier — vous frapper au cœur.

Vivant dans une famille provinciale qui avait peu de relations, n'allant guère au bal, elle s'était grisée dans la solitude de son manoir, à ralentir, à précipiter la danse de tous ces couples imaginaires, à les égrener comme des fleurs, à quitter un moment le bal pour entendre le vent souffler dans les sapins, au bord du lac, et à y voir tout d'un coup s'avancer, plus différent de tout ce qu'on a jamais rêvé que ne sont les amants de la terre, un mince jeune homme à la voix un peu chantante, étrangère et fausse, en gants blancs. Mais aujourd'hui la beauté démodée de cette musique semblait défraîchie. Privée depuis quelques années de l'estime des connaisseurs, elle avait perdu son honneur et son charme, et ceux mêmes dont le goût est mauvais n'y trouvaient plus qu'un plaisir inavoué et médiocre. Mme de Cambremer jeta un regard furtif derrière elle. Elle savait que sa jeune bru (pleine de respect pour sa nouvelle famille, sauf en ce qui touchait les choses de l'esprit sur lesquelles, sachant jusqu'à l'harmonie et jusqu'au grec, elle avait des lumières spéciales) méprisait Chopin et souffrait quand elle en entendait jouer. Mais loin de la surveillance de cette wagnérienne qui était plus loin avec un groupe de personnes de son âge, Mme de Cambremer se laissait aller à des impressions délicieuses. La princesse des Laumes les éprouvait aussi. Sans être par nature douée pour la musique, elle avait reçu il y a quinze ans les leçons qu'un professeur de piano du faubourg Saint-Germain, femme de génie qui avait été à la fin de sa vie réduite à la misère, avait recommencé, à l'âge de soixante-dix ans, à donner aux filles et aux petites-filles de ses anciennes élèves. Elle était morte aujourd'hui. Mais sa méthode, son beau son, renaissaient parfois sous les doigts de ses élèves, même de celles qui

---

33. Expression de comptabilité: comptes avec concessions et compensations.

étaient devenues pour le reste des personnes médiocres, avaient abandonné la musique et n'ouvraient presque plus jamais un piano. Aussi Mme des Laumes put-elle secouer la tête, en pleine connaissance de cause, avec une appréciation juste de la façon dont le pianiste jouait ce prélude qu'elle savait par cœur. La fin de la phrase commencée chanta d'elle-même sur ses lèvres. Et elle murmura « C'est toujours *ch*armant », avec un double *ch* au commencement du mot qui était une marque de délicatesse et dont elle sentait ses lèvres si romanesquement froissées comme une belle fleur, qu'elle harmonisa instinctivement son regard avec elles en lui donnant à ce moment-là une sorte de sentimentalité et de vague. Cependant Mme de Gallardon était en train de se dire qu'il était fâcheux qu'elle n'eût que bien rarement l'occasion de rencontrer la princesse des Laumes, car elle souhaitait lui donner une leçon en ne répondant pas à son salut. Elle ne savait pas que sa cousine fût là. Un mouvement de tête de Mme de Franquetot la lui découvrit. Aussitôt elle se précipita vers elle en dérangeant tout le monde; mais désireuse de garder un air hautain et glacial qui rappelât à tous qu'elle ne désirait pas avoir de relations avec une personne chez qui on pouvait se trouver nez à nez avec la princesse Mathilde, et au-devant de qui elle n'avait pas à aller car elle n'était pas « sa contemporaine », elle voulut pourtant compenser cet air de hauteur et de réserve par quelque propos qui justifiât sa démarche et forçât la princesse à engager la conversation; aussi une fois arrivée près de sa cousine, Mme de Gallardon, avec un visage dur, une main tendue comme une carte forcée[34], lui dit: « Comment va ton mari? » de la même voix soucieuse que si le prince avait été gravement malade. La princesse, éclatant d'un rire qui lui était particulier et qui était destiné à la fois à montrer aux autres qu'elle se moquait de quelqu'un et aussi à se faire paraître plus jolie en concentrant les traits de son visage autour de sa bouche animée et de son regard brillant, lui répondit:

« Mais le mieux du monde! »

Et elle rit encore. Cependant tout en redressant sa taille et refroidissant sa mine, inquiète encore pourtant de l'état du prince, Mme de Gallardon dit à sa cousine:

« Oriane (ici Mme des Laumes regarda d'un air étonné et rieur un tiers invisible vis-à-vis duquel elle semblait tenir à attester qu'elle n'avait jamais autorisé Mme de Gallardon à l'appeler par son prénom), je tiendrais beaucoup à ce que tu viennes un moment demain soir chez moi entendre un quintette avec clarinette de Mozart. Je voudrais avoir ton appréciation. »

Elle semblait non pas adresser une invitation, mais demander un service, et avoir besoin de l'avis de la princesse sur le quintette de Mozart, comme si ç'avait été un plat de la composition d'une nouvelle cuisinière sur les talents de laquelle il lui eût été précieux de recueillir l'opinion d'un gourmet.

« Mais je connais ce quintette, je peux te dire tout de suite... que je l'aime!

— Tu sais, mon mari n'est pas bien, son foie..., cela lui ferait grand plaisir de te voir », reprit Mme de Gallardon, faisant maintenant à la princesse une obligation de charité de paraître à sa soirée.

La princesse n'aimait pas à dire aux gens qu'elle ne voulait pas aller chez eux. Tous les jours elle écrivait son regret d'avoir été privée — par une visite inopinée de sa belle-mère, par une invitation de son beau-frère, par l'Opéra, par une partie de campagne — d'une soirée à laquelle elle n'aurait jamais songé à se rendre. Elle donnait ainsi à beaucoup de gens la joie de croire qu'elle était de leurs relations, qu'elle eût été volontiers chez eux, qu'elle n'avait été empêchée de le faire que par les contretemps princiers qu'ils étaient flattés de voir entrer en concurrence avec leur soirée. Puis, faisant partie de cette spirituelle coterie des Guermantes où survivait quelque chose de l'esprit alerte, dépouillé de lieux communs et de sentiments convenus, qui descend de Mérimée[35] et a trouvé sa dernière expression dans le théâtre de Meilhac et Halévy[36], elle l'adaptait même aux

---

34. Une pratique de la haute société est d'échanger des cartes (de visite). — 35. Prosper Mérimée, romancier et auteur dramatique français (1803–1870), connu pour son style élégant. — 36. Henri Meilhac (1831–1897) et Ludovic Halévy (1834–1908), auteurs dramatiques du Second Empire, auxquels on doit de nombreuses opérettes: *La Belle Hélène* (1865), *La Vie parisienne* (1866), etc.

rapports sociaux, le transposait jusque dans sa politesse qui s'efforçait d'être positive, précise, de se rapprocher de l'humble vérité. Elle ne développait pas longuement à une maîtresse de maison l'expression du désir qu'elle avait d'aller à sa soirée; elle trouvait plus aimable de lui exposer quelques petits faits d'où dépendrait qu'il lui fût ou non possible de s'y rendre.

« Ecoute, je vais te dire, dit-elle à Mme de Gallardon, il faut demain soir que j'aille chez une amie qui m'a demandé mon jour depuis longtemps. Si elle nous emmène au théâtre, il n'y aura pas, avec la meilleure volonté, possibilité que j'aille chez toi; mais si nous restons chez elle, comme je sais que nous serons seuls, je pourrai la quitter.

— Tiens, tu as vu ton ami M. Swann?

— Mais non, cet amour de Charles, je ne savais pas qu'il fût là, je vais tâcher qu'il me voie.

— C'est drôle qu'il aille même chez la mère Saint-Euverte, dit Mme de Gallardon. Oh! je sais qu'il est intelligent, ajouta-t-elle en voulant dire par là intrigant, mais cela ne fait rien, un Juif chez la sœur et la belle-sœur de deux archevêques!

— J'avoue à ma honte que je n'en suis pas choquée, dit la princesse des Laumes.

— Je sais qu'il est converti, et même déjà ses parents et ses grands-parents. Mais on dit que les convertis restent plus attachés à leur religion que les autres, que c'est une frime, est-ce vrai?

— Je suis sans lumières à ce sujet. »

Le pianiste qui avait à jouer deux morceaux de Chopin, après avoir terminé le prélude avait attaqué aussitôt une polonaise[37]. Mais depuis que Mme de Gallardon avait signalé à sa cousine la présence de Swann, Chopin ressuscité aurait pu venir jouer lui-même toutes ses œuvres sans que Mme des Laumes pût y faire attention. Elle faisait partie d'une de ces deux moitiés de l'humanité chez qui la curiosité qu'a l'autre moitié pour les êtres qu'elle ne connaît pas est remplacée par l'intérêt pour les êtres qu'elle connaît. Comme beaucoup de femmes du faubourg Saint-Germain[38], la présence dans un endroit où elle se trou-vait de quelqu'un de sa coterie, et auquel d'ailleurs elle n'avait rien de particulier à dire, accaparait exclusivement son attention aux dépens de tout le reste. A partir de ce moment, dans l'espoir que Swann la remarquerait, la princesse ne fit plus, comme une souris blanche apprivoisée à qui on tend puis on retire un morceau de sucre, que tourner sa figure, remplie de mille signes de connivence dénués de rapports avec le sentiment de la polonaise de Chopin, dans la direction où était Swann et si celui-ci changeait de place, elle déplaçait parallèlement son sourire aimanté.

« Oriane, ne te fâche pas », reprit Mme de Gallardon qui ne pouvait jamais s'empêcher de sacrifier ses plus grandes espérances sociales et d'éblouir un jour le monde, au plaisir obscur, immédiat et privé de dire quelque chose de désagréable, « il y a des gens qui prétendent que ce M. Swann, c'est quelqu'un qu'on ne peut pas recevoir chez soi, est-ce vrai?

— Mais... tu dois bien savoir que c'est vrai, répondit la princesse des Laumes, puisque tu l'as invité cinquante fois et qu'il n'est jamais venu. »

Et quittant sa cousine mortifiée, elle éclata de nouveau d'un rire qui scandalisa les personnes qui écoutaient la musique, mais attira l'attention de Mme de Saint-Euverte, restée par politesse près du piano et qui aperçut seulement alors la princesse. Mme de Saint-Euverte était d'autant plus ravie de voir Mme des Laumes qu'elle la croyait encore à Guermantes en train de soigner son beau-père malade.

« Mais comment, princesse, vous étiez là?

— Oui, je m'étais mise dans un petit coin, j'ai entendu de belles choses.

— Comment, vous êtes là depuis déjà un long moment!

— Mais oui, un très long moment qui m'a semblé très court, long seulement parce que je ne vous voyais pas. »

Mme de Saint-Euverte voulut donner son fauteuil à la princesse qui répondit:

« Mais pas du tout! Pourquoi? Je suis bien n'importe où! »

---

37. Pièce musicale, comme la célèbre *Polonaise* de Chopin. — 38. Quartier de Paris habité par la haute société.

Et, avisant avec intention, pour mieux manifester sa simplicité de grande dame, un petit siège sans dossier:

«Tenez, ce pouf, c'est tout ce qu'il me faut. Cela me fera tenir droite. Oh! mon Dieu, je fais encore du bruit, je vais me faire conspuer.»

Cependant le pianiste redoublant de vitesse, l'émotion musicale était à son comble, un domestique passait des rafraîchissements sur un plateau et faisait tinter des cuillers et, comme chaque semaine, Mme de Saint-Euverte lui faisait, sans qu'il la vît, des signes de s'en aller. Une nouvelle mariée, à qui on avait appris qu'une jeune femme ne doit pas avoir l'air blasé, souriait de plaisir, et cherchait des yeux la maîtresse de maison pour lui témoigner par son regard sa reconnaissance d'avoir «pensé à elle» pour un pareil régal. Pourtant, quoique avec plus de calme que Mme de Franquetot, ce n'est pas sans inquiétude qu'elle suivait le morceau; mais la sienne avait pour objet, au lieu du pianiste, le piano sur lequel une bougie tressautant à chaque fortissimo risquait, sinon de mettre le feu à l'abat-jour, du moins de faire des taches sur le palissandre. A la fin elle n'y tint plus et escaladant les deux marches de l'estrade, sur laquelle était placé le piano, se précipita pour enlever la bobèche. Mais à peine ses mains allaient-elles la toucher que, sur un dernier accord, le morceau finit et le pianiste se leva. Néanmoins l'initiative hardie de cette jeune femme, la courte promiscuité qui en résulta entre elle et l'instrumentiste, produisirent une impression généralement favorable.

«Vous avez remarqué ce qu'a fait cette personne, princesse», dit le général de Froberville à la princesse des Laumes qu'il était venu saluer et que Mme de Saint-Euverte quitta un instant. «C'est curieux. Est-ce donc une artiste?

— Non, c'est une petite Mme de Cambremer», répondit étourdiment la princesse et elle ajouta vivement: «Je vous répète ce que j'ai entendu dire, je n'ai aucune espèce de notion de qui c'est, on a dit derrière moi que c'étaient des voisins de campagne de Mme de Saint-Euverte, mais je ne crois pas que personne les connaisse. Ça doit être des «gens de la campagne»! Du reste, je ne sais pas si vous êtes très répandu dans la brillante société qui se trouve ici, mais je n'ai pas idée du nom de toutes ces étonnantes personnes. A quoi pensez-vous qu'ils passent leur vie en dehors des soirées de Mme de Saint-Euverte? Elle a dû les faire venir avec les musiciens, les chaises et les rafraîchissements. Avouez que ces «invités de chez Belloir[39]» sont magnifiques. Est-ce que vraiment elle a le courage de louer ces figurants toutes les semaines? Ce n'est pas possible!

— Ah! Mais Cambremer, c'est un nom authentique et ancien, dit le général.

— Je ne vois aucun mal à ce que ce soit ancien, répondit sèchement la princesse, mais en tous cas ce n'est pas *euphonique*», ajouta-t-elle en détachant le mot euphonique comme s'il était entre guillemets, petite affectation de débit qui était particulière à la coterie Guermantes.

«Vous trouvez? Elle est jolie à croquer, dit le général qui ne perdait pas Mme de Cambremer de vue. Ce n'est pas votre avis, princesse?

— Elle se met trop en avant, je trouve que chez une si jeune femme, ce n'est pas agréable, car je ne crois pas qu'elle soit ma contemporaine», répondit Mme des Laumes (cette expression étant commune aux Gallardon et aux Guermantes).

Mais la princesse voyant que M. de Froberville continuait à regarder Mme de Cambremer, ajouta moitié par méchanceté pour celle-ci, moitié par amabilité pour le général: «Pas agréable... pour son mari! Je regrette de ne pas la connaître puisqu'elle vous tient à cœur, je vous aurais présenté», dit la princesse qui probablement n'en aurait rien fait si elle avait connu la jeune femme. «Je vais être obligée de vous dire bonsoir, parce que c'est la fête d'une amie à qui je dois aller la souhaiter», dit-elle d'un ton modeste et vrai, réduisant la réunion mondaine à laquelle elle se rendait à la simplicité d'une cérémonie ennuyeuse mais où il était obligatoire et touchant

---

39. La maison Belloir, à Paris, se spécialisait dans la location d'articles pour soirées mondaines.

d'aller. «D'ailleurs je dois y retrouver Basin[40] qui, pendant que j'étais ici, est allé voir ses amis que vous connaissez, je crois, qui ont un nom de pont, les Iéna[41].

— Ça été d'abord un nom de victoire, princesse, dit le général. Qu'est-ce que vous voulez, pour un vieux briscard comme moi», ajouta-t-il en ôtant son monocle pour l'essuyer, comme il aurait changé un pansement, tandis que la princesse détournait instinctivement les yeux, «cette noblesse d'Empire, c'est autre chose bien entendu, mais enfin, pour ce que c'est, c'est très beau dans son genre, ce sont des gens qui en somme se sont battus en héros.

— Mais je suis pleine de respect pour les héros, dit la princesse, sur un ton légèrement ironique: si je ne vais pas avec Basin chez cette princesse d'Iéna, ce n'est pas du tout pour ça, c'est tout simplement parce que je ne les connais pas. Basin les connaît, les chérit. Oh! non, ce n'est pas ce que vous pouvez penser, ce n'est pas un flirt, je n'ai pas à m'y opposer! Du reste, pour ce que cela sert quand je veux m'y opposer!» ajouta-t-elle d'une voix mélancolique, car tout le monde savait que dès le lendemain du jour où le prince des Laumes avait épousé sa ravissante cousine, il n'avait pas cessé de la tromper. «Mais enfin ce n'est pas le cas, ce sont des gens qu'il a connus autrefois, il en fait ses choux gras[42], je trouve cela très bien. D'abord je vous dirai que rien que ce qu'il m'a dit de leur maison... Pensez que tous leurs meubles sont «Empire»!

— Mais, princesse, naturellement, c'est parce que c'est le mobilier de leurs grands-parents.

— Mais je ne vous dis pas, mais ça n'est pas moins laid pour ça. Je comprends très bien qu'on ne puisse pas avoir de jolies choses, mais au moins qu'on n'ait pas de choses ridicules. Qu'est-ce que vous voulez? je ne connais rien de plus pompier, de plus bourgeois que cet horrible style, avec

ces commodes qui ont des têtes de cygnes comme des baignoires[43].

— Mais je crois même qu'ils ont de belles choses, ils doivent avoir la fameuse table de mosaïque sur laquelle a été signé le traité de...

— Ah! Mais qu'ils aient des choses intéressantes au point de vue de l'histoire, je ne vous dis pas. Mais ça ne peut pas être beau... puisque c'est horrible! Moi j'ai aussi des choses comme ça que Basin a héritées des Montesquiou. Seulement elles sont dans les greniers de Guermantes où personne ne les voit. Enfin, du reste, ce n'est pas la question, je me précipiterais chez eux avec Basin, j'irais les voir même au milieu de leurs sphinx et de leur cuivre[44] si je les connaissais, mais... je ne les connais pas! Moi, on m'a toujours dit quand j'étais petite que ce n'était pas poli d'aller chez les gens qu'on ne connaissait pas, dit-elle en prenant un ton puéril. Alors, je fais ce qu'on m'a appris. Voyez-vous ces braves gens s'ils voyaient entrer une personne qu'ils ne connaissent pas? Ils me recevraient peut-être très mal!» dit la princesse.

Et par coquetterie elle embellit le sourire que cette supposition lui arrachait, en donnant à son regard bleu fixé sur le général une expression rêveuse et douce.

«Ah! princesse, vous savez bien qu'ils ne se tiendraient pas de joie...

— Mais non, pourquoi?» lui demanda-t-elle avec une extrême vivacité, soit pour ne pas avoir l'air de savoir que c'est parce qu'elle était une des plus grandes dames de France, soit pour avoir le plaisir de l'entendre dire au général. «Pourquoi? Qu'en savez-vous? Cela leur serait peut-être tout ce qu'il y a de plus désagréable. Moi je ne sais pas, mais si j'en juge par moi, cela m'ennuie déjà tant de voir les personnes que je connais, je crois que s'il fallait voir des gens que je ne connais pas, «même héroïques», je deviendrais folle. D'ailleurs,

---

40. Le prince de Guermantes, mari de la princesse. — 41. Jeu de mots de la princesse, qui feint d'ignorer une des grandes victoires de Napoléon, et, dans le même mouvement, toute la noblesse d'Empire. Il y a bien un pont Iéna à Paris, en souvenir des guerres de l'Empire. — 42. Expression proverbiale: «il les aime beaucoup». — 43. Certaines baignoires ont aussi des têtes de cygnes. — 44. Motifs égyptiens et objets en cuivre sont deux grandes caractéristiques du style Empire, critiqué ici par la princesse, de vieille souche aristocratique.

voyons, sauf lorsqu'il s'agit de vieux amis comme vous qu'on connaît sans cela, je ne sais pas si l'héroïsme serait d'un format très portatif dans le monde. Ça m'ennuie déjà souvent de donner des dîners, mais s'il fallait offrir le bras à Spartacus[45] pour aller à table... Non vraiment, ce ne serait jamais à Vercingétorix[46] que je ferais signe comme quatorzième[47]. Je sens que je le réserverais pour les grandes soirées. Et comme je n'en donne pas...

— Ah! princesse, vous n'êtes pas Guermantes pour des prunes[48]. Le possédez-vous assez, l'esprit des Guermantes!

— Mais on dit toujours l'esprit *des* Guermantes, je n'ai jamais pu comprendre pourquoi. Vous en connaissez donc *d'autres* qui en aient », ajouta-t-elle dans un éclat de rire écumant et joyeux, les traits de son visage concentrés, accouplés dans le réseau de son animation, les yeux étincelants, enflammés d'un ensoleillement radieux de gaîté que seuls avaient le pouvoir de faire rayonner ainsi les propos, fussent-ils tenus par la princesse elle-même, qui étaient une louange de son esprit ou de sa beauté. «Tenez, voilà Swann qui a l'air de saluer votre Cambremer; là... il est à côté de la mère Saint-Euverte, vous ne voyez pas! Demandez-lui de vous présenter. Mais dépêchez-vous, il cherche à s'en aller!

— Avez-vous remarqué quelle affreuse mine il a? dit le général.

— Mon petit Charles! Ah! enfin il vient, je commençais à supposer qu'il ne voulait pas me voir! »

Swann aimait beaucoup la princesse des Laumes, puis sa vue lui rappelait Guermantes, terre voisine de Combray[49], tout ce pays qu'il aimait tant et où il ne retournait plus pour ne pas s'éloigner d'Odette. Usant des formes mi-artistes, mi-galantes, par lesquelles il savait plaire à la princesse et qu'il retrouvait tout naturellement quand il se retrempait un instant dans son ancien mi-

lieu — et voulant d'autre part pour lui-même exprimer la nostalgie qu'il avait de la campagne:

«Ah! » dit-il à la cantonade, pour être entendu à la fois de Mme de Saint-Euverte à qui il parlait et de Mme des Laumes pour qui il parlait, «voici la charmante princesse! Voyez, elle est venue tout exprès de Guermantes pour entendre le *Saint-François d'Assise* de Liszt et elle n'a eu le temps, comme une jolie mésange, que d'aller piquer pour les mettre sur sa tête quelques petits fruits de prunier des oiseaux et d'aubépine; il y a même encore de petites gouttes de rosée, un peu de la gelée blanche qui doit faire gémir la duchesse[50]. C'est très joli, ma chère princesse.

— Comment, la princesse est venue exprès de Guermantes? Mais c'est trop! Je ne savais pas, je suis confuse », s'écria naïvement Mme de Saint-Euverte qui était peu habituée au tour d'esprit de Swann. Et examinant la coiffure de la princesse: « Mais c'est vrai, cela imite... comment dirais-je, pas les châtaignes, non oh! c'est une idée ravissante, mais comment la princesse pouvait-elle connaître mon programme! Les musiciens ne me l'ont même pas communiqué à moi. »

Swann, habitué quand il était auprès d'une femme avec qui il avait gardé des habitudes galantes de langage, de dire des choses délicates que beaucoup de gens du monde ne comprenaient pas, ne daigna pas expliquer à Mme de Saint-Euverte qu'il n'avait parlé que par métaphore. Quant à la princesse, elle se mit à rire aux éclats, parce que l'esprit de Swann était extrêmement apprécié dans sa coterie et aussi parce qu'elle ne pouvait entendre un compliment s'adressant à elle sans lui trouver les grâces les plus fines et une irrésistible drôlerie.

«Hé bien! je suis ravie, Charles, si mes petits fruits d'aubépine vous plaisent. Pour-

---

45. Un exemple de figure historique choisi avec ironie par la princesse. Spartacus fut le chef d'esclaves révoltés, à Rome, au premier siècle avant J.-C. — 46. Idem. Vercingétorix fut le chef de la résistance gauloise face à l'invasion romaine, au premier siècle avant J.-C. — 47. Pour éviter d'être treize à table. — 48. Expression d'argot: «pour rien». — 49. Village où Swann possède une maison. Combray, le *côté de chez Swann*, est le lieu de l'enfance du narrateur. — 50. La duchesse de Guermantes, autre personnage aristocratique du monde proustien.

quoi est-ce que vous saluez cette Cambremer, est-ce que vous êtes aussi son voisin de campagne? »

Mme de Saint-Euverte voyant que la princesse avait l'air content de causer avec Swann s'était éloignée.

« Mais vous l'êtes vous-même, princesse.

— Moi, mais ils ont donc des campagnes partout, ces gens! Mais comme j'aimerais être à leur place!

— Ce ne sont pas les Cambremer, c'étaient ses parents à elle; elle est une demoiselle Legrandin qui venait à Combray. Je ne sais pas si vous savez que vous êtes comtesse de Combray et que le chapitre[51] vous doit une redevance?

— Je ne sais pas ce que me doit le chapitre, mais je sais que je suis tapée[52] de cent francs tous les ans par le curé, ce dont je me passerais. Enfin ces Cambremer ont un nom bien étonnant. Il finit juste à temps, mais il finit mal! dit-elle en riant.

— Il ne commence pas mieux, répondit Swann.

— En effet cette double abréviation!...

— C'est quelqu'un de très en colère et de très convenable qui n'a pas osé aller jusqu'au bout du premier mot.

— Mais puisqu'il ne devait pas pouvoir s'empêcher de commencer le second, il aurait mieux fait d'achever le premier pour en finir une bonne fois. Nous sommes en train de faire des plaisanteries d'un goût charmant, mon petit Charles, mais comme c'est ennuyeux de ne plus vous voir, ajouta-t-elle d'un ton câlin, j'aime tant causer avec vous. Pensez que je n'aurais même pas pu faire comprendre à cet idiot de Froberville que le nom de Cambremer était étonnant. Avouez que la vie est une chose affreuse. Il n'y a que quand je vous vois que je cesse de m'ennuyer. »

Et sans doute cela n'était pas vrai. Mais Swann et la princesse avaient une même manière de juger les petites choses qui avait pour effet — à moins que ce ne fût pour cause — une grande analogie dans la façon de s'exprimer et jusque dans la prononcia-

tion. Cette ressemblance ne frappait pas parce que rien n'était plus différent que leurs deux voix. Mais si on parvenait par la pensée à ôter aux propos de Swann la sonorité qui les enveloppait, les moustaches d'entre lesquelles ils sortaient, on se rendait compte que c'étaient les mêmes phrases, les mêmes inflexions, le tour de la coterie Guermantes. Pour les choses importantes, Swann et la princesse n'avaient les mêmes idées sur rien. Mais depuis que Swann était si triste, ressentant toujours cette espèce de frisson qui précède le moment où l'on va pleurer, il avait le même besoin de parler du chagrin qu'un assassin a de parler de son crime. En entendant la princesse lui dire que la vie était une chose affreuse, il éprouva la même douceur que si elle lui avait parlé d'Odette.

« Oh! oui, la vie est une chose affreuse. Il faut que nous nous voyions, ma chère amie. Ce qu'il y a de gentil avec vous, c'est que vous n'êtes pas gaie. On pourrait passer une soirée ensemble.

— Mais je crois bien, pourquoi ne viendriez-vous pas à Guermantes, ma belle-mère serait folle de joie. Cela passe pour très laid, mais je vous dirai que ce pays ne me déplaît pas, j'ai horreur des pays « pittoresques ».

— Je crois bien, c'est admirable, répondit Swann, c'est presque trop beau, trop vivant pour moi, en ce moment; c'est un pays pour être heureux. C'est peut-être parce que j'y ai vécu, mais les choses m'y parlent tellement! Dès qu'il se lève un souffle d'air, que les blés commencent à remuer, il me semble qu'il y a quelqu'un qui va arriver, que je vais recevoir une nouvelle; et ces petites maisons au bord de l'eau... je serais bien malheureux!

— Oh! mon petit Charles, prenez garde, voilà l'affreuse Rampillon qui m'a vue, cachez-moi, rappelez-moi donc ce qui lui est arrivé, je confonds, elle a marié sa fille ou son amant, je ne sais plus; peut-être les deux... et ensemble!... Ah! non, je me rappelle, elle a été répudiée par son prince... ayez l'air de me parler, pour que

---

51. Terme ecclésiastique; le conseil des chanoines. — 52. Expression d'argot: « le curé me demande cent francs ».

cette Bérénice[53] ne vienne pas m'inviter à dîner. Du reste, je me sauve. Ecoutez, mon petit Charles, pour une fois que je vous vois, vous ne voulez pas vous laisser enlever et que je vous emmène chez la princesse de Parme qui serait tellement contente, et Basin aussi qui doit m'y rejoindre. Si on n'avait pas de vos nouvelles par Mémé[54]... Pensez que je ne vous vois plus jamais! »

Swann refusa; ayant prévenu M. de Charlus qu'en quittant de chez Mme de Saint-Euverte il rentrerait directement chez lui, il ne se souciait pas en allant chez la princesse de Parme de risquer de manquer un mot qu'il avait tout le temps espéré se voir remettre par un domestique pendant la soirée, et que peut-être il allait trouver chez son concierge. « Ce pauvre Swann, dit ce soir-là Mme des Laumes à son mari, il est toujours gentil, mais il a l'air bien malheureux. Vous le verrez, car il a promis de venir dîner un de ces jours. Je trouve ridicule au fond qu'un homme de son intelligence souffre pour une personne de ce genre et qui n'est même pas intéressante, car on la dit idiote », ajouta-t-elle avec la sagesse des gens non amoureux qui trouvent qu'un homme d'esprit ne devrait être malheureux que pour une personne qui en valût la peine; c'est à peu près comme s'étonner qu'on daigne souffrir du choléra par le fait d'un être aussi petit que le bacille virgule.

Swann voulait partir, mais au moment où il allait enfin s'échapper, le général de Froberville lui demanda à connaître Mme de Cambremer et il fut obligé de rentrer avec lui dans le salon pour la chercher.

« Dites donc, Swann, j'aimerais mieux être le mari de cette femme-là que d'être massacré par les sauvages, qu'en dites-vous? »

Ces mots « massacré par les sauvages » percèrent douloureusement le cœur de Swann; aussitôt il éprouva le besoin de continuer la conversation avec le général:

« Ah! lui dit-il, il y a eu de bien belles vies qui ont fini de cette façon... Ainsi vous savez... ce navigateur dont Du-mont d'Urville ramena les cendres, La Pérouse[55]... » (Et Swann était déjà heureux comme s'il avait parlé d'Odette.) « C'est un beau caractère et qui m'intéresse beaucoup que celui de La Pérouse, ajouta-t-il d'un air mélancolique.

— Ah! parfaitement, La Pérouse, dit le général. C'est un nom connu. Il a sa rue.

— Vous connaissez quelqu'un rue La Pérouse? demanda Swann d'un air agité.

— Je ne connais que Mme de Chanli-vault, la sœur de ce brave Chaussepierre. Elle nous a donné une jolie soirée de comédie l'autre jour. C'est un salon qui sera un jour très élégant, vous verrez!

— Ah! elle demeure rue La Pérouse. C'est sympathique, c'est une jolie rue, si triste.

— Mais non, c'est que vous n'y êtes pas allé depuis quelque temps; ce n'est plus triste, cela commence à se construire, tout ce quartier-là. »

Quand enfin Swann présenta M. de Froberville à la jeune Mme de Cambremer, comme c'était la première fois qu'elle entendait le nom du général, elle esquissa le sourire de joie et de surprise qu'elle aurait eu si on n'en avait jamais prononcé devant elle d'autre que celui-là, car ne connaissant pas les amis de sa nouvelle famille, à chaque personne qu'on lui amenait, elle croyait que c'était l'un d'eux, et pensant qu'elle faisait preuve de tact en ayant l'air d'en avoir tant entendu parler depuis qu'elle était mariée, elle tendait la main d'un air hésitant destiné à prouver la réserve apprise qu'elle avait à vaincre et la sympathie spontanée qui réussissait à en triompher. Aussi ses beaux-parents, qu'elle croyait encore les gens les plus brillants de France, déclaraient-ils qu'elle était un ange; d'autant plus qu'ils préféraient paraître, en la faisant épouser à leur fils, avoir cédé à l'attrait plutôt de ses qualités que de sa grande fortune.

« On voit que vous êtes musicienne dans l'âme, Madame », lui dit le général en faisant inconsciemment allusion à l'incident de la bobèche.

---

53. Allusion à la tragédie de Racine. L'empereur romain Titus ne put épouser la princesse étrangère Bérénice en raison des lois romaines. — 54. Surnom du baron de Charlus, qui appartient à la famille des Guermantes. — 55. Navigateur français du XVIIIe siècle qui fut massacré par des sauvages polynésiens. C'est aussi le nom de la rue où habite Odette, d'où l'intérêt de Swann.

Mais le concert recommença et Swann comprit qu'il ne pourrait pas s'en aller avant la fin de ce nouveau numéro du programme. Il souffrait de rester enfermé au milieu de ces gens dont la bêtise et les ridicules le frappaient d'autant plus douloureusement qu'ignorant son amour, incapables, s'ils l'avaient connu, de s'y intéresser et de faire autre chose que d'en sourire comme d'un enfantillage ou de le déplorer comme une folie, ils le lui faisaient apparaître sous l'aspect d'un état subjectif qui n'existait que pour lui, dont rien d'extérieur ne lui affirmait la réalité; il souffrait surtout, et au point que même le son des instruments lui donnait envie de crier, de prolonger son exil dans ce lieu où Odette ne viendrait jamais, où personne, où rien ne la connaissait, d'où elle était entièrement absente.

Matière à réflexion

1. On peut lire dans cet extrait une certaine mise en scène de la domesticité. Le début de la soirée Saint-Euverte expose une caractéristique majeure du comportement de la société proustienne: ce que les sociologues appellent la « consommation ostentatoire » et le « loisir ostentatoire ». Pour afficher son opulence, la noblesse dispose des *figurants* (au sens théâtral ou cinématographique) sur la scène sociale: des domestiques, dont le désœuvrement, la présence ornementale, ou au contraire l'affairement exagéré expriment la richesse. Selon Jean-François Revel, il y a une étroite parenté entre la description sociologique de Proust et celle de Thorstein Veblen, sociologue américain de la même période. La théorie de Veblen (*Théorie de la classe de loisir*) postule que toute l'activité des classes dominantes consiste à afficher le loisir, l'absence d'activité professionnelle qui les caractérise. Il n'est donc pas suffisant pour cette classe de vivre ce loisir, il lui faut encore l'afficher clairement afin de jouir d'une position symbolique. Ainsi une série de caractéristiques de la classe dominante américaine qui rappellent le monde proustien: comparaison provocante ou « invidious comparison » (surclasser ses rivaux mondains par une débauche de signes de richesse), ostentation ou « conspicuous consumption », ... Relevez dans l'extrait les marques d'une mise en scène de la richesse, de ce « résumé fictif de leur vie domestique que les maîtresses de maison prétendent offrir à leurs invités les jours de cérémonie ». Analysez en particulier la description des serviteurs.

2. L'attitude de Swann consiste souvent à médiatiser son regard sur la réalité, et notamment, à « chercher des analogies entre les êtres vivants et les portraits des musées ». Ce regard poétique de Swann est une attitude dandy, qui consiste à voir la vie à travers l'art, et non l'inverse. Relevez les marques de ce comportement et montrez comment Swann ne donne consistance au réel qu'à travers des références picturales, ou son amour pour Odette. Les remarques de Proust vous apparaissent-elles justes ou exagérées?

3. Toute cette description du comportement mondain est imprégnée d'humour et d'ironie. Etudiez ce comique proustien. Comment Proust rend-il ces mondains ridicules? Examinez les attitudes de ces snobs, leur physionomie, ainsi que le style de Proust dans ces descriptions.

4. Cette visite de Swann dans le monde est exceptionnelle à ce stade de son amour. Constamment préoccupé par sa jalousie pour Odette, Swann ne sort plus guère. D'où ce *détachement*, cet «état de mélancolique indifférence à toutes les choses qui ne touchaient pas Odette, et en particulier aux choses mondaines». Est-ce que ce détachement, cette distance, affectent le jugement de Swann, colorent (ou noircissent) sa perception des choses? L'amènent-ils à examiner ce «spectacle» avec plus de lucidité? Etudiez en particulier le passage des «monocles».

5. Dans les premières pages de *Nadja*, André Breton, cherchant à répondre à la question «Qui suis-je», et réfléchissant au problème complexe qui est de définir l'identité d'un être humain, écrit ces quelques lignes sur Hugo:

> «Le souvenir de cette anecdote: Hugo, vers la fin de sa vie, refaisant avec Juliette Drouet pour la millième fois la même promenade et n'interrompant sa méditation silencieuse qu'au passage de leur voiture devant une propriété à laquelle donnaient accès deux portes, une grande, une petite, pour désigner à Juliette la grande: «Porte cavalière, madame» et l'entendre, elle, montrant la petite, «Porte piétonne, monsieur»; puis, un peu plus loin, devant deux arbres entrelaçant leurs branches, reprendre: «Philémon et Baucis», sachant qu'à cela Juliette ne répondrait pas, et l'assurance qu'on nous donne que cette poignante scène s'est répétée quotidiennement pendant des années, comment la meilleure étude possible de l'œuvre de Hugo nous donnerait-elle à ce point l'intelligence et l'étonnante sensation de ce qu'il était, de ce qu'il est? Ces deux portes sont comme le miroir de sa force et celui de sa faiblesse, on ne sait lequel est celui de sa petitesse, lequel celui de sa grandeur. Et que nous ferait tout le génie du monde s'il n'admettait près de lui cette admirable correction qui est celle de l'amour, et tient toute dans la réplique de Juliette? Le plus subtil, le plus enthousiaste commentateur de l'œuvre de Hugo ne me fera jamais rien partager qui vaille ce sens suprême de la proportion. Comme je me louerais de posséder sur chacun des hommes que j'admire un document privé de la valeur de celui-là.

Est-ce que ces propos sont en contradiction avec la théorie anti-biographique du *Contre Sainte-Beuve* de Proust? Ou est-ce que les deux hommes s'intéressent simplement à des choses différentes (Proust à la singularité de l'œuvre d'art, Breton à la poésie qui provient de l'intimité des gestes d'un être humain)? Ou enfin est-ce que les deux écrivains ne sont pas dans le fond d'accord (ce n'est pas dans l'œuvre littéraire qu'il faut chercher à connaître la personnalité de l'artiste)?

6. La jalousie crée un état d'agitation nerveuse intense chez Swann. Relevez les marques de ce comportement. Comment la jalousie affecte-t-elle les actes quotidiens de Swann?

7. Proust parodie les «romanciers mondains», qui «observent» dans les salons. En quoi sa description du «monde» diffère-t-elle de celle de ces chroniqueurs du «Lifestyles of the rich and famous»? Etudiez la dimension critique de l'observation proustienne.

8. Chacun de ces mondains s'efforce de construire une apparence, un masque. Quelle est la fonction de ces attitudes calculées? Montrez comment Proust considère que tout, dans les salons, est affaire de « spectacle » et de perception.

9. La marquise de Gallardon, la princesse des Laumes, et d'autres aristocrates, sont fort occupés par des questions de rang, de position, de classement social. A quels extrêmes cette hiérarchie interne de la noblesse pousse-t-elle ses membres? Quel est l'effet recherché par Proust lorsqu'il mentionne ces actions futiles, ces « gesticulations »?

10. Le film *Un amour de Swann* de V. Schlondorf réussit en partie à capturer l'essence du roman proustien, tâche extrêmement difficile si l'on considère que ce roman d'introspection est aux antipodes de l'idée d'*action*. Visionnez ce film et comparez son traitement de la soirée Saint- Euverte avec celle du livre. Est-ce que le passage dans le roman est déjà cinématographique? Est-ce que le regard de Proust s'apparente déjà à l'œil d'une caméra?

11. Le langage est un élément essentiel du snobisme mondain. Proust y est particulièrement attentif. Relevez ses observations sur le langage, les expressions à la mode, la prononciation de certains mots. Quels seraient des tics de langage comparables, de nos jours, en français et en anglais? Effectuez un rapide sondage sur le vocabulaire moderne du snobisme. Est-il fort différent, en substance, de celui observé par Proust? Si les mots sont différents, sont-ce les mêmes *mécanismes de langage*?

12. Une des critiques que Proust adresse à ces mondains est leur manque de sincérité. Il leur arrive souvent de médire d'un ami ou d'une connaissance, de parler « derrière leur dos ». Leur complicité s'effectue souvent au détriment d'un bouc-émissaire, d'une victime symbolique. Que pensez-vous de ces remarques, notamment sur la judaïté de Swann? Evaluez la justesse de l'observation de Proust: ces pratiques exclusives n'ont-elles pas toujours lieu aujourd'hui? La description de Proust a-t-elle vieilli, ou est-elle au contraire particulièrement moderne?

13. Mme de Guermantes est l'archétype du comportement mondain. Etudiez ses attitudes « spirituelles », tantôt agressives, tantôt humbles. Quelle impression avez-vous d'elle au terme de ce portrait?

14. Swann partage le langage et les manières de ces mondains, mais, « pour les choses importantes, Swann et la princesse n'avaient les mêmes idées sur rien ». En quoi Swann diffère-t-il des autres mondains?

Colette

Colette fut sans doute un des écrivains français les plus populaires, au meilleur sens du terme. On remarque souvent que « sa carrière fut la plus glorieuse qu'une femme de lettres ait connue en France[1] ». La finesse et la sagesse de ses études de mœurs, qui ont fait de Colette un personnage quasi mythique de son vivant, continuent aujourd'hui de séduire le public français. L'originalité de Colette tient en outre dans la perspective choisie et revendiquée par l'auteur: Colette a imposé au monde littéraire un nouveau regard de femme.

Sidonie-Gabrielle Colette est née en 1873 à Saint-Sauveur en Puysaye, un petit village de Bourgogne. Elle conservera toujours de cette enfance à la campagne un amour profond de la nature, que l'on retrouve dans la plupart de ses romans. Tout comme Proust a transposé ses souvenirs d'enfance dans un Combray imaginaire, Colette a inventé un village de Montigny, qu'elle décrit avec un réalisme rural empreint d'une grande poésie.

Comme Proust également, Colette en vient à opposer le monde harmonieux de l'enfance à la campagne aux désillusions de la vie en société à Paris. Et ces déboires — en particulier sentimentaux — abonderont dans la vie de Colette. Montée à la capitale, elle épouse en 1893 un journaliste et écrivain célèbre, connu sous le pseudonyme de Willy[2]. Ce dernier passera à la postérité pour le goujat et l'imposteur par excellence, puisqu'il signera de son nom les quatre premiers romans de Colette[3] qui forment le cycle des *Claudine* (*Claudine à l'école, Claudine à Paris, Claudine en ménage, Claudine s'en va*), écrit entre 1900 et 1903. De ces quatre romans, largement autobiographiques, émerge la voix d'une jeune femme en conflit avec un monde contrôlé par les hommes. Plus qu'un récit de malheurs sentimentaux et de souvenirs d'enfance, les *Claudine* esquissent déjà les aspirations d'une femme à l'indépendance. Ces romans légers, qui conservent le ton de ceux de Willy, sont néanmoins bien loin de la maîtrise stylistique et de la subtilité psychologique qui caractériseront l'œuvre ultérieure de Colette.

Après son divorce en 1906, Colette fait brièvement carrière au music-hall, jouant dans des pantomimes qu'elle écrit parfois elle-même (*Claudine à Paris, En camarades,* etc.). Sa liaison avec son amie Missy[4] et sa fréquentation des cercles de l'homosexualité féminine firent scandale dans le monde conservateur de la Troisième République. Devenue journaliste au quotidien *Le Matin* à partir de 1910, elle publie notamment des chroniques sur le théâtre, puis épouse en secondes noces le rédacteur en chef de ce même journal. Ce mariage se révélera aussi désastreux que le premier. Elle ne se remariera qu'en 1935.

Son œuvre littéraire atteint la maturité avec *Chéri* (1920), qui fut admiré par Proust et Cocteau, et que l'on considère généralement comme son chef-d'œuvre. Le sujet en est à nouveau partiellement autobiographique: il s'agit de la liaison d'une femme mûre avec un jeune homme, en somme l'inverse de la situation qu'elle vécût avec Willy. *Chéri* sera suivi d'autres études sur la passion amoureuse et le désir: *Le Blé en herbe* (1923), *La Fin de Chéri* (1926), *La Naissance du jour* (1928), *La Chatte* (1933), *Duo* (1934), *Gigi* (1944), etc.

---

1. Henri Lemaître, *Dictionnaire* Bordas *de littérature française.* — 2. De son vrai nom Henry Gauthier-Villars. — 3. Colette fut donc ce qu'on appelle en littérature un « nègre », c'est-à-dire un écrivain dont on emploie les services et dont on s'approprie les écrits. — 4. Mathilde de Belbeuf, marquise de Morny.

L'œuvre de Colette s'articule autour de quatre grands thèmes:

1° L'amour. — La grande spécialité de Colette est sans doute l'analyse de la passion et des désillusions amoureuses. Colette se fascine pour les relations problématiques entre l'homme et la femme. Récits d'amours disproportionnées, déséquilibrées — souvent par la jalousie, la différence d'âge ou de sensibilité entre les amants — et vouées à l'échec, les romans de Colette explorent avec une remarquable subtilité les diverses incompatibilités des deux sexes dans leur recherche d'une harmonie commune. C'est la finesse et l'exactitude de ces tragédies amoureuses qui séduiront le grand public, qui y reconnaîtra sans doute de nombreuses vérités sur le cœur humain.

2° La femme. — On a parfois noté que Colette aime renverser les rôles « traditionnels » de l'homme et de la femme, qu'elle subvertit le schéma misogyne qui attribuait à la femme le monopole de l'instabilité et de la traîtrise. Chez Colette, c'est la femme qui est victime de la vanité, de l'inconstance et des vices de l'homme. S'attachant à décrire une sensibilité féminine, à maints égards supérieure à celle de l'homme, Colette transformera son expérience personnelle en une défense morale du sexe féminin. On parlera souvent dès lors d'une dimension féministe de son œuvre, reflétant à la fois les luttes personnelles de l'auteur et l'indépendance accrue des femmes au terme de la Première Guerre mondiale. Il faut également mentionner la place capitale d'une mythologie maternelle chez Colette, qui a consacré à sa mère un texte plein de louanges et de nostalgie, *Sido.*

3° La nature. — Pour Colette, la nature est un paradis originel, un monde de calme et de simplicité où le cœur fatigué par les difficultés de la vie et de l'amour peut se ressourcer. Ce monde naturel entretient un rapport d'harmonie particulier avec la femme, comme s'il épousait au plus près la sensibilité féminine. Toujours nostalgique des paysages de son enfance, Colette décrit souvent une campagne française mythifiée par son imagination poétique.

4° Les bêtes. — Le premier texte autonome de Colette, lorsqu'elle se soustrait au contrôle de Willy, s'intitule *Dialogues de bêtes* (1905). Ce thème des bêtes, qui est à mettre en rapport avec ceux de la nature et de l'enfance, réapparaîtra dans plusieurs volumes (*La Paix chez les bêtes,* 1916; *Chats,* 1936). Colette poursuit ainsi, d'une façon toute personnelle, la tradition du bestiaire.

Dans le traitement de ces thèmes récurrents apparaît l'immense talent de romancière de l'auteur. Elle excelle surtout, non tant dans l'art de construire les personnages et les intrigues, que dans celui de peindre le décor et l'atmosphère, et en particulier dans les descriptions du monde sensible. Ecrivain du corps et de la sensation, voire souvent de la sensualité, Colette évoque avec bonheur les nuances les plus subtiles de la perception et de l'expression corporelle du sentiment. Cette sensualité fit d'ailleurs scandale lorsque Colette publia *Le Blé en herbe,* une histoire d'amour entre deux adolescents que certains considérèrent immorale.

Colette n'a pas renouvelé l'art du roman, comme d'autres auteurs au XXe siècle. Cependant, si son écriture reste imprégnée d'un indéniable classicisme, Colette eut le grand mérite d'avoir sû maîtriser et perfectionner une tradition romanesque héritée du XIXe siècle. Le style précis de Colette, que l'on a beaucoup admiré, sa grande facilité d'écriture, sa prose d'une exceptionnelle richesse, son

Portrait de Colette en 1927

vocabulaire ample et juste, sa lucidité psychologique, en font un des plus grands écrivains de notre siècle.

Un des écrivains les plus populaires, également, car le public s'est rapidement pris d'amitié pour cet auteur dont l'intense appétit de vie, la sérénité, la sincérité et la sagesse ont quelque chose de communicatif. Couverte d'honneurs dans les dernières années de sa vie, Colette reçut, comme Victor Hugo, des funérailles nationales à sa mort en 1954. Elle demeure populaire aujourd'hui, en particulier auprès des lycéennes et des lycéens français, et son œuvre a fait l'objet de nombreuses adaptations cinématographiques et télévisées.

Avant de lire

Chéri, roman publié en 1920, est l'histoire d'une liaison amoureuse entre Léa de Lonval, une « courtisane bien rentée » mais vieillissante, et, à quarante-neuf ans, proche du déclin, et un jeune homme de vingt ans, Fred Peloux, dit « Chéri », le fils séduisant, mais gâté, d'une amie.

Etude de mœurs très fine, qui s'attache à explorer les multiples facettes d'une relation compliquée par la différence d'âge entre les deux amants, ainsi qu'à rendre toutes les nuances de la psychologie féminine, *Chéri* est aussi la peinture d'un monde (celui des courtisanes, de leurs jalousies réciproques, de leurs plaisirs mondains, etc.) et d'une époque qu'on a appelée la Belle Epoque (les dimanches passés dans la banlieue chic de Neuilly, les premières automobiles, la mode vestimentaire, etc.). L'action se déroule en effet avant la Première Guerre.

L'extrait qui suit correspond aux toutes premières pages du roman. Colette procède par flash-back, présentant d'abord une matinée typique dans la vie du couple, avant de revenir en arrière pour expliquer la naissance de cette liaison. Colette consacre en outre ces pages initiales à présenter les divers *rapports de force* qui unissent les personnages, à la fois dans l'amour et dans la vie en société. C'est cette analyse psychologique très lucide qui fait tout le charme des textes de Colette.

Chéri

«Léa! Donne-le-moi, ton collier de perles! Tu m'entends, Léa? Donne-moi ton collier!»

Aucune réponse ne vint du grand lit de fer forgé et de cuivre ciselé, qui brillait dans l'ombre comme une armure.

«Pourquoi ne me le donnerais-tu pas, ton collier? Il me va aussi bien qu'à toi, et même mieux!»

Au claquement du fermoir, les dentelles du lit s'agitèrent, deux bras nus, magnifiques, fins au poignet, élevèrent deux belles mains paresseuses.

«Laisse ça, Chéri, tu as assez joué avec ce collier.

— Je m'amuse... Tu as peur que je te le vole?» Devant les rideaux roses traversés de soleil, il dansait, tout noir, comme un gracieux diable sur fond de fournaise. Mais quand il recula vers le lit, il redevint tout blanc, du pyjama de soie aux babouches de daim.

«Je n'ai pas peur, répondit du lit la voix douce et basse. Mais tu fatigues le fil du collier. Les perles sont lourdes.

— Elles le sont, dit Chéri avec considération. Il ne s'est pas moqué de toi, celui qui t'a donné ce meuble.»

Il se tenait devant un miroir long, appliqué au mur entre deux fenêtres, et contemplait son image de très beau et très jeune homme, ni grand, ni petit, le cheveu bleuté comme un plumage de merle. Il ouvrit son vêtement de nuit sur une poitrine mate et dure, bombée en bouclier, et la même étincelle rose joua sur les perles du collier.

«Ote ce collier, insista la voix féminine. Tu entends ce que je te dis?»

Immobile devant son image, le jeune homme riait tout bas:

«Oui, oui, j'entends. Je sais si bien que tu as peur que je te le prenne!

— Non. Mais si je te le donnais, tu serais capable de l'accepter.»

Il courut au lit, s'y jeta en boule:

«Et comment! Je suis au-dessus des conventions, moi. Moi je trouve idiot qu'un homme puisse accepter d'une femme une perle en épingle, ou deux pour des boutons, et se croie déshonoré si elle en donne cinquante...

— Quarante-neuf.

— Quarante-neuf, je connais le chiffre. Dis-le donc que ça me va mal? Dis-le donc que je suis laid? »

Il penchait sur la femme couchée un rire provocant qui montrait des dents toutes petites et l'envers mouillé de ses lèvres. Léa s'assit sur le lit:

«Non, je ne le dirai pas. D'abord parce que tu ne le croirais pas. Mais tu ne peux pas rire sans froncer ton nez comme ça? Tu seras bien content quand tu auras trois rides dans le coin du nez, n'est-ce pas? »

Il cessa de rire immédiatement, tendit la peau de son front, ravala le dessous de son menton avec une habileté de vieille coquette. Ils se regardaient d'un air hostile; elle, accoudée parmi ses lingeries et ses dentelles, lui, assis en amazone au bord du lit. Il pensait: «Ça lui va bien de me parler des rides que j'aurai. » Et elle: «Pourquoi est-il laid quand il rit, lui qui est la beauté même? » Elle réfléchit un instant et acheva tout haut sa pensée:

«C'est que tu as l'air si mauvais quand tu es gai... Tu ne ris que par méchanceté ou par moquerie. Ça te rend laid. Tu es souvent laid.

— Ce n'est pas vrai! » cria Chéri, irrité.

La colère nouait ses sourcils à la racine du nez, agrandissait les yeux pleins d'une lumière insolente, armés de cils, entrouvrait l'arc dédaigneux et chaste de la bouche. Léa sourit de le voir tel qu'elle l'aimait révolté puis soumis, mal enchaîné, incapable d'être libre; — elle posa une main sur la jeune tête qui secoua impatiemment le joug. Elle murmura comme on calme une bête:

«Là... là... Qu'est-ce que c'est... qu'est-ce que c'est donc... »

Il s'abattit sur la belle épaule large, poussant du front, du nez, creusant sa place familière, fermant déjà les yeux et cherchant son somme protégé des longs matins, mais Léa le repoussa:

«Pas de ça, Chéri! Tu déjeunes chez notre Harpie[1] nationale et il est midi moins vingt.

— Non? Je déjeune chez la patronne? Toi aussi? »

Léa glissa paresseusement au fond du lit.

«Pas moi, j'ai vacances. J'irai prendre le café à deux heures et demie — ou le thé à six heures — ou une cigarette à huit heures moins le quart... Ne t'inquiète pas, elle me verra toujours assez... Et puis, elle ne m'a pas invitée. »

Chéri, qui boudait debout, s'illumina de malice:

«Je sais pourquoi! Nous avons du monde bien! Nous avons la belle Marie-Laure et sa poison d'enfant![2] »

Les grands yeux de Léa, qui erraient, se fixèrent:

«Ah! oui! Charmante, la petite. Moins que sa mère, mais charmante... Ote donc ce collier, à la fin.

— Dommage, soupira Chéri en le dégrafant. Il ferait bien dans la corbeille. »

Léa se souleva sur un coude:

«Quelle corbeille?

— La mienne, dit Chéri avec une importance bouffonne. MA corbeille de MES bijoux de MON mariage... »

Il bondit, retomba sur ses pieds après un correct entrechat-six, enfonça la portière d'un coup de tête et disparut en criant:

«Mon bain, Rose![3] Tant que ça peut! Je déjeune chez la patronne!

— C'est ça, songe Léa. Un lac dans la salle de bain, huit serviettes à la nage, et des raclures de rasoir dans la cuvette. Si j'avais deux salles de bains... »

Mais elle s'avisa, comme les autres fois, qu'il eût fallu supprimer une penderie, rogner sur le boudoir à coiffer, et conclut comme les autres fois:

«Je patienterai bien jusqu'au mariage de Chéri. »

Elle se recoucha sur le dos et constata que Chéri avait jeté, la veille, ses chaussettes sur la cheminée, son petit caleçon

---

1. Les Harpies sont des divinités grecques au corps de vautour et à tête de femme, réputées pour leur cruauté. — 2. Marie-Laure est la future belle-mère de Chéri, et «sa poison d'enfant» est la jeune fille qu'il doit épouser. — 3. La femme de chambre de Léa.

sur le bonheur-du-jour, sa cravate au cou d'un buste de Léa. Elle sourit malgré elle à ce chaud désordre masculin et referma à demi ses grands yeux tranquilles d'un bleu jeune et qui avaient gardé tous leurs cils châtains. À quarante-neuf ans, Léonie Vallon, dite Léa de Lonval, finissait une carrière heureuse de courtisane bien rentée et de bonne fille à qui la vie a épargné les catastrophes flatteuses et les nobles chagrins. Elle cachait la date de sa naissance; mais elle avouait volontiers, en laissant tomber sur Chéri un regard de condescendance voluptueuse, qu'elle atteignait l'âge de s'accorder quelques petites douceurs. Elle aimait l'ordre, le beau linge, les vins mûris, la cuisine réfléchie. Sa jeunesse de blonde adulée, puis sa maturité de demi-mondaine[4] riche n'avaient accepté ni éclat fâcheux, ni l'équivoque, et ses amis se souvenaient d'une journée de Drags[5], vers 1895, où Léa répondit au secrétaire de *Gil Blas*[6] qui la traitait de « chère artiste »:

« Artiste? Oh! vraiment, cher ami, mes amants sont bien bavards... »

Ses contemporaines jalousaient sa santé imperturbable, les jeunes femmes, que la mode de 1912 bombait déjà du dos et du ventre, raillaient le poitrail avantageux de Léa, — celles-ci et celles-là lui enviaient également Chéri.

« Eh, mon Dieu! disait Léa, il n'y a pas de quoi. Qu'elles le prennent. Je ne l'attache pas, et il sort tout seul. »

En quoi elle mentait à demi, orgueilleuse d'une liaison, — elle disait quelquefois: adoption, par penchant à la sincérité — qui durait depuis six ans.

« La corbeille... redit Léa. Marier Chéri... Ce n'est pas possible, — ce n'est pas... humain... Donner une jeune fille à Chéri, — pourquoi pas jeter une biche aux chiens? Les gens ne savent pas ce que c'est que Chéri. »

Elle roulait entre ses doigts, comme un rosaire, son collier jeté sur le lit. Elle le quittait la nuit, à présent, car Chéri, amoureux de belles perles et qui les caressait le matin, eût remarqué trop souvent que le cou de Léa, épaissi, perdait sa blancheur et montrait, sous la peau, des muscles détendus. Elle l'agrafa sur sa nuque sans se lever et prit un miroir sur la console de chevet.

« J'ai l'air d'une jardinière, jugea-t-elle sans ménagement. Une maraîchère normande qui s'en irait aux champs de patates avec un collier. Cela me va comme une plume d'autruche dans le nez, — et je suis polie. »

Elle haussa les épaules, sévère à tout ce qu'elle n'aimait plus en elle: un teint vif, sain, un peu rouge, un teint de plein air, propre à enrichir la franche couleur des prunelles bleues cerclées de bleu plus sombre. Le nez fier trouvait grâce encore devant Léa; « le nez de Marie-Antoinette[7]! » affirmait la mère de Chéri, qui n'oubliait jamais d'ajouter: « ... et dans deux ans, cette bonne Léa aura le menton de Louis XVI ». La bouche aux dents serrées, qui n'éclatait presque jamais de rire, souriait souvent, d'accord avec les grands yeux aux clins lents et rares, sourire cent fois loué, chanté, photographié, sourire profond et confiant qui ne pouvait lasser.

Pour le corps « on sait bien » disait Léa, « qu'un corps de bonne qualité dure longtemps. » Elle pouvait le montrer encore, ce grand corps blanc teinté de rose, doté de longues jambes, du dos plat qu'on voit aux nymphes des fontaines d'Italie; la fesse à fossette, le sein haut suspendu pouvaient tenir, disait Léa, « jusque bien après le mariage de Chéri ».

Elle se leva, s'enveloppa d'un saut-de-lit et ouvrit elle-même les rideaux. Le soleil de midi entra dans la chambre rose, gaie, trop parée et d'un luxe qui datait, dentelles doubles aux fenêtres, faille feuille-de-rose aux murs, bois dorés, lumières électriques voilées de rose et de blanc, et meubles anciens tendus de soies modernes. Léa ne renonçait pas à cette chambre douillette ni à son lit, chef-d'œuvre considérable, industructible, de cuivre, d'acier forgé, sévère à l'œil et cruel aux tibias.

---

4. Courtisane. — 5. Un drag est une course simulant une chasse à cour. Les dames suivent cette course dans des véhicules appelés eux aussi « drags », tirés par des chevaux. Les drags étaient un des passe-temps favoris des mondains au tournant du siècle. — 6. Revue de l'époque. — 7. Reine de France, épouse de Louis XVI.

« Mais non, mais non, protestait la mère de Chéri, ce n'est pas si laid que cela. Je l'aime, moi cette chambre. C'est une époque, ça a son chic. Ça fait Païva[8] ».

Léa souriait à ce souvenir de la « Harpie nationale » tout en relevant ses cheveux épars. Elle se poudra hâtivement le visage en entendant deux portes claquer et le choc d'un pied chaussé contre un meuble délicat. Chéri revenait en pantalon et chemise, sans faux col, les oreilles blanches de talc et l'humeur agressive.

« Où est mon épingle? boîte de malheur! On barbote[9] les bijoux à présent?

— C'est Marcel[10] qui l'a mise à sa cravate pour aller faire le marché », dit Léa gravement.

Chéri, dénué d'humour, butait sur la plaisanterie comme une fourmi sur un morceau de charbon. Il arrêta sa promenade menaçante et ne trouva à répondre que:

« C'est charmant!... et mes bottines?

— Lesquelles?

— De daim! »

Léa assise à sa coiffeuse, leva des yeux trop doux: « Je ne te le fais pas dire, insinua-t-elle d'une voix caressante.

— Le jour où une femme m'aimera pour mon intelligence, je serai bien fichu, riposta Chéri. En attendant, je veux mon épingle et mes bottines.

— Pourquoi faire? On ne met pas d'épingle avec un veston, et tu es déjà chaussé. »

Chéri frappa du pied.

« J'en ai assez, personne ne s'occupe de moi, ici! J'en ai assez! »

Léa posa son peigne.

« Eh bien! va-t-en. »

Il haussa les épaules, grossier:

« On dit ça!

— Va-t-en. J'ai toujours eu horreur des invités qui bêchent la cuisine et qui collent le fromage à la crème contre les glaces. Va chez ta sainte mère, mon enfant, et restes-y. »

Il ne soutint pas le regard de Léa, baissa les yeux, protesta en écolier:

« Enfin, quoi, je ne peux rien dire? Au moins, tu me prêtes l'auto pour aller à Neuilly[11]?

— Non.

— Parce que?

— Parce que je sors à deux heures et que Philibert[12] déjeune.

— Où vas-tu, à deux heures?

— Remplir mes devoirs religieux. Mais si tu veux trois francs pour un taxi?... Imbécile, reprit-elle doucement, je vais peut-être prendre le café chez Madame Mère[13], à deux heures. Tu n'es pas content? »

Il secouait le front comme un petit bélier.

« On me bourre, on me refuse tout, on me cache mes affaires, on me...

— Tu ne sauras donc jamais t'habiller tout seul? »

Elle prit des mains de Chéri le faux col qu'elle boutonna, la cravate qu'elle noua.

« Là!... Oh! cette cravate violette... Au fait, c'est bien bon pour la belle Marie-Laure et sa famille... Et tu voulais encore une perle, là dessus? Petit rasta... Pourquoi pas des pendants d'oreilles?... »

Il se laissait faire, béat, mou, vacillant, repris d'une paresse et d'un plaisir qui lui fermaient les yeux...

« Nounoune chérie... » murmura-t-il.

Elle lui brossa les oreilles, rectifia la raie, fine et bleuâtre, qui divisait les cheveux noirs de Chéri, lui toucha les tempes d'un doigt mouillé de parfum et baisa rapidement, parce qu'elle ne put s'en défendre, la bouche tentante qui respirait si près d'elle. Chéri ouvrit les yeux, les lèvres, tendit les mains... Elle l'écarta:

« Non! une heure moins le quart! File et que je ne te revoie plus!

— Jamais?

— Jamais » lui jeta-t-il en riant avec une tendresse emportée.

Seule, elle sourit orgueilleusement, fit un soupir saccadé de convoitise matée, et écouta les pas de Chéri dans la cour de l'hôtel. Elle le vit ouvrir et refermer la grille, s'éloigner de son pas ailé, tout de suite

---

8. Style de mobilier à la mode au XIXᵉ s. — 9. Argot: vole. — 10. Un serviteur. — 11. Quartier chic de la banlieue parisienne. — 12. Le chauffeur. — 13. La mère de Chéri.

salué par l'extase de trois trottins[14] qui marchaient bras sur bras:

« Ah! maman!... c'est pas possible, il est en toc!... On demande à toucher? »

Mais Chéri, blasé, ne se retourna même pas.

« Mon bain, Rose! La manucure peut s'en aller; il est trop tard. Le costume tailleur bleu, le nouveau, le chapeau bleu, celui qui est doublé de blanc, et les petits souliers à pattes... non, attends... »

Léa, les jambes croisées, tâta sa cheville nue et hocha la tête:

« Non, les bottines lacées en chevreau bleu. J'ai les jambes un peu enflées aujourd'hui. C'est la chaleur. »

La femme de chambre, âgée, coiffée de tulle, leva sur Léa un regard entendu:

« C'est... c'est la chaleur », répéta-t-elle docilement, en haussant les épaules, comme pour dire: « Nous savons... Il faut bien que tout s'use... »

Chéri parti, Léa redevint vive, précise, allégée. En moins d'une heure, elle fut baignée, frottée d'alcool parfumé au santal, coiffée, chaussée. Pendant que le fer à friser chauffait, elle trouva le temps d'éplucher le livre de comptes du maître d'hôtel, d'appeler le valet de chambre Emile pour lui montrer, sur un miroir, une buée bleue. Elle darda autour d'elle un œil assuré, qu'on ne trompait presque jamais, et déjeuna dans une solitude joyeuse, souriant au Vouvray[15] sec et aux fraises de juin servies avec leurs queues sur un plat de Rubelles[16], vert comme une rainette mouillée. Un beau mangeur dut choisir autrefois, pour cette salle à manger rectangulaire, les grandes glaces Louis XVI et les meubles anglais de la même époque, dressoirs aérés, desserte haute sur pieds, chaises maigres et solides, le tout d'un bois presque noir, à guirlandes minces. Les miroirs et de massives pièces d'argenterie recevaient le jour abondant, les reflets verts des arbres de l'avenue Bugeaud[17], et Léa scrutait, tout en mangeant, la poudre rouge demeurée aux ciselures d'une fourchette, fermait un œil pour mieux juger le poli des bois sombres. Le maître d'hôtel, derrière elle, redoutait ces jeux.

« Marcel, dit Léa, votre encaustique colle, depuis une huitaine.

— Madame croit?

— Elle croit. Rajoutez-y de l'essence en fondant au bain-marie, ce n'est rien à refaire. Vous avez monté le Vouvray un peu tôt. Tirez les persiennes dès que vous aurez desservi, nous tenons la vraie chaleur.

— Bien, Madame. Monsieur Ch... Monsieur Peloux[18] dîne?

— Je pense... Pas de crème-surprise ce soir, qu'on nous fasse seulement des sorbets au jus de fraises. Le café au boudoir. »

En se levant, grande et droite, les jambes visibles sous la jupe plaquée aux cuisses, elle eut le loisir de lire, dans le regard contenu du maître d'hôtel, le « Madame est belle » qui ne lui déplaisait pas.

« Belle... » se disait Léa en montant au boudoir. Non. Plus maintenant. A présent il me faut le blanc du linge près du visage, le rose très pâle pour les dessous et les déshabillés. Belle... Peuh... je n'en ai plus guère besoin... »

Pourtant, elle ne s'accorda point de sieste dans le boudoir aux soies peintes, après le café et les journaux. Et ce fut avec un visage de bataille qu'elle commanda à son chauffeur:

« Chez Madame Peloux. »

Les allées du Bois[19], sèches sous leur verdure neuve de juin que le vent fane, la grille de l'octroi[20], Neuilly, le boulevard d'Inkermann[21]... « Combien de fois l'ai-je fait, ce trajet-là? » se demanda Léa. Elle compta, puis se lassa de compter, et épia, en retenant ses pas sur le gravier de Mme Peloux, les bruits qui venaient de la maison.

---

14. Enfants. — 15. Vin blanc de Touraine. — 16. Style de vaisselle, très élégant. — 17. Avenue chic de Paris. — 18. Nom de famille de Chéri. — 19. Le Bois de Boulogne, à l'ouest de Paris. — 20. La Porte de Neuilly. De nombreuses « Portes », situées à la périphérie de Paris, datent de l'époque où Paris était une ville entièrement entourée de fortifications, pour la plupart démolies aujourd'hui. — 21. Boulevard à Neuilly, du nom d'une victoire française contre les Russes en 1854.

« Ils sont dans le hall », dit-elle.

Elle avait remis de la poudre avant d'arriver et tendu sur son menton la voilette bleue, un grillage fin comme un brouillard. Et elle répondit au valet qui l'invitait à traverser la maison:

« Non, j'aime mieux faire le tour par le jardin. »

Un vrai jardin, presque un parc, isolait, toute blanche, une vaste villa de grande banlieue parisienne. La villa de Mme Peloux s'appelait « une propriété à la campagne » dans le temps où Neuilly était encore aux environs de Paris. Les écuries, devenues garages, les communs avec leurs chenils et leurs buanderies en témoignaient, et aussi les dimensions de la salle de billard, du vestibule, de la salle à manger.

« Madame Peloux en a là pour de l'argent », redisaient dévotement les vieilles parasites qui venaient, en échange d'un dîner et d'un verre de fine, tenir en face d'elle les cartes du bésigue [22] et du poker. Et elles ajoutaient: « Mais où madame Peloux n'a-t-elle pas d'argent? »

En marchant sous l'ombre des acacias, entre des massifs embrasés de rhododendrons et des arceaux de roses, Léa écoutait un murmure de voix, percé par la trompette nasillarde de Mme Peloux et de l'éclat de rire sec de Chéri.

« Il rit mal, cet enfant », songea-t-elle. Elle s'arrêta un instant, pour entendre mieux un timbre féminin nouveau, faible, aimable, vite couvert par la trompette redoutable.

« Ça, c'est la petite », se dit Léa.

Elle fit quelques pas rapides et se trouva au seuil d'un hall vitré, d'où Mme Peloux s'élança en criant: « Voici notre belle amie! »

Ce tonnelet, Mme Peloux, en vérité Mlle Peloux, avait été danseuse, de dix à seize ans. Léa cherchait parfois sur Mme Peloux ce qui pouvait rappeler l'ancien petit Eros [23] blond et potelé, puis la nymphe à fossettes, et ne retrouvait que les grands yeux implacables, le nez délicat et dur, et encore une manière coquette de poser les pieds en « cinquième » comme les sujets du corps de ballet.

Chéri, ressuscité du fond d'un rocking [24], baisa la main de Léa avec une grâce involontaire, et gâta son geste par un:

« Flûte! tu as encore mis une voilette, j'ai horreur de ça.

— Veux-tu la laisser tranquille! intervint Mme Peloux. On ne demande pas à une femme pourquoi elle a mis une voilette! Nous n'en ferons jamais rien », dit-elle à Léa.

Deux femmes s'étaient levées dans l'ombre blonde du store de paille. L'une, en mauve, tendit assez froidement sa main à Léa, qui la contempla des pieds à tête.

« Mon Dieu, que vous êtes belle, Marie-Laure, il n'y a rien d'aussi parfait que vous! »

Marie-Laure daigna sourire. C'était une jeune femme rousse, aux yeux bruns, qui émerveillait sans geste et sans paroles. Elle désigna, comme par coquetterie, l'autre jeune femme:

« Mais reconnaîtrez-vous ma fille Edmée? » dit-elle.

Léa tendit vers la jeune fille une main qu'on tarda à prendre:

« J'aurais dû vous reconnaître, mon enfant, mais une pensionnaire change vite, et Marie-Laure ne change que pour déconcerter chaque fois davantage. Vous voilà libre de tout pensionnat?

— Je crois bien, je crois bien, s'écria Mme Peloux. On ne peut pas laisser sous le boisseau éternellement ce charme, cette grâce, cette merveille de dix-neuf printemps!

— Dix-huit, dit suavement Marie-Laure.

— Dix-huit, dix-huit!... Mais oui, dix-huit! Léa, tu te souviens? Cette enfant faisait sa première communion l'année où Chéri s'est sauvé du collège, tu sais bien? Oui, mauvais garnement, tu t'étais sauvé et nous étions aussi affolées l'une que l'autre!

— Je me souviens très bien, dit Léa, et elle échangea avec Marie-Laure un petit

---

22. Jeu de cartes. — 23. Dieu grec, fils d'Aphrodite, Eros est l'équivalent de Cupidon dans la mythologie grecque. Le personnage d'Eros apparaît dans de nombreux ballets. — 24. Rocking-chair.

signe de tête, — quelque chose comme le « touché » des escrimeurs loyaux.

— Il faut la marier, il faut la marier! continua Mme Peloux qui ne répétait jamais moins de deux fois une vérité première. Nous irons tous à la noce! »

Elle battit l'air de ses petits bras et la jeune fille la regarda avec une frayeur ingénue.

« C'est bien une fille pour Marie-Laure, songeait Léa très attentive. Elle a, en discret, tout ce que sa mère a d'éclatant. Des cheveux mousseux, cendrés, comme poudrés, des yeux inquiets qui se cachent, une bouche qui se retient de parler, de sourire... Tout à fait ce qu'il fallait à Marie-Laure, qui doit la haïr quand même... »

Mme Peloux interposa entre Léa et la jeune fille un sourire maternel:

« Ce qu'ils ont déjà camaradé dans le jardin, ces deux enfants-là! »

Elle désignait Chéri, debout devant la paroi vitrée et fumant. Il tenait son fume-cigarette entre les dents et rejetait la tête en arrière pour éviter la fumée. Les trois femmes regardèrent le jeune homme qui, le front renversé, les cils mi-clos, les pieds joints et immobiles, semblait pourtant une figure ailée, planante et dormante dans l'air... Léa ne se trompa point à l'expression effarée, vaincue, des yeux de la jeune fille. Elle se donna le plaisir de la faire tressaillir en lui touchant le bras. Edmée frémit tout entière, retira son bras et dit farouchement tout bas:

« Quoi?...

— Rien, répondit Léa. C'est mon gant qui était tombé.

— Allons, Edmée? » ordonna Marie-Laure avec nonchalance.

La jeune fille, muette et docile, marcha vers Mme Peloux qui battit des ailerons:

« Déjà? Mais non! On va se revoir! on va se revoir!

— Il est tard, dit Marie-Laure. Et puis vous attendez beaucoup de gens, le dimanche après-midi. Cette enfant n'a pas l'habitude du monde...

— Oui, oui, cria tendrement Mme Peloux, elle a vécu si enfermée, si seule! »

Marie-Laure sourit, et Léa la regarda pour dire:

« A vous! »

« ... Mais nous reviendrons bientôt.

— Jeudi, jeudi! Léa, tu viens déjeuner aussi, jeudi?

— Je viens », répondit Léa.

Chéri avait rejoint Edmée au seuil du hall, où il se tenait auprès d'elle, dédaigneux de toute conversation. Il entendit la promesse de Léa et se retourna:

« C'est ça. On fera une balade, proposa-t-il.

— Oui, oui, c'est de votre âge, insista Mme Peloux attendrie. Edmée ira avec Chéri sur le devant, il nous mènera, et nous irons au fond, nous autres. Place à la jeunesse! Chéri, mon amour, veux-tu demander la voiture de Marie-Laure? »

Encore que ses petits pieds ronds chavirassent sur les graviers, elle emmena ses visiteurs jusqu'au tournant d'une allée, puis les abandonna à Chéri. Quand elle revint, Léa avait retiré son chapeau et allumé une cigarette.

« Ce qu'ils sont jolis, tous les deux! haleta Mme Peloux. Pas[25], Léa?

— Ravissants, souffla Léa avec un jet de fumée. Mais c'est cette Marie-Laure!... »

Chéri rentrait:

« Qu'est-ce qu'elle a fait, Marie-Laure? demanda-t-il.

— Quelle Beauté!

— Ah!.. Ah!... approuva Mme Peloux, c'est vrai, c'est vrai... qu'elle a été bien jolie! »

Chéri et Léa rirent en se regardant.

« A été » souligna Léa. Mais c'est la jeunesse même! Elle n'a pas un pli! Et elle peut porter du mauve tendre, cette sale couleur que je déteste et qui me le rend! »

Les grands yeux impitoyables et le nez mince se détournèrent d'un verre de fine:

« La jeunesse même! la jeunesse même! glapit Mme Peloux. Pardon! pardon! Marie-Laure a eu Edmée en 1895, non, 14. Elle avait à ce moment-là fichu le camp[26] avec un professeur de chant et plaqué Khalil-Bey qui lui avait donné le fameux diamant rose que... Non! non!... Attends!... C'est d'un an plus tôt!... »

---

25. N'est-ce pas? — 26. Expression populaire: était partie.

413

Elle trompettait fort et faux. Léa mit une main sur son oreille et Chéri déclara, sentencieux:

«Ça serait trop beau, un après-midi comme ça, s'il n'y avait pas la voix de ma mère.»

Elle regarda son fils sans colère, habituée à son insolence, s'assit dignement, les pieds ballants, au fond d'une bergère trop haute pour ses jambes courtes. Elle chauffait dans sa main un verre d'eau-de-vie. Léa, balancée dans un rocking, jetait de temps en temps les yeux sur Chéri, Chéri vautré sur le rotin frais, son gilet ouvert, une cigarette à demi éteinte à la lèvre, une mèche sur le sourcil, — et elle le traitait flatteusement, tous bas, de belle crapule.

Ils demeuraient côte à côte, sans effort pour plaire ni parler, paisibles et en quelque sorte heureux. Une longue habitude l'un de l'autre les rendait au silence, ramenait Chéri à la veulerie et Léa à la sérénité. A cause de la chaleur qui augmentait, Mme Peloux releva jusqu'aux genoux sa jupe étroite, montra ses petits mollets de matelots, et Chéri arracha rageusement sa cravate, geste que Léa blâma d'un: «Tt... tt...» de langue.

«Oh! laisse-le, ce petit, protesta, comme du fond d'un songe, Mme Peloux. Il fait si chaud... Veux-tu un kimono, Léa?

— Non, merci. Je suis très bien.»

Ces abandons de l'après-midi l'écœuraient. Jamais son jeune amant ne l'avait surprise défaite, ni corsage ouvert, ni en pantoufles dans le jour. «Nue, si on veut», disait-elle, «mais pas dépoitraillée». Elle reprit son journal illustré et ne le lut pas. «Cette mère Peloux et son fils», songeait-elle, «mettez-les devant une table bien servie ou mettez-les à la campagne, — crac: la mère ôte son corset et le fils son gilet. Des natures de bistrots[27] en vacances.» Elle leva les yeux vindicativement sur le bistrot incriminé et vit qu'il dormait, les cils rabattus sur ses joues blanches, la bouche close. L'arc délicieux de la lèvre supérieure, éclairé par en dessous, retenait à ses sommets deux points de lumière argentée, et Léa s'avoua qu'il ressemblait beaucoup plus à un dieu qu'à un marchand de vin. Sans se lever, elle cueillit délicatement entre les doigts de Chéri une cigarette fumante, et la jeta au cendrier. La main du dormeur se détendit et laissa tomber comme des fleurs lasses ses doigts fuselés, armés d'ongles cruels, main non féminine, mais un peu plus belle qu'on ne l'eût voulu, main que Léa avait cent fois baisée sans servilité, baisée pour le plaisir, pour le parfum...

Elle regarda, par-dessus son journal, du coté de Mme Peloux. «Dort-elle aussi?» Léa aimait que la sieste de la mère et du fils donnât, à elle bien éveillée, une heure de solitude morale parmi la chaleur, l'ombre et le soleil.

Mais Mme Peloux ne dormait point. Elle se tenait bouddhique[28] dans sa bergère, regardant droit devant elle et suçant sa fine-champagne avec une application de nourrisson alcoolique.

«Pourquoi ne dort-elle pas? se demanda Léa. C'est dimanche. Elle a bien déjeuné. Elle attend les vieilles frappes[29] de son jour à cinq heures. Par conséquent, elle devrait dormir. Si elle ne dort pas, c'est qu'elle fait quelque chose de mal.»

Elles se connaissaient depuis vingt-cinq ans. Intimité ennemie de femmes légères qu'un homme enrichit puis délaisse, qu'un autre homme ruine, — amitié hargneuse de rivales à l'affût de la première ride et du cheveu blanc. Camaraderie de femmes positives, habiles aux jeux financiers, mais l'une avare et l'autre sybarite[30]... Ces liens comptent. Un autre lien plus fort venait les unir sur le tard: Chéri.

Léa se souvenait de Chéri enfant, merveille aux longues boucles. Tout petit, il ne s'appelait pas encore Chéri, mais seulement Fred.

Chéri, tour à tour oublié et adoré, grandit entre les femmes de chambre décolorées et les longs valets sardoniques. Bien qu'il eût mystérieusement apporté en nais-

---

27. Marchand de vin, tenancier de café. — 28. Comme un Bouddha (allusion à l'obésité de Mme Peloux). — 29. Terme d'argot: fripouilles (les invitées que Mme Peloux reçoit le dimanche après-midi sont sans élégance, et ont été décrites plus haut comme des «parasites»). — 30. Personne qui mène une vie molle et voluptueuse.

sant, l'opulence, on ne vit nulle miss, nulle fraulein[31] auprès de Chéri, préservé à grands cris de « ces goules »...

« Charlotte Peloux, femme d'un autre âge! » disait familièrement le vieux, tari, expirant et industructible baron de Berthellemy, « Charlotte Peloux, je salue en vous la seule femme de mœurs légères qui ait osé élevé son fils en fils de grue! Femme d'un autre âge, vous ne lisez pas, vous ne voyagez jamais, vous vous occupez de votre seul prochain, et vous faites élever votre enfant par les domestiques. Comme c'est pur! comme c'est About[32]! comme c'est même Gustave Droz[33]! dire que vous n'en savez rien! »

Chéri connut donc toutes les joies d'une enfance dévergondée. Il recueillit, zézayant encore, les bas racontars de l'office. Il partagea les soupers clandestins de la cuisine. Il eut les bains de lait d'iris dans la baignoire de sa mère, et les débarbouillages hâtifs avec le coin d'une serviette. Il endura l'indigestion de bonbons, et les crampes d'inanition quand on oubliait son dîner. Il s'ennuya, demi-nu et enrhumé, aux fêtes des Fleurs où Charlotte Peloux l'exhibait, assis dans les roses mouillées; mais il lui arriva de se divertir royalement à douze ans, dans une salle de tripot clandestin où une dame américaine lui donnait pour jouer des poignées de louis et l'appelait « petit chef-d'œuvre ». Vers le même temps, Mme Peloux donna à son fils un abbé précepteur qu'elle remercia[34] au bout de dix mois « parce que », avoua-t-elle, « cette robe noire que je voyais partout traîner dans la maison, ça me faisait comme si j'avais recueilli une parente pauvre — et Dieu sait qu'il n'y a rien de plus attristant qu'une parente pauvre chez soi! »

A quatorze ans, Chéri tâta du collège. Il n'y croyait pas. Il défiait toute geôle et s'échappa. Non seulement Mme Peloux trouva l'énergie de l'incarcérer à nouveau, mais encore, devant les pleurs et les injures de son fils, elle s'enfuit, les mains sur les oreilles, en criant: « Je ne veux pas voir ça! Je ne veux pas voir ça! » Cri si sincère qu'en effet elle s'éloigna de Paris, accompagnée d'un homme jeune mais peu scrupuleux pour revenir deux ans plus tard, seule. Ce fut sa dernière faiblesse amoureuse.

Elle retrouva Chéri grandi trop vite, creux, les yeux fardés de cerne, portant des complets d'entraîneur[35] et parlant plus gras[36] que jamais. Elle se frappa les seins et arracha Chéri à l'internat. Il cessa tout à fait de travailler, voulut chevaux, voitures, bijoux, exigea des mensualités rondes et, au moment que sa mère se frappa les seins en poussant des appels de paonne, il l'arrêta par ses mots:

« Mame[37] Peloux, ne vous bilez[38] pas. Ma mère vénérée, s'il n'y a que moi pour te mettre sur la paille, tu risques fort de mourir bien au chaud sous ton couvre-pied américain. Je n'ai pas de goût pour le conseil judiciaire. Ta galette[39], c'est la mienne. Laisse-moi faire. Les amis, ça se rationne avec des dîners et du champagne. Quand à ces dames, vous ne voudriez pourtant pas, Mame Peloux, que fait comme vous m'avez fait, je dépasse avec elles l'hommage du bibelot artistique, — et encore! »

Il pirouetta, tandis qu'elle versait de douces larmes et se proclamait la plus heureuse des mères. Quand Chéri commença d'acheter des automobiles, elle trembla de nouveau, mais il lui recommanda: « L'œil à l'essence, s'il vous plait, Mame Peloux! » et vendit ses chevaux. Il ne dédaignait pas d'éplucher les livres des deux chauffeurs; il calculait vite, juste, et les chiffres qu'il jetait sur le papier juraient, élancés, renflés, agiles, avec sa grosse écriture assez lente.

Il passa dix-sept ans, en tournant au petit vieux, au rentier tatillon. Toujours beau, mais maigre, le souffle raccourci. Plus d'une fois Mme Peloux le rencontra dans l'escalier de la cave, d'où il revenait de compter les bouteilles dans les casiers.

---

31. « Miss » et « fraulein »: référence aux nourrices ou aux jeunes filles au pair venues d'Angleterre ou d'Allemagne. — 32. Edmond About (1828–1885), écrivain français, auteur du *Roman d'un brave homme.* — 33. Gustave Droz (1832–1895), romancier et chroniqueur français. Le baron veut donc dire que l'attitude de Mme Peloux envers Chéri ressemble aux études de mœurs un peu désuètes de ces auteurs. — 34. Renvoya. — 35. Gigolo. — 36. Vulgairement. — 37. Prononciation populaire de « Madame ». — 38. Tracassez. — 39. Argot: ton argent, ta fortune.

«Crois-tu! disait Mme Peloux à Léa, c'est trop beau!

— Beaucoup trop, répondait Léa, ça finira mal. Chéri, montre ta langue?»

Il la tirait avec une grimace irrévérencieuse; et d'autres vilaines manières qui ne choquaient point Léa, amie trop familière, sorte de maraine-gâteau qu'il tutoyait.

«C'est vrai, interrogeait Léa, qu'on t'a vu au bar avec la vieille Lili, cette nuit, assis sur ses genoux?

— Ses genoux! gouaillait Chéri. Y a longtemps qu'elle n'en a plus, de genoux! Ils sont noyés.

— C'est vrai, insistait Léa plus sévère, qu'elle t'a fait boire du gin au poivre? Tu sais que ça fait sentir mauvais de la bouche?»

Un jour Chéri, blessé, avait répondu à l'enquête de Léa:

«Je ne sais pas pourquoi tu me demandes tout ça, tu as bien dû voir ce que je faisais, puisque tu y étais, dans le petit cagibi du fond, avec Patron le boxeur!

— C'est parfaitement exact, répondit Léa impassible. Il n'a rien du petit claqué[40], Patron, tu sais? Il a d'autres séductions qu'une petite gueule de quatre sous et des yeux au beurre noir.»

Cette semaine-là, Chéri fit grand bruit la nuit à Montmartre et aux Halles[41], avec des dames qui l'appelaient «ma gosse» et «mon vice», mais il n'avait le feu nulle part, il souffrait de migraines et toussait de la gorge. Et Mme Peloux, qui confiait à sa masseuse, à Mme Ribot, sa corsetière, à la vieille Lili, à Berthellemy-le-Desséché[42], ses angoisses nouvelles: «Ah! pour nous autres mères, quel calvaire, la vie!» passa avec aisance de l'état de plus-heureuse-des-mères à celui de mère-martyre.

Un soir de juin, qui rassemblait sous la serre de Neuilly Mme Peloux, Léa et Chéri, changea les destins du jeune homme et de la femme mûre. Le hasard dispersant pour un soir les «amis» de Chéri, — un petit liquoriste en gros, le fils Boster, et le vi-comte Desmond, parasite à peine majeur, exigeant et dédaigneux, — ramenait Chéri à la maison maternelle où l'habitude conduisait aussi Léa.

Vingt années, un passé fait de ternes soirées semblables, le manque de relations, cette défiance aussi, et cette veulerie qui isolent vers la fin de leur vie les femmes qui n'ont aimé que d'amour, tenaient l'une devant l'autre, encore un soir, en attendant un autre soir, ces deux femmes, l'une à l'autre suspectes. Elles regardaient toutes deux Chéri taciturne, et Mme Peloux, sans force et sans autorité pour soigner son fils, se bornait à haïr un peu Léa, chaque fois qu'un geste penchait, près de la joue pâle, de l'oreille transparente de Chéri, la nuque blanche et la joue sanguine de Léa. Elle eût bien saigné ce cou robuste de femme, où les colliers de Vénus commençaient de meurtrir la chair, pour teindre de rose le svelte lis verdissant, — mais elle ne pensait pas même à conduire son bien-aimé aux champs.

«Chéri, pourquoi bois-tu de la fine? grondait Léa.

— Pour ne pas faire affront à Mame Peloux qui boirait seule, répondait Chéri.

— Qu'est-ce que tu fais, demain?

— Sais pas, et toi?

— Je vais partir pour la Normandie.

— Avec?

— Ça ne te regarde pas.

— Avec notre brave Spéléïeff?

— Penses-tu, il y a deux mois que c'est fini, tu retardes. Il est en Russie, Spéléïeff.

— Mon Chéri, où as-tu la tête! soupira Mme Peloux. Tu oublies le charmant dîner de rupture que nous a offert Léa le mois dernier. Léa, tu ne m'as pas donné la recette des langoustines qui m'avaient tellement plu!»

Chéri se redressa, fit briller ses yeux:

«Oui, oui, des langoustines avec une sauce crémeuse, oh! j'en voudrais!

— Tu vois, reprocha Mme Peloux, lui qui a si peu d'appétit, il aurait mangé des langoustines...

---

40. Argot: individu fatigué ou sans force. — 41. Montmartre et les Halles: deux quartiers populaires où se divertissaient les Parisiens de la Belle Epoque. — 42. Pendant la Belle Epoque, les personnes à la mode jouissaient de surnoms semblables, comme le célèbre Valentin-le-Désossé peint par Toulouse-Lautrec.

— La paix! commanda Chéri. Léa, tu vas sous les ombrages avec Patron?

— Mais non, mon petit; Patron et moi, c'est de l'amitié. Je pars seule.

— Femme riche, jeta Chéri.

— Je t'emmène, si tu veux, on ne fera que manger, boire, dormir...

— C'est où ton patelin? »

Il s'était levé et planté devant elle.

« Tu vois Honfleur? la côte de Grâce [43]? Oui?... Assieds-toi, tu es vert. Tu sais bien, sur la côte de Grâce, cette porte charretière devant laquelle nous disions toujours en passant, ta mère et moi... »

Elle se tourna du côté de Mme Peloux: Mme Peloux avait disparu. Ce genre de fuite discrète, cet évanouissement étaient si peu en accord avec les coutumes de Charlotte Peloux, que Léa et Chéri se regardèrent en riant de surprise. Chéri s'assit contre Léa.

« Je suis fatigué, dit-il.

— Tu t'abîmes », dit Léa.

Il se redressa, vaniteux:

« Oh! tu sais, je suis encore assez bien.

— Assez bien... Peut-être pour d'autres... mais pas... pas pour moi, par exemple.

— Trop vert?

— Juste le mot que je cherchais. Viens-tu à la campagne, en tout bien tout honneur? Des bonnes fraises, de la crème fraîche, des tartes, des petits poulets grillés... Voilà un bon régime, et pas de femmes! »

Il se laissa glisser sur l'épaule de Léa et ferma les yeux.

« Pas de femmes... Chouette... Léa, dis, es-tu un frère? Oui? Eh bien, partons, les femmes... j'en suis revenu... Les femmes... je les ai vues. »

Il disait ces choses basses d'une voix assoupie, dont Léa écoutait le son plein et doux et recevait le souffle tiède sur son oreille. Il avait saisi le long collier de Léa et roulait les grosses perles entre les doigts. Elle passa son bras sous la tête de Chéri et le rapprocha d'elle, sans arrière-pensée, confidente dans l'habitude qu'elle avait de cet enfant, et elle le berça.

« Je suis bien, soupira-t-il. T'es un frère, je suis bien... »

Elle sourit comme sous une louange très précieuse. Chéri semblait s'endormir. Elle regardait de tout près les cils brillants, comme mouillés, rabattus sur la joue, et cette joue amaigrie qui portait les traces d'une fatigue sans bonheur. La lèvre supérieure, rasée du matin, bleuissait déjà, et les lampes roses rendaient un sang factice à la bouche...

« Pas de femmes! déclara Chéri comme en songe. Donc... embrasse-moi! »

Surprise, Léa ne bougea pas.

« Embrasse-moi, je te dis! »

Il ordonnait, les sourcils joints, et l'éclat de ses yeux soudain rouverts gêna Léa comme une lumière brusquement rallumée. Elle haussa les épaules et mit un baiser sur le front tout proche. Il noua ses bras au cou de Léa et courba vers lui.

Elle secoua la tête, mais seulement jusqu'à l'instant où leurs bouches se touchèrent; alors, elle demeura tout à fait immobile et retenant son souffle comme quelqu'un qui écoute. Quand il la lâcha, elle le détacha d'elle, se leva, respira profondément et arrangea sa coiffure qui n'était pas défaite. Puis elle se retourna un peu pâle et les yeux assombris, et sur un ton de plaisanterie:

« C'est intelligent! » dit-elle.

Il gisait au fond d'un rocking et se taisait en la couvrant d'un regard actif, si plein de défi et d'interrogation qu'elle dit, après un moment:

« Quoi?

— Rien, dit Chéri, je sais ce que je voulais savoir. » Elle rougit, humiliée, et se défendit adroitement:

« Tu sais quoi? que ta bouche me plaît? Mon pauvre petit, j'en ai embrassé de plus vilaines. Qu'est-ce que ça prouve? Tu crois que je vais tomber à tes pieds et crier: prends-moi! Mais tu n'as donc connu que des jeunes filles? Penser que je vais perdre la tête pour un baiser!... »

Elle s'était calmée en parlant et voulait montrer son sang-froid.

« Dis, petit, insista-t-elle en se penchant sur lui, crois-tu que ce soit quelque chose de rare dans mes souvenirs, une bonne bouche? »

---

43. Honfleur et la côte de Grâce sont en Normandie.

Elle lui souriait de haut, sûre d'elle, mais elle ne savait pas que quelque chose demeurait sur son visage, une sorte de palpitation très faible, de douleur attrayante, et que son sourire ressemblait à celui qui vient après une crise de larmes.

« Je suis bien tranquille, continua-t-elle. Quand même je te rembrasserais, quand même nous... »

Elle s'arrêta et fit une moue de mépris.

« Non, décidément, je ne nous vois pas dans cette attitude-là.

— Tu ne nous voyais pas non plus dans celle de tout à l'heure, dit Chéri sans se presser. Et pourtant, tu l'a gardée un bon bout de temps. Tu y penses donc, à l'autre? Moi, je ne t'en ai rien dit. »

Ils se mesurèrent en ennemis. Elle craignait de montrer un désir qu'elle n'avait pas eu le temps de nourrir ni de dissimuler, elle en voulut à cet enfant, refroidi en un moment et peut-être moqueur.

« Tu as raison, concéda-t-elle légèrement. N'y pensons pas. Je t'offre, nous disions donc, un pré pour t'y mettre au vert, et une table... La mienne, c'est tout dire.

— On peut voir, répondit Chéri. J'amènerai la Renouhard[44] découverte?

— Naturellement, tu ne la laisserais pas à Charlotte.

— Je paierai l'essence, mais tu nourriras le chauffeur. »

Léa éclata de rire.

« Je nourrirai le chauffeur! Ah! ah! fils de Madame Peloux, va! Tu n'oublies rien... Je ne suis pas curieuse, mais je voudrais entendre ce que ça peut être entre une femme et toi, une conversation amoureuse! »

Elle tomba assise et s'éventa. Un sphinx[45], de grands moustiques à longues pattes tournaient autour des lampes, et l'odeur du jardin, à cause de la nuit venue, devenait une odeur de campagne. Une bouffée d'acacia entra, si distincte, si active, qu'ils se retournèrent tous les deux comme pour la voir marcher.

« C'est l'acacia à grappes rosées, dit Léa à demi-voix.

— Oui, dit Chéri. Mais comme il en a bu, ce soir, de la fleur d'oranger! »

Elle le contempla, admirant vaguement qu'il eût trouvé cela. Il respirait le parfum en victime heureuse, et elle se détourna, craignant soudain qu'il ne l'appelât; mais il l'appela quand même, et elle vint.

Elle vint à lui pour l'embrasser, avec un élan de rancune et d'égoïsme et des pensées de châtiment:

« Attends, va... C'est joliment vrai que tu as une bonne bouche, cette fois-ci, je vais en prendre mon content, parce que j'en ai envie et je te laisserai, tant pis, je m'en moque, je viens... »

Elle l'embrassa si bien qu'ils se délièrent ivres, assourdis, essoufflés, tremblant comme s'ils venaient de se battre... Elle se remit debout devant lui qui n'avait pas bougé, qui gisait toujours au fond du fauteuil et elle le défiait tout bas: « Hein?... Hein?... » et elle s'attendait à être insultée. Mais il lui tendit les bras, ouvrit ses belles mains incertaines, renversa une tête blessée et montra entre ses cils l'étincelle double de deux larmes, tandis qu'il murmurait des paroles, des plaintes, tout un chant animal et amoureux où elle distinguait son nom, des « chérie... » des « viens... » des « plus te quitter... » un chant qu'elle écoutait penchée et pleine d'anxiété, comme si elle lui eût, par mégarde, fait très mal.

---

44. Marque d'automobiles. — 45. Sorte de papillon nocturne.

Matière à réflexion

1. Comment Colette laisse-t-elle entendre que Léa est au bord du déclin? Etudiez les descriptions du physique de Léa et montrez comment Colette présente le corps du personnage.

2. A quoi se remarque le manque d'élégance de la famille Peloux? Quelles sont les marques de la vulgarité et de la veulerie de Chéri? D'où proviennent ces attitudes? Comment, malgré ces défauts, s'exprime le charme de Chéri?

3. Quelle image Colette donne-t-elle de l'amitié entre femmes? Pourquoi les deux femmes sont-elles l'une à l'autres « suspectes »? A quels jeux psychologiques Léa et Mme Peloux se livrent-elles? Comment s'exprime l'hostilité de chacune envers son amie/rivale? Etudiez en particulier le rôle des sous-entendus et des mots d'esprit dans les dialogues.

4. La liaison entre Léa et Chéri se place sous le signe de la maternité. Montrez en quoi Chéri s'apparente à un enfant gâté et boudeur, et Léa à une mère attentive. Cette relation « incestueuse » s'accompagne-t-elle d'un certain sentiment de culpabilité?

5. En parlant de « chaud désordre masculin », Colette risque parfois de stéréotyper ses personnages. Comment évite-t-elle les stéréotypes? Montrez l'ambiguïté ou la dualité de chaque personnage. Comment Colette renverse-t-elle les rôles traditionnellement attribués à l'homme et à la femme?

6. Montrez comment le style de Colette joue beaucoup sur l'image et la métaphore (les « massifs *embrasés* de rhododendrons », la « *trompette* nasillarde de Mme Peloux », etc.).

Louis-Ferdinand Céline

« Le *Voyage au bout de la nuit,* ça a tout de même été un bouquin sensationnel. Mais quand (Céline) a voulu le faire au[1] politique, qu'est-ce qu'il a pu débloquer[2] ». Raymond Queneau résume ainsi, dans son style parlé caractéristique, hérité d'ailleurs de Céline, l'ambiguïté de cet écrivain que l'on admire universellement pour avoir révolutionné le genre romanesque en France, mais dont on déplore qu'il se soit fourvoyé dans un antisémitisme radical et d'autant plus impardonnable qu'il eut pour contexte les atrocités de l'occupation nazie et de la collaboration. Il semble hélas que toute présentation de Céline se doive d'opposer ou de réconcilier le génie et la « part maudite » de l'écrivain. Ainsi l'histoire littéraire, incapable de résoudre l'épineux paradoxe célinien, oscille-t-elle depuis près de soixante ans entre la censure et le pardon. Céline, aujourd'hui comme dans les années trente, continue d'être *dérangeant.*

---

1. « Le faire au »: expression familière: « quand Céline a voulu s'exprimer en politique ». — 2. « Débloquer »: perdre la raison, dire des idioties. La citation est de Raymond Queneau, *Bâtons, chiffres et lettres,* p. 43. Pour l'influence de Céline sur Queneau, voir notre chapitre sur Queneau, Perec et l'Oulipo.

Louis-Ferdinand Destouches, qui adoptera le pseudonyme littéraire de Céline, naît en 1894 dans une famille petite-bourgeoise de la banlieue parisienne. A dix-huit ans (deux ans avant la mobilisation générale de 1914), il s'engage dans l'armée française comme cuirassier et devient rapidement sous-officier. Blessé au bras pendant la guerre, il est réformé en 1915, et part ensuite chercher fortune en Afrique, de 1916 à 1918. Le jeune homme, qui, désillusionné par la guerre, s'attendait à trouver en Afrique un monde de pureté et d'exotisme, y découvre au contraire avec dégoût toutes les injustices du système colonial.

De retour en France, Céline se lance dans des études de médecine, d'abord à Rennes, puis à Paris. A peine diplômé, il entre dans la section d'hygiène de la Société des Nations et voyage à ce titre en Europe, en Amérique et en Afrique, puis ouvre son propre cabinet médical dans la banlieue de Paris. Il publie en 1932 son premier roman, *Voyage au bout de la nuit,* qui connaît un succès immédiat.

Son second roman, *Mort à crédit* (1936), consolide sa popularité et le place au tout premier rang des auteurs de sa génération. Cependant, cette réputation se ternit à l'approche de la Seconde Guerre mondiale, lorsque Céline, victime d'un intense délire de persécution, déclare publiquement son antisémitisme dans trois pamphlets où il dénonce un «complot juif international» et va jusqu'à proposer l'élimination générale du peuple juif (*Bagatelles pour un massacre,* 1937; *L'Ecole des cadavres,* 1938; *Les Beaux draps,* 1941).

Céline se compromet davantage sous l'occupation nazie, pendant laquelle il continue d'exprimer ses opinions antisémites dans divers journaux, et fréquente les milieux de la collaboration. A la chute du gouvernement de Vichy[3] en 1944, Céline, craignant justement les représailles, fuit la France. Il cherche d'abord refuge en Allemagne, sans succès, puis erre quelque temps à travers l'Europe, avant de s'installer au Danemark, où il sera finalement arrêté et condamné à la dégradation nationale ainsi qu'à la confiscation de la moitié de ses biens. Amnistié, Céline rentre en France en 1951, dans un climat d'hostilité quasi générale.

La suite de sa vie est profondément marquée par ce tragique épisode politique. Mis pour ainsi dire «en quarantaine», Céline revient à la littérature, tout en exerçant rarement la médecine dans son cabinet de banlieue. Bien que ses romans se succèdent avec rapidité jusqu'à sa mort en 1961, il ne parviendra jamais à regagner la popularité qui était la sienne dans les années trente.

Ce sont surtout les deux premiers romans de Céline qui sont passés à la postérité. La critique moderne s'accorde en particulier à reconnaître le *Voyage au bout de la nuit* comme un réel chef-d'œuvre, dont le style novateur et la technique narrative auront profondément influencé le roman français de l'après-guerre.

Ce livre est, il est vrai, révolutionnaire à maints égards.

1° Du parlé au narré: un nouveau langage littéraire. — Dès les premières phrases du *Voyage* («Ça a débuté comme ça. Moi, j'avais jamais rien dit.»), l'on est frappé par le style tout personnel de Céline, et surtout par sa langue, qui calque le français

---

3. Gouvernement de l'Etat français sous l'occupation, qui siégeait à Vichy. Le gouvernement de Vichy a collaboré avec l'occupant allemand.

parlé des rues de Paris, et multiplie expressions argotiques et familières, tournures syntaxiques populaires[4] et néologismes[5]. Céline s'efforce de la sorte de casser le moule du beau langage écrit, des conventions et des interdits de la société bourgeoise.

Toutefois, ce nouveau style vise moins à scandaliser qu'à créer une langue moins figée, qui serait, tout comme le français oral, plus apte à exprimer l'*émotion*. Céline, à la recherche d'une expressivité plus authentique, d'un meilleur «rendu émotif», d'une «écriture aussi vivante que la parole[6]», exploite au maximum les possibilités stylistiques de la langue orale. Les multiples points d'exclamation qui jalonnent la prose célinienne sont autant de marques affectives qui soulignent avec insistance la force et l'immédiateté des paroles du narrateur. En styliste incomparable, Céline alterne tous les tons et tous les registres de la langue française, glissant avec aisance du satirique au sérieux, du phrasé populaire à l'éloquence classique, etc.

Certes, la littérature d'avant Céline n'était pas restée entièrement imperméable au français parlé populaire. Molière a fait parler ses paysans dans un idiome distinct du bon français des classes supérieures. Hugo, Balzac, puis les naturalistes, Zola en tête, ont tenté de rendre avec réalisme le langage des classes défavorisées, celui des paysans, des ouvriers ou des malfaiteurs. Proust est également attentif aux différentes variantes — notamment sociales — de la langue française, et fait s'exprimer ses domestiques différemment de ses comtesses. Mais, jusqu'à Céline, le recours au français parlé reste limité aux *dialogues*: la langue populaire est avant tout celle de l'*autre*, et non celle de l'auteur, qui s'en distancie avec prudence. Raymond Queneau a bien remarqué qu'au contraire «le *Voyage au bout de la nuit* est le premier livre important où l'usage du français parlé ne soit pas limité au dialogue, mais (s'étende) aussi au narré[7]».

2° Un roman anarchiste et pessimiste. — Comme nombre de jeunes gens de sa génération, et notamment les surréalistes, Céline sort dégoûté de la guerre, dont il a pu constater lui-même toute l'absurdité et l'injustice. Il nous présente le conflit de 14–18 comme une boucherie arbitraire, instiguée par les classes aisées, et dont souffriront en priorité les petites gens, que Céline décrit comme des «galériens», exploités sans vergogne et victimes des caprices des maîtres.

L'amertume politique de Céline s'étend non seulement au domaine social, mais aussi à l'Eglise, coupable à ses yeux d'être toujours du côté du plus fort ou du plus riche. Et la liste des cibles de la misanthropie célinienne ne s'arrête pas là. L'humour noir de l'écrivain ne semble épargner personne: l'empire colonial français, qui repose tout entier sur l'injustice, la mesquinerie, et l'exploitation pure et simple; le Nouveau Monde, dont il dénonce la mécanisation inhumaine et le puritanisme hypocrite; l'univers de la banlieue française, avec sa misère quotidienne et son ennui, etc.

---

4. Par exemple, dans cette première phrase, l'absence du « ne » dans « Moi, j'avais jamais rien dit », ou encore l'usage du « ça » au lieu du plus littéraire « cela ». — 5. L'invention verbale de Céline a souvent été rapprochée de celle de Rabelais. — 6. L'expression est de Simone de Beauvoir (*Mémoires*). — 7. Raymond Queneau, *Bâtons, chiffres et lettres*.

S'il est une lueur d'espoir qui brille encore dans cette descente aux enfers qu'est le *Voyage,* c'est peut-être l'amour. Non pas que nous puissions jamais y trouver un bonheur durable, mais le simple fait que nous osions encore le concevoir dans cet abîme d'absurdité constitue en soi le seul encouragement dérisoire que Céline nous laisse entrevoir. Ce regard noir de Céline sur l'impuissance et l'insignifiance de l'humanité marquera profondément les écrivains de son siècle, de Sartre et Camus à Beckett.

3° Un nouveau personnage. — Céline occupe une place capitale dans le renouvellement des formes romanesques qui caractérise le XXᵉ siècle. Ecrit à la première personne, le *Voyage* ne prétend relater qu'une expérience individuelle, et encore, celle d'un «garçon sans importance collective». Céline rompt là avec le roman réaliste et les études de mœurs classiques, avec leurs personnages typés et leurs réflexions psychologiques généralisantes. Le roman célinien, largement autobiographique, tente avant tout de traduire l'émotion individuelle, et ceci notamment en exploitant au maximum toutes les ressources stylistiques de la langue française, en particulier en puisant largement dans le registre de la langue parlée.

4° Un nouveau récit picaresque. — Le *Voyage,* comme son titre l'indique, tient beaucoup du récit picaresque[8], en ce qu'il conte les incessantes pérégrinations d'un héros en marge de la société et de la morale, et qui semble incapable de trouver sa place dans le monde qui l'entoure. Riche en voyages, en personnages, en rencontres, en rebondissements de toutes sortes, le *Voyage* substitue à l'ordonnancement traditionnel du récit un chaos romanesque déroutant.

En outre, le roman n'est plus pour Céline description objective du monde ou étude de caractères, mais vision subjective du monde et aventure de langage. Bien qu'il soit quant au style aux antipodes de Proust, Céline fait subir au roman la même modification de perspective, notamment par l'usage systématique du monologue intérieur[9].

Les contradictions de Céline demeurent aujourd'hui épineuses et le lecteur de son œuvre reste confronté à un problème moral: comment (et pourquoi) lire les romans d'un auteur si controversé? La critique littéraire a tenté de résoudre la question en feignant d'ignorer les pamphlets de Céline, de séparer ses romans de ses traités politiques. En effet, nulle trace d'antisémitisme dans le *Voyage au bout de la nuit,* par exemple. Au contraire, Céline témoigne dans ce livre, malgré sa misanthropie profonde, d'une sympathie indéniable pour tous les opprimés du monde. Si l'on accepte donc de considérer exclusivement un Céline romancier, il faut donner à cet écrivain la place de premier rang qui lui revient.

Il reste qu'on ne peut jamais se débarrasser totalement de cette autre face de Céline. Car même si l'on parvient — et la chose n'est guère aisée — à «fermer les yeux» sur ses écrits politiques, l'on demeure conscient que l'on triche un peu, que l'on opère là une distinction douteuse. Car, comme le note Pierre Assouline dans un récent article: «L'œuvre d'un écrivain de génie est un bloc. Il est à prendre où à laisser. Mais si on ne laisse pas, on prend tout. L'auteur du *Voyage au bout de la nuit*

---

8. Le genre picaresque a fleuri en Espagne au XVIIᵉ siècle. — 9. Pour une explication plus détaillée du monologue intérieur, voir l'introduction à Beckett.

et l'auteur de *Bagatelles pour un massacre* sont un seul et même homme. Il est absurde de se convaincre que le premier est fréquentable et le second infréquentable. Louis-Ferdinand a été Céline du début à la fin. Il n'a pas changé d'imaginaire, d'univers et de vision du monde en cours de route, fût-ce provisoirement[10]. »

En tant que romancier, Céline s'est montré si innovateur, si « génial », qu'il a fortement influencé le roman au XXe siècle. Jean-Paul Sartre et Simone de Beauvoir, entre autres, ont reconnu leur dette littéraire envers Céline. Il apparaît ainsi que même les tenants les plus célèbres de l'engagement et de la responsabilité soient parvenus à dissocier le génie littéraire de l'écrivain de sa conduite politique. Le lecteur moderne ne se doit-il pas lui aussi de considérer Céline avant tout comme l'auteur d'un des plus grands romans de la littérature française, et non comme l'antisémite virulent qui s'exprime dans ses pamphlets?

---

10. Pierre Assouline, in *Lire*, février 1995.

Avant de lire

L'histoire d'un « garçon sans importance collective »

Comme tous les récits de Céline, *Voyage au bout de la nuit* est écrit à la première personne. Le narrateur, un certain Bardamu, nous conte ses propres aventures. On reconnaîtra aisément dans les pérégrinations de Bardamu une transposition d'expériences vécues par Céline lui-même. Mais, en choisissant de donner la parole à Bardamu, Céline ne s'exprime plus comme un auteur neutre, détaché de ce qu'il décrit. La voix qui parle est désormais celle d'un narrateur impliqué dans les faits qu'il raconte, et qui a sur la réalité une perspective toute personnelle, pleine d'émotion, de haine et de passion.

Envoyé au front en 1914 comme chair à canon, errant dans les colonies françaises en Afrique, puis travaillant à la chaîne dans les usines américaines, Bardamu finit par exercer la médecine dans la banlieue parisienne. Malgré cette « fuite en avant », Bardamu ne parvient jamais à échapper au spectacle de l'absurdité et du désespoir de la condition humaine. Comme le titre l'indique, Bardamu s'enfonce toujours plus dans un malaise sans fin et sans espoir.

En effet, malgré l'enchaînement rapide des épisodes et les fréquents changements de décor, *Voyage au bout de la nuit* a pour thème récurrent l'oppression systématique dont sont victimes les pauvres et les faibles. Dans l'extrait suivant, dont l'action a pour cadre les champs de bataille de la Première Guerre mondiale, Bardamu nous peint, avec la verve populaire qui le caractérise, toute l'absurdité de la guerre, qu'il perçoit comme une « abominable erreur ».

Le style de Céline

1° La segmentation de la phrase. — Bien que l'ordre des mots dans la phrase française apparaisse relativement rigide, le français, et en particulier le français oral, aime souvent mettre en relief un membre de la phrase en le plaçant au début ou à la fin (« Les forêts, on a tiré dessus aussi »; « Elles n'ont pas existé huit jours, les forêts »). C'est ce que l'on nomme la segmentation. Le membre détaché de la phrase est annoncé (« Je **les** connaissais un peu les Allemands »; « on **leur** passait le mot, aux plantons ») ou rappelé par un pronom (« Moi d'abord la campagne, faut que je le dise tout de suite, j'ai jamais pu **la** sentir »). Ce procédé a pour avantage de rendre mieux l'émotion, puisque l'ordre « grammatical » est bouleversé par une certaine impulsivité qui s'attache à faire ressortir un élément particulier de la phrase. Céline fait un usage très fréquent de ces tournures stylistiques (« depuis quatre semaines qu'elle durait, la guerre »).

2° Les tournures populaires. — La langue de Bardamu, le français parlé dans les rues de Paris, se caractérise par certains traits systématiques, que la grammaire normative considère comme des erreurs, mais qui sont pourtant largement en usage: la négation se réduit souvent à « pas » ou « plus », sans « ne » (« je savais pas »; « Je leur raconterai plus rien à l'avenir! »), le mot « que » est utilisé à tout propos (« que je me disais »; « comment que ça brûle »; « on finissait par s'y reconnaître un peu plus, qu'on croyait du moins »), « cela » est presque toujours remplacé par « ça », « il faut » devient « faut », etc. Le français de Céline ne se compose toutefois pas exclusivement de ces tournures « non littéraires ». Céline juxtapose tous les niveaux de langue, et, pour varier ses effets, passe souvent de ce français populaire à un français « classique » très élégant, qui conserve les passés simples et les subjonctifs. C'est cette richesse stylistique incomparable qui fait toute la grandeur de Céline.

3° L'argot. — Langue des milieux marginaux ou spécialisés, l'argot se caractérise par une grande richesse lexicale. Là où le français « correct » possède un ou deux mots pour désigner une réalité, l'argot en possède souvent cinquante, plus expressifs les uns que les autres. Céline recourt très souvent à l'argot, qu'il s'agisse de substantifs (« le coffret », « la bidoche », etc.), d'adjectifs (« pépère », « mariole », etc.) ou encore d'expressions idiomatiques (« se faire engueuler », « foutre le camp », « poser sa chique », etc.) pour indiquer l'origine sociale de Bardamu, mais aussi pour donner à sa critique (de la guerre, des généraux, des colonies, etc.) la force particulière de ce langage marginal.

Voyage au bout de la nuit

Une abominable erreur

Une fois qu'on y est, on y est bien. Ils nous firent monter à cheval et puis au bout de deux mois qu'on était là-dessus, remis à pied. Peut-être à cause que ça coûtait trop cher. Enfin, un matin, le colonel cherchait sa monture, son ordonnance était parti avec, on ne savait où, dans un petit endroit sans doute où les balles passaient moins facilement qu'au milieu de la route. Car c'est là précisément qu'on avait fini par se mettre, le colonel et moi, au beau milieu de la route, moi tenant son registre où il inscrivait des ordres.

Tout au loin sur la chaussée, aussi loin qu'on pouvait voir, il y avait deux points noirs, au milieu, comme nous, mais c'étaient deux Allemands bien occupés à tirer depuis un bon quart d'heure.

Lui, notre colonel, savait peut-être pourquoi ces deux gens-là tiraient, les Allemands aussi peut-être qu'ils savaient, mais moi, vraiment, je savais pas. Aussi loin que je cherchais dans ma mémoire, je ne leur avais rien fait aux Allemands. J'avais toujours été bien aimable et bien poli avec eux. Je les connaissais un peu les Allemands, j'avais même été à l'école chez eux, étant petit, aux environs de Hanovre. J'avais parlé leur langue. C'était alors une masse de petits crétins gueulards avec des yeux pâles et furtifs comme ceux des loups; on allait toucher ensemble les filles après l'école dans les bois d'alentour, et on tirait aussi à l'arbalète et au pistolet qu'on achetait même quatre marks. On buvait de la bière sucrée. Mais de là à nous tirer maintenant dans le coffret[1], sans même venir nous parler d'abord et en plein milieu de la route, il y avait de la marge et même un abîme. Trop de différence.

La guerre en somme c'était tout ce qu'on ne comprenait pas. Ça ne pouvait pas continuer.

Il s'était donc passé dans ces gens-là quelque chose d'extraordinaire? Que je ne ressentais, moi, pas du tout. J'avais pas dû m'en apercevoir...

Mes sentiments toujours n'avaient pas changé à leur égard. J'avais comme envie malgré tout d'essayer de comprendre leur brutalité, mais plus encore j'avais envie de m'en aller, énormément, absolument, tellement tout cela m'apparaissait soudain comme l'effet d'une formidable erreur.

« Dans une histoire pareille, il n'y a rien à faire, il n'y a qu'à foutre le camp[2] », que je me disais, après tout...

Au-dessus de nos têtes, à deux millimètres, à un millimètre peut-être des tempes, venaient vibrer l'un derrière l'autre ces longs fils d'acier tentants que tracent les balles qui veulent vous tuer, dans l'air chaud d'été.

Jamais je ne m'étais senti aussi inutile parmi toutes ces balles et les lumières de ce soleil. Une immense, universelle moquerie.

Je n'avais que vingt ans d'âge à ce moment-là. Fermes désertes au loin, des églises vides et ouvertes, comme si les paysans étaient partis de ces hameaux pour la journée, tous, pour une fête à l'autre bout du canton, et qu'ils nous eussent laissé en confiance tout ce qu'ils possédaient, leur campagne, les charrettes, brancards en l'air, leurs champs, leurs enclos, la route, les arbres et même les vaches, un chien avec sa chaîne, tout, quoi. Pour qu'on se trouve bien tranquilles à faire ce qu'on voudrait pendant leur absence. Ça avait l'air gentil de leur part. « Tout de même, s'ils n'étaient pas ailleurs! — que je me disais — s'il y avait encore eu du monde par ici, on ne se serait sûrement pas conduits de cette ignoble façon! Aussi mal! On aurait pas osé devant eux! » Mais, il n'y avait plus personne pour nous surveiller! Plus que nous, comme des mariés qui font des cochonneries quand tout le monde est parti.

Je me pensais aussi (derrière un arbre) que j'aurais bien voulu le voir ici moi, le

---

1. Argot: la poitrine. — 2. Partir.

Déroulède[3] dont on m'avait tant parlé, m'expliquer comment qu'il faisait, lui, quand il prenait une balle en plein bidon[4].

Ces Allemands accroupis sur la route, têtus et tirailleurs, tiraient mal, mais ils semblaient avoir des balles à en revendre, des pleins magasins sans doute. La guerre, décidément, n'était pas terminée! Notre colonel, il faut dire ce qui est, manifestait une bravoure stupéfiante! Il se promenait au beau milieu de la chaussée et puis de long en large parmi les trajectoires aussi simplement que s'il avait attendu un ami sur le quai de la gare, un peu impatient seulement.

Moi d'abord la campagne, faut que je le dise tout de suite, j'ai jamais pu la sentir[5], je l'ai toujours trouvée triste, avec ses bourbiers qui n'en finissent pas, ses maisons où les gens n'y sont jamais et ses chemins qui ne vont nulle part. Mais quand on y ajoute la guerre en plus, c'est à pas y tenir. Le vent s'était levé, brutal, de chaque côté des talus, les peupliers mêlaient leurs rafales de feuilles aux petits bruits secs qui venaient de là-bas sur nous. Ces soldats inconnus nous rataient sans cesse, mais tout en nous entourant de mille morts, on s'en trouvait comme habillés. Je n'osais plus remuer.

Ce colonel, c'était donc un monstre! A présent, j'en étais assuré, pire qu'un chien, il n'imaginait pas son trépas! Je conçus en même temps qu'il devait y en avoir beaucoup des comme lui dans notre armée, des braves, et puis tout autant sans doute dans l'armée d'en face. Qui savait combien? Un, deux, plusieurs millions peut-être en tout? Dès lors ma frousse devint panique. Avec des êtres semblables, cette imbécillité infernale pouvait continuer indéfiniment... Pourquoi s'arrêteraient-ils? Jamais je n'avais senti plus implacable la sentence des hommes et des choses.

Serais-je donc le seul lâche sur la terre? pensais-je. Et avec quel effroi!... Perdu parmi deux millions de fous héroïques et déchaînés et armés jusqu'aux cheveux?

Avec casques, sans casques, sans chevaux, sur motos, hurlants, en autos, sifflants, tirailleurs, comploteurs, volants, à genoux, creusant, se défilant, caracolant dans les sentiers, pétaradant, enfermés sur la terre comme dans un cabanon, pour tout y détruire, Allemagne, France et Continents, tout ce qui respire, détruire, plus enragés que les chiens, adorant leur rage (ce que les chiens ne font pas), cent, mille fois plus enragés que mille chiens et tellement plus vicieux! Nous étions jolis! Décidément, je le concevais, je m'étais embarqué dans une croisade apocalyptique.

On est puceau de l'Horreur comme on l'est de la volupté. Comment aurais-je pu me douter moi de cette horreur en quittant la place Clichy[6]? Qui aurait pu prévoir avant d'entrer vraiment dans la guerre, tout ce que contenait la sale âme héroïque et fainéante des hommes? A présent, j'étais pris dans cette fuite en masse, vers le meurtre en commun, vers le feu... Ça venait des profondeurs et c'était arrivé.

Le colonel ne bronchait toujours pas, je le regardais recevoir, sur le talus, des petites lettres du général qu'il déchirait ensuite menu, les ayant lues sans hâte, entre les balles. Dans aucune d'elles, il n'y avait donc l'ordre d'arrêter net cette abomination? On ne lui disait donc pas d'en haut qu'il y avait méprise? Abominable erreur? Maldonne? Qu'on s'était trompé? Que c'était des manœuvres pour rire qu'on avait voulu faire, et pas des assassinats! Mais non! «Continuez, colonel, vous êtes dans la bonne voie!» Voilà sans doute ce que lui écrivait le général des Entrayes, de la division, notre chef à tous, dont il recevait une enveloppe chaque cinq minutes, par un agent de liaison, que la peur rendait chaque fois un peu plus vert et foireux[7]. J'en aurais fait mon frère peureux de ce garçon-là! Mais on n'avait pas le temps de fraterniser non plus.

Donc pas d'erreur? Ce qu'on faisait à se tirer dessus, comme ça, sans même se voir, n'était pas défendu! Cela faisait partie

---

3. Ecrivain et homme politique français (1846–1914), président de la ligue des Patriotes, auteur des *Chants du soldat*, Déroulède avait glorifié la guerre et prôné la «revanche» contre l'Allemagne. — 4. Ventre. — 5. Je l'ai toujours détestée. — 6. Le roman commence à Paris, sur la place Clichy. A la suite d'une conversation animée avec un ami, Bardamu décide de s'engager. — 7. Qui a la diarrhée, poltron.

des choses qu'on peut faire sans mériter une bonne engueulade. C'était même reconnu, encouragé sans doute par les gens sérieux, comme le tirage au sort, les fiançailles, la chasse à courre!... Rien à dire. Je venais de découvrir d'un coup la guerre tout entière. J'étais dépucelé. Faut être à peu près seul devant elle comme je l'étais à ce moment-là pour bien la voir la vache[8], en face et de profil. On venait d'allumer la guerre entre nous et ceux d'en face, et à présent ça brûlait! Comme le courant entre les deux charbons, dans la lampe à arc[9]. Et il n'était pas près de s'éteindre le charbon! On y passerait tous, le colonel comme les autres, tout mariole[10] qu'il semblait être et sa carne[11] ne ferait pas plus de rôti que la mienne quand le courant d'en face lui passerait entre les deux épaules.

Il y a bien des façons d'être condamné à mort. Ah! combien n'aurais-je pas donné à ce moment-là pour être en prison au lieu d'être ici, moi crétin! Pour avoir, par exemple, quand c'était si facile, prévoyant, volé quelque chose, quelque part, quand il en était temps encore. On ne pense à rien! De la prison, on en sort vivant, pas de la guerre. Tout le reste, c'est des mots.

Si seulement j'avais encore eu le temps, mais je ne l'avais plus! Il n'y avait plus rien à voler! Comme il ferait bon dans une petite prison pépère[12], que je me disais, où les balles ne passent pas! Ne passent jamais! J'en connaissais une toute prête, au soleil, au chaud! Dans un rêve, celle de Saint-Germain[13] précisément, si proche de la forêt, je la connaissais bien, je passais souvent par là, autrefois. Comme on change! J'étais un enfant alors, elle me faisait peur la prison. C'est que je ne connaissais pas encore les hommes. Je ne croirai plus jamais à ce qu'ils disent, à ce qu'ils pensent. C'est des hommes et d'eux seulement qu'il faut avoir peur, toujours.

Combien de temps faudrait-il qu'il dure leur délire, pour qu'ils s'arrêtent épuisés enfin, ces monstres? Combien de temps un accès comme celui-ci peut-il bien durer? Des mois? Des années? Combien? Peut-être jusqu'à la mort de tout le monde, de tous

les fous? Jusqu'au dernier? Et puisque les événements prenaient ce tour désespéré je me décidais à risquer le tout pour le tout, à tenter la dernière démarche, la suprême, essayer, moi, tout seul, d'arrêter la guerre! Au moins dans ce coin-là où j'étais.

Le colonel déambulait à deux pas. J'allais lui parler. Jamais je ne l'avais fait. C'était le moment d'oser. Là où nous en étions, il n'y avait presque plus rien à perdre. « Qu'est-ce que vous voulez? » me demanderait-il, j'imaginais, très surpris bien sûr par mon audacieuse interruption. Je lui expliquerais alors les choses telles que je les concevais. On verrait ce qu'il en pensait, lui. Le tout c'est qu'on s'explique dans la vie. A deux on y arrive mieux que tout seul.

J'allais faire cette démarche décisive quand, à l'instant même, arriva vers nous au pas de gymnastique, fourbu, dégingandé, un cavalier à pied (comme on disait alors) avec son casque renversé à la main, comme Bélisaire[14], et puis tremblant et bien souillé de boue, le visage plus verdâtre encore que celui de l'autre agent de liaison. Il bredouillait et semblait éprouver comme un mal inouï, ce cavalier, à sortir d'un tombeau et qu'il en avait tout mal au cœur. Il n'aimait donc pas les balles ce fantôme lui non plus? Les prévoyait-il comme moi?

— Qu'est-ce que c'est? l'arrêta net le colonel, brutal, dérangé, en jetant dessus ce revenant une espèce de regard en acier.

De le voir ainsi cet ignoble cavalier dans une tenue aussi peu réglementaire, et tout foirant[15] d'émotion, ça le courrouçait fort notre colonel. Il n'aimait pas cela du tout la peur. C'était évident. Et puis ce casque à la main surtout, comme un chapeau melon, achevait de faire joliment mal dans notre régiment d'attaque, un régiment qui s'élançait dans la guerre. Il avait l'air de la saluer lui, ce cavalier à pied, la guerre, en entrant.

Sous ce regard d'opprobre, le messager vacillant se remit au « garde-à-vous », les petits doigts sur la couture du pantalon, comme il se doit dans ces cas-là. Il oscillait ainsi, raidi, sur le talus, la transpiration lui coulant le long de la jugulaire, et ses

---

8. L'horreur. — 9. Lampe fonctionnant par étincelle permanente entre deux conducteurs électriques. — 10. Malin. — 11. Mauvaise viande. Carcasse, corps mort. — 12. Calme. — 13. Quartier de Paris. — 14. Général byzantin du VIe siècle. — 15. Littéralement: évacuant des excréments; ayant peur.

mâchoires tremblaient si fort qu'il en poussait des petits cris avortés, tel un petit chien qui rêve. On ne pouvait démêler s'il voulait nous parler ou bien s'il pleurait.

Nos Allemands accroupis au fin bout de la route venaient justement de changer d'instrument. C'est à la mitrailleuse qu'ils poursuivaient à présent leurs sottises; ils en craquaient comme de gros paquets d'allumettes et tout autour de nous venaient voler des essaims de balles rageuses, pointilleuses comme des guêpes.

L'homme arriva tout de même à sortir de sa bouche quelque chose d'articulé:

— Le maréchal des logis Barousse vient d'être tué, mon colonel, qu'il dit tout d'un trait.

— Et alors?

— Il a été tué en allant chercher le fourgon à pain sur la route des Etrapes, mon colonel!

— Et alors?

— Il a été éclaté par un obus!

— Et alors, nom de Dieu!

— Et voilà! Mon colonel...

— C'est tout?

— Oui, c'est tout, mon colonel.

— Et le pain? demanda le colonel.

Ce fut la fin de ce dialogue parce que je me souviens bien qu'il a eu le temps de dire tout juste: « Et le pain? » Et puis ce fut tout. Après ça, rien que du feu et puis du bruit avec. Mais alors un de ces bruits comme on ne croirait jamais qu'il en existe. On en a eu tellement plein les yeux, les oreilles, le nez, la bouche, tout de suite, du bruit, que je croyais bien que c'était fini, que j'étais devenu du feu et du bruit moi-même.

Et puis non, le feu est parti, le bruit est resté longtemps dans ma tête, et puis les bras et les jambes qui tremblaient comme si quelqu'un vous les secouait de par-derrière. Ils avaient l'air de me quitter, et puis ils me sont restés quand même mes membres. Dans la fumée qui piqua les yeux encore pendant longtemps, l'odeur pointue de la poudre et du soufre nous restait comme pour tuer les punaises et les puces de la terre entière.

Tout de suite après ça, j'ai pensé au maréchal des logis[16] Barousse qui venait d'éclater comme l'autre nous l'avait appris. C'était une bonne nouvelle. Tant mieux! que je pensai tout de suite ainsi: « C'est une bien grande charogne en moins dans le régiment! » Il avait voulu me faire passer au Conseil pour une boîte de conserve. « Chacun sa guerre! » que je me dis. De ce côté-là, faut en convenir, de temps en temps, elle avait l'air de servir à quelque chose la guerre! J'en connaissais bien encore trois ou quatre dans le régiment, de sacrées ordures que j'aurais aidé bien volontiers à trouver un obus comme Barousse.

Quant au colonel, lui, je ne lui voulais pas de mal. Lui pourtant aussi il était mort. Je ne le vis plus, tout d'abord. C'est qu'il avait été déporté sur le talus, allongé sur le flanc par l'explosion et projeté jusque dans les bras du cavalier à pied, le messager, fini lui aussi. Ils s'embrassaient tous les deux pour le moment et pour toujours, mais le cavalier n'avait plus sa tête, rien qu'une ouverture au-dessus du cou, avec du sang dedans qui mijotait en glouglous[17] comme de la confiture dans la marmite. Le colonel avait son ventre ouvert, il en faisait une sale grimace. Ça avait dû lui faire du mal ce coup-là au moment où c'était arrivé. Tant pis pour lui! S'il était parti dès les premières balles, ça ne lui serait pas arrivé.

Toutes ces viandes saignaient énormément ensemble.

Des obus éclataient encore à la droite et à la gauche de la scène.

J'ai quitté ces lieux sans insister, joliment heureux d'avoir un aussi beau prétexte pour foutre le camp. J'en chantonnais même un brin[18], en titubant, comme quand on a fini une bonne partie de canotage et qu'on a les jambes un peu drôles. « Un seul obus! C'est vite arrangé les affaires tout de même avec un seul obus », que je me disais. « Ah! dis donc! que je me répétais tout le temps. Ah! dis donc!... »

Il n'y avait plus personne au bout de la route. Les Allemands étaient partis. Cependant, j'avais appris très vite ce coup-là[19] à ne plus marcher désormais que dans le

16. Sous-officier de cavalerie ou d'artillerie dont le grade correspond à celui de sergent dans l'infanterie. — 17. Onomatopée: son d'un liquide qui coule ou qui bout. — 18. Un peu. — 19. Cette fois.

profil des arbres. J'avais hâte d'arriver au campement pour savoir s'il y en avait d'autres au régiment qui avaient été tués en reconnaissance. Il doit y avoir des bons trucs aussi, que je me disais encore, pour se faire faire prisonnier!... Çà et là des morceaux de fumée âcre s'accrochaient aux mottes. «Ils sont peut-être tous morts à l'heure actuelle? que je me demandais. Puisqu'ils ne veulent rien comprendre à rien, c'est ça qui serait avantageux et pratique qu'ils soient tous tués très vite... Comme ça on en finirait tout de suite... On rentrerait chez soi... On repasserait peut-être place Clichy en triomphe... Un ou deux seulement qui survivraient... Dans mon désir... Des gars gentils et bien balancés, derrière le général, tous les autres seraient morts comme le colon[20]... Comme Barousse... comme Vanaille (une autre vache[21])... etc. On nous couvrirait de décorations, de fleurs, on passerait sous l'Arc de Triomphe[22]. On entrerait au restaurant, on vous servirait sans payer, on payerait plus rien, jamais plus de la vie! On est les héros! qu'on dirait au moment de la note... Des défenseurs de la Patrie! Et ça suffirait!... On payerait avec des petits drapeaux français!... La caissière refuserait même l'argent des héros et même elle vous en donnerait, avec des baisers quand on passerait devant sa caisse. Ça vaudrait la peine de vivre.

Je m'aperçus en fuyant que je saignais du bras, mais un peu seulement, pas une blessure suffisante du tout, une écorchure. C'était à recommencer.

Il se remit à pleuvoir, les champs des Flandres[23] bavaient l'eau sale. Encore pendant longtemps je n'ai rencontré personne, rien que le vent et puis peu après le soleil. De temps en temps, je ne savais d'où, une balle, comme ça, à travers le soleil et l'air me cherchait, guillerette, entêtée à me tuer, dans cette solitude, moi. Pourquoi? Jamais plus, même si je vivais encore cent ans, je ne me promènerais à la campagne. C'était juré.

En allant devant moi, je me souvenais de la cérémonie de la veille. Dans un pré qu'elle avait eu lieu cette cérémonie, au revers d'une colline; le colonel avec sa grosse voix avait harangué le régiment: «Haut les cœurs! qu'il avait dit... Haut les cœurs! et vive la France!» Quand on a pas d'imagination, mourir c'est peu de chose, quand on en a, mourir c'est trop. Voilà mon avis. Jamais je n'avais compris tant de choses à la fois.

Le colonel n'avait jamais eu d'imagination lui. Tout son malheur à cet homme était venu de là, le nôtre surtout. Etais-je donc le seul à avoir l'imagination de la mort dans ce régiment? Je préférais la mienne de mort, tardive... Dans vingt ans... Trente ans... Peut-être davantage, à celle qu'on me voulait de suite, à bouffer de la boue des Flandres, à pleine bouche, plus que la bouche même, fendue jusqu'aux oreilles, par un éclat. On a bien le droit d'avoir une opinion sur sa propre mort. Mais alors où aller? Droit devant moi? Le dos à l'ennemi. Si les gendarmes ainsi m'avaient pincé en vadrouille[24], je crois bien que mon compte eût été bon. On m'aurait jugé le soir même, très vite, à la bonne franquette[25], dans une classe d'école licenciée. Il y en avait beaucoup des vides des classes, partout où nous passions. On aurait joué avec moi à la justice comme on joue quand le maître est parti. Les gradés sur l'estrade, assis, moi debout, menottes aux mains devant les petits pupitres. Au matin, on m'aurait fusillé: douze balles, plus une. Alors?

Et je repensais encore au colonel, brave comme il était cet homme-là, avec sa cuirasse, son casque et ses moustaches, on l'aurait montré se promenant comme je l'avais vu moi, sous les balles et les obus, dans un music-hall, c'était un spectacle à remplir l'Alhambra[26] d'alors, il aurait éclipsé Fragson[27], dans l'époque dont je vous parle une formidable vedette, cependant. Voilà ce que je pensais moi. Bas les cœurs! que je pensais moi.

---

20. Le colonel. — 21. Salaud. — 22. L'Arc de Triomphe, monument parisien bien connu, servait, comme son nom l'indique, à célébrer les victoires militaires. — 23. Région du Nord de la France, lieu de nombreuses batailles durant la Première Guerre mondiale. — 24. Promenade de débauche. — 25. Franchement et sans façons. — 26. Music-hall parisien. — 27. Vedette de music-hall.

Après des heures et des heures de marche furtive et prudente, j'aperçus enfin nos soldats devant un hameau de fermes. C'était un avant-poste à nous. Celui d'un escadron qui était logé par là. Pas un tué chez eux, qu'on m'annonça. Tous vivants! Et moi qui possédais la grande nouvelle: «Le colonel est mort!» que je leur criai, dès que je fus assez près du poste. «C'est pas les colonels qui manquent!» que me répondit le brigadier Pistil, du tac au tac, qu'était justement de garde lui aussi et même de corvée.

— Et en attendant qu'on le remplace le colonel, va donc, eh carotte, toujours à la distribution de bidoche[28] avec Empouille et Kerdoncuff et puis, prenez deux sacs chacun, c'est derrière l'église que ça se passe... Qu'on voit là-bas... Et puis vous faites pas refiler[29] encore rien que les os comme hier, et puis tâchez de vous démerder[30] pour être de retour à l'escouade avant la nuit, salopards!

On a repris la route tous les trois donc.

«Je leur raconterai plus rien à l'avenir!» que je me disais, vexé. Je voyais bien que c'était pas la peine de leur rien raconter à ces gens-là, qu'un drame comme j'en avais vu un, c'était perdu tout simplement pour des dégueulasses pareils! qu'il était trop tard pour que ça intéresse encore. Et dire que huit jours plus tôt on en aurait mis sûrement quatre colonnes dans les journaux et ma photographie pour la mort d'un colonel comme c'était arrivé. Des abrutis.

C'était donc dans une prairie d'août qu'on distribuait toute la viande pour le régiment, — ombrée de cerisiers et brûlée déjà par la fin de l'été. Sur des sacs et des toiles de tente largement étendues et sur l'herbe même, il y en avait pour des kilos et des kilos de tripes étalées, de gras en flocons jaunes et pâles, des moutons éventrés avec leurs organes en pagaille, suintant en ruisselets ingénieux dans la verdure d'alentour, un bœuf entier sectionné en deux, pendu à l'arbre, et sur lequel s'escrimaient encore en jurant les quatre bouchers du régiment pour lui tirer des morceaux d'abatis. On s'engueulait[31] ferme entre escouades à propos de graisses, et de rognons

surtout, au milieu des mouches comme on en voit que dans ces moments-là, importantes et musicales comme des petits oiseaux.

Et puis du sang encore et partout, à travers l'herbe, en flaques molles et confluentes qui cherchaient la bonne pente. On tuait le dernier cochon quelques pas plus loin. Déjà quatre hommes et un boucher se disputaient certaines tripes à venir.

— C'est toi eh vendu! qui l'as étouffé hier l'aloyau!...

J'ai eu le temps encore de jeter deux ou trois regards sur ce différend alimentaire, tout en m'appuyant contre un arbre et j'ai dû céder à une immense envie de vomir, et pas qu'un peu, jusqu'à l'évanouissement.

On m'a bien ramené jusqu'au cantonnement sur une civière, mais non sans profiter de l'occasion pour me barboter[32] mes deux sacs en toile cachou[33].

Je me suis réveillé dans une autre engueulade du brigadier. La guerre ne passait pas.

Tout arrive et ce fut à mon tour de devenir brigadier vers la fin de ce même mois d'août. On m'envoyait souvent avec cinq hommes, en liaison, aux ordres du général des Entrayes. Ce chef était petit de taille, silencieux, et ne paraissait à première vue ni cruel, ni héroïque. Mais il fallait se méfier... Il semblait préférer par-dessus tout ses bonnes aises. Il y pensait même sans arrêt à ses aises et bien que nous fussions occupés à battre en retraite depuis plus d'un mois, il engueulait tout le monde quand même si son ordonnance ne lui trouvait pas dès l'arrivée à l'étape, dans chaque nouveau cantonnement, un lit bien propre et une cuisine aménagée à la moderne.

Au chef d'état-major, avec ses quatre galons, ce souci de confort donnait bien du boulot. Les exigences ménagères du général des Entrayes l'agaçaient. Surtout que lui, jaune, gastritique au possible et constipé, n'était nullement porté sur la nourriture. Il lui fallait quand même manger ses œufs à la coque à la table du général et recevoir en cette occasion ses doléances. On

---

28. Viande. — 29. Donner. — 30. Débrouiller. — 31. Se disputait, s'insultait. — 32. Voler. — 33. De couleur tabac.

est militaire ou on ne l'est pas. Toutefois, je n'arrivais pas à le plaindre parce que c'était un bien grand saligaud comme officier. Faut en juger. Quand nous avions donc traîné jusqu'au soir de chemins en collines et de luzernes en carottes, on finissait tout de même par s'arrêter pour que notre général puisse coucher quelque part. On lui cherchait, et on lui trouvait un village calme, bien à l'abri, où les troupes ne campaient pas encore et s'il y en avait déjà dans le village des troupes, elles décampaient en vitesse, on les foutait à la porte, tout simplement; à la belle étoile, même si elles avaient déjà formé les faisceaux.

Le village, c'était réservé rien que pour l'Etat-major, ses chevaux, ses cantines, ses valises, et aussi pour ce saligaud de commandant. Il s'appelait Pinçon ce salaud-là, le commandant Pinçon. J'espère qu'à l'heure actuelle il est bien crevé[34] (et pas d'une mort pépère). Mais à ce moment-là, dont je parle, il était encore salement vivant le Pinçon. Il nous réunissait chaque soir les hommes de la liaison et puis alors il nous engueulait un bon coup pour nous remettre dans la ligne et pour essayer de réveiller nos ardeurs. Il nous envoyait à tous les diables, nous qui avions traîné toute la journée derrière le général. Pied à terre! A cheval! Repied à terre! Comme ça à lui porter ses ordres, de-ci, de-là. On aurait aussi bien fait de nous noyer quand c'était fini. C'eût été plus pratique pour tout le monde.

— Allez-vous-en tous! Allez rejoindre vos régiments! Et vivement! qu'il gueulait.

— Où qu'il est le régiment, mon commandant? qu'on demandait nous...

— Il est à Barbagny.

— Où que c'est Barbagny?

— C'est par là!

Par là, où il montrait, il n'y avait rien que la nuit, comme partout d'ailleurs, une nuit énorme qui bouffait la route à deux pas de nous et même qu'il n'en sortait du noir qu'un petit bout de route grand comme la langue.

Allez donc le chercher son Barbagny dans la fin d'un monde! Il aurait fallu qu'on sacrifiât pour le retrouver son Barbagny au

moins un escadron tout entier! Et encore un escadron de braves! Et moi qui n'étais point brave et qui ne voyais pas du tout pourquoi je l'aurais été brave, j'avais évidemment encore moins envie que personne de retrouver son Barbagny, dont il nous parlait d'ailleurs lui-même absolument au hasard. C'était comme si on avait essayé en m'engueulant très fort de me donner l'envie d'aller me suicider. Ces choses-là on les a ou on ne les a pas.

De toute cette obscurité si épaisse qu'il vous semblait qu'on ne reverrait plus son bras dès qu'on l'étendait un peu plus loin que l'épaule, je ne savais qu'une chose, mais cela alors tout à fait certainement, c'est qu'elle contenait des volontés homicides énormes et sans nombre.

Cette gueule d'Etat-major n'avait de cesse dès le soir revenu, de nous expédier au trépas et ça le prenait souvent dès le coucher du soleil. On luttait un peu avec lui à coups d'inertie, on s'obstinait à ne pas le comprendre, on s'accrochait au cantonnement pépère tant bien que mal, tant qu'on pouvait, mais enfin quand on ne voyait plus les arbres, à la fin, il fallait consentir tout de même à s'en aller mourir un peu: le dîner du général était prêt.

Tout se passait alors à partir de ce moment-là, selon les hasards. Tantôt on le trouvait et tantôt on ne le trouvait pas le régiment et son Barbagny. C'était surtout par erreur qu'on les retrouvait parce que les sentinelles de l'escadron de garde tiraient sur nous en arrivant. On se faisait reconnaître ainsi forcément et on achevait presque toujours la nuit en corvées de toutes natures, à porter beaucoup de ballots d'avoine et des seaux d'eau en masse, à se faire engueuler jusqu'à en être étourdi en plus du sommeil.

Au matin on repartait, groupe de la liaison, tous les cinq pour le quartier du général des Entrayes, pour continuer la guerre.

Mais la plupart du temps on ne le trouvait pas le régiment et on attendait seulement le jour en cerclant autour des villages sur les chemins inconnus, à la lisière des hameaux évacués, et des taillis sournois, en

---

34. Mort.

évitant tout ça autant qu'on le pouvait à cause des patrouilles allemandes. Il fallait bien être quelque part cependant en attendant le matin, quelque part dans la nuit. On ne pouvait pas éviter tout. Depuis ce temps-là, je sais ce que doivent éprouver les lapins en garenne.

Ça vient drôlement la pitié. Si on avait dit au commandant Pinçon qu'il n'était qu'un sale assassin lâche, on lui aurait fait un plaisir énorme, celui de nous faire fusiller, séance tenante, par le capitaine de gendarmerie, qui ne le quittait jamais d'une semelle et qui, lui, ne pensait précisément qu'à cela. C'est pas aux Allemands qu'il en voulait, le capitaine de gendarmerie.

Nous dûmes donc courir les embuscades pendant des nuits et des nuits imbéciles qui se suivaient, rien qu'avec l'espérance de moins en moins raisonnable d'en revenir, et celle-là seulement et aussi que si on en revenait qu'on n'oublierait jamais, absolument jamais, qu'on avait découvert sur la terre un homme bâti comme vous et moi, mais bien plus charognard que les crocodiles et les requins qui passent entre deux eaux la gueule ouverte autour des bateaux d'ordures et de viandes pourries qu'on va leur déverser au large, à La Havane[35].

La grande défaite, en tout, c'est d'oublier, et surtout ce qui vous a fait crever, et de crever sans comprendre jamais jusqu'à quel point les hommes sont vaches. Quand on sera au bord du trou faudra pas faire les malins nous autres, mais faudra pas oublier non plus, faudra raconter tout sans changer un mot, de ce qu'on a vu de plus vicieux chez les hommes et puis poser sa chique[36] et puis descendre. Ça suffit comme boulot pour une vie tout entière.

Je l'aurais bien donné aux requins à bouffer moi, le commandant Pinçon, et puis son gendarme avec, pour leur apprendre à vivre; et puis mon cheval aussi en même temps pour qu'il ne souffre plus, parce qu'il n'en avait plus de dos ce grand malheureux, tellement qu'il avait mal, rien que deux plaques de chair qui lui restaient à la place, sous la selle, larges comme mes deux mains et suintantes, à vif, avec des grandes traînées de pus qui lui coulaient par les bords de la couverture jusqu'aux

jarrets. Il fallait cependant trotter là-dessus, un, deux... Il s'en tortillait de trotter. Mais les chevaux c'est encore bien plus patient que des hommes. Il ondulait en trottant. On ne pouvait plus le laisser qu'au grand air. Dans les granges, à cause de l'odeur qui lui sortait des blessures, ça sentait si fort, qu'on en restait suffoqué. En montant dessus son dos, ça lui faisait si mal qu'il se courbait, comme gentiment, et le ventre lui en arrivait alors aux genoux. Ainsi on aurait dit qu'on grimpait sur un âne. C'était plus commode, ainsi, faut l'avouer. On était bien fatigués nous-mêmes, avec tout ce qu'on supportait en aciers sur la tête et sur les épaules.

Le général des Entrayes, dans la maison réservée, attendait son dîner. Sa table était mise, la lampe à sa place.

— Foutez-moi tous le camp[37], nom de Dieu, nous sommait une fois de plus le Pinçon, en nous balançant sa lanterne à hauteur du nez. On va se mettre à table! Je ne vous le répéterai plus! Vont-ils s'en aller ces charognes! qu'il hurlait même. Il en reprenait, de rage, à nous envoyer crever ainsi, ce diaphane, quelques couleurs aux joues.

Quelquefois le cuisinier du général nous repassait[38] avant qu'on parte un petit morceau, il en avait de trop à bouffer le général, puisqu'il touchait d'après le règlement quarante rations pour lui tout seul! Il n'était plus jeune cet homme-là. Il devait même être tout près de la retraite. Il pliait aussi des genoux en marchant. Il devait se teindre les moustaches.

Ses artères, aux tempes, cela se voyait bien à la lampe, quand on s'en allait, dessinaient des méandres comme la Seine à la sortie de Paris. Ses filles étaient grandes, disait-on, pas mariées, et comme lui, pas riches. C'était peut-être à cause de ces souvenirs-là qu'il avait tant l'air vétillard[39] et grognon, comme un vieux chien qu'on aurait dérangé dans ses habitudes et qui essaye de retrouver son panier à coussin partout où on veut bien lui ouvrir la porte.

Il aimait les beaux jardins et les rosiers, il n'en ratait pas une, de roseraie, partout où nous passions. Personne comme les généraux pour aimer les rosiers. C'est connu.

---

35. Ville de Cuba. — 36. Mourir. — 37. Partez, déguerpissez. — 38. Donnait. — 39. Vétilleux.

Tout de même on se mettait en route. Le boulot c'était pour les faire passer au trot les canards[40]. Ils avaient peur de bouger à cause des plaies d'abord et puis ils avaient peur de nous et de la nuit aussi, ils avaient peur de tout, quoi! Nous aussi! Dix fois on s'en retournait pour lui redemander la route au commandant. Dix fois qu'il nous traitait de fainéants et de tire-au-cul[41] dégueulasses. A coups d'éperon enfin on franchissait le dernier poste de garde, on leur passait le mot aux plantons et puis on plongeait d'un coup dans la sale aventure, dans les ténèbres de ces pays à personne.

A force de déambuler d'un bord de l'ombre à l'autre, on finissait par s'y reconnaître un petit peu, qu'on croyait du moins... Dès qu'un nuage semblait plus clair qu'un autre on se disait qu'on avait vu quelque chose... Mais devant soi, il n'y avait de sûr que l'écho allant et venant, l'écho du bruit que faisaient les chevaux en trottant, un bruit qui vous étouffe, énorme, tellement qu'on en veut pas. Ils avaient l'air de trotter jusqu'au ciel, d'appeler tout ce qu'il y avait sur la terre les chevaux, pour nous faire massacrer. On aurait pu faire ça d'ailleurs d'une seule main, avec une carabine, il suffisait de l'appuyer en nous attendant, le long d'un arbre. Je me disais toujours que la première lumière qu'on verrait ce serait celle du coup de fusil de la fin.

Depuis quatre semaines qu'elle durait, la guerre, on était devenus si fatigués, si malheureux, que j'en avais perdu, à force de fatigue, un peu de ma peur en route. La torture d'être tracassés jour et nuit par ces gens, les gradés, les petits surtout, plus abrutis, plus mesquins et plus haineux encore que d'habitude, ça finit par faire hésiter les plus entêtés, à vivre encore.

Ah! l'envie de s'en aller! Pour dormir! D'abord! Et s'il n'y a plus vraiment moyen de partir pour dormir alors l'envie de vivre s'en va toute seule. Tant qu'on y resterait en vie faudrait avoir l'air de chercher le régiment.

Pour que dans le cerveau d'un couillon[42] la pensée fasse un tour, il faut qu'il lui arrive beaucoup de choses et des

bien cruelles. Celui qui m'avait fait penser pour la première fois de ma vie, vraiment penser, des idées pratiques et bien à moi, c'était bien sûrement le commandant Pinçon, cette gueule de torture. Je pensais donc à lui aussi fortement que je pouvais, tout en brinquebalant, garni, croulant sous les armures, accessoire figurant dans cette incroyable affaire internationale, où je m'étais embarqué d'enthousiasme... Je l'avoue.

Chaque mètre d'ombre devant nous était une promesse nouvelle d'en finir et de crever, mais de quelle façon? Il n'y avait guère d'imprévu dans cette histoire que l'uniforme de l'exécutant. Serait-ce un d'ici? Ou bien un d'en face?

Je ne lui avais rien fait, moi, à ce Pinçon! A lui, pas plus d'ailleurs qu'aux Allemands!... Avec sa tête de pêche pourrie, ses quatre galons qui lui scintillaient partout de sa tête au nombril, ses moustaches rêches et ses genoux aigus, et ses jumelles qui lui pendaient au cou comme une cloche de vache, et sa carte au $1/1000^e$ donc? Je me demandais quelle rage d'envoyer crever les autres le possédait celui-là? Les autres qui n'avaient pas de carte.

Nous quatre cavaliers sur la route, nous faisions autant de bruit qu'un demi-régiment. On devait nous entendre venir à quatre heures de là ou bien c'est qu'on voulait pas nous entendre. Cela demeurait possible... Peut-être qu'ils avaient peur de nous les Allemands? Qui sait?

Un mois de sommeil sur chaque paupière voilà ce que nous portions et autant derrière la tête, en plus de ces kilos de ferraille.

Ils s'exprimaient mal mes cavaliers d'escorte. Ils parlaient à peine pour tout dire. C'étaient des garçons venus du fond de la Bretagne[43] pour le service et tout ce qu'ils savaient ne venait pas de l'école, mais du régiment. Ce soir-là, j'avais essayé de m'entretenir un peu du village de Barbagny avec celui qui était à côté de moi et qui s'appelait Kersuzon.

— Dis donc, Kersuzon, que je lui dis, c'est les Ardennes[44] ici tu sais... Tu ne vois rien toi loin devant nous? Moi, je vois rien du tout...

---

40. Chevaux. — 41. Paresseux. — 42. Peureux; individu sans importance. — 43. Région au nord-ouest de la France. — 44. Région entre la Belgique et la France. Lieu de batailles en 1914.

— C'est tout noir comme un cul, qu'il m'a répondu Kersuzon. Ça suffisait...

— Dis donc, t'as pas entendu parler de Barbagny toi dans la journée? Par où que c'était? que je lui ai demandé encore.

— Non.

Et voilà.

On ne l'a jamais trouvé le Barbagny. On a tourné sur nous-mêmes seulement jusqu'au matin, jusqu'à un autre village, où nous attendait l'homme aux jumelles. Son général prenait le petit café sous la tonnelle devant la maison du maire quand nous arrivâmes.

— Ah! comme c'est beau la jeunesse, Pinçon! qu'il lui a fait remarquer très haut à son chef d'Etat-major en nous voyant passer, le vieux. Ceci dit, il se leva et partit faire un pipi et puis encore un tour les mains derrière le dos, voûté. Il était très fatigué ce matin-là, m'a soufflé l'ordonnance, il avait mal dormi le général, quelque chose qui le tracassait dans la vessie, qu'on racontait.

Kersuzon me répondait toujours pareil quand je le questionnais la nuit, ça finissait par me distraire comme un tic. Il m'a répété ça encore deux ou trois fois à propos du noir et du cul et puis il est mort, tué qu'il a été, quelque temps plus tard, en sortant d'un village, je m'en souviens bien, un village qu'on avait pris pour un autre, par des Français qui nous avaient pris pour des autres.

C'est même quelques jours après la mort de Kersuzon qu'on a réfléchi et qu'on a trouvé un petit moyen, dont on était bien content, pour ne plus se perdre dans la nuit.

Donc, on nous foutait à la porte[45] du cantonnement. Bon. Alors on disait plus rien. On ne rouspétait plus. «Allez-vous-en!» qu'il faisait, comme d'habitude, la gueule en cire.

— Bien mon commandant!

Et nous voilà dès lors partis du côté du canon et sans se faire prier, tous les cinq. On aurait dit qu'on allait aux cerises. C'était bien vallonné de ce côté-là. C'était la Meuse, avec ses collines, avec des vignes dessus, du raisin pas encore mûr et l'automne, et des villages en bois bien séchés par trois mois d'été, donc qui brûlaient facilement.

On avait remarqué ça nous autres, une nuit qu'on savait plus du tout où aller. Un village brûlait toujours du côté du canon. On en approchait pas beaucoup, pas de trop, on le regardait seulement d'assez loin le village, en spectateurs pourrait-on dire, à dix, douze kilomètres par exemple. Et tous les soirs ensuite, vers cette époque-là, bien des villages se sont mis à flamber à l'horizon, ça se répétait, on en était entourés, comme par un très grand cercle d'une drôle de fête de tous ces pays-là qui brûlaient, devant soi et des deux côtés, avec des flammes qui montaient et léchaient les nuages.

On voyait tout y passer dans les flammes: les églises, les granges, les unes après les autres, les meules qui donnaient des flammes plus animées, plus hautes que le reste, et puis les poutres qui se redressaient tout droit dans la nuit avec des barbes de flammèches avant de chuter dans la lumière.

Ça se remarque bien comment que ça brûle un village, même à vingt kilomètres. C'était gai. Un petit hameau de rien du tout qu'on apercevrait même pas pendant la journée, au fond d'une moche petite campagne, eh bien, on a pas idée la nuit, quand il brûle, de l'effet qu'il peut faire! On dirait Notre-Dame! Ça dure bien toute une nuit à brûler un village, même un petit, à la fin on dirait une fleur énorme, puis, rien qu'un bouton, puis plus rien.

Ça fume et alors c'est le matin.

Les chevaux qu'on laissait tout sellés, dans les champs à côté de nous, ne bougeaient pas. Nous, on allait roupiller dans l'herbe, sauf un, qui prenait la garde, à son tour, forcément. Mais quand on a des feux à regarder la nuit passe bien mieux, c'est plus rien à endurer, c'est plus de la solitude.

Malheureux qu'ils n'ont pas duré les villages... au bout d'un mois, dans ce canton-là, il n'y en avait déjà plus. Les forêts, on a tiré dessus aussi, au canon. Elles n'ont pas existé huit jours les forêts. Ça fait encore des beaux feux les forêts, mais ça dure à peine.

---

45. Faisait sortir, renvoyait.

Après ce temps-là, les convois d'artillerie prirent toutes les routes dans un sens et les civils qui se sauvaient, dans l'autre.

En somme, on ne pouvait plus, nous, ni aller, ni revenir; fallait rester où on était.

On faisait queue pour aller crever. Le général même ne trouvait plus de campements sans soldats. Nous finîmes par coucher tous en pleins champs, général ou pas.

Ceux qui avaient encore un peu de cœur l'ont perdu. C'est à partir de ces mois-là qu'on a commencé à fusiller des troupiers pour leur remonter le moral, par escouades, et que le gendarme s'est mis à être cité à l'ordre du jour pour la manière dont il faisait sa petite guerre à lui, la profonde, la vraie de vraie.

Matière à réflexion

1. Montrez comment Céline juxtapose des niveaux de langues très divers. Quels sont les effets de ces changements de registre? Donnez-en plusieurs exemples.

2. La perspective de Bardamu oscille entre la naïveté feinte et le dégoût absolu. Comment cette perception propre à Bardamu affecte-t-elle sa compréhension de la guerre? Quel est l'effet de cette apparente naïveté? Donnez-en quelques exemples.

3. Comment Céline critique-t-il le patriotisme, la hiérarchie militaire et l'Etat français en général? Quel portrait donne-t-il des gradés? En quoi leur attitude est-elle particulièrement ridicule ou révoltante?

4. Pour Céline, la guerre est représentative de l'immense bêtise humaine. Bardamu a-t-il toujours confiance en l'humanité? Peut-on le qualifier de misanthrope?

5. Le *Voyage* est rempli d'un humour noir (« C'est à la mitrailleuse qu'ils poursuivaient à présent leurs sottises »; « on aurait dit qu'on allait aux cerises », etc.). Montrez comment cet humour noir fonctionne chez Céline. Que permet-il d'exprimer?

6. Chez Céline, l'homme n'est jamais en harmonie avec le monde naturel, comme s'il ne pouvait trouver sa place nulle part, comme s'il était de trop. Montrez comment Céline décrit la campagne française comme un endroit inhabitable. Comment expliquez-vous cette perspective de Bardamu?

7. Pourquoi est-il absurde de chercher la ville de Barbagny? En quoi toute cette guerre est-elle absurde pour Bardamu?

Du Symbolisme au surréalisme: Précurseurs et marginaux (1910–1920)

La décennie 1910–1920 est riche en innovations poétiques de toutes sortes qui contribueront à l'éclosion du surréalisme. Breton et ses compagnons d'aventures n'hésiteront pas à désigner clairement leurs devanciers, même si ce fut pour s'en émanciper et revendiquer la nouveauté de leur projet. Parmi ces influences, outre Rimbaud, Lautréamont et Jarry, l'on trouve des poètes contemporains aussi divers que Valéry, dont le jeune Breton est un émule — bien que la conception de la littérature qui est celle de Breton en 1920 finisse par diverger radicalement de celle de son aîné —, Jules Supervielle, Max Jacob et, surtout, Pierre Reverdy. Ce sont ces poètes que nous aborderons dans ce chapitre.

Il serait pourtant injuste de résumer l'œuvre de ces écrivains à l'influence qu'ils auraient eue, directement ou indirectement, sur le surréalisme. Ce serait les définir par rapport à un mouvement postérieur dont la supériorité intrinsèque est loin d'être certaine. Bien que la tentation de faire graviter toute la poésie moderne autour du surréalisme soit grande, elle ne doit pas faire passer pour marginaux des écrivains pour lesquels le surréalisme n'a jamais eu une position de centre. En outre, ces poètes, s'ils précèdent la génération surréaliste, ont continué de publier bien après son extinction poétique. Ces précautions prises, admettons toutefois de réunir ici, par commodité, quelques poètes qui, par leur pratique novatrice, ont préparé le terrain à la révolution surréaliste.

On pourrait bien sûr inclure à ce groupe Apollinaire, Cendrars et tous les poètes de l'« esprit nouveau », qui, comme nous l'avons vu, ont renouvelé prosodiquement et thématiquement la poésie française de l'avant-guerre, offrant aux surréalistes de nouveaux sujets et de nouveaux modes d'expression. A l'exception de Valéry, qui reste, à bien des égards, un héritier du XIXe siècle, l'appelation « esprit nouveau » pourrait tout aussi bien s'appliquer aux trois autres poètes que nous rassemblons ici (auxquels nous pourrions ajouter Jean Cocteau, abordé ailleurs pour son œuvre théâtrale[1]), si elle n'était souvent synonyme d'enthousiasme moderniste pour les progrès techniques, ce qui n'est guère leur cas. En réalité, force est de constater que ces poètes, refusant d'être rangés dans aucune école poétique, sont restés farouchement indépendants. Si Valéry est bien proche de Mallarmé et des symbolistes, tout comme Jacob l'est du cubisme et du surréalisme, c'est précisément leur refus d'appartenance à tout groupe qui les caractérise.

En terme d'influence, ces poètes ont retenu l'attention des surréalistes pour des raisons très variées. Valéry, le génial maître à penser du tournant du siècle, a impressionné Breton par son invention métaphorique tout autant que par son intérêt pour les mécanismes de l'esprit. Pourtant, sur le pur plan poétique, tout oppose Valéry et les surréalistes, en particulier sa conception de l'écriture comme travail conscient et son recours systématique à la prosodie la plus classique. Chez Supervielle, c'est surtout la sensibilité du poète, sa fascination pour les présences inconnues surgies de l'au-delà, qui ont trouvé un écho chez les surréalistes. Quant à Jacob et à Reverdy, leur contribution est beaucoup plus nette et beaucoup plus importante. Jacob, par son ludisme verbal, sa jonglerie poétique, a ouvert la voie aux expérimentations formelles des surréalistes. Reverdy, quant à lui, a proposé une nouvelle conception de l'image poétique qui est restée dominante jusqu'à la mi-siècle, et qui définit déjà, automatisme mis à part, la pratique surréaliste de l'image qui constitue l'essentiel de la poésie pour Breton.

Lorsqu'en 1917 Reverdy, directeur de la revue *Nord-Sud* (où publient Apollinaire et Jacob, mais aussi déjà Breton et Soupault), affirme que l'objectif de cette nouvelle génération est de « constituer des œuvres qui utilisent les libertés conquises par nos prédécesseurs, mais en rapprochant les éléments les plus divers et en apparence les plus disparates », il ignore sans doute à quel point cette phrase est prémonitoire.

Paul Valéry
1871–1945

Les historiens de la littérature, en mal chronique de continuité, ont souvent trouvé en Paul Valéry le « chaînon manquant » de la poésie française moderne. Sa position est en effet centrale dans le jeu des influences qui mènent du symbolisme au surréa-

---

1. Voir p. 580.

lisme: disciple et ami de Mallarmé, Valéry fut aussi admiré par le jeune André Breton, qui déclarait, en 1913, connaître par cœur l'intégralité de *La Soirée avec M. Teste*. Mariant avec élégance la prosodie la plus classique à l'invention métaphorique, Valéry fut à la fois l'héritier des symbolistes et le très distant parrain des surréalistes.

Né à Sète, petit port pittoresque près de Marseille, Valéry s'intéresse à la poésie dès le lycée. Il projette d'abord de se lancer dans la carrière juridique, mais, durant ses études de droit, vers 1890, il commence à fréquenter le groupe des écrivains symbolistes qui, comme André Gide, se réunissaient autour de Mallarmé. Il publie quelques textes dans des revues symbolistes avant de connaître, en 1892, une grave crise morale qui l'éloigne momentanément de la littérature et le plonge dans la méditation et l'étude des mathématiques.

A partir de cette date, Valéry, qui s'intéresse à la pensée scientifique, consacrera une grande part de son œuvre à la spéculation théorique, remplissant notamment d'innombrables carnets intimes qui, pour la plupart, ne seront publiés qu'après sa mort. C'est de cette préoccupation scientifique que découle un des premiers livres de Valéry, l'*Introduction à la méthode de Léonard de Vinci* (1895), réflexion sur le pouvoir créateur de l'esprit. Ce livre est suivi, un an plus tard, par *La Soirée avec M. Teste*, récit imaginant une rencontre avec un personnage étrange qui aurait réussi à découvrir « les lois de notre esprit »: « L'habitude de la méditation faisait vivre cet esprit au milieu — au moyen — d'états rares; dans une supposition perpétuelle d'expériences purement idéales, dans l'usage continuel des conditions limites et des phases critiques de la pensée. » On reconnaît dans cette étude des possibilités humaines la rencontre entre la pensée scientifique et l'« idéal » symboliste: c'est cette synthèse qui occupa une majeure partie de la réflexion théorique et critique de Valéry.

C'est précisément cet intérêt pour les mécanismes intellectuels et pour le raisonnement abstrait qui éloigne Valéry de l'esthétisme littéraire. Au tournant du siècle, tout en poursuivant dans ses *Cahiers* ses réflexions sur la nature de l'esprit humain, mais aussi sur les problèmes de l'écriture en général, Valéry renonce une nouvelle fois à la poésie et, menant une existence bureaucratique de secrétaire d'administration, s'impose un silence de vingt ans, durant lequel, replié narcissiquement sur son propre intellect, il se livre méthodiquement à un approfondissement du fonctionnement de la conscience, du rêve et du langage. Ce n'est qu'en travaillant, sur la demande d'André Gide, à rééditer ses premiers poèmes, que Valéry retrouve quasi fortuitement le goût de l'écriture poétique. C'est à Gide que Valéry dédie, en guise de remerciement, son long poème en 513 alexandrins, intitulé *La Jeune Parque* (1917), qui marque son retour à la poésie et lui apporte une notoriété presque immédiate. Dans une période de cinq ans, Valéry produit alors l'essentiel de son œuvre poétique. Il publie en 1920 *Le Cimetière marin*, suivi, la même année, par son recueil de poèmes de jeunesse intitulé *Album de vers anciens*, puis enfin, en 1922, par le recueil *Charmes*.

Devenu poète officiel, ou encore « poète d'Etat », comme il le constate avec un certain amusement, Valéry est alors comblé d'honneurs. Après avoir été élu à l'Académie française en 1925, puis été fait docteur *honoris causa* par maintes universités, il est nommé professeur de poétique au prestigieux Collège de France en 1937. Multipliant les essais et les conférences, en France comme à l'étranger, Valéry s'exprime sur tous les sujets — littéraires, esthétiques, historiques, politiques,

Paul Valéry

scientifiques, etc. — qui suscitent son énorme curiosité. Jointe aux 270 *Cahiers* que l'écrivain a remplis depuis 1894, cette masse impressionnante de réflexions atteste que Valéry fut non seulement un des essayistes les plus féconds, mais aussi les plus originaux de son époque, alliant à une exigence de rigueur scientifique un remarquable classicisme formel, digne des grands penseurs français comme Montesquieu et Bossuet, qu'il admire ouvertement.

Valéry meurt en 1945, peu avant la fin de la guerre, durant laquelle il avait continué de professer au Collège de France, tout en soutenant la Résistance par quelques gestes symboliques. Après des obsèques nationales, il fut enterré, selon son vœu, au cimetière marin de Sète, le décor de son plus célèbre poème.

Valéry s'est beaucoup interrogé sur l'avenir des civilisations, et en particulier celui de la civilisation occidentale, dont il représente, au tournant du siècle, le modèle intellectuel et artistique le plus avancé. La guerre de 14 a rappelé à Valéry, comme à tous les penseurs de cette époque, que les civilisations sont éphémères et vouées à la disparition. Aussi le poète ne se serait-il point étonné que son œuvre, en tant que produit d'une époque (le XIXᵉ siècle français), de son langage et de ses valeurs, soit aujourd'hui devenue difficile d'accès.

Pour bien comprendre le projet poétique de Valéry, il importe donc de le situer dans son contexte historique et le mettre en rapport avec la réflexion théorique qui l'accompagne.

1° Un poète classique et un héritier de Mallarmé. — Bien qu'il côtoye les courants poétiques les plus novateurs, Valéry reste fidèle à la tradition classique française, et en particulier au vers régulier: *La Jeune Parque* est entièrement composée d'alexandrins, *Le Cimetière marin* de décasyllabes, et *Charmes* semble quant à lui faire l'inventaire de toutes les formes métriques françaises héritées de la prosodie classique. La syntaxe et le lexique de Valéry dérivent en droite ligne du XIXe siècle, et ses poèmes sont émaillés de références mythologiques qui les rendent souvent hermétiques aux lecteurs modernes.

Son écriture, très recherchée comme celle de Mallarmé, tire volontairement parti de tous les effets sémantiques et sonores: place du mot dans le vers, enchaînement des sonorités et parallélismes de toutes sortes, figures diverses, etc. L'idée de l'écriture automatique est tout à fait contraire à sa conception de la littérature comme travail conscient de l'écrivain. Comme Mallarmé, il conçoit l'écrivain plutôt comme «architecte» (*Paradoxe sur l'architecte,* 1891) que comme mage. Ce qu'il dit de Bossuet s'applique parfaitement à lui-même: «Bossuet dit ce qu'il veut. Il est essentiellement volontaire, comme le sont tous ceux que l'on nomme *classiques*. Il procède par construction, tandis que nous procédons par accidents. Il spécule sur l'attente qu'il crée tandis que les modernes spéculent sur la surprise[1]». Affirmant «créer en toute conscience», Valéry fait de la poésie son *métier,* au sens classique.

Plus encore, recherchant une parfaite adéquation entre forme et sens, il a pour ambition de faire de la poésie un langage exact, capable de rendre les moindres nuances du réel[2]: selon sa définition, «La Poésie. Est l'essai de représenter, ou de restituer, par les moyens du langage articulé, *ces choses* ou *cette chose,* que tentent obscurément d'exprimer les cris, les larmes, les caresses, les baisers, les soupirs, etc., et que *semblent vouloir exprimer les objets,* dans ce qu'ils ont d'apparence de vie, ou de dessein supposé.» L'image et la métaphore restent en outre largement symbolistes chez Valéry: sa poésie est moins description du réel qu'évocation, par un réseau d'analogies, d'une réalité extra-sensorielle.

2° Un poète de l'esprit. — La réflexion théorique de Valéry sur l'architecture de la pensée (qui commence avec l'*Introduction à la méthode de Léonard de Vinci*) se prolonge dans sa poésie, conçue elle aussi comme pur exercice de l'esprit, et qui n'a d'autre objectif que sa propre existence esthétique. C'est dans ce sens qu'il faut comprendre la maîtrise de la forme à laquelle s'applique le poète. Cependant, bien qu'il réclame une poésie pure, produit du seul intellect, Valéry n'est pas le Monsieur Teste de son récit: il est conscient que la poésie ne s'adresse pas seulement à l'intelligence, mais aussi au cœur. Aussi ses poèmes ne seront-ils exempts ni de beauté plastique, ni d'une certaine sensualité. L'écriture poétique, dans ce sens,

---

1. *Variété II* (1929). — 2. Rappelons que Mallarmé avait lui aussi le projet d'un langage poétique *symbolique,* c'est-à-dire qui instaurerait «une relation de similitude entre le langage et le monde, les mots et les choses» (Daniel Briolet, *Lire la poésie française du XXe siècle*).

n'est pas seulement «fête pour l'esprit», mais aussi «source d'enchantement pour les sens[3]». Aussi un poème comme le célèbre *Cimetière marin,* plus qu'une contemplation méditative d'un paysage méditerranéen, est-il envoûtement devant un spectacle devenu symbole d'éternité.

---

3. Daniel Briolet, *Op.cit.*

La Fileuse

Repris en 1920 dans son *Album de vers anciens,* ce poème de jeunesse de Valéry témoigne de l'influence du symbolisme sur le poète. Sur un sujet d'une apparente simplicité — une jeune fileuse, assise près d'une fenêtre donnant sur un jardin en fleurs, s'endort à la tombée du soir —, Valéry se livre à un exercice de virtuosité poétique mallarméen. Multipliant les métaphores (la laine devient «Chevelure», un mot qui rappelle Mallarmé, tout comme l'adverbe «mystérieusement[1]») et les correspondances subtiles («le jardin mélodieux se dodeline»), afin de donner l'impression de douceur, de délicatesse et de beauté, Valéry a en outre recours à une versification subtile: ce poème est divisé en strophes de trois alexandrins organisés sur le principe de la tierce rime (aba, bcb, cdc, etc.).

> Assise, la fileuse au bleu de la croisée[2]
> Où le jardin mélodieux se dodeline;
> Le rouet ancien qui ronfle l'a grisée.
>
> Lasse, ayant bu l'azur[3], de filer la câline
> 5 Chevelure, à ses doigts si faibles évasive[4],
> Elle songe, et sa tête petite s'incline.
>
> Un arbuste et l'air pur font une source vive
> Qui, suspendue au jour, délicieuse arrose
> De ses pertes de fleurs le jardin de l'oisive.
>
> 10 Une tige, où le vent vagabond se repose,
> Courbe le salut[5] vain de sa grâce étoilée[6],
> Dédiant magnifique, au vieux rouet, sa rose.
>
> Mais la dormeuse file une laine isolée;
> Mystérieusement l'ombre frêle se tresse
> 15 Au fil de ses doigts longs et qui dorment, filée.
>
> Le songe se dévide avec une paresse
> Angélique, et sans cesse, au doux fuseau crédule,
> La chevelure ondule au gré de la caresse[7]...

---

1. Mallarmé appréciait en effet beaucoup les adverbes en «- ment». — 2. Exemple d'écriture dite «artiste», qui consiste à privilégier le substantif au détriment de l'adjectif («le bleu de la croisée» = «la croisée bleue», c'est-à dire la fenêtre). Ce tic d'écriture est typique des symbolistes. — 3. «Parce qu'elle a bu l'azur», c'est-à-dire qu'elle sombre dans la rêverie. — 4. «Qui échappe à ses doigts si faibles». — 5. La tige s'incline en forme de salut. — 6. La fleur a la forme d'une étoile. — 7. La jeune fille, s'assoupissant, caresse encore de sa main le fuseau, qui obéit à ses gestes.

Derrière tant de fleurs, l'azur se dissimule[8],
20 Fileuse de feuillage et de lumière ceinte:
Tout le ciel vert se meurt. Le dernier arbre brûle.

Ta sœur, la grande rose où sourit une sainte[9],
Parfume ton front vague[10] au vent de son haleine
Innocente, et tu crois languir... Tu es éteinte[11]

25 Au bleu de la croisée où tu filais la laine.

Le Cimetière marin

Publié en revue en 1920, puis repris en 1922 dans le recueil *Charmes*, avec quelques modifications, ce long poème en strophes de six décasyllabes est le plus célèbre de Paul Valéry. Moins hermétique que certains de ses poèmes, *Le Cimetière marin* n'en contient pas moins des passages obscurs qui ont donné lieu à de nombreuses querelles d'interprétation. C'est un des poèmes les plus personnels de Valéry, puisqu'il évoque un lieu réel, cher au poète: le cimetière sur la falaise de Sète, qui domine la mer, et dans lequel Valéry lui-même sera inhumé. Poésie affective, dominée par le souvenir des lieux de l'enfance, mais aussi méditation sur l'éphémère condition humaine — car la description chez Valéry est toujours véhicule de l'idée[12] —, opposée au décor naturel immuable, *Le Cimetière marin* est une réflexion philosophique sur l'homme, la mort et l'absolu.

Poème difficile en raison de sa densité métaphorique, comme l'atteste le premier vers, où la mer est comparée à un « toit » (image que l'on retrouve d'ailleurs au dernier vers), et les barques des pêcheurs à des « colombes », *Le Cimetière marin* exige du lecteur un examen approfondi des images, qui, opérant souvent par raccourcis métaphoriques, nous présentent des comparants (« Ce toit ») sans comparés explicites (« la mer »). Ce raffinement extrême de l'expression, digne de Mallarmé, demande du lecteur une constante exégèse. Certaines images se laissent facilement décoder (la lumière du soleil devenue ce « pur travail de fins éclairs », ou la scintillation du soleil sur l'eau « Maint diamant d'imperceptible écume », par exemple), tandis que d'autres vers restent plus obscurs (« Une étincelle y pense à mes absents », etc.).

« Amateur d'abstractions », Valéry fait dans ce poème allusion au philosophe grec Zénon d'Elée, afin, dit-il, de « compenser, par une tonalité métaphysique, le sensuel et le *trop humain* des strophes antécédentes », et d'« exprimer la rébellion contre la durée et l'acuité d'une méditation qui fait sentir trop cruellement l'écart entre l'être et le connaître que développe la conscience de la conscience ». Ce détour par la philosophie a donc pour fonction de nous rappeler que ce poème est

---

8. Le soir tombe. — 9. La rose ressemble aux rosaces des cathédrales, où sont peintes des saintes. — 10. Tout ce vocabulaire évanescent est à nouveau typiquement symboliste. — 11. Endormie. — 12. L'usage des majuscules est en cela très symboliste (« Le Temps », « le Songe », « Œil », etc.).

avant tout réflexion sur la condition mortelle de l'homme: se promenant parmi les
tombeaux, le poète médite sur les morts, lorsqu'un regard sur la mer majestueuse
le ramène à la vie, à laquelle les derniers vers rendent un hymne vibrant.

> Ce toit tranquille, où marchent des colombes,
> Entre les pins palpite, entre les tombes;
> Midi le juste[13] y compose de feux
> La mer, la mer, toujours recommencée!
> 5 O récompense après une pensée
> Qu'un long regard sur le calme des dieux!
>
> Quel pur travail de fins éclairs consume
> Maint diamant d'imperceptible écume,
> Et quelle paix semble se concevoir!
> 10 Quand sur l'abîme un soleil se repose,
> Ouvrages purs d'une éternelle cause,
> Le Temps scintille et le Songe est savoir.
>
> Stable trésor, temple simple à Minerve[14],
> Masse de calme, et visible réserve,
> 15 Eau sourcilleuse, Œil[15] qui gardes en toi
> Tant de sommeil sous un voile de flamme,
> O mon silence!... Edifice dans l'âme,
> Mais comble d'or aux mille tuiles, Toit!
>
> Temple du Temps, qu'un seul soupir résume,
> 20 A ce point pur je monte et m'accoutume,
> Tout entouré de mon regard marin;
> Et comme aux dieux mon offrande suprême,
> La scintillation sereine sème
> Sur l'altitude un dédain souverain.
>
> 25 Comme le fruit se fond en jouissance,
> Comme en délice il change son absence
> Dans une bouche où sa forme se meurt,
> Je hume ici ma future fumée[16],
> Et le ciel chante à l'âme consumée
> 30 Le changement des rives en rumeur.
>
> Beau ciel, vrai ciel, regarde-moi qui change!
> Après tant d'orgueil, après tant d'étrange
> Oisiveté, mais pleine de pouvoir,
> Je m'abandonne à ce brillant espace,
> 35 Sur les maisons des morts mon ombre passe
> Qui m'apprivoise à son frêle mouvoir.
>
> L'âme exposée aux torches du solstice,
> Je te soutiens, admirable justice
> De la lumière aux armes sans pitié!

---

13. Le soleil au zénith distribue une lumière égale à tout le paysage. — 14. Déesse romaine de l'antiquité, comparable à l'Athéna grecque. — 15. L'eau est comparée à un œil. — 16. Ma future mort.

40   Je te rends pure à ta place première:
Regarde-toi!... Mais rendre la lumière
Suppose d'ombre une morne moitié.

O pour moi seul, à moi seul, en moi-même,
Auprès d'un cœur, aux sources du poème,
45   Entre le vide et l'événement pur,
J'attends l'écho de ma grandeur interne,
Amère, sombre et sonore citerne,
Sonnant dans l'âme un creux toujours futur!

Sais-tu, fausse captive des feuillages,
50   Golfe mangeur de ces maigres grillages[17],
Sur mes yeux clos, secrets éblouissants,
Quel corps me traîne à sa fin paresseuse,
Quel front l'attire à cette terre osseuse?
Une étincelle y pense à mes absents[18].

55   Fermé, sacré, plein d'un feu sans matière,
Fragment terrestre offert à la lumière,
Ce lieu me plaît, dominé de flambeaux,
Composé d'or, de pierre et d'arbres sombres,
Où tant de marbre est tremblant sur tant d'ombres;
60   La mer fidèle y dort sur mes tombeaux!

Chienne[19] splendide, écarte l'idolâtre!
Quand solitaire au sourire de pâtre,
Je pais longtemps, moutons mystérieux,
Le blanc troupeau de mes tranquilles tombes,
65   Eloignes-en les prudentes colombes,
Les songes vains, les anges curieux!

Ici venu, l'avenir est paresse.
L'insecte net gratte la sécheresse[20];
Tout est brûlé, défait, reçu dans l'air
70   A je ne sais quelle sévère essence...
La vie est vaste, étant ivre d'absence,
Et l'amertume est douce, et l'esprit clair.

Les morts cachés sont bien dans cette terre
Qui les réchauffe et sèche leur mystère.
75   Midi là-haut, Midi sans mouvement
En soi se pense et convient à soi-même...
Tête complète et parfait diadème,
Je suis en toi le secret changement.

---

17. Les rangées d'arbres (« feuillages ») devant la mer ressemblent à un grillage. — 18. Dans le front (le cerveau) du poète, il existe une connaissance de la mort. — 19. Image du chien de berger, à mettre en rapport avec le « pâtre », les « moutons » et le « troupeau » des vers suivants. La mer, comme un animal fidèle, protège le poète. — 20. Allusion aux insectes qui vivent dans ce milieu méridional sec, ou encore aux insectes qui dessèchent les corps des morts en consumant la chair.

Tu n'as que moi pour contenir tes craintes!
80 Mes repentirs, mes doutes, mes contraintes
Sont le défaut de ton grand diamant...
Mais dans leur nuit toute lourde de marbres,
Un peuple vague[21] aux racines des arbres
A pris déjà ton parti lentement.

85 Ils ont fondu dans une absence épaisse,
L'argile rouge a bu la blanche espèce[22],
Le don de vivre a passé dans les fleurs!
Où sont des morts les phrases familières,
L'art personnel, les âmes singulières?
90 La larve file où se formaient des pleurs.

Les cris aigus des filles chatouillées,
Les yeux, les dents, les paupières mouillées,
Le sein charmant qui joue avec le feu,
Le sang qui brille aux lèvres qui se rendent,
95 Les derniers dons, les doigts qui les défendent,
Tout va sous terre et rentre dans le jeu!

Et vous, grande âme[23], espérez-vous un songe
Qui n'aura plus ces couleurs de mensonge
Qu'aux yeux de chair l'onde et l'or font ici?
100 Chanterez-vous quand serez vaporeuse[24]?
Allez! Tout fuit! Ma présence est poreuse,
La sainte impatience meurt aussi!

Maigre immortalité noire et dorée,
Consolatrice affreusement laurée,
105 Qui de la mort fais un sein maternel,
Le beau mensonge et la pieuse ruse!
Qui ne connaît, et qui ne les refuse,
Ce crâne vide et ce rire éternel!

Pères profonds, têtes inhabitées[25],
110 Qui sous le poids de tant de pelletées,
Etes la terre et confondez nos pas,
Le vrai rongeur, le ver irréfutable
N'est point pour vous qui dormez sous la table,
Il vit de vie, il ne me quitte pas!

115 Amour, peut-être, ou de moi-même haine?
Sa[26] dent secrète est de moi si prochaine
Que tous les noms lui peuvent convenir!
Qu'importe! Il voit, il veut, il songe, il touche!
Ma chair lui plaît, et jusque sur ma couche,
120 A ce vivant je vis d'appartenir[27]!

---

21. Les morts. — 22. La chair blanche des morts. — 23. Le poète s'adresse à lui-même. — 24. Morte. —
25. Les morts, dont l'âme s'est envolée. — 26. La dent du ver. — 27. « Je vis d'appartenir à ce vivant. »

Zénon! Cruel Zénon! Zénon d'Elée[28]!
M'as-tu percé de cette flèche ailée
Qui vibre, vole, et qui ne vole pas!
Le son m'enfante et la flèche me tue!
125   Ah! le soleil... Quelle ombre de tortue
Pour l'âme, Achille immobile à grands pas!

Non, non!... Debout! Dans l'ère successive[29]!
Brisez, mon corps, cette forme pensive!
Buvez, mon sein, la naissance du vent!
130   Une fraîcheur, de la mer exhalée,
Me rend mon âme... O puissance salée!
Courons à l'onde en rejaillir vivant!

Oui! Grande mer de délires douée,
Peau de panthère et chlamyde[30] trouée
135   De mille et mille idoles[31] du soleil,
Hydre[32] absolue, ivre de ta chair bleue,
Qui te remords l'étincelante queue
Dans un tumulte au silence pareil.

Le vent se lève!... il faut tenter de vivre!
140   L'air immense ouvre et referme mon livre,
La vague en poudre ose jaillir des rocs!
Envolez-vous, pages tout éblouies!
Rompez, vagues! Rompez d'eaux réjouies
Ce toit tranquille[33] où picoraient des focs[34]!

Les Pas

Sur le thème lyrique de l'attente de l'être aimé, Valéry, dans ce poème de *Charmes*, propose une variante allégorique: l'objet de l'attente n'est plus seulement une personne réelle, mais une « personne pure », symbole de l'idée, de l'inspiration poétique, de la mort et même de la divinité.

Tes pas, enfants de mon silence,
Saintement, lentement placés,
Vers le lit de ma vigilance
Procèdent muets et glacés.

---

28. Philosophe grec du Ve siècle avant J.-C., qui a énoncé quatre paradoxes démontrant l'impossibilité du mouvement. Il utilise notamment dans ces paradoxes l'image de la tortue, que même l'homme le plus rapide (Achille) ne peut rattraper (car, dès qu'il atteint la tortue, celle-ci s'est déjà déplacée un peu plus loin), et l'image de la flèche, qui, bien qu'en mouvement, est, dans un instant donné, à l'état immobile. — 29. Le temps. — 30. Manteau de laine porté dans la Grèce antique. — 31. Images (Valéry donne au mot « idole » son sens étymologique). — 32. L'hydre est un serpent à sept têtes de la mythologie grecque. En retrouvant dans ce mot la racine grecque « hudôr », l'eau, Valéry combine à l'image du serpent celle de la mer, l'« Hydre absolue ». — 33. La mer. Valéry revient à l'image du premier vers. — 34. Voile triangulaire placée à l'avant du bateau.

5   Personne pure, ombre divine,
    Qu'ils sont doux, tes pas retenus!
    Dieux!... tous les dons que je devine
    Viennent à moi sur ces pieds nus!

    Si, de tes lèvres avancées,
10 Tu prépares pour l'apaiser,
    A l'habitant de mes pensées
    La nourriture d'un baiser,

    Ne hâte pas cet acte tendre,
    Douceur d'être et de n'être pas,
15 Car j'ai vécu de vous attendre,
    Et mon cœur n'était que vos pas.

Matière à réflexion

1. *La Fileuse.* — Relevez tous les tics d'écriture symbolistes dans *La Fileuse.* Expliquez toutes les métaphores et les correspondances dans ce poème.

2. *Le Cimetière marin.* — (a) Valéry conçoit la poésie comme architecture. Relevez les images et les métaphores architecturales dans *Le Cimetière marin.* (b) Dans *Le Cimetière marin*, le poète médite sur l'être (la vie), le non-être (la mort) et l'absolu (Dieu, la création poétique, etc.). Le paysage est immuable, mais la condition de l'homme est éphémère: telle est la réflexion qui s'impose au poète qui contemple ce cimetière marin. Par quelles images cette réflexion se traduit-elle? Indiquez les grandes étapes de la réflexion de Valéry dans ce poème. En quoi les derniers vers sont-ils un hymne à la vie? (c) *Le Cimetière marin* peut paraître au premier abord comme un poème froid et impersonnel. Dans quelles images peut-on toutefois déceler une certaine sensualité? Quelle est sa fonction dans le poème? A quels moments le poète parle-t-il de lui-même et de son poème?

3. *Les Pas.* — Tout comme Mallarmé, Valéry joue sur la *polysémie* (la pluralité de sens) de ses poèmes. Montrez comment, dans *Les Pas,* les mêmes mots peuvent s'appliquer à différentes réalités et peuvent changer de sens selon les lectures que l'on fait du poème.

Jules Supervielle
1884–1960

« (...) c'est moi, glissant sur la mappemonde »: ainsi s'est présenté Jules Supervielle, ce poète cosmopolite qui, « enveloppé d'émigrants souvenirs » a célébré le voyage et les forces cosmiques de l'univers.

Comme Lautréamont, Supervielle est né à Montevideo, en Uruguay, d'une famille française de la grande bourgeoisie émigrée en Amérique du Sud. Il a moins d'un an lorsque ses parents meurent accidentellement. Confié à sa grand-mère, puis à sa tante qui l'élève comme son propre fils, le jeune orphelin ne découvre qu'à l'âge de dix ans le sort tragique de ses véritables parents. Cette expérience le laissera profondément marqué par l'idée de la mort et de l'au-delà.

Supervielle partage ensuite son existence adulte entre Paris, où il obtient sa licence d'espagnol, et son pays natal, vers lequel il effectue périodiquement de nombreux voyages. Sans point d'amarre entre ses deux patries, il souffre d'être déchiré entre deux cultures. Supervielle, qui écrit depuis l'âge de quinze ans[1], décide alors de se consacrer à la littérature, d'autant que sa grande fortune personnelle[2] le dispense d'avoir à exercer toute autre activité professionnelle.

Bien qu'il se soit essayé également au roman (*L'Homme de la pampa*, 1923; *Le Voleur d'enfants*, 1926; *L'Enfant de la haute mer*, 1931), au conte et au théâtre, c'est surtout par sa poésie que Supervielle retint l'attention de l'histoire littéraire. Il apporte en effet à la poésie française une sensibilité nouvelle, celle des grands espaces sud-américains de la pampa et des vastes étendues de ciel et de mer qui séparent ses deux continents de prédilection: Supervielle veut donner « aux espaces infinis un goût profond d'intimité ». Cette poésie du voyage (les titres de ses deux premiers recueils — *Débarcadères*, 1922 et *Gravitations*, 1925 — évoquent ce thème à souhait), de l'appréhension sensible du monde extérieur, tente de préserver, par l'écriture, des moments d'émotion privilégiés.

Si l'œuvre de Supervielle est célébration lyrique de l'univers, exaltation de la nature animale et végétale, elle est aussi, comme chez Michaux, exploration des « espaces du dedans ». L'angoisse, la mort, la solitude, l'absence, la place de l'homme dans le monde sont parmi les thèmes que le poète affectionne, et qu'il traite sur un ton partagé entre l'inquiétude et l'humour. Conscient jusqu'au malaise de la difficulté de saisir la réalité du monde, Supervielle s'intéresse en outre à la communication avec l'inconnu et au domaine de l'invisible, des ces présences inconnues, mystérieuses et insaisissables dont on a parfois la perception fugace[3]. Certaines de ses histoires baignent dans une atmosphère irréelle, féérique, fantastique, où rêve et réalité se confondent. Aussi a-t-on pu voir dans Supervielle un devancier des surréalistes, bien qu'il soit resté ostensiblement en marge de ce mouvement.

Si cette parenté avec le surréalisme est indéniable, elle n'est en aucun cas de nature formelle. Bien qu'il ait quelquefois usé de techniques modernes — employant notamment le vers libre non rimé — Supervielle a choisi une poétique presque classique (vers souvent réguliers, usage de la rime, etc.). Abhorrant l'hermétisme, il recherche au contraire la transparence, la clarté, la simplicité des mots et des images. Aux antipodes de tout sentimentalisme, son lyrisme est discret et mesuré, souvent intimiste.

---

1. Il publie en 1900 une première plaquette de vers, intitulée *Brumes du passé*. — 2. Il est issu d'une famille de banquiers. — 3. Certains biographes ont mis cette préoccupation en rapport avec la mort de ses parents, et le souci qui en dérive de retrouver une trace des morts dans le souvenir des vivants.

Lauréat du Grand Prix de littérature de l'Académie française en 1955, Supervielle fut élu prince des poètes en 1960, l'année même de sa mort.

La Goutte de pluie

La poésie de Supervielle, comme souvent celle de Reverdy, est traversée d'une interrogation sur les mystères de l'univers et de l'homme. Cette poésie cosmique, qui fait appel aux forces élémentaires (pluie, mer, vagues, ciel, air, etc.) s'efforce de trouver, malgré l'absence et le silence qui règnent au cœur des choses, une perception fugace de l'inconnu ou de l'inconnaissable. Dans ce poème en octosyllabes non rimés, aux images simples et limpides, Supervielle compare cette quête à celle de la proverbiale « goutte d'eau dans l'océan ».

> Je cherche une goutte de pluie
> Qui vient de tomber dans la mer.
> Dans sa rapide verticale
> Elle luisait plus que les autres
> 5 Car seule entre les autres gouttes
> Elle eut la force de comprendre
> Que, très douce dans l'eau salée,
> Elle allait se perdre à jamais.
> Alors je cherche dans la mer
> 10 Et sur les vagues, alertées.
> Je cherche pour faire plaisir
> A ce fragile souvenir
> Dont je suis seul dépositaire.
> Mais j'ai beau faire, il est des choses
> 15 Où Dieu même ne peut plus rien
> Malgré sa bonne volonté
> Et l'assistance sans paroles
> Du ciel, des vagues et de l'air.

Dans l'oubli de mon corps

L'œuvre de Supervielle est hantée par le souvenir et l'absence des parents disparus. Malgré l'oubli quasi total, certaines images mystérieuses émergent de la mémoire du poète, lui laissant entrevoir la possibilité d'une communication avec l'invisible et l'inconnu. Dans cette « oublieuse mémoire » du poète (c'est le titre d'un de ses poèmes) s'esquissent furtivement d'éphémères présences qu'il tente d'enregistrer et de recréer. Ce poème en vers non rimés de six syllabes, extrait de *La Fable du monde* (1938), illustre l'importance de la mémoire dans la poésie de Supervielle.

Dans l'oubli de mon corps
Et de tout ce qu'il touche
Je me souviens de vous,
Dans l'effort d'un palmier
5   Près de mers étrangères
Malgré tant de distances
Voici que je découvre
Tout ce qui faisait vous.
Et puis je vous oublie
10   Le plus fort que je peux
Je vous montre comment
Faire en moi pour mourir.
Et je ferme les yeux
Pour vous voir revenir
15   Du plus loin de moi-même
Où vous avez failli
Solitaire, périr.

Solitude

Le temps et l'espace, deux grands thèmes chers à Supervielle. Déchiré entre deux cultures, le poète n'aura jamais l'impression d'appartenir vraiment au monde de ses contemporains. Il compense souvent ce sentiment d'aliénation par celui d'une fusion avec la nature: c'est en se confondant avec l'histoire du cosmos que Supervielle, étranger à la communauté humaine, échappe à sa solitude.

Homme égaré dans les siècles,
Ne trouveras-tu jamais un contemporain?
Et celui-là qui s'avance derrière de hauts cactus
Il n'a pas l'âge de ton sang qui dévale de ses montagnes,
5   Il ne connaît pas les rivières où se trempe ton regard
Et comment savoir le chiffre de sa tête recéleuse?
Ah! tu aurais tant aimé les hommes de ton époque
Et tenir dans tes bras un enfant rieur de ce temps-là!
Mais sur ce versant de l'Espace
10   Tous les visages t'échappent comme l'eau et le sable
Tu ignores ce que connaissent même les insectes, les gouttes d'eau,
Ils trouvent incontinent à qui parler ou murmurer,
Mais à défaut d'un visage
Les étoiles comprennent ta langue
15   Et d'instant en instant, familières des distances,
Elles secondent ta pensée, lui fournissent des paroles,
Il suffit de prêter l'oreille lorsque se ferment les yeux.
Oh! je sais, je sais bien que tu aurais préféré
Etre compris par le jour que l'on nomme *aujourd'hui*
20   A cause de sa franchise et de son air ressemblant
Et par ceux-là qui se disent sur la Terre tes semblables
Parce qu'ils n'ont pour s'exprimer du fond de leurs années-lumière
Que le scintillement d'un cœur
Obscur pour les autres hommes.

Matière à réflexion

1. La poésie de Supervielle se caractérise par sa simplicité. Quels moyens stylistiques répondent à cette exigence de clarté? Quelle est la place du mystère chez Supervielle?

2. *La Goutte de pluie* et *Dans l'oubli de mon corps.* — Expliquez pourquoi ces poèmes sont à mi-chemin entre la versification classique et la versification moderne.

3. *La Goutte de pluie* et *Solitude.* — (a) Par quelles images la communion du poète avec l'univers s'exprime-t-elle dans ces deux poèmes? Comment le poète oppose-t-il ou rapproche-t-il géographie et histoire dans ce dernier poème? (b) Quelles allusions à l'acte d'écrire ces poèmes contiennent-ils? Quelle image le poète donne-t-il de sa propre pratique littéraire?

Max Jacob
1876–1944

Né en Bretagne en 1876, Max Jacob commence sa carrière poétique en fréquentant la bohème parisienne du « Bateau-Lavoir »: c'est d'ailleurs lui qui baptise de la sorte les locaux montmartrois où se retrouvaient Apollinaire, Picasso et compagnie. C'est dans cette atmosphère propice à toutes les formes d'expérimentation qu'il abandonne sa vocation initiale de critique d'art pour s'adonner à la littérature. Il compose d'abord des livres pour enfants (*Histoire du roi Kaboul Ier et du marmiton Gauvain*, 1903; *Le Géant du soleil*, 1904), avant de passer à la poésie. Fréquentant les écrivains les plus novateurs de sa génération, Jacob ne manque ni de modèles, ni d'inspiration pour devenir à son tour une des figures de proue de l'avant-garde parisienne.

Toujours en quête de spiritualité et de surnaturel, il s'intéresse d'abord à l'occultisme et à l'astrologie, comme le feront les surréalistes, qu'il infuença à plus d'un titre. Issu d'une famille juive d'origine allemande, Jacob se convertit au catholicisme après avoir eu, un jour de 1909, une vision du Christ sortant d'une peinture pour illuminer sa chambre. Il est baptisé en 1915, sous le nom de Cyprien-Max. Il publie plusieurs œuvres d'inspiration chrétienne, où la ferveur religieuse n'exclut pas l'humour (Jacob réussit à faire du burlesque religieux!), et qui sont caractérisées déjà par leur jeu sur le langage: *Saint Matorel*, « mystère chrétien » illustré par Picasso (1909), *Les Œuvres burlesques et mystiques du frère Matorel, mort au couvent de Barcelone* (1912) et *Le Siège de Jérusalem*, « drame céleste » (1912). En 1921, Jacob se retire à Saint-Benoît-sur-Loire, pour y mener une existence quasi monacale, uniquement interrompue par de rares voyages en Bretagne, en Italie ou en Espagne. Son retour à Paris en 1928 s'accompagne d'un retour à la vie mondaine, qui prend fin en 1936 lorsque le poète, dégoûté par la capitale, revient à Saint-Benoît, où il restera jusqu'à sa mort. C'est sous son influence que Pierre Reverdy se retira lui aussi du monde pour vivre dans la solitude et le recueillement.

Ce ne sont pourtant pas les œuvres mystiques de Jacob qui sont passées à la postérité, mais deux recueils poétiques publiés respectivement en 1917 et en 1921: *Le Cornet à dés* et *Le Laboratoire central*. Le premier de ces deux recueils, sans doute le chef-d'œuvre de Max Jacob, est composé de courts poèmes en prose, mélanges d'évocations insolites, de faits divers et de visions oniriques où prime un extraordinaire ludisme verbal. Le second rassemble des poèmes en vers libres qui, eux aussi, privilégient l'humour, la fantaisie, et surtout le jeu sur le langage, sur les associations inattendues des mots et des sons. C'est cette poétique ludique, très sensible à la plastique des mots, et qui tend à les aligner sur la seule base de leur ressemblance phonique (« Les manèges déménagent »), que retint le surréalisme, dont Jacob fut incontestablement le précurseur en matière de libération du langage poétique. Ces exercices de virtuosité verbale annoncent non seulement l'écriture automatique des surréalistes (notamment les contrepèteries de Desnos) mais aussi les travaux de l'Oulipo[1] (car Jacob est parfaitement conscient que la contrainte formelle est souvent de nature à favoriser l'invention verbale). La poésie n'est plus assujettie au sens, mais devient simple jonglerie de mots, calembours et détournements d'expressions toutes faites. D'autres préoccupations de Jacob préparent encore le terrain au surréalisme: son intérêt pour l'insolite au cœur du quotidien, sa réflexion sur le hasard en littérature, sa méfiance vis-à-vis des transitions logiques et son goût du coq-à-l'âne, sa curiosité envers le surnaturel et les ressources de l'inconscient, sa prédilection pour le rêve et le traitement onirique de la réalité, etc.

En dehors de la poésie (citons surtout *Les Pénitents en maillots roses*, 1925; *Sacrifice impérial*, 1929 et *Ballades en prose*, 1938), Jacob s'est aussi essayé avec succès au roman (*Le Terrain Bouchaballe*, 1923, etc.) et à la nouvelle (*Le Roi de Béotie*, 1921).

Obsédé par l'idée de la mort, Jacob passa les dernières années de sa vie à Saint-Benoît, où, vivant une existence simple, il se consacra à la méditation mystique (ses *Méditations religieuses* et ses *Lettres mystiques* seront publiées de manière posthume).

Arrêté par la police nazie en raison de ses origines juives, Max Jacob mourut en 1944 au camp de concentration de Drancy, dans la région parisienne.

Avenue du Maine

Ce poème, extrait des *Œuvres burlesques et mystiques du frère Matorel* (1912), montre comment Jacob, dès ses premières œuvres, s'est appliqué à démystifier le langage poétique, en proposant des textes composés uniquement de jeux de mots. Cette poésie phonique, très attentive à la plastique des mots, se laisse entraîner par leurs formes et leurs sonorités. Jongleur de mots et d'images, Jacob ouvra la voie aux surréalistes.

Les manèges déménagent.
Manège, ménageries, où?... et pour quels voyages?

---

1. Voir le chapitre 18, p. 665.

Moi qui suis en ménage
Depuis... ah! il y a bel âge!
5   De vous goûter, manèges,
Je n'ai plus... que n'ai-je?
   L'âge.
Les manèges déménagent.
Ménager manager
10   De l'avenue du Maine
Qui ton manège mène
Pour mener ton ménage!
Ménage ton manège
Manège ton manège.
15   Manège ton ménage
Mets des ménagements
Au déménagement.
Les manèges déménagent,
Ah! vers quels mirages?
20   Dites pour quels voyages
Les manèges déménagent.

Genre biographique

Dans ce poème en prose, publié dans *Le Cornet à dés,* Jacob donne libre cours à sa fantaisie parodique. Il transforme ici l'autobiographie en jeu de mots et de sons. Les mots s'enchaînent au rythme des trouvailles sonores de l'auteur, souvent farfelues et pleines d'imprévu. Jacob remplace ainsi le contenu biographique stéréotypé par des acrobaties verbales, où pointe souvent l'autodérision.

Déjà, à l'âge de trois ans, l'auteur de ces lignes était remarquable: il avait fait le portrait de sa concierge en passe-boule[1], couleur terre cuite, au moment où celle-ci, les yeux pleins de larmes, plumait un poulet. Le poulet projetait un cou platonique. Or, ce n'était, ce passe-boule, qu'un passe-temps. En somme, il est remarquable qu'il n'a pas été remarqué: remarquable, mais non regrettable, car s'il avait été remarqué, il ne serait pas devenu remarquable; il aurait été arrêté dans sa carrière, ce qui eût été regrettable. Il est remarquable qu'il eût été regretté et regrettable qu'il eût été remarqué. Le poulet du passe-boule était une oie.

Etablissement d'une communauté au Brésil

Extrait du *Laboratoire central,* ce poème en alexandrins rimés aborde deux thèmes principaux: un thème religieux (l'établissement d'une communauté religieuse au Brésil) où se mêlent, comme souvent chez Jacob, l'humour et la fantaisie, et une conclusion plus autobiographique, où Jacob compare la destruction de ce

---

1. Portrait d'un personnage, dont la bouche est démesurément ouverte pour qu'on puisse y lancer des boules.

monde utopique à l'interruption constante de sa méditation solitaire et de son recueillement poétique par les dures exigences du monde réel. Derrière la fantaisie se dessine donc, chez le poète, une inquiétude profonde face à la difficulté de concilier spiritualité et réalité.

> On fut reçu par la fougère et l'ananas
> L'antilope craintif sous l'ipécacuanha[2].
> Le moine enlumineur quitta son aquarelle
> Et le vaisseau n'avait pas replié son aile
> 5   Que cent abris légers fleurissaient la forêt.
> Les nonnes labouraient. L'une d'elles pleurait
> Trouvant dans une lettre un sujet de chagrin
> Un moine intempérant s'enivrait de raisin.
> Et l'on priait pour le pardon de ce péché
> 10   On cueillait des poisons à la cime des branches
> Et les moines vanniers tressaient des urnes blanches.
> Un forçat évadé qui vivait de la chasse
> Fut guéri de ses plaies et touché de la grâce:
> Devenu saint, de tous les autres adoré,
> 15   Il obligeait les fauves à leur lécher les pieds.
> Et les oiseaux du ciel, les bêtes de la terre
> Leur apportaient à tous les objets nécessaires.
> Un jour on eut un orgue au creux de murs crépis
> Des troupeaux de moutons qui mordaient les épis
> 20   Un moine est bourrelier, l'autre est distillateur
> Le dimanche après vêpre on herborise en chœur.
>
> Saluez le manguier et bénissez la mangue
> La flûte du crapaud vous parle dans sa langue
> Les autels sont parés de fleurs vraiment étranges
> 25   Leurs parfums attiraient le sourire des anges,
> Des sylphes[3], des esprits blottis dans la forêt
> Autour des murs carrés de la communauté.
> Or voici qu'un matin quand l'Aurore saignante
> Fit la nuée plus pure et plus fraîche la plante
> 30   La forêt où la vigne au cèdre s'unissait,
> Parut avoir la teigne. Un nègre paraissait
> Puis deux, puis cent, puis mille et l'herbe en était teinte
> Et le Saint qui pouvait dompter les animaux
> Ne put rien sur ces gens qui furent ses bourreaux.
> 35   La tête du couvent roula dans l'herbe verte
> Et des moines détruits la place fut déserte
> Sans que rien dans l'azur ne frémît de la mort.
>
> C'est ainsi que vêtu d'innocence et d'amour
> J'avançais en traçant mon travail chaque jour
> 40   Priant Dieu et croyant à la beauté des choses
> Mais le rire cruel, les soucis qu'on m'impose
> L'argent et l'opinion, la bêtise d'autrui
> Ont fait de moi le dur bourgeois qui signe ici.

---

2. Plante tropicale que l'on trouve au Brésil. — 3. Génies de l'air de la mythologie gauloise et germanique.

Confession de l'auteur: son portrait en crabe

C'est à nouveau ici l'autodérision qui apparaît sous la verve satirique de Jacob. Cette parodie du portrait autobiographique, pleine d'images cocasses («J'aurais été danseur avec des crocs plus minces»), laisse entrevoir toute la fragilité de l'auteur face au quotidien. Jacob s'amuse à tourner en ridicule ses propres angoisses.

Comme une cathédrale il est cravaté d'ombre
mille pattes à lui, quatre à moi.
Chacun nos boucliers, le mien ne se voit pas.
Le crabe et moi! je ne suis guère plus qu'un concombre.
5   J'aurais été danseur avec des crocs plus minces,
pianiste volubile si je n'avais des pinces.
Lui ne se gêne pas de ses armes; il les porte à la tête
et ce sont des mains jointes
tandis que de ses tire-lignes[4], il fait des pointes.
10   Vous avez, maître cancre, jambe et pieds ogivaux
je me voudrais gothique et ne suis qu'en sabots.
Ma carapace aussi parsemée, olivâtre
devient rouge bouillie aux colères de l'âtre
c'est contre lui en somme ou plutôt c'est pourquoi
15   ce bouclier que j'ai gris et noir comme un toit?
(après tout! peut-être n'est-ce que du théâtre?)
Ah! c'est que tous les deux on n'est pas débonnaires
le crabe et moi! plus cruels que méchants
aveugles, sourds, prenant du champ,
20   blessants blessés, vieux solitaires, pierre.
Obliquité! légèreté! mais moi je suis un cancre aimable
trop aimable, dit-on, badin.
Volontiers je m'assieds à table.
Le cancre étant bigle est malin
25   vise crevette et prend goujon
moi j'ai l'œil empêtré dans les marais bretons.
Un jour le cancre a dit: «Ah! je quitte la terre
pour devenir rocher près du sel de la mer.»
J'ai répondu: «Tu la quittes à reculons
30   prêt à contréchanger tous les poisons.»

---

4. Petit instrument de métal servant à tracer des lignes de largeur constante.

Matière à réflexion

1. *Avenue du Maine.* — Certains poèmes de Jacob, donnent parfois l'impression de n'être que de pures acrobaties verbales. Ce poème est-il toutefois dénué de toute *signification*?

2. *Genre biographique.* — (a) Comment se traduit l'autodérision de Jacob? Quelle image le poète donne-t-il de lui-même dans ce poème ainsi que dans *Confession...*?

(b) Expliquez cette phrase: « Le poulet du passe-boule était une oie ». En quoi est-elle humoristique? Dans quelle catégorie d'humoristes rangeriez-vous Jacob?

3. *Etablissement d'une communauté au Brésil.* — Quelle vision utopique du monde Jacob présente-t-il dans ce poème? Quel équilibre le poète recherche-t-il dans la vie quotidienne? Par quelles images poétiques Jacob décrit-il sa ferveur religieuse?

4. *Confession de l'auteur: son portrait en crabe.* — (a) Pourquoi Jacob a-t-il choisi l'image du crabe dans son « portrait »? A quels jeux de mots et à quelles images insolites ce choix donne-t-il naissance? (b) Commentez la fin du poème: « Ah! Je quitte la terre / pour devenir rocher près du sel de la mer », etc.

5. Jacob, un des maîtres du poème en prose, ne dédaigne pas recourir à la versification traditionnelle, mais souvent de façon iconoclaste. Etudiez les rimes dans *Etablissement...* ainsi que les quelques vers réguliers de *Confession...*

Pierre Reverdy
1889 – 1960

« Notre littérature (...) est très inférieure à celle de Reverdy. Nous ne craignons pas, en effet, de déclarer que Reverdy est actuellement le plus grand poète vivant. Nous ne sommes auprès de lui que des enfants. » Cet aveu d'humilité de la part des tout jeunes surréalistes, d'ordinaire bien avares en compliments, indique clairement le rôle capital de Reverdy dans la genèse des théories et des pratiques surréalistes. Cet écrivain solitaire, qui resta toujours en marge des mouvements de son époque — et en particulier du surréalisme — influença considérablement toute la poésie moderne par sa réflexion sur la nature de l'image poétique.

Méditerranéen de naissance, comme Paul Valéry, Reverdy monte à Paris à l'âge de vingt ans, après des études à Toulouse et à Narbonne. Exerçant pour survivre le métier de typographe, il fait la connaissance des poètes et des peintres[1] de l'avant-garde cubiste de l'avant-guerre: Apollinaire, Jacob, Picasso, Matisse, Braque, etc. Influencé d'abord par Jacob, il publie ses premiers *Poèmes en prose* dès 1915, avant de trouver son propre style dès l'année suivante, dans *La Lucarne ovale*, suivie deux ans plus tard par *Les Ardoises sur le toit*. Un autre recueil, *Plupart du temps* (publié en 1945) rassemblera des poèmes écrits de 1915 à 1922, la période de gestation du surréalisme. C'est en 1937 qu'il publiera son chef-d'œuvre poétique, *Ferraille*. Reverdy s'est aussi essayé au roman (*Le Voleur de Talan*, 1917; *La Peau de l'homme*, 1926) et au conte (*Risques et Périls*, 1930). En passant du poème en prose à la forme narrative, sans pourtant guère changer le format de ses textes, Reverdy abandonne la notion de genre littéraire.

---

1. Picasso et Braque illustreront certains poèmes de Reverdy (respectivement: *Chant des morts,* 1948 et *La Liberté des mers,* 1960).

Pierre Reverdy photographié par Brassaï

En 1917, Reverdy fonde la revue *Nord-Sud,* où il publie les poèmes de ses amis Apollinaire et Jacob, mais aussi ceux des futurs surréalistes, qui, comme Breton et Soupault, ne se sont pas encore émancipés de la tutelle d'Apollinaire. Les textes théoriques que Reverdy propose dans cette revue seront recueillis et publiés en 1975. Ils témoignent de l'extrême importance de l'auteur quant au développement de la poésie moderne et à l'émergence du surréalisme. «Nous voulons constituer des œuvres qui utilisent les libertés conquises par nos prédécesseurs, mais en rapprochant les éléments les plus divers et en apparence le plus disparates», affirme-t-il de manière quasi prémonitoire en 1917.

Converti au catholicisme en 1921 sous l'influence de Max Jacob, Reverdy connaît en 1926 une profonde crise personnelle qui l'éloigne des milieux affairés de Paris. Retiré près de l'abbaye bénédictine de Solesmes, il recherche dans la solitude la méditation et le recueillement, bien qu'il rejette toute appartenance à l'Eglise vers 1930, et qu'il se montre souvent critique à l'égard de la religion. Dans la tranquillité et la discrétion, Reverdy poursuit l'exploration de son univers poétique personnel. De cette quête de l'authenticité sont également issus trois ouvrages de réflexion spirituelle, composés de maximes et de pensées sur l'art et la religion, qui rappellent parfois Pascal ou La Rochefoucauld: *Le Gant de crin* (1927), *Le Livre de mon bord* (1948) et *En vrac* (1956).

Trois grandes tendances définissent l'idéal poétique reverdien:

1° La poésie en tant qu'instrument de purification et d'exploration du monde réel. — Selon Reverdy, «La poésie n'est pas un simple jeu de l'esprit. Ce n'est pas pour vous distraire ou pour distraire un public quelconque que vous devez écrire. Il faut être inquiété par notre âme et les rapports qui la relient, malgré tous les obstacles, au monde sensible et extérieur. Le poète est essentiellement l'homme qui aspire au domaine réel, le plan divin, la création mystérieuse et évidente. Vous comprendrez, dès lors, que le poète, en écrivant, se préoccupe fort peu d'autre chose que de lui-même, qu'il ne pense à aucun public ni à aucun lecteur éventuel. De là l'obscurité apparente de sa poésie. » L'œuvre de Reverdy est traversée d'une angoisse fondamentale, ainsi que d'une interrogation sur la place du poète dans la Création.

2° Une poésie intimiste et minimaliste. — Faite de petites notations, la poésie de Reverdy évoque avant tout le monde quotidien, les choses usuelles. Son écriture, dépouillée à l'extrême, à la recherche d'une émotion plus directe, fait fi des grands élans qui caractérisent souvent le style poétique. C'est en outre une poésie souvent fragmentée, jouant fortement sur la typographie et les alinéas, afin de rendre la fragmentation même du monde réel. Ce minimalisme reverdien s'accompagne d'une exigence de précision: « De la justesse avant toute chose » est la devise du poète.

3° Une nouvelle théorie de l'image. — Pour Reverdy, « L'image est une création pure de l'esprit. Elle ne peut naître d'une comparaison mais du rapprochement de deux réalités plus ou moins éloignées. Plus les rapports des deux réalités rapprochées seront lointains et justes, plus l'image sera forte — plus elle aura de puissance émotive et de réalité poétique. » Encore faut-il que ce rapprochement soit *juste,* car « Deux réalités qui n'ont aucun rapport ne peuvent se rapprocher utilement. Il n'y a pas création d'image. (...) On crée, au contraire, une forte image, neuve pour l'esprit, en rapprochant sans comparaison deux réalités distantes dont l'esprit seul a saisi les rapports[2]. » Ce rapprochement analogique se fait en priorité par le biais de la métaphore, figure dominante de la poésie moderne. Ce type d'image permet une perception nouvelle de la réalité.

André Breton reprendra cette définition de l'image dans le premier *Manifeste du surréalisme,* en citant notamment pour exemples trois images de Reverdy: « Dans le ruisseau il y a une chanson qui coule », « Le jour s'est déplié comme une nappe blanche » et « Le monde rentre dans un sac ». Pour Breton, cependant, ce type d'image ne peut être prémédité. De telles images sont fortuites, elles ne peuvent être calculées consciemment en vue de produire un effet, mais au contraire s'imposent à nous sans intervention de la raison. On le voit, Breton insiste sur la production automatique des images, alors que pour Reverdy, elles sont le produit du travail conscient du poète. Pour les surréalistes, ces images permettent de transformer notre vision du monde, donc de « réviser l'univers », comme le dit Aragon. Aussi les surréalistes exalteront-ils le rôle de l'image en poésie.

Nomade

La poésie de Reverdy est faite de notations minimalistes qui donnent l'image d'un monde fragmenté, dont le poète décrit les bruits et les mouvements les plus

---

2. Pierre Reverdy, *Nord-Sud.*

discrets, les plus fugitifs. Cette poésie du quotidien, dépouillée à l'extrême, affectionne une simplicité lexicale et grammaticale à l'opposé de toute grandiloquence. Les phrases de Reverdy se réduisent souvent à un verbe seul, accompagné de son sujet (« La lampe fume »), et semblent fuir l'adjectif. On notera en outre que Reverdy donne souvent du monde des images de vide, de solitude, d'absence (« La porte qui ne s'ouvre pas », « La maison où l'on n'entre pas »), comme si le réel se caractérisait avant tout par son refus de l'homme et par son néant, qu'il appartiendrait à la poésie de combler. Typographe de métier, Reverdy est très sensible à la disposition paginale de ses vers, séparés par des alinéas de longueur variable accentuant la fragmentation du réel observé et le pointillisme des notations.

> La porte qui ne s'ouvre pas
> La main qui passe
> Au loin un verre qui se casse
> La lampe fume
> 5 Les étincelles qui s'allument
> Le ciel est plus noir
> Sur les toits
>
> Quelques animaux
> Sans leur ombre
>
> 10 Un regard
> Une tache sombre
>
> La maison où l'on n'entre pas

Rien

On retrouve ici aussi les grandes caractéristiques de la poésie reverdienne: simplicité des phrases (« Un son de cloche vient »), juxtaposition de petites notations séparées par des alinéas de longueur variable, absence quasi totale des adjectifs, etc. Aux images d'effacement, de disparition du monde se joint ici une réflexion sur l'écriture, en tant que réponse dérisoire du poète au néant qui l'entoure (« Rien »). La gravité du ton et l'austérité du sujet sont caractéristiques de la poésie de Reverdy.

> Un son de cloche vient
> Lumière qui s'approche
> ou lambeaux de chansons
> Dans l'arbre des oiseaux s'accrochent
> 5 Et les autres s'en vont
> J'écoutais venir toutes les voix
> J'attendais les regards qui tomberaient des toits
> Et triste dans la rue où j'étendais les bras

        J'oubliais que quelqu'un passait
10   tout près de moi
        Des rumeurs s'élevaient
    Au loin la foule passe
    On ne voit plus glisser que l'ombre dans la nuit
    Et le mur s'éloigner du trottoir où je suis
15   Le vide se ferait
                Il n'y aurait plus de terre
        Et la vague qui roulerait
                        serait une chanson guerrière
            Le monde s'efface
20   Au point où je disparaîtrai
                Tout s'est éteint
    Il n'y a même plus de place
    Pour les mots que je laisserai

Reflux

Extrait de *Ferraille* (1937), ce poème en prose — qui renonce à tout artifice typographique, comme c'est presque toujours le cas chez Reverdy depuis 1930 — multiplie les images et les métaphores chères au poète (« le sourire éclatant des façades », « la nuit rassemble ses haillons », etc.). Ce sont de telles images, qui suggèrent de nouveaux rapports entre des réalités éloignées et modifient notre perception du monde, que les surréalistes ont beaucoup admirées chez Reverdy.

Quand le sourire éclatant des façades déchire le décor fragile du matin; quand l'horizon est encore plein du sommeil qui s'attarde, les rêves murmurant dans les ruisseaux des haies; quand la nuit rassemble ses haillons pendus aux basses branches, je sors, je me prépare, je suis plus pâle et plus tremblant que cette page où aucun mot du sort n'était encore inscrit. Toute la distance de vous à moi — de la vie qui tressaille à la surface de ma main au sourire mortel de l'amour sur sa fin — chancelle, déchirée. La distance parcourue d'une seule traite sans arrêt, dans les jours sans clarté et les nuits sans sommeil. Et, ce soir, je voudrais, d'un effort surhumain, secouer toute cette épaisseur de rouille — cette rouille affamée qui déforme mon cœur et me ronge les mains. Pourquoi rester si longtemps enseveli sous les décombres des jours et de la nuit, la poussière des ombres. Et pourquoi tant d'amour et pourquoi tant de haine. Un sang léger bouillonne à grandes vagues dans des vases de prix. Il court dans les fleuves du corps, donnant à la santé toutes les illusions de la victoire. Mais le voyageur exténué, ébloui, hypnotisé par les lueurs fascinantes des phares, dort debout, il ne résiste plus aux passes magnétiques de la mort. Ce soir je voudrais dépenser tout l'or de ma mémoire, déposer mes bagages trop lourds. Il n'y a plus devant mes yeux que le ciel nu, les murs de la prison qui enserrait ma tête, les pavés de la rue. Il faut remonter du plus bas de la mine, de la terre épaissie par l'humus du malheur, reprendre l'air dans les recoins les plus obscurs de la poitrine, pousser vers les hauteurs — où la glace étincelle de tous les feux croisés de l'incendie — où la neige ruisselle, le caractère dur, dans les tempêtes sans tendresse de l'égoïsme et les décisions tranchantes de l'esprit.

Horizontal et tout est dit

Austérité, gravité, désespoir: trois constantes de l'œuvre poétique de Reverdy. Ses poèmes ont souvent un cadre nocturne et relatent la difficulté du sommeil et le passage des « heures gluantes », comme c'est le cas ici. Il ne s'agit pourtant pas d'un désespoir lyrique, qui aurait pour cause un échec amoureux, comme souvent chez Apollinaire, mais d'un sentiment de solitude et d'impuissance face à un monde tragiquement impénétrable, auquel le poète ne cesse de se heurter.

> Je voudrais tomber de plus haut
> Quand le sanglot de la pluie cesse
> Un rire humide entr'ouvre la fenêtre
> On a encore le temps de venir
> 5   Le quart est fait puis la demie
> Les heures gluantes qui passent
> C'est la dernière fois que l'on prendra le train
> Le jour se fait encore attendre
> On peut venir de là ou de plus loin
> 10   Ce sera toujours pour descendre
> Dans la rue vide où personne ne vient
> Une seule voiture glisse
> Un air triste que l'on retient
> Tout tourne plus vite que le temps
> 15   Les oiseaux qu'emporte le vent
> La glace me regarde et rit
> La pendule bat la mesure
> A mon cœur qui n'est pas guéri
> Tout est remis d'autres blessures
> 20   Le calme plane
> On est tout seul
> La chambre n'est pas assez grande
> Pour garder pendant le sommeil
> Les rêves qui fuient sur la bande

Matière à réflexion

1. *Nomade* et *Rien*. — Analysez la fonction des alinéas dans ces poèmes de Pierre Reverdy. A quoi correspond le passage à la ligne dans ces poèmes? Quels effets Reverdy tire-t-il de la disposition typographique?

2. *Reflux*. — Faites l'inventaire des images dans *Reflux*. Séparez les images de l'univers intérieur et celles du monde extérieur. Comment ces deux mondes se rejoignent-ils? Comment Reverdy conçoit-il l'appréhension poétique du monde? Expliquez la structure interne de chaque image: quels liens nouveaux Reverdy met-il à jour dans ces images? En quoi celles-ci renouvellent-elles notre compréhension du monde?

3. Comment Reverdy parvient-il à exprimer des états d'âme par le biais de l'image? En quoi cette poésie diffère-t-elle de la poésie romantique?

4. Quelle philosophie de l'existence et de la création poétique se dégage de la poésie de Reverdy? D'où provient le désespoir de l'auteur? Expliquez sa dérision envers sa propre œuvre. En quoi ce désespoir n'a-t-il rien de lyrique? Pourquoi le poète évite-t-il de dire « je »?

5. Faites l'étude stylistique de la phrase chez Reverdy. A quoi se réduit-elle souvent? Quels éléments privilégie-t-elle? Quels effets ce dépouillement syntaxique produit-il?

Le Surréalisme

L'adjectif « surréaliste » est souvent de nos jours employé à tort et à travers, pour désigner des images, des idées ou des expériences insolites, absurdes ou obscures. Si le mot est aujourd'hui galvaudé, son usage courant témoigne néanmoins de l'influence du surréalisme sur la civilisation du XXᵉ siècle. Il faut cependant ici rappeler que le surréalisme fut avant tout un mouvement littéraire et artistique de l'entre-deux-guerres.

L'arbre surréaliste a plusieurs racines: le surréalisme naît en effet de la convergence de diverses avant-gardes littéraires apparues au terme de la Première Guerre mondiale.

Dada

L'on ne peut bien comprendre le surréalisme et ses origines sans étudier l'émergence de Dada, son « ancêtre ». A Zürich, en 1916, sur la scène du désormais célèbre Cabaret Voltaire, quelques écrivains et artistes iconoclastes tentent d'ébranler les sacro-saints piliers de l'art conventionnel et de la société bourgeoise. Ce groupe, qui refuse l'appellation trop traditionnelle de « mouvement », prend le nom provocateur de *Dada,* mot du langage enfantin dont le choix arbitraire indique un rejet de la logique, de la tradition littéraire et du langage lui-même. Autour du père de Dada, le roumain Tristan Tzara, on retrouve les divers membres des avant-gardes littéraires et artistiques du début du XXᵉ siècle, cubistes, futuristes, expressionnistes, venus de tous les pays d'Europe se réfugier à Zürich.

Car au dehors de la Suisse neutre, c'est un carnage total. En cette même année 1916, près d'un million de Français et d'Allemands trouvent la mort dans l'enfer de Verdun. L'offensive de la Somme, quelques mois plus tard, se solde par 700.000

morts dans les camps anglais et allemand. Il ne faut pas chercher plus loin les causes de l'émergence de Dada: face à ce bain de sang absurde[1], toute une génération de jeunes gens se met à contester avec véhémence les valeurs de la classe dirigeante — patriotisme, mercantilisme, religion, travail, logique, positivisme — tenues pour responsables de cette horreur inutile. L'hostilité et le dégoût de ces jeunes révoltés s'étendent jusqu'à l'*establishment* littéraire et toutes les formes de conformisme social, moral, esthétique et intellectuel.

Que se passe-t-il exactement au sein de ce légendaire Cabaret Voltaire? Imaginez la scène suivante. Face à un public de bourgeois suisses, choqués à l'extrême, Tzara et ses compères récitent un «poème simultané». Ce texte étrange en français, en allemand et en anglais, constitué d'un mélange d'extraits de journaux, de lettres banales, de chansons populaires, de poésie, d'articles scientifiques, de mots et de sons dénués de sens, est accompagné de battements de tambour et de sifflements. Les dadaïstes se présentent parfois sur scène accoutrés de costumes cocasses, faits de carton et d'objets bizarres, pour y entonner des phrases comme «zinzim urallala zimzim urallala zimzim zanzibar», sous les regards furieux ou incrédules des spectateurs, qui s'attendaient sans doute à un tout autre spectacle.

Les grands principes de Dada apparaissent déjà dans ces soirées zurichoises:

1° **La provocation.** — Il s'agit manifestement de choquer et de faire scandale, c'est-à-dire aussi de décevoir une attente. Les mystifications des dadaïstes sont dirigées contre un public bourgeois, dont ils cherchent à ébranler le confort moral, les certitudes, le goût pour un art conventionnel et prévisible, et la foi en la logique.

2° **Le mélange des arts.** — Refusant tout formalisme, Dada brise allègrement les cloisonnements entre tous les genres artistiques, en proposant des spectacles qui fusionnent musique, poésie, théâtre, danse et peinture. Dada est partisan d'un art multiforme et spontané.

3° **Le jeu sur le langage.** — En mélangeant mots familiers et mots vides de sens, et en les insérant dans un contexte surprenant, les dadaïstes se proposent de faire jaillir un pouvoir poétique des mots les plus usés. Dada libère les mots des forces de l'habitude et de la logique, et nous pousse à douter des certitudes apparentes du langage et de la pensée.

4° **La remise en question de l'art.** — Lorsque Marcel Duchamp peint la *Joconde* de Léonard de Vinci avec une moustache, où lorsqu'il signe des objets tout-faits, manufacturés en série, et les nomme «œuvres d'art», il lance par ces gestes iconoclastes un pied de nez gigantesque à la tradition artistique et aux tenants d'une définition traditionnelle du Beau. Dada a pour cible tout un establishment artistique et son esthétique.

Dada à Paris

Dada arrive à Paris un an après la guerre. Tzara trouve en France des jeunes gens aux préoccupations relativement similaires, quoique moins bien définies. Autour

---

1. Céline, qui n'est guère plus âgé que les surréalistes, décrira lui aussi toute l'absurdité de cette guerre.

de la revue *Littérature* et de ses jeunes directeurs, André Breton, Louis Aragon et Philippe Soupault, s'organise un petit groupe aux tendances révolutionnaires, qui redécouvre Rimbaud, Mallarmé et Lautréamont, tout en vouant un culte à Apollinaire. Tzara les entraîne dans son sillage, et, pendant quelques mois, ce nouveau Dada parisien va semer le désordre dans la capitale. A Tzara et aux directeurs de *Littérature* viennent s'ajouter Duchamp, Eluard, Picabia, Péret... Les tactiques de provocation sont les mêmes qu'à Zürich. Voici une réaction d'un journaliste hostile, en guise de témoignage de l'effet qu'eurent les scandales Dada sur le public bourgeois: «Avec le mauvais goût qui les caractérise, les dadas ont fait appel cette fois au ressort de l'épouvante. La scène était dans la cave et toutes les lumières éteintes à l'intérieur du magasin; il montait par la trappe des gémissements. Un autre farceur, caché derrière une armoire, injuriait des personnalités présentes (...) les dadas, sans cravate et gantés de blanc, passaient et repassaient (...) André Breton croquait des allumettes, Ribemont-Dessaignes criait à chaque instant: «Il pleut sur un crâne », Aragon miaulait, Philippe Soupault jouait à cache-cache avec Tzara, tandis que Benjamin Péret et Charchoune se serraient la main à chaque instant. Sur le seuil, Jacques Rigaut comptait à voix haute les automobiles et les perles des visiteuses... »[2]. Certains de ces spectacles-provocations se terminent dans le chaos: il arrive parfois que le public et les dadas échangent des injures et des coups, voire se lancent des œufs.

Les attaques contre la littérature et l'art officiels redoublent d'intensité, visant cette fois des écrivains précis. Picabia affirme que «si vous lisez André Gide tout haut pendant dix minutes, vous sentirez mauvais de la bouche». Jean Cocteau lui-même n'est pas épargné. Les dadas organiseront également un procès contre Maurice Barrès, écrivain conservateur dont les livres d'après-guerre glorifiaient toutes les valeurs bourgeoises et nationalistes que les dadas rejetaient avec dégoût: la patrie, la pureté raciale et nationale, les martyrs de la France, etc. Ils accusent Barrès de «crime contre la sûreté de l'esprit». Cette parodie de justice est aussi une attaque contre les appareils officiels de la société bourgeoise, et les dadas ne manquent pas d'en moquer le langage et les costumes, arrivant sur scène vêtus d'uniformes blancs et de barrettes d'aspect militaire.

Au-delà des émeutes, le mouvement se précise en atteignant dès 1918 une phase théorique. Plusieurs dadas rédigent des manifestes, jonglant avec le paradoxe que pose l'adoption d'un genre traditionnel par des écrivains qui refusent toutes les formes conventionnelles et toutes les définitions. Tzara présentera donc son manifeste comme un anti-manifeste: «J'écris un manifeste et je ne veux rien, je dis pourtant certaines choses, et je suis en principe contre les manifestes, comme je suis aussi contre les principes (...) J'écris ce manifeste pour montrer que l'on peut faire les actions opposées ensemble, dans une seule fraîche respiration; je suis contre l'action; pour la continuelle contradiction pour l'affirmation aussi, je ne suis ni pour ni contre et je n'explique car je hais le bon-sens. »[3]

Dans son manifeste, Francis Picabia résume bien le nihilisme absolu de Dada: «Plus de peintres, plus de littérateurs, plus de musiciens, plus de sculpteurs, plus

---

2. Cité par Maurice Nadeau, *Histoire du surréalisme*. — 3. Tristan Tzara, *Manifeste Dada*.

Surréalistes de la première heure: André Breton, Paul Eluard, Tristan Tzara et Benjamin Péret

de religions, plus de républicains, plus de royalistes, plus de bolcheviques, plus de politiques, plus de prolétaires, plus de démocrates, plus de bourgeois, plus d'aristocrates, plus d'armées, plus de police, plus de patries, enfin assez de toutes ces imbécillités, plus rien, plus rien, rien, *rien, rien, rien.* » [4]

Mais Dada est voué à l'autodestruction. Ce mouvement anarchique, cet antimouvement ne peut continuer éternellement ses provocations, pas plus qu'il ne peut devenir conventionnel, prévisible ou égal à lui-même. Dada, plus qu'un paradoxe intellectuel, est un cul-de-sac littéraire. De 1920 à 1922, le mouvement est déchiré par des tensions internes, qui vont parfois jusqu'à la violence physique. Tzara, de son côté, continue à prêcher le dadaïsme, alors que Breton, soucieux de dépasser le nihilisme de Dada, s'engage dans une autre voie.

Au-delà de Dada: le surréalisme

Le surréalisme naît des cendres de Dada. Sans cette remise en question absolue que fut Dada, le surréalisme eut été impossible. Les deux mouvements sont issus des mêmes constatations: les limites de la condition humaine et l'impossibilité d'adhé-

---

4. Francis Picabia, *Manifeste du mouvement Dada*, 1920.

rer aux valeurs de la civilisation. Mais là où Dada s'arrête à un nihilisme total, un refus pur et simple de tout dépassement de la misère de l'homme, le surréalisme se propose d'élaborer une nouvelle conception du monde, après avoir fait table rase du carcan positiviste et des idéaux bourgeois. A la phase adolescente de *négation* qu'est Dada succède une phase adulte d'*élévation* surréaliste qui consistera à construire une nouvelle vision du monde, par-delà les limites de la réalité matérielle. Le surréalisme est donc marqué d'un optimisme certain, basé sur une croyance dans les pouvoirs de l'homme, malgré l'absurdité du monde.

L'essentiel d'une définition du surréalisme réside dans la notion de « surréel » ou de « surréalité ». Le mot est emprunté à Apollinaire, qui, en 1917, avait lancé, un peu au hasard, et sans guère préciser, l'adjectif « surréaliste » pour qualifier son drame *Les Mamelles de Tyrésias*. Réapproprié par la génération de Breton, le terme prend un sens plus précis, quoique son choix reste ambigu. Il témoigne de l'intérêt du mouvement pour un certain nombre de phénomènes insolites, marginaux. Mais le préfixe « sur » pose un problème: en effet, il n'est pas du tout question de s'intéresser à une réalité *supérieure,* voire à un au-delà, comme on l'entend lorsqu'on parle de « surnaturel »[5]. Les surréalistes refuseront toujours toute forme d'idéalisme religieux. Au contraire, le surréel est à chercher en plein cœur de la réalité ordinaire.

Dès la rupture officielle avec Dada en 1922, André Breton devient le théoricien principal du groupe surréaliste. C'est à son nom que le mouvement sera toujours intimement lié, et c'est lui qui veillera, face aux forces centrifuges des tempéraments individuels, à la pureté doctrinale des premières années. Selon Breton, une des clés du dépassement de la misère humaine tient dans l'accès à un *autre monde* au sein même du nôtre. Médecin imprégné des théories de Freud, Breton aura lui-même l'occasion pendant la guerre de pratiquer la psychanalyse freudienne sur des « malades » psychotiques. L'influence de Freud sur Breton et le surréalisme sera capitale: la révélation de l'inconscient est aussi la découverte d'un autre monde, d'un sens caché des choses. Il existe, *au cœur de la réalité,* affleurant à la surface du quotidien, un réseau secret de significations auxquelles on peut accéder en déchiffrant certains signes. On comprend ainsi aisément la fascination des surréalistes pour le rêve, la folie, l'hypnose, les expressions de l'inconscient. C'est dans cette face cachée de l'homme et du monde que se trouvent pour eux la poésie et le sens de la destinée humaine. Diverses formes d'expérimentation permettent l'accès à cette surréalité, ce monde merveilleux:

1° **L'écriture automatique.** — Il s'agit de rêver en plein jour, de laisser les mots s'écrire tout seuls, sans sujet préconçu ni contrôle de la raison. Breton et les surréalistes tentent de recréer ces moments juste avant le sommeil où des phrases naissent automatiquement dans notre esprit, sans que nous cherchions à nous exprimer consciemment[6]. L'écriture automatique, élément essentiel du surréalisme, en fut également longtemps définitoire: « SURREALISME, n.m. Automatisme psychique pur

---

5. C'est en cela d'ailleurs que le surréalisme se distingue du fantastique, un genre hérité du XVIIIe siècle, basé sur les intrusions de manifestations surnaturelles dans un univers régi par la logique quotidienne. — 6. Breton fut frappé par la poésie insolite de phrases automatiques, surgies de l'inconscient à la frontière du sommeil, telles que celle-ci: « Il y a un homme coupé en deux par la fenêtre. »

par lequel on se propose d'exprimer, soit verbalement, soit par écrit, soit de toute autre manière, le fonctionnement réel de la pensée. Dictée de la pensée, en l'absence de tout contrôle exercé par la raison, en dehors de toute préoccupation esthétique ou morale. »[7] L'art devient donc pour les surréalistes une expérience, un moyen de découverte de l'inconnu. La première œuvre surréaliste, *Les Champs magnétiques* de Breton et Soupault, explore systématiquement cette poésie à l'état pur, issue de l'écriture automatique. Cependant, cette technique de libération poétique totale connut par la suite ses détracteurs au sein du groupe surréaliste. Certains en dénoncèrent la supercherie (où s'arrête la spontanéité et où commence la réécriture?), d'autres en constatèrent simplement les limites (de quelles quantités de « déchets » faut-il extraire de rares perles?).

2° Le hasard objectif. — Il existe des liens cachés entre notre inconscient et le cosmos. Des rencontres, des signes, des lieux peuvent quotidiennement nous rappeler des images de notre inconscient, comme s'il était relié à l'univers entier. Certains signes qui réapparaissent constamment dans notre esprit peuvent se retrouver dans le monde matériel, et cette « rencontre d'une finalité externe et d'une finalité interne » constitue un hasard objectif[8]. Le phénomène conduit à supposer l'existence d'une autre logique, d'un sens occulte de l'univers.

3° L'écriture collective. — Deux ou plusieurs écrivains pratiquant l'écriture automatique peuvent parfois spontanément évoquer les mêmes images ou les mêmes sujets. L'écriture collective est donc au point de jonction entre l'écriture automatique et le hasard objectif, en ce qu'elle découvre les liens naturels entre deux inconscients.

4° La quête du merveilleux. — Les surréalistes prônent la réceptivité à tous les signes qui laissent entrevoir à l'homme une réalité insolite et néanmoins riche en révélations: rêves, coïncidences, paroles énigmatiques, prémonitions, moments d'illumination, illusions d'optique, etc. L'homme doit être attentif à la surprise issue du quotidien, il doit rechercher le merveilleux, l'étonnement, l'irréel au cœur du réel, ce qu'Aragon nomme le « sentiment moderne de l'existence ». Pour Breton, la vie doit être « déchiffrée comme un cryptogramme ». Cette quête de l'insolite et du merveilleux quotidien présente un aspect indéniablement lyrique et onirique. La ville de Paris, en particulier, sera le lieu par excellence d'une telle quête, et on peut sans doute affirmer qu'il existe une géographie surréaliste de Paris, privilégiant les endroits insolites: le marché aux puces, les Halles, le passage de l'Opéra, etc.

5° La recherche de rencontres surprenantes et de formes incongrues. — La démarche surréaliste tend « à provoquer une révolution totale de l'objet ». Les collages de Max Ernst, qui rapprochent divers éléments appartenant à différents domaines de la réalité, exerceront sur les surréalistes une influence décisive. Par ces assemblages fortuits d'objets ou de mots surprenants et par la déformation ou le

---

7. André Breton, *Manifeste surréaliste*, 1924. — 8. En guise d'exemples, on peut citer certains phénomènes retranscrits par Breton dans son roman *Nadja:* tomber nez à nez dans une rue avec une personne à laquelle on pensait justement et dont la présence dans ce quartier est tout à fait improbable; ou encore: lorsqu'on pense un jour à Rimbaud, découvrir au marché aux puces un exemplaire rare des œuvres de ce poète, et s'entretenir de sa poésie avec une jeune vendeuse, etc.

dépaysement d'objets quotidiens, ils remettent en question les lois physiques du réel et la force de l'habitude, pour créer un monde surréel, « beau comme la rencontre fortuite d'un parapluie et d'une machine à coudre, sur une table de dissection », selon la phrase célèbre de leur ancêtre Lautréamont. La technique picturale des collages surréalistes possède son équivalent poétique, celle dite du « cadavre exquis », définie par le *Dictionnaire abrégé du surréalisme*, comme un « Jeu qui consiste à faire composer une phrase, ou un dessin, par plusieurs personnes sans qu'aucune d'elles puisse tenir compte de la collaboration ou des collaborations précédentes. L'exemple devenu classique, qui a donné son nom au jeu, tient dans la première phrase obtenue de cette manière: *Le cadavre - exquis - boira - le vin - nouveau.* » Ces créations verbales insolites ont également pour effet de renouveler le langage poétique en le débarrassant des formes figées et des idées reçues.

6° Le dérèglement des sens. — Le mot célèbre de Rimbaud aura une influence capitale sur Breton et ses amis. Selon eux, il faut rendre à l'homme toutes les capacités qu'il a perdues par la faute de la raison et de la logique. Les surréalistes vont privilégier l'hallucination par l'ivresse, l'hypnose, le sommeil artificiel, les drogues, ainsi que l'exploration de l'aliénation mentale, de l'alchimie et de la magie. Toutes ces techniques ont pour objet de passer dans l'*autre monde*, d'atteindre le surréel, où fusionnent le rêve et la réalité, le rationnel et l'irrationnel, la matière et l'esprit.

7° L'amour fou. — Les surréalistes valorisent à l'extrême le sentiment amoureux. Ils y voient un moyen de découvrir une face cachée de l'être humain, mais aussi une altération de la sensibilité ordinaire qui permet d'atteindre une autre dimension du réel. L'histoire du surréalisme est donc intimement liée aux compagnes des poètes et des artistes, auxquelles furent dédiés maints poèmes et tableaux. Cette mystique de l'amour s'accompagne de recherches en matière d'érotisme, en particulier d'une glorification du corps féminin et d'une provocation sensuelle héritée de Sade[9].

8° L'humour noir. — Breton et ses compagnons d'aventure voient dans l'humour noir un mécanisme de défense et de révolte contre l'absurdité du monde, ainsi qu'une remise en question du langage. Cherchant des devanciers afin de légitimer le projet surréaliste, Breton retrouve, chez tous ceux qui ont pratiqué un humour absurde ou subversif, un surréalisme en puissance.

En outre, le surréalisme continue de partager certaines attitudes Dada, notamment le sens de la provocation et le dégoût pour toutes les conventions esthétiques et sociales, qui se traduisent par un antimilitarisme, un antipsychiatrisme et un anticléricalisme virulents.

Le mouvement atteint son apogée dans les années 1925–1930, avec la publication de quelques œuvres majeures: *Le Paysan de Paris* de Louis Aragon, *Capitale de la douleur* de Paul Eluard, *La Liberté ou l'amour* de Robert Desnos, et surtout le chef-d'œuvre de Breton, *Nadja*, synthèse de tous les thèmes surréalistes et renouvellement radical de la forme romanesque.

---

9. Ecrivain français (1740–1814), dont les romans peignent des personnages obsédés par le plaisir pervers de faire souffrir des âmes innocentes (d'où le « sadisme »).

En 1927, sous l'impulsion de Breton, d'Aragon et d'Eluard, le groupe surréaliste se rapproche du parti communiste français. On comprendra aisément cette prise de position politique, qui participe de la même attitude anti-bourgeoise qui a animé le groupe depuis les premiers jours de Dada. Pour « changer la vie », selon le grand principe que les surréalistes ont hérité de Rimbaud, il faut, comme l'avait dit Marx, « transformer le monde », c'est-à-dire faire la révolution. Ainsi la revue surréaliste est-elle rebaptisée *Le Surréalisme au service de la révolution,* en témoignage de ce nouvel engagement.

Cette adhésion à la doctrine communiste aura pour effet de déchirer le groupe surréaliste, dont les membres se sentent rapidement pris au piège, écartelés entre leur esprit naturel d'indépendance et les tendances de plus en plus dogmatiques du parti et de Breton lui-même. Excommunications, querelles de clocher et retraits volontaires vont s'ensuivre, au détriment de la cohérence du groupe. Beaucoup d'amitiés vont se défaire dans ces années-là. Breton lui-même finira par quitter le parti communiste en 1932, et seul Aragon y restera fidèle jusqu'à sa mort. Breton et ses rares fidèles se rapprocheront de Trotski et dénonceront lucidement les crimes de Staline.

Le surréalisme poursuit avec succès sa diffusion internationale dans les années trente, popularisé en peinture par Dali et au cinéma par Luis Buñuel. Mais le mouvement s'essouffle à la veille de la Seconde Guerre mondiale. Le groupe se disperse de plus en plus, et la guerre lui donne le coup de grâce. Les surréalistes, inquiétés par le gouvernement de Vichy[10] en raison de leurs sympathies gauchistes, entreront pour la plupart dans la Résistance. Eluard et Aragon, abandonnant le surréalisme de leurs premières œuvres pour un lyrisme plus classique de forme comme de thème, se feront les chantres de la liberté et de la patrie. Desnos mourra en déportation. Quant à Breton, il s'exilera en Amérique où il stimulera une renaissance de l'activité surréaliste, en particulier aux Etats-Unis.

Au lendemain de la guerre, passé de mode et concurrencé par l'existentialisme, le surréalisme s'éteint progressivement. Il survit en partie dans les dernières œuvres de ses principaux animateurs, dont la production s'étendra jusqu'aux années soixante, voire plus loin pour certains. Cependant, quoique l'âge d'or du surréalisme soit limité historiquement à l'entre-deux-guerres, l'influence du mouvement dépasse largement ce cadre restreint. Le bilan du surréalisme conduit à constater que le mouvement a dépassé son relatif échec littéraire et philosophique. Au-delà de textes parfois obscurs et de prises de position vieillies, au-delà des limites de l'écriture automatique, au-delà de l'idéalisme aveugle et du « refoulé petit-bourgeois »[11] du mouvement, le surréalisme nous laisse quelques œuvres superbes, mais surtout une esthétique de libération poétique et plastique, ainsi qu'un mode de vie. L'*état d'esprit* surréaliste, son intérêt pour l'image et l'imaginaire, sont toujours bien vivants, consciemment ou inconsciemment, dans notre monde contemporain, sans doute parce qu'ils offrent pour beaucoup une solution séduisante à un problème éternel, celui des limites de la condition humaine. L'héritage du surréa-

---

10. Voir l'introduction à Céline. — 11. Interview de Claude Simon, in *Magazine littéraire,* mars 1990.

lisme apparaît notamment dans le psychédélisme des années soixante[12], le cinéma moderne, l'art graffiti, la publicité, les clips vidéos, et même, parfois, sous une forme abâtardie, en politique[13]. Ne sommes-nous pas tous, d'une manière ou d'une autre, les enfants du surréalisme?

La poésie surréaliste

C'est surtout en poésie que le surréalisme s'est exprimé. Les chefs-d'œuvre romanesques du surréalisme, tels que *Nadja* ou *Le Paysan de Paris,* sont rares. Le genre romanesque, avec ses personnages inventés, ses intrigues psychologiques et ses descriptions inévitables, relève pour les surréalistes de l'ordre du mensonge et des conventions périmées. Breton, et surtout Aragon, le romancier le plus prolifique du mouvement, tenteront cependant, par une révolution à la fois thématique et formelle, d'adapter le roman au projet surréaliste.

En revanche la poésie s'offre immédiatement comme terrain d'exercice au surréalisme:

1° Sur le plan de la forme. — La libération du vers opérée par les symbolistes, puis poursuivie par Apollinaire, a fortement séduit les surréalistes, abhorrant règles et conventions. Leur entreprise consistera à prolonger systématiquement cette révolution poétique: poèmes en prose, refus des formes fixes et de la ponctuation, jeux typographiques inspirés des *Calligrammes,* poèmes en forme de listes, etc. Cependant, en matière d'innovation formelle, les surréalistes restent largement tributaires de leurs aînés Apollinaire et Cendrars.

2° Sur le plan de l'image. — Le genre poétique est par nature particulièrement adapté à l'expression surréaliste puisqu'il privilégie l'image, par opposition à la durée romanesque. Le *regard* surréaliste lui-même est d'essence poétique. L'image surréaliste repose souvent sur la technique du collage, créant la fulgurance poétique par le rapprochement insolite d'objets et de mots, et par une constante métamorphose du quotidien. Les poètes surréalistes pratiqueront systématiquement une rhétorique de l'écart, fondée sur l'inversion de figures et d'images conventionnelles. Un vers tel que « La terre est bleue comme une orange » d'Eluard est un parfait exemple de ces distorsions de logique et de perception, qui instaurent cependant de nouveaux liens entre divers éléments du réel.

3° Sur le plan du langage. — L'attitude surréaliste face au langage sera surtout ludique, mais jamais gratuitement, ou par pure provocation comme c'était le cas chez Dada. Le même exemple tiré d'Eluard est en quelque sorte un «jeu de mots», mais qui s'effectue au profit de l'image elle-même. Les poètes surréalistes essayeront de faire rejaillir le pouvoir poétique d'expressions toutes faites et d'images usées. *Rrose Sélavy* de Robert Desnos, un long poème fait de contrepèteries et d'inversions formelles, est un parfait exemple de ce traitement ludique du langage. Les

---

12. Qu'on examine, par exemple, les paroles de *Lucy in the Sky with Diamonds,* ou de *Strawberry Fields Forever* des Beatles... — 13. Un événement comme les manifestations de mai 68, par exemple, a souvent été commenté comme une « tardive explosion surréaliste », avec ses slogans comme « Il est interdit d'interdire », « Sous les pavés, la plage », ou encore « L'imagination au pouvoir! ».

textes surréalistes oscilleront souvent entre le pôle de la *simplicité* — le recours aux mots quotidiens réinvestis d'une valeur poétique — et celui de l'*hermétisme* — la densité sémantique issue de rapprochements complexes. Les poèmes automatiques, quant à eux, tenteront de libérer le genre poétique de ses contraintes formelles au profit d'une poésie «pure», provenant, non d'une composition laborieuse, mais des associations du sujet pensant, lui-même libéré du poids de la conscience.

4° **Sur le plan du sujet poétique.** — Il n'est plus question pour les surréalistes de peindre de jolis tableaux ou d'aimables sentiments. Le sujet d'un poème surréaliste n'est plus extérieur ou préalable au texte: il est tout entier dans l'expérimentation verbale elle-même. Cette libération totale de la subjectivité s'accompagne de l'exploration de thèmes jadis jugés a-poétiques, ainsi que de la transgression de nombreux tabous, surtout en matière d'érotisme et de religion. En outre, les surréalistes sont demeurés pour la plupart des poètes lyriques, chantant la femme et l'amour sous l'angle nouveau du surréel.

Tristan Tzara
1896–1963

Tristan Tzara, de son vrai nom Samuel Rosenstock, poète d'origine roumaine, est surtout connu comme le principal promoteur et animateur de Dada, anti-mouvement qu'il a contribué à créer à Zürich en 1916. A Paris depuis 1919, Tzara aimanta et catalysa les velléités anarchiques d'une génération de jeunes poètes qui s'inspirèrent des techniques dadaïstes de provocation et d'écriture.

Tzara, dans ses premières œuvres, fait table rase de toute tradition littéraire, et surtout du langage lui-même, perverti par l'inconséquence, l'absurde et la dérision. C'est cette tentative d'une destruction absolue du langage qui finira par le séparer des surréalistes. Breton, en effet, place une confiance aveugle dans le langage, lieu privilégié des révélations de l'inconscient. Bien qu'il ait fortement contribué à orienter la génération surréaliste vers une libération totale de l'esprit, Tzara est surtout un poète anarchique qui refusera toujours la systématisation théorique, voire didactique, qui caractérise André Breton.

Le trajet poétique de Tzara, après la rupture de 1922, est par essence indépendant, quoiqu'il recoupe parfois l'évolution du surréalisme sur certains points, en particulier l'engagement politique, l'exploration du rêve et de l'inconscient, et la libération de la subjectivité et de l'imagination. Tzara se concentrera surtout sur la poésie après 1922, abandonnant peu à peu les «happenings». Ne reniant jamais tout à fait l'extrémisme des prises de position dadaïstes, il donnera cependant à son œuvre un ton plus grave et plus lyrique, abordant le problème de la condition humaine. Ces préoccupations thématiques et ce lyrisme le rapprochent notamment d'Eluard[1].

---

1. Voir ci-dessous, dans ce même chapitre.

Ses textes, écrits en français, sont remarquables par leur invention, et par un renouvellement constant de la formule poétique. Les poèmes suivants, tirés du recueil intitulé *De nos oiseaux* (1923), sont caractéristiques de cette révolution poétique proposée par Dada: c'est pour Tzara dans la production verbale même, dans la liberté des fabulations et des associations que réside la poésie, non dans le produit fini. Il importe donc d'examiner dans ces poèmes l'enchaînement spontané des images et des mots. La parodie du langage logique et scientifique ainsi que les irrévérences provocatrices de Dada apparaissent également dans ces textes.

Chanson dada

I
la chanson d'un dadaïste
qui avait dada au cœur
fatiguait trop son moteur
qui avait dada au cœur

5   l'ascenseur portait un roi
lourd fragile autonome
il coupa son grand bras droit
l'envoya au pape à rome

c'est pourquoi
10   l'ascenseur
n'avait plus dada au cœur

mangez du chocolat
lavez votre cerveau
dada
15   dada
buvez de l'eau

II
la chanson d'un dadaïste
qui n'était ni gai ni triste
et aimait une bicycliste
20   qui n'était ni gaie ni triste

mais l'époux le jour de l'an
savait tout et dans une crise
envoya au vatican
leurs deux corps en trois valises

25   ni amant
ni cycliste
n'étaient plus ni gais ni tristes

mangez de bons cerveaux
lavez votre soldat

475

30 dada
dada
buvez de l'eau

III

la chanson d'un bicycliste
qui était dada de cœur
35 qui était donc dadaïste
comme tous les dadas de cœur

un serpent portait des gants
il ferma vite la soupape
mit des gants en peau d'serpent
40 et vint embrasser le pape

c'est touchant
ventre en fleur
n'avait plus dada au cœur

buvez du lait d'oiseaux
45 lavez vos chocolats
dada
dada
mangez du veau

Liquidation esthétique

crime par correspondance porcelaine jaune d'œuf
le front retentit d'un pas lourd

le satellite secrétaire grossit pour les presbytes lampion
discours de violon sur l'escalier des tiroirs

5 malades guérissez-vous
guérissez-vous malades

kiosque de pharmacie sur mer et blanc d'argile
voyons voyons les hommes précis laïques et économes

tombola des préférences
10 entre quoi et quoi c'est sûr

le retard le bien le froid le prix
le patriotisme le rouge l'explication l'humidité
décident la mesure minérale de brûlure
des jambes des doigts
15 des voies respiratoires
des canaux visuels du cerveau
du degré d'ennui par alliance attaquant

une ordonnance interdisant la tétine et l'enthousiasme
engelure apéritive accident à la faveur des lumières de borax
20   et canule pour la mine de zénith
cirent nos tristesses d'où nous extrayons le miel

Monsieur AA fait des signes sténographiques à Monsieur Tzara

martyre en flagrant délit messieurs les députés
la lumière et le confort se cultivent au nord à barbe de neige
le chèque de 8 heures et de bonne humeur
voulez-vous gagner l'ange boxeur nage dans l'encre
5   avec des gants myosotis
les serpents portent maintenant des gants
la passion javanaise dans une Rolls-Royce
joue aux échecs avec un personnel de premier ordre
savoureux et caméléon comme un dada de premier ordre

Crime long

la morue de laine dans la crinière du lion
laisse des traces et la salive des escargots tapis
le groom laisse des dépêches dans toutes les chambres
mais dans la 67ème 2e étage on trouva le monsieur en train de
5   finir la dernière interruption du hoquet de son âge

Matière à réflexion

1. *Chanson dada.* — Montrez comment, dans *Chanson dada,* Tzara subvertit la logique et le langage. Comment passe-t-il d'une section à l'autre de ce poème? Quel est l'effet de ces variations? Quel est le sens du mot « dada » dans ce poème? A quoi sert-il?

2. Quels éléments sont provocateurs dans les poèmes de Tzara? A qui s'en prend-t-il en priorité, et par quels moyens? Que leur reproche-t-il?

3. Une suite de mots telle que « crime par correspondance porcelaine jaune d'œuf » semble apparemment dénuée de sens. Quelle est donc sa fonction? Par quels moyens l'auteur a-t-il obtenu ce vers?

477

Benjamin Péret
1899–1960

Ami fidèle d'André Breton, Benjamin Péret participa à l'aventure surréaliste depuis les premiers jours de Dada en France jusqu'aux jours sombres de l'après-guerre. Il fut sans doute le poète surréaliste qui sut le mieux préserver l'esprit de révolte prôné par Dada, dans des poèmes violemment anticléricaux, antibourgeois et antimilitaristes. *Je ne mange pas de ce pain-là,* le titre d'un de ses recueils, est l'expression parfaite de cette attitude de défi et de refus de tous les conformismes qui traverse son œuvre entière.

Péret est aussi un de ces écrivains qui se livra à une tentative d'émancipation complète du langage, par l'écriture automatique, la pratique forcenée du collage verbal et les inversions systématiques de logique (*Les Oreilles fumées ne repousseront plus,* poème). André Breton en parle en ces termes élogieux: «Lui seul a pleinement réalisé sur le *verbe*[1] l'opération correspondante à la *sublimation* alchimique qui consiste à provoquer l'*ascension du subtil* par sa *séparation d'avec l'épais.* L'épais, dans ce domaine, c'est cette croûte de signification exclusive dont l'usage a recouvert tous les mots et qui ne laisse pratiquement aucun jeu à leurs associations hors des cases où les confine par petits groupes l'utilité immédiate ou convenue, solidement étayée par la routine. (...) C'est ici que Benjamin Péret intervient en libérateur.»[2]

L'œuvre de Péret est en outre souvent lyrique et érotique, et témoigne de cette fascination des surréalistes pour le corps féminin et la magie de l'amour. Proche jusqu'au bout d'André Breton, qu'il suivit d'ailleurs dans son exil au Mexique en 1941, Péret fut également un des rares à rester sa vie durant fidèle à l'esthétique surréaliste.

Vie de l'assassin Foch

Vie de l'assassin Foch est un des poèmes les plus irrévérencieux et les plus antimilitaristes de Péret. Le maréchal Foch avait commandé les troupes françaises et les avait conduites à la «victoire» en 14–18. C'est donc à un véritable héros national que s'en prend Péret, pour qui tous les chefs militaires ayant participé à la boucherie de la Première Guerre mondiale sont aussi criminels les uns que les autres, quel que soit le camp auquel ils appartiennent. Ce poème plein de provocation reste empreint de l'esprit Dada.

> Un jour d'une mare de purin une bulle monta
> et creva
> A l'odeur le père reconnut

---

1. Le mot. — 2. André Breton, *Anthologie de l'humour noir.*

Ce sera un fameux assassin
5 Morveux crasseux le cloporte grandit
et commença à parler de Revanche[3]
Revanche de quoi Du fumier paternel
ou de la vache qui fit le fumier
A six ans il pétait dans un clairon
10 A huit ans deux crottes galonnaient ses manches
Un jour d'une mare de purin une bulle monta
A dix ans il commandait aux poux de sa tête
et les démangeaisons faisaient dire à ses parents
Il a du génie
15 A quinze ans un âne le violait
et ça faisait un beau couple
Il en naquit une paire de bottes avec des éperons
dans laquelle il disparut comme une chaussette sale

Ce n'est rien dit le père
20 son bâton de maréchal est sorti de la tinette
C'est le métier qui veut cela
Le métier était beau et l'ouvrier à sa hauteur
Sur son passage des geysers de vomissements jaillissaient
et l'éclaboussaient

25 Il eut tout ce qu'on fait de mieux dans le genre
des dégueulis[4] bilieux de médaille militaire
et la vinasse nauséabonde de la légion d'honneur
qui peu à peu s'agrandit

Ce mou de veau soufflé s'étalait
30 et faisait dire aux passants pendant la guerre
C'est un brave Il porte ses poumons sur sa poitrine

Tout alla bien jusqu'au jour où sa femme recueillit
le chat de la concierge
On avait beau faire
35 le chat se précipitait sur le mou de veau
dès qu'il apparaissait
et finalement c'était fatal il l'avala
Sans mou de veau Foch n'était plus Foch
et comme un boucher il creva d'une blessure de cadavre

Matière à réflexion

1. Relevez dans ce poème virulent les images de violence et de provocation typiques du dégoût dada.

---

3. Le désir de revanche contre l'Allemagne a fortement contribué à précipiter la Première Guerre mondiale. — 4. Vomis.

André Breton
1896–1966

Théoricien principal, chef de file, voire « Pape » du surréalisme, comme certains l'ont nommé, André Breton est indissociable du mouvement surréaliste et de son histoire. L'on a déjà mentionné le rôle décisif de Breton dans l'orientation doctrinale — stylistique, thématique, philosophique et politique — du mouvement, grâce à de nombreux manifestes et articles théoriques. Il reste à faire le bilan de son œuvre poétique.

La poésie constitue très tôt une révélation dans la vie de Breton. Séduit dès ses années de collège par les poètes symbolistes, il publie d'abord des textes où se lit

Le jeune André Breton à une manifestation Dada, portant un slogan de Francis Picabia

l'héritage de Mallarmé et de Valéry, avant de tourner le dos radicalement à cette influence. C'est sous le signe de Rimbaud, de Jarry[1], puis de Lautréamont[2] que va se placer Breton dès 1914–1915.

La guerre joue un rôle capital dans sa vocation de poète, en interrompant la carrière médicale à laquelle il se destinait. Mobilisé dans un centre psychiatrique où il étudie et pratique la psychanalyse freudienne, en particulier la méthode des associations libres, Breton prend conscience de son attraction irrésistible pour l'écriture poétique à travers ces associations verbales spontanées. Il fait, vers la fin de la guerre, la connaissance déterminante d'Apollinaire, qui lui présente un autre de ses protégés, Philippe Soupault, avec lequel Breton fonde la revue *Littérature* et offre en 1920 le premier poème automatique, *Les Champs magnétiques*. Il reprendra par la suite ce principe de composition collective en collaborant notamment avec Paul Eluard et René Char.

Les textes poétiques de Breton, comme le surréalisme lui-même, sont avant tout une *expérience,* basée sur les multiples accidents de la vie et du langage, et dont les buts ultimes sont de libérer l'imaginaire et de conquérir le merveilleux au cœur de la réalité. Ses poèmes en vers libres ou en prose, à forte tonalité onirique ou érotique, explorent les révélations du hasard, de l'amour, du rêve et de la magie par l'intermédiaire de l'image et de l'analogie, dont la fonction est de rapprocher les réalités les plus éloignées. Le titre d'un de ses recueils de poèmes, *Le Revolver à cheveux blancs* (1932), illustre parfaitement cette technique. *Dernière levée,* reproduit ici, est un poème extrait de ce recueil.

Dernière levée

Cette lettre envoyée par « Dernière levée » promet au poète l'imminence d'une révélation. Le monde alors, offrant au poète ses secrets les plus cachés, se métamorphosera.

> La lettre que j'attends voyage incognito dans une enveloppe
> Que son timbre recouvre et au-delà
> Ce timbre est oblitéré par le zodiaque
> On a beaucoup de peine à déchiffrer mon nom dans sa dentelure
> 5 Quand elle me parviendra le soleil sera froid
> Il y aura des épaves sur la place Blanche[3]
> Parmi lesquelles se distinguera mon courage
> Pareil à un treuil[4] d'écureuils
> Je l'ouvrirai d'un coup de rame
> 10 Et je me mettrai à lire

---

1. Alfred Jarry, écrivain français, auteur d'*Ubu Roi.* — 2. Ecrivain français (1846–1870), auteur des *Chants de Maldoror,* et considéré par l'école surréaliste comme un de ses précurseurs. — 3. Place de Paris, près de Montmartre. — 4. Cage en forme de roue que fait tourner un écureuil ou une souris, placés à l'intérieur.

Cela ne pourra manquer de provoquer un rassemblement
Mais je ne m'arrêterai pas
Les mots jamais entendus prendront le large
Ils seront de paille enflammée et luiront dans une cage d'amiante
15 Suspendue à l'arbre à devinettes
La lettre que j'attends sera de la couleur des voiliers éteints
Mais les nouvelles qu'elle m'apportera leurs formes de rosée
Je retrouverai dans ces formes tout ce que j'ai perdu
Ces lumières qui bercent les choses irréelles
20 Ces animaux dont les métamorphoses m'ont fait une raison
Ces pierres que je croyais lancées pour me dépister moi-même
Qu'elle est de petites dimensions cette lettre que j'attends
Pourvu qu'elle ne s'égare pas parmi les grains de poison

Tournesol

Tournesol, extrait de *Clair de terre* (1923), est un des poèmes les plus célèbres de Breton. C'est un poème semi-automatique, en ce sens que Breton a largement retouché ces vers issus de l'écriture automatique. Le thème de ce poème rappelle *A une passante* de Baudelaire: il s'agit de la rencontre fortuite d'une jeune inconnue dans Paris. Ce mode de rencontre — au hasard, au terme de déambulations dans Paris — a toujours fasciné Breton et les surréalistes. C'est dans des circonstances similaires que le narrateur de *Nadja* fait la connaissance du personnage principal, et c'est aussi de cette manière que Breton rencontrera sa seconde épouse. Breton reconnaîtra la valeur divinatoire de ce texte automatique, qui anticipe de dix ans un épisode de sa propre vie. Il y verra un cas troublant de hasard objectif.

Le quartier des Halles, avec sa charge de mystère, fascinait les surréalistes. Breton est ici, au cours de cette promenade nocturne, en quête permanente de surréel dans le décor quotidien. Il évoque également, au moyen d'images nouvelles, toute une thématique lyrique.

La voyageuse qui traversa les Halles[5] à la tombée de l'été
Marchait sur la pointe des pieds
Le désespoir roulait au ciel ses grands arums[6] si beaux
Et dans le sac à main il y avait mon rêve ce flacon de sels
5 Que seule a respirés la marraine de Dieu
Les torpeurs se déployaient comme la buée
Au Chien qui fume[7]
Où venaient d'entrer le pour et le contre
La jeune femme ne pouvait être vue d'eux que mal et de biais
10 Avais-je affaire à l'ambassadrice du salpêtre

---

5. Quartier du premier arrondissement de Paris, où se concentraient les commerces alimentaires de gros. Les Halles ont disparu en 1969, quand ce commerce a été transféré à Rungis, au sud de Paris. — 6. Grande plante à fleurs blanches. — 7. C'est pour Breton «le nom typique d'un de ces restaurants des Halles». Il faut remarquer ici combien les surréalistes sont à la recherche d'éléments insolites dans la ville de Paris. Le nom de ce café ressemble à un collage surréaliste.

Ou de la courbe blanche sur fond noir que nous appelons pensée
Le bal des innocents[8] battait son plein
Les lampions prenaient feu lentement dans les marronniers
La dame sans ombre s'agenouilla sur le Pont-au-Change[9]
15 Rue Gît-le-Cœur[10] les timbres n'étaient plus les mêmes
Les promesses des nuits étaient enfin tenues
Les pigeons voyageurs les baisers de secours
Se joignaient aux seins de la belle inconnue
Dardés sous le crêpe des significations parfaites
20 Une ferme prospérait en plein Paris
Et ses fenêtres donnaient sur la voie lactée
Mais personne ne l'habitait encore à cause des survenants
Des survenants qu'on sait plus dévoués que les revenants
Les uns comme cette femme ont l'air de nager
25 Et dans l'amour il entre un peu de leur substance
Elle les intériorise
Je ne suis le jouet d'aucune puissance sensorielle
Et pourtant le grillon qui chantait dans les cheveux de cendre
Un soir près la statue d'Etienne Marcel[11]
30 M'a jeté un coup d'œil d'intelligence
André Breton a-t-il dit passe.

Ma Femme

Ma Femme est un poème du recueil *L'Union libre* (1931). Il illustre clairement l'importance de l'amour, et en particulier le pouvoir poétique du corps féminin, pour Breton et les surréalistes. Le poème consiste presque exclusivement en une accumulation d'images surréalistes, reliées par l'anaphore, et construites par « rapprochement de deux réalités plus ou moins éloignées ». Le corps féminin est, par ces images, relié au cosmos entier.

Ma femme à la chevelure de feu de bois
Aux pensées d'éclairs de chaleur
A la taille de sablier
Ma femme à la taille de loutre entre les dents du tigre
5 Ma femme à la bouche de cocarde et de bouquet d'étoiles de dernière grandeur
Aux dents d'empreintes de souris blanche sur la terre blanche
A la langue d'ambre et de verres frottés
Ma femme à la langue d'hostie poignardée
A la langue de poupée qui ouvre et ferme les yeux
10 A la langue de pierre incroyable
Ma femme aux cils de bâtons d'écriture d'enfant

---

8. Référence au Square des Innocents, dans le quartier des Halles. — 9. A Paris. Le nom a retenu Breton puisqu'il semble signifier un lieu où s'effectue une transformation du réel. — 10. A Paris. Cette rue évoque une image très lyrique qui a séduit Breton. — 11. Prévôt des marchands de Paris, au XIVe siècle. La statue d'Etienne Marcel est un de ces endroits parisiens privilégiés par les surréalistes, pour l'atmosphère irréelle qui l'entoure.

Aux sourcils de bord de nid d'hirondelle
Ma femme aux tempes d'ardoise de toit de serre
Et de buée aux vitres
15   Ma femme aux épaules de champagne
Et de fontaine à têtes de dauphins sous la glace
Ma femme aux poignets d'allumettes
Ma femme aux doigts de hasard et d'as de cœur
Aux doigts de foin coupé
20   Ma femme aux aisselles de martre[12] et de fênes
De nuit de la Saint-Jean
De troène et de nid de scalares[13]
Aux bras d'écume de mer et d'écluse
Et de mélange du blé et du moulin
25   Ma femme aux jambes de fusée
Aux mouvements d'horlogerie et de désespoir
Ma femme aux mollets de mœlle de sureau
Ma femme aux pieds d'initiales
Aux pieds de trousseaux de clés aux pieds de calfats[14] qui boivent
30   Ma femme au cou d'orge imperlé
Ma femme à la gorge de Val d'or
De rendez-vous dans le lit même du torrent
Aux seins de nuit
Ma femme aux seins de taupinière marine
35   Ma femme aux seins de creuset du rubis
Aux seins de spectre de la rose sous la rosée
Ma femme au ventre de dépliement d'éventail des jours
Au ventre de griffe géante
Ma femme au dos d'oiseau qui fuit vertical
40   Au dos de vif-argent
Au dos de lumière
A la nuque de pierre roulée et de craie mouillée
Et de chute d'un verre dans lequel on vient de boire
Ma femme aux hanches de nacelle
45   Aux hanches de lustres et de pennes de flèche
Et de tiges de plumes de paon blanc
De balance insensible
Ma femme aux fesses de grès et d'amiante
Ma femme aux fesses de dos de cygne
50   Ma femme aux fesses de printemps
Au sexe de glaïeul
Ma femme au sexe de placer et d'ornithorynque
Ma femme au sexe d'algue et de bonbons anciens
Ma femme au sexe de miroir
55   Ma femme aux yeux pleins de larmes
Aux yeux de panoplie violette et d'aiguille aimantée
Ma femme aux yeux de savane
Ma femme aux yeux d'eau pour boire en prison
Ma femme aux yeux de bois toujours sous la hache
60   Aux yeux de niveau d'eau de niveau d'air de terre et de feu

---

12. Petit animal à fourrure. — 13. Le mot est apparemment une création de Breton. Son sens est inconnu. Il existe un mot « scalaire », désignant un poisson. — 14. Ouvrier qui « calfate » les navires, c'est-à-dire qui en recouvre la coque d'une matière imperméable.

Matière à réflexion

1. *Dernière levée.* — Ce poème apporte la promesse d'une révélation: de quelle révélation s'agit-il? Par quels signes s'exprime-t-elle? Quels changements suscite-t-elle dans la réalité quotidienne? Que veut dire Breton dans le vers «Je retrouverai dans ces formes tout ce que j'ai perdu»? Etudiez les comparaisons et les images dans ce poème.

2. *Tournesol.* — (a) Comment Breton poétise-t-il le quartier des Halles dans *Tournesol*? Pourquoi ce quartier est-il si fascinant pour les surréalistes? Montrez comment Breton quête dans le décor les manifestations du surréel. (b) Dans *Tournesol*, la femme entrevue par le poète est d'apparence surnaturelle. Quels aspects de la femme en particulier apparaissent irréels? Expliquez le vers «Et pourtant je ne suis le jouet d'aucune puissance sensorielle».

3. *Ma Femme.* — (a) Etudiez la structure de l'image surréaliste dans *Ma Femme*. Montrez le rôle de la métaphore, de la métonymie et du collage dans ce poème. Comment Breton passe-t-il d'une partie du corps féminin à l'autre? (b) Etudiez la thématique érotique de ce poème. A quel monde le corps de la femme permet-il l'accès? Comment Breton démontre-t-il que la puissance — charnelle, érotique, magique, surréelle — de la femme irradie sur l'univers entier?

Paul Eluard
1895–1952

Paul Eluard, de son vrai nom Eugène Grindel, fut sans doute un des poètes les plus populaires du surréalisme. Il rejoint au lendemain de la guerre le groupe *Littérature*, tout juste formé par Breton, Aragon et Soupault, et sera, jusqu'en 1935, un des chefs de file du mouvement surréaliste. Exclu du Parti communiste français en 1933 pour être resté fidèle à André Breton, Eluard finit cependant par quitter les surréalistes pour se rapprocher des communistes au moment de la guerre d'Espagne.

L'œuvre d'Eluard est dominée par deux grandes figures: la femme et la paix. Comme la plupart des surréalistes, Eluard consacre maints poèmes à la femme aimée, qu'elle soit Gala, rencontrée à 17 ans dans un sanatorium, et qui le quittera en 1929 pour Salvador Dali, ou Nusch, fille de saltimbanques qu'il épousera en 1934. Par un élargissement poétique caractéristique d'Eluard, cet amour fou s'étend souvent à l'univers entier. L'amour est en effet, pour les surréalistes, un tremplin vers l'appréhension du merveilleux au cœur du réel. Poussée à l'extrême, cette logique, qui place l'amour au-dessus de la femme elle-même, sera la cause de nombreux déboires conjugaux pour Eluard, partisan d'une liberté sentimentale absolue. Ces souffrances du cœur affleurent souvent dans la poésie d'Eluard (*Capitale de la douleur,* 1926), teintant la perception de toute chose.

Quant à la paix, elle sera un sujet de préoccupation constante pour le poète. Dégoûté par la guerre comme nombre de jeunes gens de sa génération, Eluard entame sa carrière poétique en publiant en 1918 des *Poèmes pour la paix*. La guerre d'Espagne, puis la Seconde Guerre mondiale l'éloigneront du surréalisme en le ramenant à cette veine pacifiste, d'expression plus classique, et dont le chef-d'œuvre est le long poème *Liberté*, sans doute le texte le plus populaire d'Eluard.

Eluard, dans sa période surréaliste, s'est livré avec brio à une exploration systématique du langage poétique, alliant au lyrisme les associations verbales les plus neuves, soit par collage (« Un collier de fenêtres », « Ta chevelure d'oranges »), soit par détournement d'expressions figées et de lieux communs (« Il faut les croire sur baiser / Et sur parole et sur regard / Et ne baiser que leurs baisers »), soit encore par comparaisons inattendues (« La terre est bleue comme une orange »). Cependant, ces créations verbales ont l'immense mérite de ne pas rechercher l'étrange à tout prix, de ne pas tout sacrifier à la formule provocante, mais de conserver toujours un équilibre et une harmonie internes. Loin de céder à la facilité des « trucs » surréalistes, Eluard emprunte un ton simple, direct, sincère, intimiste, souvent proche de la confidence. On trouve rarement chez lui les artifices un peu vieillis de l'image surréaliste telle qu'elle est conçue par Breton, et c'est sans doute cette sobriété poétique qui fait d'Eluard un des grands poètes du XXe siècle.

« *La terre est bleue...* »

Ce poème est sans doute le texte d'Eluard le mieux connu. Le premier vers sert souvent à illustrer le jeu sur le langage auquel se sont adonnés les surréalistes. Tout le poème est ainsi conçu sur un mécanisme général de glissements de langage, recomposant des images insolites. Le corps féminin ici évoqué est, comme souvent chez les surréalistes, relié par expansion poétique à l'univers entier.

> La terre est bleue comme une orange
> Jamais une erreur les mots ne mentent pas
> Ils ne vous donnent plus à chanter
> Au tour des baisers de s'entendre
> 5   Les fous et les amours
> Elle sa bouche d'alliance
> Tous les secrets tous les sourires
> Et quels vêtements d'indulgence
> A la croire toute nue.
>
> 10   Les guêpes fleurissent vert
> L'aube se passe autour du cou
> Un collier de fenêtres
> Des ailes couvrent les feuilles
> Tu as toutes les joies solaires
> 15   Tout le soleil sur la terre
> Sur les chemins de ta beauté.

Ne plus partager

Le regard surréaliste, aux frontières de la folie et du rêve, extrait du réel de troublantes révélations. C'est surtout une recherche sur le langage qui donne forme et accès à cette surréalité nouvelle. Eluard, dans ce poème, lie la voix du poète à cet autre monde étrange: c'est par l'acte poétique, conçu par Eluard comme examen de soi, avec tout ce qu'il comporte de dangers, que l'on peut entrevoir pour un instant le sens profond des choses.

> Au soir de la folie, nu et clair,
> L'espace entre les choses à la forme de mes paroles,
> La forme des paroles d'un inconnu,
> D'un vagabond qui dénoue la ceinture de sa gorge
> 5 Et qui prend les échos au lasso.
>
> Entre des arbres et des barrières,
> Entre des murs et des mâchoires,
> Entre ce grand oiseau tremblant
> Et la colline qui l'accable,
> 10 L'espace a la forme de mes regards.
>
> Mes yeux sont inutiles,
> Le règne de la poussière est fini,
> La chevelure de la route a mis son manteau rigide,
> Elle ne fuit plus, je ne bouge plus,
> 15 Tous les ponts sont coupés, le ciel n'y passera plus
> Je peux bien n'y plus voir.
> Le monde se détache de mon univers
> Et, tout au sommet des batailles,
> Quand la saison du sang se fane dans mon cerveau,
> 20 Je distingue le jour de cette clarté d'homme
> Qui est la mienne,
> Je distingue le vertige de la liberté,
> La mort de l'ivresse,
> Le sommeil du rêve,
>
> 25 O reflets sur moi-même! ô mes reflets sanglants!

La Dame de carreau

Alors que la poétique de Breton privilégie à cette époque l'image à outrance (voir *Ma Femme*), Eluard, dans ce poème, évite quant à lui l'image au profit d'une certaine simplicité d'expression, basée sur la confession et non sur la provocation. Il évoque dans ce poème l'Amour, qui s'incarne dans diverses figures féminines rencontrées par le poète au cours de sa vie. Les souvenirs pudiques d'adolescence et de jeunesse sont entrecoupés de thèmes typiquement surréalistes: le rêve et le hasard (la cartomancie). Eluard donne ainsi au surréalisme une sensibilité toute personnelle: non plus une recherche de l'insolite à tout prix, mais une confession discrète, sans excès.

> Tout jeune, j'ai ouvert mes bras à la pureté. Ce ne fut qu'un battement d'ailes au ciel de mon éternité, qu'un battement de cœur amoureux qui bat dans les poitrines conquises. Je ne pouvais plus tomber.
>
> Aimant l'amour. En vérité, la lumière m'éblouit.
>
> J'en garde assez en moi pour regarder la nuit, toute la nuit, toutes les nuits.
>
> Toutes les vierges sont différentes. Je rêve toujours d'une vierge.
>
> A l'école, elle est au banc devant moi, en tablier noir. Quand elle se retourne pour me demander la solution d'un problème, l'innocence de ses yeux me confond à un tel point que, prenant mon trouble en pitié, elle passe ses bras autour de mon cou.
>
> Ailleurs, elle me quitte. Elle monte sur un bateau. Nous sommes presque étrangers l'un à l'autre, mais sa jeunesse est si grande que son baiser ne me surprend point.
>
> Ou bien, quand elle est malade, c'est sa main que je garde dans les miennes, jusqu'à en mourir, jusqu'à m'éveiller.
>
> Je cours d'autant plus vite à ses rendez-vous que j'ai peur de n'avoir pas le temps d'arriver avant que d'autres pensées me dérobent à moi-même.
>
> Une fois, le monde allait finir et nous ignorions tout de notre amour. Elle a cherché mes lèvres avec des mouvements de tête lents et caressants. J'ai bien cru, cette nuit-là, que je la ramènerais au jour.
>
> Et c'est toujours le même aveu, la même jeunesse, les mêmes yeux purs, le même geste ingénu de ses bras autour de mon cou, la même caresse, la même révélation.
>
> Mais ce n'est jamais la même femme.
>
> Les cartes ont dit que je la rencontrerai dans la vie, *mais sans la reconnaître.*
>
> Aimant l'amour.

Amoureuses

Ce portrait de jeunes femmes est caractéristique de l'élargissement poétique du corps féminin chez Eluard, qui donne à la femme l'ampleur du monde, et retrouve en elle les divers éléments qui constituent l'univers.

> Elles sont les épaules hautes
> Et l'air malin
> Ou bien des mines qui déroutent
> La confiance est dans la poitrine
> 5 A la hauteur où l'aube de leurs seins se lève
> Pour dévêtir la nuit
>
> Des yeux à casser les cailloux
> Des sourires sans y penser
> Pour chaque rêve
> 10 Des rafales de cris de neige
> Des lacs de nudité
> Et des ombres déracinées.

Il faut les croire sur baiser
Et sur parole et sur regard
15 Et ne baiser que leurs baisers

Je ne montre que ton visage
Les grands orages de ta gorge
Tout ce que je connais et tout ce que j'ignore
Mon amour ton amour ton amour ton amour.

Matière à réflexion

1. *« La terre est bleue... »* — (a) Expliquez les deux vers d'Eluard «La terre est bleue comme une orange / Jamais une erreur les mots ne mentent pas». A quels similaires jeux de langage se livre Eluard dans ce poème? Quelle nouvelle logique révèle-t-il de la sorte? (b) Par quelles images Eluard évoque-t-il le corps de la femme? Quels liens établit-il entre ce corps féminin et la réalité terrestre qui l'entoure?

2. *La Dame de carreau.* — (a) Peut-on qualifier ce poème de «surréaliste»? Si oui, pourquoi? Montrez comment le surréalisme d'Eluard diffère de celui de Breton. (b) Quelle image Eluard donne-t-il du rêve dans ce poème?

3. *Amoureuses.* — (a) Expliquez l'élargissement poétique qu'Eluard fait subir au corps féminin dans *Amoureuses.* (b) Comparez ce poème à celui d'Aragon, *Les Approches de l'amour et du baiser,* et à celui de Breton, *Ma Femme.*

Louis Aragon
1897–1982

L'on distingue généralement trois grandes périodes dans la carrière littéraire de Louis Aragon. La première est sous le signe de la révolte et de l'anarchisme. Aragon participe aux célèbres tapages parisiens de Dada, puis se lance à cœur ouvert dans l'aventure surréaliste, tant comme essayiste (*Une Vague de rêves,* 1924, premier véritable manifeste du surréalisme, qui précède celui de Breton) que comme romancier (*Le Paysan de Paris,* 1926) et enfin comme poète (*Feu de joie,* 1920; *Le Mouvement perpétuel,* 1925). Cette première manière d'Aragon frappe par sa virtuosité: qu'il exalte l'amour, le «sens du moderne», ou encore le merveilleux surréaliste, c'est avec un talent admirable et une facilité d'écriture qui ont donné à l'auteur la réputation de l'écrivain le plus doué de la génération surréaliste.

La seconde période est celle du militantisme. Aragon s'inscrit au Parti communiste français en 1927, avec Breton et Eluard. Cependant, contrairement à ces deux derniers, Aragon reste fidèle au parti, qu'il ne quittera jamais. Cet engagement politique entre rapidement en contradiction avec les impératifs du surréalisme, qu'Aragon délaisse progressivement au profit du «réalisme socialiste», littérature qui se veut le miroir de la réalité et le reflet en particulier de la lutte du prolétariat. L'écrivain de l'imaginaire et de l'irrationnel retombe dès lors dans le «monde réel». Journaliste au quotidien communiste *L'Humanité*, puis directeur du journal *Le Soir*, Aragon se pose en observateur engagé des tribulations politiques du XXᵉ siècle. Figure importante de la Résistance sous l'occupation allemande, il publie clandestinement des poèmes patriotiques, présentant la femme comme l'image de la nation (*Les Yeux d'Elsa*, 1942). Après la guerre, Aragon se consacre à son œuvre romanesque (*Les Communistes*, 1949–1951), tout en continuant à prendre position sur les grands événements politiques de l'époque, et notamment contre la guerre d'Algérie.

La troisième période est celle d'une prise de distance vis-à-vis du communisme et du réalisme socialiste. S'il reste membre du parti, Aragon n'hésite pas, dans les années soixante, à s'exprimer contre les crimes de Staline, rendus publics, ou encore contre l'invasion de la Tchécoslovaquie par l'URSS en 1968. Il revient dans ses dernières œuvres (*La Semaine sainte*, 1958; *La Mise à mort*, 1965; *Blanche ou l'oubli*, 1967) à l'univers du rêve et de l'imaginaire, et renoue ainsi partiellement avec sa première manière.

Les poèmes qui suivent appartiennent à la première période d'Aragon.

Eclairage à perte de vue

Selon Aragon, «chaque image à chaque coup vous force à réviser tout l'Univers». Aragon nous présente dans ce poème une suite d'images où l'imagination transforme la réalité qui l'entoure. L'appréhension surréaliste du réel conduit l'auteur sur les chemins du merveilleux. On notera également dans ce poème le jeu sur la typographie, inspiré d'Apollinaire.

> Je tiens ce nuage or et mauve au bout d'un jonc
> l'ombrelle ou l'oiselle ou la fleur
>   La chevelure
> descend des cendres du soleil se décolore
> 5   entre mes doigts
>   Le jour est gorge-de-pigeon
> Vite un miroir Participé-je à ce mirage
> Si le parasol change en paradis le sol
> jouons
> 10   à l'ange
>   à la mésange
>   au passereau
> Mais elles qui vaincraient les grêles et l'orage
> mes ailes oublieront les bras et les travaux
> 15   Plus léger que l'argent de l'air où je me love
> je file au ras des rêts et m'évade du rêve
>
> La Nature se plie et sait ce que je vaux

Parti-pris

    Parti-pris évoque ce sentiment d'enthousiasme face au réel qui caractérisait les surréalistes. Le poème présente une rue couverte de taches d'huile, miroitant au soleil. Aragon est toujours très attentif à ces illusions d'optique, aptes à stimuler l'imagination. On notera ici encore la référence à Apollinaire, dans les « hangars » et les « automobiles ».

Je danse au milieu des miracles
Mille soleils peints sur le sol
Mille amis Mille yeux ou monocles
m'illuminent de leurs regards
5   Pleurs du pétrole sur la route
Sang perdu depuis les hangars

Je saute ainsi d'un jour à l'autre
rond polychrome et plus joli
qu'un paillasson de tir ou l'âtre
10 quand la flamme est couleur du vent
Vie ô paisible automobile
et le joyeux péril de courir au devant

Je brûlerai du feu des phares

Air du temps

    Air du temps évoque la lassitude de vivre dans un univers terne, sans surprises, ressentie par toute une génération, avant qu'elle ne découvre l'élan surréaliste. Et pourtant il existe quelque part, enfoui au fond du poète « un espoir très ancien » dont il faut retrouver le message caché...

Nuage
Un cheval blanc s'élève
et c'est l'auberge à l'aube où s'éveillera le premier venu
Vas-tu traîner toute ta vie au milieu du monde
5   A demi-mort
A demi-endormi
Est-ce que tu n'as pas assez des lieux communs
Les gens te regardent sans rire
Ils ont des yeux de verre
10 Tu passes Tu perds ton temps Tu passes
Tu comptes jusqu'à cent et tu triches pour tuer dix secondes encore
Tu étends le bras brusquement pour mourir
N'aie pas peur
Un jour ou l'autre
15 Il n'y aura plus qu'un jour et puis un jour
Et puis ça y est

Plus besoin de voir les hommes ni ces bêtes à bon Dieu qu'ils caressent de temps
    en temps
Plus besoin de parler tout seul la nuit pour ne pas entendre la plainte de la
20   cheminée
Plus besoin de soulever mes paupières
Ni de lancer mon sang comme un disque
ni de respirer malgré moi
Pourtant je ne désire pas mourir
25 La cloche de mon cœur chante à voix basse un espoir très ancien
Cette musique Je sais bien Mais les paroles
Que disaient au juste les paroles
Imbécile

Les Approches de l'amour et du baiser

Comme Eluard, Aragon consacre de nombreux poèmes à la femme et à l'amour.
La figure féminine prend dans ce poème une dimension cosmique et mystique:
c'est que la femme, pour les surréalistes, est source d'inspiration et ouverture vers
le surréel.

Elle s'arrête au bord des ruisseaux Elle chante
Elle court Elle pousse un long cri vers le ciel
Sa robe est ouverte sur le paradis
Elle est tout à fait charmante
5 Elle agite un feuillard au dessus des vaguelettes
Elle passe avec lenteur sa main blanche sur son front pur
Entre ses pieds fuient les belettes
Dans son chapeau s'assied l'azur

Les Réalités

Cette « fable » extraite du roman *Le Paysan de Paris* se moque de notre confiance
en la réalité externe. Le mot « réalité » lui-même y est décomposé et recomposé
sous d'autres formes pour créer une nouvelle musique. Aragon emprunte ici au
conte de fées son atmosphère d'imaginaire et d'irréalité.

Il y avait une fois une réalité
Avec ses moutons en laine réelle
Le fils du roi vint à passer
Les moutons bêlent Qu'elle est belle
5 La ré la ré la réalité

Il y avait une fois dans la nuit
Une réalité qui ne parvenait pas à dormir
Alors la fée sa marraine
La prit réellement par la main
10 La ré la ré la réalité

Il y avait une fois sur son trône
Un vieux roi qui s'ennuyait
Son manteau dans le soir glissait
Alors on lui donna pour reine
15   La ré la ré la réalité

CODA: Ité ité la réa
Ité ité la réalité
La réa la réa
Té té La réa
20   Li
Té La réalité
Il y avait une fois LA RÉALITÉ

Matière à réflexion

1. *Eclairage à perte de vue.* — (a) Comment l'imagination d'Aragon transforme-t-elle le réel qui l'entoure? En quoi les images obtenues sont-elles surréalistes? (b) Comment interpréter le jeu sur la typographie? (c) Expliquez le jeu de mots « Si le parasol change en paradis le sol ». Comment doit-on comprendre le dernier vers: « La Nature se plie et sait ce que je vaux »?

2. *Parti-pris.* — Montrez comment, dans *Parti-pris,* Aragon transforme une réalité quotidienne (l'image d'une automobile sur une route bétonnée) en « miracle ». Quel rôle joue ici le regard du poète?

3. *Les Réalités.* — A quel jeu « musical » Aragon se livre-t-il dans *Les Réalités*? Pourquoi ce poème est-il appelé une « fable »?

Romanciers de la condition humaine: Malraux, Sartre et Camus

Que la littérature véhicule des idées philosophiques et morales, ce n'est guère là chose neuve: le genre du conte philosophique a été largement exploité en France depuis plusieurs siècles. Par ailleurs, comme le montrera Robbe-Grillet, le roman lui-même véhicule toujours une vision du monde, et s'inscrit donc, avec la philosophie, dans le même champ épistémologique d'une époque donnée: les descriptions balzaciennes, par exemple, participent d'une philosophie positiviste et d'une idéologie bourgeoise au même titre que les ouvrages scientifiques du XIXᵉ siècle.

Toutefois, de 1930 à 1950, on vit naître en France un nouveau « roman d'idées », qui posa de manière unique les grandes questions métaphysiques et éthiques que débattaient des intellectuels sollicités plus que jamais par les soubresauts de l'histoire et de la politique. La Première Guerre mondiale avait ébranlé les certitudes du positivisme et entraîné une remise en question de l'art et de la société. Le climat général des années trente et quarante fut quant à lui particulièrement favorable à une réflexion sur l'absurdité de la condition humaine, sous le poids des circonstances historiques: montée du fascisme en Europe, horreurs de l'holocauste et des camps de concentration, angoisses de la guerre et de la Résistance, troubles en Extrême-Orient et Révolution chinoise, développement et utilisation de la bombe atomique, débuts de la guerre froide, premiers signes de la décolonisation, etc. L'expérience de la Résistance, en particulier, marqua fortement la plupart des écrivains français, amenant par exemple des poètes surréalistes comme Aragon ou Eluard à simplifier leur esthétique pour être accessibles au plus grand nombre. Malraux, Sartre et Camus, entre autres, ont transposé cette expérience dans des récits. *La Peste,* notamment, est une allégorie de la guerre et de la Résistance.

Dans cette période de doutes se développe une nouvelle vision du monde en accord avec la sensibilité contemporaine: *l'absurde.* Le terme fut vite galvaudé, mais il désignait une angoisse de l'homme face au néant de sa condition: en l'absence de Dieu — car ces penseurs sont pour la plupart athées, selon une tradition intellectuelle française remontant aux Lumières — l'existence humaine est contingente et injustifiable, et le monde n'a pas de sens. La renommée grandissante des œuvres de Kafka, publiées en français depuis 1933, n'a sans doute fait qu'accroître ce pessimisme des romanciers français face à l'existence.

Cependant, la prise de conscience de l'absurde ne peut être qu'une étape: elle doit nécessairement déboucher sur une réflexion morale. «Comment l'homme doit-il agir dans un monde absurde?»: c'est la question que posent les «romanciers de la condition humaine». Ils seront d'accord sur un point capital: c'est l'homme, qui, par son action, doit se tirer du néant de sa condition. Malraux valorise ainsi l'héroïsme, Sartre, l'engagement, et Camus, la solidarité humaine.

Plus que jamais, le rôle de l'écrivain est alors conçu comme une intervention dans la vie politique et sociale: selon Sartre, l'intellectuel doit désormais prendre position publiquement sur tous les sujets d'actualité. Ces années sont ainsi traversées par diverses polémiques: la publication de *L'Homme révolté,* notamment, donnera naissance à une querelle fratricide entre Sartre et Camus. En outre, la tentation du communisme, qui plane sur ces années, contribuera à déchirer davantage ces écrivains, qui y succombèrent tous, mais à des périodes différentes.

La réflexion éthique et métaphysique dans le cadre du roman eut aussi ses conséquences sur le format romanesque lui-même. On observe, dans ces années, un renouvellement du roman. Chez Malraux, ce n'est encore qu'une question de technique narrative: les notations poétiques ou journalistiques et une perspective cinématographique apportent un ton neuf au récit d'aventures et au roman psychologique. Par contre, chez Sartre et Camus, ce sont les prémisses d'une remise en cause plus profonde du genre romanesque, qui annoncent déjà le nouveau roman. Absence d'action ou d'aventure, effritement du personnage, refus de l'analyse psychologique et des études de caractère, incertitudes du réalisme subjectif et du monologue intérieur, c'est déjà la «mort du roman» qui s'esquisse chez ces deux auteurs.

Enfin, il faut noter que cette littérature de la condition humaine donna naissance à un réel phénomène culturel: ce que l'on nomma la «mode existentialiste», et qui ne retint malheureusement du mouvement que des poses et des attitudes superficielles, comme si déjeuner au café de Flore[1] ou fréquenter les caves de Saint-Germain-des-Prés[2] eut suffi à faire de vous un existentialiste...

---

1. Un des cafés favoris de Sartre et des existentialistes. — 2. Quartier de Paris, où se réunissaient les jeunes gens à la mode dans les années cinquante.

La vogue de l'existentialisme finit par s'essouffler au seuil des années soixante. C'est, dans les sciences humaines, le début du règne des structuralistes, et, en littérature romanesque, du Nouveau Roman. Pourtant, l'existentialisme ne fut pas tout à fait sans lendemain: il eut une influence décisive sur les nouveaux romanciers et sur le « théâtre de l'absurde ».

André Malraux

Romancier, militant antifasciste, résistant, homme politique, critique d'art, auteur de mémoires, Malraux a été une figure prestigieuse du monde littéraire et politique français pendant près d'un demi-siècle. Ses romans ont fortement séduit ses contemporains, et ont presque immédiatement été incorporés dans les programmes scolaires. Ainsi plusieurs générations de jeunes Français ont-elles dû réfléchir, à travers l'œuvre de Malraux, au difficile problème de la condition humaine.

André Malraux naît à Paris en 1901, dans une famille bourgeoise. Son père, un armateur, se ruine dans des affaires hasardeuses et se suicidera en 1930. Jeune homme plein de passion et en quête précoce d'aventures, Malraux abandonne ses études dès l'âge de 17 ans pour trouver un emploi dans le monde de l'édition. Devenu esthète vaguement symboliste, il fréquente les milieux artistes, et publie déjà quelques articles, puis un premier livre (*Lunes en papier*, en 1921). L'actualité politique alimente sa rêverie d'ailleurs: Malraux est immédiatement fasciné par la révolution russe de 1917 et par les convulsions politiques qui agitent l'Asie.

En 1923, il part en mission « archéologique » au Cambodge. Il y est arrêté pour le vol de statuettes anciennes, condamné à trois ans de prison, puis enfin libéré sous la pression des milieux littéraires français. Cette première expérience asiatique est vite suivie d'une deuxième: en 1925, Malraux repart en Indochine pour y dénoncer les abus du système colonial, qu'il avait pu constater de première main. Il fonde à cette occasion un journal politique, *Indochine*, et doit souvent se débattre avec la censure gouvernementale, qui interdit ses prises de position courageuses. Malraux a également l'occasion de visiter la Chine, alors en pleine guerre civile. De ces voyages, Malraux ramène une connaissance profonde de l'Asie, de ses coutumes, de ses paysages, mais aussi de ses troubles politiques (grèves, guerres, révolutions, etc.). Il tirera de cette expérience orientale un essai, *La Tentation de l'Occident* (1926), puis un cycle romanesque d'inspiration asiatique: *Les Conquérants* (1928), *La Voie royale* (1930) et *La Condition humaine* (1933). Romans engagés, réflexions sur la nature et la condition humaine, émaillées de notations poétiques, ces trois textes vont fortement influencer toute une génération de lecteurs et d'écrivains. *La Condition humaine* sera un succès immédiat et ce roman sera considéré, dès sa parution, comme un chef-d'œuvre du XXe siècle.

A l'approche de la Seconde Guerre mondiale, Malraux, très conscient de la dangereuse montée des mouvements d'extrême-droite en Europe, multiplie les activités politiques. Républicain convaincu, proche des communistes, il participe à de nombreuses manifestations antifascistes, puis est élu président du Comité mondial antifasciste. Un roman de 1935, *Le Temps du mépris*, se fait l'écho de cette activité militante. Lorsque la guerre d'Espagne éclate, Malraux n'hésite pas à passer à l'action. Afin de soutenir l'aviation républicaine espagnole, il crée l'escadrille *España* et participe en personne aux combats aériens. Il est blessé au genou en 1937. Cette expérience de la guerre civile espagnole sera transposée dans *L'Espoir* (1937).

Pendant la guerre 39–45, Malraux s'engage comme simple soldat, puis, pendant l'occupation, participe très activement à la Résistance. Chef de maquis, il est arrêté par la Gestapo en 1944, mais est libéré miraculeusement par les Forces françaises de l'intérieur, un groupement militaire clandestin. Il commande alors la Brigade Alsace-Lorraine et participe à la reconquête des territoires occupés. Un roman — *La Lutte avec l'ange* — devait à nouveau être issu de cette expérience, mais fut intercepté et brûlé par les nazis. Malraux ne le réécrira jamais: la fin de la guerre marque ses adieux à la littérature romanesque, au profit d'une brillante carrière politique.

En effet, Malraux, qui a rompu avec ses attachements communistes, s'est rapproché progressivement du gaullisme. Sa carrière évoluera désormais en parallèle avec celle du général de Gaulle. A la Libération, Malraux est nommé ministre de l'Information, mais, fidèle à de Gaulle, il quitte le gouvernement lorsque celui-ci se retire en 1946. Malraux entre à nouveau au gouvernement lorsque de Gaulle revient au pouvoir. Il sera ministre des Affaires culturelles de 1958 à 1969. C'est à lui que l'on doit la création des maisons de la culture.

Si Malraux abandonne le roman, il ne cesse pas moins d'écrire. Des discours, dont on admira fort le style vibrant, des essais sur l'art, rassemblés sous le titre *Les Voix du silence* en 1951, des mémoires enfin (*Antimémoires*, 1967; *Les Chênes qu'on abat*, 1971), qui, au contraire de confessions autobiographiques, ne présentent que la face publique de l'auteur et de l'homme politique, et dans lesquels il se plaît à cultiver sa propre légende.

Lorsqu'il meurt en 1976, Malraux est un peu passé de mode. Le roman a, depuis *La Condition humaine*, emprunté des voies nouvelles, et les grandes questions chères à Malraux, Sartre et Camus (en particulier le thème révolutionnaire), ont été reléguées au second plan par une nouvelle génération d'écrivains et de philosophes. Néanmoins, Malraux fut universellement salué à sa mort comme un homme qui resta toujours fidèle à ses idéaux et qui n'eut de cesse de mettre sa vie en accord avec son œuvre, et vice-versa.

La Condition humaine connut, dès sa parution, un succès immédiat, couronné par le prix Goncourt. Malraux semble avoir évoqué dans ce roman des questions chères à ses contemporains: destin de l'homme, responsabilité morale, action révolutionnaire, etc. Le ton même du roman était extrêmement neuf, et correspondait à une nouvelle sensibilité littéraire. Que doit-on aujourd'hui retenir de ce grand roman?

1° **Le destin et la condition humaine.** — «Il est très rare que l'homme puisse supporter, comment dirais-je? *sa condition d'homme*», affirme un des personnages du roman. L'homme est condamné à vivre dans la solitude et dans l'angoisse, puis à mourir: telle est la condition humaine pour Malraux. Elle n'est guère différente de l'image que s'en font Sartre et Camus. A cet égard, le décor du roman — le Shanghai des années vingt — offre un concentré saisissant de la douleur humaine: humiliation, famine, torture, etc. Face à une existence absurde et dégradante, et en l'absence de Dieu, il appartient donc à l'homme de forger son destin, en affrontant son propre néant avec héroïsme. La grandeur de l'homme provient donc du refus de sa condition, d'une affirmation de soi devant l'absurdité du monde. Aussi les révolutionnaires communistes de ce roman tentent-ils de se dépasser constamment, à la fois pour venger une humiliation personnelle et pour offrir au peuple une vie dans la dignité. Ces personnages exemplaires — certains diront même «nietz-schéens» — trouvent dans l'action politique le sens de leur existence. La galerie de portraits que propose Malraux présente une variété de types humains, qui tentent chacun d'offrir une réponse différente au même problème (voir ci-dessous). Le projet de Malraux reste en cela partiellement «balzacien», puisque l'auteur se livre ici à une étude approfondie de la nature humaine, au travers de personnages net-tement différenciés. En marge de l'action révolutionnaire prédominante, l'auteur esquisse en outre d'autres voies empruntées par les personnages en quête du sens de leur existence: de mauvaises solutions (le sadisme et la recherche de la puissance, le refuge dans l'opium, le mensonge ou l'illusion, etc.) et de meilleures (l'amour et l'art, qui permettent parfois de briser la solitude de l'homme).

2° Un style novateur. — *La Condition humaine* est une vaste fresque épique dans laquelle Malraux pose toutes les grandes questions politiques, éthiques et méta-physiques de son temps. Ce n'est toutefois ni un essai, ni un roman psychologique, ni un récit d'aventures. Ce qui frappe dès les premières pages de *La Condition hu-maine*, c'est le style unique de l'auteur: on a beaucoup parlé, à propos de Malraux, d'un style «cinématographique»: notations brèves, variation constante des points de vue, jaillissement des images, gros plans et travellings, etc., nous sommes bien loin ici du statisme du roman psychologique traditionnel. Malraux pratique l'alter-nance stylistique à outrance: alternance de dialogues et de passages en style indi-rect, alternance de notations journalistiques et de phrases plus amples, alternance de scènes d'action et de moments de réflexion, alternance de petits tableaux réalistes évoquant les mœurs ou les paysages de la Chine et de discussions philo-sophiques ou morales, etc. Ainsi Malraux évite-t-il de se cantonner dans le monde des idées. Il excelle en particulier dans l'art de créer une atmosphère. Son écriture s'ancre souvent dans le domaine physique: sensation d'un couteau enfoncé dans la chair humaine, bruits de coups de fusil ou de sirènes d'usines, odeurs tropicales du port de Shanghai,... Malraux a donc renouvelé l'art du roman psychologique et du récit d'aventures. Il y a introduit un regard cinématographique, un rythme syn-copé, et une perspective journalistique qui ont fortement influencé la littérature française à cette époque. Paul Morand a vu dans le style incisif de Malraux le sym-bole d'une «nouvelle alliance entre l'écriture et le vécu».

Avant de lire

La Condition humaine est un livre qui reste difficile à lire. Le style, bien que séduisant, est allusif, et les événements historiques, si importants pour la compréhension de l'intrigue, sont rarement expliqués. Si Malraux ne procède que par allusions, il a toutefois tiré de ce contexte historique des effets de vraisemblable: toute la fiction qui se greffe sur l'Histoire prend le même statut véridique, et le roman revêt les allures d'un reportage. En outre, il s'agissait pour les lecteurs d'une histoire récente, et Malraux pouvait donc se permettre de rester laconique par endroits, sachant bien qu'un lecteur averti pourrait de lui-même remplir les vides du récit grâce à sa propre connaissance de l'actualité. Il établit ainsi avec son lecteur une forme de complicité. Si le roman commence donc *in medias res* — Tchen est sur le point de tuer un trafiquant d'armes — , c'est pour Malraux un procédé qui vise à nous plonger dans l'action sans s'attarder sur des explications qui nuiraient à sa vraisemblance.

Bien sûr, plus de soixante ans après la publication du roman, il est inévitable que les lecteurs n'aient plus comme jadis une connaissance sans faille de faits qui ont quitté le domaine de l'actualité pour entrer dans celui de l'Histoire plus ou moins lointaine. Il est donc nécessaire de bien situer le contexte du roman.

L'action se déroule à Shanghai en 1927. Shanghai est alors tenue par des «généraux du Nord» à la solde de puissances occidentales qui cherchent à s'assurer des privilèges commerciaux avec la Chine. Shanghai est dès lors une ville cosmopolite où se côtoient riches Européens, trafiquants de drogue et espions de toutes sortes[1]. C'est une ville portuaire, qui — comme Hong Kong — abrite une concession internationale, où s'affrontent l'Occident «impérialiste» et les mouvements nationalistes et révolutionnaires, qui recherchent l'indépendance de la Chine et de meilleures conditions de vie pour le peuple chinois. Car Shanghai souffre à cette époque des maux conjugués de la société féodale et de la révolution industrielle. D'un côté, les paysans, qui vivent à l'état de servage, cultivant une terre qui ne leur appartient pas, impuissants face aux impôts démesurés, aux famines et aux épidémies. De l'autre, un prolétariat, à qui l'occupation étrangère impose une exploitation inhumaine: 18 heures de travail par jour, et ce pour un salaire de misère. Face à ces injustices se dressent deux forces dont l'idéologie et les intérêts divergent, mais qui ont décidé de s'allier temporairement, dans l'espoir de s'évincer réciproquement une fois la victoire acquise: Le Kuomintang (parti nationaliste populaire de Tchang Kaï-chek[2]) et

1. Des cinéastes comme Orson Welles ont magnifiquement exploité cette atmosphère cosmopolite et interlope de Shanghai (*La Dame de Shanghai*). — 2. Tchang Kaï-chek (1887–1973) est à la tête du parti nationaliste du Kuomintang. Devenu général en chef de l'armée du Sud, il établit son propre gouvernement à Nankin. Opposé aux communistes, il tente d'abord de les éliminer, puis se voit obligé d'accepter leur aide pour lutter contre l'invasion japonaise. Les communistes finissent par prendre le contrôle de la Chine, et Tchang Kaï-chek s'exile à Formose (Taiwan) où il établit une république chinoise indépendante dès 1949.

les communistes (dirigés par Chou En-lai[3]). Sur le conseil de Moscou, les communistes tentent un soulèvement pour libérer la ville de Shanghai avant l'arrivée des troupes de Tchang Kaï-chek. Ce dernier, après l'insurrection victorieuse, donne l'ordre aux communistes de rendre leurs armes, puis en profite pour les faire exécuter.

Dans *La Condition humaine,* Malraux nous présente donc un groupe de révolutionnaires communistes. Ce faisant, il évoque lucidement les grandes crises que traversait le parti à l'époque: schisme entre Staline et Trotski, mais surtout dépendance des nouveaux gouvernements révolutionnaires vis-à-vis d'une Union soviétique insensible à leurs préoccupations nationalistes, et qui sacrifie ses camarades chinois à peu de prix. Pourtant *La Condition humaine* ne se résume pas aux conditions ouvrière et paysanne, ou à l'action politique. «La démarche naturelle de Malraux a toujours été de surprendre l'universel dans le concret», a écrit Gaëtan Picon. Il faut donc plutôt comprendre le titre au sens éthique et métaphysique: quelle voie l'homme doit-il choisir face à une existence dominée par la mort et l'injustice? Les destins personnels des personnages offrent diverses réponses à cette question:

• **Kyo Gisors** est l'idéaliste communiste. Fils d'un professeur d'université français opiomane (le «vieux» Gisors) et d'une Japonaise, il est marié à May, docteur en médecine et militante communiste elle aussi. Intelligent, efficace, plein de générosité et de courage, Kyo donne un sens à sa vie par l'action héroïque. Kyo est un humaniste: le communisme n'est pour lui qu'un moyen de rendre aux Chinois opprimés leur liberté et leur dignité. Arrêté par le Kuomintang, Kyo se suicidera en avalant une capsule de poison.

• Le Russe **Katow,** par contraste, est le révolutionnaire chevronné, professionnel: c'est un vétéran de la Révolution de 1917, qui a déjà tout vécu, des bagnes sibériens du Tsar aux insurrections d'Extrême-Orient. Moins idéaliste que Kyo, Katow apparaît comme un homme d'expérience, calme, modeste, spontané, attachant et généreux. Il accomplit le geste héroïque par excellence: celui de donner sa capsule de cyanure à deux jeunes camarades, et de leur offrir de la sorte une mort sans souffrances, alors que lui sera brûlé vif dans une chaudière de locomotive. Son acte correspond à un idéal de fraternité que partagent Kyo et Katow.

• **Tchen** est le terroriste pur. Plein de ressentiment pour la Chine traditionnelle, il n'hésite pas à risquer sa vie dans des actions suicidaires. On découvrira que le marxisme n'est pour lui qu'un prétexte, et que ses

---

3. Chou En-lai (1896–1976) dirigea le soulèvement communiste contre Shanghai, et faillit être tué par les troupes de Tchang Kaï-chek. Il prit part à la célèbre «longue marche» de Mao, puis fut nommé Premier ministre du gouvernement populaire de Chine, puis ministre des Affaires étrangères.

actes répondent en fait à une pulsion de destruction bien plus profonde: Tchen se complaît dans le terrorisme, il est possédé par lui. Fasciné par la violence, Tchen est un individu complexé, une âme torturée:
Malraux nous le présente comme assailli de cauchemars horribles. Ses
démons le mèneront irrésistiblement au sacrifice et au suicide. Allant à
l'encontre des directives du Parti et des conseils de Gisors, il décidera
d'agir seul et mourra en jetant une bombe contre la voiture de Tchang
Kaï-chek (son geste sera celui d'un personnage de Camus dans *Les Justes*).

• **Gisors,** ancien professeur d'histoire de l'art, qui cherche la méditation et le calme dans l'opium, est avant tout un esthète et un spectateur, et non un homme d'action. Il ne voit dans le marxisme qu'une
philosophie permettant de comprendre la situation de l'homme dans le
monde moderne, mais renonce à agir pour transformer ce monde. Bien
qu'il reste détaché de leur drame, Gisors est le confident et le conseiller
de tous les personnages du roman. En tant que personnage, Gisors ne
trouve sa raison d'être que pour prêter sa voix aux réflexions de Malraux sur l'homme et sur l'art. L'attitude de Gisors — comprendre les
hommes et le monde par le seul biais de la méditation intellectuelle —
mène cependant pour Malraux à un échec: Gisors n'aboutit jamais à
cette plénitude tant recherchée. Il tourne le dos au marxisme après la
mort de son fils et se réfugie dans les paradis artificiels de l'opium.

• **Clappique** est le trafiquant opportuniste, qui vit d'expédients et
offre ses services de « renseignements » à Kyo et ses amis. Parmi tous ces
personnages qui ne cherchent qu'à se dépasser, Clappique constitue une
étrange exception. Mythomane, il ne cesse de s'inventer des personnalités et d'échapper à la réalité. Face à la difficulté de vivre, face aux
troubles qui animent Shanghai, Clappique se réfugie dans le mensonge.
Cet individu pitoyable et superficiel — Malraux le qualifie de « polichi-
nelle » et de « bouffon » — emblématise pourtant l'attitude de beaucoup
d'hommes qui choisissent d'ignorer ou de fuir leur condition, plutôt
que de la transcender: il y a sans doute en chacun de nous un peu de
Clappique. Ce personnage représente l'homme moyen, celui qui refuse
de sacrifier sa vie à ses idéaux. Contrastant avec les morts héroïques de
Kyo et de Katow, la fuite de Clappique (dans une scène où l'individu se
montre plus mythomane que jamais puisque, déguisé en marin, il parvient à tromper tout le monde) est exempte de toute dignité, mais lui
sauve la vie. Nous ne pouvons pas tous être des héros.

• **König** est un Allemand, chef de la police de Tchang Kaï-chek. Anti-
communiste, sadique, il préfigure déjà les chefs de la Gestapo.

On voit donc, dans ces personnages, divers comportements éthiques
— de l'héroïsme altruiste à la recherche de la puissance, en passant par
la mythomanie et le détachement philosophique — face à un même

problème métaphysique: l'absence de Dieu, l'absurdité de l'existence et la misère de l'homme.

La sixième partie du roman contient plusieurs scènes essentielles: la dignité de Kyo emprisonné, la mort héroïque de Katow, la fuite de Clappique. C'est le moment où le destin des deux personnages principaux atteint son apogée et son point final.

La Condition humaine

Sixième Partie

0 heure.

« Provisoire », dit le garde.

Kyo comprit qu'on l'incarcérait à la prison de droit commun.

Dès qu'il entra dans la prison, avant même de pouvoir regarder, il fut étourdi par l'épouvantable odeur: abattoir, exposition canine, excréments. La porte qu'il venait de franchir ouvrait sur un couloir semblable à celui qu'il quittait; à droite et à gauche, sur toute la hauteur, d'énormes barreaux de bois. Dans les cages de bois, des hommes. Au milieu, le gardien assis devant une petite table, sur laquelle était posé un fouet: manche court, lanière plate large comme la main, épaisse d'un doigt — une arme.

« Reste là, enfant de cochon » dit-il.

L'homme, habitué à l'ombre, écrivait son signalement. Kyo souffrait encore de la tête, et l'immobilité lui donna la sensation qu'il allait s'évanouir; il s'adossa aux barreaux.

« Comment, comment, comment allez-vous? » cria-t-on derrière lui.

Voix troublante comme celle d'un perroquet, mais voix d'homme. Le lieu était trop sombre pour que Kyo distinguât un visage; il ne voyait que les doigts énormes crispés autour des barreaux — pas très loin

de son cou. Derrière, couchées sur un bat-flanc ou debout, grouillaient des ombres trop longues: des hommes, comme des vers.

« Ça pourrait aller mieux, répondit-il en s'écartant.

— Ferme ça, fils de tortue, si tu ne veux pas recevoir ma main sur la gueule », dit le gardien.

Kyo avait entendu plusieurs fois le mot « provisoire »; il savait donc qu'il ne demeurerait pas longtemps là. Il était résolu à ne pas entendre les insultes, à supporter tout ce qui pourrait être supporté: l'important était de sortir de là, de reprendre la lutte.

Pourtant, il ressentait jusqu'à l'envie de vomir l'humiliation que ressent tout homme devant un homme dont il dépend: impuissant contre cette immonde ombre à fouet — dépouillé de lui-même.

« Comment, comment, comment allez-vous? » cria de nouveau la voix.

Le gardien ouvrit une porte, heureusement dans les barreaux de gauche: Kyo entra dans l'étable. Au fond, un long bat-flanc où était couché un seul homme. La porte se referma.

« Politique? demanda l'homme.

— Oui. Et vous?

— Non. Sous l'Empire[1], j'étais mandarin... »

Kyo commençait à prendre l'habitude de l'obscurité. En effet, c'était un homme âgé, un vieux chat blanc presque sans nez,

---

1. Voir « Avant de lire ».

à la moustache pauvre et aux oreilles pointues.

« ... Je vends des femmes. Quand ça va, je donne de l'argent à la police et elle me laisse en paix. Quand ça ne va pas, elle croit que je garde l'argent et elle me jette en prison. Mais du moment que ça ne va pas, j'aime mieux être nourri en prison que mourir de faim en liberté...

— Ici!

— Vous savez, on s'habitue... Dehors ça ne va pas non plus très bien, quand on est vieux, comme moi, et faible...

— Comment n'êtes-vous pas avec les autres?

— Je donne quelquefois de l'argent au greffier de l'entrée. Aussi, chaque fois que je viens ici, je suis au régime des « provisoires ».

Le gardien apportait la nourriture; il passa entre les barreaux deux petits bols, emplis d'un magma couleur de boue, à la vapeur aussi fétide que l'atmosphère. Il puisait dans une marmite avec une louche, lançait la bouillie compacte dans chaque petit bol où elle tombait avec un « ploc », et la passait ensuite aux prisonniers de l'autre cage, un à un.

« Pas la peine, dit une voix: c'est pour demain.

(« Son exécution », dit le mandarin à Kyo.)

— Moi aussi, dit une autre voix. Alors, tu pourrais bien me donner le double de pâtée, quoi: moi, ça me donne faim.

— Tu veux mon poing sur la gueule? » demanda le gardien.

Un soldat entra, lui posa une question. Il passa dans la cage de droite, frappa mollement un corps.

« Il bouge, dit-il. Sans doute qu'il vit encore... »

Le soldat partit.

Kyo regardait de toute son attention, tentait de voir auxquelles de ces ombres appartenaient ces voix si proches de la mort — comme lui peut-être. Impossible de distinguer: ces hommes mourraient avant d'avoir été pour lui autre chose que des voix.

« Vous ne mangez pas? lui demanda son compagnon.

— Non.

— Au début, c'est toujours comme ça... »

Il prit le bol de Kyo. Le gardien entra, souffleta[2] l'homme à toute volée et ressortit en emportant le bol, sans un mot.

« Pourquoi ne m'a-t-il pas touché? demanda Kyo à voix basse.

— J'étais seul coupable, mais ce n'est pas cela: vous êtes politique, provisoire, et vous êtes bien habillé. Il va essayer de tirer de l'argent de vous, ou des vôtres. Mais ça n'empêche pas... Attendez... »

« L'argent me poursuit jusque dans cette tanière », pensa Kyo. Si conforme aux légendes, l'abjection du gardien ne lui semblait pas pleinement réelle; et, en même temps, elle lui semblait une immonde fatalité, comme si le pouvoir eût suffi à changer presque tout homme en bête. Ces êtres obscurs qui grouillaient derrière les barreaux, inquiétants comme les crustacés et les insectes colossaux des rêves de son enfance, n'étaient pas davantage des hommes. Solitude et humiliation totales. « Attention », pensa-t-il, car, déjà, il se sentait plus faible. Il lui sembla que, s'il n'eût été maître de sa mort, il eût rencontré là l'épouvante. Il ouvrit la boucle de sa ceinture et fit passer le cyanure dans sa poche.

« Comment, comment, comment allez-vous? »

De nouveau la voix.

« Assez! » crièrent ensemble les prisonniers de l'autre cage. Kyo était maintenant habitué à l'obscurité, et le nombre des voix ne l'étonna pas: il y avait plus de dix corps couchés sur le bat-flanc, derrière les barreaux.

« Tu vas te taire? cria le gardien.

— Comment, comment, comment allez-vous? »

Le gardien se leva.

« Blagueur ou forte tête? demanda Kyo à voix basse.

— Ni l'un ni l'autre, répondit le mandarin: fou.

— Mais pourquoi... ? »

Kyo cessa de questionner: son voisin venait de se boucher les oreilles. Un cri aigu et rauque, souffrance et épouvante à

---

2. Gifla.

la fois, emplit toute l'ombre: pendant que Kyo regardait le mandarin, le gardien était entré dans l'autre cage avec son fouet. La lanière claqua; et le même cri s'éleva de nouveau. Kyo n'osait se boucher les oreilles et attendait, accroché à deux barreaux, le cri terrible qui allait une fois de plus le parcourir jusqu'aux ongles.

« Assomme-le une bonne fois, dit une voix, qu'il nous foute la paix!

— Que ça finisse, dirent quatre ou cinq voix, qu'on dorme tranquille! »

Le mandarin, ses mains bouchant toujours ses oreilles, se pencha vers Kyo:

« C'est la onzième fois qu'il le frappe depuis sept jours, paraît-il. Moi, je suis là depuis deux jours: c'est la quatrième fois. Et malgré tout, on entend un peu... Je ne peux pas fermer les yeux, voyez-vous: il me semble qu'en le regardant je lui viens en aide... »

Kyo aussi regardait, presque sans rien voir... « Compassion ou cruauté? » se demanda-t-il avec épouvante. Ce qu'il y a de bas, et aussi de fascinable en chaque être était appelé là avec la plus sauvage véhémence, et Kyo se débattait de toute sa pensée contre l'ignominie humaine: il se souvint de l'effort qui lui avait toujours été nécessaire pour fuir les corps suppliciés vus par hasard: il lui fallait, littéralement, s'en arracher. Que des hommes pussent voir frapper un fou pas même méchant, sans doute vieux à en juger par la voix, et approuver ce supplice, appelait en lui la même terreur que les confidences de Tchen[3], la nuit de Han-Kéou: « les pieuvres... » Katow[4] lui avait dit quel effort doit faire l'étudiant en médecine la première fois qu'un ventre ouvert devant lui laisse apparaître des organes vivants. C'était la même horreur paralysante, bien différente de la peur, une horreur toute-puissante avant même que l'esprit ne l'eût jugée, et d'autant plus bouleversante que Kyo éprouvait à en crever sa propre dépendance. Et cependant, ses yeux, beaucoup moins habitués à l'obscurité que ceux de son com-pagnon, ne distinguaient que l'éclair du cuir, qui arrachait les hurlements comme un croc. Depuis le premier coup, il n'avait pas fait un geste: il restait accroché aux barreaux, les mains à hauteur du visage.

« Gardien! cria-t-il.

— Tu en veux un coup?

— J'ai à te parler.

— Oui? »

Tandis que le gardien refermait rageusement l'énorme verrou, les condamnés qu'il quittait se tordaient. Ils haïssaient les « politiques ».

« Vas-y! vas-y, gardien! qu'on rigole. »

L'homme était en face de Kyo, le corps coupé verticalement par un barreau. Son visage exprimait la plus abjecte colère, celle de l'imbécile qui croit son pouvoir contesté; ses traits pourtant n'étaient pas bas: réguliers, anonymes...

« Ecoute », dit Kyo.

Ils se regardaient dans les yeux, le gardien plus grand que Kyo dont il voyait les mains toujours crispées sur les barreaux, de chaque côté de la tête. Avant que Kyo eût compris ce qui arrivait, il crut que sa main éclatait: à toute volée, le fouet, tenu derrière le dos du gardien, était retombé. Kyo n'avait pu s'empêcher de crier.

« Très bien! hurlaient les prisonniers en face. Pas toujours aux mêmes! »

Les deux mains de Kyo étaient retombées le long de son corps, prises d'une peur autonome, sans même qu'il s'en fût aperçu.

« Tu as encore quelque chose à dire? » demanda le gardien.

Le fouet était maintenant entre eux.

Kyo serra les dents de toute sa force, et, par le même effort que s'il eût dû soulever un poids énorme, ne quittant pas des yeux le gardien, dirigea de nouveau ses mains vers les barreaux. Tandis qu'il les élevait lentement, l'homme reculait imperceptiblement, pour prendre du champ. Le fouet claque, sur les barreaux cette fois. Le réflexe avait été plus fort que Kyo: il avait retiré ses mains. Mais déjà il les ramenait,

---

3. Un ami de Kyo, révolutionnaire lui aussi. A Han-Kéou, Tchen avait confié à Kyo qu'il faisait souvent des cauchemars peuplés de bêtes, notamment de pieuvres. Si Kyo représente le révolutionnaire idéaliste, Tchen, lui, représente le terroriste pur. — 4. Katow est un révolutionnaire russe qui participe à la révolution chinoise.

avec une tension exténuante des épaules, et le gardien comprenait à son regard que, cette fois, il ne les retirerait pas. Il lui cracha à la figure et leva lentement le fouet.

«Si tu... cesses de frapper le fou, dit Kyo, quand je sortirai, je te... donnerai cinquante dollars.»

Le gardien hésita.

«Bien», dit-il enfin.

Son regard s'écarta. Kyo fut délivré d'une telle tension qu'il crut s'évanouir. Sa main gauche était si douloureuse qu'il ne pouvait la fermer. Il l'avait élevée en même temps que l'autre à la hauteur de ses épaules, et elle restait là, tendue. Nouveaux éclats de rire.

«Tu me tends la main?» demanda le gardien en rigolant aussi.

Il la lui serra. Kyo sentit que de sa vie il n'oublierait cette étreinte. Il retira sa main, tomba assis sur le bat-flanc. Le gardien hésita, se gratta la tête avec le manche du fouet, regagna sa table. Le fou sanglotait.

Des heures d'uniforme abjection. Enfin, les soldats vinrent chercher Kyo pour le conduire à la Police spéciale. Peut-être allait-il à la mort, et pourtant il sortit avec une joie dont la violence le surprit: il lui semblait qu'il laissait là une part immonde de lui-même.

«Entrez!»

Un des gardes chinois poussa Kyo par l'épaule, mais à peine; dès qu'ils avaient affaire à des étrangers (et pour un Chinois, Kyo était Japonais ou Européen[5], mais certainement étranger) les gardes modéraient la brutalité à laquelle ils se croyaient tenus. Sur un signe de König[6], ils restèrent dehors. Kyo avança vers le bureau, cachant dans sa poche sa main gauche tuméfiée, en regardant cet homme qui, lui aussi, cherchait ses yeux: visage anguleux rasé, nez de travers, cheveux en brosse. «Un homme qui va sans doute vous faire tuer ressemble décidément à n'importe quel autre.» König tendit la main vers son revolver posé sur la table: non, il prenait une boîte de cigarettes. Il la tendit à Kyo.

«Merci. Je ne fume pas.

— L'ordinaire de la prison est détestable, comme il convient. Voulez-vous déjeuner avec moi?»

Sur la table, du café, du lait, deux tasses, des tranches de pain.

«Du pain seulement. Merci.»

König sourit:

«C'est la même cafetière pour vous et pour moi, vous savez...»

Kyo resta debout (il n'y avait pas de siège) devant le bureau, mordant son pain comme un enfant. Après l'abjection de la prison, tout était pour lui d'une légèreté irréelle. Il savait que sa vie était en jeu, mais même mourir était simple. Il n'était pas impossible que cet homme fût courtois par indifférence: de race blanche, il avait peut-être été amené à ce métier par accident, ou par cupidité. Ce que souhaitait Kyo, qui n'éprouvait pour lui nulle sympathie, mais eût aimé se détendre, se délivrer de la tension dont l'avait exténué la prison; il venait de découvrir combien être contraint à se réfugier tout entier en soi-même est épuisant.

Le téléphone sonna.

«Allô! dit König. Oui, Gisors, Kyoshi[7]. Parfaitement. Il est chez moi.

«On demande si vous êtes encore vivant, dit-il à Kyo.

— Pourquoi m'avez-vous fait venir?

— Je pense que nous allons nous entendre.»

Le téléphone, de nouveau.

«Allô! Non. J'étais justement en train de lui dire que nous nous entendrions certainement. Fusillé? Rappelez-moi.»

Le regard de König n'avait pas quitté celui de Kyo.

«Qu'en pensez-vous? demanda-t-il en raccrochant le récepteur.

— Rien.»

König baissa les yeux, les releva:

«Vous tenez à vivre?

— Ça dépend comment.

— On peut mourir aussi de diverses façons.

— On n'a pas le choix...

---

5. Kyo est le fils d'un ancien professeur européen de l'Université de Pékin, Gisors. La mère de Kyo est japonaise. — 6. Le chef de la police. — 7. «Kyo» est une abréviation de «Kyoshi».

— Vous croyez qu'on choisit toujours sa façon de vivre? »

König pensait à lui-même. Kyo était résolu à ne rien céder d'essentiel, mais il ne désirait nullement l'irriter:

« Je ne sais pas.

— On m'a dit que vous êtes communiste par... comment, déjà? dignité. C'est vrai? »

Kyo ne comprit pas d'abord. Tendu dans l'attente du téléphone, il se demandait à quoi tendait ce singulier interrogatoire. Enfin:

« Ça vous intéresse réellement? demanda-t-il.

— Plus que vous ne pouvez croire. »

Il y avait de la menace dans le ton. Kyo répondit:

« Je pense que le communisme rendra la dignité possible pour ceux avec qui je combats. Ce qui est contre lui, en tout cas, les contraint à n'en pas avoir. Pourquoi m'avoir posé cette question, puisque vous n'écoutez pas ma réponse?

— Qu'appelez-vous la dignité? Ça ne veut rien dire! »

Le téléphone sonna. « Ma vie? » pensa Kyo. König ne décrocha pas.

« Le contraire de l'humiliation, dit Kyo.

« Quand on vient d'où je viens, ça veut dire quelque chose. »

L'appel du téléphone sonnait. König posa la main sur l'appareil.

« Où sont cachées les armes? dit-il seulement.

— Vous pouvez laisser le téléphone. J'ai enfin compris. »

Il pensait que l'appel était une pure mise en scène. Il se baissa rapidement: König avait failli lui jeter à la tête l'un des deux revolvers; mais il le reposa sur la table.

« J'ai mieux, dit-il. Quant au téléphone, vous verrez bientôt s'il est truqué, mon petit. Vous avez déjà vu torturer? »

Dans sa poche, Kyo essayait de serrer ses doigts tuméfiés. Le cyanure était dans cette poche gauche, et il craignait de le laisser tomber s'il devait le porter à sa bouche.

« Du moins ai-je vu des gens torturés. Pourquoi m'avez-vous demandé où sont les armes? Vous le savez, ou le saurez. Alors?

— Les communistes sont écrasés partout. »

Kyo se taisait.

« Ils le sont. Réfléchissez bien: si vous travaillez pour nous, vous êtes sauvé, et personne ne le saura. Je vous fais évader... »

« Il devrait bien commencer par là », pensa Kyo. La nervosité lui donnait de l'humour, bien qu'il n'en eût pas envie. Mais il savait que la police ne se contente pas de gages incertains. Pourtant, le marché le surprit comme si, d'être conventionnel, il eût cessé d'être proposable.

« Moi seul, reprit König, le saurai. Ça suffit... »

Pourquoi, se demandait Kyo, cette complaisance sur le « Ça suffit »?

« Je n'entrerai pas à votre service, dit-il d'une voix neutre.

— Attention: je peux vous coller au secret avec une dizaine d'innocents en leur disant que leur sort dépend de vous, qu'ils resteront en prison si vous ne parlez pas et qu'ils sont libres du choix de leurs moyens...

— Les bourreaux, c'est plus simple...

— Erreur. L'alternance des supplications et des cruautés est pire. Ne parlez pas de ce que vous ne connaissez pas — pas encore, du moins.

— Je viens de voir à peu près torturer un fou.

— Vous rendez-vous bien compte de ce que vous risquez?

— Je sais. »

König pensait que, malgré ce que lui disait Kyo, la menace qui pesait sur lui lui échappait. « Sa jeunesse l'aide », pensait-il. Deux heures plus tôt, il avait interrogé un tchékiste[8] prisonnier; après dix minutes il l'avait senti fraternel. Leur monde, à tous deux, n'était plus celui des hommes. Si Kyo échappait à la peur par manque d'imagination — patience...

« Vous ne vous demandez pas pourquoi je ne vous ai pas encore envoyé ce revolver à travers la figure?

8. Partisan de Tchang Kaï-chek.

— Vous avez dit: «J'ai mieux...»

König sonna.

«Peut-être viendrai-je cette nuit vous demander ce que vous pensez de la dignité humaine.

«Au préau, série A», dit-il aux gardes qui entraient.

4 heures.

Clappique[9] se mêla au mouvement qui poussait la foule des concessions vers les barbelés: dans l'avenue des Deux-Républiques le bourreau passait, son sabre courbe sur l'épaule, suivi de son escorte de mauséristes[10]. Clappique se retourna aussitôt, s'enfonça dans la concession. Kyo arrêté, la défense communiste écrasée, nombre de sympathisants assassinés dans la ville européenne même... König lui avait donné jusqu'au soir: il ne serait pas protégé plus longtemps. Des coups de feu un peu partout. Portés par le vent, il lui semblait qu'ils s'approchaient de lui, et la mort avec eux. «Je ne veux pas mourir, disait-il entre ses dents, je ne veux pas mourir...» Il s'aperçut qu'il courait.

Il arriva aux quais.

Pas de passeport, et plus assez d'argent pour prendre un billet.

Trois paquebots, dont un français. Clappique cessa de courir. Se cacher dans les canots de sauvetage, recouverts d'une bâche tendue? Il eût fallu monter à bord, et l'homme de coupée[11] ne le laisserait pas passer. C'était idiot, d'ailleurs. Les soutes? Idiot, idiot, idiot. Aller trouver le capitaine, d'autorité? Il s'était tiré d'affaire ainsi dans sa vie; mais cette fois le capitaine le croirait communiste et refuserait de l'embarquer. Le bateau partait dans deux heures: mauvais moment pour déranger le capitaine. Découvert à bord lorsque le bateau aurait pris la mer, il s'arrangerait, mais il fallait y monter.

Il se voyait caché dans quelque coin, blotti dans un tonneau; mais la fantaisie, cette fois, ne le sauvait pas. Il lui semblait s'offrir, comme aux intercesseurs d'un dieu inconnu, à ces paquebots énormes, hérissés, chargés de destinées, indifférents à lui jusqu'à la haine. Il s'était arrêté devant le bateau français. Il regardait, fasciné par la passerelle, les hommes qui montaient et descendaient (dont aucun ne pensait à lui, ne devinait son angoisse et qu'il eût voulu tous tuer pour cela), qui montraient leur billet en passant la coupée. Fabriquer un faux billet? Absurde.

Un moustique le piqua. Il le chassa, toucha sa joue: sa barbe commençait à pousser. Comme si toute toilette eût été propice aux départs, il décida d'aller se faire raser, mais sans s'éloigner du bateau. Au-delà des hangars, parmi les bistrots et les marchands de curiosités, il vit la boutique d'un coiffeur chinois. Le propriétaire possédait aussi un café misérable, et ses deux commerces n'étaient séparés que par une natte tendue. Attendant son tour, Clappique s'assit à côté de la natte et continua à surveiller la coupée du paquebot. De l'autre côté, des gens parlaient:

«C'est le troisième, dit une voix d'homme.

— Avec le petit, aucun ne nous prendra. Si nous essayions dans un des hôtels riches, quand même?»

C'était une femme qui répondait.

«Habillés comme nous sommes? Le type à galons nous foutra à la porte avant que nous ne la touchions.

— Là, les enfants ont le droit de crier!... Essayons encore, n'importe où.

— Dès que les propriétaires verront le gosse, ils refuseront. Il n'y a que les hôtels chinois qui puissent accepter, mais le gosse tombera malade, avec leur sale nourriture.

— Dans un hôtel européen pauvre, si on arrivait à passer le petit, quand on y serait, ils n'oseraient peut-être pas nous jeter dehors... En tout cas, on gagnerait toujours une nuit. Il faudrait empaqueter le petit, qu'ils croient que c'est du linge.

---

9. Le baron de Clappique est un Européen vivant à Shanghai qui aide les révolutionnaires communistes à se procurer des armes. Clappique doit quitter Shanghai au plus vite sous peine d'être emprisonné et exécuté. Malheureusement, il n'a plus assez d'argent pour s'acheter un billet de retour à bord d'un paquebot. — 10. Soldats qui portent des fusils ou des pistolets (un «mauser» est un modèle de pistolet automatique). — 11. La coupée est une ouverture qui permet d'entrer ou de sortir d'un bateau.

— Le linge ne crie pas.

— Avec le biberon dans la bouche il ne criera pas...

— Peut-être. Je m'arrangerais avec le type, et tu viendrais après. Tu n'aurais à passer qu'une seconde devant lui. »

Silence. Clappique regardait la coupée. Bruit de papier.

« Tu ne peux pas t'imaginer la peine que ça me fait de le porter comme ça... J'ai l'impression que c'est de mauvais augure pour toute sa vie... Et j'ai peur que ça lui fasse mal... »

Silence de nouveau. Etaient-ils partis? Le client quittait son fauteuil; le coiffeur fit signe à Clappique qui s'y installa, toujours sans quitter le paquebot de l'œil. L'échelle était vide, mais à peine le visage de Clappique était-il couvert de savon qu'un matelot monta, deux seaux neufs (qu'il venait peut-être d'acheter) à la main, des balais sur l'épaule. Clappique le suivait du regard, marche à marche: il se fût identifié à un chien, pourvu que le chien gravît cette échelle et partît. Le matelot passa devant l'homme de coupée sans rien dire.

Clappique paya en jetant les pièces sur le lavabo, arracha ses serviettes et sortit, la figure pleine de savon. Il savait où trouver des fripiers. On le regardait: après dix pas, il revint, se lava le visage, et repartit.

Il trouva sans peine des bleus de marin chez le premier fripier venu. Il regagna au plus vite son hôtel, changea de vêtements. « Il faudrait aussi des balais, ou quelque chose comme ça. Acheter aux boys de vieux balais? Absurde: pourquoi un matelot irait-il se balader à terre avec ses balais! Pour avoir l'air plus beau? Complètement idiot. S'il passait la coupée avec des balais, c'est qu'il venait de les acheter à terre. Ils devaient donc être neufs... Allons en acheter... »

Il entra dans le magasin avec son habituel air-Clappique. Devant le regard de dédain du vendeur anglais, il s'écria: « Dans mes bras! » mit les balais sur son épaule, se retourna en faisant tomber une lampe de cuivre, et sortit.

« Dans mes bras », malgré son extravagance volontaire, exprimait ce qu'il éprouvait: jusque-là, il avait joué une comédie inquiète, par acquit de conscience et par peur, mais sans échapper à l'idée inavouée qu'il échouerait; le dédain du vendeur —

bien que Clappique négligeant son costume n'eût pas pris l'attitude d'un marin — lui prouvait qu'il pouvait réussir. Balais sur l'épaule, il marchait vers le paquebot, regardant au passage tous les yeux pour trouver en eux la confirmation de son nouvel état. Comme lorsqu'il s'était arrêté devant la coupée, il était stupéfait d'éprouver combien sa destinée était indifférente aux êtres, combien elle n'existait que pour lui: les voyageurs, tout à l'heure, montaient sans regarder cet homme qui restait sur le quai, peut-être pour y être tué; les passants, maintenant, regardaient avec indifférence ce marin; nul ne sortait de la foule pour s'étonner ou le reconnaître; pas même un visage intrigué... Non qu'une fausse vie fût faite pour le surprendre, mais cette fois elle lui était imposée, et sa vraie vie en dépendait peut-être. Il avait soif. Il s'arrêta à un bar chinois, posa ses balais. Dès qu'il but, il comprit qu'il n'avait nullement soif, qu'il avait voulut tenter une épreuve de plus. La façon dont le patron lui rendit sa monnaie suffit à le renseigner. Depuis qu'il avait changé de costume, les regards, autour de lui, n'étaient plus les mêmes. L'habituel interlocuteur de sa mythomanie était devenu foule.

En même temps — instinct de défense ou plaisir — l'acceptation génerale de son nouvel état civil l'envahissait lui-même. Il rencontrait, tout à coup, par accident, la réussite la plus éclatante de sa vie. Non, les hommes n'existaient pas, puisqu'il suffit d'un costume pour échapper à soi-même, pour trouver une autre vie dans les yeux des autres. C'était, en profondeur, le même dépaysement, le même bonheur qui l'avaient saisi la première fois qu'il était entré dans la foule chinoise. « Dire que faire une histoire, en français ça veut dire l'écrire, et non la vivre! » Ses balais portés comme des fusils, il gravit la passerelle, passa, les jambes molles, devant l'homme de coupée, et se trouva sur la coursive. Il fila vers l'avant parmi les passagers de pont, posa ses balais sur un rouleau de cordages. Il ne risquait plus rien avant la première escale. Il était pourtant loin de la tranquillité. Un passager de pont, Russe à la tête en fève, s'approcha de lui:

« Vous êtes du bord? »

Et sans attendre la réponse:

« La vie est agréable, à bord?

— Ça, mon gars, tu peux t'en faire une idée. Le Français aime voyager, c'est un fait: pas un mot. Les officiers sont emmerdants, mais pas plus que les patrons, et on dort mal (j'aime pas les hamacs: question de goût) mais on mange bien. Et on voit des choses. Quand j'étais en Amérique du Sud, les missionnaires avaient fait apprendre par cœur aux sauvages, pendant des jours et des jours, des p'tits[12] cantiques en latin. L'évêque arrive, le missionnaire bat la mesure: silence, les sauvages sont paralysés de respect. Mais pas un mot! le cantique s'amène tout seul: les perroquets de la forêt, mon b'bon, qui n'ont entendu que lui, le chantent avec recueillement... Et pense que j'ai rencontré au large des Célèbes[13], il y a dix ans, des caravelles[14] arabes à la dérive, sculptées comme des noix de coco et pleines de pestiférés morts avec leurs bras qui pendaient comme ça le long du bastingage sous une trombe de mouettes... Parfaitement...

— C'est de la chance. Je voyage depuis sept ans, et je n'ai rien vu comme ça.

— Il faut introduire les moyens de l'art dans la vie, mon b'bon, non pour en faire de l'art, ah! bon Dieu, non! mais pour en faire davantage de la vie. Pas un mot! »

Il lui tapa sur le ventre et se détourna prudemment: une auto qu'il connaissait s'arrêtait au bas de la passerelle: Ferral[15] rentrait en France.

Un garçon commença à parcourir le pont de première classe, en agitant la cloche du départ. Chaque coup résonnait dans la poitrine de Clappique.

« L'Europe, pensa-t-il; la fête est finie. Maintenant, l'Europe. » Il semblait qu'elle vînt au-devant de lui avec la cloche qui se rapprochait, non plus comme celle d'une délivrance, mais comme celle d'une prison. Sans la menace de mort, il fût redescendu.

« Le bar des troisièmes est ouvert? demanda-t-il au Russe.

— Depuis une heure. Tout le monde peut y aller jusqu'à ce que nous soyons en mer. »

Clappique le prit sous le bras:
« Allons nous soûler... »

6 heures.

Dans la grande salle — ancien préau d'école — deux cents blessés communistes attendaient qu'on vînt les achever. Appuyé sur un coude, Katow[16], parmi les derniers amenés, regardait. Tous étaient allongés sur le sol. Beaucoup gémissaient, d'une façon extraordinairement régulière; quelques-uns fumaient comme l'avaient fait ceux de la Permanence[17], et les ramages de fumée se perdaient jusqu'au plafond, déjà obscur malgré les grandes fenêtres européennes, assombries par le soir et le brouillard du dehors. Il semblait très élevé, au-dessus de tous ces hommes couchés. Bien que le jour n'eût pas encore disparu, l'atmosphère était une atmosphère nocturne. « Est-ce à cause des blessures, se demandait Katow, ou parce que nous sommes tous couchés, comme dans une gare? C'est une gare. Nous en partirons pour nulle part, et voilà... »

Quatre factionnaires chinois marchaient de long en large au milieu des blessés, baïonnette au canon, et leurs baïonnettes reflétaient étrangement le jour sans force, nettes et droites au-dessus de tous ces corps informes. Dehors, au fond de la brume, des lumières jaunâtres — des becs de gaz sans doute — semblaient aussi veiller sur eux; comme s'il fût venu d'elles (parce qu'il venait, lui aussi, du fond de la brume) un sifflement monta, domina murmures et gémissements: celui d'une locomotive; ils étaient près de la gare de Chapeï. Il y avait dans cette vaste salle quelque chose d'atrocement tendu, qui n'était pas l'attente de la mort. Katow fut renseigné par sa propre gorge: c'était la

---

12. Clappique a un défaut de prononciation qui lui fait prononcer certaines consonnes de cette manière. — 13. Archipel de l'Indonésie. — 14. Types de navires. — 15. Capitaine d'industrie à Shanghai. Il connaît Clappique et risque de le reconnaître, d'où la prudence de Clappique. — 16. Katow a été fait prisonnier lorsque, comme Kyo et tous les militants communistes de Shanghai, il a reçu l'ordre de livrer ses armes à Tchang Kaï-chek. — 17. L'organe secret du Parti communiste à Shanghai.

soif — et la faim. Adossé au mur, il regardait de gauche à droite: beaucoup de têtes connues, car un grand nombre des blessés étaient des combattants des *tchons*.[18] Tout le long de l'un des côtés étroits de la salle, un espace libre, de trois mètres de large, était réservé. «Pourquoi les blessés restent-ils les uns sur les autres, demanda-t-il à haute voix, au lieu d'aller là-bas?» Il était parmi les derniers apportés. Appuyé au mur, il se leva; bien que ses blessures le fissent souffrir, il lui sembla qu'il pourrait se tenir debout; mais il s'arrêta, encore courbé: sans qu'un seul mot eût été prononcé il sentit autour de lui une épouvante si saisissante qu'il en fut immobilisé. Dans les regards? A peine les distinguait-il. Dans les attitudes? Toutes étaient d'abord des attitudes de blessés, qui souffraient pour leur propre compte. Pourtant, de quelque façon qu'elle fût transmise, l'épouvante était là — pas la peur, la terreur, celle des bêtes, des hommes seuls devant l'inhumain. Katow, sans cesser de s'appuyer au mur, enjamba le corps de son voisin.

«Tu es fou? demanda une voix au ras du sol.

— Pourquoi? »

Question et commandement à la fois. Mais nul ne répondait. Et un des gardiens, à cinq mètres, au lieu de le rejeter à terre, le regardait avec stupéfaction.

«Pourquoi? demanda-t-il de nouveau, plus rudement.

— Il ne sait pas», dit une autre voix, toujours au ras du sol, et en même temps, une autre plus basse: «Ça viendra...»

Il avait posé très haut sa seconde question. L'hésitation de cette foule avait quelque chose de terrible, en soi, et aussi parce que presque tous ces hommes le connaissaient: la menace suspendue à ce mur pesait à la fois sur tous, et particulièrement sur lui.

«Recouche-toi», dit un des blessés.

Pourquoi aucun d'entre eux ne l'appelait-il par son nom? Et pourquoi le gardien n'intervenait-il pas? Il l'avait vu rabattre d'un coup de crosse, tout à l'heure, un blessé qui

avait voulu changer de place... Il s'approcha de son dernier interlocuteur, s'étendit près de lui.

«On met là ceux qui vont être torturés», dit l'homme à voix basse.

Tous le savaient, mais ils n'avaient pas osé le dire, soit qu'ils eussent peur d'en parler, soit qu'aucun n'osât *lui* en parler, à lui. Une voix avait dit: «Ça viendra...»

La porte s'ouvrit. Des soldats entraient avec des falots, entourant des brancardiers qui firent rouler des blessés, comme des paquets, tout près de Katow. La nuit venait, elle montait du sol où les gémissements se croisaient comme des rats, mêlés à une épouvantable odeur: la plupart des hommes ne pouvaient bouger. La porte se referma.

Du temps passa. Rien que le pas des sentinelles et la dernière clarté des baïonnettes au-dessus des mille bruits de la douleur. Soudain, comme si l'obscurité eût rendu le brouillard plus épais, de très loin, le siffet d'une locomotive retentit, plus assourdi. L'un des nouveaux arrivés, couchés sur le ventre, crispa ses mains sur ses oreilles, et hurla. Les autres ne criaient pas, mais de nouveau la terreur était là, au ras du sol.

L'homme releva la tête, se dressa sur les coudes.

«Crapules, hurla-t-il, assassins! »

Une des sentinelles s'avança, et d'un coup de pied dans les côtes, le retourna. Il se tut. La sentinelle s'éloigna. Le blessé commença à bredouiller. Il faisait maintenant trop sombre pour que Katow pût distinguer son regard, mais il l'entendait sa voix, il sentait qu'il allait articuler. En effet «... ne fusillent pas, ils les foutent vivants dans la chaudière de la locomotive, disait-il. Et maintenant, voilà qu'ils sifflent... » la sentinelle revenait. Silence, sauf la douleur.

La porte s'ouvrit de nouveau. Encore des baïonnettes, éclairées maintenant de bas en haut par le fanal, mais pas de blessés. Un officier kuomintang[19] entra seul. Bien qu'il ne vît plus que la masse des corps, Katow sentit que chaque homme se raidissait. L'officier, là-bas, sans volume, ombre

---

18. Divisions clandestines de combattants communistes chinois. — 19. «Parti du peuple du pays», le parti de Tchang Kaï-chek.

que le fanal éclairait mal contre la fin du jour, donnait des ordres à une sentinelle. Elle s'approcha, chercha Katow, le trouva. Sans le toucher, sans rien dire, avec respect, elle lui fit seulement signe de se lever. Il y parvint avec peine, face à la porte, là-bas, où l'officier continuait à donner des ordres. Le soldat, fusil d'un bras, fanal de l'autre, se plaça à sa gauche. A sa droite, il n'y avait que l'espace libre et le mur blanc. Le soldat montra l'espace, du fusil. Katow sourit amèrement, avec un orgueil désespéré. Mais personne ne voyait son visage: la sentinelle, exprès, ne le regardait pas, et tous ceux des blessés qui n'étaient pas en train de mourir, soulevés sur une jambe, sur un bras, sur le menton, suivaient du regard son ombre pas encore très noire qui grandissait sur le mur des torturés.

L'officier sortit. La porte demeura ouverte.

Les sentinelles présentèrent les armes: un civil entra. «Section A», cria du dehors une voix sur quoi la porte fut refermée. Une des sentinelles accompagna le civil vers le mur, sans cesser de grommeler; tout près, Katow, stupéfait, reconnut Kyo. Comme il n'était pas blessé, les sentinelles, en le voyant arriver entre deux officiers, l'avaient pris pour l'un des conseillers étrangers de Tchang Kaï-chek; reconnaissant maintenant leur méprise, elles l'engueulaient de loin. Il se coucha dans l'ombre, à côté de Katow.

«T'sais[20] ce qui nous attend? demanda celui-ci.

— On a pris soin de m'en avertir, je m'en fous: j'ai mon cyanure. Tu as le tien?

— Oui.

— Tu es blessé?

— Aux jambes. Je peux marcher.

— Tu es là depuis longtemps?

— Non. Quand as-tu été pris?

— Hier soir. Moyen de filer, ici?

— Rien à faire. Presque tous sont gravement blessés. Dehors, des soldats partout. Et tu as vu les m'trailleuses devant la porte?

— Oui. Où as-tu été pris?»

Tous deux avaient besoin d'échapper à cette veillée funèbre, de parler, de parler: Katow, de la prise de la Permanence; Kyo, de la prison, de l'entretien avec König, de ce qu'il avait appris depuis; avant même la prison provisoire, il avait su que May[21] n'était pas arrêtée.

Katow était couché sur le côté, tout près de lui, séparé par toute l'étendue de la souffrance: bouche entrouverte, lèvres gonflées sous son nez jovial, les yeux presque fermés, mais reliés à lui par l'amitié absolue, sans réticences et sans examen, que donne seule la mort: vie condamnée échouée contre la sienne dans l'ombre pleine de menaces et de blessures, parmi tous ces frères dans l'ordre mendiant de la Révolution: chacun de ces hommes avait rageusement saisi au passage la seule grandeur qui pût être la sienne.

Les gardes amenèrent trois Chinois. Séparés de la foule des blessés, mais aussi des hommes du mur. Ils avaient été arrêtés avant le combat, vaguement jugés, et attendaient d'être fusillés.

«Katow!» appela l'un d'eux.

C'était Lou-You-Shuen, l'associé de Hemmelrich[22].

«Quoi?

— Sais-tu si on fusille loin d'ici, ou près?

— Je ne sais pas. On n'entend pas, en tout cas.»

Une voix dit, un peu plus loin:

«Paraît que l'exécuteur, après, vous barbote vos dents en or.»

Et une autre:

«Je m'en fous: j'en ai pas.»

Les trois Chinois fumaient des cigarettes, bouffée après bouffée, opiniâtrement.

«Vous avez plusieurs boîtes d'allumettes? demanda un blessé, un peu plus loin.

— Oui.

— Envoyez-en une.»

Lou envoya la sienne.

«Je voudrais bien que quelqu'un pût dire à mon fils, que je suis mort avec courage», dit-il à mi-voix. Et, un peu plus bas encore: «Ça n'est pas facile de mourir.»

---

20. Katow parle un français sans accent, mais «avale» certaines voyelles. — 21. Sa femme, une Allemande née à Shanghai. — 22. D'autres militants communistes.

Katow découvrit en lui une sourde joie: pas de femme, pas d'enfants.

La porte s'ouvrit.

« Envoies-en un! » cria la sentinelle.

Les trois hommes se serraient l'un contre l'autre.

« Alors, quoi, dit le garde, décidez-vous... »

Il ne choisissait pas. Soudain, l'un des deux Chinois inconnus fit un pas en avant, jeta sa cigarette à peine brûlée, en alluma une autre après avoir cassé deux allumettes et partit d'un pas pressé vers la porte en boutonnant, une à une, toutes les boutonnières de son veston. La porte se referma.

Un blessé ramassait les morceaux d'allumettes tombés. Ses voisins et lui avaient brisé en menus fragments celles de la boîte donnée par Lou-You-Shuen, et jouaient à la courte paille. Après moins de cinq minutes, la porte se rouvrit:

« Un autre! »

Lou et son compagnon avancèrent ensemble, se tenant par le bras. Lou récitait d'une voix haute et sans timbre la mort du héros d'une pièce fameuse; mais la vieille communauté chinoise était bien détruite: nul ne l'écoutait.

« Lequel? » demanda le soldat.

Ils ne répondaient pas.

« Ça va venir, oui? »

D'un coup de crosse il les sépara: Lou était plus près de lui que l'autre: il le prit par l'épaule.

Lou dégagea son épaule, avança. Son compagnon revint à sa place et se coucha.

Kyo sentit combien il serait plus difficile à celui-ci de mourir qu'à ceux qui l'avaient précédé: lui, restait seul. Aussi courageux que Lou, puisqu'il avait avancé avec lui. Mais maintenant sa façon d'être couché par terre, en chien de fusil, les bras serrés autour du corps, criait la peur. En effet, quand le garde le toucha, il fut pris d'une crise nerveuse. Deux soldats le saisirent, l'un par les pieds, l'autre par la tête et l'emportèrent.

Allongé sur le dos, les bras ramenés sur la poitrine, Kyo ferma les yeux: c'était précisément la position des morts. Il s'imagina, allongé, immobile, les yeux fermés, le visage apaisé par la sérénité que dispense la mort pendant un jour à presque tous les cadavres, comme si devait être exprimée la dignité même des plus misérables. Il avait beaucoup vu mourir, et, aidé par son éducation japonaise, il avait toujours pensé qu'il est beau de mourir de *sa* mort, d'une mort qui ressemble à sa vie. Et mourir est passivité, mais se tuer est acte. Dès qu'on viendrait chercher le premier des leurs, il se tuerait en pleine conscience. Il se souvint — le cœur arrêté — des disques de phonographe. Temps où l'espoir conservait un sens! Il ne reverrait pas May, et la seule douleur à laquelle il fût vulnérable était sa douleur à elle, comme si sa propre mort eût été une faute. « Le remords de mourir », pensa-t-il avec une ironie crispée. Rien de semblable à l'égard de son père qui lui avait toujours donné l'impression, non de faiblesse, mais de force. Depuis plus d'un an, May l'avait délivré de toute solitude, sinon de toute amertume. La lancinante fuite dans la tendresse des corps noués pour la première fois jaillissait, hélas! dès qu'il pensait à elle, déjà séparé des vivants... « Il faut maintenant qu'elle m'oublie... » Le lui écrire, il ne l'eût que meurtrie et attachée à lui davantage. « Et c'est lui dire d'en aimer un autre. » O prison, lieu où s'arrête le temps — qui continue ailleurs... Non! C'était dans ce préau séparé de tous par les mitrailleuses, que la Révolution, quel que fût son sort, quel que fût le lieu de sa résurrection, aurait reçu le coup de grâce; partout où les hommes travaillent dans la peine, dans l'absurdité, dans l'humiliation, on pensait à des condamnés semblables à ceux-là comme les croyants prient; et, dans la ville, on commençait à aimer ces mourants comme s'ils eussent été déjà des morts... Entre tout ce que cette dernière nuit couvrait de la terre, ce lieu de râles était sans doute le plus lourd d'amour viril. Gémir avec cette foule couchée, rejoindre jusque dans son murmure de plaintes cette souffrance sacrifiée... Et une rumeur inentendue prolongeait jusqu'au fond de la nuit ce chuchotement de la douleur: ainsi qu'Hemmelrich, presque tous ces hommes avaient des enfants. Pourtant, la fatalité acceptée par eux montait avec leur bourdonnement de blessés comme la paix du soir, recouvrait Kyo, ses yeux fermés, ses mains croisées sur son corps abandonné, avec une majesté de chant funèbre. Il aurait combattu pour ce qui, de son temps, aurait été chargé du sens le plus fort et du plus grand espoir; il mourait parmi ceux avec qui il aurait voulu vivre; il mourait, comme chacun de ces hommes couchés, pour avoir donné un sens à sa vie. Qu'eût valu une vie pour laquelle il n'eût pas accepté de mourir? Il est facile de mourir quand on ne meurt pas seul. Mort saturée de ce chevrotement fraternel, assemblée de vaincus où des multitudes reconnaîtraient leurs martyrs, légende sanglante dont se font les légendes dorées! Comment, déjà regardé par la mort, ne pas entendre ce murmure de sacrifice humain qui lui criait que le cœur viril des hommes est un refuge à morts qui vaut bien l'esprit?

Il tenait maintenant le cyanure dans sa main. Il s'était souvent demandé s'il mourrait facilement. Il savait que, s'il décidait de se tuer, il se tuerait; mais, connaissant la sauvage indifférence avec quoi la vie nous démasque à nous-mêmes, il n'avait pas été sans inquiétude sur l'instant où la mort écraserait sa pensée de toute sa pesée sans retour.

Non, mourir pouvait être un acte exalté, la suprême expression d'une vie à quoi cette mort ressemblait tant; et c'était échapper à ces deux soldats qui s'approchaient en hésitant. Il écrasa le poison entre ses dents comme il eût commandé, entendit encore Katow l'interroger avec angoisse et le toucher, et, au moment où il voulait se raccrocher à lui, suffoquant, il sentit toutes ses forces le dépasser, écartelées au-delà de lui-même contre une toute-puissante convulsion.

Les soldats venaient chercher dans la foule deux prisonniers qui ne pouvaient se lever. Sans doute d'être brûlé vif donnait-il droit à des honneurs spéciaux, quoique limités: transportés sur un seul brancard, l'un sur l'autre ou presque, ils furent déversés à la gauche de Katow; Kyo mort était couché à sa droite. Dans l'espace vide qui les séparait de ceux qui n'étaient condamnés qu'à mort, les soldats s'accroupirent auprès de leur fanal. Peu à peu têtes et regards retombèrent dans la nuit, ne revinrent plus que rarement à cette lumière qui au fond de la salle marquait la place des condamnés.

Katow, depuis la mort de Kyo — qui avait haleté une minute au moins —, se sentait rejeté à une solitude d'autant plus forte et douloureuse qu'il était entouré des siens. Le Chinois qu'il avait fallu emporter pour le tuer, secoué par la crise de nerfs, l'obsédait. Et pourtant il trouvait dans cet abandon total la sensation du repos, comme si, depuis des années, il eût attendu cela; repos rencontré, retrouvé, aux pires instants de sa vie. Où avait-il lu: «Ce n'étaient pas les découvertes, mais les souffrances des explorateurs que j'enviais, qui m'attiraient...» Comme pour répondre à sa pensée, pour la troisième fois le sifflet lointain parvint jusqu'à la salle. Ses deux voisins de gauche sursautèrent. Des Chinois très jeunes: l'un était Souen, qu'il ne connaissait que pour avoir combattu avec lui à la Permanence; le second, inconnu. (Ce n'était pas Peï.) Pourquoi n'étaient-ils pas avec les autres?

«Organisation de groupes de combat? demanda-t-il.

— Attentat contre Tchang Kaï-chek, répondit Souen.

— Avec Tchen?

— Non. Il a voulu lancer sa bombe tout seul. Tchang n'était pas dans la voiture. Moi, j'attendais l'auto beaucoup plus loin. J'ai été pris avec la bombe.»

La voix qui lui répondait était si étranglée que Katow regarda attentivement les deux visages: les jeunes gens pleuraient, sans un sanglot. «Y a pas grand-chose à faire avec la parole», pensa Katow. Souen voulut bouger l'épaule et grimaça de douleur — il était blessé aussi au bras.

«Brûlé, dit-il. Etre brûlé vif. Les yeux aussi, les yeux, tu comprends...»

Son camarade sanglotait maintenant.

«On peut l'être par accident», dit Katow.

Il semblait qu'ils parlassent, non l'un à l'autre, mais à quelque troisième personne invisible.

«Ce n'est pas la même chose.

— Non: c'est moins bien.

— Les yeux aussi, répétait Souen d'une voix plus basse, les yeux aussi... Chacun des doigts, et le ventre, le ventre...

— Tais-toi!» dit l'autre d'une voix de sourd.

Il eût voulu crier mais ne pouvait plus. Il crispa ses mains tout près des blessures de Souen, dont les muscles se contractèrent.

« La dignité humaine », murmura Katow, qui pensait à l'entrevue de Kyo avec König. Aucun des condamnés ne parlait plus. Au-delà du fanal, dans l'ombre maintenant complète, toujours la rumeur des blessures... Il se rapprocha encore de Souen et de son compagnon. L'un des gardes contait aux autres une histoire: têtes réunies, ils se trouvèrent entre le fanal et les condamnés: ceux-ci ne se voyaient même plus. Malgré la rumeur, malgré tous ces hommes qui avaient combattu comme lui, Katow était seul, seul entre le corps de son ami mort et ses deux compagnons épouvantés, seul entre ce mur et ce sifflet perdu dans la nuit. Mais un homme pouvait être plus fort que cette solitude et même, peut-être, que ce sifflet atroce: la peur luttait en lui contre la plus terrible tentation de sa vie. Il ouvrit à son tour la boucle de sa ceinture. Enfin:

« Hé! là! dit-il à voix très basse. Souen, pose ta main sur ma poitrine, et prends dès que je la toucherai: je vais vous donner mon cyanure. Il n'y en a 'bsolument que pour deux. »

Il avait renoncé à tout, sauf à dire qu'il n'y en avait que pour deux. Couché sur le côté, il brisa le cyanure en deux. Les gardes masquaient la lumière, qui les entourait d'une auréole trouble; mais n'allaient-ils pas bouger? Impossible de voir quoi que ce fût; ce don de plus que sa vie, Katow le faisait à cette main chaude qui reposait sur lui, pas même à des voix. Elle se crispa comme un animal, se sépara de lui aussitôt. Il attendit, tout le corps tendu. Et soudain, il entendit l'une des deux voix:

« C'est perdu. Tombé. »

Voix à peine altérée par l'angoisse, comme si une telle catastrophe n'eût pas été possible, comme si tout eût dû s'arranger. Pour Katow aussi, c'était impossible. Une colère sans limites montait en lui mais retombait, combattue par cette impossibilité. Et pourtant! Avoir donné *cela* pour que cet idiot le perdît!

« Quand? demanda-t-il.

— Avant mon corps. Pas pu tenir quand Souen l'a passé: je suis aussi blessé à la main.

— Il a fait tomber les deux », dit Souen.

Sans doute cherchaient-ils entre eux. Ils cherchèrent ensuite entre Katow et Souen, sur qui l'autre était probablement presque couché, car Katow, sans rien voir, sentait près de lui la masse de deux corps. Il cherchait lui aussi, s'efforçant de vaincre sa nervosité, de poser sa main à plat, de dix centimètres en dix centimètres, partout où il pouvait atteindre. Leurs mains frôlaient la sienne. Et tout à coup une des deux la prit, la serra, la conserva.

« Même si nous ne trouvons rien... », dit une des voix.

Katow, lui aussi, serrait la main, à la limite des larmes, pris par cette pauvre fraternité sans visage, presque sans vraie voix (tous les chuchotements se ressemblent) qui lui était donnée dans cette obscurité contre le plus grand don qu'il eût jamais fait, et qui était peut-être fait en vain. Bien que Souen continuât à chercher, les deux mains restaient unies. L'étreinte devint soudain crispation:

« Voilà. »

O résurrection!... Mais:

« Tu es sûr que ce ne sont pas des cailloux? » demanda l'autre.

Il y avait beaucoup de morceaux de plâtre par terre.

« Donne! » dit Katow.

Du bout des doigts, il reconnut les formes.

Il les rendit — les rendit, — serra plus fort la main qui cherchait à nouveau la sienne, et attendit, tremblant des épaules, claquant des dents. « Pourvu que le cyanure ne soit pas décomposé, malgré le papier d'argent », pensait-il. La main qu'il tenait tordit soudain la sienne, et, comme s'il eût communiqué par elle avec le corps perdu dans l'obscurité, il sentit que celui-ci se tendait. Il enviait cette suffocation convulsive. Presque en même temps, l'autre: un cri étranglé auquel nul ne prit garde. Puis, rien. Katow se sentit abandonné. Il se retourna sur le ventre et attendit. Le tremblement de ses épaules ne cessait pas.

Au milieu de la nuit, l'officier revint. Dans un chahut d'armes heurtées, six soldats s'approchèrent des condamnés. Tous les prisonniers s'étaient réveillés. Le nouveau fanal, lui aussi, ne montrait que de longues formes confuses — des tombes dans la terre retournée, déjà — et quelques reflets sur des yeux. Katow était parvenu à se dresser. Celui qui commandait l'escorte prit le bras de Kyo, en sentit la raideur, saisit aussitôt Souen; celui-là aussi était raide.

Une rumeur se propageait des premiers rangs des prisonniers aux derniers. Le chef d'escorte prit par le pied une jambe du premier, puis du second: elles retombèrent, raides. Il appela l'officier. Celui-ci fit les mêmes gestes. Parmi les prisonniers, la rumeur grossissait. L'officier regarda Katow:

« Morts? »

Pourquoi répondre?

« Isolez les six prisonniers les plus proches!

— Inutile, répondit Katow: c'est moi qui leur ai donné le cyanure. »

L'officier hésita:

« Et vous? demanda-t-il enfin.

— Il n'y en avait que pour deux », répondit Katow avec une joie profonde.

« Je vais recevoir un coup de crosse dans la figure », pensa-t-il.

La rumeur des prisonniers était devenue presque une clameur.

« Marchons », dit seulement l'officier.

Katow n'oubliait pas qu'il avait été déjà condamné à mort, qu'il avait vu des mitrailleuses braquées sur lui, les avait entendues tirer... « Dès que je serai dehors, je vais essayer d'en étrangler un, et de laisser mes mains assez longtemps serrées pour qu'ils soient obligés de me tuer. Ils me brûleront, mais mort. » A l'instant même, un des soldats le prit à bras-le-corps, tandis qu'un autre ramenait ses mains derrière son dos et les attachait. « Les petits auront eu de la veine, pensa-t-il. Allons! supposons que je sois mort dans un incendie. » Il commença à marcher. Le silence retomba, comme une trappe, malgré les gémissements. Comme naguère sur le mur blanc, le fanal projeta l'ombre maintenant très noire de Katow sur les grandes fenêtres nocturnes; il marchait pesamment, d'une jambe sur l'autre, arrêté par ses blessures; lorsque son balancement se rapprochait du fanal, la silhouette de sa tête se perdait au plafond. Toute l'obscurité de la salle était vivante, et le suivait du regard pas à pas. Le silence était devenu tel que le sol résonnait chaque fois qu'il le touchait lourdement du pied; toutes les têtes, battant de haut en bas, suivaient le rythme de sa marche, avec

amour, avec effroi, avec résignation, comme si, malgré les mouvements semblables, chacun se fût dévoilé en suivant ce départ cahotant. Tous restèrent la tête levée: la porte se refermait.

Un bruit de respirations profondes, le même que celui du sommeil, commença à monter du sol: respirant par le nez, les mâchoires collées par l'angoisse, immobiles, maintenant, tous ceux qui n'étaient pas encore morts attendaient le sifflet.

Le lendemain.

Depuis plus de cinq minutes, Gisors[23] regardait sa pipe. Devant lui, la lampe allumée « ça n'engage à rien », la petite boîte à opium ouverte, les aiguilles nettoyées. Dehors la nuit; dans la pièce, la lumière de la petite lampe et un grand rectangle clair, la porte ouverte de la chambre voisine où on avait apporté le corps de Kyo. Le préau avait été vidé pour de nombreux condamnés, et nul ne s'était opposé à ce que les corps jetés dehors fussent enlevés. Celui de Katow n'avait pas été retrouvé. May avait rapporté celui de Kyo, avec les précautions qu'elle eût prises pour un très grand blessé. Il était là, allongé, non pas serein, comme Kyo, avant de se tuer, avait pensé qu'il deviendrait, mais convulsé par l'asphyxie, déjà autre chose qu'un homme. May le peignait avant la toilette funèbre, parlant par la pensée à la dernière présence de ce visage avec d'affreux mots maternels qu'elle n'osait prononcer de peur de les entendre elle-même. « Mon amour », murmurait-elle, comme elle eût dit « ma chair », sachant bien que c'était quelque chose d'elle-même, non d'étranger, qui lui était arraché; « ma vie... » Elle s'aperçut que c'était à un mort qu'elle disait cela. Mais elle était depuis longtemps au-delà des larmes.

« Toute douleur qui n'aide personne est absurde », pensait Gisors hypnotisé par sa lampe, réfugié dans cette fascination. « La paix est là. La paix. » Mais il n'osait pas avancer la main. Il ne croyait à aucune survie, n'avait aucun respect des morts, mais il n'osait pas avancer la main.

---

23. Le père de Kyo.

Elle s'approcha de lui. Bouche molle, chavirée dans ce visage au regard perdu... Elle lui posa doucement les doigts sur le poignet.

«Venez, dit-elle d'une voix inquiète, presque basse. Il me semble qu'il s'est un peu réchauffé...»

Il chercha les yeux de ce visage si douloureux, mais nullement égaré. Elle le regardait sans trouble, moins avec espoir qu'avec prière. Les effets du poison sont toujours incertains; et elle était médecin. Il se leva, la suivit, se défendant contre un espoir si fort qu'il lui semblait que, s'il s'abandonnait à lui, il ne pourrait résister à ce qu'il lui fût retiré. Il toucha le front bleuâtre de Kyo, ce front qui ne porterait jamais de rides: il était froid, du froid sans équivoque de la mort. Il n'osait retirer ses doigts, retrouver le regard de May, et il laissait le sien fixé sur la main ouverte de Kyo, où déjà les lignes commençaient à s'effacer...

«Non», dit-il, retournant à la détresse. Il ne l'avait pas quittée. Il s'aperçut qu'il n'avait pas cru May.

«Tant pis...», répondit-elle seulement.

Elle le regarda partir dans la pièce voisine, hésitant. A quoi pensait-il? Tant que Kyo était là, toute pensée lui était due. Cette mort attendait d'elle quelque chose, une réponse qu'elle ignorait mais qui n'en existait pas moins. O chance abjecte des autres, avec leurs prières, leurs fleurs funèbres! Une réponse au-delà de l'angoisse qui arrachait à ses mains les caresses maternelles qu'aucun enfant n'avait reçues d'elle, de l'épouvantable appel qui fait parler aux morts par les formes les plus tendres de la vie. Cette bouche qui lui avait dit hier: «J'ai cru que tu étais morte», ne parlerait plus jamais; ce n'était pas avec ce qui restait ici de vie dérisoire, un corps, c'était avec la mort même qu'il fallait entrer en communion. Elle restait là, immobile, arrachant de ses souvenirs tant d'agonies contemplées avec résignation, toute tendue de passivité dans le vain accueil qu'elle offrait sauvagement au néant.

Gisors s'était allongé de nouveau sur le divan. «Et, plus tard, je devrai me réveiller...» Combien de temps chaque matin lui apporterait-il de nouveau cette mort? La pipe était là: la paix. Avancer la main, préparer la boulette: après un quart d'heure,

penser à la mort même avec une indulgence sans limites, comme à quelque paralytique qui lui eût voulu du mal: elle cesserait de pouvoir l'atteindre; elle perdrait toute prise et glisserait doucement dans la sérénité universelle. La libération était là, tout près. Nulle aide ne peut être donnée aux morts. Pourquoi souffrir davantage? La douleur est-elle une offrande à l'amour, ou à la peur?... Il n'osait toujours pas toucher le plateau, et l'angoisse lui serrait la gorge en même temps que le désir et les sanglots refoulés. Au hasard, il saisit la première brochure venue (il ne touchait jamais aux livres de Kyo, mais il savait qu'il ne la lirait pas). C'était un numéro de *la Politique de Pékin* tombé là lorsqu'on avait apporté le corps et où se trouvait le discours pour lequel Gisors avait été chassé de l'Université. En marge, de l'écriture de Kyo: «Ce discours est le discours de *mon père.*» Jamais il ne lui avait dit même qu'il l'approuvât. Gisors referma la brochure avec douceur et regarda son espoir mort.

Il ouvrit la porte, lança l'opium dans la nuit et revint s'asseoir, épaules basses, attendant l'aube, attendant que se réduisît au silence, à force de s'user dans son dialogue avec elle-même, sa douleur... Malgré la souffrance qui entrouvrait sa bouche, qui changeait en visage ahuri son masque grave, il ne perdait pas tout contrôle. Cette nuit, sa vie allait changer: la force de la pensée n'est pas grande contre la métamorphose à quoi la mort peut contraindre un homme. Il était désormais rejeté à lui-même. Le monde n'avait plus de sens, n'existait plus: l'immobilité sans retour, là, à côté de ce corps qui l'avait relié à l'univers, était comme un suicide de Dieu. Il n'avait attendu de Kyo, ni réussite, ni même bonheur; mais que le monde fût sans Kyo... «Je suis rejeté hors du temps»; l'enfant était la soumission au temps, à la coulée des choses; sans doute, au plus profond, Gisors était-il espoir comme il était angoisse, espoir de rien, attente, et fallait-il que son amour fût écrasé pour qu'il découvrît cela. Et pourtant! tout ce qui le détruisait trouvait en lui un accueil avide: «Il y a quelque chose de beau à être mort», pensa-t-il. Il sentait trembler en lui la souffrance fondamentale, non celle qui vient des êtres ou des choses mais celle qui sourd de l'homme même et à quoi s'efforce de nous arracher la vie; il pouvait lui échapper, mais seulement en cessant de penser à elle; et il y plongeait de plus en plus, comme si cette contemplation épouvantée eût été la seule voix que pût entendre la mort, comme si cette souffrance d'être homme dont il s'imprégnait jusqu'au fond du cœur eût été la seule oraison que pût entendre le corps de son fils tué.

Matière à réflexion

1. « Solitude et humiliation totales »; « Des heures d'uniforme abjection »: ainsi Malraux résume-t-il la situation de ces prisonniers. L'emprisonnement est dégradant: montrez ses effets sur les prisonniers. Comment Kyo cherche-t-il à échapper à cette humiliation? Comment sont décrits les bourreaux? Quels effets Malraux tire-t-il des jeux d'ombre et d'obscurité dans cette scène? Montrez comment il limite la perspective à ce que perçoit Kyo, et comment il nous fait partager son horreur.

2. Pourquoi Kyo défend-t-il le fou contre lequel le geôlier et les prisonniers s'acharnent? Pourquoi voit-il « toute l'ignominie humaine » dans le supplice d'« un fou pas même méchant, sans doute vieux »? Pourquoi Malraux décrit-il les traits du gardien comme « réguliers, anonymes » (même réflexion à propos de König: « Un homme qui va sans doute vous faire tuer ressemble décidément à n'importe quel autre »)?

3. Quelles techniques de « suspense » Malraux utilise-t-il pour décrire l'interrogatoire subi par Kyo? A quels moyens de persuasion — physiques et psychologiques — König tente-t-il de recourir? Pourquoi le débat politique entre les deux hommes ne peut-il que rester superficiel? Qu'est ce que Kyo veut dire par la « dignité humaine »? Pour quelles raisons refuse-t-il de collaborer avec la police?

4. Au courage héroïque de Kyo, Malraux oppose par juxtaposition la fuite de Clappique, dont la mythomanie atteint de nouvelles dimensions, et qui connaît « la réussite la plus éclatante de sa vie ». Comment Malraux peint-il l'agitation mentale de Clappique à la recherche d'une solution? Tout le monde traite Clappique comme un marin simplement parce qu'il en prend les apparences: que penser de cette thèse de Malraux sur la superficialité des échanges humains, et sur la comédie que tout homme joue face à autrui? Montrez comment Clappique « entre » dans son personnage, notamment lorsqu'il fait le récit de voyages imaginaires à son compagnon de bord.

5. Comment Malraux décrit-il la salle où sont entassés Katow et les autres blessés? A quels détails sensoriels a-t-il recours dans cette peinture? Comment ces militants emprisonnés trouvent-ils une dignité consolatrice, malgré l'abjection à laquelle ils sont réduits? En quoi l'éducation japonaise de Kyo peut-elle l'aider dans ces circonstances? En quoi la mort de Kyo ressemble-t-elle au personnage? Détaillez les étapes de sa dernière méditation.

6. Pourquoi Katow donne-t-il sa capsule de cyanure? Pourquoi Malraux nous fait-il croire un instant que ce geste a été vain (la capsule est perdue)? Katow est-il un martyr? Comment parvient-il à justifier avec un calme relatif la mort horrible qui l'attend («supposons que je sois mort dans un incendie»)?

7. Comparez les réactions de May et de Gisors face au corps mort de Kyo. Comment Malraux rend-t-il cette scène encore plus dramatique? Pourquoi Gisors jette-t-il l'opium?

Jean-Paul Sartre

Bien qu'il ait toujours voulu échapper à ce rôle, Jean-Paul Sartre fut assurément, parmi les intellectuels du XXe siècle, un des derniers *maîtres à penser* tels qu'on les connaissait aux siècles précédents. Philosophe, théoricien, vulgarisateur, romancier, dramaturge, autobiographe, journaliste et directeur de journal[1], critique littéraire, auteur de préfaces, conférencier, penseur engagé, Sartre fut au cœur de tous les débats de son temps, utilisant les moyens de communication les plus variés pour diffuser ses idées. Son œuvre, témoin parfait des préoccupations de son époque, fut une suite de scandales, de polémiques et de controverses: il fut tour à tour accusé par ses détracteurs d'amoralisme, d'«excrémentialisme», d'opportunisme, de manichéisme politique, etc. Suscitant des passions extrêmes, il devint, dès la Libération, une légende de son propre vivant dans une France troublée en quête de penseurs-phares. A sa mort, un cortège de 50.000 personnes suivit son enterrement, fait unique pour un philosophe.

Sartre a raconté, dans *Les Mots* (1964), les circonstances de son enfance qui l'ont mené à la littérature. Né en 1905 dans une famille de la grande bourgeoisie — il est le petit cousin du célèbre Albert Schweitzer[2] — il perdit son père l'année suivante, et fut élevé par sa mère et son grand-père maternel. Ces conditions familiales s'avérèrent toutefois idéales pour le développement de ce jeune prodige passionné de lecture et qui commença à plagier des romans d'aventures dès l'âge de sept ans. Enfant chétif, Sartre vécut par le langage ce que sa santé fragile ne lui permettait pas d'accomplir. Elevé au milieu des livres, sans guère de contact avec le monde extérieur, Sartre endossa dès l'enfance le rôle d'écrivain, par souci de plaire à son entourage.

Ce petit monde clos de l'enfance éclate en miettes lorsque sa mère se remarie. Comme Baudelaire, Sartre déteste son beau-père, et vit, au seuil de l'adolescence, des années très pénibles. Après des études secondaires à Paris, il entre à la prestigieuse Ecole normale supérieure et, au terme de ses études, est reçu premier à l'agrégation de philosophie, en compagnie d'une brillante étudiante nommée

---

1. Il contribua notamment à fonder le quotidien français *Libération* en 1972. — 2. Théologien, musicologue et surtout médecin missionnaire français, Albert Schweitzer (1875–1965) reçut le prix Nobel de la paix en 1952.

Simone de Beauvoir: c'est le début d'une relation affective et intellectuelle privilégiée qui durera toute une vie.

Sartre entame alors une carrière d'enseignant au Havre, puis à Neuilly. De 1933 à 1934, il suit à Berlin les cours du philosophe Husserl, et découvre la phénoménologie et l'existentialisme allemand. Dès 1931, il rédige une première version de *La Nausée*, mais le manuscrit est refusé par les éditeurs. Sartre traverse alors une période de doute, qui prend fin en 1938 lorsque ce roman est enfin publié, suivi en 1939 d'un recueil de nouvelles intitulé *Le Mur*. Sartre jouit dès lors du triple statut de romancier, de philosophe et de professeur. Se multipliant sur tous les fronts, il rédige pendant la guerre des essais (*L'Imaginaire*, 1940; *L'Etre et le Néant*, 1944), puis s'essaie au théâtre, composant deux pièces: *Les Mouches* (1943) et *Huis clos* (1944). Participant à la Résistance intellectuelle (il ne sera jamais un homme de terrain comme Malraux ou Camus), il collabore à des publications clandestines, et conçoit à cette époque le rôle politique de l'intellectuel: s'opposer à toutes les injustices. Sartre, qui ne s'intéressait guère jusque-là à la politique, malgré de vagues sympathies gauchistes, est alors séduit par le socialisme et le communisme. Il sera désormais le compagnon de route intermittent des communistes, tout en condamnant notamment les camps de concentration en Sibérie et l'intervention soviétique en Hongrie. Sa relation au communisme fut une alternance de remises en cause et de réconciliations.

A la Libération, Sartre est enfin un homme connu: l'existentialisme, dont il apparaît comme le chef de file, est désormais une philosophie à la mode. En 1945, il abandonne l'enseignement et fonde une revue, *Les Temps modernes*, dans laquelle il publie des œuvres critiques et philosophiques et réclame l'«engagement» des écrivains face aux réalités politiques contemporaines. Il écrit également de nombreux articles d'actualité (réunis en dix volumes intitulés *Situations*), entame un cycle romanesque (*Les Chemins de la liberté*) en quatre volumes, dont il n'achèvera que les trois premiers (*L'Age de raison*, 1945; *Le Sursis*, 1945; *La Mort dans l'âme*, 1949), et fait représenter des pièces dont les sujets sont souvent inspirés des situations extrêmes de la guerre, de la révolution politique et du terrorisme (*Morts sans sépulture*, 1946; *La Putain respectueuse*, 1946; *Les Mains sales*, 1948; *Les Séquestrés d'Altona*, 1959). Sartre a surtout usé du théâtre et du roman pour mettre ses thèses en pratique, leur donner une forme plus accessible et plus concrète. Son but est d'«exprimer sous une forme littéraire des vérités et des sentiments métaphysiques».

Les années cinquante et soixante sont marquées par le militantisme: tentative avortée de création d'un mouvement politique qui se situerait entre le marxisme et le gaullisme, polémique contre *L'Homme révolté* de Camus[3], défense des droits de l'homme, manifestations contre la guerre d'Algérie et l'intervention américaine au Viêt-nam, sympathies communistes, puis prises de position antisoviétiques lors de l'insurgence de l'URSS dans les gouvernements d'Europe de l'Est et de l'intervention des troupes soviétiques en Tchécoslovaquie, etc. On le verra même, debout sur les barricades, prendre parti pour le mouvement étudiant lors des incidents de mai

---

3. Voir l'introduction à Camus ci-dessous.

Jean-Paul Sartre

68, ou encore s'adresser aux ouvriers des usines Renault et distribuer lui-même dans la rue son journal *La Cause du peuple* en 1970.

Il poursuit néanmoins son œuvre philosophique (*Critique de la raison dialectique,* 1960), tout en s'intéressant désormais davantage à la critique biographique (il consacre notamment des études importantes à Baudelaire, Flaubert et Genet) et à l'autobiographie. Le récit de son enfance, *Les Mots,* lui vaut le prix Nobel en 1964, mais Sartre le refusera par mépris pour les institutions.

L'œuvre de Sartre est extraordinairement touffue, quoique inachevée. Ecrivant six heures chaque jour, Sartre a accumulé les projets les plus divers, et s'est montré souvent incapable de les mener à terme. Ce qui frappe pourtant, dans cette bibliographie interminable, c'est l'indéniable talent d'écrivain de Sartre, qui semble pouvoir toucher à tous les genres avec une étonnante virtuosité. On se tromperait en voyant en Sartre un philosophe qui n'aurait eu recours à la littérature qu'à des fins de vulgarisation: Sartre est aussi un grand écrivain, il excelle sur tous les fronts (« Je veux être Spinoza et Stendhal », a-t-il un jour affirmé). Alternant textes philosophiques et textes littéraires, Sartre a tissé une réflexion cohérente — où tous les textes semblent se répondre entre eux — en tirant parti des modes d'expression propres à chaque type d'écriture.

Frappé de cécité depuis 1974, Sartre meurt à Paris en avril 1980.

Bien qu'il faille faire remonter les origines de l'existentialisme au danois Sören Kierkegaard (1813–1855), qui avait déjà renié les systèmes philosophiques universels pour privilégier l'existence individuelle de l'homme, cette philosophie naît en tant que doctrine de 1920 à 1930, dans les travaux de quelques philosophes allemands: Karl Jaspers, Martin Heidegger et Edmund Husserl. Sartre aura eu le grand mérite de prolonger cette réflexion, notamment sur le plan éthique, mais aussi de la présenter à ses contemporains en termes plus accessibles, en recourant notamment pour cela à la fiction littéraire[4]. Le roman et le théâtre se prêtaient parfaitement à une étude, au travers de situations concrètes, des angoisses de l'homme dans un monde absurde. Le climat moral dans la France de l'immédiat après-guerre était, il est vrai, propice aux réflexions sur l'absurdité de la condition humaine et sur la notion de responsabilité morale de l'homme face à ses actes. D'où la réception exceptionnelle de l'œuvre de Sartre à son époque. Grâce à Sartre, l'existentialisme a quitté le domaine purement philosophique pour entrer dans la culture générale du XXᵉ siècle.

Il est impossible de bien comprendre les textes de Sartre sans passer par un examen — nécessairement trop bref — de cette philosophie complexe qu'est l'existentialisme.

Quelques formules-clés de l'existentialisme

1° Une philosophie de l'existence. — L'existentialisme affirme que l'objet de la philosophie doit être la vie quotidienne, l'existence de l'homme, et non son essence, c'est-à-dire sa définition en tant qu'absolu (la nature abstraite de l'homme et du monde). Selon Maurice Blanchot, « Il peut arriver que la philosophie, renonçant à se tirer d'affaire par des systèmes, renvoyant les concepts préalables et les constructions implicites, se retourne vers les choses, vers le monde et les hommes et cherche à les ressaisir dans leur sens non obscurci. Cette philosophie décrit ce qui apparaît... elle s'intéresse à des situations réelles, elle s'y enfonce pour se trouver au niveau de profondeur où se joue le drame de l'existence[5]. » Car l'existence n'est guère réjouissante. En l'absence de Dieu, l'homme, confronté à son

---

4. Sartre a aussi tenté de vulgariser l'existentialisme dans ses essais, où il tente de traduire en termes clairs cette philosophie complexe. Certains philosophes puristes lui reprocheront une imprécision conceptuelle due à la simplification des arguments et au recours constant à l'exemple. — 5. M. Blanchot, *La Part du feu.*

propre néant, ne ressent qu'angoisse face à l'absurdité du monde et de sa condition humaine.

2° Le monde extérieur: contingence et nausée. — L'existentialisme sartrien est fondamentalement athée. Il considère que le monde ne peut plus être expliqué par l'intervention divine, ni par aucun finalisme. La réalité qui nous entoure est *contingente:* elle n'a aucune raison d'exister. Les êtres et les choses que nous côtoyons sont gratuits, arbitraires. Il pourraient tout aussi bien être ailleurs ou ne pas être du tout: aucune nécessité ne vient justifier leur présence. La prise de conscience de cette contingence modifie notre perception ordinaire du monde et provoque un sentiment de *nausée.* Lorsqu'on les regarde avec attention, les choses deviennent absurdes: elles sortent de leur *essence* rassurante et se mettent simplement à *exister.* Le sens que l'on donne habituellement à l'objet selon sa fonction dans la vie quotidienne, selon nos catégories rationnelles, selon les certitudes du langage (« ceci est une pipe ») s'efface et ne laisse la place qu'à une répulsion face à une substance grouillante — Sartre se complaît souvent dans le visqueux et l'excrémentiel — et dépourvue de signification: «Les mots s'étaient évanouis et, avec eux, la signification des choses, leur mode d'emploi[6]. » L'existence est d'abord perçue de manière négative: tout apparaît immotivé, superflu, «de trop».

3° L'existence précède l'essence; l'homme est la somme de ses actes. — L'existentialisme est avant tout un anti-cartésianisme: alors que Descartes postulait l'existence préalable de la conscience par rapport au monde extérieur (c'est le « cogito ergo sum » tant cité), les existentialistes affirment qu'il n'est pas de conscience sans perception du monde extérieur. Aussi récusent-ils la notion d'*essence* (définition de l'homme non comme individu mais comme abstraction, basée sur sa place et sa fonction dans le système du monde[7]) au profit de celle d'*existence:* l'homme ne se définit que par ce qu'il fait. «L'existentialisme athée, que je représente, déclare que si Dieu n'existe pas, il y a au moins un être chez qui l'existence précède l'essence, un être qui existe avant de pouvoir être défini par aucun concept, et que cet être c'est l'homme ou, comme dit Heidegger, la réalité humaine. Qu'est-ce que signifie ici que l'existence précède l'essence? Cela signifie que l'homme existe d'abord, se rencontre, surgit dans le monde, et qu'il se définit après. L'homme, tel que le conçoit l'existentialiste, s'il n'est pas définissable, c'est qu'il n'est d'abord rien. Il ne sera qu'ensuite, et il sera tel qu'il se sera fait. Ainsi il n'y a pas de nature humaine, puisqu'il n'y a pas de Dieu pour la concevoir. L'homme est seulement, non seulement tel qu'il se conçoit, mais tel qu'il se veut, et comme il se conçoit après l'existence, comme il se veut après cet élan vers l'existence; l'homme n'est rien d'autre que ce qu'il se fait[8]. »

4° L'homme est libre et responsable de ses actes. — Contre toutes les religions qui prétendent connaître a priori le sens de l'existence humaine, contre tous les déterminismes qui font de l'homme le jouet d'un destin incontrôlable, Sartre affirme la liberté de l'homme. Même en situation de servitude, l'homme a toujours

---

6. *La Nausée.* — 7. Les philosophies pré-existentialistes supposent donc que *l'essence précède l'existence:* l'existence individuelle de l'homme est justifiée et définie a priori par sa place dans la logique de l'univers (ainsi de la religion chrétienne, qui définit l'existence de l'homme par référence au système abstrait de la création). — 8. *L'Existentialisme est un humanisme.*

le choix de sa propre destinée. Mais que faire de cette liberté? On touche là à un problème d'ordre moral: face à l'absurdité du monde et de la condition humaine, tous les actes se valent-ils? Comment l'homme se doit-il de gérer cette liberté? Sartre refuse tous les systèmes éthiques basés sur une définition essentielle (absolue) du bien et du mal: aussi certains lui reprocheront-ils de détruire toutes les valeurs morales. Pour Sartre, c'est l'action seule — ce que nous faisons de notre liberté — qui peut donner un sens à notre existence: nos actes seuls nous jugent. L'homme est donc amené à se prendre en charge complètement: «Ainsi, la première démarche de l'existentialisme est de mettre tout homme en possession de ce qu'il est et de faire reposer sur lui la responsabilité totale de son existence [9]. » Quant aux intentions, derrière lesquelles nous nous réfugions souvent pour éviter d'assumer nos actes, — combien de fois ne justifions-nous pas notre comportement en affirmant que nous *aurions voulu* agir autrement, mais que... — elles ne comptent pas. Elles appartiennent au domaine de ce que Sartre nomme la «mauvaise foi», c'est-à-dire l'ensemble des comportements lâches par lesquels nous nous cachons notre liberté et nous éludons notre responsabilité, à l'image du garçon de café qui «joue à» être un garçon de café, tout en sachant au fond de lui que ce rôle factice ne le dispense pas d'être lui-même. Ainsi, religions, systèmes philosophiques et moralité bourgeoise relèvent-ils tous de la mauvaise foi: ils suggèrent des modes de vie préétablis qui ne sont en fait que des excuses évitant à l'homme d'être responsable de sa propre liberté, de choisir ses propres valeurs. C'est au contraire par son *engagement* — sa participation active aux affaires sociales et politiques — que l'homme sort de son indétermination et participe au bien-être de l'humanité (car, selon Sartre, *L'Existentialisme est un humanisme*).

5° L'enfer, c'est les autres. — Le regard des autres nous définit nécessairement en nous réduisant à une image qui ne correspond pas à l'idée que nous avons de nous-mêmes: «Autrui a tout pouvoir sur moi, par les pensées qu'il forme et par son regard. Ce regard inquiète et obsède, puisqu'il me constitue en objet, dans une perception sans commune mesure avec l'appréhension que j'ai de moi-même de l'intérieur. » Cette sensation abominable d'être constamment jugé et réduit par autrui est poussée à l'extrême dans *Huis clos*. Sartre a donc des relations humaines une vision très pessimiste.

Dès 1958, Sartre range lui-même l'existentialisme au rang des philosophies dépassées. L'existentialisme ne reste toutefois pas sans descendance littéraire: la vision du monde chez Beckett ou Ionesco, et dans le nouveau roman, demeure largement tributaire des idées de Sartre.

Avec le recul, l'on est aujourd'hui tenté de voir dans cette doctrine tout autant une philosophie (et non guère une éthique, car le concept un peu fumeux d'engagement a depuis largement été remis en cause) qu'une réflexion des penseurs français sur la place de l'homme dans la société, face aux bouleversements sociaux, politiques et technologiques des années quarante et cinquante: holocauste, guerre froide, décolonisation,...

---

9. Ibidem.

Avant de lire

Sartre a d'abord voulu être écrivain. Dès l'enfance, il plagie les récits d'aventures ou de cape et d'épée qui le fascinent. Cette pratique précoce du pastiche influencera d'ailleurs toute son écriture romanesque: jeu éclectique — certains diront même baroque — de renvois, de miroirs, de citations, le roman sartrien est un montage[10], un texte codé, rempli de clins d'œil à la tradition classique et aux auteurs contemporains. *La Nausée* est par exemple une parodie du *Discours de la méthode* de Descartes, pleine en outre d'accents céliniens[11].

La Nausée, le premier roman publié par Sartre, est aussi le premier roman existentialiste. Ce roman se présente comme le journal d'un certain Antoine Roquentin, qui s'est fixé à Bouville[12], une ville côtière normande, pour y faire des recherches sur un aventurier du XVIIIe siècle, M. de Rollebon. Roquentin est seul: Anny, la femme qu'il aimait, l'a quitté, et ses seules fréquentations se réduisent à la patronne d'un bistrot et à un humaniste un peu pitoyable, surnommé l'Autodidacte, parce qu'il s'instruit en lisant par ordre alphabétique les livres de la bibliothèque municipale. Roquentin comprend que sa vie n'a plus de sens, et se raccroche tant bien que mal à ses recherches historiques, dont il sent toutefois bien qu'elles ne peuvent justifier son existence.

Mais les choses se dégradent encore: découvrant la « contingence » du monde extérieur, Roquentin éprouve un sentiment de répugnance face aux objets qui l'entourent, il sombre dans la *nausée*. Les choses les plus banales — la racine d'un arbre, un siège d'autobus, etc. — perdent leur sens habituel pour se transformer en matière molle et monstrueuse, fondamentalement étrangère à l'homme. Sartre multiplie ici les images fantastiques et surréalistes: le sentiment d'exister se traduit par une déformation du monde réel, où tout devient moite, poisseux, boursouflé, pourri, larvaire,... (références tactiles à un monde organique où les catégories rationnelles entre l'humain, l'animal et le végétal ont disparu). L'épaisse atmosphère de brouillard et d'humidité qui règne sur Bouville ne fait qu'ajouter à la noirceur du tableau. Sartre fait partager à son lecteur tout le dégoût de Roquentin.

L'amitié et l'amour ne sont d'aucun recours face à la nausée: l'Autodidacte, dont l'humanisme n'est qu'un ramassis de clichés, ne comprend

---

10. Le nom du héros de *La Nausée* est symbolique de la forme du roman: un « roquentin » est « une chanson composée de fragments d'autres chansons, de façon à produire des effets bizarres » . Un roquentin est aussi « un vieillard décrépit ». — 11. *La Nausée* s'ouvre sur une citation de Céline: « C'est un garçon sans importance collective, c'est tout juste un individu ». — 12. Bouville est une transposition parodique du Havre.

rien à la condition humaine, et Anny, que Roquentin retrouve à la fin du roman, est devenue grasse et désespérée, ayant comme lui découvert l'existence. Quand aux bourgeois bouvillois, pleins de leur propre importance, ils appartiennent à la catégorie des « salauds », de ceux qui ont fait de la mauvaise foi leur mode de vie, qui justifient leur existence en affirmant « le droit de l'élite bourgeoise à commander ». Seul un morceau de jazz, *Some of these days*, donne encore à Roquentin un maigre espoir.

Dans l'extrait suivant, Roquentin déjeune avec l'Autodidacte, avant d'être pris d'une violente crise de nausée. Ce déjeuner est l'occasion pour Sartre de railler les mirages de l'humanisme. L'Autodidacte apparaît en effet comme une synthèse de tout ce que Sartre reproche aux humanistes: aspiration bourgeoise à une culture encyclopédique (mais absence de jugement esthétique, l'Autodidacte s'avouant incapable d'éprouver du plaisir devant une œuvre d'art), pensées académiques et absence totale d'originalité (l'Autodidacte ne s'exprime que par clichés), dépendance pusillanime vis-à-vis de la tradition et méfiance envers les idées neuves (la culture se résumant à l'étude des idées des autres), et, surtout, amour aveugle pour son prochain, pour l'homme défini de manière abstraite, essentielle.

Irrité, Roquentin quitte l'Autodidacte et saute dans un tramway, dont la banquette se transforme sous son regard en un objet étrange. Puis, dans un jardin public, en contemplant une racine de marronnier, il a la révélation de la contingence.

La Nausée

Un Déjeuner avec l'Autodidacte

Mercredi.

Il y a un rond de soleil sur la nappe en papier. Dans le rond, une mouche se traîne, engourdie, se chauffe et frotte ses pattes de devant l'une contre l'autre. Je vais lui rendre le service de l'écraser. Elle ne voit pas surgir cet index géant dont les poils dorés brillent au soleil.

— Ne la tuez pas, monsieur! s'écria l'Autodidacte.

Elle éclate, ses petites tripes blanches sortent de son ventre; je l'ai débarrassée de l'existence. Je dis sèchement à l'Autodidacte:

— C'était un service à lui rendre.

Pourquoi suis-je ici? — Et pourquoi n'y serais-je pas? Il est midi, j'attends qu'il soit l'heure de dormir. (Heureusement, le sommeil ne me fuit pas.) Dans quatre jours, je reverrai Anny[1]: voilà, pour l'instant, ma seule raison de vivre. Et après? Quand Anny

---

1. Roquentin n'admettra que plus tard sa rupture définitive avec Anny, une jeune femme qu'il aime sans retour.

m'aura quitté? Je sais bien ce que, sournoisement, j'espère: j'espère qu'elle ne me quittera plus jamais. Je devrais pourtant bien savoir qu'Anny n'acceptera jamais de vieillir devant moi. Je suis faible et seul, j'ai besoin d'elle. J'aurais voulu la revoir dans ma force: Anny est sans pitié pour les épaves:

— Etes-vous bien, monsieur? Vous sentez-vous bien?

L'Autodidacte me regarde de côté avec des yeux rieurs. Il halète un peu, la bouche ouverte, comme un chien hors d'haleine. Je l'avoue: ce matin j'étais presque heureux de le revoir, j'avais besoin de parler.

— Comme je suis heureux de vous avoir à ma table, dit-il, si vous avez froid, nous pourrions nous installer à côté du calorifère. Ces messieurs vont bientôt partir, ils ont demandé leur addition.

Quelqu'un se soucie de moi, se demande si j'ai froid; je parle à un autre homme: il y a des années que cela ne m'est arrivé.

— Ils s'en vont, voulez-vous que nous changions de place?

Les deux messieurs ont allumé des cigarettes. Ils sortent, les voilà dans l'air pur, au soleil. Ils passent le long des grandes vitres, en tenant leurs chapeaux à deux mains. Ils rient; le vent ballonne leurs manteaux. Non, je ne veux pas changer de place. A quoi bon? Et puis, à travers les vitres, entre les toits blancs des cabines de bain, je vois la mer, verte et compacte.

L'Autodidacte a sorti de son portefeuille deux rectangles de carton violet. Il les donnera tout à l'heure à la caisse. Je déchiffre à l'envers sur l'un d'eux:

Maison Bottanet, cuisine bourgeoise.
Le déjeuner à prix fixe: 8 francs.
Hors-d'œuvre au choix.
Viande garnie.
Fromage ou dessert.
140 francs les 20 cachets.

Ce type qui mange à la table ronde, près de la porte, je le reconnais maintenant: il descend souvent à l'hôtel Printania, c'est un voyageur de commerce. De temps à autre, il pose sur moi son regard attentif et souriant; mais il ne me voit pas; il est trop absorbé à épier ce qu'il mange. De l'autre côté de la caisse, deux hommes rouges et trapus dégustent des moules en buvant du vin blanc. Le plus petit, qui a une mince moustache jaune, raconte une histoire dont il s'amuse lui-même. Il prend des temps et rit, en montrant des dents éblouissantes. L'autre ne rit pas; ses yeux sont durs. Mais il fait souvent «oui» avec la tête. Près de la fenêtre, un homme maigre et brun, aux traits distingués, avec de beaux cheveux blancs rejetés en arrière, lit pensivement son journal. Sur la banquette, à côté de lui, il a posé une serviette de cuir. Il boit de l'eau de Vichy[2]. Dans un moment, tous ces gens vont sortir, alourdis par la nourriture, caressés par la brise, le pardessus grand ouvert, la tête un peu chaude, un peu bruissante, ils marcheront le long de la balustrade en regardant les enfants sur la plage et les bateaux sur la mer; ils iront à leur travail. Moi, je n'irai nulle part, je n'ai pas de travail.

L'Autodidacte rit avec innocence et le soleil se joue dans ses rares cheveux:

— Voulez-vous choisir votre menu?

Il me tend la carte: j'ai droit à un hors-d'œuvre au choix: cinq rondelles de saucisson ou des radis ou des crevettes grises ou un ravier de céleri rémoulade. Les escargots de Bourgogne sont supplémentés.

— Vous me donnerez un saucisson, dis-je à la bonne.

Il m'arrache la carte des mains:

— N'y a-t-il rien de meilleur? Voilà des escargots de Bourgogne.

— C'est que je n'aime pas beaucoup les escargots.

— Ah! alors des huîtres?

— C'est quatre francs de plus, dit la bonne.

— Eh bien, des huîtres, mademoiselle — et des radis pour moi.

Il m'explique en rougissant:

— J'aime beaucoup les radis.

Moi aussi.

— Et ensuite? demande-t-il.

Je parcours la liste des viandes. Le bœuf en daube me tenterait. Mais je sais d'avance que j'aurai du poulet chasseur, c'est la seule viande supplémentée.

— Vous donnerez, dit-il, un poulet chasseur à monsieur. Pour moi, un bœuf en daube, mademoiselle.

---

2. La ville de Vichy, en France, est célèbre pour ses eaux « digestives ».

Il retourne la carte: la liste des vins est au verso:

— Nous allons prendre du vin, dit-il d'un air un peu solennel.

— Eh bien, dit la bonne, on se dérange! Vous n'en buvez jamais.

— Mais je peux très bien supporter un verre de vin à l'occasion. Mademoiselle, voulez-vous nous donner une carafe de rosé d'Anjou?

L'Autodidacte pose la carte, rompt son pain en petits morceaux et frotte son couvert avec sa serviette. Il jette un coup d'œil sur l'homme aux cheveux blancs qui lit son journal, puis il me sourit:

— A l'ordinaire, je viens ici avec un livre, quoiqu'un médecin me l'ait déconseillé: on mange trop vite, on ne mâche pas. Mais j'ai un estomac d'autruche, je peux avaler n'importe quoi. Pendant l'hiver de 1917, quand j'étais prisonnier, la nourriture était si mauvaise que tout le monde est tombé malade. Naturellement, je me suis fait porter malade comme les autres: mais je n'avais rien.

Il a été prisonnier de guerre... C'est la première fois qu'il m'en parle; je n'en reviens pas: je ne puis me l'imaginer autrement qu'autodidacte.

— Où étiez-vous prisonnier?

Il ne répond pas. Il a posé sa fourchette et me regarde avec une prodigieuse intensité. Il va me raconter ses ennuis: à présent, je me rappelle que quelque chose n'allait pas, à la bibliothèque. Je suis tout oreilles: je ne demande qu'à m'apitoyer sur les ennuis des autres, cela me changera. Je n'ai pas d'ennuis, j'ai de l'argent comme un rentier, pas de chef, pas de femmes ni d'enfants; j'existe, c'est tout. Et c'est si vague, si métaphysique, cet ennui-là, que j'en ai honte.

L'Autodidacte n'a pas l'air de vouloir parler. Quel curieux regard il me jette: ce n'est pas un regard pour voir, mais plutôt pour communion d'âmes. L'âme de l'Autodidacte est montée jusqu'à ses magnifiques yeux d'aveugle où elle affleure. Que la mienne en fasse autant, qu'elle vienne coller son nez aux vitres: toutes deux se feront des politesses.

Je ne veux pas de communion d'âmes, je ne suis pas tombé si bas. Je me recule. Mais l'Autodidacte avance le buste au-dessus de la table, sans me quitter des yeux. Heureusement, la serveuse lui apporte ses radis. Il retombe sur sa chaise, son âme disparaît de ses yeux, il se met docilement à manger.

— Ça s'est arrangé, vos ennuis[3]?

Il sursaute:

— Quels ennuis, monsieur? demande-t-il d'un air effaré.

— Vous savez bien, l'autre jour vous m'en aviez parlé.

Il rougit violemment.

— Ha! dit-il d'une voix sèche. Ha! oui, l'autre jour. Eh bien, c'est ce Corse, monsieur, ce Corse de la bibliothèque.

Il hésite une seconde fois, avec un air têtu de brebis.

— Ce sont des ragots, monsieur, dont je ne veux pas vous importuner.

Je n'insiste pas. Il mange, sans qu'il y paraisse, avec une rapidité extraordinaire. Il a déjà fini ses radis quand on m'apporte les huîtres. Il ne reste sur son assiette qu'un paquet de queues vertes et un peu de sel mouillé.

Dehors, deux jeunes gens se sont arrêtés devant le menu, qu'un cuisinier de carton leur présente de la main gauche (de la droite il tient une poêle à frire). Ils hésitent. La femme a froid, elle rentre le menton dans son col de fourrure. Le jeune homme se décide le premier, il ouvre la porte et s'efface pour laisser passer sa compagne.

Elle entre. Elle regarde autour d'elle d'un air aimable et frissonne un peu:

— Il fait chaud, dit-elle d'une voix grave.

Le jeune homme referme la porte.

— Messieurs-dames, dit-il.

L'Autodidacte se retourne et dit gentiment:

— Messieurs-dames.

Les autres clients ne répondent pas, mais le monsieur distingué baisse un peu son journal et scrute les nouveaux arrivants d'un regard profond.

---

3. L'Autodidacte tente parfois de séduire des jeunes garçons à la bibliothèque. Il sera d'ailleurs pris en flagrant délit à la fin du roman par « le Corse » qui travaille à la bibliothèque.

— Merci, ce n'est pas la peine.

Avant que la serveuse, accourue pour l'aider, ait pu faire un geste, le jeune homme s'est souplement débarrassé de son imperméable. Il porte, en guise de veston, un blouson de cuir avec une fermeture Eclair. La serveuse, un peu déçue, s'est tournée vers la jeune femme. Mais il la devance encore et aide, avec des gestes doux et précis, sa compagne à ôter son manteau. Ils s'asseyent près de nous, l'un contre l'autre. Ils n'ont pas l'air de se connaître depuis longtemps. La jeune femme a un visage las et pur, un peu boudeur. Elle enlève soudain son chapeau et secoue ses cheveux noirs en souriant.

L'Autodidacte les contemple longuement, avec bonté; puis se tourne vers moi et me fait un clin d'œil attendri comme s'il voulait dire: « Sont-ils beaux! »

Ils ne sont pas laids. Ils se taisent, ils sont heureux d'être ensemble, heureux qu'on les voie ensemble. Quelquefois, quand nous entrions, Anny et moi, dans un restaurant de Piccadilly[4], nous nous sentions les objets de contemplations attendries. Anny s'en agaçait, mais, je l'avoue, j'en étais un peu fier. Etonné surtout; je n'ai jamais eu l'air propret qui va si bien à ce jeune homme et l'on ne peut même pas dire que ma laideur soit émouvante. Seulement nous étions jeunes: à présent, j'ai l'âge de m'attendrir sur la jeunesse des autres. Je ne m'attendris pas. La femme a des yeux sombres et doux; le jeune homme une peau orangée, un peu grenue et un charmant petit menton volontaire. Ils me touchent, c'est vrai, mais ils m'écœurent aussi un peu. Je les sens si loin de moi: la chaleur les alanguit, ils poursuivent en leur cœur un même rêve, si doux, si faible. Ils sont à l'aise, ils regardent avec confiance les murs jaunes, les gens, ils trouvent que le monde est bien comme il est, tout juste comme il est et chacun d'eux, provisoirement, puise le sens de sa vie dans celle de l'autre. Bientôt, à eux d'eux, ils ne feront plus qu'une vie, une vie lente et

tiède qui n'aura plus du tout de sens — mais ils ne s'en apercevront pas.

Ils ont l'air de s'intimider l'un l'autre. Pour finir, le jeune homme, d'un air gauche et résolu, prend du bout des doigts la main de sa compagne. Elle respire fortement et ils se penchent ensemble sur le menu. Oui, ils sont heureux. Et puis, après?

L'Autodidacte prend l'air amusé, un peu mystérieux:

— Je vous ai vu avant-hier.

— Où donc?

— Ha! Ha! dit-il respectueusement taquin.

Il me fait attendre un instant, puis:

— Vous sortiez du musée.

— Ah! oui, dis-je, pas avant-hier: samedi.

Avant-hier, je n'avais certes pas le cœur à courir les musées.

— Avez-vous vu cette fameuse reproduction en bois sculpté de l'attentat d'Orsini?

— Je ne connais pas cela.

— Est-ce possible? Elle est dans une petite salle, à droite en entrant. C'est l'ouvrage d'un insurgé de la Commune[5] qui vécut à Bouville jusqu'à l'amnistie, en se cachant dans un grenier. Il avait voulu s'embarquer pour l'Amérique, mais ici la police du port est bien faite. Un homme admirable. Il employa ses loisirs forcés à sculpter un grand panneau de chêne. Il n'avait pas d'autres instruments que son canif et une lime à ongles. Il faisait les morceaux délicats à la lime: les mains, les yeux. Le panneau a un mètre cinquante de long sur un mètre de large; toute l'œuvre est d'un seul tenant; il y a soixante-dix personnages, chacun de la grandeur de ma main, sans compter les deux chevaux qui traînent la voiture de l'empereur. Et les visages, monsieur, ces visages faits à la lime, ils ont tous de la physionomie, un air humain. Monsieur, si je puis me permettre, c'est un ouvrage qui vaut la peine d'être vu.

Je ne veux pas m'engager:

---

4. Quartier de Londres. — 5. Gouvernement révolutionnaire formé à Paris (mars–mai 1871) et qui fut immédiatement réprimé. Les survivants ayant échappé au carnage du 22 au 28 mai furent amnistiés par la Troisième République.

— J'avais simplement voulu revoir les tableaux de Bordurin.

L'Autodidacte s'attriste brusquement:

— Ces portraits dans le grand salon? monsieur, dit-il, avec un sourire tremblant, je n'entends rien à la peinture. Certes, il ne m'échappe pas que Bordurin est un grand peintre, je vois bien qu'il a de la touche, de la patte, comment dit-on? Mais le plaisir, monsieur, le plaisir esthétique m'est étranger.

Je lui dis avec sympathie:

— Moi c'est pareil pour la sculpture.

— Ah! monsieur! Hélas, moi aussi. Et pour la musique, et pour la danse. Pourtant, je ne suis pas sans quelques connaissances. Eh bien, c'est inconcevable: j'ai vu des jeunes gens qui ne savaient pas la moitié de ce que je sais et qui, placés devant un tableau, paraissaient éprouver du plaisir.

— Ils devaient faire semblant, dis-je d'un air encourageant.

— Peut-être...

L'Autodidacte rêve un moment:

— Ce qui me désole, ce n'est pas tant d'être privé d'une certaine espèce de jouissance, c'est plutôt que toute une branche de l'activité humaine me soit étrangère... Pourtant je suis un homme et des *hommes* ont fait ces tableaux...

Il reprend soudain, la voix changée:

— Monsieur, je me suis une fois risqué à penser que le beau n'était qu'une affaire de goût. N'y a-t-il pas des règles différentes pour chaque époque? Voulez-vous me permettre, monsieur?

Je le vois, avec surprise, tirer de sa poche un carnet de cuir noir. Il le feuillette un instant: beaucoup de pages blanches et, de loin en loin quelques lignes tracées à l'encre rouge. Il est devenu tout pâle. Il a mis le carnet à plat sur la nappe et il pose sa grande main sur la page ouverte. Il tousse avec embarras:

— Il me vient parfois à l'esprit des — je n'ose dire des pensées. C'est très curieux: je suis là, je lis et tout d'un coup, je ne sais d'où cela vient, je suis comme illuminé. D'abord je n'y prenais pas garde, puis je me suis résolu à faire l'achat d'un carnet.

Il s'arrête et me regarde: il attend.

— Ah! Ah! dis-je.

— Monsieur, ces maximes sont naturellement provisoires: mon instruction n'est pas finie.

Il prend le carnet dans ses mains tremblantes, il est très ému:

— Voici justement quelque chose sur la peinture. Je serais heureux si vous me permettiez de vous en donner lecture.

— Très volontiers, dis-je.

Il lit:

«Personne ne croit plus ce que le XVIIIᵉ siècle tenait pour vrai. Pourquoi voudrait-on que nous prissions encore plaisir aux œuvres qu'il tenait pour belles?»

Il me regarde d'un air suppliant.

— Que faut-il en penser, monsieur? C'est peut-être un peu paradoxal? C'est que j'ai cru pouvoir donner à mon idée la forme d'une boutade.

— Eh bien, je... je trouve cela très intéressant.

— Est-ce que vous l'avez déjà lu quelque part?

— Mais non, certainement.

— Vraiment, jamais nulle part? Alors monsieur, dit-il rembruni, c'est que cela n'est pas vrai. Si c'était vrai, quelqu'un l'aurait déjà pensé.

— Attendez donc, lui dis-je, maintenant que j'y réfléchis je crois que j'ai lu quelque chose comme cela.

Ses yeux brillent; il tire son crayon.

— Chez quel auteur? me demande-t-il d'un ton précis.

— Chez... chez Renan[6].

Il est aux anges.

— Auriez-vous la bonté de me citer le passage exact? dit-il en suçant la pointe de son crayon.

— Vous savez, j'ai lu ça il y a très longtemps.

— Oh! ça ne fait rien, ça ne fait rien.

Il écrit le nom de Renan sur son carnet, au-dessous de sa maxime.

— Je me suis rencontré avec Renan! J'ai tracé le nom au crayon, explique-t-il d'un air ravi, mais je le repasserai ce soir à l'encre rouge.

Il regarde un moment son carnet avec extase et j'attends qu'il me lise d'autres

---

6. Ecrivain, penseur et philologue français (1823–1892), auteur notamment de *L'Avenir de la science* et de l'*Histoire des origines du christianisme*.

maximes. Mais il le referme avec précaution et l'enfouit dans sa poche. Sans doute juge-t-il que c'est assez de bonheur en une seule fois.

— Comme c'est agréable, dit-il d'un air intime, de pouvoir, quelquefois, comme cela, causer avec abandon.

Ce pavé, comme on pouvait le supposer, écrase notre languissante conversation. Un long silence suit.

Depuis l'arrivée des deux jeunes gens, l'atmosphère du restaurant s'est transformée. Les deux hommes rouges se sont tus; ils détaillent sans se gêner les charmes de la jeune femme. Le monsieur distingué a posé son journal et regarde le couple avec complaisance, presque avec complicité. Il pense que la vieillesse est sage, que la jeunesse est belle, il hoche la tête avec une certaine coquetterie: il sait bien qu'il est encore beau, admirablement conservé, qu'avec son teint brun et son corps mince il peut encore séduire. Il joue à se sentir paternel. Les sentiments de la bonne paraissent plus simples: elle s'est plantée devant les jeunes gens et les contemple bouche bée.

Ils parlent à voix basse. On leur a servi des hors-d'œuvre, mais ils n'y touchent pas. En tendant l'oreille je peux saisir des bribes de leur conversation. Je comprends mieux ce que dit la femme, de sa voix riche et voilée.

— Non, Jean, non.

— Pourquoi pas? murmure le jeune homme avec une vivacité passionnée.

— Je vous l'ai dit.

— Ça n'est pas une raison.

Il y a quelques mots qui m'échappent, puis la jeune femme fait un charmant geste lassé:

— J'ai trop souvent essayé. J'ai passé l'âge où on peut recommencer sa vie. Je suis vieille, vous savez.

Le jeune homme rit avec ironie. Elle reprend:

— Je ne pourrais pas supporter une... déception.

— Il faut avoir confiance, dit le jeune homme; là, comme vous êtes en ce moment, vous ne vivez pas.

Elle soupire:

— Je sais!

— Regardez Jeannette.

— Oui, dit-elle avec une moue.

— Eh bien, moi je trouve ça très beau, ce qu'elle a fait. Elle a eu du courage.

— Vous savez, dit la jeune femme, elle s'est plutôt précipitée sur l'occasion. Je vous dirai que, si j'avais voulu, j'aurais eu des centaines d'occasions de ce genre. J'ai préféré attendre.

—Vous avez eu raison, dit-il tendrement, vous avez eu raison de m'attendre.

Elle rit, à son tour:

— Qu'il est fat! Je n'ai pas dit cela.

Je ne les écoute plus: ils m'agacent. Ils vont coucher ensemble. Ils le savent. Chacun d'eux sait que l'autre le sait. Mais, comme ils sont jeunes, chastes et décents, comme chacun veut conserver sa propre estime et celle de l'autre, comme l'amour est une grande chose poétique qu'il ne faut pas effaroucher, ils vont plusieurs fois la semaine dans les bals et dans les restaurants offrir le spectacle de leurs petites danses rituelles et mécaniques...

Après tout, il faut bien tuer le temps. Ils sont jeunes et bien bâtis, ils en ont encore pour une trentaine d'années. Alors ils ne se pressent pas, ils s'attardent et ils n'ont pas tort. Quand ils auront couché ensemble, il faudra qu'ils trouvent autre chose pour voiler l'énorme absurdité de leur existence. Tout de même... est-il absolument nécessaire de se mentir?

Je parcours la salle des yeux. C'est une farce! Tous ces gens sont assis avec des airs sérieux; ils mangent. Non, ils ne mangent pas: ils réparent leurs forces pour mener à bien la tâche qui leur incombe. Ils ont chacun leur petit entêtement personnel qui les empêche de s'apercevoir qu'ils existent; il n'en est pas un qui ne se croie indispensable à quelqu'un ou à quelque chose. N'est-ce pas l'Autodidacte qui me disait l'autre jour: « Nul n'était mieux qualifié que Nouçapié[7] pour entreprendre cette vaste synthèse? » Chacun d'eux fait une petite chose et nul n'est mieux qualifié que lui pour la faire. Nul n'est mieux qualifié que le commis voyageur, là-bas, pour placer la pâte

---

7. Allusion à une conversation antérieure entre Roquentin et l'Autodidacte, à propos d'un traité sur l'*Histoire des religions,* d'un certain Nouçapié, dont le nom, répété ici, est manifestement ironique.

dentifrice Swan. Nul n'est mieux qualifié que cet intéressant jeune homme pour fouiller sous les jupes de sa voisine. Et moi je suis parmi eux et, s'ils me regardent, ils doivent penser que nul n'est mieux qualifié que moi pour faire ce que je fais. Mais moi *je sais*. Je n'ai l'air de rien, mais je sais que j'existe et qu'ils existent. Et si je connaissais l'art de persuader, j'irais m'asseoir auprès du beau monsieur à cheveux blancs et je lui expliquerais ce que c'est que l'existence. A l'idée de la tête qu'il ferait, j'éclate de rire. L'Autodidacte me regarde avec surprise. Je voudrais bien m'arrêter, mais je ne peux pas: je ris aux larmes.

— Vous êtes gai, monsieur, me dit l'Autodidacte d'un air circonspect.

— C'est que je pense, lui dis-je en riant, que nous voilà, tous tant que nous sommes, à manger et à boire pour conserver notre précieuse existence et qu'il n'y a rien, rien, aucune raison d'exister.

L'Autodidacte est devenu grave, il fait effort pour me comprendre. J'ai ri trop fort: j'ai vu plusieurs têtes qui se tournaient vers moi. Et puis je regrette d'en avoir tant dit. Après tout, cela ne regarde personne.

Il répète lentement.

— Aucune raison d'exister... vous voulez sans doute dire, monsieur, que la vie est sans but? N'est-ce pas ce qu'on appelle le pessimisme?

Il réfléchit encore un instant, puis il dit, avec douceur:

— J'ai lu, il y a quelques années, un livre d'un auteur américain, il s'appelait *La vie vaut-elle d'être vécue?* N'est-ce pas la question que vous vous posez?

Evidemment non, ce n'est pas la question que je me pose. Mais je ne veux rien expliquer.

— Il concluait, me dit l'Autodidacte d'un ton consolant, en faveur de l'optimisme volontaire. La vie a un sens si l'on veut bien lui en donner un. Il faut d'abord agir, se jeter dans une entreprise. Si ensuite l'on réfléchit, le sort en est jeté, on est engagé. Je ne sais ce que vous en pensez, monsieur?

— Rien, dis-je.

Ou plutôt je pense que c'est précisément l'espèce de mensonge que se font perpétuellement le commis voyageur, les deux jeunes gens et le monsieur aux cheveux blancs.

L'Autodidacte sourit avec un peu de malice et beaucoup de solennité:

— Aussi n'est-ce pas mon avis. Je pense que nous n'avons pas à chercher si loin le sens de notre vie.

— Ah?

— Il y a un but, monsieur, il y a un but... il y a les hommes.

C'est juste: j'oubliais qu'il est humaniste. Il reste une seconde silencieux, le temps de faire disparaître, proprement, inexorablement, la moitié de son bœuf en daube et toute une tranche de pain. « Il y a les hommes... » il vient de se peindre tout entier, ce tendre. — Oui, mais il ne sait pas bien dire ça. Il a de l'âme plein les yeux, c'est indiscutable, l'âme ne suffit pas. J'ai fréquenté autrefois des humanistes parisiens, cent fois je les ai entendus dire « il y a les hommes », et c'était autre chose! Virgan[8] était inégalable. Il ôtait ses lunettes, comme pour se montrer nu, dans sa chair d'homme, il me fixait de ses yeux émouvants, d'un lourd regard fatigué, qui semblait me déshabiller pour saisir mon essence humaine, puis il murmurait, mélodieusement: « Il y a les hommes, mon vieux, il y a les hommes », en donnant au « Il y a » une sorte de puissance gauche, comme si son amour des hommes, perpétuellement neuf et étonné, s'embarrassait dans ses ailes géantes.

Les mimiques de l'Autodidacte n'ont pas acquis ce velouté; son amour des hommes est naïf et barbare: un humaniste de province.

— Les hommes, lui dis-je, les hommes... en tout cas vous n'avez pas l'air de vous en soucier beaucoup: vous êtes toujours seul, toujours le nez dans un livre.

L'Autodidacte bat des mains, il se met à rire malicieusement:

— Vous faites erreur. Ah! monsieur, permettez-moi de vous le dire: quelle erreur!

---

8. Ami de jeunesse de Roquentin.

Il se recueille un instant et achève, avec discrétion de déglutir. Son visage est radieux comme une aurore. Derrière lui, la jeune femme éclate d'un rire léger. Son compagnon s'est penché sur elle et lui parle à l'oreille.

— Votre erreur n'est que trop naturelle, dit l'Autodidacte, j'aurais dû vous dire, depuis longtemps... Mais je suis si timide, monsieur: je cherchais une occasion.

— Elle est toute trouvée, lui dis-je poliment.

— Je le crois aussi. Je le crois aussi! Monsieur, ce que je vais vous dire... — Il s'arrête en rougissant: — Mais peut-être que je vous importune?

Je le rassure. Il pousse un soupir de bonheur.

— Ce n'est pas tous les jours qu'on rencontre des hommes comme vous, monsieur, chez qui l'ampleur des vues se joint à la pénétration de l'intelligence. Voilà des mois que je voulais vous parler, vous expliquer ce que j'ai été, ce que je suis devenu...

Son assiette est vide et nette comme si on venait de la lui apporter. Je découvre soudain, à côté de la mienne, un petit plat d'étain où un pilon de poulet nage dans une sauce brune. Il faut manger ça.

— Je vous parlais tout à l'heure de ma captivité en Allemagne. C'est là que tout a commencé. Avant la guerre j'étais seul et je ne m'en rendais pas compte; je vivais avec mes parents, qui étaient de bonnes gens, mais je ne m'entendais pas avec eux. Quand je pense à ces années-là... Mais comment ai-je pu vivre ainsi? J'étais mort, monsieur, et je ne m'en doutais pas; j'avais une collection de timbres-poste.

Il me regarde et s'interrompt:

— Monsieur, vous êtes pâle, vous avez l'air fatigué. Je ne vous ennuie pas, au moins?

— Vous m'intéressez beaucoup.

— La guerre est venue et je me suis engagé sans savoir pourquoi. Je suis resté deux années sans comprendre, parce que la vie du front laissait peu de temps pour réfléchir et puis les soldats étaient trop grossiers. A la fin de 1917, j'ai été fait prisonnier. On m'a dit depuis que beaucoup de soldats ont retrouvé, en captivité, la foi de leur enfance. Monsieur, dit l'Autodidacte en baissant les paupières sur ses prunelles enflammées, je ne crois pas en Dieu; son existence est démentie par la Science. Mais, dans le camp de concentration, j'ai appris à croire dans les hommes.

— Ils supportaient leur sort avec courage?

— Oui, dit-il d'un air vague, il y avait cela aussi. D'ailleurs nous étions bien traités. Mais je voulais parler d'autre chose; les derniers mois de la guerre, on ne nous donnait plus guère de travail. Quand il pleuvait, on nous faisait entrer dans un grand hangar de planches où nous tenions à peu près deux cents en nous serrant. On fermait la porte, on nous laissait là, pressés, les uns contre les autres, dans une obscurité à peu près complète.

Il hésita un instant.

— Je ne saurais vous expliquer, monsieur. Tous ces hommes étaient là, on les voyait à peine mais on les sentait contre soi, on entendait le bruit de leur respiration... Une des premières fois qu'on nous enferma dans ce hangar la presse était si forte que je crus d'abord étouffer, puis, subitement, une joie puissante s'éleva en moi, je défaillais presque: alors je sentis que j'aimais ces hommes comme des frères, j'aurais voulu les embrasser tous. Depuis, chaque fois que j'y retournais, je connus la même joie.

Il faut que je mange mon poulet, qui doit être froid. L'Autodidacte a fini depuis longtemps et la bonne attend, pour changer les assiettes.

— Ce hangar avait revêtu à mes yeux un caractère sacré. Quelquefois j'ai réussi à tromper la surveillance de nos gardiens, je m'y suis glissé tout seul et là, dans l'ombre, au souvenir des joies que j'y avais connues, je tombais dans une sorte d'extase. Les heures passaient, mais je n'y prenais pas garde. Il m'est arrivé de sangloter.

Je dois être malade: il n'y a pas d'autre façon d'expliquer cette formidable colère qui vient de me bouleverser. Oui, une colère de malade: mes mains tremblaient, le sang est monté à mon visage et, pour finir, mes lèvres aussi se sont mises à trembler. Tout ça, simplement parce que le poulet était froid. Moi aussi, d'ailleurs, j'étais froid et c'était le plus pénible: je veux dire que le fond était resté comme il est depuis trente-six heures, absolument froid, glacé. La colère m'a traversé en tourbillonnant, c'était quelque chose comme un frisson, un effort de ma conscience pour faire la réaction, pour lutter contre cet abaissement de température. Effort vain: sans doute, j'aurais, pour un rien, roué de coups l'Autodidacte ou la serveuse en les accablant d'injures. Mais je ne serais pas entré tout entier dans le jeu. Ma rage se démenait à la surface et pendant un moment, j'eus l'impression pénible d'être un bloc de glace enveloppé de feu, une omelette-surprise[9]. Cette agitation superficielle s'évanouit et j'entendis l'Autodidacte qui disait:

— Tous les dimanches, j'allais à la messe. Monsieur, je n'ai jamais été croyant. Mais ne pourrait-on pas dire que le vrai mystère de la messe, c'est la communion entre les hommes! Un aumônier français, qui n'avait plus qu'un bras, célébrait l'office. Nous avions un harmonium. Nous écoutions debout, tête nue, et, pendant que les sons de l'harmonium me transportaient, je me sentais ne faire qu'un avec tous les hommes qui m'entouraient. Ah! monsieur, comme j'ai pu aimer ces messes. A présent encore, en souvenir d'elles, je vais quelquefois à l'église, le dimanche matin. Nous avons, à Sainte-Cécile[10], un organiste remarquable.

— Vous avez dû souvent regretter cette vie?

— Oui, monsieur, en 1919. C'est l'année de ma libération. J'ai passé des mois très pénibles. Je ne savais que faire, je dépérissais. Partout où je voyais des hommes rassemblés je me glissais dans leur groupe. Il m'est arrivé, ajoute-t-il en souriant, de suivre l'enterrement d'un inconnu. Un jour, de désespoir, j'ai jeté ma collection de timbres dans le feu... Mais j'ai trouvé ma voie.

— Vraiment?

— Quelqu'un m'a conseillé... Monsieur, je sais que je puis compter sur votre discrétion. Je suis — peut-être ne sont-ce pas vos idées, mais vous avez l'esprit si large — je suis socialiste.

Il a baissé les yeux et ses longs cils palpitent:

— Depuis le mois de septembre 1921, je suis inscrit au parti socialiste S.F.I.O[11]. Voilà ce que je voulais vous dire.

Il rayonne de fierté. Il me regarde, la tête renversée en arrière, les yeux mi-clos, la bouche entrouverte, il a l'air d'un martyr.

— C'est très bien, dis-je, c'est très beau.

— Monsieur, je savais que vous m'approuveriez. Et comment pourrait-on blâmer quelqu'un qui vient vous dire: j'ai disposé de ma vie de telle et telle façon et, à présent, je suis parfaitement heureux?

Il a écarté les bras et me présente ses paumes, les doigts tournés vers le sol, comme s'il allait recevoir les stigmates. Ses yeux sont vitreux, je vois rouler, dans sa bouche, une masse sombre et rose.

— Ah! dis-je, du moment que vous êtes heureux...

— Heureux? — Son regard est gênant, il a relevé les paupières et me fixe d'un air dur. — Vous allez pouvoir en juger, monsieur. Avant d'avoir pris cette décision, je me sentais dans une solitude si affreuse que j'ai songé au suicide. Ce qui m'a retenu, c'est l'idée que personne, absolument personne, ne serait ému de ma mort, que je serais encore plus seul dans la mort que dans la vie.

Il se redresse, ses joues se gonflent.

— Je ne suis plus seul, monsieur. Plus jamais.

— Ah! vous connaissez beaucoup de monde? dis-je.

Il sourit et je m'aperçois aussitôt de ma naïveté:

— Je veux dire que je ne me *sens* plus seul. Mais naturellement, monsieur, il n'est pas nécessaire que je sois avec quelqu'un.

— Pourtant, dis-je, à la section socialiste...

— Ah! J'y connais tout le monde. Mais la plupart seulement de nom. Monsieur, dit-il avec espièglerie, est-ce qu'on est obligé de choisir ses compagnons de façon si étroite? Mes amis, ce sont tous les hommes. Quand je vais au bureau, le matin, il y a, de-

---

9. Omelette remplie de glace. — 10. L'église locale. — 11. Section française de l'Internationale ouvrière, organisation politique socialiste formée en 1905.

vant moi, derrière moi, d'autres hommes qui vont à leur travail. Je les vois, si j'osais je leur sourirais, je pense que je suis socialiste, qu'ils sont tous le but de ma vie, de mes efforts et qu'ils ne le savent pas encore. C'est une fête pour moi, monsieur.

Il m'interroge des yeux; j'approuve en hochant la tête, mais je sens qu'il est un peu déçu, qu'il voudrait plus d'enthousiasme. Que puis-je faire? Est-ce ma faute si, dans tout ce qu'il me dit, je reconnais au passage l'emprunt, la citation? Si je vois réapparaître, pendant qu'il parle, tous les humanistes que j'ai connus? Hélas, j'en ai tant connu! L'humaniste radical est tout particulièrement l'ami des fonctionnaires. L'humaniste dit « de gauche » a pour souci principal de garder les valeurs humaines; il n'est d'aucun parti, parce qu'il ne veut pas trahir l'humain, mais ses sympathies vont aux humbles; c'est aux humbles qu'il consacre sa belle culture classique. C'est en général un veuf qui a l'œil beau et toujours embué de larmes; il pleure aux anniversaires. Il aime aussi le chat, le chien, tous les mammifères supérieurs. L'écrivain communiste aime les hommes depuis le deuxième plan quinquennal[12]; il châtie parce qu'il aime. Pudique, comme tous les forts, il sait cacher ses sentiments, mais il sait aussi, par un regard, une inflexion de sa voix, faire pressentir, derrière ses rudes paroles de justicier, sa passion âpre et douce pour ses frères. L'humaniste catholique, le tard-venu, le benjamin, parle des hommes avec un air merveilleux. Quel beau conte de fées, dit-il, que la plus humble des vies, celle d'un docker londonien, d'une piqueuse de bottines! Il a choisi l'humanisme des anges; il écrit, pour l'édification des anges, de longs romans tristes et beaux, qui obtiennent fréquemment le prix Fémina[13].

Ça, ce sont les grands premiers rôles. Mais il y en a d'autres, une nuée d'autres: le philosophe humaniste, qui se penche sur ses frères comme un frère aîné et qui a le sens de ses responsabilités; l'humaniste qui aime les hommes tels qu'ils sont, celui qui les aime tels qu'ils devraient être, celui qui veut les sauver avec leur agrément et celui qui les sauvera malgré eux, celui qui veut créer des mythes nouveaux et celui qui se contente des anciens, celui qui aime dans l'homme sa mort, celui qui aime dans l'homme sa vie, l'humaniste joyeux, qui a toujours le mot pour rire, l'humaniste sombre, qu'on rencontre surtout aux veillées funèbres. Ils se haïssent tous entre eux: en tant qu'individus, naturellement — pas en tant qu'hommes. Mais l'Autodidacte l'ignore: il les a enfermés en lui comme des chats dans un sac de cuir et ils s'entredéchirent sans qu'il s'en aperçoive.

Il me regarde déjà avec moins de confiance.

— Est-ce que vous ne sentez pas cela comme moi, monsieur?

— Mon Dieu[14]...

Devant son air inquiet, un peu rancuneux, je regrette une seconde de l'avoir déçu. Mais il reprend aimablement:

— Je sais: vous avez vos recherches, vos livres, vous servez la même cause à votre façon.

Mes livres, *mes* recherches, l'imbécile. Il ne pouvait faire de plus belle gaffe.

— Ce n'est pas pour cela que j'écris.

A l'instant le visage de l'Autodidacte se transforme: on dirait qu'il a flairé l'ennemi, je ne lui avais jamais vu cette expression. Quelque chose est mort entre nous.

Il demande, en feignant la surprise:

— Mais... si je ne suis pas indiscret, pourquoi donc écrivez-vous, monsieur?

— Eh bien... je ne sais pas: comme ça, pour écrire.

Il a beau jeu de sourire, il pense qu'il m'a décontenancé:

— Ecririez-vous dans une île déserte? N'écrit-on pas toujours pour être lu?

C'est par habitude qu'il a donné à sa phrase la tournure interrogative. En réalité, il affirme. Son vernis de douceur et de timidité s'est écaillé; je ne le reconnais plus. Ces traits laissent paraître une lourde

---

12. L'économie soviétique, de 1928 à 1959, était organisée en plans quinquennaux (de cinq années). — 13. Prix littéraire fondé en 1904, décerné chaque année à un roman par un jury féminin. — 14. Eh bien, à vrai dire (annonce souvent une objection).

obstination; c'est un mur de suffisance. Je ne suis pas encore revenu de mon étonnement, que je l'entends dire:

— Qu'on me dise: j'écris pour une certaine catégorie sociale, pour un groupe d'amis. A la bonne heure. Peut-être écrivez-vous pour la postérité... Mais, monsieur, en dépit de vous-même, vous écrivez pour quelqu'un.

Il attend une réponse. Comme elle ne vient pas, il sourit faiblement.

— Peut-être que vous êtes misanthrope?

Je sais ce que dissimule ce fallacieux effort de conciliation. Il me demande peu de chose, en somme: simplement d'accepter une étiquette. Mais c'est un piège: si je consens l'Autodidacte triomphe, je suis aussitôt tourné, ressaisi, dépassé, car l'humanisme reprend et fond ensemble toutes les attitudes humaines. Si l'on s'oppose à lui de front, on fait son jeu; il vit de ses contraires. Il est une race de gens têtus et bornés, de brigands, qui perdent à tout coup contre lui: toutes leurs violences, leurs pires excès, il les digère, il en fait une lymphe blanche et mousseuse. Il a digéré l'anti-intellectualisme, le manichéisme, le mysticisme, le pessimisme, l'anarchisme, l'égotisme: ce ne sont plus que des étapes, des pensées incomplètes qui ne trouvent leur justification qu'en lui. La misanthropie aussi tient sa place dans ce concert: elle n'est qu'une dissonance nécessaire à l'harmonie du tout. Le misanthrope est homme: il faut donc bien que l'humaniste soit misanthrope en quelque mesure. Mais c'est un misanthrope scientifique, qui a su doser sa haine, qui ne hait d'abord les hommes que pour mieux pouvoir ensuite les aimer.

Je ne veux pas qu'on m'intègre, ni que mon beau sang rouge aille engraisser cette bête lymphatique: je ne commettrai pas la sottise de me dire «anti-humaniste». Je ne *suis pas* humaniste, voilà tout.

— Je trouve, dis-je à l'Autodidacte, qu'on ne peut pas plus haïr les hommes que les aimer.

L'Autodidacte me regarde d'un air protecteur et lointain. Il murmure, comme s'il ne prenait pas garde à ses paroles:

— Il faut les aimer, il faut les aimer...

— Qui faut-il aimer? Les gens qui sont ici?

— Ceux-là aussi. Tous.

Il se retourne vers le couple à la radieuse jeunesse: voilà ce qu'il faut aimer. Il contemple un moment le monsieur aux cheveux blancs. Puis il ramène son regard sur moi; je lis sur son visage une interrogation muette. Je fais «non» de la tête. Il a l'air de me prendre en pitié.

— Vous non plus, lui dis-je agacé, vous ne les aimez pas.

—Vraiment, monsieur? Est-ce que vous me permettez d'avoir un avis différent?

Il est redevenu respectueux jusqu'au bout des ongles, mais il fait l'œil ironique de quelqu'un qui s'amuse énormément. Il me hait. J'aurais eu bien tort de m'attendrir sur ce maniaque. Je l'interroge à mon tour:

— Alors, ces deux jeunes gens, derrière vous, vous les aimez?

Il les regarde encore, il réfléchit:

— Vous voulez me faire dire, reprend-il soupçonneux, que je les aime sans les connaître. Eh bien, monsieur, je l'avoue, je ne les connais pas... A moins, justement, que l'amour ne soit la vraie connaissance, ajouta-t-il avec un rire fat.

— Mais qu'est-ce que vous aimez?

— Je vois qu'ils sont jeunes et c'est la jeunesse que j'aime en eux. Entre autres choses, monsieur.

Il s'interrompit et prêta l'oreille:

— Est-ce que vous comprenez ce qu'ils disent?

Si je comprends! Le jeune homme, enhardi par la sympathie qui l'entoure, raconte, d'une voix pleine, un match de football que son équipe a gagné l'an dernier contre un club havrais.

— Il lui raconte une histoire, dis-je à l'Autodidacte.

— Ah! Je n'entends pas bien. Mais j'entends les voix, la voix douce, la voix grave: elles alternent. C'est... c'est si sympathique.

— Seulement moi, j'entends aussi ce qu'ils disent, malheureusement.

— Eh bien?

— Eh bien, ils jouent la comédie.

—Véritablement? La comédie de la jeunesse, peut-être? demande-t-il avec ironie. Vous me permettez, monsieur, de la trouver bien profitable. Est-ce qu'il suffit de la jouer pour revenir à leur âge?

Je reste sourd à son ironie; je poursuis:

— Vous leur tournez le dos, ce qu'ils disent vous échappe... De quelle couleur sont les cheveux de la jeune femme?

Il se trouble:

— Eh bien, je... — il coule un regard vers les jeunes gens et reprend son assurance — noirs!

— Vous voyez bien!

— Comment?

— Vous voyez bien que vous ne les aimez pas, ces deux-là. Vous ne sauriez peut-être pas les reconnaître dans la rue. Ce ne sont que des symboles, pour vous. Ce n'est pas du tout sur eux que vous êtes en train de vous attendrir; vous vous attendrissez sur la Jeunesse de l'Homme, sur l'A-mour de l'Homme et de la Femme, sur la Voix humaine.

— Eh bien? Est-ce que ça n'existe pas?

— Certes non, ça n'existe pas! Ni la Jeunesse ni l'Age mûr, ni la Vieillesse, ni la Mort...

Le visage de l'Autodidacte, jaune et dur comme un coing, s'est figé dans un tétanos réprobateur. Je poursuis néanmoins:

— C'est comme ce vieux monsieur derrière vous, qui boit de l'eau de Vichy. C'est l'Homme mûr, je suppose, que vous aimez en lui; l'Homme mûr qui s'achemine avec courage vers son déclin et qui soigne sa mise parce qu'il ne veut pas se laisser aller?

— Exactement, me dit-il avec défi.

— Et vous ne voyez pas que c'est un salaud?

Il rit, il me trouve étourdi, il jette un bref coup d'œil sur le beau visage encadré de cheveux blancs:

— Mais, monsieur, en admettant qu'il paraisse ce que vous dites, comment pouvez-vous juger cet homme sur sa mine? Un visage, monsieur, ne dit rien quand il est au repos.

Aveugles humanistes! Ce visage est si *parlant*, si net — mais jamais leur âme tendre et abstraite ne s'est laissé toucher par le sens d'un visage.

— Comment pouvez-vous, dit l'Autodidacte, *arrêter* un homme, dire il *est* ceci ou cela? Qui peut épuiser un homme? Qui peut connaître les ressources d'un homme?

Epuiser un homme! Je salue au passage l'humanisme catholique à qui l'Autodidacte a emprunté, sans le savoir, cette formule.

— Je sais, lui dis-je, je sais que tous les hommes sont admirables. Vous êtes admirable. Je suis admirable. En tant que créatures de Dieu, naturellement.

Il me regarda sans comprendre, puis avec un mince sourire:

— Vous plaisantez sans doute, monsieur, mais il est vrai que tous les hommes ont droit à notre admiration. C'est difficile, monsieur, très difficile d'être un homme.

Il a quitté sans s'en apercevoir l'amour des hommes en Christ; il hoche la tête et, par un curieux phénomène de mimétisme, il ressemble à ce pauvre Guéhenno[15].

— Excusez-moi, lui dis-je, mais alors je ne suis pas bien sûr d'être un homme: je n'avais jamais trouvé ça bien difficile. Il me semblait qu'on n'avait qu'à se laisser aller.

L'Autodidacte rit franchement, mais ses yeux restent mauvais:

— Vous êtes trop modeste, monsieur. Pour supporter votre condition, la condition humaine, vous avez besoin, comme tout le monde, de beaucoup de courage. Monsieur, l'instant qui vient peut être celui de votre mort, vous le savez et vous pouvez sourire: voyons! n'est-ce pas admirable? Dans la plus insignifiante de vos actions, ajoute-t-il avec aigreur, il y a une immensité d'héroïsme.

— Et comme dessert, messieurs? dit la bonne.

L'Autodidacte est tout blanc, ses paupières sont baissées à demi sur des yeux de pierre. Il fait un faible geste de la main, comme pour m'inviter à choisir.

— Un fromage, dis-je avec héroïsme.

— Et monsieur?

Il sursaute.

— Hé? Ah! oui: eh bien, je ne prendrai rien, j'ai fini.

— Louise!

Les deux gros hommes paient et s'en vont. Il y en a un qui boite. Le patron les

---

15. Essayiste français (1890–1978), humaniste qui s'est intéressé à la lutte des classes (*Journal d'un homme de quarante ans, Journal d'une révolution*, etc.).

reconduit à la porte: ce sont des clients d'importance, on leur a servi une bouteille de vin dans un seau à glace.

Je contemple l'Autodidacte avec un peu de remords: il s'est complu toute la semaine à imaginer ce déjeuner, où il pourrait faire part à un autre homme de son amour des hommes. Il a si rarement l'occasion de parler. Et voilà: je lui ai gâché son plaisir. Au fond il est aussi seul que moi; personne ne se soucie de lui. Seulement il ne se rend pas compte de sa solitude. Eh bien, oui: mais ce n'était pas à moi de lui ouvrir les yeux. Je me sens très mal à l'aise: je rage, c'est vrai, mais pas contre lui, contre les Virgan et les autres, tous ceux qui ont empoisonné cette pauvre cervelle. Si je pouvais les tenir là, devant moi, j'aurais tant à leur dire. A l'Autodidacte, je ne dirai rien, je n'ai pour lui que de la sympathie: c'est quelqu'un dans le genre de M. Achille[16], quelqu'un de mon bord, qui a trahi par ignorance, par bonne volonté!

Un éclat de rire de l'Autodidacte me tire de mes rêveries moroses:

— Vous m'excuserez, mais quand je pense à la profondeur de mon amour pour les hommes, à la force des élans qui m'emportent vers eux et que je nous vois là, en train de raisonner, d'argumenter... cela me donne envie de rire.

Je me tais, je souris d'un air contraint. La bonne pose devant moi une assiette avec un bout de camembert crayeux. Je parcours la salle du regard, et un violent dégoût m'envahit. Que fais-je ici? Qu'ai-je été me mêler de discourir sur l'humanisme? Pourquoi ces gens sont-ils là? Pourquoi mangent-ils? C'est vrai qu'ils ne savent pas, eux, qu'ils existent. J'ai envie de partir, de m'en aller quelque part où je serais vraiment *à ma place*, où je m'emboîterais... Mais ma place n'est nulle part; je suis de trop.

L'Autodidacte se radoucit. Il avait craint plus de résistance de ma part. Il veut bien passer l'éponge sur tout ce que j'ai dit. Il se penche vers moi d'un air confidentiel:

— Au fond, vous les aimez, monsieur, vous les aimez comme moi: nous sommes séparés par des mots.

Je ne peux plus parler, j'incline la tête. Le visage de l'Autodidacte est tout contre le mien. Il sourit d'un air fat, tout contre mon visage, comme dans les cauchemars. Je mâche péniblement un morceau de pain que je ne me décide pas à avaler. Les hommes. Il faut les aimer les hommes. Les hommes sont admirables. J'ai envie de vomir — et tout d'un coup ça y est: la Nausée.

Une belle crise: ça me secoue du haut en bas. Il y a une heure que je la voyais venir, seulement, je ne voulais pas me l'avouer. Ce goût de fromage dans ma bouche... L'Autodidacte babille et sa voix bourdonne doucement à mes oreilles. Mais je ne sais plus du tout de quoi il parle. J'approuve machinalement de la tête. Ma main est crispée sur le manche du couteau à dessert. Je *sens* le manche de bois noir. C'est ma main qui le tient. Ma main. Personnellement, je laisserais plutôt ce couteau tranquille: à quoi bon toujours toucher quelque chose? Les objets ne sont pas faits pour qu'on les touche. Il vaut bien mieux se glisser entre eux, en les évitant le plus possible. Quelquefois on en prend un dans sa main et on est obligé de le lâcher au plus vite. Le couteau tombe sur l'assiette. Au bruit, le monsieur aux cheveux blancs sursaute et me regarde. Je reprends le couteau, j'appuie la lame contre la table et je la fais plier.

C'est donc ça la Nausée: cette aveuglante évidence? Me suis-je creusé la tête! En ai-je écrit! Maintenant je sais: J'existe — le monde existe — et je sais que le monde existe. C'est tout. Mais ça m'est égal. C'est étrange que tout me soit aussi égal: ça m'effraie. C'est depuis ce fameux jour où je voulais faire des ricochets. J'allais lancer ce galet, je l'ai regardé et c'est alors que tout a commencé: j'ai senti qu'il *existait*. Et puis après ça, il y a eu d'autres Nausées; de temps en temps les objets se mettent à vous exister dans la main. Il y a eu la Nausée du *Rendez-vous des Cheminots* et puis une autre, avant, une nuit que je regardais par la fenêtre; et puis une autre au Jardin public, un dimanche et puis d'autres. Mais jamais ça n'avait été aussi fort qu'aujourd'hui.

---

16. Ami de Roquentin.

— ... de la Rome antique, monsieur?

L'Autodidacte m'interroge, je crois. Je me tourne vers lui et je lui souris. Eh bien? Qu'est-ce qu'il a? Pourquoi est-ce qu'il se recroqueville sur sa chaise? Je fais donc peur, à présent? Ça devait finir comme ça. D'ailleurs ça m'est égal. Ils n'ont pas tout à fait tort d'avoir peur: je sens bien que je pourrais faire n'importe quoi. Par exemple, enfoncer ce couteau à fromage dans l'œil de l'Autodidacte. Après ça, tous ces gens me piétineraient, me casseraient les dents à coups de soulier. Mais ce n'est pas ça qui m'arrête: un goût de sang dans la bouche au lieu de ce goût de fromage, ça ne fait pas de différence. Seulement il faudrait faire un geste, donner naissance à un événement superflu: il serait de trop, le cri que pousserait l'Autodidacte — et le sang qui coulerait sur sa joue et le sursaut de tous ces gens. Il y a bien assez de choses qui existent comme ça.

Tout le monde me regarde; les deux représentants de la jeunesse ont interrompu leur doux entretien. La femme a la bouche ouverte en cul de poule. Ils devraient bien voir, pourtant, que je suis inoffensif.

Je me lève, tout tourne autour de moi. L'Autodidacte me fixe de ses grands yeux que je ne crèverai pas.

— Vous partez déjà? murmure-t-il.

— Je suis un peu fatigué. Vous êtes très gentil de m'avoir invité. Au revoir.

En partant, je m'aperçois que j'ai gardé dans la main gauche le couteau à dessert. Je le jette sur mon assiette qui se met à tinter. Je traverse la salle au milieu du silence. Ils ne mangent plus: ils me regardent, ils ont l'appétit coupé. Si je m'avançais vers le jeune femme en faisant «Hon!» elle se mettrait à hurler, c'est sûr. Ce n'est pas la peine.

Tout de même, avant de sortir, je me retourne et je leur fais voir mon visage, pour qu'ils puissent le graver en leur mémoire.

— Au revoir, messieurs-dames.

Ils ne répondent pas. Je m'en vais. A présent leurs joues vont reprendre des couleurs, ils vont se mettre à jacasser.

Je ne sais pas où aller. Je reste planté à côté du cuisinier de carton. Je n'ai pas besoin de me retourner pour savoir qu'ils me regardent à travers les vitres: ils regardent mon dos avec surprise et dégoût; ils croyaient que j'étais comme eux, que j'étais un homme et je les ai trompés. Tout d'un coup, j'ai perdu mon apparence d'homme et ils ont vu un crabe qui s'échappait à reculons de cette salle si humaine. A présent l'intrus démasqué s'est enfui: la séance continue. Ça m'agace de sentir dans mon dos tout ce grouillement d'yeux et de pensées effarées. Je traverse la chaussée. L'autre trottoir longe la plage et les cabines de bain.

Il y a beaucoup de gens qui se promènent au bord de la mer, qui tournent vers la mer des visages printaniers, poétiques: c'est à cause du soleil, ils sont en fête. Il y a des femmes en clair, qui ont mis leur toilette du printemps dernier; elles passent longues et blanches comme des gants de chevreau glacé; il y a aussi de grands garçons qui vont au lycée, à l'école de commerce, des vieillards décorés. Ils ne se connaissent pas, mais ils se regardent d'un air de connivence, parce qu'il fait si beau et qu'ils sont des hommes. Les hommes s'embrassent sans se connaître, les jours de déclaration de guerre; ils se sourient à chaque printemps. Un prêtre s'avance à pas lents, en lisant son bréviaire. Par instants il lève la tête et regarde la mer d'un air approbateur: la mer aussi est un bréviaire, elle parle de Dieu. Couleurs légères, légers parfums, âmes de printemps. «Il fait beau, la mer est verte, j'aime mieux ce froid sec que l'humidité.» Poètes! Si j'en prenais un par le revers de son manteau, si je lui disais «viens à mon aide», il penserait «qu'est-ce que c'est que ce crabe?» et s'enfuirait en laissant son manteau entre mes mains.

Je leur tourne le dos, je m'appuie des deux mains à la balustrade. La *vraie* mer est froide et noire, pleine de bêtes; elle rampe sous cette mince pellicule verte qui est faite pour tromper les gens. Les sylphes[17] qui m'entourent s'y sont laissé prendre: ils ne voient que la mince pellicule, c'est elle qui prouve l'existence de Dieu. Moi je vois le

---

17. Génies de l'air de la mythologie gauloise et germanique, comparables aux elfes de la mythologie scandinave.

dessous! les vernis fondent, les brillantes petites peaux veloutées, les petites peaux de pêche du bon Dieu pètent de partout sous mon regard, elles se fendent et s'entrebâillent. Voilà le tramway de Saint-Elémir, je tourne sur moi-même et les choses tournent avec moi, pâles et vertes comme des huîtres. Inutile, c'était inutile de sauter dedans puisque je ne veux aller nulle part.

Derrière les vitres, des objets bleuâtres défilent, tout roides et cassants, par saccades. Des gens, des murs; par ses fenêtres ouvertes une maison m'offre son cœur noir; et les vitres pâlissent, bleuissent tout ce qui est noir, bleuissent ce grand logement de briques jaunes qui s'avance en hésitant, en frissonnant, et qui s'arrête tout d'un coup en piquant du nez. Un monsieur monte et s'assied en face de moi. Le bâtiment jaune repart, il se glisse d'un bond contre les vitres, il est si près qu'on n'en voit plus qu'une partie, il s'est assombri. Les vitres tremblent. Il s'élève, écrasant, bien plus haut qu'on ne peut voir, avec des centaines de fenêtres ouvertes sur des cœurs noirs; il glisse le long de la boîte, il la frôle; la nuit s'est faite, entre les vitres qui tremblent. Il glisse interminablement, jaune comme de la boue, et les vitres sont bleu de ciel. Et tout d'un coup il n'est plus là, il est resté en arrière, une vive clarté grise envahit la boîte et se répand partout avec une inexorable justice: c'est le ciel; à travers les vitres, on voit encore des épaisseurs et des épaisseurs de ciel, parce qu'on monte la côte Eliphar et qu'on voit clair des deux côtés, à droite jusqu'à la mer, à gauche jusqu'au champ d'aviation. Défense de fumer même une Gitane [18].

J'appuie ma main sur la banquette, mais je la retire précipitamment: ça existe. Cette chose sur quoi je suis assis, sur quoi j'appuyais ma main s'appelle une banquette. Ils l'ont faite tout exprès pour qu'on puisse s'asseoir, ils ont pris du cuir, des ressorts, de l'étoffe, ils se sont mis au travail, avec l'idée de faire un siège et quand ils ont eu fini, c'était *ça* qu'ils avaient fait. Ils ont porté ça ici, dans cette boîte, et la boîte roule et cahote à présent, avec ses vi-

tres tremblantes, et elle porte dans ses flancs cette chose rouge. Je murmure: c'est une banquette, un peu comme un exorcisme. Mais le mot reste sur mes lèvres: il refuse d'aller se poser sur la chose. Elle reste ce qu'elle est, avec sa peluche rouge, milliers de petites pattes rouges, en l'air, toutes raides, de petites pattes mortes. Cet énorme ventre tourné en l'air, sanglant, ballonné — boursouflé avec toutes ses pattes mortes, ventre qui flotte dans cette boîte, dans ce ciel gris, ce n'est pas une banquette. Ça pourrait tout aussi bien être un âne mort, par exemple, ballonné par l'eau et qui flotte à la dérive, le ventre en l'air dans un grand fleuve gris, un fleuve d'inondation; et moi je serais assis sur le ventre de l'âne et mes pieds tremperaient dans l'eau claire. Les choses se sont délivrées de leurs noms. Elles sont là, grotesques, têtues, géantes et ça paraît imbécile de les appeler des banquettes ou de dire quoi que ce soit sur elles: je suis au milieu des Choses, les innommables. Seul, sans mots, sans défenses, elles m'environnent, sous moi, derrière moi, au-dessus de moi. Elles n'exigent rien, elles ne s'imposent pas: elles sont là. Sous le coussin de la banquette, contre la paroi de bois il y a une petite ligne d'ombre, une petite ligne noire qui court le long de la banquette d'un air mystérieux et espiègle, presque un sourire. Je sais très bien que ça n'est pas un sourire et cependant ça existe, ça court sous les vitres blanchâtres, sous le tintamarre des vitres, ça s'obstine, sous les images bleues qui défilent derrière les vitres et s'arrêtent et repartent, ça s'obstine, comme le souvenir imprécis d'un sourire, comme un mot à demi oublié dont on ne se rappelle que la première syllabe et le mieux qu'on puisse faire, c'est de détourner les yeux et de penser à autre chose, à cet homme à demi couché sur la banquette, en face de moi, là. Sa tête de terre cuite aux yeux bleus. Toute la droite de son corps s'est affaissée, le bras droit est collé au corps, le côté droit vit à peine, avec peine, avec avarice, comme s'il était paralysé. Mais sur tout le côté gauche, il y a une petite existence parasite qui prolifère, un

---

18. Marque française de cigarettes.

chancre: le bras s'est mis à trembler et puis il s'est levé et la main était raide, au bout. Et puis la main s'est mise aussi à trembler et, quand elle est arrivée à la hauteur du crâne, un doigt s'est tendu et s'est mis à gratter le cuir chevelu, de l'ongle. Une espèce de grimace voluptueuse est venue habiter le côté droit de la bouche et le côté gauche restait mort. Les vitres tremblent, le bras tremble, l'ongle gratte, gratte, la bouche sourit sous les yeux fixes et l'homme supporte sans s'en apercevoir cette petite existence qui gonfle son côté droit, qui a emprunté son bras droit et sa joue droite pour se réaliser. Le receveur me barre le chemin.

— Attendez l'arrêt.

Mais je le repousse et je saute hors du tramway. Je n'en pouvais plus. Je ne pouvais plus supporter que les choses fussent si proches. Je pousse une grille, j'entre, des existences légères bondissent d'un saut et se perchent sur les cimes. A présent, je me reconnais, je sais où je suis: je suis au Jardin public. Je me laisse tomber sur un banc entre les grands troncs noirs, entre les mains noires et noueuses qui se tendent vers le ciel. Un arbre gratte la terre sous mes pieds d'un ongle noir. Je voudrais tant me laisser aller, m'oublier, dormir. Mais je ne peux pas, je suffoque: l'existence me pénètre de partout, par les yeux, par le nez, par la bouche...

Et tout d'un coup, d'un seul coup, le voile se déchire, j'ai compris, j'ai *vu*.

6 heures du soir.

Je ne peux pas dire que je me sente allégé ni content; au contraire, ça m'écrase. Seulement mon but est atteint: je sais ce que je voulais savoir; tout ce qui m'est arrivé depuis le mois de janvier, je l'ai compris. La Nausée ne m'a pas quitté et je ne crois pas qu'elle me quittera de sitôt; mais je ne la subis plus, ce n'est plus une maladie ni une quinte passagère: c'est moi.

Donc j'étais tout à l'heure au Jardin public. La racine du marronnier s'enfonçait dans la terre, juste au-dessous de mon banc. Je ne me rappelais plus que c'était une racine. Les mots s'étaient évanouis et, avec eux, la signification des choses, leurs modes d'emploi, les faibles repères que les hommes ont tracés à leur surface. J'étais assis, un peu voûté, la tête basse, seul en face de cette masse noire et noueuse, entièrement brute et qui me faisait peur. Et puis j'ai eu cette illumination.

Ça m'a coupé le souffle. Jamais, avant ces derniers jours, je n'avais pressenti ce que voulait dire «exister». J'étais comme les autres, comme ceux qui se promènent au bord de la mer dans leurs habits de printemps. Je disais comme eux «la mer *est* verte; ce point blanc, là-haut, *c'est* une mouette», mais je ne sentais pas que ça existait, que la mouette était une «mouette-existante»; à l'ordinaire l'existence se cache. Elle est là, autour de nous, en nous, elle est *nous*, on ne peut pas dire deux mots sans parler d'elle et, finalement, on ne la touche pas. Quand je croyais y penser, il faut croire que je ne pensais rien, j'avais la tête vide, ou tout juste un mot dans la tête, le mot «être». Ou alors, je pensais... comment dire? Je pensais l'*appartenance*, je me disais que la mer appartenait à la classe des objets verts ou que le vert faisait partie des qualités de la mer. Même quand je regardais les choses, j'étais à cent lieues de songer qu'elles existaient: elles m'apparaissaient comme un décor. Je les prenais dans mes mains, elles me servaient d'outils, je prévoyais leurs résistances. Mais tout ça se passait à la surface. Si l'on m'avait demandé ce que c'était que l'existence, j'aurais répondu de bonne foi que ça n'était rien, tout juste une forme vide qui venait s'ajouter aux choses du dehors, sans rien changer à leur nature. Et puis voilà: tout d'un coup, c'était là, c'était clair comme le jour: l'existence s'était soudain dévoilée. Elle avait perdu son allure inoffensive de catégorie abstraite: c'était la pâte même des choses, cette racine était pétrie dans de l'existence. Ou plutôt la racine, les grilles du jardin, le banc, le gazon rare de la pelouse, tout ça s'était évanoui; la diversité des choses, leur individualité n'était qu'une apparence, un vernis. Ce vernis avait fondu, il restait des masses monstrueuses et molles, en désordre — nues, d'une effrayante et obscène nudité.

Je me gardais de faire le moindre mouvement, mais je n'avais pas besoin de bouger pour voir, derrière les arbres, les colonnes bleues et le lampadaire du kiosque à musique, et la Velléda, au milieu d'un massif de lauriers. Tous ces objets... comment dire? Ils m'incommodaient; j'aurais souhaité qu'ils existassent moins fort, d'une façon plus sèche, plus abstraite, avec plus de retenue. Le marronnier se pressait contre mes yeux. Une rouille verte le couvrait jusqu'à mi-hauteur; l'écorce, noire et boursouflée, semblait de cuir bouilli. Le petit bruit d'eau de la fontaine Masqueret se coulait dans mes oreilles et s'y faisait un nid, les emplissait de soupirs; mes narines débordaient d'une odeur verte et putride. Toutes choses, doucement, tendrement, se laissaient aller à l'existence comme ces femmes lasses qui s'abandonnent au rire et disent: «C'est bon de rire» d'une voix mouillée; elles s'étalaient, les unes en face des autres, elles se faisaient l'abjecte confidence de leur existence. Je compris qu'il n'y avait pas de milieu entre l'inexistence et cette abondance pâmée. Si l'on existait, il fallait *exister jusque-là*, jusqu'à la moisissure, à la boursouflure, à l'obscénité. Dans un autre monde, les cercles, les airs de musique gardent leurs lignes pures et rigides. Mais l'existence est un fléchissement. Des arbres, des piliers bleu de nuit, le râle heureux d'une fontaine, des odeurs vivantes, de petits brouillards de chaleur qui flottaient dans l'air froid, un homme roux qui digérait sur un banc: toutes ces somnolences, toutes ces digestions prises ensemble offraient un aspect vaguement comique. Comique... non: ça n'allait pas jusque-là, rien de ce qui existe ne peut être comique; c'était comme une analogie flottante, presque insaisissable avec certaines situations de vaudeville. Nous étions un tas d'existants gênés, embarrassés de nous-mêmes, nous n'avions pas la moindre raison d'être là, ni les uns ni les autres, chaque existant, confus, vaguement inquiet, se sentait de trop par rapport aux autres. *De trop:* c'était le seul rapport que je pusse établir entre ces arbres, ces grilles, ces cailloux. En vain cherchais-je à *compter* les marronniers, et les *situer* par rapport à la Velléda, à comparer leur hauteur avec celle des platanes: chacun d'eux s'échappait des relations où je cherchais à l'enfermer, s'isolait, débordait. Ces relations (que je m'obstinais à maintenir pour retarder l'écroulement du monde humain, des mesures, des quantités, des directions) j'en sentais l'arbitraire; elles ne mordaient plus sur les choses. *De trop*, le marronnier, là en face de moi un peu sur la gauche. *De trop*, la Velléda...

Et *moi* — veule, alangui, obscène, digérant, ballottant de mornes pensées — *moi aussi j'étais de trop*. Heureusement je ne le sentais pas, je le comprenais surtout, mais j'étais mal à l'aise parce que j'avais peur de le sentir (encore à présent j'en ai peur — j'ai peur que ça ne me prenne par le derrière de ma tête et que ça ne me soulève comme une lame de fond). Je rêvais vaguement de me supprimer, pour anéantir au moins une de ces existences superflues. Mais ma mort même eût été de trop. De trop, mon cadavre, mon sang sur ces cailloux, entre ces plantes, au fond de ce jardin souriant. Et la chair rongée eût été de trop dans la terre qui l'eût reçue et mes os, enfin, nettoyés, écorcés, propres et nets comme des dents eussent encore été de trop: j'étais de trop pour l'éternité.

Le mot d'Absurdité naît à présent sous ma plume; tout à l'heure, au jardin, je ne l'ai pas trouvé, mais je ne le cherchais pas non plus, je n'en avais pas besoin: je pensais sans mots, *sur* les choses, *avec* les choses. L'absurdité, ce n'était pas une idée dans ma tête, ni un souffle de voix, mais ce long serpent mort à mes pieds, ce serpent de bois. Serpent ou griffe ou racine ou serre de vautour, peu importe. Et sans rien formuler nettement, je comprenais que j'avais trouvé la clef de l'Existence, la clef de mes Nausées, de ma propre vie. De fait, tout ce que j'ai pu saisir ensuite se ramène à cette absurdité fondamentale. Absurdité: encore un mot; je me débats contre des mots; là-bas, je touchais la chose. Mais je voudrais fixer ici le caractère absolu de cette absurdité. Un geste, un événement dans le petit monde colorié des hommes n'est jamais absurde que relativement: par rapport aux circonstances qui l'accompagnent. Les discours d'un fou, par exemple, sont absurdes par rapport à la situation où il se trouve mais non par rapport à son délire. Mais moi, tout à l'heure, j'ai fait l'expérience de l'absolu: l'absolu ou l'absurde. Cette racine, il n'y avait rien par rapport à quoi elle ne fût absurde. Oh! Comment pourrai-je fixer ça avec des mots? Absurde: par rapport aux cailloux, aux touffes d'herbe jaune, à la boue sèche, à l'arbre, au ciel, aux bancs verts. Absurde, irréductible; rien — pas même un délire profond et secret de la nature — ne pouvait l'expliquer. Evidemment je ne savais pas tout, je n'avais pas vu le germe se développer ni l'arbre croître. Mais devant cette grosse patte rugueuse, ni l'ignorance ni le savoir n'avaient d'importance: le monde des explications et des raisons n'est pas celui de l'existence. Un cercle n'est pas absurde, il s'explique très bien par la rotation d'un segment de droite autour d'une de ses extrémités. Mais aussi un cercle n'existe pas. Cette racine, au contraire, existait dans la mesure où je ne pouvais pas l'expliquer. Noueuse, inerte, sans nom, elle me fascinait, m'emplissait les yeux, me ramenait sans cesse à sa propre existence. J'avais beau répéter: « C'est une racine » — ça ne prenait plus. Je voyais bien qu'on ne pouvait pas passer de sa fonction de racine, de pompe aspirante, *à ça*, à cette peau dure et compacte de phoque, à cet aspect huileux, calleux, entêté. La fonction n'expliquait rien: elle permettait de comprendre en gros ce que c'était qu'une racine, mais pas du tout *celle-ci*. Cette racine, avec sa couleur, sa forme, son mouvement figé, était... au-dessous de toute explication. Chacune de ses qualités lui échappait un peu, coulait hors d'elle, se solidifiait à demi, devenait presque une chose; chacune était *de trop dans* la racine, et la souche tout entière me donnait à présent l'impression de rouler un peu hors d'elle-même, de se nier, de se perdre dans un étrange excès. Je raclai mon talon contre cette griffe noire: j'aurais voulu l'écorcher un peu. Pour rien, par défi, pour faire apparaître sur le cuir tanné le rose absurde d'une éraflure: pour *jouer* avec l'absurdité du monde. Mais, quand je retirai mon pied, je vis que l'écorce était restée noire.

Noire? J'ai senti le mot qui se dégonflait, qui se vidait de son sens avec une rapidité extraordinaire. Noire? La racine n'*était pas* noire, ce n'était pas du noir qu'il y avait sur ce morceau de bois — c'était... autre chose: le noir, comme le cercle, n'existait pas. Je regardais la racine: était-elle *plus que noire* ou noire *à peu près*? Mais je cessai bientôt de m'interroger parce que j'avais l'impression d'être en pays de con-

naissance. Oui, j'avais déjà scruté, avec cette inquiétude, des objets innommables, j'avais déjà cherché — vainement — à penser quelque chose *sur eux:* et déjà j'avais senti leurs qualités, froides et inertes, se dérober, glisser entre mes doigts. Les bretelles d'Adolphe, l'autre soir, au *Rendez-vous des Cheminots*. Elles n'*étaient pas* violettes. Je revis les deux taches indéfinissables sur la chemise. Et le galet, ce fameux galet, l'origine de toute cette histoire: il n'était pas... je ne me rappelais pas bien au juste ce qu'il refusait d'être. Mais je n'avais pas oublié sa résistance passive. Et la main de l'Autodidacte; je l'avais prise et serrée, un jour, à la bibliothèque et puis j'avais eu l'impression que ça n'était pas tout à fait une main. J'avais pensé à un gros ver blanc, mais ça n'était pas ça non plus. Et la transparence louche du verre de bière, au café Mably. Louches: voilà ce qu'ils étaient, les sons, les parfums, les goûts. Quand ils vous filaient rapidement sous le nez, comme des lièvres débusqués, et qu'on n'y faisait pas trop attention, on *pouvait les* croire tout simples et rassurants, on pouvait croire qu'il y avait au monde du vrai bleu, du vrai rouge, une vraie odeur d'amande ou de violette. Mais dès qu'on les retenait un instant, ce sentiment de confort et de sécurité cédait la place à un profond malaise: les couleurs, les saveurs, les odeurs n'*étaient* jamais vraies, jamais tout bonnement elles-mêmes. La qualité la plus simple, la plus indécomposable avait du trop en elle-même, par rapport à elle-même, en son cœur. Ce noir, là, contre mon pied, ça n'avait pas l'air d'être du noir mais plutôt l'effort confus pour imaginer du noir de quelqu'un qui n'en aurait jamais vu et qui n'aurait pas su s'arrêter, qui aurait imaginé un être ambigu, par-delà les couleurs. Ça *ressemblait* à une couleur mais aussi... à une meurtrissure ou encore à une sécrétion, à un suint — et à autre chose, à une odeur par exemple, ça se fondait en odeur de terre mouillée, de bois tiède et mouillé, en odeur noire étendue comme un vernis sur ce bois nerveux, en saveur de fibre mâchée, sucrée. Je ne le *voyais* pas simplement ce noir: la vue, c'est une invention abstraite, une idée nettoyée, simplifiée, une idée d'homme. Ce noir-là, présence amorphe et veule, débordait, de loin, la vue, l'odorat et le goût. Mais cette richesse tournait en confusion et finalement ça n'était plus rien parce que c'était trop.

Ce moment fut extraordinaire. J'étais là, immobile et glacé, plongé dans une extase horrible. Mais, au sein même de cette extase quelque chose de neuf venait d'apparaître; je comprenais la Nausée, je la possédais. A vrai dire je ne me formulais pas mes découvertes. Mais je crois qu'à présent, il me serait facile de les mettre en mots. L'essentiel c'est la contingence. Je veux dire que, par définition, l'existence n'est pas la nécessité. Exister, c'est *être là*, simplement; les existants apparaissent, se laissent *rencontrer*, mais on ne peut jamais les *déduire*. Il y a des gens, je crois, qui ont compris ça. Seulement ils ont essayé de surmonter cette contingence en inventant un être nécessaire et cause de soi. Or, aucun être nécessaire ne peut expliquer l'existence: la contingence n'est pas un faux semblant, une apparence qu'on peut dissiper; c'est l'absolu, par conséquent la gratuité parfaite. Tout est gratuit, ce jardin, cette ville et moi-même. Quand il arrive qu'on s'en rende compte, ça vous tourne le cœur et tout se met à flotter, comme l'autre soir, au *Rendez-vous des Cheminots*: voilà la Nausée; voilà ce que les Salauds — ceux du Coteau Vert et les autres — essaient de se cacher avec leur idée de droit. Mais quel pauvre mensonge: personne n'a le droit; ils sont entièrement gratuits, comme les autres hommes, ils n'arrivent pas à ne pas se sentir de trop. Et en eux-mêmes, secrètement, ils *sont trop,* c'est-à-dire amorphes et vagues, tristes.

Combien de temps dura cette fascination? *J'étais* la racine de marronnier. Ou plutôt j'étais tout entier conscience de son existence. Encore détaché d'elle — puisque j'en avais conscience — et pourtant perdu en elle, rien d'autre qu'elle. Une conscience mal à l'aise et qui pourtant se laissait aller de tout son poids, en porte-à-faux, sur ce morceau de bois inerte. Le temps s'était arrêté: une petite mare noire à mes pieds; il était impossible que quelque chose vînt *après* ce moment-là. J'aurais voulu m'arracher à cette atroce jouissance, mais je n'imaginais même pas que cela fût possible; j'étais dedans; la souche noire *ne passait pas,* elle restait là, dans mes yeux, comme un morceau trop gros reste en travers d'un gosier. Je ne pouvais ni l'accepter ni la refuser. Au prix de quel effort ai-je levé les yeux? Et même, les ai-je levés? ne me suis-je pas plutôt anéanti pendant un instant pour renaître l'instant d'après avec la tête renversée et les yeux tournés vers le haut? De fait, je n'ai pas eu conscience d'un passage. Mais, tout d'un coup, il m'est devenu impossible de penser l'existence de la racine. Elle s'était effacée, j'avais beau me répéter: elle existe, elle est encore là, sous le banc, contre mon pied droit, ça ne voulait plus rien dire. L'existence n'est pas quelque chose qui se laisse penser de loin: il faut que ça vous envahisse brusquement, que ça s'arrête sur vous, que ça pèse lourd sur votre cœur comme une grosse bête immobile — ou alors il n'y a plus rien du tout.

Il n'y avait plus rien du tout, j'avais les yeux vides et je m'enchantais de ma délivrance. Et puis, tout d'un coup, ça s'est mis à remuer devant mes yeux, des mouvements légers et incertains: le vent secouait la cime de l'arbre.

Ça ne me déplaisait pas de voir bouger quelque chose, ça me changeait de toutes ces existences immobiles qui me regardaient comme des yeux fixes. Je me disais, en suivant le balancement des branches: les mouvements n'existent jamais tout à fait, ce sont des passages, des intermédiaires entre deux existences, des temps faibles. Je m'apprêtais à les voir sortir du néant, mûrir progressivement, s'épanouir: j'allais enfin surprendre des existences en train de naître.

Il n'a pas fallu plus de trois secondes pour que tous mes espoirs fussent balayés. Sur ces branches hésitantes qui tâtonnaient autour d'elles en aveugles, je n'arrivais pas à saisir de « passage » à l'existence. Cette idée de passage, c'était encore une invention des hommes. Une idée trop claire. Toutes ces agitations menues s'isolaient, se posaient pour elles-mêmes. Elles débordaient de toutes parts les branches et les rameaux. Elles tourbillonnaient autour de ces mains sèches, les enveloppaient de petits cyclones. Bien sûr, un mouvement c'était autre chose qu'un arbre. Mais c'était tout de même un absolu. Une chose. Mes yeux ne rencontraient jamais que du plein. Ça grouillait d'existences, au bout des branches, d'existences qui se renouvelaient sans cesse et qui ne naissaient jamais. Le vent existant venait se poser sur l'arbre comme une grosse mouche; et l'arbre frissonnait. Mais le frisson n'était pas une qualité naissante, un passage de la puissance à l'acte; c'était une chose; une chose-frisson se coulait dans l'arbre, s'en emparait, le secouait, et soudain l'abandonnait, s'en allait plus loin tourner sur elle-même. Tout était plein, tout en acte, il n'y avait pas de temps faible, tout, même le plus imperceptible sursaut, était fait avec de l'existence. Et tous ces existants qui s'affairaient autour de l'arbre ne venaient de nulle part et n'allaient nulle part. Tout d'un coup ils existaient et ensuite, tout d'un coup, ils n'existaient plus: l'existence est sans mémoire; des disparus, elle ne garde rien — pas même un souvenir. L'existence partout, à l'infini, de trop, toujours et partout; l'existence — qui n'est jamais bornée que par l'existence. Je me laissai aller sur le banc, étourdi, assommé par cette profusion d'êtres sans origine: partout des éclosions, des épanouissements, mes oreilles bourdonnaient d'existence, ma chair elle-même palpitait et s'entrouvrait, s'abandonnait au bourgeonnement universel, c'était répugnant. «Mais pourquoi, pensai-je, pourquoi tant d'existences, puisqu'elles se ressemblent toutes?» A quoi bon tant d'arbres tous pareils? Tant d'existences manquées et obstinément recommencées et de nouveau manquées — comme les efforts maladroits d'un insecte tombé sur le dos? (J'étais un de ces efforts.) Cette abondance-là ne faisait pas l'effet de la générosité, au contraire. Elle était morne, souffreteuse, embarrassée d'elle-même. Ces arbres, ces grands corps gauches... Je me mis à rire parce que je pensais tout d'un coup aux printemps formidables qu'on décrit dans les livres, pleins de craquements, d'éclatements, d'éclosions géantes. Il y avait des imbéciles qui venaient vous parler de volonté de puissance et de lutte pour la vie. Ils n'avaient donc jamais regardé une bête ni un arbre? Ce platane, avec ses plaques de pelade, ce chêne à moitié pourri, on aurait voulu me les faire prendre pour de jeunes forces âpres

qui jaillissent vers le ciel. Et cette racine? Il aurait sans doute fallu que je me la représente comme une griffe vorace, déchirant la terre, lui arrachant sa nourriture?

Impossible de voir les choses de cette façon-là. Des mollesses, des faiblesses, oui. Les arbres flottaient. Un jaillissement vers le ciel? Un affalement plutôt; à chaque instant je m'attendais à voir les troncs se rider comme des verges lasses, se recroqueviller et choir sur le sol en un tas noir et mou avec des plis. *Ils n'avaient pas envie* d'exister, seulement ils ne pouvaient pas s'en empêcher; voilà. Alors ils faisaient toutes leurs petites cuisines, doucement, sans entrain; la sève montait lentement dans les vaisseaux, à contrecœur, et les racines s'enfonçaient lentement dans la terre. Mais ils semblaient à chaque instant sur le point de tout planter là et de s'anéantir. Las et vieux, ils continuaient d'exister, de mauvaise grâce, simplement parce qu'ils étaient trop faibles pour mourir, parce que la mort ne pouvait leur venir que de l'extérieur: Il n'y a que les airs de musique pour porter fièrement leur propre mort en soi comme une nécessité interne; seulement ils n'existent pas. Tout existant naît sans raison, se prolonge par faiblesse et meurt par rencontre. Je me laissai aller en arrière et je fermai les paupières. Mais les images, aussitôt alertées, bondirent et vinrent remplir d'existences mes yeux clos: l'existence est un plein que l'homme ne peut quitter.

Etranges images. Elles représentaient une foule de choses. Pas des choses vraies, d'autres qui leur ressemblaient. Des objets en bois qui ressemblaient à des chaises, à des sabots, d'autres objets qui ressemblaient à des plantes. Et puis deux visages: c'était le couple qui déjeunait près de moi, l'autre dimanche, à la brasserie Vézelize. Gras, chauds, sensuels, absurdes, avec les oreilles rouges. Je voyais les épaules et la gorge de la femme. De l'existence nue. Ces deux-là, — ça me fit horreur brusquement, — ces deux-là continuaient à exister quelque part, dans Bouville; quelque part, — au milieu de quelles odeurs? — cette gorge douce continuait à se caresser contre de fraîches étoffes, à se blottir dans les dentelles et la femme continuait à sentir sa gorge exister dans son corsage, à penser: « mes nénés[19], mes beaux fruits », à sourire mystérieusement, attentive à l'épanouissement de ses seins qui la chatouillaient et puis j'ai crié et je me suis retrouvé les yeux grands ouverts.

Est-ce que je l'ai rêvée, cette énorme présence? Elle était là, posée sur le jardin, dégringolée dans les arbres, toute molle, poissant tout, tout épaisse, une confiture. Et j'étais dedans, moi, avec tout le jardin? J'avais peur, mais j'étais surtout en colère, je trouvais ça si bête, si déplacé, je haïssais cette ignoble marmelade. Il y en avait, il y en avait! Ça montait jusqu'au ciel, ça s'en allait partout, ça remplissait tout de son affalement gélatineux et j'en voyais des profondeurs et des profondeurs, bien plus loin que les limites du jardin et que les maisons et que Bouville, je n'étais plus à Bouville, ni nulle part, je flottais. Je n'étais pas surpris, je savais bien que c'était le Monde, le Monde tout nu qui se montrait tout d'un coup, et j'étouffais de colère contre ce gros être absurde. On ne pouvait même pas se demander d'où ça sortait, tout ça, ni comment il se faisait qu'il existât un monde, plutôt que rien. Ça n'avait pas de sens, le monde était partout présent, devant, derrière. Il n'y avait rien eu *avant* lui. Rien. Il n'y avait pas eu de moment où il aurait pu ne pas exister. C'est bien ça qui m'irritait: bien sûr il n'y avait *aucune raison* pour qu'elle existât, cette larve coulante. *Mais il n'était pas possible* qu'elle n'existât pas. C'était impensable: pour imaginer le néant, il fallait qu'on se trouve déjà là, en plein monde et les yeux grands ouverts et vivant; le néant ça n'était qu'une idée dans ma tête, une idée existante flottant dans cette immensité: ce néant n'était pas venu *avant* l'existence, c'était une exis-tence comme une autre et apparue après beaucoup d'autres. Je criai « quelle saleté, quelle saleté! » et je me secouai pour me débarrasser de cette saleté poisseuse, mais elle tenait bon et il y en avait tant, des tonnes et des tonnes d'existence, indéfiniment: j'étouffais au fond de cet immense ennui. Et puis, tout d'un coup, le jardin se vida comme par un grand trou, le monde disparut de la même façon qu'il était venu, ou bien je me réveillai — en tout cas je ne le vis plus; il restait de la terre jaune autour de moi, d'où sortaient des branches mortes dressées en l'air.

Je me levai, je sortis. Arrivé à la grille, je me suis retourné. Alors le jardin m'a souri. Je me suis appuyé à la grille et j'ai longtemps regardé. Le sourire des arbres, du massif de laurier, ça *voulait dire* quelque chose; c'était ça le véritable secret de l'existence. Je me rappelai qu'un dimanche, il n'y a pas plus de trois semaines, j'avais déjà saisi sur les choses une sorte d'air complice. Etait-ce à moi qu'il s'adressait? Je sentais avec ennui que je n'avais aucun moyen de comprendre. Aucun moyen. Pourtant c'était là, dans l'attente, ça ressemblait à un regard. C'était là, sur le tronc du marronnier... c'était *le* marronnier. Les choses, on aurait dit des pensées qui s'arrêtaient en route, qui s'oubliaient, qui oubliaient ce qu'elles avaient voulu penser et qui restaient comme ça, ballottantes, avec un drôle de petit sens qui les dépassait. Ça m'agaçait ce petit sens: je ne *pouvais pas* le comprendre, quand bien même je serais resté cent sept ans appuyé à la grille; j'avais appris sur l'existence tout ce que je pouvais savoir. Je suis parti, je suis rentré à l'hôtel, et voilà, j'ai écrit.

---

19. Seins.

Matière à réflexion

1. Comment peut-on qualifier l'attitude de l'Autodidacte envers Roquentin? Pourquoi tant d'égards? Comment Roquentin les reçoit-il? Que pense Roquentin des autres dîneurs, et notamment des « petites danses rituelles et mécaniques » des amants? Pourquoi?

2. « Le plaisir esthétique m'est étranger », affirme l'Autodidacte. Commentez cette phrase. Relevez tous les clichés dans le discours de l'Autodidacte. Que pensez-vous de la maxime qu'il propose à Roquentin?

3. Dans le débat sur l'existence qui oppose Roquentin et l'Autodidacte, contrastez les points de vue des deux protagonistes. Pourquoi Roquentin considère-t-il que l'humanisme de l'Autodidacte est ridicule? Comment expliquez-vous sa colère? Pourquoi Roquentin refuse-t-il l'étiquette de misanthrope?

4. « (...) je sens bien que je pourrais faire n'importe quoi. Par exemple enfoncer ce couteau à fromage dans l'œil de l'Autodidacte. Après ça, tous ces gens me piétineraient, me casseraient les dents à coups de soulier. Mais ce n'est pas ça qui m'arrête: un goût de sang dans la bouche au lieu de ce goût de fromage, ça ne fait pas de différence. Seulement il faudrait faire un geste, donner naissance à un événement superflu: il serait de trop, le cri que pousserait l'Autodidacte — et le sang qui coulerait de sa joue et le sursaut de tous ces gens. Il y a bien assez de choses qui existent comme ça. » Commentez ce passage.

5. Comment Roquentin définit-il sa nausée? Comment affecte-t-elle sa perception du monde extérieur? Par quelles images fantastiques et surréalistes Sartre évoque-t-il la nausée? Quelles sensations tactiles privilégie-t-il? A-t-on eu raison de reprocher à Sartre son « excrémentialisme »? De telles images sont-elles gratuites?

6. « De trop », « L'absurdité », etc. Détaillez les étapes de la méditation de Roquentin sur la contingence. Comment Sartre parvient-il à expliquer cette notion en termes clairs? Quel est l'avantage didactique du roman, lorsqu'il s'agit d'exposer une notion philosophique?

Albert Camus

« Je ne suis pas un philosophe. Je ne crois pas assez à la raison pour croire à un système. Ce qui m'intéresse, c'est de savoir comment il faut se conduire. Et, plus précisément, comment on peut se conduire quand on ne croit ni en Dieu, ni en la raison ». Ainsi Camus a-t-il lui-même décrit les préoccupations profondes de son œuvre, et le problème moral qui sera toujours au cœur de sa réflexion.

Né en Algérie en 1913, Camus a très tôt connu les affres de la condition humaine. Tout jeune, il est confronté à la mort et à la misère. Il n'a en effet que quelques mois lorsque son père, un modeste ouvrier viticole, meurt au front en 1914. L'événement plonge les Camus dans la pauvreté; c'est désormais des maigres revenus de la mère de Camus, quasi sourde, devenue femme de ménage, que dépendra la survie de la famille. En 1930, il est atteint de tuberculose et doit interrompre ses études. Frappé à l'âge de dix-sept ans par l'idée de sa propre mort, Camus découvre, dès l'adolescence, le « sentiment de l'absurde ». Il y a pourtant, dans cette enfance difficile, une lueur de soleil[1] : la beauté de l'Algérie, la douceur de son climat et la sensualité de ses paysages, qui marqueront à jamais l'imaginaire de Camus. *Noces* (1939), son deuxième livre, sera une évocation poétique de cette Algérie natale.

La philosophie et la politique l'intéressent de bonne heure. Grâce à une bourse, il entre au lycée d'Alger, puis, exerçant divers petits métiers pour continuer ses études, suit des cours de philosophie à l'université. La maladie l'empêchera de terminer ses études. En réaction contre la misère dont il est le témoin quotidien en Algérie, il est séduit par le communisme. Il adhère au Parti communiste en 1935, mais en sera exclu deux ans plus tard : Camus, on l'a dit, ne croit pas aux systèmes, et encore moins au totalitarisme.

Avec l'aide de quelques amis, Camus crée, en 1937, une maison de la Culture à Alger. Il publie la même année son premier livre, *L'Envers et l'Endroit,* recueil de cinq essais qui sont, déjà, des méditations sur la condition humaine, souvent basées sur des expériences vécues (voyages à Prague ou en Espagne, rêverie dans un café d'Alger, etc.). Loin d'être un péché de jeunesse, ce livre contient déjà tous les germes de la pensée de Camus.

Journaliste, puis rédacteur en chef de l'*Alger Républicain,* il mène campagne contre « la misère de la Kabylie[2] » et dénonce violemment les abus du système colonial. A la veille de la guerre, il écrit sa première pièce, *Caligula* (publiée en 1944). Camus tente de s'engager en 1939, mais il est réformé pour raisons de santé. Souffrant d'une rechute de tuberculose, il part se soigner en France, et, suite au débarquement allié en Afrique du Nord en 1942, il ne peut rentrer en Algérie. Il entre alors dans la Résistance et prend la direction du journal clandestin *Combat,* où il rencontre Jean-Paul Sartre. Durant cette période troublée, il écrit ses deux grands romans, *L'Etranger* (1942) et *La Peste* (seulement publié en 1947), puis se consacre au théâtre (*Le Malentendu,* 1944; *L'Etat de siège,* 1948 et *Les Justes,* 1949). Ses œuvres de théâtre ne recevront injustement qu'un accueil assez froid. Par contre, *La Peste,* dès sa publication, est saluée par tous comme un des plus grands romans du siècle, et Camus jouit d'un respect instantané auprès du public.

Les années cinquante sont difficiles pour Camus. Il y a d'abord la tuberculose, qui s'abat à nouveau sur lui, et le force à lutter durant plusieurs mois. Il y a également le scandale qui suit la publication de son essai : *L'Homme révolté* (1952). Camus y condamnait toutes les idéologies totalitaires légitimant la violence et la mort de l'homme au nom de la raison d'Etat. Cet essai, qui est perçu dans le monde intellectuel français, comme une critique de la Révolution communiste, provoque sa rupture avec Sartre et entraîne entre les deux hommes une polémique dont Camus, le plus sensible des deux aux attaques personnelles, souffrira beaucoup moralement. Il y a, enfin, la guerre d'Algérie qui déchire Camus, partisan d'une démocratie en Algérie, mais qui, comme nombre de Français nés en Algérie, souffre d'être aliéné du pays de son enfance, qui est pour lui le plus beau pays du monde et le seul

---

1. Camus dit qu'il fut « placé à mi-distance de la misère et du soleil ». — 2. La Kabylie est une région d'Algérie.

Albert Camus

endroit où il se sente à l'aise. Ses « chroniques algériennes », publiées en 1958 sous le titre *Actuelles III,* ainsi que ses appels à la paix sont ignorés ou mal compris. Pourtant, malgré sa santé déficiente, Camus ne cesse de travailler. Il adapte pour la scène plusieurs romans (*Un Cas intéressant* de Dino Buzzati, *Requiem pour une nonne,* de William Faulkner, *Les Possédés,* de Dostoïevski), et revient au journalisme en collaborant au magazine *L'Express.* Il compose en outre quelques courts récits: *La Chute* (1956) et les nouvelles de *L'Exil et le Royaume* (1957), qui reprennent et prolongent tous les thèmes chers à Camus jusque-là. La même année, Camus obtient enfin la consécration du prix Nobel de littérature. Sa santé semblait s'améliorer lorsqu'il fut victime d'un accident de la route fatal en janvier 1960.

Camus ne se veut pas philosophe. Sartre, avec une complaisance proche parfois de la méchanceté, montrera les lacunes de l'éducation philosophique de son frère ennemi, qui n'avait pas eu, comme lui, la chance de fréquenter les grandes écoles, et n'était pas un « philosophe professionnel ». Camus affirme également ne pas croire aux systèmes. Pourtant, ce qu'il propose y ressemble fortement, à la différence essentielle qu'il ne s'agit pas d'un système philosophique ou politique, mais plutôt d'un système *éthique.* Contrairement à Sartre, c'est avant tout une *morale* qu'il recherche: comment l'homme doit-il se conduire dans un monde absurde que ni Dieu, ni la raison ne peuvent justifier?

Précisons: si l'on peut parler de système chez Camus, ce n'est guère au sens où il s'agirait d'imposer une pensée dogmatique, une manière réductrice de comprendre le monde et l'histoire. Nous faisons ici référence à la cohérence et à l'ordonnancement systématique de l'œuvre de Camus, dont toutes les parties semblent appartenir à un *plan* prémédité[3]. La diversité des genres employés — roman, théâtre, essai — correspond à l'examen méthodique des diverses facettes d'un même problème: Camus s'efforce de « faire le tour de la question ». On peut distinguer schématiquement, dans cet ensemble très organisé, les trois étapes principales de la morale camusienne.

1° L'absurde. — « L'absurde naît de la confrontation de l'appel humain avec le silence déraisonnable du monde. » L'existence humaine est absurde car elle débouche nécessairement sur la mort, et que face à la mort, toutes les expériences se valent indifféremment. Les actes de la vie quotidienne sont dénués de sens, et l'homme est soumis au tragique d'un monde qui nie irrémédiablement ses aspirations les plus profondes (à la vie, au bonheur, à la justice). Le « sentiment de l'absurde » est un des grands thèmes de *L'Etranger*[4]. Le personnage principal, Meursault, est un employé de bureau qui mène une existence monotone, où tous les actes semblent dérisoires. Il se rend à l'enterrement de sa mère, auquel il assiste avec une apparente indifférence. Il rencontre le lendemain une jeune femme, Marie, qui devient sa maîtresse. Un dimanche, Meursault et Marie vont à la plage avec un ami, Sintès. Celui-ci a eu quelques démêlés avec des Arabes, et une bagarre s'ensuit. Plus tard, ébloui par le soleil, Meursault tire des coups de feu sur un Arabe et le tue. Il est condamné à mort pour meurtre. La vie de Meursault se résume ainsi à une série de hasards et de gestes dénués de sens. « Etranger » au monde qui l'entoure, Meursault en ignore tous les codes: tout lui est égal. Pourtant, les juges donnent après coup à ses actes une signification et une cohérence qu'ils n'avaient pas. Meursault est condamné en fonction d'une idée qu'on se fait de lui — il n'a pas pleuré à l'enterrement de sa mère; il a des fréquentations « douteuses » en la personne de Sintès, etc. — fondée sur une logique conventionnelle, absurde et hypocrite. Durant ce procès, Meursault reste presque indifférent à son propre sort, comme s'il ignorait que c'était de lui qu'il s'agissait.

Devant l'absurdité de l'existence, Camus refuse la solution de la religion chrétienne, pour laquelle les souffrances « ici-bas » ne sont qu'une préparation à la vie dans « l'au-delà ». Face à l'aumônier qui vient lui offrir le secours de la religion, Meursault se révolte et refuse de croire en Dieu. Aucune transcendance religieuse ou rationnelle ne peut résoudre ou dépasser l'absurdité de l'existence.

Camus proposera donc temporairement, dans *Le Mythe de Sisyphe,* une « morale de l'absurde ». Sisyphe, qui s'était révolté contre sa mort décidée arbitrairement par les dieux, fut condamné à pousser éternellement un rocher au sommet d'une colline: à peine arrivé en haut, le rocher roulait au bas de la pente et Sisyphe devait recommencer. Pour Camus, donc, nous devons vivre avec un maximum d'intensité,

---

3. Camus a d'ailleurs organisé son œuvre par cycles: cycle de Sisyphe, cycle de Prométhée, cycle de Némésis. — 4. *L'Etranger* est en quelque sorte l'illustration romanesque d'un essai, *Le Mythe de Sisyphe.*

mais, comme Sisyphe, avec la conscience lucide que nos actes sont vains et conduisent à un échec final.

2° La révolte. — On aurait tort, cependant, de réduire Camus à ce sentiment d'exil et d'indifférence qui caractérise *L'Etranger*. Avec la guerre, et l'expérience de la Résistance contre une violence injustifiable, Camus passe d'une morale de l'absurde à un «humanisme de la révolte». *La Peste,* allégorie de la guerre, représente l'injustice et l'absurdité de la condition humaine sur le plan collectif. Ce roman est le récit d'une épidémie de peste qui frappe la ville algérienne d'Oran. Camus proteste contre les ravages de ce fléau sans cause, qui provoque la souffrance et la mort d'innocents, en particulier d'enfants. Là encore, Camus refuse toute explication théologique qui justifierait de tels ravages gratuits. Face au prêtre Paneloux, qui lui conseille d'accepter cette tragédie comme un châtiment divin, le docteur Rieux affirme: «Je refuserai jusqu'à la mort d'aimer cette création où les enfants sont torturés.»

L'absurde ne peut donc qu'entraîner la révolte, non seulement contre le Créateur, mais surtout contre la création, c'est-à-dire contre une condition humaine inacceptable: «la révolte naît du spectacle de la déraison devant une condition injuste et incompréhensible». Mais, comment au juste se révolter? *La Peste* en donne l'exemple systématique. Pour Camus, c'est en agissant de façon solidaire, en partageant la lutte des hommes contre leur condition, que l'homme peut trouver un sens à son existence et une raison de vivre. Le nihilisme ne mène à rien, sinon à accroître encore la misère de l'homme. Il faut au contraire agir et entrer en communion avec les autres hommes. Camus condamne ce qu'il nomme «la morale du boutiquier», c'est-à-dire de celui qui n'agit que par intérêt personnel et jamais par altruisme[5]. La transformation de Rambert, dans *La Peste,* est symbolique: ne pensant au départ qu'à quitter la ville pour rejoindre la femme qu'il aime, Rambert finit par comprendre que «cette affaire nous concerne tous» et rejoint la lutte contre l'épidémie menée par l'héroïque docteur Rieux.

Pour Camus, donc, en l'absence de Dieu, nous ne pouvons fonder la morale que sur l'homme: «A partir du moment ou l'homme ne croit plus en Dieu, ni en la vie immortelle, il devient responsable de tout ce qui vit, de tout ce qui, né de la douleur, est voué à souffrir la vie.» C'est dans la fraternité que l'homme trouve sa dignité. Il appartient à l'homme de donner un sens à ce monde qui n'en a pas.

3° La justice. — Camus est partisan d'un respect total de la vie humaine. Pour lui, aucune idéologie ne peut justifier le meurtre d'autrui: «il faut refuser toute légitimation de la violence, que cette légitimation (...) vienne d'une raison d'Etat absolue ou d'une philosophie totalitaire». La fin ne justifie pas les moyens: tel est le message de la pièce *Les Justes*. Le jeune révolutionnaire russe Kaliayev refuse de lancer sa bombe sur le grand-duc Serge pour éviter de tuer les enfants qui accompagnent ce dernier. Ainsi Camus condamne-t-il le communisme qui, comme le christianisme, promet à l'homme des lendemains heureux, pourvu qu'il se résigne

---

5. Certains critiques ont vu dans *La Peste* une allégorie de l'occupation nazie, qui a divisé les Français entre profiteurs et héros. Face à un mal absurde, l'homme a en effet le choix entre égoïsme et fraternité.

à se sacrifier au présent, et — au contraire de la morale chrétienne, cette fois — qu'il accepte de faire peu de cas de la vie d'autrui. De là toute la polémique qui l'opposa à Sartre, qui croyait, lui, aux vertus de la Révolution.

De même, Camus est-il farouchement opposé à la peine de mort et présente-t-il avec lucidité toutes les lacunes du système judiciaire, qui, se référant à des principes absolus, ne reconnaît pas le droit à la différence et contribue ainsi à la solitude de l'homme et au malheur de l'humanité. Pour bien comprendre le point de vue de Camus en cette matière, il faut se souvenir des nombreux procès politiques dont Camus fut le témoin dans les années quarante et cinquante: totalitarisme nazi, abus de la Libération, exécutions ordonnées par Staline, etc. Aussi les juges représentent-ils pour lui l'image d'une humanité prompte à condamner sommairement autrui, et lui font-ils craindre qu'une morale fondée sur l'homme soit impossible, puisque l'homme n'est pas bon de nature. Mais Camus croit en l'homme, il franchit cet obstacle par un acte d'amour et de confiance en l'humanité.

4° **Les joies du présent.** — Puisque l'homme a la certitude de mourir, et qu'il n'y a pas d'au-delà, il se doit d'apprécier au maximum l'instant présent, d'en tirer le plus de jouissance possible, de vivre avec intensité. Cette philosophie aux allures épicuriennes trouve sa source dans l'enfance algérienne de Camus: né dans la gêne, Camus eut malgré tout le privilège de grandir dans un pays ensoleillé («en Afrique, la mer et le soleil ne coûtent rien»). Dans *Noces,* Camus célèbre une communion euphorique avec les éléments qui rappelle l'exaltation gidienne du corps. La maladie dont a souffert Camus, alternance de rechutes et de renaissances, a elle aussi contribué à cette vision du monde, en décuplant sa passion de vivre: lorsqu'on frôle la mort à chaque récidive de la tuberculose, les périodes d'amélioration deviennent comme des hymnes à la vie. Cette soif de Camus pour la vie se retrouve dans ses romans: même au milieu des situations les plus tragiques, il arrive à ses héros de s'abandonner quelques instants à la beauté des paysages algériens, comme de goûter aux joies de la mer, et de trouver dans ces plaisirs une raison de vivre, malgré l'absurdité du monde.

L'œuvre de Camus connut des réactions diverses. Le jeune auteur adulé de *La Peste* se trouva de plus en plus critiqué dans les années cinquante, en particulier par les existentialistes, qui condamnaient la «naïveté» de son humanisme. On lui a aussi reproché d'avoir accepté le prix Nobel: il aurait dû refuser l'autocomplaisance et cracher à la figure des institutions bourgeoises. Pour bien comprendre la polémique dont Camus fut l'objet, il est nécessaire d'analyser les différences irréductibles qui l'opposent à Sartre.

Sartre et Camus: ébauche d'un parallèle incontournable

Les historiens de la littérature aiment ranger les écrivains par couples: Montaigne et Rabelais, Corneille et Racine, Voltaire et Rousseau, etc. Pour constituer un bon couple, il faut d'abord avoir d'essentiels points communs — appartenir au même siècle, au même mouvement d'idées, si possible au même genre littéraire — tout en ayant des points de vue opposés (c'est-à-dire, proposer des réponses différentes à une même question). Des polémiques bien senties, des personnalités opposées, des milieux sociaux contrastés, tout contribue encore à une définition comparative de ces deux écrivains. On dit toujours, dans un même souffle, «Sartre et Camus», comme si l'un n'existait pas sans l'autre ou plutôt comme si l'on ne pouvait comprendre toute la complexité de l'un que par contraste avec l'autre.

S'ils sont associés systématiquement par la tradition, c'est que Camus et Sartre appartiennent à une même famille, à un même climat littéraire plus large que l'existentialisme, dont Camus ne s'est d'ailleurs jamais réclamé: tous deux furent les porte-parole d'une génération de l'après-guerre préoccupée d'éthique et de politique. Tous deux ont développé une réflexion philosophique et morale au sein de la littérature, ayant pour cela recours aux mêmes genres: le roman, le théâtre et l'essai. Leur œuvre semble passer par les mêmes phases: absence de Dieu, absurdité de l'existence, liberté de l'homme, recherche d'une éthique de la liberté.

Les deux hommes sont d'abord unis par un respect mutuel, puis par une amitié qui débute en 1943. Tous deux athées, ils partagent une notion analogue de l'absurde. Le sentiment de l'absurde tel que le définit Camus n'est en effet pas très éloigné de l'«existence» telle que Sartre la conçoit. Il s'agit d'abord de constater que les gestes d'une vie machinale sont dénués de sens: «Il arrive que les décors s'écroulent. Lever, tramway, quatre heures de bureau ou d'usine, repas, tramway, quatre heures de travail, repas, sommeil et lundi mardi mercredi jeudi vendredi et samedi sur le même rythme, cette route se suit aisément la plupart du temps. Un jour seulement, le «pourquoi» s'élève et tout commence dans cette lassitude teintée d'étonnement[6].» On croirait encore entendre le Roquentin de *La Nausée* lorsque Camus nous parle de «l'hostilité primitive du monde»: «(...) voici l'étrangeté: s'apercevoir que le monde est *épais*, entrevoir à quel point une pierre est étrangère, nous est irréductible, avec quelle intensité la nature, un paysage peut nous nier. Au fond de toute beauté gît quelque chose d'inhumain et ces collines, la douceur du ciel, ces dessins d'arbres, voici qu'à la minute même, ils perdent le sens illusoire dont nous les revêtions, désormais plus lointains qu'un paradis perdu[7].»

Face à cet absurde, Camus et Sartre ont tous deux constaté la liberté de l'homme et l'écroulement des valeurs traditionnelles du bien et du mal. Ils ont donc cherché à définir une morale laïque: Sartre croit en «l'engagement», Camus en la solidarité.

Pourtant, la querelle qui éclate entre les deux auteurs en 1952 était déjà en germe dans leurs différences de sensibilité. Tâchons d'en dresser sommairement la liste:

1° — Camus aime la vie, Sartre en a horreur. Méditerranéen de naissance, Camus, qui fut confronté dès son enfance à la mort et à la misère, eut toujours un désir de vivre qui s'exprima notamment dans une relation passionnelle aux paysages de l'Algérie. Pour Sartre, au contraire, le réel ne provoque que nausée et angoisse. Il suffit de comparer l'image que ces deux auteurs présentent de la mer — plaisirs de la baignade chez Camus, dégoût de la putréfaction et des animaux grouillants chez Sartre — pour s'en convaincre.

---

6. Camus, *Le Mythe de Sisyphe*. — 7. Ibidem.

2° — Camus a connu la misère d'une enfance ouvrière, Sartre les privilèges d'une aisance bourgeoise. Différence de classe sociale qui explique une différence de rapport au monde: Sartre, grâce à son éducation bourgeoise, a d'abord connu le monde par « les mots », Camus par les choses. Rien d'étonnant dès lors à ce que Camus refuse les systèmes que Sartre au contraire s'efforce de formuler.

3° — Camus s'est engagé dans la politique bien avant Sartre. Il en a une vision plus pratique et, dira-t-on sans doute aujourd'hui, plus lucide. Camus dénonce, dans *L'Homme révolté,* tous les totalitarismes, qui font de l'humanité « un peuple de coupables cheminant sans trêve vers une impossible innocence, sous le regard des grands inquisiteurs ». Camus croit à la révolte, pas à la Révolution. Pour Sartre, c'est le contraire: la révolte, c'est la « mauvaise foi », seule la Révolution est constructive. Pourtant, des deux, c'est Camus qui sera un homme d'action, s'engageant activement dans la Résistance, alors que Sartre restera plus timide.

4° — Camus est un individu au caractère vulnérable, Sartre un « maître à penser » sûr de lui, entouré d'admirateurs: sa position institutionnelle, dans les années cinquante, est celle d'un monarque de la philosophie. Camus, face au « mythe Sartre », s'est rapidement senti isolé et « littéralement vitriolé par le doute »: la crise personnelle et les incertitudes dont Camus souffrira sont largement imputables aux critiques de Sartre. Camus, tout en ayant des idées de gauche — critique du colonialisme, des injustices sociales, etc. — eut en effet le courage de s'opposer à l'intellectualisme socialiste militant que Sartre avait rendu à la mode. Il souffrit pourtant beaucoup d'être peint par Sartre comme une « belle âme », détaché de la cause du peuple, et qui, en s'opposant à la Révolution prolétarienne, fait le jeu de la bourgeoisie. Camus ne se veut ni de droite, ni de gauche: conscient de l'ambiguïté morale de toute situation, il refuse les prises de position extrémistes et simplistes.

5° — Camus, enfin, croit en l'humanisme, lorsque Sartre n'y voit à nouveau que « mauvaise foi », et ridiculise tous ceux qui croient en la fraternité humaine en créant, dans *La Nausée,* le personnage de l'Autodidacte.

Près d'un demi-siècle après la querelle de *L'Homme révolté,* ces divergences politiques restent d'actualité. Si l'histoire a parfois donné raison à Camus, elle a aussi montré toutes les limites de sa générosité envers l'homme.

Camus et le roman

Camus a contribué lui aussi au renouvellement du roman au XXᵉ siècle. Dans *Le Miroir qui revient,* Alain Robbe-Grillet rappelle la fascination qu'un roman comme *L'Etranger* a exercée sur les nouveaux romanciers: récit d'un personnage-narrateur, indifférent au sens de ses propres actes, et qui ne cherche jamais à se justifier ni à s'analyser, ce roman évitait déjà les études de caractères et l'omniscience descriptive. Juxtaposition de phrases courtes (sans transitions logiques, pour accroître le caractère discontinu et absurde des actes de Meursault), absence de perspective temporelle, répétition de gestes dérisoires: tout cela sera exploité par le nouveau roman. En outre, *L'Etranger* remettait en cause les certitudes du langage: Meursault se refuse en effet à utiliser les termes qui renvoient à des sentiments communs qu'il ne peut comprendre: l'amour pour sa mère ou pour Marie, par exemple. C'est d'ailleurs pour sa réticence à utiliser ces mots que la société le condamne à mort: Meursault est aussi aliéné du langage.

Dans d'autres récits (comme *La Peste*), Camus, soucieux de construire un mythe, une parabole, prend un ton plus classique. Cette dimension allégorique de son œuvre va de pair avec une exploration de thèmes, de situations et de personnages (Caligula, Prométhée, le Minotaure, Sisyphe, Némésis, etc.) tirés de l'antiquité gréco-romaine. Il retrouve ainsi, dans son théâtre, le tragique des pièces de l'antiquité, et, dans ses essais et ses romans, un ton mythique, apte à dépeindre la situation de l'homme en général au travers des actes d'individus exemplaires.

Avant de lire

L'Exil et le Royaume est la dernière œuvre de fiction qu'ait publiée Albert Camus, trois ans avant sa mort accidentelle. Si Camus n'a donc pas conçu ce recueil de nouvelles comme un point final à son œuvre, nous sommes néanmoins tentés d'y trouver les signes d'une évolution de sa pensée, de deviner vers où s'orientait sa réflexion après les années difficiles qu'il venait de traverser.

Cette tâche, pourtant, n'est pas facile: les six nouvelles de *L'Exil et le Royaume* sont ambiguës et ont donné lieu à diverses querelles d'interprétation. L'on s'accorde souvent à dire que l'écriture de Camus se fait ici plus complexe que dans ses autres textes de fiction, l'allégorie y est moins facilement déchiffrable. Peut-être en réaction contre ceux qui, à cette époque, simplifiaient outrageusement sa pensée, Camus a renoncé à présenter sa thèse en termes didactiques, à offrir des définitions ou des développements. Aussi fut-il plus commode pour la critique de juger en priorité des qualités formelles de cette œuvre: on loua beaucoup le talent de conteur de Camus dans ces nouvelles (la construction admirable des intrigues, la virtuosité du style, la beauté poétique des images, etc.).

Quant au message de ces nouvelles, il ne peut se comprendre sans référence à l'œuvre entière de Camus. Synthèse de tous les grands thèmes camusiens, *L'Exil et le Royaume* reprend deux questions chères à l'auteur: d'un côté l'isolement de l'homme, son aliénation vis-à-vis de l'univers et de la société des hommes («l'exil») et de l'autre, sa recherche d'une communion fraternelle avec l'humanité («le royaume»). Ces nouvelles présentent toutes le problème de «la réintégration de l'homme dans le royaume de l'homme[8]».

---

8. Germaine Brée.

La nouvelle la plus importante, à cet égard, est celle qui clôt symboliquement le volume, et que nous présentons ici: *La Pierre qui pousse.* C'est dans cette nouvelle que s'esquisse le plus clairement la possibilité d'une solution positive à l'isolement de l'homme. Cette «fable mythique», allégorique à souhait, a pour décor la grande forêt brésilienne, où Camus avait voyagé en 1949. Un ingénieur français, d'Arrast, doit y construire une digue afin de protéger la petite ville d'Iguape des crues d'un fleuve menaçant. D'Arrast est un «exilé», quelqu'un qui n'a pas su «trouver sa place» parmi les hommes. Il se sent aussi mal à l'aise en Europe, dominée par les marchands et les policiers, qu'en Amérique du Sud, dont il ne comprend pas les coutumes «barbares». Pourtant, grâce à un geste symbolique — au cours d'une procession, il aide un autre homme à transporter une énorme pierre, tout en donnant à ce geste un sens laïque et humaniste —, d'Arrast sort de son exil et rejoint le royaume de l'homme. D'Arrast est donc un héros mythique, dont le geste prend un sens exemplaire pour la communauté des hommes toute entière.

La Pierre qui pousse

La voiture vira lourdement sur la piste de latérite[1], maintenant boueuse. Les phares découpèrent soudain dans la nuit, d'un côté de la route, puis de l'autre, deux baraques de bois couvertes de tôle. Près de la deuxième, sur la droite, on distinguait dans le léger brouillard, une tour bâtie de poutres grossières. Du sommet de la tour partait un câble métallique, invisible à son point d'attache, mais qui scintillait à mesure qu'il descendait dans la lumière des phares pour disparaître derrière le talus qui coupait la route. La voiture ralentit et s'arrêta à quelques mètres des baraques.

L'homme qui en sortit, à la droite du chauffeur, peina pour s'extirper de la portière. Une fois debout, il vacilla un peu sur son large corps de colosse. Dans la zone d'ombre, près de la voiture, affaissé par la fatigue, planté lourdement sur la terre, il semblait écouter le ralenti du moteur. Puis il marcha dans la direction du talus et entra dans le cône de lumière des phares. Il s'arrêta au sommet de la pente, son dos énorme dessiné sur la nuit. Au bout d'un instant, il se retourna. La face noire du chauffeur luisait au-dessus du tableau de bord et souriait. L'homme fit un signe; le chauffeur coupa le contact. Aussitôt, un grand silence frais tomba sur la piste et sur la forêt. On entendit alors le bruit des eaux.

L'homme regardait le fleuve, en contrebas, signalé seulement par un large mouvement d'obscurité, piqué d'écailles brillantes. Une nuit plus dense et figée, loin, de l'autre côté, devait être la rive. En regardant bien, cependant, on apercevait sur cette rive immobile une flamme jaunâtre, comme un quinquet dans le lointain. Le colosse se retourna vers la voiture et hocha la tête. Le chauffeur éteignit ses phares, les alluma, puis les fit clignoter régulièrement.

---

1. Roche de couleur rouge brique.

Sur le talus, l'homme apparaissait, disparaissait, plus grand et plus massif à chaque résurrection. Soudain, de l'autre côté du fleuve, au bout d'un bras invisible, une lanterne s'éleva plusieurs fois dans l'air. Sur un dernier signe du guetteur, le chauffeur éteignit définitivement ses phares. La voiture et l'homme disparurent dans la nuit. Les phares éteints, le fleuve était presque visible ou, du moins, quelques-uns de ses longs muscles liquides qui brillaient par intervalles. De chaque côté de la route, les masses sombres de la forêt se dessinaient sur le ciel et semblaient toutes proches. La petite pluie qui avait détrempé la piste, une heure auparavant, flottait encore dans l'air tiède, alourdissait le silence et l'immobilité de cette grande clairière au milieu de la forêt vierge. Dans le ciel noir tremblaient des étoiles embuées.

Mais de l'autre rive montèrent des bruits de chaînes, et des clapotis étouffés. Au-dessus de la baraque, à droite de l'homme qui attendait toujours, le câble se tendit. Un grincement sourd commença de le parcourir, en même temps que s'élevait du fleuve un bruit, à la fois vaste et faible, d'eaux labourées. Le grincement s'égalisa, le bruit d'eaux s'élargit encore, puis se précisa, en même temps que la lanterne grossissait. On distinguait nettement, à présent, le halo jaunâtre qui l'entourait. Le halo se dilata peu à peu et de nouveau se rétrécit, tandis que la lanterne brillait à travers la brume et commençait d'éclairer, au-dessus et autour d'elle, une sorte de toit carré en palmes sèches, soutenu aux quatre coins par de gros bambous. Ce grossier appentis, autour duquel s'agitaient des ombres confuses, avançait avec lenteur vers la rive. Lorsqu'il fut à peu près au milieu du fleuve, on aperçut distinctement, découpés dans la lumière jaune, trois petits hommes au torse nu, presque noirs, coiffés de chapeaux coniques. Ils se tenaient immobiles sur leurs jambes légèrement écartées, le corps un peu penché pour compenser la puissante dérive du fleuve soufflant de toutes ses eaux invisibles sur le flanc d'un grand radeau grossier qui, le dernier, sortit de la nuit et des eaux. Quand le bac se fut encore rapproché, l'homme distingua derrière l'appentis, du côté de l'aval, deux grands nègres coiffés,

eux aussi, de larges chapeaux de paille et vêtus seulement d'un pantalon de toile bise. Côte à côte, ils pesaient de tous leurs muscles sur des perches qui s'enfonçaient lentement dans le fleuve, vers l'arrière du radeau, pendant que les nègres, du même mouvement ralenti, s'inclinaient au-dessus des eaux jusqu'à la limite de l'équilibre. A l'avant, les trois mulâtres, immobiles, silencieux, regardaient venir la rive sans lever les yeux vers celui qui les attendait.

Le bac cogna soudain contre l'extrémité d'un embarcadère qui avançait dans l'eau et que la lanterne, qui oscillait sous le choc, venait seulement de révéler. Les grands nègres s'immobilisèrent, les mains au-dessus de leur tête, agrippées à l'extrémité des perches à peine enfoncées, mais les muscles tendus et parcourus d'un frémissement continu qui semblait venir de l'eau elle-même et de sa pesée. Les autres passeurs lancèrent des chaînes autour des poteaux de l'embarcadère, sautèrent sur les planches, et rabattirent une sorte de pont-levis grossier qui recouvrit d'un plan incliné l'avant du radeau.

L'homme revint vers la voiture et s'y installa pendant que le chauffeur mettait son moteur en marche. La voiture aborda lentement le talus, pointa son capot vers le ciel, puis le rabattit vers le fleuve et entama la pente. Les freins serrés, elle roulait, glissait un peu sur la boue, s'arrêtait, repartait. Elle s'engagea sur l'embarcadère dans un bruit de planches rebondissantes, atteignit l'extrémité où les mulâtres, toujours silencieux, s'étaient rangés de chaque côté, et plongea doucement vers le radeau. Celui-ci piqua du nez dans l'eau dès que les roues avant l'atteignirent et remonta presque aussitôt pour recevoir le poids entier de la voiture. Puis le chauffeur laissa courir sa machine jusqu'à l'arrière, devant le toit carré où pendait la lanterne. Aussitôt, les mulâtres replièrent le plan incliné sur l'embarcadère et sautèrent d'un seul mouvement sur le bac, le décollant en même temps de la rive boueuse. Le fleuve s'arc-bouta sous le radeau et le souleva sur la surface des eaux où il dériva lentement au bout de la longue tringle qui courait maintenant dans le ciel, le long du câble. Les grands noirs détendirent alors leur effort et ramenèrent les perches. L'homme et le chauffeur sortirent de la voiture et vinrent s'immobiliser sur le bord du radeau, face à l'amont. Personne n'avait parlé pendant la manœuvre et, maintenant encore, chacun se tenait à sa place, immobile et silencieux, excepté un des grands nègres qui roulait une cigarette dans du papier grossier.

L'homme regardait la trouée par où le fleuve surgissait de la grande forêt brésilienne et descendait vers eux. Large à cet endroit de plusieurs centaines de mètres, il pressait des eaux troubles et soyeuses sur le flanc du bac puis, libéré aux deux extrémités, le débordait et s'étalait à nouveau en un seul flot puissant qui coulait doucement, à travers la forêt obscure, vers la mer et la nuit. Une odeur fade, venue de l'eau ou du ciel spongieux, flottait. On entendait maintenant le clapotis des eaux lourdes sous le bac et, venus des deux rives, l'appel espacé des crapauds-buffles ou d'étranges cris d'oiseaux. Le colosse se rapprocha du chauffeur. Celui-ci, petit et maigre, appuyé contre un des piliers de bambou, avait enfoncé ses poings dans les poches d'une combinaison autrefois bleue, maintenant couverte de la poussière rouge qu'ils avaient remâchée pendant toute la journée. Un sourire épanoui sur son visage tout plissé malgré sa jeunesse, il regardait sans les voir les étoiles exténuées qui nageaient encore dans le ciel humide.

Mais les cris d'oiseaux se firent plus nets, des jacassements inconnus s'y mêlèrent et, presque aussitôt, le câble se mit à grincer. Les grands noirs enfoncèrent leurs perches et tâtonnèrent, avec des gestes d'aveugles, à la recherche du fond. L'homme se retourna vers la rive qu'ils venaient de quitter. Elle était à son tour recouverte par la nuit et les eaux, immense et farouche comme le continent d'arbres qui s'étendait au-delà sur des milliers de kilomètres. Entre l'océan tout proche et cette mer végétale, la poignée d'hommes qui dérivait à cette heure sur un fleuve sauvage semblait maintenant perdue. Quand le radeau heurta le nouvel embarcadère ce fut comme si, toutes amarres rompues, ils abordaient une île dans les ténèbres, après des jours de navigation effrayée.

A terre, on entendit enfin la voix des hommes. Le chauffeur venait de les payer et, d'une voix étrangement gaie dans la nuit lourde, ils saluaient en portugais la voiture qui se remettait en marche.

« Ils ont dit soixante, les kilomètres d'Iguape[2]. Trois heures tu roules et c'est fini. Socrate est content », annonça le chauffeur.

L'homme rit, d'un bon rire, massif et chaleureux, qui lui ressemblait.

« Moi aussi, Socrate, je suis content. La piste est dure.

— Trop lourd, monsieur d'Arrast, tu es trop lourd », et le chauffeur riait aussi sans pouvoir s'arrêter.

La voiture avait pris un peu de vitesse. Elle roulait entre de hauts murs d'arbres et de végétation inextricable, au milieu d'une odeur molle et sucrée. Des vols entrecroisés de mouches lumineuses traversaient sans cesse l'obscurité de la forêt et, de loin en loin, des oiseaux aux yeux rouges venaient battre pendant une seconde le pare-brise. Parfois, un feulement étrange leur parvenait des profondeurs de la nuit et le chauffeur regardait son voisin en roulant comiquement les yeux.

La route tournait et retournait, franchissait de petites rivières sur des ponts de planches bringuebalantes. Au bout d'une heure, la brume commença de s'épaissir. Une petite pluie fine, qui dissolvait la lumière des phares, se mit à tomber. D'Arrast, malgré les secousses, dormait à moitié. Il ne roulait plus dans la forêt humide, mais à nouveau sur les routes de la Serra[3] qu'ils avaient prises le matin, au sortir de São Paulo. Sans arrêt, de ces pistes de terre s'élevait la poussière rouge dont ils avaient encore le goût dans la bouche et qui, de chaque côté, aussi loin que portait la vue, recouvrait la végétation rare de la steppe. Le soleil lourd, les montagnes pâles et ravinées, les zébus[4] faméliques rencontrés

---

2. Le chauffeur, nommé Socrate, parle un français « pidgin », simplifié. Il dit ici qu'il y a soixante kilomètres jusqu'au village d'Iguape. — 3. Chaîne de montagnes, en portugais (cf. l'espagnol « sierra »). — 4. Animaux semblables aux bœufs, avec une bosse sur le dos.

sur les routes avec, pour seule escorte, un vol fatigué d'urubus[5] dépenaillés, la longue, longue navigation à travers un désert rouge... Il sursauta. La voiture s'était arrêtée. Ils étaient maintenant au Japon: des maisons à la décoration fragile de chaque côté de la route et, dans les maisons, des kimonos furtifs. Le chauffeur parlait à un Japonais, vêtu d'une combinaison sale, coiffé d'un chapeau de paille brésilien. Puis la voiture démarra.

«Il a dit quarante kilomètres seulement.

— Où étions-nous? A Tokio?

— Non, Registro. Chez nous tous les Japonais viennent là.

— Pourquoi?

— On sait pas. Ils sont jaunes, tu sais, monsieur d'Arrast.»

Mais la forêt s'éclaircissait un peu, la route devenait plus facile, quoique glissante. La voiture patinait sur du sable. Par la portière, entrait un souffle humide, tiède, un peu aigre.

«Tu sens, dit le chauffeur avec gourmandise, c'est la bonne mer. Bientôt Iguape.

— Si nous avons assez d'essence», dit d'Arrast.

Et il se rendormit paisiblement.

Au petit matin, d'Arrast, assis dans son lit, regardait avec étonnement la salle où il venait de se réveiller. Les grands murs, jusqu'à mi-hauteur, étaient fraîchement badigeonnés de chaux brune. Plus haut, ils avaient été peints en blanc à une époque lointaine et des lambeaux de croûtes jaunâtres les recouvraient jusqu'au plafond. Deux rangées de six lits se faisaient face. D'Arrast ne voyait qu'un lit défait à l'extrémité de sa rangée, et ce lit était vide. Mais il entendit du bruit à sa gauche et se retourna vers la porte où Socrate, une bouteille d'eau minérale dans chaque main, se tenait en riant. «Heureux souvenir!» disait-il. D'Arrast se secoua. Oui, l'hôpital où le maire les avait logés la veille s'appelait «Heureux souvenir». «Sûr souvenir, continuait Socrate. Ils m'ont dit d'abord construire l'hôpital, plus tard construire l'eau. En attendant, heu-

reux souvenir, tiens l'eau piquante pour te laver.» Il disparut, riant et chantant, nullement épuisé, en apparence, par les éternuements cataclysmiques qui l'avaient secoué toute la nuit et avaient empêché d'Arrast de fermer l'œil.

Maintenant, d'Arrast était tout à fait réveillé. A travers les fenêtres grillagées, en face de lui, il apercevait une petite cour de terre rouge, détrempée par la pluie qu'on voyait couler sans bruit sur un bouquet de grands aloès. Une femme passait, portant à bout de bras un foulard jaune déployé au-dessus de sa tête. D'Arrast se recoucha, puis se redressa aussitôt et sortit du lit qui plia et gémit sous son poids. Socrate entrait au même moment: «A toi, monsieur d'Arrast. Le maire attend dehors.» Mais devant l'air de d'Arrast: «Reste tranquille, lui jamais pressé.»

Rasé à l'eau minérale, d'Arrast sortit sous le porche du pavillon. Le maire qui avait la taille et, sous ses lunettes cerclées d'or, la mine d'une belette aimable, semblait absorbé dans une contemplation morne de la pluie. Mais un ravissant sourire le transfigura dès qu'il aperçut d'Arrast. Il raidit sa petite taille, se précipita et tenta d'entourer de ses bras le torse de «M. l'ingénieur». Au même moment, une voiture freina devant eux, de l'autre côté du petit mur de la cour, dérapa dans la glaise mouillée, et s'arrêta de guingois[6]. «Le juge!» dit le maire. Le juge, comme le maire, était habillé de bleu marine. Mais il était beaucoup plus jeune ou, du moins, le paraissait à cause de sa taille élégante et son frais visage d'adolescent étonné. Il traversait maintenant la cour, dans leur direction, en évitant les flaques d'eau avec beaucoup de grâce. A quelques pas de d'Arrast, il tendait déjà les bras et lui souhaitait la bienvenue. Il était fier d'accueillir M. l'ingénieur, c'était un honneur que ce dernier faisait à leur pauvre ville, il se réjouissait du service inestimable que M. l'ingénieur allait rendre à Iguape par la construction de cette petite digue qui éviterait l'inondation périodique des bas quartiers. Commander aux eaux, dompter les

---

5. Vautours de petite taille, répandus en Amérique tropicale. — 6. De travers, obliquement.

fleuves, ah! le grand métier, et sûrement les pauvres gens d'Iguape retiendraient le nom de M. l'ingénieur et dans beaucoup d'années encore le prononceraient dans leurs prières. D'Arrast, vaincu par tant de charme et d'éloquence, remercia et n'osa plus se demander ce qu'un juge pouvait avoir à faire avec une digue. Au reste, il fallait, selon le maire, se rendre au club où les notables désiraient recevoir dignement M. l'ingénieur avant d'aller visiter les bas quartiers. Qui étaient les notables?

« Eh! bien, dit le maire, moi-même, en tant que maire, M. Carvalho, ici présent, le capitaine du port, et quelques autres moins importants. D'ailleurs, vous n'aurez pas à vous en occuper, ils ne parlent pas français. »

D'Arrast appela Socrate et lui dit qu'il le retrouverait à la fin de la matinée.

« Bien oui, dit Socrate. J'irai au Jardin de la Fontaine.

— Au Jardin?

— Oui, tout le monde connaît. Sois pas peur[7], monsieur d'Arrast. »

L'hôpital, d'Arrast s'en aperçut en sortant, était construit en bordure de la forêt, dont les frondaisons massives surplombaient presque les toits. Sur toute la surface des arbres tombait maintenant un voile d'eau fine que la forêt épaisse absorbait sans bruit, comme une énorme éponge. La ville, une centaine de maisons, à peu près, couvertes de tuiles aux couleurs éteintes, s'étendait entre la forêt et le fleuve, dont le souffle lointain parvenait jusqu'à l'hôpital. La voiture s'engagea d'abord dans des rues détrempées et déboucha presque aussitôt sur une place rectangulaire, assez vaste, qui gardait dans son argile rouge, entre de nombreuses flaques, des traces de pneus, de roues ferrées et de sabots. Tout autour, les maisons basses, couvertes de crépi multicolore, fermaient la place derrière laquelle on apercevait les deux tours rondes d'une église bleue et blanche, de style colonial. Sur ce décor nu flottait, venant de l'estuaire, une odeur de sel. Au milieu de la place erraient quelques silhouettes mouillées. Le long des maisons, une foule bigarrée de gauchos, de Japonais, d'Indiens métis et de notables élégants, dont les complets sombres paraissaient ici exotiques, circulaient à petits pas, avec des gestes lents. Ils se garaient sans hâte, pour faire place à la voiture, puis s'arrêtaient et la suivaient du regard. Lorsque la voiture stoppa devant une des maisons de la place, un cercle de gauchos humides se forma silencieusement autour d'elle.

Au club, une sorte de petit bar au premier étage, meublé d'un comptoir de bambous et de guéridons en tôle, les notables étaient nombreux. On but de l'alcool de canne en l'honneur de d'Arrast, après que le maire, verre en main, lui eut souhaité la bienvenue et tout le bonheur du monde. Mais pendant que d'Arrast buvait, près de la fenêtre, un grand escogriffe, en culotte de cheval et leggins, vint lui tenir, en chancelant un peu, un discours rapide et obscur où l'ingénieur reconnut seulement le mot « passeport ». Il hésita, puis sortit le document dont l'autre s'empara avec voracité. Après avoir feuilleté le passeport, l'escogriffe afficha une mauvaise humeur évidente. Il reprit son discours, secouant le carnet sous le nez de l'ingénieur qui, sans s'émouvoir, contemplait le furieux. A ce moment, le juge, souriant, vint demander de quoi il était question. L'ivrogne examina un moment la frêle créature qui se permettait de l'interrompre puis, chancelant de façon plus dangereuse, secoua encore le passeport devant les yeux de son nouvel interlocuteur. D'Arrast, paisiblement, s'assit près d'un guéridon et attendit. Le dialogue devint très vif et, soudain, le juge étrenna une voix fracassante qu'on ne lui aurait pas soupçonnée. Sans que rien l'eût fait prévoir, l'escogriffe battit soudain en retraite avec l'air d'un enfant pris en faute. Sur une dernière injonction du juge, il se dirigea vers la porte, de la démarche oblique du cancre puni, et disparut.

Le juge vint aussitôt expliquer à d'Arrast, d'une voix redevenue harmonieuse, que ce grossier personnage était le chef de la police, qu'il osait prétendre que le passe-

---

7. N'aie pas peur.

port n'était pas en règle et qu'il serait puni de son incartade. M. Carvalho s'adressa ensuite aux notables, qui faisaient cercle, et sembla les interroger. Après une courte discussion, le juge exprima des excuses solennelles à d'Arrast, lui demanda d'admettre que seule l'ivresse pouvait expliquer un tel oubli des sentiments de respect et de reconnaissance que lui devait la ville d'Iguape tout entière et, pour finir, lui demanda de bien vouloir décider lui-même de la punition qu'il convenait d'infliger à ce personnage calamiteux. D'Arrast dit qu'il ne voulait pas de punition, que c'était un incident sans importance et qu'il était surtout pressé d'aller au fleuve. Le maire prit alors la parole pour affirmer avec beaucoup d'affectueuse bonhomie qu'une punition, vraiment, était indispensable, que le coupable resterait aux arrêts et qu'ils attendraient tous ensemble que leur éminent visiteur voulût bien décider de son sort. Aucune protestation ne put fléchir cette rigueur souriante et d'Arrast dut promettre qu'il réfléchirait. On décida ensuite de visiter les bas quartiers.

Le fleuve étalait déjà largement ses eaux jaunies sur les rives basses et glissantes. Ils avaient laissé derrière eux les dernières maisons d'Iguape et ils se trouvaient entre le fleuve et un haut talus escarpé où s'accrochaient des cases de torchis et de branchages. Devant eux, à l'extrémité du remblai, la forêt recommençait, sans transition, comme sur l'autre rive. Mais la trouée des eaux s'élargissait rapidement entre les arbres jusqu'à une ligne indistincte, un peu plus grise que jaune, qui était la mer. D'Arrast, sans rien dire, marcha vers le talus au flanc duquel les niveaux différents des crues avaient laissé des traces encore fraîches. Un sentier boueux remontait vers les cases. Devant ces dernières, des noirs se dressaient, silencieux, regardant les nouveaux venus. Quelques couples se tenaient par la main et, tout au bord du remblai, devant les adultes, une rangée de tendres négrillons, au ventre ballonné et aux cuisses grêles, écarquillaient des yeux ronds.

Parvenu devant les cases, d'Arrast appela d'un geste le commandant du port.

Celui-ci était un gros noir rieur vêtu d'un uniforme blanc. D'Arrast lui demanda en espagnol s'il était possible de visiter une case. Le commandant en était sûr, il trouvait même que c'était une bonne idée, et M. l'Ingénieur allait voir des choses très intéressantes. Il s'adressa aux noirs, leur parlant longuement, en désignant d'Arrast et le fleuve. Les autres écoutaient, sans mot dire. Quand le commandant eut fini, personne ne bougea. Il parla de nouveau, d'une voix impatiente. Puis, il interpella un des hommes qui secoua la tête. Le commandant dit alors quelques mots brefs sur un ton impératif. L'homme se détacha du groupe, fit face à d'Arrast et, d'un geste, lui montra le chemin. Mais son regard était hostile. C'était un homme assez âgé, à la tête couverte d'une courte laine grisonnante, le visage mince et flétri, le corps pourtant jeune encore, avec de dures épaules sèches et des muscles visibles sous le pantalon de toile et la chemise déchirée. Ils avancèrent, suivis du commandant et de la foule des noirs, et grimpèrent sur un nouveau talus, plus déclive, où les cases de terre, de fer-blanc et de roseaux s'accrochaient si difficilement au sol qu'il avait fallu consolider leur base avec de grosses pierres. Ils croisèrent une femme qui descendait le sentier, glissant parfois sur ses pieds nus, portant haut sur la tête un bidon de fer plein d'eau. Puis, ils arrivèrent à une sorte de petite place délimitée par trois cases. L'homme marcha vers l'une d'elles et poussa une porte de bambous dont les gonds étaient faits de lianes. Il s'effaça, sans rien dire, fixant l'ingénieur du même regard impassible. Dans la case, d'Arrast ne vit d'abord rien qu'un feu mourant, à même le sol, au centre exact de la pièce. Puis, il distingua dans un coin, au fond, un lit de cuivre au sommier nu et défoncé, une table dans l'autre coin, couverte d'une vaisselle de terre et, entre les deux, une sorte de tréteau où trônait un chromo[8] représentant saint Georges. Pour le reste, rien qu'un tas de loques, à droite de l'entrée et, au plafond, quelques pagnes multicolores qui séchaient au-dessus du feu. D'Arrast, immobile, respirait l'odeur de fumée et de

---

8. Image lithographique en couleur. Il s'agit ici d'une image sainte.

misère qui montait du sol et le prenait à la gorge. Derrière lui, le commandant frappa dans ses mains. L'ingénieur se retourna et, sur le seuil, à contre-jour, il vit seulement arriver la gracieuse silhouette d'une jeune fille noire qui lui tendait quelque chose: il se saisit d'un verre et but l'épais alcool de canne qu'il contenait. La jeune fille tendit son plateau pour recevoir le verre vide et sortit dans un mouvement si souple et si vivant que d'Arrast eut soudain envie de la retenir.

Mais, sorti derrière elle, il ne la reconnut pas dans la foule des noires et des notables qui s'était amassée autour de la case. Il remercia le vieil homme, qui s'inclina sans un mot. Puis il partit. Le commandant, derrière lui, reprenait ses explications, demandait quand la Société française de Rio pourrait commencer les travaux et si la digue pourrait être construite avant les grandes pluies. D'Arrast ne savait pas, il n'y pensait pas en vérité. Il descendait vers le fleuve frais, sous la pluie impalpable. Il écoutait toujours ce grand bruit spacieux qu'il n'avait cessé d'entendre depuis son arrivée, et dont on ne pouvait dire s'il était fait du froissement des eaux ou des arbres. Parvenu sur la rive, il regardait au loin la ligne indécise de la mer, les milliers de kilomètres d'eaux solitaires et l'Afrique, et, au-delà, l'Europe d'où il venait.

«Commandant, dit-il, de quoi vivent ces gens que nous venons de voir?

— Ils travaillent quand on a besoin d'eux, dit le commandant. Nous sommes pauvres.

— Ceux-là sont les plus pauvres?

— Ils sont les plus pauvres.»

Le juge qui, à ce moment-là, arrivait en glissant légèrement sur ses fins souliers dit qu'ils aimaient déjà M. l'Ingénieur qui allait leur donner du travail.

«Et vous savez, dit-il, ils dansent et ils chantent tous les jours.»

Puis, sans transition, il demanda à d'Arrast s'il avait pensé à la punition.

«Quelle punition?

— Eh bien, notre chef de police.

— Il faut le laisser.» Le juge dit que ce n'était pas possible et qu'il fallait punir. D'Arrast marchait déjà vers Iguape.

Dans le petit Jardin de la Fontaine, mystérieux et doux sous la pluie fine, des grappes de fleurs étranges dévalaient le long des lianes entre les bananiers et les pandanus[9]. Des amoncellements de pierres humides marquaient le croisement des sentiers où circulait, à cette heure, une foule bariolée. Des métis, des mulâtres, quelques gauchos y bavardaient à voix faible ou s'enfonçaient, du même pas lent, dans les allées de bambous jusqu'à l'endroit où les bosquets et les taillis devenaient plus denses, puis impénétrables. Là, sans transition, commençait la forêt.

D'Arrast cherchait Socrate au milieu de la foule quand il le reçut dans son dos.

«C'est la fête, dit Socrate en riant, et il s'appuyait sur les hautes épaules de d'Arrast pour sauter sur place.

— Quelle fête?

— Eh! s'étonna Socrate qui faisait face maintenant à d'Arrast, tu connais pas? La fête du bon Jésus. Chaque l'année, tous viennent à la grotte avec le marteau.»

Socrate montrait non pas une grotte, mais un groupe qui semblait attendre dans un coin du jardin.

«Tu vois! Un jour, la bonne statue de Jésus, elle est arrivée de la mer, en remontant le fleuve. Des pêcheurs l'a trouvée. Que belle! Que belle! Alors, ils l'a lavée ici dans la grotte. Et maintenant une pierre a poussé dans la grotte. Chaque année, c'est la fête. Avec le marteau, tu casses des morceaux pour le bonheur béni. Et puis quoi, elle pousse toujours, toujours tu casses. C'est le miracle.»

Ils étaient arrivés à la grotte dont on apercevait l'entrée basse par-dessus les hommes qui attendaient. A l'intérieur, dans l'ombre piquée par des flammes tremblantes de bougies, une forme accroupie cognait en ce moment avec un marteau. L'homme, un gaucho maigre aux longues moustaches, se releva et sortit, tenant dans sa paume offerte à tous un petit morceau

_____

9. Sorte de palmiers.

de schiste humide sur lequel, au bout de quelques secondes, et avant de s'éloigner, il referma la main avec précaution. Un autre homme alors entra dans la grotte en se baissant.

D'Arrast se retourna. Autour de lui, les pèlerins attendaient, sans le regarder, impassibles sous l'eau qui descendait des arbres en voiles fins. Lui aussi attendait, devant cette grotte, sous la même brume d'eau, et il ne savait quoi. Il ne cessait d'attendre, en vérité, depuis un mois qu'il était arrivé dans ce pays. Il attendait, dans la chaleur rouge des jours humides, sous les étoiles menues de la nuit, malgré les tâches qui étaient les siennes, les digues à bâtir, les routes à ouvrir, comme si le travail qu'il était venu faire ici n'était qu'un prétexte, l'occasion d'une surprise, ou d'une rencontre qu'il n'imaginait même pas, mais qui l'aurait attendu, patiemment, au bout du monde. Il se secoua, s'éloigna sans que personne, dans le petit groupe, fît attention à lui, et se dirigea vers la sortie. Il fallait retourner au fleuve et travailler.

Mais Socrate l'attendait à la porte, perdu dans une conversation volubile avec un homme petit et gros, râblé, à la peau jaune plutôt que noire. Le crâne complètement rasé de ce dernier agrandissait encore un front de belle courbure. Son large visage lisse s'ornait au contraire d'une barbe très noire, taillée en carré.

«Celui-là, champion! dit Socrate en guise de présentation. Demain, il fait la procession.»

L'homme, vêtu d'un costume marin en grosse serge, un tricot à raies bleues et blanches sous la vareuse marinière, examinait d'Arrast, attentivement, de ses yeux noirs et tranquilles. Il souriait en même temps de toutes ses dents très blanches entre les lèvres pleines et luisantes.

«Il parle d'espagnol[10], dit Socrate et, se tournant vers l'inconnu:

— Raconte M. d'Arrast.» Puis, il partit en dansant vers un autre groupe. L'homme cessa de sourire et regarda d'Arrast avec une franche curiosité.

«Ça t'intéresse, Capitaine?

— Je ne suis pas capitaine, dit d'Arrast.

— Ça ne fait rien. Mais tu es seigneur[11]. Socrate me l'a dit.

— Moi, non. Mais mon grand-père l'était. Son père aussi et tous ceux d'avant son père. Maintenant, il n'y a plus de seigneurs dans nos pays.

— Ah! dit le noir en riant, je comprends, tout le monde est seigneur.

— Non, ce n'est pas cela. Il n'y a ni seigneurs ni peuple.»

L'autre réfléchissait, puis il se décida:

«Personne ne travaille, personne ne souffre?

— Oui, des millions d'hommes.

— Alors, c'est le peuple.

— Comme cela oui, il y a un peuple. Mais ses maîtres sont des policiers ou des marchands.»

Le visage bienveillant du mulâtre se referma. Puis, il grogna: «Humph! Acheter et vendre, hein! Quelle saleté! Et avec la police, les chiens commandent.»

Sans transition, il éclata de rire.

«Toi, tu ne vends pas?

— Presque pas. Je fais des ponts, des routes.

— Bon, ça! Moi, je suis coq[12] sur un bateau. Si tu veux, je te ferai notre plat de haricots noirs.

— Je veux bien.»

Le coq se rapprocha de d'Arrast et lui prit le bras.

«Ecoute, j'aime ce que tu dis. Je vais te dire aussi. Tu aimeras peut-être.»

Il l'entraîna, près de l'entrée, sur un banc de bois humide, au pied d'un bouquet de bambous.

«J'étais en mer, au large d'Iguape, sur un petit pétrolier qui fait le cabotage pour approvisionner les ports de la côte. Le feu a pris à bord. Pas par ma faute, eh! je sais mon métier! Non, le malheur! Nous avons pu mettre les canots à l'eau. Dans la nuit, la mer s'est levée, elle a roulé le canot, j'ai coulé. Quand je suis remonté, j'ai heurté le canot de la tête. J'ai dérivé. La nuit était noire, les eaux sont grandes et puis je nage

---

10. Il parle espagnol. — 11. Allusion à la particule aristocratique du nom d'Arrast. — 12. Cuisinier (déformation pidgin du mot anglais «cook»).

mal, j'avais peur. Tout d'un coup, j'ai vu une lumière au loin, j'ai reconnu le dôme de l'église du bon Jésus à Iguape. Alors, j'ai dit au bon Jésus que je porterais à la procession une pierre de cinquante kilos sur la tête s'il me sauvait. Tu ne me crois pas, mais les eaux se sont calmées et mon cœur aussi. J'ai nagé doucement, j'étais heureux, et je suis arrivé à la côte. Demain, je tiendrai ma promesse. »

Il regarda d'Arrast d'un air soudain soupçonneux.

« Tu ne ris pas, hein?

— Je ne ris pas. Il faut faire ce que l'on a promis. »

L'autre lui frappa sur l'épaule.

« Maintenant, viens chez mon frère, près du fleuve. Je te cuirai des haricots.

— Non, dit d'Arrast, j'ai à faire. Ce soir, si tu veux.

— Bon. Mais cette nuit, on danse et on prie, dans la grande case. C'est la fête pour saint Georges. » D'Arrast lui demanda s'il dansait aussi. Le visage du coq se durcit tout d'un coup; ses yeux, pour la première fois, fuyaient.

« Non, non, je ne danserai pas. Demain, il faut porter la pierre. Elle est lourde. J'irai ce soir, pour fêter le saint. Et puis je partirai tôt.

— Ça dure longtemps?

— Toute la nuit, un peu le matin. »

Il regarda d'Arrast, d'un air vaguement honteux.

« Viens à la danse. Et tu m'emmèneras après. Sinon, je resterai, je danserai, je ne pourrai peut-être pas m'empêcher.

— Tu aimes danser? »

Les yeux du coq brillèrent d'une sorte de gourmandise.

« Oh! oui, j'aime. Et puis il y a les cigares, les saints, les femmes. On oublie tout, on n'obéit plus.

— Il y a des femmes? Toutes les femmes de la ville?

— De la ville, non, mais des cases. »

Le coq retrouva son sourire.

« Viens. Au capitaine, j'obéis. Et tu m'aideras à tenir demain la promesse. »

D'Arrast se sentit vaguement agacé. Que lui faisait cette absurde promesse? Mais il regarda le beau visage ouvert qui lui souriait avec confiance et dont la peau noire luisait de santé et de vie.

« Je viendrai, dit-il. Maintenant, je vais t'accompagner un peu. »

Sans savoir pourquoi, il revoyait en même temps la jeune fille noire lui présenter l'offrande de bienvenue.

Ils sortirent du jardin, longèrent quelques rues boueuses et parvinrent sur la place défoncée que la faible hauteur des maisons qui l'entouraient faisait paraître encore plus vaste. Sur le crépi des murs, l'humidité ruisselait maintenant, bien que la pluie n'eût pas augmenté. A travers les espaces spongieux du ciel, la rumeur du fleuve et des arbres parvenait, assourdie, jusqu'à eux. Ils marchaient d'un même pas, lourd chez d'Arrast, musclé chez le coq. De temps en temps, celui-ci levait la tête et souriait à son compagnon. Ils prirent la direction de l'église qu'on apercevait au-dessus des maisons, atteignirent l'extrémité de la place, longèrent encore des rues boueuses où flottaient maintenant des odeurs agressives de cuisine. De temps en temps, une femme, tenant une assiette ou un instrument de cuisine, montrait dans l'une des portes un visage curieux, et disparaissait aussitôt. Ils passèrent devant l'église, s'enfoncèrent dans un vieux quartier, entre les mêmes maisons basses, et débouchèrent soudain sur le bruit du fleuve invisible, derrière le quartier des cases que d'Arrast reconnut.

« Bon. Je te laisse. A ce soir, dit-il.

— Oui, devant l'église. »

Mais le coq retenait en même temps la main de d'Arrast. Il hésitait. Puis il se décida:

« Et toi, n'as-tu jamais appelé, fait une promesse?

— Si, une fois, je crois.

— Dans un naufrage?

— Si tu veux. » Et d'Arrast dégagea sa main brusquement. Mais au moment de tourner les talons, il rencontra le regard du coq. Il hésita, puis sourit.

« Je puis te le dire, bien que ce soit sans importance. Quelqu'un allait mourir par ma faute. Il me semble que j'ai appelé.

— Tu as promis?

— Non. J'aurais voulu promettre.

— Il y a longtemps?

— Peu avant de venir ici. »

Le coq prit sa barbe à deux mains. Ses yeux brillaient.

«Tu es un capitaine, dit-il. Ma maison est la tienne. Et puis, tu vas m'aider à tenir ma promesse, c'est comme si tu la faisais toi-même. Ça t'aidera aussi. »

D'Arrast sourit: «Je ne crois pas.

— Tu es fier, Capitaine.

— J'étais fier, maintenant je suis seul. Mais dis-moi seulement, ton bon Jésus t'a toujours répondu?

— Toujours, non, Capitaine!

— Alors? »

Le coq éclata d'un rire frais et enfantin.

«Eh bien, dit-il, il est libre, non? »

Au club, où d'Arrast déjeunait avec les notables, le maire lui dit qu'il devait signer le livre d'or de la municipalité pour qu'un témoignage subsistât au moins du grand événement que constituait sa venue à Iguape. Le juge de son côté trouva deux ou trois nouvelles formules pour célébrer, outre les vertus et les talents de leur hôte, la simplicité qu'il mettait à représenter parmi eux le grand pays auquel il avait l'honneur d'appartenir. D'Arrast dit seulement qu'il y avait cet honneur, qui certainement en était un, selon sa conviction, et qu'il y avait aussi l'avantage pour sa société d'avoir obtenu l'adjudication de ces longs travaux. Sur quoi le juge se récria devant tant d'humilité. «A propos, dit-il, avez-vous pensé à ce que nous devons faire du chef de la police? » D'Arrast le regarda en souriant. «J'ai trouvé. » Il considérerait comme une faveur personnelle, et une grâce très exceptionnelle, qu'on voulût bien pardonner en son nom à cet étourdi, afin que son séjour, à lui, d'Arrast, qui se réjouissait tant de connaître la belle ville d'Iguape et ses généreux habitants, pût commencer dans un climat de concorde et d'amitié. Le juge, attentif et souriant, hochait la tête. Il médita un moment la formule, en connaisseur, s'adressa ensuite aux assistants pour leur faire applaudir les magnanimes traditions de la grande nation française et, tourné de nouveau vers d'Arrast, se déclara satisfait. «Puisqu'il en est ainsi, conclut-il, nous dînerons ce soir avec le chef. » Mais d'Arrast dit qu'il était invité par des amis à la cérémonie de danses, dans les cases. «Ah, oui! dit le juge. Je suis content que vous y alliez. Vous verrez, on ne peut s'empêcher d'aimer notre peuple. »

Le soir, d'Arrast, le coq et son frère étaient assis autour du feu éteint, au centre de la case que l'ingénieur avait déjà visitée le matin. Le frère n'avait pas paru surpris de le revoir. Il parlait à peine l'espagnol et se bornait la plupart du temps à hocher la tête. Quant au coq, il s'était intéressé aux cathédrales, puis avait longuement disserté sur la soupe aux haricots noirs. Maintenant, le jour était presque tombé et si d'Arrast voyait encore le coq et son frère, il distinguait mal, au fond de la case, les silhouettes accroupies d'une vieille femme et de la jeune fille qui, à nouveau, l'avait servi. En contrebas, on entendait le fleuve monotone.

Le coq se leva et dit: «C'est l'heure. » Ils se levèrent, mais les femmes ne bougèrent pas. Les hommes sortirent seuls. D'Arrast hésita, puis rejoignit les autres. La nuit était maintenant tombée, la pluie avait cessé. Le ciel, d'un noir pâle, semblait encore liquide. Dans son eau transparente et sombre, bas sur l'horizon, des étoiles commençaient de s'allumer. Elles s'éteignaient presque aussitôt, tombaient une à une dans le fleuve, comme si le ciel dégouttait de ses dernières lumières. L'air épais sentait l'eau et la fumée. On entendait aussi la rumeur toute proche de l'énorme forêt, pourtant immobile. Soudain, des tambours et des chants s'élevèrent dans le lointain, d'abord sourds puis distincts, qui se rapprochèrent de plus en plus et qui se turent. On vit peu après apparaître une théorie[13] de filles noires, vêtues de robes blanches en soie grossière, à la taille très basse. Moulé dans une casaque rouge sur laquelle pendait un collier de dents multicolores, un grand noir les suivait et, derrière lui, en désordre, une troupe d'hommes habillés de pyjamas blancs et des musiciens munis de triangles et de tambours larges et courts. Le coq dit qu'il fallait les accompagner.

---

13. Procession, défilé religieux (Camus donne ici au mot «théorie» son sens étymologique. «Theôria» signifie «procession» en grec).

La case où ils parvinrent en suivant la rive à quelques centaines de mètres des dernières cases, était grande, vide, relativement confortable avec sés murs crépis à l'intérieur. Le sol était en terre battue, le toit de chaume et de roseaux, soutenu par un mât central, les murs nus. Sur un petit autel tapissé de palmes, au fond, et couvert de bougies qui éclairaient à peine la moitié de la salle, on apercevait un superbe chromo où saint Georges, avec des airs séducteurs, prenait avantage d'un dragon moustachu. Sous l'autel, une sorte de niche, garnie de papiers en rocailles[14], abritait, entre une bougie et une écuelle d'eau, une petite statue de glaise, peinte en rouge, représentant un dieu cornu. Il brandissait, la mine farouche, un couteau démesuré, en papier d'argent.

Le coq conduisit d'Arrast dans un coin où ils restèrent debout, collés contre la paroi, près de la porte. «Comme ça, murmura le coq, on pourra partir sans déranger.» La case, en effet, était pleine d'hommes et de femmes, serrés les uns contre les autres. Déjà la chaleur montait. Les musiciens allèrent s'installer de part et d'autre du petit autel. Les danseurs et les danseuses se séparèrent en deux cercles concentriques, les hommes à l'intérieur. Au centre, vint se placer le chef noir à la casaque rouge. D'Arrast s'adossa à la paroi, en croisant les bras.

Mais le chef, fendant le cercle des danseurs, vint vers eux et, d'un air grave, dit quelques mots au coq. «Décroise les bras, Capitaine, dit le coq. Tu te serres, tu empêches l'esprit du saint de descendre.» D'Arrast laissa docilement tomber les bras. Le dos toujours collé à la paroi, il ressemblait lui-même, maintenant, avec ses membres longs et lourds, son grand visage déjà luisant de sueur, à quelque dieu bestial et rassurant. Le grand noir le regarda puis, satisfait, regagna sa place. Aussitôt, d'une voix claironnante, il chanta les premières notes d'un air que tous reprirent en chœur, accompagnés par les tambours. Les cercles se mirent alors à tourner en sens inverse, dans une sorte de danse lourde et appuyée qui ressemblait plutôt à un piétinement, légèrement souligné par la double ondulation des hanches.

La chaleur avait augmenté. Pourtant, les pauses diminuaient peu à peu, les arrêts s'espaçaient et la danse se précipitait. Sans que le rythme des autres se ralentît, sans cesser lui-même de danser, le grand noir fendit à nouveau les cercles pour aller vers l'autel. Il revint avec un verre d'eau et une bougie allumée qu'il ficha en terre, au centre de la case. Il versa l'eau autour de la bougie en deux cercles concentriques, puis, à nouveau dressé, leva vers le toit des yeux fous. Tout son corps tendu, il attendait, immobile. «Saint Georges arrive. Regarde, regarde», souffla le coq dont les yeux s'exorbitaient.

En effet, quelques danseurs présentaient maintenant des airs de transe, mais de transe figée, les mains aux reins, le pas raide, l'œil fixe et atone. D'autres précipitaient leur rythme, se convulsant sur eux-mêmes, et commençaient à pousser des cris inarticulés. Les cris montèrent peu à peu et lorsqu'ils se confondirent dans un hurlement collectif, le chef, les yeux toujours levés, poussa lui-même une longue clameur à peine phrasée, au sommet du souffle, et où les mêmes mots revenaient. «Tu vois, souffla le coq, il dit qu'il est le champ de bataille du dieu.» D'Arrast fut frappé du changement de sa voix et regarda le coq qui, penché en avant, les poings serrés, les yeux fixes, reproduisait sur place le piétinement rythmé des autres. Il s'aperçut alors que lui-même, depuis un moment, sans déplacer les pieds pourtant, dansait de tout son poids.

Mais les tambours tout d'un coup firent rage et subitement le grand diable rouge se déchaîna. L'œil enflammé, les quatre membres tournoyant autour du corps, il se recevait, genou plié, sur chaque jambe, l'une après l'autre, accélérant son rythme à tel point qu'il semblait qu'il dût se démembrer, à la fin. Mais brusquement, il s'arrêta en plein élan, pour regarder les assistants,

---

14. Le style rocaille (ou «rococo»), à la mode au XVIIIᵉ siècle, est aujourd'hui considéré démodé et un peu ridicule.

d'un air fier et terrible, au milieu du tonnerre des tambours. Aussitôt un danseur surgit d'un coin sombre, s'agenouilla et tendit au possédé un sabre court. Le grand noir prit le sabre sans cesser de regarder autour de lui, puis le fit tournoyer au-dessus de sa tête. Au même instant, d'Arrast aperçut le coq qui dansait au milieu des autres. L'ingénieur ne l'avait pas vu partir.

Dans la lumière rougeoyante, incertaine, une poussière étouffante montait du sol, épaississait encore l'air qui collait à la peau. D'Arrast sentait la fatigue le gagner peu à peu; il respirait de plus en plus mal. Il ne vit même pas comment les danseurs avaient pu se munir des énormes cigares qu'ils fumaient à présent, sans cesser de danser, et dont l'étrange odeur emplissait la case et le grisait un peu. Il vit seulement le coq qui passait près de lui, toujours dansant, et qui tirait lui aussi sur un cigare: «Ne fume pas», dit-il. Le coq grogna, sans cesser de rythmer son pas, fixant le mât central avec l'expression du boxeur sonné, la nuque parcourue par un long et perpétuel frisson. A ses côtés, une noire épaisse, remuant de droite à gauche sa face animale, aboyait sans arrêt. Mais les jeunes négresses, surtout, entraient dans la transe la plus affreuse, les pieds collés au sol et le corps parcouru, des pieds à la tête, de soubresauts de plus en plus violents à mesure qu'ils gagnaient les épaules. Leur tête s'agitait alors d'avant en arrière, littéralement séparée d'un corps décapité. En même temps, tous se mirent à hurler sans discontinuer, d'un long cri collectif et incolore, sans respiration apparente, sans modulations, comme si les corps se nouaient tout entiers, muscles et nerfs, en une seule émission épuisante qui donnait enfin la parole en chacun d'eux à un être jusque-là absolument silencieux. Et sans que le cri cessât, les femmes, une à une, se mirent à tomber. Le chef noir s'agenouillait près de chacune, serrait vite et convulsivement leurs tempes de sa grande main aux muscles noirs. Elles se relevaient alors, chancelantes, rentraient dans la danse et reprenaient leurs cris, d'abord faiblement, puis de plus en plus haut et vite, pour retomber encore, et se relever de nouveau, pour recommencer, et longtemps encore, jusqu'à ce que le cri général faiblît, s'altérât, dégénérât en une sorte de rauque aboiement qui les secouait de son hoquet. D'Arrast, épuisé, les muscles noués par sa longue danse immobile, étouffé par son propre mutisme, se sentit vaciller. La chaleur, la poussière, la fumée des cigares, l'odeur humaine rendaient maintenant l'air tout à fait irrespirable. Il chercha le coq du regard: il avait disparu. D'Arrast se laissa glisser alors le long de la paroi et s'accroupit, retenant une nausée.

Quand il ouvrit les yeux, l'air était toujours aussi étouffant, mais le bruit avait cessé. Les tambours seuls rythmaient une basse continue, sur laquelle dans tous les coins de la case, des groupes, couverts d'étoffes blanchâtres, piétinaient. Mais au centre de la pièce, maintenant débarrassé du verre et de la bougie, un groupe de jeunes filles noires, en état semi-hypnotique, dansaient lentement, toujours sur le point de se laisser dépasser par la mesure. Les yeux fermés, droites pourtant, elles se balançaient légèrement d'avant en arrière, sur la pointe de leurs pieds, presque sur place. Deux d'entre elles, obèses, avaient le visage recouvert d'un rideau de raphia. Elles encadraient une autre jeune fille, costumée celle-là, grande, mince, que d'Arrast reconnut soudain comme la fille de son hôte. Vêtue d'une robe verte, elle portait un chapeau de chasseresse en gaze bleue, relevé sur le devant, garni de plumes mousquetaires[15], et tenait à la main un arc vert et jaune, muni de sa flèche, au bout de laquelle était embroché un oiseau multicolore. Sur son corps gracile, sa jolie tête oscillait lentement, un peu renversée, et sur le visage endormi se reflétait une mélancolie égale et innocente. Aux arrêts de la musique, elle chancelait, somnolente. Seul, le rythme renforcé des tambours lui rendait une sorte de tuteur invisible autour duquel elle enroulait ses molles arabesques jusqu'à ce que, de nouveau arrêtée en même

---

15. Style vestimentaire.

temps que la musique, chancelant au bord de l'équilibre, elle poussât un étrange cri d'oiseau, perçant et pourtant mélodieux.

D'Arrast, fasciné par cette danse ralentie, contemplait la Diane[16] noire lorsque le coq surgit devant lui, son visage lisse maintenant décomposé. La bonté avait disparu de ses yeux qui ne reflétaient qu'une sorte d'avidité inconnue. Sans bienveillance, comme s'il parlait à un étranger: «Il est tard, Capitaine, dit-il. Ils vont danser toute la nuit, mais ils ne veulent pas que tu restes maintenant.» La tête lourde, d'Arrast se leva et suivit le coq qui gagnait la porte en longeant la paroi. Sur le seuil, le coq s'effaça, tenant la porte de bambous, et d'Arrast sortit. Il se retourna et regarda le coq qui n'avait pas bougé. «Viens. Tout à l'heure, il faudra porter la pierre.

— Je reste, dit le coq d'un air fermé.

— Et ta promesse?»

Le coq sans répondre poussa peu à peu la porte que d'Arrast retenait d'une seule main. Ils restèrent ainsi une seconde, et d'Arrast céda, haussant les épaules. Il s'éloigna.

La nuit était pleine d'odeurs fraîches et aromatiques. Au-dessus de la forêt, les rares étoiles du ciel austral, estompées par une brume invisible, luisaient faiblement. L'air humide était lourd. Pourtant, il semblait d'une délicieuse fraîcheur au sortir de la case. D'Arrast remontait la pente glissante, gagnait les premières cases, trébuchait comme un homme ivre dans les chemins troués. La forêt grondait un peu, toute proche. Le bruit du fleuve grandissait, le continent tout entier émergeait dans la nuit et l'écœurement envahissait d'Arrast. Il lui semblait qu'il aurait voulu vomir ce pays tout entier, la tristesse de ses grands espaces, la lumière glauque des forêts, et le clapotis nocturne de ses grands fleuves déserts. Cette terre était trop grande, le sang et les saisons s'y confondaient, le temps se liquéfiait. La vie ici était à ras de terre et, pour s'y intégrer, il fallait se coucher et dormir, pendant des années, à même le sol boueux ou desséché. Là-bas, en Europe, c'était la honte et la colère. Ici, l'exil ou la solitude, au milieu de ces fous languissants et trépidants, qui dansaient pour mourir. Mais, à travers la nuit humide, pleine d'odeurs végétales, l'étrange cri d'oiseau blessé, poussé par la belle endormie, lui parvint encore.

Quand d'Arrast, la tête barrée d'une épaisse migraine, s'était réveillé après un mauvais sommeil, une chaleur humide écrasait la ville et la forêt immobile. Il attendait à présent sous le porche de l'hôpital, regardant sa montre arrêtée, incertain de l'heure, étonné de ce grand jour et du silence qui montait de la ville. Le ciel, d'un bleu presque franc, pesait au ras des premiers toits éteints. Des urubus jaunâtres dormaient, figés par la chaleur, sur la maison qui faisait face à l'hôpital. L'un d'eux s'ébroua tout d'un coup, ouvrit le bec, prit ostensiblement ses dispositions pour s'envoler, claqua deux fois ses ailes poussiéreuses contre son corps, s'éleva de quelques centimètres au-dessus du toit, et retomba pour s'endormir presque aussitôt.

L'ingénieur descendit vers la ville. La place principale était déserte, comme les rues qu'il venait de parcourir. Au loin, et de chaque côté du fleuve, une brume basse flottait sur la forêt. La chaleur tombait verticalement et d'Arrast chercha un coin d'ombre pour s'abriter. Il vit alors, sous l'auvent d'une des maisons, un petit homme qui lui faisait signe. De plus près, il reconnut Socrate.

«Alors, monsieur d'Arrast, tu aimes la cérémonie?»

D'Arrast dit qu'il faisait trop chaud dans la case et qu'il préférait le ciel et la nuit.

«Oui, dit Socrate, chez toi, c'est la messe seulement. Personne ne danse.»

Il se frottait les mains, sautait sur un pied, tournait sur lui-même, riait à perdre haleine.

«Pas possibles, ils sont pas possibles.»

Puis il regarda d'Arrast avec curiosité: «Et toi, tu vas à la messe?

— Non.

— Alors, où tu vas?

— Nulle part. Je ne sais pas.»

Socrate riait encore.

---

16. Déesse romaine de la chasse (Camus avait auparavant décrit la jeune fille comme «chasseresse»).

« Pas possible ! Un seigneur sans église, sans rien ! »

D'Arrast riait aussi :

« Oui, tu vois, je n'ai pas trouvé ma place. Alors, je suis parti.

— Reste avec nous, monsieur d'Arrast, je t'aime.

— Je voudrais bien, Socrate, mais je ne sais pas danser. » Leurs rires résonnaient dans le silence de la ville déserte.

« Ah, dit Socrate, j'oublie. Le maire veut te voir. Il déjeune au club. » Et sans crier gare, il partit dans la direction de l'hôpital. « Où vas-tu ? » cria d'Arrast. Socrate imita un ronflement : « Dormir. Tout à l'heure la procession. » Et courant à moitié, il reprit ses ronflements.

Le maire voulait seulement donner à d'Arrast une place d'honneur pour voir la procession. Il l'expliqua à l'ingénieur en lui faisant partager un plat de viande et de riz propre à miraculer un paralytique. On s'installerait d'abord dans la maison du juge sur un balcon, devant l'église, pour voir sortir le cortège. On irait ensuite à la mairie, dans la grande rue qui menait à la place de l'église et que les pénitents emprunteraient au retour. Le juge et le chef de police accompagneraient d'Arrast, le maire étant tenu de participer à la cérémonie. Le chef de police était en effet dans la salle du club, et tournait sans trêve autour de d'Arrast, un infatigable sourire aux lèvres, lui prodiguant des discours incompréhensibles, mais évidemment affectueux. Lorsque d'Arrast descendit, le chef de police se précipita pour lui ouvrir le chemin, tenant toutes les portes ouvertes devant lui.

Sous le soleil massif, dans la ville toujours vide, les deux hommes se dirigeaient vers la maison du juge. Seuls, leurs pas résonnaient dans le silence. Mais, soudain, un pétard éclata dans une rue proche et fit s'envoler sur toutes les maisons, en gerbes lourdes et embarrassées, les urubus au cou pelé. Presque aussitôt des dizaines de pétards éclatèrent dans toutes les directions, les portes s'ouvrirent et les gens commencèrent de sortir des maisons pour remplir les rues étroites.

Le juge exprima à d'Arrast la fierté qui était la sienne de l'accueillir dans son indigne maison et lui fit gravir un étage d'un bel escalier baroque peint à la chaux bleue. Sur le palier, au passage de d'Arrast, des portes s'ouvrirent d'où surgissaient des têtes brunes d'enfants qui disparaissaient ensuite avec des rires étouffés. La pièce d'honneur, belle d'architecture, ne contenait que des meubles de rotin et de grandes cages d'oiseaux au jacassement étourdissant. Le balcon où ils s'installèrent donnait sur la petite place devant l'église. La foule commençait maintenant de la remplir, étrangement silencieuse, immobile sous la chaleur qui descendait du ciel en flots presque visibles. Seuls, des enfants couraient autour de la place s'arrêtant brusquement pour allumer les pétards dont les détonations se succédaient. Vue du balcon, l'église, avec ses murs crépis, sa dizaine de marches peintes à la chaux bleue, ses deux tours bleues et or, paraissait plus petite.

Tout d'un coup, des orgues éclatèrent à l'intérieur de l'église. La foule, tournée vers le porche, se rangea sur les côtés de la place. Les hommes se découvrirent, les femmes s'agenouillèrent. Les orgues lointaines jouèrent, longuement, des sortes de marches. Puis un étrange bruit d'élytres[17] vint de la forêt. Un minuscule avion aux ailes transparentes et à la frêle carcasse, insolite dans ce monde sans âge, surgit au-dessus des arbres, descendit un peu vers la place, et passa, avec un grondement de grosse crécelle, au-dessus des têtes levées vers lui. L'avion vira ensuite et s'éloigna vers l'estuaire.

Mais, dans l'ombre de l'église, un obscur remue-ménage attirait de nouveau l'attention. Les orgues s'étaient tues, relayées maintenant par des cuivres et des tambours, invisibles sous le porche. Des pénitents, recouverts de surplis noirs, sortirent un à un de l'église, se groupèrent sur le parvis, puis commencèrent de descendre les marches. Derrière eux venaient des pénitents blancs portant des bannières rouges et bleues, puis une petite troupe de

---

17. Ailes dures de certains insectes coléoptères, comme le hanneton. Camus suggère donc par cette image que l'avion est vraiment de taille minuscule.

garçons costumés en anges, des confréries d'enfants de Marie, aux petits visages noirs et graves, et enfin, sur une châsse multicolore, portée par des notables suants dans leurs complets sombres, l'effigie du bon Jésus lui-même, roseau en main, la tête couverte d'épines, saignant et chancelant au-dessus de la foule qui garnissait les degrés du parvis.

Quand la châsse fut arrivée au bas des marches, il y eut un temps d'arrêt pendant lequel les pénitents essayèrent de se ranger dans un semblant d'ordre. C'est alors que d'Arrast vit le coq. Il venait de déboucher sur le parvis, torse nu, et portait sur sa tête barbue un énorme bloc rectangulaire qui reposait sur une plaque de liège à même le crâne. Il descendit d'un pas ferme les marches de l'église, la pierre exactement équilibrée dans l'arceau de ses bras courts et musclés. Dès qu'il fut parvenu derrière la châsse, la procession s'ébranla. Du porche surgirent alors les musiciens, vêtus de vestes aux couleurs vives et s'époumonant dans des cuivres enrubannés. Aux accents d'un pas redoublé, les pénitents accélérèrent leur allure et gagnèrent l'une des rues qui donnaient sur la place. Quand la châsse eut disparu à leur suite, on ne vit plus que le coq et les derniers musiciens. Derrière eux, la foule s'ébranla, au milieu des détonations, tandis que l'avion, dans un grand ferraillement de pistons, revenait au-dessus des derniers groupes. D'Arrast regardait seulement le coq qui disparaissait maintenant dans la rue et dont il lui semblait soudain que les épaules fléchissaient. Mais à cette distance, il voyait mal.

Par les rues vides, entre les magasins fermés et les portes closes, le juge, le chef de police et d'Arrast gagnèrent alors la mairie. A mesure qu'ils s'éloignaient de la fanfare et des détonations, le silence reprenait possession de la ville et, déjà, quelques urubus revenaient prendre sur les toits la place qu'ils semblaient occuper depuis toujours. La mairie donnait sur une rue étroite, mais longue, qui menait d'un des quartiers extérieurs à la place de l'église. Elle était vide pour le moment. Du balcon de la mairie, à perte de vue, on n'apercevait qu'une chaussée défoncée, où la pluie récente avait laissé quelques flaques. Le soleil, maintenant un peu descendu, rongeait encore, de l'autre côté de la rue, les façades aveugles des maisons.

Ils attendirent longtemps, si longtemps que d'Arrast, à force de regarder la réverbération du soleil sur le mur d'en face, sentit à nouveau revenir sa fatigue et son vertige. La rue vide, aux maisons désertes, l'attirait et l'écœurait à la fois. A nouveau, il voulait fuir ce pays, il pensait en même temps à cette pierre énorme, il aurait voulu que cette épreuve fût finie. Il allait proposer de descendre pour aller aux nouvelles lorsque les cloches de l'église se mirent à sonner à toute volée. Au même instant, à l'autre extrémité de la rue, sur leur gauche, un tumulte éclata et une foule en ébullition apparut. De loin, on la voyait agglutinée autour de la châsse, pèlerins et pénitents mêlés, et ils avançaient, au milieu des pétards et des hurlements de joie, le long de la rue étroite. En quelques secondes, ils la remplirent jusqu'aux bords, avançant vers la mairie, dans un désordre indescriptible, les âges, les races et les costumes fondus en une masse bariolée, couverte d'yeux et de bouches vociférantes, et d'où sortaient, comme des lances, une armée de cierges dont la flamme s'évaporait dans la lumière ardente du jour. Mais quand ils furent proches et que la foule, sous le balcon, sembla monter le long des parois, tant elle était dense, d'Arrast vit que le coq n'était pas là.

D'un seul mouvement, sans s'excuser, il quitta le balcon et la pièce, dévala l'escalier et se trouva dans la rue, sous le tonnerre des cloches et des pétards. Là, il dut lutter contre la foule joyeuse, les porteurs de cierges, les pénitents offusqués. Mais irrésistiblement, remontant de tout son poids la marée humaine, il s'ouvrit un chemin, d'un mouvement si emporté, qu'il chancela et faillit tomber lorsqu'il se retrouva libre, derrière la foule, à l'extrémité de la rue. Collé contre le mur brûlant, il attendit que la respiration lui revînt. Puis il reprit sa marche. Au même moment, un groupe d'hommes déboucha dans la rue. Les premiers marchaient à reculons, et d'Arrast vit qu'ils entouraient le coq.

Celui-ci était visiblement exténué. Il s'arrêtait, puis, courbé sous l'énorme pierre, il courait un peu, du pas pressé des débardeurs et des coolies, le petit trot de la misère, rapide, le pied frappant le sol de toute sa plante. Autour de lui, des pénitents aux surplis salis de cire fondue et de poussière l'encourageaient quand il s'arrêtait. A sa gauche, son frère marchait ou courait en silence. Il sembla à d'Arrast qu'ils mettaient un temps interminable à parcourir l'espace qui les séparait de lui. A peu près à sa hauteur, le coq s'arrêta de nouveau et jeta autour de lui des regards éteints. Quand il vit d'Arrast, sans paraître pourtant le reconnaître, il s'immobilisa, tourné vers lui. Une sueur huileuse et sale couvrait son visage maintenant gris, sa barbe était pleine de filets de salive, une mousse brune et sèche cimentait ses lèvres. Il essaya de sourire. Mais, immobile sous sa charge, il tremblait de tout son corps, sauf à la hauteur des épaules où les muscles étaient visiblement noués dans une sorte de crampe. Le frère, qui avait reconnu d'Arrast, lui dit seulement: « Il est déjà tombé. » Et Socrate, surgi il ne savait d'où, vint lui glisser à l'oreille: « Trop danser, monsieur d'Arrast, toute la nuit. Il est fatigué. »

Le coq avança de nouveau, de son trot saccadé, non comme quelqu'un qui veut progresser mais comme s'il fuyait la charge qui l'écrasait, comme s'il espérait l'alléger par le mouvement. D'Arrast se trouva, sans qu'il sût comment, à sa droite. Il posa sur le dos du coq une main devenue légère et marcha près de lui, à petits pas pressés et pesants. A l'autre extrémité de la rue, la châsse avait disparu, et la foule, qui, sans doute, emplissait maintenant la place, ne semblait plus avancer. Pendant quelques secondes, le coq, encadré par son frère et d'Arrast, gagna du terrain. Bientôt, une vingtaine de mètres seulement le séparèrent du groupe qui s'était massé devant la mairie pour le voir passer. A nouveau, pourtant, il s'arrêta. La main de d'Arrast se fit plus lourde. « Allez, coq, dit-il, encore un peu. » L'autre tremblait, la salive se remettait à couler de sa bouche tandis que, sur tout son corps, la sueur jaillissait littéralement. Il prit une respiration qu'il voulait profonde et s'arrêta court. Il s'ébranla encore, fit trois pas, vacilla. Et soudain la pierre glissa sur son épaule, qu'elle entailla, puis en avant jusqu'à terre, tandis que le coq, déséquilibré, s'écroulait sur le côté. Ceux qui le précédaient en l'encou-

rageant sautèrent en arrière avec de grands cris, l'un d'eux se saisit de la plaque de liège pendant que les autres empoignaient la pierre pour en charger à nouveau le coq.

D'Arrast, penché sur celui-ci, nettoyait de sa main l'épaule souillée de sang et de poussière, pendant que le petit homme, la face collée à terre, haletait. Il n'entendait rien, ne bougeait plus. Sa bouche s'ouvrait avidement sur chaque respiration, comme si elle était la dernière. D'Arrast le pris à bras-le-corps et le souleva aussi facilement que s'il s'agissait d'un enfant. Il le tenait debout, serré contre lui. Penché de toute sa taille, il lui parlait dans le visage, comme pour lui insuffler sa force. L'autre, au bout d'un moment, sanglant et terreux, se détacha de lui, une expression hagarde sur le visage. Chancelant, il se dirigea de nouveau vers la pierre que les autres soulevaient un peu. Mais il s'arrêta; il regardait la pierre d'un regard vide, et secouait la tête. Puis il laissa tomber ses bras le long de son corps et se tourna vers d'Arrast. D'énormes larmes coulaient silencieusement sur son visage ruiné. Il voulait parler, il parlait, mais sa bouche formait à peine les syllabes. « J'ai promis », disait-il. Et puis: « Ah! Capitaine. Ah! Capitaine! » et les larmes noyèrent sa voix. Son frère surgit dans son dos, l'étreignit, et le coq, en pleurant, sa laissa aller contre lui, vaincu, la tête renversée.

D'Arrast le regardait, sans trouver ses mots. Il se tourna vers la foule, au loin, qui criait à nouveau. Soudain, il arracha la plaque de liège des mains qui la tenaient et marcha vers la pierre. Il fit signe aux autres de l'élever et la chargea presque sans effort. Légèrement tassé sous le poids de la pierre, les épaules ramassées, soufflant un peu, il regardait à ses pieds, écoutant les sanglots du coq. Puis il s'ébranla à son tour d'un pas puissant, parcourut sans faiblir l'espace qui le séparait de la foule, à l'extrémité de la rue, et fendit avec décision les premiers rangs qui s'écartèrent devant lui. Il entra sur la place, dans le vacarme des cloches et des détonations, mais entre deux haies de spectateurs qui le regardaient avec étonnement, soudain silencieux. Il avançait, du même pas emporté, et la foule lui ouvrait un chemin jusqu'à l'église. Malgré le poids qui commençait de lui broyer la tête et le nuque, il vit l'église et la châsse

571

qui semblait l'attendre sur le parvis. Il marchait vers elle et avait déjà dépassé le centre de la place quand brutalement, sans savoir pourquoi il obliqua vers la gauche, et se détourna du chemin de l'église, obligeant les pèlerins à lui faire face. Derrière lui, il entendait des pas précipités. Devant lui, s'ouvraient de toutes parts des bouches. Il ne comprenait pas ce qu'elles lui criaient, bien qu'il lui semblât reconnaître le mot portugais qu'on lui lançait sans arrêt. Soudain, Socrate apparut devant lui, roulant des yeux effarés, parlant sans suite et lui montrant, derrière lui, le chemin de l'église. «A l'église, à l'église», c'était là ce que criaient Socrate et la foule. D'Arrast continua pourtant sur sa lancée. Et Socrate s'écarta, les bras comiquement levés au ciel, pendant que la foule peu à peu se taisait. Quand d'Arrast entra dans la première rue, qu'il avait déjà prise avec le coq, et dont il savait qu'elle menait aux quartiers du fleuve, la place n'était plus qu'une rumeur confuse derrière lui.

La pierre, maintenant, pesait douloureusement sur son crâne et il avait besoin de toute la force de ses grands bras pour l'alléger. Ses épaules se nouaient déjà quand il atteignit les premières rues, dont la pente était glissante. Il s'arrêta, tendit l'oreille. Il était seul. Il assura la pierre sur son support de liège et descendit d'un pas prudent, mais encore ferme, jusqu'au quartier des cases. Quand il y arriva, la respiration commençait de lui manquer, ses bras tremblaient autour de la pierre. Il pressa le pas, parvint enfin sur la petite place où se dressait la case du coq, courut à elle, ouvrit la porte d'un coup de pied et, d'un seul mouvement, jeta la pierre au centre de la pièce, sur le feu qui rougeoyait encore. Et là, redressant toute sa taille, énorme soudain, aspirant à goulées désespérées l'odeur de misère et de cendres qu'il reconnaissait, il écouta monter en lui le flot d'une joie obscure et haletante qu'il ne pouvait pas nommer.

Quand les habitants de la case arrivèrent, ils trouvèrent d'Arrast debout, adossé au mur du fond, les yeux fermés. Au centre de la pièce à la place du foyer, la pierre était à demi enfouie, recouverte de cendres et de terre. Ils se tenaient sur le seuil sans avancer et regardaient d'Arrast en silence comme s'ils l'interrogeaient. Mais il se taisait. Alors, le frère conduisit près de la pierre le coq qui se laissa tomber à terre. Il s'assit, lui aussi, faisant un signe aux autres. La vieille femme le rejoignit, puis la jeune fille de la nuit, mais personne ne regardait d'Arrast. Ils étaient accroupis en rond autour de la pierre, silencieux. Seule, la rumeur du fleuve montait jusqu'à eux à travers l'air lourd. D'Arrast, debout dans l'ombre, écoutait, sans rien voir, et le bruit des eaux l'emplissait d'un bonheur tumultueux. Les yeux fermés, il saluait joyeusement sa propre force, il saluait, une fois de plus, la vie qui recommençait. Au même instant, une détonation éclata qui semblait toute proche. Le frère s'écarta un peu du coq et se tournant à demi vers d'Arrast, sans le regarder, lui montra la place vide: «Assieds-toi avec nous.»

Matière à réflexion

1. Comment l'auteur présente-t-il son héros? Quel point de vue Camus choisit-il pour décrire ce décor tropical? Qui voit ce paysage: le narrateur ou le héros? Quels sont les effets d'un tel procédé?

2. D'Arrast est qualifié de « colosse ». Relevez toutes les marques d'une stature héroïque, mythique, du personnage. De quoi la stature physique quasi surhumaine du héros est-elle symbolique? Quels actes lui permet-elle d'accomplir? Pourquoi Camus a-t-il donné à d'Arrast un nom aristocratique et la profession d'ingénieur? Montrez comment l'acte final de d'Arrast lui donne encore plus de grandeur.

3. Quelle est la signification de la petite intrigue secondaire impliquant le chef de la police? Quelle est l'opinion de Camus sur les juges?

4. Quelle image de la nature Camus propose-t-il? Quelle est la place de l'homme dans cette création? Montrez l'aspect inhospitalier de cette forêt tropicale, son indifférence envers l'homme. Expliquez le dégoût profond que ressent d'Arrast (« Il lui semblait qu'il aurait voulu vomir ce pays tout entier, la tristesse de ses grands espaces, la lumière glauque de ses forêts, et le clapotis nocturne de ses grands fleuves déserts »).

5. Pourtant, cette description de la nature brésilienne est également poétique: relevez les correspondances baudelairiennes (« comme si le ciel dégouttait de ses dernières lumières », etc.). Montrez comment Camus privilégie l'élément liquide, et comment celui-ci affecte la perception du décor.

6. D'Arrast est un exilé. Comment Camus laisse-t-il entendre qu'il s'agit là non seulement d'un exil physique, mais aussi d'un exil existentiel (« Je n'ai pas trouvé ma place. Alors, je suis parti »)? Que savons-nous du passé de d'Arrast? Pourquoi ne se sent-il à sa place nulle part? Pourquoi d'Arrast se sent-il particulièrement seul pendant la macumba? Que laisse toutefois déjà suggérer le corps de d'Arrast, lorsque celui-ci se laisse gagner par la contagion de la danse?

7. D'Arrast l'Européen découvre en Amérique du Sud un autre monde. En quoi celui-ci diffère-t-il de l'Europe? Quelle est l'importance de l'élément miraculeux (et païen) dans cette nouvelle? Pourquoi d'Arrast trouve-t-il ces rituels « absurdes »? Comment faut-il comprendre la signification symbolique de la « pierre qui pousse »?

8. Même si d'Arrast ne comprend pas le Brésil et les Brésiliens, il se montre néanmoins sympathique, amical, ouvert à la nouveauté. Pourquoi cette ouverture d'esprit est-elle essentielle pour Camus? Donnez-en des exemples dans cette nouvelle.

9. Camus nous présente une image critique d'un petit village du tiers monde: d'un côté, les notables complaisants et obséquieux, de l'autre, les pauvres qui vivent dans une misère totale. Que laisse entendre Camus, lorsqu'il nous montre « les fins souliers » du juge qui glissent dans la boue entourant les cases des pauvres? Comment s'exprime, dans ce récit, la sympathie fraternelle de Camus envers les pauvres? Comment leur donne-t-il une certaine dignité dans la misère? Pourquoi la décision que prend d'Arrast d'aller voir les cases est-elle symbolique? Quelle critique d'Arrast adresse-t-il à l'Europe?

10. Quel est le rôle de Socrate dans cette nouvelle? Socrate et d'Arrast se comprennent-ils vraiment? Pourquoi? Comment les opinions de Socrate guident-elles — directement ou indirectement — d'Arrast? Quelle est l'importance de l'amitié qui lie les deux hommes? Par quels gestes Camus nous la laisse-t-il deviner?

11. Quelle est la signification finale du geste de d'Arrast? Est-il complètement conscient de ce qu'il accomplit? Pourquoi porte-t-il la pierre vers les cases et non à l'église?

12. La nouvelle parle de deux pierres: la pierre qui pousse et celle que transporte d'Arrast. Quel rapport symbolique peut-on trouver entre ces deux pierres?

13. Contrairement à ce qu'ont pu croire certains critiques, Camus ne se rapproche ni du catholicisme, ni du nazisme (!) dans cette nouvelle. Prouvez-le.

14. Comment faut-il comprendre la dernière phrase du texte?

Révolutions dramaturgiques et Nouveau Théâtre

« **M**erdre »: c'est sur ce mot retentissant, où l'insolence est à peine déguisée sous la fantaisie verbale, que s'ouvre en 1896 la pièce qui apparaît à plus d'un titre comme le texte fondateur du théâtre moderne: le célèbre *Ubu roi* d'Alfred Jarry[1]. L'auteur, un jeune bohème excentrique qui vécut dans la gêne et mourut d'une méningite tuberculeuse à l'âge de trente-quatre ans, fut un des pionniers de l'expérimentation dramaturgique qui caractérisa le théâtre au XXe siècle. *Ubu roi* a tout d'une farce de potache: le Père Ubu, poussé par l'ambition de la Mère Ubu, assassine le roi de Pologne pour lui voler son trône et régner sur le pays avec un absolutisme abject et absurde. Avec une provocation digne déjà de Dada, Jarry tourne ainsi l'Histoire en parodie.

Depuis Jarry, le théâtre moderne a, de métamorphoses en bouleversements, remis en cause les grands principes de la dramaturgie traditionnelle. Pour bien comprendre ces révolutions dramaturgiques, il est bon de rappeler schématiquement ces principes:

1° **L'illusion théâtrale.** — A des degrés divers, le théâtre traditionnel imite la réalité et se donne pour le réel: en d'autres termes, il cherche à créer une illusion

---

1. Jarry (1873–1907) fut par ailleurs l'auteur de toute une « geste d'Ubu » (*Ubu cocu, Ubu enchaîné, L'Almanach illustré du Père Ubu, Ubu sur la butte*) et de plusieurs romans (dont *Les Jours et les nuits, roman d'un déserteur* et *Le Surmâle, roman moderne*).

de réalité. Ainsi peut-on considérer que le théâtre est un *système de figuration* du réel. Ce système repose sur la *convention:* le spectateur doit accepter de croire que ce qui a lieu sur la scène *est* la réalité. Le théâtre repose donc largement sur des effets de vraisemblance: vraisemblance du décor, du langage, des sentiments, des situations, etc. Bien sûr, ce vraisemblable est relatif à certains usages culturels, et chaque époque s'oppose aux conventions de la précédente, pour y substituer d'autres. Par exemple, le théâtre naturaliste dénonce l'irréalisme et l'emphase des grandes passions et des belles scènes qui caractérisaient le drame romantique. Il propose, en réaction, un théâtre-document qui reflète le plus exactement possible l'homme et la société. Tout cela n'en est pas moins affaire de convention, puisque le public, par contrat tacite, est censé considérer la représentation scénique de la réalité comme la réalité elle-même. Selon les époques, le théâtre admet donc divers degrés de *théâtralité.*

Le théâtre symboliste des années 1890 — dont le chef d'œuvre est le *Pelléas et Mélisande* du Belge Maeterlinck —, par sa propension à l'onirisme, renonce déjà à la vraisemblance réaliste. Les événements présentés sur scène ne semblent pas répondre aux lois du monde réel, mais à celles des songes. Sans toutefois recourir au rêve, la dramaturgie nouvelle qui naît au XXᵉ siècle ne prétend pas plus imiter le réel. Lorsque Jarry, dans *Ubu roi,* affirme que « L'action (...) se passe en Pologne, c'est-à-dire Nulle Part », il souligne son mépris de tout réalisme. Tout chez Jarry va dans ce sens: le burlesque des situations, l'aspect caricatural et le côté « Guignol » des personnages, la subversion du langage (« Hourra, cornes au cul, vive le Père Ubu », telle est la « chanson du décervelage » qui clôt la pièce!), le refus de tout décor et de tout accessoire qui donnent l'illusion de la réalité (le cheval d'Ubu est une tête en carton attachée sur sa poitrine), la parodie des formes dramatiques antérieures (et notamment du drame historique à la *Macbeth*), etc.

Le théâtre français au XXᵉ siècle doit également beaucoup à l'œuvre dramatique et théorique de Bertold Brecht[2]. Ce dernier, opposé au théâtre d'illusion, propose d'introduire entre le spectateur et le spectacle une *distanciation,* c'est-à-dire des procédés qui empêchent de croire à la réalité des événements représentés: les acteurs présentent au public leur personnage à la troisième personne, un « récitant » commente les scènes et anticipe parfois leur dénouement, les indications scéniques sont lues à voix haute, l'action est interrompue par des chants, et fragmentée en plusieurs tableaux autonomes, etc. Connus en France vers 1950, les travaux de Brecht contribueront à l'abandon de l'illusion réaliste dans le théâtre français moderne.

2° Le dialogue. — Contrairement à la prose et à la poésie (et bien que cette distinction tente à s'estomper au XXᵉ siècle, par exemple chez des écrivains comme Marguerite Duras), le texte théâtral se définit par un échange de répliques. Il n'y a pas de voix « off »[3] qui vienne commenter les situations ou les expliquer au public,

---

2. Bertold Brecht (1898–1956), poète, romancier, théoricien du théâtre et dramaturge allemand. — 3. En langage cinématographique, une voix « off » est une voix qui n'émane pas des personnages sur l'écran, mais d'un commentateur extérieur à l'image. Ce procédé permet de clarifier le sens des événements ou l'évolution de l'intrigue.

comme c'est le cas au cinéma ou en littérature. Il s'agit donc d'un genre exigeant, car il demande au spectateur de déduire non seulement le cours de l'action, mais encore la problématique plus générale dont elle est l'illustration. Aussi le théâtre dépend-il donc d'une confiance dans les pouvoirs de communication du langage, que cette communication ait lieu entre les personnages ou qu'elle aille de la scène au public. Puisque le théâtre ne peut que *montrer* les scènes et non les commenter, il importe que le message qu'il suggère soit clair et accessible: d'où l'aspect nettement didactique de certains théâtres (théâtre de propagande, théâtre socialiste, théâtre existentialiste, etc.). Le dialogue est parfois interrompu par quelques monologues, qui, comme dans le théâtre classique, permettent d'exposer au spectateur des faits ou des idées que ne peuvent transmettre le dialogue ou le jeu des comédiens.

Chez Jarry, le langage est systématiquement démantelé (néologismes, déformations orthographiques, etc.), et l'on trouve déjà les prémisses d'une réflexion sur l'incommunicabilité qui prépare le théâtre de l'absurde d'Ionesco et de Beckett.

3° L'action. — Au travers des dialogues se développe une intrigue principale. Une des règles d'or du théâtre classique est l'*unité d'action*. Cette action se déroule soit dans un lieu unique (théâtre classique), soit dans plusieurs lieux, figurés par des décors différents. La durée, au théâtre, est figurée par l'enchaînement des scènes, dont le format peut varier d'une action continue à une fragmentation en petits tableaux juxtaposés. Jusqu'au XXe siècle, en revanche, l'intrigue théâtrale reste presque toujours chronologique.

L'unité d'action va être mise à mal au XXe siècle. La fragmentation du temps et de l'intrigue semble quasi systématique dans les pièces modernes. Il faut citer ici deux influences externes. L'on constate d'abord une tendance à faire du théâtre un *spectacle complet,* où l'action est interrompue par des formes d'expression non verbale (musique, pantomime, ballet, acrobaties, etc.). On peut voir là l'influence du théâtre oriental en France (le grand voyageur qu'est Claudel y sera particulièrement sensible). Le cinéma, quant à lui, introduit de nouvelles habitudes, un nouveau mode de perception: grâce aux techniques de montage, le film permet en effet de multiplier par juxtaposition les lieux, les points de vue, les actions secondaires, etc. En introduisant la discontinuité dans la continuité, le septième art a certainement contribué à l'abandon de l'unité d'action au théâtre.

Toutefois, alors que le roman, dès le début du siècle, devient radicalement antichronologique, il faudra attendre les années cinquante pour voir le théâtre moderne brouiller les repères temporels et abandonner la chronologie. Les personnages, enfoncés dans une existence débilitante, semblent avoir perdu toute conscience de la durée: le passé, mêlé au présent, ne s'en distingue plus guère. L'intrigue se perd dans la répétition de scènes identiques, et ne débouche plus sur aucun *dénouement,* contrairement à ce qu'imposent les règles classiques du genre.

4° Le personnage. — Le personnage de théâtre est un être curieux. Ici, contrairement à ce que nous enseigne l'existentialisme, l'homme se réduit rarement à la somme de ses actes, pour la simple raison que, pour le bon fonctionnement de l'intrigue, il doit souvent être identifiable, donc définissable, dès les premiers moments de la pièce. De nombreux sous-genres théâtraux — drame et mélodrame, vaudeville, « comédie de caractères », commedia dell'arte, etc. — fonctionnent ainsi sur un canevas relativement fixe où s'opposent des *types* préexistants: le mari trompé, sa femme et l'amant de cette dernière, par exemple. Même en dehors de ces genres et de ces personnages hypercodés, le théâtre se donne souvent pour fonction d'illustrer, à travers des personnages caractéristiques, les défauts et qualités de l'homme en général (*L'Avare, Le Misanthrope, Le Bourgeois gentilhomme*, etc.). Dans cette galerie de portraits, les personnages tendent également vers le type.

Au XXᵉ siècle, cette psychologie nettement caractérisée qui définissait le personnage de théâtre va s'effriter. En concordance avec une nouvelle conception de la personne, héritée en particulier du marxisme et du freudisme, les personnages du théâtre moderne seront beaucoup moins identifiables et beaucoup moins cohérents: ainsi des personnages-marionnettes, s'affrontant avec les armes dérisoires d'un langage privé de son pouvoir de communiquer, que l'on trouve dans le « nouveau théâtre » des années cinquante.

5° L'espace théâtral. — Une des caractéristiques majeures du théâtre, qui le différencie des autres genres littéraires, est qu'il est joué en public. La pièce est inséparable de sa représentation (bien qu'on puisse lire une pièce de théâtre, chacun conviendra sans peine que « ce n'est pas la même chose »). Le théâtre intègre ainsi des composantes matérielles — salle, scène, décor, etc. — qu'ignorent la poésie et le roman. Dans le théâtre traditionnel, la scène est nettement séparée du reste de la salle: elle est presque toujours surélevée et séparée du public par une barrière symbolique, le rideau. Ce type de scène permet des effets d'illlusion, en délimitant clairement l'espace théâtral, car elle donne à croire que le spectacle qui s'y déroule appartient à la réalité.

Avec les progrès de l'éclairage électrique au XXᵉ siècle, le théâtre va progressivement abandonner cette séparation de la scène et de la salle, ainsi que le décor traditionnel. De nombreuses pièces modernes sont ainsi jouées sur une scène nue, sans accessoires réalistes, dans de grandes salles où l'on peut modeler, selon le gré de l'auteur ou du metteur en scène, l'espace devenu commun de la scène et de la salle. Cette évolution vers ce nouveau type de salle s'accompagne en outre d'une remise en cause du lieu théâtral lui-même (pièces jouées dans des hangars, des usines, ou encore dans la rue).

De Jarry au Nouveau Théâtre: panorama du théâtre au XXᵉ siècle

Les surréalistes ont revendiqué l'héritage de Jarry. Pourtant c'est surtout son état d'esprit — son dégoût pour toutes les formes de conformisme et de bienséance, sa volonté de rompre avec toutes les conventions de la littérature traditionnelle, son art de la provocation, etc. — qu'ils ont retenu, plus qu'un enthousiasme pour le théâtre. Le surréalisme s'exprimera surtout en poésie et dans les arts plastiques. Néanmoins, le surréalisme n'a pas entièrement renoncé au genre théâtral. C'est bien dans une pièce d'Apollinaire, *Les Mamelles de Tirésias,* qu'apparaît pour la première fois le terme de « surréalisme » en 1917. La pièce est farfelue et annonce déjà le burlesque des futures pièces surréalistes: c'est l'histoire étrange de la métamorphose transsexuelle de Thérèse en Tirésias (elle perd ses seins, qui s'envolent sous la forme de ballons!). Son mari, par peur que la terre ne se dépeuple, met au monde quarante mille quarante-neuf enfants...

Dada ne dédaigne pas non plus le théâtre. Les manifestations Dada tendent déjà vers un art complet, mélange de musiques, de bruits, de poèmes, de sketches, etc. C'est bien sûr, comme on l'a déjà remarqué, un anti-art qui ne respecte rien, et cherche à en finir par tous les moyens avec les valeurs littéraires, artistiques, philosophiques et morales. André Breton participe d'abord à ces manifestations, composant notamment avec Philippe Soupault deux pièces dignes des brouhahas du Cabaret Voltaire (*S'il vous plaît* et *Vous m'oublierez,* toutes deux en 1920). Mais Breton se détourne vite du théâtre, et finit par en interdire dogmatiquement la pratique à ses ouailles.

Du groupe surréaliste, il n'y aura qu'un seul écrivain[4] qui s'obstinera sur la voie théâtrale: Antonin Artaud. Il fonde en 1927 le Théâtre Alfred Jarry, où il projette de monter des œuvres expérimentales dans une mise en scène moderne. Mais, désespérément privé d'argent pour financer ses expériences, Artaud ne parvint jamais vraiment à réaliser son rêve. Celui-ci est formulé très clairement dans son essai intitulé *Le Théâtre et son double,* reprenant des textes écrits de 1931 à 1933. Pour Artaud, le théâtre traditionnel est trop dépendant du dialogue et de l'analyse psychologique. Artaud a pour ambition d'inventer un langage spécifiquement théâtral, destiné à tous les sens, et indépendant de la parole: «Le théâtre, comme la parole, a besoin qu'on le laisse libre. Cette obstination à faire dialoguer des personnages, sur des sentiments, des passions, des appétits et des impulsions d'ordre strictement psychologique, où un mot supplée à d'innombrables mimiques, puisque nous sommes dans le domaine de la précision, cette obstination est cause que le théâtre a perdu sa véritable raison d'être, et qu'on en est à souhaiter un silence, où nous pourrions écouter la vie. C'est dans le dialogue que la psychologie occidentale s'exprime; et la hantise du mot clair et qui dit tout, aboutit au dessèchement des mots», écrit-il. Le théâtre selon Artaud prend donc la forme d'un spectacle complet, en droite ligne du théâtre oriental, où primeraient les formes d'expression non verbale (musique, pantomime, danse, etc.): pour Artaud, c'est tout un *langage de gestes, d'attitudes, de signes* que doit créer le théâtre. Il rêve d'une mise en scène absolue — autonome par rapport au texte, et qui privilégierait l'improvisation de l'acteur — qui ferait vivre au spectateur une expérience magique, mystique ou cathartique. Fidèle à l'exploration de l'inconscient à laquelle se livraient les surréalistes, Artaud propose en outre un «théâtre de la cruauté» où les personnages, objets d'une sauvagerie érotique et obsessionnelle, sont littéralement dépecés sur scène. Un tel théâtre est bien évidemment difficilement jouable; il faut pourtant se garder de n'y voir qu'une *utopie théâtrale* qui aurait germé dans l'esprit d'un écrivain maudit en proie à l'aliénation mentale (suite à une crise de folie, Artaud fut interné pendant neuf ans dans un hôpital psychiatrique). Artaud fut un précurseur de tout le théâtre moderne d'avant-garde.

---

4. Outre Artaud, il faut néanmoins citer Roger Vitrac (1899–1952), qui participa avec Artaud à la création du Théâtre Alfred Jarry.

A première vue, il n'est guère d'écrivain plus éloigné d'Artaud que Paul Claudel. Leurs légendes s'opposent radicalement: l'individu déchiré que fut Artaud ne ressemble guère au dévot ambassadeur que fut Claudel. Et pourtant, à bien y regarder, l'on est frappé par maintes ressemblances. Claudel est, comme Artaud, à la recherche d'un *absolu théâtral.* Comment ne pas rapprocher de l'œuvre claudélienne cette phrase d'Artaud: «Les hommes viendront à leur place avec leur psychologie et leurs passions, mais pris comme l'émanation de certaines forces, et sous l'angle des événements et de la fatalité historique où ils ont joué leur rôle[5]»? C'est ce même principe — mais en termes chrétiens, car Claudel s'efforce de comprendre la réalité humaine «dans le plan supérieur de la Providence» — qui gouverne l'œuvre de Claudel. Aussi n'est-il pas étonnant qu'Artaud, en 1928, ait choisi de représenter, au grand scandale des surréalistes, un acte du *Partage de midi* de Claudel.

Malgré le classicisme de sa langue, «sa foi profonde dans le pouvoir du verbe qui monte jusqu'à Dieu[6]», malgré le lyrisme somme toute traditionnel de ses pièces, Claudel rompt lui aussi de plusieurs manières avec la dramaturgie traditionnelle. Comme Jarry, Claudel refuse les artifices conventionnels du théâtre et préfère les décors nus aux accessoires réalistes. En soulignant parfois les artifices scéniques, sans cacher les préparatifs de la scène, par exemple, il accentue même volontairement les conventions théâtrales, afin que le spectateur ne soit victime de l'illusion réaliste. Il affiche en outre un mépris similaire vis-à-vis de l'Histoire (*L'Annonce faite à Marie* se situe dans un «moyen-âge de convention») à laquelle il préfère le mythe chrétien. Claudel, en recourant au verset tant en poésie qu'au théâtre, efface également les barrières formelles qui séparaient ces deux genres. Influencé, comme Artaud, par les légendes chinoises, Claudel abandonne la continuité spatio-temporelle du théâtre traditionnel: il n'hésite pas, comme dans *Le Soulier de satin,* à fragmenter l'action en plusieurs époques et en plusieurs lieux. Enfin, Claudel a essuyé, de la part des traditionalistes, les mêmes critiques qu'Artaud: ses personnages ne seraient pas suffisamment «objectifs», et son théâtre serait difficilement jouable, car, à force de plier les règles du genre, d'avoir cherché à «représenter l'irreprésentable», l'auteur aurait négligé la pure «efficacité théâtrale». Ayant été longtemps l'objet de préjugés antireligieux, Claudel a récemment été réhabilité par la critique contemporaine, qui lui a rendu la place de choix qui lui revient dans le monde des lettres modernes.

Jean Cocteau, le modèle du polygraphe au XXᵉ siècle, a lui aussi tenté à sa manière de trouver un équilibre entre classicisme et modernité. Ses premières pièces sont avant-gardistes: *Parade,* en particulier, est proche en esprit des spectacles Dada. Par la suite, Cocteau connut une phase plus classique, où il adapta deux pièces de Sophocle. Il prit ensuite à son propre compte les mythes grecs, puis les légendes médiévales, cherchant dans le surnaturel les clés de l'existence humaine et de la fonction du poète. Oniriques et fantastiques, à forte tonalité féérique, les pièces de Cocteau sont pour la plupart résolument antiréalistes.

---

5. *Le Théâtre et son double.* — 6. Marie-Claude Hubert, *Le Théâtre.*

Le style classique et la référence aux mythes grecs que l'on retrouve chez Cocteau sont parallèles à la renaissance d'une dramaturgie et d'une esthétique classiques en France, de 1930 à 1950. Les pièces de Corneille et de Molière sont à nouveau montées par de jeunes metteurs en scène, souvent dans un décor moderne. Des écrivains comme Jean Giraudoux (*La Guerre de Troie n'aura pas lieu*, 1935), Henri de Montherlant (*La Reine morte*, 1942) ou Jean Anouilh (*Antigone*, 1943) rompent avec les expériences avant-gardistes pour revenir à des pièces d'une rigueur toute classique, où la complexité psychologique des personnages est digne des grands maîtres du XVIIe siècle.

On ne peut séparer les pièces existentialistes de ce théâtre néo-classique. En effet, le théâtre de Sartre ou de Camus, tout en affirmant l'absurdité de l'existence et en ébranlant le vieux concept de nature humaine, a recours aux outils traditionnels de la vieille dramaturgie. Ce souci de cohérence et de clarté peut paraître paradoxal chez des auteurs qui, dans leurs pièces, ont développé à outrance le thème de l'absurde. Il peut néanmoins s'expliquer par la fonction didactique du théâtre existentialiste: cherchant avant tout à illustrer une philosophie abstraite par une situation concrète, les existentialistes ont eu recours à toutes les techniques d'exposition dont disposait le théâtre classique. La dramaturgie du « théâtre engagé » reste ainsi identique à celle du « théâtre bourgeois », bien que son message idéologique, métaphysique et social en diffère radicalement.

Comme le théâtre racinien ou cornélien, le théâtre engagé met en scène des personnages en situations extrêmes. L'expérience de la Résistance a en cela fortement marqué toute cette génération d'écrivains, qui vécurent des moments où de graves questions philosophiques et morales (la dignité de l'homme, la responsabilité, le devoir, l'héroïsme, etc.) sortaient du pur domaine théorique pour devenir des comportements quotidiens. Malgré l'accent mis sur l'action pratique, le théâtre engagé se réduit néanmoins trop souvent à un *théâtre à thèse*, un *théâtre d'idées*, alourdi par des dialogues philosophiques et des oppositions souvent manichéennes. On décèle pourtant chez Sartre, dans *Huis clos* surtout, une nette évolution vers le « nouveau théâtre » des années cinquante à soixante-dix: dans cette pièce, la situation apparaît nettement invraisemblable, sinon cauchemardesque, et l'auteur aborde les problèmes de l'identité et de la communication.

Le nouveau théâtre d'Ionesco, de Beckett, d'Adamov ou de Tardieu, ne fait en quelque sorte que prolonger le concept d'*absurde* hérité des existentialistes, mais avec des moyens dramaturgiques plus adaptés à cette vision de l'homme et des relations humaines. Le « théâtre de l'absurde », comme on l'a donc nommé, va mettre l'existentialisme (l'engagement mis à part) et le freudisme à la sauce Jarry: de ce mélange détonnant naît la grande révolution théâtrale des années cinquante.

1° Langage et communication. — Ayant retenu la leçon de Freud, selon qui le langage est le lieu où affleure, à l'insu de l'homme, une autre réalité qu'il ne maîtrise pas, les nouveaux dramaturges vont mettre en scène un langage plein d'illogismes, d'ambiguïtés et d'incertitudes. De même, empruntant à la linguistique l'idée que le langage n'est ni logique, ni motivé par la réalité qu'il représente, mais au contraire conventionnel et arbitraire, ils vont s'interroger à leur tour sur les problèmes de la communication humaine. Dans le théâtre de l'absurde, le langage, privé de ses certitudes et de son mode d'emploi, n'est plus fiable; il ne permet plus d'échanger efficacement du sens. Dans une pièce comme *La Cantatrice chauve* d'Ionesco, les phrases et les scènes s'enchaînent de manière illogique, contredisant sans cesse le contenu des précédentes. Avec un outil de communication si défectueux, il semble dès lors impossible pour les personnages de dialoguer entre eux. Leurs échanges verbaux n'ont plus pour fonction dérisoire que de « se renvoyer la balle », afin tout au plus de maintenir un contact minimal, de faire durer une conversation qui, bien qu'inefficace et toujours menacée d'extinction, apparaît comme le seul recours de l'homme contre la solitude. Puisqu'il ne s'agit plus que de parler contre le néant, sans espoir de communiquer, le dialogue tend de plus en plus vers le monologue, mais un monologue obsessif, irrationnel, hésitant, radoteur, sans réelle substance, qui n'est plus qu'une parodie du monologue classique.

2° Un nouveau personnage. — Samuel Beckett a introduit au théâtre le personnage du « clown métaphysique »: un individu en quête de soi-même, incapable de figer le sens de son existence, et qui se débat contre sa propre disparition. Face au nihilisme beckettien, l'humour d'Ionesco apparaît plus léger, surtout lorsqu'il se fait parodie des conventions sociales. Les personnages du nouveau théâtre, tout comme ceux du nouveau roman, sont des êtres incohérents, fragmentés, inconsistants. Qu'ils soient des êtres marginaux (clochards, vieillards, infirmes, etc.) ou de ridicules petits-bourgeois, il n'ont plus rien en commun avec les grandes figures du théâtre classique. Comme chez Kafka, il arrive à ces personnages de perdre jusqu'à leur nom (remplacé par une lettre ou par un pronom), c'est-à-dire leur identité. Ils se confondent entre eux au point d'apparaître interchangeables. Leur corps même subit parfois d'étranges métamorphoses (affectés par d'insolites transformations, ils se changent en animaux, en objets, etc.), quand il ne se désagrège pas sous le poids de l'infirmité comme chez Beckett.

3° L'illusion théâtrale. — Dans le nouveau théâtre, l'intrigue est souvent basée sur un événement bizarre, au mépris de tout réalisme (par exemple, la transformation des hommes en rhinocéros chez Ionesco). Que des individus logent dans des poubelles ou disparaissent dans une motte de terre ne correspond guère à l'idée que nous nous faisons de la réalité: le nouveau théâtre, en choisissant de peindre des situations insolites, a renoncé à toute illusion de vraisemblance. Il cherche à représenter le drame de la condition humaine en général, plutôt que des situations réalistes. Même quand il décrit l'univers de la normalité petite-bourgeoise, c'est pour en montrer toute l'absurdité.

4° Une parodie des conventions du théâtre traditionnel. — On a beaucoup parlé d'« anti-théâtre » à propos d'Ionesco. En effet, l'auteur tourne en dérision tous les rouages du théâtre traditionnel: dialogue et monologue, scènes amoureuses, retrouvailles romantiques, « coups de théâtre », etc. Le nouveau théâtre, comme le nouveau roman, pratique fréquemment l'intertextualité parodique.

Les années cinquante à soixante-dix furent incontestablement l'âge d'or du théâtre moderne. Les années qui suivent sont pâles en comparaison: en poussant jusqu'au bout sa contestation des formes dramaturgiques traditionnelles, le nouveau théâtre a laissé peu de place en cette matière à ses successeurs. Quelques grandes tendances s'esquissent cependant dans les dernières décennies du siècle. Après mai 68 s'est développé un théâtre-vérité, proche du témoignage pur, et principalement préoccupé de questions sociales, n'hésitant pas à descendre dans la rue et à faire représenter des pièces dans les banlieues. Les années soixante-dix quant à elles ont vu la naissance d'un nouveau genre, le café-théâtre, dont le comique fait de petits sketches parodiques fut récupéré par la télévision et par le cinéma. Les années quatre-vingt sont celles d'un « théâtre minimal », qui prolonge les recherches de Beckett.

En cette fin de siècle, le théâtre est toujours bien vivant en France. Si aucun grand mouvement n'est venu succéder au nouveau théâtre, si les salles ont été un peu désaffectées en raison de la concurrence du cinéma et des difficultés de la crise économique, le théâtre occupe toujours une place à part dans le cœur du public français.

Eugène Ionesco

Les visages des deux figures principales du théâtre de l'absurde, Ionesco et Beckett, sont à l'image des masques du théâtre antique: celui d'Ionesco, rond, aux expressions de clown, équivaudrait au masque de la comédie, et celui de Beckett, dur et ridé, au masque de la tragédie. En effet, si, chez ce dernier, le théâtre est l'expression d'un profond désespoir existentiel, c'est au contraire l'humour, l'illogisme, la caricature des conventions sociales qui frappent d'abord chez Ionesco.

Né en Roumanie en 1912, d'un père roumain et d'une mère française, Eugène Ionesco vit en France de 1913 à 1925, avant de revenir dans son pays natal. Il fait des études de français à l'université de Bucarest, puis devient professeur de français au lycée de la même ville. Grâce à une bourse du gouvernement roumain, il revient en France en 1938 pour préparer une thèse de doctorat sur « le péché et la mort dans la poésie moderne depuis Baudelaire ». La guerre éclate alors et Ionesco se réfugie à Marseille. A la Libération, il décide de rester en France et travaille comme correcteur chez un éditeur d'ouvrages administratifs.

Ionesco, qui avait déjà publié quelques essais et articles, s'essaie à cette époque au théâtre. Sa première « anti-pièce », *La Cantatrice chauve,* est montée en 1950, et ne reçoit d'abord qu'un succès d'estime auprès d'un public composé majoritairement de jeunes intellectuels, avant de jouir d'un réel succès populaire vers la fin des années cinquante. Selon Ionesco, *La Cantatrice chauve* fut inspirée par un manuel de conversation anglaise (la méthode *Assimil*), dont les formules toutes faites — comparables au célèbre « my tailor is rich » — s'enchaînent mécaniquement et semblent étrangement gratuites. Le sentiment de l'absurde trouve là une nouvelle expression théâtrale: « la dénonciation du caractère dérisoire d'un langage vidé de sa substance, stérile, fait de clichés et de slogans », un échange de paroles inutiles par des personnages-pantins. Ionesco fait rire, mais aussi dérange. Le public

Eugène Ionesco

est en effet dérouté par cette pièce qui bouleverse toutes les structures du théâtre traditionnel.

Figure de proue du «nouveau théâtre», Ionesco multiplie alors les pièces à scandale: *La Leçon* (1951), *Les Chaises* (1952), *Amédée ou comment s'en débarrasser* (1954), avant de connaître deux grands succès de scène au début des années soixante, avec *Rhinocéros* (1960) et *Le Roi se meurt* (1962), deux pièces marquées respectivement par la hantise du totalitarisme et l'obsession de la mort. Dans *Rhinocéros,* les collègues de bureau d'un certain Bérenger se métamorphosent un à un en rhinocéros. Couverts d'une carapace, ils détruisent tout ce qui ne leur ressemble pas: on verra là une métaphore du fascisme et surtout du communisme roumain, qu'Ionesco avait déjà sévèrement critiqué dans de nombreux articles. Dans *Le Roi se meurt,* l'entourage du roi Bérenger Iᵉʳ tente de convaincre ce dernier qu'il est l'heure de mourir, et lui décrit les symptômes grotesques et extravagants de la mort à venir. L'absurde prend alors chez Ionesco un sens plus métaphysique:

ce n'est plus seulement une mise en scène de l'incommunicabilité qui frappe les rapports humains, mais un constat de l'absurdité de la vie et du néant de la condition humaine. Grâce à ces deux pièces du «cycle Bérenger», Ionesco, dont le nom est devenu synonyme du «théâtre de l'absurde», jouit désormais d'une notoriété internationale. Du statut d'iconoclaste, il passe à celui de «classique» du XXe siècle, comme l'atteste son élection à l'Académie française en 1970.

La Cantatrice chauve *et le nouveau théâtre*

La Cantatrice chauve signe l'acte de naissance du nouveau théâtre, appelé aussi parfois théâtre de l'absurde. Sous cette étiquette artificielle, la critique a rangé des dramaturges aussi divers que Samuel Beckett[1], Arthur Adamov, Robert Pinget ou Fernando Arrabal. Tout comme le nouveau roman, à la même époque, remet en cause les vieux rouages du roman, le nouveau théâtre se définit par un refus des conventions et des formes traditionnelles de la dramaturgie: personnages typés, développement et dénouement d'intrigues, mises en scène spectaculaires, etc. Au-delà, c'est la fonction même du genre théâtral, telle qu'on la concevait jusque-là, qu'il rejette: le théâtre comme reflet réaliste du monde quotidien, peinture de caractères ou de types sociaux (théâtre naturaliste), ou encore comme véhicule d'un message politique, éthique ou social (théâtre de situations de Sartre et de Camus).

La Cantatrice chauve, la première et la plus célèbre des pièces d'Ionesco, contient déjà tous les principes de cette remise en cause du théâtre traditionnel: l'auteur ne l'a-t-il pas d'ailleurs qualifiée d'«anti-pièce»? Bien qu'il semble respecter certaines conventions théâtrales (répliques, scènes, etc.), ce n'est en fait que pour les tourner en dérision. L'intrigue, par exemple, est quasiment inexistante: ce n'est qu'une suite incohérente de conversations banales ou d'anecdotes absurdes. Il n'y a ni progression, ni dénouement, deux éléments essentiels du théâtre traditionnel. Ionesco introduit en outre de faux rebondissements, parodiant de la sorte la technique du «coup de théâtre» qui servait jadis à tenir les spectateurs en haleine. Ainsi de la révélation qui frappe les époux Martin — qui pourtant ne se sont jamais quittés — qu'ils sont effectivement mari et femme...

Les personnages, quant à eux, n'illustrent aucun trait de caractère particulier. La banalité de leurs noms n'a d'égale que celle de leurs propos. Dépourvus de toute individualité, ils s'avèrent même interchangeables lorsqu'à la dernière scène, «La pièce recommence avec les Martin, qui disent exactement les répliques des Smith dans la première scène.» Ainsi, les personnages les plus divers s'appellent-ils tous Bobby Watson: «(...) la tante de Bobby Watson, la vieille Bobby Watson, pourrait très bien, à son tour, se charger de l'éducation de Bobby Watson, la fille de Bobby Watson. Comme ça, la maman de Bobby Watson, Bobby, pourrait se remarier.» Le titre lui-même est absurde: aucune cantatrice n'apparaît dans la pièce.

---

1. Voir le chapitre sur le nouveau roman.

Réflexions incohérentes, suspense dérisoire, anecdotes insignifiantes: l'absurde chez Ionesco est étroitement lié à la notion d'*incommunicabilité*. L'auteur s'est beaucoup expliqué sur l'origine de cette pièce. Ionesco affirme avoir eu la révélation de l'absurdité des conversations ordinaires en apprenant l'anglais par la méthode *Assimil:* «Dès la troisième leçon deux personnages étaient mis en présence, dont je ne sais toujours pas s'ils étaient réels ou inventés: M. et Mme Smith, un couple d'Anglais. A mon grand émerveillement, Mme Smith faisait connaître à son mari qu'ils avaient plusieurs enfants, qu'ils habitaient dans les environs de Londres, que leur nom était Smith, etc.» Qu'un couple puisse échanger, après plusieurs années de mariage, de tels propos — par exemple qu'une femme puisse rappeler à son mari quelle est leur nationalité et leur nom de famille — apparaît immédiatement comme absurde. Il est vrai que ces phrases avaient, dans la méthode *Assimil,* une valeur d'illustration grammaticale, une fonction didactique. Ionesco, les tirant de leur contexte scolaire, y a vu des échanges verbaux caractéristiques de la superficialité des rapports humains. Une telle phrase, par exemple, servirait dans un livre scolaire à illustrer l'usage des comparatifs: «L'huile de l'épicier du coin est de bien meilleure qualité que l'huile de l'épicier d'en face, elle est même meilleure que l'huile de l'épicier du bas de la côte.» Que la même phrase soit prononcée dans un contexte réel de communication, sans convention didactique préalable, est d'une banalité affligeante et comique.

Tel est au départ l'absurde chez Ionesco: ce n'est guère un absurde métaphysique comme celui de Sartre ou de Camus[2], mais un absurde du quotidien, témoin de l'insignifiance des relations humaines et de la monotonie de l'univers petit-bourgeois. Les deux familles mises en scène dans *La Cantatrice chauve* — les Smith et les Martin, deux noms qui, par leur banalité, sont à nouveau dignes d'un livre scolaire, mais qui, chez Ionesco, deviennent symboles de la banalité petite-bourgeoise — conversent tout en n'échangeant que du non-sens. Les propos des autres personnages de la pièce sont tout aussi absurdes: la bonne Mary se prend pour Sherlock Holmes ou récite un poème sur le feu, et le capitaine des pompiers se plaint de manquer d'incendies...

La pièce s'achève par la désagrégation du langage: les dialogues sans queue ni tête, les répliques disconnectées de la réalité («On ne fait pas briller ses lunettes avec du cirage noir» — «Oui, mais avec de l'argent on peut acheter tout ce qu'on veut» — «J'aime mieux tuer un lapin que de chanter dans le jardin», etc.), prononcées avec un énervement grandissant, cèdent la place au silence, puis à la répétition de phrases dénuées de tout sens («Kakatoes, kakatoes, kakatoes, kakatoes, kakatoes [...]», «Quelle cacade, quelle cacade, quelle cacade, quelle cacade, quelle cacade, [...]», «C'est pas par là, c'est par ici, c'est pas par là, c'est par ici» scandent à plusieurs reprises les Smith et les Martin), puis enfin à des onomatopées («Teuff, teuff, teuff, teuff [...]») ou des allitérations. Le langage, chez Ionesco, perd son pouvoir de communiquer, il ne relie plus les êtres.

La pièce s'ouvre sur la description d'un «intérieur bourgeois anglais»...

---

2. L'homme est condamné à errer sans but dans un monde absurde qu'il ne peut pas contrôler: c'est là un constat qu'ont déjà dressé Kafka et, en France, la génération existentialiste.

La Cantatrice chauve

Scène I

Intérieur bourgeois anglais, avec des fauteuils anglais. Soirée anglaise. M. Smith, Anglais, dans son fauteuil et ses pantoufles anglais, fume sa pipe anglaise et lit un journal anglais, près d'un feu anglais. Il a des lunettes anglaises, une petite moustache grise, anglaise. A côté de lui, dans un autre fauteuil anglais, Mme Smith, Anglaise, raccommode des chaussettes anglaises. Un long moment de silence anglais. La pendule anglaise frappe dix-sept coups anglais.

Mme SMITH. — Tiens, il est neuf heures. Nous avons mangé de la soupe, du poisson, des pommes de terre au lard, de la salade anglaise. Les enfants ont bu de l'eau anglaise. Nous avons bien mangé, ce soir. C'est parce que nous habitons dans les environs de Londres et que notre nom est Smith.

M. SMITH, *continuant sa lecture, fait claquer sa langue.* — Les pommes de terre sont très bonnes avec le lard, l'huile de la salade n'était pas rance. L'huile de l'épicier du coin est de bien meilleure qualité que l'huile de l'épicier d'en face, elle est même meilleure que l'huile de l'épicier du bas de la côte. Mais je ne veux pas dire que leur huile à eux soit mauvaise.

M. SMITH, *continuant sa lecture, fait claquer sa langue.*

Mme SMITH. — Pourtant, c'est toujours l'huile de l'épicier du coin qui est la meilleure...

M. SMITH, *continuant sa lecture, fait claquer sa langue.*

Mme SMITH — Mary a bien cuit les pommes de terre, cette fois-ci. La dernière fois elle ne les avait pas bien fait cuire. Je ne les aime que lorsqu'elles sont bien cuites.

M. SMITH, *continuant sa lecture, fait claquer sa langue.*

Mme SMITH. — Le poisson était frais. Je m'en suis léché les babines. J'en ai pris deux fois. Non, trois fois. Ça me fait aller aux cabinets. Toi aussi tu en as pris trois fois. Cependant la troisième fois, tu en as pris moins que les deux premières fois, tandis que moi j'en ai pris beaucoup plus. J'ai mieux mangé que toi, ce soir. Comment ça se fait? D'habitude, c'est toi qui manges le plus. Ce n'est pas l'appétit qui te manque.

M. SMITH, *fait claquer sa langue.*

Mme SMITH. — Cependant, la soupe était peut-être un peu trop salée. Elle avait plus de sel que toi. Ah, ah, ah. Elle avait aussi trop de poireaux et pas assez d'oignons. Je regrette de ne pas avoir conseillé à Mary d'y ajouter un peu d'anis étoilé. La prochaine fois, je saurai m'y prendre.

M. SMITH, *continuant sa lecture, fait claquer sa langue.*

Mme SMITH — Notre petit garçon aurait bien voulu boire de la bière, il aimera s'en mettre plein la lampe, il te ressemble. Tu as vu à table, comme il visait la bouteille? Mais moi, j'ai versé dans son verre de l'eau de la carafe. Il avait soif et il l'a bue. Hélène me ressemble: elle est bonne ménagère, économe, joue du piano. Elle ne demande jamais à boire de la bière anglaise. C'est comme notre petite fille qui ne boit que du lait et ne mange que de la bouillie. Ça se voit qu'elle n'a que deux ans. Elle s'appelle Peggy. La tarte aux coings et aux haricots a été formidable. On aurait bien fait peut-être de prendre, au dessert, un petit verre de vin de Bourgogne australien mais je n'ai pas apporté le vin à table afin de ne pas donner aux enfants une mauvaise preuve de gourmandise. Il faut leur apprendre à être sobre et mesuré dans la vie.

M. SMITH, *continuant sa lecture, fait claquer sa langue.*

Mme SMITH. — Mrs. Parker connaît un épicier roumain, nommé Popesco Rosenfeld, qui vient d'arriver de Constantinople. C'est un grand spécialiste en yaourt. Il est diplômé de l'école des fabricants de yaourt d'Andrinople. J'irai demain lui acheter une grande marmite de yaourt roumain folklorique. On n'a pas souvent des choses pareilles ici, dans les environs de Londres.

M. SMITH, *continuant sa lecture, fait claquer sa langue.*

Mme SMITH. — Le yaourt est excellent pour l'estomac, les reins, l'appendicite et l'apothéose. C'est ce que m'a dit le docteur Mackenzie-King qui soigne les enfants de nos voisins, les Johns. C'est un bon médecin. On peut avoir confiance en lui. Il ne recommande jamais d'autres médicaments que ceux dont il a fait l'expérience sur lui-même. Avant de faire opérer Parker, c'est lui d'abord qui s'est fait opérer du foie, sans être aucunement malade.

M. SMITH. — Mais alors comment se fait-il que le docteur s'en soit tiré et que Parker en soit mort?

Mme SMITH. — Parce que l'opération a réussi chez le docteur et n'a pas réussi chez Parker.

M. SMITH. — Alors Mackenzie n'est pas un bon docteur. L'opération aurait dû réussir chez tous les deux ou alors tous les deux auraient dû succomber.

Mme SMITH. — Pourquoi?

M. SMITH. — Un médecin consciencieux doit mourir avec le malade s'ils ne peuvent pas guérir ensemble. Le commandant d'un bateau périt avec le bateau, dans les vagues. Il ne lui survit pas.

Mme SMITH. — On ne peut comparer un malade à un bateau.

M. SMITH. — Pourquoi pas? Le bateau a aussi ses maladies; d'ailleurs ton docteur est aussi sain qu'un vaisseau; voilà pourquoi encore il devait périr en même temps que le malade comme le docteur et son bateau.

Mme SMITH. — Ah! Je n'y avais pas pensé... C'est peut-être juste... et alors, quelle conclusion en tires-tu?

M. SMITH. — C'est que tous les docteurs ne sont que des charlatans. Et tous les malades aussi. Seule la marine est honnête en Angleterre.

Mme SMITH. — Mais pas les marins.

M. SMITH. — Naturellement.

Pause.

M. SMITH, *toujours avec son journal.* — Il y a une chose que je ne comprends pas. Pourquoi à la rubrique de l'état civil, dans le journal, donne-t-on toujours l'âge des personnes décédées et jamais celui des nouveau-nés? C'est un non-sens.

Mme SMITH. — Je ne me le suis jamais demandé!

Un autre moment de silence. La pendule sonne sept fois. Silence. La pendule sonne trois fois. Silence. La pendule ne sonne aucune fois.

M. SMITH, *toujours dans son journal.* — Tiens, c'est écrit que Bobby Watson est mort.

Mme SMITH. — Mon Dieu, le pauvre, quand est-ce qu'il est mort?

M. SMITH. — Pourquoi prends-tu cet air étonné? Tu le savais bien. Il est mort il y a deux ans. Tu te rappelles, on a été à son enterrement, il y a un an et demi.

Mme SMITH. — Bien sûr que je me rappelle. Je me suis rappelé tout de suite, mais je ne comprends pas pourquoi toi-même tu as été si étonné de voir ça sur le journal.

M. SMITH. — Ça n'y était pas sur le journal. Il y a déjà trois ans qu'on a parlé de son décès. Je m'en suis souvenu par associations d'idées!

Mme SMITH. — Dommage! Il était si bien conservé.

M. SMITH. — C'était le plus joli cadavre de Grande-Bretagne! Il ne paraissait pas son âge. Pauvre Bobby, il y avait quatre ans qu'il était mort et il était encore chaud. Un véritable cadavre vivant. Et comme il était gai!

Mme SMITH. — La pauvre Bobby.

M. SMITH. — Tu veux dire « le » pauvre Bobby.

Mme SMITH. — Non, c'est à sa femme que je pense. Elle s'appelait comme lui, Bobby, Bobby Watson. Comme ils avaient le même nom, on ne pouvait pas les distinguer l'un de l'autre quand on les voyait ensemble. Ce n'est qu'après sa mort à lui, qu'on a pu vraiment savoir qui était l'un et qui était l'autre. Pourtant, aujourd'hui encore, il y a des gens qui la confondent avec le mort et lui présentent des condoléances. Tu la connais?

M. SMITH. — Je ne l'ai vue qu'une fois, par hasard, à l'enterrement de Bobby.

Mme SMITH. — Je ne l'ai jamais vue. Est-ce qu'elle est belle?

M. SMITH. — Elle a des traits réguliers et pourtant on ne peut pas dire qu'elle est belle. Elle est trop grande et trop forte. Ses traits ne sont pas réguliers et pourtant on peut dire qu'elle est très belle. Elle est un peu trop petite et trop maigre. Elle est professeur de chant.

La pendule sonne cinq fois. Un long temps.

Mme SMITH. — Et quand pensent-ils se marier, tous les deux?

M. SMITH. — Le printemps prochain, au plus tard.

Mme SMITH. — Il faudra sans doute aller à leur mariage.

M. SMITH. — Il faudra leur faire un cadeau de noces. Je me demande lequel?

Mme SMITH. — Pourquoi ne leur offririons-nous pas un des sept plateaux d'argent dont on nous a fait don à notre mariage à nous et qui ne nous ont jamais servi à rien?

Court silence. La pendule sonne deux fois.

Mme SMITH. — C'est triste pour elle d'être demeurée veuve si jeune.

M. SMITH. — Heureusement qu'ils n'ont pas eu d'enfants.

Mme SMITH. — Il ne leur manquait plus que cela! Des enfants! Pauvre femme, qu'est-ce qu'elle en aurait fait!

M. SMITH. — Elle est encore jeune. Elle peut très bien se remarier. Le deuil lui va si bien.

Mme SMITH. — Mais qui prendra soin des enfants? Tu sais bien qu'ils ont un garçon et une fille. Comment s'appellent-ils?

M. SMITH. — Bobby et Bobby comme leurs parents. L'oncle de Bobby Watson, le vieux Bobby Watson est riche et il aime le garçon. Il pourrait très bien se charger de l'éducation de Bobby.

Mme SMITH. — Ce serait naturel. Et la tante de Bobby Watson, la vieille Bobby Watson pourrait très bien, à son tour, se charger de l'éducation de Bobby Watson, la fille de Bobby Watson. Comme ça, la maman de Bobby Watson, Bobby, pourrait se remarier. Elle a quelqu'un en vue?

M. SMITH. — Oui, un cousin de Bobby Watson.

Mme SMITH. — Qui? Bobby Watson?

M. SMITH. — De quel Bobby Watson parles-tu?

Mme SMITH. — De Bobby Watson, le fils du vieux Bobby Watson l'autre oncle de Bobby Watson, le mort.

M. SMITH. — Non, ce n'est pas celui-là, c'est un autre. C'est Bobby Watson, le fils de la vieille Bobby Watson la tante de Bobby Watson, le mort.

Mme SMITH. — Tu veux parler de Bobby Watson, le commis-voyageur?

M. SMITH. — Tous les Bobby Watson sont commis-voyageurs.

Mme SMITH. — Quel dur métier! Pourtant, on y fait de bonnes affaires.

M. SMITH. — Oui, quand il n'y a pas de concurrence.

Mme SMITH. — Et quand n'y a-t-il pas de concurrence?

M. SMITH. — Le mardi, le jeudi et le mardi.

Mme SMITH. — Ah! trois jours par semaine? Et que fait Bobby Watson pendant ce temps-là?

M. SMITH. — Il se repose, il dort.

Mme SMITH. — Mais pourquoi ne travaille-t-il pas pendant ces trois jours s'il n'y a pas de concurrence?

M. SMITH. — Je ne peux pas tout savoir. Je ne peux pas répondre à toutes tes questions idiotes!

Mme SMITH, *offensée.* — Tu dis ça pour m'humilier?

M. SMITH, *tout souriant.* — Tu sais bien que non.

Mme SMITH. — Les hommes sont tous pareils! Vous restez là, toute la journée, la cigarette à la bouche ou bien vous vous mettez de la poudre et vous fardez vos lèvres, cinquante fois par jour, si vous n'êtes pas en train de boire sans arrêt!

M. SMITH. — Mais qu'est-ce que tu dirais si tu voyais les hommes faire comme les femmes, fumer toute la journée, se poudrer, se mettre du rouge aux lèvres, boire du whisky?

Mme SMITH. — Quant à moi, je m'en fiche! Mais si tu dis ça pour m'embêter, alors... je n'aime pas ce genre de plaisanterie, tu le sais bien!

Elle jette les chaussettes très loin et montre ses dents. Elle se lève.

M. SMITH, *se lève à son tour et va vers sa femme, tendrement.* — Oh! mon petit poulet rôti, pourquoi craches-tu du feu! tu sais bien que je dis ça pour rire! (*Il la prend par la taille et l'embrasse.*) Quel ridicule couple de vieux amoureux nous faisons!

Viens, nous allons éteindre et nous allons faire dodo!

Scène II
LES MÊMES ET MARY

MARY, *entrant.* — Je suis la bonne. J'ai passé un après-midi très agréable. J'ai été au cinéma avec un homme et j'ai vu un film avec des femmes. A la sortie du cinéma, nous sommes allés boire de l'eau-de-vie et du lait et puis on a lu le journal.

Mme SMITH. — J'espère que vous avez passé un après-midi très agréable, que vous êtes allée au cinéma avec un homme et que vous avez bu de l'eau-de-vie et du lait.

M. SMITH. — Et le journal!

MARY. — Mme et M. Martin, vos invités, sont à la porte. Ils m'attendaient. Ils n'osaient pas entrer tout seuls. Ils devaient dîner avec vous, ce soir.

Mme SMITH. — Ah oui. Nous les attendions. Et on avait faim. Comme on ne les voyait plus venir, on allait manger sans eux. On n'a rien mangé, de toute la journée. Vous n'auriez pas dû vous absenter!

MARY. — C'est vous qui m'avez donné la permission.

M. SMITH. — On ne l'a pas fait exprès!

MARY *éclate de rire. Puis, elle pleure. Elle sourit.* — Je me suis acheté un pot de chambre.

Mme SMITH. — Ma chère Mary, veuillez ouvrir la porte et faites entrer M. et Mme Martin, s'il vous plaît. Nous allons vite nous habiller.

Mme et M. Smith sortent à droite. Mary ouvre la porte à gauche par laquelle entrent M. et Mme Martin.

Scène III
MARY, LES ÉPOUX MARTIN.

MARY. — Pourquoi êtes-vous venus si tard! Vous n'êtes pas polis. Il faut venir à l'heure. Compris? asseyez-vous quand même là, et attendez, maintenant.

Elle sort.

Scène IV
LES MÊMES, MOINS MARY

Mme et M. Martin s'assoient l'un en face de l'autre, sans se parler. Ils se sourient, avec timidité.

M. MARTIN (*le dialogue qui suit doit être dit d'une voix traînante, monotone, un peu chantante, nullement nuancée*). — Mes excuses, Madame, mais il me semble, si je ne me trompe, que je vous ai déjà rencontrée quelque part.

Mme MARTIN. — A moi aussi, Monsieur, il me semble que je vous ai déjà rencontré quelque part.

M. MARTIN. — Ne vous aurais-je pas déjà aperçue, Madame, à Manchester, par hasard?

Mme MARTIN. — C'est très possible. Moi, je suis originaire de la ville de Manchester! Mais je ne me souviens pas très bien, Monsieur, je ne pourrais pas dire si je vous y ai aperçu, ou non!

M. MARTIN. — Mon Dieu, comme c'est curieux! Moi aussi je suis originaire de la ville de Manchester, Madame!

Mme MARTIN. — Comme c'est curieux!

M. MARTIN. — Comme c'est curieux!... Seulement, moi, Madame, j'ai quitté la ville de Manchester, il y a cinq semaines, environ.

Mme MARTIN. — Comme c'est curieux! quelle bizarre coïncidence! Moi aussi, Monsieur, j'ai quitté la ville de Manchester, il y a cinq semaines, environ.

M. MARTIN. — J'ai pris le train d'une demie après huit le matin[1], qui arrive à Londres à un quart avant cinq, Madame.

Mme MARTIN. — Comme c'est curieux! comme c'est bizarre! et quelle coïncidence! J'ai pris le même train, Monsieur, moi aussi!

M. MARTIN. — Mon Dieu, comme c'est curieux! peut-être bien alors, Madame, que je vous ai vue dans le train?

Mme MARTIN. — C'est bien possible, ce n'est pas exclu, c'est plausible et, après tout, pourquoi pas!... Mais je n'en ai aucun souvenir, Monsieur!

M. MARTIN. — Je voyageais en deuxième classe, Madame. Il n'y a pas de deuxième classe en Angleterre, mais je voyage quand même en deuxième classe.

Mme MARTIN. — Comme c'est bizarre, que c'est curieux, et quelle coïncidence! moi aussi, Monsieur, je voyageais en deuxième classe!

M. MARTIN. — Comme c'est curieux! Nous nous sommes peut-être bien rencontrés en deuxième classe, chère Madame!

Mme MARTIN. — La chose est bien possible et ce n'est pas du tout exclu. Mais je ne m'en souviens pas très bien, cher Monsieur!

M. MARTIN. — Ma place était dans le wagon n° 8, sixième compartiment, Madame!

Mme MARTIN. — Comme c'est curieux! ma place aussi était dans le wagon n° 8, sixième compartiment, cher Monsieur!

M. MARTIN. — Comme c'est curieux et quelle coïncidence bizarre! Peut-être nous sommes-nous rencontrés dans le sixième compartiment, chère Madame?

Mme MARTIN. — C'est bien possible, après tout! Mais je ne m'en souviens pas, cher Monsieur!

M. MARTIN. — A vrai dire, chère Madame, moi non plus je ne m'en souviens pas, mais il est possible que nous nous soyons aperçus là, et si j'y pense bien, la chose me semble même très possible!

Mme MARTIN. — Oh! vraiment, bien sûr, vraiment, Monsieur!

M. MARTIN. — Comme c'est curieux!... J'avais la place n° 3, près de la fenêtre, chère Madame.

Mme MARTIN. — Oh, mon Dieu, comme c'est curieux et comme c'est bizarre, j'avais la place n° 6, près de la fenêtre, en face de vous, cher Monsieur.

M. MARTIN. — Oh, mon Dieu, comme c'est curieux et quelle coïncidence!... Nous étions donc vis-à-vis, chère Madame! C'est là que nous avons dû nous voir!

Mme MARTIN. — Comme c'est curieux! C'est possible mais je ne m'en souviens pas, Monsieur!

M. MARTIN. — A vrai dire, chère Madame, moi non plus je ne m'en souviens pas. Cependant, il est très

---

1. Ionesco parodie les expressions idiomatiques de la langue anglaise en les traduisant littéralement en français.

possible que nous nous soyons vus à cette occasion.

Mme MARTIN. — C'est vrai, mais je n'en suis pas sûre du tout, Monsieur.

M. MARTIN. — Ce n'était pas vous, chère Madame, la dame qui m'avait prié de mettre sa valise dans le filet et qui ensuite m'a remercié et m'a permis de fumer?

Mme MARTIN. — Mais si, ça devait être moi, Monsieur! Comme c'est curieux, comme c'est curieux, et quelle coïncidence!

M. MARTIN. — Comme c'est curieux, comme c'est bizarre, quelle coïncidence! Eh bien alors, alors, nous nous sommes peut-être connus à ce moment-là, Madame?

Mme MARTIN. — Comme c'est curieux et quelle coïncidence! c'est bien possible, cher Monsieur! Cependant, je ne crois pas m'en souvenir.

M. MARTIN. — Moi non plus, Madame.

Un moment de silence. La pendule sonne 2-1.

M. MARTIN. — Depuis que je suis arrivé à Londres, j'habite rue Bromfield, chère Madame.

Mme MARTIN. — Comme c'est curieux, comme c'est bizarre! moi aussi, depuis mon arrivée à Londres j'habite rue Bromfield, cher Monsieur.

M. MARTIN. — Comme c'est curieux, mais alors, mais alors, nous nous sommes peut-être rencontrés rue Bromfield, chère Madame.

Mme MARTIN. — Comme c'est curieux; comme c'est bizarre! c'est bien possible, après tout! Mais je ne m'en souviens pas, cher Monsieur.

M. MARTIN. — Je demeure au n° 19, chère Madame.

Mme MARTIN. — Comme c'est curieux, moi aussi j'habite au n° 19, cher Monsieur.

M. MARTIN. — Mais alors, mais alors, mais alors, mais alors, mais alors, nous nous sommes peut-être vus dans cette maison, chère Madame?

Mme MARTIN. — C'est bien possible, mais je ne m'en souviens pas, cher Monsieur.

M. MARTIN. — Mon appartement est au cinquième étage, c'est le n° 8, chère Madame.

Mme MARTIN. —Comme c'est curieux, mon Dieu, comme c'est bizarre! et quelle coïncidence! moi aussi j'habite au cinquième étage, dans l'appartement n° 8, cher Monsieur!

M. MARTIN, *songeur.* — Comme c'est curieux, comme c'est curieux, comme c'est curieux et quelle coïncidence! vous savez, dans ma chambre à coucher j'ai un lit. Mon lit est couvert d'un édredon vert. Cette chambre, avec ce lit et son édredon vert, se trouve au fond du corridor, entre les water et la bibliothèque, chère Madame!

Mme MARTIN. — Quelle coïncidence, ah mon Dieu, quelle coïncidence! Ma chambre à coucher a, elle aussi, un lit avec un édredon vert et se trouve au fond du corridor, entre les waters, cher Monsieur, et la bibliothèque!

M. MARTIN. — Comme c'est bizarre, curieux, étrange! alors, Madame, nous habitons dans la même chambre et nous dormons dans le même lit, chère Madame. C'est peut-être là que nous nous sommes rencontrés!

Mme MARTIN. — Comme c'est curieux et quelle coïncidence! C'est bien possible que nous nous y soyons rencontrés, et peut-être même la nuit dernière. Mais je ne m'en souviens pas, cher Monsieur!

M. MARTIN. — J'ai une petite fille, ma petite fille, elle habite avec moi, chère Madame. Elle a deux ans, elle est blonde, elle a un œil blanc et un œil rouge, elle est très jolie, elle s'appelle Alice, chère Madame.

Mme MARTIN. — Quelle bizarre coïncidence! moi aussi j'ai une petite fille, elle a deux ans, un œil blanc et un œil rouge, elle est très jolie et s'appelle aussi Alice, cher Monsieur!

M. MARTIN, *même voix traînante, monotone.* — Comme c'est curieux et quelle coïncidence! et bizarre! c'est peut-être la même, chère Madame!

Mme MARTIN. — Comme c'est curieux! c'est bien possible, cher Monsieur.

Un assez long moment de silence... La pendule sonne vingt-neuf fois.

M. MARTIN, *après avoir longuement réfléchi, se lève lentement et, sans se presser, se dirige vers Mme Martin qui, surprise par l'air solennel de M. Martin, s'est levée, elle aussi tout doucement; M. Martin a la même voix rare, monotone, vaguement chantante.* — Alors, chère Madame, je crois qu'il n'y a pas de doute, nous nous sommes déjà vus et vous êtes ma propre épouse... Elisabeth, je t'ai retrouvée!

Mme Martin s'approche de M. Martin sans se presser. Ils s'embrassent sans expression. La pendule sonne une fois, très fort. Le coup de la pendule doit être si fort qu'il doit

faire sursauter les spectateurs. Les époux Martin ne l'entendent pas.

Mme MARTIN. — Donald, c'est toi, darling!

Ils s'assoient dans le même fauteuil, se tiennent embrassés et s'endorment. La pendule sonne encore plusieurs fois. Mary, sur la pointe des pieds, un doigt sur ses lèvres, entre doucement en scène et s'adresse au public.

Scène V
LES MÊMES ET MARY

MARY. — Elisabeth et Donald sont, maintenant, trop heureux pour pouvoir m'entendre. Je puis donc vous révéler un secret. Elisabeth n'est pas Elisabeth, Donald n'est pas Donald. En voici la preuve: l'enfant dont parle Donald n'est pas la fille d'Elisabeth, ce n'est pas la même personne. La fillette de Donald a un œil blanc et un autre rouge tout comme la fillette d'Elisabeth. Mais tandis que l'enfant de Donald a l'œil blanc à droite et l'œil rouge à gauche, l'enfant d'Elisabeth, lui, a l'œil rouge à droite et le blanc à gauche! Ainsi tout le système d'argumentation de Donald s'écroule en se heurtant à ce dernier obstacle qui anéantit toute sa théorie. Malgré les coïncidences extraordinaires qui semblent être des preuves définitives, Donald et Elisabeth n'étant pas les parents du même enfant ne sont pas Donald et Elisabeth. Il a beau croire qu'il est Donald, elle a beau se croire Elisabeth. Il a beau croire qu'elle est

Elisabeth. Elle a beau croire qu'il est Donald: ils se trompent amèrement. Mais qui est le véritable Donald? Quelle est la véritable Elisabeth? Qui donc a intérêt à faire durer cette confusion? Je n'en sais rien. Ne tâchons pas de le savoir.

Laissons les choses comme elles sont. (*Elle fait quelques pas vers la porte, puis revient et s'adresse au public.*) Mon vrai nom est Sherlock Holmès.

Elle sort.

Matière à réflexion

1. Quels détails Ionesco nous fournit-il pour caractériser l'insignifiance des Smith? En quoi sont-ils typiquement petits-bourgeois?

2. Quelles phrases semblent sortir tout droit d'un manuel de conversation anglaise? Comment Ionesco les détourne-t-il de leur fonction didactique? Quels sont, dans la première scène, les premiers signes de l'incommunicabilité entre les époux Smith?

3. Faites l'inventaire des techniques de l'absurde chez Ionesco: lieux communs, propos incohérents, réflexions bizarres, absence de transition entre les idées, raisonnements étranges ou illogiques, etc.

4. Que parodie la scène des retrouvailles des Martin? Quel est l'effet de la répétition dans cette scène? En quoi le théâtre d'Ionesco est-il un anti-théâtre?

Le Nouveau Roman

Les années cinquante et soixante furent caractérisées par un renouvellement radical du genre romanesque, accompagné de tout un discours polémique qui fit en son temps beaucoup de bruit: ce fut une des nombreuses « Querelles des Anciens et des Modernes » que l'histoire de la littérature a périodiquement connues. Ce grand mouvement de remise en cause des formes « traditionnelles » ne se limite d'ailleurs pas au roman: dans ces années, le climat général est au renouveau. On parle à la même époque d'un nouveau théâtre (celui de Beckett ou d'Ionesco), d'une nouvelle vague au cinéma (Godard, Truffaut, Antonioni, etc.), et même d'une nouvelle critique (dite « structuraliste »). Farouchement opposée à cette nouvelle génération, se dresse la vieille garde de l'académisme français, garante des traditions, et pour qui tout ce nouveau discours relevait de la provocation, voire de l'imposture.

Ceux que l'on regroupe sous la bannière du nouveau roman ont pourtant refusé d'être embrigadés de la sorte, et n'ont jamais proposé de manifeste collectif. C'est que, pour reprendre la distinction de Robbe-Grillet — celui que l'on présente souvent comme un des chefs de file de cette génération — le nouveau roman n'est pas une école ou un mouvement[1], mais « une appellation commode englobant tous ceux qui cherchent de nouvelles formes romanesques, capable d'exprimer (ou de créer) de nouvelles relations entre l'homme et le monde[2] ». Par commodité, la

---

1. Les pratiques d'écriture diverses qui constituent le nouveau roman présentent néanmoins suffisamment de caractéristiques communes pour que l'on voie se dessiner des tendances générales. En outre, il est possible de déceler un jeu d'influences réciproques entre les différents membres du groupe (de Beckett sur Duras, ou de Robbe-Grillet sur Simon, etc.). Il y eut donc bien un dialogue fructueux entre ces écrivains, ce qui renforce la notion de « mouvement ». — 2. Alain Robbe-Grillet, *Pour un nouveau roman* (1963).

critique leur a donné le nom d'« Ecole de Minuit » (car ces romanciers, dont les manuscrits avaient été souvent refusés par les grandes maisons d'édition parisiennes, plus conservatrices, avaient trouvé le soutien d'un jeune éditeur, Jérôme Lindon, aux Editions de Minuit), puis de « nouveau roman ». L'étiquette fut acceptée diversement par les romanciers de cette génération, qui la trouvèrent ambiguë.

Car pour ces écrivains, il y a un paradoxe à parler d'un « nouveau roman », puisque le genre, depuis ses débuts, a toujours été en évolution. Comme le note Robbe-Grillet, « Flaubert écrivait le nouveau roman de 1860, Proust le nouveau roman de 1910[3]. » Aux débuts du XXe siècle notamment, avec Proust, Joyce, Kafka, Céline, Faulkner, etc., le roman subit des modifications décisives — méandres du monologue intérieur, brouillage de la chronologie, effritement du personnage, etc. — qui rendent désuète la formule du récit réaliste. Pourtant, malgré ces innovations capitales, le grand public garde du roman une conception bien conservatrice, celle du « roman bourgeois » du XIXe siècle: « La seule conception romanesque qui ait cours aujourd'hui est, en fait, celle de Balzac[4] », constate Robbe-Grillet. La recette qui reçoit l'approbation des « consommateurs » de romans correspond parfaitement à ce qu'un historien de la littérature, Ph. Van Tieghem[5], écrit à propos de Jules Verne: « Une psychologie fort juste, un humour discret, le don de créer des types humains vraisemblables, nettement différenciés suivant la race et l'âge: ces qualités sont celles d'un grand romancier. » Quelques ingrédients incontournables doivent donc entrer dans la composition de ce que le public considère comme « un bon roman »:

1° **L'analyse psychologique.** — « Un *bon* roman (...) est resté l'étude d'une passion — ou d'un conflit de passions, ou d'une absence de passions — dans un milieu donné[6] ». C'est ainsi que l'on peut définir les grands romans du siècle précédent (*Les Misérables, Le Père Goriot, L'Assommoir,* etc.), mais aussi les romans d'écrivains contemporains qui restent fidèles à cette tradition: François Mauriac, Hervé Bazin, etc.

2° **Des types humains vraisemblables et bien différenciés.** — La littérature romanesque nous offre une liste de figures inoubliables (Eugénie Grandet, Jean Valjean, Fabrice del Dongo, etc.) représentant chacun un trait de caractère choisi: l'avarice, l'ambition, la jalousie, etc. Ces personnages deviennent même des références communes: le « Bovarisme », par exemple, est entré dans le vocabulaire psychologique pour désigner certaines tendances nerveuses.

3° **Une intrigue vraisemblable et bien construite.** — Le grand public aime avant tout qu'on lui raconte des histoires. Encore faut-il, pour faire la grandeur du romancier, que ces histoires ne souffrent pas d'un manque de réalisme trop important: le lecteur doit demeurer convaincu que ce qu'on lui raconte s'est bien passé, ou, en tous cas, pourrait vraisemblablement avoir lieu. « Bien raconter, c'est donc faire ressembler ce que l'on écrit aux schémas préfabriqués dont les gens ont l'habitude, c'est-à-dire à l'idée toute faite qu'ils ont de la réalité[7] », ironise Robbe-Grillet. Il est également impératif que l'histoire ne dévoile pas trop vite ses secrets, qu'elle

---

3. Ibidem. — 4. Ibidem. — 5. *Dictionnaire des littératures,* vol. III. — 6. Robbe-Grillet, *Pour un nouveau roman.* — 7. Ibidem.

maintienne son lecteur en haleine le plus longtemps possible, bref qu'elle contienne un certain « suspense ».

C'est à ces caractéristiques essentielles du roman traditionnel que les nouveaux romanciers vont s'opposer. Car, pour ces derniers, le roman « à la Balzac » se fonde sur une idéologie qui est aujourd'hui suspecte, puisque l'image qu'il donne des relations entre l'homme et le monde est celui de l'ordre bourgeois du XIXᵉ siècle: « Tous les éléments techniques du récit — emploi systématique du passé simple et de la troisième personne, adoption sans condition du déroulement chronologique, intrigues linéaires, courbe régulière des passions, tension de chaque épisode vers une fin, etc. — tout visait à imposer l'image d'un univers stable, cohérent, continu, univoque, entièrement déchiffrable. Comme l'intelligibilité du monde n'était même pas mise en question, raconter ne posait pas de problème. L'écriture romanesque pouvait être innocente[8]. » Cette innocence — l'illusion positiviste selon laquelle le réel était entièrement définissable, classifiable et signifiant — a aujourd'hui disparu: « les significations du monde, autour de nous, ne sont plus que partielles, provisoires, contradictoires même, et toujours contestées (...). Nous ne croyons plus aux significations figées, toutes faites, que livrait à l'homme l'ancien ordre divin, et à sa suite l'ordre rationaliste du XIXᵉ siècle[9]. » La formule romanesque qui correspondait à cette illusion positiviste (le récit réaliste) est donc entièrement à revoir. L'ère de l'innocence a pris fin et nous sommes entrés, selon Nathalie Sarraute, dans « l'ère du soupçon », dont les caractéristiques seraient les suivantes:

1° L'effritement du personnage. — Alors que le personnage réaliste s'accompagnait d'une fiche signalétique remplie de détails signifiants (nom, âge, situation sociale, familiale, professionnelle, géographique, ...), le nouveau personnage sera un être « sans contours, indéfinissable, insaisissable et invisible[10] ». « C'est à contrecœur que le romancier lui accorde tout ce qui peut le rendre trop facilement repérable: aspect physique, gestes, actions, sensations, sentiments courants, depuis longtemps étudiés et connus, qui contribuent à lui donner à si bon compte l'apparence de la vie et offrent une prise si commode au lecteur[11]. »

2° La disparition de l'intrigue. — Le nouveau roman se refuse à « raconter des histoires » purement événementielles et à présenter des intrigues linéaires. C'est d'abord tout le système du vraisemblable romanesque qu'il remet en cause: plus question de faire croire au lecteur que ce que l'on écrit équivaut à une réalité extérieure véridique: le doute, le fantasme, l'ignorance, s'insinuent dans les propos du romancier, qui renonce à donner l'illusion de son omniscience. C'est aussi le déroulement chronologique de l'histoire qui est désormais interrompu: la chronologie des nouveaux romans sera souvent chaotique, brouillée, ambiguë. Enfin, le nouveau roman accorde une grande importance aux jeux formels (répétition, intertextualité, mise en abyme, etc.), qui viennent se substituer au contenu anecdotique de la fiction.

3° Le refus de l'analyse psychologique, de la peinture de caractères. — Les nouveaux romanciers font table rase non seulement des « types » du roman réaliste,

---

8. Ibidem. — 9. Ibidem. — 10. Nathalie Sarraute, *L'ère du soupçon*. — 11. Ibidem.

mais aussi des études de caractère dont ces types étaient l'objet. Ils ont en cela retenu la leçon de la psychologie moderne, qui a révélé que le sujet humain est bien moins connaissable, bien plus mystérieux qu'on ne le croyait jadis. Ainsi le lecteur a-t-il « vu nos actes perdre leurs mobiles courants et leurs significations admises, des sentiments inconnus apparaître et les mieux connus changer de nom [12] ». Tout commentaire psychologique de la part de l'auteur apparaîtra donc superflu.

4° **L'écriture à la première personne.** — Les romanciers écrivaient jadis souvent à la troisième personne, sur un ton impersonnel qui feignait l'omniscience. Au contraire, les nouveaux écrivains privilégieront l'écriture à la première personne et le monologue intérieur [13]. Ils plongent ainsi leurs lecteurs dans un labyrinthe sans repères, celui des dérives mentales et des hésitations de leurs narrateurs/personnages.

5° **Le refus de l'engagement.** — Contrairement à la génération précédente, celle de Malraux ou de Sartre, les nouveaux romanciers s'opposeront à la littérature engagée. A cette époque de grande désillusion (notamment vis-à-vis du communisme stalinien), il affirment que « l'art ne peut être réduit à l'état de moyen au service d'une cause [14] ».

Le nouveau roman, très en vogue dans les années cinquante et soixante, a fini par s'essouffler dans les années soixante-dix, où l'on constate un retour en force d'une narration plus traditionnelle. Cependant, les écrivains postérieurs au nouveau roman en exploiteront eux aussi certaines formules [15], preuve que le nouveau roman a marqué à jamais de son empreinte le paysage des lettres modernes.

---

12. Ibidem. — 13. Voir Avant de lire consacré à Samuel Beckett, ci-dessous. — 14. Robbe-Grillet, *Pour un nouveau roman*. — 15. Voir Le Clézio et Modiano, dans notre dernier chapitre.

Samuel Beckett

Il fut souvent dit des romans de Beckett qu'ils sont « à la frontière de la littérature ». Proches du discours pathologique, ils font en effet table rase des ingrédients traditionnels du roman — intrigue, personnages, décor — pour se perdre dans les méandres d'une conscience en pleine crise. Précurseur ou père du nouveau roman, Beckett, dont les textes ont à leur époque révolutionné le roman et le théâtre, fut sans conteste un des écrivains les plus originaux du siècle.

Irlandais de naissance, Samuel Beckett fait de multiples incursions en France dès 1928, où il obtient un poste de lecteur d'anglais à l'Ecole normale supérieure de Paris. C'est en France que se dessine peu à peu sa vocation littéraire. Il se lie d'amitié avec son compatriote James Joyce, et se lance dans la lecture de Proust, sur lequel il publiera une étude critique en 1929. Tentant de se lancer dans la carrière universitaire, comme assistant de français au Trinity College de Dublin, il connaît très vite l'échec et la déprime.

Samuel Beckett

Après une longue période de vaches maigres durant laquelle, en proie à une misère morale et financière, Beckett sillonne l'Europe sans parvenir à se fixer, ni à publier ses manuscrits — ses pérégrinations le mènent en Angleterre, en Italie et en Allemagne — , il s'installe définitivement en France en 1937. Il continue cependant d'écrire en anglais d'étranges romans quasi systématiquement refusés par les éditeurs (*Murphy; Watt*)[1].

A la Libération, Beckett, qui, inquiété par la Gestapo pour faits de Résistance, avait dû quitter Paris, revient s'installer dans la capitale. En 1947, il décide d'écrire désormais en français, avec, dit-il, « le désir de (s)'appauvrir davantage », c'est-à-dire de dépouiller à l'extrême son écriture par l'adoption d'une langue qu'il maîtrise forcément moins bien que sa langue maternelle.

C'est aux Editions de Minuit que paraît, de 1951 à 1953, la trilogie romanesque de Beckett: *Molloy, Malone meurt* et *L'Innommable*. Ces textes joueront un rôle primordial dans l'émergence de l'« Ecole de Minuit », qui deviendra le nouveau roman. Ces trois romans, ainsi que les *Nouvelles et textes pour rien* publiés en 1955, présentent entre eux beaucoup de traits communs, à tel point qu'on a parlé d'un *système* beckettien:

1° Une crise de la conscience. — A l'exact opposé d'un narrateur omniscient, le narrateur de Beckett affirme à maintes reprises qu'il « ne sait pas grand-chose ». Ignorant souvent jusqu'à sa propre identité, oublieux des motifs de ses actions ainsi que de toute causalité l'ayant conduit jusqu'à l'instant présent, ce narrateur se livre à un long monologue intérieur envahi par la contradiction et l'hésitation. Le

---

1. Ces romans ne paraîtront que plus tard, en anglais, puis en français.

discours lacunaire qui émane du sujet parlant semble ainsi détaché de ce dernier: « J'ai l'air de parler, ce n'est pas moi, de moi, ce n'est pas de moi », affirme le narrateur de *L'Innommable.* Si le narrateur beckettien se raconte, il semble toutefois le plus souvent dire qu'il n'a rien à raconter, et plus largement, qu'*il n'y a* rien à raconter. Les récits de Beckett sont presque exempts de toute *intrigue,* au sens classique du terme.

2° **Une crise de la parole.** — Ce vide de la conscience est compensé par le tropplein de la parole. C'est précisément parce qu'il n'y a rien à dire qu'il faut parler. Chez Beckett, le « je » qui parle se réduit à une voix qui, faible et hésitante, souvent menacée d'extinction, semble cependant incapable de s'arrêter, comme l'indique le narrateur de *L'Innommable*: « Le fait semble être, si dans la situation où je suis on peut parler de faits, non seulement que je vais avoir à parler de choses dont je ne peux parler, mais encore, ce qui est encore plus intéressant, que je, je ne sais plus, ça ne fait rien. Cependant je suis obligé de parler. Je ne me tairai jamais. Jamais. »

C'est sans doute que la parole a une fonction thérapeutique: celle de calmer les angoisses de la condition humaine et de s'opposer, fût-ce de manière dérisoire, à l'absurdité de l'existence. Le flux verbal intarissable des narrateurs fantômatiques de Beckett est un pur *remplissage,* une manière d'échapper au silence, c'est-à-dire à la mort. Loin de communiquer, il s'agit tout au plus de maintenir indéfiniment un contact, sinon avec quelqu'un, du moins avec quelque chose: la vie. Le langage n'a donc pour fonction chez Beckett que de combler les trous de ce « lamentable gâchis » qu'est l'existence. « Il faut dire des mots, tant qu'il y en a », affirme encore le narrateur de *L'Innommable.*

3° **Une crise du langage et de la littérature.** — Puisque la parole n'est que gaspillage dérisoire, le langage perd chez Beckett toute prétention à la communication. Ce qui sort de la bouche des narrateurs, sans que ces derniers puissent le contrôler, c'est un verbiage incessant et insignifiant. Puisque le fond n'importe guère, c'est sur la *forme* que Beckett va se concentrer: son œuvre apparaît ainsi comme un immense jeu formel, à l'image des noms dédoublés de ses personnages: Mercier et Camier, Murphy, Molloy, Moran et Malone, Nagg et Nell, Winnie et Willie, etc. Par ce jeu, Beckett pousse à l'extrême la réflexion sur la littérature au sein même du récit. Ce jeu formel systématique se fait à l'encontre de la littérature elle-même, soumise chez Beckett à un intense travail de destruction: morcellement, dédoublement, remise en cause du récit.

4° **Une crise du corps.** — Les romans de Beckett, tout comme son théâtre[2], mettent fréquemment en scène des individus aux prises avec une forme d'infirmité, de débilité corporelle. Molloy est un clochard infirme, Hamm, un des personnages de la pièce *Fin de partie,* un aveugle paralysé, le narrateur de *L'Innommable,* un culde-jatte, etc. La détérioration physique du personnage beckettien tend de plus en plus vers l'état larvaire. Cette décrépitude du corps, qui impose l'immobilité, est à nouveau compensée par la parole. Le monologue incessant des narrateurs becket-

---

2. Voir ci-dessous.

tiens est donc une tentative dérisoire d'échapper à leur incapacité d'agir. La parole, substitut du corps, finit par tourner en rond comme ce dernier. La dégénérescence corporelle qui afflige les personnages de Beckett, parallèle à leur dérive mentale, est une des nombreuses expressions du pessimisme de l'auteur quant à la condition humaine.

5° Une crise du personnage. — Si le romancier moderne tend, selon Nathalie Sarraute, à « dépersonnaliser ses héros », peu d'écrivains en revanche sont allés aussi loin en la matière que Samuel Beckett. Les personnages de ses romans sont, comme le remarque Robbe-Grillet, « sans âge, sans profession, sans situation de famille », et, plus largement, sans identité précise ou définissable. Le délabrement de l'intrigue chez Beckett s'accompagne donc d'un délabrement du personnage, à l'image de la détérioration mentale et physique de ce dernier. Les êtres larvaires, réduits à l'inertie, que l'on trouve chez Beckett, n'ont plus rien du personnage romanesque classique.

6° Une crise de l'espace et du temps. — Les personnages de Beckett évoluent typiquement dans un espace réduit, une chambre, un lit, voire une jarre pour le narrateur de *L'Innommable*. Le monde extérieur, extrêmement limité, perçu par la conscience vacillante d'un individu en proie à la douleur d'être, se caractérise donc par sa vacuité et son insignifiance. Ainsi Beckett évacue-t-il un des éléments essentiels du roman traditionnel: le décor.

En outre, l'absence de repères spatiaux se double d'une absence de repères temporels. Parallèle à la dissolution de la conscience, celle de la chronologie: « Je ne sais pas grand-chose, franchement. La mort de ma mère, par exemple. Etait-elle déjà morte à mon arrivée? Ou n'est-elle morte que plus tard? Je veux dire morte à enterrer. Je ne sais pas. Peut-être ne l'a-t-on pas enterrée encore », se demande Molloy. La fin et le commencement se confondent dans la répétition des mêmes gestes.

A partir de 1953, Beckett se consacre surtout au théâtre, auquel il appliquera les mêmes principes[3]. Vladimir et Estragon, les deux clochards d'*En attendant Godot* (1953), qui attendent vainement sous un arbre l'arrivée d'un certain Godot (Dieu?), échangent pour passer le temps des répliques dérisoires. Comme les narrateurs des fictions de Beckett, ils parlent pour ne rien dire, mais ne peuvent s'arrêter de parler, car leur survie même semble dépendre de leurs paroles insignifiantes. Leurs actions sont tout aussi dérisoires: enlever leurs chaussettes, manger une carotte, faire mine de se quitter sans jamais y parvenir. L'absurde beckettien est avant tout un absurde existentiel, un constat du désespoir humain dans un monde sans salut ni communication. Les œuvres théâtrales ultérieures de Beckett (*Fin de partie*, 1957; *Oh! les beaux jours*, 1963) ne feront qu'accentuer encore, jusqu'à l'étouffement — car les personnages y sont de plus en plus claustrés et de plus en plus proches de la mort — cette thématique du désespoir.

Samuel Beckett a obtenu, en 1969, le prix Nobel de littérature. Il est mort en 1989 à l'âge de 83 ans.

---

3. Voir « théâtre de l'absurde », pp. 581–586

Avant de lire

L'Expulsé est un texte court écrit vers 1946, et publié presque dix ans plus tard, dans un recueil intitulé *Nouvelles et textes pour rien* (1955). C'est un des tout premiers textes écrits en français par Samuel Beckett. Pourtant, cette nouvelle occupe déjà une place de choix dans le système beckettien — l'œuvre *sérielle* — dont nous venons de parler. Tous les ingrédients de la thématique obsessive de l'auteur s'y retrouvent en effet. Le narrateur anonyme, le même semble-t-il dans toutes les nouvelles du recueil, nous apparaît comme un individu infirme (il a du mal à marcher sans tomber), doublement aliéné (de la société, qui l'a « expulsé », et de lui-même, puisqu'il semble à peine se connaître[4]), en proie à la misère et à l'errance, et qui n'agit que pour remplir le vide de son existence.

Le monologue intérieur

Le monologue intérieur est une technique narrative que les romanciers modernes ont beaucoup employée. Contrairement à d'autres procédés littéraires, dont l'origine se perd dans la nuit des temps, la technique du monologue intérieur est précisément datée: c'est dans le roman d'un certain Edouard Dujardin, *Les Lauriers sont coupés* (1887), qu'elle apparaîtrait pour la première fois. Ce sont les romanciers anglo-saxons, à la suite de James Joyce, puis de William Faulkner, qui feront d'abord un grand usage du monologue intérieur, rebaptisé « stream of consciousness ». Le principe en est simple: au lieu de montrer ce que le héros pense de l'extérieur, en résumant ses pensées sous une forme concise et parfaite, l'on retranscrit exactement le processus de pensée du personnage, avec ses erreurs, ses hésitations, ses retours en arrière, ses inconséquences, etc. C'est « le règne des impressions, du tout-venant, du foisonnement[5] ». L'effet obtenu est un rendu plus vrai, moins « littéraire », de la conscience du personnage (les pensées, souvenirs, sensations, etc., n'étant plus l'objet d'un récit impersonnel et embelli par l'auteur, mais d'une retranscription fidèle). Il s'agit là bien sûr d'un « truc », puisque, derrière ces monologues, c'est toujours l'auteur qui écrit: il est cependant moins visible de cette manière. Ce nouveau point

---

4. Il semble par exemple ne plus reconnaître la ville dans laquelle il erre, bien qu'elle soit apparemment sa ville natale. Nous ignorons en outre tout des circonstances qui l'ont mené à son état présent. —
5. Jacques Dubois, *Avatars du monologue intérieur*, in *Revue des Lettres Modernes*, 1, 1964.

de vue apporte également au récit un nouveau rythme: «déploiement causé par l'afflux des détails, disparate due à la variété de l'instant et aux caprices du psychisme, ruptures de la phrase (...) qu'entraîne la *coulée continue* de l'enregistrement[6]».

Le monologue intérieur, en nous faisant pénétrer dans le «moi profond» du personnage, permet ainsi de mieux comprendre la logique personnelle de ce dernier, sa sensibilité unique. Il fait ainsi table rase de deux éléments du récit traditionnel: le raisonnement rationnel (remplacé par l'association subjective d'idées) et la chronologie (puisque, dans l'esprit pensant, les différentes époques se confondent souvent).

Les nouveaux romanciers ont utilisé à outrance cette technique narrative, précisément parce qu'elle permettait d'échapper aux constructions trop parfaites du roman réaliste. Ainsi ont-ils privilégié le récit à la première personne, confondant personnage et narrateur. C'est le cas dans les récits de Beckett, où la personne qui parle ne nous est jamais présentée: nous pénétrons simplement dans ses pensées à un moment donné. Puisque cette personne ne s'interroge pas sur son passé — ou l'ignore tout simplement — , nous sommes privés par conséquent de la fiche signalétique qui accompagnait le personnage romanesque traditionnel. A la fois raconteur et raconté, créateur et protagoniste de l'histoire qu'il nous livre, le narrateur/personnage beckettien est libre de nous perdre dans le labyrinthe de ses contradictions et de ses spéculations.

---

6. Ibidem.

L'Expulsé

Le perron n'était pas haut. J'en avais compté les marches mille fois, aussi bien en montant qu'en descendant, mais le chiffre ne m'est plus présent, à la mémoire. Je n'ai jamais su s'il fallait dire un[1] le pied sur le trottoir, deux le pied suivant sur la première marche, et ainsi de suite, ou si le trottoir ne devait pas compter. Arrivé en haut des marches je butais sur le même dilemme. Dans l'autre sens, je veux dire de haut en bas, c'était pareil, le mot n'est pas trop fort. Je ne savais par où commencer ni par où finir, disons les choses comme elles sont. J'arrivais donc à trois chiffres totalement différents, sans jamais savoir lequel était le bon. Et quand je dis que le chiffre ne m'est plus présent, à la mémoire, je veux dire qu'aucun des trois chiffres ne m'est plus présent, à la mémoire. Il est vrai qu'en retrouvant, dans la mémoire, où il se

---

1. Le narrateur compte les marches.

trouve certainement, un seul de ces chiffres, je ne retrouverais que lui, sans pouvoir en déduire les deux autres. Et même si j'en récupérais deux, je ne saurais pas le troisième. Non, il faudrait les retrouver tous les trois, dans la mémoire, pour pouvoir les connaître, tous les trois. C'est tuant, les souvenirs. Alors il ne faut pas penser à certaines choses, à celles qui vous tiennent à cœur, ou plutôt il faut y penser, car à ne pas y penser on risque de les retrouver, dans la mémoire, petit à petit. C'est-à-dire qu'il faut y penser pendant un moment, un bon moment, tous les jours et plusieurs fois par jour, jusqu'à ce que la boue les recouvre, d'une couche infranchissable. C'est un ordre.

Après tout le nombre des marches ne fait rien à l'affaire. Ce qu'il fallait retenir, c'est le fait que le perron n'était pas haut, et cela je l'ai retenu. Même pour l'enfant il n'était pas haut, à côté des autres perrons qu'il connaissait, à force de les voir tous les jours, de les monter et descendre, et de jouer sur leurs marches, aux osselets et aux autres jeux dont il a oublié jusqu'au nom. Qu'est-ce que cela devait être alors pour l'homme fait, surfait?

La chute fut donc peu grave. Tout en chutant j'entendis claquer la porte, ce qui m'apporta du réconfort, au fort même de ma chute. Car cela voulait dire qu'on ne me poursuivait pas jusque dans la rue, avec un bâton, pour me donner des coups de bâton, sous les yeux des passants. Car si cela avait été leur intention ils n'auraient pas fermé la porte, mais ils l'auraient laissée ouverte, afin que les personnes rassemblées dans le vestibule puissent jouir de la correction, et en tirer une leçon. Ils s'étaient donc contentés, pour cette fois, de me jeter dehors, sans plus. J'eus le temps, avant de me stabiliser dans la rigole, de mener à bien ce raisonnement.

Dans ces conditions rien ne m'obligeait à me lever tout de suite. Je m'accoudai, curieux souvenir, au trottoir, j'assis mon oreille dans le creux de ma main et me mis à réfléchir à ma situation, pourtant familière. Mais le bruit, plus faible, mais indubitable, de la porte claquée à nouveau, me tira de ma rêverie, où déjà s'organisait tout un paysage charmant, à l'aubépine et aux roses sauvages, très onirique, et me fit dresser la tête, les mains posées à plat sur le trottoir et les jarrets tendus. Mais ce n'était que mon chapeau, planant vers moi à travers les airs, en tournoyant. Je l'attrapai et le mis. Ils étaient très corrects, selon leur Dieu. Ils auraient pu garder ce chapeau, mais il n'était pas à eux, mais à moi, alors ils me le rendaient. Mais le charme était rompu.

Comment décrire ce chapeau? Et pourquoi? Lorsque ma tête eut atteint ses dimensions je ne dirai pas définitives, mais maxima, mon père me dit, Viens, mon fils, nous allons acheter ton chapeau, comme s'il préexistait depuis l'éternité, dans un endroit déterminé. Il alla droit au chapeau. Moi je n'avais pas voix au chapitre, le chapelier non plus. Je me suis souvent demandé si mon père n'avait pas pour dessein de m'humilier, s'il n'était pas jaloux de moi qui étais jeune et beau, enfin, frais, alors que lui était déjà vieux et tout gonflé et violacé. Il ne m'était plus permis, à partir de ce jour-là, de sortir tête nue, mes jolis cheveux marron au vent. Quelquefois, dans une rue écartée, je l'ôtais et le tenais à la main, mais en tremblant. Je devais le brosser matin et soir. Les jeunes gens de mon âge, avec qui j'étais malgré tout obligé de frayer de temps en temps, se moquaient de moi. Mais je me disais, Le chapeau n'y est pas pour grand'chose, ils ne font qu'y accrocher leurs saillies, comme au ridicule le plus saillant, car ils ne sont pas fins. J'ai toujours été étonné du peu de finesse de mes contemporains, moi dont l'âme se tordait du matin au soir, rien qu'à se chercher. Mais c'était peut-être de la gentillesse, genre celle qui raille le bossu sur son grand nez. A la mort de mon père j'aurais pu me délivrer de ce chapeau, rien ne s'y opposait plus, mais je n'en fis rien. Mais comment le décrire? Une autre fois, une autre fois.

Je me relevai et me mis en marche. Je ne sais plus quel âge je pouvais bien avoir. Ce qui venait de m'arriver n'avait pas de quoi faire date dans mon existence. Ce ne fut ni le berceau ni le tombeau de quoi que ce soit. Plutôt cela ressemblait à tant d'autres berceaux, tant d'autres tombeaux, que je m'y perds. Mais je ne crois pas exagérer en disant que j'étais dans la force de l'âge, ce qu'on appelle je crois la pleine possession de ses facultés. Ah oui, pour les posséder je les possédais. Je traversai la rue et me retournai vers la maison qui venait de m'émettre, moi qui ne me retournais jamais, en m'en allant. Comme elle était belle! Il y avait des géraniums aux fenêtres. Je me suis penché sur les géraniums, pendant des années. Ils sont malins, les géraniums, mais j'avais fini par en faire tout ce que je voulais. La porte de cette maison, tout en haut de son petit perron, je l'ai toujours vivement admirée. Comment la décrire? Elle était massive, peinte en vert, et en été on l'habillait d'une sorte de housse rayée vert et blanc avec un trou par où sortait un marteau de tonnerre en fer forgé et une fente correspondant à celle de la boîte aux lettres qu'une plaque de cuivre à ressort protégeait de la poussière, des insectes, des mésanges[2]. Et voilà. Elle était flanquée de deux pilastres[3] de même couleur, dont celui de droite portait la sonnette. Les rideaux respiraient le goût le plus sûr. Même la fumée qui s'élevait d'un des tuyaux de la cheminée, celui de la cuisine, semblait s'étirer et se dissiper dans l'air avec plus de mélancolie que celle des voisins, et plus bleue. Je regardai au troisième et dernier étage ma fenêtre, outrageusement ouverte. Le nettoyage à fond battait son plein. Dans quelques heures on refermerait la fenêtre, on tirerait les rideaux et on procéderait à une pulvérisation au formol. Je les connaissais. Je serais volontiers mort dans cette maison. Je vis, dans une sorte de vision, la porte s'ouvrir et mes pieds sortir.

Je regardais sans me gêner, car je savais qu'ils ne m'épiaient pas de derrière les rideaux, comme ils auraient pu le faire, s'ils avaient voulu. Mais je les connaissais. Ils étaient tous rentrés dans leurs alvéoles et chacun vaquait à ses travaux.

Je ne leur avais pourtant rien fait.

Je connaissais mal la ville, lieu de ma naissance et de mes premiers pas, dans la vie, et puis de tous les autres qui ont si mal brouillé ma piste. Je sortais si peu! De temps en temps j'allais à la fenêtre, j'écartais les rideaux et je regardais dehors. Mais vite je regagnais le fond de la pièce, là où il y avait le lit. Je me sentais mal à l'aise, au fond de tout cet air, et perdu au seuil de perspectives innombrables et confuses. Mais je savais encore agir, à cette époque, quand il le fallait absolument. Mais d'abord je levai les yeux au ciel, d'où nous vient le fameux secours, où les chemins ne sont pas marqués, où l'on erre librement, comme dans un désert, où rien n'arrête la vue, de quelque côté qu'on regarde, sinon les limites de la vue. C'est ce qui fait que je lève les yeux, quand tout va mal, c'en est même monotone mais je n'y peux rien, à ce ciel qui repose, même nuageux, même plombé, même voilé par la pluie, du fouillis et de l'aveuglement de la ville, de la campagne, de la terre. Plus jeune je pensais qu'il ferait bon vivre au milieu de la plaine, j'allai à la lande de Lunebourg[4]. La plaine dans la tête j'allais à la lande. Il y avait d'autres landes beaucoup plus proches, mais une voix me disait, C'est la lande de Lunebourg qu'il vous faut, je ne me suis pas beaucoup tutoyé. L'élément lune devait y être pour quelque chose. Eh bien, la lande de Lunebourg ne me plut pas du tout, mais pas du tout. J'en revins déçu, et en même temps soulagé. Oui, je ne sais pourquoi, je n'ai jamais été déçu, et je l'ai été souvent, dans les premiers temps, sans ressentir en même temps, ou l'instant d'après, un soulagement incontestable.

Je me mis en route. Quelle allure. Raideur des membres inférieurs, comme si la nature m'avait refusé des genoux, écart extraordinaire des pieds de part et d'autre de l'axe de la marche. Le tronc, en revanche, comme par l'effet d'un mécanisme compensatoire, avait la mollesse d'un sac négligemment rempli de chiffes et se ballottait éperdument selon les imprévisibles saccades du bassin. J'ai souvent essayé de corriger ces défauts, de raidir le buste, de fléchir le genou et de ramener les pieds les uns devant les autres, car j'en avais au moins cinq ou six, mais cela finissait toujours de la même manière, je veux dire par

---

2. Oiseaux. — 3. Piliers rectangulaires ou carrés. — 4. Les landes de Lunebourg sont une région allemande de la grande plaine du Nord, située entre l'Elbe et l'Aller. Une lande est une étendue de terre où ne poussent que de rares plantes sauvages.

une perte d'équilibre, suivie d'une chute. Il faut marcher sans penser à ce qu'on fait, comme on soupire, et moi quand je marchais sans penser à ce que je faisais je marchais comme je viens de le dire, et quand je commençais à me surveiller je faisais quelques pas d'assez bonne facture et puis je tombais. J'ai pris donc le parti de me laisser aller. Ce port est dû, à mon avis, tout au moins en partie, à certain penchant dont je n'ai jamais pu entièrement me délivrer, celles qui président à la confection du caractère, ont naturellement fait les frais, je parle de la période qui s'étend, à perte de vue, entre les premiers trébuchements, derrière une chaise, et la classe de troisième, terme de mes humanités. J'avais donc la fâcheuse habitude, ayant compissé ma culotte, ou l'ayant conchiée, ce qui m'arrivait assez régulièrement au début de la matinée, vers dix heures dix heures et demie, de vouloir absolument continuer et achever ma journée, comme si de rien n'était. La seule idée de me changer, ou de me confier à maman qui ne demandait pourtant qu'à m'aider, m'était intolérable, je ne sais pourquoi, et jusqu'à mon coucher je me traînais, avec entre mes petites cuisses, ou plaqué à mes fesses, brûlant, croustillant et puant, le résultat de mes débordements. D'où ces mouvements précautionneux, raides et largement évasés des jambes et ce balancement désespéré du buste, destiné sans doute à donner le change, à faire croire que j'étais sans soucis, plein de gaîté et d'entrain, et à rendre vraisemblables mes explications au sujet de ma rigidité de base, que je mettais sur le compte de rhumatismes héréditaires. Mon ardeur juvénile, dans la mesure où j'en avais, s'y usa, je devins aigre, méfiant, un peu avant l'heure, fervent de la cachette et de la station horizontale. Pauvres solutions de jeunesse, qui n'expliquent rien. On n'a donc pas à se gêner. Ratiocinons sans crainte, le brouillard tiendra bon.

Il faisait beau. J'avançais dans la rue, en me tenant le plus près que je pouvais du trottoir. Le trottoir le plus large n'est jamais assez large pour moi, quand je me mets en mouvement, et j'ai horreur d'incommoder les inconnus. Un agent m'arrêta et dit, La chaussée aux véhicules, le trottoir aux piétons. On aurait dit de l'ancien testament. Je montai donc sur le trottoir, en m'excusant presque, et je m'y maintins, dans une bousculade indescriptible, pendant une bonne vingtaine de pas, jusqu'au moment où je dus me jeter par terre, afin de ne pas écraser un enfant. Il portait un petit harnais, je m'en souviens, avec des clochettes, il devait se croire un poney, ou un percheron[5], pourquoi pas. Je l'aurais écrasé avec joie, j'abhorre les enfants, ç'aurait été d'ailleurs lui rendre service, mais je craignais les représailles. Tout le monde est parent, c'est cela qui vous interdit d'espérer. On devrait aménager, dans les rues passantes, des pistes réservées à ces sales petits êtres, leurs landaus, cerceaux, sucettes, patinettes, trottinettes, pépés, mémés, nounous, ballons, tout leur sale petit bonheur quoi. Je tombai donc et ma chute entraîna celle d'une vieille dame couverte de paillettes et de dentelles et qui devait peser dans les deux cents livres. Ses hurlements ne tardèrent pas à provoquer un attroupement. J'avais bon espoir qu'elle s'était cassé le fémur, les vieilles dames se cassent facilement le fémur, mais pas assez, pas assez. Je profitai de la confusion pour me défiler, en proférant d'inintelligibles imprécations, comme si j'étais moi la victime, et je l'étais, mais je n'aurais pas pu le prouver. On ne lynche jamais les enfants, les bébés, quoi qu'ils fassent ils sont blanchis d'avance. Moi je les lyncherais avec délices, je ne dis pas que je mettrais la main à la pâte[6], non, je ne suis pas un violent, mais j'encouragerais les autres et je leur paierais la tournée quand ce serait fini. Mais à peine eus-je repris la sarabande de mes ruades et embardées que je fus arrêté par un second agent, semblable en tous points au premier, au point que je me demandai si ce n'était pas le même. Il me fit remarquer que le trottoir était à tout le monde, comme s'il était de toute évidence que je ne pouvais être assimilé à cette catégorie. Désireriez-

---

5. Grand cheval de labour. — 6. Participerais activement (à l'extermination des enfants).

vous, dis-je, sans penser un seul instant à Héraclite[7], que je descende dans le ruisseau? Descendez où vous voudrez, dit-il, mais ne prenez pas toute la place. Je visai sa lèvre supérieure, qui avait au moins trois centimètres de haut, et je soufflai dessus. Je le fis, je crois, avec assez de naturel, comme celui qui, sous la cruelle pression des événements, pousse un profond soupir. Mais il ne broncha pas. Il devait avoir l'habitude des autopsies, ou des exhumations. Si vous n'êtes pas foutu de circuler comme tout le monde, dit-il, vous feriez mieux de rester chez vous. C'était tout à fait mon sentiment. Et qu'il m'attribuât un chez moi n'avait pas de quoi me déplaire. A ce moment vint à passer un convoi funèbre, comme cela arrive quelquefois. Ce fut un grand branle-bas de chapeaux en même temps qu'un papillottement de mille et mille doigts. Personnellement si j'en étais réduit à me signer j'aurais à cœur de le faire comme il faut, racine du nez, nombril, téton gauche, téton droit. Mais eux, avec leurs frôlements précipités et imprécis, ils vous font une espèce de crucifié en boule, sans la moindre tenue, les genoux sous le menton et les mains n'importe comment. Les plus acharnés s'immobilisèrent et firent entendre des marmottements. Quant à l'agent il se figea, les yeux fermés, la main au képi. Dans les fiacres du cortège j'entrevoyais des gens devisant avec feu, ils devaient évoquer des scènes de la vie du défunt, ou de la défunte. Il me semble avoir entendu dire que le harnachement du corbillard n'est pas le même dans les deux cas, mais je n'ai jamais pu savoir en quoi consiste la différence. Les chevaux pétaient et crottaient comme s'ils allaient à la foire. Je ne vis personne à genoux.

Mais ça va vite chez nous, le dernier voyage, on a beau presser le pas, le dernier fiacre vous lâche, celui de la domesticité, fini le relâche, les gens revivent, regare à vous. De sorte que je m'arrêtai une troisième fois, de mon propre gré, et pris un fiacre. Ceux que je venais de voir passer, bondés de gens discutant avec feu, avaient dû me faire une grosse impression. C'est une grande boîte noire, elle se dandine sur ses ressorts, les fenêtres sont petites, on se recroqueville dans un coin, ça sent le renfermé. Je sentais mon chapeau qui frôlait le plafond. Un peu plus tard je me penchai en avant et fermai les glaces. Puis je repris ma place, le dos au sens de la marche. J'allais m'assoupir quand une voix me fit sursauter, celle du cocher. Il avait ouvert la portière, désespérant sans doute de se faire entendre à travers la vitre. Je ne voyais que sa moustache. Où? dit-il. Il était descendu de son siège exprès pour me dire cela. Et moi qui me croyais déjà loin! Je réfléchis, cherchant dans ma mémoire le nom d'une rue, ou d'un monument. Votre fiacre est-il à vendre? dis-je. J'ajoutai, Sans le cheval. Que ferais-je d'un cheval? Mais que ferais-je d'un fiacre? Pourrais-je seulement m'y allonger? Qui m'apporterait à manger? Au Zoo, dis-je. Il est rare qu'il n'y ait pas de Zoo dans les villes capitales. J'ajoutai, N'allez pas trop vite. Il rit. La suggestion qu'il pût aller trop vite au Zoo devait l'amuser. A moins que ce ne fût la perspective d'être sans fiacre. A moins que ce ne fût simplement moi, ma personne, dont la présence dans le fiacre devait le métamorphoser, au point que le cocher m'y voyant, la tête dans les ombres du plafond et les genoux contre la vitre, s'était peut-être demandé si c'était vraiment son fiacre, si c'était vraiment un fiacre. Vite il regarde le cheval, se rassure. Mais sait-on jamais soi-même pourquoi on rit? Son rire en tout cas fut bref, ce qui semblait me mettre hors de cause. Il referma la portière et remonta sur le siège. Peu de temps après le cheval s'ébranla.

Mais oui, j'avais encore un peu d'argent à cette époque. La petite somme que mon père m'avait laissée, comme cadeau, sans conditions, à sa mort, je me demande encore si on ne me l'a pas volée. Ensuite je n'en avais plus. Ma vie n'en continuait pas moins, et même telle que je l'entendais, jusqu'à un point. Le grand inconvénient de cet état, qu'on pourrait définir comme l'impossibilité absolue d'acheter, est qu'il vous oblige à vous remuer. Il est rare, par exemple, lorsqu'on est vraiment sans argent, qu'on puisse se faire apporter à manger, de temps en temps, dans son refuge.

---

7. Philosophe grec de l'Antiquité, qui a illustré sa théorie de l'éternel devenir par l'image du ruisseau.

On est donc obligé de sortir et de se remuer, au moins un jour par semaine. On n'a guère d'adresse dans ces conditions, c'est forcé. Ce fut par conséquent avec un certain retard que j'appris qu'on me recherchait, pour une affaire me concernant. Je ne sais plus par quelle voie. Je ne lisais pas les journaux et je n'ai pas non plus le souvenir d'avoir causé avec quiconque, pendant ces années, sauf peut-être trois ou quatre fois, pour une question de nourriture. Enfin je dus avoir vent de la chose, d'une manière ou d'une autre, sinon je ne me serais jamais présenté chez Maître Nidder, curieux comme on n'arrive pas à oublier certains noms, et lui ne m'aurait jamais reçu. Il s'assura de mon identité. Cela dura un bon moment. Je lui montrai mes initiales en métal à l'intérieur de mon chapeau, elles ne prouvaient rien, mais elles corsaient les probabilités. Signez, dit-il. Il jouait avec une règle cylindrique, on aurait pu assommer un bœuf avec. Comptez, dit-il. Une jeune femme, peut-être à vendre, assistait à cet entretien, en qualité de témoin sans doute. Je fourrai la liasse dans ma poche. Vous avez tort, dit-il. Je songeai qu'il aurait dû me demander de compter avant de me faire signer, cela aurait été plus correct. Où puis-je vous joindre, dit-il, le cas échéant? En bas de l'escalier je pensai à quelque chose. Peu après je remontai lui demander d'où me venait cet argent, en ajoutant que j'avais le droit de le savoir. Il me dit un nom de femme, que j'ai oublié. Peut-être qu'elle m'avait pris sur ses genoux quand j'étais encore dans les langes et que je lui avais fait des mamours[8]. Cela suffit quelquefois. Je dis bien, dans les langes, car plus tard ç'aurait été trop tard, pour les mamours. C'est donc grâce à cet argent que j'en avais encore un peu. Très peu. Divisé par ma vie à venir cela n'existait pas, à moins que mes prévisions ne péchassent par pessimisme. Je frappai contre la cloison à côté de mon chapeau, dans le dos même du cocher si j'avais bien calculé. Un nuage de poussière sortit du capitonnage. Je pris une pierre dans ma poche et je frappai avec la pierre, jusqu'à ce que le fiacre s'arrêtât. Je remar-

quai qu'il n'y eut pas de ralentissement, tel qu'en accusent la plupart des véhicules, avant de s'immobiliser. Non, on s'arrêta pile. J'attendais. Le fiacre vibrait. Le cocher, sur son haut siège, devait écouter. Je voyais le cheval comme avec mes yeux de chair. Il n'avait pas pris l'attitude effondrée de ses moindres haltes, il restait attentif, les oreilles dressées. Je regardai par la fenêtre, nous étions de nouveau en mouvement. Je cognai de nouveau contre la cloison, jusqu'à ce que le fiacre s'arrêtât de nouveau. Le cocher descendit de son siège en pestant. Je baissai la glace afin qu'il ne s'avisât pas d'ouvrir la portière. Plus vite, plus vite. Il était plus rouge, autant dire violet. La colère, ou le vent de la course. Je lui dis que je l'engageais pour la journée. Il répondit qu'il avait un enterrement à trois heures. Ah les morts. Je lui dis que je ne voulais plus aller au Zoo. N'allons plus au Zoo, dis-je. Il répondit que cela lui était égal où nous allions, à condition que ce ne fût pas trop loin, à cause de sa bête. Et on nous parle de la spécificité du langage des primitifs. Je lui demandai s'il connaissait un restaurant. J'ajoutai, Vous mangerez avec moi. J'aime autant être avec un habitué, dans ces endroits-là. Il y avait une longue table flanquée de deux banquettes de la même longueur exactement. A travers la table il me parla de sa vie, de sa femme, de sa bête, puis encore de sa vie, de la vie atroce qu'était la sienne, à cause surtout de son caractère. Il me demanda si je me rendais compte de ce que cela signifiait, être dehors par tous les temps. J'appris qu'il existait encore des cochers qui passaient la journée bien au chaud dans leur fiacre en stationnement, attendant que le client vînt les secouer. Cela pouvait se faire autrefois, mais aujourd'hui il fallait d'autres méthodes, si on voulait s'y retrouver, à la fin de ses jours. Je lui décrivis ma situation, ce que j'avais perdu et ce que je cherchais. Nous faisions notre possible tous les deux, pour comprendre, pour expliquer. Il comprenait que j'avais perdu ma chambre et qu'il m'en fallait une autre, mais tout le reste lui échappait. Il s'était mis dans la tête, d'où rien ne

8. Câlins.

pourrait plus le déloger, que j'étais à la recherche d'une chambre meublée. Il sortit de sa poche un journal du soir de la veille, ou peut-être de l'avant-veille, et se mit en devoir d'en parcourir les petites annonces, dont il souligna cinq ou six avec un crayon minuscule, le même qui tremblait sur les gagnants à venir[9]. Il soulignait sans doute celles qu'il aurait soulignées s'il avait été à ma place, ou peut-être celles qui renvoyaient au même quartier, à cause de sa bête. Je n'aurais fait que le troubler en lui disant que je n'admettais, en fait de meubles, dans ma chambre, que le lit, et qu'il fallait en retirer tous les autres, et jusqu'à la table de nuit, avant que je consente à y mettre les pieds. Vers trois heures nous réveillâmes le cheval et nous remîmes en route. Le cocher me proposa de monter sur le siège, à côté de lui, mais depuis un bon moment déjà je songeais à l'intérieur du fiacre et j'y repris ma place. Nous visitâmes, l'une après l'autre, avec méthode j'espère, les adresses qu'il avait soulignées. La courte journée d'hiver tirait vers sa fin. Il me semble quelque fois que ce sont là les seules journées que j'ai connues, et surtout ce moment charmant entre tous, celui qui en précède l'oblitération nocturne. Les adresses qu'il avait soulignées, ou plutôt marquées d'une croix, comme font les gens du peuple, il les barrait, d'un trait tiré en diagonale, au fur et à mesure qu'elles s'avéraient mauvaises. Il me montra le journal plus tard, en m'engageant à le garder par-devers moi, pour être sûr de ne pas chercher à nouveau là où j'avais déjà cherché en vain. Malgré les glaces fermées, les grincements du fiacre et le bruit de la circulation, je l'entendais qui chantait, tout seul là-haut sur son haut siège. Il m'avait préféré à un enterrement, c'était un fait qui durerait éternellement. Il chantait. *Elle est loin du pays où son jeune héros dort*, ce sont les seules paroles que je me rappelle. A chaque arrêt il descendait de son siège et m'aidait à descendre du mien. Je sonnais à la porte qu'il m'indiquait et quelquefois je disparaissais à l'intérieur de la maison. Cela me faisait tout drôle, je m'en souviens, de sentir de nouveau une maison tout autour de moi, après si longtemps. Il m'attendait sur le trottoir et m'aidait à remonter dans le fiacre. Je commençais à en avoir par-dessus la tête de ce cocher. Il regrimpait sur son siège et nous repartions. A un moment donné il se produisit ceci. Il s'arrêta. Je secouai ma torpeur et me mis en posture de descendre. Mais il ne vint pas ouvrir la portière et me donner le bras, de sorte que je fus obligé de descendre tout seul. Il allumait les lanternes. J'aime les lampes à pétrole, malgré qu'elles soient, avec les bougies, et si j'excepte les astres, les premières lumières que j'aie connues. Je lui demandai si je pouvais allumer la deuxième lanterne, puisque la première il l'avait déjà allumée lui-même. Il me donna sa boîte d'allumettes, j'ouvris la petite vitre bombée montée sur charnières, j'allumai et je refermai aussitôt, pour que la mèche brûlât tranquille et claire, bien au chaud dans sa petite maison, à l'abri du vent. J'eus cette joie. Nous ne voyions rien, à la lumière de ces lanternes, sinon vaguement les plans du cheval, mais les autres les voyaient de loin, deux taches jaunes lentement sans attaches voguant. Quand l'attelage tournait on voyait un œil, rouge ou vert selon le cas, losange bombé limpide et aigu comme dans un vitrail.

La dernière adresse vérifiée le cocher me proposa de me présenter dans un hôtel de sa connaissance, où je serais bien. Cela tient debout[10], cocher, hôtel, c'est vraisemblable. Recommandé par lui je ne manquerais de rien. Toutes les commodités, dit-il, en clignant de l'œil. Je situe cette conversation sur le trottoir, devant la maison d'où je venais de sortir. Je me rappelle, sous la lanterne, le flanc creux et moite du cheval et sur la poignée de la portière la main du cocher, gantée de laine. Je dépassais de toute ma tête le toit du fiacre. Je lui proposai de prendre un verre. Le cheval n'avait ni bu ni mangé de la journée. J'en fis la remarque au cocher qui me répondit que son cheval ne se restaurerait qu'une fois rentré à l'écurie. S'il prenait la moindre chose, ne fût-ce qu'une pomme ou un morceau de sucre, pendant le travail, il aurait des maux de

---

9. Le cocher mise parfois de l'argent dans des courses de chevaux, dont les noms sont annoncés dans le journal. — 10. « Il y a un lien logique ».

ventre et des coliques qui l'empêcheraient d'aller plus loin et pourraient même le tuer. C'est ainsi qu'il était obligé de lui attacher les mâchoires, au moyen d'une courroie, chaque fois que pour une raison ou pour une autre il devait le perdre de vue, afin qu'il n'eût pas à pâtir du bon cœur des passants. Après quelques verres le cocher me pria de leur faire l'honneur, à lui et à sa femme, de passer la nuit chez eux. Ce n'était pas loin. En y réfléchissant, avec le célèbre bénéfice du recul, je crois qu'il n'avait fait, ce jour-là, que tourner autour de son domicile. Ils habitaient au-dessus d'une remise, au fond d'une cour. Très jolie situation, je m'en serais contenté. M'ayant présenté à sa femme, extraordinairement fessue, il nous quitta. Elle n'était pas à son aise, cela se voyait, seule avec moi, je la comprenais, je ne me gêne pas dans ces cas-là. Pas de raison pour que cela finisse ou continue. Alors que cela finisse. Je dis que j'allais descendre à la remise et me coucher. Le cocher protesta. J'insistai. Il attira l'attention de sa femme sur une pustule que j'avais au sommet du crâne, car j'avais enlevé mon chapeau, par civilité. Il faut faire enlever ça, dit-elle. Le cocher nomma un médecin qu'il tenait en haute estime et qui l'avait débarrassé d'une induration à la selle. S'il veut coucher dans la remise, dit la femme, qu'il couche dans la remise. Le cocher prit la lampe sur la table et me précéda dans l'escalier qui descendait à la remise, c'était plutôt une échelle, laissant sa femme dans l'obscurité. Il étendit par terre, dans un coin, sur la paille, une couverture de cheval, et il me laissa une boîte d'allumettes, au cas où j'aurais besoin de voir clair dans la nuit. Je ne me rappelle pas ce que faisait le cheval pendant ce temps. Allongé dans l'obscurité j'entendais le bruit qu'il faisait en buvant, c'est très spécial, les brusques galopades des rats et au-dessus de moi les voix assourdies du cocher et de sa femme en train de me critiquer. Je tenais la boîte d'allumettes à la main, une grande suédoise. Je me levai dans la nuit et j'en frottai une. Sa brève flamme me permit de repérer le fiacre. L'envie me vint, puis me quitta, de mettre le feu à la remise. Je trouvai le fiacre dans l'obscurité, j'ouvris la portière, des rats en sortirent, je montai dedans. En m'installant je remarquai tout de suite que le fiacre n'était plus d'aplomb, c'était forcé, les timons reposant par terre. Cela valait mieux, cela me permettait de bien me renverser, les pieds plus haut que la tête sur l'autre banquette. Plusieurs fois au cours de la nuit je sentais le cheval qui me regardait par la fenêtre, et le souffle de ses naseaux. Dételé il devait trouver bizarre ma présence dans le fiacre. J'avais froid, ayant oublié de prendre la couverture, mais pas tout à fait assez pour pouvoir aller la chercher. Par la fenêtre du fiacre je voyais celle de la remise, de mieux en mieux. Je sortis du fiacre. Il faisait moins sombre dans la remise, j'entrevoyais la mangeoire, le râtelier, le harnais pendu, quoi encore, des seaux et des brosses. J'allai à la porte mais ne pus l'ouvrir. Le cheval me suivait des yeux. Ne dorment-ils donc jamais, les chevaux? Il me semblait que le cocher aurait dû l'attacher, devant la mangeoire par exemple. Je fus donc obligé de sortir par la fenêtre. Ce ne fut pas facile. Mais qu'est-ce qui est facile? Je passai la tête d'abord, j'avais les mains à plat sur le sol de la cour que mes hanches se tortillaient encore, prises entre les dormants. Je me rappelle les touffes d'herbe sur lesquelles je tirai, des deux mains, afin de me dégager. J'aurais dû enlever mon manteau et le jeter par la fenêtre, mais il aurait fallu y penser. A peine sorti de la cour je pensai à quelque chose. La fatigue. Je glissai un billet dans la boîte d'allumettes, je rentrai dans la cour et je posai la boîte sur le rebord de la fenêtre par laquelle je venais de passer. Le cheval était à la fenêtre. Mais ayant fait quelques pas dans la rue je retournai dans la cour et repris mon billet. Les allumettes je les laissai, elles n'étaient pas à moi. Le cheval était toujours à la fenêtre. J'en avais plein le dos[11] de ce cheval. L'aube poignait à peine. Je ne savais pas où j'étais. Je pris la direction du levant, au jugé, pour être éclairé au plus tôt. J'aurais voulu un horizon marin, ou désertique. Quand je suis

---

11. « J'en avais assez ».

dehors, le matin, je vais à la rencontre du soleil, et le soir, quand je suis dehors, je le suis, et jusque chez les morts. Je ne sais pas pourquoi j'ai raconté cette histoire. J'aurais pu tout aussi bien en raconter une autre. Peut-être qu'une autre fois je pourrai en raconter une autre. Ames vives, vous verrez que cela se ressemble.

Matière à réflexion

1. « J'ai toujours été étonné du peu de finesse de mes contemporains, moi dont l'âme se tordait du matin au soir, rien qu'à se chercher. » Cet aveu de misanthropie de la part d'un individu marginal est typique chez Beckett. Comment le pessimisme de Beckett quant aux relations humaines se traduit-il ici?

2. Cette nouvelle débute in medias res, par l'expulsion du personnage principal. L'intrigue est donc amputée dès le début du récit, puisque l'auteur ne nous donne jamais les raisons de cette expulsion. Indiquez toutes les composantes de l'intrigue et du personnage qui souffrent de la même manière d'une forme d'incomplétude.

3. Les quelques informations que nous avons sur le passé de ce personnage se rapportent à sa prime enfance (son chapeau, son père, son infirmité, etc.). Quelles images le narrateur nous donne-t-il de cette période de sa vie? En quoi peuvent-elles expliquer son délabrement actuel? Que penser de l'anecdote de la culotte souillée, par laquelle le narrateur explique son infirmité? De quoi cette régression physique à la « station horizontale » est-elle symbolique chez Beckett?

4. Le narrateur fait maintes fois allusion à l'inutilité de raconter (« Comment décrire ce chapeau? Et pourquoi? »). Repérez tous ces endroits du récit où le narrateur parle de l'acte même de narrer. Quelle conception de la littérature se dégage de ces allusions? Expliquez la dernière phrase du texte.

5. Analysez les techniques du monologue intérieur chez Beckett (hésitations, phrases incomplètes, radotages, interrogations, changements abrupts de sujet, mais aussi moments d'éloquence, variation des niveaux de langue, etc.). Montrez comment l'évolution de l'intrigue est sujette aux changements de perspective du narrateur.

Alain Robbe-Grillet

On considère souvent Alain Robbe-Grillet comme le plus exemplaire de tous les nouveaux romanciers, voire comme leur chef de file. C'est là un paradoxe, puisque le nouveau roman s'est avant tout défini, en opposition aux modèles romanesques traditionnels, comme une pratique antinormative, et qui ne peut être illustrée ou définie par aucune de ses productions individuelles. En réalité, Robbe-Grillet doit ce statut paradoxal au fait que ses œuvres théoriques collent au plus près avec ses textes de fiction, offrant ainsi aux critiques et aux lecteurs un guide pour la compréhension de ses œuvres.

Né à Brest en 1922, Robbe-Grillet entame après la guerre une carrière d'ingénieur agronome qui le mène aux quatre coins du monde colonial français (Guinée, Maroc, Guadeloupe, Martinique, etc.). Il abandonne rapidement cette carrière pour se lancer dans l'écriture. Son premier roman, *Un Régicide* (1949), est refusé par un grand éditeur parisien, et ne paraîtra qu'en 1978. Il connaît cependant un succès considérable en 1954–1955, en publiant coup sur coup deux romans de facture entièrement neuve: *Les Gommes* et *Le Voyeur,* qui tous deux obtiennent des prix littéraires importants, bénéficiant de la vogue naissante du nouveau roman, ainsi que d'une révolution similaire au cinéma, au théâtre, et en critique littéraire. *La Jalousie* (1957) est le chef-d'œuvre de cette première période de Robbe-Grillet, dont il exposera les principes théoriques dans *Pour un nouveau roman* (1963), et que l'on pourrait définir par les caractéristiques suivantes:

1° Une littérature de l'objet. — Ces textes frappent d'emblée par leurs méticuleuses descriptions d'objets apparemment insignifiants. Refusant l'anthropomorphisme[1] du roman réaliste ou naturaliste, Robbe-Grillet évite d'attribuer des significations psychologiques aux objets et aux décors de ses romans. Là où, chez Balzac, un mobilier dépareillé indiquait la misère matérielle et morale du personnage, ces mêmes objets sont, chez Robbe-Grillet, privés de valeur métaphorique ou symbolique, et même, plus largement, de signification. Car, selon Robbe-Grillet, qui a retenu la leçon des existentialistes, « le monde n'est ni signifiant, ni absurde. Il est, tout simplement[2]. » Les objets ne servent donc plus de support à l'intrigue, et n'entrent plus dans les catégories toutes faites de la pensée et de l'idéologie. Car, au-delà de l'interprétation subjective de la réalité, ce sont ces catégories elle-mêmes que Robbe-Grillet remet en question, et, avec elles, le pouvoir de domination de l'homme sur le monde.

2° Un réel insaisissable. — Malgré cette minutie descriptive, cette tentative de figer le réel, il semble donc que le monde demeure insaisissable. Ce que nous en percevons change constamment et ne peut être reconstitué que de manière incomplète, en dépit de tous nos efforts qui visent à dénombrer, enregistrer et classifier. Dès lors, l'*imaginaire* devient le seul rapport au réel possible. Le regard objectif étant incapable de capter l'objet, seule l'imagination est en mesure de l'appréhender. La notion de *message* littéraire devient dès lors désuète: l'écriture est désormais pure invention.

3° Un récit-labyrinthe. — Raconter, c'est donner un sens cohérent au discontinu de l'existence. Aussi n'y a-t-il rien d'étonnant à ce que Robbe-Grillet brise systématiquement ses récits par un jeu complexe d'interférences et de déraillements. La chronologie linéaire de l'intrigue se désagrège: bien que tout soit écrit au présent chez Robbe-Grillet, et qu'il n'y ait pas donc à proprement parler d'allers et retours dans le temps[3], il nous est impossible de situer l'exact enchaînement des

---

1. Le fait de donner une signification humaine (psychologique) à un objet inanimé: une bougie sur une table peut ainsi signifier la solitude, la pauvreté, l'espoir, etc., selon le contexte. — 2. *Pour un nouveau roman.* — 3. Comme dans la technique bien connue du flash-back, par exemple.

épisodes vécus par un narrateur en proie à un apparent chaos mental, en dépit de son obsession à quadriller le réel. Des trous viennent interrompre la trame narrative à des endroits cruciaux, empêchant la reconstruction du puzzle. Il arrive souvent que les mêmes épisodes soient constamment réexaminés, c'est-à-dire que la répétition se substitue au déroulement linéaire de l'histoire. D'infimes variations s'insinuent dans chaque épisode répété: le récit est ainsi transformé en un infini de récits potentiels, dérivant tous d'un même modèle, mais sans qu'aucun ne s'impose comme la version définitive. Ce jeu sur la série et la variation, qui traverse toute l'œuvre de Robbe-Grillet, est d'ailleurs une des grandes caractéristiques du nouveau roman, qui fut fortement influencé par la musique contemporaine dite sérielle ou répétitive.

4° L'effacement du personnage. — Au contraire des héros romanesques traditionnels, définis par un caractère et des particularités qui leur sont propres, les personnages de Robbe-Grillet offrent peu de prise au lecteur. La «fiche signalétique» qui identifie le personnage a été effacée, et, avec elle, toute information physiologique ou comportementale. Il ne nous reste de ces personnages qu'une série de perceptions successives, souvent incomplètes ou contradictoires, et dont la réalité même est incertaine. Des récits tels que *La Jalousie* ou *Le Voyeur* jouent sur la technique du «centre vide», c'est-à-dire d'un narrateur qui se réduit à son seul regard, et dont les tendances obsessionnelles rendent les dires sujets à caution. Le vide du centre envahit donc, par contagion, l'objet de la perception, c'est-à-dire tous les autres personnages. En outre, Robbe-Grillet multiplie souvent les identités de ses personnages, afin de troubler nos habitudes de lecture.

Les années soixante voient l'émergence d'un «nouveau nouveau roman», moins contestataire, mais tout aussi subversif que le premier nouveau roman. Robbe-Grillet abandonne à cette époque la «littérature objective» et s'oriente vers des «actions en mouvement», où il développe toute une mythologie personnelle jouant sur les grands stéréotypes de la culture moderne. Il s'agit d'intrigues complexes oscillant entre le fantastique, l'espionnage et l'aventure, et où s'entremêlent érotisme, violence et technologie (*Projet pour une révolution à New York*, 1970; *Djinn*, 1981). Robbe-Grillet continue d'y bouleverser l'ordre établi, la «normalité». Il subvertit notamment certains mythes de la moralité dominante en attribuant à ses «héros» des motifs sadomasochistes, incestueux ou criminels. Les personnages de ces «histoires» demeurent cependant flous, et le lecteur a bien du mal à s'orienter dans ces fictions multiformes qui changent sans cesse de thème ou de ton. Robbe-Grillet poursuit, dans cette deuxième phase, son intérêt pour l'architecture et les jeux de perspectives (*Topologie d'une cité fantôme*, 1976).

Robbe-Grillet s'est également très tôt intéressé au cinéma, collaborant tout d'abord avec Alain Resnais pour *L'Année dernière à Marienbad* (1961), puis écrivant et réalisant ses propres films, dans lesquels il applique les mêmes principes antinarratifs que dans ses livres (*L'Immortelle*, 1963; *Trans-Europ-Express*, 1966; *L'Eden et après*, 1969; *Glissements progressifs du plaisir*, 1973).

Au grand étonnement du monde littéraire, Robbe-Grillet publie en 1985 *Le Miroir qui revient*, autobiographie largement traditionnelle, quoique ponctuée d'épisodes de fiction qui la relient à l'ensemble des ses romans. Cet abandon partiel des techniques néo-romanesques, qui coïncide d'ailleurs avec des projets similaires chez Duras (*L'Amant*) et Sarraute (*Enfance*), signale-t-il un revirement de la part de l'auteur? Ce recours à la narration autobiographique fut parfois considéré à son époque comme l'acte de décès du nouveau roman, signé par un de ses pères.

Avant de lire

Dans *Le Chemin du retour* (publié en 1962 dans un recueil intitulé *Instantanés*), comme dans nombre de ses romans, Robbe-Grillet s'attache à montrer que le réel — ici, un paysage marin — ne peut jamais être fixé, malgré les tentatives de description les plus minutieuses. L'on peut s'acharner à en inventorier les moindres recoins sans jamais parvenir à en obtenir une image définitive, puisque le monde extérieur ne cesse de bouger, ne serait-ce qu'imperceptiblement. Dans cette nouvelle, l'obsession topographique des personnages est contrariée par un double jeu de perspective: d'une part le paysage observé à l'aller est à présent inversé sur le chemin du retour, et d'autre part ce paysage est lui-même mouvant, car les marées en changent constamment l'aspect. Dans ce contexte, même les points de repères les plus précis deviennent ambigus. En outre, l'incertitude finit par gagner la chronologie: ces personnages donnent l'impression de tourner en rond. La répétition des répliques («— Nous ne pourrons plus revenir, dit Franz») finit par brouiller tous les repères temporels, au point que le lecteur ne sait plus quand les choses se déroulent exactement.

Le Chemin du retour

Une fois franchie la ligne de rochers qui jusque-là nous barrait la vue, nous avons aperçu de nouveau la terre ferme, la colline au bois de pins, les deux maisonnettes blanches et le bout de route en pente douce par où nous étions arrivés. Nous avions fait le tour de l'île.

Cependant, si nous reconnaissions sans peine le paysage du côté de la terre, il n'en allait pas de même pour l'étroit bras de mer qui nous séparait d'elle, ni surtout pour la rive où nous nous trouvions. Aussi nous fallut-il plusieurs minutes pour comprendre avec certitude que le passage était coupé.

Nous aurions dû le voir du premier coup d'œil. La route, creusée à flanc de coteau, descendait parallèlement au rivage et, au niveau de la grève, se raccordait par un coude brusque vers la droite avec une sorte de digue en pierre, assez large pour une voiture, qui permettait à marée basse de franchir à pied sec le détroit. Au coude, il y avait un haut talus soutenu par un muretin, où venait buter la route; vu de l'endroit que nous occupions maintenant, il dissimulait aux regards l'amorce de la digue. Le reste de celle-ci était recouvert par l'eau. C'est seulement le changement de point de vue qui nous avait un instant déconcertés: nous étions cette fois dans l'île et par surcroît nous arrivions dans le sens opposé, marchant en direction du nord alors que le bout de route se trouve orienté vers le sud.

Du sommet de la côte, juste après le tournant que marquent trois ou quatre pins détachés du petit bois, on a devant soi la route qui descend jusqu'à la digue, avec le bras de mer à main droite et l'île, qui n'est pas encore tout à fait une île. L'eau, calme comme celle d'un étang, arrive presque en haut de la chaussée de pierre, dont la surface brune et lisse présente le même aspect usé que les roches avoisinantes. De fines algues moussues, à demi décolorées par le soleil, la tachent de plaques verdâtres — preuve d'immersions fréquentes et prolongées. A l'autre bout de la digue, comme de ce côté-ci, la chaussée se relève insensiblement pour rejoindre le chemin de terre qui traverse l'îlot; mais, sur cette rive, la route est ensuite toute plate et forme avec la digue un angle très ouvert. Bien qu'il n'y ait pas de talus pour en justifier la présence, un muretin — symétrique de celui-ci — protège encore le côté gauche du passage, depuis le début de la remontée jusqu'à la limite supérieure de la grève — là où les galets inégaux cèdent la place aux broussailles. La végétation de l'île semble encore plus desséchée que celle, déjà poussiéreuse et jaunie, qui nous entoure. Nous descendons la route à flanc de coteau, en direction de la digue. Deux maisonnettes de pêcheurs la bordent sur la gauche; les façades en sont crépies à neuf et fraîchement blanchies à la chaux; seules demeurent apparentes les pierres de taille qui encadrent les ouvertures — une porte basse et une petite fenêtre carrée. Fenêtres

et portes sont closes, les vitres masquées par des volets de bois pleins, peints d'un bleu éclatant.

Plus bas le bord du chemin, taillé dans le sol de la colline, laisse voir une paroi verticale d'argile jaune, de la hauteur d'un homme, interrompue de place en place par des bandes schisteuses aux cassures hérissées d'arêtes vives; une haie irrégulière de ronce et d'aubépine couronne l'ensemble, coupant la vue vers la lande et le bois de pins. Sur notre droite, au contraire, la route n'est bordée que par un étroit talus, haut comme une ou deux marches à peine, si bien que le regard y plonge directement sur les rochers de la plage, l'eau immobile du détroit, la digue de pierre et la petite île.

L'eau arrive presque au niveau de la chaussée. Il nous faudra faire vite. En quelques enjambées nous achevons la descente.

La digue fait un angle droit avec la route; celle-ci se trouve ainsi buter à son extrémité contre un pan de terre jaune, triangulaire, marquant la fin de l'entaille ouverte au flanc de la colline; la base en est protégée par un muretin qui se prolonge vers la droite nettement au-delà de la pointe du triangle, le long de la chaussée de pierre, où il forme comme un début de parapet. Mais il s'interrompt au bout de quelques mètres, en même temps que la pente s'atténue pour rejoindre la partie médiane de la digue — horizontale et polie par la mer.

Arrivés là, nous hésitons à poursuivre. Nous regardons l'île, devant nous, essayant d'estimer le temps qu'il nous faudra pour en faire le tour. Il y a bien le chemin de terre qui la traverse, mais de cette façon-là ça n'en vaut pas la peine. Nous regardons l'île devant nous et, à nos pieds, les pierres du passage, brunes et lisses, recouvertes par endroit d'algues verdâtres à demi desséchées. L'eau arrive presque à leur niveau. Elle est calme comme celle d'un étang. On ne la voit pas monter; on en a cependant l'impression à cause des lignes de poussières qui se déplacent lentement à sa surface, entre les touffes de varech[1].

— Nous ne pourrons plus revenir, dit Franz.

---

1. Algues marines.

L'île, contemplée de près et du ras de l'eau, semble beaucoup plus élevée que tout à l'heure — beaucoup plus vaste aussi. Nous regardons à nouveau les petites lignes grises qui avancent avec une lenteur régulière et s'enroulent en volutes entre les affleurements des goémons[2]. Le grand dit:

— Elle ne monte pas si vite.

— Alors, dépêchons-nous.

Nous partons d'un bon pas. Mais aussitôt le détroit franchi, nous quittons la chaussée pour descendre à droite sur la plage qui borde l'îlot et continuer en longeant la mer; là un sol inégal, semé de rochers et de trous, rend la marche plus difficile — et moins rapide que nous ne l'avions escompté.

Une fois engagés dans cette voie, nous ne voulons plus rebrousser chemin. Pourtant les rochers se font plus nombreux et plus importants à mesure que nous progressons. Nous devons, à plusieurs reprises, gravir de véritables barres, qui pénètrent loin dans la mer et ne peuvent donc être contournées. Ailleurs il nous faut traverser des zones relativement planes, mais où les pierres sont couvertes d'algues glissantes, qui nous font perdre encore plus de temps. Franz répète que nous n'allons plus pouvoir repasser l'eau. En réalité il est impossible de se rendre compte de la vitesse à laquelle elle monte, puisque nous n'avons pas le temps de nous arrêter pour contrôler. Elle est peut-être étale[3].

Il est difficile également de savoir quelle fraction du circuit nous avons déjà parcourue, car des pointes de terre se dressent toujours devant nos yeux et une échancrure succède à l'autre sans nous fournir le moindre repère. D'ailleurs le souci de ne pas perdre une minute dans un terrain si malaisé accapare toute l'attention — et le paysage disparaît, laissant la place à quelques fragments agressifs: un trou d'eau à éviter, une série de pierres branlantes, un amas de varech dissimulant on ne sait quoi, une roche à escalader, un autre trou bordé d'algues visqueuses, du sable couleur de vase qui s'enfonce profondément sous les pieds — comme pour les retenir.

Enfin après une dernière ligne de rochers, qui depuis longtemps nous barrait la vue, nous avons aperçu de nouveau la terre ferme, la colline au bois de pins, les deux maisonnettes blanches et le bout de route en pente douce par où nous étions arrivés.

Nous n'avons pas compris tout de suite où se trouvait la digue. Nous n'avions plus, entre la côte et nous, qu'un bras de mer où l'eau s'écoulait avec violence, vers notre droite, créant en plusieurs points des rapides et des remous. Le rivage de l'île lui-même paraissait changé: c'était à présent une grève noirâtre, dont la surface sensiblement horizontale luisait d'innombrables flaques, profondes au plus de quelques centimètres. Contre une courte jetée de bois une barque était amarrée.

Le sentier qui débouchait à cet endroit sur la plage ne ressemblait pas au chemin de terre dont nous gardions le souvenir. Nous n'avions remarqué, auparavant, la présence d'aucune barque. Quant à la jetée servant d'embarcadère, elle ne pouvait rien avoir de commun avec la digue que nous avions empruntée à l'aller.

Il nous a fallu plusieurs minutes pour découvrir, à trente mètres en avant, les deux muretins qui constituaient aux extrémités du passage une amorce de parapet. La chaussée entre eux avait disparu. L'eau s'y précipitait en tumulte laiteux. Les bouts relevés de la digue émergeaient certainement, mais les deux petits murs suffisaient à les masquer. On ne voyait pas non plus le bas de la route qui tournait à angle droit, derrière le talus, pour se raccorder aux pierres de la chaussée. Une fois de plus nous regardons à nos pieds les lignes de poussière grise qui avancent avec une lenteur régulière et s'enroulent en volutes entre les affleurements des goémons.

Mis à part ce mouvement quasi imperceptible à sa surface, l'eau est calme comme celle d'un étang. Mais déjà elle arrive presque au niveau de la digue, alors que de l'autre côté il s'en faut encore d'au moins trente centimètres. La mer monte en effet beaucoup plus vite dans le cul-de-sac le plus rapproché de l'entrée du golfe. Quand l'obstacle que lui oppose la digue est sur-

---

2. Idem. — 3. Sans mouvement, immobile. Une mer « étale » est une mer qui ne monte ou ne baisse.

monté, la brusque dénivellation doit produire un courant qui rend aussitôt le passage impossible.

— Nous ne pourrons plus revenir, dit Franz.

C'est Franz qui a parlé le premier.

— J'avais bien dit que nous ne pourrions plus revenir.

Personne ne lui a répondu. Nous avons dépassé la petite jetée; l'inutilité de sauter le muretin pour tenter la traversée sur la digue était évidente — non que la profondeur y fût déjà si grande, mais la puissance du flot nous aurait fait perdre l'équilibre et entraînés à l'instant hors du gué. De près, on voyait nettement la dénivellation; au-dessus, l'eau était tout à fait lisse et en apparence immobile; puis elle s'incurvait brusquement d'une rive à l'autre en une barre cylindrique, à peine ondulée par endroit, dont l'écoulement était si régulier qu'il donnait encore en dépit de sa vitesse l'impression du repos — d'un arrêt fragile dans le mouvement, comme les instantanés permettent d'en admirer: un caillou qui va crever la tranquillité d'une mare, mais que la photographie a figé dans sa chute à quelques centimètres de la surface.

Ensuite seulement commençait une série de ressauts, de trous et de tourbillons dont la couleur blanchâtre indiquait assez le désordre. Pourtant, là aussi, c'était dans une certaine mesure un désordre fixe, où les crêtes et les chaos occupaient sans cesse la même place et conservaient la même forme, si bien qu'on pouvait les croire immobilisés par le gel. Toute cette violence n'avait pas en somme un visage tellement différent de celui — guère plus sournois — des petites lignes grises entre les touffes de varech, que notre conversation coupée de silences tente d'exorciser:

— Nous ne pourrons plus revenir.

— Elle ne monte pas si vite.

— Alors dépêchons-nous.

— Qu'est-ce que vous croyez découvrir de l'autre côté?

— Faisons le tour sans nous arrêter, ça ne sera pas long.

— Nous ne pourrons plus revenir.

— Elle ne monte pas si vite; nous avons le temps de faire le tour.

En nous retournant nous avons aperçu l'homme, debout près de la barque sur la petite jetée. Il regardait dans notre direction — presque, du moins, car il avait plutôt l'air d'observer une chose située un peu sur notre gauche, au milieu de l'écume.

Nous sommes revenus vers lui et, avant que nous ne lui ayons adressé la parole, il a dit:

— Vous voulez traverser.

Ce n'était pas une question; sans attendre de réponse il est descendu dans le canot. Nous nous sommes installés aussi, comme nous avons pu. Il y avait juste assez de place pour nous trois et l'homme, qui ramait à l'avant. Celui-ci aurait dû nous faire face, mais il avait préféré s'asseoir dans le même sens que nous, vers la proue, ce qui l'obligeait à ramer à l'envers, dans une position assez malcommode.

A cette distance de la digue les remous étaient encore sensibles. Pour lutter contre le courant l'homme devait donner à ses efforts — et à son embarcation — une orientation très oblique par rapport à sa marche. Malgré ses vigoureux coups de rame, nous n'avancions d'ailleurs qu'à une allure dérisoire. Même, au bout d'un certain temps, il nous a semblé que toute sa force ne réussissait plus qu'à nous maintenir immobiles.

Legrand a prononcé une petite phrase polie sur le dur travail que notre imprudence imposait à ce malheureux; il n'a pas obtenu de réponse. Pensant que peut-être l'homme n'avait pas entendu, Franz s'est penché en avant pour demander si nous n'avions vraiment aucune chance de passer à pied le détroit. Ce fut sans plus de résultat. Le marin devait être sourd. Il continuait de ramer avec la régularité d'une machine, sans heurt et sans changer sa route d'un degré, comme s'il voulait atteindre, non pas le débarcadère de bois qui faisait pendant sur la plage d'en face à celui d'où nous étions partis, mais une région tumultueuse plus au nord, vers le point de départ de la digue, à l'endroit où un groupe de rochers terminait le talus broussailleux derrière lequel se trouvait le bout de route en pente douce et ses deux maisonnettes blanches, le brusque tournant à l'abri du muretin, la chaussée de pierre tachée de plaques moussues, l'eau tranquille comme celle d'un étang, avec ses touffes de goémons qui affleurent par places et ses lignes de poussière grise, qui s'enroulent imperceptiblement en spirales.

Matière à réflexion

1. L'activité obsessive de quadrillage topographique qui occupe le narrateur de cette nouvelle ne mène nulle part. Montrez comment la minutie descriptive la plus absolue échoue en définitive à rendre compte du réel dans cette histoire. Quels sont les rôles respectifs de la variation et de la répétition chez Robbe-Grillet? Comment nous donne-t-il l'impression que ses personnages tournent en rond?

2. Qui est ce «nous» qui parle? Que savons-nous des personnages de cette nouvelle?

3. Comment Robbe-Grillet s'y prend-t-il pour brouiller les repères temporels dans ce récit? Y a-t-il un dénouement à cette histoire?

Marguerite Duras

La popularité dont jouit Marguerite Duras en cette fin de siècle est un phénomène relativement récent. Une grande majorité du grand public n'a en effet découvert Duras qu'en 1984, avec la publication de *L'Amant*, fiction autobiographique qui devint un grand succès de librairie, puis de cinéma, grâce à l'adaptation filmée controversée qu'en tira Jean-Jacques Annaud en 1990.

Ce tardif succès populaire est sans doute dû au format autobiographique de ce texte, incontestablement plus «lisible» que les expériences romanesques proposées jusque-là par Duras. Moins ambitieux, et dès lors peut-être moins caractéristique que d'autres œuvres de Duras, *L'Amant* nous présente cependant un contexte colonial et familial déjà abordé dans un premier texte autobiographique, *Un barrage contre le Pacifique* (1950), et qui traverse l'œuvre de l'auteur. Le souvenir de l'Indochine française hante en effet l'imaginaire de Marguerite Duras.

Née en 1914 en Cochinchine, où sa mère est institutrice, elle passe son enfance dans une propriété constamment envahie et détruite par les eaux du Mékong, ce fleuve gorgé des marées de l'océan Pacifique. Aussi le paysage indochinois est-il associé à nombre de thèmes obsessionnels chez Duras. Le fleuve, en particulier, sera le lieu du constant retour de la mémoire, mais aussi de l'effacement et de la destruction. De même, la nuit asiatique, traversée de lueurs et de voix de fêtes, fera l'objet de nombreuses scènes dans les romans de Duras. Quant aux personnages de ces romans, désœuvrés, aliénés, livrés au vide de la vie coloniale, ils évoluent fréquemment aux confins de la folie et de la passion. Duras raconte également dans *L'Amant* les ravages de la folie au sein de sa propre famille: absence du père, dérive mentale de la mère, fragilité nerveuse de ses deux frères, etc.

Marguerite Duras quitte l'Indochine à l'âge de dix-huit ans, à la fois pour échapper à l'emprise de cette folie maternelle et poursuivre des études de philosophie en France. Elle adhère au Parti communiste clandestin pendant la Seconde Guerre mondiale, et participe activement au mouvement de Résistance intellectuelle, rejoignant en cela nombre d'écrivains français, tels que la plupart des sur-

Marguerite Duras

réalistes et des existentialistes. Tout comme nombre de ces écrivains, elle avouera publiquement, dans les années cinquante, sa désillusion vis-à-vis du communisme stalinien bien pensant, et refusera désormais toute association avec le parti. Elle continuera cependant de soutenir diverses causes politiques, s'exprimant et manifestant contre le colonialisme et la guerre d'Algérie, souvent aux côtés de Jean-Paul Sartre. En revanche, au contraire de Sartre et à l'instar des «nouveaux romanciers», Duras refusera de subordonner le roman à l'engagement politique.

Les premiers textes de Duras, de facture encore très traditionnelle, paraissent pendant la guerre aux Editions de Minuit, dont les responsables étaient intimement liés à la Résistance française. Dans les années cinquante, sous l'impulsion d'écrivains comme Samuel Beckett, les Editions de Minuit jouent un rôle capital dans l'émergence d'une littérature en rupture par rapport aux techniques de la narration traditionnelle. Influencée par ce mouvement de déconstruction romanesque, Duras va rapidement abandonner la narration classique de ses premières œuvres pour se livrer à des expériences très personnelles sur le texte littéraire. La critique aura tôt fait de la mettre commodément dans le même sac que ces nouveaux romanciers qui, comme Duras, publient aux Editions de Minuit (Michel Butor, Alain Robbe-Grillet, Claude Simon, Samuel Beckett, etc.). Il est vrai que son œuvre se rapproche du nouveau roman sur de nombreux points:

1° **Les innovations narratives.** — On considère généralement *Moderato cantabile* (1958) comme un tournant capital dans l'œuvre de Duras. A partir de ce texte, en effet, Duras renonce à *raconter une histoire* purement événementielle, et abandonne la forme traditionnelle du roman. Au récit se substitue le *discours* d'un narrateur qui glisse fréquemment entre l'imagination, la remémoration et la narration, effaçant les contours nets de la « réalité » racontée. Débarrassés des techniques du vraisemblable romanesque, les textes de Duras perdent leur lecteur dans le labyrinthe de la parole, qu'elle soit autobiographie fictive ou, le plus souvent, dialogue. Textes dépouillés, allusifs, incomplets comme les personnages qui les prononcent, les œuvres de Duras affirment l'impossibilité d'une connaissance parfaite du sujet humain et de ses motifs.

2° Des personnages fragmentaires. — Les personnages de Duras correspondent donc largement au « nouveau personnage » réclamé par le nouveau roman: loin d'être des créatures bien définies incarnant des types humains, ils ne se caractérisent que par l'absence et l'incomplétude. Etres fantômatiques, toujours proches de la folie, ils illustrent parfaitement cette *ère du soupçon* dont parlait Nathalie Sarraute. En outre, le discours éminemment psychologique de Duras, exempt de toute « analyse », reste en cela conforme aux réticences des nouveaux romanciers vis-à-vis de la psychologie romanesque traditionnelle. La conception d'un sujet fragmenté et pluriel chez Duras se rapproche donc plus de la psychanalyse moderne que des prétentions scientistes du roman naturaliste.

3° Cycles et fixations de l'imaginaire. — La répétition est une technique qu'ont largement utilisée les nouveaux romanciers afin d'interrompre le flux de la narration, d'en bouleverser le déroulement événementiel. Chez Duras, cette répétition prend la forme d'un éternel recommencement qui se focalise sur des lieux privilégiés de l'imaginaire ou de la mémoire: bal sous les tropiques, traversée du Mékong, voyeurisme amoureux, etc. En outre, cette fixation sur les mêmes scènes tend à se répéter de texte en texte. On distinguera ainsi dans l'œuvre de Duras deux grands cycles, reliés par un retour constant aux mêmes thèmes: le « cycle indien » (*Le Ravissement de Lol V. Stein*, 1964; *Le Vice-consul*, 1965; *L'Amour*, 1971; *India Song*, 1973; *La Femme du Gange*, 1975) et le « cycle indochinois », plus autobiographique (*Un barrage contre le Pacifique*, 1950; *L'Amant*, 1984; *L'Amant de la Chine du Nord*, 1991). Cette répétition cyclique est emblématisée par le personnage d'une mendiante indienne qui littéralement *traverse* de nombreux textes de Duras.

4° De la littérature au cinéma, et vice-versa. — Duras refuse de se cantonner dans la littérature. En 1960, elle écrit le scénario et les dialogues de *Hiroshima mon amour* pour le film d'Alain Resnais. Elle s'essaye également au théâtre (*Le Square*, 1965; *Des Journées entières dans les arbres*, 1968, etc.). A partir de 1966, elle met en scène et produit ses propres films (*La Musica*, 1966; *Jaune le Soleil*, 1971; *India Song*, 1973, etc.). Avec des œuvres comme *India Song,* qu'elle qualifie de « texte théâtre film », Duras en vient à effacer les barrières entre les genres, et vise désormais à une fluidité totale du texte, susceptible de glisser d'un genre à l'autre. Il n'existe dès lors plus pour elle de différences formelles entre narration, théâtre et cinéma.

5° L'insoutenable difficulté de dire. — Comme la plupart des nouveaux romanciers, Duras déplore les insuffisances du langage, l'impossiblité de verbaliser certains sentiments. Pour pallier à cette difficulté de dire, et esquisser malgré tout l'ineffable, l'indicible, l'innommable, Duras a souvent recours à l'expression non verbale: cris, pleurs, regards, gestes, tout le langage du corps est exploité afin de combler les lacunes des mots. Elle privilégie également le thème du silence [1]: longues pauses au cœur des dialogues, phrases incomplètes, blancs typographiques, points de suspension, etc. Elle a enfin systématiquement recours à l'antithèse, au paradoxe et à l'oxymore [2] afin d'échapper aux restrictions logiques du langage et d'exprimer l'indicible. Cette recherche de ce que Duras nomme le « mot-absence » ou le « mot-trou » se traduit souvent par un style dépouillé et allusif [3], immédiatement identifiable.

6° Le refus de l'engagement. — Quoiqu'elle ait multiplié les prises de position politiques dans sa vie publique, Duras n'a jamais véhiculé cet engagement dans ses œuvres littéraires ou cinématographiques.

Ces caractéristiques communes justifient sans doute que l'on place Duras dans la catégorie du nouveau roman. Mais, il faut le remarquer, Duras propose une formule littéraire très personnelle en guise de remplacement des structures romanesques traditionnelles. Cette originalité profonde de Duras apparaît dans les thèmes qu'elle privilégie:

1° L'identité du sujet. — De nombreux personnages de Duras aspirent à être dépossédés de leur identité. Ils s'abandonnent à la force du monde [4], soit en tendant à se confondre avec d'autres personnes, soit en se livrant à une errance perpétuelle, sans but et vouée à l'inachèvement. Cette absence à soi-même, cette volonté de se perdre qui caractérisent les personnages durassiens s'accompagnent d'une valorisation du non-être chez l'écrivain — passivité, sommeil, absence, aliénation mentale ou mort — en opposition avec les valeurs dominantes de la société, pour laquelle il est impératif d'« être quelqu'un » et de « faire quelque chose ».

2° La passion amoureuse. — L'amour pour Duras est une possibilité de fusionner avec autrui, de retrouver une unité perdue. Il permet en outre de se perdre au profit de l'autre, de rechercher l'effacement de soi-même. L'amour durassien ne semble souvent pouvoir se vivre qu'à trois, c'est-à-dire au sein d'une structure d'exclusion, de voyeurisme et de confusion d'identité. Cette conception de l'amour présuppose donc la douleur et la souffrance.

3° La mémoire (« **De l'amour, dit-elle, je me souviens** » [5]). — L'oubli de soi n'est pas total, mais sélectif. Dans ce contexte où la passion et la douleur s'entremêlent, la mémoire permet d'éterniser des moments-clés du passé, de figer ces instants où douleur et fusion avec autrui se confondent, et de recréer constamment la souffrance nécessaire à la passion. L'imaginaire des personnages de Duras se fixe donc systématiquement sur quelques épisodes, constamment et névrotiquement réexaminés. Le discours durassien, par ses caractéristiques obsessionnelles, s'apparente donc souvent au discours pathologique.

---

1. Duras s'efforce de faire signifier le silence, de substituer à l'ineffable un vide signifiant. — 2. Quelques exemples tirés du *Ravissement de Lol V. Stein:* « sa calamité bienheureuse », « elle veut revoir ce qui ne peut pas se revoir », « un choix exempt de toute préférence », « partir par un port impossible », etc. — 3. Un des mots préférés de Duras est le mot « ça », à la fois simple et allusif. — 4. On trouve chez Duras une thématique récurrente de l'ouverture, du creux, de l'hémorragie, etc. — 5. *Le Ravissement de Lol V. Stein.*

Sujet de prédilection de la psychanalyse et de la critique littéraire, Marguerite Duras doit être considérée en dehors du cadre étroit du nouveau roman comme un écrivain profondément original, dont l'univers littéraire tout personnel constitue une contribution de premier ordre à la littérature de ce siècle.

Marguerite Duras s'est éteinte en 1996, quelques semaines après François Mitterrand, dont elle fut l'amie intime.

Avant de lire

Aurélia Steiner, publié en 1978, illustre bien les grands principes et les thèmes majeurs de l'écriture durassienne. Principe de variation sérielle, tout d'abord, puisqu'il s'agit d'un texte qui appartient à une série de trois textes du même titre (*Aurélia Steiner*), chacun constituant une variante d'un modèle central qui n'est jamais donné. Principe de glissement entre les genres, ensuite, puisque ce texte sera aussi un film en 1979, Duras ne séparant plus l'écriture romanesque de l'écriture cinématographique. C'est enfin un texte qui reprend tous les thèmes chers à Duras: l'amour, la mort, l'écriture, le souvenir et l'oubli. Le nom du personnage/narrateur d'Aurélia Steiner, par ses consonances germaniques, rappelle d'ailleurs d'autres personnages féminins de Duras dont le prénom se termine en *-a* et le nom en *-er* (Vera Baxter, Suzanna Andler, ou encore Lola Stein ou Anne-Marie Stretter).

Aurélia Steiner, une jeune fille de dix-huit ans, tente, par l'écriture, de retrouver une unité perdue, d'échapper à une fragmentation dont elle souffre. C'est bien sûr dans l'amour qu'elle recherche cette fusion avec autrui. Dans l'amour lui-même, plutôt que dans un individu en particulier, puisque chez Duras, l'amour est toujours une entité qui dépasse son objet. Cet autrui évoqué se perd dans la confusion des grandes catastrophes humaines (guerres, camps de concentration, charniers, etc.). C'est là aussi un thème qu'aborde souvent Duras, notamment dans *Hiroshima mon amour*: ces épisodes tragiques de l'histoire humaine sont pour elle à la fois moments de séparation, mais aussi de rapprochement avec l'autre, comme si c'était aussi dans la mort qu'on pouvait résoudre la douleur de sa fragmentation.

On retrouve en outre toutes les particularités du style durassien dans ce texte court: écriture fragmentaire, allusive, entrecoupée de silences et de trous, monologue qui tend désespérément à se transformer en dialogue...

Aurélia Steiner

Je vous écris tout le temps, toujours ça, vous voyez.

Rien d'autre que ça. Rien.

Je vais peut-être vous écrire mille lettres, vous donner à vous des lettres de ma vie maintenant.

Et vous, vous en feriez ce que je voudrais bien que vous en fassiez, c'est-à-dire ce que vous voulez.

C'est ce que je désire. Que cela vous soit destiné.

Où êtes-vous?

Comment vous atteindre?

Comment nous faire nous rapprocher ensemble de cet amour, annuler cette apparente fragmentation des temps qui nous séparent l'un de l'autre?

Il est trois heures de l'après-midi.

Derrière les arbres il y a le soleil, le temps est frais.

Je suis dans cette grande salle où je me tiens l'été, face au jardin. De l'autre côté des vitres il y a cette forêt de roses et, depuis trois jours, il y a ce chat, maigre, blanc, qui vient me regarder à travers les vitres, les yeux dans les yeux, il me fait peur, il crie, il est perdu, il veut appartenir, et moi je ne veux plus.

Où êtes-vous?

Que faites-vous?

Où êtes-vous perdu?

Où vous êtes-vous perdu tandis que je crie que j'ai peur?

On dit que vous vivez sur une de ces îles des côtes de la France et encore ailleurs.

On dit que vous êtes dans une terre équatoriale où vous seriez mort il y a longtemps, dans la chaleur, enterré dans les charniers d'une peste, dans celui d'une guerre aussi, et aussi dans celui d'un camp de Pologne allemande.

Moi cela m'est égal.

Je vois vos yeux.

Je vois que le ciel du fleuve est bleu de cette même couleur liquide et bleue de vos yeux.

Je vois que ce n'est pas vrai.

Que lorsque je vous écris personne n'est mort.

Et que vous êtes là vous aussi dans ce continent désert.

Ici c'est l'été.

Est-ce que vous aimiez l'été?

Je ne sais plus.

Pour moi non plus je ne sais plus.

Je ne sais pas non plus si je l'aimais en dehors de vous.

Vous vous souvenez?

Ce mot. Cette contrée. Cette terre obscure.

Vous disiez: Il n'en reste rien que ce chemin-là.

Ce fleuve.

Comment rejoindre notre amour. Comment?

La lumière baisse derrière les arbres il me semble.

Il y a du vent. Il doit faire plus frais.
Le jardin est plein d'oiseaux et le chat devient fou de faim.

Les roses vont mourir très vite maintenant. Cela s'éteindra de l'autre coté des vitres.
Le ciel, au-dessus du fleuve, deviendra noir.
La nuit vient.
Sur ce chat de lèpre et de faim, effrayant, sur ce jardin immobile autour de lui, la nuit vient aussi. Je la vois.
Elle se répand sur vous, sur moi, sur le fleuve.

Est-ce que vous voyez encore?

Ils disent que tout avait été construit sur la terre.
Que tout avait été habité, occupé, par des peuples, des gouvernements.
Qu'il y avait des palais sur les rives des fleuves et, entre les palais, des fourrés d'orties, de ronces et des nuées d'enfants courants. Des femmes, maigres.
Qu'il y avait des îles.
Des temples.
Qu'il y avait une forêt.

Je ne sais rien des généralités des peuples et du monde.
Aucune d'entre elles ne me tiendra lieu de vous, de cette préférence que je vous porte. Aucune.

Ecoutez,
sous les voûtes du fleuve, il y a maintenant le bruit de la mer.
Ceux de la caverne noire.
Ceux des cris du chat lépreux, vous savez, celui aveuglé par la faim et qui appelle à travers le temps.
Vous l'entendez?
Non?

Vous n'entendez plus rien peut-être?
Non?
Ecoutez encore. Essayez. Essayez encore.
Comment venir à bout de notre amour?
Ecoutez.
Sous les voûtes du fleuve, ce déferlement.
Ecoutez...
Cette apparente fragmentation dont je vous ai parlé, a disparu.
Nous devrions nous rapprocher ensemble de la fin.
De celle de notre amour.
N'ayez plus peur.

C'est curieux, cette apparence que prend le fleuve quelque fois dans l'éclairement de la nuit, d'aller vers la mer très vite pour tout entier s'y fondre...

Mais qui êtes-vous?
Qui?
Comment cela se ferait-il?
Comment cela se serait-il fait?

A Londres, au cours de cette peste? Vous croyez?
Ou de cette guerre?

Dans ce camp de l'Est allemand?
Dans celui de Sibérie? Ou dans ces îles, ici?
Ici, vous croyez?
Non?

Moi, je ne sais plus.
Je n'ai connaissance seulement que de cet amour que j'ai pour vous. Entier.
Terrible.
Et que vous n'êtes pas là pour m'en délivrer.

Jamais. Jamais, je ne vous sépare de notre amour.
De votre histoire.

On a tué, ici.
Vous le saviez?
Tué, oui.
Presque chaque jour. Pendant mille ans. Mille et mille ans.
Oui. Une fois. Mille fois. Cent mille.
Le fleuve ensanglanté.
On a mis en sang, on a enfermé, on a blessé.
Mille ans.
C'est ensuite, oui, après, que ça s'est produit.

Très, très longtemps, rien.
Et puis, une fois, vos yeux.
Vos yeux sur moi.
D'abord le bleu liquide et vide de vos yeux.
Et puis, vous m'avez vue.
Autour de ce chat maigre et fou, la nuit est venue maintenant.
Autour de moi, votre forme.

On dit que c'est dans ces crématoires, vous savez, vers Cracovie, que votre corps
aurait été séparé du mien... comme si cela était possible...
On dit n'importe quoi... on ne sait rien...

Ecoutez...
Le chat. Il crie...
La faim et le vent qui le dévorent dans le jardin noir...
Ecoutez...
A travers les larmes, le chat...
Dans le vent et la faim, il crie. Dans la caverne noire...
Ecoutez...
Ses cris... On dirait des plaintes... Comme s'il disait...
Ecoutez...
Quoi? Que dirait-il? Quel mot?
Quelle désignation insensée?
Inepte?

Vous m'aviez dit: cette ville engloutie, c'est notre terre obscure.
Il n'en reste rien que ce chemin de l'eau qui la traversait.
Ce fleuve.
Vous avez oublié?

Vous avez tout oublié?

Si fraîche, vous disiez.
Vous disiez, cette deuxième ville.
Vous disiez: des histoires traînent le long de ce fleuve, de cette longueur fluviale si douce qu'elle appelle à se coucher contre et à partir avec elle.

Oui. Vous avez tout oublié.

Un brouillard monte dans le jardin.
Il se répand sur le fleuve.
Je le vois.
Il se répand sur vous. Sur moi.

Le chat ne crie plus.
Il est mort.
Le froid et la faim.

Et moi, cela m'est égal.

Je ne vous sépare pas de votre corps.
Je ne vous sépare pas de moi.

Comment faire pour que nous ayons vécu cet amour?
Comment?
Comment faire pour que cet amour ait été vécu?

C'est curieux...
C'est par ce chat maigre et fou, maintenant mort, par ce jardin immobile autour de lui, que je vous atteins.
Par cette blancheur blanche, ce brouillard infini, que j'atteins votre corps.

Je m'appelle Aurélia Steiner.
Je vis à Melbourne où mes parents sont professeurs.
J'ai dix-huit ans.
J'écris.

Matière à réflexion

1. En quoi le format de ce texte diffère-t-il fondamentalement de la narration traditionnelle?

2. Quelle conception de l'amour transparaît dans ce texte? Qu'est-ce que l'auteur entend par «fragmentation»? Quel est l'objet de cet amour? Quels liens existe-t-il entre l'amour, la mémoire et la mort pour Duras?

3. Quelles images l'imaginaire durassien privilégie-t-il (mer, forêt, obscurité, etc.)?

4. Comment se traduit la fascination de l'auteur pour la mort dans ce texte? Que représente l'image du chat affamé? Pourquoi l'écriture de Duras a-t-elle pu être qualifiée de «pathologique»?

L'Aventure poétique moderne: Saint-John Perse, Ponge, Michaux, Prévert, Char

L'expérience surréaliste s'achève à la veille de la Seconde Guerre mondiale. Dès les années trente, le mouvement s'essouffle et a bien du mal à survivre à l'excommunication ou au départ volontaire de ses membres les plus actifs. Les excès dogmatiques de Breton ont fait perdre au mouvement une grande partie de sa crédibilité.

A la dispersion du mouvement surréaliste, l'on assiste à une dispersion similaire du langage poétique lui-même: plus de techniques ni de thématiques communes, mais néanmoins quelques tendances genérales qui définissent le paysage poétique de l'après-guerre:

1° L'héritage du surréalisme. — Nombre de poètes de la génération 1940–1965 (Char, Ponge, Prévert, Michaux, Queneau, etc.) furent formés à l'école surréaliste, ou du moins la côtoyèrent brièvement. Si chaque poète retint de ce passé des éléments différents (vision du monde, fonction de la poésie et du poète, contestation sociale, techniques poétiques, esprit de rupture, etc.), il n'est pas exagéré d'affirmer que la poésie moderne fut fortement marquée par l'influence du courant surréaliste. Cependant, la conception de l'image telle que les surréalistes l'avaient empruntée à Reverdy va être largement mise en cause dans les années cinquante (bien qu'elle persiste notamment chez Prévert).

2° Guerre et Résistance. — La guerre et l'expérience de la Résistance détourneront Aragon et Eluard de leur poétique d'avant-garde pour les ramener à une poésie nationale et lyrique, plus « classique » et plus directe, une « poésie pour tous », dont l'ambition était de toucher le plus grand nombre de lecteurs possible. La guerre a en outre mis l'accent sur la responsabilité du poète envers la communauté et a relancé le débat de l'humanisme: nul n'oserait plus affirmer, en ces moments tragiques, que tirer au hasard sur la foule est un geste poétique, comme avait osé l'affirmer Breton. La poésie sera dans l'immédiat après-guerre inséparable d'une réflexion éthique (sensible notamment chez Char), sociale (comme chez Prévert), et d'une interrogation sur l'histoire et les civilisations (chez Saint-John Perse, par exemple).

3° La poésie comme connaissance du réel. — De nombreux poètes partagent une conception de la poésie comme mode de connaissance du réel. Chez Ponge, qui se veut « moins poète que savant », la poésie se fait étude des choses les plus banales en apparence. Pour Char, l'écriture poétique permet une appréhension des contraires qui coexistent au cœur du réel, elle est la recherche d'une transcendance. Pour Saint-John Perse, la pensée analogique et symbolique qui prime en poésie, tout comme le jeu des associations, des images et des correspondances, sont des instruments de connaissance du monde, au même titre que la science. Pour Michaux, l'écriture poétique permet d'exorciser l'angoisse du monde réel; elle est « connaissance par les gouffres ». Le poète moderne se définit donc avant tout comme un « chercheur de sens ».

4° Une relation conflictuelle à l'écriture. — Cette nouvelle conception de la poésie s'accompagne d'un intense travail sur l'écriture qui vise à sacraliser (comme Saint-John Perse pour qui la poésie est une forme de cérémonie ou de rituel, où le poète chante les forces cosmiques universelles) ou le plus souvent à *désacraliser* l'écriture poétique, par une contestation de ses sujets traditionnels (Ponge, notamment, est un farouche adversaire du lyrisme), de son langage ou de ses formes (tout ce que Ponge nomme « le ronron poétique »). Certains, comme Ponge et plus encore Michaux, entretiennent en outre une relation conflictuelle avec l'écriture, allant parfois jusqu'au silence forcé ou même à l'abandon du genre poétique, comme ce fut le cas de Michaux, qui tenta « d'échapper à l'emprise du *verbal*[1] » en se faisant peintre. Bien que la grande « aventure du langage » dans laquelle se lancèrent les poètes modernes ait débouché sur des pratiques dissemblables, elle engagea davantage la poésie dans la voie du dépouillement et de l'hermétisme.

---

1. L'expression est de Maurice Blanchot.

Saint-John Perse
1887–1975

Saint-John Perse est un poète inclassable. Il ne trouve sa place dans ce chapitre qu'en raison des hasards de la chronologie et de l'arbitraire des classements didactiques. Contemporain, déjà, d'Apollinaire et des poètes de l'esprit nouveau — son premier recueil datant de 1911 — Saint-John Perse continua d'enrichir son œuvre poétique jusqu'à sa mort en 1975. Si nous avons choisi d'en parler ici, en compagnie de poètes avec lesquels il a souvent peu en commun, c'est surtout parce que sa carrière poétique a connu un renouveau au cours de la Seconde Guerre mondiale, et que ses chefs-d'œuvre (*Exil, Vents* et *Amers*) coïncident avec la période dont ce chapitre est l'objet. Traversant plus d'un demi-siècle de courants poétiques divers, l'œuvre de Saint-John Perse est toujours restée indépendante, ne sacrifiant rien de son originalité à la pression des modes et des circonstances: « Mon œuvre a toujours évolué hors des lois et du temps. Elle entend échapper à toute référence historique aussi bien que géographique, à toute incidence personnelle », affirme le poète.

Né à la Guadeloupe, d'une famille de colons français établis aux Antilles depuis le XVIIe siècle sur un îlot[1] au large de Pointe-à-Pitre, Saint-John Perse (de son vrai nom Alexis Saint-Léger Léger) passe son enfance dans le décor tropical des plantations familiales. Mais, en ce début de XXe siècle, le système des plantations, victime de l'économie moderne, touche à sa fin. Les Saint-Léger sont donc forcés de quitter à tout jamais les Antilles et de revenir en métropole. Le jeune Alexis a alors douze ans. Après de brillantes études secondaires, il songe d'abord, comme nombre de jeunes gens de bonne famille, à la carrière juridique. Durant ses études de droit, il fait la connaissance déterminante de quelques écrivains, dont André Gide, qui l'aidera à faire publier son recueil *Eloges* en 1911, et Paul Claudel, qui, à son propre exemple, lui suggère de se lancer dans la carrière diplomatique.

Ainsi, écoutant les conseils de son prestigieux aîné, Saint-John Perse devient secrétaire d'ambassade à Pékin, où il écrit *Anabase* (1924), long poème dont les accents épiques, solennels et incantatoires, laissent déjà en poésie la marque d'un langage neuf et d'une œuvre originale. Dès ce poème, le ton est donné: les œuvres ultérieures de Saint-John Perse exploiteront la même veine épique et exotique.

Pourtant, sa carrière littéraire sera interrompue par sa profession de diplomate. De retour à Paris, il est promu à de hautes fonctions par le gouvernement: d'abord nommé directeur de cabinet du ministre des Affaires étrangères, puis secrétaire général du quai d'Orsay[2], Saint-John Perse renonce alors à la littérature. Refusant de publier durant ses fonctions diplomatiques officielles, il s'impose un silence de vingt ans.

C'est la Seconde Guerre mondiale qui le tirera de cette retraite. En exil aux Etats-Unis en raison de son opposition au nazisme, et privé de la nationalité française par le gouvernement de Vichy, il publie en 1942 un recueil au titre symbolique: *Exil.* Il s'installe à Washington, puis dans une île au large du Maine, où il compose un second recueil, *Vents* (publié en 1946).

A la Libération, Saint-John Perse décline de reprendre ses fonctions d'ambassadeur, et se consacre désormais entièrement à la littérature. Il publie, en 1957, le

---

1. Saint-John Perse est né à Saint-Léger-des-Feuilles, nom qui est déjà en soi tout un programme poétique. — 2. C'est sur le quai d'Orsay, sur la rive gauche de la Seine, que se trouve le ministère des Affaires étrangères.

recueil *Amers,* considéré par beaucoup comme son chef-d'œuvre. Il obtient en 1960 le prix Nobel de littérature. En 1963 paraît son dernier recueil, *Oiseaux*. Il meurt en 1975, l'année de la parution de son dernier poème, *Chant pour un équinoxe.*

Evocation, célébration, incantation

On peut distinguer trois thèmes majeurs dans l'œuvre de Saint-John Perse:

1° — Le souvenir de l'enfance antillaise, qui inspire notamment les poèmes d'*Eloges.*

2° — Les forces élémentaires de l'univers (qui, souvent, donnent leurs noms aux poèmes: *Vents, Neiges, Pluies* et, surtout, la mer).

3° — L'évocation épique et exotique de civilisations imaginaires (villes, empires, etc.).

La poésie, pour Saint-John Perse a pour objet «l'approfondissement même du mystère de l'homme», et donc «l'adhésion totale à ce qui est». Ainsi Saint-John Perse explore-t-il toutes les affinités entre l'homme et les éléments, toutes les relations entre l'homme et l'univers. Poésie du désir, où convergent le spirituel et le sensuel, l'œuvre de Saint-John Perse est une communion avec les richesses du monde. C'est aussi une glorification, une célébration de l'univers et du «simple bonheur de sentir»: pour évoquer «l'exubérance déversée des choses[3]», la poésie de Saint-John Perse emprunte un ton cérémonial et solennel. Afin de traduire la puissance de ce souffle poétique, Saint-John Perse, comme Claudel avant lui, a recours à la forme du verset[4]: vers libres non rimés, dont le rythme, tantôt parallèle, tantôt irrégulier, scande avec passion un chant exalté, une «cantilène océanique», comme l'appelle si justement Julien Gracq.

Un souffle poétique nouveau: le «verset claudélien»

Claudel[5] (1868–1955) fut, en matière de libération du vers, en avance sur les surréalistes. Renouvelant la prosodie française, Claudel a inventé une forme unique à mi-chemin du vers et de la prose, inspirée du psaume biblique, mais aussi des «vers blancs» de Shakespeare, et que l'on a appelée le «verset claudélien»: ce sont des segments, de longueur inégale (ils vont d'un seul mot à plusieurs phrases), qui, comme le vers traditionnel, débutent par une majuscule, et sont souvent séparés par des alinéas, mais qui, comme la prose, ne sont ni mesurés, ni rimés, et ressemblent parfois à des paragraphes. Claudel décrit cette forme particulière d'écriture dans l'une de ses pièces, *La Ville* (1897), lorsqu'il fait dire par un personnage les mots suivants:

O mon fils, lorsque j'étais un poète entre les hommes
J'inventai ce vers qui n'avait ni rime ni mètre
Et je le définissais dans le secret de mon cœur cette fonction double et réciproque

---

3. Nous empruntons cette expression à Jean-Pierre Richard (*Onze études sur la poésie moderne*). — 4. Voir ci-dessous. — 5. Voir notre panorama du théâtre au XXᵉ siècle, p. 578.

Par laquelle l'homme absorbe la vie, et restitue dans l'acte suprême de l'expiration
Une parole intelligible.

Certains ont suggéré que le verset ne serait en fait qu'un vers libre non rimé plus long que la moyenne. En effet, au contraire du verset biblique ou coranique, qui est « un ensemble syntaxique et sémantique complet » se composant fréquemment d'une seule phrase, « (...) le verset claudélien, au contraire, peut ne pas coïncider avec une phrase ou un groupe de phrases. Il arrive qu'un verset contienne plusieurs phrases, ou, à l'inverse, qu'une phrase soit partagée entre plusieurs versets; ou encore qu'un verset abrite une phrase plus un fragment d'une seconde phrase qui se poursuivra dans le verset suivant. Pour tout dire, la discordance entre mètre et syntaxe n'est pas exclue[6] ». En outre, le verset n'exclut pas totalement le mètre, car il est fréquent qu'il « se segmente en unités métriques comportant volontiers un nombre sensiblement équivalent de syllabes[7] ». Enfin, s'il évite presque systématiquement la rime, le verset multiplie souvent les parallélismes phoniques, les jeux d'échos. On peut donc définir le verset comme « un fragment de discours poétique qui dépasse la longueur habituelle du vers mais comporte des éléments de parallélisme rythmique, syntaxique ou sémantique[8] ». Cette définition du verset s'applique parfaitement à certains passages de poèmes tels que *Zone* d'Apollinaire ou encore *La Prose du Transsibérien et de la petite Jeanne de France* de Cendrars. Cet emploi généralisé du verset, même de manière intermittente (c'est-à-dire en alternance avec des vers réguliers ou libres, et non comme forme prédominante, sauf chez Claudel ou Saint-John Perse), constitue une innovation décisive dans la poésie du XXᵉ siècle.

Claudel se servira du verset en poésie comme au théâtre, l'adaptant selon les besoins du genre ou de la circonstance (ainsi, dans ses pièces, le rythme et la longueur des versets varient selon qu'il s'agisse d'un dialogue ou d'un monologue). Il en tire des effets stylistiques très particuliers. Ainsi l'écriture claudélienne emprunte-t-elle le ton cérémonial d'une liturgie solennelle, et retrouve-t-elle une certaine oralité — le vers-réplique, fondé sur les pauses de la respiration, et non plus sur celles de la syntaxe, est plus que jamais indissociable de l'acte de parole lui-même — qui marque un retour au souffle originel de la poésie (« l'acte suprême de l'expiration »). Saint-John Perse renouvela l'usage du verset dans le cadre d'une poétique très personnelle, mais qui tend à créer, comme Claudel, un cérémonial sacré (bien que non religieux chez Saint-John Perse) et empreint d'une grande sensualité.

Plaisir de la lecture et complexité déconcertante de l'œuvre: comment lire Saint-John Perse?

La lecture de Saint-John Perse s'accompagne, pour beaucoup de lecteurs, d'une jouissance immédiate, presque indépendante de la signification du texte. On peut,

---

6. Daniel Leuwers, *Introduction à la poésie moderne et contemporaine*. — 7. Daniel Briolet, *Lire la poésie française du XXᵉ siècle*. Le texte en versets, bien qu'il ne soit pas, à proprement parler, « versifié », contient donc parfois des « vers blancs » (voir l'Appendice consacré à la versification française, en fin de volume). — 8. Ibidem.

bien sûr, préférer une poésie plus dépouillée, plus intime, plus directe: c'est là affaire de goût. Comment, pourtant, rester insensible face à la richesse de cette langue, aux cadences épiques de ces versets, à la beauté musicale de ce chant majestueux?

Cependant, aussi éloquente qu'elle soit, cette poésie ne manque pas de déconcerter ses lecteurs les plus érudits. C'est d'abord une question de vocabulaire: par leur richesse lexicale, les poèmes de Saint-John Perse restent souvent difficiles d'accès. Tous ces mots techniques (empruntés aux sciences les plus diverses, en particulier à la botanique), ces expressions archaïques, ces allusions historiques qui nous renvoient souvent à nos dictionnaires — car peu d'hommes peuvent se vanter d'avoir l'immense culture de Saint-John Perse — , contribuent largement à l'hermétisme de ces textes. Mais ce n'est encore là qu'une difficulté superficielle. La complexité essentielle de l'œuvre réside en effet dans les images énigmatiques issues du « regard universel » du poète. L'écriture de Saint-John Perse, reliant l'homme aux choses, ainsi que toutes choses entre elles, devient une suite de métaphores (« les barbes du vent », « les essaims du silence », « la fumée des sables », « des criques de vin noir », etc.). Certaines métaphores sont plus accessibles que d'autres: il n'en reste que la lecture n'est jamais au premier degré. Lire Saint-John Perse, c'est donc constamment recomposer la logique interne de chaque image. Travail exigeant — d'autant que ces images ont souvent plusieurs sens, comme chez la plupart des poètes modernes — , mais le plaisir est proportionnel à la complexité de la tâche... Quant à l'enchaînement de ces images, il est parfois aussi objet de confusion: pratiquant systématiquement l'ellipse — la suppression de tout lien logique entre deux propositions — Saint-John Perse nous laisse *deviner* les rapports sémantiques qui relient ses versets.

Difficile, face à une telle poésie, de conseiller à l'étudiant un mode de lecture en particulier. Expliquer chaque image, c'est bien sûr explorer en détail toute la richesse du texte. Mais c'est peut-être aussi perdre quelque chose de sa magie: à vouloir traduire « en langage clair » les métaphores énigmatiques de Saint-John Perse, on risque d'ignorer les relations sensorielles complexes si essentielles à la vision du poète, tout le réseau caché des significations. Car la métaphore, chez Saint-John Perse, est *mode de connaissance du réel* et non simple artifice poétique. Elle permet d'exprimer avec fulgurance ce que le langage commun, la logique rationnelle ne pourraient que laborieusement formuler. Au risque de s'égarer parfois dans la jungle poétique de Saint-John Perse, le lecteur doit donc s'engager à plein corps dans le foisonnement métaphorique de ce langage si différent.

« *Innombrables sont nos voies...* »

Pluies est un long poème divisé en neuf parties, que Saint-John Perse a écrit en exil aux Etats-Unis durant la Seconde Guerre mondiale. Ces poèmes furent ensuite logiquement intégrés au recueil *Exil* (1944), non seulement en raison des circonstances de leur écriture, mais aussi parce qu'ils évoquent fréquemment ce thème par l'image de la pluie. «Innombrables sont nos voies...» est le septième poème de

Pluies. Cette poésie ample et périodique, rythmée par le rappel de mots et de phrases au sein de longs versets, où les images se déplient et s'épanouissent en séquences parallèles, se fait l'inventaire des voies humaines (morales, politiques, religieuses, artistiques, etc.). Célébrant les rapports de l'être et de l'univers sur un ton incantatoire, cérémonial, Saint-John Perse chante ici l'action purificatrice des forces cosmiques sur toutes les entreprises humaines.

« Innombrables sont nos voies, et nos demeures incertaines. Tel s'abreuve au divin dont la lèvre est d'argile. Vous, laveuses des morts dans les eaux-mères du matin — et c'est la terre encore aux ronces de la guerre — lavez aussi la face des vivants; lavez, ô Pluies! la face triste des violents, la face douce des violents... car leurs voies sont étroites, et leurs demeures incertaines.

« Lavez, ô Pluies! un lieu de pierre pour les forts. Aux grandes tables s'assiéront, sous l'auvent de leur force, ceux que n'a point grisés le vin des hommes, ceux que n'a point souillés le goût des larmes ni du songe, ceux-là qui n'ont point cure de leur nom dans les trompettes d'os... aux grandes tables s'assiéront, sous l'auvent de leur force, en lieu de pierre pour les forts.

« Lavez le doute et la prudence au pas de l'action, lavez le doute et la décence au champ de la vision. Lavez, ô Pluies! la taie sur l'œil de l'homme de bien, sur l'œil de l'homme bien-pensant; lavez la taie sur l'œil de l'homme de bon goût, sur l'œil de l'homme de bon ton; la taie de l'homme de mérite, la taie de l'homme de talent; lavez l'écaille sur l'œil du Maître et du Mécène, sur l'œil du Juste et du Notable... sur l'œil des hommes qualifiés pour la prudence et la décence.

« Lavez, lavez la bienveillance au cœur des grands Intercesseurs, la bienséance au front des grands Éducateurs, et la souillure du langage sur les lèvres publiques. Lavez, ô Pluies, la main du Juge et du Prévôt, la main de l'accoucheuse et de l'ensevelisseuse, les mains léchées d'infirmes et d'aveugles, et la main basse, au front des hommes, qui rêve encore de rênes et du fouet... avec l'assentiment des grands Intercesseurs, des grands Éducateurs.

« Lavez, lavez l'histoire des peuples aux hautes tables de mémoire: les grandes annales officielles, les grandes chroniques du Clergé et les bulletins académiques. Lavez les bulles[1] et les chartes, et les Cahiers du Tiers Etat[2]; les Covenants[3], les Pactes d'alliance et les grands actes[4] fédératifs; lavez, lavez, ô Pluies! tous les vélins et tous les parchemins, couleur de murs d'asiles et de léproseries, couleur d'ivoire fossile et de vieilles dents de mules... Lavez, lavez, ô Pluies! les hautes tables de mémoire.

« O Pluies! lavez au cœur de l'homme les plus beaux dits de l'homme: les plus belles sentences, les plus belles séquences; les phrases les mieux faites, les pages les mieux nées. Lavez, lavez, au cœur des hommes, leur goût de cantilènes[5], d'élégies; leur goût de villanelles[6] et de rondeaux[7]; leurs grands bonheurs d'expression; lavez

---

1. Une bulle est une lettre scellée écrite par le pape. Par analogie, le mot désigne aussi une ordonnance officielle d'un empereur ou d'un roi. — 2. Troisième état (au sens de « classe sociale ») de l'Ancien Régime, comprenant ceux qui ne font partie ni de la noblesse, ni du clergé, c'est-à-dire les bourgeois, les artisans et les paysans. — 3. Pactes. — 4. Au sens juridique, un acte est un texte écrit qui constate un fait ou une obligation. — 5. Textes lyriques. — 6. Poèmes à forme fixe (XVIe siècle), hérités de la chanson pastorale. — 7. Poèmes à forme fixe du Moyen Age.

le sel de l'atticisme[8] et le miel de l'euphuisme[9], lavez, lavez la literie du songe et la litière du savoir: au cœur de l'homme sans refus, au cœur de l'homme sans dégoût, lavez, lavez, ô Pluies! les plus beaux dons de l'homme... au cœur des hommes les mieux doués pour les grandes œuvres de raison. »

« *Des terres neuves, par là-bas...* »

« Toute la terre nubile et forte, au pas de l'Etranger, ouvrant sa fable de grandeur aux songes et fastes d'un autre âge »: tel est, résumé par cette phrase admirable, le sujet de ce poème, extrait de *Vents* (1946). A l'évocation lyrique et solennelle de lieux exotiques, de la beauté immuable et transcendante de l'univers, se joignent ce «goût de choses antérieures», ces allusions tant à de légendaires civilisations qu'à la glorification des richesses du monde par l'écriture poétique, «interprétant la feuille noire et les arborescences du silence dans de plus vastes syllabaires » — une image qui à elle seule définit superbement la poésie de Saint-John Perse.

... Des terres neuves, par là-bas, dans un très haut parfum d'humus et de feuillages,
Des terres neuves, par là-bas, sous l'allongement des ombres les plus vastes de ce monde,
Toute la terre aux arbres, par là-bas, sur fond de vignes noires, comme une Bible d'ombre et de fraîcheur dans le déroulement des plus beaux textes de ce monde.

Et c'est naissance encore de prodiges, fraîcheur et source de fraîcheur au front de l'homme mémorable.
Et c'est un goût de choses antérieures, comme aux grands Titres préalables l'évocation des sources et des gloses,
Comme aux grands Livres de Mécènes les grandes pages liminaires — la dédicace au Prince, et l'Avant-dire, et le Propos du Préfacier.

... Des terres neuves, par là-haut, comme un parfum puissant de grandes femmes mûrissantes,
Des terres neuves, par là-haut, sous la montée des hommes de tout âge, chantant l'insigne mésalliance,
Toute la terre aux arbres, par là-haut, dans le balancement de ses plus beaux ombrages, ouvrant sa tresse la plus noire et l'ornement grandiose de sa plume, comme un parfum de chair nubile et forte au lit des plus beaux êtres de ce monde.

Et c'est une fraîcheur d'eaux libres et d'ombrages, pour la montée des hommes de tout âge, chantant l'insigne mésalliance,
Et c'est une fraîcheur de terres en bas âge, comme un parfum des choses de toujours, de ce côté des choses de toujours,
Et comme un songe prénuptial où l'homme encore tient son rang, à la lisière d'un autre âge, interprétant la feuille noire et les arborescences du silence dans de plus vastes syllabaires.

---

8. Délicatesse de langage héritée de la Grèce antique. — 9. Style précieux et raffiné, à la mode en Angleterre au XVIᵉ siècle.

Toute la terre nouvelle par là-haut, sous son blason d'orage, portant cimier de filles blondes et l'empennage du Sachem[10],

Toute la terre nubile et forte, au pas de l'Etranger, ouvrant sa fable de grandeur aux songes et fastes d'un autre âge,

Et la terre à longs traits, sur ses plus longues laisses, courant, de mer à mer, à de plus hautes écritures, dans le déroulement lointain des plus beaux textes de ce monde.

« *C'étaient de très grands vents sur toutes faces de ce monde...* »

Pluies, neiges, vents, mers, etc.: la poésie de Saint-John Perse est avant tout une poésie des *éléments*. Dans ce poème (extrait lui aussi de *Vents*), le vent, déferlant « sur toutes faces de ce monde », permet au poète de passer en revue — de « flairer » — « le monde entier des choses ». « En quête sur toutes pistes de ce monde », ce vent, parcourant et épousant les richesses de l'univers, devient donc ici l'image de la parole poétique elle-même, dont la fonction est de traduire le langage des choses et des forces du monde. Aussi la page du poète devient-elle « bruissante » au terme de cette énumération.

C'étaient de très grands vents sur toutes faces de ce monde,

De très grands vents en liesse par le monde, qui n'avaient d'aire ni de gîte,

Qui n'avaient garde ni mesure, et nous laissaient, hommes de paille,

En l'an de paille sur leur erre... Ah! oui, de très grands vents sur toutes faces de vivants!

Flairant la pourpre, le cilice[11], flairant l'ivoire et le tesson[12], flairant le monde entier des choses,

Et qui couraient à leur office sur nos plus grands versets d'athlètes, de poètes,

C'étaient de très grands vents en quête sur toutes pistes de ce monde,

Sur toutes choses périssables, sur toutes choses saisissables, parmi le monde entier des choses...

Et d'éventer l'usure et la sécheresse au cœur des hommes investis,

Voici qu'ils produisaient ce goût de paille et d'aromates, sur toutes places de nos villes,

Comme au soulèvement des grandes dalles publiques. Et le cœur nous levait

Aux bouches mortes des Offices. Et le dieu refluait des grands ouvrages de l'esprit.

Car tout un siècle s'ébruitait dans la sécheresse de sa paille, parmi d'étranges désinences: à bout de cosses[13], de siliques[14], à bout de choses frémissantes,

---

10. Vieillard qui, dans certaines tribus indiennes du Canada et des Etats-Unis, était à la fois chef et conseiller de la tribu. — 11. Chemise ou ceinture de crin portée par les pénitents en guise de mortification. — 12. Morceau de verre. — 13. Enveloppes renfermant les graines de certaines plantes. — 14. Fruits secs.

Comme un grand arbre sous ses hardes et ses haillons de l'autre hiver, portant livrée de l'année morte;

Comme un grand arbre tressaillant dans ses crécelles[15] de bois mort et ses corolles[16] de terre cuite —

Très grand arbre mendiant qui a fripé son patrimoine, face brûlée d'amour et de violence où le désir encore va chanter.

« O toi, désir, qui vas chanter... » Et ne voilà-t-il pas déjà toute ma page elle-même bruissante,

Comme ce grand arbre de magie sous sa pouillerie[17] d'hiver: vain de son lot d'icônes, de fétiches,

Berçant dépouilles et spectres de locustes[18]; léguant, liant au vent du ciel filiales d'ailes et d'essaims, lais et relais du plus haut verbe —

Ha! très grand arbre du langage peuplé d'oracles, de maximes et murmurant murmure d'aveugle-né dans les quinconces du savoir...

« *Or il y avait un si long temps...* »

La poésie de Saint-John Perse est non seulement célébration du monde, mais aussi du chant poétique lui-même. Le poème, comme dans le texte précédent, devient ainsi son propre objet. Ainsi le poème *Amers* s'achève-t-il par une exaltation de trois thèmes chers à Saint-John Perse — la femme, la mer et la quête métaphysique — mais aussi par une glorification de la parole poétique, témoin privilégié de la beauté du monde.

... Or il y avait un si long temps que j'avais goût de ce poème, mêlant à mes propos du jour toute cette alliance, au loin, d'un grand éclat de mer — comme en bordure de forêt, entre les feuilles de laque noire, le gisement soudain d'azur et de ciel gemme: écaille vive, entre les mailles, d'un grand poisson pris par les ouïes!

Et qui donc m'eût surpris dans mon propos secret? gardé par le sourire et par la courtoisie; parlant, parlant langue d'aubain[19] parmi les hommes de mon sang — à l'angle peut-être d'un Jardin public, ou bien aux grilles effilées d'or de quelque Chancellerie; la face peut-être de profil et le regard au loin, entre mes phrases, à tel oiseau chantant son lai[20] sur la Capitainerie du Port.

Car il y avait un si long temps que j'avais goût de ce poème, et ce fut tel sourire en moi de lui garder ma prévenance: tout envahi, tout investi, tout menacé du grand poème, comme d'un lait de madrépores[21]; à son afflux, docile, comme à la guête de minuit, dans un soulèvement très lent des grandes eaux du songe, quand les pulsations du large tirent avec douceur sur les aussières[22] et sur les câbles.

---

15. Instruments de bois en forme de moulinet, servant à faire du bruit. — 16. Ensemble des pétales d'une fleur. — 17. Pauvreté sordide, lieu misérable. — 18. Criquets, sauterelles. — 19. Mot de l'ancien français: « étranger ». — 20. Poème narratif ou lyrique, au Moyen Age. — 21. Animaux des mers chaudes. — 22. Cordages servant à amarrer un bateau.

Et comment il nous vint à l'esprit d'engager ce poème, c'est ce qu'il faudrait dire. Mais n'est-ce pas assez d'y trouver son plaisir? Et bien fût-il, ô dieux! que j'en prisse soin, avant qu'il ne nous fût repris... Va voir, enfant, au tournant de la rue, comme les Filles de Halley [23], les belles visiteuses célestes en habit de Vestales [24], engagées dans la nuit à l'hameçon de verre, sont promptes à se reprendre au tournant de l'ellipse.

Morganatique [25] au loin l'Epouse, et l'alliance, clandestine!... Chant d'épousailles, ô Mer, sera pour vous le chant: «Mon dernier chant! mon dernier chant! et qui sera d'homme de mer...» Et si ce n'est ce chant, je vous le demande, qu'est-ce qui témoignera en faveur de la Mer — la Mer sans stèles ni portiques, sans Alyscamps [26] ni Propylées [27], la Mer sans dignitaires de pierre à ses terrasses circulaires, ni rang de bêtes bâtées d'ailes à l'aplomb des chaussées?

Moi j'ai pris charge de l'écrit, j'honorerai l'écrit. Comme à la fondation d'une grande œuvre votive, celui qui s'est offert à rédiger le texte et la notice; et fut prié par l'Assemblée des Donateurs, y ayant seul vocation. Et nul n'a su comment il s'est mis à l'ouvrage: dans un quartier, vous dira-t-on, d'équarrisseurs [28] ou de fondeurs — par temps d'émeute populaire — entre les cloches du couvre-feu et les tambours d'une aube militaire...

Et au matin déjà la Mer cérémonielle et neuve lui sourit au-dessus des corniches. Et voici qu'en sa page se mire l'Etrangère... Car il y avait un si long temps qu'il avait goût de ce poème; y ayant telle vocation... Et ce fut telle douceur un soir de lui marquer sa prévenance; et d'y céder, telle impatience. Et le sourire aussi fut tel, de lui prêter alliance... «Mon dernier chant! mon dernier chant!... et qui sera d'homme de mer...»

---

23. Comètes (Halley est un astronome qui a découvert la comète qui désormais porte son nom). — 24. Prêtresses romaines, chargées d'entretenir le feu sacré. — 25. Se dit d'une femme de condition inférieure ayant épousé un prince, et qui ne possède pas tous les droits normalement acordés à l'épouse. — 26. Anciennes nécropoles gallo-romaines. — 27. Entrées du monument de l'Acropole à Athènes, et des temples antiques en général. — 28. Ouvriers qui dépècent les animaux morts.

Matière à réflexion

1. *« Innombrables sont nos voies... ».* — (a) Les poèmes de Saint-John Perse déploient plusieurs réseaux d'images et de sonorités. Montrez comment fonctionnent les jeux de rappels, de répétitions et de parallélismes qui structurent ce poème. Décomposez le poème en périodes (au sens où l'on parle parfois de style « périodique ») ou en séquences, et analysez les effets de rythme (binaire, ternaire, etc.) sur lesquels joue le poète. Quels sont les rôles de l'anaphore et de l'allitération dans ce poème? Faites la même analyse pour les autres poèmes repris ici. (b) Quelles « voies humaines » Saint-John Perse passe-t-il en revue dans ce poème? A quelles activités fait-il allusion en particulier? L'action de la pluie est-elle bénéfique ou destructrice? Quelle image Saint-John Perse donne-t-il de la « grandeur » humaine? Relevez, dans tous les poèmes, les allusions à l'histoire et aux civilisations. (c) En quoi la glorification de l'univers chez Saint-John Perse peut-elle être qualifiée de « lyrique »?

2. *«Des terres neuves, par là-bas...».* — Pourquoi des images telles que «Toute la terre nubile et forte, aux pas de l'Etranger, ouvrant sa fable de grandeur aux songes et fastes d'un autre âge» ou encore «l'homme (...) interprétant la feuille noire et les arborescences du silence dans de plus vastes syllabaires» résument-elle à merveille l'écriture de Saint-John Perse? Montrez comment le poète fait souvent référence à sa propre pratique, et comment le poème devient ainsi son propre objet chez Saint-John Perse. Quelle image Saint-John Perse donne-t-il de sa propre poésie?

3. *«C'étaient de très grands vents sur toutes faces de ce monde...».* — (a) Il y a chez Saint-John Perse, une richesse lexicale qui, de la «cilice» aux «siliques», correspond à la richesse même de l'univers. Dans quels lexiques techniques le poète puise-t-il en particulier? Quels sont les effets d'un tel vocabulaire? (b) La difficulté et la densité des images posent souvent un problème aux lecteurs de Saint-John Perse. Etudiez l'image de l'arbre mort dans ce poème. Comment fonctionne-t-elle? Comment une image telle que «la nuit à l'hameçon de verre» se rapproche-t-elle du surréalisme? (c) Saint-John Perse tisse au cœur de ses poèmes de multiples jeux de sonorités («[...] léguant, liant au vent de ciel filiales d'ailes et d'essaims, lais et relais du plus haut verbe», ou encore «[...] et nous laissaient, hommes de paille / En l'an de paille sur leur erre [...]»). Relevez, puis étudiez ces jeux de sonorités. Prenez soin de compter les syllabes, car certains versets contiennent des structures métriques cachées.

4. Les versets de Saint-John Perse sont parfois très longs, et prennent la forme de paragraphes. Qu'est-ce qui les distingue pourtant d'un paragraphe de prose?

Francis Ponge
1899–1988

Né à Montpellier dans une famille protestante érudite, Francis Ponge s'intéresse très tôt à la littérature, dévore les livres de la bibliothèque familiale, et se découvre une fascination précoce pour les dictionnaires.

Encore adolescent, il entame des études supérieures de philosophie et de droit, mais échoue à son examen oral de licence, soudainement incapable de prononcer le moindre mot. Il connaît le même problème de «blocage» deux ans plus tard au concours d'entrée de l'Ecole normale supérieure. Désenchanté, Ponge traverse des années de détresse et d'incertitude. Pour résoudre sa situation financière précaire, il est contraint de trouver un emploi dans le monde de l'édition: il travaille d'abord chez Gallimard, puis chez Hachette, mais vit difficilement. Il ne dispose dans ces années, pour écrire, que de «vingt minutes le soir avant d'être envahi par le sommeil». Il rencontre pourtant les éditeurs influents de son époque et publie ses premiers poèmes (*Douze petits écrits,* 1926).

Ponge adhère en 1930 à un mouvement surréaliste déjà sur le déclin, puis en 1937 au Parti communiste (il sera d'ailleurs quelque temps délégué syndical communiste). Pendant la guerre, il se réfugie en zone libre et participe à la Résistance dans le Sud de la France, tout en travaillant comme journaliste.

Ces années de guerre sont un tournant dans la carrière de Ponge. *Le Parti pris des choses,* publié en 1942, et suivi par un article élogieux de Sartre en 1944, lui apporte un début de notoriété, bien que Ponge doive attendre les années soixante pour être enfin reconnu comme un des grands poètes de ce siècle. Enseignant désormais pour vivre (il sera notamment professeur à l'Alliance française de 1952 à 1964), il renonce à ses activités politiques, et consacre l'essentiel de son temps à la poésie. Il participe à des expositions, donne des conférences, écrit des essais sur l'art et la littérature, et publie de nombreux recueils qui augmentent son renom (*Cinq Sapates,* 1947; *Proêmes,* 1948; *La Rage de l'expression,* 1952; *Pièces,* 1961; *Le Savon,* 1967; *La Table,* 1982, etc.).

Une œuvre originale

A l'écart des modes et des courants littéraires, Ponge a élaboré un projet poétique entièrement unique.

1° Une poésie de l'objet. — Ponge considère que la poésie s'est déjà bien trop complue dans le sentimentalisme et l'idéalisme. Se méfiant des idées en poésie, il se propose au contraire d'explorer un terrain encore vierge, le «monde muet» des choses — et souvent des choses les plus banales, les plus quotidiennes, les plus usuelles — mais aussi des plantes et des animaux. D'où le titre révélateur d'un de ses recueils: *Le Parti pris des choses.* Prendre le parti des choses, c'est pour Ponge redécouvrir, sous son apparente banalité, toute la richesse que recèle la matière. Il faut réhabiliter tous ces objets familiers, jusque-là dédaignés par la culture et la poésie. Cela suppose aussi qu'il faille reprendre tout à zéro, se débarrasser de tous les a priori pour *redécouvrir* les choses, poser sur elles un regard neuf. Le poète doit à nouveau faire l'expérience des choses pour la première fois. En cela, l'écriture de Ponge est loin d'être impersonnelle, puisqu'il s'intéresse surtout au contact sensoriel de l'homme avec les choses. Cette relation immédiate au monde sensible privilégie les sensations de plaisir: Ponge nous montre comment, venant à la rencontre de nos sens, un *Plat de poissons frits,* par exemple, provoque un certain ravissement, une certaine jouissance. Il explore «l'envahissement de la personnalité par les choses» et montre comment l'objet stimule la rêverie, fait travailler l'imagination. Ainsi les objets qu'il décrit seront-ils méthodiquement examinés sous toutes leurs facettes, car, pour bien révéler le secret des choses, il importe avant tout de les observer sous toutes leurs apparences, sur toutes leurs coutures — forme, composition, texture, consistance, etc. — , de montrer qu'elles ne sont jamais vraiment les mêmes, et que l'opinion que nous en avons couramment n'est qu'une grossière simplification qui ignore leur vraie valeur.

2° Un certain classicisme. — Cette poésie objective, descriptive, se caractérise par la recherche d'une humilité, d'une simplicité extrêmes, aux antipodes des systèmes philosophiques qui, selon Ponge, n'ont pas leur place en poésie. Grand admirateur de Malherbe [1] et du siècle classique, Ponge exprime en outre son dégoût vis-à-vis des effusions sentimentales, qui ne sont trop souvent, à son goût, qu'un amas de clichés (nostalgie, chagrin d'amour, etc., tout ce que Ponge nomme avec dédain le « ronron poétique » du lyrisme). Malgré sa brève appartenance au mouvement surréaliste, Ponge ne s'intéresse guère non plus à l'irrationnel et à l'inconscient: la poésie est pour lui avant tout travail conscient, recherche lucide. Ponge revient ainsi à l'esthétique classique, selon laquelle le poète, astreint à une discipline sévère, est avant tout un « artisan » du verbe.

3° Une recherche sur l'écriture et le langage. — Le travail du poète consiste à aider les choses à s'exprimer, à se mettre à leur écoute et à leur disposition: le poète est celui qui se fait l'interprète des choses muettes. Son travail poétique consistera donc à étudier les relations entre les mots et les choses, et, au-delà, à rechercher — par un travail sur le son, la forme, et le graphisme des mots — une adéquation parfaite entre l'objet et l'écriture. Selon Ponge, le mot « lézard », par exemple, s'applique parfaitement à l'animal qu'il désigne, suggérant son « zèle », son « zède » (son tortillement évoque cette lettre de l'alphabet), et même, par le suffixe « -ard », la lenteur de son déplacement [2]. Jeux de sonorités et de lettres, néologismes, calembours et jeux de mots, associations sémantiques et lexicales, l'entreprise poétique de Ponge s'accompagne d'une incessante recherche linguistique.

---

1. Ponge a d'ailleurs consacré à Malherbe tout un essai, *Pour un Malherbe* (1965). — 2. Nous renvoyons à l'analyse de Jean-Pierre Richard, dans *Onze études sur la poésie moderne*.

L'Huître

Ce poème du *Parti pris des choses* était l'un des préférés de l'auteur. Le poète entrouvre ce mollusque banal, d'apparence grossière, et révèle en lui tout un microcosme: « à l'intérieur l'on trouve tout un monde ». Par une étude sensorielle, Ponge explore l'huître sous toutes ses facettes. De l'extérieur, d'abord, dans le premier paragraphe, où il examine la forme, la consistance, la taille, le toucher, la couleur de l'animal. De l'intérieur, ensuite, dans le deuxième paragraphe, où il observe l'huître ouverte, et évoque sa mollesse, sa viscosité, sa couleur, son odeur, etc. Enfin, il consacre le dernier paragraphe à la perle que l'on trouve parfois dans l'huître.

Il faut remarquer également dans ce poème en prose tout un travail subtil sur le langage: Ponge cherche à faire correspondre au plus près les mots avec les choses qu'ils représentent. Aussi notera-t-on que la longueur des paragraphes figure la taille de l'objet observé: un premier paragraphe, assez long, pour représenter l'huître entière, un second, plus court, consacré à la moitié d'huître ouverte, et enfin un troisième, minuscule, qui évoque la perle. On notera également que le poète joue habilement sur les sonorités des mots (allitérations en [k] ou en [r] qui suggèrent la rugosité de l'huître et le bris des ongles, etc.), sur leur graphie (multiplication des consonnes doubles afin de représenter la forme symétrique du mollusque, répétition du suffixe « -âtre » dérivé du mot « huître », etc.), ou encore sur leur rythme (souvent binaire, comme pour figurer la coquille de l'huître ou le flux et le reflux de la mer).

Ce poème est en outre une réflexion de l'auteur sur la poésie elle-même, qui, selon Ponge, ressemble à l'activité de l'ouvreur d'huître, ayant à vaincre tout d'abord la résistance de l'objet. Ponge ne se contente pas de décrire l'objet ouvert, immédiatement disponible au regard, il nous présente l'opération difficile qui consiste à percer la carapace des choses afin d'en montrer les richesses intérieures.

L'huître, de la grosseur d'un galet moyen, est d'une apparence plus rugueuse, d'une couleur moins unie, brillamment blanchâtre. C'est un monde opiniâtrement clos. Pourtant on peut l'ouvrir: il faut alors la tenir au creux d'un torchon, se servir d'un couteau ébréché et peu franc, s'y reprendre à plusieurs fois. Les doigts curieux s'y coupent, s'y cassent les ongles: c'est un travail grossier. Les coups qu'on lui porte marquent son enveloppe de ronds blancs, d'une sorte de halos.

A l'intérieur l'on trouve tout un monde, à boire et à manger: sous un *firmament* (à proprement parler) de nacre, les cieux d'en-dessus s'affaissent sur les cieux d'en-dessous, pour ne plus former qu'une mare, un sachet visqueux et verdâtre, qui flue et reflue à l'odeur et à la vue, frangé d'une dentelle noirâtre sur les bords.

Parfois très rare une formule perle à leur gosier de nacre, d'où l'on trouve aussitôt à s'orner.

Le Pain

Publié lui aussi dans *Le Parti pris des choses*, *Le Pain* est un autre exemple d'une réalité familière ayant stimulé l'intérêt et la rêverie poétique de Ponge. Les paragraphes correspondent ici aussi à une analyse progressive de l'objet: étude de sa surface, puis de sa cuisson, puis enfin de son intérieur, la mie.

La difficulté qu'il y a à décrire un objet aussi banal, que nous côtoyons quotidiennement, consiste à éviter les stéréotypes, les apparences et les habitudes. Il faut plutôt, pour Ponge, *redécouvrir* ce pain, en subir à nouveau tous les charmes pour la première fois. Pour cela, un changement de perspective est nécessaire: Ponge observe ici le pain *en gros plan*. Sous ce nouveau point de vue, le pain, devenu panorama[1], paysage, prend des reliefs surprenants, comparables à ceux des montagnes. Sa dimension est désormais comparable à celle de la terre.

Ponge poursuit la métaphore dans le second paragraphe, où il évoque les origines du pain, rapprochant sa croûte de la croûte terrestre. Le pain prend ainsi une dimension cosmique inédite, valorisante. Au contraire, la mie est présentée par des termes négatifs: Ponge évoque surtout sa mollesse « ignoble », « lâche et froide ». Le

---

1. Ponge joue ici sur l'étymologie du mot « panorama », retrouvant dans la racine « pan » le grec « tout », mais aussi le latin « panem », « le pain ».

poète passe ici au champ végétal: les éponges, les feuilles et les fleurs. Ce monde organique se caractérise avant tout par son étrangeté, voire par sa monstruosité (le tissu de la mie est soudé «comme des sœurs siamoises»), puis par sa désagrégation (friabilité, déssèchement, flétrissement). Ici encore, la forme du poème épouse au plus près son sens: les propositions grammaticales se raccourcissent pour donner l'image de l'effritement du pain: on passe de «Ce lâche et froid sous-sol que l'on nomme la mie» (douze syllabes) à «Lorsque le pain rassit» (six syllabes), «ces fleurs fanent et se rétrécissent» (huit syllabes), etc.

Le dernier paragraphe semble tirer une leçon[2]: le pain doit être objet de consommation. Il faut savoir profiter des plaisirs simples: telle est la morale de jouissance que propose Francis Ponge.

La surface du pain est merveilleuse d'abord à cause de cette impression quasi panoramique qu'elle donne: comme si l'on avait à sa disposition sous la main les Alpes, le Taurus ou la Cordillère des Andes.

Ainsi donc une masse amorphe en train d'éructer fut glissée pour nous dans le four stellaire, où durcissant elle s'est façonnée en vallées, crêtes, ondulations, crevasses... Et tous ces plans dès lors si nettement articulés, ces dalles minces où la lumière avec application couche ses feux, — sans un regard pour la mollesse ignoble sous-jacente.

Ce lâche et froid sous-sol que l'on nomme la mie a son tissu pareil à celui des éponges: feuilles ou fleurs y sont comme des sœurs siamoises soudées par tous les coudes à la fois. Lorsque le pain rassit ces fleurs fanent et se rétrécissent: elles se détachent alors les unes des autres, et la masse en devient friable...

Mais brisons-la: car le pain doit être dans notre bouche moins objet de respect que de consommation.

La Lessiveuse

Dans *La Lessiveuse,* Ponge abandonne momentanément «ses espèces favorites (herbes ou cailloux, par exemple)» pour faire l'étude d'une machine, c'est-à-dire d'un objet fonctionnel, directement relié à l'homme. Il annonce lui-même doublement le déroulement thématique de son poème, d'abord par un résumé présenté en tête du poème, puis par les deux premiers paragraphes où il explique pourquoi il a décidé d'observer une lessiveuse. Ces deux annonces ne manquent pas d'humour: dans la liste de thèmes, Ponge multiplie les jeux de mots qui confondent en un seul objet la lessiveuse et l'acte d'en parler («considérations à froid», par exemple, est un jeu de mots sur «lavage à froid»).

Ce qui frappe d'abord, dans la lessiveuse, c'est son aspect mécanique qui la dote de mouvement et de sons, donc de vie. Il faut remarquer que cette lessiveuse

---

2. Il y a également dans ce dernier paragraphe un jeu de mots qui renvoie à l'acte d'écriture: «brisons-la» ressemble fort à «brisons là» (arrêtons-nous ici).

d'un modèle encore ancien, contrairement aux machines modernes, demande toujours de l'homme un travail permanent: la soulever, la traîner, la toucher. C'est comme si l'homme vivait en compagnie d'un autre être vivant. Rien d'étonnant, dès lors, à ce qu'un certain « lyrisme » s'en dégage. C'est l'occasion, pour Ponge, d'une ode à la lessiveuse, pleine d'humour — c'est un petit clin d'œil au lecteur qui nous rappelle que Ponge exécrait le lyrisme poétique: il s'en moque ici un peu en faisant d'une lessiveuse l'objet de ses effusions sentimentales. La chaleur et l'effervescence de la lessiveuse sont ici traitées comme des manifestations amoureuses. Cette ode, dressée « au milieu de la page », figure elle-même la lessiveuse, carrée et verticale.

Puis, une fois cette agitation calmée, nous passons à des « considérations à froid », comme si le refroidissement de la machine avait eu pour effet celui des ardeurs du poète. Sous cet aspect également, la lessiveuse apparaît toujours digne « d'intérêt et d'amour »: comparée à d'autres objets domestiques — vase, chaudron — , elle se caractérise par sa simplicité, son humilité. La lessiveuse présente en effet des qualités de *pureté morale,* comme si elle ne purifiait le linge que par indignation contre la saleté. Continuant de personnifier la lessiveuse, Ponge se prend pour elle d'un désir érotique, à nouveau plein d'humour. Mais il se reprend pour évoquer enfin le linge sortant de la lessiveuse, miraculeusement blanchi.

Prise à partie.
Rapports de l'homme et de la lessiveuse.
Lyrisme qui s'en dégage.
Considérations à froid.
Principe de la lessiveuse.
Le crépuscule du lundi soir.
Rinçage à l'eau claire.
Pavois.

Pour répondre au vœu de plusieurs, qui me pressent curieusement d'abandonner mes espèces favorites (herbes ou cailloux, par exemple) et de montrer enfin un homme, je n'ai pas cru pourtant pouvoir mieux faire encore que de leur offrir une lessiveuse, c'est-à-dire un de ces objets dont, bien qu'ils se rapportent directement à eux, ils ne se rendent habituellement pas le moindre compte.

Et certes, quant à moi, j'ai bien pu concevoir d'abord qu'on ne doive en finir jamais avec la lessiveuse: d'autres objets pourtant me sollicitèrent bientôt — dont je n'eusse pas sans remords non plus subi les muettes instances longtemps. Voilà comment la lessiveuse, fort impatiemment écrite, s'est trouvée presque aussitôt abandonnée.

Qu'importe — si jaillit un instant sur elle l'étincelle de la considération...

Qui n'a vécu un hiver au moins dans la familiarité d'une lessiveuse ignore tout d'un certain ordre de qualités et d'émotions fort touchantes, — dont un porte-plume bien manié toutefois doit pouvoir communiquer quelque chose.

Mais il ne suffit pas, assis sur une chaise, de l'avoir contemplée très souvent.

Il faut — bronchant — l'avoir, pleine de sa charge de tissus immondes, d'un seul effort soulevée de terre pour la porter sur le fourneau — où l'on doit la traîner d'une certaine façon ensuite pour l'asseoir juste au rond du foyer.

Il faut avoir sous elle attisé les brandons à progressivement l'émouvoir, souvent tâté ses parois tièdes ou brûlantes; puis écouté le profond bruissement intérieur, et plusieurs fois dès lors soulevé le couvercle pour vérifier la tension des jets et la régularité de l'arrosage.

Il faut l'avoir enfin toute bouillante encore embrassée de nouveau pour la reposer par terre...

Peut-être à ce moment l'aura-t-on découverte. Et quel lyrisme alors s'en dégage, en même temps que les volumineuses nuées qui montent d'un coup heurter le plafond, — pour y perler bientôt... et ruisseler de façon presque gênante ensuite tout au long des murs du réduit:

Si douces sont aux paumes tes cloisons...
Si douces sont tes parois où se sont
Déposés de la soude et du savon en mousse...
Si douce à l'œil ta frimousse estompée,
De fer battu et toute guillochée...
Tiède ou brûlante et toute soulevée
Du geyser intérieur qui bruit par périodes
Et se soulage au profond de ton être...
Et se soulage au fond de ton urne bouillante
Par l'arrosage intense des tissus...

Retirons-la, elle veut refroidir... Pourtant ne fallait-il d'abord — tant bien que mal comme sur son trépied — tronconiquement au milieu de la page dresser ainsi notre lessiveuse?

Mais à présent c'est à bas de ce trépied, et même le plus souvent reléguée au fond de la souillarde, — c'est froide à présent et muette, rincée, tous ses membres épars pour être offerts à l'air en ordre dispersé, — que nous allons pouvoir la considérer... Et peut-être ces considérations à froid nous rapprocheront-elles de son principe: du moins reconnaîtrons-nous aussitôt qu'elle n'est pas en cet état moins digne d'intérêt ni d'amour.

Constatons-le d'abord avec quelque respect, c'est le plus grand des vases ménagers. Imposant mais simple. Noble mais fruste. Pas du tout plein de son importance, plein par contre de son utilité.

Sérieuse — et martelée de telle façon qu'elle a sur tout le corps des paupières mi-closes. Beaucoup plus modeste que le chaudron à confitures, par exemple — lequel, pendant ses périodes d'inactivité, fort astiqué, brillant, sert de soleil à la cuisine, constitue son pôle d'orgueil. Ni rutilante, ni si solennelle (bien qu'on ne s'en serve pas non plus tous les jours), l'on ne peut dire qu'elle serve jamais d'ornement.

Mais son principe est beaucoup plus savant. Fort simple tout de même, et tout à fait digne d'admiration.

Certes, je n'irai pas jusqu'à prétendre que l'exemple ou la leçon de la lessiveuse doive à proprement parler galvaniser mon lecteur — mais je le mépriserais un peu sans doute de ne pas la prendre au sérieux.

Brièvement voici:

La lessiveuse est conçue de telle façon qu'emplie d'un amas de tissus ignobles l'émotion intérieure, la bouillante indignation qu'elle en ressent, canalisée vers la partie supérieure de son être retombe en pluie sur cet amas de tissus ignobles qui lui soulève le cœur — et cela quasi perpétuellement — et que cela aboutisse à une purification.

Nous voici donc enfin au plein cœur du mystère. Le crépuscule tombe sur ce lundi soir. O ménagères! Et vous, presque au terme de votre étude, vos reins sont bien fatigués! Mais d'avoir ainsi potassé tout le jour (quel démon m'oblige à parler ainsi?) voyez comme vos bras sont propres et vos mains pures fanées par la plus émouvante des flétrissures!

Dans cet instant, je ne sais comment je me sens tenté — plaçant mes mains sur vos hanches chéries — de les confondre avec la lessiveuse et de transférer à elles toute la tendresse que je lui porte: elles en ont l'ampleur, la tiédeur, la quiétude — si quelque chose me dit qu'elles peuvent aussi être le siège de secrètes et bouillantes ardeurs.

...Mais le moment n'est pas venu sans doute d'en détacher encore ce tablier d'un bleu tout pareil à celui du noble ustensile: car vous voilà derechef débridant le robinet. Et vous nous proposez ainsi l'exemple de l'héroïsme qui convient: oui, c'est à notre objet qu'il faut revenir encore; il faut une fois encore rincer à l'eau claire notre idée:

Certes le linge, lorsque le reçut la lessiveuse, avait été déjà grossièrement décrassé. Elle n'eut pas contact avec les immondices eux-mêmes, par exemple avec la morve séchée en crasseux pendentifs dans les mouchoirs.

Il n'en resta pas moins qu'elle éprouve une idée ou un sentiment de saleté diffuse des choses à l'intérieur d'elle-même, dont à force d'émotion, de bouillonnements et d'efforts, elle parvint à avoir raison — à séparer des tissus: si bien que ceux-ci, rincés sous une catastrophe d'eau fraîche, vont paraître d'une blancheur extrême...

Et voici qu'en effet le miracle s'est produit:

Mille drapeaux blancs sont déployés tout à coup — qui attestent non d'une capitulation, mais d'une victoire — et ne sont peut-être pas seulement le signe de la propreté corporelle des habitants de l'endroit.

Plat de poissons frits

Ce poème tiré du *Grand Recueil* (1961) est l'illustration parfaite de la poétique du plaisir qui fut celle de Francis Ponge. Un plat simple, populaire, un jour de soleil, un paysage méditerranéen se transforment en une fête sensorielle, en une ode à la vie. Ponge multiplie ici encore les jeux de mots: « instantané » devient « instant safrané », et surtout « odorat » devient « odaurades », le poète opérant par ce néologisme la fusion de la sensation avec son objet (la daurade est un poisson).

Goût, vue, ouïe, odorat... c'est instantané:

Lorsque le poisson de mer cuit à l'huile s'entr'ouvre, un jour de soleil sur la nappe, et que les grandes épées qu'il comporte sont prêtes à joncher le sol, que la peau se détache comme la pellicule impressionnable parfois de la plaque exagérément révélée (mais tout ici est beaucoup plus savoureux), ou (comment pourrions-nous dire encore?)... Non, c'est trop bon! Ça fait comme une boulette élastique, un caramel de peau de poisson bien grillée au fond de la poêle...

Goût, vue, ouïes, odaurades: cet instant safrané...

C'est alors, au moment qu'on s'apprête à déguster les filets encore vierges, oui! Sète[3] alors que la haute fenêtre s'ouvre, que la voilure claque et que le pont du petit navire penche vertigineusement sur les flots,

Tandis qu'un petit phare de vin doré — qui se tient bien vertical sur la nappe — luit à notre portée.

---

3. Ville près de Montpellier, sur la Méditerranée.

Matière à réflexion

1. *L'Huître.* — (a) Montrez comment Ponge fait appel à tous les sens pour décrire l'huître. En quoi le poème correspond-t-il à une découverte progressive de l'objet? Par quelles images et comparaisons l'huître est-elle située dans le monde des objets? (b) Etudiez les jeux de formes dans *L'Huître.* Soulignez toutes les allitérations et montrez leur fonction. Comment Ponge cherche-t-il à figurer le réel par le langage? Analysez notamment les allusions à la rugosité de l'huître et à sa difficulté d'accès. (c) Comment, dans le deuxième paragraphe, le poète connote-t-il la viscosité de l'huître? Etudiez la présence de l'élément liquide dans ce paragraphe. (d) Dans ce poème en prose, Ponge insère deux octosyllabes («pour ne plus former qu'une mare» / «un sachet visqueux et verdâtre») et deux alexandrins («qui flue et reflue à l'odeur et à la vue» / «frangé d'une dentelle noirâtre sur les bords»). Quelle est leur fonction? Etudiez le rythme binaire de ce poème. (e) Malgré son apparence quelque peu répugnante, l'huître renferme «tout un monde». Que veut dire Ponge? Montrez comment l'huître inspire des sentiments contradictoires. Quels éléments de l'huître provoquent le dégoût? Par quelles images ce sentiment se traduit-il? D'où provient, malgré tout, le sentiment positif d'une conquête de l'huître?

2. *Le Pain.* — (a) Dans *Le Pain,* Ponge grossit l'échelle de l'objet observé. Quelles images naissent de ce changement de perspective? En quoi sont-elles valorisantes? Montrez comment Ponge passe de la référence à la terre à la référence à la création. Quels mots appartiennent au vocabulaire cosmique? (b) La dernière phrase du deuxième paragraphe de ce poème («Et tous ces plans [...]») est inachevée. Quel effet recherche le poète? De quoi cette cassure de la phrase est-elle l'image? (c) Quelles images la mie du pain suscite-t-elle chez le poète? Que lui inspire son caractère organique? (d) Montrez comment Ponge évoque la désagrégation du pain. Comment la syntaxe reflète-t-elle cet effritement de l'objet? (e) Comment doit-on comprendre la leçon de ce poème? Comparez-la avec celle qui se dégage du *Plat de poissons frits.*

3. *La Lessiveuse.* — (a) Comment, dans les premiers paragraphes de *La Lessiveuse,* Ponge fait-il allusion à l'ensemble de son œuvre et à sa pratique poétique en général? Montrez comment ces réflexions sont pleines d'humour. Analysez comment, dans tout le poème, Ponge parle de sa propre écriture. (b) Comment Ponge personnifie-t-il la lessiveuse? D'où provient le lyrisme qu'elle lui inspire? En quoi ce lyrisme est-il ironique? Etudiez les images érotiques dans ce poème. (c) D'où vient pour Ponge la supériorité morale de la lessiveuse? Comment lui attribue-t-il cette philosophie?

4. *Plat de poissons frits.* — Quelles images suggèrent la gourmandise de l'auteur dans ce poème? Etudiez comment l'évocation de ce plat est liée à celle d'un paysage méditerranéen. Expliquez l'image du «petit phare de vin doré».

Henri Michaux
1899–1984

Né à Namur, en Belgique[1], dans un milieu bourgeois qu'il prend très tôt en haine, le jeune Michaux, marginal dès l'adolescence, ne rêve que d'évasion. Ses études de médecine précocement avortées, il s'embarque en 1920 sur un cargo qui le mène aux Etats-Unis, en Argentine et au Brésil. Après une année de voyages, il revient en Europe, où, souvent sans emploi, il vit difficilement. C'est dans la littérature qu'il trouve une solution à son malaise: la lecture des *Chants de Maldoror* de Lautréamont[2] suscite en lui le besoin irrépressible d'écrire. Il publie dès 1923 quelques poèmes en Belgique, mais, comme la plupart des écrivains belges francophones à cette époque, Michaux finit par subir l'attraction de Paris. Installé chichement dans la capitale française (il est modeste « livreur-emballeur » dans une maison d'édition), Michaux fait néanmoins la connaissance de poètes (dont Supervielle) et surtout de peintres surréalistes: De Chirico, Ernst, Klee et Dali.

Mais Michaux, profondément misanthrope, n'est à l'aise nulle part. Il crée à sa propre image un personnage absurde, *Un certain Plume* (1930), individu marginal, déphasé, rêveur, incapable de vivre normalement au sein des conventions que lui impose la société[3]. Poussé par un désir d'évasion, mais surtout de découverte de soi-même, Michaux multiplie les voyages sur tous les continents, notamment en Amérique du Sud et en Extrême-Orient. De ces voyages sont issus deux comptes rendus poétiques, *Ecuador* (1929) et *Un barbare en Asie* (1933). Pourtant, le voyage ne suffit pas à apaiser la révolte de Michaux. L'Ailleurs recèle autant de déception que l'Ici[4]: c'est la triste constatation de ces journaux de voyage, où Michaux pallie déjà les déficiences du réel par la rêverie, de sorte que le récit de chaque lieu est toujours interrompu par la poussée de l'imaginaire, et que le texte se brise en fragments. Aussi, pour « expulser » encore plus loin le monde réel, qui, même lointain, n'a rien de pittoresque et ne provoque chez lui qu'amertume et dégoût, Michaux se décide-t-il à inventer des pays et des peuplades imaginaires (*Voyage en Grande Garabagne*, 1936; *Au pays de la magie*, 1941; *Ici Poddema*, 1946; *Portrait des Meidosems*, 1948, etc.). Dans ces œuvres, le reportage exotique se transforme en fables pleines de fantastique et d'humour, comme dans les aventures de Plume.

A la mort tragique de sa femme, brûlée vive dans un accident de voiture en 1948, Michaux se coupe davantage du monde extérieur. Replié sur lui-même, il se livre alors à diverses expérimentations. Frustré par les limites de la littérature, il se lance dans la peinture abstraite — en particulier la calligraphie de « signes », qui au contraire de ceux du langage, n'ont pas de référents immédiats — , puis tente, par l'emploi de drogues hallucinogènes, comme la mescaline, de révéler les mécanismes internes de l'esprit. Il n'y a rien, pourtant, dans l'exploration méthodique de soi à laquelle se livre Michaux, du psychédélisme un peu complaisant des années

---

1. Il sera naturalisé Français en 1955. — 2. Précurseur du surréalisme. Voir chapitre sur le surréalisme, p. 465. — 3. On a souvent rapproché Plume de certains personnages de Kafka. — 4. «Aucune contrée ne me plaît: voilà le voyageur que je suis », dit-il dans *Ecuador*.

soixante. Michaux n'a pas recours aux drogues afin de stimuler son imagination ou de s'évader: pour lui, «Les drogues nous ennuient avec leur paradis[5]. Qu'elles nous donnent plutôt un peu de savoir». Ses «livres sur la mescaline» (*Misérable miracle,* 1956; *L'Infini turbulent,* 1957; *Connaissance par les gouffres,* 1961; *Les Grandes Épreuves de l'esprit,* 1966) sont au contraire d'une froideur presque clinique: l'auteur tente de comprendre, d'une manière quasi scientifique, le fonctionnement de la pensée.

Michaux s'est toujours débattu avec la littérature. Tout au plus constitue-t-elle pour lui une expérience, un moyen dans la quête d'autre chose. On observe ainsi trois grandes tendances dans l'œuvre de Michaux:

1° La hantise du monde réel. — Michaux a toujours été en conflit avec la réalité et l'humanité, dont il ne pouvait supporter la médiocrité et l'hostilité. Toute son œuvre est réaction contre le malaise que provoque cet univers. Aussi propose-t-il de construire «Des forteresses faites exclusivement de remous et de secousses / Contre lesquelles votre ordre multimillénaire et votre géométrie / Tomberont en fadaises et galimatias et poussière de sable sans raison».

2° La tentation de l'absurde et du fantastique: l'«intervention». — Pour se défendre contre ce monde hostile où il se sent menacé d'anéantissement, Michaux a recours à l'arme de l'invention, ou, comme il préfère l'appeler, de l' «intervention». C'est d'ailleurs le titre d'un de ses poèmes, où Michaux décide de «mettre du chameau» dans une petite ville paisible de Normandie. Ces images, souvent absurdes, comme dans les aventures du célèbre Plume, touchent aussi au fantastique, puisqu'elles introduisent, dans un monde régi par la logique rationnelle, des éléments irrationnels (des chameaux à Honfleur, etc.). Chez Michaux, l'insolite se donne comme familier. Quand Michaux décrit ses imaginaires peuplades lointaines aux noms bizarres (les Hivinizikis, les Bourabous, les Cornouaques, etc.), il présente, sous des apparences absolument normales et avec un ton neutre et détaché de faux ethnologue, les choses les plus étranges: des lions qui se promènent en bâillant dans les villages, des villes qui n'ont «qu'un soleil par mois», des tribus qui perdent leurs mains, etc. C'est par l'humour que Michaux introduit toujours une distance entre lui et le monde.

3° Les espaces du dedans. — Ayant d'abord exploré les mondes réels, puis les mondes imaginaires, il ne restait à Michaux que l'exploration d'un autre monde: l'esprit humain. Les titres de ses livres — *Lointain intérieur, La Vie dans les plis, Lieux inexprimables, Connaissance par les gouffres, Les Grandes Épreuves de l'esprit,* etc. — reflètent bien cette préoccupation récurrente. Toujours à la recherche du «secret qu'il a depuis sa première enfance soupçonné d'exister quelque part et dont visiblement ceux de son entourage ne sont pas au courant», Michaux a utilisé la mescaline à des fins plus scientifiques que littéraires. Les textes «mescaliniens», volontairement a-poétiques, adoptent en effet souvent le «langage-vérité» d'une expérience scientifique (préparatifs, notations, analyse, conclusions, etc.). Ainsi Michaux, qui ne s'est jamais senti très à l'aise dans la littérature — qui fut, pour lui, un «exorcisme» — , s'en est donc progressivement éloigné. Il y revint pourtant, ayant compris que les drogues n'offrent qu'un «misérable miracle». Ses dernières œuvres marquent un retour à la poésie.

---

5. Allusion à Baudelaire et aux *Paradis artificiels.* Michaux dénonce la «banalité du monde visionnaire».

Mes Occupations

Plein d'humour noir, ce poème de Michaux montre comment l'auteur, misanthrope, aime se défendre contre l'hostilité du monde extérieur et de ses semblables par l'«intervention» , c'est-à-dire le traitement fantastique du réel (un dîneur tout à fait normal est ici introduit dans un verre par l'imagination du poète), doublé de jeux de langage. Par ailleurs, ce que Michaux fait ici subir à un voisin de restaurant ressemble étrangement à ce qu'il opère sur la poésie et le langage en général. Pour citer Maurice Blanchot,

> (...) Henri Michaux rêve d'échapper à l'emprise du verbal («A bas les mots»), ainsi qu'aux ruses du conceptuel et du culturel. Pour ce faire, il les malaxe, les triture, les bat, les passe à la broche ou les soumet à une mitrailleuse à gifles. Pour Henri Michaux, tout est combat au sein d'une nuit qui ne cesse de remuer et à laquelle il aimerait ne point participer, préférant «l'irréel, l'irréalisable, l'indifférence, à la réalisation[1] ».

Je peux rarement voir quelqu'un sans le battre. D'autres préfèrent le monologue intérieur. Moi, non. J'aime mieux battre.

Il y a des gens qui s'assoient en face de moi au restaurant et ne disent rien, ils restent un certain temps, car ils ont décidé de manger.

En voici un.

Je te l'agrippe, toc.

Je te le ragrippe, toc.

Je le pends au portemanteau.

Je le décroche.

Je le repends.

Je le redécroche.

Je le mets sur la table, je le tasse et l'étouffe.

Je le salis, je l'inonde.

Il revit.

Je le rince, je l'étire (je commence à m'énerver, il faut en finir), je le masse, je le serre, je le résume et l'introduis dans mon verre, et jette ostensiblement le contenu par terre, et dis au garçon: «Mettez-moi donc un verre plus propre. »

Mais je me sens mal, je règle promptement l'addition et je m'en vais.

Clown

La misanthropie de Michaux se traduit souvent par une cruelle autodérision, comme dans ce poème. Michaux rêve d'un départ, d'un voyage, d'un exorcisme qui lui permettrait d'échapper à lui-même, de revenir à son propre néant en faisant table rase de toute ambition poétique, de toute velléité de faire signifier le réel.

---

1. Maurice Blanchot, *Le Livre à venir*, 1959.

Un jour.

Un jour, bientôt peut-être.

Un jour j'arracherai l'ancre qui tient mon navire loin des mers.

Avec la sorte de courage qu'il faut pour être rien et rien que rien, je lâcherai ce qui paraissait m'être indissolublement proche.

Je le trancherai, je le renverserai, je le romprai, je le ferai dégringoler.

D'un coup dégorgeant ma misérable pudeur, mes misérables combinaisons et enchaînements « de fil en aiguille ».

Vidé de l'abcès d'être quelqu'un, je boirai à nouveau l'espace nourricier.

A coups de ridicules, de déchéances (qu'est-ce que la déchéance?), par éclatement, par vide, par une totale dissipation-dérision-purgation, j'expulserai de moi la forme qu'on croyait si bien attachée, composée, coordonnée, assortie à mon entourage et à mes semblables, si dignes, si dignes, mes semblables.

Réduit à une humilité de catastrophe, à un nivellement parfait comme après une intense trouille.

Ramené au-dessous de toute mesure à mon rang réel, au rang infime que je ne sais quelle idée-ambition m'avait fait déserter.

Anéanti quant à la hauteur, quant à l'estime.

Perdu en un endroit lointain (ou même pas), sans nom, sans identité.

CLOWN, abattant dans la risée, dans le grotesque, dans l'esclaffement, le sens que contre toute lumière je m'étais fait de mon importance.

Je plongerai.

Sans bourse dans l'infini-esprit sous-jacent ouvert à tous,

ouvert moi-même à une nouvelle et incroyable rosée

à force d'être nul

et ras...

et risible...

« *Ainsi, ce jour-là fut celui de la grande ouverture...* »

« Plonger dans la transparence »: tel est le désir de l'auteur. Ainsi s'efforce-t-il de se purger des significations toutes faites, des systèmes d'analyse et des habitudes culturelles pour revenir à un état primaire et se laisser porter par la matière, afin de l'appréhender dans sa réalité la plus nue, « monter dans l'absolu », « couler » plutôt qu'« habiter ». L'on comprend que cette exploration des « espaces du dedans » ait conduit Michaux à s'interroger sur le fonctionnement de la pensée, et à utiliser les drogues comme instrument de connaissance.

Ainsi, ce jour-là fut celui de la grande ouverture. Oubliant les images de pacotille qui, du reste, disparurent, cessant de lutter, je me laissai traverser par le fluide qui, pénétrant par le sillon, paraissait venir du bout du monde. Moi-même j'étais torrent, j'étais noyé, j'étais navigation. Ma salle de la constitution, ma salle des ambassadeurs, ma salle des cadeaux et des échanges où je fais entrer l'étranger pour un premier examen, j'avais perdu toutes mes salles avec mes serviteurs. J'étais seul, tumultueusement secoué comme un fil crasseux dans une lessive énergique. Je brillais, je me brisais, je criais jusqu'au bout du monde. Je frissonnais. Mon frissonnement était un aboiement. J'avançais, je dévalais, je plongeais dans la transparence, je vivais cristallinement.

Parfois un escalier de verre, un escalier en échelle de Jacob[2], un escalier de plus de marches que je n'en pourrais gravir en trois vies entières, un escalier aux dix millions de degrés, un escalier sans paliers, un escalier jusqu'au ciel, l'entreprise la plus formidable, la plus insensée depuis la tour de Babel[3], montait dans l'absolu. Tout à coup je ne le voyais plus. L'escalier qui allait jusqu'au ciel avait disparu comme bulles de champagne, et je continuais ma navigation précipitée, luttant pour ne pas rouler, luttant contre des succions et des tiraillements, contre des infiniment petits qui tressautaient, contre des toiles tendues et des pattes arquées.

Par moments, des milliers de petites tiges ambulacraires[4] d'une astérie[5] gigantesque se fixaient sur moi si intimement que je ne pouvais savoir si c'était elle qui devenait moi, ou moi qui étais devenu elle. Je me serrais, je me rendais étanche et contracté, mais tout ce qui se contracte ici promptement doit se relâcher, l'ennemi même se dissout comme sel dans l'eau, et de nouveau j'étais navigation, navigation avant tout, brillant d'un feu pur et blanc, répondant à mille cascades, à fosses écumantes et à ravinements virevolants, qui me pliaient et me plissaient au passage. Qui coule ne peut habiter.

Le ruissellement qui, en ce jour extraordinaire, passa par moi était quelque chose de si immense, inoubliable, unique que je pensais, que je ne cessais de penser: « Une montagne malgré son inintelligence, une montagne avec ses cascades, ses ravins, ses pentes de ruissellements serait dans l'état où je me trouve, plus capable de me comprendre qu'un homme... »

---

2. Référence biblique: Jacob voit en songe une échelle où les anges montent et descendent. — 3. La tour de Babel est un édifice que bâtissent les hommes pour se rapprocher des cieux. Dieu, jaloux de sa suprématie, introduit la diversité des langues afin que les hommes cessent de se comprendre et ne puissent achever leur travail. — 4. Pourvues de ventouses. — 5. Etoile de mer.

Matière à réflexion

1. *Mes Occupations.* — Quel registre de langue Michaux emploie-t-il dans ce poème? En quoi ce registre contribue-t-il à l'humour qui s'en dégage? Qu'y a-t-il au juste de fantastique ici?

2. *Clown.* — Pourquoi l'auteur recherche-t-il une « humilité de catastrophe »? Relevez toutes les marques d'autodérision dans ce poème. Montrez comment cette « dissipation-dérision-purgation » correspond en fait à un idéal poétique pour Michaux.

3. *« Ainsi, ce jour-là fut celui de la grande ouverture... »* — A quelles images poétiques (fluidité, dissolution, navigation, etc.) Michaux a-t-il recours pour évoquer cette « plongée dans la transparence » à laquelle il aspire?

Jacques Prévert
1900–1977

Jacques Prévert fut peut-être, dans tous les sens du terme, le plus populaire des poètes du XXe siècle. Populaire parce qu'il fut avant tout le poète du peuple, de l'homme de la rue, pour qui il éprouva toujours une sympathie fraternelle. Populaire également parce que ses œuvres connurent un succès plutôt inhabituel pour la poésie au XXᵉ siècle. Populaire enfin parce qu'il ne dédaigna pas s'adonner à des genres — le cinéma et la chanson — qui, à son époque, avaient toujours la réputation d'être mineurs, mais qui correspondaient aux goûts d'un nouveau public, moins lettré.

Prévert, né au tournant du siècle dans la banlieue parisienne, restera toujours très attaché sentimentalement à la ville de Paris. Son œuvre comportera, comme celle de Baudelaire, de nombreux « tableaux parisiens ». C'est surtout le Paris populaire qui l'intéresse, ce Paris des pauvres et des travailleurs d'usine, qu'il découvre très jeune, en accompagnant son père qui travaillait pour un organisme chargé de venir en aide aux gens dans le besoin, l'Office central des pauvres. Par contraste, Prévert restera toujours plein d'amertume et de dégoût pour tous les nantis.

Durant son service militaire, Prévert, qui avait très tôt arrêté ses études pour travailler comme employé, rencontre le peintre surréaliste Yves Tanguy. Il pénètre de la sorte, en 1925, dans le groupe des surréalistes, avec lesquels il partage un goût certain de l'anarchie et des jeux de langage, mais dont il finira par découvrir très vite les contradictions. Ecœuré par l'attitude dogmatique de Breton, il s'écarte des surréalistes dès 1929, en même temps que Queneau et Desnos.

Fidèle à ses sympathies de gauche, Prévert écrit ensuite des textes pour le Groupe Octobre[1], une troupe de théâtre qui donnait des représentations pour les ouvriers, souvent dans des usines. Il compose en outre des chansons avec le musicien Joseph Kosma, qu'il rencontre en 1933. Ces chansons seront interprétées par tous les grands de la chanson française, d'Yves Montand à Juliette Gréco, en passant par Mouloudji et Serge Reggiani. Il est également le scénariste et le dialoguiste de plusieurs grands films de cette époque, en particulier de trois chefs-d'œuvre réalisés par Marcel Carné: *Quai des brumes* (1938), *Les Visiteurs du soir* (1942) et *Les Enfants du paradis* (1945).

Ses poèmes, rassemblés en 1946 dans deux volumes, *Paroles* et *Histoires*, connaissent un succès immédiat. Prévert devient un auteur à la mode dans le milieu des lettres de l'après-guerre, mais surtout un maître à penser pour une nouvelle génération de lecteurs qui se reconnaissent dans son œuvre. Jusqu'à sa mort en 1977, Prévert continuera de publier des recueils de poèmes (*Spectacle*, 1951, et *Histoires*, 1963) et de collaborer avec des cinéastes. C'est surtout *Paroles* que la postérité retiendra, et qui fait toujours aujourd'hui de Prévert le poète le plus apprécié des jeunes Français. Certains critiques ont fait à tort la fine bouche, reprochant injustement à Prévert d'avoir mis la poésie à la portée d'un public plus large, et dénigrant son succès. Nul doute que Prévert les aurait placés au rang des pédants dont il s'est toujours moqué.

Paroles est un « recueil » au sens propre, c'est-à-dire un ouvrage qui réunit des poèmes disparates, déjà publiés en revue pour la plupart, dès 1930, ou encore don-

---

1. Membre de la Fédération du Théâtre Ouvrier, le Groupe Octobre participa à la plupart des manifestations et des grèves de l'époque.

Jacques Prévert

nés à des amis. C'est ce livre qui, au lendemain de la guerre, est salué comme une révélation: les lecteurs y découvrent en effet une poésie d'un genre neuf:

1° **Un poète du monde quotidien et un fantaisiste.** — *Paroles* évite les grands sentiments et les sujets poétiques usés. C'est une suite de tableaux, d'observations, de saynètes qui parlent souvent de la vie quotidienne: scènes de rue, souvenirs d'enfance, choses vues, etc. Prévert s'y fait le poète des quartiers populaires du Paris des années trente–quarante, mais évoque aussi quelques lieux exotiques: la Bretagne (qu'il adore), le Midi (pour lequel il éprouve des sentiments partagés, qui vont du dégoût au plaisir) et l'Espagne (dont il célèbre la beauté, tout en déplorant les atrocités de la guerre civile). Mais Prévert est loin d'être un poète réaliste: ce sont les fables et les contes qui prédominent dans ce recueil, petites histoires fantaisistes, pleines d'humour, d'inspiration largement surréaliste.

2° **Un poète anarchiste et provocateur.** — *Paroles* est un livre plein de colères et de passions. Adepte d'un humour noir particulièrement féroce, Jacques Prévert s'est indigné contre toutes les absurdités et les injustices du monde. Au premier rang de ces « idioties » qui provoquent la révolte du poète, la guerre, qui, à l'époque de la rédaction des poèmes de *Paroles*, faisait rage partout en Europe (guerre civile en Espagne, suivie par la Seconde Guerre mondiale). Antimilitariste convaincu,

Prévert multiplie dans ses poèmes les allusions à l'horreur de la guerre: images de sang, de mort, de destruction, de désolation, qui surgissent dans les évocations les plus diverses. Au-delà d'un dégoût pour la guerre, on trouve chez Prévert une haine tenace du fascisme, des dictateurs (Napoléon, Mussolini, Franco ou Hitler, tous ces « gugusses » pleins « de haine et de connerie »), de tout ce qui « claque des talons ». Le succès immédiat de *Paroles,* au lendemain du conflit mondial, tient en partie à ce que l'auteur s'y faisait l'écho d'un dégoût du public pour la guerre.

Athée, opposé à tous les dogmes, Prévert verse en outre souvent dans un anticléricalisme corrosif, dénonçant la collusion de l'Eglise avec le pouvoir et l'argent. Plus largement, l'œuvre de Prévert se caractérise par un anticonformisme généralisé, en droite lignée des surréalistes dont Prévert fit brièvement partie: répulsion et dérision envers la famille (*Souvenirs de Famille*), l'école, la morale chrétienne, les bourgeois, tous ceux qui envoient tranquillement leurs enfants à la mort, les vieux qui « indiquent aux enfants la route / d'un geste de ciment armé », la « meute des honnêtes gens », ceux qui font « feu à volonté » contre tous ceux « qui osent lever la tête »... Au contraire, ceux qui trouvent la sympathie du poète sont les pauvres, les faibles et les marginaux: les cancres, les désespérés, les sans-emploi, les bohémiens, les victimes et les humbles; les « petites filles qui demandent humblement à crédit chez le laitier »; la « jeune infirme folle » qui présente son enfant aux passants; le cheval que l'on envoie à la guerre; « ceux qui n'ont jamais vu la mer »; ceux qui attendent l'autobus sous la pluie; ceux qui recherchent à tout prix la liberté, etc. Pour Raymond Queneau, Prévert est aussi un « moraliste ».

3° Un poète de l'amour. — Dans cet univers absurde, miné par l'injustice et l'ennui, il reste malgré tout quelques lueurs d'espoir, quelques moments furtifs de bonheur: ceux que l'amour procure. Prévert se fera le peintre des différents visages de l'amour: l'amour libre, l'amour heureux (les images les plus réjouissantes, dans *Paroles,* sont celles du lit partagé, du corps et du visage de la femme, ces instantanés de la « beauté éblouissante », de la « provocante jeunesse », de la « merveilleuse liberté » de jeunes femmes rencontrées dans la rue), mais aussi l'amour possessif et malheureux, l'amour perdu, le désespoir des amants seuls. Poète de l'émerveillement face à la femme et à l'amour, Prévert prolonge ici encore une grande thématique des surréalistes.

4° Un nouveau langage poétique. — Comme le titre *Paroles* l'indique, c'est le caractère oral qui prédomine dans le style de Prévert. Le poète, qui recherche la spontanéité du langage parlé, affirme qu'il écrit « en mauvais français pour les mauvais Français »; c'est un langage simple, sans emphase ni prétentions littéraires, et qui correspond souvent au parler du peuple. L'écriture de Prévert, sous ces apparences de simplicité, n'en est pas moins très élaborée. Elle est même d'une éloquence — d'une truculence — rare en poésie. Sa technique poétique demeure très influencée par celle des surréalistes: vers libres, ponctuation erratique, poèmes en forme d'inventaires, énumérations hétéroclites héritées des automatismes surréalistes, associations d'idées paradoxales, changements soudains de perspective, images surprenantes et collages (« une vieille dame assise toute nue sur la bosse d'un chameau et qui tricote méchamment une omelette au guano »), pratique de la déformation proverbiale, des calembours et des jeux de mots, contrepèteries (« le serpent du Jeu de Paume et le Serment du jus de pomme ») et jeux de sonorités, etc. L'originalité de Prévert tient à ce qu'il utilise ce bagage surréaliste à des fins personnelles, et qu'il revendique une poétique consciente, à l'opposé de l'automatisme surréaliste.

La Grasse Matinée

Le titre de ce poème est ironique: « faire la grasse matinée », c'est se réveiller tard, se prélasser au lit, comme beaucoup le font le samedi matin, par exemple. Le protagoniste de cette histoire est loin de pouvoir s'offrir ce luxe, puisque, apparemment sans logis, il meurt de faim dans les rues de Paris. Prévert retrouve donc, dans cette expression figée, le mot « grasse », qu'il applique par antithèse à cette situation. Dans ce poème, dont le sujet reste aujourd'hui d'une amère actualité, Prévert prend, comme il en a coutume, la défense des faibles, des opprimés. Entre cet individu affamé et les six malheureuses sardines qu'il convoite, il n'y a qu'une vitre, mais cette vitre, protégée « par les flics », représente tout un ordre social défavorable aux pauvres. Le meurtre auquel cet individu est acculé apparaît dès lors, non comme l'expression d'une quelconque méchanceté, mais comme le résultat d'une injustice sociale. Cet argument, qui est peut-être de nos jours devenu un cliché (« c'est la faute à la société », etc.) ne sombre pourtant pas dans la banalité ou le stéréotype. C'est que Prévert nous présente la situation de l'intérieur, nous fait partager la conscience de l'individu décrit. Ainsi, les jeux sur les sonorités (l'on entend bien, dans les syllabes brèves de « le petit bruit de l'œuf dur cassé sur un comptoir d'étain », le bruit en question) et les associations d'idées (de « café-crème » à « café-crime »), nous font entrer dans la logique vacillante du personnage.

> Il est terrible
> le petit bruit de l'œuf dur cassé sur un comptoir d'étain
> il est terrible ce bruit
> quand il remue dans la mémoire de l'homme qui a faim
> 5   elle est terrible aussi la tête de l'homme
> la tête de l'homme qui a faim
> quand il se regarde à six heures du matin
> dans la glace du grand magasin
> une tête couleur de poussière
> 10   ce n'est pas sa tête pourtant qu'il regarde
> dans la vitrine de chez Potin[1]
> il s'en fout de sa tête l'homme
> il n'y pense pas
> il songe
> 15   il imagine une autre tête
> une tête de veau par exemple
> avec une sauce de vinaigre

---

1. Grand magasin d'alimentation parisien.

ou une tête de n'importe quoi qui se mange
et il remue doucement la mâchoire
20   doucement
et il grince des dents doucement
car le monde se paye sa tête
et il ne peut rien contre ce monde
et il compte sur ses doigts un deux trois
25   un deux trois
cela fait trois jours qu'il n'a pas mangé
et il a beau se répéter depuis trois jours
Ça ne peut pas durer
ça dure
30   trois jours
trois nuits
sans manger
et derrière ces vitres
ces pâtés ces bouteilles ces conserves
35   poissons morts protégés par les boîtes
boîtes protégées par les vitres
vitres protégées par les flics
flics protégés par la crainte
que de barricades pour six malheureuses sardines...
40   Un peu plus loin le bistro
café-crème et croissants chauds
l'homme titube
et dans l'intérieur de sa tête
un brouillard de mots
45   un brouillard de mots
sardines à manger
œuf dur café-crème
café arrosé rhum
café-crème
50   café-crème
café-crime arrosé sang!...
Un homme très estimé dans son quartier
a été égorgé en plein jour
l'assassin le vagabond lui a volé
55   deux francs
soit un café arrosé
zéro franc soixante-dix
deux tartines beurrées
et vingt-cinq centimes pour le pourboire du garçon.

60   Il est terrible
le petit bruit de l'œuf dur cassé sur un comptoir d'étain
il est terrible ce bruit
quand il remue dans la mémoire de l'homme qui a faim.

Barbara

Barbara est, parmi les poèmes que les jeunes Français apprennent au lycée, un
de ceux qu'ils se remémorent facilement bien des années plus tard, au point sou-

vent d'en citer des passages entiers. Il est vrai que ce poème est aussi une chanson, interprétée par Serge Reggiani. C'est une évocation d'une jeune femme entrevue au hasard dans les rues de Brest, une des villes préférées du poète. Du ton léger du début du poème, Prévert passe à un ton plus grave: ce paysage heureux se transforme, par les méfaits de la guerre, en paysage de destruction, et le poème se finit sur une note amère. D'apparence simple, ce poème est remarquable par sa construction, et notamment par ses parallélismes.

> Rappelle-toi Barbara
> Il pleuvait sans cesse sur Brest[2] ce jour-là
> Et tu marchais souriante
> Epanouie ravie ruisselante
> 5   Sous la pluie
> Rappelle-toi Barbara
> Il pleuvait sans cesse sur Brest
> Et je t'ai croisée rue de Siam
> Tu souriais
> 10 Et moi je souriais de même
> Rappelle-toi Barbara
> Toi que je ne connaissais pas
> Toi qui ne me connaissais pas
> Rappelle-toi
> 15 Rappelle-toi quand même ce jour-là
> N'oublie pas
> Un homme sous un porche s'abritait
> Et il a crié ton nom
> Barbara
> 20 Et tu as couru vers lui sous la pluie
> Ruisselante ravie épanouie
> Et tu t'es jetée dans ses bras
> Rappelle-toi cela Barbara
> Et ne m'en veux pas si je te tutoie
> 25 Je dis tu à tous ceux que j'aime
> Même si je ne les ai vus qu'une seule fois
> Je dis tu à tous ceux qui s'aiment
> Même si je ne les connais pas
> Rappelle-toi Barbara
> 30 N'oublie pas
> Cette pluie sage et heureuse
> Sur ton visage heureux
> Sur cette ville heureuse
> Cette pluie sur la mer
> 35 Sur l'arsenal
> Sur le bateau d'Ouessant[3]
> Oh Barbara
> Quelle connerie la guerre
> Qu'es-tu devenue maintenant
> 40 Sous cette pluie de fer
> De feu d'acier de sang
> Et celui qui te serrait dans ses bras

---

2. Ville de Bretagne, région au climat pluvieux. — 3. Ile de Bretagne (Finistère).

Amoureusement
Est-il mort disparu ou bien encore vivant
45 Oh Barbara
Il pleut sans cesse sur Brest
Comme il pleuvait avant
Mais ce n'est plus pareil et tout est abîmé
C'est une pluie de deuil terrible et désolée
50 Ce n'est même plus l'orage
De fer d'acier de sang
Tout simplement des nuages
Qui crèvent comme des chiens
Des chiens qui disparaissent
55 Au fil de l'eau sur Brest
Et vont pourrir au loin
Au loin très loin de Brest
Dont il ne reste rien.

Les Enfants qui s'aiment

Tiré de *Spectacle* (1951), ce poème illustre, comme le précédent, toute la sympathie de Prévert pour « l'éblouissante clarté » de l'amour et de la jeunesse.

Les enfants qui s'aiment s'embrassent debout
Contre les portes de la nuit
Et les passants qui passent les désignent du doigt
Mais les enfants qui s'aiment
5 Ne sont là pour personne
Et c'est seulement leur ombre
Qui tremble dans la nuit
Excitant la rage des passants
Leur rage leur mépris leurs rires et leur envie
10 Les enfants qui s'aiment ne sont là pour personne
Ils sont ailleurs bien plus loin que la nuit
Bien plus haut que le jour
Dans l'éblouissante clarté de leur premier amour.

Matière à réflexion

1. *La Grasse Matinée.* — (a) Expliquez le titre de ce poème. Contre qui Prévert dirige-t-il son ironie? Quel message social se dégage de ce texte? De quoi les sardines deviennent-elles le symbole? (b) Montrez comment Prévert fait progresser ce poème par associations d'images (de la « tête » à la « tête de veau », par exemple). Etudiez les techniques de l'accumulation (« ces pâtés ces bouteilles ces conserves », etc.) et de la répétition (« un deux trois ») dans ce poème. Quels effets l'absence de ponctuation permet-elle? (c) Comment Prévert nous fait-il partager l'impression de durée, l'attente du personnage? (d) Comment Prévert passe-t-il au ton du fait divers? (e) En quoi Prévert demeure-t-il largement surréaliste?

2. *Barbara.* — (a) Pourquoi Prévert dédie-t-il un poème à une inconnue à peine entrevue? Pourquoi cette scène de la vie quotidienne capture-t-elle l'attention du poète? Que recèle-t-elle de poétique? Comment se traduit la nostalgie du poète? (b) Montrez comment, dans ce poème, Prévert change de ton lorsqu'il évoque la guerre. Comment passe-t-il d'un sujet à l'autre? Montrez comment il se sert de parallélismes, notamment dans la description de la pluie. Etudiez l'accumulation des images à la fin du poème. (c) Quels éléments apparentent ce poème à la chanson?

3. *Les Enfants qui s'aiment.* — Comment Prévert oppose-t-il «les enfants qui s'aiment» et «les passants qui passent»? Par quelles images donne-t-il l'impression d'un pouvoir surhumain de l'amour?

René Char
1907–1988

Né près d'Avignon, René Char restera toujours attaché à la Provence, dont il célébrera maintes fois la beauté des paysages. Après des études de commerce à Marseille, le jeune Char découvre la poésie à travers les livres d'Eluard. Devenu à son tour poète, il fait la connaissance de Breton et d'Aragon et fréquente le groupe surréaliste au début des années trente. Il collabore à l'une des expériences d'écriture collective qui fascinaient les surréalistes (*Ralentir travaux*, 1930, avec Breton et Eluard), puis publie un recueil de poèmes d'inspiration surréaliste, *Le Marteau sans maître* (1934), que le compositeur Pierre Boulez mettra en musique vingt ans plus tard[1]. Bien que Char ne rompe jamais totalement avec l'esprit du surréalisme, il s'écarte de ce mouvement dès 1935, lui reprochant d'être «sans avenir».

Durant la guerre, il s'engage activement dans la Résistance, sous le nom de code de «capitaine Alexandre». Chef de maquis, il participe à de nombreux sabotages et parachutages clandestins. En 1944, Char rejoint le général de Gaulle à Alger, puis participe à la libération de Paris, tout en déplorant les représailles mesquines de cette période.

En 1946, il publie deux recueils (*Feuillets d'Hypnos* et *Seuls demeurent*) en partie rédigés dans le maquis et qui traduisent cette expérience de la guerre, qui laissera des traces profondes chez l'auteur[2]. Son écriture se fait désormais plus classique, mais aussi plus énigmatique. Jusqu'à sa mort en 1988, Char se livre à une activité poétique intense (*Fureur et Mystère*, 1948; *Le Deuil des Névons*, 1954; *La Bibliothèque est en feu*, 1956; *La Parole en archipel*, 1962; *Dans la pluie giboyeuse*, 1968; *Aromates chasseurs*, 1975; *Eloge d'une soupçonnée*, 1988, pour ne citer que quelques recueils).

René Char reste un poète difficile d'accès. Tout au plus peut-on proposer quelques clés de lecture pour aborder son œuvre:

---

1. Char collaborera en outre avec de nombreux peintres, dont Nicolas de Staël, Braque et Matisse, qui illustreront ses œuvres. — 2. De cette expérience naîtra une réflexion humaniste qui influencera beaucoup un ami de Char, Albert Camus. Char restera toujours un pacifiste convaincu, qui manifestera notamment contre l'installation de fusées nucléaires en Haute-Provence.

1° Un poète bucolique. — On trouve chez Char un attachement profond au monde rural du Sud de la France, une communion spirituelle avec le paysage de Provence, dont il tente de capturer les mouvements les plus intimes. Toute une thématique bucolique traverse son œuvre: images de floraison, de fécondation, de pousse, peinture d'arbres, de champs, d'oiseaux, de rivières, etc.

2° Un héritier de Rimbaud. — Char vise principalement à une connaissance *poétique* (c'est-à-dire non rationaliste) du monde. Comme Rimbaud, qu'il admire énormément, il se fera le poète des «illuminations» de l'esprit face au spectacle des choses. Comme Rimbaud également, il cherche à décrire un monde en perpétuel mouvement par une *poétique de la fulgurance*, réconciliant tous les contraires. On observe ainsi chez Char un travail sur la densité de l'image, amalgamant les éléments les plus opposés en quête d'une «connaissance productive du réel». Pour Char, la poésie a pour objet «la conquête des pouvoirs extraordinaires dont nous nous sentons profusément traversés». En cela, le projet de Char n'est pas très éloigné de celui de Breton et des surréalistes.

3° Un poète laconique et hermétique. — Les poèmes de Char présentent souvent un aspect fort énigmatique. Certains des meilleurs commentateurs de ce poète avouent en toute humilité ne comprendre qu'une infime portion de ses œuvres. Cette obscurité provient largement du dépouillement extrême de sa poésie, de son style concis, laconique (aux antipodes de celui d'un Saint-John Perse, par exemple). Char, dont la forme préférée est l'aphorisme, pratique en effet une esthétique du fragment et de la discontinuité. Textes lapidaires où prime l'ellipse, ses poèmes s'efforcent d'extraire et de capturer des morceaux de beauté au cœur du réel.

Congé au vent

Ce poème en prose, publié en 1945, laisse encore partiellement deviner l'influence du surréalisme sur Char. A la manière d'Eluard, notamment, il évoque le mystère d'une figure féminine reliée, par diverses images, à l'univers entier. Tout n'est ici qu'impression passagère: rencontre imprévue, parfums, silhouette de la femme se dessinant sur le soleil couchant. C'est en outre, avec l'image champêtre de la cueillette des mimosas, toute l'atmosphère d'un paysage méridional que Char recrée ici.

A flancs de coteau du village bivouaquent[1] des champs fournis de mimosas. A l'époque de la cueillette, il arrive que, loin de leur endroit, on fasse la rencontre extrêmement odorante d'une fille dont les bras se sont occupés durant la journée aux fragiles branches. Pareille à une lampe dont l'auréole de clarté serait de parfum, elle s'en va, le dos tourné au soleil couchant.

Il serait sacrilège de lui adresser la parole.

---

1. Bivouaquer, en langage militaire, c'est installer un campement provisoire.

L'espadrille foulant l'herbe, cédez-lui le pas du chemin. Peut-être aurez-vous la chance de distinguer sur ses lèvres la chimère de l'humidité de la Nuit?

Biens égaux

Char a toujours été passionné par le décor provençal de son enfance. Il l'évoque ici dans ce poème publié en 1948.

Je suis épris de ce morceau tendre de campagne, de son accoudoir de solitude au bord duquel les orages viennent se dénouer avec docilité, au mât duquel un visage perdu, par instant s'éclaire et me regagne. De si loin que je me souvienne, je me distingue penché sur les végétaux du jardin désordonné de mon père, attentif aux sèves, baisant des yeux formes et couleurs que le vent semi-nocturne irriguait mieux que la main infirme des hommes. Prestige d'un retour qu'aucune fortune n'offusque. Tribunaux de midi, je veille. Moi qui jouis du privilège de sentir tout ensemble accablement et confiance, défection et courage, je n'ai retenu personne sinon l'angle fusant d'une Rencontre.

Sur une route de lavande et de vin, nous avons marché côte à côte dans un cadre enfantin de poussière à gosier de ronces, l'un se sachant aimé de l'autre. Ce n'est pas un homme à tête de fable que plus tard tu baisais derrière les brumes de ton lit constant. Te voici nue et entre toutes la meilleure seulement aujourd'hui où tu franchis la sortie d'un hymne raboteux. L'espace pour toujours est-il cet absolu et scintillant congé, chétive volte-face? Mais prédisant cela j'affirme que tu vis; le sillon s'éclaire entre ton bien et mon mal. La chaleur reviendra avec le silence comme je te soulèverai, Inanimée.

Tu as bien fait de partir, Arthur Rimbaud!

Char vouait à Rimbaud une grande admiration. Comme Rimbaud, il se veut le poète de l'illumination et de la fulgurance. Le premier paragraphe de ce poème en prose, publié en 1946, fait référence au départ de Rimbaud, abandonnant conjointement la France et la poésie. Dans les deuxième et troisième paragraphes, Char fait non seulement l'éloge de l'homme, mais aussi de sa poésie qui, révélant à l'homme des beautés ignorées, rend pour quelque lecteurs « le bonheur possible ». Encore faut-il croire l'auteur « sans preuves », c'est-à-dire substituer l'expérience poétique à la pensée logique.

Tu as bien fait de partir, Arthur Rimbaud! Tes dix-huit ans réfractaires à l'amitié, à la malveillance, à la sottise des poètes de Paris ainsi qu'au ronronnement d'abeille stérile de ta famille ardennaise[2] un peu folle, tu as bien fait de les éparpiller aux vents

2. Rimbaud est né à Charleville.

du large, de les jeter sous le couteau de leur précoce guillotine. Tu as eu raison d'abandonner le boulevard des paresseux, les estaminets[3] des pisse-lyres[4], pour l'enfer des bêtes, pour le commerce des rusés et le bonjour des simples.

Cet élan absurde du corps et de l'âme, ce boulet de canon qui atteint sa cible en la faisant éclater, oui, c'est bien là la vie d'un homme! On ne peut pas, au sortir de l'enfance, indéfiniment étrangler son prochain. Si les volcans changent peu de place, leur lave parcourt le grand vide du monde et lui apporte des vertus qui chantent dans ses plaies.

Tu as bien fait de partir, Arthur Rimbaud! Nous sommes quelques-uns à croire sans preuve le bonheur possible avec toi.

---

3. Petits cafés populaires. — 4. Mauvais poètes.

Matière à réflexion

1. *Congé au vent.* — (a) Comment faut-il comprendre le titre de ce poème? Comment Char donne-t-il l'idée d'une impression furtive? Quels sens sont ici sollicités? Par quelles images Char réalise-t-il la fusion de l'humain et du paysage? (b) Quels mots renforcent l'idée de mystère? Quels sont les éléments surréalistes de ce poème (analysez en particulier la dernière phrase)?

2. *Biens égaux.* — Quelles figures surgissent de cette évocation d'un paysage de l'enfance? Quelles images suggèrent un paysage méridional? Le «visage perdu», la «Rencontre» qu'évoque le poète demeurent énigmatiques: à quoi fait-il ici allusion?

3. *Tu as bien fait de partir, Arthur Rimbaud!* — Quelles images de destruction Char associe-t-il au personnage de Rimbaud? Pourquoi? En quoi ces images sont-elles positives? Comment comprenez-vous cette phrase: «On ne peut pas, au sortir de l'enfance, indéfiniment étrangler son prochain»?

Queneau, Perec et l'Oulipo

La littérature est toujours plus ou moins expérimentale. Du duel entre l'écrivain et les multiples contraintes formelles que la tradition littéraire lui impose ont émergé, génération après génération, les grands chefs-d'œuvre que nous connaissons. Nous avons toutefois coutume de considérer l'œuvre d'art comme supérieure au travail qui l'a produite, et d'ignorer le processus de création littéraire au profit des mythes du génie ou de l'inspiration de l'écrivain. De même est-il rare que la littérature se présente exclusivement comme une *expérience,* comme un jeu sur des contraintes arbitraires, et fasse table rase des concepts d'inspiration et de message.

C'est pourtant en ces termes que se définit un mouvement d'expérimentation de formes littéraires nouvelles qui prit le nom d'Oulipo, ou « Ouvroir de Littérature Potentielle ». L'Oulipo, qui remplace et prolonge un premier « Séminaire de Littérature Expérimentale », est fondé en 1960 par Raymond Queneau et François Le Lionnais, auxquels se joignent rapidement d'autres écrivains (Georges Perec, Italo Calvino, François Roubaud, etc.), ainsi que des professeurs, des mathématiciens et des pataphysiciens[1].

La constatation de départ qui inspire la réflexion de ce petit groupe est que tout texte littéraire doit se mouler dans un code arbitraire, et que c'est dans cette difficulté issue de la règle que réside la valeur du *jeu* littéraire. On connaît les contraintes traditionnelles auxquelles doit se plier l'écriture: règles lexicales et grammaticales, exigences de la versification et des formes fixes (sonnet, ballade, rondeau, etc.), exigences thématiques ou structurales (« unités » de la tragédie classique,

---

1. Le Collège de Pataphysique était un groupe d'iconoclastes qui parodiait les institutions officielles.

construction d'un roman, etc.). Loin cependant d'inhiber la création, ces exigences formelles sont au contraire de nature à la stimuler: pour l'Oulipo, la valeur de l'œuvre est proportionnelle à la difficulté de la contrainte.

Réinterprétant la tradition littéraire et rhétorique à la lumière de ce principe — et trouvant en Villon, Marot ou Rabelais des prédécesseurs — les oulipiens proposent de réactiver des structures poétiques remontant parfois à l'antiquité, ainsi que de créer de toutes pièces de nouvelles formes. Dans deux ouvrages collectifs — *Oulipo, la littérature potentielle* (1973) et *Oulipo, atlas de littérature potentielle* (1981) — ils présentent un ensemble de textes théoriques, d'exercices et d'illustrations qui démontrent magistralement qu'un jeu sur des contraintes arbitraires et codifiées peut produire des textes qui unissent virtuosité technique et originalité profonde. Mais les oulipiens vont plus loin encore, puisque, par un tour de force extrême, les textes proposés parlent eux-mêmes souvent de la figure qu'ils illustrent. *La disparition* de Georges Perec (1969), par exemple, roman de 150 pages sans la lettre E, non seulement illustre la technique du «lipogramme», qui consiste à éviter systématiquement une lettre de l'alphabet, mais encore parvient à faire de cette même contrainte le sujet du livre: cette *disparition* en question est celle de la lettre E.

Une nouvelle conception de la littérature apparaît donc chez l'Oulipo. Pour bien la comprendre, il est essentiel d'examiner ce terme d'*Oulipo*. Le mot «ouvroir», qui remplace les termes traditionnels de «mouvement» ou de «séminaire», demande commentaire. C'est d'abord une manière d'insister sur le côté concret, pratique, technique de la création littéraire (un ouvroir est un lieu où les femmes — souvent des religieuses — se livraient jadis à des travaux de couture; ce peut être aussi un groupe de dames riches qui confectionnaient des vêtements pour les pauvres). Le mot sous-entend également le refus de certains grands mythes littéraires: le talent, le génie, l'inspiration, etc. On retrouve en effet dans *ouvroir* la racine du vieux verbe français «ouvrer» (travailler). En ce sens, l'ouvroir (en tant que pratique, artisanat) s'opposerait à l'œuvre (en tant que produit fini, Art). Enfin, le terme est indéniablement une appellation ironique qui subvertit la tradition littéraire «sérieuse», et témoigne des tendances iconoclastes du groupe.

Quant au mot «potentiel», il est lui aussi à prendre dans plusieurs sens. Cette littérature est potentielle, en ceci que les œuvres produites peuvent être l'objet d'une lecture plurielle (on donnera ici au mot «puissance» son sens mathématique). Littérature potentielle, également, car il s'agit d'une littérature expérimentale, qui se donne pour objectif l'exploration des multiples possibilités offertes par l'application de règles. Littérature potentielle, en outre, puisque les oulipiens nous proposent une série de recettes et d'exercices qui peuvent *potentiellement* produire un nombre infini de textes littéraires, quoiqu'ils ne nous offrent souvent qu'une seule illustration de chaque nouvelle structure poétique. Littérature potentielle, enfin, car le texte oulipien, en particulier combinatoire, ne s'actualise souvent qu'au moment de sa lecture, comme un puzzle, et n'existe jusque là que sous la forme de possibilité.

Il faut cependant exclure du terme «potentiel» toute connotation d'aléatoire. Pour Queneau et les oulipiens, en effet, la littérature doit être *volontaire* et *consciente*. Ainsi l'Oulipo s'oppose-t-il non seulement au mythe romantique de l'inspiration, comme nous l'avons déjà remarqué, mais également au surréalisme, et à sa valorisation du hasard et de l'inconscient, et ceci bien que les surréalistes se soient eux aussi intéressés aux jeux de langage — on pense ici à la méthode du « cadavre exquis », ou aux contrepèteries de Robert Desnos.

Au contraire, l'Oulipo propose donc une nouvelle théorie poétique et une nouvelle esthétique littéraire inspirées de la rigueur des mathématiques[2]. Raymond Queneau joue un rôle capital dans le développement de cette théorie poétique. Ses *Cent Mille Milliards de poèmes* (1961) sont la première expression du mouvement oulipien. Ce recueil est basé sur un principe très strict de combinatoires mathématiques: chaque vers de chaque sonnet peut être substitué à un vers correspondant des neuf autres poèmes. Puisque chaque sonnet comporte quatorze vers et que le recueil comprend dix sonnets, l'on peut obtenir en tout (potentiellement) 10^{14} sonnets, soit littéralement cent mille milliards de poèmes. Italo Calvino publiera, quant à lui, un roman (*Si par une nuit d'hiver un voyageur*) qui laisse au lecteur le soin de combiner à son gré une intrigue apparemment décousue, puisque chaque chapitre semble appartenir à un roman différent.

Outre les principes des combinatoires et du lipogramme, dont nous avons déjà parlé, l'Oulipo propose une longue liste d'« opérations » susceptibles de donner naissance à des textes littéraires: isomorphisme, isovocalisme, algorythme, tautogramme, pangramme, hétérogramme, acrostiche, palingramme, etc. Contentons-nous ici de présenter deux techniques oulipiennes:

1° Le **monovocalisme** consiste à écrire tout un texte avec une seule voyelle. Dans l'exemple qui suit, Georges Perec, qui devient, pour la circonstance, Gargas Parac, invente l'histoire de personnages nommés Andras MacAdam, Armand d'Artagnan et Max Van Zapatta.

What a man![3]

Smart[4] à falzar[5] d'apalga nacarat, frac[6] à rabats, brassard à la Frans Hals, chapska[7] d'astrakhan à glands à la Cranach, bas blancs, gants blancs, grand crachat d'apparat à strass, raglan afghan à falbalas[8], Andras MacAdam, mâchant d'agaçants partagas[9], ayant à dada[10] l'art d'Allan Ladd, cavala dans la pampa.

Passant par là, pas par hasard, marchant à grands pas, bras ballants, Armand d'Artagnan, crack[11] pas bancal, as à la San A.[12], l'agrafa[13]. Car, l'an d'avant, dans l'Arkansas...

---

2. Certains membres de l'Oulipo seront des mathématiciens purs, comme Jacques Roubaud. Les oulipiens, en outre, se livreront à des expériences d'écriture par ordinateur. — 3. Annoter un texte de ce genre lui ôte son caractère ludique. Afin de respecter la philosophie oulipienne (selon laquelle le « message » littéraire est un concept périmé et le texte est avant tout un jeu formel), et par souci de simplification (il faudrait fournir une explication pour la plupart des mots de ce texte), nous nous contenterons d'expliquer en note le strict nécessaire, et surtout les termes d'argot. Il n'est guère essentiel de savoir qui sont Cranach, Franz Kafka, Tzara, Chaban ou Char pour « comprendre » ce texte. — 4. Homme élégant. — 5. Pantalon, en argot. — 6. Habit noir de cérémonie. — 7. Sorte de casque militaire. — 8. Ornements de toilette. — 9. Cigares. — 10. Cheval, en langage enfantin. — 11. Héros. — 12. San Antonio, nom de plume de Frédéric Dard, auteur de romans policiers célèbres pour leur usage savoureux d'expressions argotiques. — 13. L'arrêta.

FLASH-BACK!

— Caramba! clama Max.

— Pas cap[14]! lança Andras.

— Par Allah, t'as pas la baraka[15]! cracha Max.

— Par Satan, brava Andras.

Match pas banal: Andras MacAdam, campagnard pas bavard, bravant Max Van Zapatta, malabar[16] pas marrant.

Ça barda. Ça castagna[17] dans la cagna[18] cracra[19]. Ça balafra. Ça alla mal. Ah la la! Splatch! Paf! Bang! Crac! Randam astral.

Max planta sa navaja[20] dans l'avant bras d'Andras. Ça rata pas.

— Ça va pas, fada[21]! brama Andras, s'affalant à grand fracas.

Max l'accabla.

— Ha! Ha! Cas flagrant d'asthma sagrada! Ça va, à part ça?

— Bâtard vachard! Castrat à la flan! râla Andras, blafard.

— Bang! Bang! Andras MacAdam cracha sa Valda[22]. Max l'attrapa dans l'baba[23], flancha, flagada[24], hagard, raplapla[25].

— Par Achab, Maharajah d'Al Kantara, va à Barrabas! scanda Andras.

— Alas, alas! ahana Max, clamçant[26].

Andras MacAdam à Alcatraz, Armand d'Artagnan avança dans sa saga, cravatant[27] l'anar[28] Abraham Hawks à Rabat, passant à tabac[29] Clark Marshall à Jaffa, scalpant Frank « Madman » Santa Campagna à Malaga, fracassant Baltard, canardant[30] Balthazar Stark à Alma-Ata (Kazakhstan), massacrant Pascal Achard à Granada, cachant l'Aga Khan dans sa jag à Macassar, acclamant la Callas à la Scala, gagnant à la canasta à Djakarta, dansant sambas, javas, czardas, raspas, chachachas à Caracas, valsant à Bandar Abbas, adaptant Frans Kafka à l'Alhambra, Gadda à l'Alcazar, Cravan, Tzara, Char à Ba-Ta-Clan, Hans Fallada à Harvard, paraphrasant Chaban à Cajarc, calfatant yachts, catamarans, chalands à Grand Bassam, sablant à ras hanaps cramant[31] d'Ayala, allant dans sa Packard[32] d'Atlanta à Galahad's Ranch (Kansas), lampant schnaps, grappa, marc, armagnac, marsala, avalant calamars à l'ananas, tarama sans safran, gambas, cantal, clams d'Alaska, chassant pandas à Madagascar, chantant (mal) Bach, Brahms, Franck à Santa Barbara, barman à Clamart, wattman à Gand, marchand d'abats à Panama, d'agar-agar à Arras, d'hamacs à Carantan, charmant à Ankara la vamp Amanda (la star dans « T'was a man as tall as Caracalla »), catchant à Marmara dans la casbah[33] d'Akbâr, nabab d'Agra, grand flambart passant d'anthrax nasal, sans mal, tard, tard, dans sa datcha à Karl-Marx-Stadt, s'harassant dans l'alarmant grabat à draps blancs, lançant, *at last*, glas fatal, « Abracadabra! »

2° **La méthode S+7** s'apparente au jeu du *cadavre exquis* des surréalistes. Mais alors que ces derniers choisissaient au hasard les termes de leur collage, espérant tirer de ces rencontres fortuites des effets poétiques ainsi que des révélations sur l'inconscient, les oulipiens se montrent, ici comme ailleurs, bien plus « scientifi-

---

14. Expression (« T(u n)' es pas capable ») que les enfants emploient afin de mettre leurs camarades de jeu au défi d'accomplir un geste difficile. — 15. Expression argotique empruntée à l'arabe (« Tu n'as pas de chance »). — 16. Individu costaud. — 17. Lutta à coups de poings. — 18. Abri de tranchée, dans l'argot des soldats de la Première Guerre mondiale. — 19. Autre forme de « crado » (« sale »). — 20. Poignard. — 21. Expression marseillaise (« idiot »). — 22. Dit ce qu'il avait sur le cœur (argot). — 23. Le ventre (argot). — 24. Fatigué, sans énergie (argot). — 25. Sans énergie. — 26. Mourant (argot). — 27. Arrêtant (argot). — 28. Anarchiste. — 29. Faisant subir un interrogatoire de police. — 30. Lançant des projectiles sur quelqu'un (argot). — 31. Brûlant (argot). — 32. Marque d'automobiles. — 33. Maison (mot emprunté à l'arabe).

ques ». La *méthode* consiste à remplacer systématiquement chaque mot d'un texte par le septième mot suivant dans le dictionnaire. La règle arbitraire prend le pas sur le hasard, et ne laisse aucune part à l'inspiration ou à l'inconscient.

Raymond Queneau réécrit selon cette méthode *La Cigale et la Fourmi* de La Fontaine, qui devient *La Cimaise et la Fraction*...

<table>
<tr><td>

La Cigale et la Fourmi

La cigale, ayant chanté
Tout l'été,
Se trouva fort dépourvue
Quand la bise fut venue.
Pas un seul petit morceau
De mouche ou de vermisseau.
Elle alla crier famine
Chez la fourmi sa voisine,
La priant de lui prêter
Quelque grain pour subsister
Jusqu'à la saison nouvelle.
« Je vous paierai, lui dit-elle,
Avant l'août, foi d'animal,
Intérêt et principal. »
La fourmi n'est pas prêteuse;
C'est là son moindre défaut.
« Que faisiez-vous au temps chaud?
Dit-elle à cette emprunteuse.
— Nuit et jour à tout venant
Je chantais, ne vous déplaise.
— Vous chantiez? j'en suis fort aise.
Eh bien! dansez maintenant. »

</td><td>

La Cimaise et la Fraction [34]

La cimaise ayant chaponné tout
      l'éternueur
se tuba fort dépurative quand la bixacée fut
      verdie:
pas un sexué pétrographique morio de
      mouffette ou de verrat.
Elle alla crocher frange
Chez la fraction sa volcanique
La processionnant de lui primer
Quelque gramen pour succomber
Jusqu'à la salanque nucléaire.
« Je vous peinerai, lui discorda-t-elle,
avant l'apanage, folâterie d'Annamite!
interlocutoire et priodonte. »
La fraction n'est pas prévisible:
c'est là son moléculaire défi.
« Que ferriez-vous au tendon cher?
discorda-t-elle à cette énarthrose.
— Nuncupation et joyau à tout vendeur,
Je chaponnais, ne vous déploie.
— Vous chaponniez? J'en suis fort
      alarmante.
Eh bien! débagoulez maintenant. »

</td></tr>
</table>

Comme on peut le constater dans ce dernier exemple, le sens doit désormais se plier parfois entièrement aux règles arbitraires imposées. Mais, le plus souvent, la règle stimule les acrobaties sémantiques (« T'was a man as tall as Caracalla ») et donne naissance à des textes d'une originalité extrême, dont l'esprit ludique caractérise l'Oulipo.

Les lecteurs restent divisés quant à la *valeur* littéraire des produits obtenus grâce aux procédés oulipiens. Certains, toujours en quête de Beauté, et valorisant la subjectivité de l'écrivain, les dénonceront comme de vains artifices ou de sacrilèges plaisanteries... Ils déploreront en particulier ce qu'ils considèrent comme une *mécanisation* de la littérature. D'autres seront sensibles aux trésors d'inventivité

---

34. Nous renonçons ici à annoter ce texte, afin de respecter son principe ludique.

déployés par les oulipiens, ainsi qu'à leur sens de l'humour. Ces divergences d'opinion font clairement apparaître la rupture que les oulipiens ont opérée vis-à-vis de la conception traditionnelle de la littérature.

Raymond Queneau
1903–1976

Facétieuse et farfelue, expérimentale et subversive, l'œuvre de Raymond Queneau s'est avant tout attachée à réinventer le langage littéraire. Si l'auteur a eu longtemps la réputation d'un farceur, on n'hésitera pas à le placer au tout premier rang des écrivains de notre siècle, tant pour son inventivité formelle et sa virtuosité stylistique que pour le charme irrésistible de ses récits cocasses.

Comme de nombreux jeunes gens nés au début du siècle, Queneau fit tout d'abord partie de la génération surréaliste, avant de rompre avec André Breton en 1929. Quoiqu'il s'éloigne de la thématique surréaliste, Queneau conserve en revanche l'attention aiguë du mouvement pour les phénomènes de langage et les jeux de forme — tels que calembours et contrepèteries — ainsi que l'esprit iconoclaste qui accompagne ce grand mouvement d'expérimentation sur le langage que fut le surréalisme.

En témoigne un de ses chefs-d'œuvre, les *Exercices de style* (1947), qui présentent dans 99 styles différents le même fait divers banal: un individu vêtu d'un chapeau mou se dispute avec un autre passager dans un autobus, avant de recevoir les conseils vestimentaires d'un ami. En voici trois exemples:

Récit

Un jour vers midi du côté du parc Monceau[1], sur la plate-forme arrière d'un autobus à peu près complet de la ligne S (aujourd'hui 84), j'aperçus un personnage au cou fort long qui portait un feutre mou entouré d'un galon tressé au lieu de ruban. Cet individu interpella tout à coup son voisin en prétendant que celui-ci faisait exprès de lui marcher sur les pieds chaque fois qu'il montait ou descendait des voyageurs. Il abandonna d'ailleurs rapidement la discussion pour se jeter sur une place devenue libre.

Deux heures plus tard, je le revis devant la gare Saint-Lazare[2] en grande conversation avec un ami qui lui conseillait de diminuer l'échancrure de son pardessus en en faisant remonter le bouton supérieur par quelque tailleur compétent.

Alexandrins

Un jour, dans l'autobus qui porte la lettre S,
Je vis un foutriquet[3] de je ne sais quelle es-

---

1. Parc parisien. — 2. Gare de chemin de fer à Paris. — 3. Personne d'aspect malingre et ridicule (argot).

Pèce qui râlait[4] bien qu'autour de son turban
Il y eût de la tresse en place de ruban.
5 Il râlait ce jeune homme à l'allure insipide,
Au col démesuré, à l'haleine putride,
Parce qu'un citoyen qui paraissait majeur
Le heurtait, disait-il, si quelque voyageur
Se hissait haletant et poursuivi par l'heure
10 Espérant déjeuner en sa chaste demeure.
Il n'y eut point d'esclandre et le triste quidam[5]
Courut vers une place et s'assit sottement.
Comme je retournais direction rive gauche
De nouveau j'aperçus ce personnage moche
15 Accompagné d'un zèbre[6], imbécile dandy,
Qui disait: «Ce bouton, faut pas le mettre icy».

Poor lay Zanglay

Ung joor vare meedee ger preelotobŭs poor la port Changparay. Eel aytay cong-play, praysk. Jer mongtay kang maym ay lar jer vee ung ohm ahvayk ung long coo ay ung chahrpo hangtooray dŭnn saughrt der feesel trayssay. Sir mirssyer sir mee ang caughlayr contrer ung ingdeeveedŭh kee lŭhee marshay sŭhr lay peehay, pŭhee eel arlah sarsswar.

Ung per plŭh tarh jer ler rervee dervang lahr Garsinglahzahr ang congparhgnee d'ung dangdee kee lŭhee congsayhiay der fare rermongtay d'ung crang ler bootong der song pahrdessŭh.

Ces variations sur un même thème sont l'occasion pour Queneau non seule-ment de laisser libre cours à sa virtuosité stylistique, mais aussi de présenter une nouvelle conception de la littérature, où tout est désormais principalement affaire de langage. C'est en effet le langage lui-même, dans sa malléabilité, qui prend la place de l'intrigue traditionnelle, rendue ici insignifiante par sa banalité et sa répétition. Texte ludique par excellence, les *Exercices de style* sont aussi une réflexion très sérieuse sur la variation et la substitution[7] comme principes de création litté-raire. Texte fantaisiste, les *Exercices* sont enfin une œuvre subversive, qui s'oppose de manière iconoclaste au «sérieux» de la littérature, et montre avec brio qu'il y a d'autres manières de s'exprimer que le traditionnel français classique, codifié dès Malherbe, et toujours en usage chez de nombreux littérateurs du XXe siècle. Que-neau s'est en effet donné pour mission de «botter le train au langage[8]».

C'est cette même constatation que la langue écrite ne reflète plus le français de tous les jours, qu' «on ne parle plus comme au temps de Bossuet[9]», qui est à l'ori-gine du célèbre roman de Queneau, *Zazie dans le métro* (1959). On y retrouve, outre

---

4. Se plaignait. — 5. Individu. — 6. Individu quelconque (argot): «Un drôle de zèbre». — 7. On men-tionne souvent à cet égard l'intérêt de Queneau pour les mathématiques. Les multiples combinatoires de *Cent Mille Milliards de poèmes* exploiteront encore plus systématiquement un modèle mathématique. — 8. Il faut lire à cet égard le chapitre «Langage académique» dans *Bâtons, chiffres et lettres* (1950). — 9. In *Bâtons, chiffres et lettres*, p. 40.

Raymond Queneau

le contexte citadin légèrement absurde, et qui est un objet de fascination pour Queneau, le désir de s'éloigner des conventions de l'écriture et de retranscrire, comme Céline s'y était déjà efforcé, le français parlé contemporain, en particulier la gouaille populaire. Zazie, une gamine provinciale égarée dans Paris, après s'être sauvée de chez son « tonton » Gabriel, un danseur travesti, déambule dans la capitale. Elle y fait la rencontre de personnages farfelus qui s'expriment comme dans la vie réelle, et disent par exemple « la valoche à Zazie » et non « la valise de Zazie ». Argot, expressions et « fautes » du langage familier, néologismes, gouaille parisienne et inventions verbales de toutes sortes abondent dans *Zazie* (« moi qu'étais si heureuse, si contente et tout de m'aller voiturer dans lmétro. Sacrebleu, merde alors »). Parallèlement, Queneau tente de réinventer l'orthographe, pour la faire mieux coïncider avec la prononciation réelle des personnages (« lmétro » et non « le métro »). Cette écriture phonétique ou, comme l'écrit Queneau avec le sourire, « fonétik[10] », permet elle aussi de se dégager des conventions littéraires. Splendide récit, plein de verve et d'humour, *Zazie dans le métro* connut un grand succès populaire dès sa sortie, tout comme le film qu'en tirera Louis Malle en 1960, et qui alimentera les plaisanteries de plusieurs générations de Français.

Fantaisiste, cocasse, farfelue, l'œuvre de Queneau n'en est pas moins traversée d'un certain sérieux. Les petits tableaux citadins et les scènes de la vie quotidienne, peintures somme toute réalistes, laissent entrevoir l'incongruité de l'existence, et rejoignent parfois le thème de l'absurde, comme dans le théâtre d'Ionesco, ou les

---

10. Cette écriture phonétique n'occupe qu'une place minime dans *Zazie*, mais Queneau a proposé dans d'autres textes une orthographe systématiquement phonétique, selon laquelle on pourrait écrire « Mézalor, mézalor, késkon nobtyin! Sa dvyin incrouayab, pazordinèr, ranvèrsan (...). On lrekonê pudutou, lfransê, amésa pudutou (...) » au lieu de « Mais alors, mais alors, qu'est-ce qu'on obtient! Ça devient incroyable, pas ordinaire, renversant (...). On (ne) le reconnaît plus du tout, le français, ah mais ça plus du tout (...). »

récits de Sartre et de Camus. Mais c'est néanmoins une bonne humeur contagieuse qui domine dans les textes de Queneau. On notera à cet égard qu'il faut prendre au sérieux les humoristes comme Queneau, dont les œuvres, pour farfelues qu'elles soient, n'en sont pas moins le produit d'une réflexion littéraire approfondie. On retrouve cette dualité entre le sérieux et la fantaisie chez l'homme Raymond Queneau, qui fut directeur de *L'Encyclopédie de la Pléiade*[11], membre de l'Académie Goncourt, mais aussi du «Collège de Pataphysique», dont l'activité principale consistait à parodier les académies et les cérémonies officielles. Queneau est également intimement lié à l'histoire de l'Oulipo[12], qu'il contribuera à fonder en 1960 et qu'il continuera longtemps de parrainer.

Auteur de romans (*Loin de Rueil*, 1944; *Les Fleurs bleues*, 1965; *Le Vol d'Icare*, 1968), Queneau est en outre un excellent poète, jouant à nouveau des principes de la variation et de lecture plurielle. Ses *Cent Mille Milliards de poèmes* (1961) sont constitués de vers interchangeables, grâce à un systeme de volets qui permettent de lire chaque vers avec les vers de sonnets différents. Homme du XXᵉ siècle par excellence, Queneau s'intéressera aussi au cinéma, comme l'indique son roman *Loin de Rueil*, l'histoire de la fascination d'un adolescent pour le septième art. Il réalisera lui-même un court métrage (*Le Lendemain*, 1950) et écrira les dialogues de plusieurs films (*Monsieur Ripois* de René Clément, 1953 et *Un mort en ce jardin* de Buñuel, 1956).

---

11. Encyclopédie publiée par la grande maison d'édition parisienne Gallimard, dans sa collection de luxe, «La Pléiade». On y présente l'évolution de l'art et des littératures, ainsi que leur état actuel, dans différents pays. Queneau s'intéressera notamment à revaloriser l'art et les littératures de pays souvent oubliés par la tradition critique. — 12. Voir ci-dessus.

Avant de lire

Un Conte à votre façon de Raymond Queneau (1967) est l'exemple parfait de ce que les oulipiens ont appelé un «texte combinatoire». Le récit se structure en effet selon le format d'un jeu de pistes, où le lecteur est appelé à choisir entre divers développements possibles de l'intrigue. Cet aspect interactif du texte combinatoire sera plus tard exploité dans les «livres dont vous êtes le héros», les jeux informatisés, et même dans certains films qui demandent la participation des spectateurs pour décider du tour des événements.

Texte potentiel par excellence, jouant sur des structures mathématiques, et se recomposant différemment au gré des diverses lectures, *Un Conte à votre façon* est en outre un texte ludique bien caractéristique de Queneau, aussi bien dans le choix farfelu du sujet (l'histoire des «trois alertes petits pois», des «trois minces grands échalas», ou des «trois moyens médiocres arbustes») que dans la présentation de l'intrigue sur le modèle d'un jeu de société.

Un Conte à votre façon

1 — Désirez-vous connaître l'histoire des trois alertes petits pois?
>> si oui, passez à 4
>> si non, passez à 2.

2 — Préférez-vous celle des trois minces grands échalas?
>> si oui, passez à 16
>> si non, passez à 3.

3 — Préférez-vous celle des trois moyens médiocres arbustes?
>> si oui, passez à 17
>> si non, passez à 21.

4 — Il y avait une fois trois petits pois vêtus de vert qui dormaient gentiment dans leur cosse. Leur visage bien rond respirait par les trous de leurs narines et l'on entendait leur ronflement doux et harmonieux.
>> si vous préférez une autre description, passez à 9
>> si celle-ci vous convient, passez à 5.

5 — Ils ne rêvaient pas. Ces petits êtres en effet ne rêvent jamais.
>> si vous préférez qu'ils rêvent, passez à 6
>> sinon, passez à 7.

6 — Ils rêvaient. Ces petits êtres en effet rêvent toujours et leurs nuits sécrètent des songes charmants.
>> si vous désirez connaître ces songes, passez à 11
>> si vous n'y tenez pas, vous passez à 7.

7 — Leurs pieds mignons trempaient dans de chaudes chaussettes et ils portaient au lit des gants de velours noir.
>> si vous préférez des gants d'une autre couleur, passez à 8
>> si cette couleur vous convient, passez à 10.

8 — Ils portaient au lit des gants de velours bleu.
>> si vous préférez des gants d'une autre couleur, passez à 7
>> si cette couleur vous convient, passez à 10.

9 — Il y avait une fois trois petits pois qui roulaient leur bosse sur les grands chemins. Le soir venu, fatigués et las, ils s'endormaient très rapidement.
>> si vous désirez connaître la suite, passez à 5
>> si non, passez à 21.

10 — Tous les trois faisaient le même rêve, ils s'aimaient en effet tendrement et, en bons fiers trumeaux[1], songeaient toujours semblablement.
>> si vous désirez connaître leur rêve, passer à 11
>> si non, passez à 12.

11 — Ils rêvaient qu'ils allaient chercher leur soupe à la cantine populaire et qu'en ouvrant leur gamelle ils découvraient que c'était de la soupe d'ers[2]. D'horreur, ils s'éveillent.
>> si vous voulez savoir pourquoi ils s'éveillent d'horreur, consultez le Larousse au mot « ers » et n'en parlons plus
>> si vous jugez inutile d'approfondir la question, passez à 12.

12 — Opopoï[3]! s'écrient-ils en ouvrant les yeux. Opopoï! quel songe avons-nous enfanté là! Mauvais présage, dit le premier. Ouida, dit le second, c'est bien vrai, me voilà triste. Ne vous troublez pas ainsi, dit le troisième qui était le plus fûté, il ne s'agit pas de s'émouvoir, mais de comprendre, bref, je m'en vais vous analyser ça.

---

1. Glaces qui occupent l'espace d'un mur entre deux fenêtres. — 2. Famille de légumes à laquelle appartiennent les lentilles. — 3. Interjection fantaisiste.

si vous désirez connaître tout de suite l'interprétation de ce
songe, passez à 15

si vous souhaitez au contraire connaître les réactions des deux
autres, passez à 13.

13 — Tu nous la bailles belle, dit le premier. Depuis quand sais-tu analyser les songes?
Oui, depuis quand? ajouta le second.

si vous désirez aussi savoir depuis quand, passez à 14

si non, passez à 14 tout de même, car vous ne le saurez pas plus.

14 — Depuis quand? s'écria le troisième. Est-ce que je sais moi! Le fait est que je
pratique la chose. Vous allez voir!

si vous voulez aussi voir, passez à 15

si non, passez également à 15, car vous ne verrez rien.

15 — Eh bien voyons, dirent ses frères. Votre ironie ne me plaît pas, répliqua l'autre,
et vous ne saurez rien. D'ailleurs, au cours de cette conversation d'un ton assez vif,
votre sentiment d'horreur ne s'est-il pas estompé? effacé même? Alors à quoi bon remuer le bourbier de votre inconscient de papilionacées? Allons plutôt nous laver à la
fontaine et saluer ce gai matin dans l'hygiène et la sainte euphorie! Aussitôt dit, aussitôt fait: les voilà qui se glissent hors de leur cosse, se laissent doucement rouler sur
le sol et puis au petit trot gagnent joyeusement le théâtre de leurs ablutions.

si vous désirez savoir ce qui se passe sur le théâtre de leurs ablutions, passez à 16

si vous ne le désirez pas, vous passez à 21.

16 — Trois grands échalas les regardaient faire.

si les trois grands échalas vous déplaisent, passez à 21

s'ils vous conviennent, passez à 18.

17 — Trois moyens médiocres arbustes les regardaient faire.

si les trois moyens médiocres arbustes vous déplaisent, passez à 21

s'ils vous conviennent, passez à 18.

18 — Se voyant ainsi zyeutés[4], les trois alertes petits pois qui étaient fort pudiques
s'ensauvèrent.

si vous désirez savoir ce qu'ils firent ensuite, passez à 19

si vous ne le désirez pas, vous passez à 21.

19 — Ils coururent bien fort pour regagner leur cosse et, refermant celle-ci derrière
eux, s'y endormirent de nouveau.

si vous désirez connaître la suite, passez à 20

si vous ne le désirez pas, vous passez à 21.

20 — Il n'y a pas de suite le conte est terminé.

21 — Dans ce cas, le conte est également terminé.

---

4. Regardés (argot).

Georges Perec
1936–1982

Les photos de Georges Perec sont parlantes. Il n'est guère difficile de trouver dans
la fantaisie capillaire de l'auteur — long bouc frisé sans moustache et abondante
chevelure en désordre — l'image même de sa personnalité iconoclaste.

Georges Perec

Georges Perec, fils de réfugiés juifs polonais, naît à Paris en 1936. Son enfance se confond avec l'histoire des persécutions antisémites[1] qui trouveront leur horrifiante conclusion dans la Seconde Guerre mondiale. Après ces années marquées par la tragédie, Perec poursuit des études d'histoire et de sociologie, qui l'orientent d'abord vers le métier de documentaliste, puis vers la littérature.

Son premier roman, *Les Choses*, publié en 1965, connaît un succès immédiat. Ce livre témoigne des préoccupations sociologiques de l'auteur. Ce roman s'ouvre en effet sur l'inventaire méthodique d'un monde d'objets rêvés et désirés par un couple de jeunes fonctionnaires. Commentaire sur le consumérisme forcené des années soixante et sur les valeurs matérialistes de la petite-bourgeoisie, *Les Choses* sont aussi une réflexion sur les signes sociaux et leur fonctionnement. L'analyse sociale de l'auteur s'exprime souvent par un humour subtil, épinglant avec ironie les ridicules et les clichés de toute une catégorie sociale (les fonctionnaires) qu'il connaît bien pour l'avoir fréquentée durant sa carrière de documentaliste.

Le style original de Perec apparaît déjà dans *Les Choses*. Perec y a notamment recours à la technique de l'inventaire, qui consiste à faire la liste systématique de tous les objets d'une pièce, et qu'il exploitera à l'extrême dans son dernier roman, *La Vie mode d'emploi*, où il décrit avec minutie le contenu de tous les appartements d'un immeuble parisien. Cet aspect néo-réaliste s'accompagne néanmoins d'une dimension ludique, d'un jeu sur les formes littéraires et le langage. La figure du collectionneur amusé et du cruciverbiste — Perec sera longtemps le spécialiste des mots croisés pour un grand magazine français — se dessine déjà derrière l'œuvre.

---

1. Plusieurs membres de la famille de l'auteur ont trouvé la mort dans les camps de concentration nazis.

On comprend dès lors qu'après deux autres romans (*Quel petit vélo à guidon chromé au fond de la cour?* en 1966 et *Un homme qui dort,* en 1967), Perec rejoint l'Oulipo en 1968. Il inaugure son cycle oulipien par *La Disparition,* roman basé sur la figure du lipogramme, c'est-à-dire l'absence d'une ou de plusieurs voyelles (en l'occurrence la voyelle *e*). Tour de force stylistique, *La Disparition* multiplie en outre les jeux spéculaires. Selon une intrigue pseudo-policière, le héros, Anton Voyl (« voyelle ») disparaît, tombant dans le vide d'un chapitre manquant... Le titre lui-même illustre donc le principe du livre: cette « disparition » annoncée est celle de la voyelle *e.* Et, comme dans tout bon roman policier, l'auteur nous fournit un assassin, responsable de la disparition, et qui se confond ici avec l'auteur lui-même, puisque ce coupable nous est décrit comme « un individu (...) pourvu d'un poil châtain trop abondant (...), barbu, mais point moustachu ». *La Disparition* est l'illustration parfaite de l'expérimentation ludique qui caractérise l'Oulipo, et de son refus du « sérieux » en littérature, c'est-à-dire des concepts d'inspiration et de message.

Perec poursuit ses recherches oulipiennes (*Les Revenentes,* 1972; *Un cabinet d'amateurs,* 1979) jusqu'à son chef-d'œuvre, *La Vie mode d'emploi,* publié en 1978. Il touchera également au cinéma (*Un homme qui dort,* 1974) et au théâtre, avec deux pièces: *L'Augmentation* (1970), pièce oulipienne dont les cinq actes correspondent à cinq figures de style, et *W ou le souvenir d'enfance* (1975), où il aborde l'histoire de sa famille et la tragédie de l'Holocauste.

Georges Perec meurt en 1982, victime du cancer.

Avant de lire

Depuis ses origines, la poésie a systématiquement exploité des structures basées sur la répétition, telles que l'allitération et la rime (répétition de syllabes), l'anaphore (répétition de mots entiers), le leitmotiv ou le refrain (répétition de phrases), la redondance (répétition d'idées), etc.

Il fallait laisser à l'Oulipo non seulement le soin d'identifier la répétition comme une des « opérations » applicables à divers segments du texte littéraire, mais aussi l'audace de pousser cette opération à l'extrême. S'il est possible de répéter certaines *parties* du texte, pourquoi ne pas répéter le texte *entier*?

Still life/style leaf de Georges Perec (1981) est caractérisé par un tel effet de boucle, où le texte se dédouble et se reproduit lui-même. Ce dédoublement prend la forme spéculaire d'une mise en abyme: le texte nous présente un inventaire d'objets qui comprend une feuille de papier sur laquelle le texte en question est écrit. Ce mécanisme spéculaire pourrait se poursuivre indéfiniment, comme un écran de télévision multipliant la même image dans une suite d'écrans en enfilade...

Application d'une structure prédéterminée, ce texte est en outre un inventaire de choses, à la manière unique de Georges Perec. Le même recueil (*L'Infra-ordinaire*) contient d'autres textes en forme d'inventaire, tels que *Deux cent quarante-trois cartes postales en couleur véritable* et *Tentative d'inventaire des aliments liquides et solides que j'ai ingurgités au cours de l'année mil neuf cent soixante-quatorze.*

Still life/style leaf

Le bureau sur lequel j'écris est une ancienne table de joaillier, en bois massif, munie de quatre grands tiroirs, et dont le plan de travail, légèrement déprimé[1] par rapport aux rebords, sans doute pour empêcher que les perles qui jadis y étaient triées ne risquent de tomber par terre, est tendu d'un drap noir d'une texture extrêmement serrée. Il est éclairé par une lampe articulée, en métal bleu, à l'abat-jour conique, fixée par une sorte de serre-joint à l'un des rayonnages aménagés dans l'épaisseur du mur, à gauche et un peu en avant de la table. A l'extrême gauche de la table, se trouvent deux vide-poches rectangulaires, en verre épais, disposés l'un à côté de l'autre. Le premier contient une gomme blanchâtre sur laquelle est écrit en noir STAEDTLER MARS PLASTIC, un coupe-ongles en acier poli, une pochette d'allumettes offrant sur un fond jaune-orange un dessin rouge à la manière de Vasarely[2], une calculette de marque CASIO sur laquelle le nombre 315308, lu à l'envers, épelle le mot BOESIE, une sorte de bijou composé de deux minuscules crocodiles entrecroisés, un poisson de laiton, aux yeux de verre, dont la nageoire ventrale est une manivelle permettant de dérouler et de renrouler le mètre de couturière dissimulé à l'intérieur de son corps et dont l'extrémité n'est autre que la queue mobile de l'animal et, enfilées sur un mince morceau de carton, trois palmes de médaille, figurant très finement des feuilles et des glands de chênes, sur lesquelles sont respectivement gravés: «SÉBASTOPOL[3]», «TRAKTIR[4]» et «ALMA[5]». Le second contient un MULTI PURPOSE SNAP OFF BLADE CUTTER MADE IN JAPAN de marque OLFA, une pince à épiler, un briquet jetable sur lequel est écrit L'AUTOMOBILE, un gros marker vert, un ruban de scotch, une gomme blanchâtre (sans inscriptions), un petit décapsuleur en acier à manche de nacre, un taille-crayons, un grattoir en acier dont le manche en matière plastique imite l'écaille, et une série de petits carrés découpés à peu près régulièrement dans un carton fort, celui du dessus portant, tracée au marker noir, la lettre C. En avant de ces deux vide-poches, on trouve, de gauche à droite: un pyrophore[6] tronconique, simplement décoré de deux bandeaux vert tendre, contenant une trentaine d'allumettes soufrées; un minuscule cendrier rond en céramique blanche dont le décor, à dominantes vertes, représente le monument aux Martyrs de Beyrouth[7], soit, pour autant que la précision du dessin permette d'en juger, au

---

1. En forme de creux. — 2. Peintre français d'origine hongroise, né en 1908, pionnier de l'art cinétique. — 3. Ville de l'Ukraine, lieu de batailles célèbres (contre les Français en 1855 et contre les Allemands en 1942). — 4. Bataille de la guerre de Crimée (1854–1856). — 5. Fleuve de Crimée, lieu d'une victoire des Français contre les Russes pendant la guerre de Crimée (1854). — 6. Bibelot contenant des allumettes. — 7. Capitale du Liban.

centre d'une place bordée de bâtiments modernes, agrémentée de cèdres et de palmiers, sur un socle de pierre dont les trois faces visibles sont décorées de couronnes de fleurs rouges, trois figures de bronze se dressent: un homme blessé, tombé sur le côté, tentant de se redresser en tendant la main et, au-dessus de lui, juchée sur un bloc de pierre sans forme définie, une femme, drapée dans une robe dont une manche pendouille, tendant un bras au bout duquel elle brandit un bouquet de fleurs (ou un flambeau) et, de son autre bras, tenant par l'épaule un jeune enfant apparemment vêtu d'un simple linge autour des hanches; une boîte de cinquante cigarillos de marque NIC HAVANE à moitié entamée; un casse-tête composé de douze petites pièces de bois s'imbriquant les unes dans les autres de manière à former une sphère; et un cendrier de grès, vert avec quelques traces de rose et de brun, contenant les cendres et mégots d'environ six cigarillos. Le fond gauche de la table est occupé par une boîte ronde en bois tourné, munie de son couvercle, et par deux sébiles: la plus grande, en bois brun, contient des pièces de monnaie (surtout des pièces de 1 franc français); la plus petite, en bois sombre, contient un bouton de nacre, un dé en matière plastique bleu dont les deux faces visibles portent respectivement deux et trois points blancs, une attache-trombone, une pince de dessinateur sur laquelle est écrit POSSO PARIS, deux épingles et deux poids de cuivre, en forme de pyramides tronquées, pesant respectivement cinquante (250 carats métriques) et vingt (100 carats métriques) grammes. Devant ces trois objets sont alignés plusieurs coraux et minéraux: une agate aux irisations ocre et verdâtres, une pierre rouge, un morceau de corail évoquant une griffe d'oiseau ou une main à trois doigts, un autre fragment de corail ayant l'air d'une moufle, un éclat d'émeraude, d'un vert plutôt terne, pris dans une gangue brillante et noire et un bloc de pyrite dont les innombrables cristaux cubiques très finement striés brillent d'un éclat métallique. A droite de la table, au-dessus d'une pile de feuilles de papier d'un format peu habituel (environ 40 X 30 cm), s'entassent cinq chemises roses ou vertes inégalement remplies. Sur celle du

dessus est écrit, au marker noir: Corresp urgente. En avant de cette pile de dossiers se trouvent deux writing-pads, l'un vert, l'autre jaune, tous deux largement entamés, et quelques feuilles volantes. Sur l'une d'elles, de couleur jaune, on peut lire un début d'énumération — Newton, le prince Albert, Tarzan et la rage de dents, le Dr Pluvian, dentiste, Coccinelle — dont pratiquement toute la suite est recouverte par une autre feuille de papier, blanche, sur laquelle les lettres O, A, M, R et L surmontent des lignes aux destins divers: la ligne O reste droite, les lignes A et M se rapprochent puis s'éloignent, les lignes R et L, longtemps parallèles, finissent par se rejoindre. Le bas de ce schéma est lui-même recouvert par un agenda gainé de cuir noir ouvert à la double page, au coin inférieur gauche écorné, des dimanche 30 et lundi 31 mars (respectivement 13e semaine, St-Amédée de S., Soleil 6 h 34 19 h 17 et 14e semaine, St-Benjamin, pleine lune); deux indications manuscrites sont portées sur l'agenda: l'une à l'encre — appeler Marie — placée aux alentours de 15 heures, l'autre au crayon — Marie Chaix — vers le bas de la page. Sur le devant de la table, il y a un petit meuble en bois, long d'environ quarante centimètres, haut peut-être de douze, comportant quatre rangées superposées de six tiroirs et un dessus formant boîte. Sur le couvercle de ce meuble sont disposés: à droite, un puzzle à trois dimensions composé de deux petites boîtes en bois pleines de parallélépipèdes et de cubes de dimensions toutes différentes; au centre, un réveil électronique à quartz, de marque SATEK, qui indique actuellement AM 10:18; à gauche, un jeu intitulé DE BONO L-GAME, consistant en un damier métallique de quatre cases sur quatre sur lequel peuvent se déplacer plusieurs pièces aimantées de couleurs bleue, jaune ou verte; un certain nombre de petits objets en acier sont accrochés à ces pièces aimantées: une punaise, deux pinces « Aclé » n° 1, une lame de rasoir montée sur un mince support, trois attaches-trombones, une épingle à cheveux. A gauche de ce petit meuble, il y a un pot cylindrique, de faïence gris clair, décoré de deux guirlandes de fleurs bleues entre lesquelles est écrit CAFÉ, rempli d'une trentaine de crayons noirs, crayons de couleurs, stylos-feutres, stylos et ustensiles divers: une paire de ciseaux, un coupe-papier, un cutter, un porte-craie. A droite, un verre droit à fond épais est partiellement empli de petites billes de verre dans lesquelles sont fichés dix porte-plume. Au premier plan, se détachant nettement sur le drap noir de la table, se trouve une feuille de papier quadrillé, de format 21 X 29,7, presque entièrement couverte d'une écriture exagérément serrée, et sur laquelle on peut lire: le bureau sur lequel j'écris est une ancienne table de joaillier, en bois verni, munie de quatre grands tiroirs, et dont le plan de travail, légèrement déprimé par rapport aux rebords, sans doute pour empêcher que les perles qui y étaient jadis triées ne risquent de tomber par terre, est tendu d'un drap noir d'une texture très fine. Il est éclairé par une lampe articulée, en métal bleu, à l'abat-jour conique, fixée par une sorte de serre-joint à l'une des étagères aménagées dans l'épaisseur du mur, à gauche et un peu en devant de la table. A l'extrême gauche de la table, se trouvent deux plumiers rectangulaires, en verre épais, disposés l'un à côté l'autre. Le premier contient une gomme blanchâtre sur laquelle est écrit en noir STAEDTLER MARS PLASTIC, un coupe-ongles en acier poli, une pochette d'allumettes montrant sur un fond jaune-orange un dessin rouge à la manière de Vasarely, une calculette de marque CASIO sur laquelle le nombre 35079, lu à l'envers, épelle le mot GLOSE, une sorte de bijou composé de deux minuscules crocodiles entrecroisés, un poisson de métal doré, aux yeux de verre, dont la nageoire ventrale est une manivelle permettant de dérouler ou d'enrouler le mètre de couturière dissimulé à l'intérieur de son corps et dont l'extrémité n'est autre que la queue mobile de l'animal et, enfilées sur une mince plaque de carton, trois palmes de médaille, figurant très finement des feuilles et des glands de chênes, sur lesquelles sont respectivement gravés: « SEBASTOPOL », «TRAKTIR» et «ALMA». Le second contient un MULTI PURPOSE SNAP OFF BLADE CUTTER MADE IN JAPAN de marque OLFA, des précelles, un briquet jetable sur lequel est écrit L'AUTOMOBILE, un gros marker vert, un rouleau de scotch, une gomme blanchâtre (sans inscriptions), un petit ouvre-bouteilles en acier à manche de nacre, un taille-crayons, un grattoir en acier dont le manche en matière plastique imite l'écaille, et une pile de petits carrés découpés à peu près régulièrement dans un carton fort, celui du dessus portant, tracée au marker noir, la lettre C. En avant de ces deux vide-poches, on trouve, de gauche à droite: un pyrophore tronconique, décoré seulement de deux bandeaux vert tendre, contenant une trentaine d'allumettes chimiques; un minuscule cendrier rond, en céramique blanche dont le décor, à dominantes vertes, représente le monument aux Martyrs de Beyrouth, soit, pour autant que la précision du dessin permette d'en juger, au milieu d'une place bordée de bâtiments modernes, plantée de cèdres et de palmiers, sur un socle de pierre dont les trois faces visibles sont décorées de couronnes de fleurs rouges, trois figures de bronze se dressent: un homme, agonisant, tombé sur le côté, tentant de se redresser en tendant la main et, au-dessus de lui, juchée sur un bloc de pierre sans forme définie, une femme, drapée dans une robe dont une manche feint de flotter, tendant un bras au bout duquel elle brandit un flambeau (ou un bouquet de fleurs) et, de son autre bras, tenant par l'épaule un jeune enfant apparemment vêtu d'un simple linge autour des hanches; une boîte de cinquante cigarillos de marque NIC HAVANE, largement entamée; un casse-tête composé de douze petites pièces de bois s'imbriquant les unes dans les autres pour former une sphère; et un cendrier de grès, vert avec quelques traces de rose et de brun, contenant les cendres et mégots d'environ huit cigarillos. Le fond gauche de la table est occupé par une boîte ronde en bois tourné, munie de son couvercle, et par deux sébiles: la plus grande, en bois brun, contient de la menue monnaie (surtout des pièces de 1 franc français); la plus petite, en bois sombre, contient un bouton de nacre, un dé en matière plastique bleue dont les deux faces visibles portent respectivement deux et trois points blancs, une attache-trombone, une pince en métal noir sur laquelle est écrit POSSO PARIS, deux épingles et deux poids de cuivre, en forme de pyramides tronquées, pesant respectivement cinquante (250 carats métriques) et vingt (100 carats métriques) grammes. Devant ces trois objets sont alignés plusieurs coraux et minéraux: une agate aux irisations ocre, jaunes et verdâtres, une pierre rouge, un morceau de corail évoquant une serre d'oiseau ou une main à trois doigts, un autre fragment de corail ayant l'air d'une moufle, un éclat d'émeraude, d'un vert plutôt terne, pris dans une gangue d'un noir brillant et un bloc de pyrite dont les innombrables cristaux cubiques très finement striés brillent d'un éclat métallique. A l'extrême droite de la table, au-dessus d'une pile de feuilles de papier d'un format peu habituel (environ 40 X 30 cm), s'entassent cinq chemises roses ou vertes plus ou moins gonflées. Sur celle du dessus est écrit, au marker noir: Corresp urgente. En avant de cette pile de dossiers se trouvent deux writing-pads, l'un vert, l'autre jaune, tous deux plus qu'à moitié entamés, et quelques feuilles volantes. Sur l'une d'elles, de couleur jaune, on peut lire le début d'une liste — Newton, le prince Albert, Tarzan et la rage de dents, le Dr Pluvian, dentiste, Coccinelle — dont pratiquement toute la suite est recouverte par une autre feuille de papier, blanche, sur laquelle les lettres O, A, M, R et L chapeautent des lignes aux destins divers: la ligne O reste droite, les lignes A et M se frôlent puis s'éloignent, les lignes R et L, longtemps parallèles, finissent par se rejoindre. Le bas de ce schéma est lui-même recouvert par un agenda gainé de cuir noir ouvert à la double page, au coin inférieur gauche arraché, des dimanche 30 et lundi 31 mars (respectivement 13e semaine, St-Amédée de S., Soleil 6 h 34 19 h 17 et 14e semaine, St-Benjamin, pleine lune); deux indications manuscrites sont portées sur la page du dimanche: l'une à l'encre — appeler Marie — placée aux alentours de 15 heures, l'autre au crayon — Marie Chaix — tout en bas de la page. Sur le devant de la table, il y a un petit meuble en bois, long d'à peu près quarante centimètres, haut peut-être de douze, comportant quatre rangées superposées de six tiroirs et un dessus formant boîte. Sur le couvercle de ce meuble sont disposés: à droite, un puzzle à trois dimensions composé de deux petites boîtes en bois pleines de cubes et de parallélépipèdes de dimensions toutes différentes; au centre, un réveil électronique à quartz, de marque SATEK, qui indique actuellement PM 12:50; à gauche, un jeu intitulé DE BONO L-GAME, consistant en un damier métallique de quatre cases sur quatre sur lequel peuvent se déplacer plusieurs jetons aimantés de couleurs bleue, jaune et verte; un certain nombre de petits objets en acier sont accrochés à ces pions aimantées: une punaise, deux pinces « Aclé » n° 1, une lame de rasoir montée sur un mince support, trois attaches-trombones, une épingle à cheveux. A gauche de ce petit meuble, il y a un pot cylindrique, de faïence blanc crème, décoré de deux guirlandes de fleurs bleues entre lesquelles est écrit CAFÉ, rempli d'une trentaine de crayons noirs, crayons de couleurs, stylos-feutres, stylos et ustensiles divers: des ciseaux, un coupe-papier, un cutter, un porte-craie. A droite, un verre droit à fond épais est partiellement empli de petites billes de verre dans lesquelles sont fichés dix porte-plume. Au premier plan, se détachant nettement sur le drap noir de la table, se trouve une feuille de papier à petits carreaux, de format 21 X 29,7, presque entièrement couverte d'une écriture exagérément serrée, et un stylo de métal doré dont le corps et le capuchon s'ornent sur toute leur longueur de fines cannelures.

Matière à réflexion

1. A quelles « contorsions lexicales » le monovocalisme pousse-t-il Georges Perec dans *What a man!?* Quelles astuces l'auteur emploie-t-il afin de se tirer d'affaire? L'histoire a-t-elle toujours un « sens »?

2. Ecrivez à votre tour un paragraphe monovocalique. Pourquoi la voyelle A se prête-t-elle mieux que toute autre à ce genre d'exercice?

3. En quoi des noms tels que Max Van Zapatta ou Frank « Madman » Santa Campagna sont-ils humoristiques? Comment l'humour de Perec se traduit-il dans *What a man?*

4. Réécrivez *Le Loup et l'Agneau* de La Fontaine (tome 1, p. 412) selon la méthode S+7. En quoi la méthode S+7 est-elle particulièrement iconoclaste? Examinez *La Cimaise et la Fraction:* quel genre de phrases obtient-on grâce à cette méthode?

5. Comment Queneau parodie-t-il l'accent anglais dans *Poor lay Zanglay?* Quels erreurs de prononciation cherche-t-il à retranscrire par son écriture phonétique?

6. Queneau respecte-t-il les règles de l'alexandrin classique (dans *Alexandrins*)?

7. *Un Conte à votre façon* conserve certains éléments traditionnels du conte de fées ou du conte pour enfants, tout en parodiant le genre. Quels éléments appartiennent à la tradition et quels éléments à la parodie?

8. Expliquez le titre *Still life/style leaf.* Quelle place est réservée à l'humain dans cette énumération de choses? La figure de l'écrivain apparaît-elle dans le texte? Si oui, comment?

9. Dans *Still life/style leaf,* de minuscules changements s'introduisent entre les deux versions du même texte. Le chiffre sur la calculette se lit d'abord « BOESIE », puis « GLOSE » (que penser du choix de ces termes?); le « décapsuleur » devient un « ouvre-bouteilles »; « six cigarillos » deviennent « huit cigarillos »; « AM 10:18 » devient « PM 12:50 », etc. A quoi ces changements correspondent-ils? Quelle est leur fonction dans la logique du texte?

Le Second Souffle
du roman:
Deux romanciers
contemporains

Le roman entre, dans les années soixante-dix, dans une période que l'on qualifie souvent de « post-moderne ». Succédant, comme son nom l'indique, à la modernité, la post-modernité serait caractérisée par un dépassement de toutes les oppositions de pensée, de tous les conflits. Finie l'époque des prises de position tapageuses, des concepts binaires, des Anciens contre les Modernes: il ne reste plus, en cette fin de siècle, de modèles à déconstruire, de philosophies à combattre, de tabous à transgresser.

Dans cette période apparemment morose, où les certitudes ont disparu au profit d'un malaise et d'un scepticisme global, le roman s'adapte tant bien que mal:

1° Le retour au récit. — Le nouveau roman, en proclamant l'impossibilité de raconter des histoires, semblait conduire le genre romanesque tout droit dans une impasse. En se perdant parfois en subtilités provocatrices, le roman courait le risque de devenir un genre moribond, stérile et ennuyeux, tout juste bon à animer les discussions d'un public d'intellectuels en mal de nouveau.

Si les années cinquante et soixante ont été marquées par une remise en question du genre romanesque, les années soixante-dix à quatre-vingt-dix voient en revanche un retour à une narration plus « traditionnelle ». Ce nouvel essor du roman est toutefois loin d'être réactionnaire: en effet, les romanciers de la fin du siècle ont bien retenu la leçon du nouveau roman. Il n'est plus guère question, pour cette génération mise en garde contre les procédés désuets de l'illusion référentielle, d'écrire «la Marquise sortit à cinq heures». Le roman n'aspire plus guère aujourd'hui à créer un vraisemblable, à analyser des types psychologiques, ou à présenter des intrigues chronologiques. La contestation par le nouveau roman des structures romanesques traditionnelles a irrémédiablement bouleversé les conceptions classique et réaliste du genre. Cependant, on constate, dès les années soixante-dix, un retour en force à l'imaginaire, à l'histoire racontée.

2° **Le jeu sur la citation, l'intertexte.** — Puisque le sentiment général est qu'il n'y a plus grand-chose de neuf à dire, que tout a déjà été écrit, les auteurs modernes pratiquent avec finesse le jeu de l'emprunt ou de l'allusion. Michel Tournier réécrit ainsi le *Robinson Crusoé* de Defoe, Le Clézio reprend à sa manière le *Moby Dick* de Melville, etc. C'est surtout dans la distance que l'on prend vis-à-vis du modèle original, dans la manière dont on le réinscrit dans le contexte des idées contemporaines, que résident la valeur et l'intérêt de cette réécriture de la tradition. En ces années où le «sampling» devient une technique musicale légitime, il n'y a rien d'étonnant à ce que la citation devienne un procédé littéraire largement utilisé.

3° **Le problème de l'identité.** — Il semble que le malaise post-moderne ait laissé les nouvelles générations d'écrivains et de lecteurs en quête de nouvelles définitions. Dans ce monde où les concepts modernes ne sont plus guère applicables, l'individu n'a plus à sa disposition de formules toutes faites, qui puissent commodément lui fournir le sens de l'existence. Les romanciers contemporains mettent souvent en scène cette question d'une identité qui pose un problème. Chez Modiano, les personnages sont toujours en quête d'un passé qui pourrait les définir, leur révéler leur véritable identité. Chez Le Clézio, les personnages, venus de nulle part, demeurent toujours énigmatiques. De là, sans doute provient le succès populaire des écrivains de cette génération, pour la plupart best-sellers: ils offrent en effet à une jeunesse en mal de valeurs un reflet de son identité problématique.

4° **Le rapport aux autres et au monde: multiculturalisme et écologie.** — Si l'on ne peut plus guère se définir en vase clos, comme c'était le cas jadis, l'on peut cependant se définir désormais en relation au monde. Car la technologie moderne, en accélérant les communications et en diminuant les distances, a réduit la planète à l'échelle d'un village. Dans ce «Tout-monde», comme le nomme Edouard Glissant, nous sommes en interaction quotidienne avec d'autres cultures, d'autres idées, d'autres réalités: l'autre devient dès lors part intégrante de nous-mêmes. Ce multiculturalisme post-moderne sera lui aussi souvent mis en scène dans le roman contemporain, occupé à créer de nouveaux mythes qui offrent une image du grand métissage culturel que nous vivons à l'heure actuelle.

De la même manière, beaucoup ont très récemment pris conscience de la fragilité de la planète et du besoin de la préserver. Ainsi l'écologie est-elle devenue un thème récurrent du roman en cette fin de siècle.

J.M.G. Le Clézio

Jean-Marie Gustave Le Clézio est un écrivain aussi prolifique qu'énigmatique. Quoique ses textes se succèdent à un rythme soutenu, indépendamment des modes littéraires, l'homme lui-même reste à l'écart de toute publicité et, par sa discrétion, s'est entouré d'un halo de mystère, à l'image des personnages de ses romans.

L'écriture de Le Clézio, séduisante et profondément originale, offre par sa pureté même peu de prise au discours critique. Le Clézio semble en effet toujours réécrire le même texte, quoique tous ses récits soient différents. Ce raconteur d'histoires nous offre, dans les années difficiles qui suivent le déclin du « nouveau roman », à la fois un nouveau mode de relation au réel et une nouvelle mythologie moderne, à l'opposé du nihilisme de ses prédécesseurs.

Né à Nice en 1940, de parents originaires de l'île Maurice, J.M.G. Le Clézio trouve dès son enfance un terrain de rêves dans le paysage méditerranéen. Son entrée en littérature fut à la fois précoce et éclatante. L'auteur n'a que vingt-trois ans lorsqu'il reçoit le prestigieux prix Renaudot en 1963 pour son premier roman, *Le Procès-Verbal*. Cette génération spontanée d'un écrivain n'est pas sans poser de problèmes à la critique. Quoique ce premier texte déroute d'emblée, on y décèlera cependant l'influence manifeste de Camus: le personnage central du roman, Adam Pollo, est, comme Meursault[1], un étranger, vivant à l'écart du monde sur une plage, dans une baraque abandonnée. Comme Meursault également, il est absolument détaché de l'humanité, de ce « monde qu'on lui donne », et ne peut que *regarder* les gens, sans les comprendre ou communiquer avec eux. Comme Meursault enfin, il est mis à l'écart par une société qui le juge néfaste et finit par l'interner dans un hôpital psychiatrique. Ces étrangers, on les retrouvera dans toute l'œuvre de Le Clézio. De ses personnages, nous ne connaissons en effet pas grand-chose: venus de nulle part, voués à la disparition, sans passé ni futur, sans motifs d'action précis, individus de passage et êtres de l'errance, déambulant solitairement dans les villes modernes, ils ne trouvent pas leur place dans un monde qui ne leur appartient pas.

On comprend facilement, dès lors, que la critique ait apparenté au « nouveau roman » les premiers textes de Le Clézio (*Le Procès-Verbal*, 1963; *La Fièvre*, 1965; *Le Déluge*, 1966). Ce vide au cœur des personnages, cette absence d'une explication détaillée de leurs sentiments et de leurs actions rappellent certaines prises de position de Robbe-Grillet, en particulier le refus de la psychologie romanesque traditionnelle. De même, comme chez Robbe-Grillet, l'écriture se fait souvent inventaire minutieux des choses: automobiles, cailloux, immeubles, etc. Mais il n'est pas question ici d'une réalité « asignifiante ». Ce monde moderne, incompréhensible et inquiétant, il faut au contraire l'interroger, le creuser pour en trouver la signification profonde. C'est là le sens du terme *Procès-verbal:* il s'agit non seulement de rendre compte de la réalité avec l'objectivité la plus complète, comme l'expression le laisse entendre en jargon judiciaire — certains critiques parleront à cet égard de « nouveau réalisme » —, mais aussi d'en faire le procès, la critique par le verbe, le langage. Car l'homme est en conflit avec le monde moderne, qui le prive de la beauté des choses, s'interpose entre lui et la réalité.

Cette obsession du réel se double en outre d'une investigation sensorielle. Le Clézio remplace le portrait classique des sentiments par une exploration du monde des sens. C'est en partie dans cette prouesse stylistique qui consiste à exprimer par

---

1. Voir Albert Camus, p. 547.

le langage les multiples nuances sensorielles, par opposition à la psychologie des personnages, que réside le talent de Le Clézio. *La Fièvre,* son deuxième roman, est une exploration approfondie des sensations corporelles: rage de dents, fièvre, vertige, ivresse, jouissance, insomnie, etc. L'*expérience* de l'écriture remplace la narration, désuète en ces années de déconstruction romanesque: «Des poèmes, des récits, pour quoi faire? L'écriture, il ne reste plus que l'écriture seule, qui tâtonne avec ses mots, qui cherche et qui décrit, avec minutie, avec profondeur, qui s'agrippe, qui travaille la réalité sans complaisance[2]. » Cette interrogation continuelle sur l'acte d'écrire, liée à l'imperfection des mots et à l'inaptitude du langage à traduire un contact authentique avec la réalité, traverse l'œuvre entière de Le Clézio.

Pourtant, le talent de Le Clézio est aussi indéniablement celui d'un *conteur*. Au contraire de certains adeptes du nouveau roman, Le Clézio n'abandonne pas complètement le projet d'une «histoire à raconter». Certains de ses premiers textes, comme *La Fièvre,* demeurent écrits au passé simple, un temps abhorré par la plupart des nouveaux romanciers, qui le dénoncent comme une technique désuète de la narration traditionnelle.

Dès le milieu des années soixante-dix, son écriture se dépouille davantage, tant dans des recueils de nouvelles (*Mondo et autres histoires,* 1978; *Trois villes saintes,* 1980; *Printemps et autres saisons,* 1989) que dans des romans (*Désert,* 1980; *Le Chercheur d'or,* 1985; *Diego et Frida,* 1993). Le style s'y fait plus simple, d'une naïveté souvent envoûtante. Le thème de l'aliénation face au monde moderne et à la société des hommes y demeure central, mais est nuancé par le sentiment positif d'une harmonie possible avec le cosmos. Une forme d'extase s'origine en effet dans la relation de l'homme à la nature: le bonheur des Eléments retrouvés (l'eau, la terre, l'air, le feu, etc.), l'abandon d'un univers bétonné et cloisonné et le retour à une simplicité originelle, *élémentaire.* Dans ces histoires apparaît la fascination de l'auteur pour le soleil, la mer, et le vent, rendus à leur importance primitive et lénifiante. «Je voudrais faire seulement ceci: de la musique avec les mots. Je voudrais partir pour un pays où il n'y aurait pas de bruit, pas de douleur, rien qui trouble ou qui détruise, un pays sans guerres, sans haine, plein de silence, plein de la lumière éblouissante du soleil. Là, je ferais seulement de la musique avec mes mots pour embellir mon langage et lui permettre de rejoindre les autres langages du vent, des insectes, des oiseaux, de l'eau qui coule, du feu qui crisse, des rochers et des cailloux de la mer », écrit Le Clézio dans *L'Inconnu sur la terre* (1978). Des voyages au Panama, au Mexique et au Guatemala, dès le début des années soixante-dix, auront sans doute stimulé cet intérêt pour un mode de vie parfaitement harmonieux, en accord avec le rythme de la terre[3]. Le Clézio, poursuivant donc sa quête philosophique, laisse désormais entrevoir un sens à l'existence humaine, malgré la violence et l'aliénation du monde moderne.

L'étrangeté urbaine des premières œuvres cède ainsi la place à une plénitude naturelle, furtive et fragile, comme le monde de l'enfance auquel elle est souvent liée. Car dans ces paysages ensoleillés, souvent méditerranéens, maghrébins ou sud-

2. Note de Le Clézio en couverture de *La Fièvre.* — 3. Le Clézio vit actuellement au Nouveau-Mexique.

Jean-Marie Gustave Le Clézio

américains, Le Clézio retrouve son enfance niçoise, et par delà, tout le monde magique de l'enfance. Rien d'étonnant, dès lors, à ce que les héros de ses histoires soient souvent des enfants, ou qu'il ait publié certains textes dans des collections pour la jeunesse (*Lullaby*, 1980; *Voyage au pays des arbres*, 1984; *Balaabilou*, 1985, etc.). Cette fascination pour l'enfance rejoint le grand mouvement de simplification et de purification caractéristique de la deuxième manière de Le Clézio.

Parfois Le Clézio emprunte donc au modèle du récit d'aventures. Mais ce n'est jamais que pour le reconstruire à sa façon. Chez Le Clézio, en effet, la quête dépasse l'aventure elle-même, et prend une dimension esthétique et philosophique. Ses personnages sont toujours à la recherche du sens des choses, d'une relation authentique avec le monde, d'une beauté stupéfiante au cœur du réel qui nous guide dans la vie quotidienne. L'aventure est donc ici aux antipodes de l'exploit et de l'exagération épique: c'est la vie elle-même, l'acte brut d'exister qui est au centre des textes de Le Clézio. De même, les thèmes de l'ensoleillement et du voyage que l'on retrouve dans ses récits sont le contraire d'un exotisme traditionnel: il s'agit moins de s'évader que de *se trouver*, de trouver sa place dans l'ordre de l'univers.

Ecrivain moderne, quoique, par sa discrétion, jamais complètement avant-garde, Le Clézio a délaissé le pessimisme matériel des néo-romanciers pour chercher une harmonie nouvelle entre l'homme et le monde. Son intérêt pour les cultures mondiales — grand voyageur, il se passionne notamment pour le Maghreb, Israël, les Antilles, la civilisation Maya, la mythologie mexicaine, etc. — ainsi que le message écologique qui se dégage de ses livres en font un témoin capital des préoccupations de l'homme de la fin du XXᵉ siècle. Ecrivain reconnu par la critique et écrivain populaire, apprécié du public[4], Le Clézio est en cette fin de siècle un découvreur de mythes dont la quête reflète les inquiétudes du monde contemporain. On pourrait appliquer à l'ensemble de son œuvre ces mots qu'a récemment inspirés à un critique la lecture de son roman *La Quarantaine* (1995): « Rares sont les auteurs d'aujourd'hui qui traitent avec un tel bonheur du dehors et du dedans, des relations si complexes de l'individu et du monde (...). L'ensemble est marqué par un lyrisme étrange, profond, comme si des vibrations sourdaient d'entre les mots de cette langue sobre et précise. La poésie, c'est peut-être le battement des vagues contre les rochers de basalte. Et l'existence humaine, cette poussière perdue dans l'océan, qui peut devenir incandescente[5] ».

---

4. Le Clézio fut proclamé en 1994 « plus grand écrivain (vivant) de langue française » par les lecteurs du magazine *Lire*, avec 13% des voix. Il devance dans ce sondage Julien Green et Jean d'Ormesson (10,9% des voix) et Julien Gracq (10,1%). Un sondage de la même année, réalisé auprès des enseignants français, avait également placé Le Clézio en tête de ses contemporains (notamment Marguerite Duras et Patrick Modiano). — 5. René Zahnd, J.M.G. Le Clézio: *La Quarantaine*, in *La Nouvelle Revue Française*, janvier 1996, no. 516.

Avant de lire

Pawana (1992) raconte l'histoire de chasseurs de baleines, à la recherche du lieu légendaire où leurs proies se rassemblent par milliers chaque année pour mettre bas. Les deux lieux majeurs du récit sont l'île de Nantucket, centre baleinier au large de Boston, et les lagunes inexplorées de la Californie mexicaine.

Le Clézio réécrit ici à sa façon le célèbre *Moby Dick* de Melville (1851). Mais Le Clézio inverse ici les rôles: alors que chez Melville c'est la baleine qui est le Mal incarné, le monstre que le capitaine Ahab poursuit désespérément dans l'espoir de triompher des forces maléfiques de la Création, c'est au contraire, chez Le Clézio, l'homme qui, poussé par l'appât du gain, vient troubler l'ordre et la beauté du monde en exterminant les baleines.

Pawana reprend donc l'interrogation constante de Le Clézio sur le sens de l'existence humaine. Il y approfondit notamment un de ses mythes favoris: celui du paradis perdu, d'une harmonie originelle détruite par le « progrès » humain. Cette histoire de chasseurs de baleines est en effet traversée d'une réflexion sur une communion de l'homme avec la matière et le monde animal. On retrouve également là le thème des origines, présent dans toute l'œuvre de l'auteur (on rappellera que le personnage de son premier roman se prénommait déjà Adam).

Le Clézio aborde également à sa façon un thème traditionnel du récit d'aventures: celui de la chasse au trésor. Mais le trésor est ici remplacé par la beauté de la nature, transformant l'aventure pure en un récit à dimension écologique. Il reste néanmoins dans cette histoire quelque chose d'un Jules Verne, écrivain que Le Clézio a ouvertement admiré. *Pawana* est enfin, comme souvent chez Le Clézio, un hymne à l'enfance, qui se confond avec la pureté des origines du monde.

Le texte se compose de quatre parties, correspondant aux récits alternés de John de Nantucket, un jeune mousse qui, à l'âge de dix-huit ans, s'est embarqué sur le baleinier « Léonore », et de Charles Melville Scammon, le capitaine de ce bateau, qui, ayant découvert l'endroit mythique où les baleines mettent au monde leurs petits, provoqua leur extermination. L'action se déroule en 1856, mais les récits sont datés de 1911. Nous reprenons ici les trois derniers récits de ces narrateurs-personnages.

Pawana

Charles Melville Scammon:

Moi, Charles Melville Scammon, en cette année de 1911, approchant de mon terme, je me souviens de ce premier janvier de l'année 1856 quand le *Léonore* a quitté Punta Bunda[1], en route vers le sud. Je n'ai voulu donner aucune explication à l'équipage, mais Thomas, mon quartier-maître, avait surpris une conversation avec le second capitaine, M. Roys, dans la salle des cartes. Nous parlions de ce passage secret, du refuge des baleines grises, là où les femelles venaient mettre au monde les petits. M. Roys ne croyait guère à l'existence d'un tel refuge qui, selon ce qu'il disait, ne pouvait être né que dans l'imagination de ceux qui croyaient aux cimetières des éléphants ou au pays des Amazones.

Pourtant, le bruit s'est répandu et une sorte de fièvre s'est emparée de tout l'équi-page. C'était bien cela qu'on allait chercher au sud, ce refuge secret, cette cachette fabuleuse, où toutes les baleines du pôle étaient réunies. Depuis plusieurs jours, le *Léonore* suivait la côte de la Californie mexicaine, si près qu'on voyait blanchir la mer sur les écueils. Il n'y avait plus de baleines dans ces parages, et déjà les hommes de l'équipage disaient qu'on n'aurait pas dû abandonner les eaux de la Ensenada, qu'on risquait de perdre l'année de chasse. Parfois, l'homme de vigie signalait un poisson-diable en vue, mais le *Léonore* continuait sa route vers le sud, sans se dévier.

A l'aube, le dimanche, le vent d'est est tombé. J'étais sur le pont, parce qu'il faisait trop chaud dans les cales. J'étais fatigué, je n'avais pas dormi cette nuit-là. L'océan était calme, les voiles flottaient dans une brise presque imperceptible. Penché sur le

1. En Californie mexicaine.

garde-corps, je scrutais la ligne de la côte au moyen d'une petite lunette d'approche. Les mousses étaient déjà au travail, lavant le pont à grande eau, frottant avec la brosse et le savon noir. L'un d'eux, un enfant encore, regardait la mer. Je ne m'occupais pas de lui. J'étais perdu dans une rêverie, ou plutôt, pris par cette idée qui me distrayait complètement du reste.

La côte était encore sombre, irréelle contre la clarté du ciel.

La mer était lourde, opaque. Même la bande de mouettes qui suivaient le *Léonore* depuis notre départ de Punta Bunda semblait s'être dispersée. Le navire avançait avec peine, dans le bruit de ses machines, sur cette mer épaisse et lente. Sans cesse je scrutais la côte, suivant les contours du rivage. Mais je ne voyais qu'une bande sombre, et la ligne déchiquetée des montagnes du désert de Vizcaino[2]. Quand le soleil apparut, le relief devint plus minéral, la nudité des montagnes encore plus hostile.

L'enfant regardait la mer, à côté de moi.

« Comment t'appelles-tu? »

Il dit son prénom. Pour les simples matelots, le nom de famille n'avait pas d'importance. Seulement le prénom, et le lieu d'origine.

« John, de Nantucket.

— Tu es de l'île de Nantucket? »

Je le regardai avec plus d'attention. Puis je regardai à nouveau la côte. « Les cartes n'indiquent rien. Mais je sais que le passage ne doit plus être loin. Le passage doit être par là. » Il montra le massif montagneux, au sud-est. Le soleil illuminait déjà les sommets, faisait briller les arêtes d'un blanc de givre. L'enfant regardait avec émerveillement. « Ce sont des mines de sel », expliquai-je, comme s'il avait posé une question.

« C'est le Vizcaino. Nous sommes trop loin pour voir quelque chose. Ainsi, tu es de l'île?

— Oui, monsieur.

— C'est bien loin d'ici. Est-ce ton premier engagement?

— Oui, monsieur. J'ai signé un contrat avec la Compagnie Nantucket[3].

— Comment es-tu venu ici?

— J'ai appris que la Compagnie engageait pour le Pacifique. »

L'enfant paraissait réfléchir. Je ne sais pourquoi, je dis: « Moi, je suis venu pour chercher de l'or. Je n'en ai pas trouvé, alors j'ai affrété ce navire pour la chasse. Sais-tu que si nous trouvons le refuge des grises, nous deviendrons immensément riches? »

Le regard de l'enfant brillait étrangement. Mais je me trompai sur ce qu'il exprimait. « Immensément riche. Si tu aperçois une ouverture, un chenal, dis-le-moi tout de suite. Il y a une récompense pour celui qui verra en premier le passage. »

Je retournai sur la dunette pour observer la côte. Maintenant, tout l'équipage était sur le pont. Tous savaient pourquoi nous avions quitté Punta Bunda, pourquoi nous allions vers le sud, le long de cette côte désertique. Nous allions être les premiers à découvrir l'ancien secret des poissons-diables, l'endroit où les femelles se réunissaient pour mettre au monde leurs petits. Nous allions revenir immensément riches, ce serait peut-être la dernière campagne. Pourtant personne n'en parlait. C'était comme un mystère qu'il ne fallait pas dire, sous peine d'entraver la marche vers la fortune.

Le 9 janvier, au large de la montagne du Vizcaino.

Vers le soir, le *Léonore* approcha de la côte. Peu à peu, apparaissait une large échancrure, dont l'entrée était gardée par une île. Nous l'avions dépassée dans l'après-midi, poussés par un fort vent arrière, quand l'homme de vigie a signalé la présence de baleines. En effet, du haut de la dunette, j'ai pu distinguer une congrégation de ces animaux, droit devant nous, du côté de l'île des Cèdres[4]. A cette distance, avec le soleil approchant de l'horizon, il était impossible de distinguer s'il s'agissait de rorquals, ou de baleines grises. Le *Léonore* a fait route vers le troupeau, et bientôt j'ai pu apercevoir avec netteté le

---

2. La baie Sebastián Vizcaino se trouve au centre de la péninsule californienne. Le Vizcaino est une montagne de cette région. — 3. Compagnie de baleiniers. — 4. L'île des Cèdres est au large de la baie Sebastián Vizcaino.

jet unique en forme d'éventail, caractéristique des grises[5]. Le troupeau était composé d'une vingtaine d'individus, dont quelques mâles de grande taille (plus de soixante pieds). Au fur et à mesure que le *Léonore* s'approchait, les baleines donnaient des signes d'inquiétude. Quand nous fûmes suffisamment près pour armer le canon, le troupeau se sépara en deux groupes qui passèrent à bâbord et à tribord, et s'enfuit vers le rivage.

La déception de l'équipage était grande. On n'entendait qu'imprécations. Cela faisait plus d'une semaine que le *Léonore* avait quitté les parages de Punta Bunda, et c'était le premier troupeau de baleines qu'on croisait. De plus, il n'y avait ici aucun autre chasseur avec qui partager les prises. Mon idée première était de continuer vers le sud, afin de profiter du vent qui s'était levé. Mais M. Roys me fit observer que la navigation aux abords du détroit qui sépare la Californie de l'île des Cèdres était incertaine, les cartes de l'Amirauté, dont certaines avaient été relevées au début du siècle, étaient imprécises. S'aventurer à la nuit tombante était dangereux. Pour toutes ces raisons, et tenant compte de l'impatience qui grandissait dans l'équipage, je décidai de virer et de retourner en arrière, pour abriter le navire au fond de la baie.

C'est alors que j'aperçus à la lunette l'échancrure, cachée par le banc de sable. La baie s'élargissait, la côte était si basse qu'elle semblait disparaître dans la mer. A la lumière diffuse du crépuscule, le *Léonore* naviguait au plus près, sa voilure inclinée dans le vent, réverbérant les rayons du soleil. La mer, au fond de la baie, était calme et lisse comme un miroir, et la sonde indiquait la présence des hauts-fonds. Devant l'étrave, les dauphins filaient, et à quelques encablures, on apercevait les masses sombres des baleines.

Elles faisaient surface brusquement, si près qu'on entendait le bruit de forge de leur souffle, et que ceux qui connaissaient la chasse percevaient déjà l'odeur âcre de leur haleine.

La nuit commençait à tomber. Le soleil disparaissait à l'horizon, mangé par la brume. Je fis sonder encore, et ayant rencontré des fonds de trente-cinq pieds, je donnai l'ordre de mouiller là où on était, dans la baie, juste à l'entrée de la lagune. Les voiles amenées, je demandai qu'on mît une chaloupe à la mer, pour reconnaître le passage vers la lagune. La prudence recommandait d'attendre, mais au moment de toucher au but, notre impatience à tous était telle qu'on ne pouvait passer la nuit sans savoir. Je laissai M. Roys en charge du *Léonore*, et avec une dizaine de matelots, nous nous dirigeâmes vers la côte.

Il y avait quelque chose d'inquiétant, et même de sinistre, dans cette baie au crépuscule. La solitude de la côte, l'âpreté des montagnes couleur de cuivre, la blancheur des salines, et l'eau sombre à l'entrée de la lagune, avec cette sorte d'île, ou de banc de sable gris, tout cela ressemblait au passage vers un monde fantastique. Les légendes nous revenaient à l'esprit, celles des poissons-diables attaquant les chaloupes, les broyant de leurs corps gigantesques, fouettant l'eau de leurs queues jusqu'à ce qu'il ne reste plus un seul homme vivant. La nuit nous a surpris à l'entrée de la lagune et nous avons tiré la chaloupe sur la plage. Nous avons fait un campement de fortune, en attendant la première marée de l'aube, pour continuer l'exploration.

Je ne pourrai jamais oublier cette nuit-là. Nous avons dormi sur la grève, sans savoir où nous étions, sans même distinguer les feux du *Léonore*. Les hommes se sont étendus dans le sable, sans couvertures, car l'air était doux, sans un souffle de vent. J'essayais de dormir, mais j'entendais le bruit de leurs voix. Ils se parlaient à voix basse, sans se voir, avec seulement la lueur des étoiles qui éclairait vaguement le sable de la grève, écoutant les vagues qui venaient mourir sur la plage. Parfois, nous entendions des bruits étranges dans le chenal, le froissement de l'eau sur le corps des poissons géants, et je sentais l'odeur caractéristique de leur souffle. Les harponneurs se redressaient, cherchaient à

---

5. Baleines.

apercevoir, suivaient le bruit du souffle le long de la côte.

Plus tard, la lune s'est levée, la mer est apparue, et l'eau de la lagune, lisse, sans une ride, et vide de baleines. Alors je me suis endormi, enveloppé dans mon manteau, la tête appuyée contre mon bras. Le vent soufflait, la lune montait lentement au-dessus de la lagune. Je rêvais de ce que je n'avais pas vu encore, du secret que j'étais sur le point de découvrir.

Avant l'aube, nous nous sommes tous réveillés ensemble. Peut-être que l'Indien avait poussé son cri dans sa langue, le «Awaité pawana!» que nous attendions tous. Il était debout sur la plage, à côté de la chaloupe, appuyé sur son harpon, et il regardait vers la lagune. L'eau grise nous est apparue, couverte de marques noires qui glissaient lentement. Je ne pouvais en croire mes yeux, et je crois que personne ne pouvait être sûr de ne pas rêver. Je voyais ce que j'avais cherché si longtemps, ce que racontaient autrefois les marins de Nantucket, quand la mer de l'hiver se couvrait de rorquals et de baleines franches, si nombreux qu'on aurait dit un troupeau dans la plaine.

Le long du chenal, les corps des poissons-diables glissaient lentement, l'écume ourlait les dos noirs, on entendait distinctement les coups de queue qui frappaient l'eau, et les jets des évents qui fusaient de tous côtés, avec un bruit rauque qui résonnait dans le silence de la baie. Les uns après les autres, les hommes s'approchaient du rivage, regardaient. Bientôt les cris jaillirent, des cris sauvages et féroces, et j'ordonnai de mettre la chaloupe à la mer. L'onde de la marée poussait les baleines vers le haut du chenal, d'où elles pénétraient dans les eaux saumâtres de la lagune. Elles étaient si nombreuses, qu'elles se heurtaient par endroits.

Lentement, à la rame, la chaloupe suivait la route des baleines, le plus près des hauts-fonds afin d'éviter d'être broyée par les géants. La mer recouvrait presque entièrement l'île de sable où nous avions dormi. Déjà des milliers d'oiseaux obscurcissaient le ciel, suivant le même mouvement, comme s'ils savaient ce qui allait se passer.

Le 10 janvier, vers six heures du matin, nous entrâmes dans les eaux de la lagune. Elle était bien telle que je l'avais rêvée, immense, pâle, rejoignant le ciel par les lignes fuyantes des bancs de sable et des presqu'îles. Tout à fait au fond, comme surgies de la mer, les montagnes de quartz rouge étincelaient déjà au soleil, d'une incroyable dureté. Mais c'était l'eau qui donnait le vertige, cette eau calme et miroitante, où se pressaient les immenses corps noirs, par centaines, par milliers peut-être. A l'avant de la chaloupe, à côté du harponneur indien, je regardais cela, sans rien dire, et il me semblait que j'étais entré tout à coup, par effraction, dans un monde perdu, séparé du nôtre par d'innombrables siècles. Les baleines glissaient tranquillement dans la lagune, le long des canaux entre les bancs. Il y avait des femelles qui avaient déjà mis bas, et qui soutenaient leurs petits à la surface pour qu'ils puissent prendre leur première respiration. D'autres, énormes, attendaient, basculées sur le flanc, que le moment d'accoucher arrive. A l'écart, les mâles étaient réunis, comme pour faire le guet, leurs corps immenses réunis formant une seule muraille sombre.

Je ne sais comment nous nous arrachâmes à cette contemplation. Soudain, sur mon ordre, la chasse silencieuse commença. La chaloupe se dirigea vers le troupeau, le harponneur indien debout à la proue, tenant son canon chargé. Derrière lui, le mousse apprêtait le filin, les flotteurs. La chaloupe fendait l'eau lisse de la lagune, presque sans bruit, sans sillage. Malgré la lumière du jour, on ne voyait pas encore les fonds. L'eau avait une couleur laiteuse et trouble, qui se confondait avec le ciel. Nous étions tous sur nos gardes dans l'attente de ce qui allait venir.

Une ombre est passée à quelques brasses, à tribord, un long nuage noir qui glissait au ras de la surface, et d'un seul coup émergea, devint une montagne dressée dans l'air, dans une nuée de gouttes, et retomba dans l'eau avec un fracas qui nous pétrifia tous l'espace d'une seconde. Déjà l'Indien avait appuyé sur la détente, et le harpon jaillit droit devant nous, avec une secousse qui arrêta la chaloupe, tandis que le câble se déroulait en sifflant. Un cri de triomphe retentit, et le poisson-diable, une femelle gigantesque, plongea avant qu'on ait pu voir si le harpon l'avait touchée. Mais juste avant de plonger, elle avait lancé ce souffle rauque que je connaissais bien, ce souffle qu'aucun homme ne peut oublier. Le câble se déroulait à toute vitesse, entraînant les freins qui cognaient contre le bord de la chaloupe comme des coups de feu, et le mousse arrosait le bois pour qu'il ne s'enflamme pas sous la friction. Un instant plus tard, la baleine jaillit à nouveau à la surface de la lagune, en un bond extraordinaire, qui nous laissa tous sans forces, tant étaient grandes la beauté et la force de ce corps dressé vers le ciel. Elle resta immobile quelques fractions de seconde, puis elle retomba dans une gerbe d'écume, et flotta à la surface, légèrement de travers, et on voyait le sang teinter la lagune, rougir le souffle de ses évents. Silencieusement, la chaloupe s'approcha de la baleine. Au dernier moment, alors qu'un frémissement de l'eau indiquait qu'elle recommençait à bouger, l'Indien projeta le deuxième harpon qui se ficha profondément dans le corps de la baleine, juste au-dessus de l'articulation de la nageoire, entre les côtes, et toucha le cœur. A l'instant le sang jaillit par les trous des évents, en un jet qui fusait haut dans le ciel, d'un rouge très clair, qui retombait sur nos têtes et dans la mer comme une pluie. Le corps immense eut un soubresaut, puis s'immobilisa à la surface, tourné sur le côté, montrant le dard du harpon, tandis que la tache sombre s'agrandissait dans la lagune, entourait la chaloupe. Curieusement, les hommes ne disaient plus rien. En silence, ils placèrent le croc au sommet de la tête, et la chaloupe repartit vers l'estuaire de la lagune, halant la baleine vers le *Léonore*. Des cris de triomphe nous accueillirent à l'arrivée au navire. Les hommes s'employèrent à arrimer le corps de la baleine aux flancs du navire, en passant des chaînes à travers l'évent et la mâchoire. Immédiatement, d'autres chaloupes partirent, profitant de la marée haute, pour chasser d'autres poissons-diables. Vers midi, à la marée basse, une dizaine de baleines avaient déjà été tuées. C'était plus que ne pouvait

emmener le *Léonore*. Nous abandonnâmes les moins grosses prises, et nous retournâmes vers le nord, dans la direction du campement des boucaniers.

John, de Nantucket:

Trois ans plus tard, je suis retourné dans la lagune. Je n'étais plus sur le *Léonore*, mais sur un baleinier de la Compagnie Nantucket, le *Sag Harbor*. Je n'ai jamais revu le capitaine Scammon. Mais quand je suis arrivé de nouveau dans la lagune à laquelle tous les marins de la Compagnie donnaient son nom, j'ai ressenti une horreur que je ne pourrai jamais oublier. Ce lieu jadis si beau, si pur, tel que devait être le monde à son début, avant la création de l'homme, était devenu l'endroit du carnage. L'entrée de la lagune avait été bloquée par les navires, et à l'intérieur du piège les troupeaux de poissons-diables tournaient en rond, les femelles poussant devant elles leurs petits, cherchant une issue. Quand elles se présentaient devant les navires, les canons lançaient les harpons explosifs, et le sang des géantes s'étalait dans la lagune, souillait les plages et les bancs de sable. Les oiseaux ivres, féroces comme des rats, tourbillonnaient au-dessus des baleines blessées. Des hordes de requins avaient pénétré dans la lagune, attaquaient les baleines blessées, arrachaient des morceaux aux proies attachées au flanc des navires, malgré les imprécations des marins armés de carabines. De tous côtés, sur les bancs de sable inaccessibles, gisaient les carcasses des grises, lambeaux de chair et d'os, becs immenses dressés vers le ciel. Les canons tiraient sans cesse, les harpons frappaient les corps, les évents lançaient des jets de sang. Même le bruit était inhumain. Personne ne criait, personne ne parlait. Il y avait seulement les coups sourds des obus qui explosaient dans les corps des baleines, les criaillements des oiseaux, et les souffles rauques des bêtes en train de mourir. Parfois, les navires frappaient à mort la même baleine, et les équipages se disputaient la proie, mais presque sans cris, avec des menaces étouffées. Le soleil brillait sur les montagnes du désert, au loin, sur les salines, sur l'eau épaisse.

Maintenant, il n'y avait plus de secret. C'est cela qui me faisait horreur, c'est pour cela que j'ai juré que je ne reviendrais plus, que ce serait la dernière fois. L'année qui a suivi la découverte de la lagune, on dit que plus de cent navires entrèrent dans le domaine des baleines, envoyèrent leurs chaloupes à la poursuite des femelles en train d'accoucher. Le carnage dura un mois entier, jour après jour. Les navires venaient de tous les points du monde. Le soir, les feux s'allumaient sur les rives de la lagune, sur les bancs de sable. Une jetée avait été construite, au fond de l'anse à l'entrée de la lagune, là où autrefois nous avions dormi avant d'entrer dans le domaine des baleines grises. A présent, il y avait partout le bruit des hommes, les cris, les appels, les voix qui parlaient dans toutes les langues, et après le silence de la tuerie, c'était un bruit aigu et ronflant qui ressemblait aux cris des oiseaux.

Au lever du jour, commençait la boucherie, et cela durait jusqu'à midi. Les canots revenaient de la lagune, halant les corps des géantes hors de la lagune, jusqu'aux navires. Maintenant, ce n'était plus le lieu secret, sans nom, tel qu'il existait depuis le commencement du monde. Chaque recoin de la lagune, chaque baie, chaque banc avait son nom, le nom d'un harponneur, d'un marin, le lac Cooper, la Mare aux poissons, la lagune du fort, le grand rocher, la lagune principale, la digue, le nouveau port, les salines. Les hommes possédaient toute la lagune, jusqu'au fond. Déjà étaient apparues les premières huttes, les maisons des collecteurs de sel indiens, les vendeurs d'eau, peut-être qu'il y avait maintenant une hutte de roseaux et de palmes où des filles vendaient leur corps aux boucaniers.

C'est à Araceli[6] que je pense encore, ici, après tant d'années, sur cette plage vide. Je cherche le long de l'ancien ruisseau asséché la place où je l'ai épiée, entre les roseaux, pendant qu'elle se baignait à l'aube, parmi les oiseaux. C'est là aussi qu'elle m'a parlé, pour la première fois. C'est si loin que je ne sais plus si cela s'est passé vraiment, si je l'ai rêvé. Je n'ai pas ou-blié la couleur de sa peau, la flamme sauvage de ses yeux. C'est là, à l'aube, dans le sable mouillé, que nous nous sommes étendus, j'ai touché son corps, je tremblais de fièvre, de désir. Elle me parlait dans sa langue étrange, dure et chantante, elle me montrait les collines du désert, là d'où elle venait. Je ne comprenais pas. Je ne savais pas pourquoi elle m'avait choisi, pourquoi elle se donnait à moi. Elle était si violente et sauvage, en même temps si craintive, fugitive comme une ombre. Quand le soleil apparaissait, elle quittait les roseaux, elle retournait vers le camp, dans la hutte où dormaient Emilio[7] et les filles. C'est elle que je cherche ici, le souvenir de sa peau, où l'eau de la rivière restait accrochée comme une rosée, le souvenir de ses cheveux noirs glissant sur son dos, de ses yeux brûlants, de sa voix, de son souffle.

Un jour, pourtant, elle n'est pas venue. Valdés, le Mexicain, m'a dit qu'elle s'était enfuie. Emilio l'avait battue, et elle s'était échappée. Je suis allé vers le haut du torrent, du côté des montagnes désertes. Je cherchais ses traces à travers le marais, dans les roseaux. Alors j'ai vu Emilio, monté sur son cheval. Il galopait vers les montagnes, il semblait un chasseur. J'étais dans le camp lorsqu'on a ramené le corps d'Araceli. Des hommes l'avaient trouvée dans la montagne, du côté des bois de mezquites. Ils l'ont déposée dans le sable, non loin de la rivière. Les prostituées se sont approchées, elles l'ont regardée. Elles ont lancé des malédictions. Les hommes restaient un peu à l'écart, sans rien dire. Puis il y en a eu quelques-uns pour creuser une tombe, là où elle était, dans les cailloux et le sable du bord de la rivière. Ce fut juste un trou dans la terre, et ils basculèrent le corps d'Araceli. Un homme tenait les jambes, un autre les bras, ils l'ont balancée un instant et l'ont laissée tomber dans le trou. La tombe était si étroite que les bras restaient accrochés aux cailloux, je m'en souviens, comme si elle ne voulait pas disparaître. Je n'ai pas osé m'approcher. J'ai eu peur de voir le visage, les yeux fermés, la peau grise

---

6. Jeune fille indienne, servante dans un campement de prostituées, et dont John s'est épris. — 7. Le « maître » d'Araceli.

et salie par la poussière, les beaux cheveux. Avec des pelles, les marins ont poussé la terre sur elle, et ils ont placé quelques grosses pierres. Comme elle n'était qu'une Indienne, ils n'ont pas dit de prières, ils n'ont pas mis de croix, ni rien pour marquer l'endroit où elle était enterrée. Mais moi je n'ai pas oublié. C'est pour cela que je suis venu ici, pour voir cette tombe, pour bien la reconnaître encore une fois. La rivière s'est asséchée, les forêts de mezquites ont brûlé, mais je peux voir exactement l'endroit où est Araceli, dans cette terre rouge, où les cailloux n'ont jamais changé de place.

Après, les filles ont quitté le camp. De toute façon, elles ne pouvaient pas rester. Emilio, on dit qu'il fut pris à San Diego, et qu'il fut pendu cette même année. D'autres disent qu'il a découvert un filon, et qu'il est devenu très riche. Cette année-là, la Compagnie Nantucket vint s'installer à San Francisco, et les boucaniers cessèrent de s'arrêter à Punta Bunda. Il n'y avait déjà plus de bois pour faire du charbon. Alors on dit que la rivière cessa de couler.

C'était autrefois, c'était dans un autre monde. Maintenant, le *Léonore* n'existe plus. Il s'est échoué sur un banc, dans la baie de San Francisco. Et qui sait ce que sont devenus ceux qui le montaient, le capitaine Scammon, le second capitaine Roys, le harponneur nattick[8], les marins hawaiiens, canaques, le Mexicain Valdés, tous les autres qui étaient avec moi lorsque nous sommes entrés pour la première fois dans la lagune?

J'erre sur la plage, dans le vent doux de l'hiver, j'entends pleurer les tubes des roseaux, et le sifflement dans les ossements et les branches des anciennes huttes. Je frissonne, parce que c'est comme la voix d'Araceli, son souffle qui chante près de la rivière invisible.

Le siècle nouveau commence, plus rien ne sera comme avant. Le monde ne retournera plus à son origine. La lagune n'est plus le lieu où la vie pouvait naître. Elle est devenue un lac mortel, le lac lourd et âcre du sang répandu. J'erre sur les plages, au milieu des ruines des huttes. Je suis peut-être devenu pareil au vieux John Nattick[9] de mon enfance, qui pouvait rester devant l'eau grise de la lagune, au milieu des carcasses des bateaux inutiles, qu'il ne voyait plus. Est-ce qu'un enfant viendra un jour écouter la plainte des branches et des os? Parfois, les navires passent au large. Je vois leurs hauts mâts, leurs cheminées qui crachent de la fumée. Ils traversent la baie, vers le sud. Ils cherchent d'autres secrets, d'autres proies. La mer devient vide à nouveau, sans un signe, sans un souffle. Comment peut-on oublier, pour que le monde recommence? J'ai trouvé partout la tombe d'Araceli. Partout les mêmes pierres, la même terre remuée. Plus loin, de l'autre côté du cap, il y a une ville nouvelle. En écoutant bien, peut-être que je pourrais entendre, portés par le vent, la musique, les rires, les cris des enfants?

Charles Melville Scammon:

Moi, Charles Melville Scammon, commandant le *John Dix*, j'ai vécu cela, j'ai découvert ce secret, le premier j'ai ouvert le passage dans cette côte inconnue, jusqu'à cette échancrure, cette île basse, ce chenal où à la marée montante se bousculaient les baleines pleines, impatientes d'accoucher dans les eaux douces de la lagune. J'ai vécu cela, comme un ancien rêve, qui se réalisait soudain dans un éblouissement. Tous ceux qui m'accompagnaient alors ne l'ont pas oublié, ni Roys, ni le harponneur de Nantucket, ni ce jeune garçon qui chassait pour la première fois et qui me regardait comme si j'avais fait quelque chose de maudit. Je me souviens de chacun d'eux, maintenant, au terme de mon existence, et je jure, amen, que rien de tel n'aura été donné deux fois dans notre vie.

L'entrée dans la lagune, à l'aube, à bord de la chaloupe, au milieu des corps innombrables des baleines, aussi grands que des dieux, les femelles penchées pour accoucher, puis soulevant leurs enfants pour leur permettre de prendre leur premier souffle. Alors notre chaloupe fendait l'eau pâle en silence, et c'était la mort que nous apportions. Après, tout d'un coup, la

---

8. Tribu indienne. — 9. Vieux chasseur de baleines aveugle.

clameur des oiseaux tourbillonnant, quand la lagune se teintait du sang des baleines, s'assombrissait dans la lumière de l'aube.

La chaloupe fendait l'eau, et le canon de l'Indien lançait le harpon qui entrait dans le flanc des baleines, faisant jaillir davantage de sang. Nous n'avions plus d'âme, je crois, nous ne savions plus rien de la beauté du monde. Nous étions enivrés par l'odeur du sang, par le bruit de la vie qui s'échappait avec le souffle. Maintenant, je me souviens du regard des hommes. Comment ai-je pu ne pas le voir? C'était un regard volontaire et sans pitié. Certaines baleines blessées entraînaient la chaloupe jusqu'aux hauts-fonds, et il fallait trancher le filin à la hache pour ne pas s'échouer sur les bancs. Les baleines sont mortes là, et leurs carcasses pourrissaient comme des épaves.

Je me souviens du regard de l'enfant qui était avec nous. Il me brûlait d'une question sans réponse. Je sais maintenant ce qu'était cette question. Il me demandait, comment peut-on tuer ce qu'on aime?

Nous étions les premiers. Si nous n'étions pas venus, est-ce que d'autres n'auraient pas trouvé finalement l'entrée vers ce paradis, le passage vers la lagune où les baleines venaient au monde? Comment peut-on détruire un secret?

Jour après jour, les chasseurs ont remonté le chenal, pour tuer les baleines dans la lagune. Année après année, ils sont venus, avec des navires de plus en plus grands, de toutes les parties du monde, de Californie, du Chili, d'Argentine, d'Alaska, de Norvège, de Russie, du Japon. Les navires faisaient comme une armée à l'entrée de la lagune. Ils portaient des harpons empoisonnés au curare, des canons lance-torpilles, des harpons électriques, des palans, des chaînes, des crocs. Autour d'eux, il y avait la nuée des oiseaux affamés, et dans la mer les centaines de requins. La lagune était un lac de sang dans l'aube de l'hiver, une rivière rouge qui baignait les rivages de pierre. La lagune n'était plus un secret, elle n'était plus la mienne. Elle était devenue un piège où se prenaient les ba-

leines grises, un piège qui les faisait mourir avec leurs nouveau-nés. Combien de milliers de corps transpercés, halés jusqu'aux navires, attachés à des crocs, dépecés sur les plages, transformés en barils d'huile? Combien d'enfants tués dans le ventre de leur mère? Les carcasses immenses pourrissaient sur le sable, dans les fonds de la lagune, comme des navires naufragés. Si mon regard ne s'était pas arrêté, ce fatal jour de janvier 1856, sur cette échancrure dans la côte désertique, à demi cachée par une île de sable, est-ce que le ventre du monde serait encore? Est-ce que le secret de l'origine du monde aurait été gardé? La lagune était si belle et vaste, dans le centre de la terre, entre le ciel et la mer, entre la mer et le sable, là où la vie pouvait commencer. Dans la lagune, les baleines étaient libres et vastes comme des déesses, comme des nuages. Elles venaient au monde dans l'endroit où la vie avait commencé, dans le secret de la terre. Sans cesse recommencé, et il ne devait pas y avoir de fin.

Mais moi, Charles Melville Scammon, commandant le *Léonore* de la Compagnie Nantucket, j'ai découvert ce passage, et plus rien ne sera jamais comme avant. Mon regard s'est posé sur le secret, j'ai lancé mes chasseurs assoiffés de sang, et la vie a cessé de naître. Maintenant, tout est renversé et détruit. Sur la plage où nous avons passé la première nuit, entendant au hasard les souffles des géants qui s'approchaient, on a construit une jetée en bois, où les cadavres des baleines sont arrimés avant le dépeçage. Des huttes ont poussé, des villages de ramasseurs de sel, de marchands d'eau, de coupeurs de bois. Le ventre de la terre s'est desséché et flétri, il est devenu stérile.

Maintenant que j'approche de ma fin, je pense à l'étrave de la chaloupe qui fendait silencieusement l'eau pâle de la lagune, portant le canon de l'Indien[10] vers le corps des géantes. Je pense encore au bond gigantesque de la femelle, suspendue un instant dans la lumière au centre de son nuage de gouttes, et retombant en entraînant son enfant dans la mort. Comment peut-on oser aimer ce qu'on a tué? C'est la

---

10. Plusieurs marins du *Léonore* sont des Indiens d'Amérique.

question que me posait le regard de l'enfant dans la chaloupe, c'est cette question que j'entends encore. Alors, tandis que l'étrave de la chaloupe fendait l'eau de la lagune, nous allions très durement vers notre destinée. Je pense aux larmes de l'enfant, quand nous avons halé les corps des baleines vers le navire, parce qu'il était le seul à savoir le secret que nous avions perdu.

Je pense à lui, comme si je pouvais arrêter le cours du temps, l'étrave de la chaloupe, refermer l'entrée du passage. Je rêve à cela, comme autrefois j'avais rêvé d'ouvrir ce passage. Alors le ventre de la terre pourrait recommencer à vivre, et les corps des baleines glisseraient doucement dans les eaux les plus calmes du monde, dans cette lagune qui enfin n'aurait plus de nom.

Matière à réflexion

1. Cette histoire se compose des récits alternés de John de Nantucket et de Charles Melville Scammon. En quoi ces récits diffèrent-ils entre eux? Contrastez les deux récits de Charles Melville Scammon.

2. Relevez toutes les références au paradis perdu. Par quels moyens Le Clézio construit-il un mythe des origines? Etudiez en particulier la technique de l'*allusion* dans cette nouvelle.

3. Le thème du souvenir et de la mémoire est très important dans *Pawana*. Le passé semble proche et pourtant irrémédiablement perdu. Relevez les marques de nostalgie dans le texte. De qui émanent-elles? Comment influent-elles sur la manière dont l'histoire est racontée?

4. Les personnages d'Araceli et de John, en relation privilégiée avec les éléments et le rythme de la terre, irréductibles face au monde des adultes, et pourtant victimes de leur folie, sont des personnages lecléziens typiques. Montrez pourquoi et comment Le Clézio valorise l'enfance.

5. Les récits oscillent entre deux temps et deux lieux. Etudiez les thèmes du voyage et de l'aventure dans cette nouvelle, dont l'action passe d'une côte du continent américain à l'autre. Analysez la parenté et les différences entre cette nouvelle et le récit d'aventures traditionnel.

6. Cette nouvelle présente-t-elle un message écologique? Si oui, lequel?

7. Les personnages de Le Clézio sont rarement bien définis. Comparez la conception leclézienne du personnage à celle du nouveau roman.

8. Comment doit-on comprendre ces deux phrases du texte: «Comment peut-on tuer ce qu'on aime?» et «Nous n'avions plus d'âme, je crois, nous ne savions plus rien de la beauté du monde»? Comment cette beauté est-elle définie? Comment est-elle présente, même dans le carnage?

9. Lorsque les chasseurs entrent dans la lagune secrète, y a-t-il des signes avant-coureurs d'un sacrilège? Passent-ils complètement inaperçus?

10. Relevez toutes les références aux éléments (eau, feu, mer, terre, soleil, vent, etc.). Quel sentiment général se dégage de leur présence? Expliquez la « philosophie des éléments » chez Le Clézio.

11. « (...) dans cette lagune qui enfin n'aurait plus de nom ». Pour Le Clézio, le langage s'interpose entre l'homme et la réalité, il empêche un contact authentique avec les choses. Comment comprenez-vous dès lors ce désir d'un retour à une réalité qui ne serait plus qualifiée par le langage?

12. Si *Pawana* est bien la ré-écriture de *Moby Dick*, comparez les deux textes et étudiez ce mécanisme d'inversion systématique. Quelles scènes en particulier rappellent *Moby Dick*?

Patrick Modiano

Presque tous les romans de Patrick Modiano parlent de la période de l'Occupation[1]. Modiano semble en effet fasciné par ces années étranges, antérieures à sa naissance, comme si elles recelaient les clés du mystère qui entoure la génération de ses parents, mystère lié pour l'auteur à celui de sa propre identité. « Et puis moi, j'ai l'impression que je suis le produit d'une époque troublée... Dans des périodes comme celles-là il faut une enquête pour trouver des renseignements sur des choses qui ont précédé votre naissance, une enquête qui n'*aboutit jamais*[2]... ».

L'enfance de l'auteur permet aisément de comprendre son interrogation constante sur ses origines. Né en 1945 dans la région parisienne, il vécut une enfance et une adolescence difficiles, marquées par l'absence et la négligence de ses parents. Son père, Albert Modiano, mena en effet pendant l'Occupation une existence clandestine sous un faux nom et, à la Libération, amassa une fortune suspecte grâce à des activités financières douteuses. Il disparut sans guère laisser de traces lorsque son fils avait dix ans. La mère de l'auteur, quant à elle, actrice de cinéma et chanteuse, était trop absorbée par sa propre carrière pour bien s'occuper de ses enfants, qu'elle abandonnait fréquemment lors de ses tournées, en province ou à l'étranger. Patrick Modiano passa donc la majeure partie de son adolescence en pension, ne voyant sa mère que rarement. Le souvenir imprécis de ce milieu familial occupe une place prédominante dans son œuvre (*Livret de famille*, 1977; *Une jeunesse*, 1981; *Memory Lane*, 1981; *Vestaire de l'enfance*, 1990).

Modiano s'efforce donc de reconstituer la période de l'Occupation, afin de combler les vides de son existence et de lui donner un sens. Mais, comme il le remarque, *cette enquête n'aboutit jamais*. Les inévitables défaillances de la mémoire, la difficulté de retrouver exactement le passé sont en partie responsables de cet échec.

---

1. L'occupation de la France par les Allemands, de 1940 à 1944. — 2. Interview du magazine *Lire*, en 1985.

Patrick Modiano

Il semble que Modiano soit persuadé de l'impossibilité d'une connaissance authentique d'autrui. Ses personnages apparaissent donc ambigus, effacés, énigmatiques, tels des fantômes disparaissant dans le brouillard des rues de Paris...

La difficulté de son entreprise tient en outre à ce que l'époque qu'il tente de cerner avec précision est elle-même fuyante, opaque et mystérieuse. Ce petit monde ambigu des résistants, des collaborateurs, du marché noir, des dénonciateurs, etc. échappe à toute tentative de définition. Tout au plus peut-on en évoquer l'*atmosphère*, et c'est là que Modiano excelle: il cultive en effet ce climat hallucinatoire de l'Occupation, dans lequel évoluent, tels des ombres, des individus évanescents dont on ignore toujours la véritable identité et les motifs exacts. Aussi le personnage modianesque, comparable en cela à celui des nouveaux romanciers, se caractérise-t-il par sa fragmentation et ses contours flous.

L'écriture de Modiano est donc essentiellement autobiographique. Ses romans, écrits à la première personne, sont avant tout des autobiographies fictives, ou, comme le dit l'auteur, des « autobiographies rêvées ». Le narrateur — qui n'avoue jamais être Modiano lui-même, mais qui y ressemble fortement — y mêle fiction et réalité, souvenirs personnels et reconstitution imaginaire du passé. Ce brouillage des frontières entre rêve et réalité produit un effet de flou qui rend angoissant le réel le plus banal, ce décor urbain[3] que privilégie Modiano, et dans lequel évoluent des personnages à l'identité vague et incertaine. L'enquête quasi policière à laquelle se livre Modiano sur les années noires de l'Occupation et sur le temps perdu de sa propre adolescence apparaît donc aussi comme une enquête existentielle, traversée d'un sentiment d'incertitude face au monde quotidien.

---

3. Les titres des romans de Modiano montrent bien sa fascination pour la ville: *La Place de L'Etoile* (1968), *Les Boulevards de ceinture* (1972), *Rue des boutiques obscures* (1978), *Quartier perdu* (1984), *Paris tendresse* (1990), etc.

Avant de lire

De si braves garçons (1982): ainsi Modiano nomme-t-il un groupe d'adolescents qui furent pendant quelques années condisciples au collège Valvert, dans la région parisienne. Ces jeunes gens ont tous en commun une situation familiale difficile: ils sont en effet quasi abandonnés dans ce collège par des parents divorcés, distants ou indifférents, et qui mènent souvent une double vie, à l'insu de leurs enfants.

Le narrateur principal — dont on ne sait pas grand-chose, sauf qu'il se nomme Patrick et qu'il est né en 1945, ce qui donne au roman des allures autobiographiques — passe en revue ces différents camarades d'école, personnages fantômatiques, silhouettes qui se perdent dans le brouillard des souvenirs et des rêves. Certains ont disparu à tout jamais, plus ou moins mystérieusement. D'autres, dont l'identité demeure tout aussi floue, réapparaissent quelque vingt ans plus tard. Ils ont tous, semble-t-il, quelque chose à cacher, sous des apparences mensongères ou une fausse identité.

Le récit alterne donc entre un passé lointain (l'époque où ces braves garçons avaient quinze ou seize ans), et un passé plus récent (le moment de brèves retrouvailles), tentant de combler les vides d'un puzzle qui reste toujours incomplet. Le narrateur, s'efforçant de résoudre les mystères qui entourent ces adolescents, semble cependant incapable d'obtenir une image fixe de ce passé. Les années soixante de sa jeunesse baignent dans l'atmosphère irréelle des surprise-parties, des beaux appartements parisiens et de l'univers un peu fou du collège Valvert. Quant aux retrouvailles, loin d'éclairer le narrateur, elles semblent troubler davantage sa vision, car les camarades de classe s'avèrent aussi énigmatiques, sinon plus, que jadis. « Que savons-nous des autres » semble demander Modiano, mais aussi « que savons-nous de nous-mêmes », puisque l'existence ne nous laisse rien de solide, et qu'il est dérisoire d'interroger les images brouillées que nous offre notre mémoire.

Il arrive parfois au narrateur principal de céder la parole à certains condisciples, dont le témoignage vient recouper sa reconstitution hypothétique du passé. L'extrait suivant se situe à l'extrême fin du roman. Le narrateur principal s'efface dans le chapitre XIII au profit d'un narrateur secondaire, Edmond Claude, un acteur de seconde classe qui a déjà auparavant narré ses retrouvailles avec divers élèves ou professeurs du collège. Edmond Claude évoque ici le personnage étrange de Marc Newman, un autre « ancien » de Valvert.

De si braves garçons

XII

Pourquoi Marc Newman et moi allions-nous si souvent déposer une fleur sur le tombeau d'Oberkampf[1]?

Derrière le blockhaus[2], un vieux mur s'élevait, protégé par des massifs de rhododendrons. Newman l'escaladait le premier et se laissait tomber. Ensuite, il m'aidait à descendre en me soutenant par la taille. L'enclos se trouvait en contrebas et le même mur, de l'autre côté, avait plus de deux mètres de haut, sans la moindre aspérité.

C'était comme de descendre au fond d'un puits. Il faisait frais, les jours de chaleur, dans ce petit jardin où Oberkampf dormait de son dernier sommeil. Le blockhaus étendait son ombre sur les massifs de rhododendrons et le mur. En bas, les feuillages d'un saule pleureur cachaient à moitié le tombeau d'Oberkampf dont le nom lui-même évoquait l'eau d'un puits, ou le marbre noir moiré d'un reflet de lune.

Newman avait découvert cet enclos secret dont nous n'osions demander à Pedro[3] s'il était une parcelle du domaine de Valvert et, à chacune de nos équipées, nous ne savions pas si nous aurions les forces suffisantes pour escalader le mur en sens inverse.

Newman me hissait sur ses épaules et je m'installais à califourchon au sommet du mur. Je tirais Marc vers moi, de toutes mes forces. Par un rétablissement acrobatique, il passait d'un seul élan de l'autre côté du mur. Sous le choc, je risquais de basculer et de me rompre le cou.

Au retour du tombeau d'Oberkampf, nous étions comme deux plongeurs sous-marins, un peu hébétés de nous retrouver à la surface.

Les nuits d'été, de notre chambre du Pavillon Vert, nous nous glissions dans la cour de la confédération[4], qu'il fallait contourner le plus vite possible. En effet, nous risquions de rencontrer Pedro au moment de sa ronde, ou Kovnovitzine[5] et son chien Choura. Et nous aurions été privés de sortie pour nous promener après l'extinction des feux.

La grande pelouse franchie, nous étions à l'abri du danger. Nous nous enfoncions dans l'obscurité du parc vers la piste Hébert[6] et les tennis. Un chemin montait en direction du bois, et là-haut, nous escaladions le mur d'enceinte du collège. Nous traversions une clairière au bout de laquelle brillait une vague lueur d'aube et nous étions enfin parvenus en bordure du terrain d'aviation que Newman avait repéré, un jour qu'il se promenait par là.

Etait-ce une annexe de l'aérodrome de Villacoublay[7]? Newman prétendait que non. Il avait pu se procurer une carte d'état-major et nous la scrutions à la loupe: le terrain d'aviation n'y figurait pas. Nous avions marqué d'une croix son emplacement: juste au milieu du bois.

Nous nous allongions dans l'herbe, près de la clôture de fils barbelés. Là-bas des ombres entraient dans le hangar, et à leur sortie, elles poussaient des chariots et portaient des valises. Une automobile ou un camion attendait de l'autre côté du terrain et on y chargeait toutes ces marchandises. Bientôt, le bruit du moteur décroissait. Une lumière était allumée à la façade du hangar et devant l'entrée de celui-ci, quelques personnes en tenue de mécano jouaient aux cartes autour d'une table. Ou dînaient, simplement. Le murmure de leurs conversations dans la nuit.

---

1. Industriel français d'origine allemande (1738–1815). La mairie du village où se trouve le collège Valvert est l'ancienne demeure d'Oberkampf, et ce dernier est enterré non loin des dortoirs de Valvert. — 2. Pendant la Deuxième Guerre mondiale, le collège Valvert a servi d'état-major à l'armée allemande. — 3. M. Jeanschmidt, surnommé Pedro, est le directeur du collège. — 4. Nom de la cour du collège. — 5. Le professeur de gymnastique de Valvert, qui fait tous les soirs sa «ronde» autour des dortoirs, accompagné de son fidèle labrador. — 6. Piste d'athlétisme, du nom d'un ancien élève du collège, un certain Hébert, qui l'a conçue comme terrain d'exercice pour une nouvelle méthode de gymnastique. — 7. En Seine-et-Oise, où se situe le collège Valvert.

Une musique. Un rire de femme. Et souvent, ils disposaient sur la piste des signaux lumineux, comme pour faciliter l'atterrissage d'un avion qui ne venait jamais.

— Il faudrait voir ce qu'ils trafiquent de jour, m'avait dit Newman.

Mais de jour, tout était désert et abandonné. La mauvaise herbe envahissait la piste. Au fond du hangar, dont le vent faisait trembler une tôle mal jointe, dormait la carcasse d'un vieux Farman[8].

XIII

Eh bien, moi, j'ai revu Newman. Un ballon de caoutchouc vert clair avait rebondi contre mon épaule. Je me retournai. Une petite fille blonde d'une dizaine d'années me regardait d'un air gêné et hésitait à venir chercher son ballon. Enfin, elle se décida. Le ballon avait glissé sur le sable à quelques mètres de moi, et, comme si elle craignait que je le lui confisque, elle le ramassa d'un geste rapide, le serra contre sa poitrine et se mit à courir.

En ce début d'après-midi, nous étions encore très peu de monde sur la plage. La fillette, essoufflée, s'assit à côté d'un homme en maillot bleu marine qui prenait un bain de soleil, allongé sur le ventre, le menton reposant sur ses deux poings fermés. Comme il avait les cheveux ras et le teint très hâlé — presque noir —, je ne reconnus pas tout de suite mon ancien camarade de Valvert, Marc Newman.

Il me sourit. Puis il se leva. Newman, à quinze ans, était, avec Mc Fowles[9], l'un des meilleurs joueurs de hockey du collège. Il s'arrêta devant moi, intimidé.

La fillette, son ballon contre sa poitrine, lui avait pris la main et me scrutait d'un œil méfiant.

— Edmond... C'est toi?

— Newman!

Il éclata de rire et me donna l'accolade.

— Ça alors! Qu'est-ce que tu fais là?

— Et toi?

— Moi?... Je m'occupe de la petite...

Elle paraissait maintenant tout à fait rassurée et me souriait.

— Corinne, je te présente un vieil ami à moi... Edmond Claude...

Je lui tendis la main, et elle, à son tour, me tendit la sienne avec hésitation.

— Tu as un beau ballon, lui dis-je.

Elle inclina la tête, doucement, et je fus frappé par sa grâce.

— Tu es en vacances ici? me demanda Newman.

— Non... je joue ce soir au théâtre... je suis en tournée...

— Tu es devenu acteur?

— Si l'on veut, dis-je, gêné[10].

— Tu restes un peu dans le coin?

— Non, malheureusement. Il faut que je reparte après-demain... Avec la tournée...

— C'est dommage...

Il avait l'air déçu. Il posa sa main sur l'épaule de la petite.

— Et toi? Tu es pour longtemps ici? lui demandai-je.

— Oh oui... Peut-être pour toujours, dit Newman.

— Pour toujours?

Il hésitait sans doute à parler devant la petite.

— Corinne... va mettre ta robe, dit Newman.

La fillette hors de distance de nous entendre, Newman se rapprocha de moi.

— Voilà, me dit-il à voix basse, je ne m'appelle plus Newman mais « Valvert »... Valvert, comme le collège... Je suis fiancé à la mère de la petite... Nous vivons dans une villa avec ma fiancée, la petite, la mère de ma fiancée et un vieux, qui est le beau-père de la mère de ma fiancée... Ça peut paraître compliqué...

Il s'essoufflait.

— Une famille très bourgeoise de Nantes... Pour moi, tu comprends, ça représente quelque chose de stable... Inutile de te dire que jusque-là, j'ai plutôt dérivé...

La fillette marchait vers nous habillée d'une robe rouge à volants. Elle avait mis son ballon dans un filet. A chaque pas, elle

---

8. Marque d'avion. — 9. Un jeune étudiant américain, lui aussi élève à Valvert. — 10. Edmond Claude ne joue en effet que des rôles de figurants. Son nom est à peine lisible sur les programmes.

secouait un pied et du sable coulait de ses sandales.

— J'ai traîné mes guêtres[11] un peu partout, me chuchota Newman, d'une voix de plus en plus précipitée. J'ai même passé trois ans à la Légion[12]... Je t'expliquerai si on a le temps... Mais rappelle-toi... Valvert... Pas de gaffe...

Il enfila un pantalon de toile bleu ciel et un chandail de cachemire blanc avec la souplesse qu'il avait au collège. Je me souvenais de notre étonnement et de celui de Kovnovitzine, quand Newman faisait la grande roue ou qu'il montait à la corde, les jambes perpendiculaires au buste, en quelques secondes.

— Tu n'as pas changé, dis-je.

— Toi non plus.

Il prit la fillette à bras-le-corps et, d'une élégante traction des bras, la posa à cheval sur ses épaules. Elle riait et appuyait le ballon contre le crâne de Newman.

— Cette fois-ci, Corinne, pas de galop... On rentre au pas...

Nous nous dirigions vers l'esplanade du casino.

— Nous allons boire un verre, dit Newman.

Un salon de thé occupait l'aile gauche du casino, avec d'autres magasins. Nous nous assîmes à l'une des tables de la terrasse, bordée de bacs à fleurs rouges. Newman commanda un café « serré ». Moi aussi. La petite voulait une glace.

— Ce n'est pas raisonnable, Corinne...

Elle baissait la tête, déçue.

— Bon... D'accord pour la glace... Mais à condition que tu me promettes de ne pas manger de sucreries cet après-midi.

— C'est promis...

— Tu me le jures?

Elle tendit le bras pour jurer et le ballon qu'elle serrait contre elle glissa à terre. Je le ramassai et le déposai délicatement sur ses genoux.

La fillette mangeait sa glace en silence.

Newman avait ouvert le parasol fixé au milieu de la table pour que nous soyons à l'ombre.

— Alors, comme ça, tu es devenu comédien?...

— Eh oui, mon vieux...

— Tu avais joué dans une pièce au collège... je m'en souviens... C'était quoi la pièce, déjà?

— *Noé* d'André Obey[13]. Je jouais la belle-fille de Noé.

Nous fûmes pris, Newman et moi, d'un fou rire. La petite leva la tête et se mit à rire elle aussi, sans savoir pourquoi. Oui, j'avais remporté un certain succès dans ce rôle, à cause de mon corsage et de ma jupe de paysanne.

— J'aurais bien aimé te voir ce soir au théâtre, dit Newman. Mais nous restons à la villa... C'est l'anniversaire du vieux...

— Aucune importance. J'ai un tout petit rôle, tu sais...

Devant nous, en bordure de l'esplanade du casino, une affiche de notre pièce était fixée à un poteau de couleur blanche qui se découpait dans le ciel bleu comme le mât d'un voilier.

— C'est ta pièce? demanda Newman.

— Oui.

Les caractères rouges du titre: *Mademoiselle Moi*, avaient quelque chose de gai et d'estival, en harmonie avec le ciel, la plage, les rangées de tentes sous le soleil. De nos places, nous pouvions lire le nom de notre vedette et, à la rigueur, celui de mon vieux camarade Sylvestre-Bel[14] en caractères deux fois plus petits. Mais mon nom à moi au bas de l'affiche n'était pas visible. A moins d'utiliser des jumelles de marine.

— Et toi? Tu vas t'installer ici? demandai-je à Newman.

— Oui. Je vais me marier et essayer de monter une affaire dans la région.

— Une affaire de quoi?

— Une agence immobilière.

La petite achevait sa glace et Newman caressait distraitement ses cheveux blonds.

— Ma future femme veut rester ici. C'est un peu à cause de Corinne... Pour une enfant, il vaut mieux habiter au bord de la mer qu'à Paris... Si tu voyais son école... C'est à quelques kilomètres dans

---

11. Expression argotique: « J'ai voyagé ». — 12. La Légion étrangère. — 13. Dramaturge français (1892–1975), auteur de *Noé* (1931). — 14. Un autre acteur, ami d'Edmond Claude.

un château avec un parc... Et devine à qui appartenait ce château? A Winegrain, un ancien de Valvert...

Je ne l'avais pas bien connu, ce Winegrain, mais son nom faisait partie de la légende du collège, comme d'autres noms: Yotlande, Bourdon[15]...

— La villa où nous habitons est derrière le casino... Dans la grande avenue... Je t'aurais volontiers invité pour prendre l'apéritif ce soir, mais le vieux est toujours de mauvaise humeur...

Il avait allongé les jambes sur une chaise et croisait les bras, dans une attitude de sportif au repos qui était souvent la sienne pendant les récréations.

— Mais pourquoi as-tu changé de nom? lui demandai-je à voix basse, après que la fillette eut quitté notre table.

— Parce que je recommence ma vie à zéro...

— Si tu veux te marier, tu seras quand même obligé de leur dire ton vrai nom...

— Pas du tout... J'aurai de nouveaux papiers... Rien de plus simple, mon vieux.

Il secoua chacun de ses pieds et les espadrilles blanches tombèrent l'une après l'autre.

— Et la petite? Elle a un père?

Elle contemplait la vitrine d'un coiffeur, un peu plus loin, très raide, très grave, le ballon entre son ventre et ses mains croisées.

— Non non... Le père a fichu le camp[16]... on ne sait pas où il est... Et d'ailleurs, ça vaut mieux... C'est moi le père, maintenant...

Je n'osais pas lui poser de questions. Au collège, déjà, Newman s'entourait de mystère et quand on voulait en savoir plus long sur lui — son adresse, son âge exact, sa nationalité —, il souriait sans répondre ou détournait la conversation. Et chaque fois qu'un professeur l'interrogeait pendant la classe, il se raidissait aussitôt et gardait la bouche serrée. On avait fini par mettre son attitude au compte d'une

timidité maladive, et les professeurs ne l'interrogeaient plus, ce qui le dispensait d'apprendre ses leçons.

Je m'enhardis.

— Qu'est-ce que tu as fait jusqu'à présent?

— Tout, me répondit Newman dans un soupir. J'ai travaillé trois ans à Dakar[17] dans une société d'import-export. Deux ans en Californie... J'ai monté un restaurant français... Avant tout ça, j'avais fait mon service militaire à Tahiti... Je suis resté pas mal de temps là-bas... J'ai trouvé l'un de nos camarades de classe, à Moorea[18]... Portier... Tu sais... Christian Portier[19]...

Il parlait vite, avec fièvre, comme s'il ne s'était confié à personne depuis longtemps ou qu'il craignît d'être interrompu par l'arrivée d'un intrus, avant d'avoir tout dit.

— Entre-temps, j'ai pris un engagement à la Légion... J'y suis resté trois ans... J'ai déserté...

— Déserté?

— Pas vraiment... Je me suis trouvé des certificats médicaux... J'ai été blessé là-bas et je peux même obtenir une pension d'invalidité... Ensuite, j'ai été pendant longtemps le chauffeur de Mme Fath...

Ce garçon d'apparence franche et sportive, une brume l'enveloppait, à son corps défendant[20]. En dehors de ses qualités athlétiques, tout était vague et incertain chez lui. Autrefois, au collège, un vieux monsieur venait le chercher, les samedis de sortie ou lui rendait visite pendant la semaine. Il avait un teint de faïence, une canne, des yeux à fleur de tête et sa silhouette fragile s'appuyait au bras de Newman. Marc me l'avait présenté comme son père.

Il portait un costume de flanelle et une pochette de soie. Il parlait avec un accent indéfinissable. Effectivement, Newman l'appelait: papa. Mais un après-midi, notre professeur avait annoncé à Newman que « M. Condriatseff l'attendait dans la cour. » C'était le vieux. Newman lui écrivait et ce nom sur l'enveloppe m'intriguait:

---

15. Ces autres élèves du collège ont fait plus haut l'objet de récits de la part du narrateur principal. — 16. Argot: « le père est parti ». — 17. Au Sénégal. — 18. Ilot de la Polynésie française, à l'ouest de Tahiti. — 19. Ancien de Valvert, qui lui aussi fait l'objet d'un des chapitres précédents. — 20. Malgré lui.

Condriatseff. Je lui avais demandé des éclaircissements. Il s'était contenté de me sourire...

— J'aimerais beaucoup que tu sois témoin à mon mariage, me dit Newman.

— C'est pour quand?

— A la fin de l'été. Le temps de trouver un appartement par ici. Nous ne pouvons plus habiter à la villa avec le vieux et la mère de ma future femme. Moi, j'aimerais bien un appartement là-bas...

Il me désignait, d'un geste nonchalant, les grands immeubles modernes, tout au bout de la baie.

— Et ta future femme, tu l'as connue où?

— A Paris... Quand je suis sorti de la Légion. Inutile de te dire que je n'étais pas très frais. Elle m'a beaucoup aidé... Tu verras... c'est une fille formidable... A l'époque, je ne pouvais même plus traverser la rue tout seul...

Il paraissait prendre ses nouvelles responsabilités de père au sérieux et ne quittait pas la fillette du regard. Celle-ci était toujours absorbée dans la contemplation des vitrines du casino.

Il pencha sa tête vers moi et fit un mouvement du menton en direction de la rue qui longeait le flanc du casino et descendait jusqu'à la plage.

— Tiens..., me dit-il à voix basse. C'est ma fiancée et sa mère...

Deux femmes brunes de la même taille. La plus jeune avait les cheveux longs et portait un peignoir de tissu-éponge rouge jusqu'à mi-cuisses. L'autre était vêtue d'un paréo aux teintes rouille et bleu pastel. Elles glissaient à quelques mètres de nous mais ne pouvaient pas nous voir à cause des bacs de fleurs et d'arbustes qui nous cachaient.

— C'est drôle..., dit Newman. De loin, on croirait qu'elles ont le même âge, toutes les deux... Elles sont jolies, hein?

J'admirais leur démarche souple, leur port de tête, leurs jambes longues et bronzées. Elles s'arrêtaient au milieu du remblai désert, ôtaient leurs chaussures à talon et descendaient les escaliers de la plage lentement, comme pour s'offrir le plus longtemps possible aux regards.

— Il m'arrive de les confondre toutes les deux, dit Newman, rêveur.

Elles avaient laissé quelque chose de mystérieux dans leur sillage. Des ondes. Sous le charme, je scrutais la plage en espérant les apercevoir de nouveau.

— Tout à l'heure, je te présenterai... Tu verras... La mère est aussi bien que la fille... Elles ont des pommettes et des yeux violets... Et moi, mon problème, c'est que je les aime autant l'une que l'autre...

La petite revenait vers notre table en courant.

— D'où sors-tu? demanda Newman.

— Je suis allée voir les albums de *Pomme d'Api*[21] chez le libraire.

Elle était essoufflée. Newman lui prit le ballon des mains.

— C'est bientôt l'heure de retourner sur la plage, dit-il.

— Pas tout de suite, dit la fillette.

Et, s'approchant de Newman:

— Gérard... Est-ce que tu peux m'acheter un album de *Pomme d'Api*?

Gérard?

Elle baissait la tête, intimidée. Elle rougissait d'avoir osé lui demander l'album.

— D'accord... D'accord... à condition que tu ne manges pas de sucreries cet après-midi... tiens, prends-en trois, des albums... On ne sait jamais... Il faut faire des provisions pour l'avenir.

Il fouilla dans sa poche, en sortit un billet de banque froissé et le lui tendit.

— Tu me prendras *Plaisir de France*[22]...

— Trois albums de *Pomme d'Api*? demanda la fillette, étonnée.

— Oui... Trois...

— Merci, Gérard...

Elle se jeta dans ses bras et lui embrassa les deux joues. Elle traversait en courant l'esplanade du casino.

— Tu t'appelles Gérard maintenant? lui demandai-je.

— Oui. Si on change de nom, autant changer de prénom par la même occasion...

Sur l'avenue, à notre droite, un homme apparut, le teint rouge et les cheveux gris

---

21. Histoires illustrées pour enfants. — 22. Un magazine.

coiffés en brosse. Il marchait d'un pas sec et régulier, vêtu d'une veste d'intérieur marron, d'un pantalon bleu, et chaussé de charentaises.

— Tiens... voilà le vieux, dit Newman. Il nous épie... chaque après-midi, il vérifie si on est bien sur la plage... Il est encore coriace pour soixante-seize ans, tu peux me croire...

De haute taille, il se tenait très droit. Son allure avait quelque chose de militaire. Il s'assit sur l'un des bancs du remblai, face à la plage.

— Il surveille Françoise et sa mère, dit Newman. Tu ne peux pas savoir ce que ça fait, quand on se retourne et qu'on voit ce type avec sa tête de garde-chiourme...

Apparemment, il en avait froid dans le dos[23]. Là-bas, le vieux se levait de temps en temps, et venait s'accouder à la barre du remblai puis il s'asseyait de nouveau sur son banc.

— Une peau de vache[24]... La mère de Françoise est obligée de supporter son beau-père parce que c'est lui qui les fait vivre, elle, Françoise et la petite... Un aigri... En plus, il a rajouté une particule à son nom... Il s'appelle soi-disant Grout de l'Ain... C'est un ancien agent immobilier... Tu ne peux pas imaginer l'avarice de ce type... La mère de Françoise est obligée de tenir un livre de comptes où elle doit noter le moindre bouton qu'elle achète... Il m'a mis en quarantaine... Il fait semblant de ne pas me voir... Il n'admet pas que je dorme dans la même chambre que Françoise... Dès le début, il s'est méfié de moi à cause de ça... Regarde...

Il releva brusquement la manche gauche de son chandail, découvrant une rose des vents, tatouée sur son avant-bras.

— Tu vois... Ce n'est pourtant pas méchant...

— Il faudrait que tu te maries le plus vite possible et que toi et ta femme vous alliez habiter ailleurs, lui dis-je.

Sur son banc, là-bas, le vieux avait déplié soigneusement un journal.

— Edmond... Est-ce que je peux me confier à toi?

— Bien sûr.

— Ecoute... Elles veulent que je liquide Grout de l'Ain...

— Qui?

— Françoise et sa mère. Elles veulent que je supprime le vieux...

Ses traits étaient tendus et une grande ride transversale lui barrait le front.

— Le problème, c'est de faire ça proprement... Pour ne pas éveiller les soupçons...

Le ciel bleu, la plage, les tentes striées d'orange et de blanc, les parterres de fleurs devant le casino, et ce vieux, là-bas, sur son banc qui lisait son journal au soleil...

— J'ai beau réfléchir, je ne sais pas comment m'y prendre pour liquider Grout de l'Ain... J'ai essayé deux fois... D'abord avec ma voiture... Une nuit, il faisait un tour dehors et j'ai voulu l'écraser... comme ça... accidentellement... c'était idiot...

Il guettait une réaction de ma part, un avis, et moi, je hochais bêtement la tête.

— La deuxième fois, nous nous promenions sur les rochers de Batz-sur-Mer[25] à quelques kilomètres d'ici... Et j'avais décidé de le pousser dans le vide... Et puis je me suis dégonflé[26] au dernier moment... Qu'est-ce que tu en penses, toi?

— Je ne sais pas, lui dis-je.

— De toute façon, je ne risque pas grand-chose... J'aurais toujours pour moi les témoignages de Françoise et de sa mère... Nous en parlons souvent ensemble... Elles pensent que le meilleur moyen, ce serait de l'emmener se promener encore une fois à Batz...

Mon regard s'attardait sur le vieux, là-bas, qui avait replié son journal, sortait une pipe de sa poche et la bourrait lentement. S'appelait-il Grout de l'Ain? J'avais envie de hurler ce nom pour voir s'il se retournerait. La fillette, ses albums sous le bras, un sourire radieux aux lèvres, vint se rasseoir à notre table.

J'étais perplexe. Cette brume d'il y a quinze ans collait toujours à la peau de

---

23. Il en avait peur. — 24. Insulte: « un individu méchant ». — 25. Commune de la Loire-Atlantique. Station balnéaire. — 26. Je n'ai pas osé.

Marc Newman. Son art de ne pas répondre aux questions précises. Mais je me souvenais aussi de ses brusques accès de volubilité, comme des jets de vapeur sous un couvercle trop lourd. Oui, comment savoir avec lui? Condriatseff.

De vagues pensées me traversaient, à la terrasse de ce café, sous le soleil, tandis qu'une brise gonflait les tentes à rayures orange et blanches et faisait osciller l'affiche de notre pièce, sur le mât de voilier. Je me disais que le collège nous avait laissés bien désarmés devant la vie.

Elle montrait à Newman les illustrations de *Pomme d'Api*, et lui, penché au-dessus de son épaule, tournait les pages de l'album. De temps en temps, elle levait la tête vers Marc en souriant. Elle avait l'air de l'aimer bien.

Matière à réflexion

1. Quels éléments contribuent à rendre l'atmosphère de Valvert mystérieuse? En quoi le collège de Valvert s'apparente-t-il à une caserne militaire?

2. Quel mystère entoure Newman? En quoi son nom est-il symbolique? Pourquoi son passé est-il suspect? Comment Modiano efface-t-il tout indice qui pourrait aider à mieux connaître le personnage énigmatique de Newman?

3. Edmond Claude est-il un personnage mieux défini que Newman? Que pensez-vous de son nom, de son métier, et de l'affiche qui porte son nom?

4. Modiano, comme Newman, semble pratiquer l'art de « détourner la conversation ». Montrez comment ses personnages se caractérisent par l'absence et le mystère. En quoi sont-ils comparables aux personnages du nouveau roman?

5. Bien que cela ne soit jamais dit explicitement, il semble que l'attitude des deux femmes soit suspecte, de même que celle du vieux. Qu'est-ce qui laisse au lecteur cette impression? Montrez comment Modiano procède par allusions. Peut-on considérer ses descriptions comme « impressionnistes »?

6. Qu'est-ce qui signale le changement de narrateur du chapitre XII au chapitre XIII? Quelle est la fonction de ce changement de narrateur?

Appendice

Eléments de versification française

« **C**'est si joli, les vers: tatata, tatata, tatata, tatata »: ainsi parle la sous-préfète dans la comédie du *Monde où l'on s'ennuie* d'E. Pailleron. Faut-il préciser que l'auteur *se moque* de son personnage? Quelle parfaite philistine! Réduire les beautés de la poésie à « tatata... »! Etc. Et les spectateurs rient avec l'auteur.

La sous-préfète avait raison pourtant, et il serait difficile de mieux résumer l'essence du vers. Elle s'exprime d'ailleurs avec plus de précision que ses railleurs, puisqu'elle dit bien les « vers » et non pas la « poésie ». Il convient de ne pas confondre les deux termes: il y a des vers dépourvus de poésie, comme il peut y avoir de la poésie sans vers. La plupart des poètes ont choisi de s'exprimer en vers, mais ce choix ne fait pas le poète. La notion de *poésie* n'est peut-être pas impossible à définir, mais elle continue d'opposer aux assauts des critiques une résistance héroïque. L'analyse du *vers* présente bien moins de difficultés, et nous nous y bornerons dans les remarques qui suivent[1].

1. Le vers

1.1. L'essence du vers. — Qu'est-ce donc que le vers? Dérivé du latin *versus* (« sillon, ligne »), le mot est lié par son étymologie à l'idée de *retour:* le vers se répète

---

1. Précisons tout de suite, pour prévenir d'éventuelles confusions, que le terme de *vers* a deux traductions en anglais: (a) le vers, « verse (in general) » (c'est dans ce sens qu'on oppose le vers à la prose); (b) un/des/les vers, « line(s) (of a poem) » (c'est dans ce sens qu'on dit « aux vers 3–6 de ce poème »).

comme se répètent les sillons alignés d'un champ labouré. Le vers est donc essentiellement une unité rythmique, le rythme n'étant autre chose que *le retour, à intervalles sensiblement réguliers, d'un effet sonore* (« tatata... »).

C'est le vers, et non la poésie, qui s'oppose à la *prose*. A en croire l'étymologie, la prose (du latin *prosa oratio*) est « un discours qui va de l'avant, tout droit, qui avance sans entraves ». Le vers se distingue donc de la prose par les contraintes rythmiques auxquelles il est soumis et dont la prose est exempt. L'ensemble de ces contraintes s'appelle la *versification*.

1.2. Le vers anglais. — Quels effets sonores se répètent dans le vers? La réponse dépend de la langue en question. La langue anglaise, par exemple, étant fortement accentuée, son vers est *accentuel:* il a pour base un nombre fixe d'accents ou de groupes accentuels, appelés *pieds*. Le pied le plus employé en anglais est l'iambe (90% des vers), composé d'une syllabe inaccentuée suivie d'une syllabe accentuée (— /). Les vers suivants, du poème *To His Coy Mistress* d'Andrew Marvell,

> Had we but world enough, and time,
> This coyness, lady, were no crime,

scandés ainsi (les syllabes accentuées sont soulignées):

> Had <u>we</u> ǀ but <u>world</u> ǀ e-<u>nough</u>, ǀ and <u>time</u>,
> This <u>coy</u> ǀ ness <u>la</u> ǀ dy <u>were</u> ǀ no <u>crime</u>,

sont des tétramètres iambiques (composés de quatre iambes). C'est le *nombre fixe des accents* qui détermine le vers anglais; le nombre des syllabes peut varier. Si, par exemple, le poète remplace le premier iambe d'un tétramètre iambique par un anapeste (— — /), ou le dernier par un amphibraque (— / —), la neuvième syllabe, dite « en surnombre », ne détruit pas le rythme du vers.

1.3. Le vers français: principe de base. — A la différence de l'anglais, le français est faiblement accentué. Il est vrai qu'on allonge quelque peu la dernière syllabe du mot ou du groupe accentuel — *petit; le petit enfant* —, mais cet accent est trop faible pour constituer le fondement rythmique du vers. Faute d'une accentuation suffisante, le vers français est *syllabique:* il repose sur *le nombre des syllabes qui le composent.* C'est donc selon ce nombre que l'on désigne les différentes sortes de vers français (et non pas, comme en anglais, selon le nombre et la nature des pieds). Les vers les plus anciens et les plus communément employés sont les vers de huit, de dix et de douze syllabes, appelés respectivement *octosyllabes, décasyllabes* et *alexandrins*.

1.4. Le compte des syllabes. — Le poème suivant, intitulé *Le Papillon* et publié par Lamartine en 1823, est composé d'*alexandrins*.

> 1   Naître avec le printemps, mourir avec les roses,
> 2   Sur l'aile du zéphyr nager dans un ciel pur;
> 3   Balancé sur le sein des fleurs à peine écloses,
> 4   S'enivrer de parfums, de lumière et d'azur;
> 5   Secouant, jeune encor, la poudre de ses ailes,
> 6   S'envoler comme un souffle aux voûtes éternelles:
> 7   Voilà du papillon le destin enchanté.

8   Il ressemble au désir, qui jamais ne se pose,
9   Et, sans se satisfaire, effleurant toute chose,
10   Retourne enfin au ciel chercher la volupté.

« J'ai beau compter et recompter », direz-vous, « je ne trouve aux vers 2, 5, 6 et 9 que onze syllabes, alors qu'au premier vers il semble y en avoir treize. Pour les autres vers, le compte est bon. » Ici se pose la question capitale du *compte des syllabes*. Les règles en la matière, nombreuses et compliquées, se rapportent pour la plupart à deux cas: 1° l'*e* dit « muet » et 2° la rencontre de certaines voyelles à l'intérieur d'un mot.

1.4.1. L'*e* « muet ». — On appelle *muet* un *e* qui ne se prononce pas dans le langage courant. Dans la phrase suivante, les *e* soulignés sont muets: « J'insiste d'une façon un peu ridicule, mais j'ai mes raisons ». Les *e* qui sont muets en « prose parlée » ne le sont pas toujours dans la diction des vers. Tout dépend de ce qui les précède et de ce qui les suit.

1.4.1.1. L'*e* « muet » après consonne. — Les règles de la prononciation de l'*e* dit « muet » postconsonantique (après consonne) sont les suivantes.

1° Si l'*e* précède une consonne, il compte pour une syllabe. C'est le cas, par exemple, de l'*e* de *aile* du vers 2. On prononce ainsi, en deux syllabes: « ai-le ». C'est aussi le cas de *poudre* (vers 5), de *voûtes* (vers 6) et de *toute* (vers 9). Remarquez que la règle ne tient pas compte de la division du vers en *mots:* l'*e* devant consonne fait une syllabe, qu'il se trouve en position finale (*aile, poudre, toute*) ou à l'intérieur d'un mot (*voûtes*). L'*e* se prononce comme celui de l'article *le*. La syllabe ainsi constituée est toujours inaccentuée et se prononce le plus souvent avec encore moins d'intensité et de durée que les autres syllabes inaccentuées du vers. Mais elle est *prononcée* — sans quoi, on ne saurait parler de syllabe.

2° Si l'*e* précède une voyelle (ou un *h* muet), il ne compte pas; il s'élide — c'est-à-dire: s'efface, disparaît — devant la voyelle suivante. On dit alors qu'il y a *élision*. C'est le cas, par exemple, de l'*e* de *naître* (vers 1), qui s'élide devant l'*a* de *avec:* on prononce: « naî-travec ». Il y a également élision entre *peine* et *écloses* (vers 3), *lumière* et *et* (vers 4), *jeune* et *encor* (vers 5), *souffle* et *aux* (vers 6), *ressemble* et *au* (vers 8), *satisfaire* et *effleurant* (vers 9) et *retourne* et *enfin* (vers 10).

3° A la fin du vers, l'*e* muet n'est jamais compté. Ainsi *rose* (vers 1), *ailes* (vers 5), *pose* (vers 8) et *chose* (vers 9) sont-ils prononcés en une seule syllabe; *écloses* (vers 3) fait deux syllabes, alors qu'*éternelles* (vers 6) en fait trois.

[1.4.1.2. L'*e* muet après voyelle.][2] — La situation se complique lorsqu'on considère le cas, bien moins fréquent, de l'*e* muet précédé d'une voyelle. Deux règles s'appliquent.

1° A l'intérieur d'un mot, en syllabe non terminale et donc inaccentuée, l'*e* ne compte pas dans le vers. Dans *tu prieras*, l'*e* reste muet et les deux mots se prononcent en trois syllabes.

---

2. Les crochets indiquent une section moins importante et/ou plus technique que les autres; l'étudiant peut, sans trop d'inconvénients, passer à la section suivante.

2° A la fin d'un mot, en syllabe terminale et donc accentuée, l'*e* muet est tout simplement interdit, sauf (a) s'il peut s'élider, c'est-à-dire s'il est suivi d'une voyelle, ou (b) s'il termine le vers. Dans les deux cas, il n'est pas compté. Le vers suivant de *L'Automne* de Lamartine,

A la vie, au soleil, ce sont là ses adieux,

ne présente aucune difficulté: l'*e* de *vie* s'élide avec l'*a* suivant. Mais *A la vie, comme au soleil* serait exclu, comme le serait le pluriel *vies*. De même, *je te prie une seconde fois* est permis, mais pour écrire *tu me pries*, il faudrait placer *pries* à la fin du vers, puisque l'*s* empêche l'*e* de s'élider. Cette règle curieuse a donc pour conséquence de bannir de l'intérieur du vers des catégories entières de mots. Quelques exceptions sont admises: les conditionnels et les imparfaits en *-aient,* ainsi que les subjonctifs présents *aient* et *soient*. Ces formes ne font qu'une syllabe, malgré l'impossibilité de l'élision de l'*e*.

1.4.2. La rencontre de certaines voyelles à l'intérieur d'un mot. — L'*e* muet n'est pas la seule voyelle à compliquer le dénombrement des syllabes: certaines voyelles sonores peuvent également poser un problème lorsqu'elles se trouvent en contact à l'intérieur d'un mot. Dans la quasi totalité des cas, la rencontre de deux voyelles ne soulève aucune difficulté. Pour les combinaisons *ai, ou, au* et *eu,* par exemple, il n'y a pas à hésiter: on prononce en une seule syllabe. Il en est ainsi, dans *Le Papillon,* de *naître* (vers 1), de *mourir* (vers 1), de *aux* (vers 6) et de *effleurant* (vers 9). Mais tout s'embrouille quand le premier élément de la série est un *i,* un *u* ou le groupement *ou.* Dans ces cas, on prononce parfois en une seule syllabe, parfois en deux[3]. On appelle *synérèse* la prononciation monosyllabique (en une seule syllabe), et *diérèse* la prononciation dissyllabique (en deux syllabes), de deux ou de trois voyelles contiguës du même mot.

Le choix entre synérèse et diérèse n'est pas toujours facile. La combinaison *ie(n)* est souvent monosyllabique, comme dans *bien, rien, tien, retient,* etc. Mais elle est dissyllabique dans *lien,* et dans *ancien* elle fait une ou deux syllabes, selon les besoins du vers. La combinaison *ui* est presque toujours monosyllabique — comme dans *réduit,* par exemple —, mais elle est dissyllabique dans *ruine* et *fluide.* La situation semble anarchique, mais il y a en réalité de nombreuses règles, dont la plupart se réduisent à l'étymologie et à l'usage. La scansion avec diérèse de *hier* s'est imposée dans la versification lorsqu'au XVIIe la prononciation dissyllabique du mot était devenue la règle dans la conversation. Souvent, en revanche, l'étymologie

---

3. Pourquoi le problème ne se pose-t-il que dans ces trois cas? Parce que ces trois voyelles se sont transformées au cours des siècles en semi-consonnes — i > [j]; u > [y]; ou > [w] —, formant ainsi des *diphtongues* avec les voyelles suivantes. Une diphtongue (du grec *diphthoggos,* «double son») est une voyelle prononcée avec un changement d'articulation et une variation de timbre: la voyelle de *lui,* prononcée [yi], par exemple. Une diphtongue est prononcée en une seule émission de voix et, normalement, en une seule syllabe. Mais il est possible, en forçant la séparation des deux parties du «double son», de prononcer en deux syllabes. Cette séparation ne se produit pas dans la prononciation courante, mais dans la diction (souvent un peu archaïsante) des vers, il y a bien une «option» phonétique; d'où le problème.

résiste à l'usage et impose au vers une scansion archaïque. De nombreuses combinaisons qui étaient dissyllabiques en latin le restent dans le vers français, malgré l'évolution de la prononciation courante. C'est le cas, par exemple, de *io(n)*, qu'il faut prononcer avec diérèse dans tous les substantifs: *nati-on* a donc trois syllabes, *religi-on* en a quatre. Mais la même combinaison se prononce avec synérèse dans de nombreuses formes verbales: *nous passions* a trois syllabes... alors que *nos passi-ons* en a quatre!

Faut-il, pour scander correctement les vers, apprendre par cœur toutes ces particularités auxquelles les traités de versification traditionnelle consacrent d'habitude une dizaine de pages? Dans ce domaine où il semble y avoir autant d'exceptions que de règles, et où les règles varient d'une époque à l'autre, il y a heureusement un recours de facilité: au lieu de compter les syllabes en fonction des exigences phonétiques, on prononcera selon les exigences du compte syllabique. Supposons que vous hésitiez en scandant le dernier vers du *Papillon:* « Retourne enfin au c*ie*l chercher la volupté ». Puisque la combinaison *ie* est parfois dissyllabique (*l*ie*n, n*ie*r, h*ie*r, injur*ie*ux*), faut-il prononcer *ci-el*, en deux syllabes? Cette diérèse ferait un vers de treize syllabes dans un poème composé d'alexandrins: la synérèse s'impose donc.

2. La rime

2.1. La rime: fonction. — Le rythme, avons-nous dit plus haut, est le retour, à intervalles sensiblement réguliers, d'un effet sonore. La base rythmique du vers français, fondé comme il est sur la *mesure* (nombre syllabique), consistera donc, d'abord et surtout, dans *la répétition, d'un vers à l'autre, d'une même mesure* (ou des mêmes en alternance).

La mesure est néanmoins trop peu sensible, à elle seule, pour suffire au rythme. Il va de soi qu'en écoutant des vers, on n'en *compte* pas les syllabes; on *sent* plutôt qu'une même mesure se répète (ou que les mêmes alternent). Et plus le vers est long, plus l'oreille a du mal à en sentir la mesure. La mémoire auditive a ses limites, au-delà desquelles il faut que d'autres éléments rythmiques viennent soutenir et renforcer la mesure. C'est à cela que sert la rime: en marquant d'une ponctuation sonore la fin du vers, elle souligne la mesure et la rend plus sensible.

Les théoriciens traditionnels considéraient la rime comme absolument indispensable au vers français, au même titre que la mesure. Typique à cet égard, L. Quicherat affirme en 1850 « l'impossibilité de faire en français des vers sans rimes, ou vers *blancs* »; la rime, assure-t-il, est « le fondement et la condition de notre poésie » (*Traité de versification française*). Quicherat exagérait, bien entendu, et ce qu'il a donné pour impossible devait être tenté depuis lors par de très nombreux poètes. Mais il reste que la rime a toujours tenu en français une place plus importante que dans d'autres langues. L'anglais s'accommode très bien au vers blanc (c'était le vers préféré de Milton et de Shakespeare); l'italien et l'espagnol également. Le français, par contre, en raison de sa faible accentuation, se passe difficilement de la rime; sa suppression semble rendre problématique la notion même du vers. « C'est sans doute », concluent Molino et Gardes-Tamine, « que les fonctions que remplit la rime sont essentielles au vers français: elle est obligatoire, on est donc pour ou contre elle, mais on ne peut l'ignorer » (*Introduction à l'analyse de la poésie*, Tome I, 1982).

2.2. La rime: définition et classification. — On appelle couramment *rime* le retour du même son à la fin de deux ou de plusieurs vers. Ce « même son » étant un peu ambigu, les métriciens préfèrent la définition suivante: l'homophonie (identité sonore) de la dernière voyelle accentuée, ainsi que des consonnes, s'il y en a, qui la suivent[4]. Les rimes peuvent être classées selon 1° leur *qualité*, 2° leur *disposition* et 3° leur *genre*.

2.2.1. La qualité des rimes. — Considérées du point de vue de leur degré d'homophonie (nombre des sons identiques), les rimes sont *pauvres, suffisantes* ou *riches*.

La rime est *pauvre* — on dit aussi *faible* ou *insuffisante* — quand elle ne présente que l'homophonie de la dernière voyelle accentuée. Quand Verlaine, dans son *Art poétique*, fait rimer *fou* et *sou*, il rime pauvrement. (Son propos dans le poème est précisément de dévaluer la rime, et en particulier la rime riche, comme procédé poétique; voir p. 305.) Autres exemples: *feu/bleu; esprit/parti; imbu/rompu*.

La rime est *suffisante* quand elle présente deux homophonies. Les sons identiques peuvent être ceux de la voyelle accentuée et de la consonne suivante (*manoir/soir*), ou bien ceux de la voyelle accentuée et de la consonne précédente (*banni/fini*). Toutes les rimes du *Papillon* sont suffisantes.

La rime est *riche* quand elle présente trois homophonies ou davantage. Ici, il y a plusieurs possibilités (C = consonne; V = voyelle): CVC (*éclair/l'air*); CCV (*tordu/perdu*); VCC (*orge/forge*); VCV (*félicité/probité*). Les rimes comme *félicité/férocité* (CVCV) et *tintamarre/l'amarre* (VCVC), comprenant quatres sons identiques, sont qualifiées de *très riches*. Au-delà, les rimes dites « milliardaires » tournent au jeu de mots: *désir, idées/des irridées*.

On peut aller encore plus loin, et l'on s'est amusé à le faire. En témoignent les vers suivants, attribués à Marc Monnier:

> Etonnamment monotone et lasse
> Est ton âme et mon automne, hélas!

« La rime est tout le vers », avait écrit en 1891 le poète et théoricien Théodore de Banville (*Petit Traité de poésie française*). De tels vers *holorimes* (« tout en rimes ») donnent à son affirmation un sens plutôt inattendu.

2.2.2. La qualité des rimes (suite). — C'est en considérant leur qualité *phonique* que l'on qualifie les rimes de pauvres, de suffisantes ou de riches. Et cela se comprend, étant donné que la rime n'est faite — n'existe même — que *pour l'oreille*. Mais la versification traditionnelle tient compte aussi, dans une bien moindre

---

4. On ajoute «... ainsi que des consonnes, s'il y en a, qui la suivent » pour distinguer la rime de *l'assonance*, laquelle n'exige que l'homophonie de la dernière voyelle accentuée, qu'elle soit suivie ou non de consonnes différentes: *dire / bise* ; *tournant / blanche*. Les premières chansons de geste étaient assonancées.

mesure, des exigences de *l'œil* et de *l'esprit*. Les rimes qui manquent de satisfaire l'un ou l'autre sont qualifiées de *défectueuses*.

1° Les exigences de l'œil. — Quand les vers sont lus aussi bien qu'écoutés, on estime qu'ils doivent présenter à la rime une certaine ressemblance orthographique. Les rimes suivantes sont donc interdites en raison des terminaisons dissemblables: *sort/bord; toujours/amour; témoin/moins; charment/arme*. Il est également interdit de faire rimer un substantif pluriel en -*s* ou en -*x* avec un singulier sans *s* ou *x* final: *charmes/arme*. Mais on admet *nous/doux*, parce que l'*s* et le *x* se prononcent identiquement devant une voyelle suivante. (Il est vrai qu'on ne fait pas la liaison en fin de vers; mais il est vrai aussi que la logique n'a rien à faire avec la rime pour l'œil.)

2° Les exigences de l'esprit. — La richesse phonique n'exclut pas forcément l'indigence intellectuelle. Une rime peut plaire à l'oreille et déplaire à l'esprit, lequel exige en la matière, estime-t-on, des surprises, de la variété et même une certaine difficulté. Ainsi s'explique l'interdiction des rimes dites *faciles* ou *banales*. Sont donc interdites:

- la rime d'un mot avec lui-même (à moins qu'il ne s'agisse en réalité de deux mots: *il tombe/sa tombe; pour lui/il a lui*);
- la rime d'un mot avec son composé (*prudent/imprudent*) ou de deux composés formés d'une même racine (*devenir/parvenir*);
- des paires associatives dont le premier membre appellerait immanquablement le second: *ombre/sombre; fille/famille*.

2.2.3. La disposition des rimes. — Les rimes peuvent s'agencer de plusieurs façons, dont voici les trois principales:

1° Quand un vers rime avec celui qui le suit immédiatement, la rime est *suivie* (ou *plate*). C'est le cas des vers 5 et 6 du *Papillon:*

| ... ailes | a |
| ... éternelles | a |

2° Quand deux vers rimant entre eux encadrent («embrassent») deux vers à rime plate, la rime est *embrassée*. C'est le cas des quatre derniers vers du *Papillon:*

... enchanté	b
... pose	c
... chose	c
... volupté	b

3° On appelle *croisées* les rimes qui s'entrecroisent, comme dans les quatre premiers vers du *Papillon:*

... roses	d
... pur	e
... écloses	d
... azur	e

D'autres combinaisons sont possibles, bien entendu, mais elles ne sont en réalité que des variations sur l'un de ces trois thèmes. Le schéma *abbaba*, par exemple, résulte du «croisement» d'une rime embrassée avec une rime croisée: *[ab {ba} ba]*. Quand plus de deux vers riment entre eux, comme dans le schéma précédent (*a* et *b* se répètent chacun deux fois), la rime est dite *redoublée*. On appelle *mêlées* les rimes qui ne sont soumises à aucun schéma régulier.

[2.2.4. Le genre des rimes.] — On distingue traditionnellement entre les rimes *féminines,* dont la syllabe accentuée est suivie d'un *e* muet, et les autres, dites *masculines.* Dans *Le Papillon,* les rimes *roses/écloses, ailes/éternelles* et *pose/chose* sont féminines; les rimes *pur / azur* et *enchanté/volupté* sont masculines.

Précisons tout de suite que le «genre» de la rime ne dépend pas du genre grammatical des mots qui la composent. Il est vrai que la plupart des rimes féminines sont composées de mots féminins — d'où l'extension de sens —, mais c'est loin d'être toujours le cas. Deux mots féminins peuvent former une rime masculine (*maison/raison*); ou inversement, deux mots masculins peuvent former une rime féminine (*sable/érable*). Un mot féminin peut former avec un mot masculin une rime masculine (*eau/tombeau*) ou féminine (*colère/père*). En matière de rime, c'est uniquement la présence ou l'absence de l'*e* muet final qui détermine le genre.

Pour comprendre la raison de cette distinction, il faut remonter au XVIe siècle. A cette époque, les *e* que nous appelons *muets* étaient tous prononcés plus ou moins nettement: *rédui-te; patri-e; mépri-se.* Il pouvait en résulter une certaine monotonie quand les poètes alignaient de suite plusieurs vers terminés par une syllabe inaccentuée: *rédui-te/poursui-te; patri-e/flétri-e; mépri-se/franchi-se...* Aussi eut-on l'idée d'intercaler systématiquement une rime masculine entre chaque rime féminine, selon les schémas suivants (les rimes d'un genre sont soulignées): pour les rimes suivies, <u>aa</u>bb<u>cc</u>dd...; pour les rimes embrassées, <u>a</u>bb<u>a</u>; pour les rimes croisées, <u>a</u>b<u>a</u>b. L'innovation réussit; on l'érigea en obligation. Ainsi naquit *la règle de l'alternance* (des rimes masculines et féminines). Son observance donne au *Papillon* la forme suivante (f = féminine; m = masculine): *fmfmffmffm.*

C'est paradoxalement au moment où la nouvelle contrainte s'impose, vers 1600, qu'elle commence à perdre sa raison d'être; la règle devient de plus en plus absolue au XVIIe siècle, à mesure précisément que disparaît la diction qui l'avait fondée. En 1650, l'*e* inaccentué se prononce toujours, mais faiblement, à la fin du vers; en 1700, il semble s'être effacé à peu près complètement (les spécialistes ne sont pas d'accord). Au XVIIIe siècle, on fera remarquer que *balle* se prononce exactement comme *bal,* que *fanfare* rime très bien avec *hasard,* et que, par conséquent, *la distinction des rimes masculines et féminines n'a plus aucune justification phonétique.* Les poètes continueront néanmoins, jusqu'au milieu du XIXe siècle, à maintenir scrupuleusement l'alternance, fondée désormais sur une distinction purement graphique. Chez les poètes qui l'observent encore aujourd'hui, il s'agit, en réalité, d'une espèce de rime pour l'œil[5].

---

5. Au XXe siècle, quelques poètes et métriciens ont tenté de préserver l'essentiel de la vieille distinction sous une forme nouvelle, tout en tenant compte de la prononciation actuelle. Il s'agirait d'alterner «rimes consonantiques» (dont le son final est une consonne: *bal/balle*) et «rimes vocaliques» (dont le son final est une voyelle: *nu/inconnue*).

☛ N.B.: Lorsqu'on chante des vers *mis en musique,* il est d'usage, non seulement de prononcer l'*e* final des rimes féminines, mais de le détacher nettement et de le chanter sur une note différente. Songez, par exemple, à l'air de *La Marseillaise* (l'hymne national français):

> Allons, enfants de la Patri-e!
> Le jour de gloire est arrivé!
> Contre nous de la tyranni-e,
> L'étendard sanglant est levé!

Cette façon de chanter peut être considérée en même temps comme une survivance et une illustration de la vieille règle de l'alternance.

3. Le rythme accentuel

3.1. Rythme externe et rythme interne. — Le compte syllabique d'un vers, comme le son qui le termine, n'ont, en eux-mêmes, rien de rythmique: ils ne deviennent éléments du rythme qu'au moment où ils sont repris par un autre vers. C'est dire que la mesure et la rime, considérées par rapport au vers, sont des éléments rythmiques *externes*. Il faut y ajouter, pour compléter l'inventaire des ressources rythmiques, les cadences qui peuvent se présenter dans le corps du vers. Un même rythme interne peut se répéter de vers à vers et devenir de ce fait un élément du rythme externe; néanmoins il existe indépendamment d'une telle répétition.

3.2. Les accents. — C'est sur *l'accentuation* que repose le rythme interne du vers français. Il ne faudrait pas en conclure — comme on a tendance à le faire, et comme le font même certains spécialistes — que le rythme soit constitué par la seule présence d'accents. L'accentuation est une constante du langage et caractérise en français toute énonciation de plus d'une syllabe; elle est nécessaire au rythme, mais elle n'y suffit pas. Dans la phrase *Je vais à la gare pour récupérer mes bagages,* certaines syllabes portent naturellement un accent (de hauteur, d'intensité et surtout de durée), créant ainsi des *groupes accentuels* dont les limites sont déterminées par le sens, la syntaxe et les exigences de la syllabation[6]. Il ne s'agit pas pour autant de langage *rythmé.* Pour qu'il y ait rythme, à proprement parler, il faut que les accents reviennent *à des intervalles sensiblement réguliers.*

Comparez, à cet égard, le passage suivant du *Cid:*

> Si tu m'offres ta tête, est-ce à moi de la prendre?
> Je la dois attaquer, mais tu dois la défendre;
> C'est d'un autre que toi qu'il me faut l'obtenir,
> Et je dois te poursuivre, et non pas te punir.

---

6. La syllabation du français est « ouverte ». Cela veut dire que la plupart des syllabes (80%) commencent par une consonne et se terminent par une voyelle (CV/CV...), *sans respecter les limites des mots.* Une consonne qui sépare deux voyelles (VCV) se détache de celle qui la précède pour former syllabe avec celle qui la suit (V/CV). Ainsi: *la mer bleue → la / mer / bleue;* mais *la mer à boire → la / me / r à / boire.*

717

Il suffit d'une première lecture à haute voix — à condition, bien entendu, que l'on prononce les *e* « muets », là où ils ne s'élident pas (voir §1.4.1.1.) — pour s'apercevoir de la *cadence accentuelle* de ces vers. (Les traits verticaux, appelés *barres de scansion,* indiquent la séparation des groupes accentuels. La dernière syllabe de chaque groupe, accentuée par définition, est soulignée. Les *e* entre parenthèses ne se prononcent pas.)

> Si tu m'o | ffres ta têt(e) ‖ est-c(e) à moi | de la prendr(e)?
> Je la doi | s attaquer ‖ mais tu dois | la défendr(e);
> C'est d'un au | tre que toi ‖ qu'il me faut | l'obtenir,
> Et je dois | te poursui ‖ vr(e) et non pas | te punir.

Chaque vers de douze syllabes se décompose en groupes rythmiques *de longueur parfaitement égale:* 3 + 3 + 3 + 3 (les chiffres indiquent le nombre des syllabes comprises dans un groupe). Comme dirait la sous-préfète: « Tatata, tatata, tatata, tatata ».

De tels vers présentent le plus haut degré de rythme interne: aussi est-il rare d'en trouver plus de trois qui se suivent. Pour éviter la monotonie qui pourrait en découler, le poète aura soin, sciemment ou d'instinct, de varier la cadence en déplaçant les accents. Il ne jouit pas, pour ce faire, d'une liberté entière.

Les accents sont de deux sortes: ceux dont la place est imposée (*accents fixes*), et ceux dont la place est variable (*accents mobiles*). Dans l'alexandrin classique, il y a deux accents fixes: l'un à la dernière syllabe — c'est le cas de *tous* les vers —, et l'autre à la sixième. L'accent fixe à la sixième syllabe divise le vers en deux parties égales, appelées *hémistiches* («demi-vers»). Chaque hémistiche comporte ordinairement un accent mobile, parfois deux, rarement plus.

Le jeu des accents fixes et mobiles permet au poète de maintenir, tout en l'assouplissant, le rythme interne du vers. Plusieurs possibilités se présentent. Le poète peut:

1° Maintenir la symétrie des hémistiches mais supprimer leur rythme interne; par exemple:

> Nouvelle dignité, fatale à mon bonheur! (2 + 4) + (2 + 4) (*Le Cid*)

2° Supprimer la symétrie des hémistiches en supprimant le rythme interne dans l'un d'entre eux; par exemple:

> A vaincre sans péril, on triomphe sans gloire. (2 + 4) + (3 + 3) (*Le Cid*)

3° Supprimer asymétriquement le rythme interne des deux hémistiches; par exemple:

> Adieu: ce mot laché me fait rougir de honte. (2 + 4) + (4 + 2) (*Le Cid*)

Ce dernier cas présente l'extrême degré d'« assouplissement » de l'alexandrin traditionnel, puisque le rythme interne n'est plus maintenu que par les deux accents fixes: 6 + 6.

Quant aux vers de moins de douze syllabes, les plus importants sont le décasyllabe et l'octosyllabe. Dans la forme la plus employée du décasyllabe, un accent fixe frappe la quatrième syllabe et la dernière, divisant le vers en deux «hémistiches» inégaux dont le second a d'habitude un seul accent mobile: 4 + (3 + 3); 4 + (2 + 4), etc.

L'octosyllabe n'a pas d'accent fixe intérieur, mais il est assez court pour s'en passer: l'oreille n'a plus besoin d'un repère dans le corps du vers pour en saisir la mesure. Ce que les poètes avaient toujours senti a trouvé récemment une confirmation scientifique: des études expérimentales ont montré qu'au-dessus de huit syllabes, la mémoire auditive ne peut pas identifier le vers comme égal à d'autres de même mesure. Le vers doit donc être décomposé en segments perceptibles, et c'est là le rôle des accents fixes.

[3.3. Les coupes et les césures.] — Le rôle de l'accentuation dans la versification française est une découverte assez récente. Jusqu'au XIXe siècle, on avait parlé, non pas d'accents, mais de *coupes* et de *césures*. Un long usage a consacré ces termes qui reviennent dans toutes les discussions de la versification. Malheureusement, ils ont traversé les siècles avec un bagage étymologique et historique qui risque de nous induire en erreur aujourd'hui. Il convient donc de ne les employer qu'avec précaution.

Au Moyen Age, la récitation des vers longs comportait une pause non seulement à la fin, mais aussi après les accents fixes intérieurs. Le décasyllabe étant «coupé» ainsi après la quatrième syllabe, et l'alexandrin après la sixième, cette pause intérieure s'appelait, en toute logique, *coupe*. A partir du XVIe siècle, on préférait le terme *césure* (du latin *cæsura*, «coupure»), le mot de *coupe* étant réservé désormais aux pauses secondaires à l'intérieur de chaque hémistiche.

La césure — le mot et la chose — devait faire fortune. Elle fut incorporée dans la définition de l'alexandrin lorsqu'au XVIIe siècle furent codifiées les règles du vers. Depuis lors les traités de versification se sont fait écho: la césure, répète-t-on, est une «pause», un «repos», un «arrêt», une «suspension» que l'on observe obligatoirement entre la sixième syllabe et la septième. Aujourd'hui encore, cette définition et cette règle se trouvent dans bon nombre de manuels scolaires.

Puisque la césure est par définition une pause, elle ne peut pas séparer deux syllabes que la prononciation unit. C'est le cas, bien entendu, de deux syllabes du même mot, mais aussi de deux mots étroitement liés par le sens: verbe et adverbe, auxiliaire et participe passé, adjectif et substantif, etc.

Considérons maintenant, à la lumière de ces règles, ce passage de *Phèdre* (1677) de Racine:

Phèdre

1   Ariane, ma sœur, de quel amour blessée
2   Vous mourûtes aux bords où vous fûtes laissée.

Œnone

3   Que faites-vous, Madame? et quel mortel ennui
4   Contre tout votre sang vous anime aujourd'hui?

Phèdre
5   Puisque Vénus le veut, de ce sang déplorable
6   Je péris la dernière et la plus misérable.

Aux vers 1 et 5, la ponctuation indique clairement le repos obligatoire après la sixième syllabe. C'est aussi le cas au vers 3: malgré l'*e* muet élidé, le point d'interrogation commande ou du moins permet un arrêt de la voix. La pause est également permise, au vers 4, entre *sang*, qui se rattache par le sens au premier hémistiche, et *vous*, qui se rattache au second.

Mais que devient la césure aux vers 2 et 6? Au vers 2, la consonne de liaison (*bords*) unit inséparablement le premier hémistiche au second. Il ne peut donc pas y avoir la moindre pause entre la sixième syllabe (*bor-*) et la septième (*s où*). Il en va de même au vers 6 où l'*e* élidé de *dernière* rattache le *r* final à la septième syllabe. Au vers 2, on prononce: *bor(d) / s ou;* et au vers 6, *derniè / r(e) et* (les traits obliques indiquent le passage du premier hémistiche au second). La conclusion qui s'impose, c'est qu'aux deux vers, la césure est parfaitement *inexistante* puisqu'elle consisterait à faire la pause *au milieu d'un mot.*

Faut-il ajouter que ce qui est vrai de la césure l'est d'autant plus de ces «pauses secondaires» que l'on appelle *coupes?* Selon la doctrine «officielle», les coupes suivent les accents mobiles dans les hémistiches comme la césure suit l'accent fixe au milieu du vers. Au vers 2, la coupe du premier hémistiche surviendrait donc, assez inopportunément, entre la troisième et la quatrième syllabe du mot *Ariane* (A-ri-*a* / ne)!

Il vaudrait mieux sans doute, afin d'éviter ces difficultés, cesser tout simplement d'employer les mots de *césure* et de *coupe,* et ne parler désormais que d'accents fixes et mobiles. Si l'on continue à les employer, on fera bien de leur prêter un sens nouveau; c'est ainsi que procèdent aujourd'hui la plupart des spécialistes, pour qui *césure* et *coupe* sont devenues synonymes respectivement d'accent fixe et mobile[7]. Et si l'on tient absolument à employer les termes dans leur sens traditionnel, il faut se rappeler que bon nombre de vers qui se conforment parfaitement aux règles ne sont ni «coupés» ni «césurés».

4. Les strophes et les formes fixes

4.1. La strophe: définition. — Nous avons vu, à propos de la disposition des rimes (voir §2.2.3.), que les vers peuvent se grouper de plusieurs façons. On appelle *strophe* un groupe de vers formant un système complet de rimes. De cette définition découlent plusieurs conséquences:

1° La séparation de deux ou de plusieurs groupes de vers par un blanc typographique ne suffit pas pour en faire des strophes. Il peut y avoir des strophes sans séparation typographique, comme il peut y avoir une séparation typographique sans strophes.

---

7. Voir, par exemple, J. Mazaleyrat, *Eléments de métrique française* (1974), pp. 140 ff.

2° Il ne suffit pas non plus que la disposition des rimes soit « fixe » ou « déterminée » (comme le disent un peu hâtivement certains manuels); il faut en outre qu'elle soit *structurée*.

3° Une strophe doit avoir au moins quatre vers. Un *distique*, ou couple de vers à rime plate, ne constitue pas un système. Il en va de même d'un *tercet*, ou groupe de trois vers: s'il est construit sur une seule rime (*aaa*), il y a succession sans système; s'il est construit sur deux rimes (*aab, aba* ou *abb*), dont une reste forcément solitaire, le système est incomplet.

4.2. Les strophes: classification. — La nomenclature des strophes est basée sur le nombre des vers qui les composent. On appelle ainsi *quatrains, quintils, sixains, septains* ou *huitains* les strophes formées respectivement de quatre, cinq, six, sept ou huit vers. Une strophe est *isométrique* si elle se compose de vers de même longueur, *hétérométrique* si elle se compose de vers de longueurs différentes.

Ce ne sont là que des premières indications, assez superficielles: on a très peu dit du *système* d'une strophe lorsqu'on n'a indiqué que le nombre et la mesure des vers qui la composent. Ce système — cette structure interne qui fait ou qui défait l'unité d'une strophe — dépend d'abord et surtout de la disposition des rimes. La définition complète d'une strophe comportera donc ces trois éléments: (a) le nombre des vers; (b) leur(s) mesure(s); et (c) l'agencement des rimes. A titre d'exemples: un quatrain isométrique de décasyllabes aux rimes embrassées, schématisé $a_{10}b_{10}b_{10}a_{10}$; un quatrain hétérométrique composé d'alexandrins et d'octosyllabes aux rimes croisées, schématisé $a_{12}b_8a_{12}b_8$. Les possibilités nombreuses que présente déjà le quatrain se multiplient à mesure que la strophe s'allonge.

Le quintil se construit sur deux rimes dont une est redoublée. Les formes les plus fréquentes sont *abaab* et *aabab*. Les autres sont moins bonnes parce que moins unies. Les dispositions *ababa* et *abbab*, par exemple, présentent un quatrain complet suivi d'une rime entendue déjà deux fois et qui n'est plus attendue.

Le sixain se construit parfois sur deux rimes (*aabaab*), mais bien plus souvent sur trois (*aabccb*). On estime que ces deux formes sont les meilleures parce que les deux tercets sont étroitement reliés par la rime en *b*. Du septain, il existe également des formes mal liées (*abbaccc*, par exemple, qui n'est qu'un quatrain traînant derrière lui un tercet monorime); et des formes parfaitement unies (*aabcccb* et *ababccb*, par exemple).

Au-dessus de sept vers, le problème de l'unité strophique devient plus difficile à résoudre. Il y a de faux huitains formés du voisinage typographique de deux quatrains complètement indépendants: *ababcdcd*. Dans la forme *ababbcbc*, les deux quatrains, quoiqu'indépendants, sont reliés par la rime en *b*. La forme *aaabcccb* vaut encore mieux, parce que les deux moitiés, prises individuellement, sont incomplètes.

C'est à tort que l'on appelle *strophes* la plupart des groupements de plus de huit vers (« neuvains, dizains, onzains », etc.): ce ne sont là le plus souvent que des créations typographiques nées de la suppression d'une ligne de blanc. Comme le dit M. Grammont, « une strophe ne doit pas être composée de plusieurs parties qui, isolées, constitueraient une strophe plus petite ou un système complet. Ce défaut [...] est à peu près inévitable lorsqu'on groupe ensemble neuf vers ou davantage » (*Petit Traité de versification française*).

4.3. Les formes fixes. — La strophe est une contrainte de plus à laquelle le poète accepte parfois de se soumettre. Il peut couler tout un poème dans une seule strophe, ou reproduire indéfiniment la même forme strophique. Dans ce dernier cas, la strophe se transforme en élément rythmique au même titre, mais à un niveau supérieur, que les accents, la mesure et la rime.

Le poète désireux d'aller encore plus loin dans la voie de la soumission composera des poèmes dits *à forme fixe*. Comme leur nom l'indique, les poèmes à forme fixe sont « réglés » d'un bout à l'autre et dans tous leurs aspects formels. Non seulement le type des strophes, mais aussi leur nombre et leur ordre sont donnés d'avance; il s'agit pour le poète de couler son inspiration (ce qu'il en reste) dans ce moule étroit. Parmi les nombreux genres à forme fixe cultivés au Moyen Age, dont certains étaient d'une complexité invraisemblable, citons pour mémoire le lai, le virelai, le rondel et la ballade. Presque tous furent abandonnés à la Renaissance, pour être remplacés par le sonnet, nouvellement importé d'Italie. Après sa première vogue au XVIe siècle, le sonnet devait atteindre un nouvel apogée dans la deuxième moitié du XIXe siècle[8].

Les genres à forme fixe ne sont pas en faveur aujourd'hui, et cela se comprend: ils représentent la « réglementation » du langage poussée au plus haut degré. Si la prose est un discours qui « avance sans entraves » (voir §1.1.), les formes fixes ne sont-elles pas l'« anti-prose » par excellence? Comment les poètes contemporains pourraient-ils s'y accommoder, rebelles comme ils sont aux contraintes du vers traditionnel? Il est naturel qu'ils aient choisi pour instruments le vers libre, le verset et la « prose poétique ».

5. Remarques sur la diction des vers

5.1. Lire et dire. — Savoir lire les vers, c'est d'abord, c'est peut-être surtout savoir les *dire*. Le vers est rythme, ou il n'est pas. Et le rythme, pour se sentir, doit avant tout *s'entendre*. Il y a, certes, l'audition intérieure, pour laquelle nous sommes diversement doués. Parfois nous devons nous contenter de la parole muette, mais elle ne suffit presque jamais pour goûter pleinement les vers — ni même, à en croire les poètes, pour les composer.

5.2. Mal dire et bien dire. — Mais comment faut-il *dire* les vers? Ici, les opinions sont partagées. Selon les uns, la diction des vers doit ressembler autant que possible à celle de la prose. Selon les autres, il faut, en prononçant les vers, respecter leur caractère spécifique.

— Mais pourquoi, demandent les premiers, y aurait-il deux façons de prononcer, l'une pour la vie courante et l'autre pour la « Poésie »? Faites-vous les diérèses quand vous vous entretenez avec votre voisin de la pluie et du beau temps? Prononcez-vous les *e* muets quand vous commandez de la viande chez le boucher?

---

8. Le sonnet se compose de quatorze vers, divisés en deux strophes de quatre vers (les *quatrains*) suivies d'une strophe de six vers (le *sixain*). La disposition des rimes dans les deux quatrains suit presque toujours le schéma: *abba/abba*. Le sixain, séparé d'habitude en deux pseudo-strophes typographiques de trois vers chacune (les *tercets*), présente généralement la disposition: *ccd/eed* (parfois *ccd/ede*).

Je gagerais qu'à ces moments-là vous êtes loin de vous soucier du « compte des syllabes ». Pourquoi vous en donner la peine dès qu'il s'agit de vers? La diction des vers ne devrait-elle pas, comme c'est le cas en anglais, imiter la prononciation de tous les jours? Prenez, par exemple, au hasard, un vers de *Phèdre:* « Que ces vains ornements, que ces voiles me pèsent! » Cette phrase a *dix* syllabes. Les règles auxquelles vous tenez, en l'étirant jusqu'à douze, vous imposent une prononciation archaïque et *artificielle.*

— Artificielle, certes, comme l'art lui-même. Chaque art d'ailleurs a ses conventions et comporte de ce fait un degré de stylisation. L'art des vers n'est pas une exception. Je vous accorde que la diction des vers n'est pas celle de la conversation. Je vous rappellerai seulement que l'on ne converse pas en vers. Personne ne peut, certes, vous obliger à dire des vers. Mais si vous en dites, vous êtes obligé de les dire selon les règles qui ont présidé à leur composition. Sinon, vous leur enlevez *leur caractère de vers.* Prononcer en dix syllabes votre phrase de *Phèdre,* c'est non seulement fausser le vers, c'est en détruire le rythme interne et externe, c'est en faire une chose boiteuse et malvenue. Si vous ne *sentez* pas cela, vous feriez peut-être mieux de vous en tenir à la prose: elle est moins « artificielle », et elle vous suffira chez le voisin et le boucher.

Laissons là-dessus nos deux interlocuteurs; leur dispute n'est pas près de s'éteindre. Elle divise aujourd'hui en France les metteurs en scène de pièces classiques: le premier point de vue domine au Théâtre National Populaire; le second, à la Comédie-Française. On peut juger à l'œuvre les deux styles dans un film bien connu aux Etats-Unis: le *Cyrano de Bergerac* de J.-P. Rappeneau (1989). Gérard Depardieu, dans le rôle de Cyrano, prononce comme de la prose les vers de Rostand, alors qu'Anne Brochet, dans le rôle de Roxanne, s'astreint à une diction traditionnelle.

5.3. L'enjambement et le rejet. — Un problème particulier se pose en ce qui concerne la diction à observer *à la fin des vers.* En règle générale, on y fait une pause; comme le mot à la rime et comme l'accent fixe final, cet arrêt de la voix sert à renforcer l'unité du vers et à le séparer nettement du vers suivant. Là-dessus, tout le monde est d'accord. Mais faut-il *toujours* observer cette pause? Ici, les opinions se partagent, selon que l'on admet, ou non, des exceptions à la règle.

Quelles exceptions pourraient se justifier? Quand le vers présente un sens plus ou moins complet, la question ne se pose même pas: on fait la pause parce qu'il semble naturel de la faire. Toutefois, le débit normal n'admet pas d'arrêt au milieu de certains groupes syntaxiques composés de mots étroitement liés par leur sens. La pause est exclue, par exemple, entre un sujet et son verbe, ainsi qu'entre un verbe et son complément d'objet direct. Si un tel groupe, commencé dans un vers, ne se termine qu'au début du vers suivant, on dit qu'il y a *enjambement* (parce que le sens « enjambe » les deux vers). On appelle *rejet* le(s) mot(s) « rejeté(s) » au début du second vers.

En voici quelques exemples. Les vers suivants de *Phèdre* sont bien connus, en raison de leur caractère exceptionnel chez Racine:

Mais tout n'est pas détruit, et vous en laissez vivre
Un... Votre fils, seigneur, me défend de poursuivre.

C'était au XVIIe siècle une hardiesse que de séparer ainsi un pronom des verbes dont il est respectivement le complément d'objet direct (*laissez*) et le sujet (*vivre*). Le procédé devait se banaliser chez les romantiques, comme le montre le passage suivant de Musset (*Mardoche,* 1830), composé presque entièrement de vers enjambés (employés à une fin comique). Le héros extravagant du poème...

1	... n'avait vu ni Kean, ni Bonaparte, ni
2	Monsieur de Metternich; — quand il avait fini
3	De souper, se couchait, précisément à l'heure
4	Où (quand par le brouillard le chat rôde et pleure)
5	Monsieur Hugo va voir Phœbus le blond.
6	Vous dire ses parents, cela serait trop long.
7	Bornez-vous à savoir qu'il avait la pucelle
8	D'Orléans pour aïeule en ligne maternelle.

Il y a enjambement entre les vers 1 et 2, 2 et 3, 3 et 4, et 7 et 8, puisque la fin du premier vers de chaque groupe sépare des mots entre lesquels la prononciation normale n'admet pas de pause.

Quand la fin du vers sépare ce que le sens unit, un choix semble s'imposer: faut-il privilégier le sens ou la mesure? Respecter l'un, n'est-ce pas sacrifier l'autre? Le dilemme s'aggrave à mesure que les enjambements s'enhardissent. Ceux des romantiques semblent bien timides à côté des audaces de la fin du XIXe siècle et du début du XXe. On séparera le substantif de l'article: «... les / Sept péchés... » (Verlaine); la préposition de son complément: «... devant / Votre table... » (Banville); et même, par fantaisie, les deux moitiés d'un mot à la rime: «... ther- / Momètre... » (Derème).

Si difficile et si peu naturel qu'il soit d'observer la pause en tels cas, certains estiment qu'il faut toujours subordonner le sens à l'unité du vers. «Quand il y a conflit entre le mètre [la mesure] et la syntaxe », affirme, intransigeant, M. Grammont, «c'est toujours le mètre qui l'emporte, et la phrase doit se plier à ses exigences. Tout vers, *sans aucune exception possible,* est suivi d'une pause plus ou moins longue » (*Le Vers français*).

«Sans aucune exception possible », c'est beaucoup dire. Tout en applaudissant à son respect du vers, nous trouvons néanmoins que Grammont exagère. Considérons, par exemple, les deux vers de *Phèdre,* cités ci-dessus. La jeune fille qui parle est sur le point de dénoncer la femme de son interlocuteur. Oubliant son devoir de ne rien dire, elle *doit* prononcer « Un » dans l'élan du vers précédent. Puis, tout à coup, elle se ravise et s'arrête. Il y a bien une pause obligatoire, mais elle survient, non pas à la rime, où elle viderait de leur sens les deux vers, mais *après* « Un ». C'est ce qu'indiquent clairement les points de suspension. Il est vrai qu'en supprimant le repos, on affaiblit l'unité des deux vers. Mais ne peut-on pas la maintenir suffisamment en insistant sur la rime riche *vivre / poursuivre*? Et n'est-ce pas ainsi, «au cas par cas », qu'il faut résoudre la question de la pause finale[9]?

9. H. Morier serait sévère pour nous. Il ne s'explique pas qu'« il se trouve des "lettrés" pour prononcer *Mais tout n'est pas détruit, et vous en laissez vivre un...* » (*Dict. de poétique et de rhétorique,* article « Enjambement »).

6. L'Evolution du vers aux XIXe et XXe siècles

6.1. Les innovations du XIXe siècle. — Les règles dont il a été question jusqu'ici sont celles du *vers traditionnel.* Leur objet étant essentiellement de *contraindre,* n'était-il pas inévitable qu'on en vînt un jour à vouloir s'en libérer? L'histoire du vers au XIXe siècle est celle de cette libération, dont voici les étapes principales.

6.1.1. Le vers « brisé ». — Ce sont les romantiques qui donneront vers 1830 le coup d'envoi. Victor Hugo, leur chef de file, se donne pour un révolutionnaire en la matière, mais en réalité ses innovations sont assez modestes. Lorsqu'il se flatte d'avoir «disloqué ce grand niais d'alexandrin» (*Quelques Mots à un autre*), il veut dire tout simplement qu'il a *assoupli le rythme accentuel de l'alexandrin traditionnel.* Lorsqu'il affirme que «le vers rompt désormais la règle» (*Réponse à un acte d'accusation*), la règle dont il s'agit est celle qui impose un accent fixe à la sixième syllabe, divisant l'alexandrin en deux hémistiches égaux, comme les deux bras d'une balance (6 + 6; voir §3.2). Et lorsqu'enfin il se félicite d'avoir fait «basculer la balance hémistiche» (*ibid.*), la métaphore signifie qu'à l'accent du milieu du vers il en substitue deux, l'un frappant la quatrième syllabe, et l'autre la huitième. Les romantiques qualifiaient de *brisé* ce «nouvel»[10] alexandrin au rythme ternaire; aujourd'hui on préfère l'appeler *vers romantique* (d'après l'usage étendu qu'en ont fait Hugo et d'autres) ou *trimètre* (divisé en trois parties égales: 4 + 4 + 4[11]).

Pourquoi cet acharnement contre la «balance hémistiche»? Il s'agissait pour les romantiques d'en finir avec ce qu'ils appelaient le «vieux ronron» du vers classique, au rythme trop uniforme (tata<u>ta</u>, tata<u>ta</u>, tata<u>ta</u>, tata<u>ta</u>). Il n'était pourtant pas question d'abandonner entièrement l'alexandrin traditionnel pour y substituer un vers renouvelé — ç'aurait été remplacer un ronron par un autre —, mais de *créer de la variété* en mêlant les rythmes ancien et nouveau. Les vers trimètres sont fréquents chez les romantiques, mais ils y restent minoritaires: c'est à ce prix qu'ils produisent un effet, par contraste avec les vers traditionnellement accentués. C'est le cas, par exemple, dans ces vers de Hugo (*Ruys Blas*):

> Valetaille de rouge et de galons vêtue,
> Un maraud qu'on châtie et qu'on fouette — et qui tue!
> Oui, je vais te tuer, monseigneur, vois-tu bien?
> Comme un infâme! comme un lâche! comme un chien![12]

Ici le trimètre, en rompant le rythme des trois vers qui le précèdent, fait mieux ressortir l'importance de l'idée qu'il exprime.

6.1.2. Le vers « libéré ». — Les innovations rythmiques de Hugo et d'autres, si timides qu'elles fussent (ou nous paraissent), devaient ouvrir la voie à une mise en

---

10. Les guillemets s'imposent, puisqu'en réalité les romantiques n'ont rien inventé: il y a des vers «brisés» chez les classiques, et même chez Ronsard, mais ils y sont rares. — 11. Exceptionnellement, les trois parties sont inégales (4 + 5 + 3, 3 + 4 + 5, etc.). — 12. Ce trimètre est rythmé 4 + 4 + 4, puisque la 5e syllabe (*-me* de *infâme*) et la 9e (*-che* de *lâche*) font partie respectivement des 2e et 3e groupes accentuels. On scande: Comme un infâ ‖ me comme un lâ ‖ che comme un <u>chien</u>.

question plus radicale des règles traditionnelles. Parmi les libertés que s'est permises la génération suivante, voici les plus importantes. (a) On commence à ne plus tenir compte des restrictions relatives à l'*e* post-vocalique (voir §1.4.1.2.). (b) La diérèse tend à s'effacer au profit de la synérèse (voir §1.4.2.), conformément à la prononciation courante. (c) On devient moins exigeant sur la qualité des rimes (qui se transforment parfois en simples assonances) et sur la règle de l'alternance des rimes masculines et féminines (voir §2.2.4.). On qualifie de *libéré* le vers qui naît de ces nouvelles transgressions; il représente une étape dans la voie de la libération, mais dans ce compromis entre règles et licences, il est clair que celles-là l'emportent de loin sur celles-ci. Verlaine lui-même, qui pratiquait plus et mieux que personne ce vers « libéré », a laissé intacte la plus grande partie de la versification traditionnelle. « J'ai élargi la discipline du vers, mais je ne l'ai pas supprimée », affirme-t-il justement (voir p. 296).

6.1.3. Le vers libre. — Ayant goûté d'une liberté partielle, les poètes devaient fatalement aller jusqu'au bout. En 1889 Vielé-Griffin annonce avec grand fracas qu'enfin « le vers est libre » — libre de toute règle, de toute contrainte, de toute entrave. Le poète ne doit obéir désormais qu'« au rythme personnel » (préface des *Joies*) [13]. Il peut ne pas rimer, s'il n'aime pas la rime, ou mêler librement vers rimés et *vers blancs* (sans rime). Il peut même, s'il n'aime pas compter, négliger le compte des syllabes, mêlant librement des vers de longueur quelconque et inégale. Cette dernière liberté, en particulier — qui définit pour les métriciens le *vers libre* au sens étroit et rigoureux du terme —, est de loin la plus importante *parce que la plus radicale*. En effet, si le poète ne compte plus les syllabes, ne renonce-t-il pas de ce fait au principe même du vers français (voir §1.3.)?

Après avoir annoncé la naissance du vers libre, Vielé-Griffin devait à ses lecteurs d'en offrir des échantillons. En voici un des plus réussis, tiré du recueil des *Joies*.

> C'était un soir de féeries,
> De vapeurs enrubannées,
> De mauve tendre aux prairies,
> En la plus belle de tes années.
>
> Et tu disais, écho de mon âme profonde,
> Sous l'auréole qui te sacre blonde
> Et dans le froissement rythmique des soies:
> « Tout est triste de joies;
> Quel deuil emplit le monde?
> Tout s'attriste de joies. »
>
> Et je t'ai répondu, ce soir de féeries
> Et de vapeurs enrubannées:
> « C'est qu'en le lourd arôme estival des prairies,
> Seconde à seconde,
> S'effeuille la plus belle de tes années;
> Un deuil d'amour est sur le monde,
> De toutes les heures sonnées. »

---

13. Les premiers vers libres parurent en 1887 dans les *Palais nomades* de Gustave Kahn. Rimbaud et Laforgue en avaient déjà écrit, mais ils ne les avaient pas publiés.

En vain chercherait-on dans la mesure de ces vers une régularité quelconque, un schéma determiné. Si l'on prononce les *e* muets selon les règles traditionnelles, les vers de la première strophe ont respectivement huit, sept, sept et neuf syllabes (sept, sept, six et huit, si les *e* muets ne sont pas comptés). La mesure des vers de la deuxième et de la troisième strophe est encore plus irrégulière.

Il est à noter qu'au vers libre Vielé-Griffin évite de joindre le vers blanc: il estimait sans doute qu'ici la rime était nécessaire à l'unité du vers. D'autres n'hésiteront pas à supprimer la rime avec la mesure — comme Vielé-Griffin lui-même dans d'autres poèmes —, soulevant ainsi un problème épineux. Renoncer au compte syllabique, c'est déjà contredire la définition même du vers français (traditionnel). Abandonner en outre la rime, tout en n'obéissant, comme Vielé-Griffin, qu'au « rythme personnel », n'est-ce pas nier tout simplement le vers en tant que tel?

« Pas du tout », répondent les *vers-libristes,* « c'est nier le vers tel que vous l'avez conçu jusqu'ici. Imaginez-vous qu'il ne puisse pas y en avoir d'autres? » Et voilà que s'engage le débat:

> *Traditionaliste:* Mais en « libérant » le vers de ses contraintes, vous n'avez pas inventé de vers nouveau (d'ailleurs l'expression « vers libre » est une contradiction dans les termes); *vous êtes revenu à la prose.* A la prose poétique, j'en conviens, mais à la prose tout de même, ce discours — vous vous en souvenez? — qui « va de l'avant, qui avance sans entraves » (voir §1.1.).

> *Vers-libriste:* Nous n'allons pas « de l'avant »; nous allons *à la ligne.* Voilà, s'il vous en faut, une marque formelle qui nous sépare des poètes en prose. Pour le reste, ne cherchez pas à nous imposer un modèle unique auquel nos vers doivent se conformer. Nous ne reconnaissons plus ces sacro-saintes règles auxquelles vous voudriez qu'à tout prix nous obéissions!

> *Traditionaliste:* Que vous y obéissiez ou non m'est complètement indifférent. Je voudrais seulement, si vous choisissez de n'y pas obéir, que vous ne persistiez pas à appeler *vers* ce que vous faites. Il ne s'agit pas d'imposer un modèle, mais de garder aux mots leurs sens. Et aussi, je crois, de *se garder* d'un certain charlatanisme poétique. H. Bonnard nous le rappelle excellemment (*Notions de style*), et nous ferions bien de ne pas l'oublier: « Que de banalités sont imprimées aujourd'hui, auxquelles l'alinéa seul confère

> Une résonance
> Profonde! »

Nous coupons court à ce débat dont les mille ramifications remplirent les chroniques littéraires des années 1890–1914, et dont les échos nous parviennent encore aujourd'hui.

6.2. Les Avatars du vers au XXe siècle. — Depuis la fin du XIXe siècle, les poètes se sont pour la plupart évertués à déconstruire le système classique, avec ses contraintes métriques, stylistiques, rhétoriques, etc. Ce faisant, ils ont remis en question les notions même de vers et de poème, puisque ceux-ci ne peuvent plus être définis par leur conformité à un modèle préétabli. C'est bien à la disparition d'une *norme poétique* que l'on assiste dans les dernières années du XIXe siècle et tout au long du XXe. En effet, les poètes de cette époque n'ont pas cherché à substituer au système classique un autre système, et c'est pour cette raison qu'il est difficile de parler de la versification moderne comme d'une série de techniques et de procédés — on dira aujourd'hui d'un « code » — partagée et utilisée de manière similaire par un ensemble d'écrivains. On distinguera tout au plus certaines pratiques indivi-duelles, qui se recoupent parfois sur tel ou tel usage, sans qu'il n'y ait à cela rien de systématique, puisque ces parentés ne sont pas le produit d'une contrainte exté-rieure[14], d'un modèle normatif.

On a coutume de définir la poésie moderne par rapport à l'usage classique. Il semble en effet plus facile de la définir pour ce qu'elle n'est pas que pour ce qu'elle est. Cependant, ce mode de définition est source de nombreux préjugés. Ainsi, si les expériences novatrices des poètes modernes s'éloignent plus ou moins de la tra-dition, la libération du vers est loin d'être aussi progressive qu'on l'a parfois dit. En effet, ces pratiques individuelles dont nous parlions ont pour caractéristique ma-jeure d'évoluer dans des directions et à des vitesses différentes. Valéry reste plus fidèle au vers régulier que Rimbaud qui lui est pourtant antérieur, ou que ses con-temporains Apollinaire et Cendrars. En outre, la relation des poètes modernes à la tradition est plus complexe qu'une simple et radicale opposition. « Pardonnez-moi de ne plus connaître l'ancien jeu des vers », affirment Apollinaire et Cendrars, qui pourtant commencement respectivement *Zone* et *La Prose du Transsibérien et de la pe-tite Jeanne de France* par un alexandrin (« A la fin tu es las de ce monde ancien », où l'on note la diérèse, et « En ce temps-là j'étais en mon adolescence »). Ainsi n'est-il pas rare de retrouver, enchâssé au milieu d'un poème en vers libres ou en versets, un alexandrin ou un décasyllabe tout à fait classiques, jusque dans le respect des pe-tites règles telles que la diérèse ou l'élision du « e » caduc devant une voyelle. En fait, loin de faire table rase de la tradition, les poètes modernes s'en servent comme d'un répertoire de formes et de procédés au sein duquel ils ne dédaignent pas de puiser. C'est précisément dans cette distance prise avec la tradition — ce jeu poétique d'emprunt et de mélange de différents modèles de vers : libres, blancs, réguliers, « approximatifs » — que réside une grande part de l'originalité de la poésie du XXe siècle. La virtuosité technique ne se trouve donc plus dans le respect d'une versification normative, ni uniquement dans l'écart par rapport à cette norme, mais aussi dans la multiplication et la juxtaposition de formes les plus di-verses, modernes et classiques.

Malgré la diversité des expériences poétiques de ce siècle, on voit se dessiner quelques tendances générales :

6.2.1. L'usage quasi systématique du vers libre. — Malgré le recours épisodique
au vers régulier chez certains poètes, c'est le vers libre qui s'est imposé comme la forme poétique dominante au XXe siècle. Aussi les structures régulières, lorsqu'elles apparaissent dans ce contexte, constituent-elles des écarts par rapport à la norme et servent-elles de nouveaux effets. Puisque leur emploi n'est plus systématique et qu'ils sortent ainsi de l'« ordinaire », la rime ou le mètre permettent désormais d'in-sister plus clairement sur des ressemblances ou des contrastes, des parallélismes formels et sémantiques. Néanmoins, le décompte des syllabes est souvent ambigu ou approximatif, et la rime, simplifiée à l'extrême, flirte avec l'assonance, comme dans la chanson populaire[15]. Les formes classiques, lorsqu'elles apparaissent, sont

---

14. L'Oulipo, au contraire, a produit une réflexion originale sur la fonction des contraintes en poésie. Voir l'Oulipo, p. 665. — 15. Il faut mentionner ici l'influence décisive de la chanson populaire — où les rimes et le nombre de syllabes sont très approximatifs — sur la poésie au XXe siècle.

traitées avec une certaine désinvolture, qui tend à « oublier » les petites règles contraignantes de la versification française. Certains poètes, comme Aragon ou Queneau, se sont parfois amusés à créer des formes métriques nouvelles (vers réguliers de 16 ou 18 syllabes, etc.). Comme on l'a vu, le mélange de vers mesurés, de vers blancs, de vers libres et de versets n'est pas rare.

6.2.2. La suppression de la ponctuation. — « Le rythme et la coupe du vers voilà la véritable ponctuation, et il n'y en a pas d'autre » affirme Apollinaire en 1913. Il sera suivi par un grand nombre de poètes. Les signes de ponctuation ont de multiples fonctions, qu'il faut examiner si l'on veut comprendre les effets de leur absence. Ils correspondent d'abord à des pauses que commandent la syntaxe et le sens. Dès lors, leur suppression crée parfois quelques ambiguïtés sémantiques: privés de ces marques, il se peut que l'on hésite à rattacher tel ou tel syntagme à tel ou tel autre. Pourtant, ces cas restent assez rares, et l'on remarque que, comme le note Apollinaire, le poème se suffit fréquemment à lui-même et peut faire l'économie de ces signes. En outre, le vers moderne ne coïncide plus avec la division syntaxique, comme c'était presque toujours le cas du vers classique. Les rejets sont très fréquents, et la fin du vers ne coïncide plus forcément avec la fin de la phrase. Les signes de ponctuation marquent également des pauses rythmiques que les poètes modernes jugent superflues, laissant au poème lui-même le soin de créer ses propres pauses par d'autres moyens. Enfin, certains signes de ponctuation servent à indiquer l'intonation affective (points d'exclamation, etc.), et indiquent un mode de lecture particulier. De nombreux poètes auront tendance, là aussi, à considérer ces indications de ton comme redondantes.

6.2.3. Les jeux typographiques. — Ce qui définit désormais le vers, ce n'est plus son organisation interne (nombre de syllabes, césure, rime, etc.), mais la présence d'un blanc métrique qui le constitue, sur la page, en un segment séparé, selon les conventions typographiques habituelles. Une innovation de la poésie moderne, souvent décriée par les traditionalistes, consiste à insérer du blanc non seulement entre les groupes de vers, comme c'était l'usage, mais partout dans le poème, notamment en décalant le début des vers par des alinéas de longueur variable. Mallarmé, en précurseur, avait déjà brisé la linéarité typographique du poème dans *Un Coup de dés jamais n'abolira le hasard*. Ces jeux sur la typographie correspondent à un nouveau mode de *consommation* du poème: en effet, si le poème classique était fait pour être dit à voix haute, le poème moderne tend avant tout à être un objet graphique, plastique, qui s'adresse d'abord à la vue plutôt qu'à l'ouïe. Avant d'être objet de déclamation (s'il l'est toujours, car la lecture à voix haute de certains poèmes modernes ne va pas sans problèmes), le poème s'offre d'abord au regard du lecteur, au plan strictement « pictural », comme le revendique Apollinaire. Le poète est donc libre de se servir de la disposition paginale afin de créer certains effets. Mais, précisément, quel sens faut-il donner à ces procédés? Peut-on en déduire des effets systématiques? Dans le cas des *Calligrammes* d'Apollinaire, un rapport clair s'établit entre la forme et le sens du poème. Ce n'est guère le cas de certains poèmes, où le lecteur peut légitimement se demander si le déplacement des mots sur la page correspond à un élément du sens. Si la disposition typographique est, selon Reverdy, « une indication plus claire pour la lecture, enfin une ponctuation nouvelle, l'ancienne ayant peu à peu disparu par inutilité de mes poèmes », on notera néanmoins que tout jeu typographique n'a pas toujours une signification claire, et que son but n'est pas toujours de reproduire un élément du sens.

6.2.4. Le verset. — Il faut remarquer d'emblée que cette appellation, choisie par Paul Claudel pour désigner une forme particulière de vers libre, pose plusieurs problèmes. Le terme est emprunté à la Bible, où il désigne des séquences parfois numérotées, et disposées sur la page en segments séparés par des blancs métriques. Mais, alors que « le verset biblique, comme le verset coranique, est le plus souvent (...) un ensemble syntaxique et sémantique complet », qui « se compose fréquemment d'une seule phrase », « le verset claudélien, au contraire, peut ne pas coïncider avec une phrase ou un groupe de phrases. Il arrive qu'un verset contienne plusieurs phrases, ou, à l'inverse, qu'une phrase soit partagée entre plusieurs versets; ou encore qu'un verset abrite une phrase plus un fragment d'une seconde phrase qui se poursuivra dans le verset suivant. Pour tout dire, la discordance entre mètre et syntaxe n'est pas exclue. On rencontre des rejets très violents [16] ». C'est là une des grandes caractéristiques du verset: il ne respecte pas le vieux principe de la concordance entre métrique et syntaxe; segmentation métrique et segmentation syntaxique ne vont pas forcément de pair. L'enjambement permet de mettre en évidence certaines parties de la phrase en les isolant. En témoignent ces versets de *L'Annonce faite à Marie* de Paul Claudel:

> « Je l'ai trouvée à demi enterrée dans ma sablonnière, là où je vais chercher ce qu'il faut
> Pour mes fours à verres et mêmement le mortier,
> A demi enfouie sous une grande charretée de sable, sous une charrette mise à cul dont on avait retiré le tacot.
> Elle vit encore. C'est moi qui ai pris sur moi de vous la mener
> Ici.»

Le verset se distingue donc du vers libre par sa longueur inhabituelle, et de la prose par sa disposition paginale (majuscules en début de verset, blancs typographiques) et par segmentation syntaxique qui diffère de celle d'une phrase ou d'un paragraphe, qui sont des énoncés syntaxiques et sémantiques complets. Selon Claudel, le verset n'est pas une unité de sens ou de syntaxe, mais une unité de souffle, qui tente de restituer « l'acte suprême de l'expiration ». Le verset claudélien a donc créé un rythme nouveau dans la poésie française.

Le verset, en outre, comprend parfois des unités métriques plus ou moins cachées, ainsi que des éléments de parallélisme sémantique, rythmique ou phonique qui le rapprochent du vers régulier. L'on a coutume de désigner du terme de verset les vers libres plus longs que la moyenne qui apparaissent, parfois en alternance avec des vers libres ou des vers classiques, dans la poésie moderne.

6.2.5. Le poème en prose. — On le voit, du vers libre au poème en prose, la distance n'est plus très grande. Le vers libre et le verset tendent de la même manière à effacer la frontière entre poésie et prose. Cet éclatement de la classification des genres constitue d'ailleurs une des caractéristiques majeures de la modernité. L'expres-

---

16. Daniel Leuwers, *Introduction à la poésie moderne et contemporaine.*

sion « poème en prose », qui apparaît d'abord chez Baudelaire, est évidemment paradoxale. Pourtant, il arrive fréquemment que l'on entende, dans un texte en prose, les cadences classiques de la poésie. En effet la prose n'est pas incompatible avec le retour calculé de structures sonores, syntaxiques ou sémantiques parallèles qui, selon le linguiste Roman Jakobson, constituent la nature fondamentale du langage poétique. La répétition de segments phrastiques comportant le même nombre de syllabes, ou les jeux phonique divers (allitérations, assonances, etc.) ne sont pas étrangers à la prose. En outre, le poème en prose partage parfois avec la poésie en vers une certaine parenté thématique (de sujets, d'images, de ton). La prose, dans ce cas, n'a plus pour fonction de narrer un récit, comme c'est le cas du roman, mais de peindre un tableau, d'évoquer des émotions personnelles, un sujet « poétique ». Mais nous touchons là au problème d'une définition de la poésie, que nous nous étions promis de ne pas aborder dans ces pages.

Index des auteurs
et des œuvres

N.B.: Les auteurs sont classés dans l'ordre alphabétique; les œuvres (textes inté-
graux, sauf indication contraire) sont présentées dans l'ordre de leur apparition
dans *Littérature française*.

Credits

Credits

Photos

Pages 14, 136, 226, and 338, Réunion des Musées Nationaux, Paris, France; pages 16, 34, and 36, Bibliothéque Nationale; page 47, Jean-Loup Charmet; page 62, Giraudon; pages 73 and 75, J. E. Bulloz; page 83, Ville de Thionville; pages 94, 104, 251, 271, 288, 299, 309, 621, and 687, Roger-Viollet; page 183, Bettmann Archive; pages 354 and 655, Robert Doisneau/Rapho; pages 373, 440, and 458, Collection Viollet; page 406, Tallandier; pages 468 and 480, from the collection of Pierre Seghers, Paris; page 521, Rapho; page 549, Izis/Rapho; page 584, Carlos Freire/Rapho, pages 601, 676, 699, Louis Monier; page 627, Jerry Bauer.